DEUTSCHE DICHTER DES 17. JAHRHUNDERTS

Ihr Leben und Werk

Unter Mitarbeit zahlreicher Fachgelehrter

herausgegeben von

Harald Steinhagen

und

Benno von Wiese

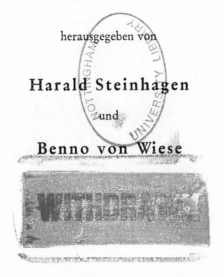

ERICH SCHMIDT VERLAG

CIP-Kurztitelaufnahme der Deutschen Bibliothek

Deutsche Dichter des 17. [siebzehnten] Jahrhunderts :
ihr Leben u. Werk / unter Mitarb. zahlr. Fachgelehrter hrsg. von Harald Steinhagen u. Benno
von Wiese. – Berlin : E. Schmidt, 1984.

ISBN 3-503-01665-1

NE: Steinhagen, Harald [Hrsg.]

ISBN 3 503 01665 1

© Erich Schmidt Verlag GmbH, Berlin 1984
Druck: Poeschel & Schulz-Schomburgk, Eschwege

INHALT

Inhalt

VORWORT

Der hier zum Abschluß der ganzen Reihe vorgelegte Band „Deutsche Dichter des 17. Jahrhunderts", der epochengeschichtlich das Barockzeitalter umspannt, war ursprünglich als Band über das 16. und 17. Jahrhundert geplant. Aber schon bei der Vorbereitung erwies sich, daß ein solcher Band zu umfangreich werden würde. Hinzu kamen Bedenken der Herausgeber, die der gesamten Reihe zugrunde gelegte Konzeption auch noch auf die Literatur des 16. Jahrhunderts mit ihren ganz andersartigen Voraussetzungen zu übertragen. Schon in diesem Band mußte der Grundsatz, jeden Autor in einem eigenen Beitrag vorzustellen, gelegentlich durchbrochen werden, so bei den Jesuiten und beim Königsberger Dichterkreis. Das war eigentlich auch bei den Nürnbergern vorgesehen; doch hätte dies für das Erscheinen des Bandes eine weitere Verzögerung bedeutet. Ohnehin sind die Termine und die Vereinbarungen über den Umfang der Beiträge von einigen Mitarbeitern leider erheblich überschritten worden; aber die gerade bei Barockforschern besonders ausgeprägte Eigenwilligkeit setzte der Einwirkung der Herausgeber hier Grenzen.

Der vorliegende Band ist, obwohl er als letzter erscheint, historisch gesehen der erste der Reihe und geht dem über das 18. Jahrhundert voraus. Dort wie hier ist die Anordnung der Essays streng an die Generationsfolge gebunden. Das ermöglichte es auch, in diesem Band noch Autoren zu berücksichtigen, die man, wie Brockes, Günther und Schnabel, meist dem 18. Jahrhundert zurechnet, die aber in jenem Band keinen Platz mehr gefunden haben. Zudem sind die Herausgeber der Meinung, daß die Grenzen zwischen den Epochen, auch gerade die zwischen Barock und Aufklärung, fließend sind und die Aufklärung ihre Anfänge durchaus schon im 17. Jahrhundert hat, so wie umgekehrt das Barock noch ins 18. Jahrhundert hineinragt.

Der große Durchbruch der deutschen Barockforschung liegt in den zwanziger Jahren unseres Jahrhunderts, danach folgt eine lange Zeit der Vernachlässigung. Erst gegen Ende der sechziger Jahre beginnt wieder ein verstärktes Interesse an der Literatur dieser Epoche, das dann in der Herzog-August-Bibliothek von Wolfenbüttel seinen institutionellen Mittelpunkt gefunden hat. Während die frühere Barockforschung vorwiegend geistes- und formgeschichtlich orientiert war, freilich oft mit einem stark spekulativen Einschlag, ist die neuere sehr viel nüchterner und wesentlich stärker der Sozialgeschichte verpflichtet. Daß sich daraus ein neues Bild der Literatur dieser Epoche ergibt, zeigt sich in den hier vorgelegten Beiträgen ebenso wie in vielen anderen Forschungsarbeiten der letzten Jahre.

Wie in den vorangehenden Bänden folgen den Essays auch hier Literaturangaben. Sie sind in Texte, Bibliographien, Forschungsberichte und wissenschaftliche Literatur gegliedert. Da ein Teil der Beiträge längere Zeit vor dem Erscheinen des Bandes abgeliefert wurde, schließen die Literaturangaben zu den einzelnen Beiträgen zu entsprechend unterschiedlichen Zeitpunkten ab.*

Besonderen Dank sprechen wir wieder Frau Christa Steinecke (Paderborn)
für die mühevolle Herstellung des Registers und der Zeittafel aus.

Auch Frau Dr. Ellinor Kahleyss danken wir an dieser Stelle noch einmal für
die lange bewährte, gute Zusammenarbeit mit dem Verlag.

November 1983

Harald S t e i n h a g e n   Benno v o n W i e s e

---

* Weiterführende Arbeiten zu allgemeinen und speziellen Problemen der Barockliteratur sowie zu einzelnen Autoren findet der interessierte Leser in den *Wolfenbütteler
Barock-Nachrichten*, die seit 1974 von der Herzog-August-Bibliothek herausgegeben
werden.

Harald Steinhagen

DICHTUNG, POETIK UND GESCHICHTE IM 17. JAHRHUNDERT

Versuch über die objektiven Bedingungen der Barockliteratur

Gemessen an den modernen Literaturgeschichten, die gegenwärtig im Entstehen begriffen sind, muten Gliederung und Darstellungsform des vorliegenden Bandes gewiß traditionell an. Er folgt, wie schon die vorangehenden Bände der Reihe, jener keineswegs originellen Konzeption, die mit dem Begriff l'homme et l'œuvre bezeichnet wird. Daß diese durch neuere Perspektiven überholt und deswegen unbrauchbar geworden sei, läßt sich gleichwohl nicht behaupten. Gerade beim 17. Jahrhundert ist sie ohne Frage besonders angebracht, da sie es ermöglicht, die Autoren dieser Epoche, die – von Ausnahmen abgesehen – vielfach nur noch dem Namen nach bekannt sind, überhaupt erst einmal mit ihren Werken vorzustellen. Denn die verbreitete Unbekanntheit der Literatur dieser Epoche im Gegensatz zur Musik, auch zur Malerei und Architektur ist eine Tatsache, von der man ausgehen muß.

Daß die Literatur dieses Jahrhunderts kaum Eingang in den Kanon des literaturgeschichtlich Tradierten gefunden hat, woran auch alle Anstrengungen der Barockforschung nicht viel geändert haben, dafür gibt es natürlich eine Reihe von Gründen. Hingewiesen sei hier nur auf einen wichtigen, der im Verlauf der deutschen Literaturgeschichte selbst liegt: Anders als in den süd- und westeuropäischen Ländern Italien, Spanien, Frankreich, den Niederlanden und England, die schon in den ersten Jahrhunderten der Neuzeit nationale Literaturen von klassischem Rang entwickelt haben, lag der vergleichbare Höhepunkt in der deutschen Literaturgeschichte relativ spät, in den Jahrzehnten vor und nach 1800, was zur Folge hatte, daß alles Frühere, sofern es nicht entwicklungsgeschichtlich auf diesen Höhepunkt bezogen werden konnte, in den Schatten der deutschen Klassik und dadurch in Vergessenheit geriet. Hinzufügen muß man dem noch, daß schon die Aufklärung kräftig an der Verdammung der früheren Literatur mitgewirkt hat: Erstmals im 18. Jahrhundert wird der barocke Schwulst, das Pathetische und Affektive, das Dekorative und Ornamentale, das Widernatürliche, Höfische, Kalte und Gefühllose oder auch das flach Verstandesmäßige und bloß handwerklich Verfertigte an der Literatur des 17. Jahrhunderts verurteilt, werden also jene ahistorischen Vorurteile produziert, die dann noch bis ins 20. Jahrhundert hineinwirken.

Noch muß man sich also darauf einstellen, daß fast alle Literatur, die vor 1750 entstanden ist, ein Schattendasein fristet. Diese Unbekanntheit der früheren Literatur ist freilich nur die eine Schwierigkeit. Aber es ist nicht die größte und auch keine unüberwindbare. Denn sie wäre einfach durch ausgedehntere Lektüre abzubauen. Die größere entsteht erst dann, wenn man die Literatur des 17. Jahrhunderts durch Lektüre näher kennenzulernen versucht. Dann tauchen innere Hindernisse auf, die in der Substanz der Literatur selbst, ihrem Kunstbegriff, ihrer Thematik und ihrer Formensprache, liegen und daher viel schwerer zu überwinden sind. Auch das hängt mit dem Verlauf der deutschen Literaturgeschichte zusammen. Denn wie – wenn überhaupt – nur die Literatur von etwa 1750 an heute noch lebendig ist, so haben sich auch die herrschenden Vorstellungen von Literatur, die Kategorien ihrer Interpretation und die Kriterien ihrer Bewertung, an der Literatur seit der Mitte des 18. Jahrhunderts, zumal an der klassisch-romantischen Dichtung, gebildet und weitergebildet und sind in allen Modifikationen, selbst im Extremfall der Negation, immer noch an sie gebunden. Diese aber waren im 17. Jahrhundert noch nicht gültig, passen also nicht auf die Literatur der Epoche und verhindern, da sie nicht ohne weiteres suspendiert werden können, den einfachen Zugang zu ihr: Wenig oder nichts von den Erwartungen, die heute der Literatur entgegengebracht werden, erfüllt die Literatur des 17. Jahrhunderts unmittelbar. Es ist diese durch die große geschichtliche Distanz und den Verlauf der Literaturgeschichte bedingte Fremdheit dieser Literatur, die für ihre Aneignung heute das größte Hindernis darstellt. Ob sich, wie die Barockforschung hofft, an dieser Tatsache dadurch etwas ändert, daß sich die neuere deutsche Literatur, inspiriert etwa durch Piscator und Brecht, unter Preisgabe ihrer Autonomie wieder an gesellschaftliche Zwecke bindet, wie es für die Literatur des 17. Jahrhunderts weitgehend selbstverständlich war, erscheint zweifelhaft. Dafür sind die Zwecke wohl zu verschieden. – Dieser Unbekanntheit und Fremdheit der Literatur des 17. Jahrhunderts sucht der vorliegende Band mit seiner Konzeption und suchen die einzelnen Beiträge auf ihre eigene Weise Rechnung zu tragen.

In anderer Hinsicht könnte die Konzeption des Bandes gleichwohl noch problematisch erscheinen. Er stellt die Literatur des 17. Jahrhunderts in Beiträgen über die einzelnen Autoren dar, behandelt sie also als Individuen, obwohl ihren Werken die individuelle Signatur weithin fehlt, jedenfalls viel schwächer ausgeprägt ist als in der Literatur späterer Epochen. Auch wenn die Autoren natürlich Individuen mit einer eigenen, unverwechselbaren Biographie sind, über die man allerdings in einzelnen Fällen nur wenig weiß, sind ihre Werke doch in einem solchen Maße durch die Bindung an objektiv gültige poetische Normen, an traditionelle Vorbilder, an ein klassizistisches Stilideal und an unpersönliche Zwecke geprägt, daß sie den Eindruck einer später ganz unbekannten und daher befremdlichen Homogenität erwecken, in der die Individualität der Autoren kaum Spuren hinterlassen hat: Was man für die Literatur spätestens seit der Empfindsamkeit und dem Sturm und Drang mit dem Begriff ,Erlebnisdichtung' bezeichnet hat, findet sich in der Literatur des 17. Jahrhunderts noch so gut wie gar nicht. Gemessen an diesem Begriff wirkt sie handwerklich oder kunstmäßig gemacht, nicht innerlich oder gar ,echt' empfunden. Aber der Begriff selbst, von dem man sich heute ohnehin eher distanziert, ist auch gar nicht zutreffend und verleitet leicht zu falschen Schlüssen. Ein solcher wäre es ohne Zweifel, wenn man unterstellte, daß erst seit etwa 1750 in der Dichtung individuelle Erlebnisse, persönliche Erfahrungen und Probleme, die den Autor als Individuum bewegen, verarbeitet würden und daß es individuelle Selbstaussprache in der früheren Literatur nicht gegeben habe. Aber das ist gewiß nicht zutreffend. Wenn Gryphius Gedichte wie *Andencken eines auf der See ausgestandenen gefährlichen Sturms* oder *Threnen des Vatterlandes/Anno 1636* oder *Threnen in schwerer kranckheit* schreibt, dann ist davon auszugehen, daß auch er in diesen Sonetten subjektiv Erlebtes oder individuell Erfahrenes verarbeitet und darstellt.[1] Aber während das später – in der sogenannten Erlebnisdichtung – stilistisch in Formen des originellen subjektiven Ausdrucks und der individuellen Selbstaussprache geschieht, in denen der persönliche Erfahrungsgehalt dem Anschein nach mehr oder weniger unmittelbar sich darstellt, ist das in der Literatur des 17. Jahrhunderts noch nicht der Fall: Die Darstellung der eigenen Erfahrungen in unmittelbarer Selbstaussprache ist für die Autoren des 17. Jahrhunderts kein erstrebenswertes, wahrscheinlich aus historischen Gründen nicht einmal ein mögliches Stilideal. Ihre subjektiven Erfahrungen werden, wenn sie sich dem normativen Stilideal und dem Regelkanon der barocken Poetiken unterwerfen – und etwas anderers bleibt ihnen kaum übrig –, im Werk zu scheinbar allgemeinen, objektiv gültigen Erfahrungen, in deren Darstellung alles Individuelle und Subjektive ausgelöscht zu sein scheint. Ob und in welcher Weise die Autoren selbst bewegt hat, was sie darstellen, läßt sich vielfach nicht mehr erkennen; sie verschwinden hinter der normbedingten Objektivität ihrer künstlerischen Gebilde, die als Exemplare des einen, relativ konstanten Stilideals und der alle Besonderheiten der Werke tendenziell nivellierenden Gattungsbegriffe nur wenig individuelle Züge tragen[2] und daher in den wenigsten Fällen als die eines individuellen Autors bestimmbar sind, auch wenn man diesen kennt. Gleichwohl ist aber auch das paradoxerweise noch – oder schon – eine subjektive Selbstaussage, freilich in sehr vermittelter und daher schwer nachweisbarer Form: Das Aussprechen des individuellen Selbstverständnisses und der eigenen Erfahrungen der Autoren vollzieht sich – wenn auch nicht bei allen gleichmäßig – noch

---

[1] Vgl. die Ausführungen über Gryphius' Lyrik im Beitrag von Conrad Wiedemann (S. 442–456 im vorliegenden Band).

[2] Ähnlich C. Wiedemann, Barockdichtung in Deutschland, in : A. Buck u. a., Renaissance und Barock, 2 Bde., Frankfurt a. M. 1972 (Neues Handbuch der Literaturwissenschaft 9 u. 10), Bd. 2, S. 195 f.

weitgehend darin, daß sie, indem sie sich den objektiv vorgegebenen und von ihnen anerkannten ästhetischen Normen unterwerfen, auf das unmittelbare Aussprechen ihrer Individualität verzichten. Dieser Verzicht, der sich eben in der Unterwerfung unter das normative Stilideal der Epoche manifestiert, ist eine individuelle Selbstaussage, auch wenn sie sich als deren Gegenteil darstellt, eine Selbstaussage, in der sich die Erfahrung der Autoren reflektiert, daß unter den bestehenden historischen Bedingungen im 17. Jahrhundert Individualität nicht geduldet wird und daher kein Recht hat. Daß sie als Recht aufgefaßt, freilich kaum gefordert wurde, deutet Opitz in seinem *Buch von der Deutschen Poeterey* an, wenn er von den Dichtern sagt, „das freylich etliche von jhnen etwas auß der art schlagen", und dies damit rechtfertigt, „das jhre Poetische gemüter vnterweilen etwas sicherer vnd freyer sein/ als es eine vnd andere zeit leidet/ vnd nach des volckes Vrtheil nicht viel fragen."[3] Eine zu starke Unterscheidung zwischen der Literatur des 17. und der sogenannten Erlebnisdichtung des späteren 18. Jahrhunderts – womöglich im Sinne einer strengen Dichotomie, die beide als gleichberechtigte und zu jeder Zeit verfügbare Formen dichterischen Sprechens deklarierte – muß daher sachlich unzutreffend bleiben. Ähnlich verhält es sich unter Umständen mit anderen Begriffen, in denen sich ein fundamentaler Gegensatz zwischen der Literatur des 17. Jahrhunderts und der Literatur nach 1750 zu manifestieren scheint, deren kontradiktorische Gegensätzlichkeit jedoch bei eindringlicher historischer Analyse schwindet. Zu denken ist hier an den Gegensatz von höfischer und bürgerlicher Literatur, von Typus und Charakter bei den Figuren im Roman oder im Drama, von Allegorie und Symbol auf der Ebene der poetischen Bildlichkeit oder von autonomer und zweckgebundener Literatur.

Wenn also der Verzicht auf unmittelbare Selbstaussprache, der auch in den Werken selbst vielfältig thematisiert wird, wenn die Selbstverleugnung des Individuums – sei es in Formen berechnender Verstellung oder in kultivierten Formen des Rollenspiels – im eigenen Interesse des Individuums geschieht und der Erhaltung des Individuums unter ihm feindlichen geschichtlichen Bedingungen dient, dann kann es prinzipiell nicht verfehlt sein, wenn der vorliegende Band die Autoren des 17. Jahrhunderts als Individuen vorstellt, die sich selbst zumeist nur unter Preisgabe ihrer besonderen Individualität – d. h. nicht – behaupten konnten.

Von der durch die Geltung poetischer Normen und traditioneller Vorbilder bedingten Homogenität und Objektivität der Literatur des 17. Jahrhunderts ist zwar in den einzelnen Beiträgen auch vielfach die Rede. Aber sie bedarf wegen ihrer kaum unterschätzbaren allgemeinen Bedeutung dennoch einer eigenen Dar-

---

[3] Martin Opitz, Gesammelte Werke, Kritische Ausgabe, hg. von George Schulz-Behrend, Bd. 2, 1. Teil, Stuttgart 1978 (Bibliothek des Literarischen Vereins in Stuttgart 300), S. 351 f.

stellung, die nur hier in der Einführung ihren Platz finden kann. Diese bekommt dadurch stärker als in den vorangehenden Bänden der Reihe den Charakter eines selbständigen Beitrags, der das behandeln muß, was die Literatur der Epoche insgesamt und tiefgreifender als in späteren Epochen prägt. Dabei ist es natürlich schon aus Gründen des Umfangs nicht möglich, das System der poetisch-rhetorischen Normen, von denen die Ständeklausel nur die bekannteste ist, hier in breiter Ausführlichkeit zu beschreiben und zum Nachschlagen aufzubereiten. Die Einführung muß sich notwendigerweise auf einige für die Literatur der Epoche wesentliche Phänomene konzentrieren und ihre Bedeutung für das Verständnis dieser Literatur skizzieren; sie tut das vermutlich am besten dadurch, daß sie die grundsätzlichen Aspekte und Probleme der Literatur des 17. Jahrhunderts so scharf wie möglich beleuchtet und, wenn auch in extrem thesenhafter Form, Lösungsmöglichkeiten andeutet, die dem besseren historischen Verständnis dienen sollen.[4] Wenn sie sich damit, was bei der methodischen Ausrichtung der gegenwärtigen Barockforschung freilich nur eines kleinen Schrittes bedarf, zu weit vorwagen, sich, wie man so sagt, zu Spekulationen versteigen, womöglich zu einzelnen Beiträgen des Bandes in Widerspruch geraten und dadurch Einwände hervorrufen sollte, dann wäre das, wenn es nur zu weiteren Auseinandersetzungen über bestimmte Fragen führt, durchaus im Sinne dieser Einführung.

I

Die durch den großen historischen Abstand und den Verlauf der deutschen Literaturgeschichte bedingte Fremdheit der Literatur des 17. Jahrhunderts macht es unmöglich, sich ihr in vorurteilsfreier Unmittelbarkeit zu nähern, da man einfach zu wenig über sie weiß. Aber ganz entschlossen hat daraus erst die neuere Barockforschung die Konsequenzen gezogen. Sie sucht, vielfach unter Verzicht auf Interpretation und Wertung, in der Vermehrung des sachbezogenen Wissens über die Epoche und ihre Literatur sowie im Abbau immer noch bestehender Vorurteile einen Ausweg aus diesen Schwierigkeiten.[5] Diese Einstellung, mit der

---

[4] Dabei greife ich zum Teil auf eigene Untersuchungen zurück, die ich hier zu verallgemeinern und, soweit erlaubt, auf die Literatur der Epoche insgesamt auszuweiten suche. Vgl. H. St., Wirklichkeit und Handeln im barocken Drama, Historisch-ästhetische Studien zum Trauerspiel des Andreas Gryphius, Tübingen 1977 (Studien zur deutschen Literatur 51).

[5] Über Stand und Richtung der gegenwärtigen Barockforschung informieren A. Schöne (Hrsg.), Stadt – Schule – Universität – Buchwesen und die deutsche Literatur im 17. Jahrhundert, Vorlagen und Diskussionen eines Barock-Symposions der Deutschen Forschungsgemeinschaft 1974 in Wolfenbüttel, München 1976, sowie eine Sammlung von Beiträgen unter dem Titel „Stand und Aufgaben der Barockforschung" in den Wolfenbütteler Barock-Nachrichten 6, 1979, S. 252-292.

sie in den letzten zwei Jahrzehnten in der positivistischen Erforschung vor allem der theoretischen Grundlagen, der gelehrten Prägung, der traditionalen Bindung, der bildungs- und sozialgeschichtlichen Produktions- und Rezeptionsbedingungen jener Literatur bedeutende Leistungen hervorgebracht hat, ist ohne Zweifel eine Reaktion auf die Phase der werkimmanenten Interpretation in der Literaturwissenschaft, die manchmal gewiß allzu naiv an einzelne Werke der Epoche heranging und die historische Distanz einfach überspringen zu können glaubte. Insofern ist diese Gegenwendung der Barockforschung durchaus verständlich. Trotzdem besteht Grund zu der Frage, ob denn die weithin praktizierte Trennung der Forschung von der Interpretation, das Bestreben, erst einmal durch extensive Grundlagenforschung das notwendige Wissen für die spätere Interpretation bereitzustellen, auf längere Sicht ein sinnvoller Weg sein kann. Denkbar wäre immerhin, daß die Forschung zum Selbstzweck oder zum Interpretationsersatz wird, wenn sie, statt sich von der Interpretation und zumal von deren Schwierigkeiten konkret die Fragestellung und den Zweck vorgeben zu lassen, wie es A. Schöne in seiner Abhandlung über die *Kürbishütte* versucht hat[6], allem nur irgend Erforschbaren wertneutral sich zuwendet. Ob das Erforschte auch von Bedeutung ist, wird dann gleichgültig, da es seine Bedeutung tendenziell von der Forschung verliehen bekommt – dadurch, daß sie sich ihm zuwendet. Die Gefahr, daß Interpretation in einem emphatischen Sinne des Begriffs dabei dem positivistischen Verdikt verfällt und zur bloß kommentierenden Applikation von Wissen verkommt, ist jedenfalls nicht geringzuschätzen. Und wenn die Beiträge dieses Bandes hier etwas ausgleichen könnten, wäre das gewiß nützlich.

Man muß ohne Zweifel viel wissen, wenn man die Literatur des 17. Jahrhunderts historisch verstehen will. Aber trotz aller Kenntnisse, die von der neueren Barockforschung erarbeitet worden sind, herrscht über den Epochenbegriff und die Epochenabgrenzung auch heute noch keine rechte Einigkeit.[7] Zwar gilt das Jahrhundert in der Kunst allgemein als Barockepoche; aber wo genau sie für die Literatur beginnt, ob 1617 mit der Gründung der *Fruchtbringenden Gesellschaft* oder 1624 mit dem Erscheinen des *Buchs von der Deutschen Poeterey* oder schon um 1570, und wo sie endet, ob schon um 1700 oder mit dem Auftreten Gottscheds oder gar erst um 1750 mit dem Auftreten Klopstocks, ist nach wie vor unklar. Und unklar war lange Zeit auch, ob man es bei dem Zeitraum zwischen Renaissance und Aufklärung überhaupt mit einer einheitlichen und selbständigen Epoche der Literaturgeschichte zu tun habe, was sich unter anderem daran zeigt, daß sie zunächst nicht einmal einen Namen hatte. Man rechnete diesen Zeitraum oft einfach noch der Renaissance und ihren manieristischen Ausläufern

---

[6] Vgl. Albrecht Schöne, Kürbishütte und Königsberg, Modellversuch einer sozialgeschichtlichen Entzifferung poetischer Texte, Am Beispiel Simon Dach, München 1975.

[7] Vgl. Wilfried Barner (Hrsg.), Der literarische Barockbegriff, Darmstadt 1975 (Wege der Forschung 358), und Werner Bahner (Hrsg.), Renaissance Barock Aufklärung, Epochen- und Periodisierungsfragen, Kronberg 1976 (Literatur im historischen Prozeß 8).

zu, oder man sonderte von ihm mit Alewyn[8] eine Periode des „vorbarocken Klassizismus" um Opitz herum, dem die Epoche des Barock dann folgte, oder man versuchte es mit der Einteilung in verschiedene Dichterschulen. Vom Barock zu sprechen, hat sich erst am Anfang des 20. Jahrhunderts eingebürgert. Dies wurde möglich, nachdem in der Kunstgeschichte der für die Architektur, die bildenden Künste und die Malerei gebräuchliche Terminus „barock" durch Wölfflin, Worringer und Riegl begrifflich und stilgeschichtlich präzisiert worden war und damit von der Kunstgeschichte auf die Literatur des 17. Jahrhunderts übertragbar schien. Die Übertragung hat erstmals Fritz Strich 1916 vorgenommen[9], dem dann andere gefolgt sind, und erst seitdem gibt es den Barockbegriff auch als literaturgeschichtliche Epochenbezeichnung, gibt es eigentlich die Epoche selbst. Obwohl dieser Begriff ursprünglich entschieden stilgeschichtlich gefaßt war, hat es sich mit der zunehmenden Skepsis gegenüber Versuchen, für alle Stilphänomene der Epoche einen gemeinsamen Nenner zu finden, allmählich durchgesetzt, den Begriff im Sinne einer Übereinkunft nur noch als nahezu bedeutungslosen Namen für die Epoche zwischen 1600 und 1700 zu verwenden, was aber auf die Dauer natürlich nicht befriedigen kann. Für die Barockepoche war es um so leichter, von einer stilgeschichtlichen Bestimmung des Begriffs abzusehen, als bis heute noch unklar ist, woher das Wort „barock" überhaupt kommt und welche Grundbedeutung es hat. Ob es aus dem Portugiesischen stammt und Perle heißt, insbesondere die unregelmäßig geformte Perle bezeichnet, oder ob es zuerst im Italienischen vorkommt und eine bestimmte Form des Syllogismus in der scholastischen Philosophie meint, das ist bis heute nicht geklärt.[10]

Wozu man die Barockepoche zu rechnen hat, ob zum Mittelalter oder zur frühen Neuzeit, auch darauf hat die Forschung noch keine endgültige Antwort gefunden, obwohl man eigentlich nicht so recht begreift, warum diese Frage noch offen sein kann, da doch die vorausgehende Renaissance dem üblichen Geschichtsverständnis nach eindeutig den Beginn der Neuzeit markiert. Das 17. Jahrhundert müßte dann eine Art Neumittelalter sein, und in der Tat gibt es in bestimmten Zweigen der Forschung eine unübersehbare Tendenz, es so einzuschätzen: es als die letzte intakte Epoche dem großen abendländischen, aus antiken und christlichen Quellen gespeisten Universum des Mittelalters mit seiner objek-

---

[8] Richard Alewyn, Vorbarocker Klassizismus und griechische Tragödie, Analyse der „Antigone"-Übersetzung des Martin Opitz, Sonderausgabe Darmstadt 1962 (zuerst 1926).

[9] Fritz Strich, Der lyrische Stil des 17. Jahrhunderts, in: Abhandlungen zur deutschen Literaturgeschichte, Franz Muncker zum 60. Geburtstage, München 1916, S. 21-53; wieder abgedruckt in: R. Alewyn (Hrsg.), Deutsche Barockforschung, Dokumentation einer Epoche, 2. Aufl., Köln, Berlin 1966 (Neue wissenschaftliche Bibliothek 7), S. 229-259.

[10] Vgl. B. Migliorini, Etymologie und Geschichte des Terminus „Barock", in: W. Barner (Hrsg.), Der literarische Barockbegriff (s. Anm. 7), S. 402-419.

tiven Denkweise und seiner geschlossenen, hierarchisch gegliederten Welt- und
Gesellschaftsordnung zuzuschlagen, dessen Auflösung durch Säkularisierung angeblich erst mit der beginnenden Aufklärung einsetzt.[11] Erleichtert wird diese
rückwärtsgewandte Zuordnung gewiß dadurch, daß es in Deutschland, anders
als in Italien, eine Renaissance von überwiegend weltlich-diesseitiger Prägung
kaum gegeben hat. Gleichwohl ist zu bezweifeln, daß diese Perspektive geschichtlich zutrifft. Die Barockepoche ist vermutlich nicht die letzte intakte, geschlossene Epoche der abendländischen Kultur mit einer einheitlichen Weltauffassung und einem einheitlichen Stil, sondern viel eher eine Epoche des
Übergangs, der Krisen und Umwälzungen, mag das auch in der Literatur nur
sehr vermittelt zum Ausdruck kommen, etwa in dem sehr forcierten Festhalten
an alten Traditionen, Normen und Ordnungsvorstellungen, deren faktischer
Verfall sich eben darin bekundet. Wenn auch zuzugeben ist, daß in der Barockliteratur bestimmte Elemente thematischer und gedanklicher Art – etwa der
Vergänglichkeitstopos, das „Jedermann"-Thema oder bestimmte allegorische
Formmotive – vorkommen, die schon in der mittelalterlichen – vor allem in
der spätmittelalterlichen – Literatur eine große Rolle spielen, so wäre doch im
Sinne der Forschungen von Hans Blumenberg[12] zunächst zu fragen, welche
Funktion und welchen Stellenwert sie in dieser doch wohl der Neuzeit zugehörigen Epoche haben, bevor man sie gegen alle Zeitläufte einfach dem Mittelalter
zuschlägt. Daß es auch umgekehrt sein kann, daß also die mittelalterlichen Elemente, die in der Barockliteratur wiederzufinden sind, in Wahrheit frühneuzeitliche Elemente innerhalb des ausgehenden Mittelalters darstellen, also nach vorn
weisen und daher auch in der frühneuzeitlichen Barockliteratur begegnen, dieser
Gedanke und diese Perspektive ist der Barockforschung weitgehend fremd.

II

Auch in anderer Hinsicht bleibt es schwierig, die Barockepoche genauer abzu-
grenzen: Die Literatur dieses Jahrhunderts ist im eigentlichen Sinne noch keine
Nationalliteratur, obwohl mit dem Übergang von der lateinischen zur deutschen
Sprache in der Kunstdichtung in dieser Epoche der Grund dafür gelegt wird. Es
bestehen noch überaus enge Verbindungen zu den Literaturen der kulturell führenden Nationen Süd- und Westeuropas, die zwar bereits einen gewissen nationalen Charakter haben, sich aber doch alle, wenn auch unterschiedlich stark, in

[11] Vgl. etwa – im Gefolge von E. R. Curtius – Hans-Jürgen Schings, Die patristische und stoische Tradition bei Andreas Gryphius, Untersuchungen zu den Dissertationes
funebres und Trauerspielen, Köln, Graz 1966 (Kölner germanistische Studien 2), S. 3 f.
[12] Hans Blumenberg, Die Legitimität der Neuzeit, Frankfurt a. M. 1966, überarbeitet
in einer zweibändigen Taschenbuchausgabe: Säkularisierung und Selbstbehauptung,
Frankfurt a. M. 1974 (stw 79), Der Prozeß der theoretischen Neugierde, Frankfurt a. M.
1973 (stw 24).

der humanistischen Tradition der Renaissance an der griechischen und römischen Antike orientieren und insofern einen ähnlichen Grad an Vorbildlichkeit für die deutsche Barockliteratur besitzen wie die Antike selbst. Diese Nationen sind zudem schon früher, spätestens im 16. Jahrhundert, zur Verwendung ihrer Nationalsprache in der Literatur übergegangen und haben bereits bedeutende Werke vorzuweisen, sind also der deutschen Entwicklung erheblich voraus. Die Rückständigkeit gegenüber Italien, Spanien und Frankreich, aber auch den Niederlanden und England zu überwinden, wird um 1600 in Deutschland allgemein als notwendig empfunden. Kennzeichnend für die Situation ist, daß Opitz sein erstes Plädoyer für die Verwendung der bisher verachteten deutschen Sprache in der Dichtung, seinen *Aristarchus,* in Latein abfaßt. Fortan richten sich alle seine Bemühungen darauf, durch eigene Werke, Übersetzungen und theoretische Grundlegungen überhaupt erst einmal die Poesiefähigkeit der deutschen Sprache als Hochsprache unter Beweis zu stellen, sie konkurrenzfähig zu machen und dadurch den Anschluß an den fortgeschrittenen Entwicklungsstand der Literatur in den süd- und westeuropäischen Ländern herzustellen. Das ist, wie der Opitz-Beitrag in diesem Band ausführlich darlegt[13], geradezu ein nationales kulturpolitisches Programm, zu dem sich bis über die Jahrhundertmitte hinaus fast alle Autoren bekennen. – Trotz des im 17. Jahrhundert überall vollzogenen Übergangs vom Latein zur jeweiligen Nationalsprache ist, bedingt durch die Orientierung an den Mustern, Maßstäben, Regeln und Vorstellungen der Antike, in die sich zum Teil auch – in Spanien stärker, in Italien schwächer – christliche Elemente mischen, der nationale Charakter der europäischen Literaturen im 17. Jahrhundert noch nicht stark ausgeprägt. Zumindest wird das national Besondere noch weitgehend vom gemeinsamen und verbindenden Erbe der Antike überdeckt. Es bestehen überall, nicht bloß im Bereich der stofflichen Entlehnungen aus anderen Werken, sondern vor allem in den formalen Bestrebungen und in der Thematik die engsten Bezüge zwischen den nationalen Literaturen. Das hohe Maß an Gemeinsamkeit, aber auch an Abhängigkeit zeigt sich etwa daran, daß Opitz sich mit seinem *Buch von der Deutschen Poeterey* an dem Italiener Scaliger, dem Franzosen Ronsard, dem Niederländer Heinsius und dem Engländer Sidney orientiert. In diesen europäischen Kontext ist auch die deutsche Barockliteratur eingebunden, freilich, bedingt durch die Rückständigkeit der deutschen Entwicklung, mehr als nehmende denn als gebende. Dichter vom Range Shakespeares, Tassos, Corneilles, Racines, Calderóns, Cervantes' hat sie, trotz Gryphius und Grimmelshausen, nicht vorzuweisen. Dies festzustellen, mindert nicht ihre Bedeutung und ihre Leistungen.

Die relative Homogenität der europäischen Literatur in der frühen Neuzeit hat ihren Grund vor allem in bestimmten Gemeinsamkeiten ihrer Träger: Die Literatur des 17. Jahrhunderts ist in einem kaum zu überschätzenden Maße

---

[13] Vgl. den Beitrag von Klaus Garber im vorliegenden Band.

Gelehrtenliteratur. Ihre Autoren sind so gut wie ausnahmslos humanistisch gebildete Gelehrte, die – etwas vergröbernd gesagt – fast überall in Europa, sei
es in weltlichen oder kirchlichen Institutionen, die gleiche Ausbildung erhalten,
die an Schulen und Universitäten den gleichen Fächerkanon durchlaufen und an
den gleichen Stoffen die gleichen intellektuellen Fähigkeiten und Ideale humanistischer Prägung erworben haben.[14] Dichter ohne gelehrte Ausbildung gibt es
praktisch nicht. Und wenn früher der Autor des *Simplicissimus* als volkstümlicher Bauernpoet galt, dann ist auch das inzwischen eingeschränkt oder gar
widerlegt worden. Jeder dieser Gelehrten und Dichter – einen Unterschied
zwischen beiden kennt man im 17. Jahrhundert noch nicht – hat meistens schon
auf dem Gymnasium das poetische Handwerkszeug erworben und kann dichten,
d. h. Verse machen. Denn Dichtung wurde primär gemacht, mußte noch nicht
unbedingt tief aus dem Innern des Individuums aufsteigen und ihre Worte selbst
finden.

Diese dichtenden Gelehrten und gelehrten Dichter bilden im 16. und 17. Jahrhundert eine Art früheuropäische Internationale des Geistes, die sich aus nahezu
allen Bevölkerungsschichten zusammensetzt. Erich Trunz hat sie in seinem Aufsatz „Der deutsche Späthumanismus um 1600 als Standeskultur" gründlich
untersucht. Verbunden durch nichts als durch ihre Gelehrsamkeit, die innerhalb
der starren Ständeordnung dieser Zeit fast die einzige Möglichkeit zum sozialen
Aufstieg bietet, besitzen diese Professoren, Doctoren, Magister und Baccalauren,
die – meist nur ganz wenige an einem Ort – beruflich als Lehrer an Universitäten, Gymnasien oder Lateinschulen, als Richter, Räte, Sekretäre, Ärzte oder
Geistliche tätig sind, ein ausgeprägtes soziales Selbstbewußtsein und über alle
Grenzen hinweg ein erstaunliches Maß an internationaler Solidarität. Sie alle
beherrschen das Latein – die internationale Sprache der Gelehrten – von der
Schule an als gesprochene Sprache, kennen einander vielfach von ihren Studien-
und Bildungsreisen her, halten durch regen Briefwechsel ihre Kontakte untereinander und pflegen einen bewußt stilisierten Freundschaftskult. Diese insgesamt sehr dünne Schicht der Bevölkerung betrachtet sich nicht eigentlich als Stand
neben den übrigen Ständen, sondern als unabhängig von jeder durch Geburt
unabänderlich festgelegten Standeszugehörigkeit. Sie versteht sich als republica
literaria oder nobilitas literaria, orientiert sich daher gesellschaftlich nicht am
Bürgertum, sondern – als nobilitas – am Adel, beansprucht ihren Platz in der
ständischen Hierarchie neben dem Geburtsadel, besitzt teilweise ähnliche Privilegien wie dieser und tritt dadurch, so eng auch im Einzelfall die Verbindungen
zwischen Adligen und Gelehrten sein mögen, insgesamt doch in Konkurrenz zu

---

[14] Vgl. dazu Erich Trunz, Der deutsche Späthumanismus um 1600 als Standeskultur,
in: R. Alewyn (Hrsg.), Deutsche Barockforschung (s. Anm. 9), S. 147–181, und vor allem
W. Barner, Barockrhetorik, Untersuchungen zu ihren geschichtlichen Grundlagen, Tübingen 1970.

ihm durch die – schon bei Erasmus zu findende – Behauptung, daß es neben dem Geburtsadel einen womöglich verdienstvolleren, weil selbst erworbenen, d. h. durch eigene Bildungsarbeit erworbenen Adel der Seele oder des Geistes gebe. Dieser Gedanke aber, daß ein durch eigene Arbeit und Leistung erworbenes Gut höher zu schätzen sei als ein bloß ererbtes, ist genuin bürgerlich. Und so nimmt denn auch die Gelehrtenschicht, obwohl sie sich deutlich vom Bürgertum distanziert und sich am Adel orientiert, faktisch eine dem Bürgertum vergleichbare gesellschaftliche Position ein: So wie dessen begüterte Angehörige von dem Moment an, als der Adelsbrief käuflich wird, durch selbsterworbenen Reichtum in den Adelsstand eindringen können[15] und dem Geburtsadel Konkurrenz machen, so erheben die Gelehrten ebenfalls den Anspruch, daß der durch Bildung erworbene Adel wenn nicht mehr, so doch genau so viel wert sei wie der Geburtsadel. Und faktisch war er denn auch oft genau so viel wert. Denn der frühneuzeitliche Territorialstaat absolutistischer Prägung brauchte in seinem entstehenden Verwaltungsapparat zunehmend gelehrte Beamte – etwa Juristen, die mit dem vordringenden römischen Recht vertraut waren –, und diese konnte der traditionell ungelehrte Geburtsadel vorerst nicht stellen. Seine Vertreter, sofern sie zum Hofadel an den fürstlichen Residenzen gehörten, wurden daher vielfach auf weniger wichtige Posten im Hofdienst abgedrängt und in den Beratungsgremien der Fürsten durch Vertreter aus der Gelehrtenschicht ergänzt. Auf Grund der gleichen Ausbildung und der gleichen gesellschaftlichen Stellung entwickeln die Angehörigen der Gelehrtenschicht weitgehend die gleiche Staatsloyalität und höfische Beamtenmentalität auf der Basis einer gemeinsamen Ideologie, die allenthalben auch Eingang in die Literatur findet. Ihr wichtigstes Element bildet die von Lipsius erneuerte stoische Philosophie, die sich sehr schnell unter den Gelehrten Europas verbreitet und, vermischt mit dem höfisch-humanistischen Ideal Castigliones sowie gegen Ende des 17. Jahrhunderts mit der prudentistischen Moral Gracians, ihr Selbstverständnis bestimmte.[16]

III

Die relative Homogenität der europäischen Literatur im 17. Jahrhundert hat in diesen gemeinsamen soziologischen Bestimmungen ihrer Träger zweifellos einen ihrer Gründe. Aber nicht den einzigen. Ein weiterer und ebenso wichtiger liegt in der geschichtlichen Lage Europas in der frühen Neuzeit, auf welche die Literatur antwortend reagiert. Um diese Bezüge zur Realität deutlich zu machen, muß man freilich, statt kurz ein paar Daten und Fakten anzuführen, die allge-

---

[15] Vgl. den Beitrag von Gerhard Spellerberg über Lohenstein (S. 641 f. im vorliegenden Band).

[16] Vgl. Leonhard Forster, Deutsche und europäische Barockliteratur, Daphnis 6, 1977, H. 4, S. 43 ff.

meinen Entwicklungstendenzen der frühneuzeitlichen Geschichte ins Auge fassen, was aber in der Forschung meistens nicht oder nur ungenügend geschieht. Zwar wird gelegentlich gesagt, daß um 1600 die „großen Risse in der europäischen Gesellschaft", die seit der Reformation entstanden sind, „sichtbar" werden und ein Gefühl der Unsicherheit hervorrufen[17] oder daß die barocke Kunst in der „Versicherung gegen eine völlig aus den Fugen geratene Wirklichkeit" ihr Zentrum hat[18]; aber was das konkret heißt, wird oft nicht näher ausgeführt.

Die in der Literatur anzutreffende Welt- oder Wirklichkeitsauffassung ist – das wird fast überall deutlich – gekennzeichnet durch den Begriff der Unbeständigkeit und seine Synonyme: Die Welt ist veränderlich, vergänglich, undurchschaubar, unbeherrschbar, wankelmütig wie die fortuna, und zwar so sehr, daß Simplicissimus am Ende, seine Lebenserfahrung aussprechend, sagen kann: Das einzig Beständige in der Welt ist deren Unbeständigkeit. Das mittelalterliche Vertrauen in die Verläßlichkeit der Welt ist geschwunden, und dieser Verlust stellt die Menschen vor die neuzeitliche Notwendigkeit der Selbstbehauptung in einer ihnen feindlichen Realität. Die Thematisierung der Unbeständigkeit auf die Erfahrung des Dreißigjährigen Krieges zurückzuführen, ist naheliegend, ist auch oft gemacht worden, bleibt aber unzulänglich, wenn man nicht nach den Ursachen des Krieges und damit nach den tieferen Ursachen der Unbeständigkeit fragt. Dem genaueren Blick zeigt sich zunächst einmal, daß dieser Krieg in die Reihe der religiösen, vielfach bürgerkriegsähnlichen Auseinandersetzungen im Gefolge der lutherischen und calvinistischen Reformation gehört, die im 16. und 17. Jahrhundert die Gesellschaftsordnung in vielen europäischen Staaten erschütterten. Dem entspricht, daß das Mißtrauen gegen die als unbeständig erfahrene Welt im 17. und schon im 16. Jahrundert nicht bloß ein deutsches, sondern ein europäisches Phänomen ist.[18] In Wahrheit sind diese europäischen Religionskriege, in denen Glaubensmotive nur vordergründig eine Rolle spielen, Teil eines allgemeinen bellum omnium contra omnes innerhalb der feudalen Herrschaftsschicht, die ihren mittelalterlichen Zusammenhalt verloren hat, d. h. sie gehören zum Kampf um die Durchsetzung der absolutistischen Herrschaftsform auf nationalstaatlicher Ebene, die das Ende der mittelalterlich-feudalen Gesellschaftsordnung bedeutet. Denn nur ein absoluter Herrscher konnte die religiösen Bürgerkriege, aus denen er selbst als Sieger hervorgegangen war, konnte im Besitz der summa potestas den Ausnahmezustand beenden, Ruhe und Ordnung garantieren und dadurch seinen Herrschaftsanspruch legitimieren. Um diesen zu behaupten, mußte er möglichst alle partikularen Gewalten im Staat beseitigen, mußte das Mitspracherecht der Stände – zumal bei Steuerbewilli-

---

[17] Leonhard Forster, Der Geist der deutschen Literatur im 17. Jahrhundert, Daphnis 6, 1977, H. 4, S. 7.

[18] C. Wiedemann, Barockdichtung in Deutschland (s. Anm. 2), S. 198.

[19] Vgl. L. Forster, Deutsche und europäische Barockliteratur (s. Anm. 16), S. 35 f.

gungen – abschaffen oder doch einschränken, den Adel und die Kirchen politisch entmachten, sich die bis dahin vielfach selbständigen Städte – schon wegen ihrer Finanzkraft – unterwerfen und sie seinem Territorium eingliedern.

Die Voraussetzung für eine solche Veränderung der traditionellen Staats- und Gesellschaftsordnung in der frühen Neuzeit liegt darin, daß der Adel seit dem ausgehenden Mittelalter seine gesellschaftliche Machtstellung zu verlieren beginnt, weil neben ihm eine andere gesellschaftliche Kraft entsteht und in Konkurrenz zu ihm tritt: das städtische Bürgertum. Dieses gewinnt seit dem Aufblühen der Städte im Hochmittelalter, bedingt durch seine neue Wirtschaftsweise, gesellschaftlich eine immer größere Bedeutung, auch wenn es noch längst nicht stark genug ist, um unmittelbar für sich selbst einen politischen Herrschaftsanspruch zu vertreten. Diese Verschiebung in der gesellschaftlichen Konstellation der Kräfte gibt dem Mächtigsten im sich auflösenden feudalen Lager noch einmal die Chance, sich über alle anderen zu erheben und in einem schwierigen Balanceakt einen Zustand vorläufiger Stabilität wiederherzustellen. Um diesen garantieren zu können und zumal gegen den Widerstand des Adels seine Position zu festigen, braucht der absolute Herrscher die freiwillige oder erzwungene Hilfe der Städte in Form von Steuern, die es ihm ermöglichen, Söldnerheere anzuwerben oder später ein stehendes Heer zu unterhalten und jene aufwendige Bautätigkeit zu entfalten, die der prunkvollen Demonstration seiner Macht gilt. Denn erst unter dem Absolutismus ist es üblich geworden, von den Bürgern regelmäßige Steuern in Form von Geldabgaben zu erheben, und damit hat der Absolutismus ohne Zweifel zur allgemeinen Durchsetzung der Geld- und Warenwirtschaft an Stelle der alten Naturalwirtschaft beigetragen. Umgekehrt ist, trotz der politischen Entmachtung der Städte, ein absolutistisch organisierter Nationalstaat auf längere Sicht auch im Interesse des Bürgertums, weil es zur weiteren wirtschaftlichen Entfaltung Ruhe und Ordnung im Inneren und einen großflächigen nationalen Wirtschaftsraum ohne innere Schranken, d. h. ohne Zollbarrieren an der Grenze jedes kleinen adligen Besitztums, braucht. Diese partielle Interessengleichheit zwischen dem städtischen Bürgertum und der absolutischen Herrschaft war in der frühen Neuzeit aus der geschichtlichen Konstellation der gesellschaftlichen Kräfte heraus objektiv gegeben, auch wenn sie nicht in regelrechten Koalitionen sichtbar wurde und zu unterschiedlichen Ergebnissen führte oder durch besondere Umstände gestört wurde. In Frankreich setzte sich der nationalstaatliche Absolutismus im 17. Jahrhundert endgültig durch, in Spanien schon früher, ähnlich auch in Dänemark und Schweden; in England nahmen die Dinge eine etwas andere Entwicklung. Und erst recht im Heiligen Römischen Reich: Hier war eine offene oder verdeckte Koalition zwischen dem Kaiser und den Städten, zumal den freien Reichsstädten, die der Entwicklung zum Absolutismus auf Reichsebene hätte förderlich sein können, aus religiösen Gründen nicht mehr möglich. Denn das habsburgische Kaiserhaus war katholisch, war die stärkste Macht der Gegenreformation, bedrohte also die

Glaubensfreiheit der Städte, die weitgehend protestantisch geworden waren, weil das Luthertum und mehr noch der Calvinismus der bürgerlichen Lebenspraxis besser entsprach. Diese konfessionelle Barriere war zweifellos eine wichtige Ursache für das Scheitern des Versuchs, im 17. Jahrhundert auf dem Boden des Reiches einen absolutistischen Nationalstaat zu verwirklichen. Zudem hatten die Fürsten im protestantischen Lager im Zuge der Reformation – etwa durch den Einzug von Kirchengütern – ihre Macht erheblich vermehrt und durch andere günstige Umstände so sehr gefestigt, daß ihre Entmachtung durch den Kaiser im Dreißigjährigen Krieg nicht mehr möglich war, vor allem auch deswegen nicht, weil andere europäische Mächte, ähnlich wie heute, kein Interesse an einem starken, absolutistisch organisierten Nationalstaat in der Mitte des Kontinents haben konnten. Die ‚großdeutsche' Lösung schied also aus und ebenso reichten für eine ‚kleindeutsche' Lösung, die mit der Wahl des Pfälzers zum böhmischen König einen Moment lang möglich schien, die Kräfte der protestantischen Union nicht aus.[20]

Aus dieser Perspektive wären wohl die „großen Risse in der europäischen Gesellschaft" am Beginn der Neuzeit am besten zu beschreiben. Das aber bedeutet: Die Wirklichkeitsauffassung der Barockliteratur, die im Begriff der Unbeständigkeit und Unverläßlichkeit auf tiefgreifende Veränderungen der Realität verweist, hat ihren Grund und ihren realen Erfahrungsgehalt in den gesellschaftlichen Auseinandersetzungen auf einer bestimmten Stufe der geschichtlichen Entwicklung der frühen Neuzeit, die erst mit der Durchsetzung des Absolutismus – sei es in zentralistisch-nationalstaatlicher oder, wie in Deutschland, in partikularistischer Form – ihr Ende finden. Der Absolutismus ist die eine, die politische Antwort auf die gesellschaftlichen Veränderungen, die Barockliteratur und -kunst eine andere, die mit der politischen vielfach eng zusammenhängt. Ist es die historische Funktion des Absolutismus, die Religionskriege und damit den Ausnahmezustand der gewaltsamen gesellschaftlichen Auseinandersetzungen zu beenden und, auf der Basis eines prekären Gleichgewichts der Kräfte, die Idee einer streng reglementierten sozialen Ordnung zu realisieren, so ist dieser Idee einer Ordnung, die nach 1648 in Deutschland, freilich nur auf der Ebene der fürstlichen Territorien, ebenfalls reale Gestalt anzunehmen beginnt, auch die Literatur der Epoche verpflichtet. Auch sie propagiert – vorab durch ihre Form, obwohl überall auch inhaltliche Affinitäten zum Absolutismus vorhanden sind – streng normativ geregelte künstlerische Ordnungsvorstellungen, die den politisch-gesellschaftlichen eng verwandt sind: In beiden Sphären wird nichts Ungeregeltes, nichts partikular Selbständiges, nichts Individuelles und Ungebändigtes geduldet; alles ist dem einen herrscherlichen Willen sei es des absoluten Souveräns, sei es des Künstlers unterworfen und muß sich der von ihm gewollten Ordnung

---

[20] Näheres darüber im Beitrag von Kl. Garber über Opitz (S. 117-133 im vorliegenden Band).

fügen. Denn nur durch die Realisierung einer solchen – zweifellos stark gewaltsamen – Ordnung ist die Unberechenbarkeit und Unbeständigkeit der Welt im Rahmen der Möglichkeiten des 17. Jahrhunderts aufzuheben und in eine neue, dauerhafte Verläßlichkeit zu überführen. Auch organisatorisch findet die Nähe der beiden Sphären ihren Niederschlag, etwa in der staatlich geförderten Gründung der Académie française, der öffentlichen Institutionalisierung des Theaters in Paris, der Propagierung eines absolutistisch geprägten Kunstideals durch die Schloßanlage von Versailles, in Deutschland in der Gründung von Sprach und Dichtergesellschaften und in der engen Bindung der Kunst an die Höfe, auch wenn es nur Höfe von kleinen Fürstentümern wie der von Braunschweig-Wolfenbüttel oder von Sachsen-Anhalt waren.

IV

Wegen der Beziehung zu den Höfen hat es sich seit langem eingebürgert, die Barockliteratur, analog zu großen Teilen der mittelalterlichen Literatur, als höfisch zu bezeichnen.[21] In dieser Bezeichnung ist freilich ein Problem verborgen, das von der Forschung noch gar nicht wahrgenommen, geschweige denn untersucht oder gelöst worden ist. Um es zu benennen, geht man am besten vom 18. Jahrhundert aus. Dies ist die Epoche in der neueren deutschen Literaturgeschichte, in der im Zusammenhang mit der Aufklärung auf breiterer Bais eine bürgerliche Literatur entsteht, was jedoch nicht bedeutet, daß das Bürgertum selbst erst in diesem Jahrhundert entsteht. Zwar entwickelt es in der Aufklärungsepoche erstmals in mehr oder weniger klarer Opposition zur bestehenden absolutistischen Ordnung ein eigenes, mit politischen und sozialen Ansprüchen verbundenes Selbstbewußtsein, aber seine Geschichte reicht wesentlich weiter zurück. Sie beginnt mit dem Erstarken der Städte im Hochmittelalter, dem Einsetzen der Arbeitsteilung zwischen Stadt und Land, dem Anwachsen der handwerklichen Produktion, des Fernhandels und der Entstehung des Handelskapitals im Rahmen des Übergangs zur Geldwirtschaft, und nimmt zunächst, bedingt durch die relativ große politische Selbständigkeit der Städte, die sich vielfach – wie in der Hanse oder in den süddeutschen Städtebünden – zusammenschließen, einen kräftigen Aufschwung, dem im Zeitalter des Humanismus und der Reformation die erste kulturelle Blüte folgt. Bereits im 16. Jahrhundert gibt es also – neben der lateinischen Literatur und Kunstdichtung in den Humanistenkreisen – von Sebastian Brant bis zu Hans Sachs in deutscher Sprache eine breite volkstümlich-bürgerliche Literatur in Form von Chroniken, Volksbüchern, Prosaromanen, Satiren, Fabeln, Schwänken, Flugschriften, protestantischen Schuldramen, Fastnachtspielen, Meistersingerdramen und -liedern. Wenn aber nicht erst im 18. Jahrhundert, sondern schon im 16. Jahrhundert, sowohl vor

---

[21] Vgl. H. Naumann u. G. Müller, Höfische Kultur, Halle 1929.

als auch nach der Barockepoche, eine breite bürgerliche Kultur existiert, wenn
bürgerliches Denken von früh an in viele geistige Gebiete eindringt, in die Philosophie seit dem Nominalismus, in die Theologie spätestens seit der Reformation,
wie schon Max Webers Untersuchungen über die „Protestantische Ethik" belegen[22], dann stellt sich unausweichlich die Frage, wo denn in der Kultur der
Barockepoche, die ohne Zweifel höfischen Charakter hat, das bürgerliche Element
bleibt, da man doch wohl auf der realgeschichtlichen Ebene von einer kontinuierlichen Weiterentwicklung des Bürgertums ausgehen muß. Daß dieses Element
einfach verschwindet, daß die bürgerliche Kulturentwicklung für mehr als ein
Jahrhundert aussetzt, ist jedenfalls schwer vorstellbar. Um das mit dieser Frage
benannte Problem schärfer zu fassen, tut man gut daran, zunächst einen Blick
auf die reale Geschichte zu werfen und sich klar zu machen, was denn unter dem
sich durchsetzenden Absolutismus aus dem städtischen Bürgertum wird: Die
Städte verlieren unter ihm ihre ehemalige Selbständigkeit; sie werden, unter
Umständen unter Druck oder Zwang, in den absolutistischen Territorialstaat
integriert und dem Regiment des souveränen Herrschers unterworfen, stehen
nun unter seinem ‚Schutz' und kommen in den Genuß der von den fürstlichen
Bürokratien dekretierten Verwaltungsmaßnahmen, für den sie natürlich in Form
regelmäßiger Steuern zu zahlen haben. Dieser Verlust der Autonomie führt zur
politischen Bedeutungslosigkeit des Bürgertums unter dem Absolutismus, und
das hat auch Folgen im Bereich der Kultur: Es paßt sich unter dem Zwang der
neuen geschichtlichen Lage in seinen kulturellen Erscheinungsformen den höfischen Kunstidealen an, es akzeptiert als unterworfenes die politische und kulturelle Vorrangstellung der absolutistischen Höfe in den Residenzstädten, die
bis ins 18. Jahrhundert hinein im politischen und kulturellen Bereich die bestimmenden Zentren bilden. Denn auch die Kultur wird einbezogen in jene Strategien des Absolutismus, mit denen er seine Macht durchzusetzen und zu festigen
sucht: Die höfische Kultur, die sich unter Mithilfe zumeist bürgerlicher Künstler
entwickelt, dient der öffentlichen Repräsentation der fürstlichen Macht; sie entfaltet – etwa in der Architektur und bei der Inszenierung höfischer Feste – ein
Höchstmaß an Prunk und Glanz, um zu blenden, Bewunderung zu erregen und
die Anerkennung des absoluten Souveräns mit der sanften Gewalt der Kunst zu
befördern. Wenn sich also die bürgerliche Kultur im 17. Jahrundert in ihren
Erscheinungsformen dem neuen höfischen Kunstideal anpaßt, was nicht notwendigerweise heißen muß, daß sie damit ihre bürgerliche Substanz preisgibt, dann
bedeutet dies, daß sie weder einfach verschwindet noch – wie es in der DDR-
Forschung vielfach gesehen wird – in einem schmalen Rinnsal unhöfischer oder
hofkritischer oder volkstümlicher Literatur neben der Masse der höfischen Barockliteratur weiterfließt, sondern in der höfischen Erscheinungsform selbst

---

[22] Max Weber, Die protestantische Ethik und der Geist des Kapitalismus, in: M. W.,
Gesammelte Aufsätze zur Religionssoziologie, Bd. 1, 5. Aufl., Tübingen 1963, S. 17-206.

steckt. Um es so paradox auszudrücken, wie die Sache selbst widersprüchlich zu sein scheint: das Höfische an der Kultur und Literatur im 17. Jahrhundert ist seinem Gehalt oder seinem Wesen nach bürgerlich, ist eine besondere, durch widrige historische Umstände bedingte Erscheinungsform eines in seiner Substanz bürgerlichen Denkens. Dieses gibt sich nicht unmittelbar als solches zu erkennen, sondern verbirgt sich in seinem scheinbaren Gegenteil, so wie es auch im bürgerlichen 18. Jahrhundert zumeist nicht unmittelbar, sondern in der Form des Vernünftigen oder Allgemeinmenschlichen auftritt. Das mag eine schwierige These sein, weil sie dialektischer Natur ist und zu ihrer Bestätigung – was in der Barockforschung keine Empfehlung ist – erheblicher Interpretationskünste bedarf. Aber sie ist immerhin geeignet, das ihr zugrunde liegende Problem zum Bewußtsein zu bringen, und läßt sich zugleich so weit plausibel machen, daß sie als These diskutierbar ist.

Zu ihrer Erklärung ist vorweg zu sagen, daß man zwischen dem Höfischen im Mittelalter und in der frühen Neuzeit unterscheiden muß: Das eine ist ein rein feudales Phänomen; der höfische Tugendkatalog, die hohe Minne, das höfische Kunstideal sind Produkte einer Adelsgesellschaft. Das andere ist ein Phänomen des siegreichen Absolutismus, und dieser ist gesellschaftlich doppelt bedingt, durch den alten Adel und durch das neue städtische Bürgertum, deren Kräfte er im Gleichgewicht halten muß. Indem er das tut und im Inneren des Staates für Ruhe und Ordnung sorgt, schafft er zugleich eine wichtige Voraussetzung für die weitere wirtschaftliche Entfaltung des Bürgertums, auch wenn diese im kleinstaatlichen Deutschland nur langsam Fortschritte macht. Es besteht daher, zumal in der Frühzeit, durchaus kein fundamentaler Gegensatz zwischen dem Absolutismus und dem Bürgertum, was sich im übrigen auch daran zeigt, daß die Theoretiker der absolutistischen Staatsform in der Mehrheit Gelehrte bürgerlicher Herkunft sind, die den Absolutismus auf der Basis der naturrechtlichen Vertragstheorie, also aus bürgerlichem Geist, konstruieren.

Sucht man sich den höfischen Charakter der Barockliteratur zu verdeutlichen, dann ist es nicht damit getan festzustellen, daß bestimmte Gattungen – das Trauerspiel und der heroische Roman – durch die Ständeklausel an höfische Stoffe gebunden sind oder daß die Mehrzahl der Werke an adlige Freunde oder Gönner gerichtet ist. Typische Erscheinungsformen des Höfischen in der Realität – und auch in der Literatur – sind die höfische Etikette, wie sie in Spanien ausgebildet, in Frankreich kultiviert wird und über ganz Europa sich verbreitet, das höfische Zeremoniell, wie es nicht nur bei öffentlichen Anlässen und großen Hoffesten, sondern tagtäglich in den Hofgesellschaften praktiziert wird, und vor allem die streng hierarische Ordnung an den Höfen, die jedem seinen Rang, seine Rolle und sein Verhalten innerhalb der Hofgesellschaft genau vorschreibt. Sie prägen den Umgang der Menschen miteinander, und zwar bis in die Sprache hinein: Jeder muß sich der höfischen Sprache mit ihren standardisierten Formeln, ihrem rhetorischen ornatus und ihren Vorschriften für die ranggemäße Anrede

der Personen bedienen, wenn er innerhalb dieser exklusiven Gesellschaft anerkannt sein will. Dieser Zwang zum streng reglementierten Verhalten verlangt
eine Bändigung und Disziplinierung, geradezu eine Unterdrückung alles Individuellen, die von den Beteiligten manchmal durchaus als unerträglicher Zwang
empfunden wurde, wie aus dem Beitrag über Liselotte von der Pfalz hervorgeht.[23] Das Ideal der vollendeten äußeren Haltung erzeugt eine ungeheure
Künstlichkeit, die für die höfische Kultur der Epoche charakteristisch ist: Niemand kann so reden, wie es ihm gemäß wäre, niemand kann sich so verhalten,
wie es seinem individuellen Naturell entspräche, jeder ist gehalten, sich den vorgegebenen höfischen Normen und der ihm zugewiesenen Rolle anzupassen, so
daß keiner im anderen noch das Individuum mit seinen besonderen Gefühlen,
Wünschen, Absichten und Gedanken erkennen kann. Diese Abkapselung oder
Einpanzerung des Individuellen in die Konventionalität der höfischen Verhaltensformen bewirkt eine Kälte und Fremdheit im Verhältnis der Menschen zueinander, die in hofkritischen Schriften immer wieder betont wird.[24] Der Höfling verschließt sein eigenes Selbst in sich, verbirgt es unter dem Schein höfischer
Angepaßtheit. Diese Verschlossenheit, die zur Folge hat, daß man nicht weiß,
wer der andere ist und was er will, ist der hervorstechendste Charakterzug des
Höflings, Verschlossenheit und, wenn er am Hof sein Glück machen will, Konkurrenzverhalten. Das Streben nach der Gunst des Herrschers, das die Höflinge
zu Konkurrenten macht, der Kampf um eine möglichst hohe Position in der
Hofhierarchie, wird noch erheblich verstärkt, wenn die Höflinge bis hin zu den
höchsten Adligen, wie es ausgeprägt in Frankreich der Fall ist, materiell vom
Herrscher abhängig sind und der Hofdienst ihre Existenzgrundlage bildet. Die
höfische Kultur erzeugt also nicht nur Zwänge, sondern auch – für den, der sie
geschickt zu nutzen versteht – soziale Chancen, die die Höflinge wahrnehmen,
indem sie ihre wirklichen Motive, Absichten und Ziele vor anderen verbergen,
ihr äußerlich konformes Verhalten als taktische Verstellung einsetzen, sich unberechenbar verhalten, um dadurch die Unberechenbarkeit der anderen zu unterlaufen, und so egoistisch auf Kosten der anderen ihren Vorteil suchen. Als isolierte, in sich verschlossene Einzelne bringen die Höflinge durch diese ‚politischen'
Verhaltensweisen und Einstellungen einen Zustand der Orientierungslosigkeit,
des Mißtrauens, der Heuchelei, der skrupellosen Konkurrenz und der nur durch
vollendete Umgangsformen verdeckten Feindschaft hervor, dem sich jeder anpassen muß, um sich zu behaupten: vivere militare est, homo homini lupus. Am
klarsten hat der Jesuit Gracian in seinem „Handorakel" die Strategien solchen
Verhaltens beschrieben, und in den Machenschaften der Intriganten hat es in der

---

[23] Vgl. den Beitrag von Helmuth Kiesel (S. 757-761 im vorliegenden Band).
[24] Dazu neuerdings Helmuth Kiesel, ‚Bei Hof, bei Höll', Untersuchungen zur literarischen Hofkritik von Sebastian Brant bis Friedrich Schiller, Tübingen 1979 (Studien zur
deutschen Literatur 60).

Barockliteratur seine reinste Ausprägung gefunden. Das Wesen der Verschlossenheit, die allem höfischen Verhalten zugrunde liegt, ist Nichtidentität, ist die Differenz von Innen und Außen, Denken und Handeln, Wollen und Verhalten, das bewußte Verbergen der eigenen egoistischen Absichten unter dem Mantel höfischer Formen, und darin erweist sich – wenn man nicht die Augen davor verschließen will – die höfische Welt der Realität und in der Literatur als eine spezifische Variante der bürgerlichen, deren Umgangsformen nicht zufällig als ‚Höflichkeit‘ bezeichnet werden. Höfisches Verhalten ist also eine bestimmte, historisch bedingte, in einem kleinen Kreis ausgebildete Erscheinungsform dessen, was in der entfalteten bürgerlichen Gesellschaft seit dem 19. Jahrhundert als allgemeines Verhalten sich durchsetzt, und zwar nicht, weil die Bürger nun einmal – womöglich von Natur aus – so wären, sondern weil die bürgerlich-individualistische Wirtschaftsweise sie dazu zwingt.

Dieses Verhalten, das also kein bloß höfisches ist, hat gleichwohl an den Höfen, den absolutistischen Machtzentren, zunächst seine schärfste Ausprägung erfahren und zu jener Kunst der Menschen- und Selbstbeobachtung geführt, wie sie in der Literatur etwa bei den französischen Moralisten anzutreffen ist. Ihren praktischen Zweck hat sie darin, die Verschlossenheit der anderen auf indirekte Weise zu durchbrechen, die verborgenen Gesinnungen und Motive durch scharfe Beobachtung zu erschließen, um die Handlungen der Menschen vorauszuberechnen, und zugleich die eigene Verschlossenheit zu kontrollieren und zu perfektionieren. Diese bewußt praktizierte Verschlossenheit, zu der die Rhetorik „als Waffe ‚ad conservationem sui ipsius‘"[25] die geeigneten sprachlichen Mittel anbietet, stärkt das Individuum in jener historischen Phase seiner Bildungsgeschichte, erhöht seine Kraft zur Selbstbehauptung in einer ihm feindlichen Welt, auch wenn sie es heute als nahezu unbewußte wahrscheinlich in ganz ungeahntem Maße schwächt.

Schon im 17. Jahrhundert selbst wird – und das macht die These, um die es hier geht, etwas plausibler – die Verschlossenheit nicht nur als höfische Verhaltensweise, sondern im Sinne der barocken Gleichsetzung von Hof und Welt, die es verbietet, Höfisches auf die Sphäre des Hofes zu beschränken, als allgemeine Verhaltensweise auch außerhalb des Hofes beschrieben: als Weltklugheit oder prudentia civilis oder ‚politische‘ Klugheit, die gegen Ende des Jahrhunderts, etwa bei Christian Weise, verstärkt auch als bürgerliches Ideal propagiert wird. Ein Beleg dafür – freilich noch mit entschieden kritischem Akzent – ist das Epigramm mit dem Titel „Heutige Welt-Kunst" von Logau[26]:

> Anders seyn und anders scheinen,
> Anders reden, anders meinen,

---

[25] W. Barner, Barockrhetorik (s. Anm. 14), S. 171.
[26] Friedrichs von Logau Sämmtliche Sinngedichte, hrsg. von Gustav Eitner, Tübingen 1872 (Bibliothek des Literarischen Vereins in Stuttgart 113), S. 200.

Alles loben, alles tragen,
Allen heucheln, stets behagen,
Allem Winde Segel geben,
Bös- und Guten dienstbar leben;
Alles Thun und alles Tichten
Bloß auf eignen Nutzen richten:
Wer sich dessen wil befleissen,
Kan politisch heuer heissen.

Daß die Hofkunst zugleich Weltkunst ist, zeigt im übrigen niemand besser als Simplicissimus, der zwar am ‚Hof‘ des Gubernators von Hanau lernt, was Verschlossenheit ist und wozu sie dient, sie aber überall in seinem keineswegs höfischen Leben erfährt und selbst mit Erfolg praktiziert.

Zu fragen bleibt natürlich, wie das, was hier nur thesenhaft skizziert worden ist, historisch erklärt werden könnte. Denkbar wäre, daß die bürgerlichen Verhaltensweisen von außen mit den bürgerlichen Gelehrten, die in der Verwaltung gebraucht werden, in die höfische Welt eindringen und in Verbindung mit den traditionellen adligen Umgangsformen jenes Verhalten erzeugen, das man als höfisch oder ‚politisch‘ bezeichnet. Wahrscheinlicher aber ist wohl, daß es sich um eine genuine Entwicklung an den absolutistischen Höfen selbst handelt, daß also die hierarchische Struktur der Hofgesellschaft und die soziale Abhängigkeit der Höflinge – seien es Adlige oder Bürger – vom Herrscher erklärt, warum höfisches Verhalten, mag es sich äußerlich auch in adligen Formen bewegen, auf Verschlossenheit und Verstellung basiert, die unter intakten feudalen Verhältnissen gewiß nicht die Regel sind, und in seinem Kern egoistisch motiviertes Rollen- und Konkurrenzverhalten ist. Nach den Untersuchungen von Norbert Elias über die „Höfische Gesellschaft" spricht vieles dafür.[27] Vergegenwärtigt man sich, daß etwa in geschichtlichen und wirtschaftsgeschichtlichen Darstellungen der absolute Herrscher des frühneuzeitlichen Finanz- und Verwaltungsstaates mit seiner zunehmend rationalen Organisation, zumal wenn er auch wirtschafts- und bevölkerungspolitische Maßnahmen ergreift, fast immer – ähnlich wie Wallenstein – als rastlos tätiger Unternehmer beschrieben wird, dessen Betrieb, der Staat, größer ist als jeder andere Betrieb innerhalb des Staates, vergegenwärtigt man sich ferner, daß die Sozialstruktur des absolutistischen Staates mit ihren Abhängigkeitsverhältnissen bis hinauf in die Führungsspitze bei allen äußerlichen Unterschieden substantiell durchaus mit der Sozialstruktur moderner Großunternehmen in der Wirtschaft vergleichbar ist – auch in ihnen gibt es noch einen absoluten Souverän –, dann könnte das bei genauerer Untersuchung vielleicht erklären, warum sich bereits am absolutistischen Hof Einstellungen und

---

[27] Norbert Elias. Die höfische Gesellschaft, Untersuchungen zur Soziologie des Königtums und der höfischen Aristokratie mit einer Einleitung: Soziologie und Geschichtswissenschaft, Neuwied, Berlin 1969 (Soziologische Texte 54).

Verhaltensweisen ausbilden, die, obwohl sie sich unmittelbar nicht als solche zu erkennen geben, als bürgerliche identifizierbar sind, weil sie identisch sind mit denen, die in der entfalteten bürgerlichen Gesellschaft allgemein sich durchgesetzt haben.

Ein abschließender Hinweis sei hier noch angefügt, der ebenfalls zeigen kann, daß die bürgerliche Substanz, die in der Literatur des 16. und dann wieder des 18. Jahrunderts unverkennbar ist, sich verdeckt auch in der Barockliteratur durchhält. Wie sie im Begriff des Höfischen zu identifizieren ist, so auch in der Weltauffassung, die in der Literatur des 17. Jahrhunderts fast überall gegenwärtig ist: Vergänglichkeit, Unbeständigkeit, vanitas, fortuna, Welt als Theater, Leben als Traum oder Rollenspiel[28] – das sind Begriffe und Vorstellungen, die eng zusammengehören und insgesamt eine fundamentale Entwertung der Welt darstellen. Sie bestimmen diese als bloßen Schein; da alles, was ist, veränderlich und vergänglich ist, ist es nur zum Schein, was es momentan ist. Wenn aber die Verschlossenheit, wie sie das Verhalten der Menschen nicht nur am Hof charakterisiert, ihr Wesen in der Nichtidentität hat, wenn sie praktizierte Nichtidentität, praktizierter Schein ist, dann hat auch die barocke Weltauffassung vermutlich ihren Grund und ihren realen Erfahrungsgehalt in der Verschlossenheit der Menschen, einem Verhalten also, das, bedingt durch die Realität und das Denken bestimmend, zwischen Sein und Bewußtsein die Vermittlung herstellt.

V

Daß die Barockliteratur durch eine Vielzahl poetisch-rhetorischer Normen und Regeln geprägt ist, hinter welchen – auch das ein Phänomen der Verschlossenheit – die Subjektivität des Autors fast völlig verschwindet, gehört zu den besonderen historischen Produktions- und Rezeptionsbedingungen dieser Literatur. Dabei ist ein enger Zusammenhang zwischen zwei Sachverhalten zu beachten, die sonst vielfach getrennt gesehen werden.

Während es im 16. Jahrhundert, wenn auch noch um regionale Zentren gelagert, durchaus schon breitere bürgerliche Schichten mit eigenen kulturellen Interessen und Ansprüchen und daher auch schon ein literarisch interessiertes Publikum gibt, scheint sich dieses zu Anfang des 17. Jahrunderts stark zurückzubilden, und das wohl nicht nur infolge des Dreißigjährigen Krieges. Es sieht so aus, als hätten zumindest die breiteren Mittelschichten des Bürgertums keine Zeit mehr zur Lektüre belletristischer Literatur; und vielleicht war es wirklich so. Insgesamt geht die Buchproduktion während des langen Krieges ganz erheblich zurück, aber schon vorher, um 1600, bricht die deutschsprachig-volkstümliche Literaturtradition des 16. Jahrhunderts ziemlich abrupt ab. Sie wird von Opitz, der sich immerhin auf die mittelhochdeutsche Dichtung beruft, mit keinem Wort

---

[28] Vgl. W. Barner, Barockrhetorik (s. Anm. 14), S. 86-131.

erwähnt, und Gryphius übergibt in seinem „Peter Squenz" die Kunstpraxis der Meistersinger dem Spott der höfischen Gesellschaft. Ob die neu entstehende Barockdichtung mit ihrer Orientierung an der lateinischen Tradition der humanistischen Gelehrtendichtung sich bewußt von einem breiteren Publikum abschneidet, indem sie sich dessen Interessen versagt, oder ob dieses sein Interesse an Literatur aus anderen Gründen verliert und die Barockliteratur nur eine Reaktion darauf ist, läßt sich schwer sagen.[29] Auf jeden Fall ist der Leserkreis der Barockliteratur wahrscheinlich über Jahrzehnte hinweg klein; er beschränkt sich weitgehend auf die respublica literaria, d. h. auf die dünne Gelehrtenschicht und die Gebildeten der angrenzenden bürgerlichen Oberschicht. Es fehlt also ein breiteres bürgerliches Publikum, das als Rezipient der Barockliteratur in Frage käme – dieses bildet sich erst wieder im Laufe des 18. Jahrhunderts –, es fehlt ein funktionierender literarischer Markt, auf dem sich Angebot und Nachfrage nach eigenen Gesetzen regulieren. Die gelehrten Autoren finden Resonanz nur in den eigenen Kreisen, für die sie denn auch primär schreiben. Einen Ersatz für diesen Mangel bietet das poetisch-rhetorische Normensystem. Es ist das auffälligste Signum der Barockliteratur und verleiht ihr jene stilistische Homogenität, die den Eindruck erweckt, als reproduzierten die Werke in unendlichen Variationen stets nur wieder das eine normative Stilideal. Fragt man sich – wie es heute nahe liegt –, welchen Instanzen oder Institutionen sich die Durchsetzung und Einhaltung dieser Normen verdankt, dann lassen sich zwar einige namhaft machen: die Schulen mit ihrem gelehrten Unterricht, die Verleger und Buchhändler, die Sprachgesellschaften und vielleicht auch noch die schon im 17. Jahrhundert vorhandene Zensur. Aber faktisch sind die Kontroll- und Sanktionsmöglichkeiten dieser Institutionen wohl kaum so groß, daß sie die fast uneingeschränkte Geltung der poetischen Normen erklären könnten. Viel mehr spricht für die Vermutung, daß die Geltung auf ihrer freiwilligen Aneignung und Befolgung durch die Barockautoren selbst basiert, die sich aus eigenem Willen dieser strengen Reglementierung der poetischen Produktion unterwerfen. Dieser Vorgang scheint ein Akt der Selbstdisziplinierung zu sein und damit den vielfältigen Maßnahmen der Sozialdisziplinierung und -regulierung des Zeitalters zu entsprechen, in denen absolutistischer Ordnungswille sich betätigt. Freilich läßt die freiwillige Anerkennung des Normensystems zugleich den Schluß zu, daß dieses System mit seinen praecepta und exempla von den Autoren gar nicht unbedingt als Einschränkung der dichterischen Freiheit empfunden wird, sondern umgekehrt als Vorbedingung der Produktion, die ihnen überhaupt erst die poetische Betätigung ermöglicht. Der handwerkliche oder besser manufakturelle Anwei-

---

[29] Die Forschung auf diesem Gebiet steckt noch in den Anfängen, gesicherte Kenntnisse größeren Umfangs fehlen daher weitgehend. Hingewiesen sei immerhin darauf, daß im August 1982 in Wolfenbüttel eine Tagung über das Thema „Literatur und Volk im 17. Jahrhundert, Probleme populärer Kultur in Deutschland" stattgefunden hat.

sungscharakter der barocken Poetiken scheint das zu bestätigen. Das aber bedeutet: Eine Befreiung vom Zwang der Regeln, wie sie sich in der zweiten Hälfte des 18. Jahrhunderts durchsetzt, hätte im 17. Jahrhundert die Entfaltung einer breiteren literarischen Produktion eher unterbunden, weil dann auch Produktionsanweisungen, Muster und Maßstäbe gefehlt hätten, die notwendig zu sein scheinen, solange die Autoren nicht wissen, was bei einem größeren Publikum gefragt ist und ankommt, d. h. solange es keinen entfalteten literarischen Markt gibt. Hier liegt also vermutlich der Zusammenhang zwischen der Geltung des poetisch-rhetorischen Normensystems und dem Fehlen eines breiten Publikums mit eigenen literarischen Interessen. Dieses Fehlen wird eben dadurch kompensiert, daß die Autoren das, was sie selbst als humanistisch gebildete Gelehrte am Überlieferten für bewährt und mustergültig, daher eo ipso für zeitgemäß halten, zur unveränderlichen Norm erheben und als Regel für die eigene Produktion handhaben. – Mit dem von Opitz endgültig vollzogenen Übergang vom Latein zur deutschen Sprache in der Kunstdichtung humanistischer Prägung ist zwar am Anfang des 17. Jahrhunderts objektiv die Voraussetzung für eine allgemeine, nicht mehr durch sprachliche Barrieren erschwerte Rezeption der entstehenden Barockdichtung geschaffen. Aber dennoch wird diese, obwohl sie als gedruckte und in deutscher Sprache abgefaßte prinzipiell der Allgemeinheit zugänglich ist, nicht allgemein rezipiert, weil ein breites, anonymes, den Autoren selbständig gegenüberstehendes Publikum noch gar nicht vorhanden ist. Sie bleibt weitgehend Produktion für den Freundeskreis der Autoren und im weiteren Sinne für die respublica literaria, also für den eigenen Gebrauch der wenigen Gelehrten und Gebildeten, die Produzenten und Rezipienten zugleich sind. Mit ihrer dadurch bedingten Gelehrsamkeit erhält sich denn auch, nachdem die sprachliche Rezeptionsbarriere beseitigt ist, eine sachliche Barriere, die der allgemeinen Rezeption der Barockliteratur hinderlich ist und die Entstehung eines breiten, selbständigen Publikums erschwert. Diese Gelehrsamkeit und die damit erhobenen Ansprüche der Barockdichtung dem elitären Dünkel der eingebildeten Autoren anzulasten, wäre jedoch verfehlt. Eher könnte man sagen, daß sie damit unbeirrt an der Ausbreitung von Verstand und Bildung – wenn auch nicht gerade bis hinunter zum „büffelhirnigen Pövel" – als Voraussetzung für die allgemeine Rezeption ihrer Werke festhalten.

VI

Als Summe technischer Produktionsanweisungen ist also das Normensystem der barocken Dichtungstheorie, die in einer nicht eben geringen Zahl von Poetiken stets auf ähnliche Weise dargestellt wird, historisch notwendig, solange ein literarischer Markt als Regulativ der Produktion noch nicht existiert. Die Poetiken entwerfen daher auch keine philosophische Ästhetik; sie verstehen sich – auch wenn Opitz der Poesie den anspruchsvollen Titel einer „göttlichen wissenschaft"[30] gibt – nicht als scientia, sondern als ars: Nach dem didaktischen Schema von doctrina, exempla, imitatio vermitteln sie die Kenntnis der Regeln, erläutern sie durch Beispiele und Hinweise auf Muster und leiten zur Nachahmung an, dienen also, analog zur Rhetorik, dem Erwerb einer poetischen Kunstfertigkeit, die aber nur eine Voraussetzung der poetischen Produktion ist. Die andere, nicht erlernbare nennt Opitz in Anlehnung an Platon „Göttlichen furor" oder auch „natürliche regung"[31]. Ohne diese Begabung, diesen inneren Trieb zur Produktion ist Poesie ebenso wenig möglich wie ohne Kunstfertigkeit. Beide müssen sich vielmehr verbinden und sich aneinander abarbeiten zum Zweck ihrer harmonischen Ergänzung. Daher ist die dritte Voraussetzung die beständige Übung, die eigene Arbeit des Poeten, durch welche sich Begabung und verstandesmäßig Erlerntes in der Praxis zur Meisterschaft vereinigen, was um so wichtiger ist, als es für die Barockautoren zunächst darum geht, die Poesiefähigkeit der deutschen Sprache, ihr Vermögen zu sinnreicher, kunstmäßig geregelter Darstellung, überhaupt erst einmal überzeugend zu demonstrieren: eine Folge des doppelten Traditionsbruchs, mit dem die Barockliteratur beginnt. Sie bricht einerseits mit dem Latein der humanistisch-gelehrten Kunstdichtung des 16. Jahrhunderts und setzt die erst noch zu bildende deutsche Hochsprache an dessen Stelle, bewahrt aber mit den Regeln und Maßstäben den humanistisch-gelehrten Anspruch jener Tradition. Sie bricht andererseits mit dem volkstümlichen Charakter der deutschsprachigen Literatur des 16. Jahrunderts, indem sie die humanistisch-gelehrte Dichtungstradition fortsetzt, bewahrt aber sprachlich deren allgemeine Verständlichkeit in der Verwendung des von allen derben und mundartlichen Relikten gereinigten Hochdeutschen.

Durch diese Ausgangslage und durch die Anlehnung an das System der Rhetorik ist der relativ einheitliche und schematische Aufbau der barocken Poetiken bedingt, der auch schon dem *Buch von der Deutschen Poeterey* zugrunde liegt. Die einleitenden Kapitel, die der Rechtfertigung der Poesie gegenüber ihren Verächtern dienen und ihre Rehabilitierung geschichtlich begründen, handeln allgemein vom Ursprung und vom Wesen der Poesie. Hier finden sich Hinweise auf das ehrwürdige Alter der Poesie, die Opitz als „verborgene Theologie"[32] gilt, auf den Nutzen der Poesie, die „alle andere künste vnd wissenschafften in sich helt"[33], auf „vberredung vnd vnterricht auch ergetzung der Leute"[34] als ihren Zweck und auf ihr Verfahren, das im „nachäffen der Natur"[35] besteht, wie auch auf die Geschichte der deutschen Dichtung und speziell auf die mittelhochdeutsche Dichtung, die beweist, daß auch der deutschen Sprache die Poesie-

---

[30] Gesammelte Werke (s. Anm. 3), S. 414.
[31] Ebd., S. 409.
[32] Ebd., S. 344.
[33] Ebd., S. 347.
[34] Ebd., S. 351.
[35] Ebd., S. 350.

fähigkeit nicht abgeht. In diesem Teil finden sich bei Opitz Elemente, die bereits – mit Vorsicht sei es gesagt – auf die Aufklärung vorauszuweisen scheinen. Dazu gehört, daß er die gängigen Vorurteile gegenüber der Poesie und den Poeten zu entkräften sucht, daß er in einer Epoche, deren Geschichtsauffassung sich vielfach in dem Glauben, es gäbe nichts Neues unter der Sonne, erschöpft, den Gedanken einer Entwicklung der Menschheit von der anfänglichen Barbarei zu immer höherer Kultur vertritt, daß er Dichtung in aristotelischer Tradition als Naturnachahmung versteht und für deren Wahrscheinlichkeit plädiert – beides Elemente, die dann seit Gottsched im Zentrum der aufklärerischen Dichtungstheorie stehen. Und dazu gehört auch die dezidierte Ablehnung jeglicher Auftragsdichtung, jedenfalls in der Theorie: Opitz weist die Ansprüche eines Publikums zurück, welches für jedes private Ereignis – Geburt, Hochzeit Tod – sein Gelegenheitsgedicht fordert und die Poesie damit dem eitel-borniertem Einzelinteresse der Auftraggeber ausliefert. Diese kann, soll sie ihrem eigenen Auftrag wieder gerecht werden, nicht länger handwerklich-zünftige Kundenproduktion auf Bestellung sein, sondern muß – das ist ein Schritt auf dem Wege zur Autonomie der Kunst – dem inneren Antrieb des Dichters entspringen und Produktion für die Allgemeinheit sein. Vom einzelnen Leser wird damit gefordert, daß er seine individuellen Interessen und Bedürfnisse literarischer Art in Werken wiederfinde, die sich an den potentiellen Interessen und Bedürfnissen der Allgemeinheit – oder ersatzweise an allgemeinen Normen und Mustern – orientieren, und sie mit diesen zur Deckung bringe. Dichtung von dieser Art will „offentlich verkauffet" werden[36], ist also von der Produktionsseite her bereits für einen literarischen Markt prädisponiert, der sich freilich erst in der Epoche der Aufklärung zu entwickeln beginnt.

Die materialen Teile der Poetiken gliedern sich, der Rhetorik entsprechend, nach dem Schema von inventio, dispositio, elocutio. Das Kapitel über die inventio handelt von den Gegenständen der Poesie, von der Erfindung oder Stoffwahl, sowie von der Rücksicht auf Umstände, Anlaß und Zweck des Werkes und von den allgemeinen Gesichtspunkten, die bei der richtigen und vollständigen Darstellung des gewählten Stoffes zu beachten sind. Im Kapitel über die dispositio wird die kunstgerechte Einteilung eines Stoffes erörtert, zugleich auch die Form der Darstellung auf der Basis der Gattungen, die für die jeweiligen Stoffe zu wählen sind. Das Kapitel über die elocutio, also die sprachliche Ausformung, enthält die Stillehre, beschreibt die rhetorischen Figuren und unter dem Begriff der Tropen die Formen der Bildlichkeit und expliziert die Lehre von den drei Stilebenen, dem niedrigen, mittleren und hohen Stil, denen jeweils bestimmte Gattungen zugeordnet sind. Über Reim und Metrum, wodurch sich die gebundene Rede der Poesie von der ungebundenen der Prosa unterscheidet, handelt dann vielfach noch ein gesondertes Kapitel. Zugrunde liegt diesem Hauptteil der

---

[36] Ebd., S. 411.

Poetiken, der dem hochdifferenzierten System der Rhetorik entlehnt ist, eine hierarchische Struktur: eine Hierarchie der Stile und – sichtbar an der Ständeklausel, die etwa den höfischen Roman und die Tragödie vom pikarischen Roman und der Komödie trennt – der Gattungen, die durch den Rang der Gegenstände und Stoffe in der sozialen Hierarchie mit der Realität verbunden ist. In der vollkommenen Realisierung dieser hierarchischen Entsprechungen, die in der Theorie des aptum oder decorum, des Angemessenen und Schicklichen, gefordert ist, offenbaren die Sprache und die Poesie der Barockepoche ihr prätendiertes Ordnungsvermögen und zugleich in der Reaktion auf „eine völlig aus den Fugen geratene Wirklichkeit" deren verborgene Ordnung[37] und tragen so, verschwistert mit der absolutistischen Politik, zu deren Erneuerung bei.

Insgesamt geben die Poetiken der Epoche mehr als eine Sammlung von Produktionsanweisungen: Sie erstreben damit vor allem eine rationale Organisation der poetischen Produktion. Sucht man dafür nach einer Entsprechung im Bereich der materiellen Produktion der Zeit, dann wird man nicht auf die handwerkliche, sondern – das kann hier als These angedeutet werden – auf die manufakturelle Produktionsform verwiesen, die sich seit dem 16. Jahrhundert allmählich, wenn auch regional unterschiedlich stark, in Europa ausbreitet und damals die fortschrittlichste Produktionsform darstellt. Die systematische Gliederung eines komplexen Herstellungsvorgangs und seines Materials in den Poetiken: die Zerlegung der Produktion in einzelne Arbeitsvorgänge nach der Reihenfolge von inventio, dispositio, elocutio und der Produkte in einfache Elemente, die Unterteilung in res und verba, die Bereitstellung eines Arsenals von rhetorischen Figuren und Tropen, die Differenzierung der Sprache in der Dreistiltheorie und die analoge Hierarchisierung der Gattungen und Stoffe, die Zergliederung der großen Gattungen in ihre einzelnen Bestandteile, die Arbeitsteilung zwischen Einbildungskraft, Verstand und Sprachvermögen unter Anleitung und Kontrolle eines Subjekts, welches die Zusammenarbeit der einzelnen Vermögen planend organisiert und deren Synthesis zum beabsichtigten Endzweck bewirkt, die rationalisierte Ausbildung der poetischen Begabung durch theoretisches Wissen und systematische Übung – das alles ermöglicht virtuell, wie in der Manufaktur, eine Produktion, die ohne Rücksicht auf individuelle Kundenwünsche lediglich nach ihren eigenen Gesetzen organisiert ist, ermöglicht die Herstellung von Werken, die für den Bedarf der Allgemeinheit, also für den Markt bestimmt sind und dort erst das Bedürfnis des anonymen Käufers finden oder überhaupt erst erzeugen müssen. Mit diesem Anschluß an die fortschrittlichste Form der materiellen Produktion, der freilich noch gründlich untersucht werden müßte, sind die Poetiken der Epoche, die die barocke Erneuerung der deutschen Dichtung theoretisch begleiten, zweifellos auf eine bisher nicht ge-

---

[37] C. Wiedemann, Barockdichtung in Deutschland (s. Anm. 2), S. 198.

sehene Weise modern, auch wenn sie dabei auf das ausgearbeitete System der traditionellen Rhetorik zurückgreifen.

VII

Eine Leistung ist es vor allem, durch welche die barocke Erneuerung der deutschen Dichtung bleibende Bedeutung weit über die Barockepoche hinaus behalten hat. Es ist die metrische Reform, deren Prinzipien im siebten Kapitel des *Buches von der Deutschen Poeterey* in lapidarer Kürze formuliert werden. Opitz schlägt vor – und findet damit sofort allgemeine Zustimmung –, die zu fordernde Regelmäßigkeit in der gebundenen Rede durch alternierende Versmaße und durch die Kongruenz von Wortbetonung und metrischer Betonung, von natürlichem Wortakzent und künstlichem Versakzent herzustellen. Das ist hinreichend bekannt, bedarf aber, weil es sich keineswegs von selbst versteht, der Interpretation. Denn diese Regelung ist weder als allein angemessene aus dem Wesen der deutschen Sprache abzuleiten, noch als ihr wesensfremde – als angebliche Verwelschung – zu kritisieren, noch auch als rein zufällige im Sinne des subjektiven Beliebens zu erklären. Sie muß vielmehr als historisch bedingte verstanden werden. Der Rekurs auf die Literaturgeschichte reicht dazu nicht aus: Gleichgültig, wie die Knittelverse bis zum Ausgang des 16. Jahrhunderts gelesen wurden, ob gegen den Wortakzent oder unter Vernachlässigung der metrischen Alternation – offensichtlich blieben diese deutschsprachigen Verse hinter dem Harmonie-Ideal zurück, das Opitz für die neue Dichtung erstrebte. Wenn der Wortakzent beachtet wurde, mußte er das geregelte Ebenmaß des Metrums vermissen; wenn dagegen die metrische Alternation eingehalten wurde, mußte er die unvermeidlichen Tonbeugungen, die Kollisionen mit dem Wortakzent, als Störung der Harmonie empfinden. Denn was er mit der Kongruenz von Wortakzent und Versakzent auf der Grundlage regelmäßiger Alternation fordert, ist eine gleichsam ungezwungene Harmonie von Sprache und Versmaß, die durch den Wortakzent vermittelt ist. Die Wörter werden also nicht gegen ihren Wortakzent unter das metrische Schema gezwungen, von jedem einzelnen Wort wird vielmehr verlangt, daß es gerade durch seinen Wortakzent das vorgegebene Versmaß erfüllt. Anders formuliert: die einzelnen Wörter, die kleinsten selbständigen, d. h. für sich verständlichen Elemente der Sprache, haben auch in der künstlichen Ordnung des Verses ein Recht auf ihren natürlichen Wortakzent, das Signum ihres Eigenwerts, allerdings nur unter der Bedingung, daß sie sich im Verhältnis zu ihren benachbarten Wörtern und zum Ganzen der Verszeile, also zur metrischen Ordnung, dem vom Ganzen zugewiesenen Platz einfügen, nur wenn sie den Vorrang der metrischen Ordnung anerkennen und sich ihr ohne Widerstand beugen. Das vorgängig gesetzte Schema, dem die Sprache im Vers ihr geregeltes Ebenmaß verdankt, bleibt die regulierende Instanz, der sich die Wörter von sich aus fügen, wenn ihnen zum Ausgleich dafür ein minimales Eigenrecht zugesichert wird. Darin liegt vermutlich der objektive Gehalt des von Opitz postulierten Ausgleichs zwischen der Sprache und der ihrer Natur entgegengesetzten künstlichen Ordnung des Versmaßes. Er ist konzipiert auf der Basis eines naturrechtlich fundierten Harmonie-Ideals. Ihm sind auch die übrigen Regeln für die Behandlung der Sprache im siebten Kapitel der *Poeterey* verpflichtet: Die Unzulässigkeit unreiner und identischer Reime, die Vermeidung des Hiats, vor allem das Verbot, die Wörter im Vers gewaltsam zu verändern, aus metrischem Zwang den Endvokal zu apokopieren, Wörter durch Elision zu kontrahieren oder sie unnatürlich zu erweitern – alle diese Regeln haben den Sinn, die sprachliche Ordnung im Vers, die durch das vorgegebene metrische Schema gesetzt ist, als gewaltlose, natürliche, von der Sprache selbst produzierte erscheinen zu lassen und den Zwang unsichtbar oder gar überflüssig zu machen. Diesem Harmonie-Ideal entspricht es auch, daß Opitz die Wörter – und das ist keine bloß metaphorische Redeweise – wie menschliche Wesen behandelt wissen will, die der Poet nicht martern und quälen dürfe, wie es wörtlich heißt, denen keine Gewalt angetan werden dürfe[38], die also durch poetische Gesetze gegen den Zwang des Versmaßes in Schutz genommen werden. – Der Gehalt dieses ästhetisch konzipierten Harmonie-Ideals ist unschwer historisch und gesellschaftlich zu bestimmen. Das Verhältnis von Sprache und Versmaß, also das Verhältnis der Elemente zum Ganzen, wie Opitz es normiert, korrespondiert in seiner Struktur dem Verhältnis von Individuum und gesellschaftlicher Ordnung in der Theorie des vertragsrechtlich konstituierten Absolutismus: Wie hier dem Individuum erstmals in der Neuzeit eine naturrechtlich begründete Autonomie und dem Volk eine entsprechende Souveränität zuerkannt wird unter der Bedingung, daß sich die Individuen als Untertanen verhalten und den größten Teil ihrer Rechte vertraglich an die fürstliche Gewalt abtreten, die ihnen den privaten Rest, die wenigen Rechte der Untertanen, ebenfalls vertraglich zu garantieren hat, so wird hier im ästhetischen Bereich dem einzelnen Wort und der Sprache überhaupt ein eigenes Recht, ein gewisses Maß an Autonomie, gesichert, wenn sie sich, gleichsam in vertraglicher Übereinkunft und im eigenen Interesse, der höheren Gewalt des Versmaßes unterwerfen. Beiden Theorien, der poetischen und der politischen, liegt dieselbe widersprüchliche Konstruktion zugrunde, in der die geschichtliche Konstellation der gesellschaftlichen Kräfte durchscheint: Nur unter starker heteronomer Absicherung und Bindung, d. h. nur unter Anerkennung der absolutistischen Herrschaft und damit der realen gesellschaftlichen Machtverhältnisse, ist Autonomie im 17. Jahrhundert denkbar und als – bürgerliches – Postulat vertretbar. – Die Entwicklungsfähigkeit der metrischen Reform, die sie in ihrer weitreichenden Wirkung offenbart, liegt darin, daß Opitz der Sprache – und mit ihr den sprechenden Individuen – zutraut, nicht nur eine ihr äußerliche, heteronome Ordnung zu erfüllen, sondern von sich aus eine natürliche, ihr

---

[38] Gesammelte Werke (s. Anm. 3), S. 388 f., 393.

gemäße Ordnung selbst hervorzubringen, die schließlich der äußeren Stütze durch das Versmaß ebenso wenig mehr bedürfte wie die Individuen der politischen Reglementierung durch die absolutistische Ordnung. In dieser Intention seines Harmonie-Ideals verbirgt sich ein Element, das erst gegen Ende des 18. Jahrhunderts mit der Entstehung der freien Rhythmen zu sich selbst kommt.

VIII

Die rhetorische Prägung ist das entscheidende Merkmal der Barockliteratur, auch insofern, als diese ihr die Verachtung seit der Mitte des 18. Jahrhunderts eingetragen hat: In dem Maße, in dem die Kunst sich ihrer Autonomie bewußt wird, verfallen die Rhetorik und die Barockliteratur der Kritik. Zitate von Kant, Goethe, Hegel, schon von Lessing könnten das belegen. Gegen diese Abwertung, die bis ins 20. Jahrhundert hineinwirkt, hat sich die Barockforschung stets zur Wehr gesetzt, manchmal in durchaus unhistorisch-polemischer Wendung gegen die autonome Kunst, ohne jedoch zu fragen, ob denn jene Kritik ein Wahrheitsmoment enthält. Dabei könnte ein Blick auf die Anfänge und die Geschichte der Rhetorik lehren, daß die Kritik wohl doch nicht nur von Vorurteilen belastet war. Denn die Rhetorik war von Anfang an – und ist es immer geblieben – eine rein formale Techne ohne eigenen Zweck, eine Erscheinungsform der instrumentellen Vernunft. „Wer die Sprache beherrscht" – wie es die Rhetorik lehrt –, „beherrscht die Menschen".[39] Sie ist eine ancilla, eine Magd, die jedem dienstbar ist (wenn er zahlt), die alles kann und jedem Interesse, jedem beliebigen Zweck, dem aufklärerischen ebenso wie dem gegenaufklärerischen, ihre Macht leiht. Als rationale Techne ist sie überhaupt nicht auf irgendwelche Zwecke verpflichtet, sondern stellt lediglich die zweckrationalen Mittel für alle möglichen Zwecke bereit. Dieses Versatilität charakterisiert sie seit ihren Anfängen, seit ihrer Entstehung und ersten Blüte in der Sophistik, und ihre Brauchbarkeit erweist sie darin, daß sie, sei es in der Volksrede, in der Gerichtsrede oder in der Lobrede, aus Weiß Schwarz und aus Schwarz Weiß machen, daß sie den Schuldigen unschuldig und den Unschuldigen – Sokrates – schuldig machen kann. Nicht im Engagement für die Wahrheit, sondern darin, daß sie, was schwerer ist, die Wahrheit wider alle Vernunft und Wahrscheinlichkeit glaubwürdig auf den Kopf zu stellen vermag, beweist sich die Allmacht der Rhetorik am besten.

Bei dieser freien Verfügbarkeit für beliebige Zwecke und Interessen stellt sich unabweislich die Frage, welchen allgemeinen Zwecken und Interessen denn die Verwendung der Rhetorik in der Literatur der Barockepoche dient. Darauf findet man in der Forschung, so intensiv sie sich auch mit der Rhetorik beschäftigt, nirgends eine Antwort. Zwar wird immer wieder nachdrücklich betont, daß die Rhetorik auch in ihrer poetischen Verwendung nicht nur ein Arsenal von

---

[39] W. Barner, Barockrhetorik (s. Anm. 14), S. 128.

sprachlichen Formen, Figuren, Tropen und Bauanweisungen für die kunstgerechte Rede bereitstellt, sondern ihr Zentrum in der „Kategorie des Intentionalen", des zweckgebundenen, auf Wirkung und Überredung zielenden Sprechens hat.[40] Aber im Bestreben, die Zweckgebundenheit der Barockliteratur gegenüber der verbreiteten Auffassung von der Zweckfreiheit der Kunst überhaupt erst einmal zu rechtfertigen, wird die Frage, um welche historisch bestimmbaren Zwecke und Interessen es denn konkret in der Barockliteratur geht, völlig vernachlässigt. „Wie auch immer der ‚Zweck' der Poesie definiert wird: daß sie überhaupt mit einem ‚Zweck' verbunden sein soll, ist seit zwei Jahrhunderten in Deutschland zutiefst suspekt."[41] Als wären die Zwecke selbst gleichgültig, als gäbe es keinen Unterschied zwischen dem „Cenodoxus" von Bidermann und dem „Papinian" von Gryphius, begnügt man sich zumeist mit allgemeinen Hinweisen auf die bloße Zweckhaftigkeit: movere, persuadere, flectere, docere, delectare – das seien die Wirkungsabsichten der Barockautoren. Aber das ist natürlich nur eine unbefriedigende, weil inhaltsleere Antwort auf eine schwierige Frage.

Bei ihrer Untersuchung müßte man wohl in zwei Schritten vorgehen und sich zunächst vergegenwärtigen, daß ein rhetorisch geschulter Redner, wenn er seinen Zweck erreichen will, niemals so sprechen wird, wie ihm der Schnabel gewachsen ist. Sprechen mit rhetorischen Mitteln und nach den Anweisungen der Rhetorik ist entindividualisiertes, objektiviertes Sprechen. Sie gebietet ihm um seines Erfolgs willen, sich so eng wie möglich an die Umstände, den Anlaß und den Hörerkreis anzupassen und die Sache, von der er spricht, auf keinen Fall so zu beschreiben, wie er selbst sie sieht, wie sie sich ihm subjektiv und individuell darstellt; er muß sie vielmehr so beschreiben, wie sie angeblich an sich ist oder wie sie um seiner subjektiven Zwecke willen den Hörern objektiv erscheinen soll, damit er seine Zwecke, die dadurch nicht als die seinen erkennbar sind, um so besser erreicht. Die richtige Prämisse der Rhetorik ist also, daß subjektive Zwecke und partiale Interessen desto sicherer wahrgenommen werden können, wenn sie nicht als solche zu erkennen sind, sondern sich hinter einer Fassade scheinbarer Objektivität und vorgeblicher Allgemeinheit verbergen. Wenn sie sich offen zu erkennen gäben, würden sich die Hörer weniger leicht überreden lassen, würden eher mißtrauisch sein und sich fragen, ob der Zweck oder das Interesse des Redners auch das ihre sei. Wer etwa in bürgerlichem Interesse für die absolute Souveränität des Fürsten eintritt, weil sie geeignet ist, den Herrschaftsanspruch des Adels einzuschränken, darf dieses Ziel nicht offen aussprechen, sondern muß bestrebt sein, den Absolutismus als die objektiv beste Staatsform und ihre Durchsetzung als den objektiven, womöglich göttlichen Auftrag des Fürsten darzustellen. Das muß übrigens keineswegs immer mit bewußter

[40] Ebd., S. 74-83.
[41] Ebd., S. 75.

Täuschungsabsicht geschehen; es kann durchaus sein, daß ein Redner selbst gar nicht weiß, welche oder wessen Zwecke und Interessen er vertritt. Die Anweisungen dazu gibt die Rhetorik, deren entindividualisierte Rede ein Instrument im Dienste der Verschlossenheit ist. Und diese kann sogar so weit gehen – Scaliger hat diesen symptomatischen Fall erwähnt –, daß derjenige, der sich statt der oratio quotidiana, die der individuellen Natur des Sprechers gemäß ist, der rhetorischen oratio elaborata ac picta zu bedienen gezwungen sieht, ungewollt das Gegenteil von dem sagt, was er eigentlich sagen will und seinem individuellen Interesse entspricht.[42] Rhetorisches Sprechen ist also seiner Form nach ein diffiziler Balanceakt zwischen dem Festhalten an den eigenen Zwecken und ihrer Verschleierung in rhetorischer Sprache, die der besseren Durchsetzung der Zwecke dient, sie aber auch vereiteln kann. Wer die Rhetorik nicht wirklich beherrscht, ist eben der Dumme. – Damit erweist sich die rhetorische Prägung der Sprache im 17. Jahrhundert zunächst einmal als ein Phänomen, das der Verschlossenheit zugerechnet werden muß, einem Verhalten also, das bereits als ein bürgerliches bestimmt worden ist. Dies bedürfte freilich noch der inhaltlichen Bestätigung durch eine Untersuchung der allgemeinen Interessen und Zwecke, die der Barockliteratur zugrunde liegen und sich um ihrer besseren Durchsetzung willen rhetorisch artikulieren.

Daß alle literarischen Formen durch die Rhetorik zu Zweckformen werden, versteht sich. Aber welche Zwecke, welche historischen Interessen dahinter stehen, ist nicht ohne weiteres zu sagen. Mag auch bei manchen literarischen Gebrauchsformen, etwa bei der Predigt, dem Traktat, dem Gelegenheitsgedicht, dem Kirchenlied oder den Erbauungsschriften, dem Huldigungsgedicht, aber auch in der Literatur der Jesuiten, der konkrete, mit rhetorischen Mitteln erstrebte Zweck im einzelnen noch einfach erkennbar sein – bei der barocken Kunstdichtung die Zwecke, auf welche die rhetorische Intentionalität gerichtet ist, und die Interessen, denen die Rhetorik dient, zu bestimmen, ist wesentlich schwieriger. Denn mit der Produktion nicht mehr für einen individuellen Auftraggeber, sondern für eine Allgemeinheit von Lesern verändern sich zweifellos auch die Zwecke in Richtung auf eine größere Allgemeinheit. Gleichwohl müßten sie bestimmbar und historisch identifizierbar sein, wenn auch vielleicht nicht ohne weiteres für die Gesamtheit der Barockdichtung. Aber Ansatzpunkte dafür gibt es immerhin. Wenn Gryphius in der Vorrede zum *Leo Armenius* sagt, es sei seine Absicht, „die vergänglichkeit menschlicher sachen in gegenwertigem/ vnd etlich folgenden Trawerspielen vorzustellen"[43], dann spricht er damit zweifellos eines der Generalthemen der Barockdichtung aus, das nicht nur auf den höfi-

---

[42] J. C. Scaliger, Poetes libri septem, Faksimile-Neudruck der Ausgabe von Lyon 1561, mit einer Einleitung von A. Buck, Stuttgart-Bad Cannstatt 1964, S. 108 col. 2C.

[43] Andreas Gryphius, Gesamtausgabe der deutschsprachigen Werke, Bd. 5, hrsg. von Hugh Powell, Tübingen 1965, S. 3.

schen Schauplatz der barocken Trauerspiele beschränkt ist, sondern auch in der Alltagswirklichkeit des pikarischen Romans dargestellt wird und in Grimmelshausens Sentenz, „daß Unbeständigkeit/ Allein beständig sey immer in Freud und Leid"[44], prägnanten Ausdruck findet. Aber diese in der Barockdichtung vielfach variierte Erinnerung an die Vergänglichkeit und Unbeständigkeit der Welt, die die Menschen stets wieder zu vergessen scheinen, geschieht nicht um ihrer selbst willen, ist nicht Endzweck, sondern Mittel zum Zweck. Sie wird mit rhetorischer Eindringlichkeit so oft wiederholt, damit die Menschen, welchem Stand sie auch immer angehören mögen, eine Konsequenz daraus ziehen: damit sie sich zur Beständigkeit entschließen und diese in ihrer täglichen Lebenspraxis bewähren, um so am Ende die objektive Unbeständigkeit der Welt durch subjektive Anstrengung zu überwinden. In der Beständigkeit, sei es auf dem Fundament des christlichen Glaubens – in der festen Befolgung des göttlichen Willens – oder auf dem der stoischen Philosophie, konstituiert sich der Einzelne als selbständiges Subjekt, das im konstanten Festhalten an seinen eigenen, selbstgewählten Prinzipien aus der realen Heteronomie sich zu befreien sucht und dadurch virtuell aufhört, ein Spielball der Unbeständigkeit zu sein. Die Tugend der constantia, der Zweck so vieler Werke der Barockdichtung, ist also nichts anderes als die barocke Erscheinungsform dessen, was dann seit der Aufklärung als spezifisch bürgerliche Idee des frei über sich selbst bestimmenden Subjekts philosophisch begründet und praktisch gefordert wird. Wer – wie der am bayrischen Hof lebende Jesuit Jacob Balde – von sich behauptet, er sei civis sui, also Herr seiner selbst[45], ohne doch faktisch die Privilegien – Rechtsfähigkeit, Freiheit, materielle Unabhängigkeit – zu besitzen, die in der altständisch-vorabsolutistischen Gesellschaft mit diesem Begriff verbunden sind, muß ihm, wenn er nicht sinnlos sein soll, eine neue Interpretation gegeben haben: Er beansprucht mit dem Begriff für sich als einzelnen ein Recht – kein Vorrecht mehr –, das potentiell jedes subjectum des absolutistischen Staates unabhängig von seinem Stand für sich beanspruchen kann, d. h. er formuliert in traditioneller Terminologie einen Anspruch, der dann im Laufe des 18. Jahrhunderts allgemein als bürgerliches Recht auf Mündigkeit virtuell für alle Abhängigen, für alle Untertanen, erhoben wird. Mündig geworden, auch wenn sie es rechtlich noch nicht sind, glauben sie daher, unter Ihresgleichen, in bürgerlicher Gesellschaft, der früheren Verschlossenheit nicht mehr zu bedürfen. In der Barockepoche dagegen, unter dem sich durchsetzenden Absolutismus, der nichts Individuelles und partiell Selbständiges dulden kann, ist jene Verschlossenheit der Individuen, eine Form der Selbstdisziplin, historisch notwendig; die sei es christlich, sei es stoisch

---

[44] Grimmelshausen, Der Abentheurliche Simplicissimus Teutsch und Continuatio des abentheurlichen Simplicissimi, hrsg. von Rolf Tarot, Tübingen 1967, S. 467.

[45] Vgl. Dieter Breuer, Gibt es eine bürgerliche Literatur im Deutschland des 17. Jahrhunderts? Über die Grenzen eines sozialgeschichtlichen Interpretationsschemas, GRM (N. F.) 30, 1980, S. 214 ff.

verstandene Autonomie, die sich auf die Absage an die unbeständige und vergängliche Welt gründet, ist die beständig in der Welt praktizierte Negation der
Welt und des Lebens in dieser Welt, also eine Form der ‚innerweltlichen Askese‘,
die sich nach Max Weber vor allem in einem bestimmten bürgerlichen Arbeitsethos äußert und dem Besitzerwerb dient.[46] Der Unabhängigkeit gewährende
materielle Besitz aber ist die reale Basis des bürgerlichen Begriffs von Autonomie.[47] – In der Beständigkeit als dem allgemeinen, sozial nicht näher bestimmten Zweck eines beträchtlichen Teils der Barockdichtung und in der Rhetorik als
dem Mittel zu ihrer allgemeinen Propagierung erweist sich dessen Gehalt, mag
das auch dem ersten Blick nicht erkennbar sein, als frühbürgerlich: Das städtische
Bürgertum, eben erst dem Absolutismus unterworfen und noch zu schwach, um
seine Ansprüche und Interessen offen zu vertreten, paßt sich daher politisch und
kulturell der veränderten Lage an, um das durch den Absolutismus ausbalan-
cierte Gleichgewicht der gesellschaftlichen Kräfte – und damit seine Position –
nicht zu gefährden. Literarisch findet diese Anpassung ihren Ausdruck in der
Darstellung höfisch-‚politischer‘ Ideale und Umgangsformen, in der Verwendung
einer rhetorisch objektivierten Sprache und eben darin, daß die neuzeitlich-
bürgerliche Idee der Autonomie als sozial unbestimmte vertreten und nicht als
etwas radikal Neues, sondern im Medium traditioneller Begriffe aus der stoischen Philosophie oder dem christlichen Denken vorgestellt wird. Daß die Barockdichtung auf diese Weise mit ihren allgemeinen Zwecken sozial bestimmbare
partikulare Interessen vertritt, bleibt äußerlich unerkennbar – sowohl für die
Zeitgenossen als auch für die heutige Barockforschung, die den Nachweis latent
bürgerlicher Gehalte weithin für verfehlt hält.

IX

Dieselbe objektive Intention, die an der Verwendung der Rhetorik in der
Barockdichtung auszumachen ist, liegt auch den Formen ihrer Bildlichkeit zugrunde, die ausnahmslos allegorisch-emblematischer, nicht symbolischer Natur
sind. Auch sie dienen der durch Interessen bestimmten Verbreitung einer Weltauffassung, in der zwar scheinbar die mittelalterliche Ordo-Idee weiterlebt, die
aber mit durchaus neuen Mitteln zur Geltung gebracht wird. Denn zur allegorisch-emblematischen Bildlichkeit gehört eine Denkweise, die in ihrem Kern
eine neuzeitliche ist.

Die Allegorie, in der Form der allegorischen Personifikation noch am ehesten
bekannt, ist wie das ihr zugehörige Auslegungsverfahren der Allegorese eine
alte, bis in die Antike zurückreichende und auch in der mittelalterlichen Kunst

---

[46] Die protestantische Ethik und der Geist des Kapitalismus (s. Anm. 22).
[47] Vgl. C. B. Macpherson, Die politische Theorie des Besitzindividualismus, Von
Hobbes bis Locke, Frankfurt a. M. 1967.

verwendete Bildform, während das Emblem als eine frühneuzeitliche Erfindung anzusehen ist. Sie liegt vor in dem 1531 in Augsburg erschienenen *Emblematum liber* des Andrea Alciati. Dieses Buch mit seinen 98 Emblemen, die je aus einem Holzschnitt und aus einem lateinischen Epigramm bestehen, verbreitet sich rasch über ganz Europa, erlebt zahlreiche Neuauflagen und Bearbeitungen und findet, Indiz seiner Zeitgemäßheit, im 16. und 17. Jahrhundert zahllose Nachahmer. Diese Emblembücher sind wahre Arsenale, aus denen die Barockautoren ihre Bilder, Vergleiche und Einzelmotive beziehen. Auch hier zeigt sich also die enge Bindung der Barockliteratur an objektiv Vorgegebenes und Verbindliches und der geringe Wert des subjektiven Einfalls.

Die allegorisch-emblematische Bildlichkeit ist in den letzten zwei Jahrzehnten intensiv erforscht worden. Ein wesentliches Ziel dabei ist die endliche Rehabilitation der Allegorie und des Emblems[48], ist der Versuch, sie aus dem Stand der Verachtung herauszuführen, in den sie durch die Kritik von seiten einer symbolischen Kunstauffassung gefallen sind. Die Rehabilitationsversuche richten sich daher vielfach gegen die Vorherrschaft des Symbol-Begriffs – bis hin zum angeblichen Beweis seiner logischen Unmöglichkeit –, der sich im späteren 18. Jahrhundert zusammen mit der Auffassung von der Autonomie der Kunst durchsetzt und die traditionellen Bildformen verdrängt, genauer gesagt: überwindet. Denn das Verhältnis von Allegorie und Symbol, die gewiß nicht als gleichwertige, überall und zu allen Zeiten verwendbare Formen gelten können, ist geschichtlich in dem Sinne, daß im Symbol als möglich angesehen wird, was die älteren allegorisch-emblematischen Formen, die Sache und Bedeutung als getrennte voraussetzen, zwar prätendieren, aber nicht oder nicht befriedigend zu leisten vermögen: die Einheit von Sache und Bedeutung oder von Bild und Gehalt. Dieses geschichtliche Verhältnis darf man bei allen Versuchen, der Allegorie wieder ihr Recht werden zu lassen, so wenig übersehen wie die Tatsache, daß die Geltung des Symbol-Begriffs – vermutlich aus historischen Gründen – in der Literaturgeschichte anders als in der Literaturwissenschaft eigentlich nur auf wenige Jahrzehnte beschränkt ist. Schon die Romantik hat wieder eine gewisse Affinität zur Allegorie, und selbst der späte Goethe verwendet im zweiten Teil des *Faust* wieder allegorische Formen. Möglicherweise ist also die Dichtung des 19. Jahrhunderts – Benjamin interpretiert Baudelaire als Allegoriker, bei Heine wäre das ebenfalls denkbar – und auch des 20. Jahrhunderts über Brecht hinaus[49] in viel stärkerem Maße, als bisher gesehen worden ist, allegorisch geprägt, wenn auch nicht mehr in derselben Weise wie früher. Wenn man es dann noch für möglich hält, daß das allegorisch-emblematische Denken, dem eine

---

[48] Das ist das Bestreben nicht weniger Beiträge in dem Band: Formen und Funktionen der Allegorie, Symposion Wolfenbüttel 1978, hg. von Walter Haug, Stuttgart 1979.

[49] Vgl. Reinhold Grimm, Marxistische Emblematik, Zu Bertolt Brechts „Kriegsfibel", in: Wissenschaft als Dialog, hrsg. von Renate von Heydebrand u. Klaus Günther Just, Stuttgart 1969, S. 351-379.

bestimmte Wirklichkeitsauffassung zugrunde liegt und das man mit Recht als Erkenntnisinstrument bezeichnet hat[50], im Denken der modernen Wissenschaften fortlebt, mit denen sich die Emblematik durchaus berührt – beide interpretieren, die eine eher naiv, die anderen methodisch abgesichert, die Realität im Sinne vergleichbarer Weltauffassungen und Ordnungsvorstellungen, und beide suchen eine historische Weltauffassung als objektiv gültige zu erweisen –, dann wäre eine Rehabilitation des allegorisch-emblematischen Denkens vielleicht gar nicht nötig. In der Forschung spielen solche Erwägungen freilich kaum eine Rolle. Sie betrachtet die allegorisch-emblematische Denkweise noch weithin als eine traditionelle, im Mittelalter verwurzelte und nicht als Frühform einer modernen.[51] Dabei könnte schon ein Vergleich mit der Philosophie eines Descartes, deren Erkenntnismethode durch und durch emblematischer Natur ist, verdeutlichen, daß sie eine frühneuzeitliche Denkweise ist.

Allegorisch reden heißt: anders reden, in uneigentlicher Form vom eigentlich Gemeinten reden. Überall dort, wo allgemeine Bedeutungen, abstrakte Verhältnisse, Gebilde, Ordnungen oder Eigenschaften, die unmittelbar nicht leicht zu fassen sind, in anschaulich-konkreter Form, d. h. auf bildliche und damit spezifisch künstlerische Weise vorgestellt werden, hat man es mit allegorischen Darstellungen zu tun, die immer zugleich auch bestimmte Auffassungen, Einstellungen und Wertungen didaktisch vermitteln, etwa mit der Allegorie vom Staatsschiff neben der Einsicht in das Funktionieren des Staates die nützliche Auffassung, daß alle in einem Boot sitzen. Die Allegorie ist also eine Form der Vergegenständlichung, im engeren Sinne auch der Personifikation, die Abstraktes oder Geistiges oder Allgemeingültiges auf ein mehr oder weniger konstruiertes Analogon gegenständlicher Art projiziert, und zwar so, daß jenes in diesem als das eigentlich Gemeinte und Bedeutete durchschaubar wird und dieses auf jenes verweist. Das Gegenständliche wird daher nicht um seiner selbst willen als etwas Besonderes und selbst Bedeutsames dargestellt, sondern dient als illustrierendes Exempel oder Sinnbild, das zeichenhaft auf etwas anderes, ein von ihm getrenntes Allgemeines verweist. Ohne diesen Bezug wäre es substanz- und bedeutungslos: ein nichtiges, vergängliches Ding. In seiner verweisenden Funktion führt das gegenständlich Besondere und Individuelle in allegorischer Darstellung stets eine abhängige Existenz, hat es kein eigenes Recht gegenüber dem Allgemeinen – und eben das ist es, was Goethes kritische Vorbehalte gegenüber der Allegorie nährt und seine Konzeption des Symbols bestimmt[52], in dem das Besondere, Gegenständliche oder Individuelle als solches gemeint ist und zu seinem Recht

---

[50] So Albrecht Schöne, Emblematik und Drama im Zeitalter des Barock, 2., überarb. u. ergänzte Aufl., München 1968, S. 50.

[51] Ebd., S. 45–50.

[52] Etwa in den *Maximen und Reflexionen* (Nr. 749 ff.), Goethes Werke, Hamburger Ausg., Bd. 12, S. 470 f.

kommt, in dem es, als „Analogon"[53] alles Besonderen aus seiner Vereinzelung heraustretend, seine Bedeutung selbst hervorbringt und dadurch zugleich ein Allgemeines wird: Das Symbol ist seiner Intention nach die zwanglos durchs Besondere hervorgebrachte Einheit des Besonderen und des Allgemeinen, des Gegenständlichen und seiner Bedeutung, während der Allegorie diese Vereinigung nur äußerlich auf der Basis der Trennung möglich ist und nur unter der Vorherrschaft des Allgemeinen, die von – wenn auch subtilem – Zwang niemals frei ist. Goethes Begriff von der Allegorie ist also sachlich durchaus zutreffend und in seiner Kritik, die gewiß nicht nur ästhetische Bedeutung hat, keineswegs inakzeptabel; von der Barockforschung wird er trotzdem nicht gern verwendet eben wegen dieser Kritik, die freilich erst zu prüfen wären, bevor man sie zurückweist.

Embleme – viele Dinge, die man umgangssprachlich als Symbole versteht, sind in Wahrheit zeichenhaft verkürzte Embleme – unterscheiden sich von Allegorien, auch wenn die Übergänge fließend sind, durch ihr einheitliches Formschema und ihre Tendenz zu größerer Naturnähe und empirischer Wahrscheinlichkeit. Sie bestehen aus drei Teilen: der pictura, einer bildlichen Darstellung von irgendwelchen Gegenständen in einem Holzschnitt oder Kupferstich, einer Überschrift oder inscriptio, die den Gegenstand bezeichnet oder ein Motto, eine Devise oder ein kurzes Sprichwort enthält, und einem Text, meistens in Form eines Epigramms, das als subscriptio unter der pictura steht und eine beschreibende Auslegung des bildlich Dargestellten gibt.[54] Emblematisch darstellbar ist praktisch alles: empirisch Wirkliches und Unwirkliches, Geschichtliches, literarisch Tradiertes und Mythologisches. Das Emblem ist eine wahrhaft ausgreifende Kunstform, die sich die gesamte Realität zur Darstellung und Auslegung aneignet. Aber zugleich vermittelt sie diese Aneignung, die ihr zugrunde liegende Denkweise und die darin enthaltene Weltauffassung. Auch das Emblem ist also eine Zweckform, die im übrigen ohne Schwierigkeiten literarisch verwendet werden kann, weil die pictura leicht durch eine verbale Beschreibung des Gegenstandes zu ersetzen ist. Und auch hier fragt sich, welchen Zwecken diese Form dient und welche gesellschaftlichen Interessen sich in der emblematischen Weltdeutung objektivieren. Daß es die Gelehrten sind, die sich damit befassen, hilft nicht viel weiter. Diese Frage bedürfte vielmehr einer ausgedehnten inhaltlichen Analyse der Emblembücher im Blick auf die Weltauffassung, die Einstellungen, Verhaltensmuster und Moralvorstellungen, die sie vermitteln. Nicht weniger aufschlußreich aber ist eine kritische Analyse der Form des Emblems, aus der das

---

[53] Ebd., S. 368 (Nr. 23).
[54] Vgl. A. Schöne, Emblematik und Drama (s. Anm. 50), S. 18-34. Die neuere Forschung zur Emblematik ist dokumentiert in dem Band: Emblem und Emblematikrezeption, Vergleichende Studien zur Wirkungsgeschichte vom 16. bis 20. Jahrhundert, hrsg. von Sibylle Penkert, Darmstadt 1978. Vgl. auch H. Steinhagen, Zu Walter Benjamins Begriff der Allegorie, in: Formen und Funktionen der Allegorie (s. Anm. 48), S. 666-685.

Verfahren der emblematischen Weltdeutung und dessen Verhältnis zur Realität ableitbar ist.

Die Emblematiker erheben in ihren theoretischen Aussagen über das Emblem den Anspruch, im bildlich dargestellten Gegenstand eine tiefere Bedeutung zu erkennen, die das Emblem in der subscriptio formuliert und die sich dadurch, daß sie aus Gegenständlichem abgeleitet ist, als objektiv gültig ausweist. Zugrunde liegt also der Emblematik die Annahme, daß alle Dinge in der Realität eine latente Bedeutung tragen und durch verborgene Beziehungen miteinander verbunden sind, daß sie als Schöpfungen Gottes auf die Bedeutung oder den Sinn verweisen, den Gott bei ihrer Erschaffung in sie hineingelegt hat, und sie will diesen tieferen Sinn, diese verborgene Ordnung der Schöpfung durch spirituale Deutung wieder erkennbar machen. Die Welt im ganzen ist für die Emblematik eine allegorische Vergegenständlichung der Weisheit, Allmacht und Güte Gottes, und die Embleme machen dies bis ins unscheinbarste Einzelne hinein sichtbar; ihr Zweck ist es, dem Menschen die Welt durch die Erkenntnis von verborgener Ordnung und latenter Bedeutung in der kontingenten Realität wieder zuzurichten. Wenn diese chaotisch und undurchschaubar erscheint, weil die alten Ordnungen durch gesellschaftliche Entwicklungen zerbrochen sind, dann behauptet die Emblematik, daß dies nur Schein ist – opinione fallimur –, daß es in der Welt nach wie vor verborgene Ordnungsstrukturen gibt, die sich, wenn sie erkannt sind, auch in der Realität wieder durchsetzen werden. Dem dient sie zumal durch ihre Form: Mit der Voranstellung der pictura und der Realitätsnähe des in ihr Abgebildeten suggeriert das Emblem die „ideelle Priorität" und „potentielle Faktizität" des Gegenständlichen[55] und erweckt damit gewollt den Anschein als sei die in der subscriptio formulierte Bedeutung, das Allgemeine, aus dem besonderen Gegenstand der pictura abgeleitet, als sei also das Allgemeine objektiv in der Realität enthalten und nur durch ein abstrahierendes Verfahren, durch einen logischen Schluß oder eine rationale Analogie, aus der Realität selbst gewonnen: Wenn in der pictura Motten um eine Kerze fliegen und, von der Flamme angezogen, in ihr verbrennen, dann besteht für die Emblematik zwischen diesem natürlichen Phänomen und der moralischen Welt eine verborgene Beziehung, die in der subscriptio aufgedeckt wird. Die Natur selbst liefert den gültigen Beweis dafür, daß Leidenschaften, zumal erotische, verderblich und daher zu meiden sind. Weil die Realität angeblich objektiv bedeutend ist, kann die moralische Bedeutung aus ihr abgeleitet werden. In Wahrheit aber ist sie nicht abgeleitet, sondern zuvor erst einmal hineingelegt; in Wahrheit ist die Bedeutung das Erste, besitzt die subscriptio die faktische Priorität gegenüber der pictura und dem Gegenständlichen. Das bestätigen sowohl die als subscriptiones verwendeten Epigramme im ersten Emblembuch, die Alciati zum großen Teil einfach aus der *Anthologia Graeca* übernimmt, als auch die Gegenstände der

---

[55] A. Schöne, Emblematik und Drama (s. Anm. 50), S. 26 ff.

Emblematik, die vielfach durch Vereinzelung oder willkürliche Konstruktion im Sinne der Bedeutungen präformiert werden, die dann, in der pictura hypostasiert, als angeblich objektiv in den Gegenständen enthalten aus ihnen abgeleitet werden. Das Emblem ist also eine Kunstform, die es ermöglicht, einer nichtigen, vergänglichen, substanzlosen Realität – und an dieser Entwertung der Realität ist es selbst beteiligt – durch vordergründig unerkennbare Projektion von Bedeutung wieder Sinn und Substanz zu verleihen. Je weniger das erkennbar ist, desto besser; desto wahrscheinlicher ist es, daß die Bedeutungen als objektive und allgemeingültige anerkannt werden. Die Emblematik dient also der Verbreitung eines angeblich gesicherten Wissens und bewährt sich damit als ideologisches Mittel zur Durchsetzung einer Weltauffassung, die der Realität durch interpretatorische – nicht durch praktische – Veränderung wieder Ordnung und Durchschaubarkeit, Konstanz und Berechenbarkeit verleiht und sie dadurch in wachsendem Maße der rational geleiteten bürgerlichen Lebenspraxis zurichtet. Mit diesem Zweck ist die Emblematik den Naturwissenschaften verschwistert, die etwa gleichzeitig mit ihr entstehen und mit ihrem Streben nach rationaler Naturbeherrschung ohne Zweifel ein Produkt bürgerlichen Geistes sind. Denn trotz aller Naivität und Willkür ist die Emblematik ihrer Intention nach ein rationales Verfahren: Als rational geleitete Projektion von rationaler Bedeutung auf ein qualitäts- und bedeutungsloses Material schreibt sie, ohne das zu erkennen zu geben, vielleicht ohne es zu wissen, der Realität Bedeutung vor, so wie die Naturwissenschaften nach Kant der Natur Gesetzmäßigkeit vorschreiben, indem sie – freilich nicht willkürlich, sondern methodisch gesichert – mit der Erwartung von rational begreifbarer Gesetzmäßigkeit an die Natur herantreten und diese so in jederzeit wiederholbaren Versuchsanordnungen mit dem einzelnen Naturvorgang vermitteln, daß die Gesetzmäßigkeit als eine quasi objektive Qualität der Natur selbst erscheint, obwohl sie lediglich ein Produkt des Verfahrens ist. Die emblematische Deutung der Welt ist wie die naturwissenschaftliche Erkenntnis ein Vorgang der neuzeitlichen Selbstbehauptung des Subjekts in einer Welt, die sich gegenüber der mittelalterlichen erheblich verändert hat und faktisch nicht mehr, auch wenn das nach wie vor behauptet wird, als eine von Gott auf den Menschen hin entworfene gedacht werden kann, die ihm fremd und feindlich geworden ist und daher erst durch theoretische und praktische Veränderung auf die Lebensbedürfnisse des Menschen zugerichtet werden muß.

In der Barockdichtung, die ebenfalls ganz entschieden auf Demonstration und Herstellung von Ordnung, Konstanz und Regelmäßigkeit in der Welt verpflichtet ist, begegnen Allegorien, Embleme und allegorisch-emblematische Strukturen denn auch in vielfältigen Formen: in der poetischen Bildlichkeit, die ihre Motive aus dem Arsenal der Emblembücher entnimmt, in der Verwendung allegorischer Figuren, in den Argumenten der Trauerspieldialoge, die oft stichwortartig Embleme zitieren und deren angeblich gesichertes Wissen ausnützen, dann aber nicht selten durch den unmittelbaren Fortgang der Handlung widerlegt werden, im Verhältnis von Abhandlung und Reyen in den Trauerspielen, das dem von pictura und subscriptio im Emblem entspricht, und schließlich auch in der Gesamtstruktur ganzer Werke, deren stofflich-gegenständliche Handlung vielfach die allegorisch-emblematische Vergegenständlichung abstrakter Bedeutung ist und sich nur selten gegenüber dieser verselbständigt.

Hingewiesen sei abschließend noch darauf, daß das allegorisch-emblematische Formprinzip noch weit bis ins 18. Jahrhundert hinein seine Geltung bewahrt; erst in der Diskussion über das Verhältnis von Natur und Regel in der poetischen Produktion werden die letzten Reste barocken Denkens aufgelöst. Aber noch die aufklärerische Gattung der Fabel ist emblematischer Natur; und Gottsched beschreibt die Verfertigung von Tragödien im zehnten Kapitel der *Critischen Dichtkunst* erkennbar als allegorische Vergegenständlichung eines vorgegebenen moralischen Satzes[56]; und noch Lessing – dem der junge Schiller darin folgt – projiziert mit Hilfe der dramatischen Form Kausalität so auf die dargestellte Realität, daß sie als quasi objektive Gesetzmäßigkeit der Realität selbst erscheint. Der Übergang von der Barock- zur Aufklärungsepoche ist eben durchaus fließend, und das mag zugleich eine nachträgliche Rechtfertigung dafür sein, daß der vorliegende Band auch Beiträge über einige Autoren enthält, die man eher im vorangehenden Band über das 18. Jahrhundert suchen würde, weil sie nach literaturgeschichtlicher Epochengliederung eher der Aufklärung zuzurechnen sind.

* * *

Unter solchen geschichtlichen Perspektiven und Aspekten, wie sie hier in der Darstellung dessen, was die Dichtung des 17. Jahrhunderts insgesamt objektiv bedingt, thesenhaft entwickelt worden sind, könnte durchaus ein Bild der Epoche entstehen, das diese allen keineswegs geringzuschätzenden Hindernissen zum Trotz als eine frühneuzeitliche ausweist und in der neueren deutschen Literaturgeschichte eine bis zum Mittelalter zurückreichende Kontinuität erkennbar werden läßt. Die Aufgaben und Probleme, die sich der Forschung bei diesem Versuch stellen, werden so freilich nicht einfacher. Auch darf man ihre Lösung von den Beiträgen dieses Bandes nicht erwarten. Die Einleitung ist, obwohl in Kenntnis aller übrigen Beiträge geschrieben, ein Beitrag wie alle anderen, kein Programm für den ganzen Band. Das hätte nicht dem Konzept der Reihe entsprochen, die allen Mitarbeitern bei der Abfassung ihrer Beiträge stets völlig freie Hand gelassen hat. Von diesem Recht macht auch die Einleitung Gebrauch. Und wenn sie sich dabei, bedingt durch ihren Gegenstand und freilich auch ihren Ansatz, weit von den anderen Beiträgen zu entfernen scheint, kann sie mit ihrer notwen-

---

[56] Im Kapitel „Von Tragödien, oder Trauerspielen" (§ 11); vgl. J. Chr. Gottsched, Versuch einer Critischen Dichtkunst, Darmstadt 1962 (Unveränd. photomechan. Nachdruck der 4., vermehrten Aufl., Leipzig 1751), S. 611 ff.

digerweise distanzierten Perspektive doch zur richtigen Einschätzung und zum besseren Gesamtverständnis der in diesem Band vorgestellten Autoren und ihrer Werke beitragen.

Wenn Spee vielleicht als einziger sich dessen bewußt ist, daß emblematisches Denken projizierend verfährt, und damit die unbewußte Selbsttäuschung der meisten Emblematiker nicht teilt[57], dann ist das aus der Perspektive der Einleitung nicht von geringer Bedeutung. Und es ist auch kein Zufall, daß es der Verfasser der *Cautio criminalis* ist, der diese Selbsttäuschung durchbricht. Denn auch die Hexenverfolgungen der frühen Neuzeit sind – das ist die reale, praktische Seite der Sache – eine Erscheinungsform des projizierenden Denkens, und gewiß keine gleichgültige. Sie setzen zudem Verschlossenheit als verbreitetes soziales Verhalten voraus: Nur wo sie vorhanden und den Menschen bewußt ist, wird es möglich, jemanden als Hexe zu denunzieren – d. h. alles Böse, dessen man selbst in Gedanken fähig ist, auf andere zu projizieren – und damit auch ohne jeden Beweis bereitwillig Glauben zu finden. So sehr scheint die Verschlossenheit bereits damals als allgemeines Verhalten verbreitet zu sein, daß die Möglichkeit eines Verdachts schon als Beweis ausreicht. Ihn bestätigt dann, so oder so, die Folter, mit der die Verschlossenheit gewaltsam gebrochen und dem projizierenden Denken im Geständnis des Gefolterten der Beweis geliefert wird, daß es der Wahrheit dient. – An Spee, wie vereinzelt auch an anderen Autoren, zeigt sich im übrigen, daß man mit aufklärerischem Denken, das ja keineswegs auf die Aufklärungsepoche beschränkt ist, durchaus schon, wenn auch nicht in programmatischer Form, im 17. Jahrhundert rechnen darf, in welches – Leibniz ist immerhin 1646 geboren, Thomasius 1655 – die Wurzeln der Aufklärung vielleicht tiefer hineinreichen, als sie selbst wissen wollte und um ihres Selbstverständnisses willen wissen durfte.

Ähnliche Beziehungen zwischen dem, was in der Einleitung in manchmal fast unvertretbarer Kürze dargestellt wird, und den übrigen Beiträgen lassen sich, und sei es auch nur auf der Ebene von Details, bei genauer Lektüre auch sonst ausmachen. Nimmt man die Beiträge des Bandes und die Einleitung zusammen, dann ergibt sich auf jeden Fall ein Bild von der Spannweite der heutigen Barockforschung, in dem sich auch ihre verschiedenen Positionen und Richtungen fast proportional adäquat spiegeln. Und so ist auch die Hoffnung, ohne die es bei solchen Unternehmungen nicht geht, vielleicht nicht völlig grundlos, daß der Band mit der Fülle seiner kreuz und quer laufenden Striche und Linien doch, wie skizzenhaft auch immer, die Umrisse eines in sich durchaus widersprüchlichen Gesamtbildes der Dichtung dieser Epoche, die selbst widersprüchlich genug ist, sichtbar werden läßt.

---

[57] Vgl. den Beitrag von Hans-Georg Kemper über Spee (S. 96 f. im vorliegenden Band).

BERNARD GORCEIX

JACOB BÖHME

Du wirst das letzte Reich verkünden,
Das tausend Jahre soll bestehn;
Wirst überschwenglich Wesen finden,
Und Jakob Böhmen wieder sehn.

Novalis. An Tieck.[1]

Seitdem über deutsche Literatur des 17. Jahrhunderts geschrieben wird, ist es üblich gewesen, auch einen Schriftsteller zu behandeln, der der traditionellen überholten Gliederung nach vielmehr zur Geschichte der Philosophie gehört und als Initiator, wenn nicht als Begründer des deutschen metaphysischen Museums seit Schelling und Hegel begrüßt und gefeiert wird. Die Gründe der Assimilation des „Philosophus Teutonicus" – das Adjektiv „Teutonicus" gebraucht der Görlitzer Schuhmachermeister (1575-1624) selber, um seine letzten Briefe zu unterzeichnen – sind wohlbekannt. Während die drei anderen großen philosophischen Systeme des Barockzeitalters, die Synthesen von Descartes, Spinoza und Leibniz, kaum eine literarische Posterität verzeichnen, bildete das Gedankengut des Autors, der im gleichen Jahre starb, in welchem Martin Opitz das berühmte *Buch von der Deutschen Poeterey* herausgab, schon in den dreißiger Jahren des 17. Jahrhunderts den Hintergrund eines literarischen Werkes. 1633 nämlich verfaßte Daniel Czepko die *Consolatio ad Baronissam Cziganeam Obitum Sororis Plangentem*[2], die vor allem im dritten Buch eine von Jacob Böhme unmittelbar beeinflußte Kosmogonie entwickelte. Daß der Lausitzer die Mystik des deutschen 17. Jahrhunderts im höchsten Maße prägte, eine Mystik, die Karl Viëtor als die „geistige Mitte des deutschen Barock" 1926 bezeichnete[3] und deren literarische Zeugnisse zu den Monumenten der deutschsprachigen bzw. europäischen Lyrik gehören, wurde von der Forschung hinlänglich hervorgehoben. Während Johannes Scheffler in Holland, wie er selbst bezeugte, auf die Böhmesche Lehre stieß, assimilierte der schlesische Mystiker Quirinus Kuhlmann, dessen literarisches Gewicht in den letzten Jahren besonders betont wurde, bis ins kleinste Detail hinein die Theosophie des Meisters. Als der „Neubegeisterte Böhme" bezeichnete er sich selbst. Diese Formel benutzte er auch als Titel einer Sammlung von Zitaten, die er als treuester Jünger aus den Schriften des Lausitzers sorgfältig herausklaubte und in welcher er beabsichtigte, auf eine Milliarde theosophischer Fragen (sic!) zu antworten. Sowohl zur Zeit des Barock als selbstverständlich auch am Ende des 18. und am Anfang des 19. Jahrhunderts feierte man den Metaphysiker. Mehr leidenschaftliche Anteilnahme als sachliche Entdeckung spielte hier oft mit. Als numinose Macht wurde das Werk des gottesgelehrten Schusters begrüßt, die einen geheimen Schlüssel zu den tiefsten, Dichter und Denker quälenden Weltfragen zu liefern bereit war. Zu dieser Deutung hatte der Autor des 1612 geschriebenen *Aurora, oder Morgenröthe im Aufgang* selbst eingeladen. Sein erstes Werk nannte er schon im Titel: *Die Wurtzel oder Mutter der Philosophiae, Astrologiae und Theologiae.*[4] Im zwölften theosophischen Sendbrief verkündet er feierlich, „die Pforte sei ihm eröffnet worden":

> Dann ich sahe und erkante das Wesen aller Wesen, den Grund und Ungrund: Item,
> die Geburt der H. Dreyfaltigkeit, das Herkommen und den Urstand dieser Welt,
> und aller Creaturen, durch die Göttliche Weisheit.[5]

Diese schwärmerische Rezeption und das Bewußtsein, in Jacob Böhme einen Denker und Sucher vor sich zu haben, der als Träger der letzten Geheimnisse im Grunde genommen nicht interpretiert werden konnte, störte jahrelang die Entwicklung einer nüchternen, wissenschaftlichen Betrachtung. Die traditionelle Neigung zur Abstraktion, die in der nicht nur deutschen Germanistik seit eh und je vorherrscht, wirkte eher hemmend als aufklärend. Begriffe wie Dualismus, Pantheismus – Goethe sagte, ihm „sei noch niemand vorgekommen ... der wisse, was das Wort hieße"[6] –, Neuplatonismus, die im Laufe des 19. Jahrhunderts zum Gemeingut der philosophischen Kritik geworden waren, brachten keine Klarheit. Der panegyrische Ton, der bei Baader oder bei Novalis verständlich war, tarnt heute noch allzuoft die offenkundigen Schwierigkeiten und Aporien des Textes. Analysen wie z. B. die Beschreibung des vollkommenen Menschen nach Jacob Böhme, die Ernst Benz 1937 veröffentlichte[7], bilden eine Ausnahme. Die Quellenfrage ist nicht gelöst: als würde man heutzutage noch der häufigen Erklärung des Philosophen Vertrauen schenken, er habe in den Büchern nichts gelernt und sein einziger Pädagoge sei der Heilige Geist gewesen. Im Falle Böhmes wie übrigens auch Paracelsus' beschreibt man einen einsamen Gipfel, ohne die zahlreichen Hügel und Bergkämme genau zu kennen, die zu ihm führen. Als überzeitliche Erscheinung wird er meistens analysiert, ohne daß man die Frage beantworten kann, in welchem Maße das Echo der Zeit bei ihm schöpferisch wirkte. Zauberstäbe wie jüdische Tradition oder kabbalistische Quellen, antike Ideen- und Emanationslehren öffnen keine richtigen Türen, wenn der Vergleich nicht ins Detail geht. Deswegen erscheint es gewagt, hier noch einmal über Jacob Böhme allgemein zu schreiben. Höchste Bescheidenheit ist mehr als je geboten. Es darf nicht versucht werden, die Lehre des Barockschriftstellers noch einmal zusammenzufassen. Deren Grundzüge sind übrigens wohlbekannt und in jeder guten Geschichte der Philosophie aufzufinden.

Auf zwei Gebieten haben die letzten Jahre wesentliche Fortschritte gebracht. Beträchtliches ist auf dem Gebiet der bibliographischen Forschung geleistet worden. Erwähnen wir nur hier den Namen Werner Buddeckes, der unter anderem 1963 bis 1966 im Auftrag der Akademie der Wissenschaften zu Göttingen die *Urschriften* herausgab.[8] Auf dem biographischen Gebiet auch hat sich das Bild des Menschen grundlegend verändert. Wir verdanken diese neue Akzentsetzung den Arbeiten der DDR-Forscher, die die kultur- und geistesgeschichtliche Umwelt Jacob Böhmes u. a. anhand des Görlitzer Urkundenmaterials beschrieben.[9]

Allzulange wurde nämlich bei unserem Autor die klischeehafte Theorie des autonomen Genies angewandt. Die Spuren der traditionellen, romantischen, bzw. neuromantischen Schematisierung finden wir z. B. noch in dieser Formulierung Richard Newalds: „Der Bauernphilosoph vereinigt die Züge des poeta vates mit seinem Glauben".[10] In Wirklichkeit erscheint der Görlitzer heutzutage nicht mehr als der arme Handwerker und Asket, der ohne Bildung und von einigen Mäzenen unterstützt, vom Haß seines „bösen Pfarrers" Gregorius Richter verfolgt, die Bilanz seiner visionären Erlebnisse beinahe gezwungen zu Papier bringt. Die neue Akzentsetzung betrifft sowohl das Leben als auch das Milieu.

Die gesellschaftlichen Verhältnisse, in welchen der 1575 in Altseidenberg geborene Sohn eines Freibauern lebt, zeugen weder von Armut noch von sozialer Abgeschiedenheit. Der Schuhmachergeselle wurde 1599 Meister, heiratete und konnte ein Haus kaufen. 13 Jahre blieb er Schuhmacher, 8 Jahre lang aber nahm er viel direkter am wirtschaftlichen Leben seiner Zeit teil. Vom Jahre 1613 bis zum Jahre 1620 ungefähr spekulierte er nämlich mit Garn für die Leinwandproduktion und mit Leder für die Schuhmacherei. Das nicht gerade legale Geschäft führte zu Konflikten mit dem Stadtrat und mit den Zünften. Die Reisen, die ihn durch die östliche Lausitz, durch Niederschlesien und Böhmen bis Prag führten, waren teilweise auch Geschäftsreisen. In einer Epistel, die die ersten Herausgeber selbstverständlich unter den Scheffel stellten und die erst Werner Buddecke herausgab, diskutiert er nach einer pathetischen Beschreibung der Belagerung der Stadt Bautzen im Herbst 1620 über die Möglichkeiten, von den Kriegsverhältnissen zu profitieren und mit Zinn zu handeln.[11] Erst in den letzten Jahren, nach 1620 ungefähr, vier Jahre vor seinem Tode, scheint Jacob Böhme aufs Geschäft verzichtet und sich ausschließlich seinen Büchern und seinen Anhängern gewidmet zu haben. Ein sorgfältiges Studium der *Theosophischen Send-Briefe* ergibt anderseits, daß der Verfasser nicht nur durch Zufall berühmt wurde. Von einem missionierenden Charakter seiner Korrespondenz zu sprechen ist übertrieben. Daß der selbstbewußte Kommentator der göttlichen Offenbarung jedoch sehr früh anfing, seine Manuskripte zu propagieren, daß er Kopien verfertigen ließ, um Freunde und Jünger warb, ist nicht zu bestreiten. In der Verbreitung seiner Lehre war er längst nicht so passiv wie er immer wieder vorgibt. Die Gattung der Hagiographie pflegen alle Konfessionen, die Dissidenten ebenfalls.

Die Korrektur des Bildes gilt auch für die kulturelle, religiöse, geistige Umwelt. Weit davon entfernt, nur in einem prosaischen und feindlichen Milieu gelebt zu haben, umgab unseren Dichter ein intellektuelles Klima, das in Görlitz am Ende des Jahrhunderts der Reformation blühte. Der Schuhmachermeister lebte in einer Provinz, die in der zweiten Hälfte des 16. Jahrhunderts bis zur Verpfändung an Kursachsen 1623 eine relative religiöse Freiheit genoß. Erst 1635 wurde die Lausitz an das große angriffslustige Nachbarland angegliedert. Diese Lage kontrastierte scharf sowohl mit der starren lutherischen Orthodoxie Sachsens als auch mit den immer mehr ins Spannungsfeld der katholischen Gegenreformation geratenden östlichen und südlichen Gebieten. Zur Zeit Jacob Böhmes blieb die Oberlausitz von der Zentralisierung der Gewalten in den Händen eines den neuen Landesstaat diktatorisch organisierenden Fürsten relativ verschont. Die Habsburger zeigten ihrerseits kaum Interesse für ein entferntes Grenzgebiet, das eine tolerante Politik sogar günstiger stimmen konnte als eine repressive Haltung gegenüber der Reformation und ihrem linken Flügel. Die konfessionelle Zersplitterung, die infolge dieser günstigen politischen und religiösen Lage in der Oberlausitz herrschte, bildete den fruchtbarsten Nährboden für eine unabhängige Meditation über religiöse und naturwissenschaftliche Fragen. Schwenckfeldianer, Täufer, Mährische Brüder, Calvinisten und Katholiken wetteiferten in Görlitz und dessen Umgebung mit einer aktiven lutherischen Orthodoxie, die gegen die ständigen Angriffe opponierender Glaubensgemeinden notwendig scharf reagieren mußte (Gregorius Richter!). Die eifrigsten Anhänger Böhmes waren ursprünglich Schwenckfeldianer und Täufer. Jacob Böhme wurde also nicht nur als der geniale Gottsucher begrüßt, sondern auch als derjenige, der gegen orthodoxe Erstarrung und politischen Konfessionshader kämpfte. Er wurde zum Exponenten der heterodoxen Parteien.

Dieses günstige Klima umgab nicht nur die Konfessionen. Daß der „Teutonicus" von zwei grundlegenden geistigen Strömungen seiner Zeit in seiner Sprache und in seiner Ideologie geprägt wurde – wir meinen den Paracelsismus und die Alchemie – ist längst kein Geheimnis mehr. Es handelt sich aber nicht ganz um eine persönliche Leistung des Schuhmachermeisters. In der Stadt Görlitz verkehrte der belesene Handwerker mit einer eifrigen Gruppe, die dabei war, jene Traditionen zu klären und zu festigen. Es wird Aufgabe der Forschung sein, genau festzustellen, inwiefern die Paracelsisten in der zweiten Hälfte des 16. Jahrhunderts die Überlieferung des Schweizers fortsetzten und neuorientierten. Die spekulative Alchemie, die zwischen Augsburger Religionsfrieden und Ausbruch des Krieges in deutscher Sprache blühte, muß genau untersucht werden. Erst dann wird die ganze Originalität Jacob Böhmes geschätzt werden können. Der Görlitzer Humanistenkreis, an seiner Spitze der große Bartholomäus Scultetus, der mit Tycho Brahe, Kepler und dem Prager Rabbi Leb diskutierte und verkehrte, schützte höchst wahrscheinlich, da er die Stadtobrigkeit stark bestimmte, den „Teutonicus" gegen die Angriffe der lutherischen Partei. Sonst wäre die Lage des Autors viel prekärer gewesen und die letzten Endes liebenswürdige Aufnahme am Dresdener Hofe hätte nicht stattgefunden. Unter seinen Mitgliedern zählte dieser Kreis aktive Paracelsisten, die in Verbindung mit den zahlreichen, über ganz Deutschland verstreuten Gemeinden standen und die die naturphilosophischen, theologischen, sozialkritischen Schriften des Arztes und seiner Schüler sammelten, edierten und exzerpierten. Der Arzt Tobias Kobler z. B., an welchen Jacob Böhme seine letzten Briefe 1624 aus Dresden schrieb, galt als Paracelsist. Zahlreiche Episteln sind an Balthasar Walter gerichtet, über welchen wir leider nur sehr Ungenaues wissen, dessen hervorragende Kenntnisse in der Alchemie und in der jüdischen Kabbala jedoch außer Zweifel stehen. Der „Teutonicus" lebte und verkehrte in einem Milieu, in welchem leidenschaftlich über die Fragen diskutiert wurde, die seine ganze Reflexion durchstrukturieren.

Wenn wir die Frage zu lösen versuchen, welche Elemente Jacob Böhmes Nachwirkung besonders begünstigen, dürfen wir nicht gleich an die entscheidenden Punkte seiner Metaphysik denken. Wir konnten immer wieder feststellen, daß die subtilen Gliederungen und Intuitionen im Grunde genommen weniger faszinierten und befruchteten als Böhmes Ansatz im ganzen, den die Vorrede des epochemachenden *Mysterium Magnum, oder Erklärung über das Erste Buch Mosis, Von der Offenbarung Göttlichen Worts durch die drey Principia Göttlichen Worts*, 1622-1633 niedergeschrieben, wohl am prägnantesten formuliert:

> Also hat nun der Mensch den Gewalt von dem unsichbaren Worte Gottes empfangen, zum Widerausprechen, daß er das vorborgene Wort der Göttlichen Scientz wieder in Formungen und Schiedlichkeit ausspricht, auf Art der zeitlichen Creaturen.[12]

Wir dürfen die wichtigen Einschränkungen in der Aussage nicht bagatellisieren. Der Mensch, der sich die göttliche Wissenschaft zu eigen macht, darf nie selbständig handeln. Gott ist der einzige Geber, er nur der Empfänger. Die menschliche Offenbarung des verborgenen Gottes darf andererseits mit der göttlichen Offenbarung auf keinen Fall verwechselt werden. Unsere Interpretation geschieht ausschließlich „auf Art der zeitlichen Creaturen". Was Jacob Böhme jedoch hier mit einer auffallenden Kraft der Aussage postuliert – der Ton einer kopernikanischen Revolution ertönt am Satzanfang: „Also hat nun der Mensch..." –, ist eine Überzeugung, die sein ganzes Werk durchstrukturiert: die Überzeugung nämlich, daß die Kreatur selbst über Kräfte und Gewalten verfügt, die ihr ermöglichen, das Mysterium nicht nur der geschaffenen, sondern auch der ungeschaffenen Welt zu verstehen, zu erkennen und zu beschreiben. Der nächste Absatz der Vorrede verrät eine Empörung den eventuellen griesgrämigen Nörglern gegenüber:

> und ist uns nicht ein solches zu dencken, als könte man die verborgene Göttliche Welt nicht ergründen, was sie sey, und was ihre Wirckung und Wesen sey.[13]

Von einer negativen, beinahe verzweifelten Haltung des Zeitgenossen des Dreißigjährigen Kriegs hat man allzuoft gesprochen. Wir wollen hier nicht bestreiten, daß die geschaffene Welt bei Jacob Böhme hauptsächlich die Welt der
Finsternis, der Qual und der Sünde ist, die Vorstufe zur Hölle, und daß „am
Menschen im Falle" alle guten Eigenschaften „verblichen sind". Der Kenner der
Mystiker verlangt mit homiletischem Eifer die radikalste Askese, die totale Erniedrigung des Subjekts. In jenem Prozeß des Erkennens ist das Geschöpf anderseits von der Gnade des Schöpfers, von den Launen des Heiligen Geistes abhängig; wenn der Platzregen der göttlichen Erleuchtung ihn nicht mehr trifft, weiß
der arme Briefschreiber nicht einmal mehr, worüber er gedichtet hat! Jene heilige Knechtschaft des Menschen und jene finstere Schau des Universums sind
jedoch nur das erste Moment einer Doppelbewegung und der erste Akt eines
großen zweiteiligen Dramas. Die Schöpfung ist qualvoll, damit sie das sophianische Feuer schwängern kann. Der Mensch ist niedrig, damit das göttliche Licht
des Weibessamens ihn erhöht und nährt. Im Seelengrunde, im „Zentrum" des
Gemüts vollzieht sich die permanente Umkehr, die dem Geschöpf ein Amt verleiht, das den traditionellen Bildnis-Gedanken des ersten Buches Mose zum
Äußersten treibt und das der zwanzigste Sendbrief mit der Metapher des Buches
evoziert:

> Denn das Buch, da alle Heimlichkeit innen liegt, ist der Mensch selber: Er ist selber
> das Buch des Wesens aller Wesen, dieweilen er die Gleichniß der Gottheit ist; das
> ganze Arcanum liegt in ihm . . .[14]

Kein Geschöpf beherrscht nämlich die Wissenschaft der verborgenen Kräfte,
mit einer großen Ausnahme jedoch, mit der Ausnahme des Menschen, „welcher
mit seiner Seelen und verständigem Geiste in dem ewigen Hauchen der Göttlichen Kraft und Schiedlichkeit des ewigen Wortes Gottes inne stehet".[15] Das
heißt: der Standort des Menschen ist eben dieses göttliche Zentrum der Offenbarung. Göttliche Offenbarung und Offenbarung durch den Menschen sind die
beiden Aspekte einer einzigen hermeneutischen Wahrheit. Der Mensch eröffnet
und erforscht „alle Wunder der Natur". Selten proklamiert am Anfang des 17.
Jahrhunderts ein deutscher Schriftsteller die Macht des Menschen mit einer solchen Kraft, die an den Prolog der *Astronomia Magna* des Paracelsus erinnert.[16]
Eine doppelte Thematik, deren im Werk immer mehr um sich greifender Platz
die Kommentatoren überraschte, muß von dieser Perspektive aus beleuchtet
werden. Merkwürdigerweise staunte man nur über ihr Auswuchern und sah in
ihr ausschließlich die bedauernswerte Prägung eines noch in rein konfessionellen
Spitzfindigkeiten verharrenden Zeitgeistes. In Wirklichkeit aber verhilft sie zum
Verständnis der neuen grundlegenden Akzentsetzung. Permanente Aggressivität
gegen das herrschende kulturelle System kennzeichnet Jacob Böhmes Haltung.
In jedem Werk bricht die Polemik durch und gewinnt mit den Jahren an Schärfe
und Bitternis. Die harte Reaktion der kirchlichen Behörden – vom Schreibverbot

1613 bis zum Ketzerprozeß 1624 – erklärt nicht nur Böhmes systematische Ablehnung jedes Zwanges und jeder Obrigkeit im Denken und im Schreiben. Viel tiefer sitzt die schwerwiegende Überzeugung. Gegen die Kirche im allgemeinen richtet sich zwar die Anklage nicht, sondern nur gegen die sogenannten „Maur-Kirchen" oder „Stein-Kirchen". Die richtige Kirche existiert, wie bei Sebastian Franck und bei den Spiritualisten: Christus ist diese „unsere rechte Kirche".[17] Eine radikale Eliminierung der kirchlichen Organisation programmiert unser Autor nicht. Er ist viel mehr ein „Stiller im Lande" als ein Revolutionär.[18] Was er jedoch immer wieder formuliert, ist folgendes: Innerhalb des traditionellen kirchlichen Systems ist die Erkenntnis nicht möglich. In der äußeren Kirche ist „keine rechte, lebendige, thätige Erkenntnis".[19] Weil die Institution als solche jene „Wissenschaft" hindern will, weil sie im Grunde genommen die durstigen und hungrigen Kinder Christi „mordet"[20], trägt sie Namen, die Jacob Böhmes Denunzierung in ihrer ganzen Härte dokumentieren. Die Steinkirchen sind „Gebäude zu Babel", „das große Gebäu zu Babylon", „Gottes Kebs-Weib", „geistliche Hur-Häuser".

Der neue Weg, den Jacob Böhme vorschlägt, um zur neuen befreiten Wissenschaft zu gelangen, folgt jedoch keineswegs der Methodologie, die die Zeitgenossen des „Teutonicus" als Vertreter des wissenschaftlichen oder vor-wissenschaftlichen Zeitalters zu begründen versuchen. Die Methode, die er beschreibt, ist im Gegenteil höchst traditionell, höchst konservativ. Es handelt sich nämlich um den Rückgriff auf die charismatische Autorität! Die ständige Verherrlichung der Rolle nämlich, die Erleuchtung, Vision und Kundgebungen des Heiligen Geistes in der neuen „Scientz" spielen, ist eine Konstante, die den heutigen Leser befremdet. Anstatt sogar als „fröhliche Wissenschaft" gefeiert zu werden, wird die Notwendigkeit der sogenannten „Angst-Cammer" nicht ohne poetische Kraft unterstrichen:

> Es muß alles aus der Angst-Cammer ausdringen, und als ein Zweig aus der Wurtzel des Baumes wachsen: Es wird alles in der Angst geboren. Will ein Mensch Göttliche Erkenntnis haben, so muß er ja vielmal in die Angst-Cammer, in das Centrum.[21]

In der *Psychologia vera oder Vierzig Fragen von der Seelen . . .*, 1620 geschrieben, dürfen wir also keine moderne Seelenlehre erwarten, nicht einmal die scholastische Analyse der oberen und der unteren Kräfte des Gemüts. Nachdem unser Autor kurz die Frage erörtert, über welche seine ganze Zeit leidenschaftlich diskutiert – „wie und an welchem ort der Seelen Sitz im Menschen sey" – schneidet er die Thematik an, die ihn am innigsten angeht. „Wie der Seelen Erleuchtung sey" heißt die zwölfte Frage, die den Kern der *Psychologia vera* bildet. Die besten Beispiele jener charismatischen „Wissenschaft" liefern uns nicht ohne Grund die *Theosophischen Send-Briefe*. Das Werk hat in der Tat programmatischen Charakter und Jacob Böhme will dort seine Antikritik der (reinen) Vernunft schreiben. Deswegen unterstreicht er schon in der zweiten Epistel, daß das einzige, von ihm anerkannte Erkenntnisprinzip das „Diktieren des Heiligen Geistes" ist.[22] Prophetismus und Pfingstschule verweben ihre Themen und Metaphern in eine oft höchst lyrische Sprache. Im zwölften Send-Brief z. B. löst sich die Vision der drei Welten, der „paradiesisch-englischen", der finsteren und der äußeren Welt progressiv aus einer ersten Gesamtschau des Grundes und des Ungrundes heraus. Die Rede erweitert sich mit Hilfe der Allegorien, die Jacob Böhme im Laufe seiner „Berichte" immer wieder gebraucht: die Metaphern der Blumen, des Morgensterns, der aufgehenden Sonne, die Verleihung jenes „gar starcken Geruchs im Leben Gottes"[23], die Offenbarung jener „mentalischen, ungeformten, heiligen" Sprache als Gegenspielerin der „compactirten ... sensualischen Zunge".[24] Eine Typologie der Visionen Jacob Böhmes wird der treueste Anhänger und Biograph Abraham von Franckenberg in seinem *Gründlichen und wahrhaften Bericht von dem Leben und Abscheid des in Gott selig-ruhenden ...* 1651 liefern. Die pädagogischen Absichten sind klar: „Auf Art der Heiligen Männer Gottes" sei der Gottesgelehrte „ständig vom Göttlichen Licht umfangen gewesen".[25]

Auf den Platz, den Ablehnung äußerer Mittel und charismatisch-prophetisches Bewußtsein im Werke einnehmen, legen wir hier besonders stark den Akzent, nicht nur deshalb, weil sie unseren Autor in die Tradition des sogenannten linken Flügels der Reformation einordnen[26] und einen literarischen Aspekt des Werkes dokumentieren. Auf paradoxe Weise hellen sie in der Tat die Modernität des Schriftstellers auf und ermöglichen seine Eingliederung in die grundlegenden Tendenzen seines Zeitalters. Mit Hilfe dieser Argumente protestiert Jacob Böhme (geb. 1575) wie Giordano Bruno (geb. 1548), wie Francis Bacon (geb. 1561), wie Galileo Galilei (geb. 1564), wie Campanella (geb. 1568), wie später Descartes (geb. 1596) gegen jede Bevormundung durch irgendeine äußere zeitliche Autorität, die die Autonomie des Menschen bedroht. Die Vision selbst ist im Grunde genommen das geeigneteste Mittel, um die Rolle der sogenannten „äußeren Mittel" zu bagatellisieren. Der Mensch braucht nämlich keinen Vermittler, wenn er – um mit Abraham von Franckenberg zu sprechen – „durch einen gählichen Anblick eines Zinnern Gefäßes (als des lieblich Jovialischen Scheins) zu dem innersten Grunde oder Centro der geheimen Natur eingeführt" wird.[27] Kurz: Knecht Gottes ja, Knecht der Menschen nie! Ohne diesen demütigsten Hochmut und trotz Meister Eckhart wären jene paradoxen Formulierungen unmöglich gewesen, die Johannes Scheffler durch die geraffte Form des Distichons noch unterstreicht:

> Ich bin wie Gott, und Gott wie ich:
> Ich bin so gross als Gott, er ist als ich so klein;
> Er kann auch über mich, ich unter ihm nicht sein.[27]

Loslösung von einer erstarrten Orthodoxie und Verherrlichung der erkennenden Würde des Menschen bedeuten jedoch nicht Anthropologismus bzw. Atheismus.

Pascal hat mit genügender Kraft bewiesen, die Trennung von der Kirche sei nicht mit der Trennung vom Glauben zu identifizieren. Die höchste Wette des befreiten Menschen, sein „pari" besteht ja für ihn darin, die absolute Abhängigkeit des Geschöpfs von Gott zu setzen; unsere höchste Würde ist in Wirklichkeit unsere höchste Demut. Anderseits ertönt immer noch bei unserem Lausitzer das erst ein Jahrhundert alte Echo der Worte des Wittenberger Mönches. 1520 hatte Martin Luther die absolute Freiheit des Christenmenschen proklamiert. Denken wir an die letzten Sätze des berühmten, an Leo X. gerichteten Sendbriefs:

> Gleych wie Christus sagt Johan. 1. Ihr werdet noch sehen den hymell offen stehn / und die Engell auff und absteygenn ubir den Sun des menschenn.
> Sihe das ist / die rechte / geystliche / Christliche / freyheyt / die das hertz frey macht.[29]

In diesen Sätzen steht das ganze Programm des „Philosophus Teutonicus" verborgen.

Auf die Rolle Jacob Böhmes in der geistigen Emanzipation vom Mittelalter zur Neuzeit muß immer wieder hingewiesen werden. Jene Emanzipation bekommt jedoch erst ihre volle Bedeutung, wenn wir nicht nur die Erkenntnislehre evozieren, sondern auch die verschiedenen Aspekte der neuen göttlich-menschlichen Wissenschaft in Betracht ziehen. An eine Darlegung der Böhmeschen Lehre denken wir jedoch nicht. In der Tat sind ausgezeichnete Abhandlungen sowohl über die Theodizee des „Teutonicus" geschrieben worden – erwähnen wir hier insbesondere die Beiträge Heinrich Bornkamms und in diesem Zusammenhang die vergleichende Analyse Luthers und Böhmes[30] – als über die progressive, doppelpolige und siebenstufige Geschichte der Geburt Gottes – durch die beiden Willen des Ungrundes, den Zornwillen und den Willen der Liebe und über die sieben Gestalten –, eine Entwicklung, die u. E. zu schnell mit der kabbalistischen Lehre der seþîrôt in Verbindung gesetzt und als schroffer Dualismus bezeichnet wurde.[31] Wir wollen vielmehr hier zu erklären versuchen, welche neuen Akzente unser Autor in die Reflexion über Gott, über die Natur und über den Menschen einführt. Es handelt sich übrigens um keine neuen Akzente, sondern um eine echte „Revolution".

Bis zu den großen Werken, die Jacob Böhme 1612 bis 1624 verfaßt, bleibt die religiöse, mystische, in deutscher Sprache abgefaßte Rede meistens und bis auf einige Ausnahmen auf ein einziges großes Thema konzentriert, das wir sehr verallgemeinernd mit folgendem Ausdruck bezeichnen können: das ausschließliche, alles andere ausschließende Verhältnis von Gott und Mensch. Dieses Verhältnis wurde sowohl von Luther als auch von Valentin Weigel z. B. unter allen seinen möglichen Aspekten erforscht und erläutert, seine Mittel, die Bedingungen seines Zustandekommens und die Ursachen seiner Zersetzung immer wieder bestimmt und analysiert. In dieser Perspektive zielte die Aussage über

Gott, über die Trinität und über die äußere Welt hauptsächlich darauf hin, die Möglichkeiten und die Grenzen jener durch Glauben und Gnade bedingten Beziehungen zu veranschaulichen. Es handelte sich infolgedessen um eine Theologie und um eine Anthropologie, manchmal um eine „theologia naturalis", selten jedoch um eine Theogonie, und die Kosmogonie, die in anderen philosophischen oder vor-philosophischen Systemen oder in anderen Religionen einen dominierenden Platz einnimmt, betraf in diesem Zusammenhang weder die Beschreibung der „via contemplativa" bei Meister Eckart, Tauler oder Schwenckfeld noch die lutherische Verherrlichung der „sola fides". Gewiß hatte Paracelsus die Würde eines zweiten Lichtes proklamiert, das Licht der Natur mit dem Lichte des Geistes beinahe gleichgesetzt. Er interessierte sich nichtsdestoweniger hauptsächlich für den strukturellen Aufbau der Welt, für die Elemente und Prinzipien des Kosmos und für den Platz des Menschen als Mikrokosmos und als Glied der Natur. Bis auf einige schwerwiegende Intuitionen über den Leib Christi, über die „himmlische" Eva, über das „Yliaster" und über das Böse versuchte er letzten Endes kaum, das Mysterium der oberen Wasser, der „Wasser über der Feste" zu durchdringen. Mit den „Magnalia Naturae", die übrigens auch „Magnalia Dei" sind, hatte er genug zu tun, „des sons weisheit" nahm er „selten für sich".[32] Was er vor allem beabsichtigte, war die Konstitution eines neuen Menschenbildes, das den Mikrokosmos als Mittelpunkt und Ziel des Makrokosmos beschreibt. Kurt Goldammer hat dies treffend formuliert: „Das Denken des Paracelsus ist . . . anthropozentrisch, das heißt, er sieht im Menschen die Mitte des außergöttlichen Seins, und die Mitte des Fragens an die Welt."[33] Ohne die Traditionen, die wir eben erwähnten, ist das Werk Jacob Böhmes gewiß nicht denkbar: ohne die deutsche mystische Tradition, ohne Luther und seine nachdrückliche Betonung der Majestät und des Willens Gottes, ohne Paracelsus, der dem Görlitzer Wortschatz und Bilder liefert. Zu behaupten, daß das Verhältnis von Gott und Mensch bei ihm nicht vorherrscht, wäre anderseits eine Absurdität. Jacob Böhmes Metaphysik hat man gerade allzusehr vom religiösen Anliegen getrennt und vergessen, daß dieses religiöse Anliegen die metaphysische Aussage begründet und ermöglicht. Seine Zeitgenossen haben dies selber gespürt, in dem sie nicht so sehr die Schriften, die heutzutage meistens oder ausschließlich analysiert werden, geschätzt und kommentiert haben, als jene Böhmeschen Werke, die Fragen des religiösen Lebens illustrieren: nicht so sehr das *Mysterium Magnum* z. B. als die sechs Traktate, die unter dem Titel *Christosophia, oder Der Weg zu Christo* gesammelt wurden[34] und die von der Buße, vom Gebet, von der Gelassenheit, von der Wiedergeburt und von der „Göttlichen Beschaulichkeit" handeln. Ausgangspunkt der ganzen Meditation bleibt also bei Jacob Böhme immer noch der zentrale Gedanke der christlichen Anthropologie: der Mensch als Bild-(nis) Gottes. Was aber die Originalität und die grundlegende Neuheit der Leistung begründet, ist, daß diese Traditionen in einem für den Exegeten genau so wichtigen Versuch von jetzt an verankert werden, in einem Versuch, auf welchen er nie verzichtet: in dem Versuch nämlich, den Gott, den die mystische Tradition als „verborgen" bezeichnet, den Gott, dessen Absolutismus und Ferne Luther proklamiert, in seinem Gottsein und vor allem in seinem Gottwerden zu „ergründen", zu „erforschen", zu „erfassen", zu „erkennen". Jacob Böhme begnügt sich nämlich nicht damit, vom Mysterium der Transzendenz zu sprechen und das Mysterium der Trinität zu rühmen. Das dunkle, aber auch lichtvolle „Wollen und Wallen und Weben" der göttlichen Transzendenz, ihr „Quellen", ihre „Qual" und ihre „Wonne" will er auch erfassen und erklären. Das heißt: Theologie, Christologie und Anthropologie münden in eine Theogonie und in eine Kosmogonie, die sie begründen und ermöglichen. Die Beschreibung der Geburt Gottes und der Natur bilden für Jacob Böhme die einzige Grundlage zum Verständnis der Trinität, der Personen und des Glaubens.

In diesem Zusammenhang glauben wir nicht, daß das Grundanliegen unseres „Teutonicus" als mystisch bezeichnet werden kann. Ein einziges Anliegen interessiert den Mystiker: nicht nur die Gottheit – um mit Angelus Silesius zu sprechen –, sondern vielmehr die „Über-Gottheit":

> Was man von Gott gesagt, das genüget mir noch nicht:
> Die Über-Gottheit ist mein Leben und mein Licht.[35]

Was der geistliche Dichter hauptsächlich sucht, ist, durch das Üben einer permanenten „oratio silentii", jenes „seligen Stillschweigens"[36], einen Zustand, einen „Stillstand" zu erreichen, in welchem er sich mit dem „ewig Nichts", mit der ewigen Stille, mit „der Stille ohne Wesen" identifiziert, mit jedem „Ungrund außer der Natur", der nach Jacob Böhme „zu achten ist als ein ewig Nichts".[37] Der „Teutonicus" bestreitet zwar nicht, daß das Verständnis jenes „Wesens der tiefsten Gottheit ohne und ausser der Natur" ein wichtiges Kapitel der Exegese bildet. Es ist jedoch bei ihm nicht mehr das einzig Wichtige, das alle anderen Fragen völlig in den Schatten stellende Ziel. Während der 30. Absatz des ersten Kapitels des ersten „Theosophischen Punkts"[38] die Kernproblematik der „via mystica" kurz erwähnt, definiert der folgende Absatz mit einer rhetorischen Kunst, die die Bedeutung der Thematik pathetisch hervorhebt, das an sich viel wichtigere Amt, das uns zukommt:

> 31. Ferner ist uns zu verstehen, wie der ewige Wille der Gottheit begehrt aus seinem eigenen Grunde sich zu offenbaren im Lichte der Majestät ...

Und der 32. Absatz schließt mit triumphalem Ton:

> 32. Jetzt ist das Hertze des Lichtes schwanger, und der erste Wille der Natur schwanger: und wäre doch also keines offenbar, so nicht das Principium erboren würde.

Über den „Ungrund" ist in der Tat wenig zu sagen: nur, daß im „Gott ausser der Natur" ein Wille gegenwärtig ist, der dazu treibt, sich in „Grund", sich in „Wesen", sich in „Natur und Creatur" zu fassen. Gerade dieses „Fassen" und

„Sich fassen", gerade diese Schwängerung und diese Geburt bilden das zu erklärende Mysterium, das, was Jacob Böhme als das „Mysterium Magnum" bezeichnet. Das heißt: das Interesse verlagert sich vom unmöglichen Erfassen des Nichts auf das notwendige Fassen jenes sich offenbarenden Nichts. Am 11. November 1623, einige Monate vor seinem Tode, versucht unser Autor ein letztes Mal, für zwei treue Korrespondenten, Gottfried Freudenhammer und Johannes Huser, die „Scientz" zusammenzufassen.[39] Pädagogisch entwirft der Meister zwei Tabellen („Tabulae"). Während die Erklärung dessen „was Gott ausser Natur und Creatur sey" nur sieben Zeilen einnimmt, ist die Erläuterung des zweiten Punktes: „Und was das Mysterium Magnum sey, dadurch sich Gott offenbaret" über zwei Seiten lang. Der „Tabula II", die andeuten will, wie „aus den sieben Eigenschaften die vier Elementa entstehen" werden wiederum drei Seiten in der 1730-Ausgabe gewidmet. Diese äußeren typographischen Angaben verdeutlichen die epochemachende Neuorientierung der Böhmeschen Reflexion. Die traditionelle mystische Absicht besteht ausschließlich darin, eine an sich unmögliche Rede über das Nichts zu führen; deswegen ist das höchste Schweigen ihr einziger Ausweg. Was Jacob Böhme nun anstrebt und was er im Laufe seines ganzen Werkes immer wieder probiert, ist etwas anderes oder vielmehr nicht nur das erste. Das Hauptthema seiner Schriften ist in der Tat nicht so sehr die schweigende Gottheit, der Ên-sôp, als eben das Sprechen Gottes, Gottes Wort, ein Wort,

> das Er . . . in Kraft geredet hat, das hat Himmel und Erden,
> und aller Himmel Himmel, ja die gantze Gottheit umfasset.[40]

Auf die Folgen jener geistigen Neuorientierung müssen wir genau hinweisen. Wenn der Dichter von jetzt an hauptsächlich das „ausgeflossene wesentliche Wort" zu beschreiben hat, damit es sich „hat in eine natürliche Wirkung geführet, und damit Materialisch gemacht"[41], werden die traditionellen Begriffe „Natur", „Creatur", „materialisch" nicht nur innerhalb einer überholten „theologia naturalis" angewandt, sondern sie verhelfen auch unmittelbar dazu, den Gottesbegriff selbst zu illustrieren. Die göttliche Materie, die Jacob Böhme beschreibt, ermöglicht nicht nur die Erschaffung der äußeren Welt, sondern sie entfaltet auch innerhalb der Gottheit Kräfte und Gestalten, die „die ewige, unanfängliche, Göttliche Geburt" in die Wege leiten.[42] Das einzige Buch, an dem er sein ganzes Leben lang schreibt, heißt: *De natura dei*. Insofern aber diese Rede über Gott eine Rede über die Natur bzw. eine natürliche Rede ist, d. h. insofern „die gantze Natur . . . der innere Göttliche Himmel"[43] ist, drängt sozusagen die ganze Welt der äußeren Erscheinungen, die Welt der Elemente, die „Eigenschaften der zeitlichen Natur", kurz „die Scientz der Erden" in die ewige Natur und in die göttliche Wissenschaft hinein. Der Theologe spricht nicht nur vom „einigen guten Wesen" und von der Trinität, sondern auch von der hellen „crystallinischen" durchscheinenden Wesenheit, vom „grünenden Wesen der gefasseten würcklichen Göttlichen Kräfte", von den beiden Reichen, in welche sich die ewige Natur im „Schracke" scheidet, von der Finsternis und von der Lichtwelt. Der Theologe wird zum Dichter, die allegorische Rede ist nicht mehr das Zeichen einer übernatürlichen Wahrheit, sondern die bildhafte Darstellung identifiziert sich mit ihrem Begriff. Das, was Jacob Böhme die Signatur nennt, wird zum einzigen Mittel, das Wesen der Wesen zu erkennen.[44]

Der Leser, der mit der Lehre der sieben Gestalten nur oberflächlich vertraut ist, wird schon bemerkt haben, daß jene Formen, die die Prinzipien der göttlichen Natur entwickeln und die der Autor „Qualitäten" nennt, ohne Ausnahme und im Unterschied zur kabbalistischen Lehre mit Hilfe konkreter Substantive oder Adjektive definiert werden: seien es Begriffe, die äußere Sinneseindrücke bezeichnen (herb, bitter, hart, derb, kalt) oder Begriffe, die seelische Empfindungen illustrieren (die dritte Gestalt heißt z. B. die „Angst oder Qual") oder gegenständliche, körperliche, elementare Termini: das Feuer (4. Gestalt), das Licht (5. Gestalt), der Schall (6. Gestalt). Das ganze Leben, das jene Prinzipien und jene Gestalten animiert, ihr „Rügen und Bewegen" wird anderseits nicht mit übernatürlichen Gesetzen erklärt. Das Konkrete herrscht vor: die Prinzipien „gebären einander immer", sie bringen, wie die zeitliche Natur es tut, ständig neue Geschöpfe, neue Wesen hervor. Deswegen besteht das metaphorische, im Grunde genommen höchst poetische Spiel des Exegeten darin, die breite Welt der Korrespondenzen vor unseren Augen zu entfalten, die Gott und die Natur immer wieder verbinden: sei es, daß der Autor des *De signatura rerum* in der grandiosen Exegese des neunten Kapitels versucht, die Gestalten mit den Planeten zu vergleichen; sei es, daß er sich auf das alchemistische Gedankengut bezieht und den „Mercurius" der Spagiriker heraufbeschwört; sei es, daß er die herbe Begierde des „Fiat" mit dem Wesen der Steine, die Durchsichtigkeit der göttlichen Liebe mit einem „gläsernen" Meer, die die furchtbare Tragödie der göttlichen Geburt ins Idyllische verkehrende „Temperatur" mit der friedlichen Frühlingsnatur gleichstellt. Diese Welt der Bezüge als Schlüssel zur Theogonie gipfelt unbestreitbar in der grundlegenden Erläuterung der Leiblichkeit Gottes, an die Novalis wohl dachte, als er schrieb: „Einst ist alles Leib, / Ein LEIB." Der innere Zusammenhang zwischen Gottes- Christus- Menschen- und Naturbild läßt sich in der Tat durch jene Rehabilitierung des Begriffes am besten darstellen. Jacob Böhmes Theologie des Lebens ist, wie es Ernst Benz treffend formulierte – eben weil sie eine Theologie des Lebens ist, eine, wie Oetinger sagt, „theologia ex idea vitae deducta" – eine Theologie der Leiblichkeit: Es gibt kein „Geistiges ohne Leiblichkeit", diese Leiblichkeit „ermöglicht die Verwirklichung und die Gestaltung des Leiblichen", und der Grundgedanke wird „in den Gottesgedanken selbst hineingetragen".[45] Zwar ist der Körper an sich ein „stumm und als ein todt Wesen".[46] Hauptsache jedoch ist, daß der „Geist sich mit ihm signiert", d. h., daß der Körper das „im begriflichen und sichtlichen" ist, was der Geist in sich ist „im unbegreiflichen Wirken":

und wie die Gestalten in ihrer Ordnung in iedem Dinge stehen, also figurieren sie das Corpus ... das ist die Offenbarung Göttlicher Weisheit, in dem ausgesprochenen Wort aus Liebe und Zorn.[47]

Geist und Leib sind wie „Sprechendes und Ausgesprochenes" und der Leib ist das „Ens in der Gebarung des Geistes".[48]

Diese schwierige, aber für die Aufhellung der Bedeutung und der Nachwirkung unseres Autors grundlegende Intuition hat zwei Folgen. Einerseits erscheint in der Tat die Geburt des Leibes, das leibliche Aussprechen des göttlichen Wortes, Gottes Sprache als die Krönung der ganzen göttlichen „Geschichte". Die letzte Gestalt, in welche das ganze Quellen der göttlichen Begierde mündet, heißt eben „der Leib". „Darum liegt im Leibe alles das, was der Geist in allen Eigenschaften hat."[49] Das letzte Kapitel der *Aurora* geht in diesem Zusammenhang so weit, daß es im 50. Absatz heißt: „Der Leib ist die Mutter des Geistes, in welcher der Geist geboren wird." Anderseits konzentriert sich das Verständnis Gottes hauptsächlich auf das Verständnis jenes Leibes, der „das Wesen aller Wesen" ist. In der Tat:

> Wenn du sinnst und denckst, was da sey in dieser Welt und ausser dieser Welt, oder das Wesen aller Wesen, so speculirest du oder sinnest du in dem ganzen Leibe Gottes, welcher ist das Wesen aller Wesen: und der ist ein unanfangliches Wesen.[50]

Der Triumph Gottes wird am Ende nicht nur als der Triumph seines Geistes oder seines Herzens gefeiert, sondern auch als der Triumph seines Leibes. Aus den „Toren der Tieffe" ist nämlich der Leib Gottes „erboren", der die Geburt des Ungrundes und die Wiedergeburt des Menschen ermöglicht. Die Erfahrung der Einheit Gottes, der Natur und des Menschen ist die einer allumfassenden Leiblichkeit.

Die große Neuheit jenes Böhmeschen „Materialismus" haben wohl die Zeitgenossen schon erkannt. Selbst der Primarius Gregorius Richter, dessen Stumpfsinn der Schuster allzu polemisch denunziert, fängt seinen „dreyfachen Pasquill" mit folgender Anklage an: „Novae phrases novos plerumque pariunt errores, novas dissensiones & nova certamina."[50] Nicht ganz zu Unrecht empört sich der Lutheraner über „das Schustergift, welches dem Ewigen Vater seine Ewigkeit nimt, und gotteslästerlicher Weise die Vierheit oder Vierfältigkeit lehret".[52] Jacob Böhme muß sich rechtfertigen, weil er in seinen Büchern von „Salniter und Mercurio" schreibt. Erst am Ende des 18. Jahrhunderts wird die Tragweite jener „physique sacrée" – wie sie Louis Claude de Saint-Martin nannte – in ihrem richtigen Ausmaße verstanden werden können. Eine „Physik der Philosophie" wird sich 1798 in den Athenäums-Fragmenten Friedrich Schlegel wünschen.[53] Nicht nur an eine „Physik der Philosophie" scheint jedoch der Görlitzer gedacht zu haben, sondern auch an eine „Psychologia sacra".[54]

Jene „Psychosophie", wie sie Ludwig Feuerbach nannte, besteht in einem konstanten Gebrauch psychologischer Notierungen, wenn es sich darum handelt, das Leben Gottes zu beschreiben, vor allem aber auch in der Einbeziehung der traditionellen unteren Kräfte der scholastischen Seelenlehre in die Eruierung der göttlichen Natur. Meister Eckhart eliminierte aus dem „houbet der sêle" sowohl die „begerunge" als auch die „zürnerin". Im „grundelosen abgrund" hatten selbst die drei oberen „kräfte", „gehügnisse, verstantnisse, wille" keinen Platz: Das „nû" der Ewigkeit verbannte jedes Menschlich-Allzumenschliche. Tauler folgte dem Beispiel des Meisters. Der Prediger versucht ständig, den Anspruch des „ymaginierens" sowohl in der „via mystica" als auch im trinitarischen Mysterium zunichte zu machen. Nachdem er z. B. in der Predigt *Quod scimus, loquimur, et quod vidimus, hoc testamur*[55] die Geburt des eingeborenen Sohnes durch den himmlischen Vater evoziert hat, stellt er sich die Frage, welchen Platz die seelischen Kräfte in dem Verständnis der „göttlichen indewendigen dinge" einnehmen. Die Antwort ist eindeutig:

> Der das bevinden sol, der kere sih in, verre über alle würklicheit siner inwendigen und indewendigen kreften und fantasien, und allez daz ie ingetragen wart von ussen, danne versinke und versmeltze in den grunt.

Jene „fantasie" aber, jene „bilderinne"[56], deren trügerische Wirkung der Prediger immer wieder an den Pranger stellt, wird nun vom Barockdichter im Gegenteil nicht nur als Hauptartikel des Sündenfalls dargestellt, sondern auch als Hauptartikel des Glaubens und der Wiedergeburt. Imagination bedeutet bei Tauler Sünde und Hölle, bei Jacob Böhme zwar auch Verlust, jedoch auch Rettung und Umkehr. Durch Imagination, durch „falsche Inbildung" verliert Adam jeden Tag das Bildnis Gottes; in seiner Einbildung „geschwängert" wird er irdisch. „Also geht es (aber) auch zu mit der Wiedergeburt":

> durch die Imagination und ernstliche Begierde werden wir wieder der Gottheit schwanger, und empfahen den neuen Leib im alten.[57]

Diese epochemachende Rehabilitation der Imagination gilt nicht nur für den neuen Menschen, der „im ersten Willen und Vorsatze durch Imagination urständet".[58] Trinitätslehre und Imaginationslehre sind gleichfalls nicht zu trennen. Formulierungen wie: „Der Anfang aller Wesen ist eine Imagination" – „Alle Dinge sind durch Göttliche Imagination entstanden" – „Imagination macht Wesenheit" – registrierte sorgfältig das 1730 zusammengesetzte Register *über alle Theosophischen Schrifften*. Durch jene konstante Erwähnung dieser Kraft, die Bilder, Formen, Gestalten „produziert", hebt Jacob Böhme die Dynamik seines Gottesbegriffs hervor. Selten gibt er uns darüber Aufschluß, was er genau unter „Imagination" versteht. Definitionen wie in der *Theologia Platonica* des Marsilio Ficino dürfen wir nicht von ihm erwarten. Selbst Paracelsus ist über die Macht der Gebärerin der unsichtbaren Krankheiten gesprächiger. Sicher ist aber, daß die Böhmesche Imagination nicht mehr trügerische, unsichtbare und konfuse

Bilder hervorbringt. Im Gegenteil hilft sie, die wesentlichen Gestalten hervorzubringen, durch welche Offenbarung und Verleiblichung sowohl innerhalb des Glaubens als auch innerhalb der göttlichen Natur verwirklicht werden.

Eine ähnliche Einbeziehung traditionell negativer seelischer „potentiae" bis in die Tiefe des Absoluten, die Wucherung von Kräften und Empfindungen, die die Rolle des Willens letzten Endes reduzieren, registrieren wir auf jedem Niveau der Böhmeschen *Psychologia sacra*. Die progressive Erhöhung einer unteren Kraft des menschlichen Gemüts bis in die letzten „Heimlichkeiten" des *Mysterium Magnum* stellen wir auch in der Analyse der Rolle fest, die „Lust" und „Begierde" ebensowohl in der Gotteslehre als auch in der Mystagogie spielen. In der bereits erwähnten ersten Tabelle des 1623 an Freudenhammer und Huser gerichteten Briefes ist uns aufgefallen, daß jene „science du désir" nicht erst in die Exegese eingeführt wird, als der Schriftsteller die Offenbarung der göttlichen Natur anschneidet. Bereits im uranfänglichen Ên-Sôp ist die Thematik der Lust zu verzeichnen, als Eigenschaft des Nichts und des Ungrundes – was das höchste Paradoxon bedeutet – evoziert und mit der ersten Eigenschaft des „Gottes in sich selbst" gleichgesetzt! Die folgende „Kurze Erklärung der Tabelle" zeigt noch stärker den entscheidenden Platz, den unser Autor der „begerungen", der „Begierde" einräumt. Während der erste Punkt den „Ungrund, das Nichts und das Alles" definiert, und der zweite den „Willen des Ungrundes", betrifft der dritte Punkt bereits „jene Infaßlichkeit des Willens", die nichts anderes ist als die Lust, und die die „Scientz oder Bewegniß" der Offenbarung einleitet. Erst an fünfter Stelle spricht unser Theosoph von „Gott in Dreyfaltigkeit"!

Mit Recht haben alle Kommentatoren des *Mysterium Magnum* auf die zentralen Begriffe „Grimm", „Zorn", vor allem aber auch „Angst" hingewiesen. Gerade jene dritte Haupt-Gestalt, die Angst, wird bei Jacob Böhme, wie später bei Kierkegaard, immer wieder im unmittelbaren Zusammenhang mit der Begierde, mit der als „die erste Haupt-Gestalt der geistlichen Natur" bezeichneten Kraft, beschrieben. In derselben Erklärung der Tabelle lesen wir, daß die Angst gerade „aus der Begierde der Impression" entstehe, jene Angst, die sogar „eine Ursache des Fühlens und der 5 Sinnen so wol der Essentz und des Gemüts" genannt wird. „Da in der Angst alle Gestalten peinlich werden, so empfinden sie einander."[59] Diese Psychologisierung ist nicht nur in der schwierigen Exegese der göttlichen Natur festzustellen. Jacob Böhme stellt das ganze Itinerarium des glaubenden Menschen anhand der gleichen Kräfte und Energien dar, die im *Mysterium Magnum* an erster Stelle standen. Daß der teuflische Wille „mit Einführung seiner falschen Begierde den Menschen hat monstrosisch gemacht"[60], fällt nicht aus dem Rahmen der biblischen Tradition. Jene Begierde illustriert jedoch auch die große und totale Freiheit, über die wir, wie Gott auch, verfügen. Begierde und Leben sind identisch, sowohl im „Ungrund" und in der göttlichen Natur als auch im Menschen. Gelassenheit, Wille, Demut, Sanftmut usw., all die Attitüden und Tugenden, die die *Theologia Deutsch* und der Zschopauer luthe-

rische Pfarrer und Mystiker Valentin Weigel z. B. äußerst sorgfältig registrieren
und beschreiben, sind für Jacob Böhme nicht mehr so wichtig und aufschlußreich
als eben dieser „désir de Dieu", der zu gleicher Zeit die Begierde Gottes und die
gierige Sehnsucht des Menschen nach Gott ist. Begierde Gottes, Begierde Christi,
Begierde des Menschen und Begierde der geschaffenen Natur tauschen ständig
im Mysterium des Glaubens ihre schöpferischen Energien aus:

> Soll ich glauben, so muß der Geist, die Begierde, und der Wille Christi in meiner
> Begierde und Willen glauben, dann ich kann nicht gläuben.[61]

Wir wissen, zu welcher Interpretation jene von Jacob Böhme entwickelte Physik und Psychologie des religiösen Lebens Gelegenheit gaben. In seinem Versuch
über den Lausitzer schrieb Ludwig Feuerbach z. B.: „Auf seine letzte Ursache
zurückgebracht ... ist (...) das göttliche Wesen das Wesen Jakob Böhmes
selbst."[62] Ebenso vorsichtig müssen wir sein, wenn wir bei unserem „métaphysi-
cien du désir" nicht nur von einer „physique sacrée", sondern auch von einer
„psychanalyse sacrée" sprechen. Ernst Benz hat mit Recht die Grenzen einer
Aufhellung der Böhmeschen Gedanken mit Hilfe der Psychoanalyse bestimmt.[62]
Seine wichtige Richtigstellung jedoch darf uns nicht über die Tatsache hinweg-
sehen lassen, daß Jacob Böhme alle Aspekte der Natur und Psyche an der Entstehung des Glaubens und an der Entwicklung der göttlichen Natur teilnehmen
läßt. In seiner Theologie und in seiner Anthropologie spielt infolgedessen auch
das Liebesleben eine dominierende Rolle. Eine gewisse Panerotik ist in der Tat
in der *Theosophia revelata* zu verzeichnen. Sie fällt uns besonders in der Weis-
heitsspekulation auf, in der Evozierung jener Figur, die von Gottfried Arnold,
von Johann Georg Gichtel, aber auch von Novalis heraufbeschworen wird. „Il y
a peu de conceptions" schrieb Alexandre Koyré „qui aient exercé une influence
plus puissante sur la postérité".[64] Die Sophia erscheint bei jeder Etappe des
göttlichen, des natürlichen, des menschlichen Lebens. Jenes Ewig-Weibliche, das
uns im 5. Akt des zweiten Faust „hinanzieht", ist für Jacob Böhme nichts anderes als diejenige „Offenbarerin", die die Geburt Gottes, des Sohnes, des Menschen und der äußeren Welt ermöglicht. Ohne die Sophia bleibt Gott ewig
unfruchtbar und die göttliche Magia ewig verborgen:

> Sie gebieret, aber sie ist nicht das Göttliche Princip, oder das Centrum der Gebäre-
> rin, sondern die Mutter, darinnen der Vater wircket.[65]

Sie ist nicht nur die Mutter, sie ist auch die Jungfrau, die in „der Ehe mit Gott
ist".[66] Sie offenbart also Gottes Wesen. In ihr sind „alle Spiegel der Magiae
offenbar". Jenes Ewig-Weibliche betrifft jedoch nicht nur Gott. Das ganze Itinerarium des neuen Menschen, der Lucifer und die irdische Eva verbannen muß,
heißt auch die Rückkehr zu jenem weiblichen Prinzip, das in einer für unseren
Autor kennzeichnenden Ambivalenz sowohl unsere Mutter, „unsere erste Mutter" ist als auch die Braut, die die errettende Geburt des himmlischen Andro-
gynen ermöglicht. Die sophianische Physiologie setzt also Geschlecht und Fall,

aber auch Geschlecht und „Wiedergeburt" gleich. Sophia ist die Mutter und die Ehefrau Gottes, die Gemahlin Christi, unsere Mutter und unsere Ehefrau. Der „edlen Sophiae Mann" ist nämlich unsere „Feuerseele", das längst verblichene Bildnis Gottes, das zur erlösenden Begierde erweckt wird. Die Folgen der neuen himmlischen Ehe evoziert das *Mysterium Magnum* mit höchst lyrischer Kraft:

> So die Tinctur des Feuers gantz rein ist, so wird ihr Sophia in sie eingegeben, so bekommt Adam seine alleredelste Braut, die ihm in seinem ersten Schlaf genommen ward, wieder in seine Arme, und ist fürbas kein Mann noch Weib, sondern ein Zweig am Christi Perlen-Baume, der im Paradeise Gottes stehet.[67]

Am Anfang dieses Essays erwähnten wir die Assimilation des „Philosophus Teutonicus" durch die Literarhistoriker. Die Rolle, die Jacob Böhme in der Wiederaufnahme der Mystik im deutschen 17. Jahrhundert spielt und die starke Wirkung, die er auf die Romantiker, auf Baader, Hegel, Schelling, Novalis, Schlegel, Tieck usw. ausübt, sind wohl entscheidende Argumente. Äußerste Vorsicht muß jedoch in der genauen Erwägung jener „Beeinflussung" walten. Für Quirinus Kuhlmann, der sich unmittelbar an ihn anlehnte, ist die exakte Einwirkung schon leichter zu bestimmen als für Johannes Scheffler, obwohl der Autor des *Cherubinischen Wandersmann* einmal sagte, er sei durch die Schriften des Theosophen zur Wahrheit gelangt. So verhält es sich später mit Franz Xaver von Baader, der sich Böhmes Theosophie zu eigen machte und uns diese Aneignung beschrieb, im Gegensatz zu Novalis oder zum jungen Tieck. Leicht wurde verallgemeinert. Die Literaturgeschichte spielt am liebsten mit Parallelen. Mit Recht hat man u. a. in Anlehnung an die Arbeit Wolfgang Kaysers Jacob Böhmes Auffassung der Sprache und seine Natursprachenlehre als wichtiges Moment in der Geschichte der Philologie begrüßt.[68] Inwiefern dieses Spracherlebnis des „Teutonicus", das mit dem Hamanns ohne Zweifel gleichzusetzen ist, die direkte philologische Arbeit des 17. Jahrhunderts, Schottel insbesondere, beeinflußte, bleibt jedoch höchst problematisch. Jacob Böhme hat nie einen nicht geistlichen Dichter des Barock direkt beeinflußt. Selbst bei den sogenannten geistlichen Dichtern wirkte die Idee immer mehr als der Stil, die Lehre mehr als die Sprachform. Es darf auch nicht vergessen werden, daß Jacob Böhmes literarischer Erfolg erst richtig möglich wurde, als das Gedankengut des in seinem eigenen Lande mehr oder weniger verpönten Theosophen vom Ausland her und vor allem von Frankreich durch die Vermittlung insbesondere des französischen Philosophen und Böhme-Übersetzers Louis Claude de Saint-Martin (1743-1803) in die Heimat zurückkehrte.[69] Im 17. Jahrhundert kannte man den Görlitzer Schuhmachermeister in England und in den Niederlanden viel besser als in Deutschland. Quirinus Kuhlmann und Angelus Silesius entdeckten ihn diesseits des Rheins. Deswegen trägt der Versuch, hier zusammenfassend Jacob Böhmes literarische Bedeutung näher zu bestimmen, einen sehr spekulativen Charakter.

Jacob Böhmes klar formulierte und mit prägnanten Bildern immer wieder erläuterte Überzeugung, die die Freiheit und die Gewalt des denkenden und glaubenden Menschen in der Eruierung der höchsten Geheimnisse Gottes, der Natur und des Menschen voraussetzt, muß an erster Stelle genannt werden. Der Mensch ist in der Tat „sein eigener Macher der Gottheit"! Weil er ein ewiger Geist ist, „so ist ihm alles in seine Gewalt gegeben". Im Menschen ist „Gott und die ganze Schöpfung". Zwar wirkte jene „certitude" nicht unmittelbar auf die Zeitgenossen, wie es mit der „certitude" Descartes' der Fall war. Sie ist jedoch u. E. ausschlaggebend, nicht zuletzt deswegen, weil sie in den ersten zwanziger Jahren eines Zeitalters so deutlich verkündet wird, das nicht nur eine eigene Literatur in Deutschland entwickelt – das 17. Jahrhundert ist das erste „literarische Jahrhundert" in Deutschland –, sondern auch die Souveränität des denkenden Subjekts der Kirche und der Theologie aufzwingt. Zwar verfuhr unser „Teutonicus" überhaupt nicht „more geometrico"! Es handelt sich nicht einmal bei ihm um jene „oratio de dignitate hominis", die Pico della Mirandola in den letzten Jahren des 15. Jahrhunderts verkündet. Wie bei Pascal triumphiert immer noch der „Dieu d'Abraham et de Jacob" über den „Dieu des philosophes" und „l'infini de grandeur" verdammt letzten Endes den Menschen, der sich seiner „petitesse" immer mehr bewußt werden soll. Einerseits wird jedoch bei unserem Gottesgelehrten die theologische Aussage entschieden von jedem äußeren bzw. kirchlichen Zwang gelöst. Jeder Gläubige darf ungebunden und allein das zerbrochene Jerusalem wieder „erbauen". „Unter den Schein Göttlichen Gehorsams" sind wir alle „in lauter Irr-Wegen gewandelt".[70] Jetzt dürfen wir den Heiligen Geist rufen und in der Erleuchtung Gottes alle „dunckelen Geheimnisse" erforschen. Anderseits wird in diesem Zusammenhang auch die schöpferische Kraft des Menschen gefeiert. Der Mensch lüftet in der Tat nicht nur einen Schleier. Er sieht nicht nur die Isis-Sophia. Die Geheimnisse, die er entdeckt, werden schon in ihm gestaltet und geformt. Die Vorrede des *Mysterium Magnum* definiert das neue poetische Amt des Menschen nicht nur mit: verstehen, erkennen, aussprechen, sondern auch mit: empfindlich machen, formen, „in Formungen aussprechen", „in schiedliche Formulierungen modeln". D. h.: der Mensch nimmt unmittelbar an jenem Spiel des Unsichtbaren mit dem Sichtbaren teil. Er „imaginiert" in Gott, wie Gott „in die Welt", „in die Sophia", in uns „imaginiert". Jacob Böhme verherrlicht nicht nur unsere erkennende Kraft, sondern auch unsere dichterische Kraft durch das Medium der Sprache.

Es bleibt dahingestellt, ob jene grundlegenden Intuitionen in der *Aurora* der neuen Zeiten unmittelbar zur Entstehung des literarischen, dichterischen Bewußtseins im Barockzeitalter beitrugen. Wir glauben nicht daran und wir können es nicht beweisen. Erst die Romantiker werden jene Böhmesche Magia schätzen, durch die – wie im *Mysterium Magnum* steht – „alles vollbracht werden kann". Ein zweites Moment der Meditation wirkte viel direkter: die Einbeziehung der Natur in den literarischen „discours". Am Anfang des Barockzeitalters formuliert unser Theosoph ein Postulat, das bereits Paracelsus kannte, dessen Tragweite er aber beträchtlich erweitert. Die Natur ist schon bei Jacob Böhme jene „Freundin, Trösterin", aber auch „jene Priesterin und Wundertäterin" des zweiten Kapitels der *Lehrlinge zu Sais*. Böhmes Schrift *De signatura rerum, oder Von der Geburt und Bezeichnung aller Wesen* trägt schon die Züge jenes „echt sinnbildlichen Naturromans", den Novalis plante. In der Tat schreibt Jacob Böhme den ersten (metaphysischen) Roman. Der Mensch ist verloren, er kann das Wesen der Wesen nicht erkennen, wenn er nicht jene „Natur-Sprache" erlernt, „daraus jedes Ding aus seiner Eigenschaft redet". Am deutlichsten formulieren es die letzten Absätze des ersten Kapitels des *De signatura rerum*: An der Gestaltnis aller Creaturen kennet man den „verborgenen Geist", „an ihrem Trieb und Begierde, item, an ihrem ausgehenden Hall, Stimme und Sprache". Die Nachwirkung der Spekulation innerhalb der deutschen Literaturgeschichte ist herausgearbeitet worden. Auf diesem Gebiet müssen wir jedoch sehr vorsichtig bleiben. Wir konnten z. B. feststellen, daß Naturbetrachtung und spekulative Mystik bei zwei Hauptvertretern des deutschen literarischen Barock eng verbunden sind: bei Daniel Czepko von Reigersfeld und bei Catharina Regina von Greiffenberg.[71] Bei den beiden Dichtern erläutert die Naturspekulation unmittelbar die mystische Einswerdung. Der Schlesier hatte Böhme gelesen, die Autorin der *Geistlichen Sonette, Lieder und Gedichte* wahrscheinlich nicht. Andere Quellen und andere Traditionen und nicht nur Jacob Böhme erklären also jene epochemachende Akzentuierung. Nichtsdestoweniger heben wir drei Punkte hervor. Erstens: Jacob Böhmes Naturspekulation trägt dazu bei, die Wiederaufnahme der Mystik zur Zeit des Barock und in Deutschland neu zu orientieren. Wenn wir die Ursachen jener neuen „flambée" analysieren, darf der Name Jacob Böhmes nicht vergessen werden.[72] Die neue Blüte der Brautmystik entsteht bei Quirinus Kuhlmann insbesondere im direkten Zusammenhang mit der Sophiologie des Görlitzers. Die allgemeine Dramatisierung des Erlebens und die Verstärkung des Gefühlslebens sind anderseits ohne jene Böhmesche „Psychologia sacra", ohne seine Psychologie der Angst und der Begierde nicht völlig erklärbar. Zweitens: Die kennzeichnende Beladung der Naturlehre mit Philosophemen und Theologumenen, die zur Naturphilosophie führen wird und die die andere, nüchterne, sich zur Zeit der Aufklärung und der Anakreontik einige Jahrzehnte lang durchsetzende Betrachtung der Natur in Deutschland verdrängt, wäre wohl ohne die Schriften *De signatura rerum* oder *Mysterium Magnum* nicht möglich gewesen. Die Naturspekulation wird nicht befreit, sondern hineinverstrickt in eine komplizierte, oft undurchschaubare Welt der Bezüge und der synkretistischen Analogien. Drittens: Die Einbeziehung der Natur in die mystische Spekulation führt zu einer beträchtlichen Erweiterung der allegorischen Aussage, und zu ihrer Aufhebung in eine symbolische Darstellungsweise. Die theologische Sprache wird zur literarischen Sprache. Bei Johannes Scheffler ist die Modifizierung des literarischen Bildgebrauchs eindeutig.[73] Die Zerstörung der allegorischen Äquivalenz im *Cherubinischen Wandersmann* leiten aber eben jene Metaphern ein, die bei Jacob Böhme vorherrschen, die des Blitzes und die des „Centrum" insbesondere.

Die Zeit Giordano Brunos, Galileo Galileis, Pascals und Böhmes nannte Will-Erich Peuckert in einem 1948 erschienenen Buch: *Die große Wende*. Mit diesem Begriff kann man in der Tat die Stellung unseres Autors und seine Wirkung am treffendsten aufhellen. Jacob Böhme bedeutet nicht das letzte Zucken eines im Sterben begriffenen theologischen Zeitalters. In seinem Werke wird jene „große Wende" deutlich spürbar, die nicht ohne Krisen und Rückfälle zur Säkularisierung und zum Triumph der Literatur führt.

Anmerkungen

Texte

Jakob Böhme: Sämtliche Werke. Hg. von K. W. Schiebler, Leipzig 1831 ff.

Jakob Böhme: Sämtliche Schriften. Hg. von Will-Erich Peuckert. Stuttgart 1955 ff.

Jacob Böhme: Des Gottseeligen Hoch- / Erleuchteten / Jacob Böhmens / Teutonici Philosophi / Alle Theosophische Wercken . . ., Amsterdam 1682.

Jacob Böhme: Theosophia revelata. Das ist: Alle Göttliche Schriften des Gottseligen und Hocherleuchteten Deutschen Theosophi Jacob Böhmens / . . . s. l. 1730. Faksimile-Neudruck in 11 Bden. Hg. von August Faust. Neu hg. von Will-Erich Peuckert. Stuttgart 1955 ff.

Werner Buddecke: Jacob Böhme: Die Urschriften. Stuttgart 1963 ff.

Literatur

Ernst Benz: Der Gottesbegriff bei Jakob Böhme. Diss. Kiel 1904.

Werner Elert: Die voluntaristische Mystik Jakob Böhmes. In: Neue Studien zur Geschichte der Theologie und Kirche. Berlin 1913.

A. Kielholz: Jakob Böhme. Ein pathologischer Beitrag zur Psychologie der Mystik. Leipzig 1919.

Paul Hankamer: Jakob Böhme. Gestalt und Gestaltung. Bonn 1924.

Richard Jecht: Jakob Böhme und Görlitz. Ein Bildwerk. Görlitz 1924.

Will-Erich Peuckert: Das Leben Jacob Böhmes. Jena 1924.

Heinrich Bornkamm: Luther und Jakob Böhme. Bonn 1925.

Alexandre Koyré: La philosophie de Jacob Boehme. Paris 1929, ²1971.

Wolfgang Kayser: Böhmes Natursprachlehre und ihre Grundlagen. In: Euph. 31 (1930).

Nikolai Berdiaev: Jakob Böhmes Lehre vom Ungrund und Freiheit. In: Blätter für deutsche Philosophie 6. Berlin 1932.

Werner Buddecke: Verzeichnis von Jakob-Böhme Handschriften. Göttingen 1934.

Ernst Benz: Der vollkommene Mensch nach Jakob Böhme. Stuttgart 1937.

Werner Buddecke: Die Jakob-Böhme Ausgaben. Ein beschreibendes Verzeichnis. Göttingen 1937 ff.

H. G. Jungheinrich: Das Seinsproblem bei Jacob Böhme. Hamburg 1940.

August Faust: Jacob Böhme als Philosophus Teutonicus. Ein Beitrag zur Unterscheidung deutschen und westeuropäischen Denkens. Stuttgart 1941.

Christine Stewing: Böhmes Lehre vom inneren Wort in ihrer Beziehung zu Franckenbergs Anschauung und Wort. Diss. München 1953.

Wilhelm August Schulze: Jacob Böhme und die Kabbala. In: Judaica 11 (1955).

Hans Grunsky: Jakob Böhme. Stuttgart 1956.

Ernst Benz: Der Prophet Jakob Böhme. In: Abhandlungen der geistes- und sozialwissenschaftlichen Klasse der Akademie der Wissenschaften und Literatur. Mainz 1959.

F. Voigt: Das Böhme-Bild der Gegenwart. In: Neues Lausitzsches Magazin 102 (1962).

P. Schäublin: Zur Sprache Jacob Böhmes. Winterthur 1963.

Heinrich Bornkamm: Jakob Böhme, der Denker. In: Bornkamm, H.: Das Jahrhundert der Reformation. Göttingen 1966.

Eberhard Pältz: Zur Eigenart des Spiritualisten Jacob Böhme. In: Wort und Welt. Festgabe für Erich Hertzsch. Berlin 1968.

Gerhard Wehr: Jakob Böhme in Selbstzeugnissen und Bilddokumenten. Hamburg 1971.

Colloque pour le quatrième centenaire de la naissance de Jacob Böhme. Chantilly 1975.

Bernard Gorceix: L'ange en Allemagne au XVIIe siècle: Jacob Böhme et Johannes Scheffler. In: Recherches germaniques. Strasbourg 1977.

Jakob-Böhme-Symposium. Görlitz 1974. Schriftenreihe des Ratsarchivs der Stadt Görlitz 8. Görlitz 1977.

Bernard Gorceix: La mélancolie aux XVIe et XVII siècles: Paracelse et Jacob Böhme. In: Recherches germaniques. Strasbourg 1979.

Nachwirkung

Edgar Ederheimer: Jakob Böhme und die Romantiker. Heidelberg 1904.

Walter Feilchenfeld: Der Einfluß Jakob Böhmes auf Novalis. In: Germanist. Studien 22 (1922).

J. Richter: Jakob Böhme und Goethe. Eine strukturpsychologische Untersuchung. In: Jahrbuch des Freien Deutschen Hochstifts (1934).

R. Schneider: Schellings und Hegels schwäbische Geistesahnen. Würzburg 1938.

E. Susini: Franz von Baader et le romantisme mystique. Paris 1942.

W. A. Hauck: Das Geheimnis des Lebens. Naturanschauung und Gottesauffassung F. Chr. Oetingers. Heidelberg 1947.

Ernst Benz: Swedenborg in Deutschland ... Frankfurt am Main 1948.

Ernst Benz: Schellings theologische Geistesahnen. In: Abhandlungen der ... Akademie der Wissenschaften und Literatur. Mainz 1955.

Heinrich Arnim Drott: J. Böhme und J. G. Hamann. Eine vergleichende Untersuchung. Diss. Freiburg im Breisgau 1956.

W. A. Schulze: Der Einfluß Böhmes und Oetingers auf Schelling. In: Bl. f. Württemberg. Kirchengeschichte (1957).

Serge Hutin: Les disciples anglais de Jakob Böhme. Paris 1960.

I. Schüssler: Böhme und Hegel. In: Jahrbuch der Schlesischen Friedrich Wilhelm Universität zu Beslau (1965).

Antoine Faivre: Kirchberger et l'illuminisme du XVIIIe siècle. La Haye 1966.

C. Paschek: Der Einfluß Jacob Böhmes auf das Werk Friedrich von Hardenbergs. Bonn 1967.

Ernst Benz: Les sources mystiques de la philosophie romantique allemande. Paris 1968.

F. Häussermann: Theologia Emblematica . . . In: Bl. f. Württemberg. Kirchengeschichte (1968 ff).

Antoine Faivre: Eckartshausen et la théosophie chrétienne. Paris 1969.

Nachweise

[1] Novalis: Schriften. Bd. 1 (Das dichterische Werk). Darmstadt 1960, S. 413.

[2] Daniel Czepko: Geistliche Schriften. Hg. von Werner Milch. Darmstadt 1963, S. 31-173.

[3] In: German.-Roman. Monatsschrift 14, S. 145-178.

[4] Wir zitieren nach der Ausgabe von 1730: Theosophia Revelata . . . (s. „Texte"). Wir geben immer den Titel des Werkes an; zwei Zahlen folgen: Die erste Zahl bezeichnet das Kapitel oder den Brief, die zweite den Absatz.

[5] Epistolae Theosophicae oder Theosophische Send-Briefe . . . (1618-1624): 12, 8.

[6] Goethe an Zelter, 31. Okt. 1831. WA I. Bd. 49, S. 127.

[7] Der vollkommene Mensch nach Jakob Böhme. Stuttgart 1937.

[8] Werner Buddecke: Die Urschriften. 2 Bde. Stuttgart-Bad Cannstatt 1963 ff.

[9] Vgl. z. B. die Artikel von Ernst-Heinz Lemper, Herbert Langer, Siegfried Wollgast in: Jakob Böhme Symposium. Görlitz 1974. Schriftreihen des Ratsarchivs der Stadt Görlitz. Görlitz 1977.

[10] Richard Newald: Die deutsche Literatur vom Späthumanismus zur Empfindsamkeit 1570-1750. München (6)1967, S. 154.

[11] In: Werner Buddecke: Die Urschriften . . . Bd. 2, S. 402.

[12] Mysterium Magnum . . . (1622-1623). Vorrede, 6.

[13] Ebd., Vorrede, 7.

[14] Epistolae Theosophicae . . . (1618-1624): 20, 3.

[15] Ebd., 47, 2.

[16] Vgl. Theophrast von Hohenheim gen. Paracelsus: Sämtliche Werke. Hg. von Karl Sudhoff. I. Abteilung. Bd. 12. München – Berlin 1929, S. 3 ff.

[17] Vgl. z. B.: De incarnatione verbi, oder von der Menschwerdung Jesu Christi (1620): I, 13, 3.

[18] Vgl. z. B. Mysterium Magnum . . . (1622-1623): 27, 49: Nicht daß wir die Mauer-Kirchen hiermit ganz wollen aufheben.

[19] Ebd., 27, 47.

[20] Ebd., 27, 59.

[21] De incarnatione verbi . . . (1620): 6, 12.

[22] Epistolae theosophicae . . . (1618-1624): 2, 10: denn so ich schreibe, dictiret mir's der Geist in grosser wunderlicher Erkentniß, daß ich ofte nicht weiß, ob ich nach meinem Geiste in dieser Welt bin, und mich des hoch erfreue.

[23] Ebd., 4, 18.

[24] Ebd., 34, 9.

[25] Vgl. Jacob Böhme: Theosophia revelata . . . (1730). Faksimile-Neudruck. Stuttgart-Bad Canstatt 1955 ff. Bd. 10, S. 8 f.

[26] Vgl.: Der linke Flügel der Reformation. Glaubensbekenntnisse der Täufer, Spiritualisten, Schwärmer und Antitrinitarier. Hg. von Heinold Fast. Bremen 1962.

[27] Vgl. Jacob Böhme: Theosophia revelata . . . Faksimile-Neudruck . . . Bd. 10, S. 11.

[28] Angelus Silesius: Cherubinischer Wandersmann. Hg. von Eugène Susini. Paris 1964. I, 10.

[29] Luthers Werke in Auswahl. Hg. von Otto Clemen. Berlin (5) 1959. Bd. 2, S. 27.

[30] Insbesondere: Heinrich Bornkamm: Luther und Jakob Böhme. Bonn 1825.

[31] Vgl. insbesondere: Alexandre Koyré: La philosophie de Jacob Böhme. Paris (2) 1971.

[32] Vgl. in diesem Zusammenhang die Vorrede der schon erwähnten *Astronomia Magna oder die ganze Philosophia sagax der großen und kleinen Welt* (1537-1538). S. Anm. 16.

[33] In: Paracelsus. Vom Licht der Natur und des Geistes. Eine Auswahl. Hg. von Kurt Goldammer. Stuttgart 1960, S. 26.

[34] Jacob Böhme: Theosophia revelata . . . Faksimile-Neudruck . . . Bd. 4.

[35] Angelus Silesius: Cherubinischer Wandersmann. Hg. von Eugène Susini. Paris 1964, I, 15.

[36] Ebd., I, 19.

[37] Jacob Böhme: Sex puncta Theosophica, oder von sechs Theosophischen Puncten hohe und tiefe Gründung. Der erste Punct. 1, 7.

[38] Ebd., 1, 30 f.

[39] Epistolae Theosophicae . . . (1618-1624). Brief N. 47.

[40] Aurora, oder Morgenröthe im Aufgang . . . (1612): 18, 94

[41] Apologia contra Gregorium Richter . . . (1624): Kap. 16 f.

[42] Ebd., Kap. 17

[43] De electione gratiae. Von der Gnaden-Wahl . . . (1623): 3, 37.

[44] De signatura rerum, oder von der Geburt und Bezeichnung aller Wesen . . . (1622). Kap. I, passim.

[45] Ernst Benz: Der vollkommene Mensch nach Jacob Böhme. Stuttgart 1937, S. 17 f.

[46] De signatura rerum . . . (1622): 13, 1.

[47] Ebd.

[48] Mysterium Magnum . . . (1622-1623): 19, 28.

[49] De signatura rerum (1622): 4, 15.

[50] Aurora . . . (1612): 26, 53.

[51] Apologia contra Gregorium Richter . . . (1624). In: Jacob Böhme: Theosophia revelata . . . (1730). Faksimile-Neudruck . . . Bd. 5, S. 349.

[52] Ebd., S. 365.

[53] In: Friedrich Schlegel: Schriften zur Literatur. München 1972, S. 73.

[54] Vgl. darüber: Pierre Deghaye in: Jacob Böhme. Cahiers de l'Hermétisme. Paris 1977, S. 201-224, und: Jean François Marquet: Imagination et désir chez Jacob Böhme in: Colloque pour le quatrième centenaire de la naissance de Jacob Böhme. Chantilly 1975.

[55] Johannes Tauler: Die Predigten. Hg. von F. Vetter. Dublin – Zürich 1968, S. 301.

[56] Ebd., S. 144.

[57] Informatorium novissimorum . . . (1620): II, Abs. 7 f.

[58] Ebd., Abs. 11.

[59] Jacob Böhme: Theosophia revelata . . . (1730). Faksimile-Neudruck . . .: Bd. 9, S. 197.

[60] Ebd., S. 189, Abs. 18.

[61] Ebd., S. 173, Abs. 32.

[62] Ludwig Feuerbach: Gesammelte Werke. Berlin 1969. Bd. 8, S. 188.

[63] Ernst Benz: Der vollkommene Mensch nach Jacob Böhme. Stuttgart 1937, Vorwort S. IX.

[64] Alexandre Koyré: La philosophie de Jacob Böhme. Paris (2) 1971, S. 344.

[65] Zweite Schutz-Schrift wieder Balth. Tilken . . . (1622): Abs. 65.

[66] Ebd., Abs. 70.

[67] Mysterium Magnum . . . (1622-1623): 25, 14.

[68] Wolfgang Kayser: Böhmes Natursprachlehre und ihre Grundlagen. In: Euph. 31 (1930).

[69] Vgl.: Ernst Benz. Les sources mystiques de la philosophie allemande. Paris 1968, S. 17 ff.

[70] Informatorium novissimorum . . . (1620): I, Abs. 2.

[71] Vgl. unseren Artikel: Natur und Mystik im 17. Jahrhundert. In: Epochen der Naturmystik. Hg. von R. C. Zimmermann und Antoine Faivre. Berlin 1979.

[72] Vgl. unser Buch: Flambée et agonie. Mystiques allemands du XVIIe siècle allemand. Sisteron 1977, S. 25 ff.

[73] Vgl. unseren Artikel: Allegorie und Symbol in der Sprache der deutschen Mystik des 17. Jahrhunderts. In: Etudes germaniques 4 (1978).

Ernst Ribbat

GEORG RODOLF WECKHERLIN

Es scheint, als habe die Härte mancher seiner Poesien, die Vernachläßigung der Quantität (indem er seine Verse nicht sowohl skandirt, als nur die Sylben zählt, und dabei dem Sinne nach auf lebendige Deklamation seinen Versbau berechnet), seine Dehnungen der Wörter, überhaupt das Ungelenke in Handhabung des Mechanischen der Dichtkunst, das ihm noch anhaftet, unserm Weckherlin, seit der Zeit, daß Opitz die Deutschen mit formgerechtern Mustern bekannt gemacht, manche unglimpfliche Tadler, besonders unter dem uralten und immer sich verjüngenden Geschlechte derjenigen Kunstrichter zugezogen, die wegen der mangelhaften Form so gern den Geist und Inhalt vergessen, ja denen nicht selten eine geglättete Form alles gilt. Indessen ist und bleibt ein körnigter Ausdruck, Neuheit der Bilder, Schwung der Phantasie bei Zartheit der Empfindung der durchaus nicht zu verkennende Charakter der Weckherlinischen Gedichte.

Als Karl Heinrich Jördens diese Sätze für sein *Lexikon deutscher Dichter und Prosaisten* formulierte[1], konnte er sich schon auf Eschenburg und Herder, auf die Romantiker und insbesondere auf Carl Philipp Conz berufen[2], die an Person und Werk des ältesten Barockpoeten erinnert und Gerechtigkeit für den durch die Opitz-Schule Verdrängten gefordert hatten. Der Streit der „Kunstrichter" ging indessen weiter. Bis in die jüngste Forschung hinein hat es rigorose Kritik an Weckherlin gegeben, ist sein vermeintliches Unvermögen, das Opitzsche Betonungsgesetz zu beachten, zum Anlaß genommen worden, ihm geschichtliche Bedeutung weitgehend abzusprechen.[3] Jedoch wird diese nicht von Metrikern entschieden. Ein angemessenes Verständnis Weckherlins wird verhindert, wenn – in später Nachfolge des Martin Opitz – an lyrischer Sprache primär ihr Schema, ihre lehr- und lernbare Simplizität interessiert. Vielmehr ist die spannungsreiche Sprachwelt Weckherlins in ihrem eigenen Horizont zu begreifen, und es gilt zu erkennen, daß sein Außenseitertum nicht privater Willkür entsprang, sondern von tiefgreifenden politischen und kulturellen Veränderungen im Zeitalter des Dreißigjährigen Krieges zeugt.

Weckherlin hat keine Poetik geschrieben[4], auch keine Dichtungen, in denen das Poetenamt Thema wäre, keine philosophisch-theologischen Traktate, die indirekt Aufschluß über seine Dichtungslehre vermitteln würden. Schon dies unterscheidet ihn von der Mehrzahl der Barockautoren. Weckherlins Forum ist nicht die Welt der Gelehrten, von keiner Sprachgesellschaft ist seine dichterische Praxis legitimiert worden. Gleichwohl läßt sich eine programmatische Zielsetzung erkennen, die durch Jahrzehnte konstant geblieben ist. In der Widmung der ersten Veröffentlichung, des *Triumf* von 1616, an die Herzogin von Württemberg heißt es:

> Wa ihr nu E. F. Gn. dise meine geringe arbeit (nach meiner vunderthönigen zuversicht) gnädiglich gefallen lassen: So werd ich verursachet / mit andern wercken gleicherweiß fort-zufahren / vund darinnen vunserer sprach (deren die außländer ihre nohturft vnd rawheit / zwar ohn vrsach / fürwerfen) reichtumb vnd schönheit khünlich zu vermehren:...[5]

Genau diese Schreibintention bekräftigt die Vorrede zu den *Weltlichen Gedichten* in der letzten, 1648 publizierten Sammlung:

> So kan ich auch allhie zu gestehen nicht vmbgehen / daß / in dem vor vielen Jahren vil Frembde / doch vnserer Sprach wolkündige vnd gelehrte Herren / mir vnserer Poësy mangel vnd vnmöglichkeit fürgeworfen: Andere aber (auch vnsere Sprach zu lernen begirig) daß sie von vnsern zusamen gezogenen worten / vnd viler Syllaben / stummer vnd mit-stimmer zusamenzwingung davon abgeschrökket würden / angedeuttet: Jene / jhnen jhre übelgegründete Meinung zu widerlegen / vnd daß / wan wir Teutsche vns vnserer Muter-sprach / so wol als frembde Sprachen / gefallen liessen / vnd dieselbe (als die frembde die jhrige) pur vnd zierlich zu reden vnd zu schreiben befleissigten / wir keiner Nation nachzugehen / durch meine eigene Gedichte alsbald zu beweisen:...[6]

Des jungen wie des alten Weckherlin Dichtung ist patriotisch motiviert: nicht nur im Hinblick auf ihre Themen, von denen zu reden sein wird, sondern vor allem auch in ihrer Sprachlichkeit. Die eigene, die deutsche Stimme zu schulen, ihr Ansehen zu fördern im Wettstreit der europäischen Nationalsprachen, „linguam nostram stilo repurgare"[7], auf dies Ziel bleibt Weckherlins poetische Praxis verpflichtet, ohne daß ihm eine theoretische Legitimation erforderlich schien. Als Grund dafür, daß er anders als Opitz oder die Sprachgesellschaften seine Literaturform allein der praktischen Evidenz überantwortet hat, ist sein anders geartetes Verhältnis zum absolutistischen Hof zu verstehen. So wendet Weckherlin noch in der Auseinandersetzung mit der Opitz-Schule gegen ihre „Befelch vnd Satzungen"[8] ein, daß sich als ihr Ergebnis „offt schlechte / harte vnd rawe / vnd den Göttern kaum anstehende vnd gezimliche noch wehrte Reden vnd Arten finden"[9] – was meint: die humanistisch fundierte Gelehrtendichtung verfehlt die letztlich über die Geltung von Sprache und Poesie entscheidenden Adressaten, „die Götter diser Erden", die absolutistischen Herrscher und ihre Höfe, deren politisch-militärische Konkurrenz auch dem Sprachenstreit die Rahmenbedingungen vorgibt. Es ist eine pragmatische Norm, wenn dieser Ausdruck erlaubt ist, die Weckherlin den poetologischen Systemen entgegensetzt:

> Wan (über das) die Poetrey der Götter Red vnd Sprach: das ist / daß ein Poet so schön vnd zierlich schreiben soll / Als die Götter diser Erden / grosse / weisse / gelehrte Fürsten vnd Personen zu reden pflegen...[10]

Patriotische Poesie ist eine andere Form patriotischen Handelns, beides vollzieht sich in gleicher Loyalität dem absoluten Herrscher gegenüber, dem allein Frieden und Ehre und im besonderen die Rettung des protestantischen „Teutschland" zu vollbringen zugetraut werden kann. „reichtumb vnd schönheit" der Sprache zu vermehren, „pur vnd zierlich zu reden", dazu erweist sich der Hofmann – und Hofmann ist Weckherlin zeitlebens gewesen – als in besonderem Maße kompetent, weil er anders als der hofferne Gelehrte die kulturpolitischen Erfordernisse den „Frembden" gegenüber abschätzen kann und zugleich in ständiger Berührung lebt zu den inkorporierten Sprachmustern, den Fürsten.

Weckherlins Werk ist in allen seinen Teilen geprägt vom gesellschaftlichen und kulturellen Wertzentrum der Ära des höfischen Absolutismus, aber so sehr dessen Wirklichkeit von Land zu Land und von Jahrzehnt zu Jahrzehnt sich unterschiedlich entfaltete, so sehr verändern sich auch Themen und Formen der auf sie antwortenden Dichtungssprache.

*

Am 14. September 1584 wurde Georg Rodolf Weckherlin als fünftes Kind eines württembergischen Hofbeamten in Stuttgart geboren.[11] Die Vorfahren sind Handwerker und Patrizier in Ulm gewesen, der Vater wurde 1588 in den Adel erhoben. Der junge Weckherlin konnte die fortschrittlichsten Bildungsinstitutionen der Zeit nutzen: 1593-99 besuchte er das Pädagogium in Stuttgart, und als er sich 1599 an der Juristischen Fakultät der Universität Tübingen immatrikulierte, fand er dort auch die 1592 gegründete Ritterakademie Collegium illustre vor, deren Lehrgegenstände und -verfahren auf die neuen Bedürfnisse des Hofes ausgerichtet waren[12] und die zugleich Kontakte mit Studenten aus norddeutschen Fürstenhäusern ermöglichte. Eine 1604 nach Sachsen unternommene Reise vertiefte die Kenntnis jener protestantischen Länder, mit deren Geschick im Dreißigjährigen Krieg sich später Weckherlins politische Dichtung immer wieder befaßt. Das Berufsziel solcher Ausbildung konnte nur der Hofdienst sein, aber erst 1616 erlangte Weckherlin eine Sekretärsstelle. So verbrachte er ein ganzes Jahrzehnt, zumeist wohl mit diplomatischen Geschäften betraut, im Ausland: in Frankreich, und zwar in Mömpelgard, das damals der württembergischen Verwaltung unterstand, wie in Paris, dann insgesamt drei Jahre in England, wo er seine Frau – Elizabeth Raworth aus Dover – kennenlernte, und wahrscheinlich auch in Irland. Der Ertrag dieses Jahrzehnts war nicht nur die perfekte Beherrschung aller wichtigen europäischen Sprachen – neben Englisch und Französisch auch Italienisch und Spanisch –, durch die sich Weckherlin für diplomatische Sekretariatsarbeit qualifizierte, sondern vor allem die genaue Vertrautheit mit Kultur und Literatur jener europäischen Residenzen, denen nachzueifern man in Deutschland gerade erst begann.[13] Den stärksten Eindruck verdankte er offenbar der französischen Renaissancepoesie, der

Lyrik Ronsards und der Pléjade, die zwar auf der kulturellen Szene von Paris kaum mehr aktuell war, deren Reformleistung aus nationalsprachlichem Selbstbewußtsein aber gerade aus der Distanz einen Deutschen, der diesen Standard in seiner Heimat nirgends erreicht sah, motivieren konnte, selbst einen Neuansatz zu versuchen.

Weckherlin trat erst relativ spät als Autor hervor, und es blieb ihm nur eine kurze Frist – drei Jahre –, um im deutschen Sprachraum, von Stuttgart aus, „reichtumb vnd schönheit" der eigenen Muttersprache zu beweisen. In dieser Zeit aber hat er dem Umfang wie der Qualität nach ein imponierendes Werk vorgelegt, das erst heute sich ganz überschauen läßt, während den jüngeren Dichtern des Barock kaum mehr als die acht von Zincgref 1624 nachgedruckten Gedichte bekannt waren.[14] Als Sekretär des württembergischen Herzogs Johann Friedrich ist Weckherlin vor allem mit der Planung und Beschreibung von Hoffesten beschäftigt gewesen. Der *Triumf* und seine englische Übersetzung *Triumphall Shews* von 1616[15] dokumentieren eine Fürstenversammlung aus Anlaß einer Kindtaufe, die die wohl glänzendste Repräsentation protestantischer, in der „Union" verbündeter Herrscher gewesen ist. Eine neuerliche Taufe und die Hochzeit eines Bruders des Herzogs gaben die Anlässe für die – keineswegs knappe – *Kurtze Beschreibung* von 1617/1618[16], und im selben Jahr folgte noch *Beschreibung Vnd Abriß*[17] eines im Rahmen von Vermählungsfeierlichkeiten abgehaltenen Balletts. Neben diesen zugleich organisatorischen und schriftstellerischen Dienstgeschäften schrieb und sammelte Weckherlin seine *Oden und Gesänge*, die 1618 und 1619 publiziert wurden.[18] Eine Reise nach England und die Heirat dort, die Gründung eines Hausstandes in Stuttgart – zwei Kinder wurden geboren –, die Teilnahme an einer württembergischen Gesandtschaftsreise nach Venedig: all dies fiel in die Jahre 1616 bis 1619, die zugleich glücklichste und produktivste Zeit in Weckherlins Leben. Sie endete mit dem Beginn des großen Krieges, nach der Vertreibung des „Winterkönigs", die die Hoffnungen der protestantischen Union, die deutschen Verhältnisse in ihrem Geiste zu gestalten, unwiderruflich zerstörte. Weckherlin ging nach England, zunächst noch als württembergischer Agent, dann in engem Kontakt zum pfälzisch-böhmischen Emigrantenhof, bis er 1626 Sekretär im englischen Staatssekretariat wurde. Diese Aufgabe hat er unter wechselnden Vorgesetzten jahrzehntelang wahrgenommen, selbst unter Cromwells Herrschaft behielt er sein Amt. Weckherlin und seine Familie wurden englische Staatsbürger, die Tochter heiratete einen englischen Gutsherrn, und der Kontakt mit Deutschland beschränkte sich auf gelegentliche Briefwechsel. Entsprechend gering war das Echo, als 1641 und 1648 die *Gaistlichen und weltlichen Gedichte* in Amsterdam erschienen.[19] Von ihren Entstehungsbedingungen ist in der Vorrede zu den weltlichen Gedichten der Gesamtausgabe die Rede; eine Beurteilung der Weckherlinschen Texte wird sie mitzubedenken haben:

Endlich wan sich andere verwunderen vnd verdriessen lassen solten / daß ich so wenig für eine so lange vergangene Zeit nu auß-kommen lasse: die will ich hiemit zubedencken höchlich gebetten haben / daß sie günstiglich erkennen vnd bedencken wollen / welcher gestalt ich schier mein gantzes Leben (oder doch mehr dan viertzig jahr her ohn ablaß) in grosser Herrn / Fürsten vnd Königen Dinsten vnd schweren obligenden geschäfften vnd Raysen (mehrer-theyls als Secretary) zugebracht: daher sie dan (verhoffentlich) so wol die schlechte Arten / als auch die geringe Anzahl meiner Gedichten (in welchen beeden ich die Armuth dessen mir verlyhenen Groschens / vnd meines Verstands / Kunst vnd Geschicklichkeit / Geringfügigkeit erkenne vnd gern bekenne) leichtlich entschuldigen werden. Vnd wan ich (wie dann die Warheit selbs) gemeiniglich zwischen besagten wichtigen / mühsamen vnd stättigen Geschäfften kaum einige angenehmere / dan dise (mir natürliche) Ergötzung vnd Kurtzweil genommen: so mögen sie sich vilmehr verwundern / daß in so vielen vnnachlässigen Geists vnd Leibs Müh / Arbeit vnd Bewegungen ich so vil poetisiert / vnd nicht lieber den Musen vnd der Teutschen Sprach gar einen Schid-brief vnd ewiges vrlaub gegeben.[20]

Nur ein Vierteljahr nach seiner Pensionierung ist der englische Staatssekretär und deutsche Dichter am 13. Februar 1653 in London gestorben.

*

Teutschland / du hast keine vrsach weder zutrawren / noch zuförchten. Die einigkeit vnd liebe / welche den mehrernthail deiner fürsten und ständen zusamenbindet / erfüllet dich mehr vnd mehr mit sicherheit vnd fraiden.[21]

So beginnt Weckherlin seinen Bericht über das große Stuttgarter Tauffest im März 1616, das einer höchst aufwendigen Repräsentation mit feierlichen Gottesdiensten, üppigen Banketten, prächtigen Aufzügen, mit Ringrennen, Fußturnieren, Kübelrennen und grandiosen Feuerwerken diente, wobei der Württemberger Hof sich stilistisch an den Londoner Festlichkeiten von 1612, den Heidelberger von 1613 aus Anlaß der Verlobung bzw. Vermählung Friedrich V. von der Pfalz und Elisabeths Stuart orientierte. Diese Prachtentfaltung hatte zugleich einen politischen Aspekt: Nicht nur daß sie Gelegenheit gab zu Konferenzen der wichtigsten Fürsten der Union, das Fest sollte Einigkeit, ja Harmonie und patriotisches Selbstbewußtsein suggestiv vor aller Augen bringen, nicht nur – und vielleicht am wenigsten – die zuschauende Bürgerschaft, sondern die große Zahl der Mitwirkenden und – durch die alsbald publizierten Festbeschreibungen – „fürsten und stände" ganz Deutschlands zu gemeinsamem Handeln motivieren. Alle Elemente sind funktional diesem Konzept zugeordnet, von den Kostümen, deren schier endlose Varianten Weckherlin nicht müde wird mit Enthusiasmus zu beschreiben, über die mythologischen Figurationen auf Schauwagen bis hin zu den „Cartellen", in denen die Maximen höfischen Lebens verkündet werden. Da hier das Verfahren der rhetorischen Steigerung gilt, kommt den letzten Aufzügen, welche ein allgemeines Fußturnier einleiten, besonderes Gewicht zu. Es sei

kurz auf sie eingegangen: Schon morgens „war ein so dickes geläuf dem lustgarten zu / als ob alles volck in Teutschland sich alda zuversamblen gedachte."[22]
Der Landesfürst selbst in der Verkleidung eines Malteserritters fordert zum
Wettbewerb auf, und es erscheinen zunächst, hergerufen vom „Elysische(n)
felde" die „alten Teutschen kriegshäubter" Harminius, Witekind, Orland. Niemand geringeres als der pfälzische Kurfürst ist Arminius, und sein Cartell ist
gewiß als politisches Manifest verstanden worden, wenn in ihm gefordert wird:

> Daß / gleich wie die berümbten Römer jhr sicherheit und wolstand in die erhaltung
> jhrer alten / löblichen / wolhergebrachten sitten vnd satzungen gestellet: Also
> auch wir Teutsche das vest vnd stäht sollen halten / daß vnsers Vatters glückseelig-
> keit darinn bestehe / daß wir vns frembden Völckern vnd Sitten nicht vnterwerffen /
> sondern zwar mit jedermann gute freund: und nachbarschafft / aber doch vnser
> eigne gute Verfassungen / Gebräuche vnd Gesätze / für unser beste macht vnd
> schatz halten sollen / etc.[23]

Der Anspruch auf deutsche – und das heißt hier: protestantische – Autonomie
wird erhoben, und er wird durch Rückgriff auf eine eigene deutsche Tradition,
verkörpert in den heroischen Germanenfürsten, legitimiert. Die praktische Rele-
vanz eines solchen Anspruchs wird noch deutlicher im folgenden Aufzug, der
französische Ritter vorstellt, die im Sinne der von der Union angestrebten
Bündnispolitik erklären „daß ein Cavallier seinen dienst nicht besser kan anwenden / als denselben / dem Vatterland zu nutzen / den Unirten zu praesen-
tiren".[24] Nach einem Zwischenauftritt einer Amazonengruppe zu Ehren der
versammelten Damen endet die Reihe mit dem Eintritt „des jungen Teutschen
adels", der sich das Cartell des Harminius, also des Kurfürsten von der Pfalz,
zu eigen macht.[25] Weckherlin bekräftigt diese Geste der Loyalität noch, indem
er dieser Gruppe, zu der er sich selbst wohl zählen konnte, ein poetisches Cartell
zuordnet. Dessen zweite Strophe lautet:

> Nein. Teufel seind wir nicht / noch risen / noch halb-göter
> Noch helden / noch wild-leut / noch vnsers lands verspöter:
> Das bekant Teutsche Reich ist vnser vaterland /
> Wir seind Teutsch von geburt / von stamen / hertz vnd hand.[26]

An dieser Stelle, so scheint es, nimmt sich Weckherlin die Freiheit, in den Text
höfischer Repräsentation eine persönliche Stellungnahme einzublenden, hier
wird zugleich der Beweggrund noch der späten politischen Gedichte deutlich:
Nicht als wollte sich hier ein individuelles Ich kritisch abheben von der für alle
Untertanen verbindlichen Staatsräson. Vielmehr geht es ihm gerade darum,
deren Autorität Profil zu geben, ihr durch das emphatische Bekenntnis der jungen Adelsgeneration Nachdruck zu verleihen. In Differenz zum traditionellen
Zeremoniell mittelalterlichen und humanistischen Stils, das Rittertum oder antike Heroik zur Verklärung der jeweils gegenwärtigen Herrscher zitiert, wird
die Möglichkeit einer spezifisch nationalen Repräsentanz angedeutet, einer stär-

keren Verknüpfung der abstrakten höfischen Ordnung mit der konkreten Kultur
des Landes. Für solche Tendenz ist in der *Kurtzen Beschreibung* etwa das Dia-
lekt-Intermezzo der schwäbischen Bauern[27] – gespielt, versteht sich, von Adligen
– symptomatisch oder auch das abschließende Gedicht „Von den vorbeschriebnen
Ritterspihlen", dessen drei erste Strophen lauten:

> Nein / es ist nicht mehr noht / sich ab dem grossen Pracht
> Deß Römischen Triumfs stehts also zuentsetzen:
> Teutschland hat wol numehr dergleichen fürgebracht /
> Daß man gnug kan damit Gesicht und Sehl ergötzen.

> Nein es ist nicht mehr noht / mit welsch-vermischter Sprach
> Der Außländer Wollust und Frewden zuerzehlen:
> Teutschland empfacht dadurch weder Gespöt noch Schmach /
> Sondern hat in sich selbs noch Frewd gnug zuerwöhlen.

> Nein / es ist nicht mehr noht / der frembden Kunst vnd Witz /
> Erfindungen vnd Spihl vnnachthunlich zuachten:
> Teutschland welches wol ist der Erfindungen Sitz /
> Theilet den frembden mit viel mehr Kunst zu betrachten.[28]

Im übrigen zeigt diese zweite Festbeschreibung mit ihren vielen Zitaten aus
römischen, italienischen und französischen Dichtungen, daß die angestrebte
Eigenständigkeit einzig auf dem Weg der Adaption zu erreichen war, weil eine
eigene muttersprachliche Überlieferung, die den sublimen Ansprüchen einer auf
international wirksame Repräsentation bedachten Hofgesellschaft hätte genügen können, nicht zur Verfügung stand.

Der Blick auf die Hoffeste, diese kostspieligen Gesamtkunstwerke[29] im
Dienste einer für Deutschland neuartigen Staatsidee, vermag das Verständnis
der Lyrik Weckherlins insofern zu fördern, als er das im Zeithorizont Selbstverständliche vom Besonderen zu unterscheiden hilft. Freilich sind die Sprachbegabung dieses Autors, die Reichweite seines Wortschatzes wie seine rhythmische
Sensibilität besondere Qualitäten, ohne daß man sie anders erklären könnte als
durch Hinweis auf die jahrzehntelange, mit dem Latein- und Musikunterricht
des Pädagogiums einsetzende, im Ausland intensivierte Schulung des Ausdrucks-
vermögens. Aber wird man, von den ästhetischen Maßstäben der Epoche her
urteilend, die glanzvolle Beredsamkeit des Fürstenlobs als individuelle Leistung werten können? Der hohe Stil der ja vielfach von Ronsard oder du Bellay
übernommenen Oden forderte den angemessenen Adressaten: den Regenten und
seine Familie. Umgekehrt war das Amt des Hofdichters – und Weckherlins
Sekretärsposition entsprach ihm wohl weitgehend[30] – dadurch definiert, daß
er den „Göttern dieser Welt" jene Rühmung erwies, welche im Verein mit anderen Insignien ihre Herrschaft stabilisierte, eine Herrschaft, der nach den Erfahrungen des späten Mittelalters und des 16. Jahrhunderts allein der innere

Frieden, die Sicherheit des Lebens für alle Stände zu danken war. Selbstverständlich, daß dafür die differenziertesten und wirksamsten Mittel sprachlicher Kunst einzubringen waren. So war die entschlossene Trennung von einem Deutsch nur konsequent, das höchstens für Lebensverhältnisse ohne Verpflichtung zur heroischen Repräsentanz, für Stadtbürgertum und Landbevölkerung, noch hinlänglich sein mochte. Der qualitative Sprung, den Weckherlins Lyrik – aber auch die Prosa seiner Festbeschreibungen – gegenüber deutschsprachiger Literatur des späten 16. Jahrhunderts signalisiert, wird in funktionsgeschichtlicher Perspektive verständlich, während er in einer literaturgeschichtlichen Betrachtung, die um der Kontinuität deutschsprachiger Dichtung willen in Versen der vorhergehenden Jahrzehnte nach Vorläufern fahndet, nicht erklärbar ist.[31]

Jeweils ungefähr die erste Hälfte der beiden Bücher *Oden und Gesänge*[32] ist den panegyrischen Gedichten im erhabenen Stil vorbehalten, in denen Weckherlin den Fürsten und Damen zumal der südwestdeutschen Staaten Tribut entrichtet. Einzelne dieser Texte sind in der Forschung gründlich analysiert worden, die Quellen sind nachgewiesen, die Übersetzungsverfahren erläutert, die Reihungstechnik beschrieben.[33] Eindrucksvoll ist wohl vor allem die souveräne Kunst der Disposition, die sich insbesondere in der an die jeweilige Strophenform angepaßten Syntax auswirkt: durch Parenthesen und Partizipialkonstruktionen ausdifferenzierte Schwellsätze finden sich neben Stakkato-Folgen knapper Thesen oder Fragen. Daß die jeweilige Individualität des Angeredeten bei solchem rhetorischen Prunk nahezu liquidiert, ins Allgemeine aufgehoben wird, gehört zur Intention. Fast allein ihre Titulatur verankert die Fürsten-Götter noch in der Realität. Ebenso verbirgt sich das eigene Interesse des Poeten, solchen Dienst belohnt zu finden, weitgehend hinter der Entfaltung jenes Topos, daß im Dichterwort allein der Ruhm des Helden die Vergänglichkeit alles Irdischen überwinde. Doch ist zuweilen die Applikation des Topos recht genau auf die Situation Weckherlins abgetönt:

> So wöllet nu gnädiglich
> Mich von forcht und sorgen freihen,
> Und dan auch freygebiglich
> Ehr und güter mir verleyhen,
> Dan die tugent und das gut
> Zusamen grössen den muht:
> Alsdan dämpfend mein begehren
> Mit reich und fürstlicher hand,
> Soll ewer nam und ruhm wehren
> Als lang man in dem Teutschland
> Wirt das Volck teutsch reden hören.[34]

Die jeweils zweite Hälfte der *Oden und Gesänge* durchsehend, mag man geneigt sein, ihre Texte „privat" zu nennen gegenüber der „öffentlichen" Rede der Fürsten-Oden. Angeredet werden zunächst Gönner und Freunde niedrigerer Rang-

stufe, und dann folgen Texte vor allem petrarcistischer Topik bis hin zu „anakreontischen" Lebenslehren in, so scheint es, bewußt lässiger Formulierung,
etwa:

> Laß uns unverdrüßlich leben
> Recht auf gut Philosophisch,
> Unsere sehl nicht einweben
> Melancolisch wie Stockfisch,
> Sondern fliehen und vermeiden,
> So vil müglich, alles leiden.[35]

Individuelle Unverwechselbarkeit eignet solcher Privatheit nicht, auch hier wird
vorgegebenen Sprachmustern gefolgt, doch scheint Weckherlin bei der Publikation
der *Oden und Gesänge* daran gelegen zu sein, seine Sprachbegabung – und
also: die Reichweite deutscher Poesie – nicht nur in hoher, sondern zugleich
auch in mittlerer, ja niederer Stillage zu beweisen, um auf diese Weise sich und
seinen Lesern Entlastung, Entspannung zu gewähren von der höfischen Verpflichtung zur heldenhaften Stilisierung. So reimt ein Trinklied sehr unheroisch:
„Es ist besser zu beth voll wein, / Dan Tod in die bahr gelegt sein."[36] Weckherlin führt die von den unterschiedlichen poetischen Genera angebotenen, miteinander kontrastierenden Rollen jeweils konsequent durch. Zuweilen hat dies den
Charakter schülerhafter Imitation, etwa wenn er Petrarcas Laura die eigene
„Myrta" folgen läßt. Man weiß aus den späteren Werkausgaben, daß mit diesem
Namen seine Frau gemeint ist[37], aber die frühen Lieder überschreiten nicht den
Rahmen konventioneller Attribuierung der Geliebten. Besonderes Interesse
kommt bei solchem Sachverhalt den Texten zu, in denen die von den Gattungen
bestimmten Sphären sich überschneiden. So steht im zweiten Buch mitten unter
den Oden ein „Brautlied zu Ehren der Hochzeit Filanders und seiner Cloris"[38],
ein Epithalmium, das Strategie und Taktik der Kriegsführung Zug um Zug ins
Erotische, ja eindeutig Sexuelle überträgt und dergestalt eine „ars amatoria"
entwickelt. Man kennt die Personen nicht, für die es geschrieben wurde, wird
den Text wohl aber als symptomatisch werten dürfen für die Dominanz poli-
tisch-militärischer Kategorien am absolutistischen Hof, von der nur schwer möglich war sich zu distanzieren, um in der Tat im Privatbereich Entspannung und
Glück zu finden.

Die *Oden und Gesänge* schließen mit dem Gedicht „Von des Menschlichen
Lebens, und von dem blinden menschlichen Übermuht wenig erkanten Ellend".[39]
Hier wird bereits im Ton der Psalmen die Eitelkeit des Irdischen beklagt und der
Hof als Stätte sittlicher Verderbnis verworfen:

> Was sihet und was kan man sunst
> Bey den Höfen dan dapfer liegen;
> Dan mit ehrgeitz, schalckheit, mißgunst,
> Stoltz, schimpf und fuchsschwäntzen betriegen?[40]

Das Gedicht endet mit der Maxime satirischer Weisheit, daß der Mensch „sein ellendes leben / Weinend soll anfangen, und sich / Hernach lachend dem tod ergeben".[41] Auch und gerade der Höfling, dessen ganze Existenz der Entscheidungswillkür anderer unterworfen ist, erlebt die Welt als Fremde: der Glanz, den er zu verbreiten hilft, ist nicht sein Glanz, und die eigene Ehre ist nur von der Ehre des Souveräns geliehen. An der Grenze der Weckherlinschen Frühzeit ist jene Haltung scharfer Hofkritik präfiguriert, welche im späteren Werk etwa in den Epigrammen oder in der Ode an Oliver Fleming[42] viel Raum einnehmen wird. Dennoch ist für die erste Phase, die der „Hofpoesie" im engeren Sinne, nicht Distanzierung, sondern Bejahung kennzeichnend gewesen: Hier gab es im Zeichen eines protestantisch-deutschen Absolutismus eine Symbiose von Herrschaft und Literatur.

In den folgenden Jahrzehnten verfaßt der englische Hofmann Weckherlin deutsche Dichtung nicht oder kaum mehr in direktem Auftrag, sondern außerhalb seines amtlichen Dienstes. Somit gab es fortan für Weckherlins Lyrik keinen institutionellen Funktionszusammenhang mehr, es werden von ihm „reichtumb vnd schönheit" der deutschen Sprache zu mehren gesucht, ohne daß er auf eine Wirkung solchen Patriotismus noch rechnen konnte. Obgleich Weckherlin über die Elendssituation in Deutschland und, auf politischer Ebene, über die Konzeptionslosigkeit der protestantischen Fürsten – einschließlich vor allem des englischen Monarchen – nur zu gut Bescheid wußte und sogar demgegenüber auf Richelieus Modell eines erfolgreichen Absolutismus hingewiesen hat[43], hielt er an der Jugend-Idee eines autonomen protestantischen „Teutschland" mit Beharrlichkeit fest und beurteilte stets Heerführer und Fürsten danach, inwieweit sie dessen Verwirklichung zu fördern schienen. Noch die Widmung der Gesamtausgabe – vor dem Friedensschluß – an den Pfalzgrafen Carl Ludwig dokumentiert solche Verbundenheit zu den Leitsternen der Frühzeit.

Das Bauprinzip der Texte verändert sich demgemäß kaum. Wenn ein Preisgedicht angestimmt wird, schöpft Weckherlin wie früher aus dem Repertoire höfischer Panegyrik – allerdings mit solcher Könnerschaft, daß es dem Umfang wie der Brillanz der Formulierung nach nur wenige vergleichbare Texte im deutschen Barock gibt. Als besonders charakteristisch sei die Ode auf die Regentin Elizabeth Amalie von Hessen genannt.[44] Den *Oden und Gesängen* folgen in der Gesamtausgabe noch *Trawr- und Grabschrifften* – mit dem großangelegten Nachruf auf Gustav Adolf[45] – und *Heroische und andere Sonnet und Gedichte*, doch bildet dieser ganze Werkbereich nurmehr einen Teil des Œuvres. Entfaltet werden jetzt auch die anderen Sprachrollen barocker Dichtung[46]: das geistliche Sprechen in den Psalmen – 1641 sind dreißig Psalmen übertragen, 1648 kamen weitere dreißig hinzu – und die pastorale Ausdrucksform.

Was den *Psalter* betrifft[47], dessen Nachdichtung in den letzten Schaffensjahren wohl Vorrang vor aller weltlichen Poesie hatte, so ist er ein Arsenal barocker Redekunst: Immer neue Strophenformen werden erprobt, die Reimmöglichkeiten deutscher Sprache virtuos, doch zuweilen auch angestrengt demonstriert, eine fast schwindelerregende Variabilität des Benennens ist vorgeführt. In seiner „Vorrede An den Christlichen Lesern"[48] knüpft Weckherlin zwar an den kirchlichen Gebrauch der Psalmen als Lieder des Gottesdienstes an – vor allem der reformierten Gemeinden –, läßt aber erkennen, daß der primäre Grund dieser Dichtung die eigene, meditierend-reflektierende Aneignung des Psalters gewesen ist, der „allen anderen Biblischen Büchern vorzuziehen" sei. Diese geistliche Poesie habe er geschrieben „mir selbs zu trost, ergötzlichkeit und oftenmahlen zu meiner höchsten schmertzen ermilterung". Spürbar wird in solchem Bekenntnis, wie isoliert auch der Christ, nicht nur der Dichter Weckherlin gelebt hat: Lutherisch erzogen, hat er in Ländern calvinistischer und katholischer Konfession gelebt, hat zeitweilig Kontakte mit pansophischen Gruppen geknüpft[49] und in England nach vielen Auseinandersetzungen um die Staatskirche die Revolution der Puritaner erlebt. Er hat sich offenbar keiner dieser Bewegungen ganz anschließen können oder wollen. An den Psalmen selbst läßt sich erkennen, daß jedenfalls die christologische Deutung Luthers nicht durchgeführt ist, auch sonst keine bestimmte theologische Interpretation angestrebt wird, vielmehr das Wort der Schrift allein durch Variation intensiviert und ausgeschmückt ist. Doch unterliegt keinem Zweifel, daß hier ein Protestant spricht, ein neuzeitlicher Christ, der Gottes Gnade aus der Dunkelheit seines Sündenbewußtseins heraus preist, die Ausgeliefertheit des Menschen an das Böse hervorhebt und alle Rettung allein vom Höchsten erwartet:

> Dan er allein der Herr, der alles thut verwalten.
> Der die, so (seinem wort vertrawend) sein gebot,
>   Und ihn allein für ihren Got
>   Recht halten, will erhalten:
> Er ist allein der Herr, des lebens liecht und pfad,
> Es ist Er, der von uns was böß und schädlich wendet,
>   Und dessen Allmacht, Lieb und Gnad
>   Hat alles wol vollendet.[50]

So schließt die Übertragung des 22. Psalms. Man mag fragen, ob nicht in solchem Sprechen, vergleicht man es mit der höfischen Panegyrik, nur der Adressat ausgetauscht wurde, der biblische Gott an die Stelle der so sehr enttäuschenden „götter diser welt" gerückt ist. Gewiß, auch Weckherlins Sprache der Frömmigkeit ist bestimmt von seinem geschichtlichen Horizont, dem höfischen Absolutismus. Doch im erweiternden Nachsprechen der Psalmen konnte, ja mußte er ein eigenes, durch institutionalisierte Funktionen nicht mehr geregeltes und abgesichertes Sprachverhalten lernen und üben. Es ist darum nur schwer möglich, in diesem Bereich auf einzelne Texte zu verweisen, welche ästhetischer Wertung besonders gelungen scheinen, vielmehr ist es die allen Psalmen gemeinsame Bewegung, die überall hervortretende Arbeit kunstvollen und zugleich persönlich verantwortbaren Formulierens, die dies Korpus auszeichnet.

Es charakterisiert die Vielfalt poetischer Bemühungen Weckherlins, daß in der letzten Werkausgabe auch jene dichterische Rollenhaltung voll entfaltet wird, die auf den ersten Blick hin dem geistlichen Ernst besonders fremd zu sein scheint – der Lebensgenuß der Schäferpoesie. Abschließend soll darum auf die in einem Zyklus vereinigten *Hirtengedichte* eingegangen werden.[51] Daß Weckherlin erst sehr spät zu seiner spezifischen Ausdrucksmöglichkeit im pastoralen Stil gefunden hat, läßt sich daran ablesen, daß die erste, schon 1641 gedruckte Ekloge auf eine Landschaftsdarstellung noch verzichtet – die einzige Raumangabe ist „Albion" – und alles Geschehen im Dialog entfaltet. Kontrastiert werden zwei Hirtenpaare: ein glücklich liebendes und ein „petrarcistisches", bei dem der werbende Mann auf eine spröde Frau trifft; im wesentlichen besteht die Ekloge aus einem in einer Folge von Strophen und Antistrophen durchgeführten Wechselgesang der Hirten. Demgegenüber ist für das zweite bis fünfte Hirtengedicht – sie sind jeweils den Jahreszeiten vom Frühling bis zum Winter zugeordnet – ein ausführlicher Natureingang kennzeichnend. Man hat diese Landschaftsdarstellungen mit Recht „Weckherlins schönste Schöpfungen" genannt, „so gegenständlich, so bunt und zugleich von so schwellender Kraft, daß sie völlig einzigartig in der deutschen Barockdichtung dastehen".[52] Es ist die schwäbische Welt, die erinnernd heraufgerufen wird, deren Blumen und Vögel, deren Weinsorten und Winzergebräuche genannt werden. Zwar bleiben die Sprecher anakreontische Hirten und Nymphen, zwar ist der Ort der Liebe bevorzugt die arkadische Grotte, aber die Grenzen überkommener Topik sind energisch überschritten, wenn etwa eine Heuernte so geschildert wird:

> Mit ihren Sänßen scharpf die Meeder förtig stehen,
> Und biegend sich das Graß fein ordendlich abmehen;
> dan folgen andre nach, die es mit Gablen krumb
> Und mit der Rechen stihl zuströwen umb und umb,
> Biß daß, alßbald es dirr, sie manchen heyschock machen,
> Darauf ein jüngling bald, nicht ohn gailhafftes lachen,
> Erhaschet eine Nymf, da dan halb-nackend sie
> Mit küssen trösten beed ihr grosse hitz, schweiß, müh:
> Dan kompt der Meyer her, die zeit nicht zu verlieren
> Und auf dem wagen bald das Hey nach hauß zuführen.[53]

Hier ist der Alexandriner, der anspruchsvolle Vers der Fürstenoden, verwandelt zum Maß epischer Darstellung scharf beobachteten Landlebens. An die Stelle rednerischen Überschwangs ist die sorgsame Auswahl des eine spezifische Wirklichkeit kennzeichnenden Details getreten, und statt der Tugendmythen wird die Erfahrungswirklichkeit von Mühe und Lust, Arbeit und Erotik zum Thema.

Indessen darf der Hinweis auf eine solche Passage keinen falschen Eindruck erwecken. Die Normen und Lizenzen der pastoralen Poesie sind mit denen anderer Schreibarten nicht ohne weiteres vergleichbar, und Weckherlin demonstriert gerade auch in den *Eklogen* ein hohes Maß an formaler Artistik: Die dem Naturgeschehen antwortenden Wechselgesänge der Hirten und Nymphen variieren ständig das Metrum und die Strophenform, sie kulminieren in einem schon manieristisch zu nennenden Ensemble-Refrain.[54] Zudem ist für die Wirkung des ganzen Zyklus entscheidend die abschließende sechste Ekloge, welche die evozierte Harmonie und Natur des Hirtendaseins dem Hofleben kontrastiert. Das Frauenlob des Hirten Corydon steht in Opposition zur ironischen Relativierung weiblicher Schönheit durch den Höfling Frantz, dem „Bericht" von wahrer Liebe widerspricht das „Gedicht", die Fiktion nämlich einer Rolle, welche der Weltmann zwar mitspielt, aber durchschaut – sich so zwar seine skeptische Freiheit bewahrend, aber den Zugang zu einer alternativen, einer glücklichen Lebensmöglichkeit verstellend. Vorzeichen eines nachhöfischen Realismus ist beides: die Annäherung gedichteten Landlebens an Erfahrungswirklichkeit und die Reflexion auf ein gesellschaftliches Rollensystem, dem sich zu entziehen (noch) nicht möglich ist.

Weckherlins „Rumd-umb" – Rondeau – „An den Hofe"[55] wird eins seiner letzten Gedichte sein, und die Zeile „Du hast vil Hoffnung, wenig frucht" mag als Resümee gelten können: nicht nur in bezug auf die höfische Herrschaftsform, die in Deutschland in den Krieg, in England in die Revolution geführt hatte, sondern auch hinsichtlich der mit ihr verbundenen „teutschen Poesy", deren Zukunft Weckherlin schlecht verwaltet sah von jenen, die sich nach Opitz als ihre „Oberhäupter / Befelchs-haber vnd Richter" präsentierten.[56] Nicht zu Unrecht. Denn erst anderthalb Jahrhunderte später erreichte deutsche Dichtung jenes europäische Niveau, das Weckherlin im Horizont seiner höfischen Kultur erstrebt hatte. Trotz solcher Bilanz aber hat Weckherlin seine poetische Lebensleistung der Überlieferungsgeschichte anvertraut, indem er seine Gesamtausgabe veröffentlichte – die Wahrscheinlichkeit des Mißerfolgs selbstironisch vorwegnehmend: „Beduncken nicht einem jeden Affen seine Jungen die hipscheste?"[57]

> Weckherlin und Flemming sind unstreitig die bedeutendsten Dichter der ganzen Periode; aber die Kunstabsichten des ersten scheinen nicht verstanden, das göttliche Gemüt des letzten nicht gefühlt worden zu sein. So stehen sie einzeln und ohne Wirkung da, besonders der Weg, den Weckherlin angefangen hatte zu bahnen, wurde gar nicht betreten und wuchs daher gleichsam ganz zu.[58]

Diese Sätze August Wilhelm Schlegels aus seinen Berliner Vorlesungen umreißen treffend Rang und Geschick des ersten deutschen Barockdichters. Dennoch sind sie korrigierbar. Denn der Weg zu Weckherlins Werk ist inzwischen freigelegt, und der Blick auf seine exemplarische Kunst-Leistung ist möglich. Weckherlins Dichtung, darf man eine Formel wagen, vermag Sprachvertrauen zu lehren – zumal in hoffnungsarmen Zeiten.

Anmerkungen

T e x t e

Hermann Fischer (Hrsg.): Georg Rudolf Weckherlins Gedichte. 3 Bde. Stuttgart 1894, 1895, 1907 (Bibliothek des Litterarischen Vereins 199, 200, 245). Reprint Darmstadt 1968.

Ludwig Krapf und Christian Wagenknecht (Hrsg.): Stuttgarter Hoffeste. Texte und Materialien zur höfischen Repräsentation im frühen 17. Jahrhundert. Tübingen 1979. (Neudrucke deutscher Literaturwerke N. F. 26). S. 1-308: Die Festbeschreibungen Georg Rodolf Weckherlins.

Christian Wagenknecht (Hrsg.): Georg Rodolf Weckherlin. Gedichte. Stuttgart 1972 (Universal-Bibliothek 9358-60/60a).

L i t e r a t u r

Carl Philipp Conz: Nachrichten von dem Leben und den Schriften Rudolph Weckherlins. Ein Beytrag zur Literaturgeschichte des siebzehnten Jahrhunderts. Ludwigsburg 1803.

Hermann Fischer: Georg Rudolf Weckherlin. In: Allgemeine Deutsche Biographie. Bd. 41, Leipzig 1896.

Max Eitle: Studien zu Weckherlins ,Geistlichen Gedichten'. Diss. Tübingen 1911.

Ernest Tonnelat: Deux Imitateurs Allemands de Ronsard: G. R. Weckherlin et Martin Opitz. In: Revue de Littérature Comparée 4 (1924), S. 557-589.

Alwin Müller: Weckherlin und die Pléjade. Beiträge zur Erkenntnis des deutschen Dichtstils. Diss. (masch.) München 1925.

Hans Gaitanides: Georg Rudolf Weckherlin: Versuch einer physiognomischen Stilanalyse. Diss. München 1936.

Erich Trunz: Die Entwicklung des barocken Langverses. In: Dichtung und Volkstum (Euphorion) 39 (1938), S. 427-468.

Leonard Wilson Forster: Georg Rudolf Weckherlin. Zur Kenntnis seines Lebens in England. Basel 1944 (Basler Studien zur deutschen Sprache und Literatur 2).

Theodor Buck: Die Entwicklung des deutschen Alexandriners. Diss. (masch.) Tübingen 1956.

Adolf Beck: Über ein Gedicht von Georg Rudolf Weckherlin. In: Jahrbuch der deutschen Schillergesellschaft 6 (1962), S. 14-20.

Hans Lentz: Zum Verhältnis von Versiktus und Wortakzent im Versbau G. R. Weckherlins. München 1966 (Studien und Quellen zur Versgeschichte 1).

Christian Wagenknecht: Weckherlin und Opitz. Zur Metrik der deutschen Renaissancepoesie. München 1971.

Silvia Weimar-Kluser: Die höfische Dichtung G. R. Weckherlins. Bern und Frankfurt 1971 (Europäische Hochschulschriften I, 59).

Ernst Ribbat: ,Tastend nach Autonomie'. Zu Weckherlins „Geistlichen und weltlichen Gedichten". In: Rezeption und Produktion zwischen 1570 und 1730. Festschrift für Günther Weydt. Hrsg. von Wolfdietrich Rasch, Hans Geulen und Klaus Haberkamm. Bern und München 1972, S. 73-92.

Leonhard Forster: Kleine Schriften zur deutschen Literatur im 17. Jahrhundert. III. Zu Georg Rudolf Weckherlin. In: Daphnis 6 (1977). H. 4, S. 163-234.

Flora Kimmich: Weckherlin, Petrarchism and the renewal of vernacular poetry. In: Daphnis 7 (1978), S. 181-197.

Ingrid Laurien: ‚Höfische' und ‚bürgerliche' Elemente in den „Gaistlichen und weltlichen Gedichten" Georg Rodolf Weckherlins (1648). Stuttgart 1981 (Stuttgarter Arbeiten zur Germanistik Nr. 89).

Nachweise

[1] Karl Heinrich Jördens: Lexikon deutscher Dichter und Prosaisten. Bd. 5. Leipzig 1810, S. 198.

[2] Vgl. Fischer. Bd. 3, S. 177 ff.

[3] Einen forschungsgeschichtlichen Überblick gibt Lentz, S. 10-34. Gegen die Position des Opitzianers Lentz vgl. insbesondere die Arbeiten von Trunz und Wagenknecht.

[4] Die Vorreden zu den Gesamtausgaben von 1641 und 1648 geben keine grundsätzlichen Erörterungen poetologischer Probleme, sondern sind situationsbezogene Stellungnahmen.

[5] Stuttgarter Hoffeste, S. 7.

[6] Zitiert nach: Wagenknecht (Hrsg.): Weckherlin. Gedichte, S. 118.

[7] In einem Brief 1625 an Ludwig Camerarius. Zitiert bei: Forster: Weckherlin, S. 53.

[8] Zitiert nach: Wagenknecht (Hrsg.): Weckherlin. Gedichte, S. 119.

[9] Ebda.

[10] Ebda. – Vgl. zur Sprachnormierung durch den Hof: Bernd Spillner: Die Rolle des Hofes bei der Herausbildung des bon usage in der französischen Sprache des 17. Jahrhunderts. In: Deutsche Barockliteratur und europäische Literatur. Kongreß Wolfenbüttel 4.-8. 9. 1979. Sektion 1.

[11] Vgl. für alles Biographische: Forster: Weckherlin.

[12] Vgl. Wilfried Barner: Barockrhetorik. Untersuchungen zu ihren geschichtlichen Grundlagen. Tübingen 1970, S. 377.

[13] Vgl. die Vorträge des in Anm. 10 genannten Kongresses. Für Weckherlin gilt darum eine andere Zuordnung von Dichtung und Politik als für die meisten deutschen Barockpoeten. Über diese vgl. als Forschungsbilanz: Volker Sinemus: Poetik und Rhetorik im frühmodernen deutschen Staat. Göttingen 1978 (Palaestra 269).

[14] Julius Wilhelm Zincgref: Auserlesene Gedichte Deutscher Poeten. Halle 1879 (Braunes Neudrucke 15).

[15] Triumf NEwlich bey der F. kindtauf zu Stutgart gehalten. Beschriben Durch G. Rodolfen Weckherlin. Stutgart 1616. Jetzt in: Stuttgarter Hoffeste, S. 5-186. – TRIUMPHALL SHEWS Set forth lately at Stuttgart ... Stuttgart 1616. Jetzt in: Stuttgarter Hoffeste, S. 4-172.

[16] Kurtze Beschreibung / Deß zu Stutgarten / bey den Fürstlichen Kindtauf vnd Hochzeit / Jüngst-gehaltenen Frewden-Fests / Verförtiget Durch Georg-Rodolfen Weckherlin. Tübingen 1618. Jetzt in: Stuttgarter Hoffeste, S. 190-296.

[17] Beschreibung Vnd Abriß Deß jüngst zu Stutgarten gehaltnen F. Balleths. Stutgart 1618. Jetzt in: Stuttgarter Hoffeste, S. 299-308.

[18] ODEN vnd GESÄNGE durch Georg-Rodolf Weckherlin. Das Erste Buch Oden vnd Gesäng. Stutgart 1618 – Das ander Buch Oden vnd Gesäng. Durch Georg-Rodolf Weckherlin. Stutgart 1619.

[19] Georg Rodolf Weckherlins Gaistliche und Weltliche Gedichte. Amsterdam 1641 – Amsterdam 1648. Jetzt in: Fischer 1. Bd., S. 289-520 und 2. Bd., S. 3-461.

[20] Zitiert nach: Wagenknecht (Hrsg.): Weckherlin. Gedichte, S. 120.

[21] Stuttgarter Hoffeste, S. 15.

[22] Ebda., S. 133.

[23] Ebda., S. 145 u. 147.

[24] Ebda., S. 151.

[25] Ebda., S. 155 ff.

[26] Ebda., S. 159.

[27] Ebda., S. 270 ff.

[28] Ebda., S. 296.

[29] Vgl. die Berechnungen in: Stuttgarter Hoffeste, S. 507 ff.

[30] Vgl. Forster: Weckherlin, S. 32.

[31] So gerät Weckherlin z. B. bei Richard Newald ganz ins Abseits. Vgl. Die Deutsche Literatur vom Späthumanismus zur Empfindsamkeit. 3. Aufl., München 1960, S. 43 f.

[32] Zitiert wird nach: Fischer 1. Bd., S. 85-288.

[33] Vgl. Fischer 2. Bd., S. 473-483 sowie die Untersuchungen von Müller, Gaitanides, Beck, Kimmich u. a.

[34] An den Regierenden Hertzogen zu Wirtemberg, etc. H. Johan-Friderichen, etc.: Fischer 1. Bd., S. 112.

[35] Vergnüeget und frölich: Fischer 1. Bd., S. 180.

[36] Anacreontisch. Frölich zu leben: Fischer 1. Bd., S. 179.

[37] Zu Weckherlins Liebesgedichten vgl. Forster: Weckherlin, S. 42 ff. und Eberhard Berent: Die Auffassung der Liebe bei Opitz und Weckherlin und ihre geschichtlichen Grundlagen. The Hague. Paris 1970.

[38] Fischer 1. Bd., S. 237-243.

[39] Ebda., S. 285-287.

[40] Ebda., S. 286.

[41] Ebda., S. 287.

[42] An H. Oliver Fleming Rittern, Kön. Myt. Gesandten, etc: Fischer 2. Bd., S. 250-256. Vgl. zur Hofkritik bes. Helmuth Kiesel: Exeat aula. Untersuchungen zur literarischen Hofkritik von Sebastian Brant bis Friedrich Schiller. Tübingen 1979.

[43] Von dem Cardinal De Richelieu. etc.: Fischer 1. Bd., S. 431 f.

[44] Von der Durchleuchtigen Fürstin und Frawen (der Welt unverläuglichen wahren Zierd) Frawen Elizabeth Amelia, Landgrävin zu Hessen, etc.: Fischer 2. Bd., S. 239-250. Vgl. S. 311-328.

[45] Des Grossen Gustav-Adolfen, etc. Ebenbild, Zu Glorwürdigster und unvergänglicher Gedechtnus Seines so schnellen als hellen Lebens-Laufs, Aufgerichtet Von G. R. Weckherlin. 1633: Fischer 2. Bd., S. 271-295. Vgl. Ribbat: ,Tastend nach Autonomie', S. 85 ff.

[46] Vgl. Conrad Wiedemann: Heroisch – Schäferlich – Geistlich. Zu einem möglichen Systemzusammenhang barocker Rollenhaltung. In: Schäferdichtung. Referate der fünften Arbeitsgruppe beim zweiten Jahrestreffen des Internationalen Arbeitskreises für deutsche Barockliteratur. Hrsg. von Wilhelm Voßkamp. Hamburg 1977 (Dokumente des Internationalen Arbeitskreises für deutsche Barockliteratur 4), S. 96-122.

[47] Vgl. Ribbat: ,Tastend nach Autonomie', S. 74 ff., 81 ff.

[48] Fischer 2. Bd., S. 7 f.

[49] Vgl. Forster: Weckherlin, S. 79 ff.

[50] Fischer 2. Bd., S. 75.

[51] Eclogen oder Hürten Gedichte: Fischer 1. Bd., S. 457-461 und 2. Bd., S. 371-404.

[52] Erich Trunz: Die Entwicklung des barocken Langverses, S. 452 f.

[53] Fischer 2. Bd., S. 376 f.

[54] Ebda., S. 386.

[55] Ebda., S. 448.

[56] „Vorrede an den freindlichen Lesern". Zitiert nach: Wagenknecht (Hrsg.): Weckherlin. Gedichte, S. 119.

[57] Ebda., S. 120.

[58] August Wilhelm Schlegel: Geschichte der romantischen Literatur. Kritische Schriften und Briefe Bd. IV. Hrsg. von Edgar Lohner. Stuttgart 1965, S. 63.

HANS-GEORG KEMPER

FRIEDRICH VON SPEE

I

Friedrich Spee von Langenfeld (1591-1635) ist erst posthum als Verfasser von drei in mancher Hinsicht gegensätzlich anmutenden Werken bekannt geworden. 1631 erschien anonym seine *Cautio criminalis seu de processibus contra sagas* (= *CC*), eine Schrift, die in einer Zeit verstärkter Hexenverfolgungen scharf mit den Verfahrensfehlern und dem Unrecht der Hexenjustiz abrechnete. Erst Leibniz machte in seiner *Theodicee* den „Jesuitenpater Friedrich Spee", den er als einen „der hervorragendsten Männer seines Ordens" rühmte, einem breiteren Publikum als Autor der CC und als einen Vorläufer der Aufklärung bekannt.[1] Zugleich lobte Leibniz Spees 1649 erschienenes, zum theologischen Erbauungsschrifttum gehörendes *Güldenes Tugend-Buch* (= *GTB*), denn Spee habe darin „der göttlichen Liebe" zugetraut, „die Sünde sogar ohne Vermittlung der Sakramente der katholischen Kirche unwirksam zu machen"[2]: Vielleicht erblickte Leibniz darin einen aufklärerischen Denkansatz zur Entmachtung von Institution und Autorität der katholischen Kirche. Um so weniger allerdings vermochte er mit dem dritten Werk des Paters anzufangen, dem dieser doch fast allein seinen literarhistorischen Nachruhm verdankt, nämlich mit der ebenfalls 1649 erschienenen *Trutz-Nachtigall* (= *TN*), einer Sammlung „mystischer" geistlicher Lieder. Deren Verse hielt Leibniz nicht nur für „sehr schlecht", sondern sogar für „zu zeiten fast lächerlich"[3] und machte dafür – übrigens nicht ganz unzutreffend – Spees Unkenntnis der Opitzschen Reform verantwortlich.

Das Urteil über die *TN* ist auch in späteren Rezeptionsphasen zwiespältig geblieben.[4] Zwar hat man sie mit der Zeit immer besser als „Schmelztiegel aller literarischen Strömungen der Zeit" erfaßt und zum poetischen „Meisterwerk" erhoben[5], doch mit der Einsicht in die Disparatheit der in der Liedersammlung erkennbaren Traditionen wuchs die Unsicherheit über den Grad ihrer künstlerischen Integration[6], über das Verhältnis von theologischem Gehalt und poetischer Gestalt[7], von Gefühlsüberschwang und „grandioser Einförmigkeit"[8] in Inhalt und Ablauf der Lieder sowie über die Deutung des „mechanical and artificial character" der Landschaftsdarstellung dieses früher wegen seines „Naturgefühls" noch als „männlicher Droste" gefeierten Autors.[9]

Auch über das Gesamtwerk, über die Biographie und die geistesgeschichtliche

Stellung des Paters ist sich die Forschung heute bemerkenswert uneins. Wie verträgt sich die „liebende Offenheit" für die Schöpfungsschönheiten und für die „Kreaturen" mit der „asketisch-mystischen Weltverachtung"[10], wie das Nebeneinander von Todesangst und Todessehnsucht[11], von „mystischem" Gefühlsüberschwang in *GTB* und *TN* mit der kritischen Rationalität der *CC*? War Spee überhaupt Mystiker?[12] Und war er nun ein getreuer „Apostel der deutschen Gegenreformation"[13] oder eher ein „irenisch gesinnter Jesuit"[14] und „humaner Verfechter einer Una-Sancta"[15], also „gewiß kein Fantiker"[16]? Soll man ihm mit Philologen und Theologen unter Berufung auf *TN* und *GTB* Traditionsverhaftetheit und Rechtgläubigkeit attestieren, oder darf man – vielleicht gar zugleich – mit den Rechtsgelehrten aus der *CC* auf ein seiner Zeit weit vorauseilendes aufgeklärtes Bewußtsein schließen?

Mangelnde Urteilsfreude wird man der Spee-Forschung nicht vorwerfen können; Plausibilität wird ein Urteil über Leistung und historischen Stellenwert des Autors freilich erst dann gewinnen, wenn es – die perspektivische Verkürzung eingeschränkter Fachkompetenz überwindend – das Gesamtwerk aus einem für den Autor selbst konstitutiven, einheitlichen Erfahrungs- und Sinnzusammenhang her begreiflich machen kann, der zugleich die gattungsspezifischen Besonderheiten seiner Schriften zu erklären vermag. Im folgenden können dazu nur einige Hinweise gegeben werden.

II

Friedrich Spee von Langenfeld wurde am 25. Februar 1591 in der nahe bei Düsseldorf gelegenen Festung Kaiserswerth geboren.[17] Diese war Amtssitz seines Vaters Peter Spee von Langenfeld, der als Küchenmeister und Hofschenk bei den Kurfürsten von Köln in Diensten stand. Da Herzog Ferdinand (seit 1597 Kölner Kurfürst) als Jesuitenzögling ein besonderer Förderer dieses Ordens war, lag es für die Familie wohl nahe, Friedrich zusammen mit zwei Brüdern nach Köln auf das von den Jesuiten geleitete humanistische ‚Dreikönigs-Gymnasium', das sog. „Tricoronatum", zu schicken. – 1609 wurde Spee an der Kölner Artistenfakultät zum Baccalaureus promoviert, ein Jahr später begann er sein Noviziat im Jesuitenorden. Dieses sowie das anschließende dreijährige Philosophiestudium (in Würzburg) absolvierte er ebenso vorschriftsmäßig wie den vor Aufnahme des Theologiestudiums im Orden geforderten Dienst im Lehramt an den unteren Gymnasialklassen (in Speyer und Worms). Noch vor dem Ende des vierjährigen Theologiestudiums in Mainz empfing er im Frühjahr 1622 die Priesterweihe. Möglicherweise hat er schon in der Zeit vor 1620 damit begonnen, „Lieder, katechetische und andere geistliche Schriften zu verfassen", die später Eingang in das *GTB* gefunden haben.[18] Neuerdings hat man Spee auf Grund von insgesamt überzeugenden Kriterien als Verfasser von rund 60 Kirchenliedern ermittelt, die er zwischen 1616 und 1622 geschrieben haben dürfte und die anonym in vier verschiedenen Publikationen 1621 und 1622 in Köln und Würzburg erschienen.[19]

Nach Abschluß seines Theologiestudiums wurde Spee an die 1614 gegründete, aber zwischenzeitlich vom protestantischen Heerführer Christian Herzog von Braunschweig besetzte Jesuitenuniversität in Paderborn delegiert, wo er neben seinem Amt als Katechet von 1624 bis 1626 jeweils ein Jahr Logik, Physik und Metaphysik lehrte. Wie seine Ordensbrüder engagierte er sich nebenbei bei der Rekatholisierung der Stadt- und Landbevölkerung, wie ein Missionsbrief vom 4. Juli 1624 aus seiner Feder bezeugt. In diesem und in zwei Briefen an die Geschwister von Stein vom Februar 1628[20] geht Spee leidenschaftlich, im Ton schon fast unhöflich und in der Sache kompromißlos auf Seelenjagd für die Katholische Kirche, indem er erklärt,

> daß keiner könne selig werden, er habe dan den itzt gemelten eintzigen rechten waren glauben, wer aber einen falschen irrigen hatt, eß sei gleich, welcher eß wolle, ist und bleibt in ewigkeit verdampt.[21]

Offenbar war er in der Ketzerbekehrung erfolgreich tätig. Andernfalls hätte ihn der Ordensprovinzial nicht Ende 1627 mit der nach Tillys Sieg in Westfalen möglich gewordenen „Rekatholisierung" des Amtes Peine beauftragt. Dort war die Stimmung der protestantischen Bevölkerung durch verschiedene Pressionen des Kölner Kurfürsten gereizt. Am 19. April 1629 kam es auch zu einem Mordanschlag auf Spee:

> Diesen morgen wie der Herr Pater Spee naher Woltorff reiten wöllen, daselbst diuina zu uerrichten, hat ein Mörderischer Reuter demselben vorgewartet, Beide Pistollen auf Ihn gelöset, welche aber gefehlet, darauff Er den gueten frommen Patrem mit dem Degen dermaßen zerhacket, daß Er Sieben Wundenn ins Haupt unddt zween in den Rücken bekommen unndt lassenn sich die Haubttwunden fast miteinander Thöttlich ansehen, weil die Hirnschal unterschiedtliche mahlen hart gespalten, auch pia mater besorglich laediret, habe Ihnen zwar durch hiesigen Balbirer verbinden laßen, besorge aber Er werde zu schlecht sein.[22]

Der Vorfall und seine Hintergründe sind nie aufgeklärt worden. Spee überlebte den Anschlag, litt fortan aber zeitlebens unter Kopfschmerzen und Schwindelanfällen. Nach elfwöchigem Krankenlager zog er sich zur Erholung auf das den Jesuiten gehörende Stiftsgut Falkenhagen bei Corvey zurück. In dieser Zeit relativer Muße dürfte, so nimmt man an, eine Reihe der in der *TN* publizierten Lieder entstanden sein.

Bereits im Oktober 1629 akzeptierte er den Auftrag, den verwaisten Lehrstuhl für Moraltheologie in Paderborn zu übernehmen; dabei konnten allerdings die Widerstände der dortigen Fakultät wegen der fehlenden Profeß des Paters erst durch Entscheid des Ordensprovinzials im Juli 1630 überwunden werden. – Vermutlich im Herbst dieses Jahres beendete Spee seine Arbeit an der *CC*, und schon zum Jahresende begann ein protestantischer Verleger in Rinteln mit ihrem

Druck. Im Januar 1631 warf der Paderborner Rektor Pater Baving Friedrich Spee aus seinem dortigen Lehramt hinaus und degradierte ihn zum Beichtvater; bereits im Februar 1631 ist Spee wieder in Falkenhagen nachweisbar. Als nun vermutlich zwei Monate später 1631 die CC anonym erschien, identifizierte man Spee alsbald intern als Autor. Der Verdacht, er sei an der Drucklegung nicht unschuldig, konnte trotz einer Verteidigungsschrift Spees nicht ganz ausgeräumt werden. Von anderen Vorwürfen – angeblicher Kritik an Ordensbräuchen – wurde er indessen vom Ordensgeneral Vitelleschi freigesprochen, und als das Jesuitenkolleg wegen der Bedrohung durch schwedische Truppen von Paderborn nach Köln evakuiert werden mußte, erhielt Spee in Köln einen Lehrauftrag für Moraltheologie.

Hier widmete man sich freilich seit 1627 im Auftrag des Erzbischofs einer besonders intensiven Hexenjagd, der u. a. nahezu alle Hebammen der Stadt zum Opfer fielen.[23] Dabei spielten drei angesehene Jesuiten eine führende Rolle, und diese fühlten sich durch die CC natürlich angegriffen. Nachdem einer von ihnen die Indizierung der CC und damit die Gefahr des Scheiterhaufens für ihren Autor heraufbeschworen hatte, bat Spee „mit einem Schwall hastig, ohne Datumsangabe, hingeworfener Briefe" um Versetzung in eine andere Ordensprovinz.[24] Als aber im Juli 1632 eine noch schärfer anklagende Neuauflage der CC erschien, war es auch mit der Geduld des vielbeschäftigten Ordensgenerals, der die Belange Spees bisher – und auch in diesem Fall – durchaus fair, wenn nicht sogar wohlwollend behandelt hatte, vorbei. Im August 1632 befahl er dem Provinzial Pater Nickel die Entlassung Spees aus dem Orden. Dieser widersprach indessen mit Erfolg und sandte Spee zu Beginn des akademischen Jahres 1633 als Professor für Moraltheologie, Beichtvater und Examinator der Priesteramtskandidaten ans Trinitätskolleg nach Trier, wo Spee eine freundliche Aufnahme fand und nebenher wohl eine neue Fassung des GTB herstellen und an der TN arbeiten konnte. Im Februar 1635 zeigte sich Vitelleschi erfreut über ein positives Gutachten des Provinzials Nickel über Spee: Er hoffe, daß dieser sich in Zukunft den Regeln des Ordens besser anpassen und den Oberen keine Gelegenheit mehr zur Reue darüber geben werde, daß sie ihn im Orden behalten hätten. – Spee selbst hatte freilich nur noch einmal Gelegenheit, dies zu demonstrieren: Als Ende März 1635 die kaiserlichen Truppen Trier im blutigen Straßenkampf von der französischen Besatzung befreiten, half er unerschrocken bei der Pflege der Verwundeten und stellte sich als Krankenpfleger und Seelsorger in den Hospitälern zur Verfügung. Im Sommer breitete sich dort eine ansteckende Seuche aus, der auch Spee am 7. August 1635 erlag.

Vieles ist ungeklärt und rätselhaft an diesem Leben und hat deshalb frühzeitige Legendenbildung und ungesicherte Spekulation auf den Plan gerufen. Statt voreilig die Kategorien moderner Psychologie anzuwenden, sollte man zunächst versuchen, Spees Charakter, sein Handeln, seine Konflikte, auch die Reaktionen seiner Vorgesetzten im Kontext damals geltender ‚psychologischer' Kategorien einzuordnen. Die aus den Briefen und Zeugnissen sprechende Heftigkeit seines „Andringens" und Insistierens, die Impulsivität seiner Entschlüsse, zugleich aber auch die Beharrlichkeit, mit der er selbst nach Fehlschlägen seine Ziele weiter verfolgte, die bedingungslos-spontane Bereitschaft zur Hingabe seines Lebens für andere und wiederum gleichzeitig ein stark ausgeprägtes Ehrgefühl, das sich – mehrfach sogar unter Umgehung des im Orden vorgeschriebenen „Dienstweges" – sogleich an höchster Stelle in Rom energisch zur Wehr setzte: Dies alles spricht für ein „feuriges" Temperament, dem die im Jesuitenorden geforderten Tugenden des Gehorsams und der Demut offenbar besonders schwer fielen, und man wird Spee deshalb als „Cholericus" einzustufen haben. Denn dieser ist – so charakterisierte man ihn noch zu Beginn der Aufklärung –

> hitzig und hurtig in allen Dingen / zweifelt nicht gerne an guter und glücklicher Vollführung seines Vornehmens / sondern gedencket nur die Hindernisse aus dem Weg zu schaffen ... Er ist kühne / offt verwegen / von auffgeweckten Sinnen / und in seinem Thun beständig.[25]

Wegen seines übermäßigen „Feuers" ist er besonders für Musik und Poesie disponiert, die – wie schon die Personalunion von Apoll als Sonne und Gott der Künste bezeugt – „ihren Uhrsprung von einem gewissen edlen Feuer haben / welches sich in dem Temperament einer Person befindet".[26] Daher ist in den Gedichten eines Cholerikers auch besonders viel „Feuer" zu erwarten[27], und gerade davon ist das Speesche Werk – wie wir sehen werden – „durchglüht".

III

Zum *Güldenen Tugend-Buch*, in dem sich die Grundlagen des Speeschen Weltbildes am reinsten spiegeln, existieren neben der Druckfassung von 1649, welche bedeutsame Eingriffe und Korrekturen von Seiten der Zensur aufweist, zwei im Wortlaut davon und untereinander abweichende Abschriften, die sich jeweils auf einen Autographen berufen und verschiedene Entwicklungsstufen des Werkes zu repräsentieren scheinen.[28]

Vermutlich veranlaßte der Wunsch einer vielleicht adligen Devotesse den Autor dazu, bereits in den Jahren zuvor zu verschiedenen Gelegenheiten verfaßte Meditationen zur Einübung der drei christlichen Haupttugenden Glaube, Hoffnung, Liebe unter systematischem Aspekt zu einem Exerzitienbuch zusammenzustellen.

Einer Beschreibung der Übungstechnik sei ein Beispiel aus der ersten „Vbung etlicher Werck der Hoffnung" vorangestellt:

> *3. Frag.*
> Wann aber in solchem stand, du geschwind in gewisse todes gefahr kemest, als Exempel weiß, mitten auff dem Wilten Meer ein schiffbruch littest, was duncket dich, wie wurdest du bestehen?

Bilde dir dieses für die augen, vnd sage mir, was du vermeinest. Das schiff sencket sich, das vngewitter nimbt vberhandt, es ist hier keine hülff, du must hinein: ist keine Creatur die dich retten könne; kein priester ist hie für handen; der abgrund wartet deiner, die höll hat auch ihren rachen auffgesperret; ietzt, wird es in alle ewigkeit mit dir verlohren sein. Meinest du nicht, das du verzweifflen wurdest?

Antwortt. Nein, Nein: Ich wolte dennoch nit verzweifflen: Ich wolte zu Gott auß grund meines hertzen ruffen: Ich wolte ihm vorhalten das kostparliche blut JESU Christi. Ich wolte gäntzlich hoffen vnd vertrawen, daß er mir dennoch helffen, vnd sich vber mich ellenden sünder in einem augenblick erbarmen würde.

Er könte mir dennoch seine gnad nicht weigeren: Er wurde mir gewißlich seine vnaußsprechliche barmhertzigkeit widerfahren laßen: vnd in solcher hoffnung wolte ich mich vnerschrocken ins meer hinein laßen, vnd gleichsam in seine arm versencken: dann er allenthalben ist, vnd man ihme nirgent entgehen kan; vnd wo er ist, da ist auch seine barmhertzigkeit, welche auch zugleich vnendlich groß ist. Seufftzer. (GTB 118)

Schon das ursprüngliche „Einzelzettelverfahren" mit der Konzentration auf eine in der Beichte überprüfte Übung pro Woche[29] verweist auf den überragenden Einfluß der *Geistlichen Übungen* des Ignatius von Loyola auf das *GTB*.[30] Beide Werke enthalten Vorschriften eines Exerzitienmeisters an einen Adressaten, und zwar – wie Spee betont – „zum brauchen, vnd nicht nur zu lesen" (GTB 15). Ihnen gemeinsam sind wichtige Präsentationsformen und Übungstechniken, in denen man mit Recht eine Anwendung bekannter rhetorischer Grundsätze erkannt hat.[31] Dazu gehört auch die auffallendste Übereinstimmung in den Meditationen beider Jesuiten, die Anschaulichkeit („evidentia") als entscheidender, den jeweiligen Inhalt möglichst konkret evozierender Ausgangspunkt.

Es ist ein psychologisches Grundprinzip des Meisters der Exerzitien, die Phantasie des Meditanten aufzurufen und durch sie Affekte zu erregen. Der Phantasie bietet er überall anschauliche, sinnenfällige Bilder, faßbare, konkrete Vorstellungen, in der Erkenntnis, daß verschwommene, allgemeine psychologisch unwirksam bleiben und die Affekte nicht bewegen.[32]

Die „anschauliche Ausmalung des sinnlich sichtbaren Raums" in der „compositio loci" entspricht dem rhetorischen Gebot der Raumausmalung. Stets geht die „Betrachtung" („contemplación") der „Besinnung" („meditación") voraus, wobei „mit der Schau der Einbildungskraft (imaginación)" sowohl Sichtbares als auch Unsichtbares (wie z. B. die Seele) sinnlich konkretisiert und verlebendigt werden, und dies so, daß die meditierende Seele sich in der Phantasie nicht beispielsweise nur die Stationen des Lebens- und Leidensweges Jesu vergegenwärtigt, sondern sich selbst als mit Jesus lebend und handelnd imaginiert.[33]

Gerade hier indessen werden auch gravierende Unterschiede zwischen Igna-

tius und Spee offenkundig. Der Gründer der „Societas Jesu" warnt nachdrücklich davor, mit Hilfe solcher Übungen auf ein Versprechen oder Gelübde des
Meditanten nach ethischer Besserung oder Vollkommenheit zu dringen, vielmehr
solle Gott selbst „sich einer Ihm hingegebenen Seele" mitteilen, damit e r „sie
zu dem Weg bereit mache, auf dem sie Ihm künftig besser dienen kann".[34] Insofern richtet sich sein „exercitium spirituale" auf eine Vorbereitung der Seele auf
die Begegnung mit Gott in der „vita spiritualis", und diese ereignet sich durch
„Akte des reinen Innenlebens, die in Zurückgezogenheit vom ‚wirklichen' Leben, von Welt und Menschen, in der Abkehr vom Handeln und Tun geübt werden".[35] Dem „temperament"-vollen Pater Spee geht es dagegen vor allem um
ein „exercitium morale", um eine Einübung in die drei christlichen Haupttugenden mit dem Ziel affektiver und willensmäßiger Habitualisierung vor allem von
Hoffnung und Liebe, und um sie einzutrainieren, werden auch die Schrecknisse
und Katastrophen der Wirklichkeit imaginativ vergegenwärtigt und erhalten in
der Übung – wie zu zeigen sein wird – das Gewicht realer Handlungen. Deshalb
wird man dem *GTB* auch im Unterschied zu den Übungen des Ignatius keine
mystischen Intentionen zusprechen können. Gegenüber dem methodisch strenge-
ren und konzentrierteren Werk des Ordensgründers, das sich vorrangig an den
Stationen des Lebens Jesu orientiert, die im *GTB* keine signifikante Rolle spielen, ufern die Übungen Spees aus und beziehen – zumeist zum affektiven Ausklang – zahlreiche Lieder mit ein. Die dialogische Form des *GTB* sowie manches
bis in die Sprache hinein einfältig-kindlich Anmutende an seinen Anweisungen
– beides fehlt den Exerzitien des Ignatius – könnten auf den ursprünglichen
„Sitz im Leben", nämlich auf ihren Gebrauch in den von Devotessen geleiteten
Katechismusschulen hindeuten.[36]

Die beiden konstitutiven Prinzipien dieser Exerzitien – auf Anschaulichkeit
gegründetes Betrachten und anschließendes meditierendes Bedenken – gleichen
strukturell dem im wesentlichen aus „pictura" und „subscriptio" zusammen-
gesetzten Emblem.[37] Danach erfolgt die Sinngebung von angeschauten Dingen
oder Ereignissen wie bei der sprachlichen Bedeutungsbildung im aristotelischen
Verständnis „thesei", nämlich durch

> Signa ex instituto, seu ad placitum, daß ist, auffgesetzte zeichen, so wir vnserem
> gefallen nach, also auffsetzen, vnd zu zeichen machen, da sie sonsten, ihrer natur
> nach, keine solche zeichen waren, noch solche bedeutnuß hetten. (GTB 436)

Dies Verfahren wendet Spee vielfältig in seinen Übungen an; beispielsweise
erhalten Puls-, Herz- und Uhrenschlag die Bedeutung „Heylig, Heylig, Heylig"
als Lob Gottes (GTB 440 ff.). Damit gewinnt er einen großen Spielraum in der
Dingallegorese und der Sinnverleihung von Vorgestelltem. Charakteristisch für
die Speeschen Meditationen ist indessen, daß das Ausdeuten selbst bereits wieder – wie auch in dem zitierten Beispiel – in die Anschauungs- und Imagina-
tionsebene zurückfällt, denn nur unter der Voraussetzung des stets neu aus-

malenden und das Geschehen steigernden Erlebens vermag sich die jeweilige Tugend – zugleich als Sinn-Telos der Übung – überhaupt zu festigen und zu bewähren. Der imaginierten A k t i o n entsprechend enthüllt sich das anschließende Bedenken als Willensbekundung, als Tugend- A k t .

Wesen und Funktion der *Imagination* hat Spee in einem Kapitel erläutert, das „nur allein die gelehrten" lesen sollten (GTB 449). Dabei beruft er sich auf die philosophischen Lehren aus den „bücheren so genennet werden ‚De Anima'" (GTB 450), und hier ist vornehmlich an den seit der Scholastik des Mittelalters zu einer unumstößlichen Autorität avancierten Aristoteles zu denken. Alles Wahrgenommene, so lehrte dieser, sendet mit Hilfe der Luft als Transportmittel „Formen" von sich aus, die sich dem jeweiligen Sinn einprägen wie das Siegel dem Wachs, ohne daß es selbst darin materiell anwesend wäre, und so wirkt es auch über die Sinne auf die denkende Seele ein. Diesen „naiven Realismus" vertritt auch Spee, wie die folgende, an die Luft gerichtete Strophe bezeugen mag:

> In dir auch fliegen rein und zart,
> Fast aller ding gestalten,
> So sich von farben aller art
> Vnmercklich abgespalten:
> Auch athem süß von blumen all,
> All ruch vnd krafft der erden,
> All sang vnd klang, all ton, vnd schall
> In dir gezilet werden. (GTB 303)

Die logische Konsequenz dieser Ansicht teilt Spee ebenfalls, nämlich den Glauben daran, daß die Luft dann auch „böse" Formen oder „gestalten" wie z. B. Epidemien übertragen kann, „als da seind allerhand entzündungen der bedröwlichen Cometen, der fliegenden Fewr vnd flammen" (GTB 303 f.).

Nach Aristoteles wohnen nun der „denkenden Seele" „die Bilder der Einbildungskraft gleich dem Wahrgenommenen inne" und prägen sich damit wie das sinnlich Wahrgenommene „formend" in die Seele und das Begehrungsvermögen ein und beeinflussen dessen Handeln.[38] In diesem Kontext betont Spee, daß das sinnlich Wahrgenommene nicht nur durch die Imagination jederzeit reproduzierbar sei, sondern auch „allezeit zweymahl in vns abgetruckt" werde, nämlich in der „Phantasey, so in dem hirn deß menschen ihren sitz hat" und mit dem Tod des Menschen vergeht, sowie in dem „Species intelligibilis" genannten Verstand in der Seele des Menschen, der unsterblich ist und dessen „gemähl oder bilder" „vill reiner vnd subtiler seind, als die bilder der Phantasey" (GTB 451). Daher kann die Seele Gott versprechen, danach zu trachten, daß

in meiner Fantasey vnd Seelen desto mehr gute vnd dir angenäme biltnüssen versamlet werden, vnd du hernacher, allezeit in denselben, als in schönen spiegeln vnd taffelen dein lob anschawen mögest (GTB 456).

Eben zum Lob Gottes waren die Kreaturen ja auch ursprünglich erschaffen, und Spee wird nicht müde, dieses Schöpferlob als optische Spiegelung Gottes in seinen Geschöpfen zu charakterisieren (vgl. GTB 278 ff., 286 u. ö.). Neben aristotelischem wird hier neuplatonisches Gedankengut wirksam. Schon der dort beheimatete Emanationsgedanke hatte zu Spekulationen über die Mitwirkung der göttlichen Einbildungskraft bei der Weltentstehung geführt, wie es auch Spee in einem Lied der *TN* andeutet:

> Der Vatter sich von Ewigkeit
> Nothwendiglich betrachtet /
> Sein wesen / pracht / vnd Herrlichkeit
> Er mit verstandt erachtet.
> Sich selbsten er jhm bildet ein /
> Vnendlich sich begreiffet:
> Jn jhm Geschöpff / so müglich sein /
> Jm selben blick durchstreiffet.

> Er gründet seine tieffe macht.
> Wiewol doch vnergründet:
> Beschawet seine pomp / vnd pracht /
> Sein wesen er erkündet.
> Die Gottheit sein / vnd gantzen gwalt
> Von ewig=alten tagen
> Er deutlich fasset in gestalt
> Was wil man weiter sagen. (TN 171 f.)

„Beschauen" und „Einbilden" sind hier Kennzeichen göttlichen Schaffens[39], dem deshalb auch menschliche Kreativität zu entsprechen vermag. Denn die Imagination reproduziert nicht nur etwas sinnlich Wahrgenommenes und damit bereits Vorgefundenes, sondern sie erfindet auch vermöge ihrer Kraft zu „vermischung vnd zusammenfügung, auch zertrennung, veränderung, vermehrung &" beispielsweise „die schöne Comedien vnd Tragedien, wie dann auch nit weniger die prächtige vnd künstreiche auffzüge von allerhand frembden inventionen." (GTB 462)

Wenn das Leben ein Schauspiel vor und für Gott war, dann durfte die Phantasie sich berechtigt fühlen, diesen letztlich fiktionalen Charakter des irdischen Lebens fiktiv zu „malen"; im Blick auf den Schutz vor den bösen Mächten und das Lob Gottes war damit vermöge der „formenden" Einwirkung solcher Bilder auf den Adressaten dieselbe Wirkung zu erreichen wie durch die sinnliche Wahrnehmung der Schöpfung. Damit konnte die Phantasie aber sogar die sinnliche Wahrnehmung auch ersetzen und sich selbst Realitätscharakter erwerben. Dies war tatsächlich Spees Auffassung, wenn er lehrte, daß ein auch nur in der Imagination vollzogenes Martyrium als Opfer für den Glauben und als Werk der Liebe einem tatsächlich vollzogenen Märtyrertod gleichzusetzen sei (vgl. GTB 40 ff.). Spee sah darin selbst eine Art religiöser „Ersatzbefriedigung", weil „nitt gleich ein ieder die gelegenheit hatt, ein Martyrer zu sein, in der eusserlicher that" (GTB 269), und er verstand seine auch theologisch anfechtbare[40] Lehre wohl als Instrument einer Seelsorge, die den bedrängten Menschen jener Zeit durch solche Übungen die Heilsgewißheit zusichern wollte. Denn dies sollte allgemein für seine Übungen gelten: „Wie wird ohn allen zweiffel der böse feind ein solche See fliehen? vnd hingegen Christus gern drin wohnen, die mit so schönen bildnußen gezieret ist?" (GTB 460 f.)

Trotz dieser Berücksichtigung katholischer Frömmigkeit und Werkgerechtigkeit in den Tugend-Übungen nähert sich Spee – wie nun zu zeigen ist – in einem auch von den Zensoren nicht mehr tolerierten Ausmaß[41] dem protestantischen Kernanliegen einer Heilsgewißheit allein aus dem Glauben. Für Spee „stehet der Glaub fürnehmlich in dem verstand. Die hoffnung aber vnd liebe stehen eigentlich im Willen" (GTB 22). Der als Wissen der Glaubensartikel verstandenen „fides" ist der kürzeste Teil des GTB gewidmet. Während auch in der protestantischen Orthodoxie in der Zeit der Gegenreformation aus dem Interesse am Fixieren, Festhalten und Begründen ihrer Bekenntnisartikel aus dem Glauben eine „ d o c t r i n a f i d e i " geworden war[42], hatte noch die Confessio Augustana von 1530 gelehrt, „daß gläuben sei nicht allein die Historien wißen, sondern Zuversicht haben zu Gott seine Zusag zu empfahen".[43] Eine solche „fiducia", die sich bekanntlich gegen die katholische „Werkgerechtigkeit" wandte und den unbedingten Erwählungstrost durch den Glaubens-Akt selbst anstrebte[44], ist der Intention nach nun aber voll und ganz in Spees Übungen zur Tugend der H o f f n u n g berücksichtigt. Dieser Teil beginnt mit dem reformatorischen Problem des „Verzweiffelns" an Gottes „barmhertzigkeit" in Anbetracht der menschlichen Sünden (vgl. GTB 117 ff.). Das daraus oben zitierte Beispiel setzt bereits – wie auch die Überschrift zu Kapitel 8 (GTB 162) – mit der Formulierung „Ich wolte gäntzlich hoffen vnd vertrawen" die Tugenden von „spes" und „fiducia" ineins. Die Hoffnung ist „fiducia" auf Gottes „vberschwenckliche barmhertzigkeit" (GTB 145), von der angesichts der menschlichen Schwachheit alle Hilfe zu erwarten ist (vgl. GTB 152 ff.). Und in einem von den Zensoren bezeichnenderweise ganz gestrichenen Kapitel steigert sich Spee zu der Aussage, jene kämen in das Fegfeuer, die entweder der grund-losen Güte Gottes mißtraut oder den eigenen Werken zuviel zugetraut hätten. So rät er der Seele:

> Du soltest auch mit nichten auff deine werck gedencken, ob du solche gnad verdienet habest oder nicht; sondern dich nur bloßlich vnd pur lauter auff Gottes freygebigkeit vnd blut Christi verlassen: dann es ja kein kinderspil ist, das Gott für dich gestorben ist. (GTB 160)

Freilich haftet für Spee der Tugend der Hoffnung noch das Odium eines egoistischen Begehrens an (vgl. GTB 25 ff.). Erst die wahre altruistische Gottes- und Nächstenliebe besitzt das Privileg, die Sünden auszutilgen und damit den Sünder zu rechtfertigen (vgl. GTB 31). Doch wenn damit auch wiederum die eigene

Liebes-„Leistung" zur Bedeutung gelangt und kompositorisch in diesem letzten und umfangreichsten Teil – umrahmt von Gotteslieb' und -lob (vgl. GTB 278 ff., 427 ff.) – als Nächsten-, ja sogar als Feindesliebe im Zentrum steht (vgl. GTB 350 ff., 369 ff.), so verbleibt am Ende doch die Aussage, daß „alle vnsere gute werck, ehr, lob vnd Gottesdienst" „das geringste nicht bey Gott verdienen könten", sondern daß Gott solche Liebeswerke nur aus freiwillig geschenkter G n a d e und „krafft der verdiensten Christi" als „des ewigen lebens verdienstlich" annehme (GTB 470): Man muß, scheint mir, dem in der „Ketzerbekehrung" erfahrenen Autor zugestehen, daß er sich bemüht hat, das religiöse Hauptanliegen der Protestanten angemessen im Rahmen der katholischen Theologie zu berücksichtigen. Und eben deshalb konnte Spee sich vielleicht auch so unbefangen der Ketzerbekehrung widmen (vgl. GTB 362 ff., 490), zumal rechter Glaube ohne nachfolgende Werke der Liebe auch bei den Lutheranern nicht als lebendiger Glaube galt. Wenn andererseits lutherische Autoren wie Johann Arndt oder Andreas Gryphius gerade die Bedeutung der guten Werke als Folge des Glaubens forderten und sie wie Spee am Beispiel affekthafter Nächstenliebe exemplifizierten (vgl. GTB 407)[45], dann werden Annäherungsversuche zwischen bedeutenden Vertretern der Konfessionen sichtbar, die im Zeitalter der Glaubenskämpfe bei aller konfessionellen Gebundenheit an versöhnlicher, weil das wichtigste Anliegen der Gegenseite berücksichtigender Integration und nicht an schroffer Konfrontation interessiert waren. Und zugleich machen sich Tendenzen zu einer Aufwertung des Diesseits bemerkbar: Die Weltverachtung wird bei Spee ja lediglich unter dem Aspekt der ewigen Seligkeit, der Heilsgewinnung und -sicherheit und damit unter der Tugend der Hoffnung als des selbstbezüglichen „amor concupiscentiae" thematisiert (vgl. GTB 192 ff.), wohingegen die wahre, selbstlose Liebe, der „amor benevolentiae", die Liebe zur Schöpfung, die in ihrem Erschaffensein ja selbst Ausdruck der göttlichen Liebe ist, als kontemplatives Lob Gottes und zugleich als tätiges Werk der Nächsten-Liebe miteinschließt (vgl. GTB 427).

IV

Dieselben Intentionen lassen sich an der *Trutz-Nachtigall* aufzeigen, und dies allein schon auf Grund der partiellen stofflichen Identität beider Werke: Spee hat 24 Lieder aus dem *GTB* in die je nach dem Straßburger oder Trierer Autographen bzw. nach dem Erstdruck aus 51 oder 52 Liedern bestehende *TN* übernommen[46], die allerdings im Unterschied zum *GTB* keinem äußerlichen Gliederungsprinzip folgt.[47] – Ein Blick auf die Titelzeichnung zum Straßburger Manuskript, die wahrscheinlich von Spee selbst stammt, kann den Einblick in die komplizierte Bildstruktur des Liederbuches erleichtern (vgl. nebenstehende Abbildung).

Titelzeichnung aus der Straßburger Handschrift der *Trutznachtigall*

Den Titel entlehnte Spee der 1613 erschienenen Hymnensammlung *Paradeiß-vogel* seines Ordensbruders Conrad Vetter.[48] In der Titelzeichnung zeigt sich der Dichter – so hat man interpretiert – „als Sponsa-Anima und als Nachtigall, die auf dem Brunnen, dem Quell des wahren Lebens sitzt und als geistliche Sängerin der weltlichen Verkörperung des Liebesgesanges, der Nachtigall, Trutz bietet".[49] Für diese Deutung scheint auch die Vorrede des Autors zu sprechen. Dies verweist zugleich auf die poetische Technik der geistlichen Kontrafaktur, bei der eine weltliche Vorlage im Blick auf Melodie oder Text (oder beides) für geistliche Zwecke adaptiert bzw. uminterpretiert, gelegentlich auch – wie in Lied 49 (TN 314 ff.) – „Punkt für Punkt mystice oder ‚moraliter' ausgedeutet" wird. So wird in der *TN* denn auch die Tradition der Bukolik in 15 geistlichen Eklogen kontrafaziert, und in der Zeichnung lassen sich die Grundbestandteile der Theokrit'schen Landschaft – das Hirtenlager „aus weichem Gras"[50], Wasser, Baum und Vogel – unschwer erkennen. Über den Lebensbaum, an dem der geflügelte Cupido/Christus hängt, verbindet sich die Vorstellung von Arkadien mit dem Garten Eden[51]; mit seinem Tod am Kreuz erneuert Christus die Frühlings-Welt des Paradieses.[52] Dies verweist zugleich auf das Schöpferlob mit 11 „laudes", in denen in der wuchernden Amplifikation durchaus auch Motive aus der heimischen Landschaft erscheinen. Gleichzeitig finden sich die dargestellten Landschaftselemente aber auch im Hohenlied (vgl. Hl. 2, 10 ff.), wo die Braut sogar als „hortus conclusus" und „verschlossene Quelle", als „Gartenbrunnen" und „ein Born lebendiger Wasser" apostrophiert wird (Hl. 4, 12 ff.). Hieraus hatte sich das allegorische Bildfeld des hermetisch-alchemistischen „Rosengartens" entwickelt, der den herkömmlichen Requisiten amöner Landschaft wie „Wieslein", „Vögel", „Wald" neben den Rosen vor allem das eingefaßte „Fontinlein" und den zerspaltenen Eichbaum hinzugefügt hatte: Motive, die mit zunehmender Dichte die *TN* durchziehen.[53]

Das in der Mystik besonders beliebte Hohelied mit seiner Deutungsgeschichte ist als weiterer Traditionsstrang durch einen „sponsa-Zyklus" mit 15 „Gesängen" in der *TN* vertreten. Dabei wird die vom Liebespfeil verwundete Braut des Hohenliedes der Auslegungstradition gemäß zur „Gespons Jesu", das Verhältnis von „sponsus" und „sponsa" aus den Cantica Canticorum ist somit auf die Beziehung zwischen Christus und der Einzelseele übertragen worden. Durch diese spirituelle Adaption gewinnt Spee wie insbesondere verschiedene Mystiker vor und nach ihm[54] die Möglichkeit zur Bildung eines neuen imaginativ vergegenwärtigten „sensus historicus", in dem sich die „Gespons" weit über den Kontext des Hohenliedes hinaus bewegt, so wenn sie sich in den ersten Liedern nach ihrem Geliebten sehnt und ihn schließlich im Garten Gethsemane findet, und doch ist diese Situation wiederum durch den Literalsinn des Hohenliedes – so durch den berühmten Schlußvers mit dem Ausruf „Flieh, mein Freund" (Hl. 8, 14) – und durch dessen Deutung präfiguriert. So wird biblisches Geschehen neu erlebt und in der sinnlich-affektiven Beschreibung zugleich spirituell ausgelegt.

Eine Bedeutungskomponente des Bildes, die sich aus dem *GTB* ergibt, wird allerdings zumeist vernachlässigt:

> Mein kind: hörestu dan nicht die süsse Nachtigall auff disem Baum deß Creutzes? Mein Gott, mein Gott, warumb hastu mich verlassen? Da lehrne nun wie du singen solst. (GTB 164)
>
> JESUS ist mein bräutigam: dann er auff dem baum deß Creutzes, wie ein Nachtigal gar lieblich singet. (GTB 404)

Daß Christus dabei die sieben Worte am Kreuz singt, geht u. a. sowohl aus der *TN* selbst (vgl. TN 318) als auch aus einem Gedicht aus der *Heiligen Seelenlust* des Angelus Silesius hervor.[55] Für diese Identifizierung spricht im übrigen auch das Titelbild der Pariser Handschrift des *GTB*, wo Jesus jener Lebensbrunnen ist, auf dem in dem obigen Bild die „philomela" sitzt, welche in dem Titelkupfer zum Erstdruck bezeichnenderweise nicht nur auf dem Brunnen, sondern auch links neben dem Kopf Christi im E i c h e n baum sitzt und auch wie Christus die „Gespons" anblickt. Damit fungiert die Nachtigall als Sinnbild sowohl für die in Betrachtung aufschauende Braut als auch für den geflügelten Christus. Sie ist in der Figurenkonstellation nicht nur das „tertium comparationis", sondern zugleich Medium einer Vereinigung zwischen „sponsa" und „sponsus". Und eben als ein solches Medium will ja auch das „geistliche poetische Lustwäldlein" der Liedersammlung selbst fungieren, wie der Titel des Werkes verrät: Es verdient sich solche metaphorische Benennung zunächst dadurch, daß es – dem Titelbild entsprechend – den Ort dieser Kommunikation in einem „locus amoenus" ansiedelt, i n welchem sich zugleich Heilsgeschichtliches ereignet. Dadurch wird das Miteinander von Schöpfung und Erlösung, Natur und Gnade anschaulich. Dies impliziert bereits eine Überwindung der Konfrontation von „Weltlich"-Bösem und „Geistlich"-Gutem: Wie im *GTB* gelangt die Natur als entdämonisiertes, weil ebenfalls an der Erlösung partizipierendes Werk des Schöpfers und Erhalters in den Blick.

Was in der Titelzeichnung zur „pictura" kontaminiert ist, das entfaltet sich nun in der Liedersammlung selbst zu einem Geschehen im Rahmen eines auf Dynamisierung bedachten Kompositionsprinzips. So ist die Schöpfung anfangs (vgl. TN 35 ff.) Gegenstand der Verachtung, wo die Gespons ihren Geliebten noch mit dem „amor concupiscentiae" sucht und begehrt. Alsbald indessen wird die Natur zum Gegenstand physikotheologischer Didaxe im Rahmen der Vorstellung vom „liber naturae", einer Belehrung, wie sie ein Jahrhundert später auch unter den Poeten – vor allem im Umkreis von Brockes – geradezu zur Mode werden sollte: Schon bei Spee wird eine an einem Tag verblühende Blume zum „Sinnen-Bild" für die Sterblichkeit und Vergänglichkeit des Menschen (vgl. TN 75 ff.), doch bereits mit Lied 20 setzt eine Reihe ein, in der das Lob Gottes aus seiner Schöpfung variierend geübt und postuliert wird, und in Lied 21 werden die Eigenschaften des Schöpfers aus der Fülle, Schönheit und dem Nutzen der Natur selbst abgeleitet:

> Daß meisterstuck mit sorgen
>> Wer nur wilt schawen an /
>> Jhm freilich nit verborgen /
>> Der meister bleiben kan.
> Drumb wer nun heut und morgen /
>> Erd / himmel schawet frey /
>> Denck nachts mit gleicher sorgen /
>> Wie je der meister sey.
>> O mensch ermeß im hertzen dein /
>> Wie wunder muß der Schöpffer sein. (TN 110)

Dieses Schöpferlob, bei dem zugleich die Konturen des ptolemeischen Weltbilds entfaltet werden (vgl. TN 157 ff.), kulminiert – der traditionellen Reihenfolge etwa des *Itinerarium mentis in Deum* von Bonaventura oder der *Ascensio mentis in Deum* von Robert Bellarmin entsprechend – von den Kreaturen aufsteigend in der Darstellung des innergöttlichen Schöpfungsvorgangs (vgl. TN 167 ff.). Bei der „Geburt" Christi und des Heiligen Geistes dominiert der „herzenbrand", der sich im „Seuffzen" äußert. Dieses „Feuer" beherrscht die nachfolgende Reihe von Eklogen, läßt die Sonne als „weltliches" Sinnbild der göttlichen Liebesstrahlen erscheinen (TN 184 ff.) und entzündet diese zugleich in den Herzen der Hirten (TN 189 ff.). In Lied 33 geschieht ihnen die Verkündigung der Geburt Jesu, dessen „süsser hertzenbrand" ihn zu seiner Erlösungstat antrieb und nun die „feurige" Liebe auch in den Hirten anfacht (TN 203 ff.). Auf einen physikotheologischen „Aufstieg" in affektiver „Betrachtung" folgt damit ein soteriologischer „Abstieg" aus Liebes-„Feuer".

Die Einführung der Eklogen nach den Schöpfungs-„laudes" ermöglicht es Spee, die Natur-Motivik nun auch während der Darstellung des göttlichen Gnaden-Handelns in der Erlösungtat Christi durch deren Einbettung in eine bukolische Topographie fortzusetzen. Immer wieder begegnen auch hier bei der Lektüre die Motive des Eichenbaums, des Wasserquells, der Herzens-Wunde durch den feurigen Pfeil, kurz all jene Elemente, welche die Komposition der Titelzeichnung bestimmen. Dadurch gelingt dem Autor die Verschmelzung der aus disparaten Traditionen stammenden Hirten- und Landschaftselemente. Dies Verfahren hat indessen noch eine viel weitergehende Wirkung. Das Kreuzesopfer des „guten Hirten" Daphnis gilt somit nämlich nicht nur den Menschen, sondern auch der Natur. Ja, der am Kreuz leidende Erlöser, dessen Wunden als „Bächlein" und (Lebens-) „Brünnlein" fließen (vgl. TN 250 u. ö.), wird selbst als Schöpfungs-Wort Gottes und damit als die Schöpfung erhaltende und erneuernde Naturkraft gefeiert (vgl. TN 251 f.). Deshalb kann es nicht mehr überraschen, wenn die Darstellung seines Opfers zum Schluß – unter mehrfacher Evokation der in der Titelzeichnung dargestellten Situation der den leidend-erlösenden Christus betrachtenden Seele – eine „resurrectio" auch der Natur impliziert: die aus den Wunden Christi rinnenden „bronnen" „beschenken" zugleich auch „erd und graß" (TN 294). Dabei ist es die Imagination der betrachtenden Gespons, welche das Kreuz in intensiver Applikation der bisher schon nahezu formelhaft verwendeten Natur-Motivik „begrünt" und in einen Lebensbaum verwandelt, wobei selbst die Dornenkronen zu „Hecken" werden, hinter denen sich das Herz „verstecken" kann (TN 295). Deshalb ist in Lied 49 (TN 314 ff.) die reinliche Trennung von „sensus literalis" und „sensus mysticus" erkennbar nicht mehr durchgeführt, und die Auferstehungs-„Ecloga" (Nr. 50, S. 325 ff.) feiert denn bezeichnenderweise unter Einbeziehung der aus der Titelzeichnung bekannten Requisiten auch die durch das Opfer des Gottessohnes bewirkte paradiesische Erneuerung der Natur:

> Schaw nun wider tann- vnd linden/
> Eich / vnd stoltzer Cederbaum /
> Jhre Weg in lüfften finden /
> Wachsen ohne schnur / vnd zaum;
> Strecken jhre grüne sprossen /
> Breiten jhren grünen safft /
> Zu den wolcken frewdig stossen /
> Suchen hohe nachbarschafft. (TN 327 f.)

In der über Jahre hinweg sorgsam ausgefeilten Bildstruktur der *TN* eröffneten sich Spee zwei entgegengesetzte Möglichkeiten: Zum einen bot die jederzeit erkennbare Herkunft der Bilder aus dem Schatz des von der Kirche sanktionierten Allegoresegutes (z. B. Christus als der „gute Hirte") die poetische Gestaltung von so brisanten Themen wie der Hinrichtung einer Unschuldigen (Lied 47, TN 297 ff.) unter der Tarnkappe eines erlegten „Wilds". Zum anderen vermochte Spee durch die formelhafte Beschränkung auf wenige Motive die Bedeutungskomponenten verschiedener Traditionen in einen einzigen „sensus historicus" einzuschmelzen. Dabei spielt der umfassende – in der Titelzeichnung durch den Pfeil in der Brust der „sponsa" gekennzeichnete – Bereich der Liebe als eines „Feuers" eine überragende Rolle. Er ist zugleich ein Beispiel dafür, daß wir im Bereich des aristotelisch-scholastischen Weltbildes mit dem Begriff „Metapher" vorsichtig umzugehen haben. Denn im 17. Jahrhundert glaubten die Ärzte noch durchaus an die Existenz des „herzensbrands", weil ein Feuer für die nötige Körperwärme verantwortlich sein mußte[56]: Viel zu wenig hat man bisher Spees Bildwelt und Weltanschauung im Kontext des zu seiner Zeit noch geltenden Weltbilds untersucht.

Bedenkt man, daß sich die Mystiker des 17. Jahrhunderts zur Aussprache ihrer oft als häretisch denunzierten Intentionen besonders gern der Poesie bedienten, weil diese ihnen offenkundig im Rahmen der beiden auch in der *TN* aufgezeigten gegensätzlichen Möglichkeiten den größten Spielraum bot, so kann man auch dieser Liedersammlung mit ihrer imaginativen Verschmelzung der Bereiche von Natur und Gnade und dem Ziel einer erneuerten, paradiesischen Schöpfung, in die hinein sich der Erlöser zu verwandeln scheint, eine mystische

Anlage nicht absprechen. Die Lieder fungieren hier nicht mehr als Sprachrohr von individuellen Willens-Akten wie in dem *GTB*, sondern in ihnen vollzieht sich das Mysterium der Wiederherstellung der verlorenen Einheit von Schöpfer und Geschöpf, als dessen sichtbarstes Zeichen in Lied 51 die Wandlung im „Hochwürdigen Sacrament deß Altars" in allen Einzelheiten mit nahezu „chymischem" Interesse ausgemalt wird. Damit und mit Lied 52 („Die Gesponß JESV erweckt die vögelein zum Lob GOTTES") kehrt die poetische „philomela" nach ihrem heilsgeschichtlich-anagogischen „Höhenflug" in die Gegenwart, die Zeit der Parusie-Erwartung, zurück und schließt die TN zur Ringkomposition ab. Die Rückkehr in ein nun nicht mehr wie am Anfang verachtetes Diesseits findet sich charakteristischerweise auch in den mystischen Werken des Angelus Silesius[57] und impliziert statt einer Entwertung des Diesseits um eines die Freuden des Jenseits bereits antizipierenden Gottesbesitzes willen eine Aufwertung von Gottes Schöpfung, deren natürliche Schönheit und Ordnung Organ und Medium des Gotteslobs wird und deren kreatürliche Unvollkommenheit die Tugend mitleidiger Liebe erfordert. Während die TN vorwiegend dem ersteren Aspekt Geltung zu verschaffen sucht und somit auch als Vorläuferin und Wegbereiterin des „natürlichen Gottesdienstes" der Poeten der Aufklärungszeit gelten darf, praktiziert – den Schritt über bloße Tugend-Übungen hinauswagend – die *CC* das Naturgesetz der Nächstenliebe.

V

Wann und wo Spee im einzelnen seine gründlichen Erfahrungen im Bereich der Hexenverfolgungen und der Hexenjustiz hat sammeln können, ist bis heute nicht geklärt.[58] Kaum übertrieben indessen ist das Urteil, die *Cautio criminalis seu de processibus contra sagas* sei „das realste, die realen Verhältnisse der Verfolgungspraxis der Zeit am stärksten in die Darstellung einbeziehende Hexenbuch, das in Deutschland verfaßt worden ist".[59] In der von mitleidigem Engagement für die Opfer getragenen Absicht, diese Prozesse abzuschaffen, und in dem sich auf die „gesunde Vernunft" berufenden sowie der Empirie verhafteten Analyse-Verfahren liegen Modernität und kulturgeschichtliche Bedeutung dieses Buches, dem dennoch zu seiner Zeit die gewünschte Wirkung – aus Gründen, die auch aus der Konzeption des Werkes und aus der ihm zugrundeliegenden Weltanschauung herleitbar sind – versagt bleibt.

Ähnlich wie der erste und dritte Teil des *Hexenhammers* ist auch die *CC* – wie häufig in scholastischen Werken – in einzelne Kapitel eingeteilt, die von einer „quaestio" als Überschrift eingeleitet werden. Die erste stimmt mit der Eingangsfrage des *Hexenhammers* überein: „Ob es wirklich Hexen, Zauberinnen oder Unholde gibt?" Und wie Sprenger und Institoris antwortet Spee ohne Zögern mit „Ja". „Daß es aber so viele und alle die sind, die seither in Glut und

Asche aufgegangen sind, daran glaube ich, und mit mir auch viele fromme Männer, nicht." (CC 1 f.) Deshalb bezeichnet Spee es auch als sein Ziel, „zahllosen Unschuldigen zu helfen" (CC 24). Dies versucht er zu erreichen, indem er dezidiert Voraussetzungen, Verfahren und Folgen der Hexenprozesse in ihrer ganzen Unhaltbarkeit bloßstellt. Die angebliche Vielzahl von Hexen in Deutschland gründe lediglich im größeren Leichtsinn, Aberglauben und Unglauben, aber auch in Neid und Mißgunst des Volkes, welches allzu schnell mit haltlosen Denunziationen zur Stelle sei. Sobald ein vager Verdacht in die Welt komme, sei die Obrigkeit kraft Amtes verpflichtet einzugreifen. Diese behandle aber die Hexerei als Sonderverbrechen und überlasse sie zugleich – unter Aussetzung eines Kopfgeldes – bestimmten Inquisitoren, die ihre habgierige Zügellosigkeit und brutale Selbstherrlichkeit in der Durchführung der Verfahren eben auf diesen Sonderstatus und auf die juristische Uninformiertheit der Fürsten gründen könnten (CC 5 ff.). Immer wieder indessen fordert Spee, daß auch bei diesem „crimen magiae" die Prinzipien des Naturrechts und damit der „gesunden Vernunft" uneingeschränkt Gültigkeit haben müßten. Da er sich hierbei auf Vorgänger beruft (vgl. CC 224), dürfte sein Naturrechtsverständnis auf die in der Scholastik entwickelte, an der Vernunftmetaphysik orientierte Vorstellung vom „ius naturae" zurückverweisen. Dafür spricht auch, daß er das seit Augustins Begriff der „caritas ordinata" voluntaristisch geprägte und als christliches Naturrecht aufgefaßte Gebot der Nächstenliebe deutlich vom Naturrecht unterscheidet (vgl. CC 60 ff.).

Indem der Pater aber so auf Einführung und Einhaltung vernünftiger Verfahren bei den Hexenprozessen dringt, präsentiert sich seine Schrift ihrem Hauptinhalt nach zugleich als eine Prozeß-R e f o r m schrift. Dazu wendet er sich insbesondere an die Obrigkeit und erklärt, das Hexenunwesen sei nicht auf die bisherige Weise durch Ausrottung zu beseitigen – es sei denn, es würden schließlich alle Menschen ausgerottet –, sondern nur durch ein besonnenes Rechtsverfahren. Gerade weil hier Irrtümer nicht wiedergutzumachen seien, müsse man mit besonderer Sorgfalt verfahren. So sei schon die Ansicht einiger gelehrter Verteidiger der Hexenverfolgungen falsch, „Gott werde es nicht zulassen, daß unter der Beschuldigung eines so gräßlichen Verbrechens Unschuldige mit Schuldigen in einen Topf geworfen würden" (CC 27). Denn schließlich habe Gott auch in früheren Zeiten zugelassen, daß unschuldige Märtyrer, ja sogar sein eigener Sohn als Unschuldiger hingerichtet wurden. Gerade in diesem Bereich dürfe man die Durchtriebenheit und Gewitztheit des Teufels, des „Vaters aller Lügen", nicht „bloßen Laien und weltlichen Personen" überlassen (CC 41). Könnte sich der Teufel nicht gerade auch bei den Inquisitoren einschleichen, damit die wahren Hexen unerkannt blieben und die Gefolterten lauter Unschuldige denunzierten? „Jeder weiß, was für ein schwaches Geschöpf das Weib ist, wie unfähig, Schmerzen zu ertragen, und wie geschwätzig es ist." (CC 82) Kann sich der Teufel denn nicht auch in einen Engel des Lichts verwandeln und die Gestalt

Unschuldiger vorgaukeln (vgl. CC 241)? Besonders ausführlich und eindrücklich beschäftigt sich Spee mit der fatalen Folterpraxis. Die dort erpreßten Geständnisse und Denunziationen hält er für null und nichtig: „Ich pflege mir darum oft zu sagen, daß wir nicht allesamt Zauberer sind, hat nur den einen Grund, daß wir noch nicht mit der Folter in Berührung gekommen sind." Und er stimmt einem Inquisitor zu, der sich gerühmt habe, „wenn der Papst selbst ihm unter seine Hände und Folterwerkzeuge geriete, so würde er auch am Ende gestehen, ein Hexenmeister zu sein". (CC 248) Den einzelnen Beichtvater, dem oftmals sogar ebenfalls ein Geldpreis für jeden Angeklagten ausgesetzt war (CC 23), ermahnt er, nicht weiter Handlanger der Inquisitoren, sondern geistlicher Anwalt der Opfer zu sein, damit

> sie ihm völlig vertrauen können, keinen Betrug argwöhnen, nicht mißtrauisch sein sollen. Daß er ihnen alle die Liebe erzeigen wolle, die der treueste Vater jemals seinen geliebten Kindern erweisen könne. (CC 143)

Angesichts dieser wahrhaft humanen und fortschrittlichen Gesinnung Spees glauben die meisten Interpreten offenbar, gewisse Passagen, in denen sich der Glaube des Autors nicht nur an Hexen, sondern auch an Zauberei, die er schulmäßig von der Hexerei unterschieden wissen will (vgl. CC 122), bekundet, z. B. an die magische Verzauberung eines Pfriems oder an Zauberformeln (CC 216) oder an die Macht des Teufels, der Angeklagte eigenhändig erwürgen könne (CC 212), als demgegenüber un-wesentlich oder als nur taktisches Reden außer Betracht lassen zu dürfen.[60] Tatsächlich kann Spee mitunter das ganze Lehrgebäude über die Hexen als „Ammenmärchen" (CC 93, vgl. CC 215) oder als Unsinn – „persönlich kann ich über diese Dinge immer nur lachen" (CC 128) – abqualifizieren und grundsätzliche Zweifel an der Zuverlässigkeit der ganzen Forschung über das Hexenwesen äußern (CC 243). Und eindrucksvoll ist seine Versicherung:

> Persönlich kann ich unter Eid bezeugen, daß ich jedenfalls bis jetzt noch keine verurteilte Hexe zum Scheiterhaufen geleitet habe, von der ich unter Berücksichtigung aller Gesichtspunkte aus Überzeugung hätte sagen können, sie sei wirklich schuldig gewesen. (CC 153)

Andererseits ist Spee selbst mit jenem Denunzieren schnell bei der Hand, das er ansonsten so heftig attackiert. So berichtet er beispielsweise:

> Ich selbst kenne einen ehrenwerten, gelehrten Geistlichen, einen sehr schönen Mann, zu dem ein begehrliches Weib, auch eine Hexe, eine rasende Liebesglut gefaßt hatte. Da sie auf keine der verschiedenen Weisen, die sie versuchte, ihre Begierden stillen konnte, da befriedigte sie sich, so gut es gehen wollte, damit, daß sie den Teufel immer in jenes Geistlichen Gestalt verwandelt als Buhlen empfing, wie sie ihm hernach selbst gestanden hat, – sofern sie nicht auch ihm gegenüber Betrug geübt hat. (CC 251)

Eine solche Darstellung unterscheidet sich keineswegs von jenen „Ammenmärchen", die zum Repertoire der Anhänger der Hexenverfolgungen gehörten.[61] Sie zu zitieren, heißt nicht, Spees historische Leistung infragestellen zu wollen, wohl aber, dazu beizutragen, daß der sog. „Hexenwahn" bei aller Vielfalt sozial- und geistesgeschichtlicher Erklärungsversuche[62] nicht nur als Un- oder Wahnsinn abgestempelt und damit als weltanschauliches Sonderphänomen isoliert wird[63], von dem sich das Licht einiger „Aufklärer" um so strahlender abheben läßt. Wie andere Gegner der Hexenverfolgungen vor und nach ihm hat Spee als Anhänger des ptolemäisch-scholastischen Weltbildes die wesentlichen Grundannahmen, auf denen auch die Prämissen des Hexenglaubens basierten, geteilt. Sowohl von aristotelischen wie von neuplatonischen Vorstellungen aus war zwar Kritik an den Auswüchsen dieses „Wahns" möglich, aber die gedanklichen Grundlagen waren, wie abschließend zu illustrieren ist, noch nicht überzeugend zu erschüttern.

Spee kommt bei dem zitierten Beispiel keineswegs auf den Gedanken, die Erzählungen der „Hexe" für Ausgeburten ihrer sexuellen Phantasie zu halten, obwohl er diese Geschichte ausgerechnet im Bereich jener „quaestiones" darbietet, wo er die Echtheit der Denunziationen Unschuldiger und die Angaben über den Hexenflug vor allem mit dem uns heute so fortschrittlich erscheinenden Argument bestreitet, daß es sich dabei um erpreßte Lügen bzw. um vom Teufel verursachte, nur eingebildete Phantome handelt (CC 238). Dieses Argument, das z. B. schon im sog. *Canon Episcopi* (ca. 906 n. Chr.)[64] und – nach dem *Hexenhammer* – auch von dem Arzt Johann Weyer verwendet worden war[65], hatten indessen bereits Sprenger und Institoris in der für sie üblichen Weise entlarvt und „widerlegt", und zwar durch Zitate aus der Tradition, durch übereinstimmende Augenzeugenberichte, durch Vernunftgründe – nützte dies Argument nicht dem Teufel und seinen Hexen, die deshalb den Schaden für die Kirche „ins Unermeßliche" steigern konnten? – sowie durch den Hinweis auf die Bibel – „hob nicht der Teufel unseren Heiland hoch und entführte ihn und stellte ihn hierhin und dorthin, wie das Evangelium bestätigt?" Und wenn er sogar an dem Gottessohn solche Fähigkeiten auszuüben vermochte, warum dann nicht erst recht an den Hexen?[66] Daneben gestehen sie eine bloße Täuschung durch die Phantasie durchaus zu.[67] Das Zeugnis der Bibel sowie bedeutender Kirchenväter und eine „ratio", die es sich zur Aufgabe gestellt hatte, die in der Schrift geoffenbarten Wahrheiten mit scholastischen Methoden zu beweisen: dies waren auch für die Protestanten überzeugende Grundpfeiler des Hexenglaubens. Und letztlich ging es dabei um die Kernfrage, ob es zwischen dem Teufel und den Menschen eine wahrhafte Verbindung geben könne. Wie aber sollte man dies leugnen und zugleich als guter Christ um die wahrhafte „Teilhabe" am g ö t t l i c h e n Geist bitten? Diese theologische Fragestellung entschied implizit über das philosophische Problem, ob es möglich sei, daß Geistiges auf Körperliches einwirken könne und umgekehrt. Daß dabei selbst noch ein Anhänger von Descartes, nämlich

Glanvill, in seinem Hexenglauben nicht ernstlich zu erschüttern war, illustriert die Schwierigkeit, die theoretischen Prämissen des Hexenglaubens aus den Angeln zu heben.[68] Und wie wollte man bei einer solchen Annahme ausschließen, daß z. B. auch die Einbildungskraft in guter oder böser Absicht auf Körperliches einzuwirken vermochte? Dies war sowohl von aristotelischen wie von neuplatonischen Denkvoraussetzungen aus plausibel: Die Einbildungskraft brauchte lediglich die vom Auge an die Umwelt ausgehenden „Formen" zu vergiften, die dann mittels des „bösen Blicks" (vgl. CC 73, 78) das betrachtete Objekt schädigten. Wie sollte Spee solche Annahme widerlegen, die sich doch nur als konsequente Anwendung seiner eigenen Anschauungen etwa über die schädlichen Einflüsse der Kometen oder als logische Umkehr seines Glaubens an die positive Macht der Imagination präsentierten? So ist denn auch zu begreifen, daß Befürworter und Gegner von Hexenverfolgungen nicht nur quer durch die Konfessionen, sondern auch quer durch die „Societas Jesu" gingen.[69]

„Lasset uns doch alle Christus von Herzen dienen", riet Spee im Blick auf die Hexenangst, „so werden ihre Zauberkünste nichts gegen uns ausrichten können." (CC 30) Damit wandte er einen wichtigen Grundsatz der hippokratisch-galenischen Medizin an, der besagte: „Das Entgegengesetzte ist Heilmittel für das Entgegengesetzte."[70] In diesem Sinne stehen *GTB* und *TN* in einem komplementären Verhältnis zum Gegenstand der *CC*. Ein für die Folgezeit wirksameres Heilmittel liegt freilich in dem Anliegen dieser Schrift selbst. Obwohl Spee die Prämissen des Hexenwahns nicht zu widerlegen vermochte, reichte ihm doch bereits sein aus der persönlichen Erfahrung gewonnener Zweifel an ihnen für sein gefährliches Engagement:

> Indessen aber, weil ich es weder glauben noch ganz bestreiten kann, will ich meine Ansicht darüber sagen, bis es von scharfsinnigen, gelehrten Männern besser geprüft und gelehrt wird. (CC 215)

Und indem er so zur Vorsicht mahnte, „damit wir uns nicht unbedachtsam in Irrtümer verstricken" (CC 16), ist er am Beginn der Neuzeit ein bedeutsames Beispiel dafür, daß Aufklärung nicht unbedingt und nicht erst da stattfindet, wo man sich im sicheren Besitz der Wahrheit wähnt, sondern wo man zu zweifeln beginnt und sich mit Verstand, Phantasie u n d „feurigem" Herzen auf die Suche nach ihr begibt.

Anmerkungen

Texte

Friedrich Spee. Cautio Criminalis seu De Processibus Contra Sagas liber. Ad Magistratus Germaniae hoc tempore necessarius, Tum autem Consiliariis & Confessariis Principum, Inquisitoribus, Judicibus, Advocatis, Confessariis reorum, Concionatoribus, Caeterisque lectu utilissimus. Auctore incerto Theologo Romano. Rinteln 1631. (2.

Aufl. Francofurti 1632; nach einer anderen Handschr.) (Dt. Übs.: Friedrich von Spee. Cautio criminalis oder Rechtliches Bedenken wegen der Hexenprozesse. Dt. Ausgabe von Joachim-Friedrich Ritter. Weimar 1939. 2. unveränd. Aufl. Darmstadt 1967. Hiernach zitiert als CC.)

Friedrich von Spee: Cautio Criminalis oder Rechtliches Bedenken wegen der Hexenprozesse. Mit acht Kupferstichen aus der „Bilder-Cautio". Aus d. Lat. übertr. u. eingel. v. Joachim Friedrich Ritter. Unveränd. Nachdr. d. Ausg. Weimar 1939. München 1982. 2. Aufl. 1983 (dtv bibliothek Nr. 6122).

Friedrich Spee. Güldenes TVgend-BVch, das ist / Werck vnnd übung der dreyen Göttlichen Tugenden. deß Glaubens, Hoffnung, vnd Liebe. Allen Gottliebenden / andächtigen / frommen Seelen: vnd sonderlich den Kloster- vnd anderen Geistlichen personen sehr nützlich zu gebrauchen. ... Cum Facultate & approbatione superiorum. Cöllen 1649. (Friedrich Spee: Güldenes Tugend-Buch. Hrsg. v. Theo G. M. van Oorschot. München 1968. / Friedrich Spee. Sämtl. Schriften. Hist.-krit. Ausg. in 3 Bdn. Hrsg. v. Emmy Rosenfeld. Bd. 2. Hiernach zitiert als GTB.)

Friedrich Spee. Trvtz Nachtigal oder Geistlichs-Poetisch Lvst-Waldlein, Deßgleichen noch nie zuvor in Teutscher sprach gesehen. Durch Den Ehrw.: P. Fridericvm Spee, Priestern der Gesellschafft Jesv. Jetzo / nach vieler wunsch vnd langem anhalten / zum erstenmahl in Truck verfertiget. Cum Facultate & approbatione superiorum. Cöllen 1649. (Trutznachtigall von Friedrich Spee. Mit Einleitung u. kritischem Apparat hrsg. v. Gustav Otto Arlt. Halle/Saale 1936. Neudrucke deutscher Literaturwerke des XVI. und XVII. Jahrhunderts 292-301. Hiernach zitiert als TN.)

Friedrich Spee. Die anonymen geistlichen Lieder vor 1623. Mit einer Einleitung hrsg. v. Michael Härting. Unter Mitarbeit von Theo G. M. van Oorschot. Berlin 1979.

Quellenmaterial von und über Spee (Briefe, Berichte usw.) verzeichnet Theodor G. M. van Oorschot in der ausführlichen Bibliographie zu seiner Abhandlung: Friedrich Spees Güldenes Tugend-Buch II. Literarhistorische Abhandlung. Nijmegen o. J. (1968), S. 180 ff. Einige besonders aufschlußreiche Dokumente sind neuerdings wieder abgedruckt in der Monographie von Joachim-Friedrich Ritter (s. Lit. 1977).

Literatur

Marie-Luise Wolfskehl: Die Jesusminne in der Lyrik des deutschen Barock. Diss. Gießen 1934. Reprint Amsterdam 1968.

Hugo Zwetsloot: Friedrich Spee und die Hexenprozesse. Die Stellung und Bedeutung der Cautio Criminalis in der Geschichte der Hexenverfolgungen. Trier 1954.

Eric Jacobson: Die Metamorphosen der Liebe und Friedrich Spees ,Trutznachtigall'. Studien zum Fortleben der Antike I. Kopenhagen 1954.

Emmy Rosenfeld: Probleme der Speeforschung. In: GRM 5. 1955, S. 115-128.

Dies.: Friedrich Spee von Langenfeld. Eine Stimme in der Wüste. Berlin 1958.

Susanne Bankl: Friedrich Spee von Langenfeld und die europäische Mystik. 2 Bde. Masch. Diss. Wien 1959.

Emmy Rosenfeld: Neue Studien zur Lyrik von Friedrich von Spee. Milano 1963.

Margarete Gentner: Das Verhältnis von Theologie und Ästhetik in Spees ,Trutznachtigall'. Diss. Tübingen 1965.

Karl Keller: Friedrich Spee von Langenfeld (1591-1635). Seelsorger, Dichter, Humanist. Kevelaer 1968. 2. Aufl. 1969.

Emmy Rosenfeld: Auffindung einer neuen Handschrift, Abschrift der ‚Trutznachtigall‘ von F. Spee von Langenfeld in Münster aus dem Jahr 1638. In: Miscellanea di studi in onore di B. Tecchi. 1969, S. 116-124.

Robert M. Browning: On the Numerical Composition of Friedrich Spee's ‚Trutznachtigall‘. In: Festschrift für Detlev D. Schumann. Hrsg. v. A. E. Schmitt. München 1970, S. 28-39.

Heribert Waider: Die Bedeutung der Entstehung der Cautio Criminalis des Friedrich Spee von Langenfeld für die Strafrechtsentwicklung in Deutschland. In: Zeitschr. f. d. gesamte Strafrechtswissenschaft 83. 1971, S. 701-728.

Frederick M. Rener: Spee, Herder, and literary Criticism. In: The German Quarterly 4. 1971, S. 525-533.

Ders.: Friedrich Spee and Virgil's Fourth ‚Georgic‘. In: Comparative Literature 24. 1972, S. 118-135.

Emmy Rosenfeld: Die Straßburger Handschrift der Trutz-Nachtigall von F. Spee von Langenfeld. In: Studi di letteratura religiosa tedesca. 1972, S. 353-373.

Gerhard Schaub: Die Spee-Rezeption Clemens Brentanos. In: Litwiss. Jb. N. F. 13. 1972. S. 151-179.

Ders.: Friedrich Spee: Ein Dichter mehr als mancher Minnesänger. Zur Wirkungsgeschichte der Trutznachtigall in der deutschen Romantik. In: Verführung zur Geschichte. Festschr. zum 500. Jahrestag der Eröffnung einer Universität in Trier. 1473-1973. Hrsg. v. Droege u. a. Trier 1973, S. 323-346.

Alois M. Haas: Geistlicher Zeitvertreib. Friedrich Spees Echogedichte. In: Deutsche Barocklyrik. Hrsg. v. M. Bircher u. A. M. Haas. Bern 1973, S. 11-48.

Richard G. Dimler: The Genesis and Development of Friedrich Spee's Love-Imagery in the Trutznachtigall. In: The Germanic Review 1973 (a) Nr. 2, S. 87-98.

Ders.: Friedrich Spee's ‚Trutznachtigall‘. Bern u. Frankfurt 1973 (b).

Ders.: On the Structure and Composition of Friedrich Spee's Trutznachtigall. In: Modern Language Notes 89. 1974, S. 787-796.

Ders.: Death and Sacrament in Friedrich Spee's ‚Trutznachtigall‘: Genesis and Function. In: Daphnis 3/4. 1974/75, S. 42-50.

Frederick M. Rener: Friedrich Spee's „Arcadia" Revisited. In: PLMA 89. 1974, S. 967-979.

Theo G. M. van Oorschot: Friedrich Spees ‚Magdalenenlied‘. In: Festgabe des Deutschen Instituts der Universität Nijmegen. Paul D. Wessels zum 65. Geburtstag. Nijmegen 1974, S. 98-109.

Heribert Waider: Fehlerquellen im Strafverfahren dargestellt nach Spees ‚Cautio criminalis‘ von 1631/32. In: Einheit u. Vielfalt des Strafrechts. Festschrift f. K. Peters zum 70. Geburtstag. Hrsg. v. J. Baumann u. K. Tiedemann. Tübingen 1974, S. 473-485.

Theo G. M. van Oorschot: Einblick in eine poetische Werkstatt des 17. Jahrhunderts. Zur Edition von Friedrich Spees ‚Trutznachtigall‘. In: Handelingen van het drïendertigste Nederlands Filologen congres. Amsterdam 1975, S. 248-257.

Joachim-Friedrich Ritter: Friedrich von Spee 1591-1635. Ein Edelmann, Mahner und Dichter. Trier 1977.

Nachweise

[1] Gottfried Wilhelm Leibniz: Die Theodizee. Übs. v. A. Buchenau. Einf. Essay v. M. Stockhammer. 2., erg. Aufl. Hamburg 1968, S. 160. (Philosophische Bibliothek Bd. 71).

[2] Ebda., S. 159 f.

[3] Zitiert bei Ritter (s. Lit. 1977), S. 145.

[4] Beispielsweise steht der Begeisterung Brentanos das Goethesche Verdikt: „zu wort- und phrasenhaft" gegenüber (vgl. Schaub – s. Lit. 1972 – S. 156 f. u. 159 f.), und bei allem Lob mokierte sich Balke in seiner Ausgabe der *TN* doch zugleich über die „stete Weichlichkeit" und „Naivität" in der Ausdrucksweise des Dichters (G. B.: Einleitung. In: Trutz-Nachtigal von Friedrich Spee. Leipzig 1879, S. V-LXIV, hier S. XLV; vgl. ebda., S. L u. S. XLVI).

[5] Rosenfeld (s. Lit. 1963), S. 61 ff.

[6] Zu den Kompositionsprinzipien vgl. Jacobsen (s. Lit. 1954), S. 20: „... die Samm- lung ist wirklich als Ganzes durchkomponiert, wenn auch nicht mit strengster Konse- quenz..." – Rosenfeld (s. Lit. 1958), S. 217 ff. – Dies. (s. Lit. 1963), S. 93 ff. („Drei große Zyklen in der TN"). – Browning (s. Lit. 1970). – Dimler (s. Lit. 1974) kriti- siert sowohl Rosenfelds Zyklus- als auch Brownings an der Zahlensymbolik orientierte Theorie und sucht in der *TN* z. T. dieselbe inhaltliche Gliederung wie im *GTB* nach den christlichen Tugenden Glaube, Hoffnung, Liebe nachzuweisen. – Demgegenüber vertritt Rener (s. Lit. 1974) die These, die *TN* sei nach den Stationen des Kirchenjahrs geordnet (S. 972).

[7] Gentner (s. Lit. 1965), S. 39 f.

[8] Rosenfeld (s. Lit. 1958), S. 218.

[9] Rener (s. Lit. 1974), S. 974. Ebda., S. 967 u. 976 eine Zitatsammlung über den „Na- turlyriker" Spee.

[10] Vgl. Gentner (s. Lit. 1965), S. 58 ff.

[11] Vgl. Dimler (s. Lit. 1974/75), S. 45 ff. – Haas (s. Lit. 1973), S. 20 f.

[12] So Bankl (s. Lit. 1959), S. 103 ff., 134 ff., 222 ff., 367 ff. Vgl. dag. Rosenfeld (s. Lit. 1963), S. 72.

[13] Rosenfeld (s. Lit. 1963), S. 73.

[14] Haas (s. Lit. 1973), S. 13.

[15] Keller (s. Lit. 1968), S. 7.

[16] Ritter (s. Lit. 1977), S. 7.

[17] Bei der nachfolgenden biographischen Skizze wurden die Untersuchungen von Rosenfeld (s. Lit. 1958) und Ritter (s. Lit. 1977) dankbar zu Rate gezogen.

[18] Vgl. Oorschot (s. Lit. 1968), S. 36.

[19] Vgl. dazu Härting (s. Texte 1979), bes. S. 27 ff.

[20] Texte dieser Briefe bei Ritter (s. Lit. 1977), S. 156-161 u. 171-181.

[21] Ebda., S. 176.

[22] Dieses Schreiben des Drosts von Peine an den Kanzler in Hildesheim ist zitiert bei Ritter (s. Lit. 1977), S. 22. Weitere Dokumente zu diesem historisch am besten bezeugten Ereignis in Spees Leben ebda., S. 163-170.

[23] Vgl. M. Hammes: Hexenwahn und Hexenprozesse. Frankf./M. 1977, S. 62.

[24] Ritter (s. Lit. 1977), S. 74 f. Vgl. dazu Rosenfeld (s. Lit 1958), S. 67 ff.

[25] B. Feind: Vorbericht Von dem Temperament und Gemüths-Beschaffenheit eines Poeten. In: Ders.: Deutsche Gedichte. Erster Theil. Stade 1708, S. 1-73, hier S. 16.

[26] Ebda., S. 27.

[27] Ebda., S. 43.

[28] Vgl. dazu das Kapitel ‚Die Entstehungsgeschichte' im umfangreichen Nachwort van Oorschots zu seiner Edition des *GTB*, die nicht dem Druck von 1649, sondern der

sog. Düsseldorfer Handschrift folgt, weil diese den von der Zensur nicht verfälschten Intentionen des Autors auf der relativ spätesten Entwicklungsstufe am nächsten kommt (ebda., S. 669-726, hier S. 687 ff.).

[29] Vgl. ebda., S. 707 ff.

[30] Kap. II, 19 und 20 des *GTB* sind unmittelbar den *Geistlichen Übungen* entnommen, wie Spee selbst vermerkt (vgl. GTB 254 f.). – Obgleich Oorschot in seinem ansonsten zumeist zuverlässigen Nachwort zu seiner verdienstvollen Edition des *GTB* betont, daß die von ihm ermittelten elf Entlehnungen des *GTB* aus den *Geistlichen Übungen* „gleichsam nur die übers Wasser hinausragenden Spitzen eines Eisberges" darstellen (ebda., S. 701), bleibt er einen genaueren Nachweis dieses Einflusses – vor allem auch im Blick auf Aufbau und theoretische Grundlagen dieser Übungen – schuldig. Deshalb im folgenden gerade dazu einige Hinweise.

[31] Vgl. dazu P. Rabbow: Seelenführung. Methodik der Exerzitien in der Antike. München 1954, S. 64: „... der Meditant steht hier unter dem Bann einer Methode der Vergrößerung, die mit bestimmten Kunstmitteln, die religiösen Werte hochsteigernd, sein Denken leitet und seine Seele zu Affekten aufregt." Als Stilmittel gehört dazu – wie auch am zitierten Beispiel ersichtlich – insbesondere die Amplifikation (durch vergrößernden oder verkleinernden Vergleich, durch die ansteigende Reihe als Klimax oder „Kette", durch „enumeratio" und „partitio", aber auch durch die „amplificatio ex contrario"). Als wichtiges methodisches Instrumentarium zur Ermittlung und zur differenzierten Präsentation der Übungen fungieren bei beiden Autoren die konkreten „circumstantiae" des zu betrachtenden geistlichen Sachverhalts: „Personen, Worte, Handlungen, Ursache, Zeit, Ort, Weise usw." Ebda., S. 72.

[32] Ebda., S. 72 f.

[33] Vgl. Ignatius von Loyola: Geistliche Übungen. Übertragung und Erklärung v. A. Haas. Mit e. Vorwort v. K. Rahner. Freiburg – Basel – Wien (1966) 1976, S. 33 f., 45 ff.

[34] Ebda., S. 19.

[35] P. Rabbow (s. Anm. 31), S. 19.

[36] Vgl. Oorschot (s. Anm. 28), S. 693 ff.

[37] Vgl. dazu die ‚Einleitung' zum vorliegenden Bd., S. 41 ff. Zum Folgenden vgl. ferner ebda., S. 48.

[38] Aristoteles: Drei Bücher über die Seele. Übs. u. erl. v. J. H. v. Kirchmann. Berlin 1871, S. 178-180. Vgl. ebda., S. 195 ff. – Vgl. dazu auch GTB 372 f.

[39] Zu analogen Auffassungen bei Böhme und Angelus Silesius vgl. Verf., Allegorische Allegorese. Zur Bildlichkeit und Struktur mystischer Literatur (Mechthild von Magdeburg und Angelus Silesius). In: Formen und Funktionen der Allegorie. Symposion Wolfenbüttel 1978. Hg. v. W. Haug. Stuttgart 1979, S. 90-125, hier S. 105 ff.

[40] Vgl. dazu auch Oorschot (s. Lit. 1968), S. 68 ff.

[41] Vgl. ebda., S. 29 ff.

[42] Diese Definition aus Johann Friedrich Königs *Theologia positiva acroamatica* von 1664 wird – zusammen mit weiteren Belegen – zitiert bei C. H. Ratschow: Lutherische Dogmatik zwischen Reformation und Aufklärung. Teil I. Gütersloh 1964, S. 141.

[43] Die symbolischen Bücher der evangelisch-lutherischen Kirche, deutsch und lateinisch. Hg. v. I. T. Müller. 9. Aufl. Gütersloh 1900, S. 46 (Artikel 20).

[44] Vgl. ebda., S. 45.

[45] Vgl. dazu Verf.: Gottebenbildlichkeit und Naturnachahmung im Säkularisierungsprozeß. Problemgeschichtliche Studien zur deutschen Lyrik in Barock und Aufklärung. 2 Bde. Tübingen 1981. Bd. I, S. 300 f.

[46] Vgl. dazu das Vorwort von Arlt zu seiner Ausgabe der *TN*. Ferner Rosenfeld (s. Lit. 1958), S. 197 ff. Dies. (s. Lit. 1963), S. 91 ff. G. Dimler (s. Lit. 1974), S. 787 ff.

[47] Spee vermochte allerdings schon die äußerliche Dreiteilung des *GTB* inhaltlich nicht einzuhalten – so erscheinen bereits im ‚Glaubens'-Teil ausführlich die Werke des „amor benevolentiae" (GTB 81 ff.) –, und gleichwohl versuchte er durch die Abfolge der Tugenden und ihre Bedeutungskomponenten die Darstellung zu steigern und zu dynamisieren, und h i e r stellt sich die Frage nach einem kompositorischen Analogon bei der TN.

[48] Vgl. Rosenfeld (s. Lit. 1963), S. 77.

[49] Ebda., S. 78.

[50] Vgl. dazu K. Garber: Der locus amoenus und der locus terribilis. Bild und Funktion der Natur in der deutschen Schäfer- und Landlebendichtung des 17. Jahrhunderts. Köln/Wien 1974, S. 91.

[51] Vgl. zum Nachweis dieser Traditionen vor allem auch das Quellen- und Bildmaterial bei Jacobsen (s. Lit. 1954), S. 8, 11, 13 (Christus am Lebensbaum gekreuzigt).

[52] Vgl. dazu B. Maurmann-Bronder: Tempora significant. Zur Allegorese der vier Jahreszeiten. In: Verbum et signum I. Festschrift f. F. Ohly. München 1975, S. 69-101, hier S. 85.

[53] Zum alchemistischen „hortus conclusus" vgl. J. Telle: Der Alchemist im Rosengarten. Ein Gedicht von Christoph von Hirschenberg für Landgraf Wilhelm IV. von Hessen-Kassel und Graf Wilhelm von Zimmern. In: Euph. 71. 1977, S. 283-305, hier S. 297 ff. – Es bedürfte einer eigenen Untersuchung, um zu klären, ob die in der *TN* als dynamisches und feuerreiches Geschehen dargestellte Erneuerung von Schöpfung und Mensch durch Christus als „Lebenselixier" auch den gedanklichen Kontext des „opus Alchemicum" – wenn auch vielleicht nur kontrafazierend – einbezieht.

[54] Vgl. Verf. (s. Anm. 39), S. 92 ff.

[55] Vgl. dazu Jacobsen (s. Lit. 1954), S. 15 f.

[56] Vgl. dazu Verf. (s. Anm. 45), Bd. I, S. 281 f.

[57] Vgl. Verf. (s. Anm. 39), S. 109.

[58] Vgl. dazu auch Rosenfeld (s. Lit. 1955), S. 118 ff.

[59] H. Brackert: „Unglückliche, was hast du gehofft?" Zu den Hexenbüchern des 15. bis 17. Jahrhunderts. In: Becker, Bovenschen, Brackert: Aus der Zeit der Verzweiflung. Zur Genese und Aktualität des Hexenbildes. Frankf./M. 1977, S. 131-187, hier S. 155.

[60] Ritter wiederholt auch neuerdings wieder seine alte Überzeugung von rein „taktischen" Zugeständnissen Spees an den Hexenwahn (s. Lit. 1977), S. 58.

[61] Vgl. auch das Beispiel CC 48, wo er behauptet, „Beweise" dafür zu haben, daß einige Denunzianten selbst Hexenmeister seien. – Der Versuch von Rosenfeld (s. Lit. 1958), S. 336 f., Passagen dieser Art als „Satiren" o. ä. zu entschärfen, sind vom Text her nicht haltbar. Aufschlußreich ist in diesem Zusammenhang auch die Bemerkung des Ordensgenerals Vitelleschi vom Juni 1632 (also nach Erscheinen der 1. Aufl. der *CC*), Spee bitte, „in eine andere Ordensprovinz reisen zu dürfen, um sich den Unannehmlichkeiten zu entziehen, die ihm die unbeherrschte Leidenschaft einer gewissen Frau bereitet". Vgl. Ritter (s. Lit. 1977), S. 189.

[62] Vgl. dazu die Bibliographie in der in Anm. 59 genannten Studie, S. 441-449, ferner die in Anm. 23 genannte Arbeit sowie H. Döbler: Hexenwahn. Die Geschichte einer Verfolgung. München 1977.

[63] Vgl. dazu auch A. Godet: Hexenglaube, Rationalität und Aufklärung: Joseph Glanvill und Johann Moritz Schwager. In: DVjs. 52. 1978. S. 581-603, hier S. 581 f.

[64] Vgl. den Wortlaut dieses Dekrets bei Becker, Bovenschen, Brackert u. a. (s. Anm. 59), S. 326.

[65] Vgl. J. Wier (= Weyer): Von verzeuberungen / verblendungen / auch sonst viel vnd mancherley gepler des Teuffels vnd seines gantzen Heers: Deßgleichen von versegnungen vnd gifftwercken / fünff bücher zum andern mal widerumb übersehen / gemehrt

vnd gebessert. Basel 1565, S. ij, iiij u. ö. So erklärt er auch den Teufelspakt als vom Teufel inspirierte Phantasie (ebda., S. 336). Weyer, der im Prinzip die Existenz von Hexen nicht bezweifelt, aber die „alten weiblein" schützen will, belastet, indem er vieles natürlich erklären will, von seinem medizinischen Standpunkt aus pauschal die Melancholiker, die – neben den Leichtgläubigen – „von des Teuffels gespött / fatzwerck vnnd den Zeuberkünsten am allermeisten angefochten werden", „denn alle die so der Teuffel vberwindet / die vberwindet er durch schwermut vnd traurigkeit." (S. 360 f.) Außerdem haben die Melancholiker „so ein verruckte / verderbte imagination" (S. 368). So wird in guter Absicht ein Aberglaube durch den andern ersetzt, der Teufel gleichsam mit Beelzebub ausgetrieben.

⁶⁶ J. Sprenger/H. Institoris: Der Hexenhammer. Zum ersten Male ins Deutsche übertragen u. eingel. v. J. W. R. Schmidt. 3 Teile in 1 Bd. 4. Aufl. Wien Leipzig 1938. Teil II, Kap. 3 („Von der Art, wie die Hexen von Ort zu Ort fahren"), S. 32 ff.

⁶⁷ Ebda., S. 25.

⁶⁸ Vgl. dazu A. Godet (s. Anm. 63), S. 587 ff.

⁶⁹ Vgl. dazu J. Diefenbach: Der Hexenwahn vor und nach der Glaubensspaltung in Deutschland. Mainz 1886. Fotomech. Neudr. Leipzig 1978, S. 274 ff., 283 ff., 288 ff., 347 ff.

⁷⁰ Galenos Gesundheitslehre Buch 1-3. Übs. u. zeitgem. erl. v. E. Beintker. Stuttgart 1939, S. 33 (= Die Werke des Galenos Bd. I).

KLAUS GARBER

MARTIN OPITZ

I

„Die Überlieferung unserer Literatur und unserer Bildung ist kürzer als die anderer Nationen."[1] Auch nach dem Auftreten Klopstocks, Lessings und Wielands bleibt sie einseitig und fragmentarisch. Die Fixierung auf die beiden „Klassiker" sowie den einen oder anderen „romantischen" Ableger hat schon die Anschauung der Aufklärung verzerrt. Die Literatur des 17. Jahrhunderts jedoch hat sie in eine Ferne gerückt, aus der sie auch die ästhetische Rehabilitierung des „Barock" in den zwanziger und frühen dreißiger Jahren dieses Jahrhunderts kaum befreien konnte.[2] Ungebrochen lebte das Kirchenlied des 17. Jahrhunderts fort; die große Mystik des Zeitalters speiste Anthologien und Breviers, und der große Einzelgänger des Jahrhunderts, Grimmelshausen (zu dem nach den Kriegen dieses Jahrhunderts jeweils Andreas Gryphius hinzutrat), bewahrte sich seit den Tagen der Romantik sein stetes Lesepublikum – an seiner Gestalt und seinem Werk hat sich die populäre Anschauung über die Epoche des Dreißigjährigen Krieges vor allem gebildet. Die deutschsprachige Kunstdichtung jedoch, die Schöpfung des Martin Opitz, ist vergessen. Wenn sein Name als einer der wenigen des 17. Jahrhunderts lebendig geblieben ist, so hat sich daran doch nicht die Kenntnis seines Werkes geknüpft. Selbst seine *Poeterey*, die seinen Ruhm begründete, dürfte nur der Fachwelt bekannt geworden sein. Mit seinem Namen verbindet sich die wie auch immer unscharfe Erinnerung an die verspätete Begründung der deutschen „Nationalliteratur". Als „Vater der deutschen Dichtung" ist Opitz in deren Geschichte eingegangen.[3] Niemand wird diese kanonisierte Anschauung in Frage stellen wollen. Und richtig verstanden besteht dazu auch kein Anlaß. Wohl aber ist es an der Zeit, ihr weniger vertraute Züge abzugewinnen. Die neue, historisch-dialektisch geschulte Literaturwissenschaft hält dafür inzwischen das nötige Instrumentarium bereit. Es hat auf das 17. Jahrhundert, auf das Zeitalter des „Barock", bisher kaum Anwendung gefunden. Zum Schaden dieser Epoche. Denn weit entfernt davon, die Dichtung des 17. Jahrhunderts und ihre Schöpfer der eigenen Gegenwart unstatthaft anzunähern, gibt erst der wirklich historische (nicht historistische) Ansatz den Blick auch auf einen Dichter wie Opitz frei, der mit dem Titel eines Reformators der deutschen Dichtung nicht entfernt erfaßt ist. Als solchen allein haben auch die Zeitgenossen ihn nie gesehen. Die Physiognomie Martin Opitzens zu vergegenwärtigen heißt, ihn als Angehörigen und maßgeblichen Repräsentanten des europäischen Späthumanismus im Spannungsfeld zwischen Konfessionalismus und Absolutismus zu begreifen. Seine Biographie ist zunächst und in erster Linie eine politische. Als solche soll sie hier skizziert werden, bevor dann jeweils exemplarisch Theorie und Werk vorgestellt und ein Blick auf seine Nachfolger geworfen werden kann.[4]

II

Mit dem Auftreten Opitzens und seiner Generation steigt eine neue Landschaft in der Geschichte der deutschen Literatur empor: Schlesien.[5] Eine umfassende historische und soziokulturelle Erklärung dieses rätselhaften Vorgangs steht noch aus. Ergiebige Hinweise findet man bei Josef Nadler, die auch dann weiter zu entwickeln sind, wenn man die Prämissen dieses Autors nicht teilt, sowie bei Heinz Schöffler.[6] Der Schwerpunkt der deutschen Literatur des späten 15. und des 16. Jahrhunderts lag in den reichsstädtischen Regionen des Südwestens. Das Städtewesen hatte in Schlesien selbstverständlich bei weitem nicht die gleiche Bedeutung gewinnen können. Die einzige Ausnahme bildete die bedeutende Handelsstadt Breslau.[7] Schlesien partizipiert auf Grund seines gut ausgebildeten Schulwesens am lateinischsprachigen Humanismus.[8] Und als die Blütezeit des Meistersangs in den Metropolen des Reichs schon überwunden ist, kommt es in der Gestalt Puschmanns auch in Schlesien zu einer kurzfristigen und durchaus episodenhaften Reprise. Schlesiens Stunde schlägt erst im 17. Jahrhundert. Die Verlagerung des kulturellen Schwergewichts vom Südwesten in den mittel- und ostdeutschen Raum geht Hand in Hand mit einer sozialen von den Städten auf die Höfe. In Schlesien liegen auf engem Raum eine Reihe von Erbfürstentümern unter böhmischer Krongewalt und herzoglichen Mediatfürstentümern zusammen.[9] Sie sind seit der Herrschaft des Ungarn Matthias Corvinus dem Druck der königlichen Zentralgewalt ausgesetzt, der sich mit dem Übergang der böhmischen Krone an Habsburg (1526) unter Ferdinand I. noch verstärkt und in der Schaffung der schlesischen Kammer als Instrument der landesherrlichen Finanzverwaltung auch institutionell in Erscheinung tritt. Wie überall so bildet auch in Schlesien die Religion das Ferment politischer Opposition gegen den Zentralismus des katholischen Kaiserhauses.[10] Ständische und konfessionelle Libertät sind untrennbar. Die reformierte Ausrichtung der beiden wichtigsten Fürstentümer Liegnitz und Brieg begünstigt die Orientierung nach Brandenburg, nach Anhalt und insbesondere zur Pfalz hin. Zwischen Schlesien und der Pfalz verlaufen um 1600 die lebhaftesten politischen, konfessionellen und kulturellen Verbindungen.[11] Schlesien bildet ein großes Reservoir an Fachkräften für das Bildungs- und Kirchwesen sowie die Verwaltung und die politischen Behörden in der Pfalz. Der Einsatz für die deutsche Sprache, ihre Pflege in einer nationalsprachigen Kunstdichtung stellen ein Moment ständischer und konfessioneller Identität dar. So regen sich in Schlesien und in der Pfalz vor und neben Opitz überall die Ansätze für eine neue deutsche Dichtung.[12]

Opitz, 1597 geboren, entstammt dem zünftigen Bürgertum Bunzlaus am Bober; der Vater ist Fleischermeister.[13] Opitz genoß weder den Vorzug eines akademisch geprägten Elternhauses, das gelehrte Anregungen hätte vermitteln können, noch gehörte er dem Patriziat an, das ihm Bildungsreisen und ein Studium im Ausland gestattet hätte. Trotzdem gelang es ihm rasch, in die gelehrte und in die höfische Welt aufzusteigen. Schon den Zeitgenossen prägte sich dieser Aufstieg als Beweis für den Erwerb sozialer Reputation mittels wissenschaftlicher, politischer und poetischer Leistung ein. Opitz demonstrierte einem ganzen Jahrhundert, daß und wie man im frühabsolutistischen Staat Karriere machen konnte. Hilfe leistete dabei zu Anfang der Onkel Christoph Opitz. Er bekleidete das Amt des Rektors an der städtischen Lateinschule, bevor er 1606 durch Valentin Sänftleben abgelöst wurde. Der Übergang ins berühmte Breslauer Magdalenäum wird dem jungen Opitz durch eine Dotation des ratsfähigen Geschlechts der Rothmanns ermöglicht, dem die Mutter des Dichters entstammt.[14] Schon hier hat er das Glück, einflußreichen und mit glänzenden Verbindungen ausgestatteten Persönlichkeiten zu begegnen. Im Hause des Breslauer Arztes und Dichters Daniel Rindfleisch übt Opitz das Amt eines Hauslehrers aus wie nach ihm so viele andere deutsche Dichter. Der Rektor des Magdalenäums, Johannes von Hoeckelshoven, der sich Opitzens gleichfalls annimmt, gerät zeitweilig in den Verdacht, mit dem Calvinismus zu sympathisieren. Offen zutage tritt dieser bei Nikolaus Henelius, dem großen Juristen und Historiographen Schlesiens, und Caspar Cunrad, dem Gelehrten, Dichter und Nachfolger von Rindfleisch im Amt des Stadtmedikus. Beide hatten sich im Südwesten des Reichs aufgehalten und standen weiter in Korrespondenz mit den humanistischen Wortführern in Heidelberg und Straßburg. So wird schon in Breslau ein politisches, konfessionelles und literarisches Kräftefeld sichtbar, das die Bildungsgeschichte von Opitz nachhaltig prägen sollte.

Die erste und nun lebensbestimmende Station stellt der Eintritt in das Gymnasium zu Beuthen an der Oder dar.[15] Es war gerade von Georg von Schönaich gegründet worden und erlangte schnell für die allzu kurze Zeit seines Bestehens den Rang und die Bedeutung einer in Schlesien ja fehlenden Landesuniversität. Die von Georg von Schönaich selbst verfaßte Stiftungsurkunde des Instituts atmet den Geist der Toleranz und Irenik. Georg zieht in ihr die Kernsubstanz des christlichen Glaubens in vier Artikeln zusammen, um jegliches Gezänk über Einzelheiten zu unterbinden und statt dessen den Akzent eindeutig auf die tolerante Praktizierung des Glaubens zu legen. Auch Georg von Schönaich sympathisierte wie mancher seiner Geistlichen und Professoren mit der reformierten Religion. Der Calvinismus, von der offiziellen Anerkennung im Augsburger Religionsfrieden ausgenommen, lebte in den Ländern, in denen er nur einen

Minderheitenstatus hatte, von der religiösen Duldung und dem interkonfessionellen Ausgleich. Im Werk Georgs von Schönaich treten diese Tugenden, die zur Symbiose mit dem frühmodernen Staat so besonders qualifiziert waren, zu Anfang des Jahrhunderts sogleich deutlich hervor. Opitz wird hier mit der konfessionspolitisch modernsten Strömung Europas bekannt. In der Einrichtung eines Lehrstuhls für Frömmigkeitspraxis (pietas) neben einem solchen für Exegese und Dogmatik konkretisiert sich diese Konzeption im theologischen Lehrplan. Desgleichen wird den klassischen Disziplinen der Ethik und Politik ein Lehrstuhl für Sittenlehre (morum) zugeordnet. Er ist eine eigenständige Schöpfung Georgs von Schönaich, mit dem sein Stifter auf andere Weise das Fazit aus dem Aufstieg des frühmodernen Staates zieht. In der Professur morum behaupten die öffentlichen, die „politischen" Interessen das Feld. Sie ist eingerichtet, um die studierende Jugend für „das gemeine weltliche wesen unnd zustandt" angemessen zu präparieren. Als wichtigster Adressat dieses Bildungsprogramms läßt sich die gelehrte Beamtenschaft des Territorialstaats und die kommunale gelehrte Bedienstetenschicht ausmachen. Ihrer praktischen Schulung bis hin zum gewandten, des Staatsdiensts würdigen Auftreten gilt das Augenmerk des Landesherrn. Er hatte das Glück, in Caspar Dornau einen Gelehrten für dieses neugeschaffene Amt seiner Anstalt zu finden, der in der Lage war, ihm theoretisch und praktisch Profil zu verleihen.[16] Auch Dornau hatte in Begleitung Sigismunds von Smirziz seine entscheidenden Impulse im Südwesten, in Basel und Heidelberg empfangen, hatte seinen adligen Gönner in die maßgeblichen Länder Westeuropas, nach Frankreich, nach England und in die Niederlande begleiten können und war so geeignet, nach seiner Tätigkeit als Rektor in Görlitz und als Professor in Beuthen diplomatische Missionen im Dienste schlesischer Fürsten und Stände durchzuführen, bevor er Leibarzt Johann Christians von Liegnitz und Brieg wurde. Dornaus Antrittsrede in Beuthen ist ein Widerklang seiner Weltläufigkeit.[17] Sie steht ganz im Zeichen des „elegantia"-Ideals, auf das Dornau seine Schüler mit vielen Beispielen zu verpflichten sucht. Opitz dürfte 1617 diese Rede Dornaus gehört haben, denn er weilte bereits in Beuthen. Sein *Aristarch* lehrt, daß er auch diesen zweiten, den „politischen" Anstoß einer modernisierten philosophia practica in Beuthen produktiv zu verarbeiten wußte.

Opitz hat nie ein ordnungsgemäßes Studium absolviert. Er hielt sich kurzfristig mit seinem Freund Nüßler in der Schlesien zunächst gelegenen Universitätsstadt Frankfurt/Oder auf, deren Hohe Schule nach dem Übertritt der Brandenburger Dynastie zum Calvinismus im Jahre 1613 als reformierte Hochschule im Osten firmierte.[18] Ob Opitz sich hier wie Nüßler kurze Zeit dem Jurastudium widmete, ist nicht mehr zu ermitteln. Ausgedehnte Studien- und Bildungsreisen ins Ausland schieden für den mittellosen Dichter von vornherein aus. Was er an Gelehrsamkeit erwarb, verdankte er zähem Selbststudium und humanistischen Kontakten. Über sie gelangte er 1619 denn auch in die Stadt, die in seiner politischen wie in seiner dichterischen Biographie zweifellos den nachhaltigsten

Einfluß hinterlassen hat: Heidelberg.[19] Offiziell dürfte sich Opitz in Heidelberg seinen juristischen Studien gewidmet haben. Im Hause des großen Humanisten und Politikers Lingelsheim, wo Opitz wieder eine Erzieherstelle einnahm, erschloß sich ihm jedoch rasch eine Welt ganz anderer Dimensionen, der er sich emphatisch öffnete und in die er alsbald aktiv mitgestaltend eingriff. Der kurpfälzische Hof in Heidelberg war um die Wende vom 16. zum 17. Jahrhundert das geistige, das kulturelle und das politische Zentrum des Protestantismus in Deutschland. Insbesondere die calvinistischen bzw. dem Calvinismus zuneigenden Territorien und Kommunen blickten alle auf die pfälzische Metropole, die ihrerseits nach dem Übergang zum reformierten Bekenntnis unter Friedrich III. (1559-76) die weitreichendsten politischen Verbindungen insbesondere mit Frankreich, England und den Niederlanden unterhielt. Noch im 16. Jahrhundert in die Hugenottenkriege in Frankreich und in den Abwehrkampf gegen die Spanier in den Niederlanden verwickelt, übernimmt die Pfalz – ermuntert vor allem durch die antihabsburgische Politik Heinrichs IV. – die Führungsrolle in den Unierungsbestrebungen des Protestantismus.[20] Treibende Kraft auf Pfälzischer Seite ist – neben Ludwig Camerarius – Christian von Anhalt. Er ist der Initiator auf dem von der Pfalz angesteuerten Weg zur protestantischen Union.[21] Über ihn verläuft der Kontakt zu Heinrich IV., denn er hatte bereits 1591 auf hugenottischer Seite in Frankreich gekämpft. Er ist der Mittelsmann zu den böhmischen Ständen. Über ihn erfolgt die Annäherung an die zentrale Gestalt des ober- und niederösterreichischen Protestantismus Erasmus von Tschernembl, der die Idee eines nichtkatholischen Herrscherhauses ins Spiel bringt, wie sie unter Friedrich V. dann – lebhaft unterstützt vom Heidelberger Dichterkreis – für eine allzu kurze Frist Wirklichkeit werden sollte.[22]

Wie in Schlesien gab es auch in der Pfalz schon vor und neben Opitz Ansätze zur Ausbildung einer deutschen Kunstdichtung.[23] Opitz, geprägt vor allem durch Dornau und Tobias von Schwanenseh und Bregoschitz in Beuthen, gerät in Heidelberg in den Umkreis lebhaftester literarischer Aktivitäten, die nicht von ihm initiiert wurden, sondern an denen er lernend und empfangend teilnimmt. Institutionell ist der Heidelberger Dichterkreis über den Heidelberger Oberrat und über die Universität vermittelt. Im Oberrat saß Georg Michael Lingelsheim.[24] Er entstammte der religiösen Minorität Straßburgs, hatte in Heidelberg und Basel studiert und bewahrte der calvinistischen Sache während der drei Jahrzehnte seines politischen Wirkens für die Pfalz die Treue. Zugleich ging er seinen vielfältigen humanistischen Neigungen weiter nach und pflegte seinen extensiven gelehrten Briefwechsel, der alle bedeutenden Späthumanisten Europas einschloß. Opitz gewann hier einen einflußreichen Mentor und Förderer. In Janus Gruter lernte er den bedeutendsten, gleichfalls tief vom Calvinismus berührten Philologen und Bibliothekar Heidelbergs kennen, der wie Lingelsheim über unerschöpfliche Drähte zur nobilitas literaria in Europa und insbesondere in seiner niederländischen Heimat verfügte.[25] Den Heidelberger

Dichtern ist dieses dichte Netz gelehrter Kommunikation nur zugute gekommen. Mehr als eine Generation vor Opitz hatte hier der vom Kaiser gekrönte Dichter Melissus Schede aus calvinistischem Geist im Auftrag Friedrichs III. den Versuch unternommen, das Psalmenwerk Clement Marots und Theodore Bezas einzudeutschen.[26] Sein Altersgenosse Petrus Denaisius ist durch Vermittlung Lingelsheims diplomatisch für den Kurpfälzer Hof tätig, bevor er eine Stelle am Kammergericht in Speyer findet.[27] Als Übersetzer des Fürstenspiegels Jakobs I. von England und einer Kampfschrift des Pariser Parlamentsmitglieds Antoine Arnauld gegen die Jesuiten, der er eine brillante politische Analyse im Vorwort vorausschickt, verkörpert Denaisius die Rolle des calvinistischen politischen Schriftstellers in der Pfalz, an die die jüngere Generation um Opitz und Zincgref dann anknüpfen kann.

Diese Heidelberger Dichter und Gelehrten verfügten über traditionelle enge Beziehungen zum Oberrhein, insbesondere zur reformierten Minorität in Straßburg.[28] Das gleiche gilt für die schlesische Intelligenz, die wie nach Heidelberg, so nach Straßburg und Basel orientiert war. Auch Opitz nahm von Heidelberg aus vielleicht die Gelegenheit wahr, der berühmten alten Reichsstadt einen Besuch abzustatten.[29] Er galt dem Haupt des Straßburger Humanismus, das in engstem Kontakt mit den Heidelbergern und vor allem Lingelsheim stand: Matthias Bernegger.[30] Damit verschafft sich Opitz in jungen Jahren nochmals Zugang zu einer der Schlüsselgestalten des europäischen Späthumanismus. Bernegger, seit 1613 Professor für Geschichte an dem von Sturm begründeten Gymnasium, das 1621 in eine Universität umgewandelt wurde, verfaßte gerade seine *Tuba pacis* (1621), der schon 1620 ein *Proaulium tubae pacis* vorausging.[31] Aus der Perspektive der späteren „Barockdichtung" nimmt sich Berneggers politische Kampfschrift revolutionär aus. Mit einer Entschiedenheit, die ebenso von politischer Klarsicht wie von emotionaler Abscheu gegenüber den politischen Machenschaften der Gegenseite gespeist ist, ruft Bernegger in der *Tuba pacis* die Anhänger aller drei Konfessionen im Reich zur Einsicht in die Hintergründe der spanischen Hegemonialpolitik und zum geschlossenen Widerstand gegen die drohende Überwältigung auf. Insbesondere die Katholiken in Deutschland sucht er zu überzeugen, daß ihr konfessionelles Anliegen bei den Spaniern und deren Handlangern, den Jesuiten, keineswegs aufgehoben sei, sondern von den kühl rechnenden Taktikern nur dazu benutzt werde, einen Stützpunkt im Reich zu gewinnen. Die Parteinahme ist also nicht einfach antikatholisch. Vielmehr sucht Bernegger alle konfessionspolitischen Fraktionen des Reichs zum Widerstand und also zur Einigung zu motivieren. Das setzt den Verzicht auf dogmatische Profilierung der Konfessionen voraus. Im Werk Berneggers gehen antispanische Militanz und konfessionelle Toleranz wieder jene Symbiose ein, wie sie so besonders typisch ist für die Gruppe der „Politiques" in Frankreich, darüber hinaus jedoch überall im Späthumanismus ihre Anhänger hat. Zugleich unterliegen die überkommenen wissenschaftlichen Disziplinen einer Instrumentalisierung. Bernegger hat darauf bestanden, in Straßburg neben der Geschichte die Politik zum Zweck einer Aktualisierung der Geschichte als Exemplum für die sachgemäße Erkenntnis und Lösung gegenwärtiger politischer Probleme vertreten zu können. Das große Vorbild gab ihm die Gestalt des Justus Lipsius ab, dessen *Politik* mit dem Herzstück der *Prudentia civilis* er in den akademischen Unterricht in Straßburg einführte. Und mit Lipsius ist Bernegger verbunden im Versuch einer produktiven Rezeption des Tacitus, dessen politischer Realismus unter den Bedingungen der römischen Kaiserzeit im Zuge des sich formierenden Absolutismus (wie auf andere Weise die Philosophie Senecas) nun ein geschärftes Interesse fand. Nimmt man hinzu, daß der antikatholische Impetus Berneggers getragen ist von einem lebhaften Plädoyer für die deutsche Muttersprache, etwa im *Suetonianischen Fürstenspiegel* (1625), daß Bernegger die Heidelberger Dichter lebhaft ermunterte und auch später Opitzens erste, in Straßburg erschienene und von Zincgref veranstaltete Ausgabe seiner Gedichte betreute, so dürfte deutlich sein, daß Opitz hier nochmals einen Mentor fand, der die zukunftsweisenden Elemente der europäischen Bildung um 1600 mit sicherer Hand zusammenfaßte und in seinem Irenismus und humanistischen „Nationalismus" auch noch – wie etwa Harsdörffer zeigt – die folgende Generation prägte.

Die Stunde der Heidelberger Humanisten kam mit dem böhmischen Unternehmen Friedrichs V. Zu den folgenreichsten Erfahrungen, die den politischen und gelehrten Repräsentanten der Pfalz im Kontakt mit dem Calvinismus zuteil geworden waren, gehörte die des konfessionspolitischen Widerstands gegen die katholische Obrigkeit, wie sie sich im lutherisch-protestantischen Raum niemals durchzusetzen vermocht hatte. Ihr theologisches Äquivalent bildet der theokratische Utopismus in der calvinistischen Lehre, der Widerstand gegen eine die göttliche Weltordnung verletzende Obrigkeit – wie vermittelt durch Ephoren auch immer – zur Pflicht macht. Ganz anders als in den binnendeutschen lutherischen Territorien bildete sich in den Außenposten des deutschen Protestantismus im politischen und militärischen Kontakt mit den westeuropäischen Staaten ein Bewußtsein der Gefahren, die dem Bestand des Protestantismus auf europäischer Ebene drohten. Die forcierten Bündnisbestrebungen unter Führung der Pfalz stellen die politisch einzig realistische Antwort auf diese Gefahr dar. Es gehört zur Tragik dieser antikatholischen Unierungspolitik, daß das Bewußtsein ihrer geschichtlichen Notwendigkeit in den lutherischen Territorien unentwickelt und insbesondere Sachsen von kurzen Episoden abgesehen ein stets zögernder Partner blieb. Hinzu kam die unglückselige außenpolitische Konstellation. Die antihabsburgische Politik Frankreichs bricht mit der Ermordung Heinrichs IV. auf anderthalb Jahrzehnte zusammen, bevor Richelieu sie in einer ganz anderen Lage wiederaufnimmt. Jakob I. von England, durch Heirat seiner Tochter mit Friedrich V. verbunden, meidet die offene Konfrontation mit Wien, und die Kräfte des calvinistischen Holland sind nach einem ein halbes Jahrhundert währenden Kampf gegen Spanien erschöpft. So ist Friedrich V. innen- wie außenpolitisch weitgehend isoliert, als er im August 1619 aufbricht, um die ihm von den böhmischen Ständen angetragene Königskrone entgegenzunehmen.[32] Die Pfälzer Königswürde ist denn auch nur eine Episode geblieben. Nach der verlorenen Schlacht am Weißen Berge endet sie im November 1620 mit der überstürzten Flucht des „Winterkönigs" aus Prag. Nicht nur die militärische und ideologische Überlegenheit des Katholizismus trat darin zutage, der in der höchsten Gefahr zur Einheit zurückfand und den traditionellen Gegensatz zwischen den Habsburgern und den Wittelsbachern zu überwinden verstand, sondern auch die tiefe Krise des Protestantismus, wie sie sich im Gegensatz zwischen Heidelberg und Dresden, Genf und Wittenberg manifestierte. Insgesamt ist der Zusammenbruch der Pfälzer Böhmenpolitik nur in den weitesten geschichtlichen Dimensionen angemessen einzuschätzen. Mit dem Verschwinden des Calvinismus als politisch gestaltender Kraft im Reich verliert auch das Luthertum seine Widerstandskraft gegen den Katholizismus; die obrigkeitsstaatliche Mentalität verfestigt sich endgültig in ihm. Vor allem aber nehmen mit der Katastrophe der Pfalz die traditionellen Verbindungen zu den westeuropäischen Staaten Schaden. Hier liegt eine der Wurzeln für die verhängnisvolle Entfremdung Deutschlands von den westlichen Nachbarn.

Wenig wahrgenommen sind bisher die Folgen dieses europäischen Schlüsseldatums für die Geschichte der deutschen Literatur. Die Heidelberger Dichter, Gelehrten, Theologen und Beamten haben das Unternehmen Friedrichs V. von einzelnen Skeptikern abgesehen mit großen Hoffnungen begleitet. Neben anderen traten Zincgref und Opitz mit Beiträgen auf den Winterkönig und seinen Böhmenzug hervor. Soeben ist es gelungen, ein 184 Hexameter umfassendes neulateinisches *Epos* von Zincgref wiederzuentdecken, in dem der Dichter den jungen Herrscher vorbehaltlos zur Annahme der böhmischen Krone ermuntert und die noch Zögernden zu aktivieren sucht.[33] Als verhaßter Widersacher erscheint in mehr oder weniger verschlüsselter Form das Habsburgische Kaiserhaus. Seiner Kritik gilt nach der Niederlage der Pfalz Zincgrefs allegorische Satire *Quodlibetischer Weltkefig* (1623), die die über ganz Deutschland sich ausbreitende katholische Tyrannis in flammenden Wendungen geißelt und die unter dem konfessionellen Deckmantel verborgenen machtpolitischen Machenschaften des Gegners illusionslos freilegt. Opitz beteiligt sich an der publizistischen Unterstützung des Winterkönigs außer mit einem Panegyrikus auf Ludwig Camerarius und einem *Gebet, daß Gott die Spanier wiederumb vom Rheinstrom wolle treiben* mit einer lateinischen *Oratio ad Fridericum Regem Bohemiae*.[34] Wieder wird die von der indirekt angesprochenen Habsburger Herrschaft ausgehende Schmach als Tyrannei gebrandmarkt, die in dem Schicksal der böhmischen Protestanten ihr grauenerregendes Exempel findet. Friedrich darf sich daher der Verpflichtung nicht entziehen, für die Erhaltung der politischen wie der religiösen „libertas" zu wirken. So zeichnen sich in der Pfalz im Umkreis des Winterkönigs die Umrisse einer politischen Dichtung und Publizistik ab, die getragen ist von einer großen geschichtlichen Thematik in europäischer Perspektive und, wie der von Zincgref gewählte Gattungsbegriff zeigt, zum „Epos" als dafür angemessener Form tendiert. Diese verheißungsvollen Ansätze im Ursprung der neueren deutschen „Nationalliteratur" haben sich im 17. Jahrhundert nicht zu einer konsistenten Tradition verdichten können. Sie waren an die Aufbruchsbewegung des Protestantismus unter calvinistischer Führung gebunden, in der sich für einen Moment lang eine „kleindeutsche" antihabsburgische Föderation unter der böhmischen Krone abzeichnete. Sie hätte den spezifisch deutschen Beitrag neben der monarchischen bzw. der föderativ-„republikanischen" Nationalstaats-Bewegung in Westeuropa bilden können. Mit ihrem Scheitern verzögerte sich die Einheit der Nation um Jahrhunderte mit allen bekannten Folgen. Zugleich verlor die Dichtung eine politische Dimension und der Dichter einen Raum öffentlichen Wirkens. Beides blieb für die Geschichte der deutschen Literatur und die Stellung des Dichters in der Gesellschaft bestimmend.

Der Einbruch der Spanier unter Spinola in die Pfalz zerstreut auch den Dichter- und Humanistenkreis in Heidelberg. Friedrich V. geht ins Exil nach Den Haag, Lingelsheim weicht in seine Heimatstadt Straßburg aus, Gruter verliert mit der Palatina und seiner Privatbibliothek die Herzstücke seines wissenschaftlichen Wirkens, Venator findet vorläufig Asyl bei Lingelsheim in Straßburg, für Zincgref beginnt ein unstetes Wanderleben, und Opitz schließlich flieht in die Niederlande. Noch einmal berührt der junge Dichter auf seiner durch die politischen Umstände erzwungenen Bildungsreise ein vom Geist des Calvinismus durchdrungenes Land.[35] Natürlich war die Erinnerung an den vor mehr als fünfzig Jahren ausgebrochenen Freiheitskrieg in den Niederlanden allgegenwärtig. Opitz traf das Land in einer Phase religionspolitischer Erschütterungen an. Nachdem der äußere Druck seit 1606 für eine Weile erlahmt war, brachen nun die Konflikte im Inneren der jungen Republik aus.[36] Mit der Auseinandersetzung zwischen Arminianern und Gomaristen, Remonstranten und Kontraremonstranten und der kompromißlosen Lösung des Konflikts auf der Dordrechter Synode 1618/1619 fällt der tiefste Schatten auf dieses Gemeinwesen, das sein Daseinsrecht in der heroischen Verteidigung seiner Autonomie und seiner überkommenen soziopolitischen Strukturen gegenüber dem spanisch-katholischen Absolutismus besaß. Mit der gewaltsamen Durchsetzung der orthodoxen calvinistischen Linie und der unnachsichtigen Verdammung des Arminianismus kehrt der Calvinismus in einem Land, in dem er selbst die Führungsrolle übernehmen konnte, seine militante Seite hervor. Die Einkerkerung des Arminianers Hugo Grotius und die Hinrichtung des über siebzigjährigen Führers des Aufstandes Oldenbarnevelt sind Schandmale auf dem jungen Staat, die als solche auch von den Zeitgenossen und insbesondere den reformierten Parteigängern wahrgenommen wurden. Die knappe, aber tiefsinnige Bemerkung von Opitzens Freund und erstem Biographen Christoph Coler, daß Opitz an Ort und Stelle aus diesem tragischen Vorgang lernte und in seiner Heimat Gelegenheit hatte, von dergleichen selbstmörderischen Unternehmungen abzuraten, will ernst genommen sein. Der Gewaltakt in Dordrecht mußte als Desavouierung des humanistischen Irenismus erscheinen, der gerade in den Niederlanden eine feste Tradition besaß und dem vor allem die Calvinisten, Opitz eingeschlossen, das Wort geredet hatten. Wenn die Niederlande im 17. Jahrhundert gleichwohl den verschiedensten religiösen Gruppierungen eine Heimstatt boten, so ist das u. a. auch hier der zeitweiligen Konsolidierung fürstenähnlicher Macht unter Friedrich Heinrich von Oranien zu danken, die sich durch Neutralität und Toleranz legitimierte und so die Folgen der verhängnisvollen Dordrechter Synodalen-Politik milderte.

In Leiden gelangte Opitz in eines der Zentren späthumanistischer europäischer Bildung. Um die Ansätze zu einer diesem Geist entsprungenen klassizistischen niederländischen Kunstdichtung kennenzulernen, bedurfte es freilich keiner Reise nach Holland mehr. Heinsius' eben erschienene *Nederduytsche Poemata* (1616) und der *Bloemhof van de Nederlantsche Ieugt* (1608) waren ihm durch seinen Freund Caspar Kirchner und vermutlich auch durch seinen Beuthener Gönner Tobias Scultetus von Schwanenseh und Bregoschitz bekannt. Auch dem Leiden-Besuch Opitzens wird man in philologischer Perspektive allein nicht gerecht. Die Universität Leiden war ja 1575 unmittelbar nach dem Abzug der spanischen Belagerer gegründet worden.[37] Dieser Ursprung lag als Verpflichtung über der frühesten und bedeutendsten Universität des Landes und prägte auch die politisch-wissenschaftliche Physiognomie ihrer Repräsentanten. Der Begründer des europäischen Ruhms der Leidener Hohen Schule, Justus Lipsius, hatte während seiner Leidener Jahre die Politik der nördlichen Niederlande gegen die Spanier mitgetragen.[38] Seine auf ganz Europa ausstrahlende Neubegründung des Stoizismus ist ohne die Erfahrung der konfessionspolitischen Bürgerkriege in Frankreich und den Niederlanden undenkbar. Sein ebenso berühmter Nachfolger Justus Joseph Scaliger (Sohn des berühmten Julius Caesar) hatte in Frankreich selbst noch aktiv an den Auseinandersetzungen mitgewirkt, hatte im Anschluß an die Bartholomäusnacht nach Genf fliehen müssen, trat nach seiner Leidener Berufung in Kontakt mit Staatsmännern wie Moritz von Nassau und Barnevelt und geriet später in die Schußlinie der Jesuiten.[39] Der Briefwechsel Scaligers mit Lingelsheim belegt, in welchem Maße die beiden Gelehrten in der Sorge um den Pfälzer und niederländischen Calvinismus verbunden waren. In der jüngeren, um Scaliger in Leiden gescharten Generation, mit der Opitz nach Colers Zeugnis persönlich Bekanntschaft macht, verschieben sich die Gewichtungen natürlich, doch im gelehrten Milieu allein hat es auch sie nicht allein gehalten. Nur Scriverus, der Herausgeber der Gedichte Heinsius', ist, soweit zu sehen, politisch nicht hervorgetreten. Vossius ist überzeugter Arminianer und als solcher auch um den Preis seiner Amtsenthebung bemüht, die konfessionellen Gegensätze zu mildern.[40] Rutgers – Heinsius' Schwager – ist seit 1614 in schwedischen Diensten tätig, wofür er 1619 geadelt wird.[41] Und schließlich Opitzens viel bewundertes Vorbild Heinsius, dem er jetzt in Leiden huldigen kann.[42] Auch dessen Familie ist in den Bürgerkrieg involviert. Sie muß aus dem für kurze Zeit calvinistischen Gent nach Zeeland und England fliehen, bevor sie später in die nördlichen Niederlande zurückkehren kann. Heinsius macht ab 1600 auf der Leidener Universität Karriere. Aber auch für ihn bleibt das wissenschaftliche Lebenswerk nur eine Seite seines Wirkens. An der Dordrechter Synode nimmt er als Sekretär teil und ist für die endgültige Revision der synodalen Artikel verantwortlich. Dem orthodoxen calvinistischen Flügel zuneigend, wahrt er gleichwohl Kontakte zu den Arminianern wie Grotius. In Heinsius' neulateinischer Tragödie auf die Ermordung Wilhelms von Oranien, seinem Gedicht auf Heemskerck zu Anfang der *Nederduytschen Poemata,* seinem Panegyrikus auf den Friedensschluß zwischen Philipp IV. und den Generalstaaten spiegelt sich das politische Interesse des führenden Vertreters nationalsprachiger Dichtung in den Niederlanden. So hat Opitz in Leiden nochmals eine Gelehrtenrepublik vor Augen gehabt, für die die Einheit von Wissenschaft und Politik als Vermächtnis des 16. Jahrhunderts selbstverständlich war. – In Jütland hatte er neun Monate Muße, den Bildungsgehalt seiner so bewegten Reisejahre poetisch zu läutern. Das *Trostgedichte in Widerwertigkeit des Krieges,* seine größte Dichtung, legt Zeugnis ab von den geistigen und politischen Impulsen seiner Jugendzeit unter den Leitsternen des Calvinismus und Neustoizismus.

Als Opitz im Sommer 1621 nach Schlesien zurückkehrte, hatte sich die politische Lage grundlegend gewandelt und Schlesien war wie Böhmen nachhaltig davon betroffen. Denn die Exponenten, insbesondere die Herzöge von Liegnitz und Brieg, hatten – ungeachtet ihrer vorsichtigen Politik nach dem Prager Fenstersturz – auf den Winterkönig gesetzt.[43] Im Februar 1620 traf Friedrich V. auf seiner Huldigungsfahrt durch die Habsburger Erblande in Breslau ein.[44] Ludwig Camerarius, nun Kanzler in Böhmen, und Abraham Scultetus, der aus Schlesien stammende Hofprediger des Pfälzers und einer der Agitatoren für den Erwerb der böhmischen Krone, begleiteten ihn. Endlich fanden die in Breslau schwelenden calvinistischen Strömungen ihre vom König begünstigte Institutionalisierung in einer eigenen Gemeinde.[45] Opitzens mehr oder weniger zum Calvinismus neigenden Freunde huldigten dem ersten deutschen protestantischen Oberhaupt in Schlesien in zahlreichen Gelegenheitsgedichten.[46] Noch im Herbst des gleichen Jahres berührte Friedrich V. ein weiteres Mal schlesischen Boden; nun jedoch als Flüchtender. Der Weg für die zunächst behutsame, dann vehement fortschreitende Rekatholisierung Schlesiens unter Karl Hannibal von Dohna war frei.[47] – Opitz hat gleich nach seiner Rückkehr in die Heimat versucht, an Georg Rudolf von Liegnitz heranzutreten, auf den die Oberlandeshauptmannschaft von seinem Bruder Johann Christian von Brieg übergegangen war, da er sich weniger in der böhmischen Affäre exponiert hatte. Diesem Versuch war kein Erfolg beschieden. Opitz gelang es nicht mehr, auf der bedrängten protestantisch-reformierten Seite Schlesiens Fuß zu fassen. Erneut mußte er außerhalb seines Heimatlandes seinen Weg suchen; noch einmal zieht es ihn in den Bannkreis des Calvinismus. Mit der Übernahme eines Lehramts am fürstlichen Gymnasium in Weißenburg in Siebenbürgen kommt Opitz in die Residenz des calvinistischen Fürsten Bethlen Gabor.[48] Das ränkereiche und gelegentlich undurchsichtige politische Wirken Bethlens ist von dem Bestreben geleitet, über das Fürstentum Siebenbürgen die Machtstellung Ungarns zwischen den Habsburgern und der Türkei neu zu begründen. Diesem Zweck dient auch die Stützung der katholischen Kräfte im Lande, denen es wesentlich zuzuschreiben sein dürfte, daß Bethlen nicht gleich zu Beginn der Böhmischen Krise auf der Seite der Protestanten zu finden ist. Der Wille zum interkonfessionellen Ausgleich ist wieder, wie die Neusohler Landtagsbeschlüsse zeigen, Ziel der fürstlichen Territorialstaatspolitik. Das Siebenbürgen Bethlens ist nicht nur für Opitz, sondern für viele Protestanten und Reformierte aus dem Adels- und Predigerstand nach dem Zusammenbruch in Böhmen, Mähren, Schlesien und Niederösterreich ein vielfach in Anspruch genommenes Asyl. Opitz hatte in Siebenbürgen noch keine Möglichkeit, politisch zu wirken. Er hat sich nicht eben enthusiastisch über seine Siebenbürgener Zeit geäußert – ausgenommen die Tage, die er auf dem Landgut seines Freundes Henricus Lisbona, dem Verwalter der fürstlichen Gold- und Quecksilbergruben in Zlatna, zubringen konnte.[49] Wieder kreuzt Opitz den Weg eines Angehörigen einer reformierten Familie, die während der Freiheitskriege in den Niederlanden aus Antwerpen emigriert war. In dem ländlichen Gedicht *Zlatna*, seiner vielleicht persönlichsten Schöpfung, hat Opitz dem Freund ein bleibendes Denkmal aus humanistischem Geist gesetzt.[50] Nach der Rückkehr aus Siebenbürgen ist Georg Rudolf erneut die erste Anlaufstelle. Dieser vermittelt den Dichter jedoch an seinen Schwager Hans Ulrich von Schaffgotsch in Warmbrunn weiter.[51] Auch die Familie der Schaffgotsch war frühzeitig zum Protestantismus übergetreten, so daß die Parteinahme für Friedrich V. für dieses adlige Geschlecht eine Selbstverständlichkeit war. Die Achterklärung konnte Schaffgotsch durch den Treueeid auf den Kaiser abwehren. Er ist später auf die Seite des Kaisers hinübergeschwenkt, der mit Würden nicht sparte, um den schlesischen Bundesgenossen an sich zu ziehen; seine Liaison mit Wallenstein wurde ihm dann zum Verhängnis. Wieder in der besonders geeigneten Gattung des ländlich-schäferlichen Gedichts, der *Schäferei von der Nymphe Hercinie*, hat Opitz später den Aufenthalt in Warmbrunn poetisch verklärt.

Die Ernennung Opitzens zum fürstlichen Rat durch die Herzöge von Liegnitz und Brieg hatte nur titularische Bedeutung; ein Amt vermochten ihm die Brüder, deren politische Bedeutung im Sinken war, nicht mehr zu bieten. Die Zukunft gehörte der katholischen Seite. Zu Anfang des Jahres 1625 hatte Opitz Gelegenheit, einer Gesandtschaft der schlesischen Fürsten und Stände anläßlich des Todes von Erzherzog Karl nach Wien beizuwohnen. Sie brachte Opitz die Würde eines kaiserlich gekrönten Poeten ein, der 1627 die Nobilitierung und 1629 die Aufnahme in die Fruchtbringende Gesellschaft folgte – wichtige Insignien für das

Ansehen des gelehrten Dichters innerhalb der höfischen Ständegesellschaft.[52] Vor allem aber verdankte der Dichter der Wiener Reise die nähere Bekannt- schaft mit dem Leiter der schlesischen Delegation, dem schlesischen Kammerpräsi- denten Karl Hannibal von Dohna.[53] Dieser stammte – im Gegensatz zu dem berühmten protestantischen preußischen Geschlecht – aus der katholischen schle- sischen Nebenlinie und war damit der einzige Katholik unter den schlesischen Standesherren.[54] Dohna hatte sich jeder Unterstützung für den Winterkönig strikt enthalten und verlor daraufhin sein Amt eines kaiserlichen Landvogtes der Oberlausitz und seinen Besitz auf Wartenberg. Die unbedingte Kaisertreue machte ihn zum geeigneten Mann der Habsburger nach der Vertreibung der Pfälzer. 1623 wird er vom Kaiser zum Direktor der Schlesischen Kammer in Breslau bestellt. Er nimmt damit die einflußreichste Position in Schlesien ein, denn das Amt des Oberlandeshauptmanns hatte erhebliche Einbußen seiner Be- fugnisse hinnehmen müssen. Zunächst eher zurückhaltend operierend, forcierte er in der zweiten Hälfte der zwanziger Jahre die Rekatholisierung Schlesiens. Seit 1626 steht Opitz als Sekretär und Leiter der geheimen Kanzlei in Dohnas Diensten. Diese überraschende Wendung in Opitzens Leben hat seine Biographen immer wieder beschäftigt. Auch wenn man seine Biographie nicht – wie hier versucht – am Leitfaden des Calvinismus entwickelte, mußte der Übergang in katholische Dienste als gravierende Zäsur erscheinen. Die gesamte Bildungsge- schichte Opitzens bis zur Verbindung mit Dohna resümiert sich im Interesse und praktischem Engagement für die protestantische Sache. So behält seine Entschei- dung für die Gegenseite rätselhafte, nicht mehr aufklärbare Züge. Umstandslos von konfessionspolitischem Opportunismus zu sprechen, ist gefährlich; der immer wieder angestellte Verweis auf persönliche Eigenschaften Opitzens sowie auf ver- meintliche charakterologische Gemeinsamkeiten bzw. identische Interessensphären mit Dohna bleibt rein spekulativ. Daß Opitz gezwungen war, sich der katholi- schen Seite zur Verfügung zu stellen, belegt zunächst nochmals drastisch die Ver- schiebung der politischen Machtverhältnisse ; nur auf der katholischen Seite war für ein knappes Jahrzehnt Karriere zu machen. Coler und nach ihm modifiziert Palm – Opitzens gewissenhafteste Biographen – äußern die Feststellung bzw. Vermutung, daß Kirchner bzw. Kirchner und Nüßler den Freund an Dohna weiterempfohlen haben könnten.[55] Damit verlöre Opitzens Schritt den Nimbus des Extraordinären, er wäre mitgetragen von den ihm Nahestehenden. Tatsäch- lich ist es Opitz später überraschend schnell gelungen, in das protestantische Lager zu den Piasten zurückzukehren. Lag seinen politischen Gefährten daran, einen der ihren an verantwortlicher Stelle auf der Breslauer Burg zu wissen? Denn Opitz führt nun die wichtigsten diplomatischen Missionen aus. Er begleitet seinen Herrn an den brandenburgischen Hof in Berlin, den Habsburger Hof in Prag, den polnischen Hof in Warschau, hält sich zu Verhandlungen am kursächsischen Hof in Dresden auf etc. Die weitaus wichtigste Mission führt ihn im Jahre 1630 nach Paris.

Die Reise nach Paris bringt ihn noch einmal mit den Freunden der Heidelberger Zeit zusammen. In Leipzig begegnet er Caspar Barth wieder, in Frankfurt trifft er mit Melchior Goldast zusammen, in Straßburg wird er von Bernegger und Lingelsheim willkommen geheißen; Freinsheim und Boecler, die beiden bedeutendsten Schüler Berneggers, lernt er kennen. In Paris selbst wird er von Hugo Grotius eingeführt, der nach seiner Verurteilung im Anschluß an die Dordrechter Synode nach Frankreich hatte fliehen können.[56] Es ist mehr als eine Geste der Verehrung gegenüber dem großen Gelehrten und Pazifisten, wenn Opitz sich sogleich an eine Übersetzung von Grotius' *Bewijs van den waren Godsdienst* (1622) machte. Hier hatte er Gelegenheit, den Geist humanistischer Irenik vor seinen Freunden noch während seiner „katholischen" Zeit zu bezeugen. Die Widmung an den Rat der Stadt Breslau, in der seit langem alle drei Konfessionen beheimatet (wenn auch nicht offiziell anerkannt) waren, gewinnt von daher Bedeutung. Nur wo der Staat sich das Gebot der Toleranz des Grotius zu eigen gemacht hatte, war ein Überleben auch der calvinistischen Minoritäten gesichert. Die französische, noch im 16. Jahrhundert eingeleitete Ediktpolitik konnte hier als vorbildlich gelten. Es ist Grotius, der Opitz mit dem Pariser Parlament und dem Kreis der Dupuys bekannt macht. Daß Coler diese beiden Momente aus der Pariser Zeit Opitzens hervorhebt, dürfte kaum zufällig sein. In der Institution der französischen Parlamente und insbesondere des angesehenen Pariser Parlaments hatte die europäische Intelligenz – ungeachtet der Praxis der Ämterkäuflichkeit – ein Beispiel vor Augen, wie sich gelehrt-juristischer Sachverstand im absolutistischen Staat bewährte.[57] Die Parlamente stellten gerade in Zeiten äußerster Gefährdung während der Bürgerkriege und während der Herrschaft der Liga in Paris ein Element der Kontinuität und Stabilität französischer Politik und französischen Verfassungslebens dar. Vielfach dem Gallikanismus verpflichtet, haben die meisten der Mitglieder des Parlaments zwischen den Fronten der ultramontanen Parteigänger Spaniens und des Papstes sowie der militanten und teilweise separatistischen Hugenotten einen Kurs der „nationalen" Mitte gesteuert und als „politische" Fraktion die Einheit der Monarchie als Leitmotiv des Handelns zur Geltung gebracht. Natürlich blieb die souveräne Entscheidung dem König vorbehalten. Immerhin waren die Institute der Remonstranz und der Registratur wirkungsvolle Mittel in der Hand der bürgerlich-gelehrten und vielfach nobilitierten Juristenschaft, den Regenten auf den Weg des Kompromisses zu verpflichten. Zwischen dem Parlament und dem Gelehrtenzirkel der Dupuys verliefen seit den Tagen des großen Historikers und Parlamentspräsidenten Jacques Auguste de Thou (dessen Sohn Opitz in Paris noch kennenlernte) zahllose personelle Verbindungen.[58] Die internationale Barockforschung hat diesem Kreis bisher wenig Aufmerksamkeit geschenkt.[59] Und doch wird man sagen dürfen, daß es sich hier um die bedeutendste Gelehrten-Vereinigung im Europa Richelieus handelte. Von ihrem Wirkungsradius gewinnt man nur eine Vorstellung über den immensen Nachlaß der Gebrüder

Dupuy, der heute auf der Pariser Nationalbibliothek verwahrt wird. Diese sog. *Collection Dupuy* ist nämlich ein umfassendes Archiv zur Dokumentation der europäischen und teilweise auch außereuropäischen Politik der frühen Neuzeit mit dem besonderen Schwerpunkt auf der Konfessionspolitik. An keinem anderen Ort Europas dürfte es bessere Möglichkeiten zur historisch-politischen Information gegeben haben als im „Cabinet Dupuy". Die Brüder Dupuy waren denn auch keineswegs nur sammelnd und archivierend tätig. Vielmehr haben sie die Politik Richelieus durch umfängliche Gutachten über die legitimen Rechtsansprüche der französischen Krone und große Arbeiten über die Freiheiten der gallikanischen Kirche ideologisch flankiert und wurden dazu – wie so viele andere Intellektuelle – von Richelieu ausdrücklich angehalten. Von daher muß es als widersinnig erscheinen, wenn in der Opitz-Literatur nicht selten zu lesen ist, der Dichter habe in Paris vornehmlich seinen privaten gelehrten Ambitionen gefrönt. Coler hat ausdrücklich betont, daß er im Auftrage Dohnas politische Erkundungen einzuziehen hatte und insbesondere die zukünftige französische Politik nach dem unter französischer Vermittlung zustandegekommenen polnisch-schwedischen Waffenstillstand in Erfahrung bringen sollte. Er hätte keine bessere Informationsquelle auftun können als den Kreis der Dupuys, wo sich Gelehrte und Politiker, Dichter und Diplomaten wie selbstverständlich noch einmal vereint fanden.

Die Paris-Reise bildete die letzte wichtige Aktion Opitzens für Dohna. Der Vormarsch der Schweden unter Gustav Adolf weckte überall nochmals die Hoffnungen der Protestanten. So auch in Schlesien. Die gemeinsamen Heere der Brandenburger, der Sachsen und der Schweden standen 1632 auch vor den Toren Breslaus. Die Stadt suchte ihre Neutralität zu wahren, während Dohna den Kampf wünschte. Vor der aufgebrachten Bürgerschaft konnte Dohna sich nur knapp retten und flüchtete nach Böhmen, wo er 1633 starb. Opitzens Rückweg ins protestantische Lager stand damit nichts mehr im Wege, und er beschritt ihn zügig. Wie nicht anders zu erwarten, führte er erneut über die Piastenherzöge. Wieder ist er für die Brüder diplomatisch tätig, so in einer Mission bei Ulrich von Holstein, dem Sohn Christians IV., dem das *Trostgedicht* gewidmet ist, so am Brandenburger Hof, so bei Oxenstierna, um das Bündnis Breslaus mit den evangelischen Schutzmächten abzuschließen. Die antikatholische politische Orientierung setzt sich sogleich nach dem Abschied von Dohna wieder durch. Opitz gehört zu den treibenden Kräften proevangelischer Politik in Schlesien. Er ist der maßgebliche Kontaktmann zum Führer des schwedischen Heeres Baner, der sich voller Anerkennung über Opitzens diplomatische Fähigkeiten gegenüber Johann Christian äußert. Baner nimmt Opitz in Dienst, sendet ihn an den kurfürstlichen Hof in Dresden, so daß sich nun die enge Kooperation mit den Schweden anbahnt, die bis zu seinem frühzeitigen Tode bestimmend bleiben sollte. Denn mit dem Überwechseln Sachsens auf die kaiserliche Seite wird Opitzens Situation nach dem uneingeschränkten Einsatz für eine protestantische

Politik Schlesiens erneut überaus prekär. Nach Bekanntwerden des Prager Separatfriedens zwischen dem Kaiser und Sachsen im Jahre 1635 zog Opitz es vor, Schlesien den Rücken zu kehren und zu den bereits in Thorn weilenden Herzögen von Liegnitz und Brieg überzuwechseln.[60] Opitz verließ den schlesischen Boden damit für immer und erreichte die letzte Station seines Lebens, Polen.

Noch einmal betritt Opitz ein Land, in dem sich in der zweiten Hälfte des 16. Jahrhunderts eine Politik relativer konfessioneller Toleranz durchgesetzt hatte, die unter anderen Bedingungen eine Parallele allenfalls in Frankreich hatte.[61] Wie anderswo in Europa findet die Reformation auch in Polen ihre Hauptstütze in den Städten und vor allem im Adel, der seine Autogenität durch die Rezeption des Protestantismus gegenüber dem Königtum zu wahren und auszubauen sucht. Die durchweg katholischen Könige profitieren dagegen von dem Bündnis mit der Kirche. Sie konnten sich anders als in Westeuropa und in den deutschen Territorien noch nicht auf einen royalistischen Beamtenapparat stützen und setzten daher die Bischöfe bewußt als Gegengewicht gegen den Großadel, die Magnaten, ein. Die längste Tradition hatte der Protestantismus in Preußen Königlichen Anteils (im Gegensatz zum Herzogtum Preußen). Bereits ab 1520 wandte sich insbesondere die deutsche Bevölkerung der Städte Danzig, Thorn und Elbing dem Protestantismus zu. Das Luthertum profitierte hier auf der einen Seite von der Nähe des Herzogtums Preußen. Königsberg war das maßgebliche Druck- und Verlagszentrum für das reformatorische Schrifttum und bot nach Gründung seiner Universität den Protestanten Polens und Litauens eine Möglichkeit des Studiums. Auf der anderen Seite war der Herzog von Stettin 1534 zum neuen Glauben übergegangen, 1539 setzte er sich in der Kur- und Altmark durch, und damit stand die Universität in Frankfurt/Oder als zweites reformatorisches Bildungszentrum zur Verfügung. 1557/58 erhielten die drei großen Städte die Religionsfreiheit. Infolge des frühen Auftretens der Reformation gab es noch keine konkurrierenden Gruppen, sondern nur Lutheraner. In den anderen Teilen Polens begann die Reformation dagegen erst in den letzten Lebensjahren Sigismunds I. und unter Sigismund II. August (1548-72), also zu einem Zeitpunkt, da die Differenzierung zwischen Lutheranern und Calvinisten bereits vollzogen war, zu denen in Polen noch die vertriebenen Böhmischen Brüder und die Antitrinitarier traten. So standen mehrere reformatorische Bekenntnisse regional differenziert, aber in etwa gleich stark nebeneinander. Hier in Polen kam es frühzeitig (1570) im Consensus von Sandomir zur wechselseitigen Anerkennung von Lutheranern, Reformierten und Böhmischen Brüdern – ein erster Ansatz zur Überwindung der konfessionellen Gegensätze in Europa. In Kleinpolen bemühte sich der Calvinist Jan Lasky um eine Union der reformierten Bekenntnisse. Der in einer Konföderation zusammengeschlossene protestantische Adel erreichte schon 1555 Glaubensfreiheit, die 1573 bestätigt wurde. Der konsequenten Beobachtung dieser Toleranz-Politik unter Stefan Báthory folgte unter Sigismund III. eine Phase forcierter Rekatholisierung, die wie immer Hand in Hand ging mit dem Versuch, den Aufbau des absolutistischen Staats voranzutreiben, und entsprechend auch in Polen 1606/07 eine Fronde-Bewegung des Adels auslöste. In den letzten Regierungsjahren Sigismunds III. und vor allem unter der Herrschaft Wladislaws IV. fand Polen zur Politik des konfessionellen Ausgleichs zurück. Wladislaw IV. hegte merkliche Sympathien gegenüber den Protestanten und erwog zeitweilig eine Heirat mit der Tochter des Winterkönigs. Polen wurde ein Ort der Zuflucht zahlloser böhmischer und schlesischer Protestanten.

Die Annäherung an Wladislaw IV. erfolgte – wie stets bei Opitz – über die Gattung des Lobgedichts.[62] Entscheidender Mittelsmann war Graf Gerhard von Dönhoff, der zu dieser Zeit Sibylle Margarethe, die Tochter des Piasten Johann Christian, heiratete.[63] Ihm widmete Opitz seine *Antigone*-Übersetzung. Die Anstellung Opitzens als Sekretär und Historiograph des Königs war mit einem beachtlichen Salär des hochangesehenen Diplomaten verknüpft, das Opitz Muße zur Vollendung einer Reihe von Arbeiten gewährte.[64] Zu ihnen gehörte eine Grabrede auf die Protestantin Anna Wasa, die sich besondere Verdienste um die Protestanten erworben hatte. So vermochte Opitz ungeachtet aller panegyrischen Geschäftigkeit stets wieder Akzente zu setzen. Poetisch stand die letzte Zeit im Zeichen der Übersetzungsarbeiten an den Psalmen – der calvinistischen Gattung par excellence, in der sich die Bindung an das reformierte Bekenntnis nun auch dichterisch nochmals manifestierte. – Opitz verbrachte die letzten Jahre seines Lebens in Danzig.[65] Dort existierte wie in den meisten protestantischen Kommunen ein regionaler Dichterkreis, der voller Verehrung zu Opitz aufschaute. Und hier in Danzig kreuzte er am Ende seines Lebens nochmals den Weg eines bedeutenden Reformierten, des Vorstehers der reformierten Gemeinde der Peterskirche und des Agenten Wladislaws IV. in Danzig, Bartholomäus Nigrinus.[66] Er war mit Comenius befreundet, beteiligte sich an der Vorbereitung des Thorner Colloquiums und galt als entschiedener Ireniker. In Danzig entfaltete Opitz neben der dichterischen und gelehrten nochmals eine rege diplomatische Aktivität. Er vermittelte im Zollstreit zwischen der Stadt und dem polnischen König, erledigte Teile der Auslandskorrespondenz des Königs und versorgte diesen mit politischen Neuigkeiten und Analysen. Interessanterweise war Opitz zugleich auch für den polnischen Gegenspieler, für Schweden, tätig.[67] Auch an Oxenstierna und Baner übermittelte Opitz seine Erkundungen und Einschätzungen gegen ein Salär. Er verwendete seine Informationen über Polen und Schweden jeweils wechselseitig und befriedigte das Informationsbedürfnis seiner Auftraggeber auf beiden Seiten vorzüglich. Das setzte erhebliches Geschick voraus. Coler wird denn auch nicht müde, Opitzens „politische" Fähigkeiten – an erster Stelle seine Kunst der Verschwiegenheit – zu loben, die ihm das Vertrauen der Großen erwarben. Er selbst bewährte diese Tugend in seiner Gedenkrede vor dem Auditorium des Magdalenäums der Stadt Breslau, die nun wieder fest in katholischer Hand war, so daß zur Vorsicht aller Anlaß bestand. Opitz seinerseits hatte kurz vor seinem Tode, der ihn im August 1639 anläßlich der Pestepidemie in Danzig ereilte, noch veranlaßt, daß seine politische Korrespondenz vernichtet würde. So trat sein politisches Wirken gegenüber seinem poetischen und poetologischen in den Hintergrund, und sein humanistisch-calvinistischer Irenismus als geheimes Kraftzentrum seines Lebens blieb verdeckt. Tatsächlich war Opitz jedoch in erster Linie Diplomat und erst in zweiter Linie Gelehrter und Dichter. Nur einer modernen, an der Empfindsamkeit orientierten Anschauung vom Dichter und von der Dichtung mag diese Existenzform befremdlich erscheinen. Opitz stand mit ihr in bester humanistischer Tradition. Weit entfernt davon, seinem Werk zu schaden, hat gerade seine öffentliche, politische Wirksamkeit seinen besten Leistungen jene Tiefe der geschichtlichen Erfahrung vermittelt, die ihnen als historisches Zeugnis zugleich ihr geschichtliches Nachleben sicherte.

III

Die Entfaltung der neulateinischen wie der „national"- bzw. „vulgär"-sprachlichen Literatur des Humanismus ist in Deutschland wie in anderen Ländern begleitet von theoretischer Reflexion. Die dezidierte Rückwendung zu einer vorgegebenen Literaturtradition mußte zwangsläufig Erwägungen zum Verhältnis von traditio und renovatio hervortreiben, galt es doch, den vorbildlichen Charakter des Musters, der antiken Literatur, mit der prätendierten Ebenbürtigkeit wo nicht gar Überlegenheit der gegenwärtigen Produktion in Einklang zu bringen. Die querelle des anciens et modernes ist daher lange vor Ende des 17. Jahrhunderts im Umkreis des europäischen Humanismus manifest.[68] Eben weil der eigene literarische Gestus vermittelt ist durch vorgegebene literarische Medien, ist die Debatte um die Konstitution der jeweiligen Nationalliteraturen zugleich eine um deren Ursprünge. Das dialektische und in der Regel legitimistisch gewendete Bedingungsverhältnis eröffnet der historischen Rekonstruktion der Nationalliteratur-Bewegung die fruchtbarsten Einsichten. Dagegen dürfen die gattungs- und versifikationstheoretischen Spezialfragen – so ergiebig ihre Erschließung in literatursoziologischer und funktionsanalytischer Hinsicht sein könnte – an dieser Stelle unberücksichtigt bleiben. Damit entfällt auch die Diskussion des näheren Zusammenhangs zwischen literarischer Theorie und Praxis. – Ein Herzstück humanistischer Literatur bildet in der Regel der Vorspann zu dem eigentlichen Werk. Er ist der Ort, an dem sich humanistische gelehrte Freundschaft und Verehrung in der dichterischen Zuschrift bewährt und – untrennbar davon – gelehrte Ruhmsucht, gelehrte Eitelkeit verewigt; er ist der Ort für das persönliche Gespräch zwischen Autor und Leser, für die verhüllte und literarisch stilisierte Selbstdarstellung des Dichters und nicht zuletzt für den Preis der Poesie und des Poetenstandes. Um so unverständlicher, daß eine Geschichte der literarischen Vorrede im 17. Jahrhundert ebenso fehlt wie eine der

Vorreden des Martin Opitz. Sie sind eine kulturpolitische Quelle ersten Ranges. Auch hier kann die Aufgabe nicht gelöst werden. Vielmehr soll eine strikte Beschränkung auf die drei wichtigsten theoretischen Zeugnisse Opitzens statthaben, den *Aristarchus,* das *Buch von der deutschen Poeterey* und die Vorrede zu den Gedichten von 1625.[69]

Opitzens *Aristarchus* ist das Werk eines Zwanzigjährigen.[70] Wie für das übrige Werk, so lassen sich auch für diese Jugendarbeit Einflüsse und Entlehnungen nachweisen. Der *Aristarch* ist 1617 in Beuthen entstanden und vermutlich im dortigen Gymnasium auch vorgetragen worden.[71] Die unter dem Vorsitz seines Lehrers Caspar Dornau abgehaltenen Disputationen kreisen bereits um Fragen der Sprachpflege und der Dichtungspraxis im heimischen Idiom, um die Qualifikation des Deutschen im Vergleich zu anderen Nationalsprachen etc. Doch im Umkreis klassizistischer Literatur-Tradition führt nicht der Hinweis auf die Quellen, sondern nur der Nachvollzug der Argumentation und deren historische Entzifferung ins Zentrum des geschichtlichen Gehalts der Texte.

Opitz beginnt nicht sogleich mit seinem Plädoyer für eine Reinigung und Erneuerung der deutschen Sprache und Literatur, sondern beschäftigt sich zunächst mit der germanischen und antiken Kultur. Der Rückgriff auf die Germanen hat seit der Wiederentdeckung des Tacitus und insbesondere seiner *Germania* eine feste Tradition im deutschen Humanismus.[72] Er stellt das kulturpolitische Äquivalent der germanischen Völker zur Rom-Ideologie der humanistischen Romania, insbesondere Italiens dar. Hier wie dort begründet sich die literarische Programmatik und Praxis in der Statuierung eines geschichtlichen Ursprungsortes, der den eigenen Ansatz legitimiert und das Neue mit der Würde des Althergebrachten und historisch Beglaubigten umgibt. Dabei ist auffällig (und gleichfalls wieder in der Überlieferung vorgegeben), daß die Germanen-Panegyrik weniger um die physische Tapferkeit des den Römern widerstehenden Volkes gruppiert ist, als vielmehr um dessen sittliche und religiöse Integrität. In den Programmschriften der deutschen Sprachgesellschaften pflegt dieser Komplex unter dem Stichwort der „alten teutschen Treu und Redlichkeit" (so oder ähnlich) zitiert zu werden, auf die die Sozietäten ihre Mitglieder verpflichten. Unter dieser Chiffre vollzieht sich im Umkreis des deutschen Humanismus die Bildung politischer und kultureller Identität gegenüber den geschichtlich weiter fortgeschrittenen National- bzw. Territorial-Staaten. Wenn Tugend und Sittlichkeit die Bewahrung der Freiheit der Germanen garantierte, der militärischen Tapferkeit und Vaterlandsliebe Sinn und Ziel verlieh, dann ist darin auch ein Moment gegenwärtiger Selbstbehauptung der Deutschen im Bildungsprozeß der Nationen angesprochen. Der kulturellen Praxis kommt dabei eine ganz erhebliche Rolle zu. Das lehrt ein Blick auf den knappen Antike-Passus im „Aristarch". Bei den Germanen, so Opitz, bilden Sittlichkeit, Politik und Sprache eine integrale Einheit. Gleiches gilt für die Antike wenigstens in ihrer Spätzeit nicht. Opitz hält für den Niedergang der griechischen Sprache keine historischen Belege bereit, doch spezifiziert sich das römische Paradigma in interessanter, d. h. aktualisierbarer Form. Denn der Verfall der lateinischen Sprache im Anschluß an das Augusteische Zeitalter geht Hand in Hand mit dem politischen Niedergang des Weltreichs. Wenn Opitz diplomatisch das Gesetz des Schicksals und die Schuld der Herrschenden als mögliche Ursache namhaft macht, so illustriert der Kontext, wo die Verantwortlichen zu suchen sind.

> Denn unter einem Claudius, Nero, Domitian, diesen verbrecherischen Ungeheuern in Menschengestalt, deren wir ohne Abscheu nicht einmal gedenken können, wollte die Sprache nicht besser sein, als die Herrscher ihres Zeitalters.[73]

Eine intakte Sprache und Literatur gibt es nur unter intakten politischen Verhältnissen. Das römische Reich wird mit seinem politischen und linguistischen Niedergang reif für die Eroberung von außen. Die politische und kulturelle Interferenz ist bereits im *Aristarch* klar gefaßt. Im übrigen geht die Propagierung des deutschen Idioms nicht mit einer Schmähung der antiken Überlieferung einher, sondern ist im Gegenteil von tiefer Trauer über den Verfall der griechischen und römischen Studien getragen. Sichtbarster Ausdruck dafür ist für den Klassizisten Opitz die Geringschätzung des Ciceronischen Stilideals. Die renovatio der deutschen Sprache und Literatur wird eine aus humanistischem Geiste sein.

Die germanische Sprache, so Opitz' *Aristarch*, ist von ihren Trägern über Jahrhunderte „lauter und rein, frei von jeder fremden Befleckung" bewahrt worden; „bis auf den heutigen Tag (ist sie) unvermengt und unverfälscht den Zungen der Nachkommen verblieben, wie die Treue und Einfalt ihren Herzen".[74] Germanische Sprache und Sitte rücken damit zum vorbildlichen Exemplum auf. Im Ursprung ist idealiter realisiert, was in der Gegenwart mühsam restituiert werden muß. Denn die Gegenwart des Dichters steht unter dem Gesetz der Fremdbestimmung, des Diktats von außen, dem sich der deutsche Geist willig unterwirft.

> Mit unglaublichen, gefahrvollen Mühen und mit nicht geringen Kosten durchwandern wir fremde Länder und streben eifrig, unser Vaterland und unser Wesen nicht erkennen zu lassen. Indem wir so mit ungezügelter Gier eine fremde Sprache erlernen, vernachlässigen wir die unsrige und machen sie verächtlich.[75]

Ein solcher Satz ist im Umkreis des Späthumanismus noch ganz frei von nationalem Dünkel und barbarischer Disqualifizierung des Fremden. Dieses hat vielmehr den Charakter des Vorbildlichen, dem nachzueifern Aufgabe der Deutschen ist.

> Wir wollen eifrig dafür sorgen, daß wir von den Franzosen und Italienern, von denen wir Bildung und feine Sitten entlehnen, auch erlernen, unsere Sprache mit Sorgfalt auszubilden und zu schmücken, wie wir sie mit der ihrigen im Wetteifer thun sehen. Unbedacht handelt, wer das Einheimische zurücksetzt und Fremdes vorzieht.[76]

Diesem auf der Linie des Dornauschen Programms liegenden Vorsatz korrespondiert die im Medium der Historie bereits vorbereitete Erkenntnis, daß die
sprachliche Preisgabe der Deutschen notwendig mit ihrer politischen Degradie-
rung Hand in Hand gehen muß.

> Wir schämen uns jetzt unseres Vaterlandes und streben oft nach dem Schein, die
> deutsche Sprache schlechter als jede andere zu verstehen.
> ‚Aus dieser Quelle entsprungen
> Strömte das Verderben über Land und Volk dahin.'
> So verachten wir uns selbst und werden verachtet.[77]

Kennzeichen des Ursprungs ist, daß er als geschichtliche Verpflichtung in die
Gegenwart hereinragt. So ist der leidenschaftliche Aufruf des jungen Dichters,
sich der deutschen Sprache anzunehmen und sie als ebenbürtige in den Kreis der
europäischen Nationalliteraturen einzuführen, auch als Antwort auf die appel-
lative Kraft des germanischen Ursprungs zu begreifen. Hinlänglich qualifiziert ist die deutsche Sprache, um keinen Vergleich mit den übrigen Nationalsprachen scheuen zu brauchen. „Der Geist unserer Worte und der Fluß unserer
Sätze ist ein so angemessener, so glücklicher, daß sie weder der gemessenen
Würde des Spaniers, noch der Feinheit des Italieners, noch der Zierlichkeit und
Zungenfertigkeit des Franzosen zu weichen" brauche.[78] Gleiches gilt für die
literarische Überlieferung. Opitz kann auf die Zeugnisse altdeutscher Dichtung
verweisen, die der Polyhistor, Sammler und Calvinist Melchior Goldast in den
Paraenetica und anderen Sammlungen seinen Zeitgenossen zugänglich gemacht
hatte, und er kann aus der Gegenwart die deutschsprachige Übersetzung des
Amadis namhaft machen – eine Stelle, die sein Lehrer Dornau durch den viel
treffenderen Hinweis auf die Fischart-Übersetzung von Marnix *De Byencorf
der H. Romsche Kercke* ersetzte, dieser beißenden Satire auf die katholische
Kirche aus der Feder eines der führenden calvinistischen Aufständischen in den
Niederlanden.[79] In diese Reihe stellt Opitz seine eigenen Versuche, ohne sich des
Versäumnisses schuldig zu machen, zu betonen, daß sie unabhängig von denen
seines Freundes Ernst Schwabes von der Heyde entstanden seien. Ein Alexan-
driner-Gedicht für Tobias Scultetus von Schwanenseh und Bregoschitz, ein paar
epigrammatische Zeilen, ein Sonett Schwabes, Eindeutschungen des französischen
vers commun und ein paar Anagramme sind der Ertrag, den Opitz mitzuteilen
vermag, um die Würde der deutschen Sprache zu demonstrieren. So führt er aus
klassizistischem Geiste fort, was er als Verpflichtung aus dem Germanenmythos
extrapoliert hatte und was ihm in Gestalt der europäischen Nationalliteraturen
als strahlendes Vorbild vor Augen stand.

Gewidmet ist der *Aristarch* einem Schüler Dornaus, Friedrich von Kreckwitz,
sowie Wiegand von Gersdorf. Nachdem er sein dichterisches Erstlingswerk, den
Strenarum libellus (1616) dem Rektor der Bunzlauer Schule, Valentin Sänftleben, dediziert hatte, wendet er sich mit der ersten programmatischen Schrift an

den Adressaten seines Lebenswerkes, den Adel. Zugleich präludiert Opitz in Wiederaufnahme älterer humanistischer Gedanken ein Thema, das für die poetische Theorie und Praxis des 17. Jahrhunderts von zentraler Bedeutung bleiben sollte und zugleich in die Vorgeschichte aufgeklärten Denkens des 18. Jahrhunderts gehört. Der Preis auf den menschlichen Geist und die menschliche Tugend spezifiziert sich nämlich in Opitzens Dedikation als Preis auf den Adel, der dem Vorzug seiner Geburt den des gelehrten Studiums hinzuzufügen weiß. Das scheint eine panegyrische Phrase zu sein. In Wahrheit trägt der bürgerlich-gelehrte Humanist zur Paralysierung adligen Ethos' und adligen Selbstverständnisses bei. Reiten und Jagen, Duellieren und prinzipienloses affektives Handeln entpuppt sich als nichtig, ohne daß der Humanist auf der anderen Seite das Ideal trockener Schulgelehrsamkeit propagieren würde. Ziel muß die Symbiose aus Kenntnis der Wissenschaften und äußerer Gewandtheit sein, so daß die geselligen Qualitäten den Studientrieb regulieren, so wie umgekehrt menschliches Leben vom Geist, von Kunst und Weisheit geleitet sein soll. Die Adressaten verkörpern diesen Konnex von prudentia politica et civilis und vita litterata et erudita aufs vortrefflichste. Auch das ist mehr als eine leere Huldigungsformel. Dem Adel wird bedeutet, daß er sich der Domäne der Gelehrten, den Wissenschaften, nicht versagen darf. Und das nicht primär, weil anders sein Überleben im frühmodernen absolutistischen Staat gefährdet wäre, sondern vor allem, um die Anerkennung gelehrter Leistung in den Kreisen des Adels durchzusetzen. Umgekehrt vermag gelehrtes Wissen sich nur zu behaupten, wo es mit der Einsicht in das politische Getriebe einhergeht und eleganter Form amalgamierbar ist. So wird hinter der Formulierung eines neuen Anspruchs an den Adel und indirekt auch an den bürgerlichen Gelehrten im späthumanistischen Schrifttum um 1600 der Aufstieg des frühneuzeitlichen Staates erkenntlich, der beide Stände in eine Legitimationskrise führt und zur Revision überkommener Normen und Maßstäbe zwingt.

1624 erscheint Opitzens *Buch von der deutschen Poeterey*. Es begründete zusammen mit der im gleichen Jahr herauskommenden Sammlung seiner Gedichte bzw. in deren gereinigter Fassung aus dem Jahre 1625 seinen Ruhm. Wie schon im *Aristarch* beweist der Dichter auch in der *Poeterey* sein besonderes Gespür für das Aktuelle. Daß sich dieses im Arrangement überkommener Argumentationsfiguren expliziert, ist gute humanistische Gepflogenheit und sagt noch nichts über Intention und Funktion, die allemal nur in Vermittlung mit dem geschichtlichen Prozeß zu erschließen sind. Entsprechend geht es auch hier wiederum nur um die Kulturpolitik, nicht aber um die Spezialia der Gattungs- und Verslehre.[80]

Das Germanenthema tritt in der *Poeterey* zurück; Opitz streift es nur noch ganz kurz. Neu hinzu kommt dagegen der Verweis auf Barden, Vates und Druiden, der seitdem zum Repertoire poetologischer Äußerungen gehört.[81] Und stärker als im *Aristarch* tritt in der *Poeterey* ein Interesse an der geschichtlichen

Formation der deutschen Literatur hervor. Sie erscheint in den Augen der Humanisten als Vorgeschichte zu ihrem eigenen Unternehmen. In der Ahnenreihe mittelhochdeutscher Dichter, die Opitz wiederum aus Goldast bezieht, fällt die Präferenz für die adligen Dichter und ihre Stellung bei Hofe auf: Präfiguration einer literaturgesellschaftlichen Situation, die Opitz und die Seinen unter veränderten Bedingungen wiederherzustellen suchen. Dagegen fehlt jeder positive Rückbezug auf die stadtbürgerliche Dichtung des Spätmittelalters, wie sie Dornau mit seinem Verweis auf Fischart noch im Auge hatte. Ihrer wird nur indirekt anläßlich einer Dequalifikation des Gelegenheitsgedichts gedacht.

> Es wird kein buch / keine hochzeit / kein begräbnüß ohn uns gemacht; und gleichsam als niemand köndte alleine sterben / gehen unsere gedichte zuegleich mit ihnen unter. Mann wil uns auff allen Schüsseln und kannen haben / wir stehen an wänden und steinen / und wann einer ein Hauß ich weiß nicht wie an sich gebracht hat / so sollen wir es mit unsern Versen wieder redlich machen. Dieser begehret ein lied auff eines andern Weib / jenem hat von des nachbaren Magdt getreumet / einen andern hat die vermeinte Bulschafft ein mal freundtlich angelacht / oder / wie dieser Leute gebrauch ist / viel mehr außgelacht; ja deß närrischen ansuchens ist kein ende. Mussen wir also entweder durch abschlagen ihre feindschafft erwarten / oder durch willfahren den würden der Poesie einen mercklichen abbruch thun.[82]

Es ist die Poesie der Pritschmeister, die Opitz hier geißelt. Auch sein eigenes Werk ist voll von Kasualpoemata. So darf sein Diktum nicht als Verdammung der Gattung generell verstanden werden. Er sieht die Poesie durch die anspruchslose Vielschreiberei diskreditiert, fordert also formales Niveau. Vor allem aber will er die Würde des Anlasses berücksichtigt wissen. Das große Gelegenheitsgedicht in seiner neuen Version hat repräsentativen Charakter und wendet sich an die oberen Stände: Monarchen, Fürsten, Adlige, Patrizier, Gelehrte. So zeichnet sich in seiner Poetik die geschichtliche Rhythmik der deutschen Dichtung deutlich ab. Auf die Blütezeit mittelalterlicher adliger Produktion folgt ein Stadium des Verfalls. Während die anderen Völker, insbesondere die Romanen, bereits an der Installation einer nationalsprachigen Dichtung arbeiten und diese in der antiken Literatur fundieren, vollzieht erst Opitz und seine Generation den entsprechenden Schritt auf deutschem Boden. Diese wirkungsvolle geschichtliche Situierung des eigenen Ansatzes prägte sich schon den Zeitgenossen und sodann der geschichtlichen Erinnerung der Nachfahren ein und ließ Opitz zum Archegeten der neueren deutschen Literatur aufsteigen.

Eingebettet ist diese geschichtliche Profilierung in eine ebenso unermüdliche wie beflissene Aufwertung der Poesie und des Poetenstandes. Ihr sind das weitschweifige zweite und dritte sowie das abschließende achte Kapitel der *Poeterey* gewidmet. Der von Opitz einleitend aufgegriffene Topos, demzufolge die „Poeterey [...] anfanges nichts anderes gewesen (ist) als eine verborgene Theologie / und unterricht von Göttlichen sachen", dient in der *Poeterey* weniger der Annäherung von Poesie und Theologie – so willkommen diese Konstellation Opitz und seinem Gefolge sein mußte – als vielmehr dem Beweis der thematischen Universalität der Poesie.[83] Das Argument der Popularisierung theologischer und philosophischer Lehre im allegorischen Medium der Poesie zielt dagegen ins Leere. Es hat keinen Anknüpfungspunkt und keinen Adressaten in der Gegenwart, denn an Breitenwirkung, an Teilhabe des „gemeinen Pöfels" am Prozeß kultureller Interaktion zeigen sich Opitz und die Seinen gänzlich desinteressiert. Wohl aber macht der Rückgriff auf die Ursprünge der Poesie den erzieherischen Nutzen und die sittliche Funktion der Poesie sinnfällig. Wie durchgängig auch in diesem Punkte historische Debatten aktuelle Perspektiven haben, zeigt die Anspielung auf eine antike Kontroverse.

> Hat also Strabo ursache / den Eratostehnes lügen zue heissen / welcher / wie viel unwissende leute heutiges tages auch thun / gemeinet / es begehre kein Poete durch unterrichtung / sondern alle bloß durch ergetzung sich angeneme zue machen. Hergegen / spricht er Strabo im ersten Buche / haben die alten gesagt / die Poeterey sey die erste Philosophie / eine erzieherinn des lebens von jugend auff / welche die art der sitten / der bewegungen des gemütes und alles thuns und lassens lehre. Ja die unsrigen (er verstehet die Stoischen) haben darvor gehalten / das ein weiser alleine ein Poete sey. Und dieser ursachen wegen werden in den Griechischen städten die Knaben zueföderst in der Poesie unterwiesen: nicht nur umb der blossen erlüstigung willen / sondern damit sie die sittsamkeit erlernen.[84]

Hinter solchen Digressionen darf nicht nur die Rücksicht auf die Geistlichkeit und das städtische Ratsregiment vermutet werden. Auch die territorialstaatliche Obrigkeit, deren Physiognomie in ihrer konservativ-lutherischen Ehrbarkeit sich so prägnant in Traktaten wie denen von Reinkingk, von Loeneyß, später von Seckendorff ausprägt, konnte und mußte mit derartigen Versicherungen gewonnen werden. Zugleich verschafft sich Opitz auf diese Weise die disputative Grundlage für die im dritten Kapitel folgende Apologie des Poetenstandes.

Ist Poesie verborgene Weisheitslehre, leistet sie wichtige Dienste bei der Sozialisation und insbesondere der Regulierung der Affekte, dann geht es nicht länger an, den Dichter als unsittliches, den Wollüsten ergebenes Wesen zu diskreditieren. Auch hier ist der aktuelle Skopus schnell identifiziert. Es geht um die Amtsfähigkeit der Poeten, ihre Verwendung in „öffentlichen Ämptern". Schon in der Widmung an den Bunzlauer Rat hatte Opitz versichert, „das es mit der Poeterey alleine nicht außgerichtet sey / und weder offentlich noch Privatämptern mit versen könne vorgestanden werden".[85] Sie ist nur gewährleistet, wenn sich der Poet durch umfassende Sachkenntnis und moralische Integrität auszeichnet; beides erweist folglich die *Poeterey*. Die Opposition zwischen dem ungelehrten stadtbürgerlichen Dichter des späten Mittelalters und dem gelehrten humanistischen Poeten, der mit der Rezeption der literarischen Überlieferung der Antike zugleich den Kosmos der antiken Wissenschaften sich aneignen kann, muß auch unter diesem Gesichtspunkt gesehen werden und wird ausdrücklich von Opitz an dieser Stelle erwähnt. Der soziale Bezugspunkt dieser argumentativen Strategie zeichnet sich in der *Poeterey* indes nur indirekt ab. Ist der größte Lohn

> den die Poeten zue gewarten haben; das sie nemlich inn königlichen und fürstlichen Zimmern platz finden / von grossen und verständigen Männern getragen / von schönen leuten (denn sie auch das Frauenzimmer zue lesen und offte in goldt zue binden pfleget) geliebet / in die bibliothecken einverleibet / offentlich verkauffet und von jederman gerhümet werden,

so ist darin der Verweis auf die höfisch-adligen Kreise als Adressaten der neuen Opitzschen Schöpfung unüberhörbar.[86] Die ein Jahr später entstehende große Vorrede zu den Gedichten von 1625 bestätigt das in aller Deutlichkeit.

Kurz vor der *Poeterey* war die erste Sammlung der deutschsprachigen *Gedichte* Opitzens erschienen. Zincgref hatte die Ausgabe besorgt, Bernegger überwachte den Druck, Zetzner in Straßburg verlegte das Werk. Zincgref dürfte ein Manuskript Opitzens aus dessen Heidelberger Zeit in Händen gehabt haben. Er fügte nicht nur andere, inzwischen erschienene bzw. ihm zugängliche Opitiana ein, sondern sammelte in einem Anhang weitere Zeugnisse der neuen Richtung vornehmlich aus dem Umkreis des Heidelberger Dichterkreises. Die Symbiose zwischen Schlesien, der Pfalz und dem Oberrhein im Ursprung der neueren Kunstdichtung kam in diesem Gemeinschaftswerk sinnfällig zum Ausdruck. Die Heidelberger und Straßburger, Zincgref allen voran, waren anders als Opitz um Rivalitäten und Prioritäten weniger besorgt; ihnen ging es um die Sache, die Förderung einer deutschsprachigen protestantisch-reformierten Poesie. Die Zuschrift Zincgrefs an den elsässischen Adligen Eberhard von Rappoltstein betont denn auch, daß für die Deutschen überhaupt kein Anlaß bestehe, den kulturpolitischen Weg der übrigen Nationalstaaten nicht auch ihrerseits zu beschreiten. Im Gegenteil ist sich der politisch wache Zincgref durchaus bewußt, daß kulturelle Entfremdung als einseitige Bindung ans Ausland immer auch ein Moment potentieller politischer Unterwerfung mit sich führt, „sintemahl es nicht ein geringeres Joch ist / von einer außländischen Sprach / als von einer außländischen Nation beherrschet und Tyrannisiret werden".[87] Neidlos hat Zincgref dem Freunde Opitz das Verdienst zuerkannt, als Protagonist der neuen Bewegung zu erscheinen, obgleich er allen Anlaß gehabt hätte, der Ansätze in der eigenen Heimat zuvörderst zu gedenken, statt nur bescheiden im Anhang auf diese beachtlichen Versuche zu verweisen. Opitz dagegen ging es mit der von ihm propagierten Sache stets auch um die Mehrung seines Ruhms. Er hat den Freunden ihre Mühewaltung für sein Werk schlecht gedankt. Das rasche Erscheinen der *Poeterey* ist nicht zuletzt darauf zurückzuführen, daß er seine Fortschritte in Theorie und Praxis während seiner Heidelberger Zeit demonstrieren wollte. So hat er sich zu mehreren Anlässen von der Zincgrefschen Edition distanziert und alles darangesetzt, rasch mit einer gereinigten Ausgabe hervorzutreten. Das Resultat sind die *Acht Bücher Deutscher Poematum* aus dem Jahre 1625.

Daß Opitz mit diesem Werk die Summe seines bisherigen Schaffens zieht und ihm repräsentative Bedeutung zumißt, zeigt schon die Wahl des Adressaten.[88] Das sorgfältig nach Gattungen in acht Bücher gegliederte Werk ist dem Oberhaupt der Fruchtbringenden Gesellschaft Fürst Ludwig von Anhalt-Köthen zugeeignet. Mit ihm meldet der Dichter den Anspruch auf Kooptation in die angesehene kulturpolitische Vereinigung an. Nur als ihr Mitglied und mittels ihrer Unterstützung durfte er seinen Ehrgeiz befriedigt und die Durchsetzung seines Werkes sowie dessen Verankerung bei Adel und Fürstentum neben den humanistischen Gelehrtenkreisen gesichert sehen. Im Eingang zur Dedikation stellt Opitz die schon im *Aristarchus* anvisierte Parallelität zwischen politischer und künstlerischer Verfassung eines Landes sogleich programmatisch heraus. Die Betrachtung der Geschichte – ganz unhistoristisch zur Verwendung und Orientierung in der eigenen Situation gehandhabt – lehrt, „daß wie Regimentern und Policeyen / also auch mit ihnen der Geschicklichkeit unnd freyen Künsten ihr gewisses Ziel und Maß gestecket sey / unnd sie auff ein mal mit einander entweder steigen oder zu Grunde gehen".[89] „Sint Moecenates, non deerunt forte Marones" hatte es Martial variierend im *Aristarch* geheißen.[90] Diese Sentenz wird nun in der Vorrede an Ludwig umfassend geschichtlich entfaltet. Denn wenn die dialektische Verknüpfung von Politik und artes zutrifft, so spezifiziert sie sich im Zeichen des Absolutismus als Interaktion von Regent und Poet, weil „gelehrter Leute Zu- und Abnehmen auff hoher Häupter und Potentaten Gnade / Mildigkeit und Willen sonderlich beruhet".[91] Mag darin der Akzent zugunsten des Mäzenatentums verschoben sein, so stellt die nachfolgende Reihe der Exempla die richtigen Proportionen sogleich wieder her.

Theoretisch festgehalten, aber geschichtlich reichhaltiger illustriert wird die aus dem *Aristarch* vertraute Einsicht, daß die römischen Kaiser die „Wissenschafft so lange in ihren Schutz und Förderung genommen / so lange ihr Reich vor Einfall barbarischer Völcker und eigener Nachlessigkeit bey seinen Würden verblieben ist."[92] Die Reihe der Stifter und Mäzenaten wird eröffnet mit Cäsar. Er „hat das Keyserthumb und die Poeterey (gleichsam als sie beysammen seyn müsten) zu einer Zeit auffgerichtet und erhöhet".[93] Und in ihm auch ist die Einheit von produktiver Tätigkeit und mäzenatischem Engagement sogleich vorgegeben. Sein verlorenes Gedicht *Iter* sei einem breiteren Publikum bekannt geworden. Er selbst müsse Euripides gekannt haben, Licinius und Catullus seien von ihm – ungeachtet ihrer despektierlichen Äußerungen – in Ehren gehalten und letzterer sogar zu seiner Tafel gezogen worden. Diese Symbiose findet der gesamte monarchisch orientierte Humanismus vorbildlich in der Gestalt des Augustus verkörpert. Aus der Sammlung der entsprechenden Fragmente und Zeugnisse Rutgers, den Opitz in Leiden kennengelernt hatte, war er über die dem Kaiser zugeschriebenen Stücke informiert. Die daran angeschlossene Folgerung „darumb ist sein Hoff auch ein Auffenthalt und Zuflucht gewesen aller Poeten" zeigt einmal mehr die Bedeutung, die die Gestalt des schreibenden Fürsten für die bürgerlich-gelehrten Humanisten haben mußte.[94] Sie bildete die Gewähr für das Interesse, das die Regenten an Kunst und Wissenschaft zu nehmen bereit waren. Die ganze illustre Reihe römischer Dichter von Gallus über Vergil und Horaz bis hin zu Ovid steht dafür ein. Kein Zufall, daß sich Opitz nicht auf den Nachweis der unmittelbaren Wirkungen der Poesie beschränkt. Wohl weiß er aus Sueton, daß die kaiserliche Familie angesichts der poetischen Gewalt der Aeneis geweint habe, genau so wichtig jedoch ist der Hinweis bei Gallus, daß dieser „ungeachtet seiner geringen Ankunfft / von ihm zum Verwalter uber Egypten gemacht ist worden".[95] Die umfassende Verwendungsmöglichkeit des Poeten (vornehmlich im Beamtenstatus) wird so per analogiam historicam sinnfällig gemacht. Horaz wird als Sekretär vom Kaiser in den Dienst genommen, und im Zusammenhang mit Horaz führt Opitz das Thema fürstlichen Nachruhms ein. Über diesen gebietet das verewigende Wort des Dichters. Die Interdependenz zwischen Poet und Monarch ist eine wechselseitige. Schließlich umgreift der kulturpolitische Auftrag des Regenten die Organisation von Kunst und Wissenschaft. Die Einrichtung eines Apollo-Musentempels zur Zusammenführung von Poeten und Rhetoren gilt Opitz als wirksames Stimulans poetischer Produktion; die Akademie-Konzeption unter fürstlichem Patronat ist hier präfiguriert.

Im Augustäischen Zeitalter erreicht die Dichtung ihren Gipfel; die um Augustus versammelten Dichter „haben die Poeterey so hoch getrieben / daß sie nachmals entweder also verbleiben / oder nothwendig geringer werden müssen".[96] Den auf Augustus folgenden Kaisern kann eine ähnlich vorbildliche Synopse von Politik und Poesie nicht mehr zugeschrieben werden. Opitzens Verfahren besteht nun jedoch darin, ungeachtet der defizienten Form monarchischer Regentschaft das in Modifikationen weiterlebende Interesse an den schönen Künsten zu dokumentieren. Tiberius dichtet selbst griechisch und lateinisch und ist der Adressat zahlreicher poetischer Werke. Vor allem achtet er peinlich darauf, sich jeglicher Graezismen in seiner Rede zu enthalten. Es ist nur eine Ausnahme, wenn Opitz an dieser Stelle explizit eine aktuelle Notation hinzufügt; sie muß überall mitgehört werden. Hier wird der Bogen über die Zeiten hinweg zu Ludwig von Anhalt-Köthen geschlagen, wenn Opitz feststellt, daß die Gestalt des Fürsten in dieser Tugend dem römischen Kaiser „so ähnlich ist / als sie ihm unähnlich ist an dem jenigen / was von Regenten fürnemlich erfordert wird".[97] Noch Claudius zeigt sich ungeachtet allen Schwachsinns aufgeschlossen gegenüber Poet und Poesie. „Zu Lyon in Frankreich stifftete er unter den Rednern und Poeten bey des Augustus Altare eine stattliche Ubung / und satzte vor die so gewinnen oder verlieren würden gewisse Verehrung und Straffen aus."[98] Er bemüht sich also um Institutionalisierung und Förderung beider. „Nero war von Art zur Poeterey geneiget / unnd hat ohn alle Müh einen stattlichen Vers weg gemacht; wie dann Plinius des Getichtes erwehnet / darinnen er seiner Poppeen Haar gerühmet habe."[99] Und so geht die Reihe hinab bis zu Kaiser Julian. Der Preis für diese kulturpolitische Konstruktion liegt auf der Hand. Das wechselseitige Bedingungsverhältnis von politischem und kulturellem Status kann abschließend nur noch in abstracto behauptet werden; es ist durch die lange Reihe verwerflicher Regenten längst diskreditiert. Doch das Theorem wird darum ja nicht falsch. Historisches Lesen im Umkreis des traditionsgebundenen Humanismus heißt, die jeweilige Zielrichtung, den jeweiligen Skopus der Argumentation zu verfolgen. In der Reihe der historischen Exempla ging es Opitz um den Nachweis durchgehender Hochschätzung der artes unter den römischen Kaisern. Erst im Resümé kehrt er zu seiner kulturpolitischen Prämisse zurück, die sich im folgenden dann erneut bewähren wird:

> Nach diesem ist auff ein mal die Gewalt und Wissenschafft der ewigen Stadt gemach und gemach verdorret / und sind aus Römischen Keysern Gottische Tyrannen / aus Lateinischen Poeten aber barbarische Reimenmacher und Bettler worden. Daß man also beydes fast nichts löbliches gethan / und wenig artliches geschrieben hat.[100]

Der zweite Kursus der Geschichte der europäischen Literatur wird mit der Gestalt Karls des Großen eröffnet. Er interessiert Opitz natürlich nicht als Erneuerer und Förderer der lateinischen Literatur des europäischen Mittelalters, sondern als Ahnherr der deutschen Poesie; der germanischen Ursprünge wird nur noch indirekt gedacht. Mit Karl beginnt die Reihe der adligen und fürstlichen Stifter und Dichter der deutschen Literatur des Mittelalters, die Opitz erneut aufzählt.

> Hat sich also bey der gemeinen Finsternis und grossen Verachtung des Studirens doch immerzu ein Stral der Wissenschafft blicken lassen; biß hernachmals durch Zuthun hoher Leute (denn ohne dieselbigen dißfals nie etwas ausgerichtet ist worden) Griechische / Lateinische / und andere Poeten sich gefunden / und den Alten im minsten nichts nachgegeben haben.[101]

Nicht deutlicher könnte die Dialektik im Ursprung des Humanismus der germanischen Völker hervortreten. Die Statuierung einer autochthonen „nationalen" Variante im Gefüge des europäischen Humanismus und die Abgrenzung gegenüber der Romania gebietet den Rückgriff auf die heimische literaturgesellschaftliche Tradition. Aus der Perspektive des Klassizisten kann diese Tradition jedoch nur als Intermezzo inmitten genereller Barbarei bewertet werden, bevor in der Renaissance mit der renovatio der Antike die Geschichte der neueren europäischen Dichtung im eigentlichen Sinn anhebt. D. h. der Rückgang ins germanische Mittelalter hat rechtfertigende Funktion für das Programm einer deutschen „Nationalliteratur". Deren formales Niveau, deren gehaltliche Substanz, ist nur im Rückgriff auf die Antike und die auf ihr fußende Renaissanceliteratur gewährleistet; hier gehen von der germanischen Überlieferung keine Impulse aus. Gar nicht zu unterschätzen ist die Bedeutung des literarischen Kanons der europäischen Literatur, ihrer Mäzene und Institutionen, den Opitz in seiner Vorrede von 1625 entwirft. So wie sich im *Aristarch* und vor allem in der *Poeterey* der Anteil Opitzens und der Seinen in der Evolution der deutschen Literatur profilierte, so nun im entsprechenden Kontext der europäischen Literatur. Die selbst vorgenommene geschichtliche Situuierung kam seinem säkularen Nimbus in der Mit- und Nachwelt nochmals zugute. Vom Florenz der Frührenaissance bis zu Fürst Ludwig spannt sich der Bogen der literarhistorischen Konstruktion. Notierenswert ist ihm bei Dante die Erhebung des Dichters durch die Florentiner „zu dem höchsten Ampte".[102] Bei Petrarca, „so den Meister an Wissenschaft und Zierligkeit weit ubertroffen", wird die Tatsache der Dichterkrönung hervorgehoben, ist sie doch das sichtbare Zeichen der neugewonnenen sozialen Reputation des Dichters.[103] In mäzenatischer Funktion werden Leo X. sowie Cosimo d. Ä. und Lorenzo de' Medici eigens erwähnt. Sie geht bei letzterem Hand in Hand mit der eigenen poetischen Betätigung. Hinzu treten Alfons und Ferdinand von Aragonien, Matthias Corvinus in Ungarn und Franz I.,

> der in seinem Lande den guten Künsten so einen festen Grund gebauet hat / daß sie von selbiger Zeit an die vielfältigen ausländische und Bürgerliche Kriege abzubrechen im wenigsten nicht vermocht haben.[104]

Damit ist das historische Relief umrissen, von dem abschließend die Verhältnisse in Deutschland abgehoben werden:

> Wir Deutschen / wie wir zu dem Latein unnd Griechischen / nebenst den freyen Künsten / etwas später kommen sind / unnd doch alle andere Nationen an reichem Zuwachs der gelehrtesten Leute uberholet / unnd hinter uns gelassen haben / also wollen wir von unserer eigenen Poeterey ingleichen hoffen / die / ungeachtet der nunmehr langwirigen krige / sich allbereit hin und wieder so sehr wittert und reget / daß es scheinet / wir werden auch dißfals frembden Völckern mit der Zeit das Vortheil ablauffen.[105]

Indem Opitz zur Gestalt des Fürsten Ludwig zurückkehrt, konfrontiert er diesen über das geschichtliche Exemplum mit einer fürstlich-mäzenatischen Tradition, der ein adhortatives Element, der Aufruf zur imitatio, zwingend innewohnt. Daß Ludwig sich zu dieser Zeit bereits um die deutsche Sprache und Dichtung verdient gemacht hat, ist ein willkommener Anknüpfungspunkt, rückt er doch damit in die Galerie der Förderer von Wissenschaft und Kunst ein.

> Daß nun Eure Fürstliche Gnade auch der Poesie die hohe Gnade und Ehre anthut / folget sie dem rühmlichen Exempel oben erzehlter Potentaten so verstorben sind / unnd giebet selber ein gut Exempel denen die noch leben.[106]

Die nochmalige Bemühung des Unsterblichkeits-Topos stellt klar, daß Ludwig wie die anderen Großen zugleich das eigene Überleben sichern, weil ihr Werk aufgehoben ist im Werk der Dichter. So hat Opitz in seiner Theorie das Bündnis zwischen Dichtung und Territorialfürstentum begründet, dem die geschichtliche Stunde gehörte und das für mehr als ein Jahrhundert intakt bleiben sollte. Weiterreichende etwa konfessionspolitische Äußerungen in ihr zu erwarten, hieße die geschichtlichen Bedingungen theoretischer Reflexion im 17. Jahrhundert verkennen. Hier war spätestens seit 1620 eine unverrückbare Grenze gesetzt. Wenn überhaupt, so gab es nur eine Möglichkeit der Parteinahme im Modus indirekten Sprechens. Die Poesie, nach Opitzens eigenem Bekenntnis mehr mit dem befaßt, was sein solle, als mit dem was ist, trat hier in ihre genuinen Rechte ein.[107] Auch dem 17. Jahrhundert war ihre kritisch-utopische Dimension nicht fremd. An einem Beispiel soll das gezeigt werden.

IV

Die europäischen Humanisten seit der Frührenaissance haben vom Epos geträumt. Sie waren dabei weniger auf Homer denn auf Vergil fixiert. In der Gattung des Epos hatte sich letztlich die Ebenbürtigkeit wenn nicht die Überlegenheit der neueren gegenüber der antiken Literatur zu erweisen. Die Theoretiker haben die Würde des genus heroicum immer wieder herausgestrichen. So auch Opitz. Doch tut man gut daran, das hier vorliegende Problem nicht nur von der formalen, sondern auch von der stofflichen Seite her zu betrachten. Die nachantiken Theoretiker waren natürlich in der Lage, die Besonderheit ihres Sujets als eines christlichen und damit dem antiken a priori überlegenen zu statuieren. Damit war jedoch das Bewußtsein keinesfalls getilgt, daß das antike Epos vor allem in der Vergilschen Gestalt eben nicht in der Heilsgeschichte, sondern im geschichtlichen Zusammenwachsen eines Volkes und dessen nationaler Selbstfindung seine organisierende Mitte besaß. Genau dies aber war das große Thema der Humanisten, und zwar nicht als antike Reminiszenz, sondern als Reflex der vor ihren Augen sich abspielenden Dissoziierung der una societas christiana und der Ausformung einer politisch und konfessionell diversifizierten europäischen Staatenwelt. Mit anderen Worten: Der Ausweg ins christliche Epos mußte gerade den politisch engagierten und hellsichtigen Humanisten als Verlegenheitslösung erscheinen. Als Thema epischer Dignität durften Ursprung und Evolution der Nationen gelten. Wie keine andere Zeit boten die konfessionspolitischen Bürgerkriege eine Anschauung ebensowohl der Destruktion wie zugleich der Formation „nationaler" Identität und Selbstbehauptung. Sie hat sich in der Abwehr katholischer Hegemonieansprüche gebildet und wurde dementsprechend in den protestantisch-calvinistischen Ländern bzw. deren Minoritäten am deutlichsten artikuliert. – Auch Opitzens *Trostgedichte in Widerwertigkeit deß Krieges* hat einen Vorwurf von wahrhaft epischer Größe.[108] Denn der Krieg ist hier als europäisches Ereignis des 16. und frühen 17. Jahrhunderts mit all seinen politischen und konfessionellen Implikationen gegenwärtig. Wenn die Entfaltung zum großen Epos sistiert erscheint, das Werk als alexandrinisches Lehrgedicht vom Autor eingeführt wird, so – wie man vorsichtig wird sagen dürfen – aus werkexternen, aus geschichtlichen Gründen. Eine apotheotische Rundung analog dem Vergilschen Archetypus (analog aber auch dem späteren heroischen Roman) war ihm versagt. Denn als Opitz das *Trostgedichte* konzipierte, waren die politischen

Hoffnungen seiner calvinistischen Generation wo nicht zerronnen, so doch erschüttert. Es kann keinen Zweifel daran geben, daß der Duktus des Werkes ein anderer gewesen wäre, wenn Friedrich V. in Böhmen sich hätte behaupten können. Zincgrefs *Epos* und Opitzens *Oratio* bildeten ja durchaus Keimzellen für das genus grande, die einer umfassenden, geschichtlich fundierten Exposition harrten. Die Transformation vom politischen Epos mit krönendem Abschluß zum philosophischen Lehrgedicht mit christlich-neustoizistischer Ausrichtung kann als ästhetischer Reflex auf den politischen Umbruch begriffen werden. Es ist die Verschlingung politisch-parteilicher Züge in der Pfälzer Tradition mit den paränetisch-neustoizistischen in der *consolatio*-Tradition, die dem *Trostgedichte* seine geschichtliche Physiognomie verleihen und in ihrer wechselseitigen Bedingtheit erkannt sein wollen.

Das *Trostgedicht* ist Prinz Ulrich von Holstein gewidmet, dem Sohn Christians IV. von Dänemark. Natürlich kam als Adressat nur ein Protestant in Frage. Ulrich führte ein sächsisches Regiment. Opitz erfreute sich der großen Verehrung des Prinzen. Er hat dem im Erscheinungsjahr des *Trostgedichtes* 1633 durch einen Söldner Piccolominis ermordeten Prinzen auf dessen ausdrücklichen Wunsch hin in einer lateinischen Lobrede ein bleibendes Denkmal gesetzt. Nimmt es wunder, wenn auch die lateinische Widmungszuschrift sogleich wieder die Bildung, die Kenntnis der Wissenschaften, die rhetorischen Fähigkeiten herausstreicht? Sie stehen im Bündnis mit der Tapferkeit, auf die sich die Hoffnung des „bedrückten Germanien" richtet. Ulrich ist die Inkarnation dessen, wovon das Gedicht kündet; geschickt weiß der Dichter den Fluchtpunkt des Werks in einer politischen Gestalt der Gegenwart zu lokalisieren, in der sich der vom Text ausgehende Appell in praxi verwirklicht. Das weit ausholende deutsche Lobgedicht wiederholt und konkretisiert diese Charakteristika. Ulrich ist der „Freiheit treuer Schutz".[109] Wie das zu verstehen ist, lehrt das *Trostgedicht*. Der schlechte Fürst haßt die Bücher;

> Dich / Heldt / hat eingenommen
> Ein Ehrgeitz / hinter diß mit gantzer Macht zu kommen /
> Was Weißheit heißt und ist; Dir sind die Sprachen kundt
> Die gantz Europa liebt / und dein gelehrter Mund
> Kan reden was er wil [...].
> Du bist ein König-Sohn;
> Diß gibt dir die Natur / und nicht der Musen Lohn.
> Doch hast du deine Lust an diesen edlen Sachen /
> Die keinen mächtiger / jedennoch weiser machen [.][110]

Derart realisiert das Panegyrikum den in der Theorie entfalteten Zusammenhang zwischen gelehrtem Dichter und fürstlichem Adressaten in der dichterischen Praxis.

„Ein Heroisch getichte (das gemeiniglich weitleufftig ist / und von hohem wesen redet) soll man stracks von seinem innhalte und der Proposition anheben."[111] Dieser Regel entsprechend eröffnet auch Opitz das erste Buch mit dem Kardinalthema seines *Trostgedichtes,* dem Problem des Krieges. Schon in der Inhaltsangabe zum ersten Buch weist Opitz darauf hin, daß in ihm von dem „jetzigen unglückseligen Böhmischen Krieg" die Rede ist, nicht vom Wesen des Krieges schlechthin.[112] Diesem Verweis ist Aufmerksamkeit zu schenken. Die Literatur des 17. Jahrhunderts tendiert bekanntlich zur Typisierung und Allegorisierung. Die Kunst der Exegese besteht darin, diesen Sachverhalt nicht nur anzuerkennen und interpretativ nachzuvollziehen, sondern zugleich umgekehrt und ggf. durchaus gegen die Intention des Textes eine Rückbuchstabierung in den singulären Fall, das konkrete Ereignis vorzunehmen, von dem der allegorische Tiefsinn des Autors seinen Ausgang genommen hat. Zu einem solchen, der geschichtlichen Substanz barocker Texte sich versichernden Verfahren, ermutigt Opitz ausdrücklich. Damit rückt auch die theologische Dimension des Werkes, die gleichfalls in den ersten Versen sofort eingeführt wird, in die richtige Perspektive. Sie will als Zeugnis natürlich ernstgenommen werden. Doch ist sie traditionelles Lehrgut, das im einzelnen nicht der Rekapitulation bedarf. Wohl aber sind Erwägungen zu seiner binnenliterarischen Funktion am Platze. Denn in dem Maße, wie der Autor am überkommenen Gehalt der Redeform *consolatio* partizipiert und damit dem Erwartungshorizont seines Publikums entspricht, schafft er sich – ob bewußt oder nicht – den ästhetischen Freiraum zur Einführung und Entfaltung der politischen Thematik. Das weitverzweigte theologische Rahmenwerk liegt schützend und bergend um den historisch-politischen Zeitgehalt des Werkes.

> Des schweren Krieges Last / den Deutschland jetzt empfindet /
> Und daß GOTT nicht umbsonst so hefftig angezündet
> Den Eyfer seiner Macht / auch wo in solcher Pein
> Trost her zu holen ist / sol mein Getichte seyn.[113]

Drei Sommer sind vergangen, seit der Krieg in Deutschland seinen Anfang nahm. Noch ehe der Dichter dazu übergeht, die mit ihm einhergehenden Greuel zu vergegenwärtigen, umkreist er das Thema, das im Mittelpunkt seines Werkes stehen wird:

> [...] Wir haben viel erlidten /
> Mit andern und mit uns selbst unter uns gestritten.
> Mein Haar das steigt empor / mein Hertze zittert mir /
> Nehm' ich mir diese Zeit in meinen Sinnen für.
> Das edle Deutsche Land / mit unerschöpfften Gaben
> Von Gott und der Natur auff Erden hoch erhaben /
> Dem niemand vor der Zeit an Krieges-Thaten gleich' /
> Und das viel Jahre her an Friedens-Künsten reich
> In voller Blühte stund / ward / und ist auch noch heute /
> Sein Widerpart selbselbst / und frembder Völcker Beute.[114]

„Nationalgefühl" lautet das Stichwort dazu in der älteren wissenschaftlichen

Literatur. Doch dieser der Anschauungswelt des 19. Jahrhunderts verhaftete Begriff ist wenig geeignet, die hier vorliegende Problematik angemessen zu erschließen; das Thema „Nation" ist für das 17. Jahrhundert diskreditiert. Zu gewahren gilt es die latente, kaum jemals offen ausgetragene Dialektik zwischen der territorialstaatlichen Fixierung und der nationalstaatlichen Orientierung humanistischer Dichtung im Deutschland des 17. Jahrhunderts. Da anders als in Spanien und Westeuropa eine zukunftsweisende Zentralgewalt fehlt, die auch den deutschen Dichtern des 17. Jahrhunderts eine kulturpolitische Perspektive hätte bieten können, sind diese gezwungen, sich regionalem Protektionismus zu fügen. Die politische und kulturelle Einung der Nation ist jedoch seit der italienischen Frührenaissance eines der leitenden Themen der humanistischen Literatur Europas, einmal gegen päpstliche oder kaiserliche Suprematie, ein anderes Mal gegen fürstliche oder adlige Autogenität gewendet. Derart löst sich auch dieses im Umkreis der Literatur des Humanismus vorgegebene Spannungsgefüge erst im 18. Jahrhundert auf, in dem der nationale, der „patriotische" Impetus sich nun zunehmend gegen das Territorialfürstentum richtet. Die Liaison mit ihm bestimmt jedoch gerade die soziale Physiognomie der deutschen „Barockliteratur". Sie führt in ihrer „Teutschland"-Thematik einen utopischen Index mit sich, der erst dem 18. Jahrhundert – bei Gottsched angefangen – gestattet, sie gerade in ihren klassizistischen, antimanieristischen Ausprägungen unter dem Gesichtspunkt der eigenen Vorgeschichte zu würdigen und zu rezipieren.

Die Schilderung der Folgen des Krieges selbst steht unter dem Vorsatz, nichts zu beschönigen, nichts zu retuschieren, sondern dem Grauen sehend standzuhalten.

> Ich will den harten Fall / den wir seither empfunden /
> Und männiglich gefühlt (wiewohl man frische Wunden
> Nicht viel betasten sol) durch keinen blauen Dunst
> Und Nebel uberziehn / wie der Beredten Kunst
> Zwar sonsten mit sich bringt.[115]

Es ist ein Land langjährigen Friedens, das nun mit Krieg überzogen wird. Wie überall in der Dichtung des 17. Jahrhunderts ist der Zustand des Friedens im pastoralen Bild vergegenwärtigt:

> Wo Tityrus vorhin im Schatten pflag zu singen /
> Und ließ von Galathee Wald / Thal und Berg erklingen /
> Wo vor das süsse Lied der schönen Nachtigal /
> Wo aller Vogel Thon bis in die Lufft erschall /
> Ach! ach! da hört man jetzt die grausamen Posaunen /
> Den Donner und den Plitz der feurigen Carthaunen /
> Das wilde Feldgeschrey: wo vormals Laub und Graß
> Das Land umbkrönet hat / da ligt ein faules Aas.[116]

Die Bukolik ist folglich die utopische Gattung par excellence, wenn es darum geht, der Sehnsucht nach Frieden poetisch Ausdruck zu verleihen und Bedingungen und Strukturen irenischer Regentschaft zu umreißen (woraus zugleich die Affinität von Pastorale und Fürstenspiegel folgt). In ihr ist Natur als liebliche und harmonisch mit dem Menschen versöhnte gegenwärtig – eine Natur, die nun im Kriege zum Schauplatz der Barbarei wird, so daß der Mensch den göttlichen Schöpfungsauftrag nicht mehr vollziehen kann und sein kulturstiftendes Werk zerstört wird:

> Was hilfft es / daß jetzund die Wiesen grüne werden /
> Und daß der weisse Stier entdeckt die Schoß der Erden
> Mit seiner Hörner Krafft / daß aller Platz der Welt
> Wie neugeboren wird? Das Feld steht ohne Feld /
> Der Acker fraget nun nach keinem grossen bauen /
> Mit Leichen zugesäet; er fragt nach keinem tauen /
> Nach keinem düngen nicht: Was sonst der Regen thut /
> Wird jetzt genung gethan durch feistes Menschen-Blut.[117]

Wo in der Dichtung des 17. Jahrhunderts so häufig das handwerkliche Arrangement angelernter Formeln vorwaltet, da gelingt Opitz – ganz unabhängig von der hier nicht weiter zu verfolgenden Frage möglicher Vorbilder – im Medium der deutschen Sprache die über die Zeiten hinweg ergreifende Gestaltung menschlichen Leids und Elends im Gefolge des Krieges:

> Das Volck ist hin und her geflohn mit hellen hauffen /
> Die Töchter sind bey Nacht auff Berge zugelauffen /
> Schon halb für Schrecken todt / die Mutter hat die Zeit /
> In der sie einen Mann erkandt / vermaledeyt.
> Die Männer haben selbst erbärmlich müssen flehen /
> Wann sie ihr liebes Weib und Kinder angesehen.
> Die kleinen Kinderlein / gelegen an der Brust /
> So noch von keinem Krieg' und Kriegesmacht gewust /
> Sind durch der Mutter Leid auch worden angeregt /
> und haben allesampt durch ihr Geschrey beweget;
> Der Mann hat seine Frau beweynt / die Fraw den Mann /
> Und was ich weiter nicht aus Wehmuth sagen kan.[118]

Wandelt sich dann jedoch die Perspektive, wendet sich der Blick von den Leidenden zu den Akteuren, so gilt es, hinter der Schilderung des „Feindes", seines „harten Sinnes" und seiner „großen Tyrannei" stets den nicht genannten Adressaten in Erinnerung zu halten, die katholische Gegenseite. Das tyrannische Walten wird in den grauenhaften Folgen des von ihr zu verantwortenden Kriegsgeschehens sinnfällig, ohne daß der Dichter dies explizit sagen könnte oder brauchte. Aus anderen Partien des Werkes fällt das Licht der geschichtlichen Wahrheit auch auf die vermeintlich historisch unspezifischen des ersten Buchs. Die barocken Texte als chiffrierte zu begreifen, ihren verborgenen Verweisungen

aufs aktuelle Geschehen nachzugehen, das im Text selbst Getrennte zusammen-
zubringen, muß die Antwort auf diesen – weniger ästhetischen Gesetzen als
politischen Vorsichtsmaßnahmen entspringenden – literarischen Befund sein.

> Viel Menschen / die der Schaar der Kugeln sind entrant /
> Sind mitten in die Glut gerathen und verbrant /
> Sind durch den Dampff erstickt / verfallen durch die Wände:
> Was ubrig blieben ist / ist kommen in die Hände
> Der ärgsten Wüterey / so / seit die Welt erbaut
> Von Gott gestanden ist / die Sonne hat geschaut.
> Der Alten graues Haar / der jungen Leute Weynen /
> Das Klagen / Ach und Weh / der grossen und der kleinen /
> Das Schreyen in gemein von Reich und Arm geführt
> Hat diesen Bestien im minsten nicht gerührt.
> Hier halff kein Adel nicht / hier ward kein Stand geachtet /
> Sie musten alle fort / sie wurden hingeschlachtet.[119]

Ist es unstatthaft, hinter solchen Schilderungen den Reflex des Wütens der Gegenreformation nach der Niederwerfung der Pfalz und Böhmens zu sehen, das ja
gerade den aufsässigen protestantischen Adel so besonders hart traf? Daß der
Frevel an der menschlichen Kreatur im Namen der christlichen Religion erfolgt,
ist das Skandalon für den Humanisten, der darin indirekt auf die Krise der
christlichen Religion im Zeitalter des Konfessionalismus verweist, von der sie
sich nicht mehr erholen sollte und von der der absolutistische Staat nur profitierte:

> Ihr Heyden reicht nicht zu mit eurer Grausamkeit:
> Was ihr noch nicht gethan das thut die Christenheit.
> Wo solcher Mensch auch kan den Christen-Namen haben.[120]

Sehr wohl gewahrt der Dichter den Widerspruch, daß der wegen der Religion
angezettelte Krieg gerade die religiöse Apathie im Gefolge hat. Zugleich assoziiert sich mit dem Einbruch des Feindes die Überfremdung jener hergebrachten
Werte, die – wie schon in der Theorie, so hier in der dichterischen Praxis –
im Begriff „alter teutscher Treue" als dem Ferment humanistischen Glaubens
nationaler Identität versammelt sind:

> So ist die Gottesfurcht auch mehrenteils verschwunden /
> Und die Religion gefangen und gebunden /
> Das Recht ligt unterdruckt / die Tugend ist gehemmt /
> Die Künste sind durch Koth und Unflat überschwemmt /
> Die alte Deutsche Treu hat sich hinweg verlohren /
> Der Frembden Ubermuth der ist zu allen Thoren
> Mit ihnen eingerannt / die Sitten sind verheert /
> Was Gott und uns gebührt ist alles umbgekehrt.[121]

Die dann folgende extensive theologische Deutung des Geschehens (V. 209 ff.)

steht über weite Strecken in der *consolatio*-Tradition. Hier ist nicht der Ort, die verschiedenen Bausteine der Gedankenführung einer Interpretation zu unterziehen und Erwägungen zur sozialen Funktion dieses Schriftguts anzustellen. Die bei Opitz wie bei so vielen anderen Autoren anzutreffende Tendenz, das Weltgeschehen in seinen Verfehlungen als gottgewolltes – und damit heilsgeschichtlich motiviertes – zu interpretieren, forderte eine umfassende kritische und das heißt zugleich funktionale Betrachtung. Doch die affirmativ-paränetischen Passagen schließen aktuelle Zitationen nicht nur nicht aus, sondern ermöglichen sie überhaupt erst. So rekurriert Opitz auf den im Erbauungsschrifttum beliebten Wunderglauben, um Gottes Weisheit und Güte im bedeutungsvollen, auf die Katastrophe vorausweisenden Naturgeschehen zu demonstrieren (zugleich ein überzeugendes Beispiel humanistisch-christlicher Adaptation heidnischen Wunderglaubens und heidnischer Astrologie). Derart eingebettet ins traditionelle, teilweise populäre Anschauungsgut seiner Zeit, wagt Opitz den Aggressor, den „Feind" und „Tyrannen" beim Namen zu nennen, der auch ihn aus Heidelberg vertrieb:

> Der Flüsse Vater / auch / der sonsten schöne Rhein /
> Hat seine Last gefühlt / daß nun für klaren Wein
> Das große Kriegesheer der scheußlichen Maranen
> An seinem Ufer sey / daß ihre stolzen Fahnen
> Nun stünden auffgesteckt wo vor Thriambus war /
> Und wo man jetzund noch kan sehen sein Altar.[122]

Das sogleich sich anschließende Bekenntnis durchgängiger Sündhaftigkeit menschlichen Wesens, das eben alles Unglück und Leid als gerechte Strafe Gottes erscheinen läßt, hindert nicht, an dieser Stelle direkt (an anderen indirekt) die geschichtlich Verantwortlichen für das politische Unwesen identifiziert zu sehen. Nur beiläufig im Blick auf die kulturpolitische Theorie Opitzens sei darauf verwiesen, daß sich im ersten Buch des Trostgedichtes (V. 392 ff.) ein ausführlicher Exkurs zur römischen Geschichte findet. Er steht als Beleg dafür, daß es mit der politischen Geltung eines Landes bergab zu gehen pflegt, sobald ein gewisses Maß an verfügbarem Reichtum überschritten ist („durch immer glücklich sein / Schleicht unser Untergang mit bösen Sitten ein").[123] Hier figuriert die römische Geschichte während der Kaiserzeit als Exempel sittlichen und politischen Verfalls. Antithetisch dazu wird an dieser Stelle einmal die republikanische Phase Roms konsequent aufgewertet.

Rückkehrend in die Gegenwart beschließt Opitz das erste Buch seines Gedichtes mit einem vorbehaltlosen und leidenschaftlichen Aufruf zu religiöser Toleranz, der wieder gesättigt ist mit aktuellen Konnotationen. Ein Blick in das politische Tagesschrifttum des protestantischen Westeuropa zeigt, daß es die katholische Seite, insonderheit die spanische Krone und der Jesuitenorden ist, der die Unterdrückung und Verfolgung der Andersdenkenden zum Vorwurf gemacht wird. Daß die Vergewaltigung des Gewissens, die rücksichtslose Durchset-

zung des e i n e n wahren Glaubens nicht statthaben darf, darin ist sich die
Gruppe der staatstragenden „Politiques" mit den Calvinisten (zumindest, so-
lange diese eine Minorität bilden) gegen die Scharfmacher der ultramontanen
Seite einig.

> So sol die Welt auch sehn daß keine Noth und Leiden /
> Daß keine Tyranney GOtt und sein Volck kan scheiden /
> Und daß ein solcher Mensch / der die Gewissen zwingt /
> Vergeblich und umbsonst die Müh und Zeit verbringt;
> Daß wir für unser Maul kein Blat nicht dürffen nehmen /
> Daß wir für keinem uns nicht scheuen oder schämen /
> Er sey auch wer er wil; daß unsers Hertzen Grund
> Nicht falsch / nicht anders sey als etwan Red' und Mund.
> [. . .]
> Wir müssen lassen sehn gantz richtig / klar und frey
> Daß die Religion kein Räubermantel sey /
> Kein falscher Umbhang nicht. Was macht doch ihr Tyrannen?
> Was hilfft / was nutzet euch das Martern / das Verbannen /
> Schwerdt / Fewer / Galgen / Radt? gezwungen Werck zerbricht:
> Gewalt macht keinen fromm / macht keinen Christen nicht.
> Es ist ja nichts so frey / nichts also ungedrungen
> Als wol der Gottesdienst: so bald er wird erzwungen /
> So ist er nur ein Schein / ein holer falscher Thon.
> Gut von sich selber thun das heist Religion /
> Das ist GOtt angenehm. Laßt Ketzer Ketzer bleiben /
> und gleubet ihr für euch: Begehrt sie nicht zu treiben.
> Geheissen willig seyn ist plötzlich umgewandt /
> Treu die aus Furchte kömpt hat mißlichen Bestand.[124]

Man muß wissen, wer das Wort von den „Ketzern" stets im Munde führte, um
zu erkennen, wen Opitz an dieser Stelle verschlüsselt anspricht, wer hinter der
„Tyrannei" steht, wer unter dem Deckmantel der Religion imperiale Macht-
interessen verfolgt. Freiheit des Bekenntnisses, Freiheit des Gottesdienstes sind
die kardinalen Forderungen der gelehrten Humanisten und Juristen sowohl
katholischer wie auch und gerade calvinistischer Provenienz. Nur so war die
Etablierung der nichtkatholischen Bekenntnisse zu erreichen, nur so – und das
der Ansatz der „Politiques" – die Autogenität der Staatsgewalt zu sichern. Zugleich läßt die zitierte Partie erkennen, wie in der Dissoziierung und Paralysierung der Christenheit eine humanistische Ethik als Lösung des konfessionellen
Rätsels sich artikuliert, die im 18. Jahrhundert dann entfaltet wird.

Das zweite Buch des *Trostgedichtes* ist einerseits der Fortführung theologisch-
erbaulicher Meditation gewidmet und führt andererseits an die Fundamente
neustoizistischen Denkens; es gehört – 1620 entstanden – zu den ersten großen
Manifesten neustoizistischer Rezeption im Deutschland des 17. Jahrhunderts.
Die theologische Reprise akzentuiert zunächst den über die Naturphilosophie

der Renaissance und insbesondere den Neuplatonismus vermittelten Gedanken göttlicher Harmonie und Gesetzmäßigkeit in der Natur und im Kosmos (V. 45 ff.). Dieser Konzeption ist ihre Resonanz im 17. Jahrhundert versagt geblieben. Sie wurde überlagert von pessimistischen Philosophemen, die aus geschichtlichen Gründen die Oberhand gewinnen mußten. Im Übergang zum Bereich des Menschen und damit zur Geschichte streift Opitz den gleichfalls im 17. Jahrhundert nicht weiterentwickelten Gedanken der Schönheit, der vernünftigen Würde des Menschen und sieht in traditioneller Optik die menschliche Geschichte göttlicher Fügung überantwortet. Vorgetragen wird dieser Gedanke jedoch schon im Rahmen des übergeordneten Themas allseitigen Wechsels, allseitiger Vergänglichkeit im Kosmos, in der Natur und in der Geschichte, die selbst göttlichem Schöpfungswillen entspringen. Damit erreicht Opitz die um die Fortuna-Allegorie gruppierten Anschauungs-, Sinnbild- und Gedankenkomplexe, denen die vanitas-Idee zutiefst assoziiert ist und die ihrerseits die Folie zur Statuierung christlich-neustoizistischer Werte abgibt, in deren Namen die verzweifelte Selbstbehauptung des Menschen erfolgen soll.[125] Dem Zeitalter stand die Vergänglichkeit als fundamentaler Modus alles Seins im Medium der Geschichte vor Augen; sie wird denn auch bei Opitz extensiv zitiert. Sinnfälligstes Beispiel des allseitigen Untergangs bleibt selbstverständlich Rom. Göttliches Mittel der Vernichtung ist der Krieg, der unter dieser Perspektive seine (ganz unhumanistische, an Hegel gemahnende) Rechtfertigung erfahren kann, die jedoch nicht allzu stark zu gewichten ist. Keinen expliziten Versuch unternimmt Opitz, die Idee göttlicher Providentia mit der breit eingeführten heidnischen Fortuna-Vorstellung (V. 195 ff.) gedanklich zu vermitteln. Die allgemeine Vergänglichkeitstirade kann sich durchaus auch sozialkritisch zuspitzen. Opitz versteht es, das beliebte Humanisten-Thema des wahren Adels als Versatzstück seiner Beispiel-Reihe zu integrieren und die Hinfälligkeit und Nichtigkeit des nur auf Herkunft beruhenden Adels zu verdeutlichen:

> Wie nichtig ist doch auch den Adels-Namen führen?
> Ist dieses nicht sich nur mit frembden Federn zieren?
> Wann Adel einig heist von Eltern Edel seyn /
> So putzet mich heraus ein angeerbter Schein /
> Und ich bin der ich bin. Kan gleich von vielen Zeiten
> Dein Stamm bewiesen seyn / und dir zu beyden Seiten
> Kein Wapen an der Zahl / kein offen Helm gebricht /
> Du aber bist ein Stock / so hilfft die Ankunfft nicht.[126]

Natürlich ist damit die Reihe der Exempla nicht erschöpft. Doch gerade der exemplifizierende Zugriff auf die verschiedensten Bereiche bewirkt, daß sich das genus demonstrativum Geschichte als eigentliches Herzstück der Argumentation behauptet. Ist es statthaft, schon an dieser Stelle die Vermutung zu äußern, daß die Verbindung von vanitas/fortuna und Geschichte, wie sie das 17. Jahrhundert beherrscht, als Reflex auf den folgenschwersten Umbruch der nachantiken, der christlichen Geschichte verstanden werden muß, wie er seit der Mitte des 16. Jahrhunderts mit der konfessionellen Dissoziierung Europas und der damit einhergehenden Erschütterung traditionaler Weltanschauungs- und Verhaltensmuster sich vollzog?

Als Remedium gegenüber der Herrschaft Fortunas empfiehlt Opitz hier seinem Zeitalter den Rückzug auf die Tugend als einziger Gewähr, der Eitelkeit zu entkommen:

> Wil aber jemand Gut das immer wäret finden /
> Das weder durch Gewalt noch Waffen sol verschwinden /
> Der binde nur sein Schiff der Tugend Ancker an /
> Die nicht zu boden sinckt / die nicht vergehen kan.[127]

Tugend in der Fassung des Neustoizismus – wie er in Lipsius' *De constantia* seine klassische Ausprägung erfahren hat – ist die ganz ins Innere zurückgenommene einzige und letzte Bastion der Selbstbehauptung des Subjekts in einer als sinn- und wertlos angesehenen Welt.

> Er [Der Weise] weis daß im Gemüth' / in Sinnen und Verstande
> Der rechte Mensch besteh' / und daß nur einem Bande
> Der Leib zu gleichen sey das uns zusammen helt
> Biß unser Stündlein kömpt / und reißt uns von der Welt.[128]

Die Physiognomie einer ihrer Schönheit, ihres heimatlichen Charakters entkleideten Welt gibt sich auch in den Opitzschen Paradigmata zu erkennen. Der Römer Tullius, der sich verzweifelt dagegen wehrt, seinen vertrauten Lebensraum verlassen zu müssen und aus Rom fortgejagt zu werden, muß sich vorhalten lassen, daß Rom nicht die ganze Welt und dem Weisen jeder Flecken Erde Vaterland sei (V. 529 ff.). Dem Verweis auf die allerorten anzutreffende Schönheit der Welt eignet nicht wahrhaft Trost, weil ihm das Moment der Geborgenheit abgeht. Das Argument, daß „Noth und Pein" überall dort anzutreffen seien, „wo Tugend / wo Geduldt / wo Langmut nicht kann seyn", belegt ex negativo die Körperlosigkeit des hier verheißenen Glücks.[129] In der Abwertung der Erotik, der Gleichgültigkeit gegenüber dem tatsächlichen Vollzug von Freundschaft statt des nur treuen Gedenkens, gibt sich die gleiche Anschauung kund:

> Der Feind hat dir dein Schloß / dein Haus hinweg gerissen;
> Fleuch in der Mannheit Burg die wird er nicht beschiessen.
> Er hat den Tempel dir verwüstet aus und aus:
> Gott schleust sich nirgend ein / sey du sein reines Haus.[130]

Es ist die zunächst an den Vorgängen in Westeuropa, dann aber auch in Mitteleuropa in den Konfessionskriegen erfahrene Relativierung aller Normen, die diese Bindungslosigkeit hervorgetrieben hat. Sie ist Symptom einer seit der Mitte des 16. Jahrhunderts sukzessive um sich greifenden Krise. Krise meint

Auflösung der Weltverhältnisse, so daß „staatliche Organisation und Ordnung, politische und in die individuelle Lebensführung reichende handlungsmotivationale Zucht sowie die kirchlich-religiöse Heils- und Lebensautorität in ihrer unbefraglichen Wirkung und Leistung versagen. Dies ist ein geschichtlicher Auflösungsprozeß, dessen grundlegendes Merkmal darin besteht, daß die zu bewerkstelligende Identitäts- und Integrationsleistung sowohl hinsichtlich der Individuen als auch hinsichtlich größerer Zusammenhänge (bis hin zu den einzelnen objektiven Kultursphären untereinander) nicht mehr über die bisherigen Weltbilder geleistet werden kann. Die geschichtliche Welt scheint der Kontingenz ausgeliefert zu sein". Die Suche nach einem „stabilen Innenverhältnis", einem „durch die ‚ratio' geleiteten Inneren", ist die eine Antwort auf diesen krisenhaft zugespitzten Umbruch.[131]

Neben dem defensiven, ganz ins Innere zurückgenommenen Moment im Tugendbegriff zeichnet sich ein zweites, eher aktives und dynamisches auch im Opitzschen Text ab. Es ist die heroische Vaiante stoischer Tugendlehre. Ihre Adaptation erfolgt bei Opitz aus dem Geist humanistisch-patriotischer Gesinnung:

> Ich lasse dieses mal die Zuckerworte bleiben /
> Wil auff mein Deutsches hier von Deutscher Tugend schreiben /
> Von Mannheit welche steht; wil machen offenbar
> Wie keiner unter uns in Nöthen und Gefahr
> Die jetzt für Augen schwebt / so gäntzlich sey verlassen /
> Daß er nicht wiederumb ein Hertze solle fassen.[132]

Hier scheint ein interessantes Oppositionsverhältnis zwischen antiker und neustoizistisch-moderner Helden-Konzeption auf. Dem stoischen Weisen, teutsche Tugend verkörpernd, ist – anders als dem antiken Heros – die Lizenz versagt, Empfindungen und Leidenschaften zu äußern. Gleichwohl ist es eine antike Gestalt, an der Opitz heroisches Verhalten exemplifiziert. Odysseus (in der kritischen Theorie das Modell für die aller Naturbeherrschung innewohnende Dialektik) avanciert im Umkreis der Stoa und somit bei Opitz zum Helden, weil er sich durch keine äußere Macht von seinem Vorsatz abbringen läßt, die Vernunft, den mundus intelligibilis, gegenüber den Versuchungen der raum-zeitlichen Welt, dem mundus sensibilis, zu behaupten:

> Diß was sein eigen ist kan niemand ihm entziehn.
> [. . .]
> Sein unverzagter Geist / sein Geist erzeugt zu Kriegen /
> Zu Ehren angewehnt / der kan nichts als nur siegen [.][133]

Unglück, Leiden kann es letzten Endes immer nur in der äußeren, der sensuellen Sphäre geben, das „Herz", das Innere bleibt davon unberührt. Tragik ist dieser Philosophie dem Wesen nach fremd. Am Ende steht im Falle des Odysseus – wie am Ende des barocken Romans – der glückliche Ausgang, und noch über dem physischen Untergang des Helden liegt – wie im barocken Trauerspiel – der tröstende Schein sittlicher Rechtfertigung. Der freiwillige Abschied vom Leben (Beispiel Cato) wird aus schöpfungstheologischer Perspektive verworfen. Dieser Glorifizierung heldischer Tugend ist ein elitäres Moment inhärent:

> Er stehet hoch empor / weit von des Pöfels Hauffen /
> Siht diesen hier / den da / und jenen sonsten lauffen /
> Verlacht die Eitelkeit / verhöhnet Schmach und Spott /
> Schaut seinem Glücke zu / erschrickt vor keiner Noth.[134]

Vollkommen repräsentiert ist die heroische Tugend – ungeachtet der anderweitig betonten ständenivellierenden Nebenwirkungen von Tugend (V. 329 ff.) – im fürstlichen Stand. Damit ist eine weitere politisch-soziale und kulturelle Funktion des Neustoizismus angedeutet. Er enthält nicht nur ein Angebot zur gedanklichen Bewältigung des Chaos in den Bürgerkriegen, sondern legitimiert zugleich den Aufstieg monarchischer Gewalt, die Etablierung des starken, jenseits der Parteien angesiedelten Staates, der im heroischen, alle Leidenschaften überwindenden, dem gemeinen Besten verpflichteten Regenten seine ideale Repräsentanz erfuhr. In diesem Sinn erfüllte die neustoizistische Tugendlehre eine wichtige legitimierende Funktion im frühabsolutistischen Monarchismus. Ihre affektbändigende und regulierende Komponente qualifizierte sie zugleich als disziplinierendes Werkzeug gegenüber den Untertanen. Opitz' Text zeigt freilich auch, daß ihr – im calvinistischen Geist rezipiert – ein Element geistigen und politischen Widerstands abzugewinnen war:

> Die Freyheit wil gedruckt / gepreßt / bestritten werden /
> Wil werden auffgeweckt; (wie auch die Schoß der Erden
> Nicht ungepflüget trägt:) sie fodert Widerstand /
> Ihr Schutz / ihr Leben ist der Degen in der Hand.
> Sie trinckt nicht Mutter-Milch; Blut / Blut muß sie ernehren;
> Nicht Heulen / nicht Geschrey / nicht weiche Kinder-Zähren:
> Die Faust gehört darzu: Gott steht demselben bey
> Der erstlich ihn ersucht / und wehrt sich dann auch frey.
> [. . .]
> Des Feindes Angesicht / der Grimm / das rote Blut /
> Diß ist ihr rechter Sporn / von dannen nimbt sie Muth.
> Wann diese Wächter uns sind aus den Augen kommen /
> Da wird uns auch der Sinn zur Munterkeit genommen:
> Wird einmal dann das Hertz umbringet von der Nacht /
> Gewiß es ist so bald nicht wieder auffgewacht.[135]

Das waren Sätze, für die man sich im Vormärz wieder interessierte; Hoffmann von Fallersleben hat sie der Aufnahme in seine Anthologie politischer Dichtung gewürdigt.[136] Im Kontext des *Trostgedichtes* konnten sie für den geschulten, zwischen den Zeilen lesenden Zeitgenossen nur als Aufruf zum Ausharren bei der gerechten, der protestantisch-calvinistischen Sache verstanden werden. Widerstand war Voraussetzung der Freiheit, und der Mut zu ihm entzündete sich an der Vergegenwärtigung des blutrünstigen Tyrannen.

Das dritte Buch ist das Herzstück des *Trostgedichtes;* es ist ein Stück großer politischer Dichtung, wie sie im 17. Jahrhundert kaum jemals wieder erreicht wurde. Blickt man auf den Vorspann, so scheint wieder von nichts als „Unschuld und gutem Gewissen" die Rede zu sein, welch letzteres „umb GOttes / der Religion / und der Freyheit willen Gewalt" leidet.[137] Das ist schwerlich anders denn als Verschleierung des brisanten politischen Inhalts zu begreifen. Wenn es Veranlassung gab, die Veröffentlichung des *Trostgedichts* hintanzustellen, so wegen des dritten Buches. Es reiche nicht, so Opitz gleich in den einleitenden Versen, sich gefaßt in das Elend zu fügen. Für „eine gute Sach und heiliges Gewissen" lohne es sich zu kämpfen; wo „Ubel und Gewalt uns auch wird angethan", ist Widerstand geboten.[138] Das dritte Buch entspringt dem Erfahrungshorizont Pfälzer Agitatorik. Natürlich muß sich der Humanist dafür das Plafond schaffen. Das höchste Gut bleibt der Friede; Krieg kann nur der Inbegriff allen Übels sein – auch im Hinblick auf Wissenschaft und Kunst. Die Wahrung des Friedens ist vornehmste Aufgabe des „christlichen Herrn".[139] Doch diese Maxime findet ihre Grenze dort, wo der Tyrannei Einhalt zu gebieten ist; wo sie waltet, ist der Krieg, ist Gegenwehr ein legitimes Mittel der Regentenkunst:

> Wil unser Nachbar gar von keinem Frieden wissen /
> Wird uns das harte Joch und Dienstbarkeit zu schwer /
> So sucht man billich dann das Schwerdt und FaustRecht her.[140]

Summum bonum ist die Freiheit, und das heißt im Zeitalter des Konfessionalismus primär die Freiheit der religiösen Praxis, die wiederum unabdingbar geknüpft ist an die Abwehr katholischer Supprematie:

> Was kann nun besser seyn dann für die Freyheit streiten
> Und die Religion / wann die von allen Seiten
> Gepreßt wird und verdruckt / wann die kömpt in Gefahr?
> Wer sol nicht willig stehn für Herdt und für Altar?[141]

Und dann folgen die Beispiele aus der Zeitgeschichte der Bürgerkriege, die keinen Zweifel daran lassen, auf welcher Seite für die gerechte Sache gestritten wird und von welcher das Unrecht, die „Tyranney" (V. 108) ausgeht.

An erster Stelle steht die Bartholomäus-Nacht mit der bestialischen Ermordung des greisen Coligny, dieser Schandfleck in der Regierungszeit Katharinas von Medici und Karls IX. Und doch ist sie nur der offenkundigste Ausbruch eines religiösen Fanatismus, wie er sich überall in der grausamen Verfolgung der Hugenotten wiederholt:

> O Schande dieser Zeit! Wer hat vor Zeit und Jahren
> Auch in der Heydenschafft dergleichen doch erfahren?

Noch ward auch Geld gemüntzt / und gar darauff gepregt:
Die wahre Gottesfurcht hat Billigkeit erregt.
O schöne Gottesfurcht durch Menschen-Blut besprenget!
O schöne Billigkeit / da alles wird vermenget /
Da nichts nicht als Betrug / als Falschheit wird gehört /
Da der Natur Gesetz' auch selber wird versehrt![142]

Der Ehrentitel des christlichen Märtyrers kommt nur der reformierten Seite zu; sie weist alle Merkmale der Gerechtfertigten auf, die sich um die Attribute stoischer constantia gruppieren. Den Titel des Tyrannen, von Gewissensqualen zermürbt, von Träumen verfolgt wie im Trauerspiel, trägt Karl IX. von Frankreich. Derartiges konnte auch im Umkreis der frankreichfeindlichen Habsburger Länder nicht publiziert werden. Im Kampf für Gott – will sagen: die protestantische Sache – und das Vaterland – will sagen: die Behauptung nationaler Identität gegenüber dem imperialen katholischen Anspruch – ist der Griff zum Schwert gerechtfertigt, nein mehr, geboten.

Jetzt steht die Freyheit selbst wie gleichsam auff der Spitzen /
Die schreyt uns sehnlich zu / die müssen wir beschützen:
Es mag das Ende nun verlauffen wie es kan /
So bleibt die Sache gut umb die es ist gethan.
Wann die Religion wird feindlich angetastet /
Da ist es nicht mehr Zeit daß jemand ruht und rastet.
Viel lieber mit der Faust wie Christen sich gewehrt /
Als daß sie selbst durch List und Zwang wird umbgekehrt.[143]

In diesem Zusammenhang gelingt Opitz im Gegenzug zur stoischen Entwertung von Heimat ein Panegyrikum auf das Vaterland, das inspiriert ist von der Erinnerung an die bedrängten protestantischen Kronländer Habsburgs:

Die güldne Freyheit nun lest kein Mann eher fahren
Als seine Seele selbst: Dieselbe zu verwahren /
Derselben Schutz zu thun / ist allzeit gut und recht;
Wer sie verdrücken lest wird billich auch ein Knecht.
Wer kan sein Vaterland auch wüste sehen stehen /
Daß er nicht tausend mal muß einen Tag vergehen?[144]

Das zweite zeitgenössische Paradigma liefert der Kampf der Niederländer gegen die „Hoffart" der Spanier (V. 258). An ihm läßt sich darlegen, daß sich das gerechte und Gott wohlgefällige, das historisch richtige Prinzip in der Geschichte durchsetzen wird, auch wenn die Übermacht der dem Unrecht verhafteten Gegenseite noch so groß ist. Der Sieg des kleinen Volkes über die mächtigen Spanier liegt jenseits der Fassungskraft der Vernunft. Hier ist es die Gestalt Albas, in dem sich „Marter / Pein und Plagen / Der grimmen Tyranney" vereinen.[145] Angesichts seiner Blutrunst ist die Frage der Rechtmäßigkeit des Widerstandes obsolet. Die Niederlande liefern den Beweis für das im zweiten

Buch generell statuierte Theorem, daß sich die Kampfeslust am Blut der schänd-
lich Ermordeten entzündet:

> Der grimmen Tyranney war länger nicht zu tragen:
> Das sehr bedrengte Volck ward endlich auffgehetzt /
> Nachdem sein Blut genung das gantze Land genetzt /
> Und Alba solchen Grimm und Wüterey begangen
> Dergleichen nie gehört; Die Ritterschaft gefangen /
> Den Edlen Helden Horn sampt Egmund weggerafft /
> Die Städte leer gemacht / die Leute fortgeschafft
> In Wald und Wüsteney Mann / Weib und Kind vertrieben /
> Gejaget auff die See: Jedoch sind sie geblieben;
> So wenig haben sich der grossen Macht erwehrt /
> Und ihren harten Dienst in Freyheit umbgekehrt.[146]

Leuchtendes Beispiel des Widerstandes bleibt natürlich Leiden. Die Symbiose
aus calvinistischer Heroik und wissenschaftlich-künstlerischer Blüte fasziniert
den Dichter. Davon hebt sich das traurige Schicksal Ostendes ab. Doch kann
man von Sieg sprechen, wenn der Sieger nur noch eine tote Stadt vorfindet?

> So thun sie Widerstand / das Volck zu Stahl und Eisen
> Von Wiegen an gewehnt [.][147]

Das dritte Buch vermittelt eine Ahnung, wie tief sich die Schande der katholischen Gegenreformation, ob in Frankreich, ob in den Niederlanden, ob alsbald
in den Habsburger Kronländern, in das Gedächtnis der humanistischen Intelligenz eingegraben hat. Aus ihm sind die Schmähungen der „Tyrannei" gespeist,
die Opitz an dieser Stelle historisch dingfest macht.

Das Fazit der Erinnerung an das Schicksal der Protestanten in Europa ist ein
aktuelles und adhortatives. Deutschland hat die Lehre aus der Geschichte zu ziehen. Sie lautet: unerbittlicher, den Tod nicht scheuender Widerstand gegen die
katholischen Invasoren, die Opitzens Wahlheimat, die Pfalz, bereits erreicht
haben:

> Ach / Deutschland / folge nach! Laß doch nicht weiter kommen
> Die so durch falschen Wahn so viel schon eingenommen /
> Zu Schmach der Nation; Erlöse deinen Rhein /
> Der jetzund Waffen trägt / vor seinen guten Wein.
> GOtt / die Religion / die Freyheit / Kind und Weiber /
> Sol dieses minder seyn als unsre schnöde Leiber
> Die gleich so wol vergehn? Was Nothdurfft bey uns thut /
> Es gehe wie es wil / das bleibet recht und gut.
> Der Nutz ist offenbar: Die Freyheit zu erwerben /
> Für GOttes Wort zu stehn / und ob man müste sterben /
> Zu kriegen solches Lob das nimmer untergeht /
> Das hier mit dieser Welt wie in die Wette steht.[148]

Hinter dieser Gefahr verblaßt eine andere, von Opitz nur zufällig in einem anderen Gedankengang gestreifte, die der Türken (V. 435 ff.). Hier hat der Dichter Gelegenheit, die Einheit des ganzen, des protestantischen wie des katholischen Deutschland zu beschwören. Der Begriff der Nation war auch gegen die Spanier mobilisiert worden (V. 355). Ihm ist ein Dualismus eigen, der nun bei Opitz und den Seinen eine interessante Auflösung erfährt. Wird die innere Zerrissenheit Deutschlands beklagt, so bleibt der Aufruf zum Zusammenschluß aller Kräfte, zur Wiedergewinnung der nationalen Identität mit dem Widerspruch behaftet, daß er die katholische Gegenseite mitumfassen muß, die doch vielfach im Bündnis mit dem auswärtigen Angreifer steht. Liegt der Primat der Argumentation auf der Abgrenzung der Protestanten gegenüber den Katholiken, so legt sich zwangsläufig eine „kleindeutsche" Option nahe. Sie wurde vor allem durch die Böhmen-Politik Friedrichs V. genährt. Viel deutlicher zeichnet sich jedoch im *Trostgedicht* eine andere Strategie ab. Sie war lange vorher von den „Politiques" in Frankreich ausgebildet worden.[149] Katholiken wie Protestanten galt es in Frankreich wie in Deutschland zu überzeugen, daß sie in erster Linie Franzosen bzw. Deutsche seien. Dementsprechend wendet sich auch Opitz immer wieder an die ganze Nation und fordert sie auf, zusammenzustehen und gemeinsam dem Aggressor zu begegnen – ein Versuch, die Katholiken aus der Liaison mit den Spaniern herauszubrechen. Derart erhebt sich die Nation über den Konfessionen als ein Integral politischer und kultureller Selbstfindung.

Denn die Dichter stehen in diesem Kampf nicht abseits. Ihnen obliegt die Verewigung der res gestae im Geschichte transzendierenden Wort. Das ist gute humanistische Topik. Aber ist es nicht auch eine Mahnung, in dem großen geschichtlichen Ringen nicht passiv zu bleiben, den protestantischen Kampf publizistisch zu flankieren, wie Opitz es mit dem *Trostgedichte* demonstriert? Die Poesie tradiert nicht nur, erschöpft sich nicht in der Chronistik, sondern scheidet vielmehr das Wahre vom Falschen, nimmt für die gute Sache Partei, brandmarkt die schlechte als tyrannische und befördert politische Praxis über Vermittlung politischer Erkenntnis. Es ist das Fazit der politischen Philosophie Opitzens, wie es sich hier in seiner Frühzeit abzeichnet, daß derjenige schuldig wird, der seine Kräfte nicht in den Dienst des geschichtlich berechtigten Prinzips stellt. Geleitet wird solches Tun vom Anblick des Leides der Kreatur unter der inhumanen katholischen Tyrannei. Derart gibt die humanistische Irenik ihren calvinistisch-militanten Aspekt frei: Beistand den Unterdrückten.

> Da wird der gantzen Welt ohn alle scheu verkündet
> Was sonst vertuschet wird / die Fackel angezündet
> Die klärlich offenbart was beydes schlimm und gut
> Gehandelt worden sey / die keinem Unrecht thut.
> Dann wird die Tyranney durch stete Schmach bezahlet /
> Mit ihrer rechten Farb' auffs Leben abgemahlet:
> So wird Caligula nach solcher langen Zeit /

So wird noch Nero jetzt sampt andern angespeyt.
Dann werden außgestellt zu aller Menschen Hassen
Die die Religion im Stiche sitzen lassen /
Der Freyheit abgesagt / und wo der Wind geweht
Umb zeitlichen Gewinn den Mantel hingedreht.
Auch dieser Schande kan nicht unvergessen bleiben
Die ihnen nicht begehrt den Unfall ab zu treiben /
Die / wann sie schon gekunt / der Armen Creutz und Pein
Mit trewem Raht' und That nicht beygesprungen seyn.
Wir Menschen sind geborn einander zu entsetzen /
Und keinen durch Gewalt gestatten zu verletzen.
Wer dem / der unrecht stirbt / nicht beyspringt in der Noth /
Und seinem Feinde wehrt / der schlägt ihn selber todt.[150]

Folgerichtig endet dieses große politische Vermächtnis in einem leidenschaftlichen Aufruf an das „werte Volk" – das für den Humanisten angesichts der Bedrohung Protestanten und Katholiken umschließen sollte –, dem „fremden Stoltz", der „Hoffart", dem Feind, „der auch der Sonnenbahn gedenckt mit einer Kette zu schließen in sein Reich", also Spanien, beherzt und mit Todesmut entgegenzutreten.[151] Hilfe kommt dabei nicht zuletzt durch die Rückbesinnung auf die „nationale" kulturelle Tradition im Ursprung der Germanen. Sie figuriert wie in der kulturpolitischen Theorie als Stimulanz nationaler Einheit und Selbstbehauptung, für die der gelehrte bürgerliche Humanist so vehement streitet. Der Einsatz für die Muttersprache, von der die letzten Verse künden, hat an dieser Stelle seinen geschichtlichen Ort.

Mit dem vierten und letzten Buch kehrt Opitz zur zeitlosen Paränese zurück. Der Höhepunkt ist überschritten, der Spannungsbogen senkt sich. Das Thema Trost rückt wieder in den Vordergrund. Aber ist es ein Trost, daß die Stafette des Krieges von einem Land zum anderen weitergegeben wird, Deutschland also nicht allein leidet? Das Bewußtsein, daß die Krise ganz Europa, die ganze Christenheit ergriffen hat, ist allgegenwärtig:

Wo ist der tolle Mars nicht leider außgelassen?
Ist gantz Europa durch nicht Krieg und Kriegs-Verfassen?
Ist inner dem Revier der gantzen Christenheit /
Und ausser ihr darzu nicht ein gemeiner Streit?[152]

Das Leiden aber ist bei den Unschuldigen vergleichsweise am geringsten, weil sie die inneren Skrupel nicht zu bekämpfen haben – ein Zuspruch an die protestantische Adresse. Trost spenden sodann die Wissenschaften. Doch sind sie hier weniger quietistisch als Refugium im allgemeinen Unheil gefaßt, denn als Kraftquelle in der Gefahr. Dankt der Dichter (V. 121 ff.) der Wissenschaft für die Tugend, für die Einsicht, die sie ihm hat zuteil werden lassen, so impliziert das die Möglichkeit geschichtlich-politischer Orientierung, wie sie im *Trostgedicht* manifest wird. Die Hoffnung als probates Remedium kann sich auf die seit den

Germanen nicht versiegte Tapferkeit der Deutschen und ihrer Regenten stützen. Erfolg hat der Gegner nur, wo die Eintracht der Deutschen wie seit der Glaubensspaltung unterminiert ist. Daß die katholischen Reichsstände sich nicht scheuen, mit dem Ausland zu paktieren, ist das Skandalon:

> Es bleibet nur gewiß; ihr wird nicht angesieget
> Der Teutschen Nation wann daß sie friedlich krieget /
> Und bey einander helt / wie ubel thun dann die
> So ihrer Feinde Heer mit grossem Fleiß' und Müh
> Auch an den blossen Leib des Vaterlandes hetzen?[153]

Das Locklied, mit dem der Häscher den Vogel zu fangen sucht, ist es nicht die Propagierung der e i n e n katholischen Religion, mit der man auch die deutschen Katholiken zu gewinnen trachtet? Den gleichen Feldzug hatten die „Politiques" in Frankreich gegen die spanienhörigen Landsleute zu führen, die die Einheit der Nation aufs Spiel setzten:

> O flieht des Neydes Gifft / reicht doch die treuen Hände
> Einander Brüderlich und steht als veste Wände
> Die keine Gewitter fellt / so wird in kurtzer Zeit
> Der stoltze Feind / nechst Gott / durch unser' Einigkeit
> Zurücke müssen stehn [.][154]

Höher als konfessioneller Hader steht die Wahrung der Einheit. So wächst aus den Glaubenskriegen die säkularisierte Vorstellung der Nation heraus, hier artikuliert von seiten eines Protestanten, der über dieses Argument Gehör bei den Katholiken sich erhofft. Und die Liebe schließlich als Trostmittel, sie bewährt sich als treues Ausharren bei den Bundesgenossen. Sie umgreift die Liebe zu „Ritterlichen Taten", ist durchaus militant:

> Nun ihr deßgleichen auch / ihr ehrlichen Soldaten /
> In denen Liebe steckt zu Ritterlichen Thaten /
> Laßt jetzt / laßt jetzt doch sehn den rechten Deutschen Muth /
> Und schlagt mit Freuden drein: Der Feinde rothes Blut
> Steht besser uber Kleid und Reuterrock gemahlet
> Als köstlich Posament / das theuer wird bezahlet /
> Ziert einen Kriegesmann: Ein schöner Grabestein
> Der bringt der Leichen nichts / ist nur ein blosser Schein:
> Das Feld / das blancke Feld / in dem viel Helden liegen
> So vor ihr Vaterland und Freyheit wollen kriegen
> Steht Männern besser an[.][155]

Daß dieser Wagemut der Todes-Panegyrik als Stimulanz bedarf, bezeichnet ein weiteres Mal die Grenze eines Textes des 17. Jahrhunderts. Immerhin, der würdigste Tod bleibt der für die gerechte Sache:

> [...] O wol! O wol doch denen
> Die vor ihr Land und GOtt sich auffzuopffern sehnen /
> Und scheuen nicht das Schwerdt![156]

Der Gerechte geht in Gott ein. Zu ihm erhebt sich der Dichter in einem großen Schlußgebet. Gott ist alle Zeit mit den Gerechten gewesen. Daß die Protestanten seiner Treue versichert sein dürfen, steht als Gewißheit hinter dem Gebet und wird durch geschichtliche Beispiele nochmals erhärtet. Gott nimmt sich gerade der Minoritäten an. Er möge die „Potentaten, die unsers Glaubens sind" erleuchten.[157] Dem Gebet vorausgegangen war die dichterische Evokation des Jüngsten Gerichts. In ihm wird der blutrünstige Tyrann seiner verdienten Strafe entgegengeführt:

> Der Bluthund der sich hier zu Krieg und Streiten dringet /
> Der Hertze / Geist / und Sinn an Meutterey ergetzt /
> Wird einen ärgern Feind sehn auff sich angehetzt /
> Als er gewesen ist / der stündlich ihn wird jagen /
> der Augenblicklich ihn wird ängsten / martern / plagen
> Mit unerhörter Pein.[158]

Auf der anderen Seite figuriert die Utopie des Friedens, transponiert ins Jenseits als Reich ewiger Seligkeit der Frommen, tatsächlich jedoch seit Erasmus das eigentliche Reagenz politischer Philosophie im Umkreis des bürgerlich-gelehrten Humanismus und zugleich dessen irenisches Vermächtnis aus der frühen Neuzeit an das Zeitalter der Aufklärung:

> Was umb und umb wird seyn wird alles Frieden heissen;
> Da wird sich keiner nicht umb Land und Leute reissen /
> Da wird kein Ketzer seyn / kein Kampff / kein Zanck und Streitt /
> Kein Mord / kein Städte-brand / kein Weh und Hertzeleid.
> Dahin / dahin gedenckt in diesen schweren Kriegen /
> In dieser bösen Zeit / in diesen letzten Zügen
> Der nunmehr – kranken Welt; Dahin / dahin gedenckt
> So läßt die Todesfurcht euch frey und ungekränckt.[159]

V

Drei Dingen verdankt Opitz seinen Ruhm: seiner blendenden diplomatisch-politischen Karriere, seinem zündenden kulturpolitischen Programm und seiner poetischen Reform. Letztere war an die Bereitstellung von Mustern geknüpft. Opitz hat sie den deutschen Dichtern des 17. Jahrhunderts mit einer Konsequenz und Zähigkeit bereitgestellt, die beispiellos in der deutschen, vielleicht sogar in der europäischen Literatur dasteht.[160] Die Reform mußte ansetzen bei der Lyrik. Hier waren vor und neben Opitz parallele Versuche eingeleitet. Opitz faßte sie zusammen, unterwarf sie seinem Sinn für Maß und Form und lieferte das ebenso einfache wie durchschlagende poetologische Rezept. Die Sammlung seiner Gedichte von 1625 gab das große Beispiel ab. Man pflegt ihren Fortschritt gegenüber der 24er Ausgabe im Versifikatorischen zu sehen. Viel wichtiger war jedoch das Prinzip der inneren Organisation. Sie ist in acht Bücher streng nach Gattungen gegliedert.¹⁶¹ Das Werk wird eröffnet mit geistlichen Gedichten (u. a. dem *Lobgesang über den freudenreichen Geburtstag Jesu Christi* [1624], der Übersetzung von Heinsius' *Lobgesang Jesu Christi* [1621] und einem Psalm, zu denen dann 1638 in der Ausgabe der geistlichen Gedichte letzter Hand die Übersetzung des *Hohen Liedes* [1627], die *Klage-Lieder Jeremia* [1626], der *Jonas* [1628], die *Judith* [1635], die *Episteln* [1628], die Rede *Über das Leiden und Sterben unseres Heilandes* [1628], eine Reihe weiterer Psalmen sowie das *Trostgedichte* [1633] treten werden; die Übersetzung des Jesuiten Becanus [1631] fehlt natürlich in den Gesammelten Werken, ebenso ist die Übersetzung von De la Serres *Süßen Todesgedanken* nicht übernommen worden). Dann folgte die in der Poetik an erster Stelle eingeführte Gattung des Lehrgedichts, hier vertreten durch *Zlatna* (1623) und das *Lob des Feldlebens* (1623), zu denen die Übersetzung von Heinsius' *Lobgesang Bacchi* gestellt ist und zu denen später in der Ausgabe letzter Hand 1638 bzw. 1644 der *Vesuvius* (1633), *Vielgut* (1629), das *Lob des Krieges Gottes Martis* (1628) und die Übersetzung von Chandieus *Von der Welt Eitelkeit* (1629) treten werden und denen die – gleichfalls im ersten Band der *Weltlichen Poemata* plazierten – Übersetzungen der *Disticha Catonis* (1629) und der *Tetrasticha* Pibracs (1634) zuzuordnen wären; die Übersetzung von Grotius' *Von der Wahrheit der christlichen Religion* legte Opitz nicht nochmals vor. Im dritten Buch folgte die Gattung des Gelegenheitsgedichts auf hochgestellte Personen und gelehrte Freunde, angefangen mit einem Epicedium auf Erzherzog Carl von Österreich (hier konnte Opitz später sowohl im ersten Band der *Weltlichen Poemata* von 1638 bzw. 1644 mit seinem *Lobgedicht an die Königliche Majestät zu Polen und Schweden* [1636] und dem entsprechenden auf Ulrich von Holstein [1633] sowie im zweiten posthumen Band der *Weltlichen Poemata* von 1644 mit den im ersten Buch der *Poetischen Wälder* plazierten Gedichten auf den Kaiser sowie auf andere fürstliche und adlige Personen ein bestechendes Repertoire präsentieren). Das vierte Buch sammelte Hochzeitsgedichte (in der Ausgabe 1644 trat zu den im zweiten Buch der *Poetischen Wälder* zusammengeführten Hochzeitsgedichten ein eigenes drittes Buch mit Begräbnisgedichten einschl. der großen *Trostschrift* für seinen Verleger David Müller hinzu). Das fünfte Buch war der Gattung des Liebesgedichts gewidmet (1644 im Titel zum entsprechenden vierten Buch vermerkte Opitz ausdrücklich, daß diese Stücke der „ersten Jugendt" entstammten). Das sechste Buch sammelte – wie Weckherlin schon 1618/19 – die *Oden oder Gesänge* (darunter das große autobiographische Pastoralgedicht *Galathee*). Das siebte Buch brachte die erste deutsche Sammlung mit Sonetten; das achte und letzte stellte die deutschen Epigramme zusammen. Damit war der deutschen Literatur im Prinzip bereits 1625 ein Terrain gewonnen, das den Anschluß an die europäische Entwicklung sicherstellte und vielfältige Möglichkeiten der imitatio bot. In den lyrischen Genera artikulierte sich die neue Kunstdichtung denn auch am frühesten.

Opitzens säkulare Tat bestand nun jedoch darin, daß er auch in den anderen Gattungen für Vorbilder sorgte und die literarische Produktion in Gang brachte. Entscheidend war hier die Eroberung der erzählenden und dramatischen Groß-formen. Daß dies zumeist im Medium der Übersetzung geschah, tat dem keinen Abbruch; im Gegenteil. Qualifikation und Dignität der deutschen Sprache konn-ten derart unter Beweis gestellt werden. Noch 1625 erschien Opitzens Überset-zung von Senecas *Trojanerinnen,* der 1636 die Sophocleische *Antigone* folgte. Damit war eine Schneise zur Ausbildung des Trauerspiels freigelegt, in dem Schlesiens literarische Mission gipfeln sollte. Ihnen folgte 1626 und 1632 die Übersetzung von Barclays *Argenis* und 1638 die Überarbeitung einer schon im Jahre 1629 erschienenen Übersetzung von Sidneys *Arcadia.* So kommt Opitz auch in der Geschichte des Romans eine wichtige Rolle zu. Der deutsche Schäfer-roman beschritt zwar zunächst andere, von der europäischen Tradition fortfüh-rende Wege, und der höfisch-heroische Roman entfaltete sich überhaupt erst in der zweiten Jahrhunderthälfte nach der Konsolidierung des Absolutismus. Kei-nen Zweifel kann es jedoch daran geben, daß diese beiden wichtigsten Roman-gattungen des 17. Jahrhunderts von Opitzens Leistungen profitierten und ihre Autoren durch seine Autorität ermutigt wurden. Speziell für die schäferliche Literatur kam hinzu, daß Opitz mit seiner *Schäferei von der Nimfen Hercinie* (1630) der deutschen Literatur einen Erzählungstyp gewonnen hatte, der nicht nur die Ausbildung des deutschen Schäferromans und der deutschen Gelegen-heitsschäferei (Prosaekloge) beförderte, sondern überhaupt die Gattung der erzählerischen Kleinform in Deutschland stimulierte. Daß Opitz dann auch noch die barocke Gattung par excellence, die Oper, mit seiner Übersetzung von Rinuccinis *Dafne* (1627) eröffnete, die bis tief ins 18. Jahrhundert hinein ihren festen Platz an den deutschen Höfen behielt, mag den Radius seiner Wirksam-keit illustrieren. Nur in die Entwicklung der niederen Literaturgattungen hat Opitz nicht eingegriffen. Pikaroroman und Komödie gediehen ohne sein Patro-nat. Ist es ein Zufall, daß gerade in den vom gelehrt-klassizistischen Geist nicht präformierten Gattungen die das Jahrhundert überdauernden Leistungen inner-halb der weltlichen Dichtung gelangen, die Komödien des Gryphius und mehr noch die Simpliziaden Grimmelshausens?

So darf abschließend die Frage nach der Geltung von Opitzens Reformwerk gestreift werden. Opitzens Wirken vor allem ist es zu danken, daß die deutsche Literatur den Anschluß an die europäische Literatur wiederherstellte und wahrte. Sie war im vorausgehenden Jahrhundert eigenwillige, in ihrem Formen-reichtum, ihrem konfessionellen und politischen Engagement vielfach faszinie-rende Wege gegangen; im letzten Drittel des Jahrhunderts versiegte die Inspira-tion jedoch. Nur von außen konnte die Literatur neu belebt, nur durch das Bündnis mit den sozial führenden Ständen wieder emporgeführt werden. Beides erkannte Opitz klar. Ihrer formalen Kultur ist die Anlehnung vor allem an die Romania ebenso wie ihre soziale Orientierung zugute gekommen. Die späte Blüte in der zweiten Hälfte des 18. Jahrhunderts wäre ohne die disziplinierende Arbeit, die Opitz und die Seinen der deutschen Sprache und den poetischen Formen angedeihen ließen, undenkbar gewesen. Aber der Opitzsche Klassizismus hatte seinen Preis. Die Fundierung in der eruditio machte die Literatur zu einer Sache der Gelehrten. Die Ansätze zu einer breitenwirksamen, auch agitatorisch zündenden literarischen Tradition wurden nicht weiterentwickelt, sondern die Verbindungen zur heimischen Überlieferung gekappt. Die „volkstümliche" Literatur führte seither ein apokryphes, ästhetisch wie sozial von den Gelehrten inkriminiertes Dasein. Über dieses wissen wir bisher ebensowenig wie über möglicherweise vorhandene Prozesse des Austausches zwischen eruditärer und populärer Literatur; das Verdikt der Gelehrten wirkt hier immer noch nach. Vom Ansatz her blieb das Volk, blieben der „Pöbel" und damit die städtischen Mittel- und Unterschichten von der Reformbewegung ausgeschlossen. In einem langwierigen Prozeß mußte hier im 18. Jahrhundert preisgegebenes Terrain für die Literatur zurückerobert werden, ohne daß der Bruch je wieder ganz zu schließen gewesen wäre.

Die deutsche Literatur des 17. Jahrhunderts in der Opitzschen Version war – wenn man vom Interesse des Hofes und des Adels zu Anfang des Jahrhunderts absieht – eine Angelegenheit von Gelehrten für Gelehrte.[162] Ihre Repräsentanten waren zum Patriziat, zum Adel und vor allem zum Hof hin orientiert. Doch bedurfte es eigener soziokultureller Institutionen der bürgerlichen Gelehrtenschaft neben dem Monopol der Höfe. Hier haben die sogenannten Sprachgesellschaften ihre Wurzel.[163] Sie gehen gleichfalls auf höfische Initiativen zurück. Die von den calvinistischen Fürsten ins Leben gerufene Fruchtbringende Gesellschaft blieb schon auf Grund ihrer sozialen Zusammensetzung das nicht einzuholende Vorbild. Gleichwohl kamen in einzelnen Kommunen, in Hamburg, in Königsberg, in Leipzig, in Nürnberg, in Straßburg genuine Ausprägungen der bürgerlichen Gelehrtenschaft zustande. Die Physiognomie dieser und anderer Städte als Instanzen literarischer Produktion und Rezeption neben den Höfen wechselt.[164] Ob und in welchem Umfang je nach Stadttypus ein Hof, eine Universität, ein Gymnasium, ein Verlag, die Konfession etc. das literarische Leben prägten, ob das Patriziat für die gelehrten Exerzitien interessiert werden konnte, ob es in einzelnen Fällen zu Kontakten mit den städtischen Mittelschichten kam und Elemente der stadtbürgerlichen Kultur des Spätmittelalters lebendig blieben, entschied jeweils auch über das Bild der Literatur. Im ganzen wird man sagen dürfen, daß die von Erich Trunz in einer Pionierarbeit entwickelte Soziologie des Späthumanismus den Rahmen auch für die literaturgesellschaftlichen Verhältnisse des 17. Jahrhunderts abgibt.[165] Freilich mit einer Einschränkung, die den Aufriß dieses Versuchs über Opitz bestimmte.[166] Der Späthumanismus ist in Westeuropa und im Reich aufs engste in die konfessionspolitischen Auseinandersetzungen verwickelt. Seine Vertreter stehen in der Regel auf seiten der Protestanten oder doch der staatstragenden „Politiques". Speziell vollziehen sich die Anfänge der neueren Kunstdichtung sowohl im Umkreis der Fruchtbringenden Gesellschaft wie in Schlesien und der Pfalz im Zeichen des Calvinismus. Die kommunalen Sprachgesellschaften als die eigentlichen Sozialisationsagenturen der sog. deutschen „Barockliteratur" konstituieren sich jedoch erst, als der Calvinismus seine zentralen Bastionen bereits verloren hat. Sie entwachsen lutherisch-protestantischem Milieu. Wohl regt sich vor allem unter dem Eindruck Gustav Adolfs noch einmal die politische Aktivität der Dichter. Aufs Ganze gesehen begünstigt der Protestantismus seiner Theologie wie seiner geschichtlichen Tradition nach den politischen Attentismus. Das hat den Gestus der deutschen Literatur des 17. Jahrhunderts bestimmt. War sie ohnehin dem Handwerklich-Gelehrten verpflichtet, so verlor sie mit der politischen Perspektive vielfach auch ihre geschichtliche Substanz. Opitz' Werk bringt beide Aspekte zur Geltung. Die auf gelehrte imitatio gerichtete Komponente seiner Reformarbeit erfuhr lebendige Impulse durch die Begegnung mit der geschichtlich-politischen Welt. Wo diese unterbrochen wurde, gewann der leere Technizismus die Oberhand. Das „Manierismus"-Problem dürfte auch unter diesem Gesichtspunkt zu sehen sein. Es hat die Nachgeschichte des „Barock" über weite Strecken im 18. und 19. Jahrhundert bestimmt. Es ist an der Zeit, die deutsche Literatur des 17. Jahrhunderts der kritischen Sonde geschichtlicher Betrachtung zu unterwerfen. Der vorliegende Beitrag stellt einen Versuch in diese Richtung dar.

Anmerkungen

Texte

Martin Opitz. Gesammelte Werke. Kritische Ausgabe. Hg. v. George Schulz-Behrend. [Bisher erschienen:] Bd. I: Die Werke von 1614 bis 1621. Stuttgart 1968 (Bibl. d. Lit. Vereins Stuttgart, Bd. 295); Bd. II, Teil 1-2: Die Werke von 1621 bis 1626. Stuttgart 1978-1979 (BLVS, Bd. 300-301); Bd. III, Teil 1-2: Die Übersetzung von John Barclays Argenis. Stuttgart 1970 (BVLS, Bd. 296-297).
Maßgebliche wissenschaftliche, reichhaltig kommentierte, bisher bis 1629 reichende kritische Gesamtausgabe der lateinischen und deutschen Werke Opitzens, einschließlich Übersetzungen. Nähere Informationen bei G. Schulz-Behrend, On Editing Opitz, in: MLN 77 (1962), S. 435-438; ders., Die Opitz-Ausgabe, in: Jb. f. Intern. Germ. IV/2 (1972), S. 74-75. Vgl. auch die instruktive Besprechung von J.-U. Fechner, in: Euph. 64 (1970), S. 433-440; demnächst Vf. in Daphnis. Grundsätzlich hier und im folgenden heranzuziehen die entsprechenden Angaben im Handbuch der Editionen, deutschsprachige Schriftsteller, Ausgang des 15. Jahrhunderts bis zur Gegenwart, bearb. v. Waltraud Hagen u. a., Berlin/DDR 1979, S. 453 ff.
Martin Opitz. Geistliche Poemata. 1638. Hg. v. Erich Trunz. 2., überarb. Aufl. Tübingen 1975 (Deutsche Neudrucke, Reihe: Barock, Bd. 1).
Martin Opitz. Weltliche Poemata. 1644. Erster Teil. Unter Mitwirkung von Christine Eisner hg. v. Erich Trunz. 2., überarb. Auflage. Tübingen 1975 (Deutsche Neudrucke, Reihe: Barock, Bd. 2).

Martin Opitz. Weltliche Poemata. 1644. Zweiter Teil. Mit einem Anhang: Florilegium variorum epigrammatum. Unter Mitwirkung von Irmgard Böttcher und Marian Szyrocki hg. v. Erich Trunz. Tübingen 1975 (Deutsche Neudrucke, Reihe: Barock, Bd. 3).

Fotomechanische Reproduktion der Ausgabe letzter Hand der Werke Opitzens mit überaus reichhaltigen und instruktiven bio- und bibliographischen Materialien sowie einer breit angelegten literarhistorischen Situierung des Opitzschen Werkes. Im 3. Band eine revidierte Bibliographie der Werke Opitzens von Marian Szyrocki unter Mitwirkung von Irmgard Böttcher.

Martin Opitzens Von Boberfeld Gedichte. Von J. J. B. [odmer] und J. J. B. [reitinger] besorget. Erster Theil. Zürich 1745.

Bis zum Abschluß der kritischen Ausgabe Schulz-Behrends wegen des kritischen Apparats, der Einleitungen und der Anmerkungen stets weiter heranzuziehende kritische Ausgabe; leider wegen der von Daniel Wilhelm Triller veranstalteten vierbändigen Konkurrenz-Edition (Frankfurt/M. 1746) unvollständig geblieben. Vgl. H. Henne, Eine frühe kritische Edition neuerer Literatur, zur Opitz-Ausgabe Bodmers und Breitingers von 1745, in: ZfdPh 87 (1968), S. 180-196.

Ausgewählte Dichtungen von Martin Opitz. Hg. v. Julius Tittmann. Leipzig 1869 (Deutsche Dichter d. siebz. Jh., Bd. 1).

Mit ausführlicher Einleitung, sowie mit Lesarten im Anhang. Die Wiedergabe der Einzelwerke (Zlatna, Daphne, Lob des Kriegs-Gottes Martis, Vielgut, Hercinie, Trostgedichte) durchweg ohne die Vorreden.

Martin Opitz. Weltliche und geistliche Dichtung. Hg. v. H. Oesterley. Berlin/Stuttgart o. J. (Deutsche National-Litteratur, Historisch-kritische Ausgabe, hg. v. Joseph Kürschner, Bd. 27). Reprint Tokyo; Tübingen 1974.

Mit ausführlicher instruktiver Einleitung und mit Worterklärungen versehene Ausgabe. Die Wiedergabe der selbständig erschienenen Werke (Zlatna, Daphne, Lob des Kriegs-Gottes Martis, Vielgut, Hercinie, Vesuvius, Trostgedichte, sowie der Gelegenheitsgedichte und der geistlichen Dichtungen) durchweg ohne Abdruck der Vorreden.

Martin Opitz. Gedichte. Eine Auswahl. Hg. v. Jan-Dirk Müller. Stuttgart 1970 (Reclams Universal-Bibliothek, Bd. 361-63).

Auswahl aus der geistlichen und der weltlichen Lyrik sowie der Lehrdichtung (1. und 2. Buch des Trostgedichts, ohne Vorrede und Widmungsgedicht, Zlatna, Vielgut, ohne Vorrede). Mit Zeittafel, Bibliographie und wichtigem Nachwort im Anhang.

Martin Opitzens Aristarchus sive de contemptu linguae Teutonicae und Buch von der Deutschen Poeterey. Hg. v. Georg Witkowski. Leipzig 1888.

Kritische und reichhaltig kommentierte Edition der beiden theoretischen Texte Opitzens, mit ausführlicher instruktiver Einleitung sowie einer deutschen Übersetzung des *Aristarchus*.

Martin Opitz. Buch von der Deutschen Poeterey ⟨1624⟩. Nach der Edition von Wilhelm Braune neu hg. v. Richard Alewyn. 2. Aufl. Tübingen 1966 (Neudr. dt. Litwerke, N. F. Bd. 8).

Auf der Basis der Ausgabe Wilhelm Braunes aus dem Jahre 1876 neueingerichtete Ausgabe mit neuer Einleitung und neuer Bibliographie der Drucke der *Poeterey*.

Martin Opitz. Buch von der Deutschen Poeterey ⟨1624⟩. Hg. v. Cornelius Sommer. Stuttgart 1974 (Reclams Universal-Bibliothek, Bd. 8397-98).

Mit Sacherklärungen, Bibliographie und Nachwort versehene Ausgabe.

Martin Opitz. Teutsche Poemata. Abdruck der Ausgabe von 1624 mit den Varianten der Einzeldrucke und der späteren Ausgaben. Hg. v. Georg Witkowski. Halle/Saale 1902

(Neudr. dt. Litwerke d. XVI. u. XVII. Jh., Bd. 189-192); Reprint Halle/Saale 1967 (Neudr. dt. Litwerke, Bd. 29).

Kritische Ausgabe der ersten, von Zincgref veranstalteten Ausgabe der Gedichte Opitzens, mit Varianten der Einzeldrucke und der späteren Ausgaben sowie mit einer ausführlichen Einleitung. Fortgelassen wurde der Zincgrefsche Anhang. Er wurde publiziert in: Auserlesene Gedichte Deutscher Poeten gesammelt von Julius Wilhelm Zincgref. 1624. Halle/Saale 1879 (Neudr. dt. Litwerke des XVI. u. XVII. Jh., Bd. 15). Reprint der von Zincgref veranstalteten Ausgabe, also einschließlich des Anhangs, ohne editorische Beigaben: Martin Opitz. Teutsche Poemata und Aristarchus wider die Verachtung Teutscher Sprach. Hildesheim/New York 1975 (auf der Basis des Göttinger Exemplars).

Judith-Dramen des 16./17. Jahrhunderts. Nebst Luthers Vorrede zum Buch Judith. Hg. v. Martin Sommerfeld. Berlin 1933, S. 114-133: Opitz, Judith.

Mit einem Nachwort versehene Ausgabe auf der Basis des Exemplars der U. B. Breslau, verglichen mit dem Exemplar der UB Göttingen.

Martin Opitz. Schäfferey von der Nimfen Hercinie. Hg. v. Peter Rusterholz. Stuttgart 1969 (Reclams Universal-Bibliothek, Bd. 8594).

Mit Erläuterungen, Bibliographie und Nachwort versehene Ausgabe.

Martin Opitz. Die Schäfferey von der Nimfen Hercinie. Faksimiledruck nach der Ausgabe von 1630. Hg. u. eingel. v. Karl F. Otto, Jr. Bern/Frankfurt/Main 1976 (Nachdrucke dt. Lit. d. 17. Jh., Bd. 8).

Mit ausführlicher Einleitung, Erläuterungen und reichhaltiger Bibliographie versehene Ausgabe.

Martin Opitz. Jugendschriften vor 1619. Faksimileausgabe des Janus Gruter gewidmeten Sammelbandes mit den handschriftlichen Ergänzungen und Berichtigungen des Verfassers. Hg. v. Jörg-Ulrich Fechner. Stuttgart 1970 (Sammlung Metzler, Bd. 88).

Faksimile-Ausgabe eines von Opitz für Janus Gruter zusammengestellten Exemplars vornehmlich lateinischer Gedichte, das Hg. in der Vatican-Bibliothek in Rom auffand, wohin die Heidelberger Palatina-Bibliothek im Jahre 1623 nach dem Untergang der Pfalz überführt worden war. Teilweise Unica enthaltend. Mit instruktivem Nachwort.

Philip von Sidney. Arcadia der Gräfin von Pembrock. Darmstadt 1971.

Reprint der Opitzschen Übersetzung aus dem Jahr 1638 nach der Ausgabe Frankfurt/Main 1643 auf der Basis des Exemplars der SuUB Göttingen, ohne editorische Beigaben.

Literatur

Bibliographien der wissenschaftlichen Literatur zu Martin Opitz findet man in wünschenswerter Vollständigkeit in der von Erich Trunz herausgegebenen Ausgabe der Geistlichen Poemata von Opitz, 2., überarb. Aufl. Tübingen 1975, Anhang, S. 29-45, sowie bei Franz Heiduk (Hg.), Erdmann Neumeister, De poetis germanicis, Bern/München 1978 (Deutsche Barock-Literatur), S. 432-437. Die seit 1975 erschienene Literatur jeweils in den Wolfenbüttler Barock-Nachrichten sowie in der Bibliographie der Deutschen Sprach- und Literaturwissenschaft von Clemens Köttelwesch. Eine nochmalige Kompilation erübrigt sich daher. Hier sei nur nochmals verwiesen auf die für jede Beschäftigung mit Martin Opitz grundlegende Biographie von:

Christoph Coler: Laudatio honori & memoriae v. cl. Martini Opitii paulò post obitum ejus A. MDC·XXXIX. in Actu apud Vratislavienses publico solemniter dicta. Leipzig

1665. Wiederabgedruckt in: Henning Witte: Memoriae philosophorum, oratorum, poetarum, historicorum, et philologorum nostri seculi clarissimorum renovatae. Decas prima. Frankfurt 1677, S. 439-477, sowie in: Umständliche Nachricht von des welt-berühmten Schlesiers, Martin Opitz von Boberfeld, Leben, Tode und Schriften, nebst einigen alten und neuen Lobgedichten auf ihn, Teil 1-2, hg. v. Kaspar Gottlieb Lindner, Hirschberg 1740-41; Die deutsche Übersetzung Lindners I, S. 122-238 (wichtig wegen der zahllosen Annotationen sowie der Beigaben aus dem 17. und 18. Jahrhundert. Vgl. auch die Nacherinnerungen, S. 239-278).

Unerläßlich sodann für Opitz und den calvinistischen Späthumanismus: Alexander Reifferscheid (Hg.): Briefe G. M. Lingelsheims, M. Berneggers und ihrer Freunde. Nach Handschriften. Heilbronn 1889 (Quellen zur Geschichte des geistigen Lebens in Deutschland während des 17. Jahrhunderts, Bd. I) [mehr nicht erschienen].

Nachweis weiterer Briefe bei M. Szyrocki, Martin Opitz, Berlin/DDR 1956 (Neue Beitr. z. Litwiss., Bd. 4), S. 197-207, sowie in der Bibliographie von Erich Trunz zum Reprint der Geistlichen Poemata, Tübingen 1975, S. 31.

Grundlegend für jede Beschäftigung mit Martin Opitz das Nachwort von Erich Trunz zum Reprint des 2. Teils der Weltlichen Poemata von Martin Opitz, Tübingen 1975, S. 3-112, sowie Hermann Palm, Martin Opitz, in: H. P., Beiträge zur Geschichte der deutschen Literatur des XVI. und XVII. Jahrhunderts, Breslau 1877, Reprint Leipzig 1977, S. 129-260, und Marian Szyrocki, Martin Opitz, 2., überarb. Aufl., München 1974 (Sammlung Beck).

Vgl. auch die umfangreichen Literaturangaben zu den einzelnen Aspekten in den Nachweisen.

Nachweise

[1] R. Alewyn, Nachwort zu: Johann Beer, Das Narrenspital sowie Jucundi Jucundissimi Wunderliche Lebens-Beschreibung, Hamburg 1957 (Rowohlts Klassiker d. Lit. u. d. Wiss., Bd. 9), S. 141.

[2] Dazu H.-H. Müller, Barockforschung: Ideologie und Methode, ein Kapitel deutscher Wissenschaftsgeschichte 1870-1930, Darmstadt 1973, und H. Jaumann, Die deutsche Barockliteratur, Wertung – Umwertung, eine wertungsgeschichtliche Studie in systematischer Absicht, Bonn 1975 (Abh. z. Kunst-, Musik- u. Litwiss., Bd. 181), sowie die von R. Alewyn herausgegebene Dokumentation: Deutsche Barockforschung, Dokumentation einer Epoche, 2. Aufl., Köln/Berlin 1966 (Neue Wiss. Bibl., Bd. 7).

[3] Vgl. K. Garber, Martin Opitz, „der Vater der deutschen Dichtung", eine kritische Studie zur Wissenschaftsgeschichte der Germanistik, Stuttgart 1976.

[4] Der folgende Aufsatz bietet das Resümé einer sehr viel umfangreicheren, inzwischen abgeschlossenen Abhandlung zur Opitzschen Reformbewegung, in deren Mittelpunkt eine politische Biographie Opitzens steht. Vgl. demnächst K. Garber, Arkadien und Gesellschaft, historisch-dialektische Studien zur bürgerlich-gelehrten Dichtung des 17. Jahrhunderts und ihrer Institutionen, Stuttgart. Zugleich faßt die Arbeit Ergebnisse eines mehrsemestrigen Forschungs-Kolloquiums an der Universität Osnabrück zusammen, deren Teilnehmern Vf. zu großem Dank verpflichtet ist.

[5] Immer noch maßgeblich – trotz der zahllosen neueren Arbeiten von Lubos – H. Heckel, Geschichte der deutschen Literatur in Schlesien, Bd. I: Von den Anfängen bis zum Ausgange des Barock, Breslau 1929 (Einzelschriften z. schles. Gesch., Bd. 2) [Mehr nicht erschienen].

[6] Vgl. J. Nadler, Literaturgeschichte der deutschen Stämme und Landschaften, Bd. II:

Sachsen und das Neusiedelland 800-1786, 2. Aufl., Regensburg 1923, S. 109 ff., 259 ff., 291 ff., sowie H. Schöffler, Deutsches Geistesleben zwischen Reformation und Aufklärung, von Martin Opitz zu Christian Wolff, mit einer Vorbemerkung von Eckhard Heftrich, 3. Aufl., Frankfurt/M. 1974.

[7] Hier sei nur verwiesen auf H. Aubin, Antlitz und geschichtliche Individualität Breslaus, in: Bewahren und Gestalten, Festschrift Günther Grundmann, Hamburg 1962, S. 15-28; G. Pfeiffer, Die Entwicklung des Breslauer Patriziats, in: H. Rössler (Hg.), Deutsches Patriziat 1430-1740, Büdinger Vorträge 1965, Limburg/Lahn 1968 (Schriften z. Problematik d. dt. Führungsschichten in der Neuzeit, Bd. 3), S. 99-123, sowie die exemplarische Studie von L. Petry, Die Popplau, eine schlesische Kaufmannsfamilie des 15. u. 16. Jahrhunderts, Breslau 1935 (Hist. Unters., Bd. 15). (Die Habilitationsschrift von L. Petry, Breslau und seine ersten Oberherrn aus dem Hause Habsburg 1526-1635, ein Beitrag zur politischen Geschichte der Stadt, Breslau 1937, ist leider bisher ungedruckt). Vgl. auch von L. Petry, Breslaus Beitrag zur deutschen Geschichte, Breslau 1941.

[8] Grundlegend zum schlesischen Humanismus die von Gustav Bauch in der Zeitschrift des Vereins für Geschichte und Alterthum Schlesiens (seit Bd. 40: Zeitschrift für Geschichte Schlesiens) (ZGS) zwischen 1882 und 1906 publizierten Arbeiten. Vgl. auch vom gleichen Verfasser: Caspar Ursinus Velius, der Hofhistoriograph Ferdinands I. und Erzieher Maximilians II., Budapest 1886, und ders., Valentin Trozendorf und die Goldberger Schule, Berlin 1921 (Monumenta Germaniae Paedagogica, Bd. 57). Vgl. auch die Humanisten-Portraits in den *Schlesischen Lebensbildern*, Bd. IV: Schlesier des 16. bis 19. Jahrhunderts, Breslau 1931. Neuerdings: M. Fleischer, The Institutionalization of Humanism in Protestant Silesia, in: Arch. f. Reformationsgesch. 66 (1975), S. 256-274.

[9] Zur schlesischen Geschichte liegen zwei Standardwerke vor: C. Grünhagen, Geschichte Schlesiens, Bd. I-II, Gotha 1884-1886; Geschichte Schlesiens, Bd. I: Von der Urzeit bis zum Jahre 1526, 3. Aufl., Stuttgart 1961; L. Petry; J. J. Menzel (Hg.), Geschichte Schlesiens Bd. II: Die Habsburger Zeit 1526-1740, Darmstadt 1973. Von polnischer Seite in deutscher Sprache: E. Maleczyńska (Hg.), Beiträge zur Geschichte Schlesiens, Berlin/DDR 1958. Grundlegend zur Verfassungsgeschichte Schlesiens: F. Rachfahl, Die Organisation der Gesamtstaatsverwaltung Schlesiens vor dem dreißigjährigen Kriege, Leipzig 1894 (Staats- und sozialwiss. Forsch., Bd. 13/1), fortgeführt durch H. Hübner, Die Gesamtstaatsverfassung Schlesiens in der Zeit des 30jährigen Krieges, Diss. phil. Frankfurt/M. 1922 (Masch.) [Extrakt in ZGS 59 (1925), S. 74-89].

[10] Aus der reichhaltigen Literatur zur Kirchengeschichte Schlesiens sei hier nur auf einige das Calvinismus-Problem berührende Arbeiten verwiesen. Grundlegend die von der Literaturwissenschaft immer noch viel zu wenig berücksichtigte große Studie von J. F. A. Gillet, Crato von Craftheim und seine Freunde, ein Beitrag zur Kirchengeschichte, Bd. I-II, Frankfurt/M. 1860; H. Eberlein, Zur kryptokalvinistischen Bewegung in Oberschlesien, in: Correspondenzbl. d. Vereins f. Gesch. d. evangel. Kirche Schlesiens IV/3 (1895), S. 150-161; E. Siegmund-Schultze, Kryptocalvinismus in den schlesischen Kirchenordnungen, in: Jb. d. Schles. Friedr. Wilh. Univ. Breslau 5 (1960), S. 52-68. Zum Ganzen: H. Eberlein, Schlesische Kirchengeschichte, 4. unveränd. Aufl., Ulm 1962.

[11] Vgl. dazu G. Hecht, Schlesisch-kurpfälzische Beziehungen im 16. und 17. Jahrhundert, in: ZGO 81, N. F. 42 (1929), S. 176-222. Vgl. auch: L. Petry, Mittelrhein und Schlesien als Brückenlandschaften der deutschen Geschichte, in: Geschichtliche Landeskunde und Universalgeschichte, Festgabe für Hermann Aubin zum 23. Dezember 1950, S. 203-216.

[12] Dazu E. Hoepfner, Reformbestrebungen auf dem Gebiete der deutschen Dichtung des XVI. und XVII. Jahrhunderts, Programm Berlin 1866; L. Forster, Zu den Vorläufern von Martin Opitz, in: L. F., Kleine Schriften zur deutschen Literatur im 17. Jahrhundert, Amsterdam 1977 (Daphnis VI/4), S. 57-160.

[13] Zur Biographie Opitzens vor allem heranzuziehen die im Literaturverzeichnis aufgeführten Arbeiten von Coler (in der mit Anmerkungen vermehrten deutschen Fassung von Lindner), von Palm und von Szyrocki sowie die für die Frühzeit des 17. Jahrhunderts unentbehrliche Briefsammlung von Reifferscheid. Speziell zum jungen Opitz und zu seinem Umkreis M. Rubensohn, Der junge Opitz, in: Euphorion 2 (1895), S. 57-99; 6 (1899), S. 24-67, 221-271. Für bibliographische Referenzen, insbesondere zu Opitz nahestehenden Persönlichkeiten, jetzt generell die übers Register jeweils leicht zu erschließenden Angaben in der kritischen Ausgabe von Schulz-Behrend.

[14] Vgl. zum folgenden C. Schönborn, Beiträge zur Geschichte der Schule und des Gymnasiums zu St. Maria Magdalena in Breslau, Bd. I: Von 1266-1400; II: Von 1400-1570; III: Von 1570-1616; IV: Von 1617-1643, Programm Breslau 1843, 1844, 1848, 1857.

[15] Zur Geschichte des Beuthener Gymnasiums vgl. die beiden wichtigen, bisher in der Forschung nicht ausgewerteten Arbeiten von D. H. Hering, Geschichte des ehemaligen berühmten Gymnasiums zu Beuthen an der Oder, Erste [bis] (fünfte) Nachlese, Breslau 1784-1788; ders., Ein Anhang zur Geschichte des beuthnischen Gymnasiums, Breslau 1789, sowie Chr. D. Klopsch, Geschichte des berühmten Schönaichischen Gymnasiums zu Beuthen an der Oder, aus den Urkunden des Fürstlich-Carolatischen Archivs und den besten darüber vorhandenen Schriften gesammelt, Groß-Glogau 1818. Die einschlägigen Quellen bei R. Vormbaum, Die evangelischen Schulordnungen des siebzehnten Jahrhunderts, Gütersloh 1863 (Evangelische Schulordnungen, Bd. II), S. 109-135; K. Kolbe, Stiftungsurkunde der Schule und des Gymnasiums zu Beuthen an der Oder aus dem Jahre 1616, in: Mitt. d. Ges. f. deutsche Erziehungs- u. Schulgesch. 3 (1893), S. 209-268. Neuerdings (ohne Kenntnis von Hering und Klopsch) J.-U. Fechner, Der Lehr- und Lektüreplan des Schönaichianums in Beuthen als bildungsgeschichtliche Voraussetzung der Literatur, in: A. Schöne (Hg.), Stadt – Schule – Universität – Buchwesen und die deutsche Literatur im 17. Jahrhundert, Vorlagen und Diskussionen eines Barock-Symposions der Deutschen Forschungsgemeinschaft 1974 in Wolfenbüttel, München 1974, S. 324-334. Zur Geschichte des Geschlechts: Chr. D. Klopsch, Geschichte des Geschlechts von Schönaich, Heft I-IV, Glogau 1847-1856; G. Grundmann, Die Lebensbilder der Herren von Schönaich auf Schloß Carolath, in: Jb. d. Schles. Friedr. Wilh. Univ. zu Breslau 6 (1961), S. 229-329.

[16] Über Caspar Dornau, eine Schlüsselgestalt des europäischen Späthumanismus, fehlt unbegreiflicherweise eine ausführlichere Biographie. Vgl. außer der angegebenen Literatur jetzt neuerdings R. J. W. Evans, Rudolph II and his World, a Study in Intellectual History 1576-1612, Oxford 1973, S. 148 ff., und W. Kühlmann, Gelehrtenrepublik und Fürstenstaat, Entwicklung und Kritik des deutschen Späthumanismus in der Literatur des Barockzeitalters, Habilitationsschrift Freiburg/Br. 1979, S. 117 ff., 531 ff.

[17] Vgl. C. Dornau, Charidemus, hoc est, de morum pulchritudine, necessitate, utilitate, ad civilem conversationem, oratio auspicalis, habita in illustri Panegyre gymnasii Schönaichii ad Oderam, Beuthen 1617.

[18] Vgl. G. Kliesch, Der Einfluß der Universität Frankfurt (Oder) auf die schlesische Bildungsgeschichte dargestellt an den Breslauer Immatrikulierten von 1506-1648, Würzburg 1961 (Quellen und Darst. z. schles. Gesch., Bd. 5); O. Bardong, Die Breslauer an der Universität Frankfurt (Oder), ein Beitrag zur schlesischen Bildungsgeschichte 1648-1811, Würzburg 1970 (Quellen und Darst. z. schles. Gesch., Bd. 14).

[19] Zum folgenden vgl. L. Häusser, Geschichte der rheinischen Pfalz nach ihren politischen, kirchlichen und literarischen Verhältnissen, Bd. I-II, Heidelberg 1845; C.-P. Clasen, The Palatinate in European History 1555-1618, Oxford 1966, sowie die – leider nur bis 1619 führende – große behördengeschichtliche Arbeit von V. Press, Calvinismus und Territorialstaat, Regierung und Zentralbehörden der Kurpfalz 1559-1619, Stuttgart

1970 (Kieler Hist. Studien, Bd. 7). Stets heranzuziehen gerade für Heidelberg und die Pfalz die umfängliche Quellensammlung von Reifferscheid.

[20] Zum folgenden A. A. van Schelven, Der Generalstab des politischen Calvinismus in Zentraleuropa zu Beginn des Dreißigjährigen Krieges, in: Arch. f. Reformationsgesch. 36 (1939), S. 117-141; speziell B. Vogler, Die Rolle der Pfälzischen Kurfürsten in den französischen Religionskriegen ⟨1559-1592⟩, in: Bll. f. Pfälz. Kirchengesch. u. Rel. Volkskunde 37/38 (1970/71) Teil 1, S. 235-266.

[21] Grundlegend zu Camerarius F. H. Schubert, Ludwig Camerarius 1573-1651, eine Biographie, Kallmünz/Obpf. 1955 (Münchener hist. Studien, Abt. Neuere Gesch., Bd. 1); ders., Die pfälzische Exilregierung im Dreißigjährigen Krieg, ein Beitrag zur Geschichte des politischen Protestantismus, in: ZGO 102, N. F. 63 (1954), S. 575-680. Zu Christian I. von Anhalt sei hier neben den bekannten Arbeiten zum Dreißigjährigen Krieg – hervorzuheben immer wieder die materialreichen älteren Studien von Moriz Ritter, Anton Gindely u. a. – nur verwiesen auf J. Krebs, Christian von Anhalt und die kurpfälzische Politik am Beginn des dreißigjährigen Krieges ⟨23. Mai bis 3. Oktober 1618⟩, Leipzig 1872; H. G. Uflacker, Christian I. von Anhalt und Peter Wok von Rosenberg, eine Untersuchung zur Vorgeschichte des pfälzischen Königtums in Böhmen, Diss. phil. München 1926; A. Tecke, Die kurpfälzische Politik und der Ausbruch des dreißigjährigen Krieges, Diss. phil. Hamburg 1931.

[22] Auch hier liegt eine hervorragende Biographie vor: H. Sturmberger, Georg Erasmus Tschernembl, Religion, Libertät und Widerstand, ein Beitrag zur Geschichte der Gegenreformation und des Landes ob der Enns, Graz/Köln 1953 (Forsch. z. Gesch. Oberösterreichs, Bd. 3).

[23] Zum Heidelberger Dichterkreis vgl. neben den schon zitierten Arbeiten von Höpfner und Forster vor allem D. Mertens; Th. Verweyen, Bericht über die Vorarbeiten zu einer Zincgref-Ausgabe, in: Jb. f. Intern. Germ. IV/2 (1972), S. 125-150; D. Mertens, Zu Heidelberger Dichtern von Schede bis Zincgref, in: ZfdA 103 (1974), S. 200-241; Vf. in IASL 5 (1980), S. 262-268 mit weiterer Literatur.

[24] Eine Lingelsheim-Biographie, für die Reifferscheid mit seiner Quellensammlung die Grundlage geschaffen hat, fehlt bisher leider.

[25] Vgl. G. Smend, Jan Gruter, sein Leben und Wirken, ein Niederländer auf deutschen Hochschulen, letzter Bibliothekar der alten Palatina zu Heidelberg, Bonn 1939; L. Forster, Janus Gruter's English Years, Studies in the Continuity of Dutch Literature in Exile in Elizabethan England, Leiden; London 1967 (Publ. of the Sir Thomas Browne Institute Leiden, Bd. 3).

[26] Aus der reichhaltigen Literatur sei hier nur verwiesen auf L. Krauß, Paul Schede-Melissus, ein Leben nach den vorhandenen Quellen und nach seinen lateinischen Dichtungen als ein Leitweg zur Gelehrtengeschichte jener Zeit, Bd. I-II, Nürnberg 1918 (Hs.); E. Schäfer, Deutscher Horaz, Conrad Celtis, Georg Fabricius, Paul Melissus, Jacob Balde, die Nachwirkung des Horaz in der neulateinischen Dichtung Deutschlands, Wiesbaden 1976, S. 65-108. Zu den Psalmenübersetzungen die grundlegenden Arbeiten von Erich Trunz. Zuletzt E. Trunz, Über deutsche Nachdichtungen der Psalmen seit der Reformation, in: R. Bohnsack; H. Heeger; W. Hermann (Hg.), Gestalt, Gedanke, Geheimnis, Festschrift Johannes Pfeiffer, Berlin 1967, S. 365-380.

[27] Auch eine Denaisius-Biographie fehlt. Prinzipiell selbstverständlich stets heranzuziehen die Artikel in der ADB und der NDB sowie Reifferscheid.

[28] Straßburg steht derzeit im Mittelpunkt historischer, konfessions- und kulturgeschichtlicher Forschung. Hier sei nur verwiesen auf A. Schindling, Humanistische Hochschule und Freie Reichsstadt, Gymnasium und Akademie in Straßburg 1538-1621, Wiesbaden 1977 (Veröff. d. Inst. f. Europ. Gesch. Mainz, Bd. 77, Abt. Universalgesch.); G. Livet; Fr. Rapp (Hg.), Strasbourg au cœur religieux du XVIe siècle, hommage à Lucien

Febvre, Actes du Colloque international de Strasbourg ⟨15-29 mai 1977⟩, Strasbourg 1977 (Société savante d'Alsace et des régions de l'Est, Coll. „Grandes publications", Bd. 12); Th. A. Brady, Ruling Class, Regime and Reformation at Strasbourg, Leiden 1978 (Studies in Medieval and Reformation Thought, Bd. 22); E. Weyrauch, Konfessionelle Krise und soziale Stabilität, das Interim in Straßburg ⟨1548-1562⟩, Stuttgart 1978 (Spätmittelalter und Frühe Neuzeit, Bd. 7). Zu den gelehrten Gesellschaften: J. Lefftz, Die gelehrten und literarischen Gesellschaften im Elsaß vor 1870, Heidelberg 1931; H. Ludwig, Die aufrichtige Gesellschaft von der Tannen zu Straßburg, Diss. phil. Innsbruck 1972 (Masch.); W. E. Schäfer, Straßburg und die Tannengesellschaft, in: G. Weydt; R. Wimmer (Hg.), Grimmelshausen und seine Zeit, Die Vorträge des Münsteraner Symposions zum 300. Todestag des Dichters (Daphnis V, H. 2-4, 1976), S. 531-547. Demnächst W. Kühlmann, Rompler, Hecht und Thiederich, Neues zu den Mitbegründern der Straßburger Tannengesellschaft.

[29] Vgl. E. Höpfner, Straßburg und Martin Opitz, in: Beiträge zur deutschen Philologie, Julius Zacher dargebracht als Festgabe zum 28. October 1879, Halle/Saale 1880, S. 293-302.

[30] Grundlegend, jedoch veraltet in den Wertungen: C. Bünger, Matthias Bernegger, ein Bild aus dem geistigen Leben Straßburgs zur Zeit des dreißigjährigen Krieges, Straßburg 1893. Vgl. auch E. Berneker, Matthias Bernegger, der Straßburger Historiker, in: F. Merzbacher (Hg.), Julius Echter und seine Zeit, Würzburg 1973, S. 283-314.

[31] Vgl. W. Foitzik, „Tuba Pacis", Matthias Bernegger und der Friedensgedanke des 17. Jahrhunderts, Diss. phil. Münster 1955 (Masch.).

[32] Aus der überaus reichhaltigen Literatur zur böhmisch-pfälzischen Problematik sei hier nur verwiesen auf die prägnante und perspektivenreiche knappe Darstellung von H. Sturmberger, Aufstand in Böhmen, der Beginn des Dreißigjährigen Krieges, München/Wien 1959 (Janus-Bücher, Bd. 13), sowie auf J. Polišenský, Der Krieg und die Gesellschaft in Europa 1618-1648, Prag; Wien/Köln/Graz 1971 (Documenta Bohemica Bellum Tricenriale illustrantia, Bd. 1). Weitere reichhaltige Literaturangaben bei K. Richter, Die böhmischen Länder von 1471-1740, in: K. Bosl (Hg.), Die böhmischen Länder von der Hochblüte der Ständeherrschaft bis zum Erwachen eines modernen Nationalbewußtseins, Stuttgart 1974 (Handb. der Gesch. der böhmischen Länder, Bd. 2), S. 97-412, S. 267 ff. Zur publizistischen Begleitung: R. Wolkan, Der Winterkönig im Liede seiner Zeit, in: Dt. Zs. f. Geschichtswiss. 2 (1889), S. 390-409; J. Gebauer, Die Publicistik über den böhmischen Aufstand von 1618, Halle 1892 (Hallesche Abh. z. Neueren Gesch., Bd. 29); K. Mayr-Deisinger, Die Flugschriften der Jahre 1618-1620 und ihre politische Bedeutung, Phil. Habilschr. München 1893; R. Wolkan (Hg.), Deutsche Lieder auf den Winterkönig, Prag 1898 (Bibl. d. Schriftsteller aus Böhmen, Bd. 8); ders., Politische Karikaturen aus der Zeit des Dreißigjährigen Krieges, in: Zs. f. Bücherfreunde Jahrg. 2, 1898/99, H. 11 (1899), S. 457-467; K. Bruchmann, Die auf den ersten Aufenthalt des Winterkönigs bezüglichen Flugschriften der Breslauer Stadtbibliothek, Progr. Breslau 1904/05; F. Pick (Hg.), Der Prager Fenstersturz i. J. 1618, Flugblätter und Abbildungen, Prag 1918 (Pragensia, Bd. 1).

[33] Zu Zincgref vgl. neben den zitierten Arbeiten von Mertens und Verweyen vor allem die grundlegende Studie von F. Schnorr von Carolsfeld, Julius Wilhelm Zincgrefs Leben und Schriften, in: Arch. f. Litgesch. 8 (1879), S. 1-58; 446-490. Vf. ist D. Mertens (Freiburg/Breisgau) zu großem Dank verpflichtet, daß ihm eine Kopie des einzigen erhaltenen und in der Königlichen Bibliothek in Kopenhagen bewahrten Exemplars des Zincgrefschen *Epos* zugänglich gemacht wurde. Eine kommentierte Edition des Werkes befindet sich in Vorbereitung.

[34] Abgedruckt in der Opitz-Ausgabe Schulz-Behrends I, S. 170-181. Dort I, S. 181-186, gleichfalls Wiedergabe des Gedichts auf Camerarius. Das *Gebet* in der Schulz-Beh-

Martin Opitz

rendschen Edition II/1, S. 216-217. Zu diesen Schriften die freilich veraltete und vielfach problematische Arbeit von K. H. Wels, Opitzens politische Dichtungen in Heidelberg, in: ZfdPh. 46 (1915), S. 87-95. Vgl. auch Mertens und Verweyen, Bericht über die Vorarbeiten, a. a. O., S. 148 f.

³⁵ Hier kann nur verwiesen werden auf G. Parker, Der Aufstand der Niederlande, von der Herrschaft der Spanier zur Gründung der Niederländischen Republik 1549-1609, München 1979; P. Geyl, The Netherlands in the Seventeenth Century, Part One: 1609-1648, Sec. Ed., London; New York 1966, sowie auf den perspektivenreichen Forschungsbericht von H. Schilling, Der Aufstand der Niederlande: Bürgerliche Revolution oder Elitenkonflikt, in: H.-U. Wehler (Hg.), 200 Jahre amerikanische Revolution und moderne Revolutionsforschung, Göttingen 1976 (Geschichte und Gesellschaft, Sonderheft 2), S. 177-231.

³⁶ Vgl. neben dem zitierten Werk von Peter Geyl z. B. D. Nobbs, Theocracy and Toleration, a Study of the Disputes in Dutch Calvinism from 1600 to 1650, Cambridge 1938; J. Lecler, Geschichte der Religionsfreiheit im Zeitalter der Reformation, Bd. II, Stuttgart 1965, S. 367 ff.; G. Güldner, Das Toleranz-Problem in den Niederlanden im Ausgang des 16. Jahrhunderts, Lübeck/Hamburg 1968 (Hist. Studien, Bd. 403), S. 138 ff.

³⁷ Dazu jetzt umfassend und mit umfänglicher Bibliographie Th. H. Lunsingh Scheurleer; G. H. M. Posthumus Meyjes (Hg.), Leiden University in the Seventeenth Century, an Exchange of Learning, Leiden 1975. Vgl. auch P. Dibon, L'Université de Leyde et la République des Lettres au 17e siècle, in: Quaerendo 5 (1975), S. 4-38, sowie von deutscher Seite H. Schneppen, Niederländische Universitäten und deutsches Geistesleben, von der Gründung der Universität Leiden bis ins späte 18. Jahrhundert, Münster 1960 (Neue Münstersche Beitr. z. Geschichtsforschung, Bd. 6) und das bereits zitierte bekannte Werk von Herbert Schöffler.

³⁸ Die Gestalt des Justus Lipsius und die gesellschaftspolitische Rolle des Neustoizismus ist − speziell auch für die Barockforschung − durch das Lebenswerk von Gerhard Oestreich erschlossen worden. Vgl. vor allem G. Oestreich, Antiker Geist und moderner Staat bei Justus Lipsius ⟨1547-1606⟩, der Neustoizismus als politische Bewegung, Habilitationsschrift FU Berlin 1954 (Masch.); ders., Geist und Gestalt des frühmodernen Staates, ausgewählte Aufsätze, Berlin 1969. Darüber hinaus ders., Calvinismus, Neustoizismus und Preussentum, eine Skizze, in: Jahrb. f. d. Gesch. Mittel- und Ostdeutschlands 5 (1956), S. 157-181; ders., Das politische Anliegen von Justus Lipsius' De constantia... in publicis malis ⟨1584⟩, in: Festschrift Hermann Heimpel, Bd. I, Göttingen 1971, S. 618-638; ders., Justus Lipsius als Universalgelehrter zwischen Renaissance und Barock, in: Leiden University in the Seventeenth Century, a. a. O., S. 177-201. Daneben sei hier nur verwiesen auf J. L. Saunders, Justus Lipsius, the Philosophy of Renaissance Stoicism, New York 1955; H. D. L. Vervliet, Lipsius' jeugd 1547-1578, analecta voor een kritische biografie, Bruxelles 1969 (Meded. van de Koninklijke Vlaamse Academie voor Wetenschappen, Letteren en schone Kunsten van Belgie, Kl. d. Lett., Jg. 31, Nr. 7); J. Kluyskens, Justus Lipsius and the Jesuits, with Four Unpublished Letters, in: Humanistica Lovaniensia 23 (1974), S. 244-270; G. Abel, Stoizismus und Frühe Neuzeit, zur Entstehungsgeschichte modernen Denkens im Felde von Ethik und Politik, Berlin/New York 1978, S. 67-113; W. Kühlmann, Gelehrtenrepublik und Fürstenstaat, a. a. O., S. 170 ff., 568 ff.

³⁹ Vgl. Ch. Nisard, Le triumvirat littéraire au XVIe siècle, Juste Lipse, Joseph Scaliger et Isaac Casaubon, Paris 1852; J. Bernays, Joseph Scaliger et Isaac Casaubon, Paris 1852; J. Bernays, Joseph Justus Scaliger, Berlin 1855; Cl. M. Bruehl, Josef Justus Scaliger, ein Beitrag zur geistesgeschichtlichen Bedeutung der Altertumswissenschaft, in: Zs. f. Religions- und Geistesgesch. 12 (1960), S. 201-218; 13 (1961), S. 45-65. Zu Julius Caesar Scaliger: V. Hall, Life of Julius Caesar Scaliger ⟨1484-1558⟩, Phila-

delphia 1950 (Transactions of the American Philosophical Society, N. S., Bd. 40, p. 2), S. 85-170.

[39a] Zu Scriver zuletzt P. Tuynman, Petrus Scriverus, 12 January 1576 – 30 April 1660, in: Quaerendo 7 (1977), S. 5-45; C. S. M. Rademaker, Scriverus and Grotius, in: Quaerendo 7 (1977), S. 46-57.

[40] Zu Vossius jetzt umfassend C. S. M. Rademaker, Gerardus Joannes Vossius ⟨1577-1649⟩, Zwolle 1967 (Zwolse reeks v. taal – en letterk. studies, Bd. 21); ders., Gerardi Joannis Vossii de vita sua ad annum MDCXVII delineatio, in: Lias 1 (1974), S. 243-265.

[41] Zu Rutgers liegt m. W. keine Monographie vor. Vgl. die in Anmerkung 42 zitierten Arbeiten zu Heinsius.

[42] Zu Heinsius vgl. P. R. Sellin, Daniel Heinsius and Stuart England, with a Short-Title Checklist of the Works of Daniel Heinsius, Leiden; London 1968 (Publ. of the Sir Thomas Browne Institute Leiden, Bd. 3); B. Becker-Cantarino, Daniel Heinsius, Boston 1978 (Twayne's World Authors Series, Bd. 477). Zur Lyrik das Kapitel „Lyrical and Reflective Poetry of the Renaissance", in: Th. Weevers, Poetry of the Netherlands in its European Context 1170-1930, Illustrated with Poems in Original and Translation, London 1960, S. 64-101. Zur Rezeption in Deutschland zuletzt: U. Bornemann, Anlehnung und Abgrenzung, Untersuchungen zur Rezeption der niederländischen Literatur in der deutschen Dichtungsreform des 17. Jahrhunderts, Assen/Amsterdam 1976 (Respublica Literaria Neerlandica, Bd. 1), S. 59 ff. Vgl. auch die wichtige Abhandlung von L. Forster, Die Niederlande und die Anfänge der Barocklyrik in Deutschland, mit Textbeispielen und einer Abbildung, Groningen 1967 (Voordrachten gehouden voor de Gelderse Leergangen te Arnhem, Bd. 20).

[43] Die Monographie von G. P. A. Hausdorf, Die Piasten Schlesiens, Breslau 1933, muß ersetzt werden. Vgl. J. J. Menzel, Die schlesischen Piasten, ein deutsches Fürstengeschlecht polnischer Herkunft, in: Schlesien 20 (1975), S. 129-138. Vgl. auch N. Conrads, Abstammungssage und dynastische Tradition der schlesischen Piasten, in: Schlesien 20 (1975), S. 213-218, sowie L. Petry, Das Verhältnis der schlesischen Piasten zur Reformation und zu den Hohenzollern, in: Schlesien 21 (1976), S. 206-214. Speziell zum Schicksal der Piasten unter Dohna: J. Krebs, Der Vorstoß Kaiser Ferdinands II. gegen die Piastenherzöge ⟨1629⟩, in: ZGS 48 (1914), S. 89-112. Zur Geschichte der Piasten in Brieg: K. F. Schönwälder, Die Piasten zum Briege oder Geschichte der Stadt und des Fürstenthums Brieg, Bd. I-III, Brieg 1855-1856; H. Schoenborn, Geschichte der Stadt und des Fürstentums Brieg, ein Ausschnitt aus der Geschichte Schlesiens, Brieg 1907; 2. Aufl. hg. E. Richtsteig, Bd. I-V, o. O., o. J. (Masch.) [Exemplar im Herder-Institut in Marburg].

[44] Vgl. K. Bruchmann, Die Huldigungsfahrt König Friedrichs I. von Böhmen ⟨des „Winterkönigs"⟩ nach Mähren und Schlesien, Breslau 1909 (Darst. u. Quellen z. schles. Gesch., Bd. 9).

[45] Vgl. Gillet, Crato von Crafftheim, a. a. O., II, S. 419 ff.

[46] Dieses Material ist glücklicherweise in der UB Wrocław erhalten geblieben. Nähere Spezifizierung in: Katalog der Druckschriften über die Stadt Breslau, Breslau 1903, S. 3 ff.

[47] Vgl. außer den genannten Darstellungen zur Geschichte Schlesiens vor allem H. Ziegler, Die Gegenreformation in Schlesien, Halle 1888 (Schr. d. Vereins f. Reformationsgesch., Bd. 24); D. v. Velsen, Die Gegenreformation in den Fürstentümern Liegnitz – Brieg – Wohlau, ihre Vorgeschichte und ihre staatsrechtlichen Grundlagen, Leipzig 1931 (Quellen u. Forsch. z. Reformationsgesch., Bd. 15); J. Köhler, Das Ringen um die Tridentinische Erneuerung im Bistum Breslau, vom Abschluß des Konzils bis zum Sieg der Habsburger in der Schlacht am Weissen Berg 1564-1620, Köln 1973 (Forsch. u. Quellen z. Kirchen- u. Kulturgesch. Ostdeutschlands, Bd. 12). Vgl. auch: G. Loesche, Zur

Gegenreformation in Schlesien, Troppau, Jägerndorf, Leobschütz, Bd. I: Troppau – Jägerndorf; Bd. II: Leobschütz, Leipzig 1915-1916 (Schr. d. V. f. Reformationsgesch., Jahrg. 32/1-2, Jahrg. 33/1; Nr. 117-118, Nr. 123).

[48] Vgl. zum Folgenden: D. Angyal, Gabriel Bethlen, in: Revue Historique 158 (1928), S. 19-80. Zu den geschichtlichen Zusammenhängen: G. D. Teutsch, Geschichte der Siebenbürger Sachsen für das sächsische Volk, Bd. I-II, Kronstadt 1852-1858; L. Karl, La Hongrie et la diplomatie européenne en 17e siècle, in: Revue des études historiques 94 (1928) S. 19-80; M. Depner, Das Fürstentum Siebenbürgen im Kampf gegen Habsburg, Untersuchungen über die Politik Siebenbürgens während des Dreißigjährigen Krieges, Stuttgart 1938 (Schriftenreihe d. Stadt d. Auslandsdeutschen, Bd. 4); M. Bucsay, Der Protestantismus in Ungarn 1521-1978, Ungarns Reformationskirchen in Geschichte und Gegenwart, Teil I: Im Zeitalter der Reformation, Gegenreformation und katholischen Reform, Wien/Köln/Graz 1977 (Studien und Texte z. Kirchengesch. u. Gesch. 1. Reihe, Bd. III/1).

[49] Vgl. die viele neue Ergebnisse bringende und zugleich die gesamte ältere Literatur über Opitz in Siebenbürgen zusammenfassende Studie von L. Forster; G. Gündisch; P. Binder, Henricus Lisbona und Martin Opitz, in: Arch. f. d. Studium d. neueren Sprachen u. Literaturen 215, Jg. 130 (1978), S. 21-32.

[50] Zugleich gilt der Aufenthalt Opitzens in Siebenbürgen der Sammlung antiker Inschriften und damit der Arbeit an einem unvollendet gebliebenen Lebenswerk des Dichters. Vgl. dazu W. Gose, Dacia Antiqua, ein verschollenes Hauptwerk von Martin Opitz, in: Südostdeutsches Archiv 2 (1959), S. 127-144. Ergänzungen bei J.-U. Fechner, Unbekannte Opitiana, Edition und Kommentar, in: Daphnis 1 (1972), S. 23-41.

[51] Vgl. J. Krebs, Hans Ulrich Freiherr von Schaffgotsch, ein Lebensbild aus der Zeit des dreißigjährigen Krieges, Breslau 1890; W. Klawitter, Hans Ulrich Freiherr von Schaffgotsch, in: Schlesische Lebensbilder, Bd. III: Schlesier des 17. bis 19. Jahrhunderts, Breslau 1928, S. 27-36; H.-J. v. Witzendorff-Rehdiger, Die Schaffgotsch, eine genealogische Studie, in: Jb. d. Schles. Friedr.-Wilh. Univ. 4 (1959), S. 104-123.

[52] Vgl. dazu Th. Verweyen, Dichterkrönung, rechts- und sozialgeschichtliche Aspekte literarischen Lebens in Deutschland, in: C. Wiedemann (Hg.), Literatur und Gesellschaft im deutschen Barock, Aufsätze, Heidelberg 1979 (GRM-Beiheft 1), S. 7-29.

[53] Eine Biographie Karl Hannibals von Dohna, wie sie gerade auch für die Erforschung der schlesischen Literatur des 17. Jahrhunderts besonders wichtig wäre, existiert leider nicht. Neben dem NDB-Artikel ist man auf die Literatur zur Geschichte Schlesiens angewiesen. Vgl. auch H. Palm, Beiträge zur Geschichte der deutschen Literatur des XVI. und XVII. Jahrhunderts, S. 189 ff., sowie J. Krebs, Zur Geschichte der inneren Verhältnisse Schlesiens von der Schlacht am weißen Berge bis zum Einmarsche Waldsteins, in: ZGS 16 (1882), S. 33-62.

[54] Die Angabe von M. Szyrocki, Martin Opitz, S. 74, daß Karl Hannibal der „Sohn eines fanatischen Lutheraners" sei, ist also unzutreffend. Hier liegt eine Verwechslung mit dem großen reformierten brandenburgischen Staatsmann Abraham von Dohna vor. Vgl. A. Chroust, Abraham von Dohna, sein Leben und sein Gedicht auf den Reichstag von 1613, München 1896; A. Jeroschewitz, Der Übertritt des Burggrafen zu Dohna zum reformierten Bekenntnis, Diss. theol. Königsberg 1920; G. Oestreich, Calvinismus, Neu-Stoizismus und Preußentum, a. a. O., S. 173 f.

[55] Vgl. Coler/Lindner, S. 186 f.; Palm, a. a. O., S. 198.

[56] Hier sei nur verwiesen auf W. S. M. Knight, The Life and Works of Hugo Grotius, London 1925 (The Grotius Society Publ., Bd. 4), insb. S. 150 ff.; W. J. M. van Eysinga, Hugo Grotius, eine biographische Skizze, Basel 1952, insb. S. 68 ff.; E. Wolf, Hugo Grotius, in: E. W., Große Rechtsdenker der deutschen Geistesgeschichte, 4., durchgearb. u. ergänzte Aufl., Tübingen 1963, S. 253-310, insb. S. 169 ff.; H. Hofmann, Hugo Gro-

tius, in: M. Stolleis (Hg.), Staatsdenker im 17. u. 18. Jahrhundert, Reichspublizistik – Politik – Naturrecht, Frankfurt/M. 1977, S. 51-77. Hier weitere reichhaltige Literatur.
[57] Neben den beiden bekannten institutionsgeschichtlichen Arbeiten von R. Doucet, Les institutions de la France au XVIe siècle, Bd. I-II, Paris 1948, und G. Zeller, Les institutions de la France au XVIe siècle, Paris 1948, sei hier verwiesen auf die beiden klassischen Werke von E. Maugis, Histoire du Parlement de Paris, de l'avènement des rois Valois à la mort d'Henri IV, Bd. I-III, Paris 1913-1916, und E.-D. Glasson, Le Parlement de Paris, son rôle politique depuis le règne de Charles VII jusqu'à la révolution, Bd. I-II, Paris 1901; Reprint Genève 1974. Neuerdings J. H. Shennan, The Parlement of Paris, London 1968; P. Girault de Coursac, La monarchie et les Parlements, in: Découverte 8 (1975), S. 21-39; D. Richet, La formation des grands serviteurs de l'état ⟨fin XVIe – début XVIIe siècle⟩, in: L'Arc 65 (1976), S. 54-61. Zur Nachgeschichte: A. L. Moote, The Revolt of the Judges, the Parlement of Paris and the Fronde, 1643-1652, Princeton/N. J. 1971; A. N. Hamscher, The Parlement of Paris after the Fronde, 1653-1673, Pittsburgh 1976.
[58] Eine – modernen Ansprüchen genügende – Biographie De Thous fehlt erstaunlicherweise. Die älteren Preisschriften aus dem Jahre 1824 sind völlig veraltet. Vgl. hier nur H. Düntzer, Jacques Auguste de Thou's Leben, Schriften und historische Kunst verglichen mit den Alten, eine Preisschrift, Darmstadt 1837. Darüber hinaus sei hier nur verwiesen auf J. Rance, J.-A. de Thou, son Histoire Universelle et ses démêlés avec Rome, Thèse théol. Paris 1881; H. Harrisse, Le Président de Thou et ses descendants, leur célèbre bibliothèque, leurs armoiries et les traductions françaises de J.-A. Thuani historiarum sui temporis d'après documents nouveaux, Paris 1905; S. Kinser, The Works of Jacques – Auguste de Thou, The Hague 1966 (Archives Internationales d'Histoire des Idées, Bd. 18); E. Hinrichs, Fürstenlehre und politisches Handeln im Frankreich Heinrichs IV., Untersuchungen über die politischen Denk- und Handlungsformen des Späthumanismus, Göttingen 1969 (Veröffentlichungen d. Max-Planck-Instituts f. Gesch., Bd. 21), S. 150 ff.; A. Soman, De Thou and the Index, Letters from Christoph Dupuy ⟨1603-1607⟩, Genève 1972. Zur Gestalt des Vaters: R. Filhol, Le Premier Président Christofle de Thou et la Réformation des Coutumes, Paris 1937. Zur berühmten Bibliothek de Thous vgl. den von den Gebrüdern Dupuy vorbereiteten Catalogus Bibliothecae Thuanae, Bd. I-II, Paris 1679.
[59] Auch eine Monographie über die Gebrüder Dupuy und ihren Kreis ist niemals zustandegekommen und ein dringendes Desiderat. Alle Arbeit hat auszugehen von L. Dorez, Catalogue de la Collection Dupuy, Bd. I-II, Paris 1899; Table alphabétique par S. Solente, Paris 1928, sowie der wichtigen Einführung in das Material von S. Solente, Les manuscripts des Dupuy à la Bibliothèque Nationale, in: Bibliothèque de l'École des Chartes 88 (1927), S. 177-250. Die wichtigste Literatur ist aufgeführt – außer in dem selbstverständlich stets zu konsultierenden bibliographischen Standardwerk von Cioranescu – bei R. Schnur, Die französischen Juristen im konfessionellen Bürgerkrieg des 16. Jahrhunderts, ein Beitrag zur Entstehungsgeschichte des modernen Staates, Berlin 1962, S. 29, Anm. 15, sowie bei J. Voss, Das Mittelalter im historischen Denken Frankreichs, Untersuchungen zur Geschichte des Mittelalterbegriffs und der Mittelalterbewertung von der zweiten Hälfte des 16. bis zur Mitte des 19. Jahrhunderts, München 1972 (Veröff. d. Hist. Inst. d. Univ. Mannheim, Bd. 3), S. 145 ff. Vf. ist Herrn Jürgen Voss (Paris) für eine Reihe wichtiger Hinweise zu großem Dank verpflichtet.
[60] Vgl. R. Alewyn, Opitz in Thorn, in: Zs. d. Westpreuß. Geschichtsvereins 66 (1926), S. 171-179.
[61] Im folgenden stütze ich mich aus der reichhaltigen Literatur auf G. Rhode, Die Reformation in Osteuropa, ihre Stellung in der Weltgeschichte und ihre Darstellung in den „Weltgeschichten", in: H. Kruska (Hg.), Gestalten und Wege der Kirche im Osten,

Festschrift Arthur Rhode, Ulm 1958, S. 133-162; B. Stasiewski, Reformation und Gegenreformation in Polen, neue Forschungsergebnisse, Münster 1960 (Kathol. Leben und Kämpfen im Zeitalter d. Glaubensspaltung, Bd. 18); K. Lepszy, Die Ergebnisse der Reformation in Polen und ihre Rolle in der europäischen Renaissance, in: J. Irmscher (Hg.), Renaissance und Humanismus in Mittel- und Osteuropa, eine Sammlung von Materialien, Bd. I-II, Berlin/DDR 1962 (Dt. Akd. d. Wiss. z. Berlin, Schr. d. Sekt. f. Altertumswiss., Bd. 32) Bd. II, S. 210-219; G. Székely; E. Fügedi (Hg.), La Renaissance et la Réformation en Pologne et en Hongrie, Renaissance und Reformation in Polen und Ungarn ⟨1450-1650⟩, Budapest 1963 (Studia Historica Academiae Scientiarum Hungaricae, Bd. 53); G. Schramm, Der polnische Adel und die Reformation 1548-1607, Wiesbaden 1965 (Veröff. d. Inst. f. Europ. Gesch. Mainz, Bd. 36, Abtl. Universalgesch.); ders., Die polnische Nachkriegsforschung zur Reformation und Gegenreformation, in: Kirche im Osten 13 (1970), S. 53-66; P. Wrzecionko (Hg.), Reformation und Frühaufklärung in Polen, Studien über den Sozianismus und seinen Einfluß auf das westeuropäische Denken im 17. Jahrhundert, Göttingen 1977 (Kirche im Osten, Studien z. Osteurop. Kirchengesch. u. Kirchenkunde, Monographienreihe, Bd. 14); A. Schwarzenberg, Besonderheiten der Reformation in Polen [1958], in: W. Hubatsch (Hg.), Wirkungen der deutschen Reformation bis 1555, Darmstadt 1967 (Wege d. Forsch., Bd. 203), S. 396-410; J. Tazbir, Geschichte der polnischen Toleranz, Warszawa 1977.

62 Vgl. E. M. Szarota, Dichter des 17. Jahrhunderts über Polen ⟨Opitz, Dach, Vondel, La Fontaine und Filicaia⟩, in: Neophilologus 55 (1971), S. 359-374; dies. (Hg.), Die gelehrte Welt des 17. Jahrhunderts über Polen, Zeitgenössische Texte, Wien/München/Zürich 1972, S. 235-243.

63 Vgl. G. Sommerfeldt, Zur Geschichte des Pommerellischen Woiwoden Grafen Gerhard von Dönhoff ⟨† 23. Dezember 1648⟩, in: Zs. d. Westpreuss. Geschichtsv. 43 (1901), S. 219-265.

64 Dazu zuletzt R. Ligacz, Martin Opitz, der Hofhistoriograph Wladislaus IV. und sein Verhältnis zu Polen, in: Annali, Sez. Germanica, 8 (1965), S. 77-103 (nicht zureichend).

65 Zum folgenden von historischer Seite: P. Simson, Geschichte der Stadt Danzig, Bd. II: Von 1517-1626, Danzig 1918; Reprint Aalen 1967; E. Keyser, Danzigs Geschichte, 2. verb. u. verm. Aufl., Danzig 1928; H. Neumeyer, Kirchengeschichte von Danzig und Westpreußen in evangelischer Sicht, Bd. I: Von den Anfängen der christlichen Mission bis zum Ende des 18. Jahrhunderts, Leer/Ostfriesland 1971. Zur literarhistorischen Situation: Th. Hirsch, Literarische und künstlerische Bestrebungen in Danzig während der Jahre 1630-1640, in: Neue Preußische Provinzial-Bll. 7 (1849), S. 29-58, 109-130, 204-225; B. Pompecki, Literaturgeschichte in Westpreußen, ein Stück Heimatkultur, Danzig 1915, S. 43-65; W. Raschke, Der Danziger Dichterkreis des 17. Jahrhunderts, Diss. phil. Rostock 1914 [1922] (Masch.); H. Kindermann (Hg.), Danziger Barockdichtung, Leipzig 1939 (DLE, Reihe Barock, Ergänzungsband); H. Motekat, Ostpreußische Literaturgeschichte mit Danzig und Westpreußen, München 1977, S. 80-100.

66 Vgl. E. Schnaase, Geschichte der evangelischen Kirche Danzigs actenmäßig dargestellt, Danzig 1863, S. 359, 581, 605; W. Faber, Johann Raue, Untersuchungen über den Comeniuskreis und das Danziger Geistesleben im Zeitalter des Barock, in: Zs. d. Westpreuß. Geschichtsvereins 68 (1928), S. 185-242, S. 209.

67 Neben dem stets heranzuziehenden Arbeiten von Palm und Szyrocki vgl. auch H. Palm, Martin Opitz als Agent schlesischer Herzoge bei den Schweden, Beiträge zur Lebensgeschichte und Charakteristik des Dichters Martin Opitz von Boberfeld, in: Schles. Ges. f. Vaterl. Cultur, Breslau: 1861, Bd. 1, T. 3, S. 24-31.

68 Hier sei nur verwiesen auf die bei W. Kühlmann, Gelehrtenrepublik und Fürstenstaat, S. 445 f., Anm. 26 und S. 530, Anm. 2, angegebene Literatur.

[69] Im folgenden stütze ich mich auf ein Manuskript zur kulturpolitischen Theorie Opitzens, das in den frühen Siebziger Jahren für „Arkadien und Gesellschaft" ausgearbeitet wurde. Inzwischen ist die bedeutende Untersuchung von V. Sinemus, Poetik und Rhetorik im frühmodernen deutschen Staat, sozialgeschichtliche Bedingungen des Normenwandels im 17. Jahrhundert, Göttingen 1978 (Palaestra, Bd. 269) erschienen, in der im 1. Teil gleichfalls über Opitz' „Poetik als Mittel der Literaturpolitik" gehandelt wird. Die vielen Übereinstimmungen, zu denen wir unabhängig voneinander gelangt sind, dürften gewiß auch auf das Konto einer streng geschichtlichen Orientierung literaturwissenschaftlicher Arbeit gehen, die in ganz anderem Maße Intersubjektivität verbürgt als die traditionelle geisteswissenschaftliche Hermeneutik in der Dilthey-Nachfolge. Vgl. für die im folgenden diskutierten Probleme neben dem Buch von Sinemus vor allem J. Dyck, Apologetic Argumentation in the Literary Theory of the German Baroque, in: Jour. of Engl. and Germ. Philol. 68 (1969), S. 197-211; W. Barner, Barockrhetorik, Untersuchungen zu ihren geschichtlichen Grundlagen, Tübingen 1970, S. 225 ff.; C. Wiedemann, Barockdichtung in Deutschland, in: A. Buck (Hg.), Renaissance und Barock, Teil 2, Frankfurt/M. 1972 (Neues Handbuch d. Litwiss., Bd. 10), S. 177-201; W. Mauser, Opitz und der Beginn der deutschsprachigen Barockliteratur, ein Versuch, in: Filologia e critica, Studi in onore di Vittorio Santoli, Bd. II, Roma 1976, S. 281-314; W. Kühlmann, Gelehrtenrepublik und Fürstenstaat, Teil 2: Der Gelehrte in der Gesellschaft, S. 250 ff.

[70] Zur Interpretation des *Aristarchus* vgl. die Einleitung zu dem von Georg Witkowski besorgten Neudruck, Leipzig 1888, nach dessen deutscher Übersetzung im folgenden zitiert wird, sowie M. Rubensohn, Der junge Opitz, Teil 2, S. 44 ff.; H. Rüdiger, Martin Opitz, in: H. R., Wesen und Wandlung des Humanismus. 2. verb. Aufl., Hildesheim 1966, S. 137-155, insbes. S. 145 ff.; P. Böckmann, Formgeschichte der deutschen Dichtung, Bd. I: Von der Sinnbildsprache zur Ausdruckssprache, der Wandel der literarischen Formensprache vom Mittelalter zur Neuzeit, Hamburg 1949, S. 356 ff.; C. v. Faber du Faur, Der Aristarchus: Eine Neuwertung, in: PMLA 69 (1954), S. 566-590; V. Sinemus, Poetik und Rhetorik im frühmodernen deutschen Staat, S. 17 f.; W. Kühlmann, Gelehrtenrepublik und Fürstenstaat, S. 232 ff. mit Anm. 237, S. 611 („Eine einläßliche kontextbezogene Analyse fehlt").

[71] Vgl. zu dieser in der Literatur kontroversen Frage E. Höpfner, Straßburg und Martin Opitz, S. 298 ff.; Witkowski, Martin Opitzens Aristarchus, S. 16, insb. Anm. 2; M. Rubensohn, Der junge Opitz, Teil 2, S. 60 ff.; G. Schulz-Behrend, Opitz' Werke I, S. 60, Anm. 16, S. 67, Anm. 40.

[72] Zu diesem Komplex liegt eine umfängliche Literatur vor, gleichwohl ist das Problem aus historisch-dialektischer Sicht bisher nicht zureichend geklärt. Hier sei verwiesen auf die grundlegenden Beiträge von P. Joachimsen, insb. P. J., Geschichtsauffassung und Geschichtsschreibung in Deutschland unter dem Einfluß des Humanismus, Teil I (mehr nicht erschienen), Leipzig/Berlin 1910 (Beitr. z. Kulturgesch. d. Mittelalters u. d. Renaissance, Bd. 6) Reprint Aalen 1968; ders., Gesammelte Ausätze, Beiträge zu Renaissance, Humanismus und Reformation; zur Historiographie und zum deutschen Staatsgedanken, ausgewählt und eingel. v. Notker Hammerstein, Aalen 1970, darin insb. die Aufsätze: Tacitus im deutschen Humanismus (1911), S. 275-295, und: Der Humanismus und die Entwicklung des deutschen Geistes (1930), S. 325-386. Des weiteren vgl.: L. Buschkiel, Nationalgefühl und Vaterlandsliebe im älteren deutschen Humanismus, Progr. Chemnitz 1887; Fr. Gotthelf, Das deutsche Altertum in den Anschauungen des 16. und 17. Jahrhunderts, Berlin 1900 (Forsch. z. neueren Litgesch., Bd. 13) Reprint Hildesheim 1976; H. Tiedemann, Tacitus und das Nationalbewußtsein der deutschen Humanisten Ende des 15. und Anfang des 16. Jahrhunderts, Diss. phil. Berlin 1913; K. Wels, Die patriotischen Strömungen in der deutschen Literatur des Dreißigjährigen Krieges, nebst Anhang: Das tyrtäische Lied bei Opitz und Weckherlin in ihrem gegenseitigen Abhängigkeitsverhält-

nis, Diss. phil. Greifswald 1913; H. Hintze, Der nationale und der humanitäre Gedanke im Zeitalter der Renaissance, in: Euphorion 30 (1929), S. 112-137; R. Buschmann, Das Bewußtwerden der Deutschen Geschichte bei den deutschen Humanisten, Diss. phil. Göttingen 1930; H. Riess, Motive des patriotischen Stolzes bei den deutschen Humanisten, Diss. phil. Freiburg 1934; W. Kaegi, Nationale und universale Denkformen im deutschen Humanismus des 16. Jahrhunderts, in: Deutsche Zeitschrift 49 (1935), S. 87-99; U. Paul, Studien zur Geschichte des deutschen Nationalbewußtseins im Zeitalter des Humanismus und der Reformation, Berlin 1936 (Hist. Studien, Bd. 298); L. Sponagel, Konrad Celtis und das deutsche Nationalbewußtsein, Bühl/Baden 1939 (Bausteine z. Volkskunde und Religionswiss., Bd. 18); O. Kluge, Der nationale Gedanke in der humanistischen Geschichtsschreibung, in: Gymnasium 50 (1939), S. 12-29; E.-L. Etter, Tacitus in der Geistesgeschichte des 16. und 17. Jahrhunderts, Basel/Stuttgart 1966 (Basler Beiträge zur Geschichtswissenschaft, Bd. 103); M. Wehrli, Der Nationalgedanke im deutschen und schweizerischen Humanismus, in: B. v. Wiese; R. Henß (Hg.), Nationalismus in Germanistik und Dichtung, Dokumentation des Germanistentages in München vom 17. bis 22. Oktober 1966, Berlin 1967, S. 126-144; K. v. See, Deutsche Germanen-Ideologie vom Humanismus bis zur Gegenwart, Frankfurt/Main 1970; F. L. Borchardt, German Antiquity in Renaissance Mythe, Baltimore/London 1971; F. J. Worstbrock, Über das geschichtliche Selbstverständnis des deutschen Humanismus, in: W. Müller-Seidel (Hg.), Historizität in Sprach- und Literaturwissenschaft, Vorträge und Berichte der Stuttgarter Germanistentagung 1972, München 1974, S. 499-519; J. Ridé, L'image du germain dans la pensée et la littérature allemandes de la redécouverte de Tacite à la fin du XVIème siècle ⟨Contribution á l'étude de la génèse d'un mythe⟩, Bd. I-III, Thèse L'Université de Paris IV, Lille; Paris 1977; L. Krapf, Germanenmythos und Reichsideologie, frühhumanistische Rezeptionsweisen der taciteischen „Germania", Tübingen 1979 (Studien zur deutschen Lit., Bd. 59).

[73] Martin Opitzens Aristarchus sive de contemptu linguae Teutonicae und Buch von der Deutschen Poeterey, hg. v. G. Witkowski, Leipzig 1888, S. 106.

[74] Ebd., S. 106 u. S. 108.

[75] Ebd., S. 108.

[76] Ebd., S. 108.

[77] Ebd., S. 109.

[78] Ebd., S. 111.

[79] Vgl. dazu E. Höpfner, Amadis, nicht Bienenkorb, in: ZfdA 8 (1877), S. 467-477; H. Weddige, Die „Historien von Amadis auss Franckreich", dokumentarische Grundlegung zur Entstehung und Rezeption, Wiesbaden 1975 (Beitr. z. Lit. d. XV. bis XVIII. Jh., Bd. 2), S. 185 f.

[80] Die umfängliche Literatur zur „Poeterey" findet man in den unten zitierten Bibliographien zur Opitz-Literatur aufgeführt, sie braucht hier nicht rekapituliert zu werden. Vgl. im vorliegenden Zusammenhang neben den in Anm. 69 erwähnten Arbeiten noch R. Drux, Martin Opitz und sein poetisches Regelsystem, Bonn 1976 (Literatur und Wirklichkeit, Bd. 18), insbesondere Teil III: Das Werk des Martin Opitz in seinem geschichtlichen Kontext, S. 147 ff.

[81] Vgl. C. Wiedemann, Druiden, Barden, Witdoden, zu einem Identifikationsmodell barocken Dichtertums, in: M. Bircher; F. v. Ingen (Hg.), Sprachgesellschaften, Sozietäten, Dichtergruppen, Arbeitsgespräch der Herzog-August-Bibliothek Wolfenbüttel 28.-30. Juni 1977, Vorträge und Berichte, Hamburg 1978 (Wolfenbüttler Arbeiten z. Barockforschung, Bd. 7), S. 131-150.

[82] Die Poeterey wird im folgenden zitiert nach: Martin Opitz, Gesammelte Werke, kritische Ausgabe, hg. v. George Schulz-Behrend, Bd. II: Die Werke von 1621-1626, Teil 1, Stuttgart 1978 (BLVS, Bd. 300), S. 331-416. Das vorgelegte Zitat hier S. 349.

[83] Ebd., S. 344.
[84] Ebd., S. 345 f.
[85] Ebd., S. 339.
[86] Ebd., S. 411.
[87] Die Ausgabe der Teutschen Poemata von Opitz (1624) samt dem Zincgrefschen Anhang ist jetzt wieder zugänglich im Rahmen der kritischen Opitz-Ausgabe von G. Schulz-Behrend. Das vorgelegte Zitat hier Bd. II, Teil 1, S. 169.
[88] Knappe weiterführende Hinweise zu dieser besonders wichtigen Vorrede bisher vor allem bei Barner, Barockrhetorik, S. 227 ff., und bei Sinemus, Poetik und Rhetorik im frühmodernen deutschen Staat, S. 18 ff. Zitiert wird im folgenden nach der kritischen Ausgabe von G. Schulz-Behrend, Bd. II, Teil 2, Stuttgart 1979 (BLVS, Bd. 301).
[89] Ebd., S. 530 f.
[90] Aristarchus, hg. v. G. Witkowski, S. 85.
[91] Opitz Werke, hg. v. G. Schulz-Behrend, Bd. II, Teil 2, S. 531.
[92] Ebd., S. 531.
[93] Ebd., S. 531.
[94] Ebd., S. 532.
[95] Ebd., S. 532.
[96] Ebd., S. 533.
[97] Ebd., S. 534.
[98] Ebd., S. 534.
[99] Ebd., S. 534 f.
[100] Ebd., S. 538.
[101] Ebd., S. 539.
[102] Ebd., S. 539.
[103] Ebd., S. 540.
[104] Ebd., S. 541.
[105] Ebd., S. 542.
[106] Ebd., S. 543.
[107] Vgl. Opitz Werke, hg. v. G. Schulz-Behrend, Bd. II, Teil 1, S. 350.
[108] Zu Opitz' Epos-Plänen vgl. Rubensohn, Der junge Opitz, Teil 1, S. 65, Anm. 1. Zu Opitz' *Trostgedichte* liegt eine umfängliche, vielfach jedoch nicht weiterführende Literatur vor. Vgl. K. H. Wels, Opitz und die stoische Philosophie, in: Euphorion 21 (1914), S. 86-102; A. Stössel, Die Weltanschauung des Martin Opitz, besonders in seinen Trostgedichten in Widerwärtigkeit des Krieges, Diss. phil. Erlangen 1918; H. Max, Martin Opitz als geistlicher Dichter, Heidelberg 1931 (Beitr. z. neueren Litgesch., Bd. 17), S. 159-187; W. Ulrich, Studien zur Geschichte des deutschen Lehrgedichts im 17. und 18. Jahrhundert, Diss. phil. Kiel 1959, S. 60-67; H. Nahler, Das Lehrgedicht bei Martin Opitz, Diss. phil. Jena 1961 (Masch.) (hier auch S. 69 ff. ausführliche Erörterung der Gattungsfrage); W. Welzig, Constantia und barocke Beständigkeit, in: DVLG 35 (1961), S. 416-432; L. L. Albertsen, Das Lehrgedicht, eine Geschichte der antikisierenden Sachepik in der neueren deutschen Literatur mit einem unbekannten Gedicht Albrecht von Hallers, Aarhus 1967 (hier S. 10-29: Der Begriff ,Lehrgedicht', S. 30-37: Das Lehrgedicht und die literarischen Gattungen, S. 76-107: Der Klassizismus, Opitz und das Lehrgedicht, hier S. 88-94 über das „Trostgedichte" von Opitz); B. Ulmer, Martin Opitz, New York 1971 (Twayne's World Authors Series, Bd. 140), S. 91-106; M. Szyrocki, Martin Opitz, S. 44-49; W. L. Cunningham, Martin Opitz: Poems of Consolation in Adversities of War, Bonn 1974 (Abh. z. Kunst-, Musik- und Litwiss., Bd. 134) (dazu die wichtige Rezension von W. Kühlmann, in: Daphnis 4 (1975), S. 217-219); R. D. Hacken, The Religious Thought of Martin Opitz as the Determinant of his Poetic Theory and Practice, Stuttgart 1976 (Stuttgarter Arb. z. Germanistik, Bd. 18); X. Stalder, Formen

des barocken Stoizismus, der Einfluß der Stoa auf die deutsche Barockdichtung – Martin Opitz, Andreas Gryphius und Catharina Regina von Greiffenberg, Bonn 1976 (Studien z. Germanistik, Anglistik u. Komparatistik, Bd. 39), insbesondere S. 35 ff. (vielfach abwegig). Die folgende Interpretation geht durchweg eigene Wege, so daß sich ein systematischer Rückbezug auf die vorliegende Literatur erübrigt. Zitiert wird nach: Martin Opitz, Gesammelte Werke, kritische Ausgabe, hg. v. G. Schulz-Behrend, Bd. I: Die Werke von 1614-1621, Stuttgart 1968 (BLVS, Bd. 295), S. 187-266. Die Zitation erfolgt unter Angabe des Buches und Verses.

[109] Dieses deutschsprachige Lobgedicht ist in der kritischen Ausgabe noch nicht abgedruckt; man muß auf das Original zurückgehen: TrostGedichte In Widerwertigkeit Deß Krieges; In vier Bücher abgetheilt / Und vor etzlichen Jahren von einem bekandten Poeten anderwerts geschrieben, Breslau 1633. Das Zitat hier f. B. 3r.

[110] Ebd., f. B. 2 s.

[111] Opitz Werke, hg. v. G. Schulz-Behrend, II/1, S. 360.

[112] Opitz Werke, hg. v. G. Schulz-Behrend, I, S. 191.

[113] Ebd., I, 1-4.

[114] I, 57-66.

[115] I, 53-57.

[116] I, 81-88.

[117] I, 73-80.

[118] I, 109-120.

[119] I, 139-150.

[120] I, 167-169.

[121] I, 197-204.

[122] I, 247-252.

[123] I, 323-324.

[124] I, 445-452; 459-472.

[125] Die Arbeit von G. Kirchner, Fortuna in Dichtung und Emblematik des Barock, Tradition und Bedeutungswandel eines Motivs, Stuttgart 1970, bietet leider kaum Ansätze für eine gesamthistorische Klärung. Aus dem reichhaltigen Schrifttum zur Vorgeschichte sei hier nur verwiesen auf: W. Theiler, Tacitus und die antike Schicksalslehre, in: Phyllobolia, Festschrift Peter von der Mühll, Basel 1946, S. 35-90; J. Kroymann, Fatum, fors, fortuna und Verwandtes im Geschichtsdenken des Tacitus, in: Satura, Früchte aus der antiken Welt, Festschrift Otto Weinreich, Baden-Baden 1952, S. 71-102; G. Pfligersdorffer, Fatum und Fortuna, ein Versuch zu einem Thema frühkaiserlicher Weltanschauung, in: Litwiss. Jb. N. F. 2 (1961), S. 1-30; H. R. Patch, The Tradition of the Goddess Fortuna in Roman Literature and in the Transitional Period, in: Smith College Studies in Modern Languages, Bd. III/3 (1922), S. 131-177; ders., The Tradition of the Goddess Fortuna in Medieval Philosophy and Literature, in: Smith College Studies in Modern Languages Bd. III/4 (1922), S. 179-235; K. Heitmann, Fortuna und Virtus, eine Studie zu Petrarcas Lebensweisheit, Köln/Graz 1958 (Studi italiani, Bd. 1); A. Doren, Fortuna im Mittelalter und in der Renaissance, in: Vortr. d. Bibl. Warburg, Bd. II: Vorträge 1922-23, Teil 1, 1924, S. 71-144; H. Rüdiger, Göttin Gelegenheit, Gestaltwandel einer Allegorie, in: Arcadia 1 (1966), S. 121-166.

[126] Trostgedicht II, 293-300.

[127] II, 325-328.

[128] II, 397-400.

[129] II, 563-564.

[130] II, 589-592.

[131] G. Abel, Stoizismus und Frühe Neuzeit, S. 65 f.

[132] Opitz, Trostgedicht II, 33-38.

[133] II, 424; 433-434.

[134] II, 393-396.

[135] II, 365-372; 379-384.

[136] Vgl. Garber, Martin Opitz, S. 123 ff.

[137] Opitz, Trostgedicht, S. 230.

[138] III, 6-8.

[139] III, 57.

[140] III, 90-92.

[141] III, 97-100.

[142] III, 141-148.

[143] III, 213-220.

[144] III, 229-234.

[145] III, 265-266.

[146] III, 266-276.

[147] III, 321-322.

[148] III, 353-364.

[149] Vgl. dazu neben der in Anm. 59 angegebenen Literatur vor allem R. v. Albertini, Das politische Denken in Frankreich zur Zeit Richelieus, Marburg 1951 (Beih. z. Arch. f. Kulturgeschichte, Bd. 1).

[150] Opitz, Trostgedicht III, 497-516.

[151] III, 533; 541-544.

[152] IV, 25-28.

[153] IV, 185-189.

[154] IV, 197-201.

[155] IV, 233-243.

[156] IV, 341-343.

[157] IV, 553-554.

[158] IV, 398-403.

[159] IV, 413-420.

[160] Dazu zuletzt in umfassender geschichtlicher Perspektive das große Nachwort von Erich Trunz zum 2. Band der von ihm herausgegebenen *Weltlichen Poemata* von Martin Opitz, auf das hier nachdrücklich verwiesen sei.

[161] Daß dem Setzer ausgerechnet bei der Auszeichnung des Werkes ein Irrtum passierte und die drei letzten Bücher nicht mehr eigens im Kolumnentitel geführt wurden, muß Opitzens ordnungsstiftenden Geist tief getroffen haben.

[162] Dazu zuletzt ausführlich A. Martino, Daniel Casper von Lohenstein, Geschichte seiner Rezeption, Bd. I: 1661-1800, aus dem Italienischen von Heribert Streicher, Tübingen 1978, insb. S. 28 ff.; ders., Barockpoesie, Publikum und Verbürgerlichung der literarischen Intelligenz, in: Intern. Arch. f. Sozialgesch. d. dt. Lit. 1 (1976), S. 107-145.

[163] Ein erfolgversprechender, teilweise bereits historisch-funktional orientierter Versuch zur Erschließung der Sprachgesellschaften ist in der neueren Forschung erstmals wieder in einigen Beiträgen zu dem von Martin Bircher und Ferdinand van Ingen organisierten Sprachgesellschafts-Kolloquium gemacht worden. Vgl. den in Anmerkung 81 zitierten Sammelband sowie demnächst Vf., Arkadien und Gesellschaft.

[164] Erste Ansätze dazu – neben der in Anm. 81 zitierten Dokumentation zum Sprachgesellschafts-Kolloquium – bei A. Schöne (Hg.), Stadt – Schule – Universität – Buchwesen und die deutsche Literatur im 17. Jahrhundert, S. 3 ff.

[165] E. Trunz, Der deutsche Späthumanismus um 1600 als Standeskultur (1931), in: R. Alewyn (Hg.), Deutsche Barockdichtung, Dokumentation einer Epoche, 2. Aufl., Köln 1966 (Neue Wiss. Bibl., Bd. 7), S. 147-181.

[166] Dazu vorläufig K. Garber, Der Autor im 17. Jahrhundert, in: Lili 41 (1981).

Klaus Haberkamm

JOHANN MICHAEL MOSCHEROSCH

> „Doch weil ich an einem Poetischen Fieber vor zeitten
> auch etwas weniges Kranck gelegen / vnd in forcht
> stunde / es möchte mir deßwegen eine Lection her gesagt
> werden / trollete ich mich von dañen."
>
> (Moscherosch alias Philander)

Der Titelheld der *Wunderlichen vnd Warhafftigen Gesichte Philanders von Sittewalt*[1] wird nach Rückkehr von einer Bildungsreise, die im Unterschied zur Vorlage des I. Teils, Quevedos *Sueños*, das Gerüst der Traumsatire bildet, beim Sinnieren über die verkehrte Welt aus der Wirklichkeit entrückt. In der sich damit entfaltenden Vision der „Höllen-Kinder" nimmt Philander einen Weg wahr,

> welcher sich allgemach / doch vnfern / in zween Wege theylete. Der gegen der rechten hand zu / war nur ein fußpfad / vnnd sehr schmal; vnnd weil er wenig begangen ward / stunde er mit Dornen vnd Distlen dermassen verwachsen / auch allenthalben mit steinen so rauch vnd vngebahnet verhudelt / daß ohne die grösseste mühe vnd arbeit mich nicht wohl ein schritt darauff fort zukommen deuchte; doch sahe man etliche wortzeichen [d. h. Wahrzeichen] / darauß mann mercken kunte / es musten vnlangst etliche wenige Leute / gleichwohl mit vnsäglicher arbeyt sein dahindurch getrungen: dann deren etliche ein Aug / ein Hand / ein Fuß / die Brust/ den Kopff / ja die Haut gantz vnd gar dahinden gelassen [...] (I, 280)

Einige wenige Pilger auf jenem Wege sind „ellendig zugericht" (I, 280) und seufzen voller Trauer. Während es hier weder Huf- noch Radspuren gibt, also Reiche und Mächtige unter den Wanderern fehlen, „Ambulat in lata Currus Equusque via." (I, 281)[2] Der breite, gebahnte Weg zur Linken ist es, den Philander wählt, weil ihm dort Vergnügungen aller Art und jeder Luxus winken. Angesichts solcher Versuchung und zermürbt vom beißenden Spott der Genießer auf dem breiten Weg, wechselt, teilweise noch kurz vor dem Ziel, mancher der Geschundenen auf den linken Weg über. Andere widerstehen, einige sogar trotz gewisser Angefochtenheit, schämen sich der Höhnenden und versuchen ihrerseits, sie zur Umkehr zu bewegen. Nicht zuletzt durch falsche Zungenschläge und verräterische Bemerkungen Philanders offenbart die Vision immer mehr ihren allegorischen Charakter: Bei der schmalen Abzweigung handelt es sich um den „Weg der Tugend" (I, 281) und somit, in Überhöhung der tropologischen Deutung zur eschatologischen, um den „Weg des Paradises" (I, 298); bei der breiten um den Weg des Lasters, der zur Hölle führt. Folgerichtig öffnet sich an seinem Ende – nachdem verschiedene Gruppen Verblendeter, die Ständesatire der gesamten Traumschrift auf kleineren Maßstab reduzierend, Revue passiert sind – der infernalische Rachen.

Die Wegegabel als „Verlandschaftlichung"[3] des Signums Y verweist auf eine zentrale Vorstellung, die Moscherosch durch die Glosse „*Litera Pytagoræ*" und „*Biuium Herculis*" (I, 280) noch verdeutlicht: die Wahl zwischen zwei prinzipiell entgegengesetzten Möglichkeiten. Die Alternative von Tugend und Laster, um die es bei der Wahl wesentlich geht, ist von Moscherosch nicht im antiken Ideen-Horizont belassen, sondern auf der Grundlage des Gedankens vom menschlichen Leben als Pilgerschaft in die Perspektive der neutestamentlichen Zweiwege-Lehre, vornehmlich des Matthäus-Evangeliums (7, 13 f.), gestellt worden. Im Verständnis des Lebens als nur zeitweiliger Herberge vor dem Übergang in „Ewige Frewde" oder „Ewigen Jammer" (I, 282) trifft sich der deutsche Autor mit seinem durch den Franzosen Geneste vermittelten spanischen Muster. Wo jedoch der jesuitisch geschulte Quevedo den gemeinchristlichen Geist zugunsten des Katholizismus auch nolens volens zu stark zurücktreten zu lassen droht, schaltet sich Moscherosch demonstrativ als Parteigänger der gegnerischen Konfession ein. Eine Ergänzung der Wegewahl-Szenerie gegenüber der Vorlage ist bei aller Indirektheit ein ebenso nachhaltiges wie unmißverständliches Bekenntnis Moscheroschs zu dem konfessionellen Gesetz, nach dem er seit seiner Erziehung in „Evangelischer Augspurgischer Warheit"[4] angetreten. Der Zusatz ist zugleich geeignet, die Funktion der bivium-Szene überhaupt als des Modells für Moscheroschs Denkweise als Satiriker erkennbar zu machen. Am "Schiedweg" (I, 283), erfährt Philander, habe es vormals einen dritten Weg gegeben, der von „Jrrland" (I, 284) – dessen Schreibweise wohl mehr als die reale Insel anzeigt – über verschiedene, hauptsächlich katholische Länder Europas in das Fegefeuer verlaufen sei. Zwei ob des Verschwindens des Weges Verdutzte herrscht Philander schulmeisterlich an:

> Ho ho [...] / jhr gute Herren / wo seyt jhr dann seithero gestecket? Wisset jhr nicht / daß vor einhundert vnd zwantzig drey Jahren derselbige Weg verhawen / vnd mit einer starcken Klufft vermacht / auch für gantz vnnöhtig erkandt worden? Als der durch weit abgelegene Ort doch endlich widerumb in die breite Strasse zugehet? (I, 284)

Mit der Rückrechnung[5] zielt Philander auf den Beginn der Reformation, die die Lehre vom Purgatorium verwarf, kaum daß sie auf dem Florentiner Konzil von 1439 zu einem förmlichen Glaubensartikel erhoben worden war. Die so zum Ausdruck kommende fundamentalistische lutherische Gesinnung Moscheroschs als des Sohnes eines Hanau-Lichtenbergschen geistlichen Schaffners ist exemplarisch für den Geist seines gesamten schriftstellerischen Werkes: Während die katholische Kirche das Reinigungsfeuer als Zwischenstadium versteht, in dem der von läßlichen Sünden noch nicht freie Gläubige vor dem Eintritt in den Himmel endgültig geläutert wird, gab es diesen Kompromiß für den Lutheraner und Ethiker Moscherosch nicht. Da Religion und Moral für seine Epoche nun einmal die offiziellen Grundlagen aller Lebensführung abgaben, mußte das Schema des Entweder-Oder allgemein für ihn gelten. Auch im übertragenen Sinne akzeptierte er keinen dritten Weg! „Fort / Fort", bescheidet dementsprechend Philander unduldsam die beiden Begriffsstutzigen am Scheideweg,

> es ist da kein anderer Weg zuhoffen. *Non datur tertium.* Es ist nur Gott vnd Teuffel: Himmel vnnd Höll; Leib vnnd Seel: Gesatz vnnd Evangelium: Seeligkeit vnnd Verdamnuß. *Hic non datur medium nisi in Mediatore.* Was nicht zu Gott will / daß fahre zum Teuffel! (I, 284 f.)

In der Polarität von Gott und Teufel erblickt Moscherosch nur das Prinzip eines totalen Weltbildes strikt dualistischer Art. „Neutralisten" muß unweigerlich sein Bannstrahl treffen: „es ist verlohren werck mit jhnen". Und heftiger noch schickt er das Credo seines ethischen Rigorismus hinterdrein:

> Es stehet nicht fein / auch nicht Ehrlich / wan man weder dz eine noch das andere gar sein will. [...] Es ist keine Klugheit oder Weißheit / in einer vnvermeidlichen sache *laviren* wollen / es ist vielmehr ein Kleinmütigkeit / eine Vntrew vnnd rechte Verrätherey. (I, 285)

Zur Untermauerung seiner Unbeugsamkeit versichert sich Moscherosch diesmal wie öfter noch der Autorität eines Lipsius – dessen mehrfacher Glaubenswechsel, der ihn letztlich zu einem „Neutralisten" stempelt, offenbar nicht weiter stört. Die Ernsthaftigkeit seines Verdikts betont obendrein das Aufgebot Montaignes – dessen undogmatischer Nachsicht und entspannter Offenheit der verbiesterte Moscherosch eigentlich nichts hätte abgewinnen dürfen. Aber er ist nicht wählerisch, wenn er der Rückendeckung für seine Sache bedarf. Er bemüht sogar, unbekümmert um den schlechten Ruf des „tollen Halberstädters", die Ablehnung der Neutralität durch Herzog Christian von Braunschweig, zumal dieser prominenter Protestant ist.

„Rechts oder Links" ist daher die unverrückbare Orientierung auch von Moscheroschs Moralsatire. Grimmelshausens *Satyrischer Pilgram*, die Erstlingsschrift des Musterschülers Moscheroschs, nennt sich im Untertitel „Weiß u n d Schwartz". Demgemäß heben sich „Satz" und „Gegensatz" jedes der erörterten Themen im ausgleichenden „Nachklang" auf. Ein der Grimmelshausenschen Formulierung ähnlicher Untertitel für Moscheroschs erstveröffentlichtes Werk, das fast ein Menschenalter vor dem *Satyrischen Pilgram* ohne Abstand von der weltabgewandtheitsfördernden dreißigjährigen Auseinandersetzung erschien, müßte „Weiß o d e r Schwarz" lauten. In Moscheroschs Satire klingt nur selten Versöhnliches nach. Sie braucht um so mehr den festen Maßstab, als ihr Urheber ständig Gefahr läuft, sich eigentlich selbst zum Gegenstand der Anprangerung machen zu müssen. Gerade aus dieser schmerzlich gefühlten Spannung zwischen allgemeinem sittlichem Auftrag und persönlichem Legitimationsdefizit geht Moscherosch die Bereitschaft zur Selbstironie meistens ab – auch wenn stellenweise die Konzeption des bis zur Tölpelhaftigkeit naiv-unwissenden Philander-Moscherosch bewußt auf eigene Kosten gehen darf. Verbohrtheit im geradezu missionarischen Anspruch Moscheroschs ist unverkennbar. Bezeichnenderweise verwirklicht sich in der fast inbrünstigen Ausfüllung des Postens des Straßburger Fiskals und „Policeygerichts"-Sekretärs, dem er mit einer Vielzahl eher kleinlicher Vorschriften mehr als gerecht wurde, die Intention seiner Schriftstellerei im praktisch-bürgerlichen Bereich. Nur selten spiegelt Moscheroschs Satire Gelöstheit des Gemüts wider. Mag diese auch weitaus weniger bedrückende Lebensumstände benötigt haben, als sie Moscherosch vergönnt waren, so wirken doch die *Sueños* Quevedos, der bei ihrem Erscheinen von harten Schicksalsschlägen keineswegs verschont geblieben war, längst nicht so verbissen wie ihre nachahmende Bearbeitung. Das Ressentiment des Gebeutelten, Zukurzgekommenen und Gedemütigten, wie es aus einer nur aus Anstandsgründen flüchtig mit Eigensatire kokettierenden Selbstcharakteristik Moscheroschs erhellt, steht ungeschmeidig der Souveränität seiner Satire ständig im Wege:

> 1. Mein Name / Philander. 2. Bin ich ein Geborner Teütscher von Sittewaldt. 3. Weiß zwar selbst schier nicht waß ich sonst bin: Ich bin was man will. hab mich in diesen Ellenden Zeiten müssen in allerley Leüt köpffe schicken: vnd / wie Hanß Wursts Hut / auff allerley weise winden / trähen / drücken / ziehen / zerren vnd böglen lassen. viel leiden / viel sehen / viel hören vnd mich doch nichts annehmen müssen: Lachen / da es mir nicht vmbs hertz war: Gute wort geben / denen die mir böses thaten: mich müssen gebrauchen lassen wie das kalte Gebratens [. . .] (II, 67 f.)

Vielleicht machte jedoch Moscheroschs Strenge seine Satire bei den Zeitgenossen desto glaubwürdiger und wirksamer. Was die Gegenwart an seiner Traumschrift vor allem interessiert, das reich ausgebreitete kulturgeschichtliche Tableau und die neben Grimmelshausens *Simplicissimus Teutsch* wohl eindringlichste Schilderung der Kriegsgreuel aus eigenem Erleben, dürfte allein kaum den imposanten Erfolg des Werkes im 17. Jahrhundert ausgemacht haben. Publikumsbedürfnis und Moscheroschs Denkart des ethisch-religiösen Ja oder Nein kamen einander, gegen Ende jenes zur Einkehr mahnenden Grauens, entgegen.

Allerdings ließ sich die Alternative als Signatur der Welt rein auch von Moscherosch selbst nur im abstrakten Bereich aufrechterhalten. Der ausgeprägte Pragmatiker in ihm mußte sich an ihr stoßen und bedeutete stets eine erhebliche Herausforderung für ihre Wahrung. Was dem eifernden Moralisten als fauler Kompromiß vorkam, verstand sein empirisch verfahrendes und durch den Nachdruck des praktischen Alltags zur Aufgeschlossenheit angehaltenes alter ego als sinnvolle Vermittlungsposition. Das Leben – das Moscherosch fast ausschließlich im symbiotischen Kulturraum des Elsaß und seines Umfeldes tätig sein ließ – sorgte für das notwendige Gegengewicht zum gelegentlich predigerhaft versehenen Schreibmandat des christlich Meinenden. Es tat dies auch schon einmal sehr derb. So mußte – Ironie nicht etwa des Schicksals! – Moscherosch sein so hingebungsvoll verwaltetes Amt als Straßburgs oberster weltlicher Tugendwächter Ende 1655 wegen des wohl vorgeschobenen, aber offenbar nicht ausräumbaren Verdachts der sittlichen Verfehlung mit einer jungen Verwandten aufgeben. In Grass' überzeichnender Fiktion des *Treffens in Telgte* liegt ein Körnchen Wahrheit, wenn er seinen Moscherosch einen obszönen Auftritt der Libuschka-Courasche anzüglich kommentieren und später eine Magd auf seinem Schoß sitzen läßt.[6] Zu den korrigierenden Kräften in Moscheroschs Leben zählte eben auch sein Charakter. Faber du Faur, dem die entschiedenste Umwertung des schönfärberischen Moscherosch-Bildes zu danken ist, kennzeichnet ihn als „unverträglich, intrigant, gierig nach Geld und skrupellos in den Mitteln, sich solches zu beschaffen".[7] Diese Unzulänglichkeit wurde mit Moscheroschs starrer moralischer Haltung überkompensiert. Manch eine Puritaner-Tragödie entsprang diesem dialektischen Kraftakt, und auch die Vernichtung von Moscheroschs bürgerlicher Existenz hat hierin letztlich ihren Grund. So wirkt im Rückblick von jener folgenschweren Affäre der unbeirrbar rechtschaffene Philander der wenige Jahre vorher konzipierten bivium-Szene fast komisch, wenn er unter Berufung auf Christi Warnung vor den Lauen in der Offenbarung des Johannes (III, 15) diejenigen verächtlich macht, die einen Weg zwischen den Extremen der geltenden Morallehre suchen. Die heutzutage in radikal säkularisierter Form geläufige Einsicht Philanders – „Gehören also die Neutralisten dem Herren zu / dem sie dienen." (I, 285) – macht nach wie vor den Gegnern eines „Dritten Standpunktes" zu schaffen.

Die Spannung zwischen Moscheroschs abstrakter Grundsatztreue im Sittlichen und seiner konkreten Pragmatik bleibt häufig unausgetragen. Auch für diese Widersprüchlichkeit legt das Universalmodell der Wegscheiden-Episode beredtes Zeugnis ab. Dort kann sich Philander als fiktiver Doppelgänger seines Autors immer wieder, im selben gegenständlichen Bereich verbleibend, unvermittelt vom Ignoranten zum Wissenden wandeln. Diese Zwiespältigkeit ist ihm in der ganzen Traumschrift eigen, hat doch Moscherosch einmal als warnende Exempelfigur, zum anderen, gleichsam als die von der Marginalie der bivium-Szene beschworene Herkules-Gestalt, als ideale Verkörperung seiner Auffassungen zu dienen. Doch ist diese Diskrepanz nicht nur didaktisch, sondern auch durch die zerrissene geistige Konstitution Moscheroschs bedingt, die den fortwährenden Konzessionen seiner Prinzipienreiterei an die Erfordernisse der kruden, aber auch versöhnlicheren Wirklichkeit noch vorausliegt. Moscheroschs Moral weckt den Anschein systematischer Gesichertheit, ist aber lediglich an der Primitivität der Alternative ausgerichtet. Daß er deren positiven Pol nicht durchweg zur einzigen Richtschnur seines Denkens und Handelns machen kann, würzt seinen vom Spießigen bedrohten Lebensgang ein wenig mit dem Hauch des Allzumenschlichen und sichert glücklicherweise seiner Satire hie und da doch eine gewisse Flexibilität. So hält sich der fremdspachlich ungemein versierte Praktiker[8] und verspielt-stolze Gelehrte am allerwenigsten an sein vaterländisch, d. h. ethisch begründetes Postulat der Reinheit im Gebrauch des Deutschen: Die Sprache der *Gesichte* ist ein, keinesfalls reizloses, Gemenge von „Wälschen / Lateinischen / Grichischen / Jtalianischen / Spannischen Worten vnd Sprüchen" (II, 119) einschließlich mancher Dialektstellen. Engagierter Deutschtümelei – „Gott wolle Teutsche Helden erwecken / die dem vnmässigen reysen in frembde Lande Jhre Zeit vnd Maß setzen" (II, 264) – kann bald darauf französische Liebeslyrik folgen. Harsdörffer gesteht Moscherosch, das Französische sei im Vergleich mit dem gewöhnlichen Brot des Deutschen eine Delikatesse. Hatte er dabei den Wohlklang der Worte seiner zweiten Frau, die Lothringerin mit französischer Muttersprache war, im Ohr? Sie jedenfalls animierte ihn nicht nur zu pastoraler Poesie und zu seiner für die Epoche außergewöhnlich noblen Einstellung zum weiblichen Geschlecht, sondern gewann dem Teutonen auch das Zugeständnis französischer Konversation im Hause ab. Die Vorliebe Moscheroschs fürs Französische schloß nicht aus, ja forderte geradezu, daß er sich mit dem kulturpatriotischen Programm identifizierte, die deutsche Sprache uneingeschränkt literaturfähig zu machen. Es war an ihn auf der Grundlage der Deutung der Tacitus-Schriften und der Würdigung der Chroniken Aventins und Lehmanns von seinem akademischen Lehrer Bernegger, der in Kontakt mit dem Heidelberger Dichterkreis stand, lebendig herangetragen worden. – Symptom für Moscheroschs angestrengte, meist erfolglose Bemühung um eine keineswegs organisch aus ihm erwachsende Konsequenz ist ebenfalls sein Verhältnis zur Theorie als der bruchlosen Vorgabe praktischen Verhaltens. Trotz gründlicher Schulung war das Individuum Moscherosch für ihre dauerhafte Einverleibung nicht geschaffen. In den *Gesichten* äußert ein törichter Student in schöner Unschuld, „daß die *Practici* gegen den *Theoricis* vnd *spekulirern* nurEllende [!] Esel seyen." (II, 205) Redet hier übrigens eventuell auch der Fuchs, dem die Trauben zu hoch hängen, der Magister Moscherosch, der von Bernegger als Jahrgangsbester graduiert wurde, es aber nicht zum Doktortitel bringen konnte? Ein noch in der merklichen Genugtuung devoter Hinweis auf seine Beziehung zu „Herr[n] *Doctor Zincgreff*" (I, 222) etwa könnte für die Wertschätzung dieser Würde sprechen; unbefriedigten Ehrgeiz des nach höheren sozialen Weihen strebenden Kleinbürgers wird man bei Moscherosch stets in Rechnung zu stellen haben. Seine mangelnde Vervollkommnung in der Theorie mußte es zunächst geschehen lassen, daß ein anderer ihm den programmatischen Vorspann für den zuerst gesondert veröffentlichten I. Teil der *Gesichte* lieferte. Nicht gerade unbeholfener Neuling im literarischen Geschäft, verschaffte sich Moscherosch den theoretischen ‚Überbau' zu seiner satirischen Praxis, wie eigentlich das ganze Debüt-Opus, dennoch erst einmal aus zweiter Hand: Rompler, Wortführer der Straßburger

„Tannen-Gesellschaft" und als leicht schrulliger Hans-Dampf-in-allen-Gassen des dortigen Literaturbetriebs das Gegenbild seines vergleichsweise biderben Freundes Moscherosch, sprang als kundiger Routinier ein. Und das gleich doppelt, denn auch das Titelkupfer der Urfassung der Traumschrift, auf dem die Idee der Satire ikonographisch variiert wird, ist von ihm entworfen.[9] Im *Anderen Theil der Gesichte Philanders von Sittewalt* dann verlangte es wohl den Autor nach Emanzipation nicht nur von Quevedo. Moscherosch fühlte sich verpflichtet, den von ihm vertretenen Satire-Begriff auch selbst darzulegen, nachdem sich der Publikumserfolg seines Werkes durchschlagend eingestellt hatte und zur Deckung eines gewissen Nachholbedarfs an Theorie und Kenntnis des eigenen Tuns angeregt haben mochte. Die Erfüllung der Aufgabe schien dem Autor um so mehr geboten zu sein, als nach seiner Beobachtung angeblich dem Leser als „einem gut-rund-Teutschen Mann / der Name vnd die Wort der Vberschrifft: Satyrischer Gesichte [!] / nicht recht" (II, 1) eingängig waren. Dieser Leser muß sich schon recht unbedarft angestellt haben, wenn es ihm bei der Bewältigung des I. Teils wirklich gelang, sich dem Verständnis der beiden Komponenten des zentralen Titelbegriffs zu verschließen. Moscherosch wird doch eine intellektuell lähmende Befangenheit seiner Rezipienten in der Altfränkerei nicht vorgeschoben haben, um endlich auch als Theoretiker der Satire auf den Plan treten zu können? Wer ihn nachmals bei ebenso durchsichtigen wie bauernschlauen Machenschaften als Duodez-Politiker ertappt, wird ihm einen derartigen, hier überdies harmlosen Vorwand ohne weiteres zutrauen. Ihm verdankt sich jedenfalls ein willkommener Einblick in Moscheroschs Selbstverständnis als Literat, stehe dies auch erwartungsgemäß in vollem Einklang mit den einschlägigen Anschauungen der Ära. Aus der Vorrede zum II. Teil geht hervor, daß sich Moscherosch offensichtlich nicht nur von seinem unmittelbaren Muster sowie vom Vorbild der oberrheinisch-elsässischen Narrensatire der Brant, Murner, Fischart etc. des 15. und 16. Jahrhunderts herleitet, sondern auch – wie generell die Gattung bis in die Aufklärung hinein – als Humanist römische Impulse aufnahm. Durch indirekte Gleichsetzung mit den Satyren macht er sich deren unnachgiebige Radikalität zu eigen, die dem von ihm gepflegten Lebensmuster der Abgehobenheit entspricht. Als „Leibhaffte Teüffel" (II, 2) ermöglichen sie Moscherosch die Übernahme von Quevedos didaktischem Kniff, „alles fast durch den Teuffel vorbringen [zu] lassen / [...] damit er es nicht zu verantworten hätte" (II, 4 f.). Erklärtermaßen allem neutralistischen Opportunismus abhold, wird Moscherosch trotzdem – weiteres Anzeichen seines gesunden Pragmatismus im Zweifelsfall – sozusagen zum Teufelsbündler, um desto unnachgiebiger seine satirische Kritik anbringen zu können. Ähnliche Taktik, wenngleich auch starkes Schutzbedürfnis Moscheroschs, liegt der Erklärung seiner Absicht zugrunde, niemanden der satirisch Angegriffenen namentlich zu nennen. Das didaktische Kalkül solchen Brauches der nicht ad personam zielenden Überlieferungsrichtung des satirischen Genres übernimmt der zeit seines Lebens sozial Abhängige und der auf die eitel-halbherzige Anonymität der *Gesichte* sowieso nicht Bauende nur um so lieber. Und reicht es an seinen gelehrigen Discipel Grimmelshausen weiter, der – in ebenso angelegentlicher Sorge um eine ähnlich große Anzahl hungriger Mäuler wie sein Lehrmeister, aber auf der gesellschaftlichen Leiter noch einige Sprossen tiefer stehend – aus gleicher Rücksicht auf Untertänigkeit argumentieren wird. Nicht leisetreterische Abstriche an der Ernsthaftigkeit seines hartnäckigen moralischen Wirkungswillens sind es freilich, die Moscherosch den II. Teil der Traumsatire „auff eine gelindere weise / nicht so förchterlich" (II, 7), einzurichten veranlassen. Er spielt vielmehr auf den Topos der verzuckerten Pille an. Unbeschadet seiner Prediger-Attitüde und der Penetranz seines Kanzelredner-Tons will er in der Rolle des Arztes die edle Wahrheit „durch schützung vnd gelaid der Gedichte" (I, 547) durchsetzen; „seltzame verzukungen / wunderbahrliche erscheinungen und träume" (I, 4v), ihm von Rompler als besonders tauglich empfohlen, wählt Moscherosch als die für die ganze Satire tragfähige Einkleidung seiner Botschaft. Die Priorität des Kerns vor der Hülle nimmt ihm anstandslos ab, wer das gute Anderthalbtausend Seiten der *Gesichte* mit den Schriften seiner großen Vorgänger auf dem Felde „Bitterer satyrischer gedicht" (I, 4r) – z. B. „Erasmus/Barklaius/Heynsius/Kunäus" (I, 4v) – vergleicht. – Der Notwendigkeit, die Wahrheit um ihres erhöhten Effektes willen zu kaschieren, wollte Moscherosch sich also beugen, zur satirischen Abstinenz überhaupt mochte er sich indessen nur verstehen, wenn es seine Mitmenschen verdienten. Den vier „Gesichten", denen dieses Gelübde voranstand, sollten sich drei weitere hinzugesellen ... Beifall von der falschen Seite in doppelter Hinsicht war es für den keineswegs zur Untätigkeit verdammten Satiriker, wenn der anonyme Herausgeber einer der nichtautorisierten Fortsetzungen der Traumschrift ihm bescheinigte: „dann wie durchsetzung [!] zweyer Contrarien das Mittel leichtlich zu finden / eben also kan auch durch Erzehlung der Laster und Sünden / der rechte Wege zu den Tugenden wol gebauet werden".[10] Mit der Mechanik der Aristotelischen Ethik, von den Extremen her die goldene Mitte zu finden, wollte die Rigidität des Tugendbegriffs Moscheroschs nichts zu schaffen haben. Den dritten Weg, gewissermaßen den Mittelweg, schlägt ja Philander kurzerhand zum Weg des Lasters hinzu, der aus christlicher Sicht zur Verdammnis führt. Der Aristoteliker im Moralisten Moscherosch – schon früh hörte er in Straßburg Vorlesungen über die *Nikomachische Ethik*[11] – mußte, nicht zuletzt durch die Vorgabe seines schwierigen Charakters, dem ‚Manichäer' Moscherosch weichen. Eine ironische Examensfrage, in den *Gesichten* einem beschränkten Rodomontan gestellt, geht auch zu Lasten des Philosophen: „Ob er nicht den Hut abziehe / wan man den nach Gott aller Heyligsten Mann *Aristoteles* nenne?" (II, 243) Die massive Anlehnung an dessen Ethik in Romplers Vorrede zu den *Gesichte* konnte Moscherosch deshalb billigen, weil ihre Bestimmung der „Satyre" deutlich auf einem Bild des Individuums mit animalischer und vernünftiger Seele fußt.[12] Die „Satyrischen Gesichte" verstehen sich auch als Visionen im Geiste des

Satyrs, der „Sinnbild der dualistischen Konstitution des Menschen ist".[13] Immer zugleich von der Depravierung zum Tier bedroht und für die Erhöhung zum gottebenbürtigen Dasein durch Erkenntnis vorgesehen, soll der Leser von Moscheroschs Satire Abscheu vor der Demonstration menschlicher Brutalität empfinden.

Die Anschaulichkeit mancher drastischer Schilderungen, die solchem Zwecke dienen, scheint ähnliche Szenen in den Hanauer Kapiteln des *Simplicissimus Teutsch* vorwegzunehmen, kann sich aber mit deren epischer Qualität auch im geglückteren Zweitteil des Werks nicht messen. Schon den I. Teil will Philander nicht „mit sauer sehen" (I, 550) erzählt haben, doch schlägt Moscheroschs moralische Strenge nicht selten in eine Säuernis um, die auch den gutwilligsten heutigen Leser – salva venia für die barocke Formulierung – sauer machen kann. Bereits zwei Jahrzehnte nach Moscheroschs Tod erkennt Christian Thomasius in dem Werk

> eine gezwungene *invention,* die den Leser gleich verdrießlich macht. So sind auch die Laster gar zu plump *taxiret* / weil er denen Leuten ganz trocken und derb und mit einem ernsthafften *Humeur* die Warheit sagt / da doch viel mehr ein *satyricus* mit Lustigkeit und *en raillant* die Laster anfassen sol [...][14]

Als einen gravierenden Grund für diesen Stil nennt der Autor selbst fehlende Heiterkeit „wegen außgestandener vnglaublicher Trübsal vnd gefahr" (I, 549), doch ist die Spekulation statthaft, ob er in günstigeren Verhältnissen zu anderer Schreibweise gefunden hätte. Der Entschuldigung, er habe das Scherzhafte nur als Mittel der Wahrheitsverkündung eingesetzt, beeilt er sich dienstbeflissen hinzuzufügen: „Ampts-verrichtungen / bey denen ein billiger Ernst erscheinen soll / in dem allem vorbehalten." (I, 549) Man möchte meinen, auch der Satiriker Moscherosch habe oftmals solche Beamten-Mentalität bewiesen, wie umgekehrt der Beamte Moscherosch sich schon einmal satirisch auslassen konnte: Rektor und Professoren der Universität Straßburg mußten sich schützend vor ihre Studenten stellen, als sich – Anzeichen des literarischen Niedergangs des Ausgebrannten? – Verse des ,Polizeipräsidenten' gegen deren Kleidung wandten. So kann sich der heutige Leser der *Gesichte,* auch wenn er sich die Lektüre der übrigen moralinhaltigen Schriften Moscheroschs erspart, für einen der Wanderer auf dem schmalen, steinigen Weg halten, ohne im Dornengestrüpp der oft genug dürren Darstellung das lohnende Ziel immer deutlich vor Augen zu sehen. Für weite Partien drängt sich jener rauhe Pfad, auf dem nur mit „grössester mühe vnd arbeit [...] wohl ein schritt [...] fort zukommen" (I, 280), als Sinnbild auf. Sogar der zeitgenössische Leser der Zweitauflage, ausgestattet mit einem dem Glaubenseifer der Pilger zum himmlischen Jerusalem analogen Stoffhunger, muß sich bei Erreichen des „Thurnier"-„Gesichts", mit dem die Edition regelrecht versandet, in der Hölle der Frustration vorgekommen sein. Kaum mehr als eine Statistik der deutschen Ritterspiel-Geschichte, notdürftig gerechtfertigt durch die Propagierung des Gedankens der guten alten Zeit, erwartete ihn dort. Gegenwärtig ist zwar ein Faksimile-Druck der Traumschrift verfügbar, doch die Ausgabe Bobertags ist vom Programm der Wissenschaftlichen Buchgesellschaft abgesetzt, nachdem ihm schon Ende des vorigen Jahrhunderts „die Herausgabe der Gesichte Philanders eine Art Wagnis"[15] war. Selbst wenn die Allegorisierung von Moscheroschs Wegebildlichkeit nicht „zu Tode geritten" werden soll: Da Pferde auf dem schmalen Wege unbrauchbar sind, hat auch Pegasus nichts auf ihm verloren. Daß das Roß Flügel hat, weiß Moscherosch nur sporadisch zu nutzen. Philanders Versuch, sich eines Pferdes zu bemächtigen, von dem er sich einbildet, Apollo habe es ihm „vom *Parnassus* entgegen gesandt" (II, 26), mißglückt bezeichnenderweise. Philander-Moscherosch muß als ächzender Pilger auf dem Pfade schriftstellerischer Mühsal „vbel versehen zu fuß [. . .] davon gehen" (II, 28).

Freilich sieht sich das Urteil des Heutigen angesichts der außerordentlichen Popularität der Werke zu Lebzeiten Moscheroschs auf seine historische Position verwiesen. Moscheroschs Bücher könne „auch der Neyd selbsten nicht tödten"[16], meint apodiktisch, aber für die Mitwelt zutreffend die Grabpredigt. In der Tat erwiesen sich die *Gesichte* noch einige Zeit über den Tod ihres Verfassers hinaus als unverwüstlich. Sie erlebten mehrere Auflagen und – sicheres Indiz für einen Bestseller des 17. Jahrhunderts – eine ungefähr gleich große Anzahl von Raubdrucken.[17] Seine Kritik an Moscheroschs Satire umakzentuierend, befand Thomasius nur zwei Jahre später, daß sie allen Ständen „ihre Untugend recht mit Teutscher Offenhertzigkeit unter die Nasen reibet".[18] Im Beliebtheitsgrad übertraf die Traumschrift sogar die ungewöhnliche, freilich im Gegensatz zu ihnen noch voll anhaltende Wirkung des *Simplicissimus*-Romans. Gerechterweise hat auch der Leser der Gegenwart einzuräumen, daß er sich immer wieder einmal bei seiner langwierigen Lektüre der *Gesichte* wie die fürs Angenehme anfälligen Pilger der via aspera auf die breite Straße gelockt fühlt. Das gilt im besonderen für den II. Teil des Werks, in dem sich Moscherosch nicht nur vom bislang prägenden Vorbild Quevedos, sondern auch stärker von seiner eigenen Bedrücktheit löst. Statt auf die gewohnte Sprödigkeit des Gemischs aus Sittenstrenge und Larmoyanz trifft der Leser plötzlich auf eine gewisse Fröhlichkeit, ja bis zum Schalkhaften reichenden Übermut. Er trifft wirklich auf den „kühnen und reichverzierten Witz", den Grass seiner Moscherosch-Figur im *Treffen in Telgte* (TiT 139) zubilligt, auf menschliches Verständnis und augenzwinkernde Nachsicht, auf Freude an der Welt als Motiv des Schreibens. Diese Züge verraten, was Moscherosch als Satiriker im ganzen vermöchte, wenn ihn Umstände und Temperament nur immer ließen. Im Zeichen eines solchen Kairos verwandelt sich die Austerität seiner Tugendbotschaft in die lebendige, haftende Bezeugung der soziokulturellen Vielfalt seiner Epoche. In solchen Passagen trumpft der Autor der *Gesichte* bei aller Gelehrsamkeitsdemonstration mit einer an Brillanz reichenden Sprachmächtigkeit auf, die hinter dem Alamode-Richter und ver-

meintlich unnahbaren Anwalt der Ausdrucksreinheit die Stimulation der Mehr-
sprachigkeit ahnen läßt. Dann überschlägt er sich fast mit halb spaßigen, halb
ernstgemeinten etymologischen Ableitungen, Wortspielen und Klangkorrespon-
denzen: „O der taigigen Feigen weyche!" (II, 96) läßt er Ariovist-Ehrenfest
mit altdeutschem Timbre über die neuerungssüchtigen Nachkommen zürnen.
Dann gelingt es Moscherosch, Bilder aufblitzen zu lassen, die den in der Wüste-
nei des steinigen Pfades schier verdurstenden Leser, den nur noch die Fata Mor-
gana eines dennoch guten Endes vorwärts treibt, überraschend mit dem Labsal
der Oase erquicken. Dann kann sich der herbe Mann sogar hin und wieder zu
einem Anflug von Selbstironie verstehen – in Anbetracht des ihr innewohnenden
Risikos für seine Autorität als Hüter der Moral das Höchste, das er zu geben
hat. In diesen Momenten der Freiheit vor allem von sich selbst beweist der Pe-
dant Phantasie, kümmert es den Verfechter untadeliger Etikette nicht, sich dem
Derb-Frivolen anheimzugeben: Besagtes Pferd verwechselt Philander mit Pegasus, weil er die Stiefel seines fast unsichtbaren, da zwergwüchsigen Reiters für
die Flügel des Dichterrosses hält. Nach Aufklärung seines Irrtums wundert es
ihn nicht mehr, „daß die Westricher vor Jahren einen Bauren in eim rothen
Wullin hembd / welcher hinder dem zaun saß seine Notthurfft zu verrichten /
vor ein Erdbeer gessen" (II, 26). Solche hintergründigen Grotesken dürften
Moscheroschs Wahllandsmann Grimmelshausen aufmerken lassen haben. Affinität der Welterfassung, gesteigert wohl durch die Sensibilisierung für Oberrhei-
nisches, machte den simplicianisch-spritzigen Autor für die punktuelle Originalität des philandrinisch-hausbackenen Vorläufers hellhörig. Den großen
Unterschied im erzählerischen Talent betont der Befund, daß Grimmelshausens
familiäre und allgemein soziale Bedingungen auch nach dem generationslangen
Krieg kaum dem Schriftstellerberuf förderlicher gewesen sein dürften. Die Verpflichtung, ein Zubrot mit der Feder zu verdienen, werden beide Familienväter
mit ihren ähnlichen bürgerlichen Posten als Verwalter und Beamte gleichermaßen eindringlich verspürt haben. Der für Moscherosch unvorteilhafte Vergleich
sollte jedoch unbefangene Betrachtung nicht zu einem Urteil über die *Gesichte,*
wie es Gervinus vor rund einem Jahrhundert fällte, verleiten: „Es geht uns dies
Werk [. . .] strenggenommen nichts an, weil es an der Dichtung kaum mehr An-
theil hat." Auch wenn Gervinus selbst nicht darauf aufmerksam gemacht hätte,
daß die Traumsatire „aber damals für Dichtung galt"[19], setzten ein mittlerweile
revidierter Barock-Begriff und spätestens die mit der Rückbesinnung auf die
Rhetorik-Tradition einhergehende Neubestimmung des literaturwissenschaftlichen Textverständnisses im letzten Jahrzehnt den goethezeitlichen Maßstab
für Moscherosch außer Kraft. Seine Satire brauchte somit endgültig nicht mehr
über ihre Daseinsberechtigung oder mindestens Anerkennung von der herkömm-
lich sanktionierten Gattungstrias befinden zu lassen. Auch als Dichtung, befinde
sie sich gleich nur in einer Sperrminorität, ist Moscheroschs Schaffen nicht mehr
auf eine Duldung à la Gervinus angewiesen. Die Berücksichtigung des Autors

in einer Sammlung mit dem Titel *Deutsche Dichter des 17. Jahrhunderts* ist der rechtfertigenden Begründung enthoben; auch stellt sein Fall den überkommenen Autorenkanon des Barock nicht in Frage.

Jenes Minimum, das zusammen mit ihrem kulturgeschichtlichen Wert den *Gesichten* das Fortleben sichert, ist schon in ihren aphoristisch-aperçuhaften Elementen zu finden, in denen außer der Schulung an Owens Epigrammen die „verfertigung" (I, 222) der *Deutschen Apophthegmata* Zincgrefs durch Moscherosch nachwirkt. Als Kostprobe sei, unbeschadet eventueller Abhängigkeiten, die schelmische Allusion auf den Actaeon-Mythos angeführt: „Heüt aber gehet es viel anderst: dann mancher bekombt Hörner / eben darumb / weil er die *Diana* nicht will nackend sehen." (II, 325) Die Leichtigkeit, die von Geistreicheleien dieser Art ausstrahlt, könnte über die dunkle Grundstimmung von Moscheroschs Leben hinwegtäuschen. Der schwierige schmale Fußpfad der bivium-Szene ist aber auch in dieser Hinsicht passendes Sinnbild, außer daß sich Moscherosch, zumal während des Dreißigjährigen Krieges, mit sehr vielen Pilgern auf ihm bewegte. Als Flüchtling hatte er diesen Weg sogar im eigentlichen Sinne zu bewältigen. Eine Illustration zu Moscheroschs bestem, selbsterfahren-wirklichkeitsgesättigtem *Gesicht*, „Soldaten-Leben"[20], zeigt ihn als Amtmann, wie er vor den Toren der Stadt Finstingen bis an die Zähne bewaffnet Wache steht. In dieser Postur habe er, so Moscheroschs Kommentar, „etlich Jahr / mit Gefahr seines Lebens / jhm vnd seinen Kindern / das Brod auff dem Acker sorglich vnd säuerlich erringen müssen." (II, 611) Die zeichnerische Komposition der geschulterten Gewehre läßt unschwer an ein Kreuz denken; die Duldermiene dazu macht die abgebildete Gestalt zu einem rechten Schmerzensmann. „Creutz und Verfolgung" ist daher auch das Leitmotiv des dem Nekrolog des „armen [J.] M. M." beigefügten Lebensabrisses wie seiner autobiographischen Äußerungen.

Am 7. März 1601 als erstes von zwölf Kindern der Eheleute Veronica Beck und Michael Moscherosch[21] in noch friedliche Zeiten hinein geboren, betrat Johann Michael Moscherosch mit dem Einzug ins „gymnasium illustre" (1612) und danach in die neue Universität (1621) jenen Bereich kulturellen Ineinandergreifens, den er späterhin verkörperte, ohne es wenigstens nach außen hin wahrhaben zu wollen. Am Einfallstor des von ihm unerbittlich angeprangerten Alamode-Wesens, dem nicht zufällig gleich das erste seiner selbständig konzipierten *Gesichte* vorbehalten ist, reproduziert er zwar alle gängigen Klischees über die leichtfertigen etc. Franzosen und die redlichen etc. Deutschen. Aber als Teilnehmer am konkreten Alltagsgeschehen weiß er zu differenzieren. Der ideologische ‚Überbau' nachbarschaftlicher Rivalität, für Moscheroschs Schwarz-Weiß-Malerei in Grundsatzfragen wie geschaffen, ist das eine; die Praxis der ‚Basis' in ihrer unbestechlichen Eigengesetzlichkeit das andere. Sie läßt Moscherosch einsehen, daß Nachahmerei kein deutsches Spezifikum sei, sie den Deutschen, die „vnder den Newbärtigen Frantzosen sitzen vnnd wohnen" (II, 17), sogar am ehesten verziehen werden könne. Als Beobachter der Realität weiß er

– und das ist Gervinus' vom Jahre 1871 herrührendem Vorurteil entgegenzu-
halten, Moscherosch treibe „tiefer vaterländischer Haß"[22] auf die Erzfeinde –,
daß unter den welschen Völkern doch „wie in der gantzen Welt / gute vnd
böse" (II, 51) zu finden seien. Man gebe ihnen, was die Greueltaten in Deutschland angehe, „in vielen dingen auch vnbillig die schuld" (II, 56). Diese Fairneß
wiegt um so mehr, als Philander-Moscherosch beklagt, daß er „alles Creütz vnd
Ellend / alle Noth vnd Zwang von Jhnen bißhero habe dulden vnd erleiden
müssen". (II, 69) „[...] nous aymons tout ce qu'est á [!] la nation Allemande"
(II, 209), erweist sich eine Gruppe von Franzosen erkenntlich. Die rückversi-
chernd „Sprachverkätzerung" (II, 119) genannte Durchsetzung des Deutschen
mit Fremdsprachen ist nicht zuletzt stilistisches Indiz der Bemühung dieses in
verschiedenen kulturellen Sphären beheimateten Geistes um Ausgewogenheit.

Nach Absolvierung seiner ‚Kavalierstour', deren im I. Teil der *Gesichte* ge-
spiegelte Begrenztheit der Besuch von Paris als *„abregé du Monde"* (I, 40)
etwas ausglich, wurde Moscherosch 1626 Hofmeister beim Grafen von Leiningen. Damit bekam er noch vor Gründung einer eigenen Familie Gelegenheit,
seine vor allem von Comenius und Bernegger, vielleicht auch Montaigne beeinflußten[23], modern anmutenden erzieherischen Vorstellungen zu realisieren. So
verwarf er jegliche Einschüchterung der Kinder, da sie zur Hemmung von Sprache und Verhalten führe. Sie löse Angst aus und wecke damit Unselbständigkeit.
Den Eltern empfahl er Geduld und Sanftmut als pädagogische Mittel; sie sollten
die Kinder zum Erkennen ihrer Probleme anhalten, statt sie ihnen zu oktroyie-
ren. Doch klaffen Ideal und Wirklichkeit der pädagogischen Welt Moscheroschs
wie manchesmal sonst auseinander, wartete er einmal mehr mit Widersprüchlichkeit auf: Schon ein Jahr nach Amtsantritt mußte er seinen Dienst quittieren,
„seiner Roheit wegen".[24] Theoretisch strikt gegen die Prügelstrafe, hatte der
freilich planmäßig provozierte Moscherosch seine Zöglinge massiv mißhandelt.
Nichtsdestoweniger schied er von ihnen unter Mitnahme ihrer Pelzmäntel: die
Frau Gräfin habe doch sowieso neue Bekleidung kaufen wollen ... Große, fette
Typen verkünden dann in den *Gesichten:* „Wer einen jungen Herrn versäumet /
Vber den kommt eines gantzen Lands Sünde." (I, 487) Der pathetische Recht-
fertigungsgestus ist überall in Moscheroschs Schriften ins große getrieben. Bechtold vernimmt zu Recht eine fast bis zum Überdruß alle Schriften Moscheroschs
durchziehende Klagemelodie, „die für alle widrigen Schicksale die Ursache stets
nur in der Gottlosigkeit und Gehässigkeit seiner Umgebung, niemals im eigenen
Charakter, der eigenen Heftigkeit und Unverträglichkeit sucht".[25] Der Bericht
des „Geängstigten" über die gegen ihn am Hofe inszenierten Intrigen, wie ihn
die *Patientia* kennt, ist sicherlich teilweise objektiv, aber auch durchtränkt
von der an Verfolgungswahn grenzenden Empfindlichkeit des verachteten
Außenseiters von der „Kräuterau" in seiner wirtschaftlich-sozialen Ungesichertheit. Der Minderwertigkeitskomplex des ehrgeizigen Bürgersohnes potenzierte
Moscheroschs Hang zur Selbstgerechtigkeit und führte zusammen mit der stren-

gen sittlich-religiösen Erziehung im Vaterhaus über die Forderung nach Unta-
deligkeit, ja Unfehlbarkeit an sich selbst zur Postulierung der rigorosen Moral
in der Traumschrift. Die Kompromittierung des Straßburger ‚Polizeichefs' und
sein verunglückter Versuch, sie zu vertuschen, belegen, daß Moscheroschs persönliche Fehler und seine unterentwickelte Fähigkeit, sich den Realitäten rechtzeitig
zu stellen, ihn um den so sehr herbeigewünschten Erfolg selbst im angestammten
bürgerlichen Milieu brachten. Charakterschwäche und Ungunst der Verhältnisse,
die ihn die Verpflichtung zur Fürsorge für die Seinen übermäßig empfinden ließ,
führten einen prinzipiell wohlmeinenden Mann immer wieder in Versuchung.
War er ihr erlegen, fiel es ihm schwer, seine Schuld anzuerkennen, ritt er sich
durch Tarnung und Ausflüchte noch mehr ins Verderben.

Moscheroschs Bewerbung um den vakanten Lehrstuhl für Poesie an der Straßburger Universität 1630, nach einer Phase von Gelegenheitsarbeiten durch die
1628 geschlossene erste Ehe besonders dringlich geworden, wurde abgelehnt. Die
eingereichten *Epigrammata* reichten wohl als Empfehlung nicht aus, womit alles
auch über die höchstens gefällige deutschsprachige Lyrik Moscheroschs gesagt
wäre. Wohlweislich stellte er in der Gesamtausgabe von 1665 dem fünften Hundert der Epigramme das aus Horaz' *Satiren* entlehnte Motto voran: „Contentus
paucis Lectoribus".[26]

Verschiedene Anstellungen Moscheroschs als Amtmann, Gerichtsverwalter und
Sekretär bei Adligen, die begleitet waren vom Tod zweier seiner drei Ehefrauen
und dem Verlust von Kindern, von Pestepidemien, Hungersnöten, der Flucht
aus Kriechingen 1635 und Finstingen 1641 ins sicherere Straßburg, mehrmaliger
Ausplünderung sowie Konfiskation der Habe, Reibereien mit Verwandten und
Querelen des bis zur Unterwürfigkeit Dienstbeflissenen mit Kollegen, brachten
ihn 1643 in der Reichsstadt als Schaffner einer caritativen Stiftung in biographische Nähe zu Grimmelshausen. Ständiger Nachbar des späteren simplicianischen
Autors, den er als „Dauß Eß, u. homo Satyricus in folio" charakterisierte, war
dann Moscheroschs jüngster Bruder Quirinus (1623-75), der Mitglied des „Pegnesischen Blumenordens" in Nürnberg unter dem Gesellschaftsnamen „Philander" werden sollte, um seines „H. bruders seel. gedächtnis wieder zu erneuern
[...]".[27] Dieser selbst erfuhr mit der Aufnahme in die „Fruchtbringende Gesellschaft" 1645 die Krönung seiner Karriere. Offensichtlich in Anerkennung seiner
Gesichte hieß er dort „der Träumende". Die Berücksichtigung eines Autors,
der sich von Opitz' sprachpuristischen Zielen durch den Gebrauch von dialekt-
und fremdsprachgesättigter Diktion, ja durch satirische Boshaftigkeiten distanzierte, ist mit der Verlagerung der Interessensschwerpunkte des „Palmenordens"
zu erklären: Er hatte sich mittlerweile von der sprach- und literaturpflegerischen
Aufgabe zur allgemein gesellschaftlich-kulturellen Erneuerung Deutschlands aus
religiös-sittlichem Ethos gewandt. Hierbei war der satirische Kulturkämpfer
Moscherosch, der offenbar beim Publikum ankam, höchst willkommen. Erleichtert wurde seine Aufnahme durch den Umstand, daß Opitz damals längst nicht

mehr lebte. Einspruch wäre sonst wahrscheinlich gewesen, war doch Moscheroschs Reserve gegen den Schlesier trotz der unvermeidlichen Huldigungen an den Reformer und anhaltenden Respekts für ihn überdeutlich. Oder hätte sich Moscherosch jene Spitze in den *Gesichten,* die scheinheilig a l l e n Poeten versetzt wird, verkniffen, wäre Opitz nicht tot gewesen?

> Etliche / damit sie ja nicht vmb einen Buchstaben neben die schnur hawen / gehen / bald rennen auff vnd ab / nagen sich die Nägel an den Fingern biß auffs Blut / als vnsinnige; [...] vnd in allem diesem tieffen nachsinnen / fallen sie in verdeckte Gruben / darauß mann sie mit grosser mühe kaum widerumb kan bekommen. (I, 16)

Die ostentativ regressive Anpassung der Form eines Opitzschen Liedes an Moscheroschs Zwecke und seine Zuordnung in der Satire zu einem Lied, das „der redlicher vnd vmb vnser Teutsche Sprach hochverdienter Rodolff Weckerlein (welcher / wie auch Herr Jsaac Habrecht / lange Zeit vor dem sonst ewig lobwürdigen Herrn *Opizen,* die teutsche Sprach mit zierlicher eygenfindiger Reymen-Kunst herrlich gemacht haben) [...] gemacht hatte" (II, 655), geben eine klare Antwort. Selbst den steifleinenen Sachwalter reinen Deutschs mußte Opitz' Härte provozieren, fühlte er doch auch die andere Seele des Fremdsprachen-Jongleurs in seiner Brust: „So stehet es auch zum hefftigsten vnsauber, wenn allerley Lateinische, Frantzösische, Spanische vnnd Welsche wörter in den text vnserer rede geflickt werden [...]".[28] Es hat fast den Anschein, als richte sich die Sprache der *Gesichte* gegen genau diese Forderung des *Buches von der Deutschen Poeterey.* Ebenso ging Zesens Deutschtümelei Moscherosch zu weit; im *Treffen in Telgte* löst denn auch dessen Lesung „störendes Gelächter" (TiT 100) bei jenem aus. Er selbst versteht freilich keinen Spaß, wenn es um die Reinheit des Stofflich-Thematischen, die Ernsthaftigkeit der moralischen Absicht zu tun ist. Die „Poetæ Comici" hätten das schwerste Los, weil

> sie so manche Königinnen / Princessen / vnd Göttinnen / jhrer Ehre beraubet; so viel vngleiche Heyrath gekuppelt / vñ so viel rechtschaffener *Cavalliers* so schimpfflich vnnd vntrewlichen *recompensiret,* wie im Amadiß / Schäfferey / *Diana de Monte Majore,* Ritter Löw / Tristrant / Peter mit den Silberen Schlüsseln / vnd anderen dergleichen zusehen [...] (I, 16 f.)

Diese Schriften, vermehrt um die *Astrée* d'Urfés, „Rollwagen / Gartengesellschafft / Schimpff vnd Ernst / Eulenspiegel / [...] Melusina / Ritter Pontus / [...] *Albertus Magnus,* Hebammenbuch / Traumbuch / Zirckelbuch / Loßbüchlein / Rätzelbuch / vnd viel andere mehr" (I, 110 f.), wird Moscherosch nicht müde zu verdammen. Gegen „das Paradißgärtlein oder den Habermann" (I, 305) beispielsweise kommen solche Machwerke und „andere Jugend-verführende Scharteckē" (II, 193) nicht an.

Am Telgter Manifest „der deutschen Dichter an ihre Fürsten" (TiT 72) konnte Moscherosch wahrhaftig nicht beteiligt sein, aber er war auf bescheidene Weise politisch aktiv. Sein Patriotismus engagierte sich in der Tagespolitik, als das

Elsaß im Westfälischen Frieden an Frankreich fiel: Wenigstens Straßburg sollte beim Reich verbleiben. Der Unterstützung für dieses Anliegen dienten sofort nach 1648 Neuausgaben und Bearbeitungen teilweise altehrwürdiger Schriften zum Ruhme der Stadt, wie Wimpfelings *Tutschland,* in die Moscherosch nach Möglichkeit seine politischen Anschauungen auf der Grundlage des Luthertums einfließen ließ. Nur unter dem Primat von Religion und Tugendhaftigkeit konnte es selbstverständlich Politik für ihn geben. Dieses Junktim schärfte er schon in den *Gesichten* den Feudalherren unverwandt ein. An ihm ebenso wie an den eigenen unguten Erfahrungen als Beamteter verschiedener Höfe entzündete sich immer von neuem das soziale Gewissen des underdog. „Bedencket doch", läßt er die Pilger auf dem schmalen Pfad des Heils gegen die Söldner auf der breiten Straße des Verderbens agitieren,

> ob schon ewere Fürsten vnd Herren sagen / jhr seidt jhnen mit Leib / Gut vnd Blut verbunden / vnd wider alle Welt zu dienen schuldig! Lieber / was ist jhnen geholffen / wann jhr vmb jhrentwillen nicht nur das Leben / sondern auch wol die Seele lasset? (I, 296)

In der Mischung aus sozialer Verantwortlichkeit und Detailkrämerei ist es stimmig erfunden, wenn Grass Moscherosch für eine „Honorarordnung, gestaffelt nach Stand und Vermögen, für Auftragspoeme" (TiT 135) plädieren läßt. So hätte Moscherosch den § 90 der von ihm herausgegebenen *Dissertatio De Politico* des mit ihm befreundeten Gumpelzheimer in Anspruch nehmen können:

> Quod ergo in Politico primum desiderari ut sit vir bonus, id etiam in fine et ultimum repeto, ut sit vir, si fieri potest, optimus.[29]

Seine unbestreitbare, obgleich die Konfessionsunterschiede nicht abdeckende Toleranz und sein Bekenntnis zum „*Sensus communis*" (II, 181) hätten zu solchem Selbstverständnis gepaßt; die law-and-order-Gesinnung des Straßburger „Frevelvogts", die nicht einmal das Rodeln zu reglementieren versäumte, schon weniger. Und skandalumwittert blieb dieser „vir bonus" immer, spätestens nach seinem durch Fehltritt erzwungenen Rücktritt (1656), für den er sich durch die Verweigerung der Herausgabe widerrechtlich entnommener Akten ein wenig rächen zu müssen glaubte. Rund anderthalb Jahrzehnte zuvor hatte man ihn schon des Diebstahls wertvoller Manuskripte aus der Bibliothek seines Dienstherrn verdächtigt. Manch Straßburger, der sich etwas tyrannisiert hatte vorkommen müssen, dürfte frohlockt haben, als sich die Rechtschaffenheit par excellence selbst ein Bein stellte.

Mit dem Abgang aus der Stadt hatte Moscherosch seinen Zenit in jeder Weise überschritten. Beim Grafen Friedrich Kasimir von Hanau-Lichtenberg untergekommen, gedachte er sich seine Erfahrung mit Aristokraten und Hofschranzen zunutze zu machen, griff aber, ohne das nötige Augenmaß, nach anfänglichen Erfolgen zu täppisch nach den Sternen, indem er unverschämt in die eigene Tasche zu wirtschaften trachtete. Dazu führte ihn sein Amt „immer tiefer in eine gefährliche Schuldenpolitik, welche den Mätressen seines Gebieters, dessen Vorliebe für militärisches Imponiergehabe und ‚lange Kerls‘ zugute kam".[30] Sein Sturz Ende 1660 war grausam besiegelt, als die verschwiegene Entlassung aus Straßburger Diensten ruchbar wurde und nach Abweisung seiner gekränkten Wiedereinsetzungsklage zur Einziehung seines Vermögens führte. Der renommierte Jurist Oldenburger quittierte die Entlassung scharfzüngig mit der Bemerkung, bei der Aufdeckung der Fehler anderer sei Moscherosch ein Argus, hinsichtlich der eigenen aber blind.[31] Als ihm die Reichsstadt gar die Bürgerrechte entzog, trat gefährliche Stagnation bei ihm ein. Nach Verkauf seines Mobiliars schlug sich Moscherosch, der spätestens jetzt das Mitleid verdiente, das er sich zeitlebens reichlich zugemessen hatte, an wechselnden Plätzen durch. Bücherpläne und Bewerbungen des inzwischen über Sechzigjährigen realisierten sich nicht mehr. Das eine oder andere Ehrenamt reichte kaum als kümmerliches Trostpflaster aus. Beim Schwiegervater seines ersten Chefs, Johann Ludwig von Dhaun und Kilburg, trat er – vermutlich 1664 – seine letzte, recht bescheidene Stelle an. Sein Porträt in der Sammlung seiner Epigramme vom darauffolgenden Jahr zeigt, nicht überraschend, ein extrem gealtertes, verrunzeltes Gesicht. War es der Trotz des Unnachgiebigen oder die Unklugheit des unverbesserlich Naiven, die literarische Verspottung seines unbarmherzigen Widersachers Kirchheim, des loyal-sparsamen Hanau-Lichtenbergschen Oberamtmanns, trug Moscherosch zu allem Überfluß dessen Verleumdungsklage ein und machte einen – vergeblichen – Canossa-Gang in Form eines Anteilnahme heischenden Briefes an Friedrich Kasimir erforderlich. Auf der Reise mit seiner Familie zu einem seiner Söhne in Frankfurt im Frühjahr 1669 erkrankte Moscherosch, nach allem nicht mehr widerstandsfähig, in Worms ernstlich und starb am 4. April 1669. Es war, allegorisch genug, Palmarum, der letzte Fastensonntag vor Ostern, der beladene Pilger auf dem hindernisreichen schmalen Pfad kam nicht mehr an seine Destination. Am ebenfalls nicht mehr erreichten Ziel seiner konkreten Fahrt war genau ein Jahr früher, vorausdatiert auf Moscheroschs Sterbejahr, der *Simplicissimus Teutsch* erschienen, der den *Gesichten* so viel verdankt – gleichsam ein von der List der Geschichte erstelltes heimliches Epitaph für den philandrinischen Autor. In der Leichenpredigt berührte der Pfarrherr – ein aufmerksamer Leser der Traumschrift? – auch die Zwei-Wege-Vorstellung. Er lobte des Verstorbenen

> nützliche und herrliche Schrifften / darinnen er sich bewiesen und erzeigt zu seyn ein rechter *Philander* von Sittewald / das ist / der Lust und Lieb trage die heutige Welt / welche leider nicht wenig / sondern mit Hauffen von der Tugendbahn abweichet / und auff den breiten Lasterbahn sich begiebet / ein [!] schönen Wald zu führen unter den schönen Tugend-Bäumen sich zu ergetzen und zuerlustigen.[32]

Unwissentlich evozierte der Geistliche damit zugleich das sinnbildliche Grundmodell für das Schicksal des Mannes und die Eigenart des Schriftstellers Johann Michael Moscherosch.

Wäre es sinnvoll, eine authentische Inkarnation des barocken Menschen zu suchen, Moscherosch gehörte diesmal trotz scharfer Konkurrenz zu den aussichtsreichen Bewerbern. Mangelndes Format würde er gerade durch eine gewisse Exemplarität seines Lebenslaufes wettmachen, auch wenn die Konturen seiner Individualität zuweilen besonders kraß hervortreten. In seiner eklatanten Widersprüchlichkeit zwischen oft banaler Diesseitigkeit und hochgestimmtem Idealismus, in der vielschichtigen Paradoxie von fast inquisitorischem Luthertum des Deutschen einerseits und dem französisch inspirierten Esprit des Laisserfaire andrerseits, in der Spannung zwischen asketischem Opferdienst und genußfroher Unbekümmertheit um Konsequenzen macht Moscherosch beinahe vergessen, daß die Signatur der totalen Antinomie nur ein der Hilflosigkeit entspringendes Klischee für das 17. Jahrhundert ist. Läßt man sich auf ihn, den eher Abweisenden, heute ein, bezeugt er, wenn nicht den barocken Menschen, so den Menschen schlechthin. Moscheroschs „Ecce homo", das er in seiner erbarmungswürdigen Kreatürlichkeit vollends des sowieso verschlissenen Pathos entkleidet, kann sich der Interessierte kaum verschließen. Dieser Appell gehört zum unerschöpflichen Fundus des Barock, der die leider schwindende Offenheit für diese Epoche so lohnend macht. Seinen Bericht über die Umstände bei der Rückkehr jedes einzelnen Teilnehmers vom Telgter Treffen beschließt der Erzähler bei Grass mit der Frage: „Und Moscherosch, Zesen?" Seine beruhigende Antwort lautet: „Keiner ging uns verloren." (TiT 181) Auch dreihundert Jahre danach ist Moscherosch nicht, wenigstens nicht ganz, verlorengegangen.

Anmerkungen

Texte

J. M. Moscherosch. Visiones De Don Quevedo. Wunderliche und Wahrhafftige Gesichte Philanders von Sittewalt. (Nachdruck) Hildesheim, New York 1974.

Gesichte Philanders von Sittewald von Hanß Michael Moscherosch. Hrsg. von Felix Bobertag. Berlin und Stuttgart o. J. (1883). (Deutsche National-Litteratur. 32. Band).

Insomnis Cura Parentum. Von Hans Michel Moscherosch. Abdruck der ersten Ausgabe (1643). Hrsg. von Ludwig Pariser. Halle a. S. 1893. (Neudrucke deutscher Litteraturwerke des XVI. und XVII. Jahrhunderts. No. 108 und 109).

Die Patientia von H. M. Moscherosch. Nach der Handschrift der Stadtbibliothek zu Hamburg zum erstenmal herausgegeben von Dr. Ludwig Pariser. München 1897. (Forschungen zur neueren Litteraturgeschichte. II).

Jörg-Ulrich Fechner (Bochum) plant eine kritische Ausgabe der gesammelten Werke Johann Michael Moscheroschs (zu den Einzelheiten vgl.: Jörg-Ulrich Fechner: Disposition einer Moscherosch-Ausgabe. In: Jahrbuch für Internationale Germanistik. Jg. IV [1972]. H. 2. S. 70 f.).

Literatur

Adolf Schmidt: Die Bibliothek Moscheroschs. In: Zs. f. Bücherfreunde, 2. Jg. 1898/99, Heft 12: März 1899, S. 497-506.

Adolf Schmidt: Moscheroschs Schreibkalender. In: Jb. f. Geschichte, Sprache u. Litteratur Elsaß-Lothringens, Bd. 16, 1900, S. 139-190.

Johannes Beinert: Deutsche Quellen und Vorbilder zu H. M. Moscheroschs Gesichten Philanders von Sittewald. Diss. Freiburg 1904. In: Zs. d. Ges. f. Beförderung der Geschichts-, Altertums- und Volkskunde von Freiburg, dem Breisgau und den angrenzenden Landschaften, 20. Bd. (Alemannia N. F. 5), Heft 3, S. 161-222.

Arthur Bechtold: Kritisches Verzeichnis der Schriften Johann Michael Moscheroschs nebst einem Verzeichnis der über ihn erschienenen Schriften. Mit 15 Abbildungen. München 1922. (Einzelschriften zur Bücher- und Handschriftenkunde. Zweiter Band).

Julie Cellarius: Die politischen Anschauungen Johann Michael Moscheroschs. Diss. masch. Frankfurt/M. 1925.

Johannes Koltermann. Der Hanau-Lichtenbergsche Oberamtmann David von Kirchheim und seine Beziehungen zu dem Satiriker Moscherosch. In: Zs. f. d. Geschichte des Oberrheins, N. F. Bd. XXXV, 1920, S. 102-127.

Kenneth Graham Knight: Johann Michael Moscherosch. A Satirist and Moralist of the 17th Century. Diss. Cambridge 1950/51.

Kenneth Graham Knight: Johann Michael Moscherosch – An Early Baroque Satirist's View of Life. In: MLR 54, 1954, S. 29-45.

Curt Faber du Faur: Johann Michael Moscherosch, der Geängstigte. In: Euphorion 51, 1957, S. 233-249.

Brigitte Höft: Johann Michael Moscheroschs „Gesichte Philanders von Sittewald". Eine Quellenstudie zum ersten Teil des Werkes. Diss. Freiburg 1964.

Stefan F. L. Grunwald: A Biography of Johann Michael Moscherosch (1601-1669). Illustrated. Berne 1969. (European University Papers. Series I. Vol. 18).

Wolfgang Peter Ahrens: Johann Michael Moscherosch's „Gesichte". A Study of Structural Devices. Diss. The Ohio State University [Columbus] 1969.

La Verne Carl Buckles: Moscherosch and the Baroque Transition: Narrative Structure in Three Sections of „Philander von Sittewald". Diss. University of Colorado [Denver] 1970.

Wolfgang Harms: Homo viator in bivio. Studien zur Bildlichkeit des Weges. München 1970. (Medium Aevum. Philologische Studien. Bd. 21).

Walter Ernst Schäfer: Der Satyr und die Satire. Zu Titelkupfern Grimmelshausens und Moscheroschs. In: Rezeption und Produktion zwischen 1570 und 1730. Festschrift für Günther Weydt zum 65. Geburtstag. Hrsg. von Wolfdietrich Rasch, Hans Geulen und Klaus Haberkamm. Bern und München 1972, S. 183-232.

Kenneth Knight: Die Träume des Simplicius, Philanders und Jan Rebhus. In: Daphnis. Bd. 5, Heft 2-4, 1976. „Grimmelshausen und seine Zeit." Die Vorträge des Münsteraner Symposions zum 300. Todestag des Dichters, S. 267-274.

Karl Helmer: Das Konzept moralischer Erziehung in der „Insomnis Cura Parentum"

von Hans Michel Moscherosch. Rudolf Lassahn zum 50. Geburtstag. In: Pädagogische Rundschau, 1978, S. 353-366.
Während der Vorbereitung dieses Bandes erschien:
Johann Michael Moscherosch. Barockautor am Oberrhein. Satiriker und Moralist. Eine Ausstellung der Badischen Landesbibliothek Karlsruhe in Zusammenarbeit mit dem Stadtarchiv Offenburg. Ausstellungskatalog herausgegeben von der Badischen Landesbibliothek unter Mitarbeit von Irene-Annette Bergs, Hans-Joachim Fliedner, Wilhelm Kühlmann, Gerhard Römer, Walter E. Schäfer, Werner Schulz, Ulrich Weber. Karlsruhe 1981.
Walter Ernst Schäfer (Schwäbisch Gmünd), dem ich für die kritische Durchsicht des Manuskripts danke, hat während der Drucklegung dieses Bandes eine Biographie Johann Michael Moscheroschs mit neuen Daten und Fakten vorgelegt (Johann Michael Moscherosch – Staatsmann, Satiriker und Pädagoge im Barockzeitalter, München 1982); außerdem hat Schäfer mit Wilhelm Kühlmann (Freiburg) während dieser Zeit veröffentlicht: Frühbarocke Stadtkultur am Oberrhein. Studien zum literarischen Werdegang J. M. Moscheroschs (1601-1669), Berlin 1983.
Während der Drucklegung sind weiterhin erschienen:
Walter Ernst Schäfer: Eine vergessene konfessionspolemische Schrift von J. M. Moscherosch. In: WBN IX, 1982, S. 427 f.
Wilhelm Kühlmann: Moscherosch und die Sprachgesellschaften des 17. Jahrhunderts – Aspekte des barocken Kulturpatriotismus. In: Bibliothek und Wissenschaft, Bd. 16 (1982), S. 68-84.

Nachweise

[1] Der Titel des I. Teils der zweiten von insgesamt sechs rechtmäßigen Ausgaben der *Gesichte* – die erste verfügt über kein gedrucktes Titelblatt – lautet: VISIONES DE DON QUEVEDO. Wunderliche vnd Warhafftige Gesichte Philanders von Sittewalt. Jn welchen Aller Welt Wesen / Aller Mänschen Händel / mit jhren Natürlichen Farben / der Eitelkeit / Gewalts / Heucheley vnd Thorheit / bekleidet; offentlich auff die Schauw geführet / als in einem Spiegel dargestellet / vnd von Männiglichen gesehen werden. Zum andern mahl auffgelegt. von Philander selbsten / vbersehen / vermehrt vnd gebessert. Straßburg / Gedruckt bey Johan. Philipp Mülben. M DC XXXX JJ. Nach dieser Ausgabe, die gegenwärtig am ehesten einem breiteren Publikum zugänglich sein dürfte [Faksimile: Hildesheim, New York: Georg Olms 1974], wird hier mit Teil- und Seitenangaben im laufenden Text zitiert. Belege aus „Gesichten", die in den elf der Zweitausgabe noch nicht enthalten sind, erfolgen nach der fünften Edition, Straßburg 1650, die als erste alle vierzehn echten „Gesichte" enthält und als letzte gänzlich zu Moscheroschs Lebzeiten erschien: Gesichte Philanders von Sittewald / Das ist Straff-Schrifften Hanß-Michael Moscheroschen von Willstädt. Ander Theil. Straßburg / Bey Johan-Philipp. Mülben und Josias Städeln. M DC L. – Zur Textgeschichte des Werks, die durch mehrere nichtautorisierte Drucke noch komplizierter ist, vgl. Arthur Bechtold: Kritisches Verzeichnis der Schriften Johann Michael Moscheroschs nebst einem Verzeichnis der über ihn erschienenen Schriften. Mit 15 Nachbildungen. München 1922 (Einzelschriften zur Bücher- und Handschriftenkunde. Zweiter Band). – Die Titel der einzelnen „Gesichte", die meist schon das jeweilig behandelte Sujet andeuten, lauten: 1. Schergē-Teuffel, 2. Welt-Wesen, 3. Venus-Narren, 4. Todten-Heer, 5. Letztes Gericht, 6. Höllen-Kinder,

7. Hoff-Schule, 8. *Ala mode* Kherauß, 9. Hanß hinüber Ganß herüber, 10. Weiber-Lob, 11. Thurnier, 12. Pflaster wider das Podagram, 13. Soldaten-Leben, 14. Reformation.

² So lautet die vierte Verszeile der in Moscheroschs Text integrierten Nummer 89 aus dem zweiten der drei *Epigrammatum* [...] *Libri* John Owens (1560-1622). Der Walliser, den das 17. Jahrhundert allgemein sehr schätzte, war seit der Erstausgabe der *Gesichte* und mit deren steigender Auflagenzahl in zunehmendem Maße einer der lyrischen Hauptgewährsleute Moscheroschs. Dieser schulte zudem seine eigenen Epigramme weitgehend an ihm.

³ Der Wortgebrauch erfolgt wie bei Wolfgang Harms: Homo viator in bivio. Studien zur Bildlichkeit des Weges. München 1970. S. 79. Auf Harms' Ausführungen zum Y-Signum bei Moscherosch fußen die einschlägigen Darlegungen hier. Vgl. auch Klaus Haberkamm: „Fußpfad" oder „Fahrweg"? Zur Allegorese der Wegewahl bei Grimmelshausen. In: Rezeption und Produktion zwischen 1570 und 1730. Festschrift für Günther Weydt zum 65. Geburtstag. Hrsg. von Wolfdietrich Rasch, Hans Geulen und Klaus Haberkamm. Bern und München 1972, S. 285-317, bes. S. 299 f.

⁴ *ULTIMUM VALE PHILANDRINUM:* Das ist: Ewig-Grünende Gedächtnüß und Ehren-Säul. Jn höchstem Leydwesen auffgerichtet Als der HochEdler / Vester und Hochgelährter Herr Johann Michael Moscherosch / Vornehmer *Jurisconsultus;* verschiedener Fürsten und Stände gewesener hoch*meritirter* Rath / etc. [...] entschlaffen [...]. Von *MATTHIA MEIGENER,* Pfarrherren in Wormbs. Franckfurth am Mayn/[...] Jm Jahr 1669. C [I]v.

⁵ Die in der hier zugrunde liegenden Zweitausgabe unverändert gebliebene Zahl berechnet sich eigentlich von der ersten Veröffentlichung der *Gesichte,* 1640, her.

⁶ Vgl. Günter Grass: Das Treffen in Telgte. Eine Erzählung. Darmstadt und Neuwied 1979, S. 50 und 120 (folgend im laufenden Text zitiert als: TiT).

⁷ Curt von Faber du Faur: Johann Michael Moscherosch, der Geängstigte. In: Euphorion 51 (1957), S. 233-249, hier: S. 241.

⁸ Moscherosch beherrschte, selbstverständlich außer Latein, Griechisch und Hebräisch, die wichtigsten Fremdsprachen seiner Ära – Indiz seines mehr rezeptiven als kreativen Intellekts.

⁹ Vgl. zu Moscheroschs Satire-Theorie und seiner Beziehung zu Rompler unter diesem Aspekt Walter Ernst Schäfer: Der Satyr und die Satire. Zu Titelkupfern Grimmelshausens und Moscheroschs. In: Rezeption und Produktion, S. 183-232, passim.

¹⁰ Philander von Sittewald weitberühmten Ritters / Somnium sive Intinerarium [!] historico-politicum, Frankfurt 1649, Vorrede. Zit. nach: Schäfer: Satyr. S. 201.

¹¹ Vgl. Stefan V. L. Grunwald: A Biography of Johann Michael Moscherosch (1601-1669). Illustrated. Berne 1969. (European University Papers, vol. 18). Anm. 37. Grunwalds Monographie als jüngster Gesamtbeitrag bündelt alle biographischen Forschungsergebnisse und liegt daher im folgenden dem Lebensabriß Moscheroschs zugrunde. Vgl. jetzt Walter E. Schäfers Abriß von Moscheroschs Leben: Johann Michael Moscherosch, in dem im Literaturverzeichnis aufgeführten Ausstellungskatalog, S. 20-29 sowie die weiteren dort vermerkten Arbeiten Schäfers.

¹² Vgl. Schäfer: Satyr. S. 218.

¹³ Schäfer: Satyr. S. 219.

¹⁴ Christian Thomasius: Lustiger und Ernsthaffter Monats-Gespräche. Erster Theil. Halle 1688, S. 181. Zit. nach: Bechtold: Verzeichnis. Anm. 76, S. 79.

¹⁵ Gesichte Philanders von Sittewald von Hanß Michael Moscherosch. Herausgegeben von Felix Bobertag. Berlin und Stuttgart o. J. (1883) (Deutsche National-Litteratur. 32. Band), S. V.

¹⁶ Meigener: *VALE.* C IVr.

¹⁷ Aus den größeren Schriften Moscheroschs erschienen von der *Insomnis Cura Paren-*

tum (erstmals 1643) zu seinen Lebzeiten drei Drucke; ein vierter posthum. Auch beide, 1643 und 1650 getrennt veröffentlichten *Centuriae* der Epigramme kamen, um vier Hunderte ergänzt, ein weiteresmal vor Moscheroschs Tod (1665) heraus. – Für die *Patientia* blieb es bis zu Parisers Edition 1897 bei Ankündigungen in den Meßkatalogen. Im übrigen betätigte sich Moscherosch als Herausgeber mehrerer Schriften von Wimpfeling, Gumpelzheimer und Erasmus, als Übersetzer, Bearbeiter und Fortsetzer vermischter französischer Werke sowie als Autor von Gelegenheitsarbeiten, darunter einiger eigener und gemeinsamer Epicedien und Widmungsgedichte (vgl. Bechtold: Verzeichnis. S. 47 ff.).

[18] Christian Thomasius: Freymüthige Jedoch Vernunfft- und Gesetzmäßige Gedancken Über allerhand / fürnehmlich aber Neue Bücher Durch alle zwölf Monat des 1689. Jahrs. Durchgeführet und allen seinen Feinden [...] zugeeignet von Christian Thomas. Halle 1690. S. 177.

[19] Geschichte der Deutschen Dichtung. Von G. G. Gervinus. Dritter Band. Fünfte Auflage. Hrsg. von Karl Bartsch. Leipzig 1872, S. 466.

[20] Die Illustration findet sich in den Editionen der *Gesichte* von 1644 und 1650.

[21] Es kann kaum noch von einem „aus dunkler Herkunft zwielichtenden Moscherosch" (TiT 66) gesprochen werden. Huffschmid ermittelte einen Fleischermeister namens Mossenrösch in Hagenau (vgl. Maximilian Huffschmid: Beiträge zur Lebensbeschreibung und Genealogie Hans Michael Moscheroschs und seiner Familie. In: Zeitschrift für die Geschichte des Oberrheins 74 [1920], S. 182-204, hier: S. 188). „Inzwischen gilt als sicher, daß die Vorfahren väterlicherseits Handwerker und Ackerbauer in Hagenau waren, daß aber doch von der Seite der Mutter der Glanz adliger Herkunft auf die Familie fiel. Die Großmutter entstammte dem Geschlecht des Schertlin von Burtenbach, jenes Söldnerführers im Dienst der evangelischen Freien Reichsstädte Süddeutschlands. Der Großvater kam aus dänischem Adel." (Schäfer: Moscherosch, S. 20). – Die lange kursierende Auffassung, Moscherosch sei spanisch-maurischer Abkunft, paßte zwar zur Geltungssucht des ambitionierten Kleinbürgers, ist aber genausowenig haltbar wie die Hypothese jüdischer Abstammung Moscheroschs, für die lange Zeit die Anrede Philanders als „Hebraischer Moysiskopff" (I, 44) durch seinen väterlichen Freund und ständigen Berater Expertus Robertus bemüht wurde. „Moscheroschs inständige Angst, selbst Freunde könnten ihm nicht mehr die maurische Abkunft glauben wollen und ihn laut, nur des Namens wegen, als Juden schmähen, mit Worten steinigen" (TiT 143), war nicht die Angst des historischen Moscherosch. Dessen Angst war eine grundsätzliche, bedingt vornehmlich durch die von ihm erlittenen harten Schicksalsschläge. Es wäre darüber hinaus zu prüfen, wieweit er sich in die Reihe der bis hin etwa zu Kafka und Bernhard reichenden Geängstigten fügt. – Zu Moscheroschs Angst vgl. den auch sonst aspektereichen Aufsatz, der sich im wesentlichen mit der hier vorgetragenen Einschätzung deckt, von Faber du Faur: Johann Michael Moscherosch, der Geängstigte.

[22] Gervinus: Geschichte. S. 477.

[23] Vgl. Max Nickels: Hans Michael Moscherosch als Pädagog. Ein Beitrag zur Geschichte der Pädagogik des XVII. Jahrhunderts. Diss. Leipzig 1883, S. 14.

[24] Adolf Schmidt: Moscheroschs Schreibkalender. In: Jahrbuch für Geschichte, Sprache und Litteratur Elsaß-Lothringens. XVI (1900), S. 139-190, hier: S. 183.

[25] Bechtold: Verzeichnis, S. 28.

[26] Als hübsches Beispiel dafür, bis zu welchem Niveau es Moscheroschs humanistische Fingerübungen bringen konnten, stehe hier die Tändelei des *Bellum Planeticum* (Nr. 81 der *Centuria Quinta*):

> ♂ ♀ medio compressit ☉; marito
> Immerito tandem cornua ☾ dedit
> Tristior hicce ♃ juratus corde ♄!
> ☿ solitæ præbuit historiæ.

Moscherosch transponiert in diesem Epigramm die Götter des antiken Mythos vom Ehebruch der Venus mit Mars ausweitend in die astrologischen Gottheiten der vollständigen chaldäischen Reihe und bekräftigt damit vorbehaltlich seiner unbarmherzigen Verspottung der Astrologen die bereits in den *Gesichten* unter Beweis gestellte Vertrautheit mit dem astrologischen System als solchem. – Noch unter dem Niveau der immerhin eigenständigen Epigramme bleiben die fünfzig vierzeiligen Strophen in vierhebigen Trochäen mit Refrain, die das Hauptcorpus der *Patientia* bilden.

[27] Zit. nach: Blake Lee Spahr: The Archives of the Pegnesischer Blumenorden. A Survey and Reference Guide. Berkeley and Los Angeles 1960. (University of California Publications in Modern Philology. Vol. 57), S. 51.

[28] Martin Opitz: Buch von der deutschen Poeterei. Abdruck der ersten Ausgabe (1624). Sechste erläuterte Ausgabe. Halle (Saale) 1955. (Neudrucke deutscher Literaturwerke des XVI. und XVII. Jahrhunderts. Nr. 1). S. 24.

[29] Zit. nach: Julie Cellarius: Die politischen Anschauungen Johann Michael Moscheroschs. Diss. masch. Frankfurt o. J. (1925), S. 94.

[30] Schäfer: Moscherosch. S. 26.

[31] Vgl. Johannes Koltermann: Die Hanauer Zeit des Satirikers Moscherosch nach den bisherigen Darstellungen. In: Hanauisches Magazin. 11. Jg. 1932, S. 41-48, hier: S. 41.

[32] Meigener: *VALE*. B IIv.

Adalbert Elschenbroich

FRIEDRICH VON LOGAU

„Welch ein köstliches Experiment!" ruft Reinhart, der Naturforscher, aus, als er – plötzlich von beunruhigendem Verlangen nach „den halb vergessenen menschlichen Dingen" überkommen – auf der Bodenkammer unter „verwahrlosten" Büchern einen Band der Lachmannschen Lessing-Ausgabe herausgreifend, zufällig an den 5. Band mit dem Wiederabdruck der Ramler-Lessingschen Auswahl aus Logaus Sinngedichten geraten und beim ersten Blick hinein auf den Spruch gestoßen ist:

> Wie willst du weiße Lilien zu roten Rosen machen?
> Küß eine weiße Galathee: sie wird errötend lachen.

„Wie einfach, wie tief, klar und richtig, so hübsch abgewogen und gemessen! Gerade so muß es sein", meint er. Den Dank für diesen Fund stattet er Lessing ab, der ihm „durch den Mund des noch ältern Toten einen so schönen Rat gibt. O, ich wußte wohl, daß man dich nur anzufragen braucht, um gleich etwas Gescheites zu hören!" Bei seiner Flucht aus dem Studierzimmer nimmt dieser Doctor Faust der Darwinzeit, die binnen kurzem mit dem Gesetz der natürlichen Zuchtwahl bekannt werden sollte, nichts an Lektüre mit außer diesem Spruch in der Brieftasche, „die artige Vorschrift auf einen Papierstreifen geschrieben, wie ein Rezept".

So erzählt Gottfried Keller in der Rahmengeschichte seines Novellenzyklus *Das Sinngedicht,* den er seit 1851 plante, aber erst 1880/81 ausführte. Wahrscheinlich hatte ihm im Varnhagenschen Hause Ludmilla Assing die Lessing-Ramlersche Bearbeitung Logaus zugänglich gemacht[1]. *Salomons von Golaw Deutscher Sinn-Getichte Drey Tausend,* die Originalausgabe von 1654, ist ihm wohl nie zu Gesicht gekommen. Sie war schon zu Lessings Lebzeiten so sehr zur Seltenheit geworden, daß sein Fund einer Neuentdeckung gleichkam. Vermutlich wäre es auch dieser kaum besser ergangen als den anderen „Rettungen", die Lessing unternahm, hätte nicht diese eine „Frage" (III, 10, 8) in den zwölf Büchern der Lessingschen Auswahl, auf die Keller vielleicht ebenso zufällig wie Reinhart getroffen war, sein Interesse in solchem Grade gefesselt, daß sie in seiner erzählerischen Phantasie zum Kristallisationspunkt eines ganzen Motivbereichs wurde. „Variationen zu dem Logauschen Sinngedicht: Wie willst du weiße Lilien ..." nannte er den Plan bei der ersten Aufzeichnung in einem Notizheft. In den vielen

Interpretationsversuchen, die dem *Sinngedicht* gewidmet wurden, ist man nur selten von der gleichsam musikalischen Voraussetzung abgewichen, daß mit dem Logauschen Sinnspruch das Thema gestellt werde, dessen Durchführung dann in der Rahmenerzählung und den Variationen der Binnennovellen erfolge.[2] Der Name Logaus hat sich seither unlöslich mit diesen Galathea-Novellen verbunden, so sehr, daß darüber der Urheber jener Rätselfrage und ihrer Lösung durch einen vorgeblichen Erfahrungssatz, der dem Leser Spielraum zur eigenen Auslegung beläßt, ganz in den Hintergrund getreten ist. Dies wäre gewiß nach seinem Sinn, wie viele Selbstzeugnisse unter seinen Epigrammen erkennen lassen. Gleichwohl ist es historisch ungerecht, denn gerade der in Kellers Novellenzyklus entfaltete Reichtum an Motiven und Charakteren aus der gedrängten Fülle eines einzigen Zweizeilers erweist den poetischen Rang des Epigrammatikers. Dem „Andren Tausend" seiner Sinngedichte setzte Logau ein Zitat voran, das ebendies ausspricht: „Die Poetische Rede hat diese Eigenschafft, daß sie mit wenigem viel berühre und angebe, zu eines iedweden grösseren Annemligkeit."[3] Kaum wird Logaus Verdienst geschmälert durch den Umstand, daß der Anreiz zur erzählerischen Ausgestaltung bei Keller nicht vom originalen Wortlaut ausgegangen ist, sondern von einer ,Verbesserung' Ramlers: von dem Particip praesentis in der Anweisung statt des von Logau gesetzten Particip perfecti. Hier darf man wohl zugeben, daß Ramler, der sich an vielen Gedichten seiner Zeitgenossen vergriff, dies eine Mal dem Autor wirklich einen zeitüberdauernden Dienst geleistet habe – zufällig sozusagen.

Logau war ein schlesischer Landedelmann. Im Juni 1604 wurde er auf Brockut bei Nimptsch im Herzogtum Brieg geboren, dem Erbgut der Familie, als dessen Besitzer sie seit dem Anfang des 16. Jahrhunderts nachgewiesen ist. Kindheitserinnerungen sind in seine Verse nicht eingegangen. So wissen wir nur, daß er schon im folgenden Jahr den Vater verlor und später, als die Mutter eine neue Ehe geschlossen hatte, auf das Gymnasium nach Brieg geschickt wurde. Herzog Johann Christian und seine Gemahlin Dorothea Sibylla sollen sich seiner wie eines Waisenknaben angenommen haben. Er fand als Page der Herzogin Aufnahme am Hof. Elf Jahre lang war er Schüler des Gymnasiums, davon verbrachte er allein sieben auf der obersten Klassenstufe. Dies jedoch nicht ungenügender Leistungen wegen, vielmehr erteilte ihm der Rektor Laubanus im Abgangszeugnis vom Jahre 1625 hohes Lob. Der beginnende Krieg und der Hofdienst hatten ihm einen geregelten Schulbesuch verwehrt; jedesmal, wenn der Hof aus Sicherheitsgründen die Stadt verließ, mußte er mitziehen. Ob das Studium der Jurisprudenz, für das er sich in Altdorf immatrikulierte, dem eigenen freien Wunsch entsprach, ist, wenn man die später geäußerten Zweifel an den wissenschaftlichen Grundlagen der Rechtsprechung bedenkt[4], fraglich; wahrscheinlich waren es wirtschaftliche Notwendigkeiten, die ihn dazu zwangen. Eine Kavalierstour hat er vor dem Eintritt ins Berufsleben sicher nicht unternehmen können: Das väterliche Gut, an dem er testamentarisch ein Legat erhalten hatte, steckte in tiefen Schulden; noch dazu sah er sich gezwungen, dies Legat zu verpfänden, als er nach Abschluß der Universitätszeit 1000 Reichstaler benötigte. So mußte er froh sein, am Hof eine Anstellung zu finden, mochte diese auch recht untergeordneter Natur sein.

Es kamen die schlimmsten Jahre für Schlesien. Seit 1632 wurde das Land zum Kriegsschauplatz, bald von den durchziehenden Schweden, bald von den Kaiserlichen und Wallensteins Söldnern verwüstet. Kaum war ihm das Familiengut Brockut als Erbteil zugefallen, so wurde es ein Opfer plündernder Marodeure. Erst nach vier Jahren, im Frühling 1637, sah er es wieder: trotz Beraubung und Zerstörung erschien es ihm immer noch als ersehnte Zufluchtsstätte. Brieg blieb wie Breslau während des ganzen Krieges verschont; dennoch hatte Herzog Johann Christian, um drohender Rekatholisierung zu entgehen, Anfang 1635 das Land verlassen und die Regentschaft dem ältesten Sohn übertragen. Nach dem Tode des Herzogs 1639 entschlossen sich seine drei Söhne zur gemeinsamen Regierungsführung, jedoch mit getrennter Hofhaltung und Beamtenschaft. Logau wurde dem zweiten Sohn, Herzog Ludwig zugeteilt. Zwischen ihm und diesem jungen Fürsten scheint sich ein auf gegenseitiger Sympathie beruhendes Vertrauensverhältnis entwickelt zu haben, das offenbar auch höfische Ränke der Neider nicht ernstlich zu stören vermochten. Mit der Ernennung zum herzoglichen Rat, die ihm Aufgaben in der Kanzlei und in der Kammer übertrug[5], rückte Logau 1644 in eine einflußreichere Stellung auf. Im Jahr des Westfälischen Friedens wurden beide in die *Fruchtbringende Gesellschaft* aufgenommen, Herzog Ludwig als „Der Heilsame", Logau als „Der Verkleinernde".[6] Bis zu diesem Zeitpunkt hatte Logau nur eine schmale Sammlung *Teutscher Reimen-Sprüche* (1638) veröffentlicht.[7]

Die gemeinsame Regierung der drei Herzogssöhne währte bis 1653; durch den Tod ihres Oheims Georg Rudolf gelangten sie auch in den Besitz der Herzogtümer Liegnitz und Wohlau. Da entschlossen sie sich zur Teilung ihres gesamten nunmehrigen Herrschaftsgebietes, die durch das Los entschieden werden sollte. Herzog Ludwig fiel dabei Liegnitz zu. Im Sommer 1654 siedelte er dorthin über, und Logau folgte ihm. Kurz vorher war die Gesamtausgabe seiner Sinngedichte, mit „Zugaben" auf 3560 angewachsen, in Breslau erschienen. Logau hat sich in der neuen Umgebung wohl kaum mehr recht einleben können. Einundfünfzigjährig ist er in Liegnitz am 15. August 1655 gestorben.

Als Lessing seine Entdeckung Logaus in den *Literaturbriefen* ankündigte, hat er ihn in unüberhörbarem Anklang an die Namengebungen der *Fruchtbringenden Gesellschaft* den „Unerschöpflichen" genannt, in ihm „einen von unsern größten Dichtern" sehen wollen, aber bedauert, daß er sich „bloß auf eine, und noch dazu gleich auf die kleinste Dichtungsart eingeschränkt" habe.[8] Epigramme galten gegenüber Sonetten und Oden nur als Beiwerk in den geistlichen und weltlichen „Poemata" der Opitz, Gryphius, Fleming und vieler anderer vor und nach ihnen; auch Lessing wußte in der deutschen Literatur außer Christian Wernicke keinen zu nennen, der sich wie Logau ausschließlich „dieser geringen Gattung" widmete. In ihr habe er es indessen „so weit gebracht, als man es nur immer bringen kann"; daher sei „unwidersprechlich, daß wir in ihm allein einen Martial, einen Catull und Dionysius Cato besitzen".[9]

Ob dies von Anfang an Logaus Absicht gewesen ist, mag bezweifelt werden, obgleich es außer einer Erwähnung jugendlicher Liebesgedichte, die ihm in den Wirren des Krieges verlorengegangen seien[10], keinerlei Hindeutungen auf Versuche auch in anderen Gattungen gibt. Als er jedoch anstelle der antiken Bezeichnung für sein erstes Buch den Titel *Reimen-Sprüche* und für die große Sammlung die wenige Jahre vorher – vielleicht von Zesen – geprägte Verdeutschung *Sinn-Getichte* wählte, sollte ihm dies jedenfalls die Einbeziehung verwandter lyrischer und didaktischer Formen erlauben. Zwischen streng epigrammatisch gebauten Zwei- und Vierzeilern stehen darin auch spielerisch-tändelnde Anakreontika, die man in jede Rokoko-Anthologie einschmuggeln könnte[11], Verssatiren von juvenalischer Länge und Detailschilderung[12], Zeitbilder des Dreißigjährigen Krieges[13], Elegien in Alexandrinern, deren selbstbiographischer Inhalt schon durch die Überschriften außer Frage gestellt ist[14], Tageszeitengebete, die der Form des Sonetts nahekommen und Logau an Gryphius heranrücken[15], privaten Schicksalen geltende Episteln an einen Freund[16], Epitaphium und Lobgedicht in trochäischen Vierhebern von volkstümlicher Schlichtheit.[17] Auf jeden Fall hat Logau den Gattungsbegriff Sinngedicht sehr weit gefaßt. Was jedoch all diesen, unter sich so verschiedenen Versgebilden gemeinsam ist, wäre das Spruchhafte zu nennen. Es bestimmt nicht nur seine Diktion, wo er als Beobachter menschlichen Verhaltens seine Schlußfolgerungen im Sinne einer Charakterologie zieht, sein Zeitalter in moraldidaktischer Absicht analysiert oder Erfahrungssätze zur Lebensführung formuliert, sondern auch dort, wo er aus starker persönlicher Betroffenheit spricht, „aus der Fülle seines Herzens", wie Lessing, als sei von einem Dichter der Empfindsamkeit oder gar der Geniezeit die Rede, gesagt hat.[18] Das Zurückhaltende seines ganzen Wesens, das ihn befähigte, Subjektives im Allgemeingültigen ‚aufzuheben', hat in der Spruchhaftigkeit aller seiner Verse adäquaten Ausdruck gefunden.

Wie um alle zudringlichen Fragen abzuschneiden, hat Logau seine Beschränkung auf spruchhafte Dichtung kurz und bündig mit dem Zweizeiler *Von meinen Reimen* (III, 10, 18) begründet:

> Ich schreibe Sinn-Getichte; die dürffen nicht viel Weile,
> (Mein andres Thun ist pflichtig) sind Töchter freyer Eile.

An anderer Stelle (III, 8, 59) beteuert er dem Leser:

> Wisse, daß mich mein Beruff eingespannt in andre Schrancken.
> Was du hier am Tage sihst, sind gemeinlich Nacht-Gedancken.

Gewiß handelt es sich bei der Versicherung, daß nur die von ernsteren Geschäften übrig gelassenen „Nebenstunden" der Poesie gehören könnten, um einen Rechtfertigungstopos, der bis weit ins 18. Jahrhundert hinein immer wieder begegnet, dennoch spricht bei Logau vieles dafür, daß die ihm durch seine Lebensumstände aufgezwungene Doppelexistenz des abhängigen Hofbeamten und des verschuldeten Gutsbesitzers ihm nicht nur die meiste Zeit geraubt, sondern ihn auch seelisch belastet und seine Kräfte erschöpft hat. So mag ihm die aphoristisch-fragmentarische und dennoch in sich gerundete Kleinform als die einzige ihm verbliebene, sich ihm geradezu anbietende Möglichkeit der Rettung aus dem Augenblick geborener Einfälle in eine gültige Gestalt erschienen sein. Dadurch hat die Gesamtausgabe seiner in einem Zeitraum von mehr als zwei Jahrzehnten offenbar fortlaufend entstandenen Sinngedichte etwas Tagebuchartiges erhalten, ohne daß dies gleich dazu berechtigen kann, von Stegreifkunst zu sprechen[19], und ohne daß die biographische Verläßlichkeit darin enthaltener Fakten überschätzt werden darf.[20]

Denn Logau war sich der normativen Gattungsforderungen, wie sie die maßgeblichen Poetiken formuliert hatten, durchaus bewußt und suchte ihnen mit seinen Zwei- und Vierzeilern, die immerhin den größeren Teil des Gesamtbestandes ausmachen, auch zu entsprechen. Obwohl literarisch anscheinend recht isoliert und sich selbst keiner ‚Schule' zuzählend, galt doch auch ihm Opitz als oberste Autorität.[21] Dieser hat in seinem *Buch von der Deutschen Poeterey* das Epigramm „eine kurtze Satyra" genannt und umgekehrt die Satire „ein lang Epigramma".[22] Das legitimierte Logau einerseits für die Aufnahme beschreibender und erzählender Satiren unter seine Sinngedichte, es nötigte ihm andersseits aber auch den Lasterkatalog der landläufigen satirischen Themen auf. Wichtiger als diese inhaltliche Vorgabe waren indessen Opitzens Formforderungen, mit denen er der Renaissancepoetik Julius Caesar Scaligers folgte. Sie lauteten: Kürze und Spitzfindigkeit; „Epigrammatis duae virtutes peculiares: brevitas et argutia".[23] Die bei Opitz nicht näher begründete Kürze hatte Scaliger auf die antike Verwendung des Epigramms als Aufschrift und Inschrift zurückgeführt. Diese aus seiner ursprünglichen Zweckbestimmung herrührende Eigenschaft sei ihm bei seiner Literarisierung als Stilmerkmal verblieben. Opitz erwähnt unter den Arten des Epigramms, das generell „aller sachen vnnd wörter fåhig" sei, auch „vberschrifften der begråbniße vnd gebåwe", denen jedoch – was besonders die Bevorzugung der satirischen Grabschrift zeigt – in der Literatur der Zeit der Wirklichkeitsbezug verlorengegangen ist.[24]

Die Spitzfindigkeit des Epigramms definiert Opitz im engsten Anschluß an Scaliger: sie ist „gleichsam seine seele vnd gestallt"[22] („Argutia, anima, ac quasi forma"[23]), „die sonderlich an dem ende erscheinet / das allezeit anders als wir verhoffet hetten gefallen soll: in welchem auch die spitzfindigkeit vornemlich bestehet"[22] („inexpectata aut contraria expectationi conclusione"[23]). Als Wirkungsabsicht einer solchen „novitas" bezeichnet es Scaliger, daß sie „excitat vel risum, vel admirationem".[23] Das deutet auf ihre Herkunft aus der Rhetorik hin. Sie eignet sich besonders dann zur intellektuellen Beeinflussung der Zuhörer, wenn sie zurückhaltend und ohne persönlich zu verletzen eingesetzt wird. Cicero hat sie *(De oratore)* für die Rede vor Gericht empfohlen. Wie bei geselliger Unterhaltung, so ist auch im Literarischen argutia die Mutter des Witzes, der Überraschung durch das Unerwartete.[25] In dieser Funktion hat Logau die witzige Wendung auf allen Stilebenen eingesetzt: bei Wortneubildungen[26], wissentlich falschen Etymologien[27], als Klangspiel[28] und Buchstabenspiel[29], in Fragen und Rätseln mit verschlüsselten Antworten, die selbst wieder Frage oder Rätsel sein können.[30] Diese Technik reicht bei ihm von der anekdotischen Pointe[31] über Entlarvung durch Antithese[32] oder Parallelität[33] zur scharfsinnigen Unterscheidung[34] und erhellenden Einsicht, wobei Witz in den Rang der Weisheit und Weltüberlegenheit erhoben werden kann.[35]

Über Opitz ging Logau unmittelbar auf Scaliger zurück, indem er dem ersten Tausend seiner *Sinn-Getichte* ein Motto aus dessen Poetik voranstellte:

> Ein (Epigramma) Sinn-Getichte ist ein kurtz Getichte, welches schlecht hin von einem Dinge, einer Person oder derer Beginnen etwas anzeiget oder auch etwas fürher setzet, darauß es etwas gewisses schliesse oder folgere.[36]

Nicht so sehr darauf kommt es an, daß er sich hiermit dem Grundsatz Scaligers von der durchgängigen Eignung jedes Gegenstandes zur epigrammatischen Behandlung anschloß ("Epigrammatum autem genera tot sunt, quot rerum"[23]) und mithin – dies in Übereinstimmung mit Opitz – den Vorrang der Satire zumindest einschränkte, sondern vor allem auf die in dieser Definition vorausgesetzte Zweigliedrigkeit des Epigramms. Der Satz lautet bei Scaliger: "Epigramma igitur est poema breve cum simplici cuiuspiam rei, vel personae, vel facti indicatione: aut ex propositis aliquid deducens."[23] Epigramme sind demnach entweder Aufschriften (Inschriften), die Aufschluß geben über den Gegenstand, an dem sie angebracht sind, wobei für Personen und Ereignisse das ihnen gewidmete Denkmal dieser Gegenstand ist, oder aber sie ziehen aus einem Vorangestellten – sei dies eine Behauptung, ein Bild, ein erzählter Vorgang – eine Folgerung. Für beide Grundformen ist die Zweigliedrigkeit konstituierend, das eine Mal als Gegenstand und Aufschrift, das andere Mal als Prämisse und Conclusio. Lessing hat später, ähnlich wie Scaliger die Gattungsnorm von der antiken Inschrift und von dem Vorbild Martials ableitend, in seiner Theorie des Epigramms die beiden Teile als "Erwartung" und "Aufschluß" charakterisiert[37], Herder in seiner Kritik an Lessing erweiternd unter dem Eindruck der *Anthologia Graeca* als "Darstellung (Exposition) und Befriedigung".[38] Die von Logau gewählte Bezeichnung Sinngedicht für die von ihrer ursprünglichen Zweckbindung abgelöste autonome Dichtart setzt beide Grundformen in eins, wobei jedoch – einer allgemeinen Forderung entsprechend – die Individualität der Personen in die Anonymität des Typus zurücktritt. Dem Autor bleibt freigestellt, ob er im ersten Teil einen Gegenstand beschreiben, eine Person einführen, eine Situation vergegenwärtigen, ein Geschehen andeuten oder eine Behauptung aufstellen will („etwas fürher setzet"), nur muß er dadurch im Leser eine Neugierde erwecken, die der zweite Teil auf unerwartete, überraschende Weise befriedigen soll. Dies ergibt sich zwangsläufig aus dem Stilprinzip der argutia. Bei Scaliger war Überraschung durch das Unerwartete nur für Thesenepigramme gefordert, er fügte ein auf die Antithese hinweisendes ‚aliud' erst bei der Wiederholung ihrer Definition hinzu: „Alia verò composita sunt, quae deducunt ex propositis aliud quiddam."[23] Doch gab er diesem ‚aliud' eine solche Variationsbreite – „aut maius, aut minus, aut aequale, aut diversum, aut contrarium"[23] –, daß es sich leicht auf alle Spielarten übertragen ließ, wie die Epigrammatik Logaus und seiner Zeitgenossen beweist. Dabei ist die syllogistische Antithese nur eine der Möglichkeiten des überraschenden Schlusses. Das Unerwartete und dessen „witzige" Wirkung können sich ebenso einstellen, wenn aus scheinbar Belanglosem eine schwerwiegende Folgerung gezogen oder umgekehrt ein bedeutend Auftretendes durch Entlarvung zunichte wird. Überraschung kann eintreten, wenn einander Fernliegendes durch Parallelsetzung sich unvermittelt als verwandt erweist, oder wenn Verschiedenartiges gerade um der Unvereinbarkeit willen zusammengebracht wird.

Zu recht ist darauf hingewiesen worden, in welchem Ausmaß Logaus facettenreiche Kunst der Spannung und Lösung auf einer ironischen Behandlung des jeweiligen Themas beruht.[39] Sie geht aus von absichtlicher Übertreibung, vom Karikaturistischen in der Veranschaulichung der Laster, von falschen, auch widersinnigen Behauptungen, insistiert auf deren Richtigkeit im Verhältnis zur Wirklichkeit und widerlegt sich selbst in der den wahren Sachverhalt aufdeckenden Schlußpointierung. Insofern ist sie bei Logau fast immer lehrhaft, da der Leser über das eigentlich Gemeinte, das dem Dargestellten konträr ist, nicht im Zweifel gelassen wird. Wenn es am Ende nicht geradezu als Erkenntnis oder in einer Verhaltensregel ausgesprochen wird, so kann es der Leser doch sprachlichen ‚Signalen' unschwer entnehmen: der Häufung unangemessen gewählter Beispiele, übertriebenem Lob, unangebrachtem Tadel, in sich widersprüchlichen Beweisen, gekünstelter Emphase, Scheinargumenten, weithergeholten Rechtfertigungen, Ketten von apostrophierenden Anaphern, einer im Grotesken gipfelnden Klimax. Vor allem bei Themen aus der Welt des Dreißigjährigen Krieges hat sich Logau der ironischen Darstellungsweise bedient und all die genannten sprachlichen Mittel eingesetzt.[40] Sie gab ihm gegenüber den Roheiten der Zeit die Möglichkeit sittlicher Selbstbehauptung. Ironische Behandlung verleiht Abstand zu dem Unabwendbaren im eigenen Schicksal, sie relativiert jeden Herrschaftsanspruch und rettet etwas von innerer Freiheit vor übermächtiger Fremdbestimmung.[41] Zugleich bekämpft sie die Abstumpfung gegenüber alltäglich gewordenen Schrecknissen, indem sie die Absurdität des Geschehens durch völliges Verkehren der Bewertungen sichtbar macht.[42]

Eine beträchtliche Zahl der Logauschen Epigramme gehört dem „gnomischen Typ" an.[43] Jüngst wurde ein Anteil von 37,8 % errechnet, wozu noch etwa 15 % der Mischung mit satirischen, spielerischen, concettistischen und panegyrischen Elementen kämen.[44] Die Poetiken der Barockzeit haben diesen Typus und mit ihm auch das religiöse Epigramm überraschenderweise unberücksichtigt gelassen, obgleich er für die Epigrammatik des Jahrhunderts charakteristisch ist, wie Daniel Czepko, Angelus Silesius, auch Andreas Gryphius zeigen. Während Lessing 1759 in seiner Logau-Auswahl die Gnomik noch reichlich berücksichtigte und in seiner Selbstanzeige lobend hervorhob: „Der gute und große Sinn besonders macht eine Menge von Logaus Sinngedichten zu so vielen güldenen Sprüchen, die von allen Menschen ins Gedächtnis gefaßt zu werden verdienen"[45], hat er 1771 unter dem Zwang seiner Epigrammdefinition Logaus Neigung zum Sinnspruch getadelt, weil dieser „uns Aufschlüsse gibt, ohne unsere Erwartung darnach erweckt zu haben".[46] Auch Herder urteilte ähnlich. Er meinte, unter den dreitausend Sinngedichten Logaus würden „sich wahrscheinlich drittehalb tausend Sinnsprüche finden, die von wahren Epigrammen wohl nichts als etwa die Kürze und den scharfsinnigen Ausdruck haben dörften".[47] Anlaß dieser Kritik ist beidemal die Gattungsnorm, die für das echte Epigramm eine Trennung in zwei Teile fordert. Die in Logaus sprichwörtlichen Maximen und Sentenzen vermißte Zweiteiligkeit fehlt jedoch selten ganz, sie ist oft nur weniger scharf markiert als in denjenigen Epigrammen, die in ihrer Bauform durch die argutia bestimmt sind. Wo es Logau um Leitgedanken der Lebensführung und um Tröstungen des Glaubens geht, da hat bei ihm die schlichte Eindeutigkeit der Aussage Vorrang vor allem Kunstinteresse. Dennoch bleibt fast immer durch Verseinteilung und syntaktische Gliederung der Übergang spürbar, der hier vom Versprechen zur Gewißheit führt. So in der Zusicherung:

> Leichter träget, was er träget,
> Wer Geduld zur Bürde leget. (I, 2, 74)

Und in der Ermutigung:

> Hoffnung ist ein fester Stab,
> Und Geduld ein Reise-Kleid,
> Da man mit durch Welt und Grab
> Wandert in die Ewigkeit. (I, 2, 66)

Deutlicher drängt indessen alles, was sich gleichsam noch im Vorfeld solcher „güldenen Sprüche" befindet und in Zweifel gezogen werden kann, auch in sinnspruchhafter Form nach Mehrgliedrigkeit. Es läßt sich etwa als Frage formulieren, die Antwort erheischt, und ist somit von Natur zweiteilig, mag diese Antwort nun, je nach der Erwartung des Lesers, für diesen überraschend oder bestätigend ausfallen:

> Weistu, was in dieser Welt
> Mir am meisten wolgefällt?
> Daß die Zeit sich selbst verzehret,
> Und die Welt nicht ewig währet. (I, 2, 58)

Oder ein bündiger Erfahrungssatz („Die Welt acht' unsrer nichts; wir achten ihrer viel") verlangt als Konsequenz nach einer Verhaltensregel; diese wird überraschend nicht durch eine Anweisung, sondern mit einem zweiten Erfahrungssatz gegeben („Ein Narr liebt den, der ihn nicht wieder lieben will". I, 2, 81). Erhält eine Naturerscheinung im „Aufschluß" durch Stiftung eines vergleichenden Bezugs zum Menschendasein spirituelle Bedeutung, so befindet sich Logau im Intentionsbereich dreiteiliger Emblematik, wie beispielsweise mit dem Epigramm *Der Sonnen und deß Menschen Untergang:*

> Untergehn und nicht vergehn
> Ist der Sonnen Eigenschafft.
> Durch des Schöpffers Will und Krafft
> Stirbt der Mensch zum Aufferstehn. (I, 2, 96)

Die Überschrift steht hier für die Inscriptio, der Sonnenuntergang für die Pictura, der Spruch für die auslegende Subscriptio. Eng damit zusammen hängt der gelegentliche Rückgriff auf die Allegorie, deren Zweiheit von res significans und significatio er dann ganz in der überlieferten Weise der Gleichsetzung von Bildelementen mit Bedeutungsbestandteilen handhabe.[48] Nicht immer jedoch ist Eindeutigkeit Ziel der Auslegung und der Lehre; es kann auch schon mit einem bloßen Hinweis erreicht sein, wenn dies der geistigen Autonomie des Angesprochenen am dienlichsten erscheint:

> Wer sich zu der Welt gesellt und mit ihr laufft einen Lauff,
> Muß auff alles, was fellt für, wissen bald ein Oben-drauff. (II, 9, 11)

Logau hat wohl gerade in solchen Sinnsprüchen sein Eigenstes gesehen. Das läßt die Wahl des Pseudonyms Salomon von Golaw vermuten, denn fraglos sollte dieses die Spruchweisheit des Predigers ins Gedächtnis rufen.

Seine Themen hat Logau zum größten Teil der eigenen Zeit und den persönlichen Lebensverhältnissen entnommen. Das heißt jedoch nicht, daß ihm literarische Quellen entbehrlich gewesen seien. Die beiden unbestrittenen Vorbilder der zeitgenössischen Epigrammatik, Martial und der englische Neulateiner Owen, sind auch von ihm genutzt worden, teils als Anregung, teils im engeren Anschluß sie nachbildend.[49] Hinzu kam bei Logau der Erfurter Humanist Euricius Cordus. So wenig persönliche Beziehungen zu literarischen Zeitgenossen er gepflegt zu haben scheint – wir wissen nur von freundschaftlichem Umgang mit Wenzel Scherffer von Scherffenstein in Brieg –, es war nicht allein Opitz, von dem er lernte, auch Weckherlin, Gryphius, Tscherning, Fleming, Valentin Loeber mit seinen Übersetzungen Owens blieben nicht ohne Einfluß auf ihn. Seiner Spruchdichtung ist zugute gekommen, daß er auf die Sprichwörtersammlungen Johannes Agricolas und Sebastian Francks, auf Florilegien und Zincgrefs *Teutsche Apophthegmata* zurückgriff.[50] Auch Freidank, der seit Sebastian Brant eine ganze Reihe von Neuausgaben erhalten hatte, wird ihm nicht unbekannt geblieben sein. Jedenfalls war über Jahrhunderte hinweg ihrer beider „bescheidenheit" sich ganz nahe, worin auch immer dies begründet sein mag.

Kaum zu unterscheiden sind literarische Konvention und persönliche Veranlassung bei einem Großteil der allgemein gehaltenen satirischen Epigramme. Sie waren Zugeständnisse an den Zeitgeschmack, der entblößende Invektiven liebte, wenn der Leser sicher sein durfte, daß nicht er selber der Bloßgestellte sei. Deshalb wählte Logau erfundene Namen oder solche, die von Martial übernommen waren und allenthalben wiederkehrten. Auch wenn der Leser mit „Du" angeredet wurde, verblieb er in der Anonymität – so hatte es Martial beteuert, so verfuhr Owen, und so verlangten es die Poetiken. Der Dichter mag durchaus an eine bestimmte Person gedacht haben, wenn er den gewinnsüchtigen Advokaten, den bestechlichen Richter, den unfähigen Arzt, den betrogenen Gatten, die flatterhafte und gefallsüchtige Frau zu ‚Helden' seiner strafenden Satire machte, aber sorgfältig vermied er jedes individuelle Merkmal, das zur Dechiffrierung im Umkreis der Hofgesellschaft hätte führen können. Erst recht war dies nötig bei solchen Gedichten, deren Kritik sich ausdrücklich gegen den Hof und das höfische Leben richtete. Wenn schon die Gefahr bestand, daß durch die Vorführung allgemeinmenschlicher Laster einzelne Mitglieder der Hofgesellschaft sich persönlich getroffen fühlen konnten und deshalb alle örtlichen Anspielungen vermieden werden mußten, um wieviel mehr war bei einem Thema, das ausschließlich die exklusive Gesellschaftsschicht betraf, in der Logau sich tagtäglich bewegte, erhöhte Vorsicht geboten. Selbst wenn Logau versucht haben sollte, diese Epigramme am Hof geheimzuhalten und sie nur seinen adligen Gutsnachbarn mitzuteilen, was wenig wahrscheinlich ist, spätestens mit ihrer Veröffentlichung wäre er als Autor für jeden greifbar gewesen, denn das Anagramm seines Namens war mühelos zu entziffern.

Nichts aber deutet darauf hin, daß er durch seine Hofkritik in Schwierigkeiten oder gar Bedrängnisse geraten wäre. Wie ist das zu erklären? Zwei Hauptgründe lassen sich anführen. Einmal war es sicher auch hier das Unpersönliche dieser Kritik, das ihn schützte.[51] Logau geißelte die allgemeinen, an keinen Ort gebundenen Mißstände: Gesinnungslosigkeit, Heuchlertum, Schmeichelei, Neid, Karrieredenken der Höflinge, Herabsetzung der Verdienste anderer, den unbedenklichen Gebrauch von Täuschung und Verleumdung beim Verfolg egoistischer Ziele, alles das, was er die „Heutige Welt-Kunst" nannte. In einem so überschriebenen Epigramm (I, 9, 71) bezeichnete er den Typus, gegen den sich seine hofkritischen Äußerungen insgesamt richteten, mit dem Eigenschaftswort „politisch".[52] Dies Wort führt auf den zweiten Grund seines Bewahrtbleibens vor Konflikten am Brieger Hof. Der homo politicus, dessen Verhalten Logau anprangert, ist der „vollkommene Hofmann". Ausgezeichnet durch diplomatische Gewandtheit, Weltkenntnis, kluge Anpassungsfähigkeit, Kunst der Verstellung, Freiheit von Vorurteilen, virtuose Sicherheit im gesellschaftlichen Auftreten, wird er mit seiner moralischen Unbedenklichkeit zum einflußreichsten Ratgeber des Herrschers im Zeitalter des Absolutismus. Es scheint, daß diese Entwicklung in dem kleinen und etwas abseitigen Herzogtum Brieg sich erst in den Anfängen befand, daß Logau eben diesen Anfängen wehren wollte und dabei auf die Zustimmung der Mehrheit des Hofbeamtentums, wohl auch auf die des Fürsten rechnen konnte.[53] Seine hofkritischen Epigramme sollten nicht als Ausdruck der eigenen Situation verstanden werden, und man hat sie offensichtlich in Brieg auch nicht so verstanden, sondern als Warnung vor drohenden Fehlentwicklungen, die von Logau formelhaft und in typologischer Satire mit Hilfe übernommener, seit der Renaissance zur literarischen Tradition gewordener Muster dargestellt wurden. Die Herrschaftsform des Brieger Hofs war wohl noch vorwaltend patriarchalisch geprägt, auf ein persönliches Treueverhältnis zwischen Herr und Diener gegründet. Logaus konservative Gesinnung entsprach dem vollauf. Seine Kritik richtete sich vornehmlich gegen den Emporkömmling und im engen Zusammenhang damit gegen das angesichts der Verarmung des kriegszerstörten Landes doppelt verwerfliche aufwendige Alamodewesen.

Dem eigensüchtigen Ratgeber stellte er den wohlmeinenden, ehrlichen, verantwortungsbewußten gegenüber, und es kann keinem Zweifel unterliegen, daß er in dieser Rolle sich selbst sah.[54] Auch auf die Gefahr hin, die Gunst des Fürsten sich zu verscherzen, muß dem getreuen Diener die Aufrichtigkeit oberstes Gebot seines Verhaltens sein. Das Leitbild des „redlichen Manns am Hofe" ist nicht erst ein Postulat der Aufklärung. In seiner religiösen Grundlage war es reformatorischen Ursprungs und konnte deshalb das Zeitalter des Absolutismus überstehen, bis es von der Aufklärung säkularisiert wurde. Mit einfach-eindringlichen Worten hat Logau dies Leitbild für sich in seiner *Lebens-Satzung* zusammengefaßt:

> Leb ich, so leb ich!
> Dem Herren hertzlich,
> Dem Fürsten treulich,
> Dem Nechsten redlich.
> Sterb ich, so sterb ich! (I, 5, 22)

Ganz frei von Zugeständnissen an die höfische Repräsentation konnte Logaus Dichten jedoch unmöglich bleiben. Er war als hoher Verwaltungsbeamter selber ein Hofmann; den Verpflichtungen eines Hofdichters, dessen jetzt jeder Fürst bedurfte, konnte er sich nicht entziehen. So leistete er seinen poetischen Beitrag zu höfischen Festen, und das panegyrische Herrscherlob findet sich mitten unter seinen hofkritischen Epigrammen. Auch zu allegorischen „Spielen" lieferte er die zugehörigen Verse.[55] In einem selbständigen Druck vereinigte er 1653 der Ge-

mahlin seines Fürsten Anna Sophia von Mecklenburg gewidmete Huldigungs-
gedichte, von denen er die meisten auch in die Gesamtausgabe aufnahm. Soweit
sie dem Schema derartiger Gelegenheitspoesie folgen, sind sie gewiß nicht mehr
als Ableistungen höfischer Gesellschaftspflicht, sobald aber ein wärmerer Ton sich
in ihnen bemerkbar macht, verlassen sie das steife Zeremoniell und bringen persönliche Verbundenheit zum Ausdruck. Interessenkonflikte und Funktionsmecha-
nismen, so viel durch sie verständlich werden mag, waren doch wohl niemals
alles. Es ist nicht einzusehen, warum es ein privates Vertrauensverhältnis zwischen Fürst und Fürstendiener – als Ausnahme wenigstens! – zur damaligen
Zeit nicht gegeben haben sollte. Vielleicht konnte Logau gerade deshalb als Hofmann so scharfe Verurteilungen fürstlichen Verhaltens äußern, wie in der *Hofe-
Regel*, und so hohe Forderungen an den Herrscher stellen, wie in *Eines Fürsten
Amt*. Man muß sich Herzog Ludwig als Leser vorstellen bei den Versen:

> Fürsten wollen keinen Diener, der da wil, daß ihr Gewissen
> Sich von allem arg Beginnen kehren soll zu ernstem Büssen. (I, 9, 75)

Und bei diesen:

> An Ehren ist er Herr, an Treuen ist er Knecht;
> Ein Herr, ders anders meint, der meint es schwerlich recht. (II, 2, 75)

Wie aber paßt zu dieser Annahme die fatalistisch nur Negatives aufzählende
Bewertung, die nach jahrzehntelangem Hofdienst zuletzt noch einmal in dem
langen Gedicht *Vom Hofe-Leben* (III, Z 97) alle Übel, gegen die es kein Mittel
gab, vorüberziehen läßt? Und wie das Lob des Landlebens, das sich ganz aus der
Gegenbildlichkeit zum Hofleben aufbaut?[56] Auf die erste Frage gibt das Gedicht selbst Antwort mit seinem elfmal wiederholten Refrain: „Wer sein selbst
kan füglich seyn, / Geh kein andre Pflichten ein". Es ist das Unabhängigkeits-
verlangen des Landedelmanns, das sich in dieser nicht nur für Logau unrealisier-
baren Devise ausspricht, desto bitterer empfunden, je weniger die materiellen
Voraussetzungen zu jener Prämisse („füglich") bestanden. Der Zusammenhang
mit der Antwort auf die zweite Frage ist eng: Auf dem Lande, als Herr auf eig-
nem Grund und Boden, scheint dieser Wunschtraum dennoch erfüllbar. „Ich kunte
seyn mein eigen ... Die Höfe sind die Höll, und Himmel du zu nennen!"(ZD
56).

Mit vier beschreibend-reflektierenden Alexandriner-Elegien hat sich Logau der
Tradition europäischer Landlebendichtung angeschlossen, jenem horazischen
„Beatus ille, qui procul negotiis".[57] Jedoch gibt ihnen das sie durchziehende
Pathos den eigenen Charakter. Für Logau war die Rückkehr auf das Land
gleichbedeutend mit Rückkehr in die Heimat: „Ich habe dich, du mich, du süsse
Vater-Erde" (I, 3, 4). Der starke Gefühlston, der hier inmitten eines vorgeprägten
Themas durchbricht, gilt nicht einer Stätte idyllischer Bukolik, sondern der ver-
brannten Erde seines Kindheitslandes:

> Glück zu, du ödes Feld! Glück zu, ihr wüsten Auen!
> Die ich, wann ich euch seh, mit Threnen muß betauen,
> Weil ihr nicht mehr seyd ihr; so gar hat euren Stand
> Der freche Mord-Gott Mars grund auß herum gewand. (I, 3, 4)

Der Anblick der von plündernder Soldateska zurückgelassenen Verwüstung bindet ihn stärker an diesen Ort, als es eine arkadische Landschaft vermöchte:

> Ihr wart mir lieb; ihr seyd, ihr bleibt mir lieb und werth;
> Ich bin, ob ihr verkehrt, noch dennoch nicht verkehrt.
> Ich bin, der ich war vor. Ob ihr seyd sehr vernichtet,
> So bleib ich dennoch euch zu voller Gunst verpflichtet,
> So lang ich ich kan seyn. Wann dann mein seyn vergeht,
> Kans sein, daß Musa wo an meiner Stelle steht. (I, 3, 4)

Der Krieg hat in Logaus Landlebendichtung die Szenerie von zeitloser Staffage zur Wirklichkeit des Gegenwartsschicksals gewandelt, das Landlob wurde zum Zeitgedicht. Der überlieferte Gegensatz höfisch-städtischer Üppigkeit und ländlicher Einfalt hat sich unter der Gewalt des Kriegsgeschehens entscheidend verändert, indem die Trümmerstätte zum Zufluchtsort des aus der verschonten Stadt Entwichenen geworden ist. Aller Tadel gilt jetzt dem Verschonten, alle Liebe dem Heimgesuchten. Die Landleben-Elegien haben Logaus in jenen Gegensatz eingebundene Lebensproblematik aufgenommen und ausgetragen, soweit dies möglich war. Treue zu sich selbst und zu den übernommenen Pflichten war seine markanteste Charaktereigenschaft: „Ich bin, der ich war vor."[58] Die ihn beherrschende Spannung zwischen dem Verlangen nach Selbstbestimmung in Freiheit und steter Pflichterfüllung in Abhängigkeit konnte sich nicht ständisch oder ökonomisch lösen, dazu fehlten alle Voraussetzungen. Statt dessen ist ihm ihre Notwendigkeit unter religiösem Aspekt einsichtig geworden. Das läßt sich herauslesen aus der epigrammatischen Antithese, in die er sie in dem zu den Landleben-Elegien gehörenden Gedicht *Poeterey* zusammengefaßt hat:

> Ich diene, wem ich kan, bin eines ieden Knecht,
> Doch daß mir über mich bleibt unverrückt mein Recht. (I, 5, 3)

Diese beiden Verse sind als Zitat zu werten. Sie zeigen, wie der persönlich erlittene Zwiespalt eingehen konnte in das reformatorische Verständnis der Antinomie christlicher Existenz. Denn nur leicht abgewandelt geben sie die zwei Ausgangsthesen in Luthers Schrift *Von der Freiheit eines Christenmenschen* wieder: „Eyn Christen mensch ist eyn freyer herr über alle ding und niemandt unterthan. – Eyn Christen mensch ist eyn dienstpar knecht aller ding und yderman unterthan."[59] Logau hat sich an die Grundgedanken der Glaubens- und Gnadenlehre Luthers gehalten, ohne im konfessionellen Sinne Lutheraner zu sein. Wo hätte man es auch tagein tagaus besser erfahren können als am Hofe, daß der Christ zwei Reichen angehört, dem Reich Gottes und dem Reich von dieser Welt? Die Unterscheidung des leiblichen und geistlichen Menschen in Luthers

Schrift ließ Logau erkennen, daß materielle und soziale Unfreiheit nur den leiblichen Menschen trifft, während zur gleichen Zeit der Mensch als Kind Gottes durch das im Glauben aufgenommene Wort von der Erlösung durch Christus in vollkommener Freiheit lebt.[60] Auch teilte Logau Luthers Erfahrung des zerknirschten Herzens („Herr, ich muß dir nur bekennen, das ich nichts als Sünde bin"[61]), seine Lehre vom stellvertretenden Leiden Christi[62] und von der Verdienstlosigkeit der Gnade, in der sich Mensch und Gott einander zu eigen geben.[63] Logau hat das Verlangen nach ihr in einem der bei ihm sehr seltenen Epigramme, die mystischer Sprache sich nähern, „Vergunte Trunckenheit" genannt:

> Ich habe Lust zu trincken bey dem, der voll schenckt ein
> Barmherzigkeit und Güte . . . (II, 2, 53).

Diesem geistlichen Glauben entspricht ein weltlicher Glaube, der Freiheit die Dienstbarkeit. Ihr Inhalt ist Nächstenliebe, durch die sich der Christ, im Gedenken an die Liebe Christi, in der Welt bewährt. Auf den Erweis des Glaubens durch die helfende Tat, die auch die Bereitschaft zum Leiden einschließt, hat Logau immer wieder mit Nachdruck hingewiesen.[64] Sie ist ihm viel wichtiger als das Fürwahrhalten von Glaubenssätzen. Um ihretwillen hat er sich gegen die schädlichen Auslegungen der Rechtfertigungslehre Luthers gewandt, die christliches Handeln als unnötig erscheinen ließen:

> Christen-Lieb ist reformirt; abgedancket sind bey ihr
> Werck und That . . . (III, 3, 82).

Demgegenüber griff er zurück auf Luthers Begründung der Nächstenliebe, die dem gilt, den Christus „mit Blut erworben" hat:

> Wann man seinen Nechsten hasset, wirfft man Christo gleichsam für,
> Daß er den so wehrt geschätzet, den so wenig achten wir. (III, 4, 6)

Weil im Sinne dieses christlichen Liebesgebots jeder Mensch der Nächste ist, der Reiche wie der Arme, der Böse wie der Gute, fällt selbstverständlich auch der Fürstendienst, die ‚Knechtschaft‘ am Hofe, unter dieses Gebot. Ausdrücklich sagt Logau, daß Nächstenliebe sich auch in Treue kundtue.[65] Die legitimistische Begründung, daß der von Gott eingesetzten Obrigkeit zu gehorchen sei, erübrigt sich dort, wo der personale Bezug der Hilfeleistung entscheidend ist. Liebe zu Gott und Liebe zum Nächsten stehen schlechthin für Freiheit und Dienstbarkeit. Beide zusammen machen für Logau das Wesen des Christentums aus, vom „Wandel und Gewissen" schließt er auf den Glauben.[66] Einer Kirche und eines verbalen Bekenntnisses scheint es nicht zu bedürfen; kein positives Wort dazu findet sich bei Logau. Statt dessen sehr viel Kritik am Meinen und Dünken in dogmatischen Fragen[67], an Selbstgerechtigkeit und Unduldsamkeit[68], an der Entmündigung zum „Köhler-Glauben" durch kirchliche Glaubensvorschriften[69] – an dem ganzen Unglück der Konfessionalisierung. In der unterschiedslosen Ablehnung der Papstkirche, des orthodoxen Luthertums und des Calvinismus gleicht Logau dem Spiritualisten Sebastian Franck, den er zweifellos gekannt hat.[70] Sein Selbstbestimmungsanspruch blieb in der Frage persönlicher Glaubensfreiheit kompromißlos:

> Gott gläub ich, was ich gläub; ich gläub es Menschen nicht;
> Was richtet dann der Mensch, was Gott alleine richt? (III, Z 47)

Die düsteren Züge in Logaus Bild von der Welt, so sehr sie vom Zeitgeschehen geprägt waren, sind dennoch nicht eigentlich aus diesem, sondern aus der Überzeugung hervorgegangen, daß der Christ beiden Reichen angehört, so lange er auf dieser Erde weilt: dem Reich der Gnade und dem Reich des auch nach der Erlösung fortbestehenden Gesetzes, in welchem dem Bösen Gewalt belassen ist.

> Wann zwischen Menschen Hertz und zwischen Gottes Liebe
> Der Erde Schatten fällt...,
> ...bleibt dem Hertzen nichts, als Welt, das ist: nur Leid.[71]

Anders als die meisten Mitlebenden hat Logau deshalb nach dreißig Jahren Krieg von dem ersehnten Friedensschluß keine Besserung erhoffen können:

> Welt wird immer bleiben Welt, ist deß bösen so gewohnt.[72]

Er sprach von der „Teuffeley dieser Welt"[73] und war überzeugt:

> Weil der Teuffel nun forthin wird vom kriegen müssig werden,
> Wird er sonst gar wirtlich seyn uns zu kochen viel Beschwerden.[74]

Über dieser Welt liegt der Fluch der Zwangsläufigkeit. Geschichtliche Veränderungen sind nichts als Phasen eines Kreislaufs, der am Ende das vorige Unheil erneuert. So führte es Logau in einer Leichenrede aus der ersten Friedenszeit einer Trauergemeinde vor Augen:

> Friede / bringt Reichthum: Reichthum / macht Ubermut: Ubermut / gebiret Hoffart:
> Hoffart / wircket Gewalt: Gewalt / verursacht Unwillen: Unwillen / erreget Zwispalt: Zwispalt / erwecket Krieg: Krieg / schaffet Armut: Armut / lehret Demut:
> Demut / stift Friede: Und alßdann gehet der Circkel wieder an.[75]

Ihn zum Stillstand zu bringen oder aus ihm auszubrechen, wird unmöglich bleiben, so lange die Zeitlichkeit währt.

Im 3557. seiner *Sinn-Getichte*, als der Druck der Gesamtausgabe schon fast abgeschlossen war, hat der Dichter nachliefernd noch einmal seine Beschränkung auf die eine künstlerische Aussageform und seine Unerschöpflichkeit darin epigrammatisch gerechtfertigt. Dem Vorwurf der Wertminderung durch das allzu Viele begegnete er mit dem Hinweis auf die sich ins Grenzenlose verlierende Fülle von Gegenständen, die es „zu besinnen" galt. Vor ihr werden „Meng und Überfluß" der Sinngedichte, gleich jeder „Menge menschlichen Fürhabens", fast zu nichts. Ein kaum Begonnenes bricht ab. Seinen letzten „Aufschluß" hat Logau im Bild der Unermeßlichkeit des Sternenhimmels gegeben:

> Geh, zehle mir die Stern und menschliches Beginnen! (ZD 254)

Anmerkungen

Texte

Deutscher Sinn-Getichte Drey Tausend. Breslau 1654. Reprint Hildesheim 1972.
Sämmtliche Sinngedichte. Hrsg. v. Gustav Eitner. Tübingen 1872 (Bibliothek des Litt.
Vereins Stuttgart CXIII). Reprint Hildesheim 1974. [Nach dieser Ausgabe wird zitiert: röm. Ziffern bezeichnen das Tausend, die erste arab. das Hundert, die zweite
arab. die Nummer des Epigramms, Z die Zugaben, ZD die letzte, während des Drucks
eingegangene Zugabe].
Auswahlen, z. T. sprachlich modernisierend, bzw. stilistisch überarbeitet von Gustav
Eitner, Leipzig 1870 (Deutsche Dichter d. 17. Jhs. 3); Karl Simrock, Stuttgart 1874;
L. H. Fischer, Leipzig 1875; Otto Erich Hartleben: Logaubüchlein, München 1904;
Reinhard Piper, München 1916; Hanns Floerke, München 1920; Uwe Berger, Berlin
1967; W. Schubert: Die tapfere Wahrheit, Leipzig 1978 (Inselbücherei). Eine neue
Auswahl bereitet Ernst-Peter Wieckenberg für Reclams UB vor.

Literatur

Heinrich Denker: Ein Beitrag zur litterarischen Würdigung Friedrichs von Logau. Hildesheim 1889.
Walter Heuschkel: Untersuchungen über Ramlers und Lessings Bearbeitung von Sinngedichten Logaus. Diss. Jena 1900.
Paul Hempel: Die Kunst Friedrichs von Logau. Berlin 1917 (Palaestra 130). Reprint
New York 1967.
Martin Bojanowski: Friedrich von Logau. In: Schlesische Lebensbilder. Hrsg. v. d.
Histor. Kommission für Schlesien. Bd. 3. Breslau 1928, S. 10-19.
Anna Stroka: Piastowie w twórczości Fryderyka Logaua. In: Germanica Wratislaviensia I (Wrocław 1957), S. 97-112 [mit dtsprach. Zusammenfassung].
Wiltrud Brinkmann: Logaus Epigramme als Gattungserscheinung. In: ZfdPh 93 (1974),
S. 507-522.
Ernst-Peter Wieckenberg: Herrscherlob und Hofkritik bei Friedrich von Logau. In:
Europäische Hofkultur im 16. und 17. Jahrhundert, Bd. 2. Hamburg 1981, S. 67-74
(Wolfenbütteler Arbeiten zur Barockforschung 9).

Zu Logaus Stellung in der Epigrammatik des 17. Jahrhunderts:
Erich Urban: Owenus und die deutschen Epigrammatiker des XVII. Jahrhunderts. Berlin
1900 (Literarhistorische Forschungen 11).
Richard Levy: Martial und die deutsche Epigrammatik des 17. Jahrhunderts. Diss. Heidelberg 1903.
Rudolf Pechel: Geschichte der Theorie des Epigramms von Scaliger zu Wernicke. In:
Christian Wernicke, Epigramme. Hrsg. v. R. Pechel. Berlin 1909, S. 3-108 (Palaestra
71).
Therese Erb: Die Pointe in der Dichtung des Barock und der Aufklärung. Bonn 1929.
Axel Lindqvist: Die Motive und Tendenzen des deutschen Epigramms im 17. Jahrhun-

dert (Göteborg 1949). In: Das Epigramm. Zur Geschichte einer inschriftlichen und literarischen Gattung. Hrsg. v. Gerhard Pfohl. Darmstadt 1969, S. 287-351.
Wolfgang Preisendanz: Die Spruchform in der Lyrik des alten Goethe und ihre Vorgeschichte seit Opitz. Heidelberg 1952.
Walter Dietze: Abriß einer Geschichte des deutschen Epigramms. In: Ders., Erbe und Gegenwart. Aufsätze zur vergleichenden Literaturwissenschaft. Berlin u. Weimar 1972, S. 247-391.
Jutta Weisz: Das deutsche Epigramm des 17. Jahrhunderts. Stuttgart 1979 (Germanistische Abhandlungen 49).

Nachweise

[1] Friedrichs von Logau Sinngedichte. Zwölf Bücher. Mit Anmerkungen über die Sprache des Dichters herausgegeben von C. W. Ramler und G. E. Lessing. Leipzig 1759.

[2] Einen Überblick gibt Hermann Boeschenstein: Gottfried Keller. 2. Aufl. Stuttgart 1977, S. 87 ff. (Sammlung Metzler 84).

[3] A. a. O., S. 225. Das Zitat ist Buch 17, Kap. 5 der *Libri de republica* des französischen Rechtsgelehrten Petrus Gregorius Tholosanus (gest. 1595) entnommen.

[4] Z. B. *Wissenschafft der Rechte* (II, 9, 52); *Das Recht* (II, 9, 63).

[5] Das geht aus den von G. Eitner im Schlußwort seiner Ausgabe abgedruckten Bestallungsurkunden v. 1644 u. 1653 hervor (S. 703 f. u. 715).

[6] G. Krause: Der Fruchtbringenden Gesellschaft ältester Ertzschrein. Leipzig 1855 (Reprint Hildesheim 1973), S. 461. Vgl. Logaus Sinngedichte zum Lob der Gesellschaft (II, 2, 26), zu seinem Gesellschaftsnamen, Symbolum (Milzkraut) und Reimgesetz (II, 3, 13).

[7] Faksimile-Neudruck: Erstes Hundert Teutscher Reimen-Sprüche Salomons von Golaw ... Breßlaw M.DC.XXXVIII [Ein zweites Hundert ist angefügt]. Hrsg. v. Karl Diesch. Königsberg o. J. [1940].

[8] 36. Brief (26. 4. 1759). Lessing: Werke (Hanser-Ausgabe), Bd. V (1973), S. 108.

[9] Friedrichs von Logau Sinngedichte. Vorrede. Werke, a. a. O., S. 339. Lessing wertet hier ausschließlich gemäß dem Grundsatz der Nachahmung antiker Autoren: Martial steht für das satirische, Catull für das erotische, Dionysius Cato für das sentenzhafte Epigramm.

[10] *Von meinen verlornen Reimen oder Getichten* (II, 2, 50).

[11] „Und was kann anakreontischer sein, als folgende allerliebste Tändeleien?" (Lessing, 36. Brief, a. a. O., S. 111): *Von einer Biene* (II, 3, 83), *Von einer Fliege* (II, 3, 82). „Logau erscheint da ganz als unser deutscher Catull; wenn er nicht oft noch etwas besseres ist." (Lessing, 43. Brief, a. a. O., S. 151): *Ursprung der Bienen* (III, 6, 10).

[12] Z. B. *Amadis-Jungfern* (II, 3, 59).

[13] Z. B. *Die auffgeweckte Chimaera* (I, 3, 80).

[14] *An mein väterlich Gut, so ich drey Jahr nicht gesehen* (I, 3, 4); *An die Fichte auff meinem Gute* (I, 8, 99).

[15] *Tag und ein Tages-Wuntsch* (I, 1, 6); *Nacht und ein Nacht-Wuntsch* (I, 1, 7). Vgl. Andreas Gryphius, Sonette II, 1 u. 3.

[16] *An einen guten Freund über dem Abschiede von seiner Liebsten* (II, 2, 70).

[17] *Abschied von einem verstorbenen Ehegatten* (I, 8, 69); *Glückwuntsch an eine fürstliche Person über geschlossenem Friede* (II, Z 201).

[18] 36. Literaturbrief. Werke, a. a. O., S. 109.

[19] Richard Newald: Die deutsche Literatur vom Späthumanismus zur Empfindsamkeit 1570-1750, 6. Aufl., München 1967, S. 306 (de Boor-Newald: Geschichte der deutschen

Literatur, Bd. V). Logau äußerte sich selbst dazu in dem Epigramm *Reime außm Stege-reiff* (I, 8, 12).

[20] Eitner hat ein Lebensbild Logaus nach der Ausgabe von 1654 entworfen, die er im Inhalt für autobiographisch und deren Anordnung er für durchgehend chronologisch hielt. Danach tabellarische Übersicht der Entstehungszeiten a. a. O., Schlußwort, S. 741 f.

[21] *Vom Opitio* (II, Z 133).

[22] M. Opitz: Buch von der Deutschen Poeterey. Hrsg. v. C. Sommer. Stuttgart 1970, S. 28 (Reclam UB 8397/98).

[23] Julius Caesar Scaliger: Poetices libri septem. Lyon 1561, Lib. III, cap. 126. Faksi-mile-Neudruck mit e. Einl. v. A. Buck. Stuttgart-Bad Cannstatt 1964, S. 170.

[24] Eine der wenigen Ausnahmen ist Logaus *Grabschrifft eines lieben Ehgenossens* (II, 8, 63), die er vielleicht als Grabspruch für seine erste, frühverstorbene Gattin geschrieben hat. Durch die Empfindsamkeit wurde im 18. Jahrhundert das Epigramm als Inschrift wiedergewonnen.

[25] Zur argutia bei Opitz, Logau, Scheffler vgl. W. Preisendanz, a. a. O., Kap. 2 a; W. Barner: Barockrhetorik. Tübingen 1970, S. 44 ff.

[26] Z. B. Zweifelkind (Kind, dessen eheliche Geburt angezweifelt wird, II, 5, 40), Flammen-Schütze (Amor, III, 5, 48), Lebens-Faden-Reißerinnen (die Parzen, III, 5, 48), Luntenrecht (Rechtsverordnungen einer Militärregierung, III, 6, 15), Silber-stumm (durch Bestechungsgelder zum Schweigen gebracht, III, 5, 66).

[27] Z. B. *Dörffer* (I, 7, 76).

[28] *Luntenrecht hält rechtes Recht nur für Lumpenrecht* (III, 6, 15).

[29] Z. B. *W-ehe-W* (I, 8, 8); *Steuer, durch Versetzung: es reut* (I, 3, 10).

[30] Z. B. *An den Leser* („Leser, wie gefall ich dir? / Leser, wie gefellst du mir?", II, Z 3, nach Owen VIII, 124); *Frage* (III, 10, 8).

[31] Z. B. *Diebstahl* (II, 9, 16).

[32] Z. B. *Frantzösische Kleidung* (I, 9, 83).

[33] Z. B. *Soldaten, Mahler und Poeten* (I, 3, 28); *Hofe-Folge* (II, 5, 51).

[34] Z. B. *Gute und Böse* (II, 5, 63).

[35] *Die höchste Weißheit* (II, 1, 79); *Weltliche Witz* (II, 9, 11). Logau gebraucht Witz noch als fem. wie mhd. witze.

[36] A. a. O., S. 3.

[37] Zerstreute Anmerkungen über das Epigramm und einige der vornehmsten Epigram-matisten. Werke, a. a. O., S. 427.

[38] Anmerkungen über das griechische Epigramm. Zerstreute Blätter, 2. Sammlung (1786). J. G. Herder: Sämtl. Werke. Hrsg. v. B. Suphan, Bd. 15, S. 341.

[39] Vgl. W. Brinkmann, a. a. O., S. 514 ff.

[40] *Deß Krieges Raubsucht* (I, 2, 9); *Eine Helden-That* (I, 4, 47); *Der gesegnete Krieg* (I, 4, 50); *Ein Krieges-Hund redet von sich selbst* (I, 7, 65).

[41] Z. B. *Unterscheid zwischen Land-Mann und Lands-Knecht* (I, 1, 58).

[42] *Der verfochtene Krieg* (I, 5, 15).

[43] Vgl. hierzu J. Weisz, a. a. O., Kap. IV: Das typologische Erscheinungsbild des Epi-gramms im 17. Jahrhundert.

[44] Weisz, a. a. O., S. 300.

[45] 43. Literaturbrief. Werke, a. a. O., S. 153.

[46] Zerstreute Anmerkungen über das Epigramm, a. a. O., S. 427.

[47] A. a. O., S. 371.

[48] Z. B. *Die Welt* (I, 4, 88).

[49] Verzeichnis der Nachbildungen aus Martial bei R. Levy, a. a. O., S. 108 f.; aus Owen bei E. Urban, a. a. O., S. 25 ff.

[50] Zusammenstellung bei H. Denker, a. a. O., S. 2 f.

[51] Vgl. hierzu H. Kiesel: ‚Bei Hof, bei Höll'. Untersuchungen zur literarischen Hofkritik von Sebastian Brant bis Friedrich Schiller. Tübingen 1979, zu Logau S. 171 ff. (Studien zur deutschen Literatur 60).

[52] Vgl. auch *Ein Welt-Mann* (II, 1, 52).

[53] Hierzu und zum Folgenden vgl. Ernst-Peter Wieckenberg, a. a. O., S. 67 ff.

[54] *Ein Fürsten-Rath* (II, 3, 66).

[55] III, 8, 44-52; Anhang, Nr. 10-12.

[56] Vgl. Kiesel, a. a. O., S. 3, 174; Wieckenberg, a. a. O., S. 72 f. und die bei beiden verzeichnete Literatur zur europäischen Landlebendichtung.

[57] Horaz, Epoden 2, v. 1. – Logau, *An mein väterlich Gut, so ich drey Jahr nicht gesehen* (I, 3, 4); *Poeterey* (I, 5, 3); *An die Fichte auff meinem Gute* (I, 8, 99); *Das Dorff* (III, ZD 56).

[58] Vgl. auch *Beruff* (III, ZD 74).

[59] Martin Luthers Werke. Kritische Gesamtausgabe. Weimar, Bd. 7 (1897), S. 21.

[60] *Christus ist der Weg, die Warheit und das Leben* (I, 4, 64).

[61] *Sünden-Bekäntnüß* (III, 4, 7).

[62] *Das Werck der Erlösung* (II, 8, 53).

[63] Hilff, daß ich mich nicht theil und bleibe gantz an dir,
Auff daß du, höchstes Gutt, mögst bleiben auch in mir! (I, 1, 6, v. 15 f.).
Vgl. ferner *Christi Verdienst um mich Unverdienten* (I, 6, 11); *Alles auf Gott* (II, 8, 54); *Christus mein Alles* (III, 2, 18).

[64] *Ein thätiges Christentum* (I, 5, 62); *Geistlicher und weltlicher Glaube* (II, 7, 30); *Wercke deß Christenthums* (II, 8, 71); *Die Liebe deß Nechsten* (III, 4, 37); *Der Christen Stern-Deutung* (II, Z 195).

[65] II, 7, 30.

[66] *Der Glaube* (III, 4, 13).

[67] *Deß Herren Abendmal* (III, 4, 8); *Dreyerley Glauben* (III, 7, 4).

[68] *Glaubens-Zwang* (I, 5, 74); *Gute und Böse* (II, 5, 63); *Ein Glaube und kein Glaube* (III, 4, 33).

[69] Was die Kirche glauben heist, soll man glauben ohne wancken;
Also darff man weder Geist, weder Sinnen noch Gedancken. (III, 2, 85).
darff: braucht, hat nötig.

[70] Luthrisch, Päbstisch und Calvinisch, diese Glauben alle drey
Sind vorhanden; doch ist Zweiffel, wo das Christenthum dann sey. (II, 1, 100).
Vgl. Sebastian Franck: *Von vier zwiträchtigen Kirchen, deren jede die ander verhasset vnnd verdammet* (Wackernagel III, Nr. 965). [Bäpstisch, Luttrisch, Zwinglisch, Widerthauffer].

[71] *Finsternüß* (I, 5, 31). Vgl. auch *Gesetz und Evangelium* (II, 1, 77).

[72] *An einen guten Freund* (II, 2, 70, v. 63).

[73] Ebd., v. 42.

[74] Ebd., v. 73 f.

[75] Mitgeteilt von A. G. de Capua. In: Archiv für das Studium der neueren Sprachen, Bd. 196 (1960), S. 149.

SIEGFRIED SUDHOF

DANIEL VON CZEPKO

Das Werk Daniel von Czepkos ist thematisch weit verzweigt. Es umfaßt neben poetischen Arbeiten weltlichen und geistlichen Inhalts noch Schriften zur Geschichte und Politik, zur Theologie und zum allgemeinen religiösen Leben und auch zur Medizin. Überliefert sind schließlich Briefe und autobiographische Aufzeichnungen. Diese vielseitige Tätigkeit ist wesentlich durch die historische Situation bestimmt, in der der Autor lebte. Als Sohn eines evangelischen Pfarrers in Schweidnitz wurde er im Jahre 1605 in Koischwitz bei Liegnitz geboren, er starb 1660 in Wohlau in Schlesien. Die wichtigste Lebenszeit war also durch den Dreißigjährigen Krieg bestimmt. Czepko hat bis zu Beginn des Krieges die Lateinschule in Schweidnitz besucht. Doch erst später – 1623 – begann er mit dem Studium der Medizin in Leipzig. Im folgenden Jahr ging er an die Straßburger Universität. Gleichzeitig wechselte er das Fach und wurde Jurist. Die Gründe dafür sind nicht bekannt. Bestimmenden Einfluß übte in Straßburg M. Bernegger (1582-1640) auf Czepko aus. Bernegger war umfassend gebildet, ein Polyhistor im Sinne jener Zeit.[1] Er dürfte Czepko, der bereits seine ersten poetischen Versuche publiziert hatte, zu weiterer literarischer Produktion animiert haben. – Über den Aufenthalt in Straßburg gibt es nur wenige Nachrichten. Czepko hat im Winter 1624/25 eine Reise „in die angrenzenden Länder gegen Frankreich und Italien wol perlustriret", wie es in dem späteren Nekrolog heißt.[2] Die Reiseziele sind im einzelnen nicht bekannt, doch wird die Unternehmung für ihn so wichtig gewesen sein, daß sie ihm im Gedächtnis geblieben ist. Gegen Ende der Straßburger Zeit wurde ihm dann die Stelle eines „Hofmeisters nebst Verheißung einer Capitains Stelle" beim Markgrafen von Baden angeboten.[3] Dieses Angebot hat er nicht angenommen. 1625 war Czepko dann in Heidelberg und später am Reichskammergericht in Speyer. Nach kurzen Zwischenaufenthalten in verschiedenen Städten kehrte er im Herbst 1626 nach Schweidnitz zurück.

Der Krieg hatte in Schlesien, auch in Schweidnitz, deutliche Spuren hinterlassen. Dennoch engagierte sich Czepko zunächst weder politisch noch karitativ. Er scheint sich in erster Linie seinem Studium und seinen poetischen Versuchen gewidmet zu haben. Unter den wenigen schriftlichen Belegen aus dieser Zeit befinden sich Korrespondenzen mit Bernegger, Köler und Opitz. Als er sich dann doch einen Lebensunterhalt beschaffen mußte, nahm er Hauslehrerstellen an, die ihn jedoch nicht befriedigten. Um die Jahreswende 1632/33 ist Czepko überraschend in Dobroslawitz, das den Freiherrn von Czigan gehörte. Während der zwei Jahre, die er dort lebte, entstand der größte Teil seiner Jugenddichtungen. Es ist nicht völlig zu klären, auf welche Weise er nach dort gekommen ist; jedenfalls scheint es, als ob er hier ausschließlich seiner Dichtung leben konnte. Neben einer Reihe von Gedichten entstand das Jugendepos *Coridon et Phyllis*, dessen drei Bücher dem „Hoch- und Wohlgebohrnen Herrn Carl Heinrich Czigan" als „geneigtem Gönner" gewidmet sind. Dieses Epos, dem eine ausführliche Vorrede vorangesetzt ist, spiegelt die Liebe Czepkos zu Barbara von Czigan wider. In den Anfangspartien rühmt er sie ungeniert. Jeder Leser des zunächst nur handschriftlich verbreiteten Textes wußte, daß hier keineswegs eine anonyme Phyllis mit der „Angebeteten" gemeint ist, sondern die wirkliche Geliebte. Zwei Strophen aus der umfänglichen Einleitung mögen als Beispiel dienen:

> Schöne stehet es Ihr an,
> Daß Sie so klug reden kan,
> Und noch klüger weiß zu schweigen:
> Saget, wo Ihr Sie erkiest,
> Ob Sie nicht ein Wunder ist,
> Ob Ihr was kan gleiche steigen?

> Sie ist recht ein Göttlich Bild
> Mit Verstand und Witz erfüllt,
> Auf der Welt nicht nach zu mahlen:
> Seelig muß an Glück u. Schein
> Jedes Frauen Zimmer seyn,
> Sieht und sucht es diese Strahlen.[4]

Für Barbara Czigan hat Czepko auch eine lange Trostrede beim Tode der Schwester, die *Consolatio ad Baronissam Cziganeam* abgefaßt. Hier sind religiöstheologische Gedanken eingeflossen, die Czepko den Ruf eines Mystikers eingebracht haben. Leichenreden, Trauer- und Abdankungsreden sind aus dieser Zeit in großer Fülle überliefert. Über die spezielle Bedeutung und Funktion der Consolatio (etwa auch dieser Rede) kann noch nichts Bestimmtes ausgesagt werden. Bekannt ist die antike Tradition. Doch ist es merkwürdig, daß Czepko die Widmung nicht an die mit ihm befreundeten Brüder gerichtet hat, sondern an die geliebte Schwester. Die Ausführungen selbst enthalten in der Hauptsache Czepkos Anschauungen über Leben und Tod; nur hin und wieder wird auf den besonderen Anlaß angespielt. Schon auf den ersten Seiten führt er den Gedanken aus, daß Leben und Tod natürlich miteinander verbunden seien:

> Es ist ja nichts gewissers, als der Tod, nichts gemeiners. Alles andere, was uns anstößt,
> sind Zufälle, die wie sie von andern Ursachen herkommen, also nichts mit der Seele,
> die aus ihr selbst seine Krafft und Göttliche Wirckung nihmt, zu thun haben. Der
> Tod bestehet vor sich und hält seinen Ursprung vom Himmel, ist so genau mit dem
> Leben verwandt, daß es keinen Blick in der Zeit zu seyn begehrete, sähe es nicht alle-

zeit den Tod vor ihm. Wo der Tod eingehet, da gehet das Leben allezeit aus, und dieses geschiehet in einem unumbschlossenen Circkel: der unbegreifflichen Ewigkeit. Das gantze Leben heist Sterben.[5]

Hiermit ist die auf vielfältige Weise sich ausdrückende Vorstellung des Christentums verbunden, daß das Leben nur eine zeitliche Bewährung des Menschen sei. Der Tod, der Übergang in ein anderes Leben, dürfte daher eigentlich nicht die Angst auslösen, die so oft mit ihm verbunden wird.

> Mensch, stelle dich, unter welche du wilt, du weissest am besten, welcher Tod dein sey. Und gesetzt: Der Tod sey so grausam, so erschrecklich, so abscheulich: Was nihmt er dir dann? Das Leben. Das Leben ein so flüchtiger Rauch, der ehe man ihn erkañt, schon vorüber gelauffen, und wenn man ihn am besten besitzt, nichts ist, als eine augenblickliche Vergessenheit vergangener Zeit, und eine unachtsame Nachlässigung gegenwärtiger Gelegenheit, und eine beharrliche Furcht zukünfftiger Dinge, an ihm selbst aber nichts, als eine beständige Unbeständigkeit. Das Leben, eine so geringe Waar, auf die niemand, wenn man ihm es gleich verpfänden und verschreiben wolte, einen Pfennig leihen würde, das zu einem Ziel allem Unglück vorgesetzet, und wie es auf eine Weise empfangen, so auf hundert Wege kan aufgefordert werden, über das der allerschlechteste Sclave vollkommentliche Gewalt hat, der nur den Tod verachtet.[6]

In dieser Welt könnte jedoch ein dauerndes Leben nur erreicht werden, wenn es einen Prozeß andauernder Liebe gäbe. Die Liebe als die höchste der Tugenden sollte – natürlicherweise – eine Gegenliebe bewirken. Wird dies jedoch nicht erreicht, könnte sich ein großes Unglück für „die verlassene und aufgeopfferte Seele" ergeben; Daniel von Czepko fand für diesen Gedanken ein prägnantes Bild: Es „muß sich das Trauren in ihm selbst verzehren, nicht anders, als ein starck angelauffener Fluß, der sich durch Umbreissung vieler Baüme und verfallene Ufer selbst verstopfft, und seine Gänge verriegelt, und endlich mit zusammengefügter Gewalt ins Erdreich frist"; doch auch das erwünschte Gegenteil ist möglich; hier

> entzündet sich der Strahl der wahren Gegenliebe, und zeucht die andere irrende Seele, an die das liebende nie gedacht, vollkömlich in ihr Wesen, und fänget an mit ernstem Bemühen alles Thun und Lassen, alle Sinnen und Gedancken auf das liebende zu richten, und in feuriger Liebe zu verzehren. Und also ist des andern Seele dessen, und dessen Seele wird in des andern gefunden. Und dennoch liebet ein iedes nichts als sich; denn dessen Seele liebet sich in des andern, und des andern Seel sich in dieses ohn Unterscheid, biß sie beyde auf das höchste koͤmen.[7]

Neben diesem Gedanken über Leben und Tod spielt auch die allgemeine Gottesvorstellung eine besondere Rolle. Gott und Mensch sind untrennbar verbunden; für den Menschen existiert Gott selbstverständlich nur solange er selbst existiert. Da aus dem Vorhergehenden deutlich geworden ist, daß es einen andauernden Tod für den Menschen nicht geben kann, daß der Tod nur den Über-

gang in ein anderes Leben darstellt, ist das Dasein Gottes für den Menschen
ebenso unbegrenzt wie unendlich. So ist auch der Mensch je nach seiner Entscheidung ein Teil des Endlichen oder des Unendlichen. Auf diesen Zusammenhang
bezieht sich der Anfang des wichtigen dritten Buches der *Consolatio*.

> Der Mensch ist ein Port oder Eck, daran sich stösset Zeit und Ewigkeit: und ist doch
> weder von der Zeit, noch von der Ewigkeit, sondern er ist eine Natur gemacht von
> dem ewigen Nicht zwischen beyden ... In des Menschen Geburt werden alle Dinge
> gebohren, denn er ist eine Ursach aller Dinge, die in ihm bestanden, und wann er
> wolte, es wären noch nicht alle Dinge, wäre er aber nicht, so wäre auch Gott nicht.
> Dann in dem Augenblick, als er durch Gott kam, erkañte er in allen Dingen Gott,
> und in diesen suchet noch findet er Ruhe. Sintemal er allhie die Creatur bekeñt, und
> Gott durch die Creatur. Wann er aber in dem Nicht stehet, ist er über allen Creatu-
> ren, und ist weder Gott, noch Creatur, sondern er ist, das er war, und das er bleiben
> sol itzt und alle Zeit. Und in diesen Menschen, als er ist ein Mensch, fället kein Leid,
> als wenig ins Göttliche Wesen.[8]

Der Mensch kann sich also entscheiden, zum Guten, d. h. zur Fülle der göttlichen
Nähe oder zum Gegenteil, d. h. zum völligen Nichts. In Form einer Predigt wird
der Mensch nun ermahnt, seine Entscheidung, seine Schritte zu bedenken:

> Darumb, o Mensch, erwecke dein Gemüthe, und hab in Acht, zu welchen du greiffest:
> Die Zeit vor sich ist eine Wehrung der Dinge, mit welchen sie vergeht und ist nicht.
> Hast du dich darzu gewandt, so hast du nichts, da ist der Himel und alle Seeligkeit,
> von dir gekehret, und dis ist nicht, da furchtest du Höll und Verdamnüß, und dis
> ist nicht, denn es ist alles zufällig, es ist Unterscheid, und darumb ist keine Ruhe
> nicht, weil dis alles nicht, weil du das irrdische vor das ewige ansiehest, dem Leibe
> den Himmel zueignest, der der Seele ist; die Ewigkeit ist ein unermeßlicher Auffent-
> halt und unaufhörliche Zubrechung und Gebärung aller Dinge. Hast du dich darzu
> gewandt, so reißet dein brennendes Gemüthe ohn Unterlaß auf das höchste aller
> Wesen, und siehet an weder Himmel noch Hölle, weder Verdamnüß und Seeligkeit,
> und ruhet auf keinem, biß er dahin köm̄t, wo es sich gelassen, da es ewig und einig
> bleibet.[9]

So eindeutig und so einfach dies auch klingen mag, Czepko stellte seine eigene
Ansicht immer wieder in Frage. – Sein eigener Glaube war jedoch so tief, so unverrückbar, daß er stets zu religiösen Formeln zurückkehrte und diese wie freiwillig auf sich nahm. So wagt er, der geliebten Barbara von Czigan zu sagen, daß
sie sich bei dem Tode der Schwester eigentlich freuen sollte, da diese ja in „der
grossen Glückseeligkeit" sei, in „der unaussprechlichen Freude".[10] – Andererseits hatte Czepko ein solches Gottvertrauen, daß er davon überzeugt war, „daß
ohne Gottes Willen" nichts „geschehen könte. Alles, was uns anstösset, kommet
von Gott, und er ist eine unbewegliche Ursache aller Sachen".[11] Seine Überzeugung ging so weit, daß für ihn die Existenz eines Menschen völlig in Gottes
Plan eingebunden war. In diesen Grenzen nur kann sich der Mensch bewegen:
„Du solst nichts wollen, was du nicht kanst".[12] Damit ist gleichsam das Maß

des menschlichen Willens und sogar des Wunsches angedeutet, das übereinstimmen sollte mit dem natürlichen Vermögen. Das Ziel ist ohne Zweifel der glückliche, in sich selbst gefestigte Mensch. Unter diesen Voraussetzungen konnte Czepko anschließen: „Wir sind freygebohrne. Gott folgen ist die höchste Freyheit. Wer Gottes Willen folget, der ist allerdings frey; denn in demselbigen Willen liegt eine Möglichkeit aller Dinge. Wer Gottes Willen ergeben ist, dem ist wol."[13] Der Tod eines Menschen ist eingeschlossen in seinen Heilsplan. Dem Menschen ist es benommen, den Weltplan Gottes wirklich zu erkennen. Ihm sollte es genügen; denn: „Nichts ist ohne Gott, er ist alles, und alles ist aus ihm, von ihm, und in ihm. Darumb geschiehet sein Willen alle zeit."[14] Die *Consolatio* ist nichts anderes als eine mystische Auslegung der Gottesvorstellung, wie sie für weite Bereiche in der ersten Hälfte des 17. Jahrhunderts repräsentativ war. Dieses Weltbild hat sich später bei Czepko nicht wesentlich geändert; ähnliche Vorstellungen haben sein weiteres Leben und auch sein poetisches Werk bestimmt. Deshalb ist dies hier so ausführlich dargestellt. Diese frühe *Consolatio* aus dem Jahre 1633 hat indes die Besonderheit, daß sie in der katholischen Umgebung der Freiherren von Czigan entstanden ist. So ist es nur natürlich, daß literarische Elemente aus beiden Konfessionen zusammenflossen. Werner Milch, dem die wesentlichen Arbeiten über Daniel von Czepko zu verdanken sind, hat bereits früh darauf aufmerksam gemacht, daß es nicht statthaft sein kann, hier bestimmte Abhängigkeiten herausfinden zu wollen, wenn diese nur aus wörtlichen Entsprechungen bestehen.[15] Für eine ganze Reihe – teilweise konkurrierender – mystischer Bestrebungen des Spätmittelalters und der frühen Neuzeit hat die bisherige Forschung sog. „Einflüsse" nachgewiesen. Im besonderen ist zu bedenken, daß es sich bei Czepko zunächst um poetische Werke handelt, die ein Lutheraner geschrieben hat. Die theologisch-religiöse Begründung, so gewichtig wie selbstverständlich sie auch gewesen ist, war inhaltlicher Art. Auch in der Dichtung des 17. Jahrhunderts steht die spezielle Form im Vordergrund. Dies wird in den *Sieben Buss-Psalmen* noch deutlicher. Allerdings muß hier eingeräumt werden, daß die Entstehungszeit nicht genau bekannt ist. Das Buch wurde erst im Jahre 1671 gedruckt. Eine präzise literarhistorische Einordnung wurde noch nicht versucht. – Die sieben Bußpsalmen haben eine weite Tradition; sie stellten bereits in der frühen Kirche eine Einheit dar, die schon von Cassiodor und Origines gedeutet wurde „als ein Hinweis auf die sieben Mittel durch die ein Sünder Vergebung erlangt: durch die Taufe, den Märtyrertod, durch Almosen, Bereitschaft, den Brüdern zu vergeben, Bekehrung eines Irrenden, Überfluß an Liebe, Buße."[16] Luther hat 1517 und in einer Überarbeitung 1525 eine eigene Auslegung publiziert. Czepko hat diese – merkwürdigerweise – für seine Nachdichtung nicht benutzt. Die Erweiterung der Nachdichtung Czepkos über den Psalmtext hinaus hat an keiner Stelle irgendwelche wörtlichen oder begrifflichen Übereinstimmungen mit Luthers Auslegung. Somit kann angenommen werden, daß die Arbeit doch früher anzusetzen ist, als dies bisher gesehen wurde. Wahrscheinlich ist sie vor seiner Eheschließung entstanden. Vielleicht darf noch angemerkt werden, daß die Form noch nicht die Vollendung gefunden hat, wie sie in den späteren *Monodisticha* erscheint. Der Anfang des 6. Bußpsalms (130. Psalm; in Luthers Übersetzung: „AUs der tieffen Ruffe ich, HERR, zu dyr. HERR, höre meyne Stym, Las deyne oren mercken auff die stym meynes flehens. So du wilt acht haben auff missethat, HERR, wer wird bestehen") lautet bei Czepko:

1. MEin' Angst und Noth die mich so schmertzlich drükkt/
die mir mein Hertz und alle Krafft verstrikkt/
heist mich/ sonst ist kein Weeg zum Himmel offen/
ô Höchster auß der tieffen zu Dir ruffen.

2. Ich ruff'/ ich ruff' auß gantzer macht zu Dir;
Ach! kehre doch dein' Ohren/ HERR/ zu mir:
Nihm mein geschrey/ Du Trost der Welt/ zu Hertzen/
weil ich empfind' in meinem Grimme schmertzen.

3. Erhöre mich/ und laß/ da wo ich bin
Dich meine Stim̄ in diesen Abgrund ziehn:
laß/ treuer GOtt/ der Stimmen Dich erbarmen/
die zu Dir schreyt/ und hilff/ ach! hilff mir armen.

4. Ach! aber darff ich zu Dir schreyn und flehn/
Ich/ dem Du vor so viel hast nachgesehn:
Ich/ den der Schlam̄ so kläglich Seel und Leben/
der Sünden Schlam̄/ mein GOtt/ sucht umbzugeben.

5. Ich fall' und sink'/ und ach! kein Grund ist hier:
drumb ruff' und schrey ich/ lieber HERR/ zu Dir:
Ach! weise nur den Abgrund deiner Gütte;
er füllt und stillt mein Hertz und mein gemütte.

6. Dann so du wilt hin vor den Richtstuhl gehn/
so jeder sol zu seiner antwort stehn/
so kan kein Mensch auf dieser gantzen Erden/
vor Dir/ ô HERR/ gerecht und seelig werden.[17]

Hinzuweisen ist in diesem Zusammenhang aber auch noch auf das Spiel mit der symbolischen Zahl „sieben". In der Vorrede *An Bussfertigen Leser* führt Czepko darüber aus:

Sieben Tage haben wir/ in welchen GOTT Himmel und Erden geschaffen/ und darauf geruhet: Sieben Worte/ die unser HERR am Stamm des Creutzes gesprochen/ und darauf gestorben: Sieben Gaaben/ so der Heilige Geist über die Gläubigen außgegossen/ und darauf alles erhält; Zu dieser vollkommenen Zahl/ wil ich das Sieben-Gestirne der Königlichen Busse/ das ist/ die Sieben Buß-Psalmen setzen.[18]

Daniel von Czepko

Auch diese wohl nicht ausgesprochen protestantische Umschreibung deutet auf eine Abfassungszeit, in der Czepko noch in der Nähe der Czigans lebte, oder zumindest noch ihrem Einfluß ausgesetzt war.

Im Jahre 1635 ist Czepko wahrscheinlich nach Schweidnitz zurückgekehrt. Hier heiratete er 1636 die sechzehnjährige Anna Catharina Heinze, die Tochter eines Arztes, der einer schlesischen Pastorenfamilie entstammte. Durch diese Heirat wurde Czepko wohlhabend; er erhielt ein Haus in der Stadt und vier Güter vor den Toren. Wenn man seinen Ausführungen glauben darf, hat er seine Frau geliebt. Doch hat er hier wieder Gelegenheit, ausschließlich seinen literarischen Neigungen zu leben. Nun studierte er zunächst die Schriften Abrahams von Frankenberg (1593-1652).[19] Frankenberg kann als Schüler Jakob Böhmes bezeichnet werden; trotz seiner eigenständigen Vorstellungen vom Leben und von der Kirche blieb er dennoch Mitglied dieser lutherischen Kirche. Sein literarisches Verhältnis zu Czepko ist noch nicht detailliert untersucht. Das Ergebnis wird um so dringender erwartet, da für Czepko im späteren Leben eine stärkere Annäherung an das Luthertum festgestellt wurde.

Im Bereich der weltlichen Dichtung hat Czepko zunächst das Epos *Coridon et Phyllis* weitergeführt und abgeschlossen. Insbesondere hat er wohl die Strophen des letzten Drittels geschrieben, in denen vom Landleben gesprochen wird. So heißt es z. B. für den Bereich des Hirten:

> Geht zun Hirten: wenn ein Schwein
> Nicht wil bey den Ferckeln seyn,
> Wann die Böck und Wieder ringen:
> Wann der Ochse sich beleckt,
> Und nach Lufft und Himmel schmeckt,
> Wird der Abend Regen bringen.

Oder im Hause:

> Bleibt zu Hause: Wann das Licht
> Über Tische thränt und bricht,
> Wann die Kohlen heller glimmen:
> Wann die Asch an Töpffen klebt,
> Und der Rauch zurücke schlägt,
> Werden Feld und Wiese schwimmen.

Zusammenfassend heißt es dann:

> Thier und Kraüter, Nacht und Schein
> Würden mein Calender seyn:
> Voller Seele Geist und Wesen,
> Fisch und Vogel, Wald und Bach,
> Würden seyn mein Allmanach,
> Daraus wolt' ich alles lesen.

Anschließend wird von den Krankheiten des Viehs berichtet. Auch hier hat ihn die aus der Anschauung der Natur gewonnene Erfahrung dahin gebracht, daß er die Symptome bereits zu deuten wußte. Dies betont er in der zusammenfassenden Strophe:

> Auf dem Felde, wo ich bin,
> Seh ich solche Künste blühn:
> Lern ich solcher Dinge Wesen,
> In die Schule geh ich hier,
> Wo von ihrer Weisheit mir
> Selber die Natur wil lesen.[20]

Diese glückliche Idylle dauerte indes nicht lange. Die Kriegsheere wandten sich zu Beginn der vierziger Jahre wieder nach Schlesien. Wahrscheinlich stammt auch der Teil des Epos aus späterer Zeit, in dem der Dichter die Greuel des Krieges beschreibt. Er berichtet sowohl über die Brutalität einzelner Kriegshorden als auch über die Verwüstung des Landes:

> Reiset, wo ihr es erkañt,
> Doch einmahl durch unser Land,
> Schaut, was unser Aecker tragen:
> Schaut, ob nicht viel Meilen hin
> Pilgrams Leute müssen ziehn,
> Eh ein Wirths Haus zu erfragen.
>
> Haüser liegen sonder Zier
> In der Dörffern vor der Thür:
> Wermuth wächst in leeren Stuben,
> Ja in Städten geht das Vieh
> Durch das Gras biß an die Knie,
> Wie auf ungebrachten Huben.
>
> . . .
>
> Unser Land sieht voller Graus,
> Sieht so wüst und einsam aus,
> Daß es gantz nicht zu beschreiben:
> Daß, der alles finster macht,
> Boreas nicht über Nacht
> Ihm darinne traut zu bleiben.[21]

Das Epos enthält detaillierte Schilderungen (etwa die des sog. „Schwedentrunkes"[22]), wie man sie von Grimmelshausen her kennt; die Bilder hier sind durch die Bindung des Verses noch grausamer, als diese später in den Gedichten von Gryphius erscheinen. Man glaubt dem Dichter, daß der Tod unter diesen Umständen des Lebens häufig ein willkommener Gast gewesen ist:

> Und wer kann die Mörder zehln,
> Wo, das Leben einfach stehln,
> Wo, das Haubt vom Leibe trennen,
> Wo, das Knebeln voller Noth,
> Wo das Prügeln biß in Tod
> Eine Gutthat ist zu nennen.[23]

Czepko unterläßt aber keineswegs die Anklage. Noch in den späteren *Satyrischen Gedichten* (1640-1648) gibt er den Regierenden unverhohlen die Schuld; auch sie werden nicht ohne Schaden überleben:

> Ihr Herren, wo der Krieg sol lange so bestehn,
> So werdet ihr mit uns, befürcht ich, untergehn:
> Dann Herren ohne Land und Länder ohne Leute,
> Und Leut' ohn Haus und Hoff sind solcher Kriege Beute.[24]

1642 wurde Schweidnitz von den Schweden erobert. Von dieser Zeit an griff Czepko in die örtlichen politischen Auseinandersetzungen ein. Es war sein Ziel zu beweisen, daß man auch als Protestant ein treuer kaiserlicher Untertan sein könnte, wenn die Freiheit des eigenen Glaubens gewährleistet ist. Zu diesem Zweck verfaßte er mehrere Schriften, die ihm zwar eine gewisse Anerkennung brachten, doch keineswegs die völlige Akzeptierung seiner Vorstellungen. In den letzten Jahren des Dreißigjährigen Krieges und in der Zeit danach hat er sich intensiv als Berater verschiedener öffentlicher und kirchlicher Verwaltungen, vornehmlich seiner Heimatstadt, engagiert. Er schrieb mehrere umfangreiche historische Arbeiten, z. B. die dreibändige *Kirchenhistorie von Schweidnitz und Jauer*. Mit großer Intensität betrieb er nach Kriegsende den Bau der protestantischen „Friedenskirche", deren schließlich gelungene Errichtung wesentlich sein Verdienst ist. – Die Zeit des öffentlichen Engagements war für ihn andererseits eine Zeit schwerster persönlicher Rückschläge. Nachdem vier (von sieben) seiner Kinder früh gestorben waren, verlor er im Jahre 1656 seine Frau. Im gleichen Jahr erreichte er aber die so lange wie intensiv betriebene Nobilitierung: Von nun an konnte er sich Czepko von Reigersfeld nennen. Zu dieser Zeit verließ Czepko Schweidnitz und trat in den Dienst der Herzöge von Liegnitz, Brieg und Wohlau. Bei einer Inspektionsreise zu den Reichensteiner Bergwerken soll er sich durch Grubengase vergiftet haben. Er starb am 9. September 1660 in Wohlau und wurde neben der Friedenskirche in Schweidnitz beigesetzt.

Czepkos Spätwerk stellt die Krönung seiner literarischen Bemühungen dar. Es beginnt mit seiner Rückkehr nach Schweidnitz. Seine größte Leistung ist die Schöpfung des religiösen Epigramms. In der Nachfolge Martin Opitz', mit dem er auch im brieflichen Kontakt stand, hat er protestantische Kirchenlieder geschrieben. Diese Lieder haben oft die Eigenart, daß die letzte Strophe eine Art pointierter Zusammenfassung ist. Es kommt sogar vor, wie in dem Gedicht *Nutzen des Unglücks. An Gott ergeben*, daß der Text in ein Distichon mündet:

Laß nur, was Gott verhängt, o Mensch, laß es geschehen,
Steh auff der Seiten du, du kanst befreyt zu sehen.[25]

Dies dürften die Vorläufer der späteren *Monodisticha* sein, die Czepko zwischen 1640 und 1647 geschrieben hat. Diese Dichtung hängt eng mit dem Kreis um Frankenberg zusammen. Für Frankenberg war dieses Werk so bedeutend, daß er Czepko mit dieser Dichtung zum Mitglied der „Fruchtbringenden Gesellschaft" vorgeschlagen hat. Frankenberg selbst hatte die Berufung abgelehnt. Den *Monodisticha* hat er dann zwei Widmungsgedichte vorangesetzt, in denen er Czepko außerordentlich lobt. Da er mit der Publikation seiner Verse rechnen mußte, wahrscheinlich sogar damit einverstanden war, ist dieser Preis um so höher zu werten. Im ersten dieser Gedichte heißt es – mit deutlicher Bezeichnung der Rangstufe:

Mein CZEPKO glaube mir, Du wirst durch T.V.G.E.N.D Schein
Weit über OPITZ der dreymal Bekrönte seyn:
Und ich wil dir den Preiß der weisen Lehren geben,
Daß unser Deutschland sol nach deinen Reimen leben:
Ja du mit ihm, so lang die Sonn am Himmel steht,
Und auf ihr Wohnhaus zu der Reiger steigt und geht.[26]

Die *Monodisticha* sind in sechs Bücher gegliedert, von denen jedes hundert Distichen enthält. Jedes Buch wird mit einem Sonett eingeleitet, das ganze Werk mit einem längeren Gedicht. In den einzelnen Distichen kehren nun einerseits Gedanken wieder, die Czepko bereits früher in der *Consolatio* für Barbara von Czigan formuliert hatte; hier gibt es sogar wörtliche Übereinstimmungen.[27] Andererseits findet er aber ganz neue Töne, die stärker eine lutherische Orthodoxie verkünden. Das Besondere der Zyklen, die mehr zufällig zusammengefaßt zu sein scheinen, als daß sie eine feste Struktur tragen, liegt jedoch darin, daß sie in wesentlichen Teilen eine wirkliche Dichtung darstellen. Czepko selbst hat die Distichen in seinem Einleitungsgedicht zu charakterisieren versucht:

Kurtz an Worten, lang aber am Verstande,
Herb an Wurtzeln, süß aber an den Keimen,
Schwer an Lehren, leicht aber an den Reimen.[28]

Der Ausdruck der Gegensätzlichkeit bestimmt also die Pointe. Da es sich bei den *Monodisticha* im wesentlichen um eine geistliche Dichtung handelt, stehen die Fragen nach Gott und der Beziehung des Menschen zu Zeit und Ewigkeit natürlicherweise im Vordergrund. Czepko versteht es auch, die Freude der Zeit an betonter Bildlichkeit in sein Werk einzubeziehen. Dabei ist noch zu bemerken, daß die Vergleichsebene häufig aus dem Sachlichen ins Menschlich-Geistige übertragen wird; z. B. in dem Distichon *Merke drauff*:

Wie in der Kolben Ertzt und Kraut das Feuer kocht,
So wirckt im Menschen Gott, wañ sich die Seele sucht.[29]

Hier wie in anderen Stücken spielt auch die Erinnerung an die Alchemie eine nicht geringe Rolle. Der höchste Ausdruck ist in diesem Bereich – wie auch in der Übertragung ins Menschliche – das Gold als Zeichen letzter Veredlung:

> Ertzt ist so von Natur, daß es Gold werden kan,
> Es ruht nicht, bis als Gold es die Natur nĩmt an.[30]

Diese Verse können ebenso mit Abraham von Frankenberg zusammenhängen wie die mystisch bestimmten Zeilen, die ausschließlich religiös-theologisch definiert sind:

> Gott kan sich selbst als Gott, doch nicht als
> Gottheit lieben,
> Und darum wird er Mensch, und ist doch Gott geblieben.[31]

Dieses mit *Geheimnüs* überschriebene Gedicht benennt das Geheimnis der göttlichen Offenbarung stärker, als daß es dieses erklärt oder gar löst. Dies scheint überhaupt ein hervorstechender Zug von Czepkos Mystik gewesen zu sein. Ähnlich sind auch die mit *Wol scheiden, wol einen* überschriebenen Zeilen zu deuten:

> Der hat das höchst erlangt auf seiner Himmels Bahn,
> Der Gott von Gott durch Gott in sich entscheiden kan.[32]

Am Ende der Dichtung sollte keineswegs ein krönender Abschluß stehen, der die im Werk betonte Diskrepanz zwischen Gott und Welt, Leben und Tod, Zeit und Ewigkeit entspannen würde. Im Gegenteil, *Überall Hölle* und *Überall Himmel* werden einander gegenübergestellt:

> O Ewigkeit! Voll Angst, voll Schmertzen, voll Entsetzen!
> O Ewigkeit! Voll Ruh, voll Wonne, voll Ergötzen![33]

Obschon sich Czepko seit 1656 nicht mehr in Schweidnitz aufhielt, blieb er seiner Heimatstadt doch eng verbunden. So hat er 1657 zur Einweihungsfeier der Friedenskirche ein Chorwerk verfaßt, das indes wahrscheinlich nicht komponiert, jedenfalls nicht aufgeführt worden ist. Der Text ist jedoch erhalten; er hat den Titel *Semita Amoris Divini: Das Heilige Drey Eck* und besteht aus einer längeren Einleitung und drei poetisierten Teilen: dem *Tag der Menschwerdung*, dem *Tag der Creutzigung* und dem *Tag Der Aufferstehung, Himmelfarth, und Sendung des Heil. Geistes.* Der umfangreichste Teil ist der der Passion. Die Einleitung behandelt in erster Linie die heilige Drei-Zahl; ihr folgen in natürlicher Konsequenz dann die drei bezeichneten Teile. In den einzelnen Stücken heben sich volle Chöre, geteilte Chöre und einzelne Stimmen deutlich voneinander ab. Hervorzuheben sind insbesondere die choralartigen Partien, die Kirchenlieder in lutherischer Tradition darstellen. Czepko zeigt sich hier deutlich als Nachfolger, wenn nicht sogar als Schüler von Opitz.

Dies gilt auch für seine letzte Lieddichtung *Todesgedanken*, die auf den 2. August 1660 zu datieren ist:

> Wenn Kranckheit, Weh und Schmertzen
> Des Todes Boten sind,
> So nehm ich recht zu Hertzen,
> Was Gott mit mir beginnt:
> Ich lieg in seinem Willen,
> (Sein Willen der ist gut)
> Weil meine Pein zu stillen
> Kein Artzney etwas thut.[34]

In ähnlicher Weise ist Czepkos *Rede Auß meinem Grabe* zu beurteilen. In diesen Werken erhält der historische Betrachter den Eindruck, daß Czepko seinem Tode entgegen gelebt hat, daß dieser vielleicht sogar ersehnt war. Es wäre sonst kaum erklärlich, daß er den eigenen Tod so deutlich anzeigte. Der Dichter versäumt es aber nicht, die noch Lebenden darauf aufmerksam zu machen, daß sie diesen Weg auch gehen müßten, welch Ranges sie auch seien:

> Und kurtz: die Werckzeug ingesambt/
> Der höchsten Wissenschafften:
> Sind abgeschafft: hier endt ihr Ambt
> Dran manche sich vergafften
> Nicht eines/ wann du es erkiest/
> Weiß mehr/ was es gewesen ist.
>
> Die Lippen, die es kund gethan/
> Die Hand/ in die es kommen:
> Die Augen/ die es schauten an/
> Die Ohrn/ die es vernommen:
> Sind stumm/ sind lahm/ sind blind/ sind taub/
> Und alles eine Handvoll Staub.
>
> Drum der du diese Grabschriefft liest/
> Und hörst mich unterm Sande:
> Gedenck an Tod/ wie hoch du bist
> Am Stand und am Verstande:
> Du hast nicht einen Schriet zu mir/
> Dein Grab steht untern Füssen dir.[35]

Sein letztes Wort besagt aber, daß nur der Leib stürbe. Das Werk und die Seele seien jedoch unsterblich:

> So lebt das gröste Theil. Daß minste das ist todt.
> Jedoch was sind die Theil'/ es lebt die Seele ja.
> Ob alle Theile hin; Genung/ ist sie nur da.[36]

Das dichterische Werk Daniel von Czepkos ist schwer zu umfassen. Es steht zwischen Theologie und Dichtung und müßte in dieser Erscheinungsform stets von beiden Seiten gesehen und beurteilt werden. Dabei ist zu bedenken, daß seine

Äußerungen fast nie theologisch-orthodox sind; häufig bestimmt die theologische Ansicht die Form der Sprache. In dieser Weise ist das Werk typisch für das 17. Jahrhundert. Czepkos Lehrmeister sind die „Mystiker" dieser Zeit, Böhme, Bernegger und Frankenberg. Im Poetologischen war das Werk von Opitz sein Vorbild. Die Bedeutung Czepkos ist vielleicht am deutlichsten in den Positionen der Nachfolger zu sehen, bei Andreas Gryphius und Johannes Scheffler.

Anmerkungen

Texte

Daniel von Czepko, Geistliche Schriften, hrsg. von Werner Milch. Einzelschriften zur Schlesischen Geschichte, 4. Bd., Breslau 1930.

Daniel von Czepko, Weltliche Dichtungen, hrsg. von Werner Milch. Einzelschriften zur Schlesischen Geschichte, 8. Bd., Breslau 1932.

(Beide Bände sind 1963 in einem „unveränderten fotomechanischen Nachdruck" bei der Wissenschaftlichen Buchgesellschaft Darmstadt erschienen.)

Abdanckung Nach vollendeten Leich-Begängnüß der weiland / etc. Fürstin und Fräulein / Fr. Louise, Gebohrne Hertzogin zur Liegnitz / Gehalten zur Ohlau / den 17. Martii 1664. von Daniel Tzeppkou Fürstl. Lieg Brieg. Rath. In: Trauerreden des Barock, hrsg. von Maria Fürstenwald. Beiträge zur Literatur des XV. bis XVIII. Jahrhunderts, Bd. 4, Wiesbaden 1973, S. 117-129.

Literatur

Karl Theodor Strasser: Der junge Czepko (Münchener Archiv für Philologie des Mittelalters und der Renaissance, Bd. 3). München 1913.

Wilhelm Wyrtki: Czepko im Mannesalter. Diss. Breslau (Masch.) 1923.

Werner Milch: Daniel von Czepkos Stellung in der Mystik des XVII. Jahrhunderts. In: Archiv für Kulturgeschichte 20 (1929), S. 261-280.

Werner Milch: Daniel von Czepko. In: Schlesische Lebensbilder 4 (1931), S. 151-160. Wiederholt in: Werner Milch: Kleine Schriften zur Literatur- und Geistesgeschichte, hrsg. von Gerhard Burkhardt. Veröffentlichungen der Deutschen Akademie für Sprache und Dichtung. Darmstadt 10 (1957), S. 105-113.

Friedrich Wilhelm Wentzlaff-Eggebert: Die Wandlungen im religiösen Bewußtsein Daniel von Czepkos (1605-1660). In: Zeitschrift für Kirchengeschichte 51 (1932), S. 480-511. Wiederholt in: Friedrich Wilhelm Wentzlaff-Eggebert: Belehrung und Verkündigung. Schriften zur deutschen Literatur vom Mittelalter bis zur Neuzeit, hrsg. von Manfred Dick und Gerhard Kaiser. Berlin – New York 1975, S. 124-151.

Werner Milch: Daniel von Czepko. Persönlichkeit und Leistung (Einzelschriften zur Schlesischen Geschichte, 12. Bd.). Breslau 1934.

Ruth Müller: Die Metaphorik in der Dichtung Daniel von Czepkos. Diss. München (Masch.) 1956.

Friedrich Wilhelm Wentzlaff-Eggebert: Czepko und Reigersfeld, Daniel v. In: NDB 3 (1957), S. 457 f.

Marian Szyrocki: Sozial-politische Probleme in der Dichtung Czepkos. In: Germanistica Wratislaviensia 2 (1959), S. 57-67.

Ernst Fritze: Daniel Czepko, ein Dichter und seine Kirche. In: Schlesien 12 (1967), H. 2, S. 103-105.

Hugo Fölmi: Czepko und Scheffler. Studien zu Angelus Silesius' „Cherubinischem Wandersmann" und Daniel Czepkos „Sexcenta Monodisticha Sapientum". Diss. Zürich, Zürich 1968.

Burckhard Garbe / Gisela Garbe: Ein verstecktes Figurengedicht bei Daniel von Czepko „Das treuhertzige Creutze" als Krypto-Technopaignie eines Hymnus von Venantius Fortunatus. In: Euphorion 69 (1975), S. 100-106.

Annemarie Meier: Daniel Czepko als geistlicher Dichter (Studien zur Germanistik, Anglistik und Komparatistik, Bd. 33). Bonn 1975.

Sibylle Rusterholz: Rhetorica mystica. Zu Daniel Czepkos Parentatio auf die Herzogin Louise. In: Leichenpredigten als Quelle historischer Wissenschaften, Bd. 2, Marburg a. d. Lahn 1979, S. 235-253.

Nachweise

[1] Eine neuere Arbeit über Bernegger fehlt. Vgl. NDB 2 (1955), S. 106 f.

[2] Zitiert nach W. Milch, Daniel von Czepko. Persönlichkeit und Leistung. Einzelschriften zur Schlesischen Geschichte, 12. Bd., Breslau 1934, S. 9.

[3] Ebda.

[4] Daniel von Czepko, Weltliche Dichtungen, hrsg. v. W. Milch. Einzelschriften zur Schlesischen Geschichte, 8. Bd., Breslau 1932, S. 56 f.

[5] Daniel von Czepko, Geistliche Schriften, hrsg. v. W. Milch. Einzelschriften zur Schlesischen Geschichte, 4. Bd., Breslau 1930, S. 37.

[6] Ebda., S. 47.

[7] Ebda., S. 59.

[8] Ebda., S. 80.

[9] Ebda., S. 80 f.

[10] Ebda., S. 126.

[11] Ebda., S. 130.

[12] Ebda., S. 131.

[13] Ebda., S. 135.

[14] Ebda., S. 139.

[15] Daniel von Czepko, Geistliche Schriften ... (s. o., Anm. 5), S. XIX-XXII.

[16] Die Religion in Geschichte und Gegenwart, 7. Aufl., 1. Bd. (1957), Sp. 1538.

[17] Daniel von Czepko, Geistliche Schriften ... (s. o., Anm. 5), S. 195 f.

[18] Ebda., S. 176.

[19] Eine neuere Arbeit über Frankenberg fehlt. Vgl. NDB 5 (1961), S. 348 f.

[20] Daniel von Czepko, Weltliche Dichtungen ... (s. o., Anm. 4), S. 264, 265, 269.

[21] Ebda., S. 108.

[22]
Welcher Geist wird nicht versehrt,
Wenn er ihren Schlafftrunck hört,

Sehet, der wird umbgerissen,
Einer treibt durch Holtz den Mund,
Einer füllt ihm Jauch in Schlund,
So vom Miste pflegt zu flüssen.

Wenn die Pfütz in Därmen braust,
Und durch Nas und Ohren saust,
Springt der ein ihm auf den Magen:
Also tritt nach einer Thür
Diese Jauch aus vielen für,
Draus sie wird mit Macht geschlagen.

Überlebt er diese Noth,
Quälet ihn ein schwerer Tod:
Jedes Glied beginnt zu zittern:
Ohren, Augen, Nas und Mund,
Draus die Jauche springt, ist wund,
Lunge, Hertze, Haubt erzittern. (Ebda., S. 116 f.)

[23] Ebda., S. 117.

[24] Ebda., S. 390.

[25] Daniel von Czepko, Geistliche Schriften . . . (s. o., Anm. 5), S. 25.

[26] Ebda., S. 219.

[27] Vgl. hierzu die Ausführungen von W. Milch, ebda., S. XXXVIII und von A. Meier, Daniel Czepko als geistlicher Dichter (Studien zur Germanistik, Anglistik und Komparatistik, Bd. 33). Bonn 1975, S. 74-76.

[28] Daniel von Czepko, Geistliche Schriften . . . (s. o., Anm. 5), S. 206.

[29] Ebda., S. 251.

[30] Dieses Distichon hat den Titel *Biß zum Vollständigen*, ebda., S. 242.

[31] Ebda., S. 243.

[32] Ebda., S. 246.

[33] Ebda., S. 276. – In seinem Buch *Dialogisches Spiel* (Annales Universitatis Saraviensis, Reihe Phil. Fakultät, Bd. 5, Heidelberg 1966, S. 83) führt A. Langen zwei Distichen Czepkos an, in denen einmal das „Gespräch" zwischen Gott, dem Schöpfer, und der Seele, dem Geschaffenen, dargestellt wird:
Wiederklang des göttlichen Wesens.
Ein iedes Ding fängt an zu reden und zu leben,
Und wil, alsbald es ist, dem Schöpffer Antwort geben.
Zum anderen wird mit Hilfe der Metapher des Reims ein Wechselgespräch von „Oben und Unten" vorgestellt:
Einstimmen.
O Mensch, das unterst und das oberst ist ein Reim,
Das Wesen spricht, den Schall schickt der Entwurff ihm heim.
Die Textstellen befinden sich bei Czepko, ebda., S. 240 und 271.

[34] Daniel von Czepko, Weltliche Dichtungen . . . (s. o., Anm. 4), S. 436.

[35] Daniel von Czepko, Geistliche Schriften . . . (s. o., Anm. 5), S. 396 f.

[36] Diese Zeilen sind Czepkos letztem Gedicht *Gantz sterben werd' ich nicht* entnommen, ebda., S. 398.

WULF SEGEBRECHT

SIMON DACH UND DIE KÖNIGSBERGER

Seine literaturgeschichtliche Bedeutung hat Simon Dach selbstbewußt in die
Verse gefaßt:

> Phöbus ist bey mir daheime.
> Diese Kunst der Deutschen Reime
> Lernet Preussen erst von mir /
> Meine sind die ersten Seiten /
> Zwar man sang vor meinen Zeiten
> Aber ohn Geschick und Zier.[1]

Das kann öffentlich und vor allerhöchsten Augen – die Verse sind an Friedrich
Wilhelm, den Kurfürsten von Brandenburg und Herzog von Preußen, gerichtet
– nur behaupten, wer mit keinem Widerspruch seiner Zeitgenossen zu rechnen
hat: Simon Dach konnte offenbar unbestritten für sich in Anspruch nehmen, der
erste kunstreiche lyrische Dichter deutscher Sprache in Preußen zu sein, gleichsam
(in Analogie zu Opitz) der „Vater der preußischen Poesie". Die Nachwelt hat
ihm das reichlich bestätigt; so empfiehlt ihn ein Philologe in Gottscheds Zeitschrift
Neuer Büchersaal der schönen Wissenschaften und freyen Künste als „preußischen
Opitz"[2], und als Gottsched selbst 1747 eine *Kurzgefaßte historische Nachricht
von den bekanntesten preußischen Poeten voriger Zeiten* gab, galt ihm unter
den Dichtern Preußens Simon Dach als „der erste, der diesen Namen in einem
vortrefflichern Grade verdient".[3] Nicht anders wird Dach von Georg Christoph
Pisanski, dem Verfasser der ersten ausführlichen Literaturgeschichte Preußens
beurteilt; demnach war es Simon Dach, mit dem

> eine neue und günstige Periode für die deutsche Poesie begann. Er war es, welcher
> zu ihrer Verbesserung in Preussen die Bahn brach. [...] Durch eine genaue Bekannt-
> schaft mit den griechischen und römischen Dichtern hatte er seinen Geschmack nach
> diesen Mustern gebildet und aus ihren Werken das Wesen der Dichtkunst kennen
> gelernt. [...] Das Beispiel seines Zeitgenossen und vertrauten Freundes O p i t z
> [...] munterte ihn auf, die deutsche Poesie in seinem Vaterlande zu dem Grade der
> Ausbildung zu erheben, welchen sie damals durch jenen in Deutschland erhielt.[4]

Doch läßt sich Dachs Bedeutung und Wirkung keineswegs auf das damals noch un-
ter polnischer Lehnshoheit stehende Herzogtum Preußen einschränken. Schon
Dach selbst begegnete einer mißgünstigen Kritik an seinen Gedichten mit dem
Hinweis auf deren überregionale Beliebtheit:

Lässt mich auch gantzes Preussen seyn
Mich sucht Elb Oder Spree vnd Rein,
Jch habe, glaubt es, Brod gegessen
Bald fern aus Schweden bald aus Hessen.[5]

An Auftraggebern, Lesern und Freunden auch außerhalb Preußens, die den Ruhm des Dichters verbreiteten, fehlte es Dach also nicht. „Seine beste Freunde in Teutschland waren A u g u s t u s B u c h n e r u s, A n d r e a s Tscherning, Conrad Thamnitz, Rist, C e s i u s [Zesen], S c h a e v i u s, T i t i u s [Titz], und vor andern Martin Opitz", berichtet sein Biograph Bayer.[6] Hinzuzufügen ist, außer den anderen (Königsberger) Freunden, von denen noch zu sprechen sein wird, wenigstens Christoph Kaldenbach, der seit 1656 in Tübingen eine Professur für Beredsamkeit, Poesie und Geschichte innehatte und in seinem Lehrbuch der deutschen Poesie aus dem Jahre 1674 mit besonderem Vorzug Gedichte Simon Dachs als musterhafte *exempla* behandelte.[7] Dach gehörte zu seiner Zeit zweifellos zu der späthumanistisch geprägten *respublica literaria*, zur literarischen Gesellschaft[8], deren Mitglieder über die Landesgrenzen hinweg durch Korrespondenz, Austausch von literarischen und wissenschaftlichen Werken, durch Freundschaftsdichtungen und Gelegenheitsgedichte, Reisen usw. miteinander eng verbunden waren. Allerdings hätte ihm jene literarische Führungsrolle wohl fern gelegen, mit der ihn Günter Grass in seiner Erzählung *Das Treffen in Telgte* (1979) ausgezeichnet hat.

Dachs Dichterruhm konnte sich ausbreiten und auf seine Vorbildlichkeit konnte hingewiesen werden, ohne daß seine Gedichte zu seinen Lebzeiten (1605-1659) gesammelt worden wären. Kein Buchhändler war in der Lage, einem Interessenten eine Sammlung Dachscher Verse anzubieten, keine Bibliothek besaß auch nur eine Teilausgabe seiner Gedichte. Einen Teil von ihnen (insgesamt etwa 120 Texte) enthielten zwar die acht Folgen der *ARIEN oder MELODEYEN Etlicher theils Geistlicher theils Weltlicher (...) Lieder,* die der Königsberger Komponist und Dichter Heinrich Albert (1604-1651), ein Freund Simon Dachs, in den Jahren 1638 bis 1650 unter wechselnden Titeln zusammen mit seinen Kompositionen erscheinen ließ; die überwiegende Mehrzahl der über 1500 Gedichte jedoch, die Dach verfaßt hat, war nur in der Form des Einzeldrucks oder als Beitrag zu einer gedruckten Leichenpredigt bzw. einer anderen Gelegenheitsschrift verbreitet – aber diese Form der Distribution genügte offenbar damals, um den entscheidenden Persönlichkeiten des literarischen Lebens als Dichter bekannt zu werden: die Druckwerke wurden ausgeteilt, an Freunde und Dichterkollegen in ganz Deutschland versandt und weitergegeben. Erst nach Simon Dachs Tod (1659), als die Einzeldrucke seiner Gedichte zu Raritäten geworden waren, verband man das Interesse an dem Autor mit dem Bedauern über das Fehlen einer Ausgabe seiner Gedichte. So hielt es 1682 Daniel Georg Morhof, der erste Geschichtsschreiber der deutschen Literatur, für beklagenswert, „daß nicht alle seine Verse in ein vollständig Werck versamblet werden sollen / die fähig sind unter die treflichsten Geister dieser Zeit ihn zu setzen / und der Nachwelt vorzustellen"[9], und im gleichen Sinne äußerte sich noch 1695 der umsichtige Erdmann Neumeister in seiner berühmten *Dissertatio* über deutsche Dichter des 17. Jahrhunderts:

> Beinahe die ganze Zeit seines Lebens widmete er sich dichterischen Arbeiten, und zwar war er auf diesem Gebiet ein solches Licht, daß man sehr bedauern muß, daß von unserem Dichter, der allenthalben voll Geist und Kraft war, nichts in einem Einzelband zusammengestellt wurde.[10]

Neumeister hatte durchaus recht, wenn er der schmalen Sammlung von Dichtungen Dachs für Mitglieder des kurfürstlich-brandenburgischen Hauses, die postum zu Beginn der sechziger Jahre unter dem Titel *Chur-Brandenburgische Rose / Adler / Löw und Scepter* erschienen war – Neumeister verzeichnet sie bibliographisch –, nicht den Charakter des von ihm vermißten Auswahl-Einzelbandes zuschreiben mochte, der die ganze Vielfalt von „Geist und Kraft" hätte zeigen können, über die Dach verfügte. Das gleiche muß für die Ausgabe *Poetische Wercke* (1696) gelten. Sie enthält zwar zusätzlich zwei der „Schau-Spiele", die Dach geschrieben hat, nämlich das als Festspiel zu Ehren des polnischen Königs Wladislaw IV. 1635 aufgeführte allegorische Schäferspiel *Cleomedes* und das anläßlich des „feyerlich begangenen *Academ*ischen Jubel-Fests" der Hundertjahrfeier der Gründung der Königsberger Universität 1644 gedichtete Schau- und Singspiel *Sorbuisa*[11]; daneben aber begnügt sich auch diese Ausgabe mit den „Heroischen Gedichten", „welche wir Heroische nennen / weil sie mehrentheil hohen Häuptern / gewidmet sind", wie es in der Leseranrede heißt.[12] Die Texte gelten abermals Angehörigen des Kurfürstlichen Hauses. Der (ungenannte) Herausgeber dieser Auswahl von Dichtungen des

> Seel. Simon Dachen eines Preussen / [...] dessen Nahme nicht allein in seinem Vaterlande (in welchem Er ohne Ruhm der erste gewesen so in Deutschen Gedichten sich etwas unterfangen hat) bey Hohen und Nidrigen / sondern auch bey denen Auswärtigen rühmlich bekandt ist,

verspricht für die Zukunft eine „ausführliche Lebens-Beschreibung" und die Edition seiner „Oden in denen keine gemeine Lieblichkeit enthalten ist", wobei unter „Oden" Lieder zu verstehen sind bzw. „Lyrica oder getichte die man zur Music sonderlich gebrauchen kan".[13] Beide Versprechen blieben indessen uneingelöst. Nur Kirchenlieder fanden teils vereinzelt, teils auch in größerer Zahl Eingang in die Gesangbücher des 17. Jahrhunderts, so z. B. in die Preußischen Gesangbücher der Jahre 1665 und 1675[14], in die Frankfurter Gesangbücher von 1668 und 1693 sowie ins Hamburger Gesangbuch von 1683[15]. Auch mit diesen Dichtungen hat Dach schon früh Bewunderer gefunden; Benjamin Neukirch, der Herausgeber der repräsentativen Anthologie galanter Lyrik, bescheinigte ihm 1697 geradezu, er sei „unvergleichlich in geistlichen liedern und ungemein glücklich in übersetzung der psalmen / und ist nur schade / daß man seine sachen der welt nicht mehr bekandt gemacht".[16] Mehrfach wurden in der Folge noch Versuche unternommen, „seine sachen der welt [. . .] bekandt" zu machen. So plante 1747 der Breslauer Professor am Maria-Magdalena-Gymnasium, Johann Caspar Arlet, ein eifriger Sammler von Dichtungen deutscher Poeten des 17. Jahrhunderts, im Anschluß an von ihm vorbereitete vollständige Ausgaben bzw. Nachträge zu den Gedichten von Martin Opitz und Andreas Tscherning auf der Grundlage seiner umfangreichen Sammlung von Texten Dachs „bey günstiger Gelegenheit, dem preußischen O p i t z , S i m o n D a c h e n gleiches Recht, gleichen Fleiß zu erweisen und zu widmen".[17] Wenig später meldete die Königlich deutsche Gesellschaft zu Königsberg, die das Arletsche Verzeichnis von Gedichten Dachs gleichzeitig um etwa 90 Nachträge ergänzte, Gottsched selbst habe bereits mehr als 20 Jahre zuvor von Heinrich Bartsch die „mit großer Mühe gesammelte Dachische Gedichte nach Leipzig zugefertiget" bekommen, was Gottsched freilich in einer Fußnote dementierte; er habe „dieses versprochene Geschenk niemals wirklich erhalten".[18] Verloren gegangen ist auch die etwa 600 Gedichte Dachs enthaltende Sammlung von Gottfried Christoph Pisanski, die 1791 versteigert wurde, während die sieben Bände umfassende Sammlung Arlets nach seinem Tode in die Rhedigersche Bibliothek in Breslau gekommen ist, wo sie noch heute in der Universitätsbibliothek vorhanden ist.[19]

Dieser Abriß der letztlich nicht vom Erfolg einer zustandegekommenen Edition gekrönten frühen Bemühungen um Simon Dachs Werke ist in mehrfacher Weise aussagekräftig; er zeigt, daß Dachs Ruhm als Gelegenheitsdichter zu seinen Lebzeiten nicht von einer Ausgabe seiner Gedichte abhing. Erst als die im Privatbesitz befindlichen Einzeldrucke seiner Casualcarmina (Gelegenheitsgedichte) nicht mehr greifbar waren, d. h. in den auf Dach und seine Zeitgenossen folgenden Generationen, begann man, eine Werkausgabe zu vermissen und daher vorzubereiten. Als diese Bemühungen scheiterten, geriet Dach für längere Zeit in Vergessenheit. Nicht zufällig war es, vor der Wiederentdeckung Dachs im 19. Jahrhundert, Gottsched, der sich noch einmal für ihn einsetzte. Denn Gottsched war gleichzeitig der letzte große Apologet des Gelegenheitsgedichts, dessen Plädoyer[20] freilich in einer Zeit der zunehmenden Verachtung des Gelegenheitsgedichts ebensowenig mehr wirksam werden konnte wie später Goethes uneingeschränktes Bekenntnis zum Gelegenheitsgedicht: „Alle meine Gedichte sind Gelegenheitsgedichte."[21] „Das Gelegenheitsgedicht, die erste und echteste aller Dichtarten, ward verächtlich auf einen Grad, daß die Nation noch jetzt nicht zu einem Begriff des hohen Werthes desselben gelangen kann"[22] – so beschreibt Goethe den Vorgang der zunehmenden Diskreditierung des Gelegenheitsgedichts im 18. Jahrhundert, ohne dessen Kenntnis jedoch der Zugang zur Lyrik des 17. Jahrhunderts fortan überhaupt versperrt bleiben mußte.

Einen Rückweg zu Simon Dach schien es im 19. und beginnenden 20. Jahrhundert kaum noch zu geben. „Lyrik ist Dichtung des Gefühls, unmittelbarster

Ausdruck einer mächtigen inneren Erregung im Dichter, und auch ihre Wirkung auf den Genießer besteht in Gefühlserlebnissen"[23] – wo eine solche Lyrikauffassung herrschend wird, ist für Carmina zu Hochzeiten und Beerdigungen, zu Promotionen und Festlichkeiten kaum mehr Platz. Aber: „Barocke Lyrik ist Gelegenheitsdichtung in einem Maße, wie es heute nicht leicht vorzustellen ist", stellt Urs Herzog auf der Grundlage jüngerer Forschungen fest.[24] Das gilt auch für das Werk Simon Dachs. Eine strenge Trennungslinie zwischen seinen Kirchen- und Freundschaftsliedern einerseits und den Gelegenheitsgedichten andererseits läßt sich nicht ziehen: Auch die in Gesangbücher übernommenen geistlichen Lieder sind nicht selten nachweislich zu konkreten Anlässen bestellt, verfaßt und honoriert worden; es sind Gelegenheitsgedichte. Gleichwohl ist diese Trennung vor allem im 19. Jahrhundert immer wieder vorgenommen worden. So schreibt Gervinus in seiner Literaturgeschichte über Dach als Kirchenlieddichter und Naturlyriker:

> Wer diesen Dichter in diesen Gattungen vielleicht liebgewonnen hat, der lese ja nicht seine Gelegenheitsgedichte. [...] Hier kann man alle guten Eindrücke wieder völlig verlieren, die man dorther mitgebracht hat.[25]

Unter dem Diktat der Poetik der Erlebnislyrik standen auch die bisherigen Herausgeber der Gedichte Dachs. Hermann Österley wagte noch 1876 nicht, sie vollständig vorzulegen. In den „bestellten hochzeits- und leichengesängen" suchte er vor allem „Dachs fleisch und blut, Dachs seele und geist"; durch ihre dokumentarische Qualität, so meinte er, „erhalten lange reihen von gelegenheitsgedichten, die im übrigen ohne jede bedeutung sind, einen hohen werth für die kenntnis von Dachs leben und character".[26] Wo diese biographistische Betrachtungsweise in den Gedichten keine Basis findet, werden sie für Österley wertlos:

> Denn bei der art, in welcher diese gedichte fast ausnahmslos entstanden sind, konnte es gar nicht anders sein, als dass eine große zahl derselben wesentlich nur aus versificationen über die lebensumstände der besungenen und ihrer angehörigen, ohne irgendwelchen höheren poetischen oder geistigen inhalt bestand, die schon bei ihrer entstehung nur einen momentanen werth besaßen, und daher für die gegenwart und zukunft um so weniger anspruch auf bedeutung erheben können, namentlich in den nur zu häufigen fällen, in denen auch die besungenen personen keinerlei interesse mehr zu erregen vermögen.[27]

Von solchen unhistorischen Voraussetzungen und Wertungen aus ist eine Annäherung an Simon Dach und seine Dichtungen nicht möglich; weder das Situationsgebundene noch das Repräsentative oder das Intentionale barocker Poesie können in den Blick treten, wenn man sie mit den Maßstäben moderner Persönlichkeitsmerkmale und Dichtungsverhältnisse mißt. Und wo das Typische der Poesie Dachs nicht erkannt wird, dasjenige also, worin er ganz Kind seiner Zeit ist, da wird ebensowenig deutlich, worin er von den Konventionen seiner Zeit abweicht, Neuland betritt und Erneuerungen einleitet. Das wird erst auf der Grundlage der jüngeren Barockforschung möglich, die mit großem Nachdruck die Fundamente, die Bedingungen und die Erscheinungsformen der Barockliteratur zu Gegenständen ihres Interesses gemacht hat: die Rhetorik, die Sozialgeschichte und die Zweckformen.[28] Daß dieser Forschung überhaupt eine einigermaßen umfassende Ausgabe der Gedichte Dachs zur Verfügung steht, hat sie den Bemühungen Walther Ziesemers und der Königsberger Gelehrten Gesellschaft zu danken, die damit „eine lange vernachlässigte Pflicht gegenüber einem deutschen Dichter des deutschen Ostens" erfüllen wollten.[29] Diese nationalistischen Töne, die in den Vorworten zu den vier Bänden der Ausgabe wiederholt zu hören sind und sich den unheilvollen politischen Parolen der Ostlandideologie des Nationalsozialismus anpassen, schränken, neben anderen erheblichen Mängeln[30], den Wert dieser Ausgabe ein. Seit sie vergriffen ist, gibt es im Buchhandel keine Sammlung von Texten Simon Dachs mehr.[31]

*

Dachs Lebenslauf entspricht nicht in allen Phasen dem, was zu seiner Zeit für den *poeta doctus* das Übliche war. So hat er nicht, wie beispielsweise Opitz, ausgedehnte Reisen unternommen. Seine *Peregrinatio academica* (wenn man davon schon bei einem Schüler sprechen darf) führte ihn als Famulus eines jungen Theologen nach Wittenberg, von wo er nach Magdeburg ging, um sich am dortigen Gymnasium auf das Universitätsstudium vorzubereiten, das er seit 1626 in Königsberg betrieb. Dach selbst war sich des ‚Makels' der fehlenden Welterfahrung in seinem Bildungsgang durchaus bewußt und suchte ihn später zu erklären:

> Mein VaterGut war schlecht, sonst wär auch ich gezogen
> Dem weisen Leiden zu vnd hette mich besogen
> Daselbst so wol vnd satt, daß ich so starck vnd feist
> Alß andre möchte seyn. Es hätte meinen Geist
> Selbst Heinsius vielleicht nicht für gemein geschätzet,
> Barleus hette sich an meinem Thun ergetzet,
> Der große Vossius hett ausser Zweiffel mir
> Vergönnt frey einzugehn zu seiner werthen Thür.[32]

Mit Daniel Heinsius, Caspar Barläus und Gerhard Johannes Vossius zitiert Dach hier den Umkreis der großen niederländischen Späthumanisten, die mit ihren Vorlesungen und Büchern zur Geschichte, Poesie, Logik und vor allem zur Rhetorik „den wahren Mittelpunkt des ganzen gelehrten Lebens"[33] bildeten. Vossius' *Rhetorica contracta* gehörte zu den Standardlehrbüchern der Gymnasien, z. T. auch der Universitäten, so daß wir mit ihm „einen Repräsentanten jener rhetorischen *doctrina*" vor uns haben, „die das protestantische Gymnasium des 17. Jahrhunderts beherrscht und somit immerhin die Lehrjahre der meisten protestantischen Barockautoren geprägt hat".[34] Robert Roberthin, der unter den

Königsberger Freunden Dachs am weitesten gereist war (und an den auch das
zitierte Gedicht gerichtet ist), hatte bei Matthias Bernegger in Straßburg den
Philologen Janus Gruter kennengelernt und 1630 mit Hugo Grotius Freundschaft geschlossen[35]; er stand also mit mehreren der „anerkannten Führer"[36]
der späthumanistischen Gelehrtenkreise in persönlicher Verbindung und ist seinerseits der wichtigste Lehrer Simon Dachs geworden:

> So wuste Scaliger den Genter-Schwahn zu leiten
> Vnd dein Bernegger Dich. Jch komme zwar bey weiten
> Nicht solchen Seelen bey, doch hast du meinen Sinn
> Erkant vnd dieß auß mir gemachet waß ich bin.[37]

Die entscheidenden und ihn fördernden Anstöße erhielt Dach also nicht, wie
viele anderen Dichter seiner Zeit, von der Universität, was – wenn gewiß auch
nicht nur – mit den beschränkten Mitteln seiner Familie zusammenhängt, die
eine auswärtige Ausbildung des begabten Jungen aus Memel ohne die Mithilfe
von Verwandten nicht gestatteten. Ein Bittgesuch des Vaters aus dem Jahr 1605
(Dachs Geburtsjahr) belegt die dürftigen Lebensverhältnisse, in denen er aufwuchs:

> Simon Dach Tolck uf der Vestung Mümmel klagt seine noth das er kegen viell
> schreiben, Mühe und Arbeit in Polnischer, Littauischer und Curischer sprach mehr
> nicht dan 20 rth. jährlich besoldung habe, die mus er bis uf 2 rth. vor die Wohnung
> geben, bitt umb Verbesserung mit noch 20 rth. und einem Hoffkleid.[38]

Der „Tolck" (= Gerichtsdolmetscher) schickte seinen 14jährigen Sohn zu Verwandten nach Königsberg, wo er die Domschule besuchte. Ein früher Biograph
berichtet,

> daß er aus tragender Liebe zur *Music,* die *Viola di Gamba,* ohne eintzige Anwei-
> sung, spielen gelernet, auch ehe Verse zu machen gewust, als er zu selben angeführet
> worden. Hiedurch machte er sich sehr beliebt bei *M. Petro Hagio, Rectore* der
> *Cathedral* Schulen.[39]

Peter Hagen hat als Kirchenlieddichter einen guten Namen.[40] Er starb 1620 an
der Pest, vor der der junge Dach aus Königsberg geflohen war. Auch aus Magdeburg, wo er (wieder mit der Unterstützung von Verwandten) seine Schulbildung
am weitgerühmten Gymnasium abschloß, vertrieben ihn 1626 Pest und Krieg (im
gleichen Jahr besetzte Wallenstein die Stadt): Dach nahm das Universitätsstudium in Königsberg auf, wobei er, wie es scheint, von der theologischen Fakultät
allmählich zur Artistenfakultät übergewechselt ist. Seinen Lebensunterhalt
mußte er sich mit Privatunterricht sichern, vielleicht kamen auch erste Einkünfte
aus Gelegenheitsgedichten hinzu, denn die Biographen bezeugen eine frühe Meisterschaft bei der Abfassung griechischer, lateinischer und deutscher Carmina.

1633 erhielt Dach seine erste Anstellung. Er wurde, durch Vermittlung von
Christian Polikein, „einem Rahtsherrn im Kneiphoff", dessen Kindern er zuvor

Unterricht gegeben hatte, „an der Cathedral-Schule der vierte *Collega*".[41] Drei Jahre später wurde er an der gleichen Schule *Conrector*. Dach hat, nach eigenem Zeugnis, unter den Belastungen des Schulamts sehr gelitten; noch 1647, in dem großen autobiographischen Gedicht an Robert Roberthin, schreibt er:

> So hat der Schulen Staub mir meiner Jugend Blüte
> Nicht wenig auffgezehrt, nicht wenig mein Gemühte
> Durch Arbeit abgenützt, die Schwachheit rührt bey mir
> Fast anders nirgends her alß meistentheils von ihr.
> [...]
> O Schule, du hast Schuld, daß schier mein Geist erlieget
> Vnd keinen rechten Danck des wackern Fleisses krieget.
> Du hast auch mir geraubt, wer vormahls mich gekant,
> Schwert, daß ich gantz vnd gar von mir sey abgewandt.
> Mein Hertz vnd Krafft hast du. Der Tag sampt allen Stunden
> Hatt an die Kinderzucht mit Fesseln mich gebunden,
> Da sprungen vmb mich her Getümmel, Vnmuht, Rew,
> Gram, Vndanck, Klage, Stanck, Staub, Mattigheit, Geschrey.
> Die Nacht, die Ruh sonst hegt bey Menschen vnd bey Thieren,
> Hat mehr als einmahl mich gezwungen zu verlieren
> Des Schlaffes Süssigheit, daß klägliche Latein
> Der Jugend muste da durch mich gebessert seyn.
> Der Morgen zeiget sich hoch an des Thumthurms Spitzen
> Vnd sahe mich ohn Schlaff noch über Ende sitzen.
> Offt fiel mein schweres Haupt durch vnverhofften Zwang
> Forn auff die Bücher hin, offt hat der lichte Stanck
> Verwüstet mein Gehirn.[42]

Solche Jeremiaden (die manchem heutigen Lehrer aus dem Herzen gesprochen sein mögen) lassen sich nicht allein mit Simon Dachs schwacher körperlicher Konstitution erklären; sie weisen vielmehr auf Schulverhältnisse hin, die in mancher Hinsicht unbefriedigend waren: die offenbare Disziplinlosigkeit der Schüler der – immerhin renommierten – Kneiphöfischen Domschule mag u. a. auch darin ihre Ursache gehabt haben, daß hier die Bürgersöhne der ersten und begüterten Kaufmanns-Familien und Patrizier Königsbergs schlechtbezahlten Lehrern gegenübersaßen, die zur Aufbesserung ihres Gehalts angewiesen waren auf die Aufträge aus den Bürgerfamilien, Gelegenheitsgedichte zu Hochzeiten und Beerdigungen zu verfassen; sie hatten zudem, was ihrem Ansehen nicht eben förderlich sein konnte, zusammen mit den Pauperknaben (= arme Schüler), nach der Begräbnisordnung die Leichenbegängnisse durch Gesang und Begleitung mitzugestalten.[43] Die gesellschaftliche Position und das Sozialprestige der Lehrer müssen denkbar gering gewesen sein; denn die „Unbesonnenheit einiger Eltern" und „die bey diesem Stande gewöhnliche Kränckungen", denen die Lehrer ausgesetzt waren, werden schon in einer frühen Biographie Dachs neben der „gehäufften Arbeit" (aufgrund allzu kleiner Lehrer-Kollegien) als Ursache für Dachs

Unzufriedenheit und Krankheit angeführt.[44] Es ist unter solchen Umständen nicht verwunderlich, daß Dach bestrebt war, den Schulstaub hinter sich zu lassen. Das Mittel, mithilfe dessen ihm das gelingen sollte, war die Poesie.

Seit dem Jahr 1630 häufen sich die Aufträge und Bitten um Gelegenheitsgedichte: Von Jahr zu Jahr steigert sich die Produktion des Dichters, und bald wechselt er von den langen Alexandrinerversen zu liedhaften Strophen über, die sich zur Komposition eigneten; auch geht er vom gelehrt akademischen Latein – gelegentlich nicht ohne Bedauern – mehr und mehr zur deutschen Sprache über, zumal dann, wenn es seine Auftraggeber verlangen. Doch bleibt das Lateinische in seinen Gedichten in einem sehr viel stärkeren Maße präsent, als das die vorliegenden Ausgaben dokumentieren.

Das lyrische Werk Simon Dachs, das seit Beginn der dreißiger Jahre einsetzt, verdankt seine Entstehung fast ausnahmslos herausgehobenen Anlässen des menschlichen Lebens, die zugleich von öffentlicher Bedeutung sind, also vor allem Hochzeiten und Todesfällen, aber auch Magisterpromotionen, Amtsantritten, Namenstagen, Besuchen und vielen anderen ‚Gelegenheiten‘. Auf solche ‚Fälle‘ mit Gedichten zu reagieren, war schon humanistische Praxis; im 17. Jahrhundert jedoch entwickelte sie sich zu einem allgemeinen Brauch; die Casualpoesie wurde zur Mode- und Massenerscheinung, sie war ein Instrument der Verständigung und des Selbstverständnisses in der Gesellschaft dieser Zeit. In diesem noch längst nicht erforschten Kontext stehen Simon Dachs Gedichte: Es handelt sich fast ausschließlich um konkret (an den Adel und das gehobene Bürgertum) adressierte und auf ausdrückliche Anlässe bezogene (oder für sie bestimmte) Carmina, die er geschrieben hat – annähernd 1500 insgesamt, davon mehr als die Hälfte zu Trauerfällen, etwa ein Drittel zu Hochzeiten, die übrigen zu akademischen oder anderen Anlässen. Nur ein sehr kleiner Teil der Gedichte (Trost- und Kirchenlieder, Aufmunterungen zu Freude und Freundschaft – wie etwa das bekannte *Der Mensch hat nichts so eigen*) läßt sich nicht eindeutig auf eine ‚Gelegenheit‘ zurückbeziehen, vielleicht weil dieser Anlaß nicht überliefert ist. Man kann deshalb nur mit Einschränkungen von einem eigenen Genre der ‚Freundschaftsdichtung‘, der ‚Liebesgedichte‘ oder auch des Kirchenlieds in Dachs Werk sprechen; Freundschaft, Liebe, Gotteslob usw. sind vielmehr in der Regel thematische Komplexe, die seinen Texten entsprechende Gebrauchsfunktionen zutragen. Sie lassen sich zu verschiedenen Zwecken verwenden und werden erst so zu Freundschafts-, Liebes-, Trost- und Kirchenliedern. Mehrfache Verwendungsmöglichkeiten hat Dach nicht selten dadurch gefördert, daß er zu ein und derselben Gelegenheit ein Carmen (mit persönlichen Lebensdaten des Adressaten und mit ausgeprägt okkasionellem Charakter) und ein den Einzelfall ins Grundsätzliche abstrahierendes Gedicht geschrieben hat, beide aber strophisch als Lieder für vorhandene oder neu zu komponierende Melodien. Dabei traf Dachs eigene ausgebildete Musikalität in glücklicher Weise mit einem lebendigen Musikleben und mit Gebräuchen in Königsberg zusammen, die eine enge Zusammenarbeit zwischen Dichtern und Musikern begünstigten. Schon um die Jahrhundertwende hatte Johann Eccard, ein Schüler Orlando di Lassos, gemeinsam mit Dichtern Lieder zu Hochzeiten und Begräbnissen geschrieben und publiziert. Diese Sitte der sangbaren Hochzeits- und Begräbnislieder nahm in der folgenden Generation rapide zu, und so war es vermutlich „gerade die Gelegenheitsdichtung, welche eine freundschaftliche Verbindung zwischen Dach und den beiden Musikern Stobaeus und Albert zu stande brachte".[45] Johann Stobaeus (1580-1646), ein Schüler Eccards, war zunächst Kantor an der Domschule und später Kapellmeister; Heinrich Albert (1604-1651) war seit 1630 Domorganist. Mit beiden, vor allem mit dem jüngeren, arbeitete Dach häufig zusammen, so daß sie bald ein begehrtes ‚Gespann' bildeten, das herangezogen wurde, wenn es galt, poetisch und musikalisch zu gratulieren oder zu kondolieren, aufzumuntern oder zu trösten, zu scherzen oder zu ehren. So wurde ihnen gemeinsam auch der Auftrag zuteil, ein Festspiel zu Ehren des polnischen Königs Wladislaw IV. zu schaffen, als dieser sich 1635 in Königsberg aufhielt; auf diese Weise entstand die Oper bzw. das Schäferdrama *Cleomedes*, dessen Komposition als verschollen gilt.[46]

War Simon Dach so dem polnischen Königshaus, dem Adel und dem Königsberger Bürgertum als Dichter empfohlen, so wird ihm im Jahre 1638 auch der Zugang zu den höchsten Autoritäten der *respublica literaria* und der preußischen Herrschaft geöffnet; die Gelegenheit, sich beiden zu recommendieren, bietet sich, als zunächst Martin Opitz und später Kurfürst Georg Wilhelm in Begleitung seiner Familie in der Stadt Königsberg ihren Einzug halten. In beiden Fällen ist Simon Dach (abermals zusammen mit Albert) mit „Empfahungen" zur Stelle. „Opitz, den die gantze Welt / Für der Deutschen Wunder hält", wird als „Außbund vnd Begriff / Aller hohen Kunst vnd Gaben" vorgestellt; und besonders wird seine Leistung als Überwinder der fremdländischen und Schöpfer der deutschen Poesie hervorgehoben:

> Ja, Herr Opitz, ewrer Kunst
> Mag es Deutschland einig dancken,
> Das der frembden Sprachen Gunst
> Mercklich schon beginnt zu wancken,
> Vnd man nunmehr ins gemein
> Lieber Deutsch begehrt zu sein.

Ohne ihn sei die deutsche Poesie undenkbar, was auch für die Königsberger Dichter gelte:

> Was von vns hie wird bekant,
> Was wir singen oder geigen,
> Vnser Nahme, Lust vnd Ruhe
> Stehet Euch, Herr Opitz, zu.[47]

Mit einem wesentlich höheren Aufwand an Künstlichkeit und mythologischer Einkleidung (wie es den adressatenbezogenen Stilvorschriften der Rhetorik entspricht) erscheint Dach vor den fürstlichen Herrschaften. Im Wechsel von langzeiligen Erzählteilen und Liedeinlagen entfaltet sich das Herrscherlob: Prussilia, das Preußenland, fordert seine Flüsse – die Nogat, den Pregel, die Alle, die Memel, die Weichsel, die Passarge – auf, anläßlich des hohen Besuches ihre jeweiligen Vorzüge im Wettstreit gegeneinander ins beste Licht zu stellen. Während diese damit beschäftigt sind, erscheinen die drei Göttinnen Juno, Minerva (Pallas Athene) und Clio, um selbst Lieder zur Begrüßung vorzutragen. In diesen Liedern geben sie sich als die Damen des Fürstenhauses zu erkennen: Juno ist Charlotte, die Gemahlin Georg Wilhelms, Minerva erweist sich als die Prinzessin Louise, ihre Tochter, und hinter Clio verbirgt sich Prinzessin Hedwig. Ihre Lieder geraten so über alle Maßen schön, daß Prussilia ganz verzweifelt ist, nichts eigenes bieten zu können. Da wagt sich am Ende der Dichter selbst noch hervor, um mit einem Liedchen zu allgemeiner Fröhlichkeit aufzurufen:

> Schallt / ihr helle Feldt-Trompeten!
> Blitzt und klinget / ihr Mußqueten /
> Lasst den wilden Drommel-Schlag
> Uns Gehör und Sinn betäuben!
> Dieses Wesen sol man treiben
> Fort und fort den gantzen Tag!
> [...]

> Lasst uns keiner Frewde sparen!
> Die ihr geht mit greisen Haren /
> Die ihr an den Brüsten seyt /
> Mütter / Jüngling' und Jungfrawen /
> Arm und Reich / ihr müsset schawen /
> Nach gewünschter Fröligkeit.

> Lasst der Kurtzweil Zaum und Zügel
> Zwingt den Zorn / und schiebt den Riegel
> Allen bleichen Sorgen vor /
> Ladet ein gewünschte Sachen /
> Sperret auff für Schertz und Lachen
> Hin und wieder Thür und Thor.[48]

Dem Dichter kommt so das letzte Wort zu. Er vereint die Menschen zu allgemeiner Fröhlichkeit im Zeichen der Poesie. Und er hilft mit ihr sogar Preußen aus der Verlegenheit – die Göttinnen freilich bleiben unübertroffen. Simon Dach hat mit diesem Carmen – und mit manchem anderen seiner „heroischen" Gedichte – auf äußerst geschickte Weise die Anforderungen an ein enkomiastisches Gedicht zugleich erfüllt und variiert. Der Einfall, Mitglieder des brandenburgischen Fürstenhauses ihr Lob gleichsam selber singen zu lassen mit Liedern, für die in letzter Instanz denn doch der Verfasser Simon Dach verantwortlich ist, bezeugt diese Kunstgeschicklichkeit ebenso wie die Differenzierung der ‚Töne' dieser

Lieder, die zugleich eine Charakterisierung der fürstlichen Hoheiten ist und ihre Position bei Hofe angemessen berücksichtigt. Die hohe Kunst, höchst Schmeichelhaftes vorzubringen und die gebührende Hochachtung zu beweisen, ohne doch zugleich die Poesie an die Unterwürfigkeit zu verraten, hat Simon Dach vollendet beherrscht.

Kurfürst Georg Wilhelm muß die besondere Begabung seines Lobdichters unter vielen, die ihn besangen, erkannt haben. Jedenfalls erhielt Dach daraufhin, „wahrscheinlich unterstützt durch einflussreiche empfehlungen, eine exspectanz auf demnächstige beförderung".[49] Die Gelegenheit, auf diese „exspectanz" zurückzukommen, ergab sich, als im Jahre 1639 Christoph Eilard starb, der seit 1618 an der Artistenfakultät der Albertina das Amt eines *professor poëseos* innegehabt hatte. Abermals müssen sich Freunde bei Georg Wilhelm für Simon Dach verwendet haben; denn die Oberräte des Herzogtums Preußen, die die höchste Regierungsgewalt ausübten, erhielten ein unmißverständliches Empfehlungsschreiben ihres Landesherrn:

> Nachdem bey vnserer ankunfft in Preüßen, vnß Simon Dache etliche Carmina gratulatoria, vnterthänigst, überreichen laßen, Vndt Wier darauß seine erudition, vnndt geschickligkeit gnugsamb ersehen, vnndt gespüret, So haben Wier demselben darauff, die gnädigste vertröstung thun laßen, daß Wier Vnß, bey fürfallender künfftiger gelegenheit seine Person zur beforderung, in gnaden recommendiret sein laßen wolten, / Wan Wier dan berichtet worden, daß Vnser Professor Poëseos kurtzverwichener tagen todeß verfahren, vnndt Wier eß dafür halten, daß solche vacirende stelle, nicht beßer, alß durch obgedachten Dacheß Person ersetzet werden könne, So werden Wier auff dem fall, da er vmb beforderung zu solcher Profession, bey Vnß anhalten solte, in consideration, der ihm von Vnß geschehenen gnädigsten vertröstung, denselben darunter nicht vnerhöret laßen.[50]

Als die Bestallung trotz dieser höchsten Protektion auf sich warten ließ – es gab vermutlich in der Universität Widerstände, weil Simon Dach keinen akademischen Grad erworben hatte –, verschärfte Georg Wilhelm seine Empfehlung sogar zum unverhohlenen Befehl; Dach sei „gnugsam qualificiret vndt duchtig", um unverzüglich „in numerum professorum nunmehr recipiret, vndt zum professor poëseos auffs ehest gebührlich installiret vndt angestellet" zu werden.[51] Das geschah denn auch, und Simon Dach begann noch im gleichen Jahr seine akademischen Lehrveranstaltungen. Die Promotion zum Magister holte er 1640 nach. „*Decanus* ist er fünffmahl, und *A.* 1656. im Winter auch *Rector Magnificus* gewesen."[52]

Am Hof hatte Dach nie, wie später etwa Johannes Besser oder Johann Ulrich König, offizielle Funktionen inne. Er hat vielmehr sogar ähnlich scharf wie Friedrich von Logau Kritik am ,politischen' Verhalten der Hofleute geübt, das den Hof ,jetzt' zum Ort des falschen Scheins und insofern allerdings zum Inbegriff weltlicher Verhältnisse habe werden lassen; Karl Goedekes Bezeichnung Dachs als „Hofgelegenheitsdichter" des brandenburgischen Hauses ist insofern etwas mißverständlich.[53] Allerdings konnte Dach trotzdem seit etwa 1638 davon ausgehen, öffentlich als d e r Dichter des brandenburgischen Hofes anerkannt zu sein. Nicht selten mußte Dach jedoch diesen seinen Ruf in den folgenden Jahren in die Waagschale werfen, wenn es galt, einer Bitte um materielle Unterstützung durch den Hof Nachdruck zu geben:

> Wie? Bin ich oder nicht das, was sie von mir sagen,
> Des Großen Chur-Fürsten von Brandenburg Poet?[54]

Daß er es auch nach dem Tode von Georg Wilhelm blieb, belegen nicht nur die zahlreichen Gedichte, die Simon Dach zu den Geburten, Hochzeiten und Todesfällen, zu An- und Abreisen und allerlei anderen Gelegenheiten für die kurfürstliche Familie geschrieben hat; ihm gehörte offenbar mehr als nur das gnädige Ohr seines Gönners. Kurfürst Friedrich Wilhelm, so berichten die Biographen,

> liebete den Dachen dermassen, daß er viele seiner Verse auswendig kunte, auch niemahlen in Königsberg eintraff, daß er den Dachen nicht hätte sollen mit seiner Pohlin nach Hofe hohlen lassen. Dieser vortreffliche Herr hatte sich die Art der Dachischen Verse so bekannt gemachet, daß er gantz genau zu urtheilen wuste, ohne Anschauung des Nahmens, ob ein Vers vom Dachen oder einem anderen Poeten verfertiget wäre.[55]

Die erwähnte „Pohlin" ist Regina Pohl, eine Tochter des Hofgerichtsadvokaten Christoph Pohl, die Simon Dach 1641 geheiratet hat und die auch in manchen Versen des Dichters stets liebevoll erwähnt wird. Geschichten über vorangegangene Liebschaften Dachs gehören durchweg ins Reich der Legende: man weiß nichts Sicheres darüber. Immerhin wird gern eine Empfehlung von Martin Opitz aus einem Brief an Roberthin vom 17. August 1638 zitiert: „Ms. Dach soll sich nicht in die jungfer Brodine verlieben, sie ist ihm zu frisch. Ein liedlein mag er ihr wol componieren".[56] Gern kolportiert wird auch eine Liebschaft Dachs mit jenem Mädchen, das das Urbild des durch Herder popularisierten Volksliedes *Anke von Tharau* gewesen ist. Bis in die unmittelbare Gegenwart hinein hat dieses Lied (allzu) reichlich Anlaß zu wissenschaftlichem Streit gegeben. Bemühte man sich zunächst um die Frage, ob und welches Verhältnis Dach mit der ‚historischen' Anke (Anna Neander, der zahlreiche biographische Bemühungen galten) verbunden haben könnte, so neigte man im 20. Jahrhundert dazu, überhaupt zu bestreiten, daß Simon Dach als Verfasser dieses Liedes in Frage kommen könne, bis – vor einigen Jahren – erneut eine „Ehren-Rettung M. Simonis Dachii" unternommen wurde, die ihm das niederdeutsche Lied zuschreibt.[57] Die Diskussion wird im allgemeinen zu stark belastet mit der Erwartung, in solchen Texten einen Erlebnisgehalt oder typisch Dachsches Gedankengut ausfindig zu machen, während die konkreten Situationen der hochzeitlichen ‚Gelegenheit,' auf die sich die Texte beziehen und in denen sie als Lieder vorgetragen wurden, zu wenig Beachtung fanden. So hatten die gelegentlich derben Hochzeitsscherze ‚zur Brautsuppen', die kecken Anreden an die ‚Jungfer Braut', das fiktive Zwiegespräch zwischen den Brautleuten, die anzügliche Verabschiedung des Paares zur Hochzeitsnacht und viele anderen Bräuche ihren festen herkömmlichen Ort im Festablauf, der auch das Argumentationsmuster, den Stil und die Sprache (vom Niederdeutschen bis zum Lateinischen) der jeweiligen Verse und Lieder weitgehend bestimmte. In Alberts *Arien* finden sich nicht wenige Stücke, die als „Aria Polonica" oder „Tantz nach Ahrt der Pohlen" bezeichnet sind, womit wohl der Umstand angesprochen ist,

> daß bei den Hochzeitsfeiern nach polnischer Sitte Tanzlieder gesungen wurden, welche vielfach bereits vorhandenen Tanzmelodieen untergelegt, im Laufe der Zeit aber immer häufiger von den Königsberger Komponisten in Musik gesetzt wurden.[58]

Auch die bei Albert und bei Dach mehrfach vorkommenden ‚Braut-Tänze' repräsentieren offenbar solche vom Brauchtum bestimmten Anlässe, wobei häufig aus der Perspektive des Bräutigams gesprochen wird – wie im Anke-Lied. Man hat sich vor Augen zu halten, daß es die wichtigste Aufgabe aller dieser Lieder ist, die Gäste zu unterhalten; dieser Aufgabe ordnet sich auch das Lob des Paares und der Glückwunsch unter, ganz zu schweigen vom Selbstbekenntnis des Autors; solche Funktionen übernahmen andere Formen der Hochzeitscarmina, z. B. die Epithalamien in Einzeldrucken. – Was nun das volkstümlich gewordene Lied *Anke von Tharau* angeht, so sollte man die Frage nach der Verfasserschaft nicht dadurch zusätzlich belasten, daß man den Ruhm und Nachruhm Dachs allein schon aufgrund dieses Liedes für verdient und berechtigt hält. Es gibt viele und gute Gründe dafür, Dachs Werk auch ohne dieses Lied für wichtig und lesenswert zu halten.

Weniger umstritten ist ein *Kurtzweiliger Zeitvertreiber*, der 1668 in zweiter Auflage erschien. Man bringt dieses Buch mit Simon Dach kaum mehr in Verbindung, seit dekretiert worden ist: „die sammlung liegt nach form und inhalt unserm dichter so fern, dass man ihm mit ähnlichem rechte ein lehrbuch der ägyptischen sprache oder eine theorie des hufbeschlages zuschreiben könnte".[59] Es handelt sich hier um eine unterhaltsame Sammlung von Anekdoten und lustigen Geschichten über verschiedene Berufsstände, über lächerliche Verhaltensweisen und merkwürdige Redensarten, über Sprach-, Zahlen- und Gesellschaftsspiele und vieles mehr. Huren und Mönche, Studenten, Ärzte, Pfarrer und Richter, aber ebenso Bauern und Hofleute werden mit oft beißendem Spott in ihrem jeweiligen Verhalten und Fehlverhalten geschildert, um – das ist der Grundtenor des Buches – die Scheinhaftigkeit einer Welt vorzuführen, die betrogen sein will.[60] Daß der Hofkritik in einem solchen Rahmen ein breiter Raum gehört, kann kaum überraschen; die Höflichkeit des *Politicus* erscheint als Falschmünzerei und Gesinnungslosigkeit. Das Buch enthält auch viele derbe Anekdoten über allerlei Liebeshändel und berichtet über Vorfälle aus der Anal- und Sexualsphäre. Zahlreiche Zitate von Rist, Harsdörffer, Zinkgref, Logau, Zesen und vielen anderen illustrieren dieses kuriose Buch, das neben unterhaltenden auch belehrende Kapitel bietet, darunter eines über das Schachspiel.[61] Eine ernsthafte Diskussion über Dachs mögliche Verfasserschaft hat bisher nicht stattgefunden. Der Herausgeber der ohne Ortsangabe erschienenen 2. Auflage – die erste Auflage ist nicht nachgewiesen – nennt sich auf dem Titel C. A. M. von W., während die Vorrede „An den wolgesinten Leser" mit ChAsMindo unterzeichnet ist, also mit dem schäferlichen Anagramm, unter dem Simon Dach zahlreiche seiner Gedichte in Alberts *Arien* veröffentlicht hat, allerdings unter Hervorhebung der Initialen des Herausgebers. Ein Zufall der Namensgleichheit ist also nicht ausgeschlossen.[62]

Chasmindo, Dachs Schäfername, weist zugleich auf den Kreis der Königsberger Freunde hin, der sich in den dreißiger Jahren um Dach, Albert (Damon), Roberthin (Berrintho), Christoph Kaldenbach (Celadon) und andere bildete. Auch hier ist allerdings das dürftige Gerüst gesicherter überlieferter Daten mit einiger Phantasie überwuchert worden, und Albrecht Schöne hat nicht ohne Ironie als die eigentlichen ‚Begründer' des ‚Königsberger Dichterkreises' spätere Biographen (Johann Friedrich Lauson), Literarhistoriker (Georg Christoph Pisanski) und Herausgeber (Hermann Österley) namhaft gemacht.[63] In der Tat lassen sich die Freundschaftsverhältnisse unter den Dichtern und Komponisten in Königsberg mit Hinweisen auf die organisierten Sprachgesellschaften oder die humanistischen Akademien in Italien nicht hinreichend erläutern.[64] Die Königsberger gaben sich keine Satzungen und führten keine Mitgliederlisten, sie kannten keine festgeschriebenen Versammlungsrituale und gründeten kein Archiv; von einer „Dichtervereinigung"[65] kann unter solchen Umständen kaum die Rede sein.[66] Andererseits ist nicht zu bezweifeln, daß die gesellige Freundschaft unter gleichgesinnten Dichtern und Komponisten in Königsberg um die Mitte des 17. Jahrhunderts literarische und musikalische Spuren hinterlassen hat, die nicht zuletzt deshalb von Interesse sind, weil sie eine Sonderform barocker Poesie in Deutschland repräsentieren. Die Gelegenheits l i e d e r , die in diesem Kreis entstanden, fordern, im Unterschied zu den deiktischen Casualcarmina, zum Mit- und Nachvollzug auf; sie wollen praktiziert werden und entfalten in der Verbindung von Musik und Text gesellschaftsstiftende, nicht gesellschaftsrekapitulierende Kräfte.

Dabei muß, eher wohl noch als Dach und Roberthin, Heinrich A l b e r t , ein Jahr älter als Simon Dach, als die eigentliche Integrationsfigur der Königsberger angesehen werden. Er ist vor allem der Komponist zahlreicher Lieder und Gelegenheitsgedichte, denen er auf diese Weise eine größere Verbreitung und Anwendbarkeit verschaffte. Mit den acht Folgen seiner *Arien* aus den Jahren 1638-1651 bot er den Königsbergern darüber hinaus zugleich das Forum einer weithin und lange Zeit (die Neuauflagen, Nach- und Raubdrucke beweisen es) beliebten Anthologie, die unter musikalischen Gesichtspunkten neben Johann Hermann „Scheins *Waldliederlein* von 1621 (letzte Aufl. 1651) unbestreitbar das repräsentativste deutsche Liederwerk des 17. Jh." genannt worden ist.[67]

Schließlich wirkte Albert auch dadurch integrierend, daß es sein Garten war, der den Freunden als arkadischer Rückzugsort freundschaftlich-heiterer Geselligkeit diente und der ihnen, wie vor allem Dachs *Klage über den endlichen Vntergang vnd ruinirung der Musicalischen Kürbs-Hütte vnd Gärtchens* (1641) bezeugt, mit seiner eigenen Entstehung und Auflassung ebenso wie mit der ‚Kürbishütte‘ selbst, die Vergänglichkeit symbolisiert, zum „Modell der Welt" wurde, wie Albrecht Schöne in seiner lehrreich-faszinierenden sozialgeschichtlichen Interpretation gezeigt hat:

> Der Rückgriff in die Vorgeschichte, auf den Anfang, in dem das Ende vorgebildet ist, stellt so die strukturale Gleichung mit der biblischen Heilsgeschichte her. Wüst und leer die Erde am Anfang. Dann die Schöpfung, das Paradies. Und die Apokalypse am Ende, mit der das Chaos wiederkehrt.[68]

Albert hatte seine musikalische Ausbildung bei Heinrich Schütz in Dresden, einem Vetter, und bei Johann Hermann Schein in Leipzig erhalten.[69] Von Johann Stobaeus, der seinerseits zahlreiche Gedichte Simon Dachs vertont hat und zum engeren Königsberger Freundeskreis gerechnet wird, dürfte er an die musikalische Tradition und die gesellschaftlichen Gepflogenheiten Preußens herangeführt worden sein. Die beiden Komponisten haben auch die Verbindung zwischen Simon Dach und Robert R o b e r t h i n (1600-1648) hergestellt, so wird berichtet.[70] An ihm hing Dach mit besonderer Liebe. Roberthin ließ sich nach ausgedehnten Aufenthalten in verschiedenen europäischen Ländern 1633 in Königsberg nieder, wo er zuletzt die Position des Obersekretärs bei der preußischen Regierung innehatte, womit natürlich ein erheblicher politischer und persönlicher Einfluß verbunden war. Dach verdankte ihm sehr viel an Förderung, Bildung und Freundschaft, wie aus mehreren Gedichten deutlich hervorgeht, am besten wohl aus dem großen Gedicht aus dem Jahre 1647, das schon zitiert wurde. Der hochgebildete Roberthin – Dach hebt mehrfach bewundernd hervor, daß er bei Matthias Bernegger, einem Lehrer auch von Opitz, studiert habe – stand dem Dichter stets mit Rat, Kritik und Tat zur Seite, gab ihm Anregungen, verschaffte ihm Bücher und brachte ihn in Verbindung mit den Gelehrten seiner Zeit. Mit eigenen Gedichten ist Roberthin in Alberts *Arien* vertreten.

Roberthin wird gelegentlich als der eigentliche Initiator des ‚Königsberger Dichterkreises‘ bezeichnet. Heinrich Albert erwähnt in der Vorrede „An den Kunst-liebhabenden Leser" der *Musicalischen Kürbs-Hütte*, „Welche vns erinnert Menschlicher Hinfälligkeit", es sei Roberthin gewesen, der vorgeschlagen habe, die von Albert auf die Kürbisse seines Gartens geschriebenen Verse in Musik zu setzen, um sie gemeinsam singen zu können.[71]

Christoph K a l d e n b a c h (1613-1698) reiht sich wegen seiner gleichzeitigen poetischen und musikalischen Begabung in den Königsberger Freundeskreis ein. Er gehörte zu jenen zahlreichen Studenten, die der Albertina in der ersten Hälfte des 17. Jahrhunderts einen großen Zustrom bescherten.

Die Ursache dieser starken Vermehrung der akademischen Bürger war insonderheit der verderbliche 30jährige Krieg, durch welchen beinahe alle protestantischen Universitäten Deutschlands wüste geworden waren; dagegen Königsberg innerhalb selbiger Zeit [. . .] wenig oder nichts von den Kriegsunruhen zu empfinden hatte. Es war also für die Deutschen ein sicherer Zufluchtsort.[72]

Nach einer Hauslehrertätigkeit in der Nähe von Memel hält sich Kaldenbach seit 1633 in Königsberg auf, um sein Studium fortzusetzen.[73] Er erwirbt so gute Kenntnisse des Lateinischen, Griechischen, Hebräischen und Polnischen, daß er bald neben deutschen Versen auch in diesen Sprachen Casualcarmina anzufertigen versteht. 1639 wird er zum Konrektor am Altstädtischen Gymnasium, 1645 übernimmt er dort die vakant gewordene Stelle des Prorektors, promoviert einige Zeit danach zum Magister und wird 1651 zum Professor der Griechischen Sprache an der Universität Königsberg berufen. 1656 folgt er einem Ruf der Universität Tübingen auf eine Professur für Beredsamkeit, Poesie und Geschichte.

Spätestens seit 1638 gehörte Kaldenbach zum engeren Kreis der Königsberger Freunde. Denn in einem Lied zur Hochzeit von Heinrich Albert nennt ihn Simon Dach unter seinem Schäfernamen:

> Celadon, vor welches singen
> Meine Geige sich entfärbt,
> Der sein Spiel von dem ererbt
> So den Acheron kan zwingen,
> Geht mit seiner Kunst voran,
> Dann sing' ich, so gut ich kan.[74]

Kaldenbach war ein außerordentlich vielseitiger und fruchtbarer Dichter, der sich mit großer Gewandtheit der verschiedenen lyrischen Formen bediente. Außer zahlreichen Gelegenheitsgedichten und Kompositionen in Einzeldrucken sowie seinen Liedern in Alberts *Arie*n hat er schon in der Königsberger Zeit – anders als Simon Dach – ganze Gedichtsammlungen publiziert, darunter neben lateinischen Gedichten die *Deutschen Eclogen Oder Hirten-Getichte* (1648), die Roberthin und Dach gewidmet sind, die *Grab-Getichte* (2 Bde., 1648), die Kaldenbachs weitausgreifende casualpoetische Tätigkeit belegen, sowie die Sammlung *Deutsche Sappho Oder Musicalische Getichte* (1651), die zu den Texten auch die Kompositionen bietet.[75] Kaldenbach hat über den Tod Dachs hinaus die Vorbildlichkeit von dessen Versen öffentlich gerühmt und Dachs Gedichte in seinem Lehrbuch *Poetice Germanica, Seu De ratione scribendi Carminis Teutonici libri duo* (1674) demonstrativ aus Einzeldrucken zitiert, wobei er den ausdrücklichen Wunsch anfügt, die Gedichte Dachs möchten bald zu einem Band zusammengefaßt werden.[76]

Außer den Genannten gehörten zum Königsberger Freundeskreis sicher Andreas A d e r s b a c h (1610-1660), der in den *Arie*n, z. T. anagrammatisch als Barchedas zeichnend, vertreten ist, sowie Christoph W i l k o w (1598-1647),

Verfasser zahlreicher, zumeist von Stobaeus komponierter Lieder. Bei den meisten anderen Namen, die gelegentlich als ‚Mitglieder' des ‚Königsberger Dichterkreises' begegnen, stimmen die entsprechenden Angaben in den überhaupt verfügbaren Quellen nicht miteinander überein, was nicht etwa heißen muß, diese Autoren hätten keinen freundschaftlichen Umgang mit Dach gehabt. Das gilt beispielsweise für D. T i n c t o r i u s , der nicht in Alberts *Arien* vertreten ist, aber auch für den einflußreichen Rotger zum B e r g e n , einen Beamten des polnischen Hofes und Förderer Simon Dachs, sowie für Valentin T h i l o und Johann Baptist F a b e r . Es ist nicht sinnvoll, hier alle Namen zu nennen, die von dem einen oder anderen Biographen oder Forscher genannt wurden; man käme dabei leicht auf 40 Namen. Dabei soll doch, wie immer wieder zu lesen ist, im Freundeskreis die Zwölfzahl eine gewisse Rolle gespielt haben: Zwölf „Namen, nebenst etlichen Reymen" zur „Besinnung der Menschlichen Hinfälligkeit" hatte Albert „an sonderliche Kürbse" geschrieben[77], und anspielungsreich spricht Simon Dach im Hochzeitsgedicht für Johann Fauljoch von „jenen zwölff Trompeten" bzw. „Hirten-Flöten", die zu diesem Fest erklingen sollen.[78] Doch wer diese zwölf waren, ob sie vielleicht wechselten, ob auch Auswärtige (wie etwa Peter Titz oder Gottfried Zamehl) hinzugezählt wurden, ob die Gratulanten zu Dachs Magisterpromotion oder die Beiträger zu Alberts *Arien* dazugehörten[79] – alles das entzieht sich unserer Kenntnis. Sicher ist nur, daß so wie im damaligen Königsberg überhaupt auch im engeren Freundeskreis um Simon Dach, Heinrich Albert, Robert Roberthin, Christoph Kaldenbach und Johann Stobaeus eine Atmosphäre poetisch-musikalischer Geselligkeit herrschte, in der es möglich wurde, daß Freunde ihre naturfromme Fröhlichkeit im Bewußtsein der Vergänglichkeit alles Irdischen in der bukolischen Entfernung von der Gesellschaft kultivieren konnten, zugleich aber mit ihren geselligen und geistlichen Liedern und mit der musikalischen Casualpoesie eine neue Verbindlichkeit und Gesellschaftszugewandtheit der Poesie initiierten. Die besondere Verbindung von Musik und Poesie, von gefälliger Liedform und gelehrter Rhetorik, von leichtem Scherz und ernster Pflicht brachte jene Intimität zustande, die die besten Verse der Königsberger auszeichnet. In der Casualpoesie außerhalb Preußens lassen sich ohne Schwierigkeiten kühnere Bilder, deftigere Pointen und kunstreichere Formen finden, kaum aber eine so unverstellte Nähe zu der Lebenswirklichkeit des gebildeten Bürgertums.

Der Freundeskreis wurde durch den Tod auseinandergerissen: 1646 starb Stobaeus, 1648 Roberthin, 1651 Albert. Immer häufiger mußte Simon Dach seinen Freunden und Verwandten, Bekannten und Auftraggebern Klagelieder singen:

> Der Reim-Brunn ist erschöpfft in mir,
> Vnd meine Faust fällt nieder,
> Nichts anders aber schreib ich schier
> Als Klag- vnd Todten-Lieder.[80]

Dach orientiert sich bei dieser Tätigkeit durchaus an den herkömmlichen Form-gesetzen des Epicediums, die Lob-, Klage- und Trostteile vorsehen.[81] Doch die Liedform selbst, die er bevorzugt, und besonders die Umgewichtungen der obli-gatorischen Teile der *dispositio,* die er gern vornimmt, führen oft zu eigenwilli-gen Gebilden selbst noch dort, wo man vom Anlaß her eher Routine-Arbeiten erwarten würde. Das gilt vor allem für den Einleitungsteil der Carmina, also das Proömion, das Dach nicht selten stark ausweitet, so daß es bis zu einem Drit-tel und mehr eines Gedichtes umfassen kann. Dies ist zugleich auch der Ort, an dem Dach jene Themen anspricht, die sogar seinen konventionelleren Gedichten ein breiteres Interesse sicherten und noch heute verschaffen könnten: Hier wird von den Werten der Freundschaft gesprochen und vom allgemeinen Sittenver-fall, hier dringt die Zeitgeschichte in die Casualpoesie ein, und hier entwickelt Dach die Grundsätze seiner Poetik:

> Die Schar der abgeleibten Seelen
> Ein Kirchhoff voller Todten-Bein,
> Sarg, Spaten, Hacken, Leichen-Stein,
> Vnd die verfallnen Grabes-Hölen
> Sind meiner Trawer-Reime voll,
> Vnd sagen was ich schreiben soll.[82]

Die Poesie steht, zumal in Kriegs- und Pestzeiten, unter dem Diktat des Todes. In Königsberg – wie überhaupt in Preußen – hat die Pest weit schlimmer ge-wütet als der Krieg. Allein 1620, so wird berichtet, seien in Königsberg 15 000 Menschen an der Pest gestorben. „Fünf Jahre darauf brach die Seuche wieder aus, brachte im ganzen Lande an 100 000 Menschen [...] in das Grab."[83] Im Jahre 1629 erlagen in Königsberg 4113 Personen dieser Seuche, und 1639 waren es 1262.[84] Eine andere „epidemische Krankheit" richtete 1649 erneut Unheil an[85], und 1655/1656 kamen Krieg und Pest gar zusammen über die geplagten Menschen. Eine eindringliche Beschreibung dieser verheerenden Krankheit hat Simon Dach 1645 gegeben:

> Kein Hauß fast war befreyt vom vbel dieser Seuchen.
> Der Tag ist viel zu kurtz die grosse Zahl der Leichen
> Zu bringen in das Grab, die grawsam-oede Nacht
> Wird mit Beerdigung derselben zugebracht.
> Man hört von Morgen an biß auff den Abend klingen
> Der Glocken rawen Schall, die Eulen nachtlich singen
> Ihr Schrecken-volles Liedt, es fleucht was fliehen kan
> Vnd siehet weder Gunst noch Blut vnd Freundschafft an,
> Die Kinder lassen auch die Eltern trostlos liegen.
> Viel haben keinen Freundt, der in den letzten zügen
> Schrie irgend einen Trost nach jhren Ohren ein,
> So gros war dazumal des armen Landes Pein.[86]

Pest und Krieg wirken nicht nur vernichtend, sie erschüttern die gesellschaftlichen und christlichen Grundwerte und verändern das Bewußtsein der Überlebenden: „Was ist jetzt leben wollen"[87], fragt Simon Dach angesichts der immer näher rückenden Kriegsgefahr in der Zeit des zweiten schwedisch-polnischen Krieges. Reflexionen über das „Jetzt" nehmen einen immer größeren Raum in seiner Lyrik ein:

> Jetzt da des Feindes Vbermuth
> Gesetzt Littauen in die Glut,
> Da Pohlen wird des Schweden Beute,
> Wie wird der Heimat nach gefragt
> Von denen welche sind verjagt,
> Wie sehnen sich die armen Leute.[88]

Die Dichtung erhält fast die Funktion der Übermittlung von Nachrichten, die bei den Trauerfällen ausgeteilten Einzeldrucke der Casualcarmina nehmen den Charakter aktueller Flugblätter an:

> Seht an die Krieges-glut
> Darein wir jetzund stehen,
> Wie schwimmt es hie von Blut,
> Bug, Ster und Pripet fliessen
> Ohn zweiffel offtmals roht,
> Wer kan umb Cracow wissen
> Wie groß da sey die Noht.[89]

Untergangsstimmung und sogar Zweifel an Gott machen sich breit, wenn Krieg und Pest, drohender Hunger und Naturkatastrophen zusammenkommen:

> Anitzt beginnt das Krieges-Schwerd
> Recht allererst zu gläntzen,
> Die Pest, so, Thoren, dich verheert
> Kömpt auch an unsre Grentzen:
> Vieleicht kriegt auch der Hunger stat.
> Was wil der stete Regen
> Auff die schon Sichel-reiffe Saat?
> Er raubt uns Gottes Segen?[90]

Auf die Veränderungen, die solche Erfahrungen auch im Bereich der Poesie auslösen, hat Simon Dach mehrfach hingewiesen. So hatte er 1641, beim Tode eines sechsjährigen Kindes, die Erfindung *(inventio)* für sein Carmen *ex loco circumstantiarum temporis* (aus dem Fundort der Umstände der Zeit des Todesfalles) hergenommen und von daher das Thema bearbeitet ‚Wer jung stirbt, der stirbt wohl', das für solche Fälle von den einschlägigen Poetiken gern empfohlen wird[91]:

LAß sterben, was bald sterben kan!
Die Welt ist so beschaffen,
Daß dem erst wol ist umb vnd an,
Der seelig eingeschlaffen.[92]

Im Jahre 1655, anläßlich des Todes eines jungen Mannes, beginnt Dach sein Lei-
chencarmen mit einem Selbstzitat aus dem früheren Gedicht:

ICH sang vor vielen Jahren:
Laß sterben, laß hinfahren
Was zeitig sterben kan,
Die Zeit ist so beschaffen,
Daß die, so selig schlaffen,
Erst wol sind umb und an.

Nun, in veränderter Zeit (Dach tauscht bezeichnenderweise den allgemeineren
Begriff der „Welt" gegen den konkreteren der „Zeit" aus), nämlich zur Zeit des
schwedisch-polnischen Krieges und der erneuten Pestkatastrophe (mit 80 000
Opfern im Herzogtum)[93], hat die theologisch-rhetorische Argumentation des
früheren Gedichtes erst ihre aktuelle Rechtfertigung und von Erfahrung gesät-
tigte Begründung erhalten:

Jetzt klagen meine Seiten
Gerechter als vorzeiten.
[...]
Jetzt müssen wir bekennen,
Wie selig die zu nennen
So hie der Seuchen zwangk
Gebracht in ihre Kammer,
Sie hören keinen Jammer
Vnd keiner Waffen Klangk.[94]

In den späteren und späten Gedichten Simon Dachs ist ein zunehmendes Selbstbewußtsein des inzwischen berühmten, gefragten und mit Aufträgen überhäuf-
ten Poeten zu beobachten; von den ‚unterthänigsten Fleh-Schrifften', den wiederholten Bitt- und Dank-Gedichten sowie den Erinnerungen an rückständige
Zahlungen darf man sich dabei nicht täuschen lassen; Simon Dach hat, nimmt
man seine Einkünfte aus dem Professoren-Gehalt (einschließlich der Naturalien),
den Sonderzahlungen und -geschenken, vor allem aber diejenigen aus seiner
Nebentätigkeit als Casualdichter zusammen, recht ansehnlich verdient.[95] Freimütig kann er bekennen: „Mein Gewerb und Handel sind Reime"[96], ohne
fürchten zu müssen, in einer vom Handels- und Kaufmannsgeist bestimmten
Stadt wie Königsberg mit einer solchen Auffassung auf Unverständnis zu stoßen, im Gegenteil: Er konnte sich vor den Bitten und Aufträgen, Gedichte zu
Hochzeiten und Todesfällen zu schreiben, kaum retten:

Ich werd' auff allen Seiten
Besprengt nicht ohn Beschwer
In Lust- vnd Trawer-Zeiten
Wie auff der Hatz ein Beer.[97]

Freilich hatte er mit seinen Gedichten auch Gegenwerte zu bieten, die gefragt
waren: Trostgründe natürlich bei Todesfällen und ehrbare Heiterkeit bei Hochzeiten; aber doch auch noch mehr: die Auszeichnung nämlich, von einem bekannten Dichter (oder gar von mehreren) öffentlich gerühmt, geehrt, betrauert zu
werden, womit eine hohe gesellschaftliche Reputation gesichert war; schließlich
aber und vor allem verband sich mit solchen Gedichten die Aussicht auf den
Nachruhm, auf ein Stück Unsterblichkeit angesichts der Eitelkeit alles Irdischen.
Denn die Poesie galt als Garant der Unvergänglichkeit; die Dichtergabe ist göttlichen Ursprungs, sie ist diejenige Kraft der Ewigkeit,

Die von dem Höchsten selber rührt
Vnd Geist vnd Himmel mit sich führt,
Die bleiben wird in jenem Leben,
Die hie dem Tod' vns kan entheben.[98]

Es bestand also alle Veranlassung, sich einer solchen Kraft zu versichern und sich
den Dichtern anzuvertrauen; allerdings nicht den liebedienerischen Schmeich-
lern, den Heuchlern und bloßen Gefälligkeitsdichtern; auf entsprechende Kritik,
wo sie an seinen Versen laut wurde, hat Dach mehrfach mit aller Schärfe an Ort
und Stelle, nämlich im Gelegenheitsgedicht selbst, reagiert.[99]

Was Dach schon 1641 in seinem Dankgedicht für Roberthin über seine Poesie
gesagt hat, behielt für ihn bis an sein Lebensende Gültigkeit:

Wer hat in dieser Stadt sich über mich zu kräncken,
Alß hab ihm meine Kunst waß böses zugefügt?
Vnd dieses ist der Lohn, der hertzlich mich begnügt,
Auch wär ich noch so arm. Wen hab ich außgesogen?
Wen fälschlich auffgesetzt? Wen listig wo betrogen?
Ob aber Jemand sey gebessert durch mein Spiel,
Da sag ich ietzt nicht von, gnug daß mein gantzes Ziel
Gewesen sey der Welt mit etwas wollen nützen,
Der Lügen Abbruch thun, die nackte Warheit schützen,
Den Lastern grausam seyn, der Tugend bester Freund,
Den trösten, der in Angst begriffen hertzlich weint.[100]

„... die nackte Wahrheit schützen" – diesem hohen Anspruch stellt sich das
Werk Simon Dachs nicht anders als das Werk jedes verantwortungsvollen Dichters. Den Inhalt und die ästhetische Erscheinungsweise dieser ‚Wahrheit' unter
ihren historischen Bedingungen zu erkennen und zu würdigen, ist Sache des in-
formierten Lesers.

Wulf Segebrecht

Anmerkungen

Texte

Simon Dach: Poetische Wercke. Bestehend in Heroischen Gedichten. Denen beygefüget zwey seiner verfertigten Poetischen Schau-Spiele. Nachdruck der Ausgabe Königsberg 1696. Hildesheim, New York 1970. – Zitiert: Poetische Wercke.

Simon Dach. Hrsg. von Hermann Österley. Stuttgart 1876 (Bibliothek des Litterarischen Vereins in Stuttgart, CXXX). – Nachdruck dieser Ausgabe: Hildesheim, New York 1977. – Zitiert: Österley.

Simon Dach, seine Freunde und Johann Röling. Hrsg. von H. Oesterley. Berlin und Stuttgart o. J. (Deutsche National-Litteratur, 30). – Zitiert: DNL 30.

Gedichte des Königsberger Dichterkreises aus Heinrich Alberts Arien und musicalischer Kürbshütte (1638-1650). Hrsg. von L. H. Fischer. Halle 1893 (Neudrucke deutscher Litteraturwerke des XVI. und XVII. Jahrhunderts, 44-47). – Zitiert: Fischer.

Heinrich Albert: Musik-Beilagen zu den Gedichten des Königsberger Dichterkreises. Hrsg. von Robert Eitner. Halle 1894 (Neudrucke deutscher Litteraturwerke des XVI. und XVII. Jahrhunderts, 48).

Simon Dach: Gedichte. Hrsg. von Walther Ziesemer. 4 Bde. Halle 1936-1938 (Schriften der Königsberger Gelehrten Gesellschaft, Sonderreihe, 1-4). – Zitiert: Ziesemer (mit römischer Ziffer, die den Band, und arabischer Ziffer, die die Seitenzahl bezeichnet).

Christoph Kaldenbach: Auswahl aus dem Werk. Hrsg. und eingel. von Wilfried Barner. Mit einer Werkbibliographie von Reinhard Aulich. Tübingen 1977 (Neudrucke deutscher Literaturwerke, Sonderreihe, 2). – Zitiert: Kaldenbach.

Literatur

[Gottlieb Siegfried Bayer:] Das Leben *Simonis Dachii* eines Preußischen Poeten. In: Erleutertes Preußen Oder Auserlesene Anmerckungen / über verschiedene, zur Preußischen Kirchen = *Civil-* und Gelehrten = *Historie* gehörige besondere Dinge [...]. Hrsg. von Einigen Liebhabern der Geschichte des Vaterlandes. Drittes Stück. Königsberg 1723, S. 159-195. – Zitiert: Bayer.

Johann Christoph Gottsched: Kurzgefaßte historische Nachricht von den bekanntesten preußischen Poeten voriger Zeiten. In: Neuer Büchersaal der schönen Wissenschaften und freyen Künste, Bd. 4, 4. Stück. Leipzig 1747, S. 371-384. – Zitiert: Gottsched.

[Johann Caspar Arlet:] Zuverläßige Nachricht von der Ausgabe einiger trefflichen deutschen Dichter des vorigen Jahrhunderts. In: Neuer Büchersaal der schönen Wissenschaften und freyen Künste, Bd. 7, 3. Stück. Leipzig 1748, S. 253-267. – Zitiert: Arlet.

Johann Friedrich Lauson: Das Lorrbeerwürdige Andenken eines vor hundert Jahren allhier verstorbnen großen Preußischen Dichters, *M.* Simon Dach. Königsberg 1759.

Karl Heinrich Jördens: Simon Dach. In: Lexikon deutscher Dichter und Prosaisten. Hrsg. von K. H. J. Bd. 1, Leipzig 1806, S. 366-373. – Zitiert: Jördens.

August Gebauer: Simon Dach und seine Freunde als Kirchenlieddichter. Tübingen 1828.

Georg Christoph Pisanski: Entwurf der Preussischen Litterärgeschichte während des

264

17. Jahrhunderts. Hrsg. von Friedrich Adolph Meckelburg. Königsberg 1853. – Zitiert: Pisanski.

A. Kahlert: Mittheilungen über Simon Dach, nach Handschriften der Rhedigerschen Bibliothek in Breslau. In: Hennebergers Jahrbuch für deutsche Litteratur-Geschichte 1, Meiningen 1855, S. 42-61.

E. Friedrich: Simon Dach. Beitrag zur Literaturgeschichte des 17. Jahrhunderts. Programm der Realschule in Dresden-Neustadt. 1862.

Hermann Oesterley: Simon Dach. In: Allgemeine Deutsche Biographie, Bd. 4, 1876, S. 685-688.

Johannes Bolte: Nachträge zu Alberts und Dachs Gedichten. In: Altpreußische Monatsschrift 23, 1886, S. 435-457.

Karl Goedeke: Grundrisz zur Geschichte der deutschen Dichtung aus den Quellen. 3. Bd.: Vom dreissigjährigen bis zum siebenjährigen Kriege. Zweite ganz neu bearb. Aufl. Dresden 1887.

Heinrich Stiehler (Hrsg.): Simon Dach. Sein Leben und seine ausgewählten Dichtungen fürs deutsche Volk. Königsberg 1896. – Zitiert: Stiehler.

Ludwig Suderow: Simon Dach und der Königsberger Dichterkreis. Ein Gedenkbüchlein zur 300. Wiederkehr seines Geburtstages am 29. 7. 1905. Hamburg 1905.

Hans Böhm: Stil und Persönlichkeit Simon Dachs. Phil. Diss. Bonn 1910.

Bruno Nick: Das Naturgefühl bei Simon Dach. Greifswald 1911.

Herbert Bretzke: Simon Dachs dramatische Spiele. Phil. Diss. Königsberg 1922 (Masch.).

Walther Ziesemer: Neues zu Simon Dach. In: Euphorion 25, 1924, S. 591-608.

Walther Ziesemer: Simon Dach. In: Altpreußische Forschungen 1, Königsberg 1924, S. 23-33.

Hugo Schünemann: Ein unbekanntes Carmen von Simon Dach. In: Dichtung und Volkstum 37, 1936, S. 357-360.

Erich Trunz: Simon Dach, Gedichte [Rez. der Ziesemer-Ausgabe]. In: Deutsche Literaturzeitung 1936, Sp. 2176-2180; 1937, Sp. 1954-1958; 1939, Sp. 154-160.

Helmuth Osthoff: Heinrich Albert. In: Musik in Geschichte und Gegenwart, Bd. 1, 1949-1951, Sp. 288-293. – Zitiert: Osthoff.

Rudolf Alexander Schröder: Simon Dach. In: R. A. Sch., Gesammelte Werke in fünf Bänden. Dritter Band: Die Aufsätze und Reden II. Berlin und Frankfurt/M. 1952, S. 685-722.

Hedwig von Lölhöffel: Simon Dach. Zu seinem 350. Geburtstag am 29. Juli 1955. Hrsg. von der Landsmannschaft Ostpreußen. Hamburg-Bergedorf 1955.

Willi Flemming: Simon Dach. In: Neue Deutsche Biographie, Bd. 3, 1957, S. 464 f.

Christiane Ruckensteiner: Simon Dachs Freundschafts- und Gelegenheitsdichtung. Phil. Diss. Innsbruck 1957 (Masch.).

Franz Dostal: Studien zur weltlichen Lyrik Simon Dachs. Phil. Diss. Wien 1958 (Masch.).

Fritz Gause: Die Geschichte der Stadt Königsberg in Preussen. Bd. 1: Von der Gründung der Stadt bis zum letzten Kurfürsten. Köln/Graz 1965.

Erich Trunz: Der deutsche Späthumanismus um 1600 als Standeskultur (1931). In: Deutsche Barockforschung. Dokumentation einer Epoche. Hrsg. von Richard Alewyn. Köln/Berlin 1965, S. 147-181. – Zitiert: Trunz.

Lotte Bartsch: Simon Dach. Leben, Familie, Zeit und Wirkung. In: Jahrbuch der Albertus-Universität zu Königsberg/Pr. 17, 1967, S. 305-333.

Ivar Ljungerud: Ehren-Rettung M. Simonis Dachii. In: Euphorion 61, 1967, S. 36-83.

Wilfried Barner: Barockrhetorik. Untersuchungen zu ihren geschichtlichen Grundlagen. Tübingen 1970. – Zitiert: Barner.

Elida Maria Szarota: Dichter des 17. Jahrhunderts über Polen. In: Neophilologus 55, 1971, S. 359-374.

Hans-Henrik Krummacher: Das barocke Epicedium. Rhetorische Tradition und deutsche Gelegenheitsdichtung im 17. Jahrhundert. In: Jahrbuch der deutschen Schillergesellschaft 18, 1974, S. 89-147. – Zitiert: Krummacher.

Albrecht Schöne: Kürbishütte und Königsberg. Modellversuch einer sozialgeschichtlichen Entzifferung poetischer Texte. Am Beispiel Simon Dachs. München 1975. – Zitiert: Schöne.

Dieter Lohmeier: Simon-Dach-Drucke in der Predigerbibliothek des Klosters Preetz. In: Wolfenbütteler Barock-Nachrichten 3, 1976, S. 172-174.

Albrecht Schöne (Hrsg.): Stadt – Schule – Universität – Buchwesen und die deutsche Literatur im 17. Jahrhundert. Vorlagen und Diskussionen eines Barock-Symposions der Deutschen Forschungsgemeinschaft 1974 in Wolfenbüttel. Hrsg. von Albrecht Schöne. München 1976.

Wulf Segebrecht: Das Gelegenheitsgedicht. Ein Beitrag zur Geschichte und Poetik der deutschen Lyrik. Stuttgart 1977. – Zitiert: Segebrecht.

Joachim Dyck: ‚Lob der Rhetorik und des Redners‘ als Thema eines Casualcarmens von Simon Dach für Valentin Thilo. In: Wolfenbütteler Barock-Nachrichten 5, 1978, S. 133-140.

Nachweise

[1] Poetische Werke, unpag. (letzter Text vor dem Schäferspiel CLEOMEDES).
[2] Arlet, S. 266. – Den Freunden galt er als der „Preußische *Petrarcha*" (Bayer, S. 174).
[3] Gottsched, S. 376.
[4] Pisanski, S. 241.
[5] Ziesemer IV, S. 79.
[6] Bayer, S. 187 f.
[7] *POETICE GERMANICA, Seu De ratione scribendi Carminis Teutonici LIBRI DUO.* Nürnberg 1674.
[8] Vgl. hierzu Trunz.
[9] Daniel Georg Morhofens UNTERRICHT VON DER TEUTSCHEN SPRACHE UND POESIE. Hrsg. von Henning Boetius. Bad Homburg v. d. H. u. a. 1969, S. 216.
[10] Erdmann Neumeister: DE POETIS GERMANICIS. Hrsg. von Franz Heiduk in Zusammenarbeit mit Günter Merwald. Bern und München 1978, S. 158.
[11] Später: „Prussiarcha".
[12] Poetische Wercke, unpag. Vorrede. Daraus auch die folgenden Zitate.
[13] Martin Opitz: Buch von der Deutschen Poeterey (1624). Hrsg. von Cornelius Sommer. Stuttgart 1970, S. 30.
[14] Nachweise bei Österley, S. 7 und Register.
[15] Nachweise bei Stiehler, S. 5.
[16] Benjamin Neukirchs Anthologie Herrn von Hoffmannswaldau und andrer Deutschen auserlesener und bißher ungedruckter Gedichte erster theil. Nach einem Druck vom Jahre 1697 mit einer kritischen Einleitung und Lesarten. Hrsg. von Angelo George de Capua und Ernst Alfred Philippson. Tübingen 1961, S. 12.

[17] Arlet, S. 266.

[18] In: Neuer Büchersaal der schönen Wissenschaften und freyen Künste, Bd. 9, 5. Stück, 1749, S. 150 f.

[19] Vgl. Marian Szyrocki: Deutsche Barockliteratur in der Universitätsbibliothek Wrocław. Die Sammlungen der Altdrucke und Handschriften. In: Daphnis 7, 1978, S. 361-364.

[20] Johann Christoph Gottsched: Untersuchung, ob es einer Nation schimpflich sey, wenn ihre Poeten kleine und sogenannte Gelegenheitsgedichte verfertigen. In: Neuer Büchersaal der schönen Wissenschaften und freyen Künste, Bd. 2, 5. Stück, Leipzig 1746, S. 463-480. – Zur Kontroverse über das Gelegenheitsgedicht im 18. Jahrhundert vgl. Segebrecht, S. 255-286.

[21] Goethe zu Eckermann am 17. September 1823. Siehe Johann Peter Eckermann: Gespräche mit Goethe in den letzten Jahren seines Lebens. Hrsg. von H. H. Houben. 25. Aufl. Wiesbaden 1959, S. 38.

[22] Aus „Dichtung und Wahrheit", zitiert nach: Goethes Werke. Weimarer Ausgabe (WA), I. Abth., Bd. 27, S. 295. – Zu Goethes Theorie und Praxis des Gelegenheitsgedichts vgl. Segebrecht, S. 287-324.

[23] Josef Körner: Einführung in die Poetik. Frankfurt a. M. 1949, S. 39.

[24] Urs Herzog: Deutsche Barocklyrik. Eine Einführung. München 1979, S. 39.

[25] G. G. Gervinus: Geschichte der deutschen Dichtung. Dritter Band. Vierte gänzlich umgearb. Ausgabe. Leipzig 1853, S. 251 f.

[26] Österley, S. 13 f.

[27] Ebenda, S. 14.

[28] Vgl. u. a. die Arbeiten von Barner, Krummacher, Schöne und Segebrecht.

[29] Ziesemer I, S. IX.

[30] Sie betreffen die Gliederung der Ausgabe, die unübersichtliche Chronologie der Texte, die Textkritik, den Kommentar und das Druckbild; das kann im einzelnen hier nicht weiter ausgeführt werden.

[31] Für den Reclam-Verlag, Stuttgart, bereitet Alfred Kelletat eine Auswahl vor.

[32] Ziesemer I, S. 188.

[33] Trunz, S. 157.

[34] Barner, S. 267.

[35] Fischer, S. XIII.

[36] Trunz, S. 161.

[37] Ziesemer I, S. 189.

[38] Ziesemer I, S. XIII.

[39] Bayer, S. 160.

[40] Pisanski, S. 243; Goedeke, S. 122.

[41] Bayer, S. 163 f.

[42] Ziesemer I, S. 188 f.

[43] Vgl. hierzu Schöne, S. 48.

[44] Bayer, S. 164.

[45] Fischer, S. XXX.

[46] Den Erstdruck des Textes machte Klaus Garber kürzlich in Danzig ausfindig; vgl. Klaus Garber: Kleine Barock-Reise durch die DDR und Polen. In: Wolfenbütteler Barock-Nachrichten 7, 1980, S. 59.

[47] Ziesemer I, S. 51 f.

[48] Poetische Wercke, S. Biiij r-v.

[49] Österley, S. 41.

[50] Zitiert nach Schöne, S. 55, der das Dokument nach dem Exemplar im Staatl. Archivlager Göttingen zitiert.

[51] Österley, S. 42.

[52] Bayer, S. 172 f.

[53] Goedeke, S. 124. – Das Lied *Gute Nacht du falsches Leben* (Fischer, S. 26 ff.) erinnert sehr an Logaus *Heutige Welt-Kunst* („Anders sein und anders scheinen"), das übrigens im *Kurtzweiligen Zeitvertreiber* (vgl. Anm. 60) zitiert wird. Der große Bekanntheitsgrad von Dachs hofkritischem Lied läßt sich aus einem Selbstzitat (Fischer, S. 99) erschließen.

[54] Ziesemer II, S. 324.

[55] Bayer, S. 183 f.

[56] Osterley, S. 34.

[57] So Ljungerud. Vgl. auch das niederdeutsche Grethke-Lied (Ziesemer I, S. 73 f.), das Dach nach eigenem Zeugnis (Ziesemer I, S. 187) geschrieben hat; es handelt sich offensichtlich um ein hochzeitliches Scherzgedicht.

[58] DNL 30, S. II.

[59] Osterley, S. 20. – Jördens allerdings hatte noch keine Zweifel: „Unter der Vorrede macht sich Dach durch das mehrmals von ihm gebrauchte Anagramm Chasmindo kenntlich". Den Inhalt des Buches beschreibt Jördens freilich merkwürdig: „Noch haben wir komische Gedichte von Dach, deren Werth aber nicht bedeutend ist" (S. 371).

[60] Kurtzweiliger Zeitvertreiber / Welcher außgebutzt allerhand lustigen Hofreden / lächerlichen Schwäncken / artigen Schnacken / nachdencklichen wolgerissenen Possen / kurtzweiligen Begebnüssen / merckwürdigen Geschichten / nützlichen Erzehlungen / und wolgegebenen Poetischen Ergötzlichkeiten / etc. Die bey Lustliebenden Gesellschafften / vertraulichen Collationen / auff Reisen / und in friedlichen Zusammenkunfften / zu Vertreibung melancholischer Grillen / und zu Verkürtzung langweiliger Zeit / können gelesen und fürgebracht werden. Auß unterschiedenen Schrifften / Büchern / Mittheilung guter Freunde / täglichen Anmerckungen auff Reisen und in Gesellschaften / Zusammen getragen / und zum Zweytenmahl vermehrter herauß gegeben Durch C. A. M. von W. Gedruckt im Jahr M.D.C.LXVIII, S. 118.

[61] Ebenda, S. 507 ff., wo u. a. „der hochlöbliche Fürst Gustavus Selenus (wie er sich nennet)" zitiert wird, also Herzog August zu Braunschweig und Lüneburg mit seinem Buch *Das Schach- oder König-Spiel* (1616).

[62] Nur anmerkungsweise sei noch darauf hingewiesen, daß überliefert wird, Dach habe noch auf dem Sterbebette „offenhertzig gestanden: Er wünschete in grösserer Unschuld gelebet zu haben. Und als er einsmahls einen harten Stoß bekam, sagte er, das wäre vor das Lied: *Ancken van Tharau*" (Bayer, S. 193), wobei sich Bayer darüber wundert, daß Dach angesichts eines so unschuldigen Liedes Gewissensbisse haben konnte. Dem Gewährsmann für diese Äußerung Dachs kurz vor seinem Tode ist jedoch von Familienangehörigen eine Klage angedroht worden, „weil es Dach nicht soll gesagt haben" (s. Ljungerud, S. 48). Offenbar wollte die Familie einer beginnenden Legendenbildung im Hinblick auf Anna Neander mit aller Entschiedenheit entgegentreten. Andererseits gibt es in Dachs überlieferten Gedichten nicht wenige Hinweise auf „Liebes-Sachen, Wodurch die Jugend gern sich sucht berühmt zu machen" (Zies. I, S. 190), die er früher verfaßt habe; solche Andeutungen bekämen einen Sinn, wenn man auf Werke nach Art des *Kurtzweiligen Zeitvertreibers* stieße, der allerdings um vieles ‚freier' ist als noch die deutlichsten hochzeitlichen Wünsche in Dachs überlieferten Gedichten.

[63] Schöne, S. 43.

[64] Osterley, S. 30.

[65] Geschichte der deutschen Literatur von den Anfängen bis zur Gegenwart. 5. Bd.: Von 1600-1700. Berlin 1962, S. 157.

[66] Mit entsprechender Reserve ist demgemäß auch der Artikel „Königsberger Dichterkreis" im Reallexikon der deutschen Literaturgeschichte (Zweite Aufl., Bd. I, S. 867-869) von Walther Ziesemer und Rudolf Haller zu lesen.

[67] Osthoff, Sp. 291.
[68] Schöne, S. 32.
[69] Vgl. Osthoff.
[70] Osterley, S. 29; Fischer, S. XXX.
[71] Fischer, S. 299 f.
[72] Pisanski, S. 21.
[73] Vgl. W. Barners Einleitung zu: Kaldenbach, S. XI-LII.
[74] Fischer, S. 137.
[75] Vgl. R. Aulichs Werkbibliographie in: Kaldenbach, S. 165-184.
[76] S. A 3.
[77] Fischer, S. 300.
[78] Ziesemer I, S. 224.
[79] Osterley, S. 31, nimmt das an.
[80] Ziesemer III, S. 204.
[81] Vgl. hierzu Krummacher.
[82] Ziesemer III, S. 269.
[83] Pisanski, S. 16.
[84] Zahlen nach Sahm, zitiert bei Schöne, S. 35.
[85] Pisanski, S. 17.
[86] Ziesemer III, S. 118.
[87] Ziesemer IV, S. 373.
[88] Ziesemer IV, S. 288.
[89] Ziesemer IV, S. 381.
[90] Ziesemer IV, S. 353.
[91] Nachweise vgl. bei Segebrecht, S. 111 ff.
[92] Ziesemer III, S. 65.
[93] Pisanski, S. 17.
[94] Ziesemer IV, S. 281.
[95] Daten bei Schöne, S. 55-59, wo auch über bisher unbekannten Immobilienerwerb Dachs informiert wird. Dach hatte vom kneiphöfischen Rat 1644 eine freie Wohnung auf Lebenszeit in der Magistergasse erhalten; vgl. Bayer, S. 175. Und gegen Ende seines Lebens erreichte er, nach langer Bemühung, „dass der kurfürst ihn mit 10 1/2 hufen landes zu Kuykheim im amte Caymen [. . .] beschenkte" (Osterley, S. 57).
[96] Ziesemer II, S. 100.
[97] Ziesemer IV, S. 219.
[98] Ziesemer IV, S. 78.
[99] Vgl. z. B. Ziesemer IV, S. 78 f.
[100] Ziesemer I, S. 190.

HANS-HENRIK KRUMMACHER

PAUL GERHARDT

Kein deutscher Dichter des Barockzeitalters ist – mag auch die Wissenschaft sich mit Autoren wie Andreas Gryphius oder Grimmelshausen unvergleichlich viel mehr beschäftigt haben – bis heute so bekannt, ja lebendig und vertraut geblieben wie Paul Gerhardt. Zwar wird er auch nach seinem Tod in der zeitgenössischen Poetik und in Dichterkatalogen – trotz Birken etwa, der ihn den „geistreichen Paul Gerhard" nennt, trotz Omeis oder Neumeister („Poëta vere Christianus, dulcis, perspicuus; cujus Hymni perplures, pii omnes ac infucati neutiquam, Ecclesiae nostrae oppido sunt familiares") – nur selten erwähnt. Auch werden seine Lieder, zumal zu seinen Lebzeiten, nicht sogleich in aller Fülle in die zahlreichen Gesangbücher der Zeit und noch weniger in den gottesdienstlichen Gebrauch aufgenommen. Doch will das nicht viel besagen angesichts einer Poetik, deren zeitgenössische Muster für lange Zeit vor allem Opitz und einige andere frühbarocke Autoren sind und die von der so selbstverständlich gegenwärtigen geistlichen Dichtung viel weniger als von den humanistisch geprägten Gattungen handelt, angesichts auch der Eigenart der Gesangbuchgeschichte im 17. Jahrhundert, die sehr stark von dem aus dem 16. Jahrhundert überkommenen Kernbestand im Gottesdienst eingebürgerter und dem Kirchenjahr fest zugeordneter Lieder beherrscht ist. Es fehlt gleichwohl schon zu Lebzeiten Gerhardts wie in den ersten Jahrzehnten nach seinem Tod nicht an Zeugnissen eines sehr entschiedenen und rasch wachsenden Interesses an den Liedern dieses Dichters, für den 1666 in der Zeit seiner Amtsenthebung durch den Großen Kurfürsten der Berliner Magistrat gegenüber dem Herrscher als für einen „frommen, Geistreichen, und in Vielen Landen berümbten Mann" (Eingabe vom 13. Februar 1666) eintritt, von dessen „geistreichen [d. i. hier wohl: an poetischem wie biblischem Geist reichen] Liedern ... nach seiner besondern / sententiösen / kurtz- und schmackhafften Art" der Nürnberger Prediger Feuerlein 1682 in seiner Vorrede zur Neuausgabe der Ebelingschen Sammlung meint, daß sie „wol vor vielen / wo nicht allen / den Preiß erhalten", und an dem 1707 sein Herausgeber Feustking, Konsistorialrat und Superintendent in Anhalt-Zerbst, rühmt, ihn habe die

göttliche Weißheit mit solchen ungemeinen Gaben in Verfertigung geistlicher Lieder ausgerüstet / daß ich sicherlich gläube / hätte er unsers grossen Lutheri glückselige Zeiten erreichet / daß er sein Beystand und Mitarbeiter in dem seligen Reformations-Werck gewesen wäre ... Wer aber solche [Lieder] wohl betrachtet / und in recht heiliger Andacht absinget / auch die Fülle des Geistes kennet / woraus sie geflossen / der wird gestehen müssen / daß sie beydes darstellen / nemlich Geist und Kunst / Krafft und Zierligkeit. Ich sage es frey heraus: kein vergebliches / kein unnützes Wort findet man darinnen / es fället und fleußt dem Gerhard alles auffs lieblichste und artlichste / voller Geistes / Nachdrucks / Glaubens und Lehre; da ist nichts gezwungenes / nichts eingeflicktes / nichts verbrochenes; Die Reimen / wie sie sonsten insgemein etwas himmlisches und geistliches mit sich führen . . . also sind sie auch absonderlich im Gerhard recht auserwehlet / leicht und auserlesen schön / die Redens-Arten sind schrifftmäßig / die Meynung klar und verständig / die meisten Melodeyen nach unsers unvergleichlichen Lutheri / und anderer alten Meister-Sänger Tone / lieblich und hertzlich / in Summa / alles ist herrlich und tröstlich / daß es Safft und Krafft hat / hertzet / afficiret und tröstet . . .

Solcher Einschätzung gemäß, die den Rang der Lieder Paul Gerhardts schon recht früh mit dem Wirken Luthers in vergleichende Beziehung setzt und teilweise dafür ursprünglich auf Luthers Lieder gemünzte, auf Cyriacus Spangenbergs *Cythara Lutheri* (1569) zurückgehende Kennzeichnungen verwendet, nimmt im späteren 17. und im frühen 18. Jahrhundert die Verbreitung seiner Lieder in Gesangbüchern, nicht zum wenigsten dann auch im Zeichen des vordringenden Pietismus, rasch zu, werden seine Lieder in mancherlei sonstige erbauliche Werke aufgenommen, erscheinen, ehe bis zum frühen 19. Jahrhundert eine Pause eintritt, weit in die erste Hälfte des 18. Jahrhunderts hinein immer noch neue Ausgaben seiner Lieder, sammelt die hymnologische Literatur des frühen 18. Jahrhunderts Nachrichten über die fromme Benutzung und erbauliche Wirkung dieser Lieder, gelten Liedpredigten und Auslegungen Texten von Paul Gerhardt und gewinnen Strophen von ihm Bedeutung in Kantaten und Oratorien Bachs, Telemanns und ihrer Zeitgenossen.

Die große Wirkung Paul Gerhardts, die ihn noch im heutigen *Evangelischen Kirchen-Gesangbuch* neben Luther zum meistvertretenen Liederdichter macht, die ihn über die Konfessionsgrenzen hinweg zu einem ökumenischen Dichter und auf dem Wege über Gesangbücher in anderen Sprachen wohl zum einzigen auch in Übersetzungen weit verbreiteten deutschen Autor des 17. Jahrhunderts hat werden lassen, hat gewiß auch manche fragwürdigen Züge, hat Legenden und bis in neueste populäre Darstellungen und nicht nur darin wirkende Klischees des bewundernden Urteils hervorgebracht. Auch ist diese Wirkung, vermittelt und ermöglicht vor allem durch das Gesangbuch und seinen ausgewählten und bearbeiteten Textbestand, vielfach eine so sehr ins Privateste, ins Selbstverständliche und Anonyme reichende, daß sie in ihrem ganzen Umfang mehr zu ahnen als zu dokumentieren ist und bei manchem Großen der Literaturgeschichte vergeblich nach einem Beleg suchen läßt. Aber es gibt auch eindrückliche Zeugnisse dieser Wirkung von sehr verschiedenartigen Autoren.

Im 18. Jahrhundert, in dessen zweiter Hälfte Paul Gerhardts Lieder in den Gesangbüchern unter dem Einfluß einer rationalistischen Theologie stark zurückgedrängt und oft radikal überarbeitet werden, sind gleichwohl Autoren wie

Winckelmann oder Gellert, der lieber ein zweiter Paul Gerhardt als der größte Fabeldichter zu sein wünschte, Herder, Hippel, Matthias Claudius oder Voss Zeugen solcher Wirkung, die auch aus der Jugend Schillers oder Tiecks berichtet wird. August Wilhelm Schlegel und Eichendorff haben in ihren literargeschichtlichen Werken vor anderen Dichtern des Barock Paul Gerhardt rühmend hervorgehoben. Fontane kommt wiederholt auf ihn und seine Lieder bewundernd zu sprechen. Hebbel hat in seinen Tagebüchern bekannt, wie er in der Kindheit an Paul Gerhardts Abendlied „die Poesie in ihrem eigentümlichen Wesen und ihrer tiefsten Bedeutung zum erstenmal" geahnt habe. Und noch im 20. Jahrhundert sind es nicht nur dezidiert protestantische Autoren wie Rudolf Alexander Schröder oder Kurt Ihlenfeld, Albrecht Goes oder der in den wachsenden Bedrängnissen vor seinem Freitod an Paul Gerhardt sich aufrichtende Jochen Klepper, die die Gegenwärtigkeit dieses Liederdichters bekräftigen, oder der in Traditionen wohl erfahrene Rudolf Borchardt, sondern auch der aus seiner pietistischen Herkunft sich lösende Hermann Hesse oder – und sei es schließlich nur noch in parodistischem Anklang und polemischer Abgrenzung – so skeptische Geister wie Bert Brecht oder Gottfried Benn.

Solche lebendige Wirkung eines Mannes, von dem außer seinem Werk nur wenig bekannt ist und der außer seinen Liedern, deren Zahl nicht einmal sehr groß ist, kaum etwas geschrieben hat, solche – übrigens wohl selbst im Blick auf die Lieder Luthers – fast unvergleichliche Ausstrahlungskraft, die namhafte spätere Dichter ebenso ergriffen wie ungezählte namenlose singende, lesende, betende Menschen vor allem immer wieder tröstend angerührt hat, verleiht dem Werk einen eigentümlichen Rang. Sie fordert, mag sie sich auch einer völligen Erklärung verweigern, zu der Frage heraus, worin sie denn begründet, wie sie zu verstehen sei. Darauf ist zu vielen Malen besonders mit dem Hinweis auf die Einfachheit, die Schlichtheit von Paul Gerhardts Liedern geantwortet worden. In ihr, die man zumeist gegen die als allzu künstlich verstandene übrige Dichtung der Zeit abhob, sah man das wichtigste, die geistliche Haltung ihres Autors unmittelbar bezeugende Merkmal dieser Lieder und die Ursache ihrer Wirkung. Um solcher Schlichtheit willen war man geneigt, dem Autor manches nachzusehen, was man bei aller Zuneigung doch eigentlich kritisieren zu müssen meinte, die Länge mancher Lieder, die Abhängigkeit von Vorlagen, das Fehlen ausgedehnter dogmatischer Aussagen. Kirchenliedgeschichtlich schien sie erträglich zu machen, was man den Subjektivismus dieser Lieder im Unterschied zur Objektivität des Lutherschen Liedes nannte und oft als den Anfang einer bedenklichen Auflösung des reformatorischen Kirchenlieds ansah. Literaturgeschichtlich schien sie den Dichter zum willkommenen Vorläufer der Lyrik seit Goethe zu machen. Seltsam und betrüblich erschien nur der Gegensatz, in welchem die von solcher Einfachheit geprägte fromme Lieddichtung zu Zügen einer schroffen Orthodoxie in jenem späten Berliner Lebensabschnitt zu stehen schien, welcher als einziger durch reichlichere Quellen etwas genauer faßlich wird. Aber besteht da wirklich ein

Widerspruch? Sind die Befunde und Folgerungen zutreffend, die sich in jenen immer wiederkehrenden Zügen des von Paul Gerhardt und seinem Werk gezeichneten Bildes verbinden? Und was hat es mit jener Einfachheit, wenn sie denn richtig beobachtet ist, auf sich? Das sind die Fragen. Was besagen Werk und Leben, auf dem Hintergrund der Zeit und ihrer Literatur betrachtet, dafür? Paul(us) Gerhardt, am 12. März 1607 in Gräfenhainichen im Kurfürstentum Sachsen geboren als Sohn eines Gastwirts, der auch einer der drei Bürgermeister der Stadt ist, und einer Tochter und Enkelin lutherischer Pfarrer, deren Vater in den kryptocalvinistischen Auseinandersetzungen in Sachsen wegen des Festhaltens am Exorzismus bei der Taufe zeitweilig seines Amtes enthoben worden war, besucht nach dem frühen Tod der Eltern seit 1622 die Schule in Grimma, eine der drei nach der Reformation eingerichteten sächsischen Fürstenschulen, die ihren Schülern eine humanistische Bildung vermittelten und sie im Geiste eines reinen Luthertums erzogen. Anfang 1628 wird Paul Gerhardt zum Studium der Theologie in Wittenberg, einem Hort streng lutherischer Lehre, immatrikuliert. Daß er hier auch von August Buchner gelernt haben mag, zu dessen akademischen Schülern viele andere Autoren des 17. Jahrhunderts gehört haben, mag man vermuten, ohne es belegen zu können. In Wittenberg bleibt Paul Gerhardt fast anderthalb Jahrzehnte, seit etwa 1635 offenbar als Hauslehrer. Seit 1642 oder 1643 lebt er in Berlin, wiederum wohl als Hauslehrer und aushilfsweise auch als Prediger tätig. Ende 1651 wird er auf Empfehlung des Berliner Geistlichen Ministeriums zum Propst im nahen Mittenwalde berufen. Vor Antritt des Amtes wird er in der Berliner Nikolaikirche unter Verpflichtung auf die lutherischen Bekenntnisschriften zum Pfarrer ordiniert. Am 11. Februar 1655 heiratet er Anna Maria Barthold (oder Berthold), die Tochter eines Berliner Kammergerichtsadvokaten, in dessen Hause er zuvor längere Jahre gelebt hatte. Von fünf Kindern überlebt nur ein 1662 geborener Sohn die Eltern. Im Mai 1657 wird Paul Gerhardt vom Berliner Magistrat als Diakonus an die Nikolaikirche berufen. Vor allem Gelegenheitsgedichte zeigen ihn in diesen wie schon in den früheren Berliner Jahren in mannigfachen Beziehungen zu den gelehrten Kreisen des Berliner Bürgertums, zu den Mitgliedern des Magistrats, zu Juristen, zu den Lehrern des Gymnasiums zum Grauen Kloster, zu denen auch die Kantoren der Nikolaikirche und Komponisten Gerhardtscher Lieder, Johann Crüger und sein Nachfolger Johann Georg Ebeling, gehören.

1662 verschärft der brandenburgische Kurfürst Friedrich Wilhelm seine Religionspolitik, die aus persönlicher Überzeugung wie aus politischen Gründen auf eine Sicherung und möglichste Stärkung des von seinem Großvater Johann Sigismund angenommenen reformierten Bekenntnisses in seinen lutherischen Territorien gerichtet ist, durch Edikte, welche die konfessionelle Polemik auf den Kanzeln verbieten und allen Untertanen den Besuch der Universität Wittenberg zum Studium der Theologie oder Philosophie untersagen, sowie durch Anordnung eines Religionsgesprächs zwischen den lutherischen und den reformierten

Geistlichen der beiden benachbarten Residenzstädte Berlin und Cölln. Paul Gerhardt, der als Prediger offenkundig ohne besondere Schärfe nur auf die klare Darstellung der lutherischen Glaubenslehre bedacht ist, fällt dabei wiederholt die Aufgabe zu, den Standpunkt der lutherischen Seite zu formulieren. Die erhaltenen Schriftstücke zeigen ihn als einen dogmatisch und dialektisch geschulten Mann, der die Lehrunterschiede der Konfessionen und die Abgrenzung gegen die Calvinisten mit der in der Kontroverstheologie der Zeit üblichen Deutlichkeit herausarbeitet. Nachdem das Religionsgespräch nach zahlreichen Sitzungen 1663 ergebnislos abgebrochen worden ist, erläßt der Kurfürst 1664 erneut ein verschärftes Religionsedikt und fordert von den kurbrandenburgischen Geistlichen die Unterschrift unter einen Revers, der durch Anerkennung der verschiedenen kurfürstlichen Edikte zum weitgehenden Verzicht auf theologische Auseinandersetzung und auf den damals noch in vielen lutherischen Kirchen beibehaltenen Exorzismus bei der Taufe verpflichtet sowie die Distanzierung von der *Formula Concordiae* bedeutet, von jener jüngsten lutherischen Bekenntnisschrift von 1577, die eine abschließende Formulierung der lutherischen Glaubenslehren bezweckt, das Ziel der Überwindung aller innerlutherischen Lehrstreitigkeiten allerdings, obgleich in vielen lutherischen Territorien unter die Bekenntnisschriften aufgenommen, nicht hatte erreichen können.

Unter denjenigen, die die Unterschrift verweigern, weil sie in den Forderungen des Kurfürsten – auch in der nach einer hier noch eher politisch als religiös begründeten „Christlichen tolerantz" – die Gefahr des Synkretismus, der Vermischung und damit der Aufhebung fundamentaler Glaubensüberzeugungen sehen, ist auch Paul Gerhardt. Im Gefolge längerer Auseinandersetzungen der Berliner Geistlichkeit mit dem Kurfürsten wird nach dem Propst der Nikolaikirche, der später einen gemilderten Revers unterschreibt, und dem Archidiakonus, der bald Berlin verläßt, am 6. 2. 1666 auch Paul Gerhardt von seinem Amt suspendiert. Wiederholtes dringliches Eintreten der Bürgerschaft und aller Gewerke, des Berliner Magistrats und der brandenburgischen Stände für den „geliebten Prediger undt Seelsorger ... [der] alle- undt jede Zum wahren Christenthumb, durch Lehre undt Leben bis dato geführt, undt keine Seele mit worten oder wercken angegriffen" habe (Eingabe der Bürgerschaft und der Gewerke an den Magistrat vom Februar 1666), veranlaßt den Kurfürsten schließlich, Paul Gerhardt zu Anfang des Jahres 1667 den Revers zu erlassen mit der Erwartung, dieser werde sich auch ohne förmliche Unterschrift an die Edikte, deren Sinn er wohl nur nicht recht verstanden habe, gebunden wissen. Damit wird für Paul Gerhardt insbesondere die Frage nach der Geltung der Konkordienformel, die einer der Vorgänger des Kurfürsten und Mitunterzeichner auch für Brandenburg als verbindliche Bekenntnisschrift eingeführt hatte, vollends zur Gewissenssache. Da er sich in der vom Magistrat unterstützten Bemühung um eine sein Gewissen beruhigende Äußerung des Kurfürsten der Wiederaufnahme seines Amtes enthält, befiehlt der Kurfürst im Februar 1667 dem Magistrat die Berufung eines anderen Predigers. Der damit endgültig Abgesetzte, der in einer Erklärung seines Verhaltens zwischen einer guten, von ihm bejahten und geübten Moderation als Freiheit der Lehrabgrenzung von persönlichem Affekt und einer bösen, zur Auflösung des eigenen Bekenntnisses führenden Moderation unterscheidet, wird vom Magistrat aus den Einkünften seiner Stelle noch bis zu deren Neubesetzung im August 1668 unterhalten. Am 5. März dieses Jahres stirbt seine Frau. Im Herbst wird er als Archidiakonus in das damals mit der Niederlausitz dem Herzog von Sachsen-Merseburg gehörende Lübben im Spreewald berufen. Im Juni 1669 tritt er das neue Amt an. Briefe und amtliche Dokumente zeugen von unerquicklichen Auseinandersetzungen um die Herrichtung einer zureichenden Wohnung in Lübben und von späteren Belastungen der Amtsführung. Am 27. Mai 1676 stirbt Paul Gerhardt, am 7. Juni wird er an unbekannter Stelle in der Lübbener Kirche begraben.

Der in vielem, im Bildungsgang etwa oder in persönlichem Leid, typische Lebensweg Paul Gerhardts läßt sich unschwer in einer knappen Skizze zusammenfassen, weil er ohnehin nur lückenhaft, nur in seinen Hauptstationen und in ungefähren Umrissen überliefert ist (sogar Geburts- und Sterbedatum waren lange nicht sicher bekannt), weil er selbst in solcher Lückenhaftigkeit fast nur aus unscheinbaren und inhaltsarmen Belegen, aus verstreuten Erwähnungen, aus Eintragungen in Kirchenbüchern, aus datierten Drucken von Gelegenheitsdichtungen und aus nur wenigen aussagekräftigeren Quellen – meist amtlichen Schriftstücken – zu rekonstruieren ist und dabei kaum die private Person und so gut wie gar nicht den Dichter zu erkennen gibt. So scheint er für den späteren Betrachter fast beziehungslos neben dem Werk zu stehen und diesem in der am reichsten dokumentierten Phase, dem Berliner Konflikt mit dem Kurfürsten, geradezu zu widersprechen. Aber es wäre falsch, hier eine unbegreifliche Kluft zwischen Frömmigkeit und dogmatischem Starrsinn zu sehen und den Dichter Paul Gerhardt als einen kirchenpolitischen Reaktionär zu verstehen.

Was immer auch an Glaubensüberzeugungen in der brandenburgischen Kirchenpolitik wirksam war und was darin nachträglich an Wurzeln neuzeitlicher Toleranz und konfessionellen Ausgleichs gefunden werden mag, das läßt doch ihre auch vorhandenen machtpolitischen Antriebe nicht verkennen. Paul Gerhardt gerät mit ihr in Konflikt, weil hier konfessionelle Auseinandersetzungen, die entstehen mußten, sofern noch lange die Konsequenzen aus der Glaubensspaltung zu ziehen und zu bewältigen waren, zusammentrafen mit komplexen politischen Veränderungen und ganz andersartigen Interessen des sich herausbildenden absolutistischen Staates und davon noch verschärft wurden. Wenn für Paul Gerhardt dabei auch das Festhalten an der jüngsten Bekenntnisschrift, der Konkordienformel – auf sie hatte er sich wie auf die anderen symbolischen Bücher des Luthertums bei seiner Ordination feierlich verpflichtet, sie wird beispielsweise in dem der religiösen Unterweisung in Grimma zugrunde gelegten, weit verbreiteten *Compendium Locorum Theologicorum* des Wittenberger Theologen Leonhard

Hutter gleich zu Beginn im Locus *De Scriptura Sacra: deque norma ac Iudice controversiarum Ecclesiasticarum* zusammen mit den anderen Bekenntnisschriften als „testimonium pro religione nostra" genannt, auf sie wurden in Paul Gerhardts Studienzeit in Wittenberg schon die Theologiestudenten und alle sonst hier studierenden Landeskinder verpflichtet –, wenn für ihn das Festhalten auch und gerade an dieser Bekenntnisschrift zu einer Gewissenssache wurde, deren sich auch die Berliner Bürgerschaft und ihr Magistrat annahmen, so zeigt sich darin, welche fundamentale Bedeutung für ihn wie für viele Zeitgenossen die durch Luther aufgeworfenen Glaubensfragen immer noch hatten. Diese Glaubensfragen hatte gerade auch die Konkordienformel, auch wenn sie dann ihrerseits noch wieder Anlaß zu Auseinandersetzungen gegeben hat, mit großem Ernst zu klären gesucht. Daß Paul Gerhardt, von dem sein späterer Herausgeber Feustking berichtet, daß er ständig mit Johann Arndts *Paradiesgärtlein* umgegangen sei, dabei nicht als geistlicher Dichter, sondern als Kontroverstheologe in Erscheinung tritt, das charakterisiert ihn als Vertreter jener Haltung, die große, vielfach als Reformorthodoxie benannte Teile des Luthertums im 17. Jahrhundert – darunter etwa auch namhafte Mitglieder der streitbaren Wittenberger Theologenfakultät, die Paul Gerhardts Lehrer oder später seine und seiner Berliner Amtsbrüder Ratgeber waren – kennzeichnet und für die die reine Lehre so wichtig ist wie ein reines Leben, Rechtgläubigkeit und Frömmigkeit, Kontroverstheologie und Erbauungsschrifttum und geistliche Dichtung keine Gegensätze sind, sondern einander notwendig ergänzen. Was aber, an dem einen heller beleuchteten Konflikt wie an den sonst nur schattenhaft greifbaren Lebensabschnitten, als Existenzform Paul Gerhardts hervortritt, das erweist sich – anders als bei anderen dichtenden Theologen des Barock, Johann Heermann etwa oder Johann Rist – gewiß als der respublica litteraria der Zeit sehr fern stehend. Doch die da sichtbare Beschränkung auf das geistliche Amt, die frei von allem literarischen Ehrgeiz ist – Paul Gerhardt hat anders als viele Theologen seiner Zeit keine Sammlungen seiner Predigten herausgegeben und auch seine Lieder nicht einmal selbst publiziert –, ist nicht ohne Bezug zu seinem Werk, das sich ganz auf die geistliche Lieddichtung konzentriert, sondern ist dessen Wurzelgrund, ohne den es in seiner Eigenart kaum zu verstehen ist. Die wenigen anderen Werke in ihrer geringen Zahl und in ihrer Art bestätigen das.

Das Werk Paul Gerhardts besteht – abgesehen von den nicht sehr zahlreichen Briefen meist amtlichen Charakters, den theologischen Schriftsätzen aus Anlaß der Berliner Auseinandersetzungen und einer Art von geistlichem Testament für den einzigen überlebenden Sohn – aus etwas mehr als einhundertunddreißig deutschen Gedichten, Liedern zumeist, worunter manches zu verschiedenartigen Gelegenheiten, vor allem für Freunde Entstandene, aus fünfzehn lateinischen Gelegenheitsgedichten und aus vier Leichenpredigten, die in zeitüblichen Gelegenheitsdrucken überliefert sind. Die Predigten belegen jene zeitgemäße rhetorische und theologische Schulung, die bei dem Absolventen der Grimmaer Fürstenschule und der Wittenberger Universität ohnehin vorauszusetzen ist. Auch die deutsche und lateinische Gelegenheitsdichtung, unter der sich beispielsweise eine Reihe von ganz regelmäßigen Epicedien – aus antiken Ursprüngen entwickelten barocken Trauergedichten – befindet, zeigt den Dichter auf selbstverständlichste Weise vertraut mit der humanistischen Bildung und Poetik seiner Zeit. Was sie an literarischen Möglichkeiten boten, ist ihm zwar offenkundig nicht das Wichtigste gewesen, aber es ist ihm geläufig und ist damit auch Grundlage seines eigentlichen Werks.

Dieses sind jene einhundertundzwanzig Lieder, die seit 1647 nach und nach vor allem in verschiedenen Auflagen von Johann Crügers *Praxis Pietatis Melica. Das ist: Ubung der Gottseligkeit in Christlichen und Trostreichen Gesängen / Herrn Dr. Martini Lutheri fürnemlich / und denn auch anderer vornehmer und gelehrter Leute,* zum Teil mit dessen Melodien, erschienen und dann – unter Einschluß von gut zwei Dutzend bis dahin ungedruckter Stücke – 1666/67, in der Zeit von Gerhardts Amtsenthebung, durch Johann Georg Ebeling als *Pauli Gerhardi Geistliche Andachten ... Der göttlichen Majestät zu foderst Zu Ehren / denn auch der werthen und bedrängten Christenheit zu Trost / und einer jedweden gläubigen Seelen Zur Vermehrung ihres Christenthums* zusammengefaßt und, fast durchgehend mit neuen eigenen Melodien versehen, für vier Vokalstimmen und Instrumente vertont wurden. Mehr, als bis heute nachgewiesen, mögen die Lieder daneben in Gelegenheitsschriften und anderen Einzeldrucken verbreitet worden sein, viele sind aus den ersten Berliner Veröffentlichungen nach und nach in andere Gesangbücher und sonstige geistliche Liedsammlungen übernommen, auch in erbauliche Prosawerke eingefügt, manche dann auch mit anderen Melodien versehen und von anderen Komponisten neu vertont worden. Die gebrauchsnahe, der Musik eng verbundene Form der Publikation von Paul Gerhardts Liedern, die zwar, soweit sie durch die beiden Kantoren der Nikolaikirche geschah, gewiß nicht ohne seine Zustimmung und wohl auch nicht ganz ohne seine Teilnahme, aber doch ohne eindeutige Autorisation der verschiedenen Textfassungen erfolgte, brachte es mit sich, daß die komplizierte textkritische Problematik der Überlieferung bis heute nicht durch eine endgültige Ausgabe gelöst ist.

Paul Gerhardts Lieder, die sich in ihrer Mehrzahl nur durch den Zeitpunkt ihrer ersten Veröffentlichung ungefähr datieren lassen, benutzen rund fünfzig verschiedene Strophenformen, von denen einige vom Dichter selbst erst gebildet worden sind, während viele andere sich an bekannte Melodien anlehnen. Die Formen reichen von sehr einfachen vierzeiligen Gebilden (*Nun last uns gehn und tretten ...* etwa, *Wach auf mein Hertz und singe ...,* *Ich singe dir mit Hertz und Mund ...* oder *Nun dancket all und bringet Ehr ...*) bis zu umfangreichen und zuweilen komplizierten Fügungen (*Gib dich zu frieden / und sey stille ...,* *Gott lob nun ist erschollen ...,* *Ich hab in Gottes Hertz und Sinn ...,* *Solt ich meinem Gott nicht singen ...* und manche sonst). In ihrer Vielfalt, die zumal im

Verhältnis zur Anzahl der Lieder bemerkenswert groß ist, erweisen die Strophenformen die enge Beziehung, in welcher die Dichtungen Paul Gerhardts zur Musik, mit der zusammen sie denn auch immer wieder in den Drucken auftreten, zur Gattungsüberlieferung des Liedes und insbesondere zum geistlichen Lied stehen. Die aus dem 16. Jahrhundert herkommende Liedtradition und vor allem das seit Luther so reich entwickelte protestantische Kirchenlied sind der Quellgrund von Paul Gerhardts Lieddichtung. Es wird von Paul Gerhardt fortgeführt und auf eine die Gattung wirkungsreich prägende Weise erweitert und gesteigert. Schon die Strophenformen zeigen indessen auch, daß das nicht ohne oder gar gegen die literarischen Möglichkeiten der Zeit geschieht, sondern unter deren umsichtiger Nutzung. Die Formen sind, ohne gelegentliche, gattungsentsprechende Freiheiten aufzugeben, auf das selbstverständlichste von der seit Opitz entwickelten Metrik und der ihr zugehörigen Sprachbehandlung geprägt, auch wenn Paul Gerhardt im Zeichen seiner engen Beziehung zur Liedtradition so zeittypische Formen wie den Alexandriner, das Sonett, die pindarische oder selbst die im Kirchenlied häufiger begegnende sapphische Ode selten oder gar nicht benutzt. Die Wahl vielfältiger Strophenformen und eine bewegliche sprachliche Füllung dieser Formen aber stehen ganz im Dienst der geistlichen Themen und der mit ihnen verknüpften, durch sie zu erweckenden geistlichen Affekte (aufs deutlichste faßlich etwa in Festliedern wie *Frölich sol mein Hertze springen* ... oder *Auf / Auf / mein Hertz mit Freuden* ... oder dem Morgenlied *Die güldne Sonne* ...). Von der da sich ausbildenden Ausdruckskraft des geistlichen Liedes sind auch die hymnologisch und musikgeschichtlich bedeutsamen Melodieschöpfungen und Kompositionen der Zeitgenossen bestimmt mit ihrem engen Wort-Ton-Verhältnis und – vor allem bei Ebeling – der Entwicklung zur Ausdruckshaftigkeit des mehr für den häuslichen Gebrauch als für den Gemeindegesang gedachten Aria-Typus.

Nahezu die Hälfte der Lieder Paul Gerhardts hat einen biblischen Text zur Vorlage, und bei fast der Hälfte dieser Dichtungen stammt die Vorlage aus den Psalmen. Die Beziehung zur biblischen Vorlage, verstärkt vielfach durch Einfügung zusätzlicher einzelner Bibelstellen, kann so eng sein, daß es sich um eine getreue Nachdichtung mit von Strophe zu Strophe eingehaltener Korrespondenz handelt, sie kann andererseits auch den Text sehr frei variieren und ausdeuten. Wo solche Bindung an eine bestimmte biblische Vorlage nicht besteht, gibt es doch mancherlei Entsprechungen dazu, sei es, daß Lieder biblische Ereignisse – insbesondere die großen Heilstatsachen – nacherzählen und zugleich deuten, sei es, daß sie jedenfalls getränkt sind von biblischen Anspielungen und vertrauten geistlichen Wendungen. Mehrere Lieder sind Nachdichtungen von lateinischen oder deutschen Texten anderer Dichter (Arnulf von Löwen, Nathan Chyträus, Sebaldus Heyden, Paul Röber), sechs beruhen auf Gebeten in Johann Arndts verbreitetem *Paradiesgärtlein*, andere mit Titeln wie *Buß- und Bätt-Gesang / Bey unzeitiger Nässe und betrübtem Gewitter*, *Danck-Lied / vor einen Gnädigen Sonnenschein, Danck-Lied einer reisenden Persohn auf dem Rück-Wege* haben Gebete für einzelne Gelegenheiten zum Muster, wie man sie in den zeitgenössischen Gebetssammlungen findet. Gerhardts Morgen- und Abendlieder weisen vielfach in Bauform und Motiven auf die entsprechenden Gebete in Luthers Kleinem Katechismus und in späteren Gebetssammlungen wie der von Arndt als ihr Vorbild zurück. Genauere Nachforschungen, zu denen es bisher nur unsichere Ansätze gibt, würden gewiß weitere Beziehungen zur Predigt-, Gebets- und Erbauungsliteratur, die auch sonst eine bedeutende Quelle der zeitgenössischen geistlichen Dichtung ist, und zu biblischen Texten ans Licht bringen.

Solche vielfältige Verknüpfung mit biblischen Texten und mit mannigfachen Erscheinungsformen geistlicher Literatur, wie sie bei Paul Gerhardt besteht, ist nicht eine besondere Eigenheit nur seiner Lieder, sie ist aber auch nicht ein Merkmal geistlicher Dichtung zu allen Zeiten. Sie ist in dieser Fülle vielmehr ein Kennzeichen der geistlichen Dichtung im 16. und 17. Jahrhundert, an deren Bedingungen Paul Gerhardt teilhat. Die betonte Rolle der Heiligen Schrift seit Luther und die vor allem von Melanchthon wirkungsreich formulierte reformatorische Auffassung von der Rolle von Vers und Musik für die Verbreitung der doctrina de deo sind die Voraussetzungen dafür, daß sich seit der Reformation mannigfache, auf Unterrichtung und auf Weckung der Andacht zielende Formen geistlicher Dichtung zumal im protestantischen Raum ausbilden, die teils biblische Texte mehr oder weniger genau paraphrasieren, teils erbaulich auslegen oder auch beides zugleich tun. Solche Dichtung, zu deren bevorzugten Gegenständen neben den Perikopen die Psalmen gehören, bemächtigt sich im 17. Jahrhundert um der Andacht willen zunehmend auch der Erbauungs- und Gebetsliteratur, die durch solche Umsetzung in Verse eine zusätzliche Wirkungsmöglichkeit gewinnt. Besondere Vorliebe gilt dabei neben anderen den Gebeten Johann Arndts. Für derartige Dichtung, für die die Bindung an Vorlagen etwas Übliches, die eigene poetische Erfindung hingegen kein vorrangiger Zweck ist und die Verwendung mannigfacher Bibelstellen, ein Sprechen mit Bibelstellen ein ausdrücklich gefordertes Verfahren darstellt, ist das Lied die bevorzugte poetische Form, neben die im Lauf des 17. Jahrhunderts erst nach und nach auch andere treten. Wenn Paul Gerhardt seine geistliche Dichtung fast nur in Liedform schreibt und zudem durch andere in Verbindung mit Musik publizieren läßt, dann ist das ebenso wie die häufige Bindung an Bibeltexte und andere Vorlagen ein Symptom dafür, wie sehr sein Werk in den größeren Zusammenhang der geistlichen Dichtung des 16. und 17. Jahrhunderts gehört und aus deren besonderen Voraussetzungen erwächst.

Allerdings verfaßt er, obgleich sich seine Lieder leicht dem Kirchenjahr zuordnen lassen, sicher auch zum Teil in engem Zusammenhang mit ihm entstanden sind und in den Ausgaben des 17. und frühen 18. Jahrhunderts vielfach entweder nach dem Kirchenjahr gruppiert oder durch entsprechende Register

erschlossen werden, so wenig einen Zyklus von Perikopenliedern wie eine vollständige Nachdichtung des Psalters – zyklische Formen, die vor allem durch
die Vermittlung des biblischen Textes als solchen im christlichen Glauben unterrichten wollen –, und nur wenige seiner Lieder nach biblischen Texten sind
Beispiele der paraphrasierenden Bibeldichtung im strengsten Sinn. Auch nimmt
er sich in den Arndt-Nachdichtungen, bei aller erkennbaren Treue zum Text,
immer wieder Freiheiten gegenüber der Vorlage und benutzt Strophenformen,
die ersichtlich mehr leisten, als einen Gebetstext als solchen lediglich in Verse
umzusetzen. An alldem ist abzulesen, daß Paul Gerhardts Lieddichtung, so vollkommen sie sich im Sinne der für das ganze 16. und 17. Jahrhundert gültigen
Überlieferung in den Dienst der doctrina de deo und ihrer Verbreitung stellt,
dies doch weniger zum Zwecke der bloßen Unterrichtung als vielmehr vor allem
zur Erweckung der Andacht tut, die im 17. Jahrhundert im Zusammenhang
frömmigkeitsgeschichtlicher Entwicklungen zunehmend Raum in der geistlichen
Dichtung gewinnt und die Paul Gerhardt selbst in einem Gedicht an Joachim
Pauli ausdrücklich als höchstes Ziel aller Dichtung nennt. Das bestätigt sich an
der Tatsache, daß viele der zeitgenössischen und posthumen Ausgaben von Paul
Gerhardts Liedern durch einen Anhang mit Gebeten von Arndt, Johann Gerhard
und anderen ergänzt und so vollends zu Andachtsbüchern gemacht und daß
umgekehrt seine Lieder in andere Erbauungswerke aufgenommen werden, und
es entspricht dem, was sich am Gebrauch der Strophenformen und an den Kompositionen Gerhardtscher Lieder beobachten läßt, wie dem, was in ihnen an
beherrschenden Themen und Motiven begegnet.

Entgegen einer da und dort geäußerten Meinung ist es nicht etwa so, als gäbe
es nicht bei Paul Gerhardt sehr dezidierte dogmatische Aussagen. In Liedern wie
Du Volck / das du getauffet bist ..., *Herr Jesu / meine Liebe* ..., *Weg mein
Hertz mit den Gedancken* ... oder *Ich weiß das mein Erlöser lebt* ... werden
zentrale Aussagen lutherischer Dogmatik, das Sakrament der Taufe, das Abendmahl mit der Lehre von der Realpräsenz und von der manducatio oralis, dem
mündlichen Empfang des Leibes Christi, die zu den Streitpunkten des vom Großen Kurfürsten angeordneten Religionsgesprächs gehörten, werden die lutherische Bußlehre mit ihrer Auffassung von contritio und fides oder die Lehre von
der leiblichen Auferstehung in einer Weise behandelt, die immer wieder fast
wörtlich an entsprechende Stellen in verbreiteten Darstellungen lutherischer
Glaubenslehre wie Luthers Katechismen, der für Paul Gerhardt so existenz-
bestimmend gewordenen *Formula Concordiae* oder L. Hutters *Compendium
Locorum Theologicorum* anklingt. Solche Lieder bestätigen, wie wenig es einen
Gegensatz zwischen dem frommen Liederdichter und dem an den Bekenntnisschriften hartnäckig festhaltenden Berliner Prediger gibt. Freilich sind das nicht
die vorherrschenden Liedtypen. Man darf – auch wenn eine historisch zureichende, von der Theologie des 16. und 17. Jahrhunderts ausgehende dogmatische
Untersuchung Paul Gerhardts noch aussteht – bei diesem wie bei jedem anderen

geistlichen Dichter des 17. Jahrhunderts nicht das suchen, was Sache der gelehrten Dogmatiker und Kontroverstheologen ist. So wenig wie um einen vollständigen Psalter oder einen Perikopenzyklus ist es Paul Gerhardt um ein dogmatisches Kompendium gegangen. Vielmehr sind bestimmte Teile christlicher Lehre und christlicher Glaubenserfahrung auffällige Schwerpunkte seiner Lieder. Neben Liedern auf die herausragenden Ereignisse der Heilsgeschichte und die ihnen zugeordneten hohen Feste, die von der mitleidend-reuigen Betrachtung der Passion (*Ein Lämmlein geht und trägt die schuld . . ., O Haupt vol Blut und Wunden . . ., O Welt sieh hier dein Leben . . .*) oder von der Freude der Weihnachtsbotschaft und der Auferstehung erfüllt sind, stehen einerseits Lieder der Buße, der Anfechtung, des Kreuzes, in denen auch das der Zeit so vertraute Vanitas-Motiv nicht fehlt, andererseits aber und vor allem Lieder des Trostes, der Freude, der Zuversicht und des Vertrauens und einer davon bestimmten christlichen Lebensführung (*Befiehl du deine Wege . . ., Du meine Seele singe . . ., Gib dich zu frieden / und sey stille . . ., Ich hab in Gottes Hertz und Sinn . . ., Ich singe dir mit Hertz und Mund . . ., Ist Gott für mich / so trete . . ., Nun dancket all und bringet Ehr . . ., Solt ich meinem Gott nicht singen . . ., Warumb solt' ich mich dann grämen . . .*). Es sind – mit einem zentralen Wort der Frömmigkeit des 17. Jahrhunderts gesagt – vor allem Lieder der praxis pietatis, die der dichterischen Erscheinung Paul Gerhardts das besondere Gepräge geben und deren Rezeption bis heute vor anderen beherrscht haben.

Sie unterscheiden sich – das ist oft betont worden – gewiß von den Liedern Luthers und anderer Dichter des 16. Jahrhunderts, die ganz vom Bekenntnis der neu errungenen Glaubenseinsichten leben. Aber die Lieder einer praxis pietatis bei Paul Gerhardt ruhen auf dem Fundament dieser Glaubenseinsichten. Neben dem Vertrauen zu Gott als dem Schöpfer und Erhalter im Sinne der loci theologici de creatione und de providentia Dei ist es die immer wieder bekundete Gewißheit der Erlösung durch Christus und die darauf beruhende, in Dreiviertel dieser Lieder – und sei es auch nur als knapp angedeuteter Ausblick – vergegenwärtigte Verheißung der ewigen Herrlichkeit, was die Spannung von Buße, Anfechtung, Kreuz und Trost, Vertrauen, Ergebung trägt, was vielen Liedern trotz erfahrenem Leid ihren zuversichtlichen, ja freudigen Ton gibt, was Sonne und Licht zu häufigen Bildern werden und das Bewußtsein der Vanitas doch nicht den Blick auch für die Schönheiten und Gaben der irdischen Welt und für die Anforderungen des irdischen Lebens (etwa in den Ehestandsliedern) völlig verstellen läßt. Das lutherische sola fide ist die Bedingung für Paul Gerhardts Lieder. Ihre getroste Glaubenszuversicht ist eine Frucht der lutherischen Reformation und ihrer Rechtfertigungslehre.

Es ist freilich richtig, daß bei Paul Gerhardt das einzelne gläubige Ich stärker und häufiger als im Kirchenlied des 16. Jahrhunderts hervortritt. Dafür sind nicht einmal so sehr die oft bemerkten, nicht selten übrigens auf biblische Vorlagen zurückgehenden Liedanfänge kennzeichnend, die mit „Ich" beginnen, als

vielmehr jene Lieder, die die Taten des Schöpfers und Ereignisse der Heilsgeschichte vergegenwärtigen und – sei es im Wechsel der Strophen oder Stro-
phenteile, sei es in einem zweiten Teil oder ganz am Ende – auf die Situation des
gläubigen Ich beziehen (*Wie sol ich dich empfangen* . . . , *Frölich sol mein Hertze
springen* . . . , *Ein Lämmlein geht und trägt die schuld* . . . , *O Welt sieh hier dein
Leben* . . . , *Auf / auf / mein Hertz mit Freuden* . . . , *Solt ich meinem Gott nicht
singen* . . . und andere mehr). Aber es ist weder in einem positiven noch in einem
negativen Sinne so, daß hier ein individuell empfindendes Ich sich in Vorwegnahme einer späteren Phase der Lyrikgeschichte verselbständigte. Wie denn auch
Paul Gerhardts Abendlied (*Nun ruhen alle Wälder* . . .) und sein *Sommer-Ge-
sang* (*Geh aus mein Hertz und suche Freud* . . .) mißverstanden werden, wenn
man sie um einiger Verse und Strophen willen als Vorklang späterer Naturlyrik betrachtet und jene durchgehende geistliche Deutung der Natur übersieht,
die deren Vergegenwärtigung erst rechtfertigt. Auch in Paul Gerhardts Liedern
spricht ein überpersönliches Ich, das Ich jedes Gläubigen, wie schon in der Gebetsliteratur und im Kirchenlied des 16. Jahrhunderts. Was sich hier und bei
anderen geistlichen Dichtern des 17. Jahrhunderts verstärkt, das ist die Applikation der überlieferten Glaubenslehren auf das Leben jedes einzelnen Gläubigen, das Bemühen, der persönlichen Aneignung der Glaubenslehren den Weg zu
bereiten. Daraus entsteht jene Haltung betrachtender Andacht, erbaulicher Meditation in Paul Gerhardts Liedern, die in deren Publikationsform und schon
in den Titeln von Crügers und Ebelings Sammlungen ihre Entsprechung findet
und auch die frühe Rezeption in den verschiedenen Formen erbaulicher Literatur
mit ihrem typischen gegenseitigen Austausch von Texten und die Komposition
der Lieder bestimmt.

Paul Gerhardt steht damit im Zusammenhang einer allgemeinen frömmigkeitsgeschichtlichen Entwicklung, in der seit dem ausgehenden 16. Jahrhundert
mit wachsendem zeitlichen Abstand von der Reformation und der frischen
Ursprünglichkeit ihrer Erfahrungen verstärkt nach der Möglichkeit persönlicher
Aneignung der in der Reformation gewonnenen Glaubenswahrheiten gefragt
wird. Im Dienste solchen Fragens vollzieht sich auch die Rezeption mystischer
Überlieferung, die im 17. Jahrhundert unter anderem in der Erbauungsliteratur zu beobachten ist. Ähnlich wie bei Dichtern und Predigern wie Johann
Heermann oder Valerius Herberger oder wie mittelbar bei Andreas Gryphius
begegnet sie bei Paul Gerhardt, dem nachdichtenden – und dabei manche mystischen Züge dämpfenden – Leser von Arndts *Paradiesgärtlein*, als ein Element einer neuen, innerlichen Frömmigkeit, für die „Andacht", „Erbauung",
„praxis pietatis" zentrale Vokabeln sind. Die Verknüpfung solcher Frömmigkeit
mit dem Eintreten für die unverfälschte rechte Lehre macht das Wesen der sogenannten lutherischen Reformorthodoxie aus, zu der auch Paul Gerhardt gehört.
Man kann die Lieder Paul Gerhardts und vieler Zeitgenossen als Erbauungs- oder
Andachtslieder von den Bekenntnisliedern des 16. Jahrhunderts abgrenzen. Aber

sie stehen zu diesen nicht im Gegensatz, verdrängen sie nicht, lösen deren Tradition nicht auf. Gerichtet vor allem auf die häusliche Andacht und die Erbauung des Einzelnen, sind sie ihrer Haltung und Funktion nach Ergänzung und Erweiterung des überkommenen reformatorischen Liedbestandes, der noch lange im Gottesdienst vorherrscht und damit eine Gegenwärtigkeit besitzt, die als Hintergrund für Eigenart und Absicht der darüber hinausgehenden und doch nicht davon fortführenden Lieder Paul Gerhardts gesehen werden muß und auch deren nur langsames Eindringen in den gottesdienstlichen Gebrauch verständlich macht.

Von Johann Crüger bis heute hat die Länge der Lieder Paul Gerhardts – nur gut ein Drittel hat weniger als zehn Strophen, fast ebenso viele hingegen sogar mehr als fünfzehn Strophen – die Gesangbuchherausgeber zu Kürzungen veranlaßt. Das ist für die praktische Nutzung der Lieder im Gemeindegesang wohl unvermeidlich und kann auch ein gewisses gattungstheoretisches Recht für sich beanspruchen, sofern der humanistischen und barocken Poetik Kürze als ein Gattungsmerkmal der sangbaren lyrischen Dichtung, der Ode oder des Liedes gilt. Aber mit solchen Kürzungen, die nicht selten unentbehrliche Motive und Verbindungsstücke treffen, mit der immer wieder vorgetragenen Kritik am Umfang Gerhardtscher Lieder werden der Grund solcher Länge und die Bauform der Lieder verkannt. Ihre Länge erwächst aus der Haltung andächtiger Meditation, der es um eine eindringliche Erwägung der geistlichen Erfahrungen, um eine vielseitige Betrachtung und umfassende Aneignung der Glaubenswahrheiten geht. Es ist die Haltung der Gebets- und Erbauungsliteratur, die gerade darin solcher geistlichen Dichtung aufs engste verwandt ist und sie mannigfach befruchtet und deren Texte dadurch dieselbe Breite andächtiger Betrachtung haben. Die Vorrede zur Eislebener Ausgabe von Paul Gerhardts Liedern von 1700, die diesen den „Preiß ... vor allen Gesängen" und Arndts *Paradiesgärtlein* „vor allen Gebet-Büchern unserer Zeit" zuerkennt, stellt denn auch, einem Hinweis Arndts folgend, zum Zwecke erbaulicher Benutzung „einem jeden frey ... nach seiner Andacht aus einem Gebete (also auch aus einem Liede) zwey oder drey zu machen". Die Haltung andächtiger Meditation aber verwirklicht sich in Paul Gerhardts Liedern erst, indem der so gegebene weiträumige Rahmen der Betrachtung gefüllt wird mit Bauformen, die aus der rhetorisch-dialektischen Schulung der Zeit erwachsen und klare Verfahrensweisen der Themenentfaltung ermöglichen.

Durchgehende Entgegensetzung von irdischen Erscheinungen und deren geistlicher Deutung im Blick auf die Ewigkeit innerhalb jeder einzelnen Strophe (*Nun ruhen alle Wälder ...*) oder in der ersten und der zweiten Gedichthälfte (*Geh aus mein Hertz und suche Freud ...*), – Orientierung der Strophenfolge an den Prädikaten des Heiligen Geistes und ihrer amplifizierenden Erläuterung (*Zeuch ein zu meinen Thoren ...*), – Entgegensetzung der göttlichen Personen mit ihren verschiedenen Eigenschaften und Gaben und der Geringfügigkeit des dank jenen Gaben dennoch getrosten gläubigen Ich (*Ist Gott für mich / so trete ...*),

– eine Folge von Glaubensargumenten und geistlichen Erfahrungen, auf denen
die Getrostheit in allem Unglück beruht (*Warumb solt' ich mich dann grä-
men*...), – Auslegung eines anaphorisch am Beginn jeder Strophe wiederholten
Stichworts im Blick auf verschiedene loci topici wie Ursachen, Eigenschaften,
Wirkungen (*Gedult ist euch von nöhten*...), – systematisch verfahrende Dar-
legung der göttlichen Personen, der Schöpfung, der Fürsorge Gottes auch im
Kreuz als bestätigender Argumente eines unerschütterlichen Gottvertrauens
(*Solt ich meinem Gott nicht singen*...), – bittende Hinwendung zu Gott als
Folgerung aus einer Reihung von Exempeln für die Vergeblichkeit menschlichen
Denkens und Tuns (*Ich weis / mein Gott / daß all' mein Thun*...), – argumen-
tatorische Ausformung von Texten bis in einzelne Strophen und Wendungen
hinein (*Warumb wiltu draussen stehen*..., *Ich hab' offt bey mir selbst gedacht*..., *Du bist ein Mensch / das weist du wol*..., *Ich hab in Gottes Hertz
und Sinn*..., *Frölich sol mein Hertze springen*... und andere mehr), – die
planvolle Verknüpfung der Strophen auch in Liedern, die sich paraphrasierend
eng an biblische Vorlagen halten, oder all jene Lieder, in denen ein großer Spannungsbogen zum eschatologischen Ausblick am Ende hinführt, – das alles sind
Beispiele wohlüberlegter Bauformen, die zugleich mit einer historischen Untersuchung des dogmatischen und frömmigkeitsgeschichtlichen Gehalts einer näheren Analyse nach Maßgabe der zeitgenössischen Anleitungen zur Textverferti-
gung bedürften. Einer davon getragenen Gestaltungsweise, die sich mit Bedacht
der Einzelschritte abgrenzenden und zugleich verbindenden Strophenfolge des
Liedes zu bedienen weiß, in solcher Verknüpfung mit der Liedform aber allen
argumentativen Zügen den Charakter bloß rationaler Darlegung nimmt und sie
in den Gang des Ganzen einschmilzt, verdanken Paul Gerhardts Lieder ihre
Eindringlichkeit und Wirkungskraft ebenso wie der Art, wie sie sich zu Sprache
und stilistischen Normen der Zeit verhalten.

Wie die Lieder Paul Gerhardts, so eng auch ihr Zusammenhang mit der Gattungsüberlieferung des 16. Jahrhunderts ist, auf ganz selbstverständliche Weise
in ihrer Metrik und Sprachbehandlung den seit Opitz entwickelten Grundsätzen
entsprechen, so erweisen sie den Autor auch als völlig vertraut mit der Verwendung rhetorischer Figuren nach den Erwartungen der Zeit. In nicht wenigen
Texten finden sich Antithesen, Synonymien und andere Formen der adiectio,
Anaphern (*O Haupt vol Blut und Wunden*..., *Gedult ist euch von nöhten*...,
Ich singe dir mit Hertz und Mund... oder *Du meine Seele singe*...) und manches sonst als Mittel eindringlicher Aussage und steigernder Verknüpfung affekt-
gerichteten Sprechens. Aber es ist andererseits – schon die frühen Äußerungen
Neumeisters oder Feustkings deuten darauf hin – nicht zu verkennen, daß
Gerhardt von solchen Möglichkeiten sehr viel zurückhaltender Gebrauch macht
als viele seiner Zeitgenossen, wie denn auch das Vorkommen metaphorischer Formen oder die Benutzung von Epitheta bei ihm begrenzt und oft unauffällig und
seine Syntax leicht überschaubar ist. Darin hat man oft Kennzeichen einer Einfach-

heit gesehen, die man gerne als Merkmal einer von der zeitgenössischen Literatur unterschiedenen und in solcher Unterscheidung begründeten Eigenart Paul Gerhardts verstanden hat. Doch tritt der Dichter damit nicht aus seiner Zeit heraus. Paul Gerhardts Einfachheit ist die Einfachheit des sermo humilis, des einfachen Stils, der als beherrschende, wenn auch nicht ausschließliche Stilform vieler Arten von geistlicher Literatur eine lange Tradition seit Augustin und dessen Anweisungen zur christlichen Anwendung der antiken Rhetorik hat. Er ist unter anderem die Stilform der unterrichtenden und erbaulichen, der zu solchem Zweck Vorlagen paraphrasierenden, der für jedermann bestimmten geistlichen Literatur, er gehört zu Gattungen wie der Predigt oder dem Lied. Sermo humilis, Beziehung zu Vorlagen, Haltung der Meditation, Weckung der Andacht als Zweck wie in der Erbauungsliteratur, gattungsgerechter, das Gebot einer Vermeidung des Enjambements mit großer Entschiedenheit und fast ohne Ausnahme einhaltender und damit den sermo humilis begünstigender Gebrauch der Liedform, nahe Beziehung zur Musik und ganz auf die andächtige Benutzung nur zielende Form der Publikation gehören darum bei Paul Gerhardt aufs engste zusammen. Es ist insofern nicht unverständlich, daß die geläufig gewordene, gebrauchsnahe, aber damit auch einseitige Auswahl aus seinen Liedern, wie sie das heutige *Evangelische Kirchen-Gesangbuch* bietet, eine Reihe von besonders konsequenten Beispielen des sermo humilis enthält, daß sie vor allem diese ungekürzt läßt, in anderen Liedern hingegen wiederholt gerade bei davon abweichenden Stellen kürzend eingreift. Allerdings engt solche Auswahl, die für die spätere Wirkung Paul Gerhardts weitgehend bestimmend geworden ist, das Bild seiner Dichtung auch in stilistischer Hinsicht ein. Denn so sehr der sermo humilis für sie maßgeblich ist und, zumal in der Verbindung mit dem Lied, abermals auf den Zusammenhang der geistlichen Dichtung des Barock mit Überlieferungen des 16. Jahrhunderts verweist, so wenig ist doch Paul Gerhardt auf eine einzige und einfachste Form solchen Stils festgelegt. Wie andere Dichter der Zeit, die auch für eine geistliche Dichtung in höherem Stil eintreten, zugleich den sermo humilis als eine wesentliche Stilform geistlicher Literatur anerkennen und in bestimmten Werken benutzen und damit deutlich machen, wie er in das für die Literatur der Zeit, für ihre Gattungen, Gegenstände und Wirkungsmöglichkeiten fundamentale rhetorische Stilsystem der genera dicendi, die doch keine starren Größen sind, eingeordnet ist, so kennt Paul Gerhardt seinerseits im Sinne jenes Stilsystems Abstufungen und damit auch Möglichkeiten einer reicheren Ausgestaltung des sermo humilis. Vom Affekt geistlicher Freude beherrschte und auf dessen Weckung zielende Festlieder etwa begnügen sich weniger mit der einfachsten Form des sermo humilis als Lieder von eher belehrendem oder schlicht bekennendem Charakter. Gerade aus solcher Variabilität der Handhabung im Verein mit der vollkommenen Beherrschung einer seit Opitz außerordentlich geschmeidigten Sprache gewinnt der sermo humilis, an welchem Paul Gerhardt so entschieden – auch in seinen Predigten übrigens – festhält, den er dabei aber so kunstreich ausformt wie andere Autoren der Zeit andere Stillagen, seine Bedeutung für die verschiedenen Themen von Paul Gerhardts andächtiger Lieddichtung. Erst in solchem aus barocker Formgesinnung erwachsenden Zusammenspiel von Thematik und beweglicher Ausgestaltung der zugehörigen Stillage ist der altüberkommene sermo humilis in seiner hier erreichten einfachen Klarheit ein in der Tat auffälliges und wesentliches Merkmal von Gerhardts Dichtung.

Paul Gerhardts Erscheinung – bis heute kaum wirklich erforscht – ist nicht richtig gezeichnet, wenn man sich damit begnügt, in ihr „fast... ein geschichtliches Rätsel" (W. Trillhaas) zu sehen. Sein Werk und seine Wirkung lassen sich besser verstehen, wenn man beachtet, was darin – wie auch bei anderen Dichtern geistlicher Lieder und in manchen anderen Formen der geistlichen Literatur der Epoche – zusammentrifft: lutherische Rechtgläubigkeit und vertiefte innerliche Frömmigkeit, Liedtradition, reformatorische Musikanschauung, sermo humilis und barocke Sprachpflege, barocker Formsinn, Bindung an biblische Texte und an mancherlei Beispiele geistlicher Literatur, Meditationshaltung der Gebets- und Erbauungsliteratur und zeitgemäße rhetorisch-dialektische Schulung. Es gibt darum keinen Zwiespalt in Paul Gerhardts Erscheinung selbst und keinen Gegensatz zur Zeit. Seine Ferne vom literarischen Leben seiner Zeit, die weitgehende Unbekanntheit seiner Biographie und die Wege seiner Wirkung erklären sich aus Absicht und Eigenart seiner Dichtung und sind auf ihre Weise kennzeichnend für die Erscheinungsformen und die Bedeutung geistlicher Literatur im 17. Jahrhundert. Es ist der Prediger und Seelsorger Paul Gerhardt, der seine Lieder im Geiste der Reformation und der lutherischen Reformorthodoxie und ihrer Frömmigkeit schreibt und zugleich für die Reinheit der Lehre eintritt und leidet. Aber er gelangt zu der beabsichtigten und zu seiner dauernden Wirkung nur, indem er diese Lieder in der formalen Schulung, mit den literarischen Mitteln seiner Zeit schreibt. Dem verdanken seine Texte ihre klare Faßlichkeit und ihre anrührende Eindringlichkeit, damit erst gewinnen sie ihren Rang. Paul Gerhardt ist ein Exempel dafür, daß nicht schon fromme Gefühle große, wirkungsreiche geistliche Dichtung hervorbringen, sondern erst die Verbindung mit einer eigenständigen Formkraft, die sich in den Dienst des Glaubens stellt. Durch die unbeirrte, ja einseitige Konsequenz, mit welcher der Prediger Paul Gerhardt auch dies tut und jene verschiedenartigen geschichtlichen Voraussetzungen in seinem Werk aufs engste miteinander verschmilzt, ist er in der reichen geistlichen Literatur des 17. Jahrhunderts eine herausragende Gestalt.

Anmerkungen

Texte

Leben und Lieder von Paulus Gerhardt, hrsg. v. E. C. G. Langbecker. Berlin 1841.

Paul Gerhardts Geistliche Andachten in hundert und zwanzig Liedern. Nach der ersten durch Johann Georg Ebeling besorgten Ausgabe mit Anmerkungen, einer geschichtlichen Einleitung und Urkunden hrsg. v. Otto Schulz. Berlin 1842.

Paulus Gerhardts geistliche Lieder. Historisch-kritische Ausgabe v. J. F. Bachmann. Berlin 1866, [2]1877.

Die Gedichte von Paulus Gerhardt, hrsg. v. August Ebeling. Hannover, Leipzig 1898.

Paul Gerhardt, Dichtungen und Schriften, hrsg. u. textkritisch durchgesehen v. Eberhard von Cranach-Sichart. München 1957.

Paul Gerhardt, Geistliche Andachten (1667). Samt den übrigen Liedern und den lateinischen Gedichten hrsg. v. Friedhelm Kemp. Mit einem Beitrag von Walter Blankenburg. Bern, München 1975 (Photomechan. Nachdr., m. Beilage: Johann Georg Ebeling, Instrumentalstimmen zu den Geistlichen Andachten von Paul Gerhardt).

Literatur

August Ebeling: Wo ist der Originaltext der Paul Gerhardtschen Lieder zu finden? In: ZDU 11, 1897, S. 745-783.

Rudolf Eckart (Hrsg.): Paul Gerhardt. Urkunden und Aktenstücke zu seinem Leben und Kämpfen. Glückstadt 1907.

Eugen Aellen: Quellen und Stil der Lieder Paul Gerhardts. Ein Beitrag zur Geschichte der religiösen Lyrik des XVII. Jahrhunderts. Diss. Basel 1912.

Hermann Petrich: Paul Gerhardt. Ein Beitrag zur Geschichte des deutschen Geistes. Auf Grund neuer Forschungen und Funde. Gütersloh 1914.

Theodore Brown Hewitt: Paul Gerhardt as a Hymn Writer and his Influence on English Hymnody. New Haven 1918.

Robert Daenicke: Paul Gerhardts Berufung nach Lübben und seine dortige Amtszeit. In: Niederlausitzer Mitteilungen 22, 1934, S. 244-271.

Jutta Zimmermann: Lutherischer Vorsehungsglaube in Paul Gerhardts geistlicher Dichtung. Diss. theol. Halle-Wittenberg 1955 Masch.

Wolfgang Trillhaas: Paul Gerhardt. 1607-1676. In: Die Großen Deutschen, Bd. 1, 1956, S. 533-546.

Karl Hauschild: Die Botschaft der Reformation in den Liedern Paul Gerhardts. In: Luther. Mitteilungen d. Luthergesellsch. 28, 1957, S. 63-74.

Ingeborg Röbbelen: Theologie und Frömmigkeit im deutschen evangelisch-lutherischen Gesangbuch des 17. und frühen 18. Jahrhunderts. Göttingen bzw. Berlin 1957 (darin bes. S. 404-425: „Rechtfertigung" und „Gottvertrauen" in der Liederdichtung Paul Gerhardts).

Winfried Zeller: Paul Gerhardt. Zum 350. Geburtstag des evangelischen Kirchenlieddichters. In: Musik u. Kirche 27, 1957, S. 161-169 (jetzt in: Zeller, Theologie und Frömmigkeit. Gesammelte Aufsätze. Marburg 1971, S. 154-164).

Ernst Barnikol: Paul Gerhardt. Seine geschichtliche, kirchliche und ökumenische Bedeutung. In: Wiss. Zschr. d. Martin-Luther-Univ. Halle-Wittenberg. Gesellsch. u. Spr. wiss. Reihe, Bd. VII, 2, 1957/58, S. 429-450.

Elfriede Stutz: Das Fortleben der mittelhochdeutschen Zwillingsformel im Kirchenlied, besonders bei Paul Gerhardt. In: Medium Aevum Vivum. Festschr. W. Bulst. Heidelberg 1960, S. 238-252.

Otto Brodde: Zur Typologie der Paul-Gerhardt-Lieder. In: Kerygma und Melos. Festschr. Chr. Mahrenholz. Kassel u. a. 1970, S. 333-341.

Waltraut-Ingeborg Sauer-Geppert: Eine Vorlage zu Paul Gerhardts „O Welt, sieh hier dein Leben". In: Jahrb. f. Liturgik u. Hymnologie 15, 1970, S. 153-159.

Brigitte Eva Bennedik: Paul Gerhardts Morgenlieder in englischen und amerikanischen Übertragungen. Diss. Univ. of Southern California 1974 Masch.

Paul Gerhardt. Weg und Wirkung, hrsg. v. Markus Jenny, Edwin Nievergelt. Zürich 1976 (darin u. a. S. 8-16: Walther Killy, Paul Gerhardt. Glaube, Schwermut, Dichtung – S. 23-31: Walter Blankenburg, Die Lieder Paul Gerhardts in der Musikgeschichte).

Cornelis Pieter van Andel: Paul Gerhardt, ein Mystiker zur Zeit des Barocks. In: Traditio – Krisis – Renovatio aus theologischer Sicht. Festschr. W. Zeller. Marburg 1976, S. 172-184.

Esbjörn Belfrage: Morgen- und Abendlieder. Das Kunstgerechte und die Tradition. In: Jahrb. f. Liturgik u. Hymnologie 20, 1976, S. 91-134.

Jörg-Ulrich Fechner: Paul Gerhardts Lied. Tradition und Innovation. In: Lit. wiss. Jahrb. NF 17, 1976, S. 1-21.

Hans-Henrik Krummacher: Der junge Gryphius und die Tradition. Studien zu den Perikopensonetten und Passionsliedern. München 1976 (darin bes. S. 393-457: Zur Poetik der geistlichen Dichtung im 17. Jahrhundert).

Paul Gerhardt. Dichter – Theologe – Seelsorger. 1607-1676. Beiträge d. Wittenberger Paul-Gerhardt-Tage, hrsg. v. Heinz Hoffmann. Berlin 1978 (darin u. a. S. 25-52: Friedrich de Boor, Theologie, Frömmigkeit und Zeitgeschichte im Leben und Werk Paul Gerhardts – S. 53-82: Eberhard Haufe, Das wohltemperierte geistliche Lied Paul Gerhardts – S. 83-106: Christoph Albrecht, Die Vertonung der Lieder Paul Gerhardts, insbesondere durch Johann Georg Ebeling).

Winfried Zeller: Paul Gerhardt, der Dichter und seine Frömmigkeit. In: Zeller, Theologie und Frömmigkeit. Gesammelte Aufsätze. Bd. 2, Marburg 1978, S. 122-149.

Leif Ludwig Albertsen: Die Krise in der Pflege des barocken Kirchenliedes. Zum Schicksal der Lieder Paul Gerhardts in den deutschen und dänischen Gesangbüchern des 18. Jahrhunderts. In: Daphnis 8, H. 1, 1979, S. 145-167.

Hans-Bernhard Schönborn: Lieder Paul Gerhardts in den heute gebräuchlichen Gesangbüchern. In: Jahrb. f. Liturgik u. Hymnologie 24, 1980, S. 113-123.

Gerhard Dünnhaupt: Bibliographisches Handbuch der Barockliteratur, T. 1, Stuttgart 1980, S. 659-665: Paul Gerhardt.

Jörg-Ulrich Fechner: Paul Gerhardt. In: Gestalten der Kirchengeschichte, hrsg. v. Martin Greschat. Bd. 7: Orthodoxie und Pietismus. Stuttgart 1982, S. 177-190.

IRMGARD BÖTTCHER

DER NÜRNBERGER
GEORG PHILIPP HARSDÖRFFER

Georg Philipp Harsdörffer war Nürnberger. Er wurde 1607 in der Freien Reichsstadt geboren, gehörte einem Patriziergeschlecht an, verbrachte – von wenigen Reisen abgesehen – sein Leben in den Mauern seiner patria und in ihren Diensten, verfaßte dort in seinen Mußestunden ein vielseitiges literarisches Werk und starb in der Stadt an der Pegnitz am 17. September 1658.

In der Literaturgeschichtsschreibung wurde er jedoch weniger mit lokalen als mit formalen und stilistischen Begründungen zum ‚Nürnberger‘, zusammen mit einer kleinen Gruppe von Literaten, die sich seit der Mitte der vierziger Jahre um ihn gesammelt hatte, den Pegnitz-Hirten. Wie ähnlich in Straßburg und in Hamburg hatten sich auch in Nürnberg – im Gefolge der Fruchtbringenden Gesellschaft und ihrer italienischen Vorbilder – Poeten, Gelehrte und Studenten zusammengefunden, um ihre Muttersprache und die deutsche Literatur zu fördern und selbst zu gestalten; daraus entstand der Pegnesische Blumenorden.[1] Von den Sprach- und Literaturgesellschaften des 17. Jahrhunderts wandten sich die Nürnberger am entschiedensten der jüngst aus Süd- und Westeuropa durch Übersetzungen wie Nachbildungen eingeführten Schäferdichtung zu, in der antike Muster fortwirkten. In gemeinschaftlich verfaßten Schäfereien stellten diese Poeten sich selbst, ihre Umgebung und Zeitgeschehnisse in einer mit Kunstwillen idealisch gestalteten schäferlichen Welt dar. Was Formenreichtum, Eigenwilligkeit, Spielbereitschaft in der Wortbildung, in Klang- und Bildschöpfungen, in Vers-, Strophen- und Gedichtformen anbetrifft, gehörten sie nicht nur mit ihren Schäferdichtungen zur Avantgarde in der deutschsprachigen Literatur ihrer Zeit. Klangmalende Verse im Daktylos wurden zum Nürnberger Markenzeichen.

Die schon im gleichen Jahrhundert einsetzende, seit der Aufklärung heftige Kritik an ihren poetischen Mitteln, der verengte Blick auf das Schäferwesen, haben die Nürnberger in literaturgeschichtlichen Gesamtdarstellungen noch bis in die Gegenwart[2] als eine bestenfalls belächelte Randgruppe erscheinen lassen. Zwar werden in der Regel die beiden nach Nürnberg zugewanderten Autoren Johann Klaj und Sigmund Betulius – geadelt nannte er sich von Birken[3] – noch neben Harsdörffer angeführt, die einzelnen Gestalten und deren Gesamtwerk sind aber weitgehend unbeachtet geblieben.

Morhof[4] unterschied in seinem *Unterricht* von 1682 noch die einzelnen Nürn-

berger und zitierte ihre Werke durchaus positiv; doch schon er kritisierte „schwül-
stige und Dithyrambische Composita" wie etwa Klajs „der Wellen Wallenwü-
ten" für die bewegte See. Mit dem Schlagwort „Schwulst" wurde die Literatur
des 17. Jahrhunderts fortan abgetan, die der Nürnberger zugleich als lächerliche
Geschmacklosigkeit und „äußerste Unnatur".[5] Der Stil der Nürnberger blieb
auch für Gervinus[6] im 19. Jahrhundert noch „über alle Begriffe ungenießbar",
obgleich er bei ihnen den Ansatz zu einer historischen Wandlung sah, die über
Opitz' Reglementierungen der deutschen Poesie hätte hinausführen können.
Tittmann[7] erkannte, daß in ihrer Lyrik „Phantasie gegen den überlegenden
Verstand" sich geltend mache. Für Cysarz[8] (1937) wurde dann, von einem
dynamischen Stilbegriff her, der phantasiereiche, sprachschöpferische Klaj „der
größte in Nürnberg und einer der größten in seinem Jahrhundert". Als stärkste
poetische Begabung unter den drei bekanntesten Nürnbergern gilt er bis heute.

Daß die Phantasie hier auch nach Kunstregeln spielt, wurde erst durch Einsicht in die raffinierte Poetik des Manierismus erkennbar. Mit seiner Neuein-
schätzung in der Mitte des 20. Jahrhunderts als Stilphänomen wie als Kunst-
periode konnten die abwertenden Urteile durch historische Erklärungen abgelöst
werden. „Jeder Manierismus, auch der barocke, ist nicht als Unnatur zu fassen,
sondern als Übermaß an Kunst", als „Überfunktion des Stils" konstatierte H.
Friedrich[9] 1964. Zuvor schon hatten positivistisch-gründliche Monographien,
beginnend mit der „Festschrift des Pegnesischen Blumenordens" 1894, eine differenziertere Betrachtung und Beurteilung der Nürnberger vorbereitet; sie wurden
die Basis für Werk- und Problemstudien der in den zwanziger Jahren einsetzenden literarischen Barockforschung.

Für das Verständnis der so eminent sprachbewußten Nürnberger hat sich die
traditionelle Teilung in Sprach- und Literaturforschung besonders hemmend
ausgewirkt. Dies ist auch durch die Untersuchungen von Rhetorik, Poetik, Bildlichkeit, Emblematik[10] wie auch durch die Gattungsstudien zum 17. Jahrhundert
in den beiden letzten Jahrzehnten nicht völlig ausgeglichen worden. Einen entscheidenden Schritt auf das sprachliche und damit auch literarische Selbstverständnis der Zeit hin machte W. Kayser schon 1931 mit seiner Studie über „Die
Klangmalerei bei Harsdörffer". Er untersuchte die auffälligen Stileigenheiten
seiner poetischen Werke im Zusammenhang der zeitgenössischen Sprachtheorie
und brachte sie auf den zentralen Begriff der „Klangmalerei". Klangentsprechung, Lautsymbolik, Wortmalerei erweisen sich bei den Nürnbergern als konsequente Erfüllung ihrer ersten Ordens-Devise: „Mit Nutzen Erfreulich";[11] vordergründig erscheint die Aufteilung einfach: erfreulich im musikalischen Klang,
nützlich im – lehrhaften – Verweis auf höhere, auch moralische Sinnebenen, die
der Klang vermittelt, wenn er etwa die Großartigkeit der Schöpfung aus den
Wohllauten der Natur hörbar und lesbar macht. Letztlich ist die Verbindung
des Nützlich-Erfreulichen für die Nürnberger jedoch auf keiner Ebene zu trennen.

Eines der meist zitierten Gedichte aus diesem Kreise ist Klajs *Vorzug deß Frühlings;* er will den Tau in Klang einsammeln:

> Im Lentzen da gläntzen die blümigen Auen/
> die Auen, die bauen die perlenen Tauen/...[12];

Harsdörffer versucht, ihn in Bildern und Wortmalereien festzuhalten, die er sich als Schäfer Strephon „Morgens über den Tau ausgesonnen":

> IHr Perlen dieser Heid/ ihr zarten Wasserballen/
> Ihr Kinder küler Nacht/ ihr hellen Feld-Krystallen/
> Ihr Silbertropfen ihr/die unser Phöbus liebt/
> die unsre Felderlust mit Lust und Leben laben/
> Taut ferner Wolkenab/...[13];

Zum Beweis, daß auch die „Tiere und Elemente ... reden teutsch", singen Birken (mit dem Schäfernamen Floridan) und Klaj wechselnd:

> Flor.
> ES fünken/ und flinken/ und blinken Buntblümichte Auen/
> Kl.
> Es schimmert/ und wimmert und glimmert Frü-perlenes Tauen...[14]

Heute hat dieser Wechselgesang von 26 Versen gleicher Manier in Gerhard Rühm[15], dem ‚konkreten' Poeten, Musiker und Komponisten wie auch Theoretiker dieser Künste, einen begeisterten Rhapsoden gefunden.

In den neuen Forschungen zur Stil- und Formgeschichte des 17. Jahrhunderts wird den Nürnbergern ein bedeutender Anteil an der Weiterentwicklung der Dichtungslehren für die zweite Jahrhunderthälfte zugemessen, Harsdörffer aufgrund seiner zahlreichen programmatischen Äußerungen, etwa zur Bildlichkeit, zur Emblematik, oder Birken mit seiner für den Roman des 17. Jahrhunderts bedeutsamen Vorrede zur *Aramena* des Herzogs Anton Ulrich, beiden mit ihren Poetiken.[16]

Ähnliche Aufmerksamkeit haben sie in den stark sozialgeschichtlich orientierten Wolfenbütteler Barocksymposien gefunden. Sie interessierten als Literaten und als Sozietät in einem so festen Gefüge wie dem der Freien Reichsstadt, als eine der Sprach- und Literaturgesellschaften mit überwiegend bürgerlich-gelehrten Mitgliedern, als einzige, die auch Frauen als Mitglieder aufnahm, als Gruppe, die sich selbst in der Schäferdichtung darstellt und diese auch zum Diskussionsforum dichterischen Selbstverständnisses und ständischer Rivalitäten macht – und unter vielen weiteren Aspekten.

Harsdörffer hat an der ersten lockeren Vereinigung der wenigen Pegnitz-Hirten, die in den Jahren 1644 bis vielleicht 1650 literarische Geselligkeit pflegten und Schäfergedichte verfaßten, nur neben seinen sonstigen Tätigkeiten Anteil genommen. Eine nach Satzungen organisierte Gesellschaft entstand wohl erst unter Birkens Leitung ab 1662, die Mitgliederzahl wuchs, Birken machte den Orden und darin sich selbst zu einem auch überregionalen literarischen Zentrum.[17] Gleichwohl sind Harsdörffers Sprach- und Literaturtheorie, seine Auffassung von der Rolle, die Sprache und Literatur im menschlichen Leben spielen, ist seine hohe Einschätzung des Dichters – den er vom Reimschmied wie vom gelehrten Schriftsteller unterschied – für die Autoren und das Programm des Ordens bestimmend geworden. Dieses Verdienst wird nicht dadurch geschmälert, daß Harsdörffer vornehmlich weitergab, was er in Geschichte und Gegenwart eingesammelt hatte, er war ein Meister der Integration und der Vermittlung.

*

Harsdörffers Werk ist geprägt durch seinen Lebensraum Nürnberg[18] und durch den seine Lebenszeit bestimmenden Dreißigjährigen Krieg; beides hat er nicht zum Gegenstand größerer Darstellungen gemacht, aber er hat aus der relativ sicheren Warte der stark befestigten Stadt auf die Ereignisse reagiert, als Patrizier wie als Literat.

Nürnberg war in den vorangehenden Jahrhunderten mit der Ausdehnung seines Handels auf den gesamten europäischen Raum zu einem mächtigen wirtschaftlichen, kulturellen und politischen Zentrum des Reiches herangewachsen, begünstigt durch seine Lage im Schnittpunkt vieler Handelsstraßen. Ein großer Teil der Waren: Gebrauchs- und Repräsentationsstücke, Waffen und technisches Gerät, wissenschaftliche und Musikinstrumente – wurden vom Nürnberger Handwerk auf hohem technischem und künstlerischem Niveau gefertigt. Durch Kartographie, Notendruck und präzise Illustration wurde das Nürnberger graphische Gewerbe ebenso berühmt wie durch den Druck hoher Auflagen von Gebrauchsliteratur in Großverlagen. Eine derartige Häufung von Spitzenleistungen setzt neben bestem Können – verbunden mit der Aussicht auf wirtschaftlichen Erfolg – sachliches Interesse, Lernbereitschaft, Experimentierfreudigkeit und ästhetischen Sinn bis in breite Handwerkerkreise voraus. Harsdörffers Tendenz zum anleitenden Sachbuch ist auch vor diesem Hintergrund zu sehen.[19]

Vermittler solcher Interessen waren zunächst die Patrizier, die als Handelsherren in alle Welt zogen, zugleich als Diplomaten auswärts ihre Stadt vertraten und sie daheim als Ratsherrn regierten. Offen für moderne Entwicklungen aller Art, brachten sie Neuheiten und Weltkenntnis nach Hause, förderten die Gewerbe, kirchliche und profane Bauten, Wissenschaften und Künste, legten private Kunst- und Naturaliensammlungen sowie große Bibliotheken an und dienten damit dem eigenen wie dem Stadtinteresse. Auch als die führenden Geschlechter sich mit wachsendem Reichtum im 16. Jahrhundert zunehmend vom aktiven Handel zurückzogen, verstärkt ihre privaten Interessen pflegten, Landbesitz außerhalb der Stadt erwarben und „ein Leben in der Weise des Adels zu führen" begannen, wie Aeneas Sylvius[20] schon um 1450 in seiner Stadtbeschreibung feststellte, behielten sie das Stadtregiment fest in ihren Händen. Die Ratsfähigkeit wurde zu Beginn des 16. Jahrhunderts auf etwa vierzig dieser vornehmen Familien beschränkt und damit geburtsständisch fixiert. Bei ihnen lagen Regierungsgewalt, -verantwortung und Rechtsprechung. Die Stadt war vom Kaiser und den Reichsgesetzen abhängig, der einzelne zudem von Gesetzen und standesspezifischen Ordnungen der Stadt, welche Rechte und Pflichten eines jeden im alltäglichen Leben bis hin zu Kleider- und Speiseordnungen regelten und unter steter Kontrolle des Rates das hierarchisch gestufte Gemeinwohl sicherten.[21] Der Bürger hatte Rechtsanspruch mit Aussicht auf Durchsetzung, war nicht ‚von Gnaden' eines Fürsten abhängig. Das aus den besonderen Verhältnissen erwachsene Selbstbewußtsein des Patriziats ist trotz mancher Anpassungsbestrebungen an höfische Lebensformen auch zu Harsdörffers Zeiten noch vorauszusetzen.

Zur Oberschicht gehörten noch zwei- bis dreihundert ‚ehrbare' Familien, die die Mitglieder des politisch unbedeutenden Größern Rates stellten, aktive Kaufleute, Meister der edlen Handwerke, Akademiker in wichtigen städtischen Ämtern, angesehene Künstler und Honoratioren; am Wohlstand hatten auch die Mittelschichten der kleinen Kaufleute und Handwerker teil. „Die schottischen Könige würden wünschen, so hervorragend zu wohnen wie mäßig begüterte Nürnberger Bürger"[22], meinte derselbe Aeneas Sylvius. Andererseits gab es in den unteren Ständen eine große Zahl von Lohnabhängigen mit geringem Einkommen und von Unterstützungsempfängern, für die in ihrer Zeit hervorragende soziale Einrichtungen aus privaten und öffentlichen Mitteln unterhalten wurden. Im Almosengeben verband sich das Gebot christlicher Nächstenliebe mit einer Sozialleistung, die – Unruhen verhindernd – auch der Statussicherung der Spender diente. Das Thema des Almosengebens war für die Zeit ein lebensnahes, es findet sich häufig bei Harsdörffer.

Nürnberg hatte sich früh der reformatorischen Bewegung angeschlossen. Der weltoffenen Liberalität der Bürger entsprach ein „melanchthonisch geprägtes Luthertum".[23] Die vom Rat berufenen Prediger der Stadtkirchen, zu Harsdörffers Zeiten Johann Saubert[24] und nach dessen Tode 1646 der seit 1642 in der Stadt lebende Joh. Michael Dilherr[25], hatten als führende Geistliche die Oberaufsich über Kirchen, Schulen sowie die Altdorfer Theologische Fakultät. Beide waren weit über Nürnberg hinaus anerkannte Theologen und setzten für Predigt und geistliche Literatur hohe Maßstäbe. Beide waren Leiter der berühmten Stadtbibliothek. Dilherr wurde für die Nürnberger Autoren von großer Bedeutung. Spätere geistliche Tendenzen des Ordens werden seinem Wirken zugeschrieben. Wenn er zeitweilig Klaj und Birken in seinen Schutz nahm, sie gemeinsam mit Harsdörffer förderte und auch materiell unterstützte, wenn er Klaj ermöglichte, seine geistlichen *Redeoratorien* mit musikalischer Begleitung vor großem Publikum öffentlich vorzutragen[26] und selbst dazu einlud, sollte dies, wie Sprach- und Literaturpflege überhaupt, seinem Vorhaben dienen, das kirchliche Leben zum Heile der Menschen zu erneuern.

In Kontakten zu Männern wie Joh. Valentin Andreae oder Joh. Amos Comenius – mit beiden stand auch Harsdörffer in Verbindung[27] – zeigt sich die Offenheit der Nürnberger für religiös-irenische Bewegungen der Zeit. Vom Rat verfolgt wurden ‚Schwärmer‘, deren Lehren zu sozialen Unruhen hätten führen können.[28] Das lutherische Bekenntnis stand für die Stadt nie zur Disposition, obgleich sie mit ihrem wachsenden Territorialbesitz in der Zeit der Glaubens- und Machtkämpfe zwischen Kaiser, Territorien und Kirchen in eine schwierige Lage geriet. Nürnberg mußte als freie, mit vielen Privilegien ausgestattete Reichsstadt sein traditionell gutes Verhältnis zum Kaiser erhalten, in den erworbenen Ländereien seine Hoheitsrechte durchsetzen und, um die Handelswege zu sichern, stets auf friedlichen Ausgleich bedacht sein. Dies gelang immer wieder durch seine außerordentliche Finanz- und Wirtschaftskraft, die es sich bis in den Dreißigjährigen Krieg bewahren konnte. Durch eine vorsichtige, zwischen den Mächten taktierende Politik, durch Waffenlieferungen nach allen Seiten, durch Freikauf, nicht zuletzt auch mit Glück konnte die Stadt den Krieg zwar unzerstört überstehen, aber sie blieb keineswegs verschont. Belagerungen, Truppendurchzüge und Einquartierungen, hohe Abgaben, große Bevölkerungsverluste schwächten die Wirtschaft und führten zu einer immensen Verschuldung.

Für den rückblickenden Historiker endete mit dem Krieg und den veränderten europäischen Verhältnissen die ‚große Zeit‘ Nürnbergs, insbesondere durch die gegenüber dem Kaiser erstarkenden Reichsterritorien. Für die Zeitgenossen weckte der Friedensschluß die Hoffnung, in ihrer Stadt die alte ‚gottgewollte‘ Ordnung durch Anstrengung auf allen Ebenen wiederherzustellen, die erreichte Machtstellung konservieren zu können.

Nürnberg konnte sich in seinem traditionellen Rang bestätigt fühlen, als die kriegführenden Mächte die Stadt zum Verhandlungsort für die Ausführungsbestimmungen des Westfälischen Friedens wählten. Von den großen Festen[29], die Fürst Piccolomini seitens der kaiserlichen, Pfalzgraf Karl Gustav seitens der schwedischen Partei während des Kongresses 1649/50 den Gesandtschaften aus Frankreich, Schweden und aus dem ganzen Reich gaben, fiel ein Abglanz auf die Stadt.

Den Nürnberger Poeten boten sie die Gelegenheit, mit Friedensreden, -spielen und Feuerwerksprogrammen die Aufmerksamkeit eines hochrangigen Publikums auf sich zu ziehen. Ihre Festbeschreibungen[30], die großen Absatz fanden, trugen das Lob der Stadt wie das ihre in die Welt. Harsdörffer hielt sich mit Entwürfen für emblematischen Tafelschmuck und allegorische Aufzüge im Hintergrund; ihm scheint die persönliche Bekanntschaft mit Kongreßteilnehmern wichtiger gewesen zu sein.[31] Krieg, Hungersnot, Pest waren im Verständnis der Zeit Strafen, die Gott den Menschen schickt. Mit der Pest strafe Gott sie unmittelbar, sagte Dilherr[32], in Kriegen und Hungersnöten aber mittelbar durch Menschen; teuflische Mächte würden in ihnen freigesetzt und machten christliche Gebote und alle Gesetze zunichte. Der Hoffnung, diese bösen Mächte zu unterdrücken,

galt das moralisierende Pathos der Friedensdichtungen, Allegorien vom Sieg des
Friedens über den Krieg, der Tugenden über die Laster; die leuchtenden Sinnbilder der Feuerwerke waren „nicht nur Dekor, sondern gleichzeitig Argument".[33] So erläuterten es die gelehrten Poeten in ihren Beschreibungen.

Zur verpflichtenden Tradition gehörten für die Nürnberger große Künstler-
und Gelehrtennamen: Konrad Celtis hatte als erster Deutscher vom Kaiser in
Nürnberg den Dichterlorbeer empfangen. Veit Stoß, Adam Krafft, die Vischer,
Dürer waren schon zu Lebzeiten weithin bekannte und gesuchte Künstler, Reisende bewunderten ihre Werke. Hans Sachs, den Meistersang[33a] und Fasnachts-
spiel berühmt gemacht hatten, gehörte nach gelehrtem Verständnis nicht in diese
Reihe. Die Stadt war ein Mittelpunkt des Humanismus geworden, der Patrizier
Willibald Pirkheimer hatte mit allen hervorragenden Männern seiner Zeit Ver-
bindung. Melanchthon, Eoban Hesse und Joachim Camerarius lebten über Jahre
in Nürnberg und gründeten im Zuge der reformatorischen Schulerneuerungen das
Egidiengymnasium; daraus ging 1578 die stadteigene, 1622/23 zur Universität
erhobene Akademie in Altdorf hervor. Auf die humanistischen Lehrpläne griffen
Bürger zurück, als sie 1622 aus Unzufriedenheit mit den vier städtischen eine
„Privat-Lateinschule"[34] beantragten:

> Deren Lehrplan ist für den protestantischen Raum nicht ungewöhnlich: Griechisch,
> ausreichend zur Lektüre des Neuen Testaments in der Ursprache; die „fundamenta
> pietatis", das sind die Heilige Schrift, der lutherische Katechismus und theologisches
> Compendienwissen. Obgleich ein stilistisch gepflegtes, klassisches Latein erlernt
> werden sollte, wurde pragmatisch davon ausgegangen, daß die Muttersprache Basis
> des Denkens und Sprechens bleibe, Übersetzen sollte in beide Richtungen geübt
> werden. Der Antrag ist selbst ein Musterbeispiel der üblichen deutsch-lateinischen
> Mischsprache; ein deutsch gedachter Text, durchsetzt mit lateinischen Fachausdrük-
> ken und Autoritätenzitaten – das war offizielle Sprache der ‚Gebildeten'. Sie macht
> die Bemühungen um die reine Muttersprache, an denen Harsdörffer sich engagiert
> beteiligte, nur zu verständlich.
> Kritik an der ‚Schulfuchserei', der damals üblichen Pauk- und Abfrageschule, war
> nicht mehr neu. Hier ist der Nachdruck, der auf die Unterrichtsmethode gelegt
> wurde, von Interesse. Die Schule sollte keine Tortur, sondern „vere ludus" sein,
> spielerisches Lernen als Devise, übersichtliche Compendien „frags- und antwortweiß
> proponiert", „tägliche Übung in den exemplis". Damit aber „die Knaben auch ihre
> recreationes" haben, sollte täglich musiziert werden; Lehrer für mehrere Instru-
> mente, auch Mal- und Zeichenunterricht, waren vorgesehen. Die Ansprüche an die
> Lehrer waren umfassend: verlangt wurden – unter Berufung auf Erasmus – Fröm-
> migkeit, Gelehrsamkeit, Zuverlässigkeit, ein gutes Urteil, Fleiß und „elegantia
> morum", gute Sitten.

Motivationen und Zielsetzungen, wie sie hier zum Ausdruck kommen, bestimmten Harsdörffers literarisches ‚Bildungswerk': Die Selbstverständlichkeit des Bil-
dungsanspruchs, Initiativkraft, Bereitschaft auch zu finanziell hoher Eigenlei-

stung, Weiterführung der protestantisch-humanistischen Tradition, der hohe Anteil an musischer Ausbildung und – das ist zu betonen – das Ausüben gelernter Künste zur Recreation, Sprachpflege, auch des Deutschen, Pädagogik in Anpassung an menschliche Bedingtheiten, Betonung der Freude am Unterricht, Vorrangigkeit von Erfahrung vor theoretischem Wissen, verwirklicht durch die zentrale Rolle des guten Beispiels in Lehrmethoden und -inhalten, endlich: Lehrer selbst als lebende Beispiele, Erziehung durch Vorbild. Wie groß die Zahl derjenigen war, denen eine ähnliche Schulbildung ermöglicht wurde, wieweit auch die mittleren Stände daran teilhaben konnten, ist nicht bekannt. Harsdörffer hat mit seinen Schriften solches Schulprogramm zur Lebenslehre erweitert.

Es ist bemerkt worden[35], daß der Pegnesische Blumenorden in den Nürnberger Akten lange nicht erwähnt wird, und gefragt worden, ob daraus Rückschlüsse auf die Bedeutung der Literatur im kulturellen Leben Nürnbergs zu ziehen seien. Die Stadt unterhielt Kirchen und die städtischen Schulen, das für Dilherr gegründete Auditorium publicum, in dem eine Art Studium generale angeboten wurde; der Rat bestellte Organisten und Stadtmusiker – mit L. Lechner und H. L. Haßler war Nürnberg eine bedeutende Stätte geistlicher und weltlicher Liedpflege geworden[36] –, er genehmigte größere Veranstaltungen wie Klajs Darbietungen, wie Aufführungen von Wanderbühnen. Im übrigen aber scheint kulturelles Leben vorwiegend von privaten Gruppen und einzelnen ausgegangen zu sein, unregistriert, solange die öffentliche Ordnung nicht gestört wurde. Die berühmten ‚Musikalischen Kränzlein‘ gehörten zu den vielen Gesellschaften[37], die in den oberen Ständen aus privaten Interessen gebildet wurden. Es könnte auch der Orden zunächst als eine solche der „Recreation"[38], nicht der Repräsentation dienende Vereinigung gegolten haben. Der Anspruch der Autoren ging darüber hinaus, wenn auch bei den einzelnen in unterschiedliche Richtungen: für Klaj zum höchsten Ziel allen Dichtens, dem feierlichen Gotteslob, für Birken außerdem zur weltlichen Repräsentation in panegyrischen Schriften für die Stadt wie für Höfe, für Harsdörffer am stärksten hin zur alltäglichen geistlichen und weltlichen Lebenspraxis.

*

Harsdörffers Lebenslauf ist aus der Leichpredigt seines Freundes Dilherr[39] bekannt, ferner aus Gedenkreden[40], einer Reihe von Briefen, – die Tausende, von denen Zeitgenossen[41] noch wußten, dürften wie der Nachlaß verloren sein –, aus wenigen anderen Dokumenten. Autobiographisches verdanken wir Harsdörffers Gedenkrede auf seinen 1634 verstorbenen Jugendfreund Christoph Fürer[42] insofern, als er in dessen Lebenslauf auf die gemeinsame Schul-, Studien- und Reisezeit eingeht.

Georg Philipp Harsdörffer wurde am 1. 11. 1607 geboren – oder getauft.[43] Seine Familie war seit acht Generationen in Nürnberg ansässig und gehörte noch zu den ‚neuen' im Patriziat. Sie lebte im 17. Jahrhundert offenbar von ihrem Vermögen, von Stadt- und Landbesitz.[44] Harsdörffers Vater wird als vielseitig gebildet und weitgereist beschrieben. Die Eltern Harsdörffer und Fürer gaben ihren Söhnen die standesübliche Ausbildung; „...formandae Reipublic.[ae] prima elementa Juventutis educationem esse...", sagt Harsdörffer in der Gedenkrede und: „Mortalium animos quos Natura bonos facit, Disciplina perficit" –[45] Erziehung als Vollendung der Natur mit dem Ziel, dem Staat zu dienen. Harsdörffer und sein Freund Fürer wurden privat, zuletzt in Gruppen unterrichtet; die Eltern scheinen an dem erwähnten Schulplan beteiligt gewesen zu sein, der Lehrer der Freunde, Philippus Carolus, wird darin für die neue Schule vorgeschlagen. Harsdörffer zollt ihm höchstes Lob[46], da er in ihnen einen nicht zu stillenden Wissendurst erregt habe. Unter seinem Einfluß mag er sich Worte Senecas zum Leitspruch gewählt haben: „Miseri mortales, nisi quotidie invenirent, quod discerent."[44]

Von 1623 an studierten die Freunde in Altdorf Rechtswissenschaften, Philosophie und Philologie und hörten bei dem Orientalisten und Mathematiker D. Schwenter, dessen *Erquickstunden* Harsdörffer später weitergeführt hat. 1626 setzten beide ihre Studien in Straßburg fort, wo zu jener Zeit Matthias Bernegger[48] als Professor der Historie, später auch der Beredsamkeit, Aufsehen und Kritik wegen seines Umgangs mit klassischen Autoren wie durch seine Unterrichtsmethode überhaupt erregte. In der Absicht, zur prudentia, zur Weltklugheit zu erziehen – er war stark von J. Lipsius beeinflußt –, betonte er die Kenntnis der Realien und zog die Studenten in Dispute über Gegenwärtiges, wobei die klassischen Historiker als Exempel-Arsenal für vergleichbares Geschehen dienten. Erste Anregungen zu Harsdörffers *Gesprächspielen* sind Bernegger zugeschrieben worden.[49]

1627 begannen Harsdörffer und Fürer ihre peregrinatio, die für Patrizier wie Adlige übliche Bildungsreise, in Genf. Von dort zogen sie nach Frankreich, durch Belgien nach England; über die Gefahren bei der Kanalüberquerung berichtet Harsdörffer ausführlicher, im übrigen zählt er fast kommentarlos Stationen auf: Sie reisten zurück durch Frankreich nach Norditalien, nach Rom und Neapel, hielten sich einen Sommer in Siena auf und kehrten nach fünfjähriger Reise in ihre Stadt zurück. „Mit was kostbarem Vngemach / mit was Leib- und vielmals auch Seelengefahr erwanderen wir der Welschen/Frantzösischen/Spanischen und Engeländischen Rede- und Schriftenkundigung?"[50] heißt es 1644 in den Gesprächspielen; Sprachkenntnisse sowie vielseitige Beobachtungen und Erfahrungen, „Civilium rerum Prudentia"[51], sind nach der Gedenkrede das Ergebnis der Reise.

Auf solchen Reisen war es üblich, berühmten Gelehrten aufzuwarten, besondere Einrichtungen wie Bibliotheken und Kunstkammern zu besuchen[52] – Harsdörffer berichtet nichts dergleichen. Ob er schon in Altdorf den dort gleichzeitig studierenden J. Rompler kennenlernte, – dieser wurde Mitbegründer der Straßburger Aufrichtigen Tannengesellschaft[53] und sandte dem „vertrauten Freunde" 1645 ein *Ehrengedicht*[54] –, ob er in Straßburg J. Zincgref oder anderen aus dem Heidelberger Kreise begegnete, ob die Freunde in Italien persönlich Zutritt zu den dortigen ‚Sprachgesellschaften' hatten – Harsdörffer nennt sich 1647 Mitglied der Accademia degli Ociosi[55] in Neapel –, weiß man nicht, die Wahrscheinlichkeit spricht dafür.

G. A. Narciss[56] hat in Harsdörffers *Gesprächspielen* über 800 zitierte Titel gezählt, von denen die Hälfte romanischer, die deutlich größte Zahl italienischer Herkunft sind. In Harsdörffers Bewunderung italienischer Kultur mischte sich jedoch auch Kritik an Sitten und Literatur[57]. Voraussetzungen für seine breiten Kenntnisse romanischer Literaturen, in geringerem Maße der englischen, muß er sich während dieser Reise geschaffen haben.

Einen akademischen Grad haben die Freunde nicht erworben[58]; auch ein Patrizier schloß sich durch die Promotion von der Möglichkeit aus, in den Rat gewählt zu werden; Akademiker durften nur Berater sein. Zu Beginn des Jahres 1632 waren sie wieder in Nürnberg und haben sicher den Einzug Gustav Adolfs miterlebt. 1633 war Harsdörffer mit einer städtischen Gesandtschaft auswärts tätig[59], später hat er Nürnberg nur noch zu Kuraufenthalten im „Sauerbrunnen" verlassen. 1634 heiratete er Susanne Fürer von Haimendorff, mit der er in „gewünschter Wohlfahrt/ und inniglicher hertzlicher Liebe und Treu/ gelebt"[60]; sie starb schon 1646, seine verwitwete Schwester führte ihm dann das Haus. Von seinen acht Kindern haben ihn nur zwei überlebt.

1637 wurde Harsdörffer als Assessor an das Stadtgericht[61], das oberste Zivilgericht, berufen. Das bedeutete mit öffentlichen Sitzungen, mit geheimen zum Aktenlesen und zur Vorbereitung der Urteilsfindung eine die Woche füllende Tätigkeit. Für Schriftstellerei und Korrespondenzen blieben also tatsächlich nur die ‚Neben- oder Mußestunden'.

Narciss hat einen breiteren Niederschlag der fast zwei Jahrzehnte währenden Gerichtsarbeit in Harsdörffers Schriften vermißt[62]; doch Harsdörffers Werk ist nicht abbildend, sondern bewußt komplementär zu seiner Gerichtstätigkeit zu sehen, die ihm täglich Unrecht, menschliche Schwächen und daraus erwachsendes Elend vor Augen führte. Seine belehrenden Anweisungsbücher und moralisierenden Exempelsammlungen sollten vornehmlich dazu dienen, Konflikte mit Gesetzen zu vermeiden, als irdischen Rechtsbruch ebenso wie als Sünde vor Gott.

Narciss weist selbst auf das in Prozeßform durchgeführte 47. Gesprächspiel hin. Thema ist „Das Verlangen", nämlich „gute neue Bücher zu lesen", verhandelt werden Nutzen und Gefahr von Lektüre. In einer aus der Parteilichkeit herausgehobenen Rede bestätigen Leser den Nutzen abschreckender literarischer Beispiele für die Bewährung in „Weltlichen Händeln".[63] Daß Recht, Gesetze und Ordnungen für ihn nicht zu starren Schablonen wurden, zeigen seine Werke vielfältig; die häufig offen bleibenden Dialoge der Gesprächspiele sind eher in diesen Zusammenhang und unter den Begriff der Toleranz zu bringen, denn als persönliche Unentschiedenheit zu deuten.

Erst 1655 wurde Harsdörffer als einer der 13 Jungen Bürgermeister in den Inneren Rat gewählt, bald auch zum Schöffen und Rugherrn[64] ernannt. Die Zeugnisse reichen nicht aus, Harsdörffers Zuverlässigkeit oder Nachlässigkeit, Eigenmächtigkeit oder Großzügigkeit – alles kam vor – in der Wahrnehmung seiner Amtsgeschäfte einzuschätzen, um damit seine späte Berufung zu begründen. Dilherr meinte, die ganze Stadt werde seine gewissenhafte, unparteiische, unerschrockene und gütige Amtsführung gegen jedermann bezeugen[65], – freilich galt auch damals: In mortuis nihil nisi bene.

Narciss[66] vermutet, daß der *Lobgesang* auf den schwedischen Feldmarschall Wrangel, mit dem Harsdörffer die Schweden 1648 als Friedensbringer feierte, der Grund für die späte Wahl in den Rat gewesen sei. Harsdörffer hatte den Text durch Staden vertonen, sofort drucken und Wrangel zukommen lassen, als dieser kurz vor Friedensschluß in der Nähe Nürnbergs lagerte. Der Rat, in dieser Endphase sorgsam auf Neutralität bedacht, ließ die Drucke beschlagnahmen und die Beteiligten verhaften, weil die Stadt es „zu entgelden haben" dürfte. Es blieb dann schließlich bei einer Vermahnung Harsdörffers, „dasz ihme alsz einem priuato nicht gebührt, grosz Potentaten in seinem vermainten lobgesang durchzuziehen vielweniger solches ohne vorhergehende censur ... trucken zu laszen ...". Paas hat aus den Prozeßakten wahrscheinlich gemacht, daß hier doch eher Mißverständnis als Mißachtung der Zensur vorlag. Die Verteilung als Flugblatt und der Zeitpunkt lösten die heftige Reaktion der im allgemeinen großzügigen Nürnberger Zensurbehörde aus.

Den Widerspruch, in den Harsdörffer mit dieser Parteinahme als „ein kaiserlicher lehenmann"[67] geriet, konnte er für sich lösen, indem er den Kaiser als Repräsentanten des Reichs anerkannte, ihn aber kritisierte als Christ, der den Frieden unter Christen nicht wahre.[68]

K. Garber[69] hat sich – im Hinblick auf die Rolle der Pegnitz-Hirten in der Stadt – gefragt, ob Harsdörffers „poetische Aktivität seiner patrizischen Reputation eher Abbruch getan" habe; daß er viele Werke unter Pseudonym veröffentlichte, könnte solche Vermutung bestätigen. Möglich wäre auch, daß Harsdörffer selbst – durch mehrere Krankheiten geschwächt – eben wegen der breiten anderweitigen Interessen diese Wahl gar nicht sonderlich angestrebt hat, zog sie doch erhebliche Belastungen nach sich, wie Briefen zu entnehmen ist.[70] Er starb 1658 nach kurzer, schwerer Krankheit.[71]

Harsdörffer soll eine elegante Erscheinung[72] gewesen sein, von gewinnender Verbindlichkeit im Umgang. Souverän beherrschte er die Kunst, die er lehren wollte, die gesellige Unterhaltung, ebenso die juristische wie forensische und panegyrische Rhetorik. Er gehörte zu den weithin bekannten Gelehrten, die von Reisenden aufgesucht wurden.

Die der Leichpredigt angehängten Epicedien[73] lassen bei aller hier üblichen

Topik nahe Freundschaften erkennen. Auffällig ist, daß in der Sammlung ein Trauergedicht Birkens fehlt, auch wenn dieser schon in Bayreuth lebte. Beider Verhältnis war nicht ohne Spannungen geblieben, doch hat Birken ihm Anerkennung als Ordensgründer und Dank für persönliche Förderung nicht versagt.[74] In einem Brief an Schottelius aber, den Suchenden der Fruchtbringenden Gesellschaft, distanziert er sich deutlich:

> H.[err] H.[arsdörffer] Seel.[ig] hat viel gethan u[nd] geschrieben, aber er war kein Suchender, der ihm hätte mögen Zeit nehmen, Zum grund zu räumen, sondern ein Spielender, der nur darüber hingefahren, in sup' [er] ficie geblieben u. dem centro ni genahert. Er pflage einen Bogen ZUfüllen u. also backwarm unter die Presse Zujagen, sonder dz [= das] concept zu limiren oder 9 tage, zu geschweig Jahre, wie Horatius will, liegen Zulassen.[75]

Diese Kritik der Oberflächlichkeit und Flüchtigkeit ist bis in die Gegenwart bestätigt worden. Harsdörffer habe sich gerühmt, ein Gedicht machen zu können, wann immer er wolle, es seien aber nur Reime geworden, denen „die Seele und der Geist gemangelt", schreibt Birken weiter – dem hätte Harsdörffer selbst für viele seiner Verse zugestimmt.

Das Urteil charakterisiert beide: Harsdörffer leitete seinen Rang nicht aus seiner Poesie ab, brauchte ihn nicht durch jedes Casualcarmen zu bestätigen wie Birken, der sich lebenslang bemühte, mit jedem Wort die Stellung des Dichters in der Welt und damit die eigene zu erhöhen.

*

Als Autor stellte sich Harsdörffer den Nürnbergern zunächst mit zeitüblichen lateinischen Gedenkschriften auf angesehene Patrizier vor. Im *Cato Noricus* von 1640, einer reinen Zitaten-Montage aus antiken Werken und deren Kommentatoren bis in seine Gegenwart, zeigt er sich schon als der vielbelesene Sammler.

Was ihn bewogen hat, anonym erschienene Streitschriften der französischen Gegenwartspolitik um den Kardinal Richelieu ins Lateinische zu übersetzen und 1641/42 mit lateinischen Erwiderungen in aufwendigem Druck zu publizieren, müßte näher untersucht werden.[76] Die Gegenschriften kritisieren den Krieg unter Christen, fordern deren Einheit im Kampf gegen die Türken und sprechen die Hoffnung auf Frieden und auf die Räumung des Reichs von fremden Mächten aus. F. J. Schneider hat das 1643 anonym erschienene Schauspiel *Japeta* als Harsdörffers deutsche Übersetzung der *Europe* von J. Desmarets de Saint-Sorlin identifiziert, ein ‚Schlüsselstück' um die spanisch-französischen Machtkämpfe, und es als den ersten Versuch bezeichnet, „den Deutschen ein französisches Bühnenwerk in der adäquaten Versform", dem Alexandriner, zu vermitteln. Daß Harsdörffer kurz nach den kritischen Abhandlungen nun ein Stück von eher „franzosenfreundlicher Tendenz" bearbeitete, erklärt Schneider mit Harsdörffers entschiedenem Engagement für den Frieden; 1642/3 wurde allgemein eine Wende im Kriegsgeschehen erwartet, und Harsdörffer glaubte, daß von „Frantzösischer Großmüthigkeit ein erwünschter Fried Zu erhandelen seyn solte".[77] Damit reagierte er unmittelbar auf aktuelles politisches Geschehen, wie dann unverschlüsselt 1648 im *Lobgesang* auf Wrangel.

Gleichzeitig begann Harsdörffer mit seinem großen Bildungswerk, den *Gesprächspielen*[78], die er auch als ‚Friedenswerk' verstand; Gespräch war für ihn die Voraussetzung jeglicher Verständigung unter Menschen und ein Mittel, unterschiedliche menschliche Fähigkeiten auszugleichen[79]. Die *Frauenzimmer-Gesprächspiele* erschienen von 1641 an jährlich, der VIII. und letzte Teil „aus Mangel papiers" am Kriegsende erst 1649. Harsdörffer schrieb sie als „Anleitung" zu erst- wie scherzhafter Unterhaltung nach Spielregeln, die

nur halb geschrieben/ aber mit holdseligen Lippen/ wolständigen Geberden/ lieblicher Stimme/ und löblicher Bescheidenheit von derselben Liebhabere müssen ergänzt/ und vollständig gemachet werden.[80]

Er hat diese besondere Form[81], in der Spiel und Gespräch zu Literatur geworden sind, in den deutschen Sprachraum eingeführt. Bei ihm behalten die Gesprächspiele weitgehend Anweisungscharakter und sind auf Realisierung im geselligen Leben angelegt, bei Nachfolgern[82] wie Rist, Francisci oder Lassenius wird zunehmend Lesestoff daraus. In dieser Gattung laufen unterschiedliche Traditionsstränge zusammen. Harsdörffer selbst verweist auf die Dialog- und Symposienliteratur der Antike und deren Wiederaufnahme seit der Renaissance[83], nennt Platon, Lukian, Cicero, Pietro Bembo, Tasso, Erasmus, weist aber nicht auf die Linie, die zu mittelalterlich-höfischen Unterhaltungsspielen zurückführt. Die Fragespiele in Boccaccios *Filocolo* gelten als Knotenpunkt, von dem die geselligen Gesprächspiele ausgingen, die an den italienischen Höfen und in den Akademien der Stadtstaaten entwickelt und in der zweiten Hälfte des 16. Jahrhunderts in zahlreichen Spielbüchern fixiert worden sind. Harsdörffer nennt als seine Quellen die Bücher der Brüder G. und S. Bargagli aus Siena, des St. Guazzo, I. Ringhieri, F. Loredano und B. Castigliones *Cortegiano*, in dem geistreiche Unterhaltung als höfische Gesellschaftskunst demonstriert wird. Ebenso hat er französische Konversationsliteratur[84] benutzt, die ihrerseits in diesen Traditionen steht.

Harsdörffer lernte bei seinen Vorbildern Spielregeln[85]: Die Teilnehmer halten wechselnd einen Spielstab und sind damit jeweils Spielführer; dieser schlägt Thema und Spielform vor, entscheidet über Pfänder und Strafen, die übrigen Teilnehmer antworten meist der Reihe nach – doch sind längst nicht alle Spiele nach Regeln durchgeführt. Er übersetzte ausgeführte Spiele, er übernahm Themen, Anregungen zu Spielen, nicht aber deren eleganten Stil. Der brillierenden Rede, der witzigen, geistreich verschlüsselten Unterhaltung als amourösem Spiel war die deutsche Sprache noch nicht gewachsen, aber Harsdörffer wahrte auch aus moralischen Gründen kritische Distanz. Spiele „... vom Liebskrieg...“, wie bei den Adligen in Siena üblich, werden als „faules Geschwätz“ abgetan, da man doch „von der Vppigkeit ab- und zu erbaulichen Frölichkeiten“ hinführen sollte.[86]

Harsdörffer führt eine fiktive Gesellschaft von sechs Personen zusammen, denen er sprechende Namen gegeben hat:

> Angelica von Keuschewitz/ eine Adeliche Jungfrau. Reymund Discretin/ ein gereist- und belesener Student. Julia von Freudenstein/ eine kluge Matron. Vespasian von Lustgau/ ein alter Hofmann. Cassandra Schönlebin/ eine adeliche Jungfrau. Degenwert von Ruhmeck/ ein verständiger und gelehrter Soldat[87],

eine Runde von Adligen und Bürgerlichen, wie sie in den oberen Ständen Nürnbergs sich hätte bilden können. Diese Personen erwachen während der 300[88] Spiele nicht recht zum Leben. Die ihnen beigegebenen Charakteristiken wirken sich in den Gesprächen fast als Schablonen aus, nach denen Meinungen verteilt sind: Vespasian spricht mit der abgeklärten Weisheit des Alters, er wird häufig um Rat und Urteil gebeten; Julia vertritt die praktische Lebenserfahrung einer klugen Hausherrin; der weitgereiste Reymund bringt ausgefallene und schwierige Themen ins Spiel, referiert viele Meinungen, will aber niemandem eine bestimmte aufnötigen; in seinem Werben um Angelika, die ihm spröde widersteht, zeigt sich ein Ansatz von Handlung außerhalb der Spiele.

Die Titelkupfer der acht Teile stellen die Handlungsräume einzelner Spiele, nicht der ganzen Teile dar. Kategorien wie Ort, Zeit, Handlung, soweit sie über das Gesprächsspiel hinausführt, und Charaktere erweisen sich als ungeeignet, die Gesprächsspiele als literarische Form zu bestimmen. Sie bleiben Musterbücher mit ausgeführten oder nur vorgeschlagenen Spielrunden; Harsdörffer bedauert, daß er „für sechs Personen“ sprechen muß.[89]

In seinen Modellen schlägt das Pendel zur Seite der sachlichen Diskussion wie des Spiels hin weit aus. Es gibt Gespräche, in denen alle Beteiligten zu einer moralischen Streitfrage ihre Meinung äußern, andere, in denen Erfahrungen des täglichen Lebens ausgetauscht werden, viele informative Gespräche, in denen Wissenswertes zusammengetragen wird, sie lassen das Spiel zeitweilig vergessen und bewirken den enzyklopädischen Charakter des Werks. Im VIII. Teil hat Harsdörffer „XXV. Merkwürdige Fragen...“, „Warumb das Meer ab- und zulauffe“ oder „Ob man die Vnsterblichkeit der Seelen durch natürliche Vrsachen erweisen könne?“, in kurzen Absätzen erörtert[90]; setzte man vor diese, so bemerkt er selbst, statt der Paragraphen die Personennamen, hätte man weitere Spiele.

Werden aber Aufgaben eingeflochten, sind Meinungen als Sprichworte zu formulieren oder in Sinnbildern anschaulich zu machen, gilt es, die Tugenden oder Laster als allegorische Figuren bühnenfähig zu beschreiben, ihnen Verse oder Reden anzudichten, soll das erworbene Wissen geübt werden im Worte-

und Reime-, Verse- und Strophenbilden, sind Überschriften zu Sinnbildern zu suchen und umgekehrt, so gehen die Gespräche über in Spiele verschiedenster Art: von kindlichen Rate- und Pfänderspielen, Wort- und Gedankenspielen bis hin zum allegorischen Aufzug, zum bühnenreif durchgestalteten Singspiel.

Variatio delectat – alter Lehrsatz der Rhetorik – ist für Harsdörffer Prinzip, eine beliebige Assoziation kann ein Spiel unter- oder abbrechen. Geistreich oder doch sinnvoll dazwischenzufragen, ist eine Hauptaufgabe der Spielenden. Verlangt eine schwierige Materie den Vortrag des Fachkundigen, so ehrt den Unwissenden sein Interesse und sein Wille zum Lernen. Im „Haubtregister"[91] am Schluß werden alle Spiele in „Leichte Schertz- und Lustspiele" und „Schwere Kunst -und Verstandspiele" eingeteilt; das zu schwere Spiel schaffte Verdruß durch Überforderung, das zu leichte „übt nicht den Verstand". „Vnser Geist oder Verstand . . . kan nicht anderst/ als durch erspriessende Belernung behäglich gespeiset/ aber niemals ersättiget werden"[92], setzt Harsdörffer als göttliche Gabe für sich wie für seine Leser voraus, doch kennt er den „Unterschied der Menschen" nach Fähigkeiten, Ausbildung und Temperamenten; niemand darf ausgelacht werden, niemand soll Groll empfinden. Zu seiner Spielpädagogik gehört, jedem das Angemessene zu bieten.[93] Er wird nicht müde, die zur poetologischen Formel seines Jahrhunderts gewordenen Horaz-Worte[94] vom „prodesse et delectare" in zahllosen Varianten zu wiederholen. Für ihn ist es nicht eine Formel der Kunsttheorie, sondern ein Leitsatz des Lebens, delectatio als remedium gegen Versuchungen und Leidenschaften wie als „Labsal dieses elenden Lebens".[95]

Erwünscht ist eine einmütige Gesellschaft.[96] In der Vorrede zum V. Teil referiert Harsdörffer die Gesellschaftsregeln der Intronati in Siena und empfiehlt, nach deren Beispiel Gesellschaftsnamen einzuführen, wie es auch bei den Fruchtbringenden zur Regel geworden war, mit derselben Begründung: daß dadurch Standesunterschiede ausgeglichen würden, persönlicher Ehrgeiz entfalle, Titelpracht nicht den allseitig höflichen und freundlichen Umgang störe. Harsdörffers Anspruch an Höflichkeit – er verweist auf das gleiche Stammwort in ‚höflich' und ‚höfisch', er kennt Hofliteratur und Hofkritik – schließt immer sittliche Gesetze für das menschliche Zusammenleben ein, so wichtig ihm einzelne Höflichkeitsformen sein mögen.[97]

Daß Harsdörffer diese Umgangsformen keineswegs für die Allgemeinheit propagieren wollte, zeigen seine Briefe[98] deutlich; er hielt die gültigen Ordnungen säuberlich ein. Stillage der Anreden, Briefeingänge und Grußformen lassen auch dort, wo die Gesellschaftsnamen sie verdecken sollten, wie im Briefwechsel mit der Fruchtbringenden Gesellschaft, die Rangunterschiede der Adressaten durchscheinen. Sach-, nicht adressatenbezogen wird die Sprache in den mitteilenden Briefabschnitten, wenn es etwa um Stellungnahmen zu Sprachproblemen geht. Harsdörffers *Teutscher Secretarius*, Briefsteller und Titularbuch in einem, lehrt, je nach Stand und Titel die korrekte Anrede und eine angemessene Sprache zu wählen – ein Spiegel der ständischen Ordnung, zugleich aber auch ein Lehrbuch der ‚Fachsprachen‘ für politische, amtliche, kaufmännische, gelehrte, für Freundschafts- und Liebesbriefe, für Glückwunsch- und Teilnahme, Bettel- und Mahnschreiben. Die jeweiligen ‚sachlichen‘ Abschnitte, soweit sie ausgeführt sind, zeigen eine erstaunliche sprachliche Variationsbreite, keineswegs einen durchgehenden Kanzleistil. Auch in der Sprache der Spiele liegen Anreden und Sachdiskussionen oder Informationen auf unterschiedlichen Sprachebenen.

Trotz aller Abwechslung nehmen mit den Teilen größere Unterrichtseinheiten in langen Spielen und Spielreihen zu; sie sind vornehmlich den ‚Künsten‘ gewidmet. Kunst ist noch ars/techne, ist weitgehend nach Regeln erlernbar, schließt die Fertigungsweisen der Handwerke und Techniken ein, ebenso die Wissenschaften. Die Künste führen zu der Frage nach dem Verhältnis von Kunst und Natur, „Ob mehr zu ver[= be]wunderen die Werke der Natur/ oder der Künste?“

> Die Kunst vollzieht/ was die Natur anfänget [, ist] deroselben Nachfolgerin [; Vespasian faßt zusammen:] Schliesse demnach/ daß durch die Künste der Natur Eigenschaften eröffnet/ untersuchet/ durchforschet werden/ und in Betrachtung so hoher Wolthaten/ der wunderbare Gott zu loben und zu preisen sey/ welcher für den Menschen nicht nur so mancherley erschaffen hat/ sondern demselben auch den Verstand ertheilet/ solches alles sich klüglich zu gebrauchen.[99]

Mit dieser Auffassung von Kunst als Vollendung der Natur, von Natur als dem von Gott gegebenen Pfund, mit dem der Mensch zu wuchern die Fähigkeit und die Aufgabe habe, sind jegliche ‚Künstlichkeiten‘ der Zeit, geschnittene Gärten ebenso wie die ‚Zierlichkeit‘ der Sprache, auch die forschende Neugier der Wissenschaften legitimiert. Aber die Frage wird von Harsdörffer nicht immer so eindeutig beantwortet.

In den Gesprächspielen sollen alle Ausdrucksweisen geübt, alle Sinne, die ‚äußeren‘ des Leibes wie die ‚inneren‘ der Seele angesprochen werden. Harsdörffer bringt die augustinische Trias der Seelenkräfte, „der Verstand/ der Wille/ die Gedächtnüß“ (ratio, voluntas, memoria), in Verbindung mit der imaginatio, übersetzt als „Bildung“ oder „Fürbildung . . . dardurch die Bilder/ von welchen sie also genennet/ gefasset werden“. „Fürbildung“ und Gedächtnis stellen dem Verstand als dem vornehmsten der inneren Sinne, „welcher nicht so leicht/ als die beyden andern . . . betrogen werden kan“[100], zur Beurteilung vor, was die äußeren Sinne eingesammelt haben. So wird Bildlichkeit zugleich psychophysisch und moralisch begründet. Die Bildkunst – nach diesem Verständnis bildliche Sprache einbeziehend – wird unter vielen Aspekten diskutiert: Farben und deren Deutung, Perspektivlehre, Bildhauerei, Herolds [= Wappen]kunst, die Malerei insgesamt, die – als Abbild verstanden – „aller Völker Sprachen“ spreche, insofern der Poesie überlegen sei[101]; beide Künste werden wiederholt verglichen. Die deutsche „Sprachkunst“ gehört zum durchgehenden Spielprogramm, als Sprachübung wie als Sprachreflexion.

Als Ausdrucksformen, die mehrere Sinne ansprechen, werden Bilderschrift und

Letter [= Buchstaben]wechsel, Echo- und Figurengedichte erprobt, mit besonderer Vorliebe sind Embleme behandelt, „Sinnbilder"[102], wie Harsdörffer sie nennt; nach ihrem Ursprung wird gefragt, unterschiedliche Definitionen – da deren „Grundfeste noch strittig ist"[103] – werden vorgestellt, auf Vor- und Nachteile hin überprüft, Beispiele betrachtet und gebildet. Die Sinnbilder fehlen in keinem der acht Teile; sie bestehen

> in einem oder mehr Bilderen/ und wenig Worten/ darinnen beider Sinn Meinung und Verstand verfasset/ welche dann mehr weisen/ als gemahlet oder geschrieben ist/ in dem selbe zu fernerem Nachdenken füglich Anlaß geben. [Sie können] ... das Vnsichtbare entwerffen/ das Vnbekante vorstellen ...[104]

Die „Ob [= Über]schrift wird als Dolmetscher[105] bezeichnet. Harsdörffer ist selbst mit Emblematik[106] großgeworden; der zu seiner Zeit fertiggestellte Nürnberger Ratssaal wurde emblematisch geschmückt; in Altdorf war es üblich, emblembezogene Reden zu halten; Saubert verbreitete diese Kunst im geistlichen Bereich. Harsdörffer hat sie in seinen *Andachts-Gemählen*[107] kunstvoll fortgesetzt; er hat emblematische Titel entworfen und erläutert und Embleme vielfältig zu ,sinnreicher' Dekoration benutzt; 1656 hat er *50 Lehrsätze* der Emblem-Kunst zusammengestellt und veröffentlicht; sie spiegeln die Offenheit der Form in seiner Zeit und ihre vielseitige Verwendbarkeit. Harsdörffer wurde einer ihrer großen Lehrmeister.

Über weite Strecken erscheint die Gesprächspielsammlung als ein Lehrbuch der Poetik mit angeschlossenen Übungen. Eine Fülle literarischer Formen der Zeit wird vorgestellt und gemeinsam gebildet: Sprichworte, Apophthegmata, Sentenzen, ernst- und scherzhafte Grabsprüche, Lehrsprüche und -gedichte, Schäfereien, Geschichterzählungen, Geschichtreden bis hin zu ganzen Schau- und Singspielen. Sie verlangen die stärkste Beteiligung der Spielenden.

Die Vernunftkunst, die Übersetzung eines englischen Studentenstücks *The Sophister* und die *Redkunst* sind Spiele[108], in denen die Begriffe der Logik und Rhetorik personifiziert in recht verworrener Handlung auftreten; sie sollten diese ,Künste' und zugleich ihre deutschen Fachtermini, in der Zeit „Kunstwörter" genannt, spielerisch einüben. Über mehrere Spiele hin vorgestellt und kommentiert wird das von dem „hochberühmten und Kunsterfahrenen Joh. Gottlieb [Theophil] Staden, Stadtpfeiffer in Nürnberg und Organist in St. Lorenz" komponierte *Geistliche Waldgedicht ... Seelewig:*

> von der Glückseligen Seele .../ in welchem ein Schäfer die Liebe Gottes/ die Schäferin die Seele/ das Gewissen eine Matron/ die Vernunfft eine Königin/ die Welt eine Kuplerin/ der Satan ein Waldgeist (Satyrus) [ist, der als] der böse Feind den frommen Seelen/ ... nachtrachtet/ und wie selbe hinwiederumb von dem Gewissen und dem Verstande: durch Gottes Wort/ vom ewigen Vnheil abgehalten werden.[109]

Es ist das erste opernartige Werk in deutscher Sprache, das vollständig überliefert ist. 1654 richtete die Herzogin Sophie Elisabeth diese ‚Oper' zum 75. Geburtstag ihres Gemahls, des Herzogs August, in Wolfenbüttel als Festaufführung ein. Harsdörffer hatte ihm den IV. Teil der Spiele, in dem sie abgedruckt ist, gewidmet. Durch die Einbindung in die Gesprächspiele ist eine zeitgenössische Autor-Interpretation von ungewöhnlicher Ausführlichkeit gegeben.

Harsdörffer bezeichnet die Schauspiele als „wesentliches/ lebendiges und selbstredendes Gemähl." Zu den „Außbildungen", die „Mahl-Reim-und Musikunst ... vergesellschaften"[110], gehören auch die allegorischen „Aufzüge", in denen Tugenden und Laster personifiziert auftreten. Die Aufzüge *Von der Welt Eitelkeit* im III. und *Die Tugendsterne* im V. Teil[111] werden – ebenfalls von Staden vertont – vollständig vorgestellt, andere bleiben Entwurf. Tugenden und Laster werden fortlaufend diskutiert, Erziehung zur Tugend bleibt oberstes Ziel der Spiele. Traditionsgemäß unterscheidet Harsdörffer die geistlichen Tugenden Glaube, Liebe und Hoffnung als oberste von den übrigen, moralischen. Doch keine wird absolut gesetzt: die Liebe steht zwischen Haß und „übermäßiger Liebe", die „Stärke oder Großmütigkeit" zwischen Vermessenheit und Kleinmütigkeit, Tugenden haben die „Mittelstelle" – auch die neustoizistische prudentia lehrte das Maßhalten; darin kündigt sich die Entwicklung zu den vernunftbestimmten Morallehren des 18. Jahrhunderts an, daraus spricht auch die alltägliche Erfahrung des in der Rechtspraxis Tätigen.

Sprache und Poesie sollten „redendes Gemähl"[112] sein, das Bild eine „stumme Sprache" sprechen. Die Möglichkeit, Abstraktes in die Anschauung zu holen, Fernliegendes mit Vertrautem sinnreich zu verbinden, allzu Alltägliches erfreulich zu verblümen, hat Harsdörffer an diesen Formen mittelbarer, bildbezogener Aussage fasziniert. Das Gleichnis sei häufig „künstlicher/zierlicher und erfreulicher/ ... als die Sache selbsten", sagt er in der Vorrede zu *Melisa/ Oder Der Gleichniß Freudenspiel,* einer Zugabe des III. Teils[113], es ist in Anlehnung an Lope de Vega komponiert; alle handelnden Personen des Stücks sprechen in Gleichnissen, wie sie in der Zugabe zum II. Teil, dem *Schauspiel Teutscher Sprichwörter*[114] nach einer französischen Vorlage, alle in Sprichworten reden. Die Gleichnisse werden biblisch gerechtfertigt, da schon der Propheten und „CHRISTI Wort selbsten in Gleichnissen bestanden":

> Die schöne Verfassung dieses gantzen Weltgebäus/ ist an sich selbsten nichts anders/ als eine durchgehende Vergleichung in allem und jedem; und hat der höchstmächtige Gott dem Menschen eine sondere Begierde eingepflanzet/ solche Wunderfügnissen zu erlernen.[115]

Bildliche Sprache als Beschreibung, als Metapher, als Gleichnis, und eigentliche Darstellung im Bild als Illustration oder in der Sonderform des bedeutenden Bildes, der Allegorie, des Emblems, schafft einen Vorrat an verfügbarer Weltkenntnis, die wie die Spruchweisheit jederzeit aus dem Gedächtnis hervorgeholt werden und Lebenshilfe in verwandter Situation leisten kann, anderseits dazu auffordert, zu den bekannten neue Analogien zu suchen. In den allegorischen Aufzügen insbesondere findet ein seltsames Wechselspiel von Bloßstellung und Verkleidung statt. Die als bedrängend empfundenen Mächte der Passionen verkleidet der Mensch in Personifikationen und rüstet sie mit Attributen aus, die ihm ihre Eigenschaften verdeutlichen, damit die Laster ihn erschrecken, die Tugenden ihn locken; durch die so gewonnene Erkenntnis beraubt er sie ihrer Macht, weil sie – derartig bloßgestellt – vom Verstand beurteilbar geworden sind. Die verführerischen Mächte entblößen sich in der Verkleidung.

Philosophische Probleme, Erkenntnismethoden, „Lehrarten"[116], werden in den Spielen eher angesprochen als diskutiert. Ein knappes Exzerpt aus Bacons *Nova Atlantis* gibt Anlaß, die Frage nach der Gewißheit in den Wissenschaften zu stellen. Bei der „Unvollkommenheit" des menschlichen Verstandes, der Betrüglichkeit der Sinne, erscheine alles Wissen auf „Zweiffel gegründet".[117] „Gewisse Ursachen", Welterkenntnis werden grundsätzlich für möglich gehalten, doch hätten bisher zu wenige „dieselbe gründlich erforschet".[118] Die *Ars magna*, die *Große Wissenskunst*[119] des Raimundus Lullus, erregte Harsdörffers Interesse. Sie erreichte noch im gleichen Jahrhundert durch A. Kirchers *Ars magna Sciendi sive Combinatoria* und durch Leibniz eine gewisse Popularität; schien sie doch die Möglichkeit zu bieten, alles Geschaffene durch Reduktion auf eine überschaubare Menge von Grundprinzipien und -begriffen zu bringen und durch deren Kombination Welterkenntnis zu vermitteln. Die Anordnung dieser Begriffe, die nach bestimmten, aus Logik und Rhetorik bekannten Reihen von Fragen und Zuordnungen gewonnen werden sollten, in Tabellen oder auf drehbaren Scheiben unterschiedlicher Größe ermöglichte eine allseitige Kombination. So schien mittels der Ars combinatoria durch Schematisierung und Mechanisierung der inventio Vollständigkeit aller denkbaren Analogien und Beziehungen herstellbar – wie sie in Gleichnis oder Emblem assoziativ und eher zufällig erreicht wurden – und damit die Hoffnung auf rationale Erklärung der Welträtsel berechtigt. In den Gesprächspielen skizziert Harsdörffer einen Auszug aus solchen Tabellen ohne nähere Begründung. Später hat er das Verfahren in seinem ‚Sprachrad' auf Wortbildung und Reimfindung übertragen, Zahl- und Geschichtsscheiben vorgestellt.[120] Erkenntnis der Welt auf der Basis der ‚Vergleichbarkeit alles Geschaffenen', bleibt für Harsdörffer gleichwertig etwa neben experimentell bestätigten Kausalgesetzen; das Nebeneinander neuer Ansätze des Denkens und traditioneller Formen wurden ihm nicht zum Problem, Wissen und Weisheit blieben für ihn immer im christlichen Glauben aufgehoben.

Dem IV. Teil hat Harsdörffer eine *Rede von dem Worte SPIEL*[121] beigegeben; darin rechtfertigt er das Spielen und sich als Spielenden, indem er dem Gebrauch des Wortes vom Brettspiel bis zu Naturerscheinungen nachgeht: die „umwaltzenden Meerwellen spielen", und im klangmalenden „lispelen" des Wassers sieht er die „Grundrichtigkeit" des Wortes Spiel, seine Übereinstimmung mit der Schöpfung bestätigt. „Das letzte Meisterwerck dieser Spielenden Natur ist der Mensch."

Diese Auslassungen demonstrieren die schwer nachvollziehbare Überzeugung Harsdörffers – die auch seiner Sprachlehre, Poetik und Emblematik zugrundeliegt – von den „Wunderfügnissen"[122] der Schöpfung, durch die alles mit allem in Beziehung steht. So bringt das harmloseste Sprachspiel Welterkenntnis, und spielerische Sprachschöpfung wird ein Mittel dazu.

Wenn Harsdörffer die Frauen[123] vom III. Teil an nicht mehr im Titel anspricht und das Werk *Gesprächspiele* nennt, so läßt er sie doch keineswegs aus dem Spiel, will vielmehr anzeigen, daß die Spiele die Jugend, ja die ganze Gesellschaft zu „wolständiger Höflichkeit"[124] und Tugend führen sollen. Die Frauen stehen nicht im Mittelpunkt wie in den italienischen Gesellschaften oder den französischen Salons. Sie werden als schön beschrieben; sie sind überaus tugendhaft: bescheiden und mäßig, standhaft im Unglück, keusch und schamhaft, wo das Wortspiel es will: „friedlich/ frölich und fromm", „reich/ redlich/ rahtsam"; zwar wird ihnen ‚hoher Verstand' zugebilligt, doch fehle es ihnen an Schulung. Sie selbst sehen sich „geringverständig"[125], in Künsten und Wissenschaften und Dingen der Welt unerfahren, sie sind in den Spielen häufig die Fragenden. Das Gegenbild von der Weiberlist, von schlechtem Weiberrat[126] fehlt nicht in eingeschobenen Hinweisen. Letztlich sollen sie gute Haus- und Ehefrauen sein: „Der Mann solle das Gut/ und die Mittel zu dem Haushalten gewinnen . . . das Weib/ soll selbe erhalten und vermehren . . .", wie allen sollen die Gesprächspiele auch den Frauen helfen „das Laster zu erkennen/ die Tugend zu erwehlen". Die „Wissenschaft wol Teutsch zu reden/ und recht zu schreiben"[127] sei ihnen für die Kindererziehung nötig. Dem VII. Teil der Gesprächspiele hat Harsdörffer einen *Frauenzimmer Bücherschrein*, die Übersetzung der *Bibliotheque des Dames* des Grenaille angehängt[128], eine Sammlung von Kirchenväter-Briefen an Frauen voller Ermahnungen zu gottgefälligem Leben in frühchristlicher Sicht. So einfältig und kärglich wünscht Harsdörffer die Frauen aber offensichtlich nicht.

Harsdörffer hilft den Benutzern der Gesprächspiele mit „Ordnungsregistern", wie er die Verzeichnisse der Spieltitel nennt, und mit „Inhaltsregistern", jenen für die gelehrte Literatur des Jahrhunderts charakteristischen Sammlungen von Eigen- und Sachnamen, Begriffen und Kuriositätenanzeigen. Die ebenso zeittypischen „Scribentenregister", die dem II. und IV. Teil beigegeben sind, sollen zusammen mit den vielen Marginalien Belege liefern, durch Verweise auf Autoritäten Meinungen bestätigen und weitere Information ermöglichen. Daß sie viele Titel enthalten, die nirgendwo im Werk benutzt werden, daß andererseits viele Zitate und Übernahmen nicht nachgewiesen werden, gehört zu dem nicht nur für Harsdörffer üblichen großzügigen Umgang mit Quellen, zeigt auch an, daß diese Apparate ein Stilistikum sind, das sich verselbständigt als Nachweis von Gelehrsamkeit, als ein Einrücken des eigenen Werkes in die zeitlose societas literaria. Ungewöhnlich ist bei Harsdörffer der hohe Anteil an unmittelbar zeitgenössischer internationaler Literatur. Die mit den Bänden steigende Zahl von Zuschriften und Ehrengedichten zeigt seine zunehmenden literarischen und gesellschaftlichen Verbindungen. Es sind vor allem die führenden und aktiven Mitglieder der Fruchtbringenden Gesellschaft jener Jahre, Mitglieder anderer Gesellschaften und die Nürnberger Schäfergenossen; Schottelius, Rist, Ludwig von Anhalt, D. und P. von dem Werder, Gueintz, Zesen, J. M. Moscherosch, Stubenberg sind darunter heute noch in Literaturgeschichten genannte Namen. Harsdörffer ist stolz darauf, daß die Spiele an „einem vornemen Fürsten Hof" gelesen[129] oder gespielt werden. Daß sie für diesen zusammengetragen sind, ist daraus nicht zu folgern.

Für den späteren Betrachter wird in den Gesprächspielen erkennbar, wie der Lebensraum Nürnberg, die soziale Stellung, der Beruf, Reiseerfahrungen und Freundschaften, wie das allgemeine Zeitgeschehen, der Krieg, die politischen und religiösen Entwicklungen, wie die breite Rezeption europäischer Literaturen und die Verbindungen zum zeitgenössischen literarischen Leben sich in spezifischer Weise in dem Individuum Harsdörffer ausgewirkt und zu einer Persönlichkeitsstruktur geführt haben, in der offensichtlich gesellschaftliche Ansprüche und Bindungen die individuellen überlagern, wie diese Vorrangigkeit akzeptiert und wiederum vermittelt worden ist. Durch die offene, wenn auch konstruierte Gesprächsform werden nicht nur Kunstformen in der Entstehung beobachtbar, moralische Grundsätze in Lebenssituationen beurteilbar, es werden Denk- und Meinungsbildungsprozesse ansatzweise deutlich, Selbstverständnis und -bewußtsein bis zu einem gewissen Grade transparent; freilich ist dies nicht ohne Mühe aus der Fülle des Gebotenen herauszufiltern, vielfach werden klare Ergebnisse nicht zu erzielen sein.

*

Mit einer „Vorrede An die Hochlöbliche Fruchtbringende Gesellschafft" hatte Harsdörffer 1641 seine *Gesprächspiele* eingeleitet und das Angebot der Aufnahme erwirkt; 1642 wurde er als „Der Spielende" unter der Nummer 368 in das Gesellschaftsbuch eingetragen.[130] „Zwecke und Vorhaben" der Fruchtbringenden, wie sie ihr Oberhaupt, Fürst Ludwig von Anhalt, schon 1622 zusammengefaßt hatte, konnte Harsdörffer uneingeschränkt zu den eigenen machen:

> daß sich ein iedweder in dieser Geselschaft erbar- nütz- und ergetzlich bezeigen/ und also überal handeln solle/ ... [und] das man die H o c h d e ü t s c h e S p r a - c h e in ihrem rechten wesen und stande/ ohne einmischung frembder außländischer Wort/ aufs möglichste und thunlichste erhalte.[131]

Er wurde schnell zu einem der aktivsten Mitglieder. Er vermittelte zahlreiche neue, darunter Rist und J. M. Moscherosch; andere, die seine Fürsprache erbaten, auch mit weniger Überzeugung. Sein erster Vorschlag, J. M. Dilherr, fand keine Zustimmung, „weil dergleichen geistliche noch nicht darinnen befindlich"[132]; wohl ihrer ungesicherten sozialen Stellung wegen hat er Klaj[133], den er als jungen

Dichter lobte, gar nicht mehr vorgeschlagen, Birkens Aufnahmewunsch lange Zeit nicht gefördert.[134] Die Aufnahme dürfte für einen Autor im 17. Jahrhundert hinsichtlich seines literarischen, gesellschaftlichen und bedingt auch wirtschaftlichen Erfolges ähnlich bedeutend gewesen sein wie in der Mitte des 20. die Zugehörigkeit zur Gruppe 47.

Harsdörffers Eifer beschränkte sich nicht auf Organisatorisches. Die Bemühungen der Gesellschaft um eine Normierung des Deutschen zu einer einheitlichen, von fremden Elementen befreiten Nationalsprache als Voraussetzung einer Nationaldichtung durch Lehrbücher, wie sie für die klassischen Sprachen längst selbstverständlich, für die romanischen in jüngerer Zeit geschaffen worden waren, hatten erste Früchte gezeitigt. Sprach-, Rechtschreib- und Verslehren waren, als Harsdörffer beitrat, gerade im Druck erschienen oder wurden noch im Entwurf in teils heftigen Kontroversen diskutiert.[135] Schon mit den Titeln seiner Gesprächspielteile, die „Ehr- und Tugend-", „Teutsch- und Sprachliebende" Gesellschaften ansprechen, zeigte Harsdörffer an, daß er die Spiele als ‚Tugend- und Spracharbeit' im Sinne der Gesellschaft verstand; sie spiegeln seine Beteiligung an den Auseinandersetzungen in ihrer sprachlichen Gestaltung, in Spielthemen und Anhängen wie der *Schutzschrift/ für Die Teutsche Spracharbeit*, in der er schon 1644 Grundzüge seiner Sprachauffassung mitgeteilt hat. Diese ist ein eindringliches Plädoyer für die Arbeit an der deutschen Sprache;

dem gemeinen Pövelmann der mit der Hand- und nicht mit der Haubtmühe sein tägliches Brod gewinnen muß [, mag es genügen, andere verstehen zu können,] nicht aber denen/ die im Geist- und Weltlichen Stande ihre Unterhabende lehren/ leiten/ regiren und führen sollen.[136]

Harsdörffer nimmt diese Lehrenden und Regierenden in Schutz, indem er sie mit dem überzeugendsten rhetorischen Beweismittel seiner Zeit, dem Autoritätenkatalog, in die Nachfolge einer über 50 Namen zählenden Reihe adliger mittelalterlicher Autoren von Karl dem Großen bis Wolfram von Eschenbach stellt, deren „gröster Ruhm gewesen, die Lantzen und die Feder wohl zu führen"; die Poeterey habe in früheren Zeiten „nicht nach der Schul gestunken".[137]

Einig war man sich in der Gesellschaft über den Rang der deutschen Sprache, über ihr hohes Alter und ihre grundsätzlich reiche Ausdrucksfähigkeit, die copia verborum, einig über die Notwendigkeit, diesen Wortschatz in einem deutschen Wörterbuch zu sammeln. Harsdörffer lieferte dafür einen ausführlich begründeten Entwurf[138] mit Beispiel und erklärte sich, auf Mitarbeiter hoffend, bereit, ein Jahr seines Lebens an diese entsagungsvolle Arbeit zu wenden; es ist nicht dazu gekommen. Sein Konzept ist letztlich erst im Grimmschen Wörterbuch[139] realisiert worden, wo dieser Entwurf einleitend noch erwähnt wird. Ansätze hat Harsdörffer mit seiner Sammlung von über zweieinhalbtausend *Stamm- und Grund-Wörtern* 1648 im Anhang zum II. Teil des *Trichters* veröffentlicht; 1656 noch eine Art ‚Duden' für gleichlautende Wörter in der *Rechtschreibung*, die er dem *Teutschen Secretarius* beigegeben hat.[140]

Die Übersetzung galt in der Gesellschaft als vorzügliches Mittel, die versäumte Übung in deutscher Sprache nachzuholen. Harsdörffer hat die Kunst des Übersetzens[141] selbst unaufhörlich geübt, andere durch Hinweise auf übersetzenswerte Literatur[142] dazu angeregt und sie, wie etwa Stubenberg[143], persönlich beraten. Als höchste Stufe forderte er – vor allem für poetische Texte – die freie Bearbeitung im Geiste von Luthers Bibelübersetzung, die nötigenfalls die Fabel in ein anderes Milieu versetzt, Namen angleicht, Strophe und Vers den prosodischen Gegebenheiten der eigenen Sprache anpaßt, so daß man im Idealfall die Übersetzung als solche nicht bemerke, außer durch ein „nach", z. B. Ronsard, im Titel. Die meisten Werke Harsdörffers sind solche sehr freien und kompilierenden Überarbeitungen fremdsprachiger Vorlagen, in der Zeit „Nachahmung" genannt, auch wenn sie nicht immer durch ein ‚nach' gekennzeichnet wurden.

Zu Streitpunkten[144] wurden in der Diskussion der Fruchtbringenden das sprachtheoretische und -historische Fundament für die Wortbildungs- und Formenlehre, die Rechtschreibung und die Prosodie, – die Syntax interessierte kaum. Besonders heftig umstritten war die Frage, ob die ‚Sprachgewohnheit' – und wessen – zum Maßstabe zu erheben sei, wie der Hallenser Rektor Gueintz es wollte. Demgegenüber versuchte Schottelius eine „Grundrichtigkeit"[145] als Sprachgesetzlichkeit aus der Summe alter und neuerer Quellen herauszulesen, mit Stammwörtern als Grundformen und Ableitungen nach ‚vernünftigen' einheitlichen Regeln. Uneinig war man sich darüber hinaus in einer Fülle von Einzelfragen. Nur kurze Zeit folgte Harsdörffer den Sprachanweisungen des Fürsten, nur begrenzt ließ er sich auf diesen Streit um Einzelheiten der grammatischen Formen und der Orthographie ein, bald vertrat er eher vermittelnd eine ‚vernünftige Gewohnheit'.[146] Als Jurist erfahren im Umgang mit Kanzleien, als Autor mit Druckereien, im Briefwechsel mit Partnern verschiedenster Sprachregionen wurde ihm schnell klar, daß eine einheitliche Sprache ohne dialektbedingte Eigenheiten, eine einheitliche Rechtschreibung gar Aufgabe der Erziehung für Generationen sein werde; konsequenterweise sorgte er für die Einführung von Schottels Grammatik an Nürnberger Schulen – Grammatik wie Rechtschreibung aber hielt er nicht für das Wesentliche.[147] Sein Interesse galt vor allem der Ausdrucksfähigkeit, alles in anderen Sprachen Sagbare auch in der deutschen womöglich besser gestalten zu können. Die von Schottelius schon zu Beginn der vierziger Jahre dargelegte Sprachtheorie kam ihm darin entgegen.

Harsdörffer übernahm die Grundpositionen des Schottelius[147a]; in beider Begründung für die Überlegenheit des Deutschen gegenüber anderen Sprachen mischen sich patriotische, moralische und historische Argumente, die in dem Begriff der „Grundrichtigkeit" zusammenlaufen. Das Deutsche sei eine ‚uralte Hauptsprache', weil es bei der babylonischen Sprachverwirrung unmittelbar entstand. Da Gott als Strafe für den Turmbau die Sprachen zwar verwirrt, nicht aber neue geschaffen habe, enthalte die deutsche Sprache Elemente der vorbabylonischen Sprache, der die überlieferte hebräische Sprache am nächsten komme.

Adam habe die Dinge nach ihrem Wesen benannt, res und verba stimmten überein, die hohe Zahl von ‚klangmalenden' Worten in der deutschen Sprache beweise dies noch heute: „Sie redet mit der Zungen der Natur". Unter das Gesetz der steten Veränderung auf der Welt, den ‚Wechsel aller Dinge', fallen auch die Sprachen. Was alte deutsche Poeten, Luthers Bibelübersetzung für die Kirche, die deutschen Reichstagsabschiede für die Politik in der deutschen Sprache geleistet hätten, sei durch das Alamodewesen überfremdet und in Kriegen verschüttet worden. Wie der Krieg selbst gilt die verderbte Sprache letztlich als Folge moralischen Versagens. Der schon erreichte Stand der reinen deutschen ‚Heldensprache' sei wiederherzustellen; daher nimmt in Schottels großem Sprachwerk die Wortbildung durch „Wortdoppelung" (Zusammensetzung, auch mit Vor- und Nachsilben) einen so außerordentlich breiten Raum ein. Wortbildung ist weniger Neubildung als Wiederfinden und Kombinieren vorhandener Sprachelemente.

Darin geht Harsdörffer mit seinem *Fünffachen Denckring der Teutschen Sprache*[148], einer offenbar eigenständigen Anwendung der Kombinationsmethode nach Lullus und Kircher, über Schottelius hinaus. Wenn er „I. die 48 Vorsylben II. die 60 Anfangsbuchstaben . . . III. die 12 Mittelbuchstaben. IV. die 120 Endbuchstaben. V. die 24 Nachsylben" auf runden, jeweils größeren, konzentrischen Scheiben angeordnet und damit nach seiner Meinung die Bausteine der deutschen Sprache vollständig erfaßt hat, so seien durch systematisches Gegeneinander-Verschieben alle etwa verlorenen Wörter wiederfindbar, alle für das Deutsche denkbaren bildbar. Es entständen dabei zwar ungewöhnliche oder „blinde Worte", doch vom Klang her verständliche. Durch die nach Harsdörffers Auffassung weitgehend aus der Ursprache überlieferten Einzelelemente ist die „Grundrichtigkeit" selbst bei Neubildungen gewahrt. Für ihn ist dieses Verfahren völlig rational, die so gesehene Verbindung zur ‚akademischen Sprache' hat für ihn nichts Mystisches – anders als Böhmes Natursprachenlehre.[149]

Wenn es zutrifft, daß C. G. v. Hilles *Lobschrift*[150] über Geschichte, Satzungen und Vorhaben der Fruchtbringenden Gesellschaft von 1647 „vielmehr deß Suchenden [d. i. Schottelius] und Spielenden . . . Arbeit ist", wie Harsdörffer 1657 an Neumark schrieb[151], haben darin beide ihre Spracharbeit als Friedens- und Tugendarbeit zugleich für die Gesellschaft begründet. Von der allgemeinen Sittenverderbtheit und dem Elend am Ende des Krieges her gesehen mußten die Vorzeiten als ‚goldene' erscheinen, in denen „Ordnung/ Freyheit . . . Gesetze . . . Gottesfurcht und Friedensrecht/Tugendliebe" das menschliche Zusammenleben bestimmten. Diese erneut zu schaffen, sei „der Fruchtbringer Ziel". Die interpretierende Wiedergabe der Satzung nähert sich bei Hille einer Predigt über christliche Nächstenliebe, den

> rechten Tugendgrund[:] nehmlichen/ daß wir unsre Geist- und Gesellschaftsbrüder/ mit wolgemeinter/ und treuer Ehrerbietung begegnen/denselben r e d l i c h unter Augen gehen/ . . .: solches auch nicht mit gefärbten/ doch von Hertzen entfernten

Worten[;] Redlichkeit und Trauen [= Vertrauen[152] – sollen endlich wieder wachsen,] so daß r e d l i c h der ist, der die richtige Weise und Wahrheit einer Sache
mit Gewissenhaftigkeit und Sorgfalt ausspricht [, wie Harsdörffer erklärte[153];]
gleichsam ‚Rede nach dem Willen Gottes‘, „redlich" seien Leben und Poesie der
alten Deutschen gewesen. In dem Wort „redlich" wird die sprachliche „Grundrichtigkeit" zu einer christlichen Tugend, die Bedingung für Frieden ist. Hier
läßt der häufig unspezifisch gebrauchte Tugendbegriff[154] die Verbindung zur
Spracharbeit erkennen. Für Harsdörffer sind Sprach-, Literatur-, Tugend- und
Friedensarbeit identisch. Mit dem Frieden erhält die Feder Vorrang vor der
Lanze:

> Man gebrauche keine Waffen// Als die Laster zu bestraffen// Vnd zum Freudenfeuer
> Brand// ... Die Gelehrten sicher bleiben// Vnd viel schöne Bücher schreiben// Weil
> der Fürsten hohe Gnad// Lokket alle Kunstpoeten//! ... .[155]

Deutlicher auch als etwa in Rists Friedensspielen ist bei Hille, Harsdörffer und
Schottelius die in der skizzierten Weise verstandene Sprache, sind es dann über
sie die Künste, die national-patriotische mit christlich-moralischen Argumenten
in der ‚Friedensbewegung‘ jener Zeit verbinden. Äußerungen zur Sprachlehre hat
Harsdörffer über viele Werke verstreut. Schon bald nach der *Schutzschrift* hat
er diese und andere Beiträge im *Specimen Philologiae Germanicae* (1646) auch
in lateinischer Sprache ausführlicher vorgelegt, um dem Vorwurf zu begegnen,
daß er das Latein abschaffen wolle, und um sich an der internationalen wissenschaftlichen Sprachdiskussion zu beteiligen, auch, um für im Deutschen Ungeübte
lesbar zu sein.[156]

*

Harsdörffers Poetik ist mit seiner Sprachlehre eng verbunden. Der in seiner
Zeit fast zur Pflichtübung gewordene poetologische Kommentar in Widmungs-
und Vorreden gab ihm Raum für gattungsspezifische Belehrungen: so über Formen des Lehrgedichts in den Vorreden zu *Nathan und Jotham* und zu den
Sonntagsandachten, über Apophthegmen, über Rätsel, über Geschichterzählungen
in den jeweiligen Anthologien, über Schäferdichtung in seiner *Diana*-Überset-
zung.

Sein vom Titel her bekanntestes Werk: *Poetischer Trichter. Die Teutsche Dicht-
und Reimkunst/ ohne Behuf der Lateinischen Sprache/ in VI. Stunden einzugies-
sen* (1647), bringt auch mit den beiden Fortsetzungen im II. Teil (1648) und im
III. (1653) keine vollständige Zusammenfassung all dessen. Nur aus Unkenntnis
des Inhalts konnte sich die Titelmetapher bald zu einem ‚Nürnberger Trichter‘
verselbständigen, mit dem auch der enghalsigsten Flasche noch etwas einzutrich-
tern sei; wie dank eines Trichters kein Tropfen Weines verloren geht, sollte
nach dem Willen des Autors keine Stunde kostbarer, weil unwiederbringlicher
Lebenszeit ungenutzt verfließen.[158]

Der *Trichter* ist vor allem als praktisches Hilfsmittel für Lektüre und Beurteilung neuer deutschsprachiger Poesie entstanden, denn die „vornemsten Poeten" galten Harsdörffer als „die sinnreichsten Sprachmeister"[159]; keineswegs aber wollte er jedweden zum Poeten machen. Auch für ihn entstand Dichtung nicht ohne besonderes ingenium und den seit der Antike beschworenen „Feuergeist"[160], den furor poeticus, freilich auch nicht ohne fleißiges Anwenden der Kunstregeln. Sicher sollte dieses Lehrbuch dabei helfen, eine von den Humanisten in lateinischer Sprache gepflegte Sitte der Zeit – bei besonderen Gelegenheiten[161] wie Hochzeit, Geburt und Tod, Amts- oder Reiseantritt, Buchveröffentlichung, in Versen Teilnahme zu bekunden, Lob auszusprechen – nun auch kunstgerecht in deutscher Sprache zu üben und solche Fertigkeiten als Ausdruck geselliger Kultur zu verbreiten, doch hielt er das kaum für Dichtung:

> ... zierlich reden/ eine Sache mit vielen Worten nachdrücklich vorbringen/ wolsetzen/ jede Meinung richtig auf die andere binden/ und durch solche Verstandübung ... sich aller Orten ... in Freud und Leid/ angenem und beliebet machen ...[162]

Harsdörffer verfaßte seine Anleitung gleichermaßen für die nur in lateinischer Poesie geschulten wie für die des Latein nicht mächtigen Liebhaber der deutschen Sprache, besonders für die Jugend; ausgenommen ist nur der Pöbel, der seinen Spaß am „Fatznarren und Possenreisser"[163] findet. Aus dem Adressatenkreis erklären sich das Fragmentarische wie der Aufbau des Werks. Für die Gelehrten genügten Skizzen und zu weiterreichenden Studien Verweise auf neulateinische und nationalsprachige Poetiken, den anderen sollten nur Grundkenntnisse vermittelt werden.

Für alle erklärt werden mußte die deutsche Verslehre nach ihren von Opitz eingeleiteten, von Buchner, Zesen, Schottelius fortgeführten Erneuerungen.[164] Sie nimmt den größten Raum des I. Teils ein. Unter stetem Verweis auf die *Teutsche Verskunst* des Schottelius hat Harsdörffer Prosodie und Metrik aus der gemeinsam vertretenen Sprachtheorie entwickelt. In übersichtlichen Tabellen ist eine Aufteilung der Verse vom Zwei- bis zum Sechzehnsilber nach den „vornemsten" Maßen vorgeführt, verbunden mit Erläuterungen für die Verwendung. Auf die Mischung von Metren und kompliziertere Formen wie Binnenreim, Alliteration und das „jüngst erfundene" Echo[165] – in der Nürnberger Schäferdichtung mit Vorliebe gepflegt – weist Harsdörffer mit Beispielen hin.[166]

Barockpoetiken sind, wie schon ihre antiken und neulateinischen Vorbilder, nach Kategorien der Rhetorik aufgebaut. Berühmt wurde Harsdörffers Formel, daß rhetorische und poetische Künste sich zueinander verhalten wie „das Gehen gegen dem Dantzen"[167]; im III. Teil des *Trichters* hat er den Vergleich weiter ausgeführt. In der Sache sind der Redner wie auch der Historiker an die Wahrheit – wie etwas ist oder gewesen ist – gebunden[168]; der Poet aber darf, ja soll diese zum Wahrscheinlichen hin – wie etwas sein oder gewesen sein könnte – verstärken, er soll die Zufälligkeiten des Individuellen, historisch Einmaligen fortlassen, das Wesentliche herausstellen; er darf eine „Geschichtrede"[169] gestalten, die „der reuige Kain" nach der Ermordung seines Bruders Abel häte halten können. Er heißt „Dichter", weil er „aus dem, was nichts ist/ etwas machet", die „innerliche Bewantniß"[170] darstellt. Entsprechend sind die in der Poesie auftretenden Personen eingeteilt in solche „der Geschichte" – wie historische Herrschergestalten in Trauerspielen und Typen wie der Geizhals in Komödien – und in solche „der Gedichte"[171], Erfindungen, Personifikationen von Begriffen, Tieren, leblosen Geschöpfen. „Personbildung" als Stilfigur wie als Gestaltungsform im allegorischen Spiel sieht er hier als ausdrücklichste poetische Darstellungsform an. Wirkende Mächte (Krieg als Werk des Teufels), einzelne Eigenschaften (Beständigkeit) werden zu Handlungsträgern, Subjekten der Sätze, Menschen zu ihren Objekten, – Ausdruck der Gewalten, denen sich der Mensch ausgesetzt sah, zugleich ein Versuch, sie zu bändigen.

In der sprachlichen Ausgestaltung, der elocutio, sind dem Poeten über die Versform hinaus mehr Möglichkeiten gegeben als dem Redner. So gilt für ihn neben dem Ideal der „Kürze" das Gebot der „Eigentlichkeit": da werden aus Vögeln „die Psälterlein in Lüfften"; der Vorgang „Es wird Tag" dehnt sich in „Poetischer Beschreibung" nach „allen eigentlichen Umständen" folgendermaßen aus:

> Die guldne Morgenröt mit Purpur hellen Stralen/
> begint die hohen Berg' und Hügel zu bemahlen.
> Der schnelle Wiederhall reimt mit der Nachtigall.
> Der Perlen silber Tau besafftet unsre Felder
> man hört die holde Lerch'/ begrüssen alle Wälder
> es flieht die schwartze Nacht mit ihrer Sternen Wacht.
> Es hat der frühe Han/ den Ackersmann erwecket.[172]

Im II. Teil des *Trichters* hat Harsdörffer die im I. nur skizzierte Lehre von der „Erfindung" des poetischen sujets, der inventio, nachgetragen. Er führt zu den üblichen „Erfindungsquellen", das sind: Wort oder Name, anwendbar besonders für Casualcarmina, etwa im Anagramm oder Letterwechsel; dann „die Sachen selbsten", die nach ihren Umständen, Zeit, Ort, Personen, zu entwickeln sind, mithin den in allen Wissenschaften, Künsten und der Sittenlehre erfahrenen poeta doctus verlangen[173], ebenso wie die „Gleichnisse"[174]; sie sind „die allertiefste Quelle", ihr entspringen die Formen verweisender Aussage. Harsdörffer bevorzugte mehrschichtige Strukturen, die Figuren des uneigentlichen Sprechens, die Tropen, und nach dem Grundsatz ‚ut pictura poesis' alle Formen des bildlichen Ausdrucks. Als Hilfsmittel hat er dem III. Teil des *Trichters* eine Schatzkammer beigegeben, „Bestehend In Poetischen Beschreibungen/ verblümten Reden und Kunstzierlichen Ausbildungen", eine Fundgrube für poetische Umschreibungen von 539 Stichworten auf 390 Seiten. Das sind zugleich ebenso viele Kapitel zu Harsdörffers Weltverständnis, zum Teil schon gereimt.[175] Die

Auffassung von der Vergleichbarkeit alles Geschaffenen ist auch hier bestätigt; der Poet kann letztlich nichts erfinden, „dessen Gleichheit nicht zuvor gewesen/ oder noch auf der Welt wäre".[176]

Mit der inventio ist die dispositio, damit die Wahl der Gattung praktisch verbunden; näher erläutert wird der Aufbau der Schauspiele. Das horazische prodesse et delectare ergänzen sie durch das movere; insbesondere das Trauerspiel, das ein „gerechter Richter" sein soll, indem es „die Tugend belohnet/ und die Laster bestraffet", erregt „Erstaunen . . . und Mitleiden" im Zuschauer und stellt so dessen Gewissen auf die Probe.[177] Die Schauspiele sind nach der von den Neulateinern übernommenen Zuordnung zu den drei Hauptständen eingeführt:

> I. Die Trauerspiele/ welche der Könige/Fürsten und grosser Herren Geschichte behandeln. II. Die Freudenspiele/ so deß gemeinen Burgermanns Leben außbilden. III. Die Hirten oder Feldspiele/ die das Bauerleben vorstellig machen . . .

Für alle Schauspiele – die Hirtenspiele ausgenommen – gilt, daß „hohe Sachen mit hohen Worten/ und hingegen geringe Sache mit schlechten und gemeinen Reden fürgebracht werden sollen . . .".[178] Die Drei-Stile-Lehre ist Bestandteil der Lehre von der Angemessenheit, dem aptum, die aus der antiken Rhetorik in die Poetik eingegangen ist. Sie forderte die Angemessenheit der Rede in allen ihren Teilen als Kunstwerk wie als soziales Faktum in allen ihren Außenbezügen.[179] Bei Harsdörffer kehrt diese Forderung für alle Formen sprachlicher Gestaltung in höchst beweglicher Anwendung wieder: der Sache gemäß, zierlich, höflich, anständig, füglich, wolständig, gehörig, ordentlich, schicklich – sollen die poetischen Mittel im Hinblick auf das Werk wie den Adressaten sein. Ist der Tragödie die höchste Stilebene angemessen, kann doch die Redesituation der Person den Wechsel in Sprache und Versmaß fordern: die Traurigkeit wählt nicht „wolgesetzte Reden".[180] Das Kriterium der Natürlichkeit, der Wahrscheinlichkeit kann das ständische überlagern. Das Casualgedicht hat dem Stand und Geschlecht der zu ehrenden Person, aber auch ihrer Verständnisfähigkeit, dem Anlaß usf. in Thema und Gestaltung angemessen zu sein. Vers- und Strophenformen haben ihren Ort, so paßt das Echogedicht nur zur „Beschreibung lustiger Händel"[181]; die Sprache selbst hat Anspruch, ihrer „Grundrichtigkeit" und Ausdrucksfähigkeit angemessen gebraucht zu werden. Deutlich hat Harsdörffer bei der Wortwahl für eine Kriegsschilderung angemessener Klangentsprechung den Vorrang gegeben:

> Es knirschen die Räder/ es rollen die Wägen/
> Es rasselt und prasselt der eiserne Regen/
> Ein jeder den Nechsten zu würgen begehrt/
> So flinkert/ so blinkert das rasende Schwert . . .[182]

Hier beginnt, was späteren Zeiten als „ungenießbar"[183] erscheint; der Vorrang des Klangmoments in der Sprache hat sich in dieser Weise historisch nicht durchgesetzt.

Derartige Überlagerungen der ständischen durch andere Angemessenheit hoben die generelle aptum-Forderung nicht auf. Sie blieb auch für Harsdörffer Garant der poetischen Ordnung als Spiegel der gottgeschaffenen Weltordnung[184] einschließlich der ständischen. Nur sah er sie differenzierter und war deshalb bereit, starre Stil- und Gattungsregeln aufzulockern –, grundsätzlich wurde damit ein Durchbrechen der Traditionen vorbereitet.

Wenn Harsdörffer seine Poetik für neuartig erklärte, hatte er recht, obgleich sie kaum eigentlich Neues enthält. Neu ist sie in ihrer betont pädagogischen Ausrichtung auf den Laien, in der durchgehenden Deutschsprachigkeit und steten Herleitung aus der Sprachtheorie[185]; er setzt eigene Akzente bei der Vielfalt des Ausdrucks, bei Klanglichkeit (in Wort und Vers), bei Bildlichkeit und Sinnbildlichkeit, die für den Stil in der zweiten Jahrhunderthälfte bestimmend wurden. Die jetzt einsetzende Liberalität im Vergleich zu Opitz' strengen Regeln ist vorwiegend auf Harsdörffers Vermittlung zurückzuführen.

„Sinnreich" ist sein Leitwort, die gemilderte Fassung manieristischer Spitzfindigkeit, der argutia, accutezza. Nach seinem Willen sollten witziges Wortspiel, geistreiche Kombinationen sich nicht verselbständigen, die dunkle Sprechweise lehnte er ab; die Form sollte transparent für ihren ,nützlichen' Inhalt bleiben. Der große Erfolg bestätigte die Brauchbarkeit des *Trichters*.

*

Die dem dritten Stand, den Hirten und Bauern zugeordnete Schäferdichtung[186] fällt aus der Reihe der Parallelitäten von Stand, Stoff und Stilebene heraus. Schäferdichtung handelt nicht von realen Schäfern, ist nicht für sie und nicht in ihrer „groben" Sprache verfaßt, die nur „Verdruß" bereiten könnte. Diese „lieblichste" Dichtart ist von vornherein als Bildwelt erklärt. Harsdörffer kannte die Tradition der europäischen Bukolik seit Theokrits Idyllen und Vergils Eklogen und die neuen Formen des schäferlichen Liebesdramas und -romans seit der Renaissance, ihn bezauberte die poetisch-musikalische „Vollkommenheit" italienischer Schäferspiele und -opern. Das müßige und unschuldige Leben in Arkadien, die „Lieblichkeit deß Feldlebens/ ohn desselben Beschwerniß", „ohne Ehr- und Geldgeitz", ausgefüllt mit Betrachtung der Welt, Gesang und Liebe, begründete die Schäfer-Dichter-Gleichung. Die Liebesklage wird auf die Daphnissage zurückgeführt. Höchste Legitimation aber verleihen dieser Gleichsetzung die biblischen Hirten und Sänger, die Gottes Lob singen, ihn – wie König David im 23. Psalm – als höchsten Hirten preisen. Mit dieser ,historischen' Herleitung erhält der Dichter-Hirte die höheren Weihen des biblischen Sängers.[187]

Harsdörffer begrüßte die schnelle Ausbreitung der Schäferdichtung und die zahlreichen Übersetzungen ins Deutsche; er empfahl weitere, etwa der *Arcadia*-Romane von Sannazaro und Lope de Vega. Er bearbeitete selbst die Kuefsteinsche Übersetzung, besonders die lyrischen Einlagen von Montemayors Schäferroman

Diana und übersetzte Gil Polos Fortsetzung dazu.[188] Er pries kein von Gesetzen freies Arkadien nach Vorbildern der italienischen Renaissance; für ihn war erlaubt, was sich ziemt, gefiel aber auch nur, was sich ziemt[189]; sein geistliches Schäferspiel *Seelewig* sei ein Beispiel. Schäferliche Liebesdichtung verteidigte er gegen moralische Bedenken mit dem Hinweis, daß der Poet ohnehin nur „von der Liebe/ als von einer Tugend" handle. Wie in der Bibel die irdische Liebe nicht nach dem Buchstaben, sondern als Abbild der geistlichen zu verstehen sei, würden in der *Diana*-Geschichte

> durch die eingeführten Schäferinnen die schönen Tugenden/ die freyen Künste und deroselben Glückseligkeit verstanden/ die mit solchem Eifer ... geliebet ... werden.

Deutlicher noch erhebt das vorangestellte Zitat die Schäferdichtung zur Selbstdarstellung der Poeten und des poetischen Tuns: „Durch die Hirten/ oder Schäfer werden verstanden die Poeten/ durch die Schafe/ die Bücher/ durch derselben Wolle/ ihre Gedichte ..."[190]; auch wenn diese Übertragungen nicht direkt auflösbar sind, bestätigen sie den Verweischarakter der Gattung.

Den deutschen Poeten empfahl Harsdörffer die *Schäfferey Von der Nimfen Hercinie* als Muster. Mit ihr hatte Opitz 1630 eine Form geschaffen, die wesentliche Bestandteile aus der Tradition der vergilschen Verseklogen enthielt: das Gespräch müßig durch das Land ziehender Dichter-Hirten über sich selbst und über Zeitereignisse als Rahmen einer Huldigung für einen Herrscher oder Gönner; durch den Übergang zur Prosa mit Verseinlagen war sie weiträumig genug geworden, neuere Entwicklungen europäischer Schäferdichtung aufzunehmen, so das Motiv einer Nymphe oder allegorischen Gestalt, die in der Funktion einer dea ex machina die Hirten durch geschichtsträchtig dekorierte Höhlen, Tempel oder Paläste zu dem Anlaß ihrer Huldigung führt und ihnen Gelegenheit zu poetischer Beschreibung und rühmendem Gesang schafft. K. Garber hat diese deutsche Sonderform abgrenzend als ‚Prosaekloge' beschrieben und in der Fülle ihrer Bezüge gedeutet.[191] Die Nürnberger Pegnitz-Hirten haben sich in und mit der Prosaekloge als Gruppe gefunden und dargestellt. Gespräch, Gesang, auch im Wettstreit, und freundschaftliche Verbindung der Dichter-Hirten gehören zur Gattung.

Die erste der Nürnberger Eklogen[192] erschien als Festdichtung für eine Doppelhochzeit im Patriziat am 16. Oktober 1644: *Pegnesisches Schaefergedicht/ in den Berinorgischen [= Nürnbergischen] Gefilden/ angestimmet von Strefon und Clajus*, das sind Harsdörffer und Klaj. In der *Fortsetzung* von 1645 treten außer diesen Birken als Floridan und andere frühe „Weidgenossen" mit ihren Schäfernamen auf. Im V. Teil der Gesprächspiele 1645 ehren schon einige, 1646 im VI. dann neun ihren „Oberhirten" Harsdörffer mit Schäfergedichten und Eklogen en miniature. Heute wird gewöhnlich die erste Ekloge überwiegend Klaj, die *Fortsetzung* Birken zugeschrieben[193]; Harsdörffer bekannte sich zu den Strephon-„Liedlein", als er die *Fortsetzung* an die Fruchtbringende Gesellschaft schickte.[194]

Es scheint berechtigt, die Eklogen als Anthologien anzusehen, wer immer die sparsame Rahmenhandlung formuliert haben mag.[195] Erst mit diesen Texten beginnt der typische Nürnberger Stil mit den schwingenden Doppelsenkungen, den klingenden Wortbildungen von starker Bild- und Ausdruckskraft, wie er am konzentriertesten in allen Werken Klajs zu beobachten ist. Daraus läßt sich glaubhaft ableiten, daß Klaj, der soeben seine langjährigen Theologie- und wohl intensiveren Poesie-Studien bei dem „Weltberühmten Buchner", dem „Urheber der Dactylischen Lieder", in Wittenberg abgebrochen hatte, die reizvolle Ausgestaltung dieser neuen Form anregte.[196] Von Klajs Fähigkeit, vielfältigste Vers- und Strophenformen offenbar mit leichter Hand zu kombinieren, war Harsdörffer schon nach seinen beiden ersten Redeoratorien begeistert.[197] Ebenso glaubhaft ist, daß Klaj dem musikalisch gebildeten, mit romanischen Sprachen vertrauten Harsdörffer die Zunge löste, daß Gebilde wie die „schertzweise" Gegenüberstellung von ehelicher und buhlerischer Liebe in stichometrischem Wettgesang, daß ein Liebespreis nach dem Summationsschema: „Was ist die Lieb? ... ein ungeheure Glut ..." tatsächlich gemeinsam, wenn auch nicht spontan verfaßte Dichtungen sind; dafür ist zu kompliziert, was die „Künstlenden Poeten" sich ausgedacht haben.[198]

In der *Fortsetzung* (1645) schildert Clajus dem Schäferfreund Floridan-Birken diese Hochzeitsgesänge als Beginn der Nürnberger Schäfergesellschaft; die Strephon-Harsdörffer in den Mund gelegten Aufnahmebedingungen fordern, daß jeder Schäfer „fortan unsrer Mutter-Zung/ mit nützlicher Ausübung/ reinen und ziersteigenden Reimgedichten/ und klugen Erfindungen/ emsig wolle bedient seyn/ und bemühet in Beförderung ihres Aufnemens".[199] Pan[200], Gott der Hirten und Poeten, somit des Weltganzen, verleiht ihnen seine siebenrohrige Flöte als Ordenszeichen; „Mit Nutzen Erfreulich" lautet ihr gemeinsames Motto.

Vornehmlich jedoch geht es in beiden Schäfereien um eine Demonstration dessen, was deutsche Sprache und Literatur und was in Nürnberg lebende Poeten in dieser vermögen. Es scheint, daß Harsdörffer dem begabten, mittellosen Klaj die Chance geben wollte, sich nun auch mit weltlicher, modisch-eleganter Schäferdichtung vorzustellen, und zwar Nürnberger Patriziern, gebildet und weitgereist wie er, die das Glück „mit Renten und Zinsen beschenket", von denen Verständnis, vielleicht Unterstützung zu erwarten war. Echo, der „Gegenhall", antwortet dem nach Nürnberg ziehenden Klaj auf die Frage: „Ach was erwirbt mir Fremden solche [d. i. Glückes] Gunst? – Kunst."[201] Harsdörffer verbindet sein Beispiel als Förderer mit Selbstdarstellung. Nur so ist verständlich, daß im Eingang eines Hochzeitsgedichtes auf Nürnberger Patrizier ein ortsfremder Poet ausführlich das Lob seiner Heimatstadt Meissen singt, das Kriegsgeschehen und sein Vertriebenenschicksal beklagt, Strephon ihm den Wohlstand Nürnbergs vorführt, ehe nach rund zwanzig Seiten fama, „das Gerüchte"[202], beide auffordert, das Fest zu besingen. Entsprechendes gilt für Birken in der *Fortsetzung;* er verweilt noch ausführlicher bei seinem Flüchtlingslos, seiner frühen Verwaisung und der bedauerlich kurzen Jenenser Studienzeit. Vor allem wollten die Poeten vorführen, was sie können: Stadt und Land, Kunst und Natur, Mensch und Tier, Welt- und Alltagsgeschehen besingen, sie bieten sich an für Biographie, Historiographie, Topographie, geistliches Dank- und weltliches Scherzlied, Panegyrik und Parodie in deutscher Sprache; höchst amüsant ist in dem Alamode-Schäfer Hylas ein Leser von Schäferromanen gezeigt, der diese nach dem „Wortverstand" erfaßt hat und tatsächlich „aus dem Burgerrokk in die Hirtenjuppe gekrochen" ist, seinen Unverstand durch „Mengreden", Mischsprache, anzeigend.[203]

Die durch Lokalbeschreibungen erweiterte locus-amoenus-Tradition der Gattung, insbesondere auch die Schilderung der handwerklichen Produktion in der Papier- und der Drahtmühle vor der Stadt, haben dazu verleitet, von einem Realismus[204] oder Naturalismus der Nürnberger zu sprechen; doch hier zeigen Nürnberger Poeten den Nürnberger Bürgern, wie der Natur der Dinge entsprechend, wie ‚redlich' und reich an Worten die deutsche Sprache ist, wie sie erlaubt, mit „Kunstwörtern", Fachausdrücken, alle Dinge und Vorkommnisse des Alltags – auch poetisch – in reinem Deutsch zu beschreiben und alles sinnreich moralisch zu deuten. Die verweisende Kraft der Dinge und Geschehnisse wie der ganzen Gattung zu betonen, wird nicht versäumt.

Nur von solcher Sprach- und Poesiedemonstration her sind auch die Widersprüche dieser Texte zu erklären: Das Lob der einfachen Hirten wie der städtischen Patrizier, des betrachtenden Müßiggangs wie des tätigen Lebens, der freien Natur wie der kunstvollen Gärten oder technischen Werkstätten, der Stadtferne wie der Stadt, der Einsamkeit wie der Geselligkeit. Der Widerspruch zwischen der Verurteilung des Krieges, besonders des derzeitigen Bruderkrieges unter Christen, zwischen den Grausamkeiten der Kriegsschilderungen und dem ausgedehnten Lob der Kriegshelden andererseits, wird immerhin zu begründen versucht: „Die Tugend würket auch in Waffen//Mit Waffen muß man Frieden schaffen"[205]; wenn einmal Krieg herrsche, sei Tapferkeit eine Tugend, der Dichter aufgerufen, der Toten Tatenruhm zu singen; nicht zufällig wird wiederholt beklagt, daß es an deutscher Geschichtsdichtung fehle – die Poeten bieten sich an!

In Harsdörffers Sicht ist die poetische Hirtenwelt keine Flucht- oder Traumwelt, sondern ‚historisch' legitimierte, verweisende Bildwelt, in der der Dichter-Hirte seine Funktion in der Gegenwart besser erfüllen kann, in dem er das Weltgeschehen betrachtet und es an der alten „Redlichkeit/Frömmigkeit und Erbarkeit"[206] der goldenen Tugendzeit mißt. Wenn Harsdörffer Klajs „hohe Begrüssungen und Hofworte" bei ihrer ersten Schäferbegegnung zurückweist und „die liebe Einfalt/ und offenhertzige Teutsche Redlichkeit"[207] als angemessene Redeweise bezeichnet, sind in und mit der Sprache stärker die im moralischen Sinne beständigen Werte, weniger Merkmale der Stilebenen gemeint.

Mit ihrer Selbstdarstellung erheben die Poeten zugleich den Anspruch auf eine angemessene soziale Anerkennung, insofern haben diese Texte auch Entwurfscharakter. Die von den Dichter-Hirten dargestellte Tugendwelt bleibt Ideal, gleichermaßen unerreichbar wie um des Seelenheiles willen anzustreben: Freiheit des Menschen von sich, von der Einengung durch die soziale Rolle im Alltag und von den Bedrängnissen durch böse Mächte, gegen die er seit dem Sündenfall sich zu wehren hat, – Freiheit auch zu sich, zu dem von Gott gewollten Menschen.[208] Solches Menschsein in der irdischen Endzeit, in der zu leben man damals allgemein glaubte, verwirklichen zu können, hätte Harsdörffer auch im Traum nicht für möglich gehalten. „Wir Menschen können die Neigung zum Bösen nicht von uns werffen; aber selbe wol im Zaum halten/ und beherrschen"[209] – solchen aufklärerisch klingenden Optimismus teilten nicht alle Zeitgenossen.

Die Prosaekloge wurde in Nürnberg beliebt, besonders dann in Birkens Kreis[210], aber große Mäzene haben diese Schäfereien ihren armen Poeten nicht gewonnen; Klaj und Birken mußten sich weiterhin als Erzieher durchschlagen.

*

Es ist immer wieder betont worden, daß die gelehrten Erneuerer der deutschen Dichtung und Poetik im 17. Jahrhundert die Normen des lateinsprachigen Späthumanismus ins Deutsche übertrugen und damit die Exklusivität des Gelehrtenstandes auch für die deutsche Literatur bewahrten, daß sie den Anschluß an Volkssprache und -dichtung, daß sie ein breites Publikum nicht suchten.[211] Harsdörffers Vorliebe für kunstreiche Formen und für sinnbildliche Ausdrucksweisen, die Abgrenzung gegen den Pöbel in Poetik und Gesprächspielen bestätigen diese Beobachtung. In seinem insgesamt anspruchsvollen Programm der Spiele wird gelehrtes Wissen als Voraussetzung für ‚Führende' und ‚Lehrende' christlich-moralisch begründet[212]; die gegen Schulfuchserei und Akademismus gerichtete Spielform sollte gerade den oberen Ständen, die keineswegs durchgehend akademisch ‚gebildet' waren, den Zugang angenehm machen. Poeta doctus und princeps doctus rückten nahe aneinander, waren im Idealfall eine Person, wie in dem Oberhaupt der Fruchtbringenden Gesellschaft, Ludwig von Anhalt; auch dies war eine Fortsetzung humanistischer Bestrebungen, die Gleichrangigkeit von angeborenem und erworbenem Adel zu erweisen. Doch mit dem höheren Ziel des ‚redlichen' Umgangs aller Menschen untereinander ist ständische Begrenzung im Ansatz auch schon nach unten hin aufgehoben.

Harsdörffer selbst sah die *Gesprächspiele* zurecht im Zentrum seiner Werke, andere hatte er zunächst als Zubringer von Stoffen angelegt, nun aber nach sachlichen Bereichen getrennt. Sie wuchsen schnell zu umfangreichen selbständigen Werken an, die nicht nur ein elitäres Publikum der oberen Stände oder der Gelehrtenschicht erreichen sollten. Sein starkes Nützlichkeitsethos, Einsicht in die Grenzen pädagogischen Wirkens durch die Spielform, Verlegerwünsche, Geschäftstüchtigkeit[213], die ihm nachgesagt wurde, mögen Harsdörffer dazu bestimmt haben, sich auch auf Lesevoraussetzungen und -interessen unterschiedlicher Bevölkerungsschichten einzustellen, mit jeweils anderen Formen dem Bedürf-

nis nach Erbauung, Sachinformation, anspruchsloser Unterhaltung entgegenzu-
kommen.

Weiterhin aber pflegte er Formen von mehrschichtiger Struktur, die dem Leser
Kunstverstand, Fähigkeit zur Entschlüsselung und Übertragung abverlangten
oder mit ihrer Fülle gelehrten Wissens Grundlagen humanistischer Bildung vor-
aussetzten.

Dazu gehören selbst geistliche Werke wie die *Hertzbeweglichen Sonntagsandachten* (1649 und 1652).[214] In ihnen hat er die sonn- und festtäglichen Evangelien –, im II. Teil die Episteltexte des Kirchenjahres mit weiteren Bibelstellen
und mit geistlichen Emblemen, *Andachts-Gemählen,* in Beziehung gesetzt, deren Zusammenhang in Gedichten gedeutet und sie mit Liedern und Gebeten
verbunden; damit mutete er selbst seinen mit Bibelsprache und geistlicher Bildlichkeit vertrauten Zeitgenossen erhebliche kombinatorische Anstrengungen zu.
Harsdörffer hat seine *Andachten* als „Erfindungen" mit einem „Fünklein von
einem poetischen Geist"[215] gewertet, zum Publikumserfolg wurden sie nicht.

Selbst *Nathan und Jotham* (1650), überwiegend in knapper Prosa erzählte
*Geistliche und Weltliche Lehrgedichte Zu sinnreicher Ausbildung der waaren
Gottseligkeit*...[216], setzen Abstraktionsvermögen und Kenntnisse voraus, um
die Parabeln und allegorischen Geschichten (weil fiktiv, „Gedichte" genannt)
und ihre Lehren angemessen auf die eigene Lebenswelt übertragen zu können.

Hier sei angemerkt, daß Harsdörffers im engeren Sinne geistliche Schriften
und Übersetzungen umfangreicher und vielfältiger sind, als literaturgeschichtliche
Darstellungen es erkennen lassen[217]; sie sind bisher wenig beachtet worden: Sonntagsandachten und Lehrgedichte, geistliche Epigramme zum Kirchenjahr, biblische Geschichtsreden, *Die Hohe Schul Geist- und Sinnreicher Gedanken in CCCC.
Anmuthungen aus dem Buch Gottes und der Natur vorgestellet* (1656) mit Gebeten, Betrachtungen und Ermahnungen, vorwiegend aus der geistlichen Weltliteratur gesammelt. Ohne Einschränkung durch konfessionelle Zugehörigkeit
und fern jedem Dogmatismus übersetzte und bearbeitete er erbauliche und lehrhafte Schriften[218] des anglikanischen Bischofs J. Hall, des Jesuiten P. de Barry
wie des Theatinermönchs A. Novarini, den Katechismus des H. Grotius für seine
Tochter Cornelia, Sprüche der Heiligen Teresa von Avila, eine Ode des Jesuiten
J. Balde[219], Gesänge des Heiligen Bernhard und des Heiligen Johannes vom
Kreuz[220] hat er zusammen mit vielen eigenen Liedern in Werken Dilherrs veröffentlicht, mit dem er laufend zusammenarbeitete. Insgesamt werden Harsdörffer über zweihundert verstreut publizierte geistliche Lieder[221] zugeschrieben;
ihr Stil reicht vom Lied der lutherischen Tradition des 16. Jahrhunderts bis zu
geistlichen Hirtenliedern neuester Mode.

Anspruchsvoll ist die *Ars Apophthegmatica* (1655)[222]; das Apophthegma, eine
aus der Antike stammende, in der Renaissance erneuerte Form, verlangt vom
Leser, Witz oder Weisheit des dictums einer historischen Persönlichkeit als Pointe
einer Situation zu erkennen, die nur knapp geschildert wird. Harsdörffer hat die

von ihm gesammelten sechstausend nicht in üblicher Weise nach Themen oder Herkunft geordnet, sondern ‚loci inventionis‘, „Kunstquellen" der Rhetorik und Poetik, zur Gliederung benutzt, so den Blick auf die Machart der Pointen gelenkt und ein Lehrbuch solcher „Hofreden" geschaffen; durch geistreich kurze Rede sollte der Hofmann sich auszeichnen.

Die von Harsdörffer übersetzte und bearbeitete ‚Hofliteratur‘[223] wie *Der Königliche Catechismus* (1645), die Lehrbücher für den klugen oder löblichen Hofmann nach Du Refuge und J. Hall, kommen in der Darstellung heutigen Sachbüchern nahe. Mit der Forderung an den Fürsten, ein gutes Beispiel für alle zu geben, mit Empfehlungen für taktisch kluges, doch sittlich einwandfreies Verhalten an die bei Hofe Tätigen liegen diese Schriften auf der Grenze zur allgemeinen, ständisch nicht begrenzten Tugendlehre. Auf Ausstattung, Zeremoniell, Unterhaltung bei großer Tafel ausgerichtet ist das *Trincirbuch* (1652)[224], das Harsdörffer mit Schilderungen berühmter höfischer Festessen als Beispielen herausgab. Allgemeine Ermahnungen zu einer auch sittlich ‚gesunden‘ Ernährung scheinen für einen größeren Leserkreis ausgesprochen zu sein; gegen die unter den Deutschen weit verbreitete Trunksucht ließ Harsdörffer *Der Mässigkeit Wolleben/ und Der Trunckenheit Selbstmord* (1653) gesondert erscheinen.

An ein breites, ständisch nicht eingeschränktes Publikum „sowol der Anfänger/ als der Lehrmeister"[225] gerichtet sind die in sachlicher Sprache gehaltenen *Deliciae Physico-Mathematicae;* auch wenn sie gewisse Grundkenntnisse voraussetzen, gehen sie doch von dem Natur und Technik beobachtenden, sich wundernden, fragenden Menschen aus und erklären Erscheinungen der Geometrie, der Optik, der Astronomie und vieler anderer Bereiche relativ voraussetzungslos, durch Zeichnungen veranschaulicht. Harsdörffer hat den ersten Band seines Altdorfer Lehrers Schwenter durch zwei umfangreiche weitere Teile 1651 und 1653 fortgesetzt, eine Anthologie aus internationaler naturwissenschaftlich-mathematisch-technischer Fachliteratur.[226] Bewußt wählte er als deutschen Titel *Mathematisch-philosophische Erquickstunden*, ging es ihm doch neben belehrender Unterhaltung auf diesem Gebiet auch hier um das Begreifen der ‚Wunderfügnisse‘ der Welt, freilich auch um praktische Anleitungen und – wie immer – um moralische Lehren.

Größten Publikumserfolg hatte Harsdörffer mit Anthologien wie dem *Großen Schau-Platz Jämmerlicher Mord-Geschichte* (1649/50) und dem *Lust- und Lehrreicher Geschichte* (1650/51), mit *Heraclitus und Democritus . . . Fröliche und Traurige Geschichte* (1652/53), mit dem *Historischen Fünffeck* (1652), dem *Geschichtspiegel* (1654), dem *Mercurius Historicus* (1657), in denen er zu Hunderten Erzählungen meist nach französischen Vorlagen gesammelt hat[227], die ihrerseits Bearbeitungen italienischer und spanischer Quellen sind; er hat sie durch zeitgenössische Berichte ergänzt. G. Weydt hat im Zusammenhang mit seinen Quellenforschungen zu Grimmelshausen, der sich mehrfach von Harsdörffer hat anregen lassen, ganze Stammbäume solcher Erzähleinheiten mit Haupt- und

Nebenästen aufgespürt.

Harsdörffers Texte sind in knapper Prosa geschrieben, strikt ausgerichtet auf das Erzählziel, die aus dem guten oder abschreckenden „wahren" Beispiel folgende Lehre als Vermittlung von Lebenserfahrung an den Leser. Bibelsprüche, Sprichworte, Rätsel, Embleme, häufig ohne Bezug zum Erzählten, sollen trauriges Geschehen freundlich einrahmen. Über die Lesefähigkeit hinausgehende Ansprüche an die Vorbildung der Leser stellen die Erzählungen kaum.

Harsdörffers Erzählungen sind vornehmlich als Glieder in der Geschichte der Novelle zwischen Boccaccio oder Cervantes und den späteren deutschen Novellen oder aber in dem anderen großen Strang europäischer Erzählliteratur, Exempel, Schwank, Predigtmärlein, gesehen worden. Im Vergleich zur romanischen Novellistik – zumal ihrer großen Gestalten – nehmen sie sich aus wie nach kunstvollen Gemälden gezeichnete Plakate. In der Tradition von Beispiel und Exempel, gar im Vergleich zur pikaresken Erzählkunst Grimmelshausens, fehlt es ihnen an drastischer und plastischer Lebendigkeit.

Es schiene mir günstig, für Harsdörffers Erzählungen die zeitgenössische Bezeichnung „Geschichterzählung"[228] beizubehalten. Dieser Typ von Erzählung findet sich sehr ähnlich bei M. Zeiller, E. Francisci, Q. Kuhlmann und anderen. Harsdörffer versteht die „Geschichterzählung" als eine Form der Geschichtsschreibung, wobei Geschichte und Geschichten eben noch identisch sind, setzt sie aber von der großen Geschichtsschreibung, den Annalen und Chroniken, bewußt als Geschichte von „Privat Personen"[229] ab, die jeden einzelnen näher berühre, Erfahrungen vermittle, die jedermann machen könne. Lernen die Regierenden „Fürsichtigkeit" aus der Staatsgeschichte, so die Privatleute aller Stände aus den Privatgeschichten – diese Begründung ist schon in den Quellen vorgegeben. Erzählen[230] kommt bei Harsdörffer dem Aufzählen näher als dem Fabulieren; auf den „Verlauff der Sachen" komme es an, „überflüssige umstände" werden fortgelassen, Orte und Namen können vertauscht werden. Analog zum Trauerspiel wird schrecklichen und traurigen Geschichten die stärkere Wirkung durch Abschreckung zugeschrieben als fröhlichen. Wieweit dies eine Legitimation ist, Sensationsbedürfnisse zu befriedigen, ist kaum auszumachen. Zweifellos erfüllten solche Erzählsammlungen für die, die lesen konnten, auch Funktionen der späteren Boulevardpresse. Wie zur großen Geschichtsschreibung[231] jener Zeiten gehören auch zu dieser privaten unerklärliche Naturereignisse, medizinische Absonderlichkeiten, alle Arten von Kuriositäten und „merkwürdigen" Ereignissen – poetologisch sollten sie nicht mit der ‚unerhörten Begebenheit' der Novelle verwechselt werden.

In der Poetik der Geschichterzählungen bestätigt sich – was Kayser[232] bei Harsdörffer als „rhetorische Grundhaltung" gedeutet hat – die Widersprüchlichkeit seiner Aussagen, die nur als gattungs- und publikumsbezogene Haltung erklärt werden kann.

Hat Harsdörffer in Poetik und Romanvorreden das Gleichnis, die allegorische, gerade nicht historisch „wahre" Aussage als höchste Form der Poesie dargestellt, wird hier im Gegenteil die unmittelbare ‚Wahrheit' des Geschehens, die unmetaphorische Veranschaulichung als wirksamste Darstellungsform gefordert – Geschichterzählung ist für ihn keine Form der Poesie; ihre Leser werden durch die Vorreden überzeugt, daß sie die nützlichste Lektüre vor sich haben. Es ist interessant, daß für Harsdörffer Gleichnis und Geschichte als loci inventionis auf gleicher Ebene liegen – auch Geschichte hat verweisenden Charakter, wird ihrer Lehre wegen erzählt wie das Gleichnis.

Harsdörffers Erzählsammlungen waren offensichtlich sehr beliebt, sie erreichten hohe Auflagenzahlen und wurden noch lange nach seinem Tode neu gedruckt.

*

Harsdörffer war ‚Nürnberger', doch die Rolle des Pegnitzschäfers dürfte er selbst als eine geringe in seinem Leben angesehen haben. Ungleich bedeutender war für ihn die Zugehörigkeit zur Fruchtbringenden Gesellschaft. Freunde verehrten in ihm den Dichter, nach eigenem Verständnis hätte er nur in dem einen oder anderen seiner Werke den Geist erkannt, der den Dichter anweht und der nicht einzurichten ist. Mit seiner Schriftstellerei – man hat 20 000 gedruckte Seiten gezählt – füllte er rund zwanzig Jahre lang die Muße- oder Nebenstunden aus, die ihm seine ebenso lang ausgeübten Ämter im Dienste der Stadt und die Verwaltung seiner Besitztümer ließen.

Zweifellos war Harsdörffer ein V e r m i t t l e r [233] großen Stils und dies in mehrfachem Sinne: Im vordergründig technisch-praktischen Sinne: unter Nutzung der Nürnberger Handelswege leitete er Post weiter für Freunde, vermittelte Nachrichten, beschaffte Bücher, gab Aufträge an Nürnberger Künstler.

Im weiteren Sinne der Empfehlung: Er vermittelte Manuskripte anderer Autoren an Nürnberger Verleger, den jungen Birken als Erzieher an den Wolfenbütteler Hof, sehr viele Mitglieder in die Fruchtbringende Gesellschaft; er versuchte, die Verbindung zwischen dieser und italienischen Gesellschaften herzustellen. Schon die erhaltenen Reste seiner immensen Korrespondenz zeigen sein unermüdliches Streben, immer neue Beziehungen zwischen Gleichgesinnten anzuknüpfen.

Er war Vermittler im Sinne des Ausgleichenden – etwa im Sprachstreit zwischen den Kontrahenten Gueintz und Schottelius. Wieweit er in seiner Gerichtstätigkeit vermitteln konnte, ist im einzelnen nicht überliefert. Dilherr lobte seine Gerechtigkeit. In Glaubensfragen lehrte und übte er Toleranz.

In besonderem Maße war er Vermittler im Sinne der Weitergabe von Hilfen für die Lebenspraxis, nach erlernbaren Regeln geordnet, durch Beispiele veranschaulicht. Er lehrte in seinen Büchern nach den Regeln der Kunst eine Serviette zu falten, einen Hahn zu tranchieren, ein Pferd zu reiten [234], nach den Regeln der deutschen Hauptsprache grammatisch richtig zu sprechen, nach denen der Secretariatskunst Briefe oder amtliche Schreiben abzufassen, aus freudigem oder traurigem Anlaß seine Teilnahme nach den Regeln der Dicht- und Reimkunst in ein Gedicht zu fassen, nach denen der Sinnbildkunst ein Emblem zu entwerfen, gesellige Unterhaltung, Scherz und Spiel nach Regeln zu pflegen, nach der Tugend- und Sittenlehre sich in die Welt zu fügen, nach der Kirchenordnung Andachten zu halten und Gott zu loben.

Er war offensichtlich ein überaus emsiger Leser und wurde zum vielfältigen Vermittler von Literatur.

> Die Bücher sind gleichsam der Samen/ welcher Frucht bringet/ nach dem er in ein gutes/ mittelmassiges oder karges Land (ich sage deß Lesers Verstand) fället. Der Sämann wünschte/ daß alle seine Bemühung danckbarlich und fruchtbarlich wucherte/ und damit etliches nur bekleibe/ und anschlage/ thut er unterschiedliche Saaten/ der Hoffnung/ andern eine reiche Kunsternde [= ernte] anzubauen.[235]

Diese Charakteristik als Vermittler läßt sich auch auf seinen Stil, auf die bevorzugten Stilmittel Vergleich, Metapher, Wortmalerei anwenden, in denen durch das ausgesprochene oder nur gemeinte tertium comparationis eine Beziehung zwischen mehr oder minder Entferntem hergestellt wird; auf kompliziertere Weise, aber strukturell analog sinnvermittelnd, funktioniert das Emblem, die von Harsdörffer in großem Ausmaß geübte Sinnbildkunst, da für ihn in kosmischen Dimensionen alles mit allem zusammenhängt.[236]

In Harsdörffer muß etwas von jener unersättlichen Neugier der frühen Neuzeit gewirkt haben, die ihn zwar nicht zum Forscher, aber zum leidenschaftlichen Sammler des Wissens anderer werden ließ. Diese reisend, beobachtend, lesend, übersetzend, im Gespräch erworbene Fülle hat er, gleichsam Summen ziehend, in die handhabbare Form von Regeln und Anweisungen, Lehrbüchern und Anthologien gebracht, zum guten Teil nur schon vorhandene oder von anderen begonnene Werke nach deren Muster ergänzend.

Harsdörffer arbeitete vielfach mit Versatzstücken, kleinen und kleinsten Texteinheiten, die er vermutlich aus riesigen, nach höchst heterogenen Stichworten geordneten Materialsammlungen zog; die „Inhalts-Register" seiner Sammelwerke geben eine Vorstellung davon. Es ist kein Zufall, daß die Großformen Roman und Drama, die weiträumigen Aufbau verlangen, in Harsdörffers Werk praktisch fehlen. Klein- und Kleinstformen pflegte er – ein Sammler.

Schon die Folge der Gesprächspiele war häufig durch Assoziation[237] gekennzeichnet. Dasselbe Phänomen ist in den Erzählsammlungen zu beobachten, insbesondere dort, wo mehrere Erzähleinheiten unter einem Titel vereint sind; nicht dieser Titel – im allgemeinen nennt er das Thema oder ein ‚fabula docet' der ersten Erzähleinheit –, nicht deren Handlungsverlauf oder Personen bilden die Brücke zur nächsten, sondern ein Einzelwort, im Sinne der Handlung eine Nebenbemerkung, löst assoziativ die neue Erzähleinheit aus. Vom Sachzusammenhang, von der Kontinuität des Individuums oder der Handlung her gesehen sind dies Brüche, Vereinzelungen, die den neuzeitlichen Leser irritieren, seinen Kategorien nicht entsprechen. Vereinzelung und assoziativ hergestellte Kombination bestimmen den Aufbau größerer Texteinheiten in strukturell ähnlicher Weise wie sie die Stilfigur des Vergleichs oder die des Emblems kennzeichnen. Man ist versucht zu sagen, für Harsdörffer sei jedes Wort, in Scherz und Ernst, sei jede Situation, in Freude und Leid, ,unmittelbar zu Gott' gewesen; darauf hinzuweisen, wurde er nicht müde.

Das moralische Ausdeuten von Geschehnissen wie Gegenständen steht in breitester, über das Mittelalter in die Antike zurückreichender Tradition, es ist oft schon in Harsdörffers Quellen vorgebildet. Harsdörffer kannte die Bibelexegese nach dem mehrfachen Schriftsinn und war mit typologischem Denken vertraut.[238] Wo er solche Denkbahnen nicht vorfand oder ihnen nicht zu folgen wußte, überließ er sich Assoziationen. Wieweit sie in einem großen Arsenal von Verweisen direkt oder indirekt doch noch von mittelalterlich-typologischem Denken geleitet sind, wird erforscht.[239] Häufig wählte Harsdörffer für seine Sammlungen auch den Ausweg des neuzeitlichen Enzyklopädisten, Fülle des Wissens in alphabetischer Ordnung verfügbar zu machen, freilich steht auch das Alphabet in geistlicher Deutungstradition.

Angesichts der Fülle der gesammelten Einzelheiten ist Harsdörffers Faszination für die *Ars combinatoria* verständlich. Verfolgte er hier die Spätformen scholastischen Denkens, machte er sich andererseits mit den ,Erfahrungswissenschaften' Francis Bacons vertraut; doch philosophisches Denken in großen Systemen[240] war nicht seine Sache. Er lebte mit den Widersprüchen und sah sie in seinem Glauben aufgehoben. An einer göttlichen Weltordnung zweifelte er nicht. Er wollte die Welt möglichst vollständig kennen, – er glaubte an ihre Erkennbarkeit und an den Fortschritt in der Erkenntnis –, um sich und anderen ein besseres und schöneres, also gottgefälligeres Leben in ihr zu ermöglichen. Er wollte dem nach christlicher Lehre in Schuld verstrickten Menschen durch seine Lehren und Exempla bei deren Überwindung helfen. Er wollte das in der Schöpfung angelegte Gute, durch böse Mächte und menschliches Versagen Verdeckte, hervorholen im einzelnen ,grundrichtigen' Wort wie im gesamten menschlichen Zusammenleben, er wollte die gegebenen Ordnungen genauer erkennen und ausfüllen, ändern wollte er sie nicht.

Er lebte in der großen Ordnung des Reichs, in der strikt geregelten seiner Freien Reichsstadt, er lebte im christlichen Glauben nach der Konfession des lutherischen Protestantismus und in der weiten societas literaria seiner Zeit. Als Patriot wie als Christ war er irenischem Denken zugeneigt. Er genoß die Privilegien seines Patrizier-Standes, die ihm kulturell und materiell eine hohe Lebensqualität ermöglichten, sie lag sicher weit über der des durchschnittlichen Landadels, war für manche Geschlechter wohl eher der des hohen Adels vergleichbar. Landadlige hatten Bauern, Patrizier aber Bürger als Untertanen, zum Teil durch ihren Landbesitz beide. Ohne diese Privilegien hätte Harsdörffer seinen Lebensweg so nicht gehen können; er stellte sich aber auch der mit seinem Stand verbundenen Verantwortung, den Aufgaben mit ihren nicht geringen Belastungen, die diesen Lebensweg ebenso bestimmten. In der Frage der „Verbürgerlichung"[241], ist Harsdörffer sicher nur mit ganz besonderer Vorsicht als Beispiel heranzuziehen. Bedenkswert scheint mir die eher typologisch-anthropologische, gleichwohl nicht ahistorische Frage nach der Rolle einzelner Bürger wie Adliger oder – im Falle Harsdörffers – Patrizier, die verantwortlich politisch Handelnde und zugleich Gelehrte oder Poeten waren. Die Quellen zu Harsdörffers Amtstätigkeiten reichen nicht aus, Einflüsse seines Poeten- und Gelehrtentums auf sein praktisch-politisches Handeln abzuschätzen.[242] Aber sein schriftstellerisches Werk läßt den Pragmatiker, läßt den eigenverantwortlich politisch Handelnden erkennen, der nicht nur etwa als Gesandter eines Fürsten Aufträge auszuführen hat, sondern Mitregent seiner Stadt ist, sich ihren Ordnungen, dem Wohlergehen aller in ihr Lebenden verpflichtet weiß und sein Werk ebenso in diesen Dienst stellt wie sein ,Privatleben', es nach eigenem Bewußtsein vermutlich kaum von dem öffentlichen trennt. Er widmete sein Leben gleichermaßen seiner patria Nürnberg wie der grenzenlosen literarischen patria und der zeitlosen göttlichen.

Er gab dem Kaiser, was des Kaisers ist. Wenige Wochen vor seinem Tode wurde am 16. 8. 1658 die „Röm. Kais. Maj. Leopoldus etc. Zu Nürnberg unter einem Rotsammeten Himmel von den Ratsherren daselbst allerunterthänigst ... eingeholet"[243]; unter den Herren, die „abwechselweiß den Himmel getragen", befand Harsdörffer sich als neunter, auf dem Stich von Paulus Fürst[244] deutlich erkennbar. Und er gab Gott, was Gottes ist, da er „wohl / exemplarisch/ und Christlich gelebt", wie ihm Dilherr in der Leichpredigt *Der Menschen Stand/ in GOTTES Hand* nachsagte. Dilherr wählte diesen „Leich-Text"[245] aus, weil „unser seeliger Herr Harsdörffer" in der Sterbestunde aus Psalm 31, Vers 16 „seine Erquickung hergenommen/ und etliche mahl gesagt: HErr! meine Zeit stehet / in Deinen Händen".

Anmerkungen

Texte

Gesammelte Werke Harsdörffers gibt es nicht. Hier sind die in diesem Beitrag genannten Einzelwerke zusammengestellt, nur wenige liegen im Neudruck vor.

In der neueren Forschung wurde mit der Bibliographie von H. Zirnbauer, Philobiblon V, 1961, S. 112-149 gearbeitet; sie ist überholt durch die erweiterte von G. Dünnhaupt in: Bibliographisches Handbuch der Barockliteratur, III Teile. Stuttgart 1980-81, Teil II, S. 776-820. Auf die dort vollständig wiedergegebenen Titel wird mit dem Zeichen Dü und laufender Nummer, bei anderen Autoren mit Dü, abgekürztem Namen und laufender Nummer verwiesen.

Harsdörffers Werke sind zum großen Teil unter Pseudonymen erschienen, diese sind im folgenden nicht angegeben. Von den bei Dünnhaupt gezählten 127 Titeln sind über 70 Werke anderer, die nur Zuschriften oder Einzelbeiträge Harsdörffers enthalten.

Memoria... Christophori Füreri. Nürnberg 1639 (lat. Gedenkschrift; Dü 4)

Cato Noricus (o. O. o. J., Nürnberg 1640; lat. Gedenkschrift für J. F. Löffelholtz; Dü 5)

Peristromata Turcica, sive Dissertatio Emblematica. 1641 (o. O., Nürnberg; H.s lat. Übersetzung einer anonymen frz. Tendenzschrift „zur Rechtfertigung von Richelieus Machtpolitik"; Dü 7.I)

Germania Deplorata. 1641 (o. O., Nürnberg; H.s lat. Erwiderung auf Dü 7)

Gallia Deplorata. 1641 (o. O., Nürnberg; H.s lat. Übersetzung eines anonymen frz. Pamphlets gegen Richelieu; Dü 7.III)

Aulaea Romana contra Peristromata Tvrcica expansa. 1642 (o. O., Nürnberg; lat. Gegenschrift eines dt. Anonymus mit Nachwort H.s; Dü 7.IV; zu Dü 7.I-IV vgl. Literatur, Schneider 1927, S. 32-34)

Japeta. Das ist Ein Heldengedicht. 1643 (o. O., Nürnberg; H.s dt. Bearbeitung von J. Desmarets de Saint-Sorlin: Europe, Comédie heroique; Dü 9)

Frauenzimmer Gesprächspiele, Teil I-VIII, ab Teil III: Gesprächspiele. Nürnberg 1641-49 (Dü 8.I-VIII), Neudruck hrsg. v. I. Böttcher, Tübingen 1968-69 mit einer Beilage „Zum Neudruck" 1968 (Deutsche Neudrucke, Reihe Barock, hrsg. v. E. Trunz, Bd. 13-20; I und II in der 2. Aufl. von 1644, 1657; zitiert: GSp I-VIII, Seitenzahl des Originals; wo diese fehlt, Zählung des Neudrucks in Klammern)

Pegnesisches Schaefergedicht. Nürnberg 1644, von H. und Klaj u. a. (Dü 13, vgl. Dü: Klaj 5.I; zitiert: Schäferey); Neudruck s. folgenden Titel

Fortsetzung Der Pegnitz-Schäferey. Nürnberg 1645, von Birken, H. Klaj u. a. (Dü: Klaj 5.II; zitiert: Fortsetzung); Neudruck zusammen mit „Schäferey": Pegnesisches Schäfergedicht 1644-45, hrsg. von K. Garber, Tübingen 1966 (Dt. Ndr., Reihe Barock, Bd. 8), mit Nachwort

Catechisme Royal. Der Königliche Catechismus. (o. O. o. J. Nürnberg 1645; H.s Übersetzung der anonymen frz. Vorlage: Le Catechisme Royal; Dü 20)

Diana. Nürnberg 1646 (Dü 27); Neudruck: Darmstadt 1970; (H. bearbeitete Teil I und II. der dt. Übersetzung Kueffsteins von J. de Montemayor: Diana, 1619, gab sie heraus, ergänzt durch die eigene Übersetzung von G. Polos Fortsetzung, Teil III, nach C. Barths lat. Übersetzung von 1625)

Specimen Philologiae Germanicae. Nürnberg 1646 (Vorspann: Porticvs; Denkmalsentwurf für Herzog August d. J. von Braunschweig-Wolfenbüttel, vgl. Dü 31; Dü 30)

Poetischer Trichter. Nürnberg, Teil I 1647; Teil II 1648; Teil III: Prob und Lob der Teutschen Wolredenheit, 1653 (Dü 38 I-III); Neudruck Teil I-III: Darmstadt 1969; (Teil I in der·2. Aufl. von 1650 ohne den „Fünffachen Denckring" am Ende)

Lobgesang, Dem... Herrn Carl Gvstav Wrangel. Nürnberg 1648 (Dü 40); Neudruck s. Literatur: Paas 1979

Hertzbewegliche Sonntagsandachten. Nürnberg, Teil I 1649, Teil II 1652 (Teil I mit

Zugabe: H. Grotius: Einzeilige Fragen und Antworten über die Haubtlehren deß Christlichen Glaubens/ Für seine Tochter Corneliam gestellt; Übersetzung H.s aus dem Niederländischen; Dü 47.I und II)

Der Grosse Schauplatz Jämerlicher Mordgeschichte. Hamburg, Teil I/II, III/IV, V/VI 1649, VII/VIII 1650; (jeweils mit Titel und Vorrede, die in späteren Aufl. fehlen; H.s Bearbeitung von J. P. Camus, Bischof von Belley: L'Amphithéatre sanglant, mit Ergänzungen; 3. Aufl. von 1656 mit Zugabe: Bericht von den Sinnbildern wie auch hundert Exempeln derselben ... in 50. Lehrsätzen; Dü 49); Neudruck der 3. Aufl.: Hildesheim 1976

Der Grosse Schau-Platz Lust- und Lehrreicher Geschichte. Nürnberg 1650, 2. Aufl. ergänzt durch: Das zweyte Hundert, Frankfurt 1651 (Dü 60); Neudruck der 4. Aufl. von 1664, Teil I und II in 1 Bd., Hildesheim 1978

Nathan und Jotham: Das ist Geistliche und Weltliche Lehrgedichte. Nürnberg 1650, II Teile. (Anhang zu Teil I: Hl. Teresa: ... in Hundert Geistreichen Sprüchen; zu Teil II: Simson ... bestehen in C. Rähtseln; Dü 61)

Deliciae Physico-Mathematice. Mathemat: vnd Philosophische Erquickstunden. Nürnberg, Teil I = 2. Aufl. von D. Schwenter: Deliciae ..., 1636, und Teil II: = Fortsetzung von H., 1651; Teil III 1653 von H. 1653 (Dü 2. I-III)

Heraclitus und Democritus. Das ist C. Fröliche und Traurige Geschichte. Nürnberg 1652, ... zweytes C., 1653; (Anhang zu I: X Geschichtreden/ Aus den Griechischen und Römischen Historien begriffen; zu II: Vorstellend X. Dreyständige Sinnbilder von den Neigungen deß Gemütes; – H.s Bearbeitung von J. P. Camus: Héraclite et Démocrite u. a.; Dü 77. I-II)

Pentagone Histoirique. H. von Belley/ Historisches Fünffeck. Frankfurt 1652; (Bearbeitung H.s von J. P. Camus: La pentagone historique); (Anhang: J. Hall: Kennzeichen der Tugenden und Laster; dt. Übersetzung von H.; Dü 78.I)

Vollständig vermehrtes Trincir [= Tranchier]-Buch. Nürnberg 1652; (in dieser Ausg. erstmals: Das Königliche Schwedische Friedens-Banckett zu Nürnberg ... 1649 – mit H.s Entwürfen zu emblematischen Schaugerichten; schon frühere Ausg. von H. bearbeitet, vgl. Dü 6)

Der Mässigkeit Wolleben/ und Der Trunckenheit Selbstmord. Nürnberg 1653; (H.s Anteil an der Bearbeitung einer Vorlage von L. Cornaro: Trattato de la vita sobria ist unbekannt; Dü 86)

Göttliche Liebes-Lust/ Das ist: Die verborgenen Wolthaten GOTTES ... angefügt ... Heilige Meinungen oder Verträge mit GOTT. Hamburg 1653; (H.s Übersetzungen 1. von L. Novarino: Deliciae divini amoris, 2. von P. de Barry, S. J.: Sanctae intentiones; Dü 84)

Der Geschichtspiegel: Vorweisend Hundert Denckwürdige Begebenheiten. Nürnberg 1654; (Anhang: XXV. Auffgaben/ Aus der Seh- und Spiegel-Kunst; Dü 94)

Mr. Du Refuge Kluger Hofmann: Das ist/ Nachsinnige Vorstellung deß untadelichen Hoflebens. Frankfurt und Hamburg 1655; (H.s Bearbeitung von E. du Refuge: Traicté de la Cour; Dü 98)

Ars Apophthegmatica, Das ist: Kunstquellen Denckwürdiger Lehrsprüche und Ergötzlicher Hofreden ... in Drey Tausend Exempeln. Nürnberg 1655; ... continuatio ... in Drey Tausend Exempeln. 1656; (I = Zugabe: XXX. Nachsinniger Schertz-Schreiben; II = Beylage X. Geistlicher und X Weltlicher Obschrifften; Dü 99. I-II)

Der Teutsche Secretarius. Nürnberg, Teil I 1655, II 1659; (Dü 100.I-II) Neudruck in
2 Bdn., Teil I in erw. 3. Aufl. von 1656, Hildesheim 1971
Die Hohe Schul Geist- und Sinnreicher Gedanken in CCCC. Anmuthungen aus dem
Buch Gottes und der Natur vorgestellet. Nürnberg; (o. J., 1656?; Anhang: Salomonis
Tugend- Regiments- und Hauslehre; Dü 105)
Mercurius Historicvs ... Hundert Neue und denckwürdige Erzehlungen ... Mit An-
fügung Eines umständigen Discursus Von der Höflichkeit. Hamburg 1657; (Bearbei-
tungen verschiedener Vorlagen; Dü 109)

Textsammlungen

A. Fischer/W. Tümpel (Hrsg.): Das deutsche evangelische Kirchenlied des 17. Jahrhun-
derts, Bd. 5. Gütersloh 1911, S. 1-31 (37 Lieder von H.).
H. Gersch (Hrsg.): Jämmerliche Mord-Geschichten. Ausgewählte novellistische Prosa.
Neuwied, Berlin 1964, mit Nachwort. (18 Erzählungen von H.).
A. Schöne (Hrsg.): Das Zeitalter des Barock. Texte und Zeugnisse. 1963 (Die deutsche
Literatur Bd. 3), mit Vorbemerkung; 2. verb. und erw. Aufl. München 1968. (Beispiele
verschiedener Gattungen aus dem Werk H.s).
E. Mannack (Hrsg.): Die Pegnitz-Schäfer. Nürnberger Barockdichtung. Stuttgart 1968,
mit Nachwort. (Beispiele verschiedener Gattungen aus dem Werk H.s).

Briefsammlungen

G. Krause (Hrsg.): Der Fruchtbringenden Gesellschaft ältester Ertzschrein. Briefe, De-
visen und anderweitige Schriftstücke. Urkundliche Beiträge zur Geschichte der deutschen Sprachgesellschaften im 17. Jahrhundert. Leipzig 1855, mit Einleitung. Neudr.:
Hildesheim, New York 1973. (H.s Briefwechsel S. 307-401); (zitiert: Krause); – vgl.
dazu M. Bircher: Die Fruchtbringende Gesellschaft: Neue Forschungsergebnisse. In:
Akten 5. Int. Germ.-Kongr., Cambridge 1975. Bern, Frankfurt 1975, H. 3 (JbIG
Reihe A, Kongr. ber. 2) S. 103-109, bes. S. 107.
C. A. H. Burkhardt (Hrsg.): Aus dem Briefwechsel G. P. Harsdörffers zur Geschichte
der Fruchtbringenden Gesellschaft 1647-1658. In: Altes und Neues aus dem Pegne-
sischen Blumenorden. III. Nürnberg 1897, mit Vorwort, S. 23-140; (zitiert: Altes und
Neues III).
Vgl. auch die Angaben unter Literatur und Nachweisen.

Briefverzeichnisse

B. L. Spahr: The Archives of the Pegnesischer Blumenorden. A Survey and Reference
Guide. Berkeley / Los Angeles 1960; (H. S. 9-14, Verzeichnis der Briefe nach Daten
und kurze Inhaltsangaben).
H.-H. Krummacher: Stand und Aufgaben der Edtion von Dichterbriefen des deutschen
Barock. In: Briefe deutscher Barockautoren. Probleme ihrer Erfassung und Erschlie-

ßung. Arbeitsgespräch, Wolfenbüttel 1977. Vorträge und Berichte, hrsg. von H.-H. K. (Wolf. Arb. zur Barockforschung 6) S. 9-33; zu H. S. 14 f. und Anm. 142.

Literatur

Aufgelistet sind hier einige Quellen und ausgewählte Literatur zu Harsdörffer sowie weiterführende Arbeiten zu Einzelaspekten seiner Werke; weitere Angaben in den Nachweisen, vgl. bes. Anm. 157.

Eine ausführliche Beschreibung von Harsdörffers (auch Harsdörfer geschrieben) Leben und Werken geben Bischoff, 1894, und Narciss, 1928.

J. M. Dilherr: Der Menschen Stand in GOTTES Hand. Nürnberg 1658; (Leichpredigt für Harsdörffer; darin: Lebens-Lauff, S. 14-22).

J. M. Dilherr: Tugendschaz/ Und Lasterplaz. Nürnberg 1679, (1. Aufl. 1659).

V. G. Holtzschuher: Memoria . . . Harsdörfferi. (o. O.) 1659.

A. G. Widmann: Vitae Cvrricvlvm . . . Harsdorfm. Nürnberg 1707.

J. Tittmann: Die Nürnberger Dichterschule. Harsdörfer, Klaj, Birken. Göttingen 1847. Neudr.: Wiesbaden 1965.

Th. Bischoff: Georg Philipp Harsdörfer. Ein Zeitbild aus dem 17. Jahrhundert. In: Festschrift zur 250jährigen Jubelfeier des Pegnesischen Blumenordens gegründet in Nürnberg am 16. Oktober 1644. Hrsg. im Auftrage des Ordens von Th. Bischoff und Aug. Schmidt. Nürnberg 1894, S. 1-300 und 405-474 (mit Texten von H.).

K. Rudel: Harsdörfers mathematisch-naturphilosophische Schriften. In: Festschrift 1894, S. 301-403.

J. Reber: Johann Amos Comenius und seine Beziehungen zu den Sprachgesellschaften. Denkschrift zur Feier des vierteltausendjährigen Bestandes des Pegnesischen Blumenordens zu Nürnberg. Leipzig 1895 (mit Texten und Briefwechsel H. – Comenius).

K.-A. Kroth: Die mystischen und mythischen Wurzeln der ästhetischen Tendenzen Georg Philipp Harsdörffers (1607-1658). Ein Beitrag zur Psychologie des Barock. Diss. phil. München 1921 (Masch.).

F. J. Schneider: Japeta (1643). Ein Beitrag zur Geschichte des französischen Klassizismus in Deutschland. Stuttgart 1927.

G. A. Narciss: Studien zu den Frauenzimmergesprächspielen G. P. Harsdörfers (1607-1658). Ein Beitrag zur deutschen Literaturgeschichte des 17. Jahrhunderts. Leipzig 1928 (Form und Geist 5; mit Dokumenten und Briefen).

E. Trunz: Der deutsche Späthumanismus um 1600 als Standeskultur. In: Zs. f. Geschichte d. Erziehung u. d. Unterrichts 21, 1931, S. 17-53; Neudruck in: Deutsche Barockforschung. Dokumentation einer Epoche, hrsg. v. R. Alewyn. Köln, Berlin 1965 (Neue Wissenschaftl. Bibliothek 7), S. 147-181.

W. Kayser: Die Klangmalerei bei Harsdörffer. Ein Beitrag zur Geschichte der Literatur, Poetik und Sprachgeschichte der Barockzeit. Göttingen 1932, 2. unveränd. Aufl. 1962 (Palaestra 179).

M. Kahle: G. Ph. Harsdörffers (1607-1685) Kurzgeschichtssammlungen. Ein Beitrag zur Unterhaltungsliteratur des Barockzeitalters. Diss. phil. Breslau 1941 (Masch.).

G. J. Jordan: Theater Plans in Harsdoerffer's „Frauenzimmer-Gespraechspiele". In: JEGP 42, 1943, S. 475-491.

E. Kappes: Novellistische Struktur bei Harsdörffer und Grimmelshausen unter besonderer Berücksichtigung des Grossen Schauplatzes Lust- und Lehrreicher Geschichte und des Wunderbarlichen Vogelnestes I und II. Diss. phil. Bonn 1954 (Masch.).

R. Hasselbrink: Gestalt und Entwicklung des Gesprächspiels in der deutschen Literatur des 17. Jahrhunderts. Diss. phil. Kiel 1956 (Masch.).

E. Trunz: Weltbild und Dichtung im deutschen Barock. In: Aus der Welt des Barock, dargestellt von R. Alewyn u. a. Stuttgart 1957, S. 1-35.

J. B. Neveux: Un „Parfait Secrétaire" Du XVIIe Siècle: Der Teutsche Secretarius (1655). In: Études 19, 1964, S. 511-520.

C. Wiedemann (Hrsg.): Johann Klaj: Redeoratorien und „Lobrede der Teutschen Poeterey"; ders.: J. Klaj: Friedensdichtungen und kleinere poetische Schriften. Tübingen 1965 und 1968 (Dt. Neudrucke, Reihe Barock Bd. 4 u. 10); beide mit Nachwort, zitiert: Klaj I, II.

J. Haar: The Tugendsterne of Harsdörffer and Staden. An Exercise in Musical Humanism. American Institute of Musicology 1965 (Musicol. Studies and Documents 14).

L. L. Albertsen: Das Lehrgedicht, eine Geschichte der antikisierenden Sachepik in der neueren deutschen Literatur. Aarhus 1967.

K. Schaller: Die Pädagogik des J. A. Comenius. Heidelberg, 2. Aufl. 1967.

V. Meid: Barocknovellen? Zu Harsdörffers moralischen Geschichten. In: Euphorion 62, 1968, S. 72-76.

G. Weydt: Zur Entstehung barocker Erzählkunst – Quellen für Grimmelshausen im Schrifttum Harsdörffers und seiner Zeitgenossen. In: ders.: Nachahmung und Schöpfung im Barock. Studien um Grimmelshausen. Bern und München 1968, S. 47-187.

R. van Dülmen: Sozietätsbildungen in Nürnberg im 17. Jahrhundert. In: Gesellschaft und Herrschaft. Festgabe f. K. Bosl, München 1969, S. 153-190 (mit Briefwechsel H. – J. V. Andreae).

R. M. G. Nickisch: Die Stilprinzipien in den deutschen Briefstellern des 17. und 18. Jahrhunderts. Mit einer Bibliographie zur Briefschreiblehre (1474-1800). Göttingen 1969 (Palaestra 254).

Th. Verweyen: Apophthegma und Scherzrede. Die Geschichte einer einfachen Gattungsform und ihrer Entfaltung im 17. Jahrhundert. Bad Homburg v. d. H., Berlin, Zürich 1970 (Linguistica et Litteraria 5), bes. S. 119-156.

C. Wiedemann: Vorspiel der Anthologie. Konstruktivistische, repräsentative und anthologische Sammelformen in der deutschen Literatur des 17. Jahrhunderts. In: Die Deutschsprachige Anthologie, Bd. 2, Studien zu ihrer Geschichte und Wirkungsform, hrsg. von J. Bark und D. Pforte. Frankfurt 1970, S. 1-47, bes. S. 12 f., S. 30 ff.

G. Pfeiffer (Hrsg. unter Mitwirkung zahlreicher Fachgelehrter): Nürnberg – Geschichte einer europäischen Stadt. München 1971; ders. Hrsg. unter Mitarbeit von W. Schwemmer: Geschichte Nürnbergs in Bilddokumenten. München 1970.

H. Blume: Harsdörffers „Porticus" für Herzog August d. J. (Zu bisher unbekannten bzw. unbeachteten Briefen Harsdörffers). In: Wolfenbütteler Beiträge 1, 1972, S. 88-101 (mit H.s Briefen).

J. E. Fletcher: Georg Philipp Harsdörffer, Nürnberg, und Athanasius Kircher. In: Mitt. d. Vereins f. Gesch. d. Stadt Nürnberg 59, 1972, S. 203-210 (mit Ang. z. Briefwechsel).

F. van Ingen: Die Sprachgesellschaften des 17. Jahrhunderts. Versuch einer Korrektur. In: Daphnis 1, 1972, S. 14-23.

K. F. Otto Jr.: Die Sprachgesellschaften des 17. Jahrhunderts. Stuttgart 1972 (Sammlung Metzler 109).

H. P. Braendlin: Individuation und Vierzahl im „Pegnesischen Schäfergedicht" von Harsdörffer und Klaj. In: Europäische Tradition und Deutscher Literaturbarock, hrsg. v. G. Hoffmeister, Bern und München 1973, S. 329-349.

F. van Ingen: Überlegungen zur Erforschung der Sprachgesellschaften. In: Internationaler Arbeitskreis für deutsche Barockliteratur, 1. Jahrestreffen 1973, Vorträge und Berichte. Wolfenbüttel 1973 (Dokumente Bd. 1), S. 82-106.

E. Mannack: ‚Realistische' und metaphorische Darstellung im „Pegnesischen Schäfergedicht". In: SchillerJb 17, 1973, S. 154-165.

Ch. Stoll: Sprachgesellschaften im Deutschland des 17. Jahrhunderts. Fruchtbringende Gesellschaft. Aufrichtige Gesellschaft von der Tannen. Deutschgesinnte Genossenschaft. Hirten- und Blumenorden an der Pegnitz. Elbschwanenorden. München 1973 (List TW 1463; mit Textauszügen).

C. Wiedemann: Barocksprache, Systemdenken, Staatsmentalität. Perspektiven der Forschung nach Barners „Barockrhetorik". In: wie van Ingen 1973, S. 21-51.

W. Brückner: Historien und Historie. Erzählliteratur des 16. und 17. als Forschungsaufgabe. In: Volkserzählung und Reformation. Ein Handbuch zur Tradierung und Funktion von Erzählstoffen und Erzählliteratur im Protestantismus, hrsg. von Brückner. Berlin 1974, S. 13-123.

M. C. Bryan-Kinns: „Diese Düstre Schattennacht". H.s Contribution to a 17th Century Theme. In: Neoph. 58, 1974, S. 321-330 (mit Text des Gedichtes aus „Icones Mortis" 1648, Dü 41).

E. Fähler: Feuerwerke des Barock. Studien zum öffentlichen Fest und seiner literarischen Deutung vom 16. bis 18. Jahrhundert. Stuttgart 1974.

L. Forster: Harsdörffer's Canon of German Baroque Authors. In: Trivium. ‚Erfahrung und Überlieferung'. Festschrift f. C. P. Magill, ed. by H. Siefken and A. Robinson. Cardiff 1974, S. 32-41; auch in: Daphnis 6, 1977, S. 319-331.

K. Garber: Der locus amoenus und der locus terribilis. Bild und Funktion der Natur in der deutschen Schäfer- und Landlebendichtung des 17. Jahrhunderts. Köln, Wien 1974 (Literatur und Leben N. F. 16).

W. Mieder: „Das Schauspiel Teutscher Sprichwörter" oder Georg Philipp Harsdörffers Einstellung zum Sprichwort. In: Daphnis 3, 1974, S. 178-195 (mit Sprichwort-Verzeichnis).

R. Zeller: Spiel und Konversation im Barock. Untersuchungen zu Harsdörffers „Gesprächspielen". Berlin, New York 1974 (Quellen und Forschungen zur Sprach- und Kulturgeschichte der germanischen Völker N. F. 58).

K. Conermann: Der Poet und die Maschine. Zum Verhältnis von Literatur und Technik in der Renaissance und im Barock. In: Teilnahme und Spiegelung, Festschrift f. H. Rüdiger, hrsg. in Zusammenarbeit mit D. Gutzen von B. Allemann u. E. Koppen. Berlin, New York 1975, S. 173-192.

E. Trunz: Nachwort zu: Martin Opitz. Weltliche Poemata. 1644. II. Teil, hrsg. von E. T. Tübingen 1975 (Dt. Neudr., Reihe Barock 3), S. 3'-113'.

K. Garber (Hrsg.): Europäische Bukolik und Georgik. Darmstadt 1976 (WdF 355); (mit Vorwort und Bibliographie).

F. van Ingen: Bericht über die „Seelewig"-Aufführung in Utrecht. In: Inszenierung und

Regie barocker Dramen. Arbeitsgespräch in der Herzog August Bibliothek Wolfenbüttel 1976. Vorträge und Berichte, hrsg. von M. Bircher. Hamburg 1976 (Dokumente des Internat. Arbeitskreises f. dt. Barocklit. 2), S. 69-73.

D. Jöns: Literaten in Nürnberg und ihr Verhältnis zum Stadtregiment in den Jahren 1643-1650 nach Zeugnissen der Ratsverlässe. In: Stadt – Schule – Universität – Buchwesen und die deutsche Literatur im 17. Jahrhundert. Vorlagen und Diskussionen eines Barock-Symposions der Deutschen Forschungsgemeinschaft 1974 in Wolfenbüttel, hrsg. von A. Schöne. München: Beck 1976, S. 84-98 und Diskussion S. 123 ff.

F. G. Sieveke: Topik im Dienst poetischer Erfindung. Zum Verhältnis rhetorischer Konstanten und ihrer funktionsbedingten Auswahl oder Erweiterung (Omeis – Richter – Harsdörffer). In: JbIG 8, 1976, S. 17-48.

B. L. Spahr: Nürnbergs Stellung im literarischen Leben des 17. Jahrhunderts. In: wie D. Jöns 1976, S. 73-83 und Diskussionsbericht S. 123 ff.

K. Garber: Vergil und das „Pegnesische Schäfergedicht". Zum historischen Gehalt pastoraler Dichtung. In: Deutsche Barockliteratur und Europäische Kultur. 2. Jahrestreffen des Internationalen Arbeitskreises für deutsche Barockliteratur in der Herzog August Bibliothek Wolfenbüttel 1976. Vorträge und Kurzreferate, hrsg. von M. Bircher und E. Mannack (Dokumente Bd. 3), Hamburg 1977, S. 168-203.

J. Dyck: Athen und Jerusalem. Die Tradition der argumentativen Verknüpfung von Bibel und Poesie im 17. und 18. Jahrhundert. München 1977.

P. Keller: Die Oper Seelewig von Sigmund Theophil Staden und Georg Philipp Harsdörffer. Diss. phil. Zürich 1977.

C. Wiedemann: Heroisch – Schäferlich – Geistlich. Zu einem möglichen Systemzusammenhang barocker Rollenhaltung. In: Schäferdichtung. Referate der 5. Arbeitsgruppe beim 2. Jahrestreffen des Internationalen Arbeitskreises für deutsche Barockliteratur 1976 in Wolfenbüttel, hrsg. von W. Voßkamp. Hamburg 1977 (Dokumente Bd. 4), S. 96-122.

B. Blume: Sprachtheorie und Sprachenlegitimation im 17. Jahrhundert in Schweden und in Kontinentaleuropa. In: Arkiv för nordisk filologi 93, 1978, S. 205-218.

B. Blume: Sprachgesellschaften und Sprache. In: Sprachgesellschaften. Sozietäten. Dichtergruppen. Arbeitsgespräch in der Herzog August Bibliothek in Wolfenbüttel 1977. Vorträge und Berichte, hrsg. von M. Bircher u. F. van Ingen. Hamburg 1978 (Wolfenbütteler Arbeiten zur Barockforschung 7), S. 39-52.

F. van Ingen: Die Erforschung der Sprachgesellschaften unter sozialgeschichtlichem Aspekt. In: a. a. O., S. 9-26.

D. Jöns: Literatur und Stadtkultur in Nürnberg im 17. Jahrhundert. (Bericht über ein Forschungsprojekt an der Universität Mannheim.) In: a. a. O., S. 217-221.

C. Wiedemann: Druiden, Barden, Witdoden. Zu einem Identifikationsmodell barocken Dichtertums. In: a. a. O., S. 131-150.

V. Sinemus: Poetik und Rhetorik im frühmodernen deutschen Staat. Sozialgeschichtliche Bedingungen des Normenwandels im 17. Jahrhundert. Göttingen 1978 (Palaestra 269).

J. R. Paas: Poeta incarceratus. Georg Philipp Harsdörffers Zensur-Prozess, 1648. In: GRM-Beiheft 1, 1979, S. 155-164.

W. Kühlmann: Neuzeitliche Wissenschaft in der Lyrik des 17. Jahrhunderts. Die Kopernikus-Gedichte des Andreas Gryphius und Caspar Barlaeus im Argumentationszusammenhang des frühbarocken Modernismus. In: SchillerJb. 23, 1979, S. 124-153.

C. Wiedemann: Bestrittene Individualität. Beobachtungen zur Funktion der Barockallegorie. In: Formen und Funktionen der Allegorie. Symposion Wolfenbüttel 1978, hrsg. von W. Haug. Stuttgart 1979 (Germanistische Symposien. Berichtsbände III), S. 574-591.

D. Breuer: Streitgespräch. Gibt es eine bürgerliche Literatur im Deutschland des 17. Jahrhunderts? In: GRM NF. 30, 1980, S. 211-226 (vgl. K. Garber 1981).

B. Blume: Deutsche Literatursprache des Barock. In: Lexikon der Germanistischen Linguistik, hrsg. von P. Althaus, H. Henne, H. E. Wiegand. 2. vollst. neu bearb. Aufl. Tübingen 1980, Sp. 719-725 (mit Bibliographie).

R. Schmidt: Deutsche Ars Poetica. Zur Konstituierung einer deutschen Poetik aus humanistischem Geist im 17. Jahrhundert. Meisenheim am Glan 1980 (Deutsche Studien 34).

K. Garber: Streitgespräch. Gibt es eine bürgerliche Literatur im Deutschland des 17. Jahrhunderts? Eine Stellungnahme zu D. Breuers gleichnamigem Aufsatz. In: GRM 31, 1981, S. 462-470.

R. Baur: Didaktik der Barockpoetik. Die deutschsprachigen Poetiken von Opitz bis Gottsched als Lehrbücher der „Poeterey". Heidelberg 1982 (Mannheimer Beiträge zur Sprach- u. Literaturwissenschaft 2; s. Register: H.).

K. Garber: Martin Opitz' „Schäferei von der Nymphe Hercinie". Ursprung der Prosaekloge und des Schäferromans in Deutschland. In: Daphnis 11, 1982, S. 547-603 (= Martin Opitz. Studien zu Werk und Person, hrsg. von B. Becker-Cantarino).

K. Garber: Arkadien und Gesellschaft. Skizze zur Sozialgeschichte der Schäferdichtung als utopischer Literaturform Europas. In: Utopieforschung. Interdisziplinäre Studien zur neuzeitlichen Utopie, hrsg. von W. Voßkamp. Stuttgart 1982, Bd. 2, S. 37-81.

K. Helmer: Weltordnung und Bildung. Versuch einer kosmologischen Grundlegung barocken Erziehungsdenkens bei Georg Philipp Harsdörffer. Frankfurt, Bern 1982 (Paideia 7).

E. Kleinschmidt: Die Wirklichkeit der Literatur. Fiktionsbewußtsein und das Problem der ästhetischen Realität von Dichtung in der Frühen Neuzeit. In: DVjs 56, 1982, S. 174-187.

I. Springer-Strand: „Der Kriegsmann wil ein Schäfer werden" oder: Krieg, Frieden und Poesie in Harsdörffers „Friedenshoffnung". In: Gedichte und Interpretationen Bd. 1, Renaissance und Barock, hrsg. von V. Meid. Stuttgart 1982, S. 245-254.

Nachweise

[1] Hier abgekürzt: PBlO; vgl. Otto, 1972, S. 43-52; Stoll, 1973, s. Register S. 231.

[2] Z. B. W. Kohlschmidt: Geschichte der dt. Literatur, Bd. II. Vom Barock bis zur Klassik. Stuttgart 1965, S. 60-66; – zum PBlO in der Literaturgeschichte vgl. Mannack, 1968, S. 271-282; ausführlich in: Garber: Arkadien und Gesellschaft, zuletzt angekündigt in: Garber, 1982, Arkadien, S. 37; das Kapitel über den PBlO, das mir 1980 im Ms. vorlag, war für mich sehr hilfreich; für diese und alle immer schon großzügig gewährte Teilhabe danke ich K. Garber herzlich!

[3] J. Klaj (1616-1656) aus Meißen; S. v. Birken (1626-1681) aus Wildstein/Böhmen; zu

beider Leben und Werk vgl.: Wiedemann 1965/68, Klaj I, II, Nachworte; Wiedemann: S. v. B. In: Fränkische Klassiker, hrsg. von W. Buhl. Nürnberg 1971, S. 325-336; J. Kröll: S. v. B. dargestellt aus seinen Tagebüchern. In: Jb. f. fränk. Landesforschung 32, 1972, S. 111-150; Garber: S. v. B.: Städtischer Ordenspräsident und höfischer Dichter. Historisch-soziologischer Umriß seiner Gestalt, Analyse seines Nachlasses und Prolegomena zur Edition seines Werks. In: wie Blume, 1978, S. 223-254; D. Jöns: S. v. B. Zum Phänomen einer literarischen Existenz zwischen Hof und Stadt. In: Literatur in der Stadt, hrsg. von H. Brunner. Göppingen 1982, S. 167-187.

[4] D. G. Morhof: Unterricht von der Teutschen Sprache und Poesie, 1680; Neudr. der 2. Ausg. von 1700, hrsg. von H. Boetius. Bad Homburg v. d. H., Berlin, Zürich 1969 (Ars poetica, Texte, Bd. 1) S. 317 u. Nachwort Boetius S. 407 f.

[5] H. Koberstein: Geschichte der dt. Nationalliteratur, 1827, 5. umgearb. Aufl. von K. Bartsch, Leipzig 1872, Bd. II, S. 194.

[6] G. G. Gervinus: Geschichte der dt. Dichtung, Bd. 3, 4. Aufl. 1853, S. 281-299, hier S. 287.

[7] Tittmann, 1847, S. 250.

[8] H. Cysarz (Hrsg.) Barocklyrik I-III, 1937, 2. verb. Aufl. Hildesheim 1964 (DLE, Reihe Barock), Bd. I, Vorwort S. 69.

[9] H. Friedrich: Epochen der italienischen Lyrik. Frankfurt 1964, S. 545 f.

[10] Vgl. Anm. 157.

[11] Fortsetzung, 1645, S. 67.

[12] Wiedemann, Klaj II, S. [111 f.].

[13] Fortsetzung, 1645, S. 83.

[14] A. a. O., S. 34.

[15] Rezitation in der Sendung „Meine Gedichte", NDR III, 6. 5. 1982; vgl. G. Rühm (Hrsg.): Die Pegnitzschäfer. G. P. H., J. K., S. v. B. Berlin 1964.

[16] Vor-Ansprache zum Edlen Leser, 1669 (Dü, S. v. B. 163); H.: Trichter, 1647-53; S. v. B.: Teutsche Rede-bind und Dicht-Kunst, 1679; Neudr.: Hildesheim, New York 1973.

[17] Otto, 1972, S. 47; Spahr, 1976, bes. S. 81.

[18] Daten und Fakten Nürnberg betreffend nach: Pfeiffer, 1971/70, u. dort genannter Literatur, soweit nicht anders angegeben.

[19] Katalog der Ausstellung im German. Nationalmuseum: Barock in Nürnberg 1600-1750. Nürnberg 1962 (Anzeiger des German. Nat. Museums 1962).

[20] Zitiert von O. Anders: Nürnberg um die Mitte des 15. Jhs. im Spiegel ausländischer Betrachtung. In: MVGN 50, 1960, S. 108.

[21] Vgl. Dokumente zu H.s Trauung, Tätigkeiten, Begräbnis bei Narciss, 1928, S. 164-176.

[22] In: Der deutsche Renaissance-Humanismus. Abriß und Auswahl von W. Trillitzsch. Leipzig 1981, S. 148.

[23] Pfeiffer, 1971, S. 280.

[24] D. W. Jöns: Die Emblematische Predigtweise J. Sauberts. In: Rezeption und Produktion zwischen 1570 und 1730. FS für G. Weydt. Bern und München 1972, S. 137-158.

[25] G. Schröttel: J. M. Dilherr und die vorpietistische Kirchenreform in Nürnberg. Nürnberg 1962 (Einzelarbeiten aus der Kirchengeschichte Bayerns 34); Dilherr ist bisher weder als Erbauungsschriftsteller noch in seinem Verhältnis zum PBlO insgesamt erforscht; vgl. W. J. Wietfeld: The Emblem Literature of J. M. Dilherr, an important preacher, educator and poet in Nürnberg. Nbg. 1975.

[26] Wiedemann, Klaj I, S. 5', II, S. 17'.

[27] Dilherr: Sendschreiben. In: Trichter I, S. 138 f.

[28] van Dülmen, 1969; Schaller, 1967, s. Register; Reber, 1895, S. 20-53.

[29] Wiedemann, Klaj II, S. 20'-27'; Fähler, 1974, S. 149-176; Jöns, 1978, S. 93-98.

[30] Friedensschriften und Einblattdrucke s. Dü. zu Klaj u. zu Birken; Abb. bei Wiedemann, Klaj II; dieselben Kupfer kamen mit verschiedenen Texten heraus, Exemplare in der Flugblatt-Sammlung des German. Nat. Museums Nürnberg.

[31] Trincirbuch, 1652, S. 178-191; vgl. die Widmungen von H.s Werken nach 1649.

[32] Dilherr, (1659), 1679, S. 343; vgl. Fortsetzung, 1645, S. 40; J. Jansen: Patriotismus und Nationalethos in den Flugschriften und Friedensspielen des 30jährigen Krieges. Diss. phil. Köln 1964, zu Nürnberg S. 149-169, urteilt von zu schmaler Textbasis aus.

[33] Fähler, 1974, S. 151.

[33]a H. zu den Meistersingern: GSp. IV 13; vgl. Wiedemann, Klaj II, S. 17'.

[34] H. W. Heerwagen (Hrsg.): Zur Geschichte der Nürnberger Gelehrtenschulen. Drei Aktenstücke aus den Jahren 1485, 1575 und 1622. Einladungsschrift zu den Schlußfeierlichkeiten des Jahres 1862/63 an der Königl. Studienanstalt zu Nürnberg. Nürnberg 1863, S. 18-28, dort alle Zitate; zur Schule im 17. Jh. vgl.: „Schule und Literatur". In: Jöns, 1976, S. 175-310.

[35] Jöns, 1976, S. 87 f.; K. Garber, S. v. B., s. Anm. 3, S. 228.

[36] Zum Musikleben in Nürnberg s. F. Krautwurst: Nürnberg. In: MGG 9, 1961, Sp. 1755-57 mit Literatur; zum Verhältnis von Literatur und Musik: Wiedemann, Klaj II, S. 6'-20'; das 1643 von Dilherr veranstaltete berühmte *Historische Konzert* ist auch beschrieben bei Dilherr, (1659), 1679, S. 353-60.

[37] Vgl. van Dülmen, 1969.

[38] Heerwagen, s. Anm. 34, S. 26.

[39] Dilherr, 1658, S. 14-22.

[40] Holtzschuher, 1659; Widmann, 1707.

[41] Widmann, 1707, § 17.

[42] Memoria Füreri, 1639.

[43] Dilherrs Angaben, 1658, S. 14 u. S. 22 sind widersprüchlich, auch bei Berücksichtigung der verschiedenen Kalender; Widmann, 1707, § 4 spricht von Taufe am 1. XI.

[44] Ämterbuch, 14.-18. Jh., Ratskanzlei Nürnberg, Nr. 28; in den Grundverbriefungsbüchern (Stadtarchiv B 14/III Nr. 3, S. 58 f.) sind H. und seine Mutter mehrfach als Eigenherren und Hausverkäufer notiert; vgl. a. Narciss, 1928, S. 173.

[45] Memoria Füreri, 1639, S. 8.

[46] A. a. O., S. 9.

[47] Widmann, 1707, § 22.

[48] C. Bünger: Matthias Bernegger. Ein Bild aus dem geistigen Leben Straßburgs zur Zeit des 30jährigen Krieges. Straßburg 1893, bes. S. 294 ff., 313 ff.

[49] Bischoff, 1894, S. 13 f., Narciss, 1928, S. 5.

[50] GSp. IV 459.

[51] Memoria Füreri, 1639, S. 13.

[52] Trunz (1931), 1965, S. 162 ff.

[53] Otto, 1972, S. 58.

[54] GSp. V [43].

[55] Im Titel von „Sophista" (Dü 39); das ist H.s lat. Übersetzung von „Die Vernunftkunst", GSp. V 85-280; vgl. S. 305.

[56] Narciss, 1928, S. 100 f., vgl. a. S. 30; vgl. Forster, 1974.

[57] GSp. I 266.

[58] Narciss, 1928, S. 9.

[59] A. a. O., S. 11 und Dokumente S. 176 f.

[60] Dilherr, 1658, S. 18.

[61] Narciss, 1928, S. 12 f.

[62] A. a. O., S. 13 ff.

[63] GSp. I 230-272, bes. 260 f.

[64] Rugherr = Mitglied des Ruggerichts, das über die Ordnungen der Handwerke wacht; vgl. Pfeiffer, 1971, S. 172, 176, 318 ff.

[65] Dilherr, 1658, S. 20.

[66] Narciss, 1928, S. 15 f., die Ratsverlässe S. 167-69; vgl. Jöns, 1976, S. 90-92; Paas, 1979, mit Text des Lobgesangs.

[67] G. Forstenheuser, Rat u. Faktor in Nürnberg für Hzg. August d. J., am 11. XI. 1648 an den Herzog nach Wolfenbüttel. In: L. Sporhan-Krempel: Nürnberg als Nachrichtenzentrum zwischen 1400 und 1700. Nürnberg 1968 (Nbger. Forschungen, Einzelarb. z. Gesch. Nbgs. 10), S. 180 f. (mit Briefen).

[68] Vgl. hier S. 300.

[69] Garber, 1981, S. 466.

[70] z. B. H. an Neumark, 10. X. 1656. In: Altes und Neues III, S. 130.

[71] Bischoff, 1894, S. 39 u. Anm. S. 44.

[72] Widmann, 1707, §§ 7. 12. 13; Bildnisse H.s in: GSp. IV [15]; Schäferey 1644, Neudr., Abb. 8; Pfeiffer, 1971/70, Bilddokumente 221.

[73] Dilherr, 1658, S. 20, S. 23-44.

[74] Er nennt H. „dux" und „protector", dem er nächst Gott viel verdanke, in: Autobiographie. Ms. PBlO-Archiv 16-6, Eintragung für 1645; der 1660 angekündigte *Nachruhm* (vgl. Spahr, 1960, S. 14 u. S. 90) in: Schaefer-Spiel: der Ehre Des Ruhmseeligsten Spielenden und Seines Edlen Ruhm-Erbens... gewidmet durch die Pegnitz-Hirten. (Nürnberg 1667; Gedenkschrift für H., zugleich Hochzeitsschrift für seinen Sohn Carl Gottlieb Dü B. 147); Herrn O. Schröder, Nürnberg, danke ich für hilfreiche Hinweise bei der Benutzung des PBlO-Archivs im Jahre 1969 und für die Überlassung seiner unveröffentlichten Studie über Leben und Werk Birkens bis 1662; zur Neuordnung des Archivs s. Jöns, 1978.

[75] Briefentwurf vom 20. IX. 1662 in: PBlO-Archiv 16-10; vgl. Spahr, Briefverzeichnis 160, S. 14.

[76] Peristromata Turcica, 1641; Germania Deplorata, 1641; Gallia Deplorata, 1641; Aulaea Romana, 1642; Inhaltsangaben bei Bischoff, 1894, S. 30-33; vgl. Schneider, 1927, S. 32-34; S. 45; S. 15.

[77] Krause, 1855, S. 319 f.

[78] Im folgenden ist einiges aus der ‚Beilage' zum Neudr. der GSp. wiederholt; das darin angekündigte Namenregister ist zusammengestellt; das Sachregister kann aus beruflichen Gründen nur sehr langsam gefördert werden, beider Publikation ist vorgesehen.

[79] GSp. V Vorr. § 4; H. meint mit der „Kaufmannschaft der Gespräche" (V [96]) nicht nur den „literarischen Großkaufmann"; vgl. Schöne, Diskussionsbeitrag. In: wie Jöns 1976, S. 150.

[80] GSp. VIII 469; vgl. II 25; V Vorr. § 16.

[81] Zur Form und ihrer Geschichte: Narciss, 1928, Kap. 3; Hasselbrink, 1956; K. G. Knight: G. P. H.s FrauenzimmerGSp. In: GLL 13, 1959/60, S. 116-125; Zeller, 1974, Teil A; vgl. W. Martens: Die Botschaft der Tugend. Die Aufklärung im Spiegel der dt. Moralischen Wochenschriften. Stuttgart 1971, S. 74-81, über GSp. als deren „mögliche Vorbilder".

[82] J. Rist, Monatsgespräche I-VI. Hamburg bzw. Frankfurt, 1663-68. Neudr. in: Sämtl. Werke, hrsg. von E. Mannack, Bd. IV-VI. Berlin 1972-76 (Dü R. 98.I-VI); E. Francisci: Die lustige Schaubühne. Nürnberg 1663 (Dü F. 4.I) und Fortsetzungen; ders.: Ost- und West-Indischer wie auch Sinesischer Lust- und Stats-Garten. Nürnberg 1668 (Dü F. 15); ders.: Monatsgespräche (= Fortsetzung von Rist) VII-XII. Frankfurt 1668-71 (Dü F. 17. VII-XII); M. J. Lassenius: Fruchtbringende Gespräch-Spiel. Rostock 1666.

[83] GSp. VIII [10]; III 34 f.

[84] GSp. VIII 45; vgl. M. Kruse: Sprachlich-literarische Aspekte der höfischen ‚jeux de conversation' in Italien und Frankreich. In: Europäische Hofkultur im 16. und 17. Jh. Vorträge und Referate .. des Kongresses . . . des Int. Arbeitskreises f. Barocklit. Wolfenbüttel 1979, hrsg. von A. Buck u. a., II. Hamburg 1981 (Wolfenb. Arb. z. Barockforschung 9), S. 33-40.

[85] Vgl. GSp. V Vorr.; I 3; 130; II 83; VIII 40-42.

[86] GSp. III 132 f.

[87] GSp. I [22], so in allen VIII Teilen; Teil I in 1. Aufl. hatte nur die ersten 4 Teilnehmer.

[88] Teil I-IV je 50, V-VIII je 25 Spiele.

[89] GSp. I [392].

[90] GSp. VIII [513]; 495; 536.

[91] GSp. VIII [667-680]; die Spiele werden von Teil I an fortlaufend reflektiert, VIII ist als wiederholende Zusammenfassung aller Arten angelegt, vgl. VIII Vorr. § 15.

[92] GSp. V [94].

[93] Vgl. das Sinnbild der GSp. unter dem Motto: Es nützet und behagt, II [4], erläutert S. 1-5; ab III [10 f.] ergänzt durch H.s Emblem in der Fruchtbringenden Gesellschaft unter dem Motto „Auf manche Art"; vgl. I [10 f.] (2. Aufl.!); vgl. Anm. 130.

[94] Horaz: Ep. ad Pisones 333/4: aut prodesse volunt aut delectare poetae/ aut simul et iucunda et idonea dicere vitae. Varianten wären bei H. mit 3stelliger Zahl nachweisbar.

[95] GSp. VIII 397.

[96] GSp. III 135.

[97] Vgl. hier S. 323 und Anm. 223.

[98] Briefe, Krause 1855, bes. S. 309-401; vgl. Nickisch, 1969, bes. S. 77-88.

[99] GSp. IV 235-244; 270; I 73; IV 239.

[100] GSp. IV 47; II 186; vgl. IV 167 f.; V 4 f.

[101] Zum ‚ut pictura poesis'-Problem vgl. jetzt bes. Sinemus, 1978, S. 88 ff.

[102] GSp. I 50-74; IV 166-177 u. ö.; zum Wort vgl. H. Stegemeier: Sub verbo „Sinnbild" (1960). In: Emblem und Emblematikrezeption, hrsg. von S. Penkert. Darmstadt 1978, S. 23-29.

[103] GSp. IV 168.

[104] GSp. IV 173, 176; vgl. I 51.

[105] GSp. IV 170; 216 ff.

[106] F. J. Stopp: The Emblems of the Altdorf Academy. Medals and Medal Orations 1577-1626. London 1974; ergänzende Besprechungen von W. Harms in: Daphnis 4. 1975, S. 211-214; D. Peil in: GRM 27, 1977, S. 461-468; – J. Saubert d. Ä.: Dyodekas Emblematum Sacrorum I-IV. Nürnberg 1625-30; Neudr. Hildesheim, New York 1977 mit Nachwort (S. 1'-78') von W. Donat; vgl. Anm. 24 u. 25.

[107] Andachts-Gemähle. In: GSp. VI [495-622], vgl. Sonntagsandachten 1649/52; Titel für eigene Werke und bes. für Dilherr, s. Dü: Dilherr bei H.; 50 Lehrsätze, 1656, in: Zugabe zum Schauplatz Jämmerlicher Mordgeschichte, 1649/50, 3. Aufl.; zu H.s Emblemtheorie: H. Freytag: Die Embleme in Ludwigsburg und Gaarz vor dem Hintergrund zeitgenössischer Emblemtheorie. In: W. Harms, H. Freytag (Hrsg.): Außerliterarische Wirkungen barocker Emblembücher. München 1975, S. 19-39; P. M. Daly: Zu den Denkformen des Emblems. In: Akten des V. Int. Germ. Kongr. Cambridge 1975, H. 3 (JbIG R. A, Kongreßber. Bern, Frankfurt 1976, S. 90-101; vgl. D. Peil: Zur „angewandten Emblematik in protestantischen Erbauungsbüchern". Dilherr, Arndt, Francisci, Scriver. Heidelberg 1978 (Beih. z. Euph. 11); vgl. Donat, Anm. 106.

[108] GSp. V 85-280; 326-458.

[109] GSp. IV 32-165, Vertonung 489-622; II 304 vgl. Anm. 36; van Ingen, 1976; Keller,

1977; J. Leighton: Die Wolfenbütteler Aufführung von Harsdörffers und Stadens Seelewig im Jahre 1654. In: Wolfenbütteler Beiträge 3, 1978, S. 115-128.

[110] GSp. V 26; III 171.

[111] GSp. III 170-242; V 280-310 und Vertonung [633-670], daraus die folgenden Zitate; vgl. Haar, 1965; zur Rangfolge der Tugenden vgl. Erquickstunden 1651/53, Teil III, 11, Aufg. 5.

[112] Vgl. Anm. 101.

[113] GSp. III 350-431.

[114] GSp. II 309-416; vgl. Mieder, 1974.

[115] GSp. III 356 f.

[116] GSp. V 8-12.

[117] GSp. VII 187-211, bes. 191; mehrfach aufgenommen in den Erquickstunden 1651/53; vgl. Kühlmann, 1979.

[118] A. a. O., 194; die besondere Bedeutung Bacons für H. ist bisher nicht erforscht, er gehört zu den meist zitierten Autoren; vgl. jetzt Helmer, 1982.

[119] GSp. V 12-16; zur Ars combinatoria vgl.: P. Friedländer: A. Kircher und Leibniz. Ein Beitrag zur Geschichte der Polyhistorie im 17. Jh. In: Rendiconti della Pont. Accad. Rom. d'Archeol. XIII, S. 229-247 (mit Briefen); Fletcher, 1972; Zeller, 1974, S. 157-169; Sieveke, 1976, bes. S. 31-33; Helmer, 1982, S. 72-80.

[120] GSp. V. 14; Erquickstunden 1651/53, Teil II S. 49, III zu S. 128, vgl. 129; vgl. Helmer a. a. O.; zum Denckring vgl. hier S. 312.

[121] GSp. IV 449-483; vgl. Zeller, 1974, S. 117-127.

[122] GSp. IV 467-69; III 356. Die Studie R. Zellers, im Ansatz Huizinga folgend, die die GSp. auf dem Hintergrund einer ,Spielphilosophie und -ästhetik', und diese auch in Verbindung mit der Ars combinatoria sieht, ist durchaus H.s Denkweise gemäß; der Rez. von Ch. Schlumbohm in: GRM 27, 1977, S. 242, ist zu widersprechen.

[123] Vgl. Zeller, 1974, S. 61-64; K. F. Otto: Die Frauen der Sprachgesellschaften. In: wie Kruse, s. Anm. 84, III, S. 497-503.

[124] GSp. I [18].

[125] GSp. I 136; I 72; I 5.

[126] GSp. VI 282.

[127] GSp. II 42; III 289.

[128] GSp. VII [509-642].

[129] GSp. VI 105, gemeint ist Wolfenbüttel; vgl. I [391].

[130] GSp. I [12-15]; sein Gemälde, die in vielen Farben ,spielenden' „Bunten Bönlein", hat er mit dem Motto in das GSp.-Sinnbild eingefügt, vgl. Anm. 93.

[131] Fürst Ludwig von Anhalt-Köthen: Der Fruchtbringenden Geselschaft Nahmen/ Vorhaben/Gemählde und Wörter. Frankfurt 1646; Neudr. in: Die Fruchtbr. Gesellschaft. Quellen und Dokumente in 4 Bden., hrsg. von M. Bircher, Bd. I, München 1971,)(iij; aus dem Anhang: Fortpflantzung..., 1651, ist nur die Lobrede Des Geschmackes, S. 25-56, von H., eine Begrüßungsschrift für Hzg. Wilhelm IV. von Sachsen-Weimar, den Schmackhaften, das neue Oberhaupt der Gesellschaft; vgl. R. Alewyn in: Germanistik 12, 1971, S. 537.

[132] Krause, 1855, S. 186 f., 60 und 172, 188, 313 ff.; vgl. a. 178 f.

[133] A. a. O., S. 333.

[134] Altes und Neues III, S. 128 f.

[135] Neben der Aufnahme neuer Mitglieder Hauptinhalt der Briefe bei Krause 1855; A. Buchner: Anleitung Zur Deutschen Poeterey, 1665, schon vor 1640 als Ms. in Umlauf; Neudr., hrsg. v. M. Szyrocki, Tübingen 1966 (Dt. Neudr., Reihe Barock 5, Dü B. 151); Ludwig von Anhalt: Kurtze Anleitung, 1640, ebenfalls; vgl. Krause, 1855, S. 218-227; (Dü L. v. A. 12); Chr. Gueintz: Deutscher Sprachlehre Entwurf. Cöthen 1641; ders.: Die

deutsche Rechtschreibung. Halle 1645; J. G. Schottelius: Teutsche Sprachkunst. Braunschweig 1641 (Dü Sch. 7); ders.: Der Teutschen Sprache Einleitung. Lüneburg 1643 (Dü Sch. 14); ders.: Teutsche Vers- oder ReimKunst. Wolfenbüttel 1645 (Dü Sch. 18); alle aufgenommen in: ders.: Ausführliche Arbeit Von der Teutschen HaubtSprache. Braunschweig 1663; Neudr. hrsg. von W. Hecht, Tübingen 1967 (Dt. Neudr., Reihe Barock 11-12; Dü Sch. 37); vgl. GSp. IV 481.

[136] GSp. I [339-396], bes. [365].

[137] A. a. O. [386] ff.; dasselbe Argumentationsmuster bei Opitz, Poeterei, Kap. 4; über das Verhältnis zur mittelalterlichen dt. Dichtung: W. Harms: Das angeblich altdt. Anthyriuslied in Hilles ‚Palmenbaum'. Zur Einschätzung der Vergangenheit durch die Fruchtbr. Gesellschaft. In: FS f. I. Schröbel. Tübingen 1973. Beiträge z. Gesch. d. dt. Sprache u. Literatur 95), S. 381-405; Trunz, 1975, S. 51 f.; Wiedemann, 1978; vgl. Krause, 1855, S. 98 f. zur Gleichrangigkeit von Lanze und Feder.

[138] Krause, 1855, S. 384-392.

[139] Aber es ist nicht poetologisch orientiert; Grimm DWB V, 1873, Vorw. von R. Hildebrand, Sp. III f.

[140] PTr. II 113-183; Secretarius, 1655/59 I, S. 465-556.

[141] Zum Übersetzen: GSp. III 59-61; I [392] f.; PTr. III 37 ff. (vgl. aber *Nachahmung* PTr. II 8); Diana, 1646, Vorbericht)( )(v f.

[142] z. B. GSp. I 265-69.

[143] Vgl. M. Bircher: J. W. v. Stubenberg (1619-1663) und sein Freundeskreis. Berlin 1968 (Quellen u. Forsch. z. Sprach- u. Kulturgesch. d. german. Völker NF 25), S. 52-68, bes. S. 56.

[144] Vgl. Krause, 1855, bes. Briefe der Jahre 1639-45; dazu: van Ingen 1972; ders. 1973, S. 91-96; ders. 1978; Blume, 1978; ders. 1980; Schmidt 1980, bes. Teil I.5, II.6.

[145] HaubtSprache, 1663, S. 4, S. 1006; die 1. Lobrede, S. 1-14, und die Kurtze Einleitung, S. 1000-1028, geben das Gesamtprogramm wieder; vgl. Anm. 135.

[146] Krause, 1855, S. 102.

[147] A. a. O., S. 333; GSp. I [375 f.]; Secretarius 1655 I 467-70; PTr. III, Vorr.)(vijff.

[147a] Vgl. Anm. 145 und Anm. 135; bei D. Josten: Sprachvorbild und Sprachnorm im Urteil des 16. u. 17. Jhs. Bern 1976 (Arb. zur mittl. dt. Lit. u. Sprache 3), S. 162-184, wird die letztlich christliche Begründung nicht hinreichend deutlich; vgl. J. Dyck, 1977, bes. S. 54-57.

[148] PTr. I Anhang; III S. 82-85; Erquickstunden, 1651, II, S. 516-519; vgl. Anm. 120; Zeller, 1974, S. 166-69.

[149] Kayser, 1932, S. 143-49; dazu zuletzt Sinemus, 1978, S. 89 f.

[150] C. G. von Hille: Der Teutsche Palmbaum. Nürnberg 1647. Neudr. in: Die Fruchtbr. Gesellschaft, Quellen und Dokumente in 4 Bden., hrsg. von M. Bircher, Bd. II, München 1970.

[151] Altes und Neues III, S. 133.

[152] S. Anm. 150, Hille, S. 18, S. 22 (Sperrung durch Verf.); S. 14.

[153] Specimen, 1646, § 7: „ut redlich sit ille, qui rectam rei rationem et veritatem bona fide et cordate profitetur"; dt. u. lat. nach Reber, 1895, S. 30 f. H. führt „Rede" direkt zurück auf griech. logos in 1. Joh. 1v. 14: Und das Wort ward Fleisch.

[154] van Ingen, 1972, S. 18.

[155] H.: Des Friedens Siegseule. In: Hille, s. Anm. 150, S. 223-231; vgl. Anm. 137.

[156] H. setzte sich bereits für deutschsprachige Universitätsvorlesungen ein, s. Specimen, 1646, § 14.

[157] Wie schon bei den GSp. sind auch im folgenden keine Verweise auf Titel der Forschung gegeben, die zu Standardwerken für Poetik und Rhetorik des 17. Jhs. geworden sind; die wichtigsten, die H. und die Nürnberger – meist ausführlich – berücksichtigen,

seien hier genannt: K. O. Conrady: Lat. Dichtungstradition und dt. Lyrik des 17. Jhs. Bonn 1962 (Bonner Arb. z. dt. Literatur 4); – A. Schöne: Emblematik und Drama im Zeitalter des Barock. München 1964, 2. überarb. Aufl. 1968; – J. Dyck: Ticht-Kunst. Deutsche Barockpoetik und rhetorische Tradition. Bad Homburg v. d. H., Berlin, Zürich 1966 (Ars Poetica 1); 2. verb. Aufl. 1969; – R. Hildebrand-Günther: Antike Rhetorik und dt. literarische Theorie im 17. Jh. Marburg 1966 (Marb. Beitr. zur Germanistik 13); D. W. Jöns: Das „Sinnen-Bild". Studien zur allegorischen Bildlichkeit bei A. Gryphius. Stuttgart 1966 (German. Abhandlungen 13); – H.-J. Schings: Die patristische und stoische Tradition bei A. Gryphius. Untersuchungen zu den Dissertationes funebres und Trauerspielen. Köln, Graz 1966 (Kölner German. Studien 2); – M. Windfuhr: Die barocke Bildlichkeit und ihre Kritiker. Stilhaltungen in der dt. Literatur des 17. und 18. Jhs. Stuttgart 1966 (German. Abhandlungen 15); – W. Voßkamp: Zeit- und Geschichtsauffassung im 17. Jh. bei Gryphius und Lohenstein, Bonn 1967 (Literatur und Wirklichkeit 1); – L. Fischer: Gebundene Rede. Dichtung und Rhetorik in der literarischen Theorie des Barock in Deutschland. Tübingen 1968 (Studien zur dt. Literatur 10); – W. Barner: Barockrhetorik. Untersuchungen zu ihren geschichtlichen Grundlagen. Tübingen 1970; – W. Voßkamp: Romantheorie in Deutschland. Von M. Opitz bis Fr. v. Blanckenburg. Stuttgart 1973 (German. Abhandlungen 40).

[158] PTr. I, Zuschrift)(ij^v f.

[159] PTr. I Vorr. §§ 5. 8; II Vorr. §§ 2. 3.

[160] PTr. I Vorr. § 11. 5; II Vorr. § 1.

[161] Vgl. W. Segebrecht. Das Gelegenheitsgedicht. Ein Beitrag zur Geschichte und Poetik der deutschen Lyrik, Stuttgart 1977, bes. S. 59-67; vgl. Teil II und III.

[162] PTr. I Vorr. § 9.

[163] PTr. I Vorr. § 6.

[164] Schmidt, 1980, S. 108-162, bes. S. 160 ff.; vgl. van Ingen, 1973, S. 89 f.

[165] PTr. I 59 ff., 69 f.

[166] Zu lyrischen Formen u. a.: P. Derks: Die sapphische Ode in der dt. Dichtung des 17. Jhs. Diss. phil. Münster 1969, Kap. XI: Der Nürnberger Kreis; – R. G. Warnock/ R. Folter: The German Pattern Poem: A Study in Mannerism of the 17th Century. In: FS f. D. Schumann, hrsg. v. A. R. Schmitt, München 1970, S. 40-73; – J. Leighton: Dt. Sonett-Theorie im 17. Jh. In: Braendlin, 1973, S. 11-53.

[167] PTr. II 1.

[168] PTr. III 22 f.; GSp. V 28 f.; vgl. Kleinschmidt, 1982.

[169] PTr. III 509-512; vgl. II 81 f.; 8; vgl. III 43.

[170] PTr. I 3 f.; 101 f. (zu korrigieren: aus nichts etwas bilde); II 7; vgl. K.-H. Stahl: Das Wunderbare als Problem und Gegenstand der dt. Poetik des 17. u. 18. Jhs. Frankfurt/M. 1975, S. 38-44.

[171] PTr. II 38-41.

[172] PTr. III 70 f.

[173] PTr. II 15 ff.; 31; vgl. Sieveke, 1976, bes. S. 35-43.

[174] PTr. II 49-69; I 12.

[175] PTr. III 112-504.

[176] PTr. II 8.

[177] PTr. II 70-112; 83 f.

[178] PTr. II 71; 79.

[179] Vgl. H. Lausberg: Handbuch der literarischen Rhetorik. München 1960, B. I, S. 507-511; vgl. zuletzt Sinemus, 1978, bes. S. 75-88.

[180] PTr. II 85; vgl. Heraclit I, 1652, biij.

[181] PTr. I 69.

[182] Schäferey, 1644, S. 14.

[183] Vgl. Anm. 6.

[184] Vgl. Sinemus, 1978, S. 68; vgl. Trunz, 1957.

[185] PTr. III: 100 Betrachtungen, S. 1-111; II: Stammwortverzeichnis, S. 114-183; I, Anhang „Denckring"; vgl. S. 122-137; Rechtschreibung, Schriftscheidung (= Zeichensetzung).

[186] PTr. II 99-108 und Diana, 1646, Vorbericht zu Teil I und Schlußerinnerung nach Teil II – daraus alle Zitate, soweit nicht anders angegeben.

[187] Vgl. Dyck, 1977, Kap. IV, bes. S. 46 f.

[188] Vgl. G. Hoffmeister: Die spanische Diana in Deutschland. Vergleichende Untersuchungen zu Stilwandel und Weltbild des Schäferromans im 17. Jh. Berlin 1972 (Philolog. Studien u. Quellen 68), s. Reg.: H.; Trunz, 1975, S. 73' f.

[189] Zur Tradition vgl.: H.-J. Mähl: Die Idee des goldenen Zeitalters im Werk des Novalis. Heidelberg 1965 (Probleme der Dichtung 7), bes. S. 112-145; Garber, 1976, Einl.; ders.: Arkadien, 1982.

[190] Diana, 1646, Vorber.)(viijr, v;)( )(; Schäferey, 1644, S. 4.

[191] Garber, 1974, S. 26-38; ders.: Opitz, 1982.

[192] Schäferey, 1644 u. Fortsetzung, 1645, Nachwort von Garber S. 3'-39' und Abbildungen; die Namen sind Sidney's „Arcadia" entnommen.

[193] Siehe Dü zu Klaj und Birken.

[194] Krause, 1855, S. 348 f.

[195] Wiedemann, 1970, S. 14.

[196] Schäferey, 1644, S. 8; vgl. Dü: Klaj.

[197] Krause, 1855, S. 333.

[198] Schäferey, S. 29-47; das poetische Spiel mit der Vierzahl (4 Hochzeiter) zeigt keine ‚mystischen Tendenzen' an, vgl. Braendlin, 1973.

[199] Fortsetzung, 1645, S. 32.

[200] A. a. O., S. 41-67; vgl. GSp. IV 15-21 „Pan".

[201] Schäferey, 1644, S. 44; S. 7.

[202] A. a. O., S. 22.

[203] Fortsetzung, 1645, S. 86-95.

[204] Zum ‚Realismus': Mannack, 1973; Garber, 1974, S. 117-146; ders., 1977, S. 188 ff.; Conermann, 1975; vgl. A. Schöne: Kürbishütte und Königsberg. Modellversuch einer sozialgeschichtlichen Entzifferung poetischer Texte. Am Beispiel Simon Dach. München 1975.

[205] Fortsetzung, 1645, S. 41.

[206] PTr. II 102.

[207] Schäferey, 1644, S. 12.

[208] Vgl. Garber, 1977, S. 198; ders.: Opitz, 1982, S. 589; Wiedemann, 1977, S. 105-113, bes. S. 112; ders. 1979, S. 586 ff.

[209] PTr. I, 8.

[210] Garber hat fast 100 solcher Texte ermittelt, s. 1977, S. 193.

[211] Vgl. z. B. Trunz, 1975, S. 39 ff., S. 50 ff.

[212] Vgl. S. 310 und Anm. 136.

[213] Forstenheuser an Hzg. August d. J., s. Anm. 67.

[214] Vgl. Vorform der *Andachts-Gemähle*, GSp. VI 495-622 mit Vorr. zur geistlichen Dichtung und Kommentar; vgl. P. M. Daly: Emblematic Poetry of Occasional Meditation. In: GLL 25, 1971/72, S. 126-134, bes. S. 132 f.; H.-H. Krummacher: Der junge Gryphius und die Tradition. Studien zu den Perikopensonetten und Passionsliedern. München 1976, S. 161 f., 454 f.; vgl. hier, Anm. 106.

[215] Sonntagsandachten I, 1649, Vorrede Biijv; H. an Hoffmannswaldau, 20. X. 1649,

in: Zs. f. vgl. Litteraturgesch. u. Renaissance-Litt., NF. Bd. 4, 1891, S. 102 f.; vgl. Krause, 1855, S. 337 f., 340, 399; Trunz, 1975, S. 105' f.

[216] Vgl. Vorrede zu Teil I, 1649, über ‚Lehrgedichte', eine Wortschöpfung H.s; vgl. Erquickstunden, 1951, Teil II, Vorr. Abschn. IV „Von den Lehrgedichten"; vgl. Albertsen, 1967, S. 10-13; Hzg. Ferdinand Albrecht von Braunschweig-Wolfenbüttel übersetzte Auszüge als Schulübung ins Lat., Cod. 54.3. Aug. 4°, Wolfenb.

[217] Bischoff, 1894, S. 239-300: H. als didaktisch-religiöser Schriftsteller registriert sie mit Inhaltsangaben; Auswahl bei Kroth, 1901, in einseitiger Fragestellung; Gesamtuntersuchungen fehlen.

[218] Zu den Autoren der Vorlagen vgl. Bischoff a. a. O.

[219] Sonntagsandachten I, 1649, S. 83-86; vgl.: J. Galle: Das Genovefa-Motiv in der Lyrik: Die lat. Ode J. Baldes und ihre dt. Versionen im 17. Jh. In: wie Braendlin 1973, S. 117-134, bes. S. 121 ff.

[220] Vgl. Ch. Eisner-Kurbasik: Die Lyrik des Johannes vom Kreuz in dt. Übersetzungen, Diss. phil. Kiel 1972, S. 37-48.

[221] Bischoff, 1894, S. 280-89; Neudr. bei Fischer-Tümpel, s. Textsammlungen. Zu geistlichem Lied/Kirchenlied vgl. I. Scheitler: Das geistliche Lied im dt. Barock. Berlin 1982, bes. S. 103-110; die Nürnberger sind berücksichtigt, aber nicht einzeln behandelt.

[222] Vgl. Verweyen, 1970, bes. S. 119-156; Sieveke, 1976, S. 35-42.

[223] Zu den Autoren vgl. Bischoff, 1894, S. 238-299; eine Untersuchung dieser Werke steht aus; zu berücksichtigen wäre dabei das weite Wortfeld von höfisch/höflich bei H.

[224] Nach Dü 6 hat H. schon eine Ausg. von 1640 bearbeitet; s. Texte, 1652.

[225] Teil II, Vorr.)(2.

[226] H. referiert nicht den neuesten Wissensstand; fehlerhafte Wiedergaben der Vorlagen lassen auf Flüchtigkeit, auch auf mangelnden Sachverstand schließen; vgl. Rudel, 1894.

[227] Zu den Erzählsammlungen: Kahle, 1941; Kappes, 1954; Meid, 1968; Weydt, 1968; Wiedemann, 1970, bes. S. 29-32; weiterführend: Brückner, 1974, bes. S. 77 ff., 106 ff.; der Abschnitt „Loci communes als Denkform" auch in: Daphnis 4, 1975, S. 1-12; Überblick: A. Haslinger: Vom Humanismus zum Barock. In: Handbuch der dt. Erzählung, hrsg. v. K. K. Polheim. Düsseldorf 1981, S. 37-55, bes. 48-51.

[228] Q. Kuhlmann: Lehrreicher Geschicht-Herold. Breslau 1673 (Dü: K. 11a), Vorgespräche § 5 u. ö.

[229] So in allen Vorreden zum Schauplatz Jämmerlicher Mordgeschichte, 1649/50 u. ö.

[230] Erzählen = aufzählen/auflisten z. B. Schottelius, HaubtSprache, 1663, S. 568.

[231] Zum Geschichtsschreiber vgl. hier S. 314 f.; Birkens Unterscheidung von Geschichtgedicht und Gedichtgeschicht in der Aramena-Vorrede (vgl. S. 291) ist bei H. vorgebildet; das Verhältnis von Geschichterzählung und ‚historischem' Roman im 17. Jh. wäre zu untersuchen; vgl. Anm. 106: W. Voßkamp, 1967, bes. Teil A.; vgl. Anm. 227 Brückner; vgl. Kleinschmidt, 1982.

[232] Vgl. Kayser, 1932, angeregt von G. Müller, S. 16 ff., S. 180; H. ist außerdem von verführerischer Zitierbarkeit durch das Rollensprechen in den GSp. u. die vielen, häufig nur schwer von eigenen Aussagen zu trennenden Referate in allen Werken.

[233] So wird H. durchgehend charakterisiert, doch mit höchst unterschiedlichen Wertungen; Sentimentalität schreibt nur G. Grass ihm zu: Das Treffen in Telgte. Darmstadt, Neuwied 1979, bes. S. 140.

[234] GSP VII 1-7 u. 506 f.; vgl.: H. Watanabe – O'Kelly: The Equestrian Ballet in 17th-Century Europe. Origin, Description, Development. In: GLL 36, 1983 (Special Baroque Number), S. 198-212, zu H.s Vorlage 198 ff.

[235] Erquickstunden, 1651/53, Teil II, S. 623.

[236] Vgl. Helmer, 1982; wenn „Kosmologie" H.s feste Bindung an das Christentum –

und diese besteht – einschließen soll, wird mit dem Begriff keine spezifische Zuordnung erreicht.

[237] Zeller, 1974, S. 52, Anm. 111 weist darauf hin, daß die Rolle der Assoziation in der Literatur des 17. Jhs. nicht untersucht ist. Ansätze finden sich in den neueren Emblem-, loci communes- und inventio-Untersuchungen; vgl. Anm. 157, 173, 227.

[238] Vgl. Vorreden zu Nathan und Jotham, 1650; grundlegend dazu: E. F. Ohly: Vom geistigen Sinn des Wortes im Mittelalter. In: ZfdA 89, 1958, S. 1-23; auch in: ders.: Schriften zur mittelalterlichen Bedeutungsforschung. Darmstadt 1977, S. 1-31; s. dort auch: Einleitung, S. IX-XXXIV.

[239] Vgl. W. Harms: Rezeption des Mittelalters im Barock. In: wie Garber 1977, S. 23-52.

[240] „Die XI. Frage. Ob man nicht alle Wissenschaften Lehrartig in eine Verfassung bringen könne?", Erquickstunden, 1651/53, Teil III, S. 25-27, beantwortet H. nicht eindeutig; vgl. Kühlmann, 1979.

[241] Vgl. dazu: Wiedemann, 1973; Sinemus, 1978, bes. Kap. III; Garber, 1977, bes. S. 194-96; „Streitgespräch" Breuer – Garber, 1980/81 mit weiterer Literatur.

[242] Im Briefwechsel H. – J. M. Moscherosch wird das Thema angesprochen; vgl. W. Kühlmann/W. E. Schäfer: Frühbarocke Stadtkultur am Oberrhein. Studien zum literarischen Werdegang J. M. Moscheroschs (1601-1669). Berlin 1983 (Philolog. Studien und Quellen 109), bes. S. 112-129, enthält die Briefe mit dt. Übers.

[243] Eine emblemgeschmückte Empfangsschrift: Descriptio Arcus triumphalis. Nürnberg 1658 (Dü 110) ist H. zugeschrieben worden; J. G. Doppelmayr: Historische Nachricht von den Nürnbergischen Mathematicis und Künstlern. Nürnberg 1730, nennt als bildenden Künstler der „aufgerichteten Ehren-Pforten" (S. 229) G. Pfrund; H. wird nicht erwähnt.

[244] Pfeiffer, 1971/70, Bilddokumente Nr. 26.

[245] Dilherr, 1658, S. 4.

DIETER LOHMEIER / KLAUS REICHELT

JOHANN RIST

In der Literaturgeschichtsschreibung wird das deutsche Frühbarock gern nach Kreisen gegliedert, die sich um die größeren Städte des protestantischen Deutschland gruppieren: Breslau, Leipzig, Königsberg, Straßburg, Nürnberg. Norddeutschland ist auf dieser literarischen Landkarte merkwürdigerweise bislang nicht vertreten, obwohl es dort eine Stadt gab, die von ihrer politischen Bedeutung, ihrer wirtschaftlichen Kraft und ihren kulturellen Institutionen her alle Voraussetzungen erfüllte, deren es zur Entfaltung literarischen Lebens bedurfte, nämlich Hamburg. Daß es in den Literaturgeschichten erst mit der Gründung der Oper im Jahre 1677 zu erscheinen pflegt, mag daran liegen, daß die Germanistik sich im allgemeinen zu wenig mit dem späthumanistischen Wurzelboden der frühbarocken Dichtung befaßt und daß die ältere Hamburger Kulturgeschichtsschreibung ihre Stadt zu sehr als ein in sich geschlossenes Staatswesen betrachtet hat, ohne dessen engen Verbindungen mit den kleineren Städten an der Niederelbe genügend Aufmerksamkeit zu schenken. Nimmt man Hamburg jedoch mit seinem Umland zu beiden Seiten der Elbe zusammen, so erweist es sich schon im frühen 17. Jahrhundert als einer der Hauptorte des literarischen Deutschland. Es wäre daher durchaus angebracht, in der Literaturgeschichte des Frühbarock von einem um Hamburg gruppierten ‚niederelbischen Kreis‘ zu sprechen. Denn schon in den frühen 1620er Jahren haben der zu den Hamburger Späthumanisten zu rechnende Pastor Henrich Hudemann (um 1595-1628) in Beidenfleth und sein Freund Martin Ruarus (1588-1657) aus Krempe unabhängig von Martin Opitz und, wie dieser, nach niederländischem Vorbild den Übergang von der neulateinischen Lyrik zur modernen deutschsprachigen Dichtung vollzogen. Ebenfalls in Hamburg, im Umkreis des Akademischen Gymnasiums, empfing Zacharias Lund (1608-1667) die Anregungen, die ihn als Lyriker zu einem der ersten Opitzianer in Deutschland werden ließen; in Hamburg schrieb er 1636 mit seinem (ungedruckt gebliebenen) *Zedechias* das erste vollausgebildete barocke Trauerspiel in deutscher Sprache. In Hamburg fanden Johann Balthasar Schupp (1610-1661) und Georg Greflinger (um 1620-1677) Lebensstellungen, Freunde und ein interessiertes Publikum. In Hamburg, in Stade und zuletzt in Glückstadt wirkte der Schäferdichter Jacob Schwieger (um 1630-1663), dessen Werk ein Indiz für die schnelle Popularisierung der Barockliteratur bis in kleinbürgerliche Kreise ist. Und nicht zuletzt hatte dieser ‚niederelbi-

sche Kreis' in Johann Rist (1607-1667) auch ein eigenes Schulhaupt, das sich
jedoch, bei aller Neigung zum Eigenlob, immer als eine Art örtlichen Statthalter
der Opitz-Schule und der Fruchtbringenden Gesellschaft betrachtete. Rist war
zwar nicht in Hamburg ansässig, sondern in dem kleinen holsteinischen Flecken
Wedel, hatte aber enge Verbindungen nach Hamburg und wäre in Wedel wohl
nicht mehr als dreißig Jahre geblieben, wenn er nicht die Großstadt mit ihrem
literarischen Publikum und ihren kulturellen Anregungen in unmittelbarer Nähe
gehabt hätte; auch hätte er ohne die allgemeine Anziehungskraft Hamburgs
und ohne das dort zusammenlaufende Kommunikationsnetz als Dorfpastor
schwerlich eine führende Rolle im literarischen Leben seiner Zeit spielen und
eine eigene Sprachgesellschaft, den Elbschwanenorden, gründen können. Rist
soll deshalb im folgenden nicht nur um seiner selbst willen behandelt werden,
sondern auch als Repräsentant des niederelbischen Kreises der Barockliteratur.

I

Johann Rist wurde am 8. März 1607 als eines von zwölf Kindern des Pastors
Caspar Rist in Ottensen geboren.[1] Ottensen, das 1664 zu Altona kam und mit
diesem 1937 nach Hamburg eingemeindet worden ist, war zu Beginn des 17.
Jahrhunderts ein verhältnismäßig großes Bauern- und Handwerkerdorf. Es
gehörte zur Grafschaft Holstein-Pinneberg, die bis 1640 in Personalunion mit
der Grafschaft Schaumburg verbunden war.[2] Sein Bildungsgang führte Rist
über den Privatunterricht im Elternhaus, die Gelehrtenschule in Hamburg und
das Gymnasium Illustre in Bremen im Jahre 1626, offenbar als Hofmeister eines
Hamburger Patriziersohns, auf die Universität Rostock, an der ein dogmatisch
unverdächtiges, wenngleich maßvolles Luthertum herrschte. Er studierte dort
vor allem Theologie, daneben aber auch Naturwissenschaften und Medizin
(namentlich Pharmazie), die in Rostock von Peter Lauremberg, Joachim Jungius und anderen auf empirischer, experimenteller Grundlage betrieben wurden;
hier erwarb Rist Kenntnisse, die ihn später befähigten, in seiner Landgemeinde
außer der Rolle des Seelsorgers auch die des Arztes und Apothekers zu übernehmen. Von 1629 bis etwa 1631 setzte Rist sein Studium in Rinteln fort, an der
Landesuniversität der Grafschaft Schaumburg; das deutet darauf hin, daß er es
auf eine Versorgung in seiner engeren Heimat abgesehen hatte. Wo er sich in der
folgenden Zeit bis 1633 aufgehalten hat, läßt sich nicht mehr nachweisen; Auf-
enthalte in Leiden und Utrecht, die in der Leichenpredigt auf ihn erwähnt werden, sind zwar nicht zu belegen, aber durchaus nicht unwahrscheinlich.[3] Zumindest einen Teil der fraglichen Zeit dürfte Rist jedoch in Hamburg verbracht
haben, wo er offenbar Stückeschreiber und Spielleiter einer Art von Studenten-
bühne war, deren früheste bezeugte Aufführung in der ersten Hälfte des Jahres
1630 stattgefunden hat. Gespielt wurde damals die *Irenaromachia Das ist Eine*

Newe Tragico-comaedia Von Krieg und Fried, die Rist zusammen mit seinem Studienfreund Ernst Stapel aus Lemgo (gest. 1635) geschrieben hatte.

Seit 1633 war Rist dann Hauslehrer bei dem Landschreiber Hinrich Sager in Heide, dem Hauptort der Landschaft Norderdithmarschen. Dort wurde 1634 sein zweites erhaltenes Drama, der *Perseus,* aufgeführt, dort unterzeichnete er auch die Vorreden zu seiner ersten Gedichtsammlung *Musa Teutonica* (1634) und zu seiner Übersetzung *Capitan Spavento* (1635). Im Jahre 1635 wurde er dann als Pastor in den Flecken Wedel berufen, der wie Ottensen zur Grafschaft Holstein-Pinneberg gehörte. Außer daß er Landeskind war, kam ihm dabei auch zugute, daß der Amtmann von Pinneberg, der Jurist Franz Stapel (gest. 1658), ein älterer Bruder seines Freundes war. Im selben Jahr 1635 heiratete Rist überdies beider Schwester Elisabeth.

Wedel, in unmittelbarer Nähe der Elbe auf dem Rande der holsteinischen Geest gelegen, war im 16. und 17. Jahrhundert nur ein Flecken von wenigen hundert Einwohnern, aber es lag verhältnismäßig günstig im Kraftfeld Hamburgs und seiner politischen, wirtschaftlichen und kulturellen Verbindungen nach allen Himmelsrichtungen; vor allem dank des Kommunikationsnetzes der Hamburger Kaufleute ließen sich von dort Verbindungen mit den geistigen Zentren Deutschlands unterhalten. Außerdem gab es in geringer Entfernung, auf dem Wasserwege bequem erreichbar, eine Reihe kleiner Städte zu beiden Seiten der Elbe, in denen Gelehrte und Gebildete lebten: Buxtehude, Stade, Glückstadt, Wilster, Krempe. Wedel bot also in seiner Nachbarschaft Umgang für einen gelehrten Poeten und Absatzmöglichkeiten für seine Produkte. Buchdrucker gab es in Glückstadt und Hamburg, und nicht allzu weit entfernt lag Lüneburg, wo das große, vor allem auf religiöse Literatur spezialisierte Verlagshaus der Gebrüder Stern ansässig war; Rist hat dort einen großen Teil seiner Werke herausgebracht, für die Lossprechung der Buchdruckergesellen der Firma die *Depositio Cornuti Typographici* (1655) geschrieben[4] und war ‚den Sternen‘ auch sonst freundschaftlich verbunden. Es ist also gar nicht verwunderlich, daß er von 1635 bis zu seinem Tode auf seiner ländlichen Pfarre in Wedel blieb und trotzdem eine wichtige Gestalt des literarischen Lebens werden konnte, der man durch Besuche, Briefe, Geschenke und Ehrengedichte seine Aufwartung machte (u. a. sind Heinrich Schütz, Sigmund von Birken, Georg Neumark und Matthäus Merian d. J. neben einer Reihe von Fürsten und Standespersonen in Wedel zu Besuch gewesen). An einem bedeutenderen Ort und in einer bedeutenderen Stellung hätte Rist wohl weniger Muße für seine literarischen Arbeiten gefunden, und als Geistlicher im streng orthodoxen Hamburg wäre er vermutlich sowohl wegen seiner poetischen Nebentätigkeit als auch wegen seiner Sympathien für den Synkretismus (SW VI, 70) stärkeren Anfeindungen ausgesetzt gewesen als in der kleinen Pinneberger Landeskirche, wo er mit den Vertretern der weltlichen und geistlichen Obrigkeit befreundet war.

Die Lage Wedels hatte freilich auch einen empfindlichen Nachteil: wenn der

König von Dänemark, der nach dem Aussterben der Grafen von Schaumburg 1640 Rists Landesherr geworden war, mit seinen Nachbarn in kriegerische Auseinandersetzungen geriet, wurde das Gebiet an der unteren Elbe unweigerlich mit Truppen überzogen, weil sich die Kämpfe auf die strategisch wichtige Festung Glückstadt konzentrierten. Das war zu Rists Zeit zunächst um die Jahreswende 1643/44 der Fall, als die Schweden unter General Torstenson über die Elbe nach Holstein eindrangen, und es wiederholte sich 1658/59, als Dänemark im Bündnis mit Brandenburg und Polen gegen Schweden kämpfte. Rist selbst fand in beiden Kriegen Zuflucht in Hamburg, aber sein Haus wurde geplündert, so daß er Manuskripte, Bücher, naturwissenschaftliche Instrumente und Sammlungsgegenstände aller Art verlor. Auch andere zeittypische Fährnisse blieben ihm nicht erspart: Unwetter, Unfälle, Krankheiten, Verleumdungen. Im August 1662 starb nach langer Krankheit seine Frau, die ihm fünf Kinder geboren hatte. 1664 heiratete Rist ein zweites Mal: Anna Hagedorn, geb. Badenhoop (Badenhaupt), die Witwe eines Freundes. Diese zweite Ehe blieb kinderlos. Am 31. August 1667 starb Rist, sechzig Jahre alt, nach monatelanger Krankheit an der Wassersucht. Sein Vorgesetzter und Freund, der Propst Johannes Hudemann, hielt ihm die Leichenpredigt bei der Beerdigung in Wedel; einer seiner Söhne wurde sein Amtsnachfolger.

Überblickt man den Verlauf dieses Lebens, so zeigt sich ein Grundmuster, das auch in vielen anderen Gelehrtenviten des 17. Jahrhunderts wiederkehrt: die Herkunft aus einem kinderreichen Pastorenhaus; das Theologiestudium als kürzester und billigster Weg zu einem gelehrten Beruf; Hauslehrertätigkeit zur Sicherung des Lebensunterhalts und später als Wartestellung vor dem Eintritt in die berufliche Laufbahn; vielleicht eine Studienreise ins Ausland; schließlich, mit Nachhilfe eines Gönners, eine Versorgung auf einer Pfarre, über die der Weg dann nicht mehr hinausführt; überhaupt geringe lokale und soziale Mobilität. Aber dies Grundmuster bezeichnet im Falle Rists nur die äußeren Bedingungen seiner Existenz, soweit sie mit Herkunft und Berufsstand zusammenhingen. Was davon abwich, verdankte Rist allein seiner Tätigkeit als Dichter (und wohl auch seinem Geschick, die sich daraus ergebenden Möglichkeiten zu nutzen). Zu Beginn der 1640er Jahre hatte er mit zwei Liedersammlungen, den *Himlischen Liedern* (1641/42) und ihrem weltlichen Gegenstück *Des Daphnis aus Cimbrien Galathee* (1642), so großen Erfolg, daß er 1645 als ‚Daphnis aus Cimbrien‘ in den Nürnberger Pegnesischen Blumenorden aufgenommen wurde. 1646 krönte ihn der Reichsgraf Hermann Czernin von Chudenitz auf Vorschlag des Verlegers Stern zum Dichter (was eher eine soziale als eine literarische Rangerhöhung bedeutete); zugleich verlieh er ihm im Namen des Kaisers den persönlichen Adel. 1647 wurde Rist dann auf eigenen Wunsch und mit Hilfe Harsdörffers als ‚der Rüstige‘ in die Fruchtbringende Gesellschaft aufgenommen. Dort war er neben Johann Valentin Andreä der einzige Geistliche unter lauter Standespersonen und Weltleuten. Das erklärt sich wohl nicht allein aus seiner von Harsdörffer

betonten Anerkennung als Poet, sondern auch aus der gesellschaftlichen Sonderstellung, die er als geadelter Geistlicher einnahm. Diese wurde noch deutlicher,
als Kaiser Ferdinand III. Rist 1653 zum Kaiserlichen Hofpfalzgrafen (Comes
Palatinus) erhob und ihm damit das Recht verlieh, nun seinerseits selbst Dichter
zu krönen, Doktoren, Magister und Notare zu kreieren, Wappenbriefe auszu-
stellen und unehelich Geborene zu legitimieren. Rist hat von diesem Recht in den
folgenden Jahren nach Kräften Gebrauch gemacht[5] und damit seine Stellung im
literarischen Leben noch weiter gefestigt, denn die von ihm zum Dichter Gekrönten waren es ihm schuldig, durch Ehrengedichte seinen Ruhm zu verbreiten.
Nicht zuletzt gab ihm sein Rang die Möglichkeit, 1658 eine eigene Sprachgesellschaft zu gründen, den Elbschwanenorden[6], dem er bis zu seinem Tode als
,Palatin' vorgestanden hat und zu dessen an die fünfzig Mitgliedern Georg
Greflinger, Balthasar Kindermann, Constantin Christian Dedekind und Gottfried Wilhelm Sacer gehörten. Bei den literarischen Zunftgenossen Rists erfreute
sich der Elbschwanenorden im allgemeinen freilich keines besonderen Ansehens,
vor allem nachdem Conrad von Hövelen ihn in einem gedruckten Werk der
Öffentlichkeit vorgestellt hatte, das durch seine schnurrige Rechtschreibung und
seine grobianischen Ausfälle gegen alle Kritiker eher Kopfschütteln als Respekt
bewirkte. Nach Rists Tod löste sich der Elbschwanenorden stillschweigend auf.
Seine dauerhafteste Spur hat er ohnehin in Rists eigenem Werk hinterlassen, vor
allem im Aufgebot der Ehrengedichte vor seinen Büchern und in der idealen
Stilisierung der *Monatsgespräche*, die den ,Palatin' im Kreise seiner verehrungs-
vollen ,Söhne' zeigen.

Pastorenamt und Poetenruhm, die Rists Leben prägten, gingen im 17. Jahrhundert wohl nicht mehr so problemlos zusammen wie zur Zeit des Späthumanismus, wo die Laien keinen Zugang zur lateinischen Gelehrtenpoesie hatten
und wo deshalb die weltlichen Elemente im dichterischen Treiben der Pastoren
besser verborgen blieben. Nachdem die Sprachschranke gefallen war, kam es zu
Konflikten, und es ist nicht verwunderlich, daß Rist fast sein ganzes Leben hindurch in den Vorreden zu seinen Werken immer wieder Kritik an seinem Tun
abwehrte und die moralische Unanfechtbarkeit seiner Dichtung betonte. Der
Konflikt wurde nicht wirklich gelöst, sondern nur entschärft, indem Rist sich
mehr und mehr auf Gattungen beschränkte, deren moralisch-didaktischer Nutzen außer Frage stand: das geistliche Lied und die belehrende Prosa.

II

Rists Werk ist, selbst für Maßstäbe des Barockzeitalters, sehr umfangreich,
und es umfaßt mit Ausnahme der *Monatsgespräche* fast nur Arbeiten, die den
Anspruch erheben durften, Kunstdichtung zu sein, also Gedichte, Übersetzungen
und Dramen, keine Unterhaltungsliteratur. Ein solches Werk machte den Zeitgenossen Eindruck. Bereits 1647 empfahl Harsdörffer Rist zur Aufnahme in die

Fruchtbringende Gesellschaft mit der Begründung, er habe schon mehr geschrieben als Opitz[7], und Philipp von Zesen machte aus dem Namen ‚Ioannes Rist' das Anagramm „Es rinnt ja so", um die „Lieblichkeit" und „Zierlichkeit" der aus Rists Feder fließenden Verse zu charakterisieren.[8] Um die Wende zum 18. Jahrhundert verkehrte sich dieses Lob jedoch in den Vorwurf der gehaltlosen Vielschreiberei. Bei Gervinus, im 19. Jahrhundert und im Zeichen der Erlebnisdichtung Goethescher Prägung, wurde ein vernichtendes Urteil daraus: er zitierte Zesens Anagramm, weil es „vortrefflich die breite und schaale Schreiberei des Mannes" charakterisiere, „die so durchgehend farblos ist, daß sich auch kaum ein einzelnes Gedicht unter den tausenden ausheben läßt; . . . Ungeheure Massen hat er so hingesudelt."[9] Dieses Urteil wirkt bis heute nach, und obwohl seit 1910 eine Reihe literaturwissenschaftlicher Dissertationen über verschiedene Gattungen von Rists Werk erschienen sind, ist doch kein einzelner seiner Texte so gründlich interpretiert oder diskutiert worden wie vieles von Gryphius, Grimmelshausen oder Hoffmannswaldau; keiner gehört zum gegenwärtigen Kanon der Barockliteratur, und in den Anthologien sind nur wenige, meist wechselnde Proben enthalten. Das liegt wohl nicht zuletzt daran, daß gerade die Lieder, die Rists Ruhm begründeten, in ihrer Masse unüberschaubar sind und nur die Kirchenlied-Sammlung von Fischer/Tümpel und die alte Auswahlausgabe von Goedeke und Goetze Orientierungshilfen geben.[10] Außerdem werden diese Lieder (mit Ausnahme einiger Stücke im *Evangelischen Kirchengesangbuch*) heute zumeist als Gedichte aufgenommen, also ohne die Melodien, die wesentlich zu ihrem zeitgenössischen Ruhm beigetragen haben. Daher sieht es in der Musikgeschichte bezeichnenderweise anders aus als in der Literaturgeschichte: dort hat Rist als Anreger der Hamburger Liedschule des 17. Jahrhunderts einen festen, ehrenvollen Platz.[11] Daß ihm eine entsprechende Stelle als Schulhaupt des niederelbischen Kreises des Frühbarock auch in der Literaturgeschichte zukommt, kann hier nur festgestellt, aber nicht im einzelnen belegt werden. Die folgende Darstellung muß sich damit begnügen, die wichtigsten Werkgruppen in ihren allgemeinen Zügen vorzustellen.

Obwohl Rist in seiner Jugend durch den norddeutschen Späthumanismus geprägt worden sein dürfte, gibt es in seinem Werk mit geringfügigen Ausnahmen keine neulateinische Lyrik. Er tritt von vornherein als entschiedener Anhänger der Opitz-Schule auf. In späteren Jahren beruft Rist sich zwar für seine dichtungstheoretischen Ansichten häufiger als auf Opitz auf Schottelius, betrachtet dessen Arbeiten aber allem Anschein nach als vollständigere, systematische Ausführungen dessen, was bei Opitz angelegt ist. Er bleibt also in den von Opitz vorgezeichneten Bahnen, während die frühe Mitgliedschaft im Pegnesischen Blumenorden auf sein Werk keinen nennenswerten Einfluß gehabt hat. Diese Feststellung gilt jedoch bei näherem Zusehen nur für Rists Dichtungstheorie und sein lyrisches Werk; seine Dramen und seine *Monatsgespräche* dagegen stehen Opitz fern, so sehr Rist sich auch bemüht, beide durch Hinweise auf ihren rhetorischen, stilübenden Charakter mit der herrschenden Dichtungstheorie auf einen gemeinsamen Nenner zu bringen. In Wirklichkeit bleiben die Dramen gewissermaßen hinter Opitz zurück, indem sie am Modell der Wanderbühnendramatik festhalten, statt sich in die Schule der antiken Tragödie zu begeben; die *Monatsgespräche* dagegen weisen mit ihrer Mischung aus Redeübung, sachlicher Belehrung und Lob Gottes aus der Natur auf das 18. Jahrhundert voraus.

Als Lyriker ist Rist vor allem Liederdichter. Nur die früheste Sammlung, die *Musa Teutonica*, enthält nebeneinander die verschiedenen lyrischen Gattungen, die durch Opitz in die deutsche Literatur eingeführt worden sind. Später werden die Sammlungen im wesentlichen nach Gattungen gruppiert, und dabei verschwinden die besonders kunstvollen Kurzformen des Epigramms und des Sonetts weitgehend. Die langen, strukturschwachen, additiv gebauten Formen beherrschen das Feld: die moralisch-didaktischen Zeitgedichte, die sich zu selbständig veröffentlichten Werken im Umfang von mehr als tausend Alexandrinern auswachsen können, die Gelegenheitsgedichte, die mit ihren Erzählungen aus dem Leben der Adressaten mühelos Seiten füllen, und vor allem die Lieder, die manchmal selbst schon den Zeitgenossen zu lang wurden. Besonders die Gattung des Liedes mit ihrem lockeren Aufbau und ihrer Nähe zur mittleren Stilhöhe scheint Rists poetischem Talent entsprochen zu haben.

Den größten Teil von Rists Lyrik machen die geistlichen Lieder aus. Zwischen 1641 und 1664 erschienen sie in zehn Sammlungen, meist bei den Gebrüdern Stern in Lüneburg. Insgesamt hat Rist mehr als 650 geistliche Lieder geschrieben, von denen über 100 in Gesangbücher seiner Zeit Eingang gefunden haben; heute ist deren Zahl auf etwa ein Dutzend geschrumpft, darunter „Auf, auf, ihr Reichsgenossen", „Ermuntre dich, mein schwacher Geist", „O Ewigkeit, du Donnerwort", „Werde munter, mein Gemüte" und „Lasset uns den Herren preisen". Rist selbst hat kaum eines seiner Lieder von seiner Gemeinde in Wedel singen lassen, denn es sind weniger Bekenntnislieder für die Gemeinde als meditative Lieder für die Hausandacht. Durchweg ist die Strophenform einfach (Jamben oder Trochäen meist gleicher Länge), der Satzbau ist auch bei hypotaktischen Fügungen leicht überschaubar; Satzton und Verston befinden sich im Gleichklang, die Reime sind rein, die Hiate vermieden; die Bildersprache bewegt sich im Rahmen der vertrauten biblischen Metaphorik und erhebt sich nirgends zur Prunkrede, hat aber auch nicht die Anschaulichkeit Paul Gerhardts. Die dogmatische Grundlage ist ein unanfechtbares Luthertum, die Haltung bei allem Sündenbewußtsein doch von einem kindlichen Vertrauen in die Güte des Vatergottes geprägt. In seinen geistlichen Liedern spricht Rist im Namen der gläubigen Seelen, nicht in der rhetorischen Haltung des Bußpredigers, der Verstockte bekehren will; Bußprediger ist er in seinen moralisch-didaktischen Zeitgedichten und seinen Dramen. Die Lieder waren Gebrauchsliteratur für ein breites Käuferpublikum und erfüllten gleichwohl die neuen, gehobenen Ansprüche an metrische Korrektheit und stilistische ‚Zierlichkeit'.

Zur Beliebtheit der geistlichen Lieder trug nicht unwesentlich bei, daß Rist sich der Mitarbeit zeitgenössischer Musiker zu versichern wußte und deshalb fast jedes Lied mit einer eigenen Melodie herausbringen konnte. Für seine erste und erfolgreichste Sammlung, die *Himlischen Lieder* (1641/42), gewann er den als Geiger berühmten Hamburger Ratsmusikus Johann Schop (um 1590-1667), für die Sammlung *Sabbahtische Seelenlust* (1651) den Hamburger Kirchenmusikdirektor Thomas Selle (1599-1663), für die Lieder des 1. Teils des Erbauungsbuchs *Die verschmähete Eitelkeit* (1658) den Organisten an St. Katharinen in Hamburg, Heinrich Scheidemann (um 1595-1663), drei vorzügliche Musiker, deren ‚beweglicher‘ Kunst Rist in einer Passage des 2. Monatsgesprächs ein schönes Denkmal gesetzt hat (SW IV, 232-234). Auch die anderen von Rist beschäftigten Komponisten waren meist in Norddeutschland ansässig. Alle diese Musiker[12] verpflichtete Rist, wohl nicht immer ganz mühelos, auf ein Stilideal der „Einfalt", weil er nach seinen eigenen Worten mit seinen Liedern „gar nicht die Belustigung des eussern / sondern bloß und allein des innern Menschen" suchte und auch diejenigen erreichen wollte, „welche die schwere Weisen zu erlernen nicht genugsam geschickt seyn".[13] Daher erhielten alle Lieder die musikalische Gestalt des Generalbaß-Liedes, das eine Singstimme als Diskant mit einer begleitenden Baßstimme verbindet, die vokal wie instrumental ausgeführt werden kann, wobei die harmonische Ausfüllung dem Generalbaßinstrument (und dem musikalischen Vermögen der Beteiligten) überlassen bleibt. Das ist eine der Formen, die auf die Möglichkeiten des privaten Musizierens zugeschnitten war, wie Rist selbst sie aus eigener Erfahrung schildert:

> In meinem geringen Hüttlein hatte ich ... meine Haußmusik / da wir gemeiniglich nach Essens Gott dem Herren ein Lobopffer zu bringen / uns nebenst den lebendigen Stimmen auch der Geigen / Lauten / Flöhten / Instruments oder Clavicymbel und anderer mehr mit solcher Lust gebraucheten / daß wir aller anderen Ergetzlichkeit leicht dabei vergaßen.[14]

Das ist die Umgebung, in der, in aristokratischen wie in bürgerlichen Kreisen, ein wesentlicher Teil der Barockliteratur lebte.

In Rists geistlichen Liedern sollen die musikalischen Qualitäten die Verständlichkeit und erbauliche Wirkung des Textes unterstützen. Die sprachliche Gestalt einer Strophe bestimmt daher deren musikalische Struktur: gleich gebaute Verse erhalten gleich lange Phrasen, wobei in der Regel auf jede Silbe eine Note fällt. Die Melodien bedienen sich vorzugsweise kleiner, leicht zu treffender Intervallschritte oder vertrauter Tonfolgen und verzichten auf alle Koloraturen. Rist hat bis zuletzt an seiner Liedästhetik der ‚Einfalt‘ festgehalten, obwohl er sie einerseits immer wieder gegen die Ansprüche der Musiker auf Kunstfertigkeit des Satzes verteidigen mußte und andererseits nicht verkennen konnte, daß allenfalls einige von Schops Melodien zu den *Himlischen Liedern* sich den Laien mühelos einprägten, so daß er bei den späteren Sammlungen dazu überging, aushilfsweise auch auf gängige Choralmelodien zu verweisen. Trotz ungleicher Leistungen der verschiedenen Mitarbeiter hat Rist es insgesamt aber vermocht, seinen Sammlungen ein so einheitliches musikalisches Gepräge zu geben, daß die Musikgeschichte von einer ‚Hamburger Liedschule' spricht. Aus ihr sind auch die Komponisten von Jacob Schwiegers Liedersammlungen und von Kaspar Stielers *Geharnschter Venus* hervorgegangen.

Die weltlichen Lieder Rists erschienen im wesentlichen in zwei Sammlungen: *Des Daphnis aus Cimbrien Galathee* (1642) und *Des Edlen Dafnis aus Cimbrien besungene Florabella* (1651). In beiden Fällen verbarg sich der Autor hinter einem bukolischen Pseudonym, beide Sammlungen wurden auch nicht von Rist selbst herausgebracht, sondern von Freunden, – angeblich ohne sein Wissen. Liebeslyrik hatte ihren Platz in der Studentenlyrik, vertrug sich aber nicht mit der Würde des geistlichen Amts. Im Konflikt zwischen geistlicher Pflicht und literarischem Ehrgeiz flüchtete Rist daher in Mystifikationen, die ihm aber auch schon seine Zeitgenossen kaum abgenommen haben dürften.

Rists Liebeslieder gehören zur Schäferlyrik, doch sind sie nur mit einem geringen Aufwand an schäferlichem Dekor ausgestattet. Es kommt hier nicht auf Glaubhaftigkeit der arkadischen Fiktion an; antikisierende Namen und wenige Versatzstücke aus der bukolischen Tradition reichen hin, jenen Freiraum zu schaffen, in dem sich die barocke Schäferlyrik in Deutschland allgemein bewegt, einen gesellschaftsfernen Raum, in dem zwischen den Menschen nur private Beziehungen herrschen. Der Liebe ist fast alle Sinnlichkeit ausgetrieben, die Grundhaltung ein elegisch aufgeweichter Petrarkismus, der sich besonders gern in dem aus Holland übernommenen Gedichttypus der ‚Nachtklage' des einsamen Hirten ausspricht. Ein typisches Beispiel ist das erste (und berühmteste) Gedicht der *Galathee:*

> Daphnis gieng für weinig Tagen / Über die begrühnten Heid' / Heimlich fieng er an zu klagen / Bey sich selbst sein schweres Leid / Sang aus hochbetrübten Hertzen / Von den bittern Liebes-Schmertzen; / Ach daß ich dich nicht mehr seh' / Allerschönste Galathe!

Wie hier garantiert in vielen Liedern Rists die (nicht begründete) Situation der Trennung, daß das bukolische Thema der Erotik und das bürgerliche Ideal der wechselseitigen Zuneigung zusammenfallen in der schäferlich ‚keuschen Liebe'. Statt Sinnlichkeit herrscht Tugend, wie überhaupt das Schäferkostüm genutzt wird, die Gesinnung der bürgerlich-gelehrten Schicht auszusprechen; Daphnis-Rist wird in der Vorrede der *Galathee* nicht zufällig als ein „Außbund der von Tugend und Wissenschafft geadelten Schäffer" vorgestellt.

Auch *Galathee* und *Florabella* erschienen mit eigenen Melodien, zum Teil von denselben Komponisten, die Rists geistliche Lieder vertonten. Auch wenn die Strophenformen hier wegen des Wechsels zwischen Versen unterschiedlicher Länge und unterschiedlichen Metrums etwas komplizierter sind, herrscht doch derselbe Liedtypus vor wie in den geistlichen Sammlungen. Auch bei den weltlichen Liedern war der Erfolg groß, wie sich an der Zahl der Auflagen und an der Verbreitung der Melodien ablesen läßt[15]; von 169 Liedern der populären Sammlung *Venus-Gärtlein* (Hamburg 1656) sind allein 18 von Rist.[16] In der Gestalt des Ristschen Schäferlieds drang die weltliche Kunstdichtung des Barock wohl zuerst über die bürgerlich-gelehrten Kreise hinaus bis ins Kleinbürgertum und zu den Frauen; zugleich verbreitete sie sich so über den deutschen Sprachraum hinaus nach Skandinavien.

Die Hauptmasse von Rists weltlicher Lyrik machen jedoch nicht die Liebeslieder aus, sondern die Gelegenheitsgedichte. Sie erschienen zunächst in Einzeldrucken (von denen nur eine verhältnismäßig kleine Zahl erhalten ist), wurden von Rist aber auch in seine Gedichtsammlungen aufgenommen. Während sie in der *Musa Teutonica* neben anderen Gattungen noch zurücktreten, nehmen sie in den folgenden, immer umfangreicher werdenden Sammlungen – *Poetischer Lust-Garte* (1638), *Poetischer Schauplatz* (1646) und *Neuer Teutscher Parnass* (1652) – immer mehr Raum ein. Aus den letzten 15 Jahren von Rists Leben gibt es nur noch Einzeldrucke. Rists Gelegenheitsdichtung bedarf hier keiner ausführlichen Besprechung, denn sie bewegt sich ganz im üblichen Rahmen ihrer Zeit. Am aufschlußreichsten ist sie, wie in anderen Fällen auch, für personal- und sozialgeschichtliche Fragen. Die Masse sind Trauergedichte (vorwiegend in Alexandrinern) und Hochzeitsgedichte (darunter viele Lieder, nicht selten mit eigenen Kompositionen); ihre Adressaten leben zumeist in Rists näherer Umgebung, vor allem in Hamburg. Daneben gibt es Glückwunschgedichte, zumeist für Fürsten und hohe Adlige, und Ehrengedichte, zumeist für Kollegen im literarischen Geschäft. Zusammen mit denjenigen, die Rist selbst gewidmet worden sind, spiegeln letztere Rists Beziehungen innerhalb des literarischen Deutschland. Während er mit Opitz schon Ende der 1630er Jahre in Verbindung steht[17], erscheinen andere bedeutende Barockdichter erst nach 1640. Am engsten sind Rists Beziehungen zu Harsdörffer, Schottelius und Sigmund von Birken, anfangs auch zu Zesen, bis es mit diesem zum Streit kommt; daneben sind auch Buchner, Klaj, Tscherning und Moscherosch zu nennen, zumeist also Mitglieder des Pegnesischen Blumenordens und der Fruchtbringenden Gesellschaft. Erst im letzten Jahrzehnt von Rists Leben treten sie zurück hinter den Mitgliedern des Elbschwanenordens.

Eine eigene, umfangreiche Gruppe in Rists poetischem Werk bilden die Zeitgedichte. Es sind Alexandrinergedichte halb erzählenden, halb moralisch-didaktischen Charakters, in denen zeitgenössische Ereignisse behandelt werden. In Rists Frühzeit haben diese Gedichte noch überwiegend panegyrischen Charakter, später werden sie immer mehr zu Mahnungen an die Zeitgenossen, Gott Gehorsam zu leisten und Buße zu tun, um sich nicht seinem Zorn auszusetzen. Dabei wachsen sie an Umfang auf mehrere hundert Alexandriner und werden daher seit 1640 als selbständige Veröffentlichungen herausgebracht, immer mit umfangreichen Sacherläuterungen, wie sie schon Opitz nach niederländischem Vorbild seinen lehrhaften Gedichten beigegeben hatte. Alle diese Zeitgedichte sind besonders auf das Publikum in Holstein berechnet; in ihnen spricht Rist als Bußprediger. Das verbindet sie mit den drei Dramen Rists, die den Dreißigjährigen Krieg zum Gegenstand haben.

Es sind von Rist insgesamt vier Dramen erhalten: neben den beiden bereits erwähnten Frühwerken, der *Irenaromachia* (1630) und dem *Perseus* (1634), zwei Stücke aus der Schlußphase des Dreißigjährigen Krieges, *Das Friedewünschende Teutschland* (1647) und *Das Friedejauchtzende Teutschland* (1653); eine größere Zahl weiterer Dramen ist nur aus verschiedenen Andeutungen Rists bekannt. Die *Irenaromachia*, die Rist zusammen mit seinem Studienfreund und späteren Schwager Ernst Stapel geschrieben hat, ist ein allegorisches Spiel, in dem der Krieg als Strafe Gottes moralisch gedeutet wird. In der Haupthandlung treten hochdeutsch sprechende mythologisch-allegorische Figuren auf, in den Zwischenspielen Bauern, die ein stilisiertes Plattdeutsch sprechen. Zusammen mit ihren Gegenstücken im *Friedejauchtzenden Teutschland* haben sich diese Zwischenspiele seit ihrer Wiederentdeckung im 19. Jahrhundert besonderer Aufmerksamkeit erfreut, weil man sie fälschlich als realistische Abbildungen niederdeutschen Volkslebens nahm.

Allegorische Dramen mit komischen Zwischenspielen sind auch die beiden späteren Friedensspiele, die den thematisch verwandten Werken anderer Dichter künstlerisch überlegen sind. Das *Friedewünschende Teutschland* präsentiert als Hauptfigur die Königin Teutschland im Widerstreit mit dem Kriegsgott Mars und dessen Gefolge Hunger, Pest und Tod. Sie erhofft sich Rettung und Genesung von „Meister Ratio Status", doch dieser verschlimmert das Übel nur noch mehr; schließlich erscheint der Friede und verspricht Gnade, sofern Teutschland aufhört „hartnäckicht und verstokket" zu sein, Buße tut und zu Gott zurückkehrt (SW II, 185 ff.). Wie in den Zeitgedichten wird hier der Krieg zum Anlaß moralischer Warnung vor den verderblichen Folgen aller Arten von Sünden, auch derjenigen der Mächtigen. Dabei zeigt die Gestalt der Ratio Status, daß Rist wie viele seiner Zeitgenossen die ‚moderne' Idee der Staatsräson als machiavellistisches Prinzip versteht und ablehnt. Die gleiche Auffassung begegnet im *Friedejauchtzenden Teutschland*: hier erscheint die Staatsräson in Gestalt des „Staatsmannes" und seiner Begleiterin „Madame Mißtrau", denen es obliegt, das bevorstehende Ende des Krieges hinauszuzögern und dadurch Mars Gelegenheit zu geben, weiterhin in Deutschland zu wüten. Den beiden allegorischen Figuren stehen auf seiten der Königin Teutschland deren Berater „Wolrath" und „Wahremund" gegenüber, die die „abscheulichen Rathschläge" des „listigen Staatsmanns" aufdecken. Am Ende feiern die drei Stände die Nachricht vom Friedensschluß, Mars und seine Kumpane werden des Landes verwiesen, und Teutschland wird belehrt, „daß die rechte Glükseligkeit aller Herrschafften und Regimenter auff dem eintzigen Grunde der waaren Gottesfurcht bestehet" (SW II, 444).

Eine gewisse Sonderstellung unter Rists Dramen nimmt der *Perseus* ein, denn er ist ein Versuch in der Gattung der Tragikomödie, in der die komischen Elemente aus den Zwischenspielen auf die Haupthandlung übergreifen. Der Titelheld, ein mazedonischer Prinz, trägt nicht nur die Züge des Intriganten der Elisabethanischen Tragödie, sondern zugleich auch die des bramarbasierenden ‚Miles Gloriosus'. Das ganze Stück spart nicht mit theatralischen Effekten, die Rist den Englischen Komödianten abgesehen hat. Die moralische Botschaft, die den Helden zur Exempelfigur des wankelhaften irdischen Glücks machen will, ist bloß aufgesetzt und ähnlich oberflächlich wie der Versuch der Vorrede, das Stück mit den Kategorien der Opitzschen Dramentheorie in Einklang zu bringen.

In seinem letzten und umfangreichsten Werk, für das sich der Sammeltitel *Monatsgespräche* eingebürgert hat, beabsichtigte Rist,

> nach den zwölf Monahten des Jahres / auch zwölf Gespräche / aufs Papir zu brin-
> gen / in welchen allemahl von den fürnehmsten Bluhmen / Kräutern und Gewäch-
> sen / welche im selbigen Monaht blühen / der Anfang gemachet / und ferner dar-
> auf von allerhand merkwürdigen Dingen / in der Natur / ja schier von allen
> Sachen / so unter dem Himmel befindlich / solte gehandelt ... werden (SW IV, 15).

Es sind jedoch nur sechs Teile erschienen (1663-1668), der letzte von ihnen erst nach Rists Tod. (Die Reihe wurde 1668-1671 von Erasmus Francisci fortgesetzt.) Die Rahmenfiktion ist in allen Teilen gleich: drei Freunde, Gesellschafter des Elbschwanenordens, besuchen Rist in Wedel und erörtern mit ihm im freund-schaftlichen Gespräch, welches von vier vergleichbaren Dingen jeweils das „aller-edelste" sei; dabei hat der ‚Rüstige' immer das letzte Wort und die besten Gründe auf seiner Seite. Ehe jedoch die eigentlichen Themen angegriffen werden, spricht der ‚Rüstige' mit seinen Besuchern oder seinen aus Hamburg nach Wedel herüber-kommenden Gärtnern über die jeweils im Garten blühenden Gewächse.

Die *Monatsgespräche* sind nicht, wie zuweilen behauptet wurde, Vorläufer der heutigen Zeitschriften, sondern gehören in die barocke Tradition der Ge-sprächspiele. Wie Harsdörffers *Frauenzimmer-Gesprächspiele,* die Rists Vor-bild waren, haben sie eine doppelte Aufgabe. Zum einen sind sie als rhetorische Musterbeispiele gedacht, zum anderen geht es ihnen um Wissensvermittlung in lockerer, unsystematischer Form. Aber stärker als ihr Vorbild sind sie vom Auf-schwung der Erfahrungswissenschaften geprägt, mit dem Rist vermutlich zuerst in Rostock und später immer wieder in Hamburg in Berührung gekommen ist. So werden alle möglichen Realien des zeitgenössischen Lebens, denen man sonst in der Barockliteratur kaum begegnet, der Aufmerksamkeit für wert erachtet: Bier und Butter, Kirchenmusik und Bühnentechnik, Mühle und Kompaß; die Pflanzen und Blumen werden nur noch eher beiläufig auf ihren spirituell-mora-lischen Sinn befragt, sondern vor allem auf ihren pharmazeutischen Nutzen und ihren ästhetischen Reiz. Mit Bezug auf das in den gehobenen Kreisen Hamburgs weit verbreitete Interesse an der Gartenkunst, an dem er selbst nach Kräften teilhatte, ruft Rist in einem Gelegenheitsgedicht einmal aus: „O schöne Wissenschaft / die Lust und Vortheil paaret!"[18] Das ist kennzeichnend für die Wertschätzung gerade dieses Gegenstandsbereichs, der in den *Monatsgesprächen* eine zentrale Rolle spielt, zugleich aber auch für die Haltung, die Rist bei allem Interesse an der Welt um ihn herum von der modernen Naturwissenschaft trennt: für den starken Anteil des ästhetischen ‚Ergetzens' und den Verzicht auf theoriegeleitete systematische Forschung; besondere Aufmerksamkeit schenkt er hier und in anderen Schriften bezeichnenderweise dem alchemistischen Experimentieren. Überzeugung vollzieht sich in den *Monatsgesprächen* auch nicht durch wissenschaftliche Argumente, sondern durch rhetorische.

Trotz dieser Einschränkung sind die *Monatsgespräche* Rists modernstes Werk und für den heutigen Leser wohl auch das interessanteste, denn sie geben bei aller Weitschweifigkeit ein anschauliches Zeitbild, das nicht nur für Rist selbst aufschlußreich ist, sondern auch für weite Kreise derjenigen, die im 17. Jahrhundert als Autoren und Leser das literarische Leben prägten. In den *Monatsgesprächen* erscheint das gelehrte Bürgertum des Barockzeitalters im Spiegel seiner Standeskultur, in der sich die Literatur mit Geselligkeit, Hausmusik, naturwissenschaftlichem Dilettantismus, ‚Gartenlust' und Frömmigkeit zu einer eigenen Mischung verbindet.

Anmerkungen

Texte

Es sind im folgenden nur die ersten Auflagen von Rists Werken verzeichnet, soweit Exemplare nachgewiesen sind. Die etwa 70 erhaltenen Einzeldrucke von Gelegenheitsgedichten sind nicht aufgenommen.

Sämtliche Werke, hrsg. v. Eberhard Mannack, Bd. 1 ff. Berlin/New York 1967 ff.
Dichtungen von Johann Rist. Hrsg. v. Karl Goedeke u. Edmund Goetze. Leipzig 1885.

Irenaromachia Das ist Eine Newe Tragico-comaedia von Fried und Krieg. Auctore Ernesto Stapelio, (Hamburg) 1620. – Kritische Ausgabe: SW I.
Musa Teutonica Das ist: Teutscher Poetischer Miscellaneen Erster Theil. Hamburg 1634.
Perseus Das ist: Eine newe Tragoedia. Hamburg 1634. – Kritische Ausgabe: SW I.
Capitan Spavento Oder Rodomantades [!] Espagnolles. Hamburg 1635.
Philosophischer Phoenix Das ist: Kurtze / jedoch Gründliche unnd Sonnenklare Entdeckunge der waren und eigentlichen Matery deß AllerEdelsten Steines der Weisen. Hamburg 1638. – Kritische Ausgabe: SW VII.
Poetischer Lust-Garte. Hamburg 1638.
Kriegs und Friedens Spiegel. Hamburg 1640.
Lob- Trawr- und Klag-Gedicht Über ... Absterben / Des ... Herren Martin Opitzen. Hamburg 1640.

Nothwendige Rettung unnd rechtmässige Vertheidigung des Philosophischen Phoenix, o. O. 1638 [richtig: 1640]. – Kritische Ausgabe: SW VII.

Himlischer Lieder. Das Erste [-Fünffte] Zehen. Lüneburg 1641/42. Kupfertitel für den gesamten Band: Lüneburg 1643.

Baptistae Armati, Vatis Thalosi, Rettung der Edlen Teutschen Hauptsprache. Hamburg 1642. – Kritische Ausgabe: SW VII.

Des Daphnis aus Cimbrien Galathee. Hamburg (1642).

Treffliche Neue Zeitung Auß dem Holsteinischen Parnass, o. O. 1643 (anonym, Rist vermutlich zuzuschreiben).

Holsteins Erbärmliches Klag- und Jammer-Lied ... gesungen Durch Friedelieb von Sanfteleben. Hamburg 1644.

Starker Schild Gottes Wider die gifftige Mordpfeile falscher und verleumderischer Zungen. Hamburg 1644.

De Holsteensche Rüggeloeper, o. O. [1644] (wohl Rist zuzuschreiben).

Friedens-Posaune / Mit welcher nach wieder erlangetem und bestätigtem güldenen Land-Friede Die hochlöbliche Holsteinische Fürstenthüme und Länder ... werden angeblasen. Hamburg 1646.

Poetischer Schauplatz. Hamburg 1646.

Allerunterthänigste Lobrede An die ... Römische Kaiserliche Maiestätt / Herren Ferdinand den Dritten Als Allerhöchstgedachte Kaiserl. Maiest. Ihn Durch ... Herren Herman Tschernin ... Mit Adelichen Freiheiten / Schild / Helm und Wapen auch der Poetischen Lorberkrohn ... hatte verehren lassen. Hamburg [1647].

Das Friedewünschende Teutschland, o. O. 1647. – Kritische Ausgabe: SW II.

Der zu seinem allerheiligsten Leiden und Sterben hingeführter und an das Kreutz geheffteter Christus Jesus / In ... Hertzlicher Andacht besungen. Hamburg 1648.

Holstein vergiß eß nicht Daß ist Kurtze / iedoch eigentliche Beschreibung Des erschreklichen Ungewitters ... In der Fastnacht dieses 1648 Jahres. Hamburg 1648.

Blutige Thränen / Über das erbärmliche Ableiben ... Carels des Ersten / Königs von Groß-Britannien / ... vergossen / von Tirsis dem Tamsschäffer, o. O. 1650 (Rist zuzuschreiben).

Der Adeliche Hausvatter / ... von ... Torquato Tasso in welscher Sprache beschrieben / ... auß derselben / durch J. Baudoin in die Französische übergesetzet / Nunmehr aber verteutschet ... und mit nützlichen Erläuterungen vermehret. Lüneburg 1650. – Kritische Ausgabe: SW VII.

Des Edlen Dafnis aus Cimbrien besungene Florabella. Hamburg 1651.

Neuer Himlischer Lieder Sonderbahres Buch. Lüneburg 1651.

Sabbahtische Seelenlust / Daß ist: Lehr- Trost- Vermahnung und Warnungsreiche Lieder über alle Sontägliche Evangelien deß gantzen Jahres. Lüneburg 1651.

Neuer Teutscher Parnass. Lüneburg 1652.

Das Friedejauchtzende Teutschland. Nürnberg 1653 – Kritische Ausgabe: SW II.

Die Triumphirende Liebe / umgeben Mit den Sieghafften Tugenden / In einem Ballet / Auff dem hochfürstlichem Beylager ... Christian Ludowigs / Hertzogen zu Brunswig und Lüneburg / etc. Gehalten / mit ... Dorothea / Hertzogin zu Schleßwig / Hollstein / ... Auff der Fürstlichen Residentz Zelle vorgestellet. Lüneburg 1653.

Frommer und Gottseliger Christen Alltägliche Haußmusik / Oder Musikalische Andachten. Lüneburg 1654.

Depositio Cornuti, Das ist: Lust- oder Freuden-Spiel, Welches bey Annehmung und Bestättigung eines Jungen Gesellen, der die Edle Kunst der Buchdrukkerei redlich hat außgelernet, ohne einige Aergernisse kan fürgestellet . . . werden. Lüneburg 1655.

Neue Musikalische Fest-Andachten / Bestehende In Lehr- Trost- Vermahnungs- und Warnungsreichen Liederen. Lüneburg 1655.

Neue Musikalische KatechismusAndachten / Bestehende in Lehr- Trost- Vermanung und Warnungs-reichen Liederen. Lüneburg 1656.

Geistlicher Poetischer Schriften Erster [-Dritter] Theil. Lüneburg 1657-1659 (die „Himlischen Lieder", die „Neuen Himlischen Lieder" und die „Sabbahtische Seelenlust" mit lat. Übersetzungen v. Tobias Petermann).

Die verschmähete Eitelkeit Und Die verlangete Ewigkeit / In vier und zwantzig Erbaulichen Seelengesprächen / Und eben so viel Lehr-reichen Liedern, Lüneburg 1658. – Ander Theil. Frankfurt a. M. 1668.

Neue Musikalische Kreutz- Trost- Lob- und DanckSchuhle / Worinn befindlich Unterschiedliche Lehr- und Trost-reiche Lieder. Lüneburg 1659.

Dennemarck ein Erbkönigreich. Lüneburg 1660.

Neues Musikalisches Seelenparadis / In sich begreiffend Die allerfürtrefflichste Sprüche der heiligen Schrifft / Alten Testaments / In gantz Lehr- und Trostreichen Liederen, Lüneburg 1660. – Neues Musikalisches Seelenparadis / in Sich begreiffend Die allerfürtreflichste Sprüche der H. Schrifft / Neuen Testaments / In Lehr- und Trostreichen Liederen. Lüneburg 1662.

Das AllerEdelste Nass der gantzen Welt. Hamburg 1663. – Kritische Ausgabe: SW IV.

Das AllerEdelste Leben der gantzen Welt. Hamburg 1663. – Kritische Ausgabe: SW IV.

Die Kaiser des Juliani. Das ist / Eine anmuhtige Satyra oder Schimpfgedichte des Abtrünnigen Kaisers Juliani, . . . Aus dem Griechischen ins Teutsche gebracht und mit nützlichen Anmerkungen erklähret durch Johann Ernst Risten. Hamburg 1663. (Diese Arbeit von Rists ältestem Sohn ist nach einer Auskunft des Verlegers Rist selbst zuzuschreiben.)

Die AllerEdelste Tohrheit Der gantzen Welt. Hamburg 1664. – Kritische Ausgabe: SW V.

Neue Hoch-heilige Paßions-Andachten In Lehr- und Trostreichen Liedern. Hamburg 1664.

Die AllerEdelste Belustigung Kunst- und Tugendliebender Gemühter. Hamburg 1666. – Kritische Ausgabe: SW V.

Die alleredelste Erfindung Der Gantzen Welt. Frankfurt a. M. 1667. – Kritische Ausgabe: SW VI.

Die alleredelste Zeit-Verkürtzung der Gantzen Welt. Frankfurt a. M. 1668. – Kritische Ausgabe: SW VI.

Literatur

Otto Frick: Ein Hof-Pfalz-Grafen-Diplom Johann Rists. Progr. Burg 1866.

Theodor Hansen: Johann Rist und seine Zeit. Halle 1872. Neudruck Leipzig 1973.

Karl Theodor Gaedertz: Johann Rist als niederdeutscher Dramatiker. In: Jahrbuch des Vereins für niederdeutsche Sprachforschung 7 (1881), S. 101-172.

[Detlef] Detlefsen: Johann Rist's geschäftliches Treiben als gekrönter Poet und kaiserlicher Pfalz- und Hofgraf. In: Zeitschrift der Gesellschaft für Schleswig-Holsteinische Geschichte 21 (1891), S. 265-293.

Wilhelm Krabbe: Johann Rist und das deutsche Lied. Ein Beitrag zur Geschichte der Vokalmusik des 17. Jahrhunderts. Diss. Berlin 1910.

L. Neubaur: Zur Geschichte des Elbschwanenordens. In: Altpreußische Monatsschrift 47 (1910), S. 113-183.

Hermann Kretzschmar: Geschichte des Neuen deutschen Liedes. 1. Tl.: Von Albert bis Zelter. Leipzig 1911, bes. S. 46-63.

Anna Maria Floerke: Johann Rist als Dramatiker. Diss. (Masch.) Rostock 1918.

Oskar Kern: Johann Rist als weltlicher Lyriker. Marburg 1919. Neudruck New York 1968.

Rudolf Bünte: Johann Rist. In: Jahrbuch für den Kreis Pinneberg 5 (1921), S. 17-73.

Rudolf Kipphan: Johann Rist als geistlicher Lyriker. Diss. (Masch.) Heidelberg 1924.

Alfred Jericke: Johann Rists Monatsgespräche. Berlin/Leipzig 1928.

Walther Vetter: Das frühdeutsche Lied, 2 Bde. Münster 1928, bes. I, 195-228.

Otto Heins: Johann Rist und das niederdeutsche Drama des 17. Jahrhunderts. Marburg 1930.

Frid Muth: Deutschlands erste Zeitschrift. In: Zentralblatt für Bibliothekswesen 58 (1941), S. 43-46 (dazu Rosenfeld 1941!).

Hellmut Rosenfeld: Um die älteste Zeitschrift!. In: Zentralblatt für Bibliothekswesen 58 (1941), S. 133-148.

Rudolf Alexander Schröder: Johann Rist. In: R. A. Sch.: Gesammelte Werke, Bd. 3. Frankfurt a. M. 1952, S. 651-685.

Blake Lee Spahr: The Archives of the Pegnesischer Blumenorden. A Survey and Reference Guide. Berkeley/Los Angeles 1960, S. 18-23.

R. Hinton Thomas: Poetry and Song in the German Baroque. A Study of the Continuo Lied. Oxford 1963, S. 65-72.

Rudolf Mews: Johann Rists Gesellschaftslyrik und ihre Beziehungen zur zeitgenössischen Poetik. Diss. Hamburg 1969.

Dieter Lang: Johann Rist und sein Bild der Gesellschaft. Diss. (masch. vervielf.) Potsdam 1971.

Eberhard Mannack: Johann Rists „Perseus" und das Drama des Barock. In: Daphnis 1 (1972), S. 141-149.

Ulrich Moerke: Die Anfänge der weltlichen Barocklyrik in Schleswig-Holstein. Hudemann, Rist, Lund. Neumünster 1972, S. 88-132.

Irmgard C. Taylor: Untersuchungen zum Stil der Dramen Johann Rists. In: Korrespondenzblatt des Vereins für niederdeutsche Sprachforschung 79 (1972), S. 33-36 (Abstract einer Diss., Syracuse 1971).

Leif Ludwig Albertsen: Strophische Gedichte, die von einem Kollektiv gesungen werden. Das Zersingen, analysiert am Schicksal einiger Lieder Johann Rists. In: Deutsche Vierteljahrsschrift für Literaturwissenschaft und Geistesgeschichte 50 (1976), S. 84-102.

Eberhard Mannack: Hamburg und der Elbschwanenorden. In: Sprachgesellschaften, Sozietäten, Dichtergruppen, hrsg. v. Martin Bircher u. Ferdinand van Ingen. Hamburg 1978, S. 163-179.

Richard E. Schade: Baroque Biography: Johann Rist's Self-concept. In: German Quarterly 51 (1978), S. 338-345.

Uwe Haensel: Musikalische Formprobleme der Hamburger Liedschule. Dargestellt an Rist- und Zesen-Vertonungen. In: Weltliches und Geistliches Lied des Barock, Stockholm/Amsterdam 1979 (auch als: Daphnis 8, 1979, H. 1.), S. 209-228.
Klaus Garber: Pétrarquisme pastoral et bourgeoisie protestante: La poésie pastorale de Johann Rist et Jakob Schwieger. In: Le genre pastoral en Europe du XVe au XVIIe siècle, Saint-Etienne 1980, S. 269-297.

N a c h w e i s e

Rist wird so weit wie möglich nach der von Eberhard Mannack besorgten Gesamtausgabe (s. das Werkverzeichnis) zitiert (Sigle: SW), sonst nach den Originaldrucken. Die im Literaturverzeichnis aufgeführten Arbeiten werden in den Anmerkungen nur mit dem Namen des Autors und dem Erscheinungsjahr zitiert.

[1] Hauptquelle für Rists Biographie ist – neben zahlreichen in seinen Schriften verstreuten Bemerkungen – die Leichenpredigt von Johannes Hudemann: Ars moriendi Das ist: Christliche Sterbens-Kunst, Hamburg 1667. Außerdem ist der Abschnitt über Rist bei Johannes Moller: Cimbria literata, 3 Bde., Kopenhagen 1744, I, 546-554, heranzuziehen. Eine kritische Auswertung der biographischen Quellen bei Lang 1971, S. 33 ff., ergänzende Daten zur Familie bei Hans Arnold Plöhn: Johann Rist und sein Geschlecht, in: Familiengeschichtliche Blätter 41 (1943), Sp. 223-230.

[2] Zu den politischen Verhältnissen, in denen Rist bis zu seinem Tode gelebt hat, vgl. die Übersicht bei Dagmar Unverhau: Archivalische Quellennachweise zur Geschichte des Kreises Pinneberg (bis 1864), in: Jahrbuch für den Kreis Pinneberg 1977, S. 52-86.

[3] Daß Rist entgegen der in der Forschung gängigen Ansicht in seiner Jugend tatsächlich in den Niederlanden war, ergibt sich aus einer Bemerkung im *Neuen Teutschen Parnass* (S. 83 f.).

[4] Vgl. den von K. Th. Gaedertz besorgten Neudruck: Gebrüder Stern und Ristens Depositionsspiel. Neudruck der ersten Ausgabe 1655, Lüneburg 1886.

[5] Zu Rists Palatinat vgl. Frick 1866; Detlefsen 1891; Hofpfalzgrafen-Register, Bd. 1, Neustadt a. d. Aisch 1964, S. 5-7. – Das Hofpfalzgrafen-Register bringt als Einleitung ausführliche Informationen über Rang und Aufgaben der Hofpfalzgrafen.

[6] Zum Elbschwanenorden vgl. Conrad von Hövelen: Des Hochlöblich-ädelen Swanen-Ordens Deudscher Zimber Swan, Lübeck 1666, ders.: Der Trän-flihssende Zimber Swan, Lübeck 1669, sowie Neubaur 1910, Mannack 1978.

[7] G[eorg] Krause (Hrsg.): Der Fruchtbringenden Gesellschaft ältester Ertzschrein, Leipzig 1855, S. 378.

[8] Zesens Anagramm als Thema eines Ehrengedichts vor dem 2. Zehn von Rists *Himlischen Liedern*, Lüneburg 1642.

[9] G. G. Gervinus: Geschichte der Deutschen Dichtung, 5. Aufl., Bd. 3, Leipzig 1872, S. 337-339.

[10] Albert Fischer/W. Tümpel: Das deutsche evangelische Kirchenlied des 17. Jahrhunderts, 6 Bde., Neudruck Hildesheim 1964; Dichtungen von Johann Rist. Hrsg. v. Karl Goedeke u. Edmund Goetze, Leipzig 1885 (Deutsche Dichter des siebzehnten Jahrhunderts. Hrsg. v. Karl Goedeke u. Julius Tittmann, 15).

[11] Vgl. Krabbe 1910; Kretzschmar 1911; Vetter 1928; Haensel 1979; von literaturwissenschaftlicher Seite Thomas 1963.

[12] Eine Übersicht über die von Rist beschäftigten Komponisten bei Kretzschmar 1911, S. 48 f.; Artikel über sie in der Enzyklopädie „Die Musik in Geschichte und Gegenwart".

[13] Himlische Lieder. Das Vierdte Zehn, Lüneburg 1642, Vorrede.

[14] Die verschmähete Eitelkeit, 1. Tl., Lüneburg 1658, Vorrede. Vgl. die bildlichen Darstellungen aus Werken Rists bei Dieter Lohmeier: Die Verbreitungsformen des Liedes im Barockzeitalter, in: Daphnis 8 (1979), S. 41-65.

[15] Zur Druckgeschichte der *Galathee* vgl. Søren Terkelsen: Astree Siunge-Choer. Første Snees. 1648. Die dänischen Lieder mit ihren deutschen Vorlagen von Gabriel Voigtländer und Johann Rist, hrsg. v. Erik Sønderholm u. a., Neumünster 1976, S. 132-136. Belege für die Verbreitung des Liedes „Daphnis ging für wenig Tagen" ebd., S. 141 f.

[16] Venus-Gärtlein. Ein Liederbuch des XVII. Jahrhunderts, hrsg. v. Max von Waldberg, Halle 1980. Dort werden S. XIII nur 16 Lieder Rists genannt, nach den Quellennachweisen der einzelnen Lieder sind es jedoch 18, davon 12 aus der *Florabella.*

[17] Vgl. den im Anhang zum *Lob- Trawr- und Klag-Gedicht* auf Opitz (1640) abgedruckten Opitz-Brief aus Danzig vom 9. 9. 1638.

[18] Neuer Teutscher Parnass, Lüneburg 1652, S. 65.

JÖRG-ULRICH FECHNER

PAUL FLEMING

Karl Ludwig Schneider zum Gedenken

Paul Fleming aus Hartenstein starb in Hamburg am 2. April 1640 frühmorgens um vier Uhr. Die Genauigkeit der überlieferten Zeitangabe spiegelt und belegt einen Grundzug der geistigen Befindlichkeit im siebzehnten Jahrhundert: das Wissen um die Zeitlichkeit, das Bewußtsein von der Vergänglichkeit. Im Kalender alten Stils, wie er damals im evangelischen Deutschland noch allgemein gültig war, fiel der 2. April im Jahre 1640 auf den Gründonnerstag, die *coena domini*; und so enthielt der Todestag im Verständnis der Zeitgenossen einen heilsgeschichtlichen Verweis.

Der Doktor der Medizin wie der Philosophie und Dichter Paul Fleming, der damals starb, stand erst im einunddreißigsten Lebensjahr. Sein Tod ereilte ihn, den noch nicht Seßhaften, bürgerlich noch nicht Abgesicherten, auf der Reise. Noch keine vierzehn Tage befand er sich in Hamburg, nachdem er am 23. Januar des Jahres in Leiden den medizinischen Doktortitel erworben hatte. Dies alles geschah, bevor er nach Reval zurückkehren konnte, wo ihn die Braut erwartete, seit dem Sommer des Vorjahres ihm versprochen, nach Reval, wo er das Amt eines Stadtarztes in Aussicht gestellt bekommen hatte. Hamburg als die Zwischenstation der Reise begründete sich damit, daß Fleming seinen langjährigen Freund, den damals in Gottorfer Diensten stehenden Adam Olearius (1603-1671), treffen wollte. Olearius sollte nach einer geordneten Handschrift die von Fleming inzwischen gesammelten deutschen wie lateinischen Gedichte zum Druck befördern.

Der Tod auf der Reise nach dem poetischen Ruhm, dem Nachruhm: das ist das eine, was zu Legendenbildung einlädt. Wollte Fleming etwa, wie die Gesamtwidmung seiner Gedichte vermuten läßt, um eine Anstellung in schleswigschen Diensten, vielleicht bei Hofe, nachsuchen? Wir wissen es nicht. Statt dessen: in die barocke Komplexität des Ruhmesstrebens gehört gleichwertig das ‚memento mori‘ und die ‚vanitas‘, das Bewußtsein von Tod und Vergänglichkeit.[1] Nicht umsonst gibt es für die Menschen damals Zeichen, die nicht zuletzt um dieses bewußten Gegensatzes willen zeichenhaft sind.

So das ‚symbolum‘, der Wahlspruch, der Fleming seit seiner Leipziger Studentenzeit begleitete, also für das letzte Jahrzehnt seines Lebens und das heißt zugleich für die Spanne seiner dichterischen Wirksamkeit. Solche Symbole, wie sie sich die Gebildeten seit der Renaissance als persönlichen ‚Leibspruch' zu wählen pflegten, wollen entsprechend gelesen und verstanden sein. Fleming hatte sich das „Festina lente", jenes noch bei Goethe wiederkehrende „Eile mit Weile" erkoren, das nicht nur den Widerspruch von Vergänglichkeit und Beharrlichkeit als Haltung zu bewältigen trachtet. In jener vielseitig kriegsbedrohten und kriegsversehrten Zeit schmückte diese selbstbestimmte Losung das (nicht erhaltene) Stammbuch Flemings und bot Anlaß wie Thema für manche der dort eingetragenen, von Fleming gemäß einer Humanistengepflogenheit als „Liber adoptivus" für seine eigene Werkausgabe ausgewählten und so angeeigneten Gedichte.

Doch hinter dem Motto steht zugleich ein geistesgeschichtlicher Anspielungshorizont, wie ihn am besten die Emblematik veranschaulicht. Bei dem Niederländer Otto Vaenius (1608) und, daran angelehnt, bei Raphael Custos (1622) steht vor dem Hintergrund einer mit Fluß und Brücke, Tor und Turm dargestellten Stadt, über der sich ein Schloß erhebt, Amor als Wettkampfrichter zwischen einem Hasen und einer Schildkröte. Sie bildet im emblematischen Zeitalter das diesem Symbol zugeordnete Tier einer stetigen, geduldig ausdauernden Eile. Die ‚subscriptio' des Emblems deutet die nachweislichen Quellen bei Valerian, Äsop und noch Erasmus in einer unerwarteten Weise um:

> Exemplo assidui tibi sit testudo laboris,
> Quae leporem vicit, semper eundo, vagum.
> Semper amans amat, et tandem potietur amata:
> Non bene amat, quisquis non amat assidue.

Die unbeholfene zeitgenössische Eindeutschung davon lautet:

> Ein langsam Schildkrott vberwindt
> Den Hasen / der da laufft sonst gschwind
> Die Lieb zu lieben pflegt allzeit /
> Verbleibet bständig in warheit:
> Wer allzeit liebt / erlangt das Ziel /
> Wer kein lieb hat / erlangt nicht viel.[2]

Beharrliche Liebe – über die paulinische Trias hinausweisend – ist die dem Menschen mögliche Bewältigung der drohend bedrohlichen Vergänglichkeit. Aber auch das deckt den angespielten Sinn noch nicht ab. In den Gebärden eines ‚tamen' wie ‚tandem' findet dieses Motto zugleich die zeittypische Nähe zur ethischen Haltung eines überkonfessionellen Neostoizismus und seiner bestimmenden Tugend einer ‚constantia' als ‚Beständigkeit'.

Als Fleming eine Woche nach Eintreffen in Hamburg krank wurde und seinen Tod vorhersah oder sich doch zumindest bewußt machte, dichtete er am 28. März 1640 seine eigene Grabschrift, die die Gegenwärtigkeit seines Todesbewußtseins als Summe der Ansprüche und Leistungen des Dreißigjährigen dichterisch gestaltet, man darf sagen: im ‚dennoch‘ dichterisch bewältigt:

> Ich war an Kunst / und Gut / und Stande groß und reich.
> Deß Glückes lieber Sohn. Von Eltern guter Ehren.
> Frey. Meine. Kunte mich aus meinen Mitteln nehren.
> Mein Schall floh überweit. Kein Landsmann sang mir gleich.
> Von reisen hochgepreist; für keiner Mühe bleich.
> Jung / wachsam / unbesorgt. Man wird mich nennen hören.
> Biß daß die letzte Glut diß alles wird verstören.
> Diß / Deütsche Klarien / diß gantze danck' ich Euch.
> Verzeiht mir / bin ichs werth / Gott / Vater / Liebste / Freunde.
> Ich sag' Euch gute Nacht / und trette willig ab.
> Sonst alles ist gethan / biß an das schwartze Grab.
> Was frey dem Tode steht / das thu er seinem Feinde.
> Was bin ich viel besorgt / den Othem auffzugeben?
> An mir ist minder nichts / das lebet / als mein Leben.[3]

In der kunstvollen Knappheit des Sonetts, des hier verwendeten syntaktischen Staccato und der Kontrastpointe steht am Ende der Hinnahme des Todes die Glaubenseinsicht, daß das gelebte Leben das größte Nichts ist und das Sterben ein notwendiger Durchgang zum ewigen Leben der unsterblichen Seele. Aber noch diese Haltung verlangt nach gebändigter Form und Verewigung im kunstvollen Gedicht: „monumentum aere perennius" als Anspruch wie als Frage!

*

Das Grabgedicht bezieht sich auf das Leben des Sprechers. Wer Fleming heißt – Flemming oder Flemmig, wie der Dichter sich auch unterschrieb –, verweist durch seinen Namen auf eine flämische Herkunft. Wann die Flemings nach Sachsen kamen, ist ungewiß, doch zeigt schon die Vorüberlegung, daß auch Paul Fleming mit den Kategorien einer deutschen Literaturgeschichte nach Stämmen und Landschaften nicht erfaßbar ist.

Sein Vater, Abraham Fleming (1583-1649), zum geistlichen Amt bestimmt, war in Hartenstein an der Mulde im Vogtland zuvor noch Schulmeister, hatte sich 1607 mit Dorothea Müller aus Gera vermählt, die damals Kammerjungfer bei der Gräfin Katharina von Schönburg auf Burg Hartenstein war.[4] Paul, am 5. Oktober 1609 als erstes Kind der Eltern geboren und nach dem väterlichen Großvater benannt, zählte auch die frühere Dienstherrin seiner Mutter zu den Paten. Der barocke Kleinhof und die im engen Raum herrschende Adelsfamilie bilden so von Anbeginn eine Konstante für Flemings Leben in sozialgeschichtlicher Sicht; den Schönburgs sollten seine ersten gedruckten Gedichtsammlungen 1630 gehören.

1609 wurde der Vater zum Hof- und Stadtdiaconus in Hartenstein befördert.

1612 folgte die Geburt einer Schwester. 1615 wechselte der Vater in das Pfarramt in Topseiffersdorf. Dort starb 1616 die Mutter. Noch im selben Jahr heiratete der Vater eine Pfarrerswitwe, die bis zu ihrem frühen Tod (1633) dem Sohn liebevoll die Mutter ersetzte. 1628 wurde der Vater an die günstigere Pfarre in Wechselburg versetzt. Von nun an bildeten seine Leichenpredigten dem inzwischen studierenden Sohn eine Möglichkeit, mit Gelegenheitsdichtungen zu den traurigen Anlässen gedruckt zu werden und sich wohl auch ein Zubrot zu verdienen.[5] 1634 heiratete der Vater ein drittesmal; Paul war pflichtschuldig mit einem lateinischen Glückwunschgedicht bei der Feier vertreten.[6]

Nach dem anfänglichen Besuch der Stadtschule im benachbarten Mittweida wurde der begabte Knabe noch nicht zwölfjährig auf die Leipziger Thomas-Schule geschickt. Zu Hof und Provinz trat damit die Großstadt und Universität in seinen Erfahrungsbereich. Bereits im Wintersemester 1623/24 war Fleming in der Leipziger Matrikel eingetragen; der Status eines Studenten bot wohl rechtliche Freiheiten und auch praktische Vergünstigungen für den Schüler fern des Elternhauses. Neben Freundschaften zu Mitschülern tritt die Prägung durch einen Lehrer, den Komponisten und Dichter Johann Hermann Schein (1586-1630), seit 1615 Kantor an der Thomas-Schule. Scheins Musikalität und liedhafte Einfachheit sollte in Flemings Dichten ebenso nachwirken wie in der studentischen Liederdichtung Leipzigs der 1630er Jahre überhaupt.

Im Winter 1628 begannen Flemings akademische Studien, zunächst in der philosophischen Fakultät. Etwa gleichzeitig finden sich gedruckte Gelegenheitsgedichte von ihm, denen er bald die stolze Angabe eines ‚poeta laureatus caesareus‘ beifügt, ohne daß einsichtig würde, wann – wahrscheinlich 1631 – und wofür genau ihm der frühere Schönburgische Hofmeister und inzwischen Wechselburger Rat und Hauptmann Jeremias Aeschel diesen damals käuflichen Titel verliehen hätte. Im Examen 1633, bei dem sein von nun an dauerhaftester Freund, Adam Olearius, einer der Prüfer war, erhielt Fleming den Grad eines Magister. Schon zuvor hatte er zusätzlich medizinische Kurse belegt und war auch schon als Opponent bei Disputationen in dieser Fakultät aufgetreten. Die Solidität seiner Leipziger medizinischen Ausbildung, die Fleming mit dem Grad eines Baccalaureus abschloß, sollte sich auch darin bestätigen, daß er 1640, also aus dem Abstand etlicher Jahre, nach nur wenigen Monaten an der damals für dieses Fach besonders führenden Universität Leiden den Doktortitel erwerben konnte, übrigens mit einer nicht erhaltenen Dissertation über die Syphilis.

Neben die ernsthaften Studien traten in Stunden der Muße die dichterischen Übungen, sei es aus persönlicher Aufmunterung, sei es, weil das damalige Bildungsideal dies verlangte, oder auch – warum nicht? – des Honorars wegen, das solche Gelegenheitsgedichte abzuwerfen pflegten. Neben die Förderung durch den Vater, aber auch die Ämter- und Würdenträger der Universität und über die Forderungen der gönnerhaften Schönburgischen Adelsfamilie hinausweisend traten nun auch Gestalten des Dresdner Hofes, so Heinrich Schütz und der aus

Österreich zugewanderte, literaturgeschichtlich immer noch änigmatische Kammersekretär Johann Seussius, sowie, nicht zuletzt über ihre Vermittlung, auch der bekannte Wittenberger Professor August Buchner (1591-1661). War hier schon eine für die Dichtung, auch die neue, auf Opitzens Vorbild und Beispiel fußende Dichtung bereite Schicht von Gelehrten und Ämterträgern höheren Standes gegeben, so vertiefte sich Flemings Interesse an der Dichtkunst durch seine Verbindung mit schlesischen Studenten an der Leipziger Universität. Allen voran stand für Fleming hier Georg Gloger, ein sechs Jahre älterer Freund und zeitweiliger Stubengenosse, der schon im Herbst 1631 in Leipzig starb. Nur drei Jahre dauerte diese glückliche und intensiv befruchtende Freundschaft; dennoch schrieb Fleming die Ermunterung zum Dichten besonders Gloger zu. Mehr noch: Gloger verdankte er auch eine flüchtige Begegnung mit Martin Opitz, der im September 1630 auf der Reise nach Paris einige Tage in Leipzig einkehrte. Opitz trug sich in Flemings Stammbuch ein und wurde für Fleming, den jungen, noch völlig auf lokale Anlässe beschränkten, studentischen Dichter zum bestimmenden Vorbild und Maßstab. Dabei reicht das Vorbildliche weit über den dichterischen Bereich hinaus und grenzt an Mimikry; noch das unbezeichnete Fleming-Porträt, das die postume Sammelausgabe von 1646 schmückt, ist eine Replik auf Jacob von der Heydens Opitz-Stich des Jahres 1630, in einer Weise, die weit über das Zeittypische solcher Porträts hinausgeht.

Nur wenige der studentischen Freunde Flemings ragen über das Mittelmaß akademischer Gelegenheitsdichtung hinaus; darunter sind jedoch Gestalten wie Christian Brehme (1613-1667) und Gottfried Finckelthaus (1614-1648). Von der älteren Generation wirkt noch besonders der Eilenburger Archidiaconus Martin Rinckart (1586-1649) auf ihn ein. Dem Freunde Gloger setzte Fleming später mit den *Manes Glogerianae* ein würdiges Denkmal. Der Höhepunkt seiner Leipziger Dichtung aber ist die neulateinische und petrarkistische Sammlung der *Suavia*, die einer literarisch fiktiven Rubella gelten, über deren mögliche Wirklichkeit und Rolle im Leben des eben über Zwanzigjährigen die ältere Forschung mancherlei gemutmaßt hat. Da die Sammlung 1631 erschien, da Fleming den Tod Rubellens in zwei späteren Gedichten beiläufig erwähnt, hat man schließen wollen, sie sei der Pest zum Opfer gefallen, die im Herbst 1630 – wie auch in den folgenden Jahren – in Leipzig wütete. Wie dem auch sei, für Fleming und seine Zeit ist die Lebenslust durch die wiederkehrende Erfahrung der drohenden Vergänglichkeit gebrochen.

Bald sollte der Wendepunkt in Flemings Leben folgen. Am 2. Mai 1633 hatte Fleming seine Studien in Leipzig mit dem Doktorat der Philosophie abgeschlossen. Eine Anstellung fehlte und schien auch nicht in Sicht. Da traf es sich gut, daß sein Freund Olearius für Herzog Friedrich III. von Schleswig-Holstein-Gottorf eine Gesandtschaft ausrichtete, die das merkantilistische Ziel hatte, den Seidenhandel von Persien auf dem Landweg nach Rußland und von dort über die Ostsee gewinnbringend einzurichten. Dazu waren Verhandlungen in Moskau und Isfahan nötig. Olearius wurde der Sekretär der Gesandtschaft, die sich über sechs Jahre erstrecken sollte (1633-1639), Fleming einer von vier Hofjunkern und Truchsessen im 34köpfigen Gefolge. Sein nicht klar durchschaubares Amt scheint nicht zuletzt das eines gelehrten Reisedichters gewesen zu sein. Damit war Fleming in einem hofabhängigen Amt, dessen Ausübung ihn jedoch nicht an den arbeitgebenden Hof band, sondern ihm jene Welt und Fremde eröffnete, deren Zufälle und Begebenheiten den Hintergrund für seine Gelegenheitsdichtungen ausmachen.

Nach Verabschiedung bei den Eltern war Fleming im August 1633 auf dem Weg über Hamburg nach Gottorf. Am 6. November verließ die Gesandtschaft Hamburg, schiffte sich am 8. November in Travemünde ein. Über die weiteren Fährnisse der Reise sind wir außergewöhnlich gut unterrichtet: durch die Reisebeschreibung, die Olearius 1647, dann vermehrt 1656 im Druck vorlegte, daneben durch Flemings Gelegenheitsgedichte. Beide ergänzen sich: Fleming ziert schmuckhaft die Ereignisse in gebundener Form aus, die Olearius in ihrer prosaischen Folge bei einem gleichermaßen hohen Anspruch der Literarizität aufführt. Nicht umsonst hat Olearius an vielen Stellen[7] die entsprechenden dichterischen Gestaltungen Flemings in seinen Text verwoben, und zwar so, daß sie wesentlich zur Sache gehören, nicht etwa einer künstlichen Eselsbrücke bedürften. Als Beispiel diene die Einführung eines langen Gedichts über den Charakter der Russen:

> So viel sey gnung gesaget von dem jetzigen Zustande Rußlandes vnd beschaffenheit der Einwohner / bey dero beschreibung ich mich etwas weitläufftiger erzeiget / als es wol die Reise beschreibung erfordert. Weil es aber theils newe / theils nicht jederman bekante Sachen / so manchem zu wissen nicht undienlich seyn möchten / als hoffe ich der günstige Leser wird diesen meinen Vmbschweiff / denn mir die Gelegenheit an die Hand gegeben / in keinem vnguten auffnehmen. Auch daß ich hier mit anhenge Doctor Paul Flemings / meines gewesenen Reisegefertens feine Gedancken / welche er über die Russen / fürnemblich so im Naugartischem Creise vnd auff dem Lande wohnen / gerichtet. Dann bey denselben er in vnser ersten Reise fünff gantzer Monat sich auffgehalten / vnd dieses geschrieben: [. . .].[8]

Gegenüber des Olearius in Großquart mehr als siebenhundert Seiten umfassendem Bericht kann hier nur eine knappe Zusammenfassung statthaben. Die Reise ging, nachdem man in Reval gelandet war, über Narwa, Nowgorod, Moskau, Nischni Nowgorod, von dort zu Schiff auf der Wolga weiter, nach Kasan und Astrachan, das Westufer des Schwarzen Meeres entlang, über Qum nach Isfahan und zurück. Ränke und doppelter Schiffbruch, das fremde Land mit der unverständlichen Sprache und Schrift, die Abhängigkeit von berufsmäßigen Übersetzern: all dies neben dem eigentlichen Auftrag der Gesandtschaft macht es verwunderlich, daß überhaupt Muße zum Dichten bestand, mehr noch, daß Flemings Beteiligung im Gefolge vornehmlich in der Funktion eines solchen ausschmückenden Gelegenheitsdichtens bestanden zu haben scheint. Weiter ist zu berücksichtigen, daß nach dem Moskauer Aufenthalt in der zweiten Jahreshälfte 1634 eine Rückkehr nach Gottorf nötig wurde, weil Geldforderungen erfüllt und ein Bekräftigungsschreiben nachgereicht werden mußten. Fleming blieb damals in Reval bis zur Wiederkehr der Federführenden an der Gesandtschaft. Das war zu Anfang 1635, und Reval sollte in seinem Biogramm Epoche machen. Unter den Freunden, die Fleming hier fand, ragen heraus die Familien Niehusen und Müller, sodann die Lehrerschaft des dortigen Gymnasiums. Niehusen war 1633 von Hamburg nach Reval übergesiedelt, besaß dort ein Handelshaus und war in der bürgerlichen Stadtverwaltung tätig. Niehusen hatte drei unverheiratete Töchter, die bald zu Gegenständen von Flemings Dichten wurden. Die älteste, Elisabeth, von Fleming auch als Euphrosyne bedichtet, heiratete einen Revaler Prediger. Elsabe, die mittlere der Schwestern, entzündete den Dichter. Als Salvie, Basile – wegen des Spiels mit dem griechischen Wort für ‚König‘ –, Basilene, Salibene oder Salibande durchzieht sie anagrammatisiert Flemings Gedichte. Er, der Entflammte, richtete seine Hoffnung auf sie, bis sie in seiner Abwesenheit 1637 einem Revaler Professor der orientalischen und der griechischen Literatur die Hand reichte. In einer Zeit vor der Behandlung der literarischen Themen von einer emotional-psychologischen Auffassung der Liebe und von verführter Unschuld (vgl. H. Petriconi) verstand es Fleming, seine Gefühle ungebrochen auf die jüngste Schwester, Anna, zu übertragen. Am 8. Juli 1639, auf der Rückkehr der Reisenden, wurde die Verlobung vollzogen. Die Reisenden waren am 13. April 1639 wieder in Reval eingetroffen. Eile mit Weile! Am 11. Juli ging es zu Schiff weiter nach Travemünde. von dort am 23. Juli nach Eutin zum Lübecker Fürstbischof, dem Bruder des Gottorfer Herzogs. Über Kiel kam Fleming nach Schleswig und Gottorf, wo Mitte August die Vorstellung der persischen und russischen Gesandten statt hatte.

Um das in Aussicht gestellte Amt des Revaler Stadtarztes übernehmen zu können, holte Fleming seinen medizinischen Doktorabschluß nach, reiste im September 1639 über Hamburg, wo er seinen Leipziger Gefährten Finckelthaus, den Brasilienreisenden, wiedersah, von dort zu Schiff nach Holland. Von Rotterdam gelangte er nach Leiden, wo er am 29. Oktober in die Matrikelliste eingetragen wurde, zusammen mit zwei Landsleuten, mit denen er auch die Wohnung teilte. Und noch ein Zeichen des inzwischen erreichten Wohlstandes und des bürgerlichen Prestiges ist in der Matrikel ablesbar: der 29jährige Doktor der Philosophie und erneute Medizinstudent hatte einen 21jährigen Diener bei sich, dem keins seiner Gedichte gilt. Daniel Heinsius, der betagte klassische Philologe, der als neulateinischer wie volkssprachlicher Dichter schon Opitz zum Vorbild gedient hatte, wurde in einem lateinischen Gedicht besungen, das namentlich auch Grotius, Barth und Buchner nennt; ein weiteres Gedicht ging an Caspar Barlaeus, den Theologen, Mediziner und Philologen, dem Fleming weiterhin insgesamt seine lateinischen Gedichte zueignete.

Am 23. Januar 1640 erhielt Fleming den medizinischen Doktortitel. Erst am

7. März verließ er Leiden. Vielleicht erklärt sich der Verzug mit den Winterun-
bilden für eine Rückkehr zu Schiff von Holland nach Hamburg. Vielleicht aber
wurde damals auch die Gedichtsammlung abgeschrieben, geordnet und mit den
vielfältigen Widmungen versehen. Es ist Flemings dichterisches Vermächtnis, für
das er sogar haushälterisch die Gedichte aufführt, die ihm nicht zuhanden sind
und die er von den Bedichteten zurückbittet. Als Fleming am 20. März in Hamburg eintrifft, ist er bereits krank, eine Woche später bettlägerig, dann am
2. April 1640 tot. Gleichfalls an diesem Tag starb ein Modell seiner Dichtung,
der polnische, neulateinisch dichtende Jesuit Maciej Kazimierz Sarbiewski. Am
Ostermontag, dem 6. April, wird Fleming in der St. Katharinenkirche begraben;
hier besaßen die Niehusens noch das Familiengrab. Der noch nicht Schwiegervater betrieb mit Hilfe von Olearius die Ehrenrettung durch die Sammelausga-
ben von Flemings Gedichten. Dichtung als Nachruhm: eine wohlgemeinte Grabschrift in der Kirche hat sich nicht erhalten, ist nur im Druck überliefert und
lautet mit biederen Alexandrinern:

> Hier liegt der deutsche Schwan / der Ruhm der weisen Leute /
> Der Artzney lieber Sohn / der wolberedte Mund /
> Dem noch kein Landsmann ie gleich reden hat gekunt.
> Was / Leser / er itzt ist / das kanstu werden heute.[9]

*

Als Dichter, wie er überliefert ist, beschränkt Fleming sich auf die Lyrik. In
dieser Sparte, die er zu einem der literarischen Höhepunkte des siebzehnten
Jahrhunderts entwickelte, tritt Fleming zunächst als Neulateiner auf. Mehrere
Sammlungen neulateinischer Gedichte lagen bereits während der Leipziger Studienjahre im Druck vor; deutschsprachige Gedichte Flemings beschränken sich zu
seinen Lebzeiten auf Beiträge zu Gelegenheitssammlungen, Einzeldrucke von
Kasualcarmina und zwei kürzere religiöse Gedichtfolgen. Kurz: in bezug auf
Umfang und Leistung wie auch den darauf bezogenen Anspruch des Verfassers
sind Flemings neulateinisches und sein deutsches Dichten ebenbürtig, gleichwertig. Auch in dieser gleichrangigen Einschätzung des Dichtens in beiden Sprachen,
der klassischen und der Muttersprache, folgt Fleming seinem Vorbild Opitz. Wie
bei diesem ist auch Flemings neulateinisches Dichten keine Durchgangsstufe der
‚Entwicklung‘, jenes ohnehin für das literarische siebzehnte Jahrhundert so fragwürdigen Begriffs. Zufälle, Gelegenheiten und Begebenheiten noch der Gesandtschaftsreise in den Orient und des Aufenthaltes in Holland werden ebenso in der
einen wie in der anderen Sprache dichterisch zum Ausdruck gebracht. Das aber
heißt: das Arsenal auch der klassischen Sprache und ihrer literarisch vermittelten
Ausdrucksmöglichkeiten ist Fleming gleichermaßen in der Fremde bewußt und
ohne Rückgriff auf eine Bibliothek verfügbar. Der Dichter erweist sich damit als
‚poeta doctus‘; seine Rolle begründet sich in der Repräsentation, für die Ange-

hörigen einer gehobenen ständischen Gruppe gemeinschaftliche Ereignisse nach den Forderungen der ,argutia'-Lehre sprachlich und dichterisch zu verewigen. Die Handlungsträger sind zugleich die Leserrezipienten der dichterischen Behandlung ihrer Begebenheiten. Und weiterhin: beide Sprachen sind austauschbar, sind – in der Metapher des Barock – Kleider des gedanklichen Inhalts. Mehrfach findet sich die Angabe unter den Überschriften „aus meinem Lateinischen". Das Gegenteil fehlt freilich und bekundet indirekt so die Tendenz der Literatur im damaligen Deutschland zur Muttersprachlichkeit.

Nach Flemings Wunsch sollte eine vollständige Sammlung seiner neulateinischen Dichtungen gleichzeitig mit den deutschen Gedichten in Druck gehen. Beide Sammlungen waren gleichermaßen nach den ,res et verba', den Gegenständen und Dichtungsarten unterteilt. Aber Flemings neulateinisches Dichten steht bereits am Ende der kulturgeschichtlichen Wertschätzung solcher Kunstübung. So blieb die Schreiberhandschrift mit Flemings Autorkorrekturen zu den lateinischen Dichtungen ungenutzt, gelangte als Geschenk des jüngeren Olearius an den Gottorfer Regierungsrat und Bibliothekar Marquard Gude und fand bei der Auktion von dessen Bibliothek 1706 wie 1709 keinen Interessenten. Erst Jahre später wurde die Handschrift bei einem Sammelkauf von der Wolfenbütteler Bibliothek erworben.

Flemings lateinisches Dichten beginnt mit Gelegenheitssammlungen auf Anlässe innerhalb der gräflich Schönburgischen Familie des Herkunftsortes, ergänzt sich um christlich-heilsgeschichtliche Themen, politische und aktuelle der Kriegszeit wie der Leipziger Pestjahre, schließt ein umfängliches Ehrengedächtnis an den verstorbenen Studienfreund Gloger ein und findet zu eigener Liebesdichtung, das heißt: soweit Flemings petrarkistisches Programm überhaupt Eigenständigkeit erlaubt. Das ist der traditionelle Rahmen von Lyrik, wie sie in rückwärtiger Verlängerung mit den Namen Opitz, Heinsius, Douza und Scaliger bezeichnet ist: geistliche und weltliche Gelegenheitsdichtung im Sozialgefüge einer gebildeten Schicht im Zeitalter des Absolutismus. ,Freie', ,fiktive' Dichtung ist auf das Thema der Liebe und auf die Pointenstruktur eines epigrammatischen Aperçu beschränkt, das sich mit gemeinschaftlichen Erfahrungen des ständischen Alltags verknüpft. Aus solchen thematischen und auch formalen Zuordnungen entstehen die einzelnen Bücher der Gedichte, die säuberlich den Gönnern, Förderern und Freunden zugeeignet werden. Diese Lyrik gehorcht keiner Entwicklung, auch keiner biographisch-chronologischen; und damit sind die Versuche hinfällig, den Gedichten durch eine zeitliche Fixierung ihrer Anlässe und entsprechende Neuanordnung im Druck ein solches Entwicklungsschema zu unterstellen, wie es der Denkhaltung des neunzehnten Jahrhunderts entsprach und wie es Lappenbergs Ausgabe mit nachhaltiger Wirkung vornahm.

Vielmehr ist Flemings Dichten an der Tradition orientiert. Ihr entnahm er die erstmals bei Statius auftauchende, metaphorische Bezeichnung der ,silvae', ,Wälder', für eine Gedichtsammlung, wie sie das gesamteuropäische sechzehnte Jahrhundert erneuert und weiter ausgebildet hatte. Einem Vorbild unter diesen Mittlern, Joseph Scaliger, verdankt Fleming auch die Bezeichnung für seine Unterabteilungen: ‚Hipponax‘, ‚Sidera‘, ‚Lacrymae‘, ‚Tumuli‘, ‚Manes‘ oder ‚Arae‘.

Liest man die neulateinische Lyrik Flemings nun auf solche Traditionsbezüge, so zeigt sich eine eindrucksvolle Breite der bewußten Anlehnung. In einem (poetisch kaum besonders gelungen zu nennenden) Poem der in Leipzig 1631 erstgedruckten Liebesgedichtsammlung *Suavia*, in einem Stück, das einen Kuß der hier dichterisch angebeteten Rubella, des „Rötchen“, über alle Küsse der Liebesdichtung stellt, zählt Fleming seinen Dichterkatalog auf.[10] Er umfaßt in Flemings Reihenfolge, jeweils ergänzt um den Namen der fiktiven Geliebten, die Dichter Ovid, Catull, Tibull, Johannes Secundus, Janus Douza, Marcus Antonius Muretus, Caspar Barth, Paulus Melissus Schede, Properz, Janus Gruterus, Nicolaus Borbonius, Adrian Blyenburg, Anakreon, Georg Sabinus, einen nicht näher bezeichneten Flaccus, Janus Lernutius, Michael Marullus, Johannes Baptista Gyraldus, Georges Buchanan, Johannes Cotta, Florentinus Schoonhovius und Daniel Heinsius. Das ist mit zweiundzwanzig Namen ein weitgespanntes Programm, das neben den Liebesdichtern der Antike das westeuropäische ausgehende sechzehnte Jahrhundert enthält. Dabei wird man weniger eine Einzelkenntnis der hier Aufgeführten voraussetzen müssen als vielmehr die Vermittlung durch Anthologien, wie sie Janus Gruterus als Heidelberger Professor und Bibliothekar der dortigen Palatina unter dem anagrammatischen Namen eines Rhanutius Gerus vorgelegt hatte, sodann aber – und dies wird durch ein weiteres Huldigungsgedicht Flemings bestätigt[11] – die *Veneres Blyenburgicae sive Amorum hortus in quinque areolas divisus et fragrantissimis CLVIII celeberrimorum poetarum flosculis refertus* (Dordrecht 1600). Leonard Forster hat nachgewiesen[12], wie gerade diese den internationalen neulateinischen Petrarkismus vermittelnde Anthologie mit ihrem Auswahlkriterium von geistreichen *vers de société* sich zugleich mit einer ethischen Haltung der bürgerlichen Liebesauffassung verbindet, die zur Ehe führt und ihr weiteres Ziel in der Gottesliebe zeigt. Hier liegt der Verknüpfungspunkt für Fleming, der seine Sammlung, wie die Widmung bezeugt, aus Anlaß der Hochzeit des Widmungsempfängers zusammenstellte, obwohl er gleichzeitig unter dem Eindruck vom Tod seines Gloger litt. In eben dieser Zueignung, die vorredenartigen Charakter hat, die wieder Secundus, Douza und Lernutius als Vorbilder hinstellt, rechtfertigt Fleming seine Liebesdichtung so:

> Scimus namque, quod Germanae poesios Maro ait, deum illum ingeniorum quasi cotem esse, quo sensus stringere et acuere possumus, et res vitii expers est.[13]

Der deutsche Maro-Vergil ist Opitz, und hier steht nicht etwa der Neulateiner an, sondern der Verfasser der *Poeterey*, aus deren drittem Kapitel sich Fleming eine berühmte Stelle lateinisch zurechtlegt, fast wörtlich: „[...] weil die liebe gleichsam der wetzstein ist an dem sie [scil. die Dichter] jhren subtilen Verstand scherffen [...]."[14] Das Textdokument zeigt, daß Fleming auch als neulateinischer Lyriker stets Opitz vor Augen hat, und zwar sogar den deutschsprachigen Theoretiker, aber auch die deutschen Gedichte, aus denen er ein Sonett *An der Liebsten Vatterlandt*[15] in acht Distichen übersetzt und sich durch die Überschrift *Ad patriam Rubellae* aneignet. Ebenfalls der *Poeterey*[16] konnte Fleming die Empfehlung der neologischen Wortzusammensetzung entnehmen, eine manieristische Methode, mit der er ein Gedicht als *tour de force* füllt und als offenkundig seiner Meinung nach krönenden Abschluß eine Wortbildung sich über die ganze Breite der letzten Zeile erstrecken läßt:

christianagnesisponsivenustinecae.[17]

Als neulateinischer Dichter ist Opitz bei Fleming weniger direkt erkennbar; dafür sind Verweise auf andere Anreger stärker und deutlicher. So ist, um ein Beispiel herauszugreifen, selbst der Name der fiktiven Geliebten Zitat und Verweis: Fleming teilt seine Rubella mit dem von ihm im Dichterkatalog genannten Nicolaus Borbonius. Müßig daher die Frage, ob eine persönliche Leidenschaft des jungen Studenten diese Dichtung begleitet oder sie gar anregend auslöst. Das leistet die Tradition. Es handelt sich um neulateinischen Petrarkismus, geistreiche Gesellschaftsdichtung für die gebildete Schicht.

Auch die neulateinische Lyrik Flemings ist den geistlichen Themen eröffnet, besonders auf der Reise im islamischen Orient, wo Begegnungen mit Mönchen sogar eine auffällige Nähe zu katholischen Themen und Motiven veranlassen. Darüber hinaus findet sich ein Lobgedicht an den Papst Urban VIII.[18] Aber auch der neostoizistische Ton gehört zu der Palette des Neulateiners Fleming. Ein epigrammatisches Gedicht gilt *Justi Lipsii, viri inimitabilis* (tumulus).[19] So nimmt es nicht wunder, Parallelen auch zu dem Grabgedicht für sich selbst zu finden, so etwa beispielhaft das folgende Epigramm:

Epitaphium Sibi vivo
Ille ego per medicam factus venerabilis astem,
   ille ego per melicum factus honorus ebur,
hic medicus melicusque cubo. Quid utrimque juvabar?
   Nil medicum, melicum nil mihi fata stitit.
Sed quid ab arte juver? nihil ars, nihil ipse putandus.
   Omne, quod est, nihil est, orbis, olympus, homo,
vita nihil, mors nil. Quid obire verebor, amici?
   Nil nihilo nihilum posse nocere, scio.[20]

*

Man tut gut, die vorstehenden Überlegungen auch für den deutschsprachigen Lyriker Fleming im Auge zu behalten. Fleming steht auch hier unter dem bestimmenden Einfluß von Opitz und zeigt, was mit den begrenzten Forderungen der *Poeterey* und dem praktischen Beispiel der Dichtungen Opitzens erreichbar ist. Auch im Deutschen bleibt Fleming ausschließlich Lyriker. Seine Versmaße sind Jambus und Trochäus, die zweisilbig alternierenden Metren; neben Alexandriner und Zehnsilber verwendet Fleming gern die damals auf die Anakreonteen zurückgeführte zierlichere Kleinform des achtsilbigen Verses. Seine Gattungen sind das Sonett, das paargereimte Langgedicht, die Ode, das Lied und das Epigramm. Anders als Opitz hat Fleming die durchgängige Welthaftigkeit des Gelegenheitsdichters; über fünfhundert Personennamen lassen sich in seinen Gedichten zählen. Dazu kommen noch die poetisch-fiktiven Namen und geistreiche, häufig aber auch nur geistreichelnde Anagramme für Eigennamen. Die Buchstabenversetzung hatte freilich wiederum Martin Opitz in seinem *Aristarchus* bereits nachdrücklich empfohlen.[21] Flemings Zitate und Anlehnungen an Opitz sind fast auf Schritt und Tritt spürbar. Das Vorbild als menschliche Gestalt ist Fleming so wichtig, daß er während der Reise mehrfach poetische Nachrufe auf ihn verfaßt, wenn das Gerücht ihm die fälschliche Nachricht von dessen Tod zuträgt.

Fleming ist zuerst geistlicher Dichter und geistlicher Gelegenheitsdichter. Sein Lied „In allen meinen Taten laß ich den Höchsten raten . . .", das die lebensgeschichtliche Legendenbildung mit dem Aufbruch der Gesandtschaft gern verknüpft, steht noch heute im evangelischen Kirchengesangbuch, unter der Rubrik des Vertrauens auf Gott.[22] Am Anfang von Flemings deutschsprachigen Lyrikbüchern stehen *Davids, des hebreischen Königs vnd Propheten Bußpsalmen, Vnd Manasse, des Königs Juda Gebet als er zu Babel gefangen war* (Leipzig 1631). Für die metrische Form schließt Fleming sich der Psalmenübersetzung des Ambrosius Lobwasser an und gewinnt dadurch – wie auch sonst in seiner geistlichen Lyrik – die Sangbarkeit auf die Melodien des wirkungsvollen calvinistischen Komponisten Claude Goudimel. Auch hier ist ihm Opitz vorbildlich gewesen. Das bezeugt neben dem Verfahren einer Kontrafaktur auf vorgegebene Melodien die Vorrede Flemings:

> Gunstiger Leser, die Bußpsalme in deutsche Poesie zu richten, hat mich veranlasset Herrn Opitzens sein schöner fleiß, den Er vnter andern bei vbersetzung der Klagelieder Jeremias in ebenselbige nicht ohne rühmlichen Abgang angewendet.[23]

Welche Musikalität der strophischen Versrhythmik Fleming in seine neostoizistisch stärker als konfessionell bestimmte geistliche Lyrik zu bringen weiß, möge die folgende Ode veranschaulichen:

> Laß dich nur nichts nicht tauren
> mit trauren /
> Sey stille /
> Wie Gott es fügt /
> So sey vergnügt /
> mein Wille.

Was wilst du heute sorgen /
auff morgen /
der eine
steht allem für /
der giebt auch dir /
das deine.

Sey nur in allen Handel
ohn Wandel.
Steh feste /
Was Gott beschleust /
das ist und heist /
das beste.[24]

Auf die geistlichen Gedichte folgen in allen drei Hauptteilen, den „Poetischen Wäldern", den „Oden" und den „Sonetten", die Bücher, die thematisch nach den Gelegenheiten des bürgerlichen Lebens abgeteilt und in folgender Reihe geordnet sind: von Leichengedichten; von Hochzeitgedichten – epithalamische Sonette fehlen –; von Glückwünschungen; von Liebesgesängen. Fleming ist erneut, wie diese Sparten zeigen, vornehmlich Gelegenheitsdichter; er hebt den individuellen Anlaß auf eine repräsentative Ebene vor der Gesellschaft.

Anders die Liebesdichtung, in der Fleming den Höhepunkt des deutschsprachigen Petrarkismus erreicht. Auch hier, in einer Zeit vor dem Eigenrecht von Individuum und Erlebnis, handelt es sich um damals geltende gesellschaftliche Konventionen, mit denen die Haltung des unerwidert und leidend Liebenden austauschbar und überpersönlich in formelhaften Posen, Motiven und konkret visualisierbaren Metaphern mit ihren dialektischen Spannungen von Hitze und Kälte, Krankheit und Gesundheit, Leben und Tod sich bekundet. Trotz der rhetorischen Sondertradition, aus den Anfangsbuchstaben der Strophen Namen oder deren anagrammatische Umstellungen zu bilden und die Gedichte so auf auch lebensgeschichtlich nachweisbare Personen zu beziehen, trotz Sehnsucht aus der Ferne und Werben um Treue und Beständigkeit – eben die Züge, an die sich die biographisierenden Legenden knüpften –, bleibt Flemings Liebesdichtung losgelöst von der zeittypisch ausgesparten Wirklichkeit eines privaten Liebeserlebens. Die Gedichte berühren den festen Motivschatz der Körperteile der Dame, der mit ihr in Berührung geratenden Gegenstände, die Orte der Begegnung, den preziösen Vergleich mit Edelsteinen und Edelmetallen oder schließlich die Entsprechung von Makro- und Mikrokosmos. Gefragt ist stets im visualisierbaren Konkretisieren nach der geistreichen Pointe, die belustigen und Staunen erwecken soll. Wenn Amene sich an einem lieblichen Ort unter den Nymphen „mit Angeln erlustiret", so vergleicht sie der Dichter mit einem Bild des Amor:

Gleich so spielt Amor auch mit mir / und kränkt mich frisch.
Sein' Angel ist das Lob von deiner edlen Tugend /

das Garn der Augen Liecht / die Ruthe deine Jugend /
die Speise deine Zier / und ich der schwache Fisch.[25]

Oder die stereotype Vergleichsformel, nach der die beiden strahlenden Augen
der geliebten Dame die eine Sonne am Himmel quantitativ wie qualitativ überbieten, wird von Fleming mit der damals neuen Einführung des zivilisatorischen
Sonnenschirms so verbunden:

Auff den Sonnenschirm
Nicht / daß sie den Verdruß der Sonnen ihr benehme /
braucht meine Sonne dich / O du der Schönheit Schutz /
und Zaum der fremden Glut. Nein. Dieses ist dein Nutz /
daß sich die Sonne nicht für ihrer Klarheit schäme
und sich nicht etwa kranck und gar zu tode grähme /
für derer Trefligkeit / die ihrer auch beut Trutz.
Drüm setzt sie dich vor sich. Dein frommer Schatten thuts /
daß du dem Himmel selbst und ihr auch bist bequähme.
So bleibt die Sonne klar / und ihre Schönheit gantz.
Durch dich / O Schiedemann / hat iedes seinen Glantz.
Ach / daß du solchen Dienst mir woltest nicht verschmähen.
Tritt zwischen mich und sie. Ihr allzustarckes Liecht
kan mein verblendter Schein durchaus vertragen nicht.
Welchs sterblichs Auge kan in diese Sonne sehen?[26]

Das ist der geistreiche, witzige Petrarkismus mit seinen Übertreibungen und
renaturalisierten, buchstäblich genommenen Metaphern. So schirmt der Sonnenschirm die Sonne. Diese concettistische Ausrichtung stellt Fleming in die Nähe
des weltliterarisch bedeutendsten Vertreters einer solchen Liebesdichtung, den
Italiener Giambattista Marino (1569-1625).

In Anlehnung an Opitzens *Schäfferey von der Nymphen Hercynien* verfaßt
Fleming eine poetische Hochzeitsgabe für den Professor Brockmann 1635 in
Reval und greift in einem Sonetteinschub der Wechselreden ein Sonett Opitzens[27]
auf, das seinerseits auf Petrarcas „S'amor non è che dunque è quel ch'io
sento . . ." zurückgeht. Unter der gemeinsamen Fragestellung nach dem Wesen
der Liebe erlaubt Flemings Gestaltung mit ihrer sich überbietenden Frage- und
Antwortstruktur und dem eingeflochtenen Summationsschema eine Einsicht in
die gesteigerte Rhetorisierung:

Wie? ist die Liebe nichts? was liebt man denn im Lieben?
was aber? alles? Nein. Wer ist vergnügt mit ihr?
nicht Wasser: Sie erglüt die Hertzen für und für.
Auch Feuer nicht. Warumb? was ist für Flammen blieben?
Was denn? Glut? aber sagt / woher kömt ihr betrüben?
denn böse? mich dünckts nicht / nichts solches macht Begier.
Denn Leben? Nein. Wer liebt / der stirbt ab seiner Zier /
und wird bey Leben schon den Todten zu geschrieben.

So wird sie todt denn seyn? nichts minder als diß eben.
Was todt ist / das bleibt todt. Aus lieben kömmet Leben.
Ich weiß nicht / wer mir sagt / was? wie? wo oder wenn?
Ist nun die Liebe nichts? als Alles? Wasser? Feuer?
Gut? Böse? Leben? Todt? Euch frag ich neuer Freyer /
sagt ihrs mirs / wenn ihrs wißt / was ist die Liebe denn?[28]

Auch in der Frage nach dem Wesen der Liebe ist Leben wie Tod für den barocken Dichter gleichermaßen gegenwärtig. Die rhetorische Struktur der Gedankenführung verknüpft das Bewußtsein von der Eitelkeit mit der Forderung, den Tag zu genießen, solange er währt. Leben und Tod sind benachbart wie All und Nichts oder wie die Gedichtbücher auf Begräbnisse und Hochzeiten. In einem Leichengedicht schon des Jahres 1632, das als anakreontisches, achtsilbiges Sonett in dem Buchabschnitt über Begräbnisse seine Bezogenheit auf den ursprünglichen Anlaß ausklammert und so allgemeineren Aussagewert beansprucht, hatte Fleming die dichteste Formel über oxymorontische Erfahrungsbilder als Pointe entwickelt:

> Bey einer Leichen
> Ein Dunst in reger Lufft;
> Ein geschwindes Wetterleuchten;
> Güsse / so den Grund nicht feuchten;
> Ein Geschoß / der bald verpufft;
> Hall / der durch die Thäler rufft;
> Stürme / so uns nichts seyn deuchten;
> Pfeile / die den Zweck erreichten;
> Eyß in einer warmen Grufft;
> Alle diese sind zwar rüchtig /
> daß sie flüchtig seyn und nichtig;
> Doch wie nichts Sie alle seyn /
> So ist doch / O Mensch / dein Leben /
> mehr / als Sie / der Flucht ergeben.
> Nichts ist alles. Du sein Schein.[29]

Die Gleichung des Schlusses ist umkehrbar, Subjekt und Objekt des Satzes austauschbar. Nichts ist alles; alles ist nichts. Und das menschliche Leben ist Schein beider, Schein des Alls wie Schein des Nichts. Die Entsprechung von Makro- und Mikrokosmos wird hier durch die Vanitas gebrochen.

Eine Dichtung, die sich damit in den Schein-Charakter der flüchtigen Welt einbeziehen muß, bedarf eines Halts. Fleming findet ihn einerseits in der fraglos hingenommenen Antwort eines überkonfessionellen Christentums. Im innerweltlichen Bereich entspricht dem Gottvertrauen die menschliche Treue und die Beständigkeit. Auch dies ist „durchaus nicht persönliche Errungenschaft des Dichters" Fleming, wie Richard Alewyn in seiner Anzeige von Hans Pyritz' bahnbrechenden, bis heute nicht überholten Petrarkismus-Studien zu Flemings

Liebeslyrik unterstrich.[30] Die Treue steht, angelehnt an das Vorbild der italienischen Lieddichtung, als bestimmender Wert im Mittelpunkt des sächsischen Liebesliedes von Regnart bis Schein. Fleming überträgt den motivischen Strang besonders in sein Fünftes Buch der Oden: Von Liebesgesängen. Die Oden an Elsgen, die den Namen in den Anfangsbuchstaben der Strophen nachflechten, stellen die Treue zumeist bereits in die Überschrift. „Ein getreues Hertze wissen / hat deß höchsten Schatzes Preiß."[31] Der pathetische Wert der Treue, der die Sammlung wie ein Silberfaden durchläuft, kann von Fleming freilich nach Elsabes Heirat mit einem anderen unbeschadet auf deren jüngere Schwester Anna übertragen werden. Auch das gehört zu den Zügen der vor-individualistischen Gefühlsdichtung mit dem Intellekt. Und der Verweis auf die literarische Tradition verbirgt sich nicht, sondern zeigt in Übersetzungen das weltliterarische Muster an, dessen Werktitel schon stellvertretend für die Treue steht: Guarinis *Il Pastor Fido*. In diesem treuen Hirten mit seiner Humanitas eines idyllischen Lebens von Ursprünglichkeit und Treue, in der überwundenen Gefährdung und endlichen Wiederaufrichtung von Arkadien zeichnet sich auch Flemings Programm ab.

Das weitere Thema, das den Halt für das barocke Ich abgibt, lieferte Fleming der auf Justus Lipsius' Erneuerung zurückgehende Neostoizismus, die Bewältigung der Widerwärtigkeiten des Glücks wie des Unglücks durch Gelassenheit, Gleichmut und Selbstbeherrschung. Zur Treue-Haltung der partnerschaftlichen Beziehung tritt so die Beständigkeit des Ich zu sich selbst. Das galt für die angeführten Grabinschriften; es kann noch mehr durch das berühmte Sonett *ad me ipsum* veranschaulicht werden:

An Sich

Sey dennoch unverzagt. Gieb dennoch unverlohren.
Weich keinem Glücke nicht. Steh' höher als der Neid.
Vergnüge dich an dir / und acht es für kein Leid /
hat sich gleich wider dich Glück / Ort / und Zeit verschworen.
Was dich betrübt und labt / halt alles für erkohren.
Nim dein Verhängnüß an. Laß' alles unbereut.
Thu / was gethan muß seyn / und eh man dirs gebeut.
Was du noch hoffen kanst / das wird noch stets gebohren.
Was klagt / was lobt man doch? Sein Unglück und sein Glücke
ist ihm ein ieder selbst. Schau alle Sachen an.
Diß alles ist in dir / laß deinen eiteln Wahn /
und eh du förder gehst / so geh in dich zu rücke.
Wer sein selbst Meister ist / und sich beherrschen kan /
dem ist die weite Welt und alles unterthan.[32]

‚Dennoch‘ ist das ‚attamen‘, das schon in seinem Symbol steckt. Die stoische ‚constantia‘ wird variiert durch Flemings *Festina lente* mit ihrem emblematischen Bild der über den Hasen im Wettlauf siegenden Schildkröte. – Paul

Paul Fleming

Flemings Leistung und geistesgeschichtlicher wie literaturgeschichtlicher Ort beruht darauf, daß er die Stränge der christlichen Religiosität, des Neostoizismus, des Petrarkismus und der Treue-Haltung verknüpft in seinen gleichen Wert beanspruchenden neulateinischen wie deutschen Gedichten. Fleming ist seinen humanistischen Anregungen und Anregern zutiefst verpflichtet, auf deren maßgeblich autoritative Stufe er für seine Gegenwart das Vorbild des Martin Opitz stellt. Dessen Beispiel in Theorie und Praxis befolgt er, beschränkt sich auf das Feld der lyrischen Gedichte und wird eben darin der krönende Abschluß und Höhepunkt dieser ersten auch deutschsprachigen Generation von Barockdichtern. Sein Rang wurde nie bezweifelt, auch nicht in Zeiten, die sonst dem Barocken abhold waren. ‚Man wird ihn nennen hören, biß daß die letzte Glut diß alles wird verstören . . .‘

Anmerkungen

Texte

Von der von Adam Olearius im Auftrag des Schwiegervaters Niehusen besorgten Sammelausgabe der deutschsprachigen Gedichte *D. Paul Flemings Teütsche Poemata. Lübeck In Verlegung Laurentz Jauchen Buchh(ändlern)* [ohne Jahr, aber 1646] liegt ein reprographischer Nachdruck vor, Hildesheim 1969. Im Vorstehenden sind Zitate, wenn möglich, dieser Ausgabe entnommen, die in den Anmerkungen als *Ausg. 1646* sigliert wird. Der verdienstliche Hamburger Gelehrte, Johann Martin Lappenberg, gab in der Bibliothek des Litterarischen Vereins in Stuttgart als Band LXXIII *Paul Flemings Lateinische Gedichte* (1863) und als Band LXXXII und LXXXIII *Paul Flemings Deutsche Gedichte* heraus (1865; beide Bände mit fortlaufender Seitenzahl). Ein Nachdruck dieser dreibändigen Ausgabe erschien 1965 bei der Wissenschaftlichen Buchgesellschaft in Darmstadt. In den Nachweisen wird die Ausgabe als *Lappenberg I* bzw. *II* zitiert. – Lappenbergs Ausgabe unternimmt den Versuch, entsprechend einer nachweislichen oder gemutmaßten Chronologie der Abfassungsdaten die Gedichte gegen Flemings Anordnung in eine neue Abfolge zu bringen. Eine neueren Ansprüchen genügende Fleming-Ausgabe fehlt bis heute.

Ebenso fehlt bisher eine eingehende Personalbibliographie. Die derzeit vollständigste Information bietet Gerhard Dünnhaupt, Bibliographisches Handbuch der Barockliteratur. Stuttgart 1981, Bd. I. Dort findet sich zugleich eine Auswahl der wichtigsten Sekundärliteratur. Deshalb mögen hier einige Hinweise genügen.

Bibliographische Hinweise

Über Flemings Gesandtschaftsreise vgl. den Neudruck, hrsg. v. Dieter Lohmeier, von Adam Olearius, *Vermehrte Newe Beschreibung Der Muscowitischen vnd Persischen Reise.*

Jörg-Ulrich Fechner

(Schleswig 1656). Tübingen 1971 (Deutsche Neudrucke; Reihe: Barock, hrsg. v. Erich Trunz, Bd. 21) und das wichtige, informative Nachwort des Herausgebers. Rezeptionsgeschichtlich nützlich ist die Zusammenstellung von Siegfried Scheer, Paul Fleming. Seine literarhistorischen Nachwirkungen in drei Jahrhunderten. Eine Bio-Bibliographie. In: Imprimatur 9, 1939/40, Beilage [nach S. 176; 16 Seiten]. Zur allgemeinen Einführung kann noch immer dienen Harry Maync, Paul Fleming; in: H. M., Deutsche Dichter. Reden und Abhandlungen. Frauenfeld/Leipzig 1928, S. 1-23 (Erstdruck in: Deutsche Rundschau, Oktober 1909). Einen Versuch, der das Ausgabeprinzip Lappenbergs für eine Gattung der Flemingschen Gedichte kritisiert und in einer neu argumentierten Abfolge eine Entwicklung des Dichters sehen zu dürfen glaubt, bietet die Zürcher Dissertation von Lieselotte Supersaxo, Die Sonette Paul Flemings. Chronologie und Entwicklung. Singen (Hohentwiel) 1956. Am wichtigsten für die geistesgeschichtliche Einordnung Flemings ist nach wie vor Hans Pyritz, Paul Flemings Liebeslyrik. Zur Geschichte des Petrarkismus. Göttingen 1963 (Palaestra, Band 234), ein zusammenfassender Neudruck von drei bereits 1932 erschienenen Untersuchungen. Ergänzend dazu ist wichtig die Rezension von Richard Alewyn, in: Deutsche Literaturzeitung 1933, Sp. 924-932, jetzt leicht zugänglich in R. A., Hrsg., Deutsche Barockforschung. Dokumentation einer Epoche. Köln/Berlin ⁴1970, S. 437-443 (Neue Wissenschaftliche Bibliothek 7; Literaturwissenschaft). Zu Flemings Petrarkismus vgl. auch Jörg-Ulrich Fechner, Der Antipetrarkismus. Studien zur Liebessatire in barocker Lyrik. Heidelberg 1966 (Beiträge zur neueren deutschen Literaturgeschichte. Dritte Folge. Band 2), bes. S. 73-75. Zum Hintergrund des Petrarkismus vgl. weiterhin Gerhart Hoffmeister, Petrarkistische Lyrik. Stuttgart 1973 (Sammlung Metzler 119) und Leonhard Forster, Das eiskalte Feuer. Sechs Studien zum europäischen Petrarkismus. Übersetzt von Jörg-Ulrich Fechner. Kronberg/Ts. 1976 (Theorie – Kritik – Geschichte, Band 12). Zum Neostoizismus vgl. den Neudruck von Justus Lipsius, *Von der Bestendigkeit (De Constantia)*. Hrsg. v. Leonard Forster. Stuttgart 1964 (Sammlung Metzler 45) und das informative Nachwort des Herausgebers, ferner Leonard Forster, Der Geist der deutschen Literatur im 17. Jahrhundert. In: L. F., Kleine Schriften zur deutschen Literatur im 17. Jahrhundert. Amsterdam 1977 (zugleich: Daphnis 6, 1977), S. 7-30 (zuerst englisch unter dem Titel: The Temper of Seventeenth Century German Literature. London 1951).

Weitere Literatur

Aus der Fleming-Literatur der vergangenen Jahre sei hier noch genannt:
Robert Ferdinand Ambacher: Paul Fleming and ‚Erlebnisdichtung'. Diss. (masch.), Rutgers University 1972 (University Microfilms 72-17829).
Volker Klotz: Spiegel und Echo, Konvention und Individualität im Barock. Zum Beispiel: Paul Flemings Gedicht „An Anna, die spröde". In: Rezeption und Produktion zwischen 1570 und 1730. Festschrift für Günther Weydt zum 65. Geburtstag. Hrsg. v. Wolfdietrich Rasch, Hans Geulen u. Klaus Haberkamm. Bern/München 1972, S. 93 bis 119.
G. L. Jones: The Mulde's ‚half-prodigal son': Paul Fleming, Germany and the Thirty Years War. In: German Life & Letters 26, 1972/73, S. 125-136.

Paul Fleming

Anna Maria Carpi: Paul Fleming. De se ipso ad se ipsum. Milano 1973.
Manfred Beller: Thema, Konvention und Sprache der mythologischen Ausdrucksformen in Paul Flemings Gedichten. In: Euphorion 67, 1973, S. 157-189.
Michael P. Alekseev: Ein deutscher Dichter im Novgorod des 17. Jahrhunderts. In: M. P. A., Zur Geschichte russisch-europäischer Literaturtraditionen. Berlin [Ost] 1974, S. 32-60 (Neue Beiträge zur Literaturwissenschaft, Band 35).
Richard Thomas Jurasch: A Study of Paul Fleming's Poetic Range. Diss. (masch.), The Ohio State University 1975 (University Microfilms 75-26, 603).
Stephen Zon: Imitations of Petrarch: Opitz, Fleming. In: Daphnis 7, 1978, S. 497-512.

Nachweise

¹ Vgl. Ferdinand Van Ingen, Vanitas und Memento Mori in der deutschen Barock-lyrik. Groningen 1966.
² Arthur Henkel, Albrecht Schöne, Hrsgg., Emblemata. Handbuch der Sinnbildkunst des XVI. und XVII. Jahrhunderts. Stuttgart 1967, Sp. 616 *Festina lente*. – Dort die Abbildung des Emblems von Vaenius und die beiden zitierten ‚subscriptiones'.
³ Ausg. 1646, S. 670; Lappenberg II, S. 460. *Der Sonetten IV: Auf Begräbnisse 10.*
⁴ Zu den hier anfallenden Ortsnamen und zu der Adelsfamilie von Schönburg vgl. die entsprechenden Artikel im Zedlerschen Universal-Lexicon.
⁵ Vgl. den Katalog der Stolbergschen Leichenpredigtsammlung, etwa Nr. 3661.
⁶ Eine Leichenpredigt für Flemings Vater ist bislang nicht nachweisbar.
⁷ Adam Olearius, *Vermehrte Newe Beschreibung Der Muscowitischen vnd Persischen Reise*. Schleswig 1656. Hrsg. v. Dieter Lohmeier. Tübingen 1971, S. 60 f.; 81 ff.; 209 f.; 329 ff.; 352; 357; 358; 359 f.; 522 f.; 698 f.; 741; 747; 749.
⁸ Ebd., S. 329.
⁹ Ausg. 1646, S. 670; Lappenberg II, S. 893.
¹⁰ Lappenberg I, S. 117-119. *Suavium XIII.*
¹¹ Lappenberg I, S. 459. *Epigrammatum XI: Epulae 5: Horti amoris Blyenburgii.*
¹² Leonard Forster, Das eiskalte Feuer. Sechs Studien zum europäischen Petrarkismus. Übersetzt von Jörg-Ulrich Fechner. Kronberg/Ts. 1976, S. 113 ff., bes. S. 117 f.
¹³ Lappenberg I, S. 105.
¹⁴ *Martin Opitz, Gesammelte Werke. Kritische Ausgabe.* Hrsg. v. George Schulz-Behrend. Stuttgart: Hiersemann 1978, Band II, 1. Teil, S. 353 (Bibliothek des Literarischen Vereins in Stuttgart, Band 300).
¹⁵ Ebd., 1979, Band II, 2. Teil, S. 693 f. (Bibliothek des Literarischen Vereins in Stuttgart, Band 301).
¹⁶ Ebd., 1978, S. 374 f.
¹⁷ Lappenberg I, S. 182. *Taedae Schönburgicae. (8) Ad Mortas.*
¹⁸ Lappenberg I, S. 67 f. *Sylvarum IV. Hendecasyllabi 5: Laudes Urbani IIX. Pont. Opt. Max.*
¹⁹ Lappenberg I, S. 280. *Manium Glogerianorum VII. Tumuli 33.*
²⁰ Lappenberg I, S. 391. *Epigrammatum VI. Flores 40.*
²¹ Martin Opitz, a. a. O., 1968, Band I, S. 73 ff. (Bibliothek des Literarischen Vereins in Stuttgart, Band 295).
²² Ausg. 1646, S. 287-290; Lappenberg II, S. 236-238. *Der Oden I. Von geistlichen Liedern 4.* – Ebd., S. 732, Lappenbergs Anmerkung über die Aufnahme des Liedes in das evangelische Kirchengesangbuch.

[23] Lappenberg II, S. 837.

[24] Ausg. 1646, S. 283; Lappenberg II, S. 244. *Der Oden I. Von geistlichen Liedern 9.*

[25] Ausg. 1646, S. 630; Lappenberg II, S. 510. *Der Sonetten III. Von Liebesgedichten 46.* – In der letzten Zeile des Zitats ist gegenüber *Speise deiner Zier* der Originalausgaben hier Lappenbergs Emendation beibehalten.

[26] Ausg. 1646, S. 653; Lappenberg II, S. 512. *Der Sonetten III. Von Liebesgedichten 83.*

[27] Martin Opitz, a. a. O., Band II, 2. Teil, S. 703.

[28] Ausg. 1646, S. 574; Lappenberg II, S. 92 f. *Der Sonetten II. Von allerhand Glückwünschungen 22.* – Zeile 7 *Deren* statt *Den* der Ausgabe 1646 folgt Lappenbergs Edition nach dem Einzeldruck.

[29] Ausg. 1646, S. 664 f.; Lappenberg II, S. 454. *Der Sonetten IV. Auf Begräbnisse 2.* – Zeile 7 *erreichten* mit Lappenbergs Emendation statt *erreichen* der Originalausgaben. – Zur präzisen Datierung vgl. die wichtige Miszelle von Joseph Leighton, Paul Fleming's Sonnet „Bei einer Leichen". In: The Modern Language Review 71, 1976, S. 327 bis 329.

[30] Richard Alewyn; wiederabgedruckt in R. A., Hrsg., Deutsche Barockforschung. Dokumentation einer Epoche. Köln/Berlin ⁴1970 S. 442.

[31] Ausg. 1646, S. 532 f.; Lappenberg II, S. 426. *Der Oden V. Von Liebesgesängen 34.*

[32] Ausg. 1646, S. 576; Lappenberg II, S. 472. *Der Sonetten II. Von allerhand Glückwünschungen 25.* – Zeile 4 *wider* mit Lappenbergs Emendation statt *wieder* der Originalausgaben.

JEAN-MARIE VALENTIN

DIE JESUITENDICHTER BIDERMANN UND AVANCINI

I

Um jedem Mißverständnis vorzubeugen, scheint es geboten, gleich zu Beginn der vorliegenden Darstellung darauf hinzuweisen, daß die im Titel genannten Autoren keineswegs als dichterische Persönlichkeiten, sondern als sich nicht nur literarisch betätigende Mitglieder der Gesellschaft Jesu anzusehen sind. Mönche waren sie beide, asketisch lebende Menschen, die sich der harten Disziplin ihres Ordens unterzogen, und deren Werke sich nur im Rahmen dieser weitverzweigten, hierarchisch organisierten, nach früh festgelegten Orientierungen denkenden und handelnden Gesellschaft interpretieren lassen. Als solche waren sie freilich keine Ausnahmen. Sich auf sie zu konzentrieren, ohne vorher ein Gesamtbild des Jesuitendramas zu skizzieren, würde zu manchen Fehlurteilen führen.

Die Beziehungen der Societas Jesu zur Literatur nahmen vielfältige Formen an. In allen Ländern, wo sie wirkten, widmeten sich die Jesuiten dem dichterischen Schaffen und vernachlässigten keine der damals gepflegten Gattungen. Die Anfänge ihrer Produktion fallen mit den ersten Jahrzehnten der 1540 durch die Bulle *Militantis regiminis Ecclesiae* bestätigten Kongregation zusammen. In Deutschland hört ihre Tätigkeit erst 1773 mit dem die Aufhebung verordnenden Breve *Dominus ac Redemptor noster* auf. Dies hatte Herder so sehr beeindruckt, daß er ernstlich daran dachte, eine Literaturgeschichte des Jesuitenordens zu schreiben. So sehr er Recht hatte, die europäische Dimension des Phänomens hervorzuheben, man darf jedoch nicht übersehen, daß letzteres ein regional und national sehr differenziertes war. Im deutschen Sprachgebiet kommt ihm besondere Bedeutung zu, da das Latein, dessen sich die Jesuiten vorzugsweise bedienten, bis spät ins 17. Jahrhundert hinein die dominierende dichterische Sprache blieb. Anders auch als anderswo in Europa bedeutete der deutsche Humanismus nicht den – modernen – Durchbruch der Literatur. Sogar theoretisch ließ die deutsche Renaissance mehrere Jahrzehnte auf sich warten: Du Bellays *Défense et illustration* erschien 1549, Opitzens *Teutsche Poeterey* aber erst 1624. Zwar hatte sich schon in den letzten Jahren des Dreißigjährigen Krieges die Situation geändert, so daß die Zahl der in lateinischer Sprache verfaßten Bücher immer geringer wurde. Fest steht dennoch, daß in der zweiten Hälfte des 16. und in den ersten drei Vierteln des 17. Jahrhunderts, in der Zeitspanne also, wo Bidermann und Avancini lebten, das Deutsche sich nur mühsam zur unumstrittenen Kunstsprache entwickelte. Hinzu kommt, daß die Territorien, wo die Jesuiten Fuß gefaßt hatten, durch heftige religiöse Konflikte erschüttert waren, so daß ihre Auffassung des Schriftstellers als *monachus poeta* sich rasch durchsetzen konnte. In den katholisch gebliebenen oder zum Katholizismus zurückgekehrten Landen war im übrigen der Stand der Dinge in Hinsicht auf die alten Orden und den Weltklerus so schlecht, daß die Gesellschaft Jesu notgedrungen dazu berufen wurde, eine ausschlaggebende Rolle zu spielen. Im Unterrichtswesen, jenem Ort, wo Aneignung der literarischen Tradition und Erlernung der dichterischen Kompositionstechnik am produktivsten miteinander verbunden waren, hatten die Patres eine monopolartige Stellung. Indem sie mehr und mehr den erzieherischen Aufgaben zuungunsten der ursprünglich als vorrangig betrachteten missionarischen Ziele den Vorzug gaben, machten die Jesuiten aus jedem ihrer Gymnasien eine die Poesie pflegende Stätte und eine Bühne, so daß die Schule hier mehr als irgendwoanders zu einer das Theater tragenden Institution wurde. Der Lehrer, der dazu verpflichtet war, jedes Jahr mindestens ein Stück zu schreiben, war auf diesen – zeitweiligen – Aspekt seiner Laufbahn vorbereitet worden. Meistens hatte er als Schüler ein Kolleg der Gesellschaft besucht, wo er 5 bzw. 6 Jahre lang Gelegenheit hatte, sich mit den *bonae litterae* intensiv zu beschäftigen. Nachher hatte er an einer (Jesuiten-)Universität Philosophie und Theologie studiert, für welche nur das Latein als Kommunikationssprache in Frage kam. Die meisten römischen Dichter – Cicero, Vergil, Horaz, Plautus, Terenz, Seneka und die Vertreter des nachaugusteischen Zeitalters – hatte er in seiner Ausbildung mindestens auszugsweise gelesen, kommentiert, nachgeahmt. Als Professor für Grammatik, Syntax, Poesie und schließlich Rhetorik hatte er Deklamationen und Dialoge sowie kurze Stücke, die für interne Aufführungen bestimmt waren, verfassen müssen. Die Rhetoriklehrer wurden am häufigsten in Anspruch genommen: Am Ende des Schuljahres, im Herbst, ließen sie regelmäßig große Komödien, Tragödien oder Schauspiele aufführen. Von Zeit zu Zeit hatten sie auch ein Drama beizusteuern, wie z. B. bei nicht selten unerwarteten Besuchen von geistlichen oder politischen Würdenträgern.

Aus dem eben Gesagten erscheint mithin die literarische Produktion der Jesuiten als ein massives Phänomen, so daß ihr ästhetisches Niveau in der Regel mittelmäßig, manchmal sogar schwach war. Man muß sich dessen bewußt sein, daß große Talente – wie gerade Bidermann und Avancini – Ausnahmen waren. Und wenn man nach dem jetzigen Stand der Forschung zwischen Jakob Pontanus und Franz Lang eine ganze Reihe von bedeutenden Autoren aufzählen kann, deren Namen in jedem literaturgeschichtlichen Handbuch erwähnt werden sollten, so sieht man sich auch gezwungen, zuzugeben, daß sie nur einen kleinen Prozentsatz der bekannten und vor allem anonymen Jesuitendichter ausmachen. Daß Tausende von Texten nie gedruckt wurden und nur ausnahms-

weise handschriftlich erhalten oder durch kurze, zweisprachige, des öfteren sinn-
entstellende Inhaltsangaben (Periochen) bekannt sind, läßt aufhorchen: Den
kanonisierten Größen wird man nicht gerecht, solange man den Hintergrund
nicht in Betracht zieht, von welchem sie sich abheben und ohne den sie nicht
hätten existieren können.

Es ist nicht weniger angebracht, eine weitere Vorbemerkung vorauszuschicken,
der in der älteren Forschung sicherlich nicht genug Rechnung getragen wurde:
Die Jesuitendichtung steht in bezug auf ihre Inhalte in engem Zusammenhang
mit den Anliegen des Ordens. Sie ist keine bloß religiös-didaktische Literatur.
Genauer gesagt: Was sie sich zum Ziele setzt, ist im Grunde genommen die intellektuelle und geistige Erneuerung der Welt im Sinne des römischen Katholizismus. Dabei stützte sie sich auf jene *cultura ingeniorum,* deren hauptsächlichste
Merkmale Possevino am Ende des 16. Jahrhunderts definiert hatte. Gegen die
Häresie, deren Verbreitung nach dem geschickten italienischen Diplomaten auf
ein Defizit an *Humanitas* zurückzuführen war, war die kulturelle Tradition des
Abendlandes wirksames Heilmittel und notwendige Propädeutik, wollte man
das Christentum vor dem Ruin retten. Trotz ihrer schematischen, trockenen
Formulierungen verrät die Studienordnung (*Ratio studiorum,* 1599) verwandte
Positionen. Gewiß, diese Wiederaufnahme konnte nicht kritik- und korrekturlos
erfolgen. Erforderlich war eine Anpassung sowohl an die neuen Zeitumstände
als auch an den militanten Geist der nachtridentinischen Ära. Was es hier letzten Endes literarisch und szenisch zu gestalten galt, war der Humanismus des
reformierten Katholizismus. Worauf es ankam, war die *renovatio christiani
populi,* die selbst Voraussetzung war zum immer wieder verkündeten, mit der
Zeit immer lauter verherrlichten *Triumphus Ecclesiae.*

Andererseits bezog sich diese Literatur auf die Gemeinschaft. In den Kollegien
wurden Christen ausgebildet, die später an entscheidenden Stellen im frühabsolutistischen Staate standen. Die Rhetorik selbst war zwischenmenschliches
Vehikel par excellence. Die Literatur – und das gilt in weitestem Maße für das
Drama – verstand sich hier als gesellschaftlich orientiert. Schließlich ging es
doch darum, die religiösen und politischen Belange zu verbinden und zu fördern,
auf die die großen Neuscholastiker, d. h. Staatstheoretiker, des Ordens hingewiesen hatten. Diesem Moment kommt eine um so größere Bedeutung zu, als die
Jesuiten mancherorts von den politischen Mächten kräftig unterstützt wurden,
die ihrerseits in den Patres dynamische, kompetente, gern zu Rate gezogene
Mitstreber sahen. Bekanntlich entstanden solche Bündnisse am Rhein, in vielen
Städten und Fürstentümern, exemplarisch und für unser Thema ganz besonders
interessant aber vor allem in Bayern und in den der Macht der Habsburger
unterstehenden Gebieten.

II

Seit dem Ingolstädter Landtag (1563) hatten sich die Wittelsbacher für einen streng katholischen Kurs entschieden. Albrecht V. hatte sich nach mehreren Jahren des Lavierens für eine konsequente Durchführung des tridentinischen Reformprogramms eingesetzt, seine Autorität durch das Niederwerfen der Stände verstärkt und somit das Modell des gegenreformatorischen Staates ins Leben gerufen. Seine Nachfolger, Wilhelm der Fromme und Maximilian, verfolgten dieselben Ziele. Im konfessionell geteilten Reich, wo der von den Habsburgern praktizierte Kompromißkatholizismus auf die Geister verwirrend wirkte, erschien das Herzogtum Bayern als die Hochburg des deutschen Katholizismus. In Ingolstadt wurden die Lehrstühle für Philosophie und Theologie Jesuiten übergeben. Im benachbarten Bistum Augsburg gründete Bischof Otho Truchsess von Waldburg noch vor Abschluß des Tridentinums ein Priesterseminar. Die sog. Poetenschulen, die der Konkurrenz der jesuitischen Niederlassungen nicht gewachsen waren, verschwanden in ein paar Jahren. Die Bürger und Adligen folgten dem Beispiel ihrer Fürsten und vertrauten ihre Kinder den Pädagogen der Gesellschaft Jesu an. Der Orden selbst hat aus diesem schnellen und eindrucksvollen Zuwachs an neu gegründeten Gymnasien und also anwachsenden Schülerzahlen Nutzen gezogen, und zwar dadurch, daß immer mehr junge Deutsche um ihre Aufnahme in die Societas baten, so daß dem anfangs noch stark zu spürenden Übergewicht der ausländischen Jesuiten ein Ende gesetzt werden konnte. Die aus Süddeutschland stammenden Patres genossen eine gewisse Stabilität, zumindest im Rahmen der Oberdeutschen Provinz. Damit wurde eine zukunftsträchtige Entwicklung in die Wege geleitet: die besten Geister hatten nun die Möglichkeit, sich um starke Persönlichkeiten zusammenzuscharen. Dadurch wurde das literarische Leben erheblich gefördert. Es wurden Gedichte ausgetauscht, Pläne diskutiert, Briefe gewechselt. In Dillingen und Augsburg entstand um J. Pontanus eine solche Gruppe, in der der Geist der humanistischen *Sodalitas* weiterlebte. In München spielten Rader und Keller eine führende Rolle in der Verbreitung der spezifisch katholischen Variante des bayerischen Späthumanismus: Rader z. B. veröffentlichte einen Medäa-Kommentar, verfaßte Dramen, beteiligte sich aktiv an der Bewegung der modernen Hagiographie und wurde schließlich zum Hofhistoriographen ernannt. J. Bidermann hatte das Glück, mit all diesen hervorragenden Männern in Berührung zu kommen und von ihnen zu lernen. Die Jahre, in denen sein Talent zur Reife gelangte, koinzidieren mit der Blütezeit des humanistisch-geistlichen Schrifttums der oberdeutschen Jesuiten, dem in der volkssprachlichen Dichtung der Zeit nur das vorwiegend auf Übersetzungen und Kompilationen basierende Werk des Ägidius Albertinus an die Seite zu stellen ist.

Demgegenüber soll aber betont werden, daß Bidermanns Œuvre sich klar von der gelehrten Strömung unterscheidet, die gerade für diese erste Phase konstitutiv ist. Bidermann war kein Philologe. Von der Textkritik fühlte er sich offensichtlich nicht angesprochen. Vielleicht darf man sogar die Hypothese aufstellen, daß er sie als Zeitvergeudung betrachtete. Dies ist wiederum aber kein Wunder, denn die relativ optimistische Weltauffassung, die all seine Vorgänger und Zeitgenossen (Drexel, Stengel, Brunner) teilten, war ihm weitgehend fremd. Unter diesen Umständen wird man Bidermann nicht einfach als den Fortsetzer der früheren Jesuitendichter einstufen, mit gutem Recht aber in ihm den Mann sehen, der einen so schwerwiegenden Bruch vollzog, daß letzterer zum Hauptmerkmal seiner unverwechselbaren Originalität wurde. Mit Bidermann rückte nämlich mehr denn je die Angst vor dem Seelenheil in den Vordergrund, das Gefühl der erschreckenden Diskrepanz zwischen Diesseits und Jenseits, Zeit und Ewigkeit, menschlicher Schwäche und göttlicher Größe. Dies wirkte sich auf sein Theater aus. Nirgends ist in diesen Dramen etwas anzutreffen, das an die prunkvollen Münchner Festspiele des 16. Jahrhunderts erinnern könnte, in denen das wieder erstarkte, selbstbewußte Bayern seinen Anspruch kundgab, als d a s Vorbild des restaurierten katholischen Staates anerkannt zu werden. Dies ist von um so grundlegenderer Bedeutung, als diese Idee trotz des Krieges noch lange an der Tagesordnung blieb: Davon zeugt u. a. Andreas Brunners *Nabuchodonosor*, ein prachtvolles Stück, das 1635 in München zur szenischen Gestaltung gelangte, zehn Jahre nach Bidermanns Berufung nach Rom, wo er von General Vitelleschi mit der Bücherzensur beauftragt wurde. Nicht minder charakteristisch für Bidermanns Position ist die Tatsache, daß er sich – im Gegensatz zu Rader, Brunner oder gar Balde – für die Geschichtsschreibung nicht interessierte – sicherlich ein Indiz dafür, daß er der Geschichte skeptisch, ja mißtrauisch gegenüberstand.

Man ginge jedoch fehl, wollte man eine unversöhnliche Opposition zwischen dem Jesuiten aus Bayerisch Schwaben und den geistigen Grundlagen des Ordens, dem er angehörte, postulieren. Daß Bidermann verschiedene Ämter in der Gesellschaft Jesu belegen durfte, zeigt, wie unhaltbar eine solche Annahme ist. 1578 in Ehingen in Schwaben geboren, wurde er nämlich mit 8 Jahren als Zögling in das Augsburger Gymnasium aufgenommen; er trat sechzehnjährig in den Orden ein, verbrachte zwei Jahre im Landsberger Noviziat, wiederholte seine Rhetorik in München und ging 1597 zu den akademischen Studien über. 1600, d. h. nach Abschluß des Philosophiestudiums kehrte er als Lehrer der unteren Klassen nach Augsburg zurück, brachte dort seine ersten schriftstellerischen Produktionen heraus, trat als Choragus auf und ließ seinen *Cenodoxus* über die Bretter gehen. 1603 war er wieder in Ingolstadt, wo er sich diesmal der Theologie widmete. Die nächsten Stationen seines Lebens waren dann München, wo er Poesie und Rhetorik lehrte und das Theater bis 1614 beherrschte, und vor allem Dillingen, wo er an der Akademie die Lehrkanzel der Philosophie bzw. der Theologie übernahm. 1625 verließ er endgültig Deutschland und ging nach Rom, wo er bis zu seinem Tode (1639) als quasi offizieller Theologe des Ordens wirkte. Sieht man von der Tätigkeit an der römischen Zentrale ab, war also Bidermanns Laufbahn eine ganz und gar normale und unterschied sich in nichts von der der meisten Mitglieder der Societas Jesu. Während aber die Mehrzahl der Jesuiten weltoffen war, legte Bidermann den Nachdruck fast ausschließlich auf das Mensch-Gott-Verhältnis, was zwangsläufig zu einer Relativierung, ja Entwertung des Politisch-Kollektiven führen sollte.

Obwohl Bidermann in erster Linie als Dramatiker bekannt ist, wäre es ungerecht, seine Erzählungen, das Epos *Herodias,* seine *Utopia* und sein Leben des heiligen Ignatius von Loyola nicht zu erwähnen. Dieser Teil seines Schaffens ist gewiß nicht wertlos und verdiente es, näher untersucht zu werden. Stoffgeschichtlich sind die *Acroamata* von unverkennbarer Bedeutung. Auch Avancini hat aus ihnen geschöpft. Nichtsdestoweniger stehen alle eben genannten Werke den Dramen an dichterischer Gestaltung und bildnerischem Ausdruck nach.

Seinen Ruhm in der Literaturgeschichtsschreibung verdankt *Cenodoxus* der 1635 von Joachim Meichel aus Braunau a. Inn, Bidermanns einstigem Schüler, angefertigten Verdeutschung. Man wird dem Original das verdiente Lob spenden, sich gleichzeitig aber davor hüten, in diesem Werk den Inbegriff des Bidermannschen Schaffens zu sehen. Um *Cenodoxus* gerecht zu werden, wird man gut tun, von der heute nicht mehr zu vertretenden These einer unveränderlichen Typologie des Jesuitendramas abzulassen und das Stück im Kontext der damaligen lateinischen Dramatik zu deuten.

Die meisten dramatischen Bestandteile seines Stücks hat Bidermann den im Spätmittelalter und in der Renaissance verbreiteten Moralitäten entnommen. In England (Everyman) und in den Niederlanden (Elckerlijc) zuerst gepflegt, wurde dieser Dramentypus in den Dienst der konfessionellen Kämpfe gestellt. Bekannt ist z. E. in dieser Hinsicht der *Mercator* des Naogeorgus (1538), wo für Luthers Sola-Fide-Doktrin Partei ergriffen wird. Bei den Katholiken erfreute sich ebenfalls die Moralität großer Beliebtheit. Erwähnt sei hier vor allem der *Euripus* des Löwener Minoriten Livinus Brechtus (1549), der zwischen 1555 und ca. 1570 auf den meisten Ordensbühnen gespielt wurde und als das populärste Drama der beginnenden katholischen Reformbewegung angesehen werden darf. In seinem *Dialogus de Udone Archiepiscopo* (1587) hatte Gretser Brechtus' „tragödia christiana" seinen Tribut gezollt. Wie seine Vorgänger sah er in der Moralität mit ihrem gradlinigen Schema und ihren Anfechtungen aller Art ausgesetzten Helden ein bequemes Mittel, um die allein selig machende Heilslehre plastisch zum Ausdruck zu bringen. Wie schon früher Macropedius (*Hecastus,* 1544) verband Gretser seine Darstellung des Sünderlebens mit Wirtshaus- und Bordellszenen, zu denen bekanntlich die Dramatisierungen des Prodigusstoffes gegriffen hatten. Zur Moralität gehört schließlich das Motiv der Verdammung sowie das der für einen kurzen Augenblick aus der Hölle zurückkehrenden, über ihr unwiderrufliches Los klagenden Seele. Bei den Jesuiten waren solche Gerichtsszenen keine Seltenheit. Der *Christus Judex* des Italieners Stefano Tucci wurde um die Jahrhundertwende in Bayern und Graz gelesen, bzw. gespielt.

In dem Maße, wo er den Grundstrukturen der Moralität treu blieb, griff jedoch Bidermann logischerweise auf das b e s o n d e r e Gericht zurück, das seinem Thema besser entsprach.

Konfrontiert man Bidermanns Erstlingswerk mit all diesen Traditionen, springen wesentliche Modifikationen in die Augen. Die heiklen Trink- und Liebesepisoden wirft der Dichter über Bord. Er verzichtet auf jene materiellen Zeichen, die seine Vorgänger bemühten, um den den Mächten des Bösen verfallenen Menschen zu charakterisieren. Selbst die Parasiten- und Lakaiengestalten, die auch in *Cenodoxus* eine wichtige Rolle spielen, tragen durch den von ihnen geschaffenen Kontrast zur Vergeistigung und Verinnerlichung des Konflikts bei. Daneben stellen sie das Problem der Beziehungen zwischen der religiös-philosophischen Welt, der sie entlehnt sind, und der christlichen Welt: Bidermann hält Gericht über Antike und Renaissance.

Das Bemerkenswerte an Cenodoxus' Betragen ist nämlich, daß der Held der sich seiner geistigen Überlegenheit bewußte Gelehrtentyp ist. Daneben aber ist er der Heuchler, der im Umgang mit anderen Gestalten die Rolle des frommen, gottesfürchtigen Mannes übernimmt und sich jeder Kritik geschickt entzieht: Bis zum Augenblick, wo er den bestürzten Bewunderern seine Verdammnis offenbart, gilt er als die Verkörperung menschlicher und christlicher Vollkommenheit. Sein unerwarteter Sturz in die Hölle, der auf die damaligen Zuschauer so stark wirkte, wie dies aus den *Prolusiones* zu der Edition der *Ludi* (1666) herauszulesen ist, deckt dann keineswegs fleischliche Sünden auf, sondern ein listig geführtes, schließlich jedoch von Gott durchschautes Doppelspiel, den unüberbrückbaren Abgrund zwischen Handeln und Denken, Sein und Schein. Um zu zeigen, daß hinter Cenodoxus' scheinbar so wohlgefälligem Tun nur eitle Selbstgefälligkeit steht, bedient sich Bidermann der Allegorien, die den Gang der Handlung fortwährend begleiten und in Hinsicht auf den Zuschauer kritisch kommentieren. Philautia und Hypocrisis verweisen auf die wirkliche Sünde des Protagonisten, die *Cenodoxia,* jene Neigung zum eitlen Ruhm, von der Paulus in seinen Briefen spricht und die im Mittelalter als das Weltlaster schlechthin definiert wurde. Cenodoxus strebt nur danach, als Vorbild anerkannt zu werden und dankt Gott nur dafür, daß er ihn so vollkommen erschaffen hat. Alle seine Taten, selbst jene, die rein äußerlich betrachtet für „gute Werke" zu halten wären, sind auf den Anklang bezogen, den sie bei den andern finden sollen. Liebt dieser Narziß die Monologe, in denen seine maßlose Selbstbewunderung zum Ausdruck kommt, so braucht er noch mehr ein Publikum um sich, das ihm huldigt und in seinem Wahn bestärkt, der beste zu sein. Höchster Wert ist für Cenodoxus das Ich. Entgegen der richtigen Auslegung der Theatermetapher, nach welcher Gott der Regisseur und der Mensch ein Schauspieler ist, will Cenodoxus das ganze Spiel inszenieren. Er ist also nicht nur der talentvolle Komödiant, der bis zum Tode erfolgreiche Mimus: In Wirklichkeit usurpiert er die Gott vorbehaltene Rolle und verfällt so der Welt. Indem er die Mahnungen und Warnungen nicht zur Kenntnis nimmt, die ihm der Schutzengel reichlich erteilt und die in den Augen des Autors vom freien Willen des Menschen zeugen, verdient er, von der göttlichen Rache ereilt zu werden. Der dem Hochmut Hingegebene ist zum verstockten, nicht mehr zu rettenden Sünder geworden: Symptomatisch greift in diesem Kongregationsdrama die Jungfrau nicht ein, der es im Münchener *Theophilus* (1596) noch gelang, die drohende Strafe von ihrem Schützling im letzten Moment abzuwenden. Die im Gericht festzustellende Härte des göttlichen Urteils beruht also auf präzisen dogmatischen Lehren. Gleichzeitig aber liegt ihr – wie dies von der früheren Forschung einstimmig konstatiert wurde – ein Angriff auf bestimmte Erscheinungsformen des modernen Geistes zugrunde. In seinem Stück prangert Bidermann den von der Renaissance ausgelösten Verselbständigungsprozeß des Menschen an. Unbarmherzig kritisiert er das mit dem biblischen Pharisäertum verwandte Ideal der Stoa, das vor allem in den Niederlanden seit Lipsius zur Modephilosophie der Zeit zu werden drohte. Im Drama selbst sind manche Stellen direkte Entlehnungen aus Seneka (78. Brief an Lucilius, *De Inventione*) und Lipsius (Rede des Longius in *De constantia*). Darin den eigentlichen, d. h. nur polemischen Zweck des Stückes sehen, hieße jedoch die fundamentale, universalisierende, mit der Moralität im Zusammenhang stehende Dimension des Werkes verkennen. Im Neustoizismus niederländischer Prägung sah Bidermann eine historische Manifestation der von ihm denunzierten Todsünde, welche *per definitionem* transhistorisch ist. Vielleicht hat man diesbezüglich die Tragweite des 6. Auftritts des 2. Aufzugs nicht genügend hervorgehoben, einer Stelle, der offensichtlich paradigmatische Bedeutung zukommt. Entscheidend ist, daß sich der Dramatiker in dieser Szene von seiner Vorlage entfernt und sich damit begnügt, ein Wort Christi über das Almosengeben heranzuziehen (Matt., 6, 1-2). Das zeitgenössische Moment wird also erst dann verständlich, wenn man es unter Kategorien subsumiert, die es dem Menschen ermöglichen, das Zeitliche am Maß des Bleibenden zu messen. Der, der vor der Welt in höchsten Ehren bestanden hatte, kann gerade deshalb vor Gott nicht bestehen: Nirgendwo sonst war früher die Diskrepanz von Welt- und Heilsperspektive so schroff formuliert worden.

Schon in seinem ersten Drama besteht Bidermanns Anliegen darin, den Menschen vehement aufzufordern, sich seiner kreatürlichen Schwäche bewußt zu werden – darin liegt die wahre Bekehrung – und sein Verhältnis zu Gott immer enger und exklusiver zu gestalten. So radikal ist diese Forderung, daß sie eventuell zum Tode führen kann. *Philemon martyr* liefert dafür ein weiteres Beispiel.

Ähnlich wie in *Cenodoxus* rekurriert hier Bidermann auf ältere, seit mehreren Jahrzehnten in Umlauf gebrachte Strukturen. Wie dort aber auch setzt er sich von diesen vorgefundenen Elementen ab, um seine Botschaft kontrastiv zu überbringen. Ort der Handlung ist das Ägypten des 4. Jahrhunderts nach Christus. Die politischen Kräfte des die ganze Welt beherrschenden Römischen Reiches, das sich durch die Verbreitung des Christentums bedroht glaubt, bekämpfen die neue Religion. Einem Universalismus stellt sich ein anderer Universalismus entgegen, und die alten Götter laufen Gefahr, vom fleischgewordenen Sohn Gottes verdrängt zu werden: All dies sind bekannte Motive des Märtyrerdramas.

Neu ist hingegen die Tatsache, daß der Held zu Beginn des Stückes kein Christ ist, sondern es erst im Laufe der Handlung wird und für seinen neuen Glauben stirbt. Aus der frevlerischen Komödie des die Bräuche des Christentums parodierenden Mimus entwickelt sich ein *jocus serius*: Philemon nimmt Gottes Gnade an und verwandelt sich in einen kompromißlosen Verfechter der christlichen Sache. Er wendet sich von den Mächtigen der Welt ab. Alles, was sie verkörpern, zieht er ins Lächerliche. Seine Verwandlung ist mit einer Aburteilung der alten, weltverfallenen Gesellschaft gleichzusetzen. Durch die Bekehrung einiger repräsentativer Vertreter des Heidentums werden schließlich die geistigen Grundlagen der Antike erschüttert. Zieht man die geschichtliche Komponente in Betracht, dann scheint Bidermann der Eroberung der Welt durch das Christentum das Wort zu reden. Zugleich aber unterzieht er diese Auffassung einer einschneidenden Korrektur. Da Philemon sich christlicher als seine sich als Christen ausgebenden Mitbrüder verhält, wirkt sein Tod als eine Kritik an den Christen selbst. Mit unverkennbarer Strenge wirft Bidermann seinen Zeitgenossen vor, sich allzuleicht mit der Welt abzufinden, und sieht in ihrer vermeintlichen Weisheit nur Lauheit. Werden sie in eine Lage versetzt, die von ihnen eine klare Entscheidung verlangt, dann zeigen sie sich eher bereit, mit der Welt zu paktieren, als Christus nachzufolgen. Im Stück wird dies ganz besonders dort deutlich, wo Philemon an die Stelle des versagenden Apollonius, des Führers der Synaxe, tritt. Die Dialektik von Sein und Schein, der wir hier nochmals begegnen, ist also kein einfaches Spiel mit der Identität. Da Philemon im zweiten Teil seiner Existenz nie Apollonius, sondern C h r i s t i a n u s heißt, erscheint seine Verkleidung weit mehr als eine die geistig blinden Menschen täuschende List. Ziel des Dramas ist, die Geburt des neuen Menschen in Christus zur Anschauung zu bringen. Hatte Bidermann *Cenodoxus* in Anlehnung an das Matthäus-Evangelium konzipiert, so weist *Philemon* eine enge Verwandtschaft mit der *Apostelgeschichte* auf, insbesondere mit jenem berühmten Passus, wo über die Bekehrung des Paulus berichtet wird: Für Bidermann ist das Wesen des Menschen nur mit religiösen Kriterien zu bestimmen.

Indem er die Zuwendung zur Welt als Eigenwert als den Sieg des Bösen interpretiert, reduziert Bidermann die Rolle des Individuums in der Gesellschaft auf ein Mindestmaß. Sein Werk gründet tatsächlich auf einem nie harmonisch gelösten Konflikt zwischen Seelenheil einerseits und Dienst an der Gemeinschaft andererseits. Wird dieses Problem in *Cenodoxus* und *Philemon* noch sehr allgemein behandelt, so steht es im Mittelpunkt sowohl der politischen Stücke als auch der Einsiedlerdramen.

Bidermanns zweites Stück *Belisarius* steht im Kielwasser von Kellers *Mauritius* (1603) und ist eines der frühesten Beispiele für die damals einsetzende Mode der, selbstverständlich christlich verstandenen, historischen Tragödie. Aufstieg und Fall, Triumph und Niederlage eines großen Heerführers, der letzten Endes trotz aller Verdienste erliegen muß: Darin ist ein Formtyp mit großer Zukunft zu erkennen. Der einst nach seinen Siegen in Afrika und Italien, wo er gegen Heiden und Arianer das Schwert geführt hatte, gefeierte Imperator wird von Kaiser Justinian angeklagt, seiner Würden beraubt, vom Hofe verjagt. Blind geworden, von allen verlassen, sitzt er an jener Straße, wo er von seinen einstigen Bewunderern eine karge Nahrung erbettelt und Hohn und Spott erntet. Belisarius erfährt an seinem Leib und in seinem Herzen die Unbeständigkeit alles Irdischen und entdeckt in seinem schweren Schicksal den Sinn des menschlichen Lebens.

Bis dahin ist die Deutung des Stückes verhältnismäßig leicht. Versucht man aber den Mechanismus bloßzulegen, aus dem die Katastrophe herrührt, so stößt man auf Schwierigkeiten, die dennoch insofern aufschlußreich sind, als sie Bidermanns Eigenheiten in bezug auf die sein ganzes dramatisches Werk durchziehende Problematik erkennen lassen.

Auf den ersten Blick läßt sich Belisarius' Fall mit Hilfe tradierter Kategorien der jesuitischen Neuscholastik erklären. Zwar hat sich der General um seinen christlichen Kaiser verdient gemacht, in dem er die Perser bezwungen und den blutrünstigen Tyrannen Gilimer besiegt hat. Er hat sich aber in Italien den Befehlen Theodoras, der ketzerischen Kaiserin, unterworfen, mithin gegen den dem Kaiser gebührenden Gehorsam verstoßen. Auf diese spezifische Schuld weist Justinian in der Verbannungsszene (V, 7) hin. In der großen Verhörszene gibt die Allegorie des Gewissens eine andere Motivierung, die überzeugender wirkt: Conscientia erinnert nämlich den Befehlshaber daran, daß er sich in Rom an der heiligen Person des Papstes vergriff, als er versuchte, ihn zur Annulierung der Beschlüsse des Konzils von Chalcedon zu zwingen, und mit Waffengewalt absetzte. So gesehen wäre Belisars Strafe die gerechte Folge seines früheren, falschen, Verhaltens. In ihr hätte man es mit einer eindeutigen Exemplifizierung des von den ultramontanistischen Jesuiten immer wieder betonten Primats des Kirchenoberhaupts zu tun.

Bei näherem Hinsehen aber entpuppt sich eine derartige Interpretation, die sich vorbehaltslos auf Kellers *Mauritius* anwenden ließe, als wenig zufriedenstellend. Es muß nämlich darauf hingewiesen werden, daß Belisars Sturz seinen unmittelbaren Ursprung in einer Hofintrige hat: Obgleich er sich am Attentatsplan der Höflinge nicht beteiligt hat, wird Belisar aufgrund falscher Zeugenaussagen für mitschuldig erklärt und verurteilt. Daraus kann man zwei Schlüsse ziehen.

Bidermann distanziert sich von der politischen Welt und hebt in der Person des falsch urteilenden Kaisers deren Schwächen und Mängel hervor. Zwar wird die Notwendigkeit einer politischen Institution nicht in Zweifel gezogen. Aber keine soziale Ordnung ist gegen Irrtümer gefeit. Mit anderen Worten: Ein abso-

lut sicheres, den Kräften des Bösen und dem wankelmütigen Glück Einhalt ge-
bietendes System kann es auf Erden nicht geben. Bezeichnenderweise genug
entwirft Bidermann kein positives, ideales Gegenbild zu dem, was in seinem
Stück dargestellt wird. Nicht minder aufschlußreich ist sein Verzicht auf die in
solchen Dramen übliche *Institutio principis christiani.* In diesem Sinne unterscheidet sich *Belisarius* von jenen dramatisierten Fürstenspiegeln, die seit den
achtziger Jahren des 16. Jahrhunderts über die Bretter gegangen waren. Christus ist der einzige ideale Fürst, so wie sein Reich das einzig ideale Königreich
ist, das am Ende der geschichtlichen Zeit über alle Unbeständigkeit triumphieren
wird. Dem Dichter obliegt es, seinen Mitmenschen die Augen über diese Grund-
wahrheiten zu öffnen, den Blick des Zuschauers auf die richtige Einschätzung
seiner existentiellen Situation zu lenken.

Dies wird aber erst dann möglich, wenn die Hauptgestalt mit dem größten,
scheinbar ungerechtfertigten Unglück konfrontiert wird: Bidermanns Logik ist
nicht die der menschlichen Taten, vielmehr die der unbedingt transzendentalen
Dimension des Heils. Belisars Schuld besteht demnach darin, daß er – auch
wenn er richtig zu handeln schien – beständig auf Ruhm und Ehre aus war.

Diese Interpretation bestätigt das Los Gilimers, der nach seiner Niederlage
von Justinian zum Feldherrn ernannt wird und mithin zweimal als Belisars
Kontrastfigur fungiert. Der grausame Tyrann, der göttliches und menschliches
Recht mit Füßen trat, wird erstaunlicherweise belohnt. Der Grund dafür liegt
darin, daß Gilimer das ahnt, was Belisar nie verstanden hat: Als der Wandale
an die Spitze des Heeres gestellt wird, kommentiert er seine neue Lage mit dem
bekannten Bibelzitat: „Vanitas vanitatum ...". Kurz vorher hatte er noch
unmißverständlicher den Sinn dieses Spruches im voraus erläutert, in dem er die
Hinfälligkeit weltlichen Glücks und Umkehrbarkeit aller politischen Verhältnisse unterstrich:

...... dona mihi quicquid voles
Auguste, sciam ego posse illud vanescere (III, 7).

Da Gilimer über das rein Immanente nie wirklich hinausgeht und so das Walten der Fortuna mit dem der Providentia sozusagen verwechselt, dürfen wir in
seinen Aussagen keine Lehre suchen: Völlig positiv ist nur der seinen Blick unverwandt auf Gott richtende Papst Silverius. Dennoch ist Gilimers Los – so
unvollkommen es auch sein mag – interessant. Es zeigt indirekt, was direkt in
Josephus geschildert wird, und zwar, daß das Wirken in der Welt nur dem erlaubt ist, der die totale Nichtigkeit aller Dinge erkannt hat.

Bidermanns Josephstück, das in der Geschichte des Motivs eine eigenartige
Stelle einnimmt, darf als eine Art Umkehrung von *Belisarius* angesehen werden.
Rein äußerlich betrachtet sind im Verlauf der beiden Handlungen manche
Parallelen zu verzeichnen. Alles, was dort tragisch endet, findet aber hier sein
Komödien-Pendant. Belisars Laufbahn findet im dritten Akt ihren Höhepunkt.
Von nun an beginnt ein unaufhaltsamer Abstieg. In *Josephus* erreicht hingegen

die Handlung im dritten Aufzug einen Tiefpunkt. Der unverstandene, verspottete, verkaufte Held, der eine entscheidende Bewährungsprobe vor Putiphars Weib abzulegen hatte, wird ins Gefängnis geworfen. Im fünften Akt wohnen wir seiner Erhöhung zum Vizekönig bei. Die Ehrfurcht gebietende Gestalt des Patriarchen sitzt nun neben Pharao auf dem Thron und herrscht mit ihm über ein Reich, wo das ägyptische Volk und seine Brüder, mit denen er sich versöhnt hat, ein friedliches und frommes Leben führen.

Freilich ist auch bei Bidermann das Thema der Vorsehung als der einzigen, die Welt lenkenden und die Heilsgeschichte bestimmenden Macht vorhanden. Deswegen hat Josephus die rechte Einstellung zur Welt, deren gottgewollte Funktion er erkennt. Josephs Leben bleibt unverständlich, solange man das patristische Schema der göttlichen Ökonomie nicht heranzieht. Neben diese traditionellen Komponenten treten aber auch andere Elemente, denen man in den bisherigen dramatischen Versionen des Stoffes nicht begegnete. Ist nämlich Joseph der perfekte Staatsmann, dessen moralische Tugenden („Servanda virtus; alia omnia venalia") von niemandem bezweifelt werden und dem jeder Zug von Tyrannei oder Ungerechtigkeit fremd ist, so darf dabei nicht übersehen werden, daß sein Erfolg in der Welt nur dadurch möglich ist, weil er sich gerade im Augenblick seiner Erhöhung seiner menschlichen Schwäche bewußt ist. Nie gelangt er zu einer voreiligen Sicherheit. Er wird im Gegenteil nie müde, an die Vanitas, d. h. an das Prekäre seiner Situation zu erinnern. Er kümmert sich darum, die ihm von Gott anvertraute Mission zu erfüllen, ohne der Versuchung der Macht und der Selbstgefälligkeit zum Opfer zu fallen, der Belisar nicht zu widerstehen vermochte. Somit wird der frühere Fürstenspiegel – wie er noch nach Bidermann aufgrund der Josephsgeschichte blühen wird – umfunktioniert. Nicht die Ausübung gewisser Tugenden ist ausschlaggebend, sondern die Einsicht in die Allmacht der Providenz einerseits, in den jederzeit möglichen Sturz andererseits. Diese Charakteristik wird im übrigen auch darin offenbar, daß Joseph in Bidermanns Stück nur an einer Stelle, dazu noch bloß andeutungsweise, mit Christus gleichgestellt wird, als hätte Bidermann noch einmal den grundlegenden Unterschied zwischen den politischen Institutionen und Gottes Reich betonen wollen.

Daraus ergibt sich logischerweise eine Uminterpretierung der Hauptgestalt ins Allgemein-Menschliche. Durch sein vorbildliches Betragen wird Joseph zum Erzieher. Er hält die anderen Menschen an, ihr Leben zu ändern, indem sie dieselbe Grundentscheidung wie er der Welt gegenüber treffen. Mit der ergreifenden Versöhnungsszene, nicht mit der Erhöhung, geschweige denn mit der Heirat, endet das Stück. Vielleicht darf man auch darauf aufmerksam machen, daß mehrere Nebengestalten – der Mundschenk (IV, 1), Putiphar (V, 1), Pharaos Sohn (V, 2) – von Joseph geradezu verklärt werden. Josephs Leben ist eine Warnung vor der doppelten Gefahr, der jeder Mensch in der Welt ausgesetzt ist, der Verzweiflung und dem Hochmut. Es ist ein Aufruf zur Bekehrung, zum

Dienst an Gott. Indem er Joseph nachahmt, bleibt er dem Gesetz der Imitatio Christi treu. Nur dadurch werden seine Taten zu guten, heilbringenden Werken. Deutlich ist also bei Bidermann der Hang zur Verallgemeinerung: Schon im Belisarius-Prolog weist Fortuna darauf hin, daß jedermann sich selbst in der Titelgestalt zu erkennen habe. Daß er so viele allegorische Gestalten auftreten läßt, hängt auch damit zusammen. Genau das gleiche läßt sich von den Strukturen sagen, die so oft der Moralitätentradition verpflichtet sind. In *Cosmarchia,* einer kurzen, wahrscheinlich 1617 in Dillingen uraufgeführten „Comoedia", greift sogar Bidermann auf ein Parabelmotiv zurück, das den Sinn der Welt gleichnishaft beleuchtet. In diesem auf dem 14. Kapitel der *Vita Barlaami et Josaphati* des Johannes Damascenus basierten Drama nimmt Bidermann die Geschichte des „rex annuus" bzw. „rex dialis" wieder auf. Damit entwirft er ein Bild der menschlichen Gesellschaft, das jede Regierungsform, mithin auch die christliche, kennzeichnet. In der „Civitas Cosmopolitana" herrschen Willkür und Gewalt. Nichts ist hier von Bestand: Jedes Jahr stürzt das Volk den König. Sein seltsames Betragen rechtfertigt es nur durch einen seit jeher bestehenden Brauch (mos; usus), von welchem niemand sagen kann, nach welchen Prinzipien er eingeführt wurde. Rein zufällig ist demzufolge die „Wahl" des neuen Herrschers: Es besteigt nämlich jedesmal ein fremder Gast, der als solcher über die Gewohnheiten der Cosmopolitaner nicht unterrichtet ist, den Thron. Der Fürst ist ein ohnmächtiger Gefangener der Institutionen. Zwar könnte das regelmäßige Ablösen von Erhöhung und Absetzung der Könige als ein Versuch gedeutet werden, dem wirren Lauf der Geschehnisse ein Minimum an Sinn zu verleihen. Genau das Gegenteil scheint aber Bidermann zu bezwecken: Gerade weil sie sich jedes Jahr wiederholt, zeugt die Krönung/Entmachtung des Fürsten von der Ohnmacht der Staaten. Unter der Maske der Wiederkehr des Gleichen blickt das permanente, tückische Spiel der Fortuna durch.

Mit Hinweis darauf, daß das Volk die treibende Kraft der Handlung zu sein scheint, hat man im Stück „eine Satire auf demokratische Anschauungen und eine Verherrlichung des Absolutismus" (Flemming) sehen wollen. Eine so abrupt formulierte Interpretation hält dennoch einer näheren Prüfung nicht stand. Denn die Kritik am Verhalten des Volkes wird an keiner Stelle durch ein ausdrückliches Bekenntnis zur absolutistischen politischen Ordnung aufgewogen. Im übrigen sahen die Staatstheoretiker des Ordens nie in König und Volk gegensätzliche Mächte: Nur im Falle eines Übertretens seiner Befugnisse durch den so zum Tyrannen gewordenen Fürsten war das Volk berechtigt, sich zu wehren. Ansonsten aber traten die Jesuiten für eine „demokratische" These ein, indem sie die *Potestas* des Herrschers als das Ergebnis einer Delegation der ursprünglich im Volk liegenden Macht ansahen. Hier aber ist das Volk dumm, grob, wankelmütig. Und die Monarchie ist kein Ideal, zumal sie, wie hier in aller Deutlichkeit gezeigt wird, die Menschen vor dem Irrationellen nicht zu schützen vermag.

Bidermanns Standpunkt ist demzufolge nicht der der theoretischen Diskussion. Für ihn kann jede Ordnung schlecht werden, wenn sie dem Materiellen verfällt. Denn dann werden den Launen des Glücks, der Gewalt, dem irdischen und ewigen Tod Tür und Tor geöffnet. Indem er jede Versöhnung ablehnt, gibt Bidermann zu verstehen, daß der Mensch jederzeit ein „fortunae ludibrium" sein kann: Das Gesetz der absoluten Unbeständigkeit zieht von seiten des Dichters ein wiederholtes Angehen gegen die Erwartungen des Publikums nach sich. Deswegen steht in *Cosmarchia* wie in *Josephus* der Antagonismus von Eitelkeit und Constantia im Mittelpunkt des Dramas. Diesmal aber bringt Bidermann diesen Gedanken durch ein anderes antithetisches Begriffspaar zum Ausdruck, dessen Radikalität nicht weniger stark als in den früheren Stücken ist, obwohl sie deutlicher formuliert wird. Das irdische Leben, auch im bestorganisierten Staate, ist nur ein Exil. Die wahre Heimat des Menschen ist das Himmelreich. Hienieden sind wir alle verlorene Schafe, die sich auf die Rückkehr zum Vater vorzubereiten haben. Der Irrtum der meisten Kreaturen besteht darin, daß sie allzu oft in Denkkategorien befangen bleiben, die es ihnen nicht erlauben, über die unmittelbare Realität hinweg zur ignatianischen Indifferenz zu gelangen. Sie suchen das Glück in der Welt und verscherzen damit ihr Heil. Demgegenüber verkünden die beiden abgesetzten, durch ihr klägliches Geschick aufgeklärten Könige Adocetus und Promethes die rettende Weisheit: „Omnes sumus peregrini"; „in exilio regnum". Wahrer Christ ist dann nur der, der die Torheit der Welt durchschaut und im irdischen Exil alles ins Werk setzt, um in Christi Reich aufgenommen zu werden, im Gegensatz also zu den „Weltkindern" („Cosmophili"), die auf die falschen Reichtümer erpicht sind. Darin liegt das Korrektiv zu Bidermanns unbeirrbarem Wissen um die Gebrechlichkeit und Sündhaftigkeit dieser Welt.

In Bidermanns Augen bestand sicherlich eine enge Verwandtschaft zwischen dem das irdische Leben für ein Exil haltenden Menschen und der Gestalt des Einsiedlers. Genauer gesagt: Der Anachoret ist im Grunde genommen nur die eindrucksvollste Inkarnation der von Bidermann unermüdlich proklamierten Weltverachtung. Charakteristisch ist in dieser Hinsicht wiederum *Cosmarchia*, wo neben Adocetus und Promethes ein anonymer Einsiedler auftritt, der als völlig positive Figur zu gelten hat. Dieses Motiv des weltabgewandten Lebens, dem wir schon am Ende von *Conodoxus* in der Person des heiligen Bruno begegnet sind, hat Bidermann dreimal behandelt: in *Macarius Romanus, Joannes Calybita* und *Josaphatus*. Ist die Nähe all dieser legendären Stoffe zu dem des heiligen Alexius evident, so sind jedoch erhebliche Unterschiede festzustellen.

Ähnliche Komponenten, die in erster Linie mit den Situationen und Strukturen verbunden sind, lassen sich leicht aufzählen. Grundsätzlich ist jedesmal der Entschluß des Protagonisten, von seinen – meist wohlhabenden – Verwandten Abschied zu nehmen und sich in die Einöde zurückzuziehen, wo er den Anfechtungen der ihn vielfältig belästigenden Teufel ausgesetzt ist. Widersteht er auch manchmal nicht ganz der Versuchung, zu seiner Familie zurückzukehren (Macarius!), so siegt er doch schließlich über die Hindernisse, die ihm im Wege stehen. Nichts vermag ihn von seiner kompromißlosen Entscheidung abzubringen – weder die Liebe seiner Geschwister, noch die seiner Eltern oder seiner früheren Braut. Der Wille zur Läuterung, zur Selbstbeherrschung und Weltverneinung ist also immer noch konstitutiv für diese Dramen. Dazu kommt aber auch etwas, das Bidermanns Vorgängern nur selten bekannt war: Hier kämpfen nämlich die Helden nicht gegen ein heidnisches oder häretisches Milieu. Ihre Kampfansage gilt paradoxerweise – aber gerade das ist wiederum für sein Weltbild bezeichnend – christlichen Familien, wie dies aus *Macarius* oder *Calybita* deutlich zu ersehen ist. In beiden Stücken sind Vater, Mutter, Braut aufrichtig darum bemüht, einen frommen Wandel zu führen, ihre Kinder christlich zu erziehen, am gesellschaftlichen Leben aktiv teilzunehmen. Indem sie ein solches Modell verweigern und speziell das Leben in der Familie – letztere war für die Neuscholastiker eine Vorstufe zur Gesellschaft – ablehnen, setzen sich Bidermanns Einsiedlergestalten für ein wortwörtliches In-die-Tat-Umsetzen der Worte Christi ein:

> Will mir jemand nachfolgen, der verleugne sich selbst, und nehme sein Kreuz auf sich, und folge mir ..... Und wer verläßt Häuser, oder Brüder, oder Schwestern, oder Vater, oder Mutter, oder Weib, oder Kinder, oder Äcker, um meines Namens willen, der wird es hundertfältig nehmen, und das ewige Leben ererben. (Matt., 16,24 u. 19,29)

Obgleich Bidermann sich stellenweise (so z. B. *Calybita*, V, 3) über die *Prädestinatio* negativ ausläßt, ist sein agonistischer Voluntarismus weniger gegen diese oder jene Irrlehre gerichtet als gegen die Welt im allgemeinen, die er in ihrer Nichtigkeit entlarven wollte. Eine Eigenheit der Einsiedlerdramen besteht aber darin, daß sie ein neues Mittel vorschlagen, um die Welt zu bekriegen. Ist Mundus trügerisch, so soll der Mensch sie zu betrügen versuchen, d. h. den Spieß gegen sie umdrehen. Am raffiniertesten ist der Rekurs auf diese *pia fraus* in *Calybita*. Hier kehrt der Held aus der Wüste zu den Seinen zurück und lebt als unbekannter Anachoret im Elternhaus!

Damit erreicht die *Imitatio Christi* ihren Höhepunkt. So ist es nicht verwunderlich, wenn der Autor, der in seinen politischen Stücken auf jede figurale Bedeutung so gut wie ganz verzichtete, diesmal auf sie zurückgreift und so ein Loblied auf „die heilige Torheit", auf die vom Apostel Paulus gefeierte „stultitia propter Christum" anstimmt. Nach Calybitas Tod wirft sich die Mutter Theodora vor, in der Gestalt ihres Sohnes Christus nicht erkannt zu haben:

> ..... Occidi filium ego; ego illum
> Occidi, Parricidij rea sum ....

– eine Erleuchtung, die von Janitors abschließenden Worten verdeutlicht wird:

Crimen est, non agnovisse Dominum suum.

Dank dem Spiel mit der Doppelbedeutung von „Filius" und „Dominus" wird in beiden Fällen der Anspielungscharakter der zitierten Verse offensichtlich.

In *Josaphatus*, dessen Quelle schon mehrmals Stoff zu Jesuitendramen geliefert hatte, ist die Opposition zwischen Einsiedlertum und Dienst am Staate am schroffsten. Josaphat, der sich eben zum Christentum bekehrt hat, ist nämlich Sohn eines indischen Königs. In der vom militanten Geist der bayerischen Gegenreformation durchdrungenen Münchener Version vom Jahre 1573 sowie in der 1614 in Innsbruck zur Darstellung gebrachten Tiroler Fassung wurde Josaphats Thronbesteigung mit dem Anfang einer neuen Periode der Weltgeschichte gleichgesetzt. Josaphats Entschluß und Erhöhung bedeuteten für die jeweiligen Dramatiker die Einsetzung einer mit der transzendentalen, von Gott gesetzten Ordnung konformen Gesellschaftsform. Diese Deutung des Motivs führte zu einem starken In-den-Hintergrund-treten der eremitischen Elemente, die doch der ursprünglichen, orientalischen, Erzählung zugrundelagen. Josaphat wurde hier zum Einsiedler, aber erst nach langen Regierungsjahren, nachdem es ihm also gelungen war, sein von Grund auf christianisiertes Reich zu festigen und vor der Gefahr des Rückfalls in die Abgötterei zu sichern.

Anders ist Bidermanns Behandlung der Vorlage. Josaphat ist nun in erster Linie der, der die Macht nur wider Willen annimmt, um so leichteren Herzens aber darauf verzichtet, um in der Wüste zusammen mit dem Mönch Barlaam, seinem wahren, sprich geistigen, Vater den Rest seines Lebens zu verbringen. Die vom indischen König befürwortete Lösung ist genau dieselbe wie für *Cenodoxus:* Kein Wunder also, wenn sich Freunde und Genossen bereit erklären, sich ihm zuzugesellen und so dessen Verhalten als allgemeingültiges Vorbild hinstellen.

Zweifelsohne hatte eine solche Auslegung der neutestamentlichen Botschaft etwas „Elitäres" an sich. Bidermann schrieb bestimmt nicht für gewöhnliche Menschen, sondern für ständig nach Höherem Strebende, deren Zahl wahrscheinlich nicht sehr groß sein sollte. Selbst wenn man die Ausstrahlungskraft in Betracht zieht, die seine Helden zu Bekehrern ihrer Gefährten, Verwandten und Freunde werden läßt, so wird jedoch einer anderen Anforderung noch lange nicht entsprochen: die meisten Menschen mit der orthodoxen Interpretation des Evangeliums vertraut zu machen.

Bidermann selbst ist sich dessen bewußt geworden, daß der Weg zur geistigen Erneuerung nur für einzelne Seelen über die Verneinung der Welt gehen kann, daß alle Menschen nicht gleichmäßig zu behandeln sind. Nun kümmerte ihn das Los der Menge nicht weniger als das derjenigen, die das Rigorose und Unerbittliche seiner Aussagen zu begreifen imstande waren. Mit Entsetzen schildert er im Schlußchor von *Jacobus Usurarius* die Not der sich scharenweise ins Verderben stürzenden Menschen:

Properant, properant ad Regna Stygis,
Totae properant ire Phalanges.
Vix tam densis imbribus Aether
Pluit aestivus, quando madidis
Invecta rotis Caelum omne tenet
Turbida Plejas . . . . etc. . . . .

Im Mirakelspiel des im letzten Augenblick für gerettet erklärten Wucherers tritt deshalb eine versöhnlichere, den Menschen zugänglichere Sichtweise zutage. Ist der Mensch meistens zu schwach, um in heroischer Weltabgewandtheit, fern von jedem Zugeständnis an das Irdische zu leben, so kann er mindestens von den Mitteln Gebrauch machen, die ihm die Kirche zur Verfügung stellt. Im Rekurs auf die den marianischen Kongregationen eigenen Spielformen in *Jacobus usurarius* und auf den Schuldialog der späthumanistischen Tradition im an Gretser und Crendel gemahnenden *Stertinius proscriptus* offenbart sich diese Überzeugung auf dem Gebiet der dramatischen Strukturen. Darin aber einen plötzlichen Bruch mit den früheren großen Kompositionen sehen wollen, hieße eine weittragende Tatsache verkennen: Bidermanns Grundansichten sind sich in all den Jahren, in denen er sich dem Theater widmete, gleich geblieben. Mit der Zeit aber hat der Dichter ein breiteres Publikum anvisiert und zwar aus seelsorgerischen und pädagogischen Gründen. Nach den Dramen, in welchen er die Lüge der Welt zu erkennen gab, wies Bidermann auf die abgegrenzten Bereiche – Kollegien und Sodalitäten – hin, wo Milizen echter Gläubiger herangebildet werden. Nach der schonungslosen Bloßlegung des Scheinhaft-Illusorischen wird dem seiner Grenzen bewußten menschlichen Streben nach Höherem und Besserem das Wort gesprochen. Selbst dann aber bleibt die Atmosphäre von Bidermanns *Ludi* von der der humanistischen Dramen grundverschieden. Das Vorhandensein komischer Elemente spricht auch nicht dagegen, denn die Komik hat hier immer etwas betont Zweideutiges an sich. Nirgends läßt sie sich mit einer Bejahung des Irdischen gleichsetzen. Vielmehr zeichnet sie sich durch eine Spannung aus, die nur im Jenseits überwunden werden kann. Für Bidermann gibt es keinen Port auf Erden, wo der Mensch Zuflucht nehmen könnte. Darin unterscheidet er sich klar von den neustoizistischen Strömungen seiner Zeit. Als Dramatiker sieht er sich nach wie vor dazu berufen, den Menschen mit nie dagewesener Schärfe zu provozieren, ihm keine Ruhe zu gönnen, damit in ihm der Wunsch bestehen bleibt, mit Gott vereinigt zu werden.

III

Avancinis Theaterschaffen gehört in eine räumlich und zeitlich ganz andere Welt als das Bidermanns. Trotz weit voneinanderliegender Entstehungsdaten – letztere erstrecken sich über vier Dezennien – spiegeln alle Dramen des Südtirolers mehr oder minder den Geist der sich als rekatholisierende Macht kat'exochen betrachtenden Habsburgermonarchie wider. Ihre Intentionen decken sich mit den politischen Zwecken der, wenn nicht im ganzen Reich, so doch in den Erblanden, siegreichen, um die *Restauratio fidei* bemühten, Kaiser, die aus Österreich eine Bastion des wahren Glaubens gemacht hatten.

Am 1. Dezember 1611 im Dörfchen Brez geboren, wo die Familie de Avancini seit mehreren Generationen ansässig war, studierte der junge Nikolaus im Kolleg zu Trient, siedelte aber bald nach Graz über, wo sein Onkel als Pater am dortigen Gymnasium wirkte. Nach der Humanitätsklasse trat er in den Orden ein. Nach dem zweijährigen Aufenthalt im Noviziat zu Leoben kehrte Avancini nach Graz zurück, wo er als Student der Philosophie (1630-1633) und der Theologie (1636-1640) sieben volle Jahre verbrachte. Seine Lehrtätigkeit, die in Agram und Laibach ihren Anfang nahm, setzte Avancini zuerst in der Rhetorikklasse des Jesuitengymnasiums der kaiserlichen Hauptstadt, dann als Philosophie- und Theologieprofessor an der Wiener Universität (1642-1664) fort. In den folgenden Jahren betätigte er sich als Administrator: er war Rektor zu Passau, Wien und Graz, Visitator für die 1626 errichtete *Provincia Bohemica*, schließlich Provinzial der österreichischen Provinz. Als solcher nahm er 1682 an der Generalkonkregation in Rom teil, die Pater Noyelle zum *Praepositus Generalis* ernannte. Er starb dort drei Jahre später als Assistent für Deutschland. Bis zu seinem Tode beschäftigte er sich auch mit wissenschaftlichen und dichterischen Arbeiten und besorgte die Veröffentlichung seiner Werke. Die Edition seiner dramatischen Texte, auf die er großen Wert legte, blieb jedoch unvollständig.

In einem knapp bemessenen Raum ist es nicht möglich, alle Werke zu besprechen, die Avancini hinterlassen hat. Auf seine *Vita et doctrina Jesu Christi* (1665), die bis ins späte 19. Jahrhundert immer wieder gedruckt und übersetzt wurde, darf kurz hingewiesen werden. Eingehender muß aber auf seine lyrische Produktion eingegangen werden, da durch sie Zugang zum Bleibendsten seines Œuvres gefunden wird.

In diesen Gelegenheitsgedichten (*Hecatombe Odarum*, 1651; *Elogium D. Leopoldo .. Principi .. Dictum ..*, 1655; *Effigies ac Elogia quinquaginta Germanico-Romanorum Cäsarum ...*, 1658; *Poesis lyrica ..*, 1659), die in einem oft schwierigen, den Einfluß des modernen Senekismus verratenden Latein geschrieben sind, befaßt sich Avancini vorwiegend mit dem Problem des christlichen Staates, dessen von Bellarmino, Mariana und Suarez definiertes Ideal er mit der Wirklichkeit seiner Zeit konfrontiert. In dieser Hinsicht darf von Avancini behauptet werden, er gehe wie Bidermann von zwei Postulaten aus: dem der alles lenkenden, den menschlichen Willen jedoch in keiner Weise in Frage stellenden Vorsehung und dem der die ganze sublunarische Welt beherrschenden Eitelkeit. Wie schon Bidermann sucht auch Avancini in der Geschichte oder der Bibel Illustrationen dieser als unabdingbares Prinzip hingestellten Anschauung. Im Unterschied zu seinem Mitbruder wird er aber nie müde, die Bedingungen zu definieren, unter denen die Errichtung eines festen, dauerhaften, dem tragischen

Gesetz der Unbeständigkeit nicht mehr unterworfenen *Regnums* möglich ist. Ohne Zweifel knüpft hier Avancini an Ideen an, die schon früher verbreitet waren. Im 16. Jahrhundert und zu Beginn des 17. Jahrhunderts entstanden die meisten *Institutiones Principis christiani*. Die Münchener Riesenspiele hatten den rechtgläubigen Herrscher und dessen Bündnis mit der Kirche gefeiert. Mit der Zeit wurden diese theatralischen Parteinahmen für Bayern von Huldigungsstücken zugunsten der Habsburger abgelöst. Im Grazer *Josephus Patriarcha* (1617) fällt diese Entwicklung deutlich auf. Sie wurde dadurch verstärkt, daß sich infolge der kriegerischen Ereignisse das Gewicht immer mehr auf die Habsburgischen Erblande verlagerte. Avancinis Originalität besteht darin, daß er diese Themen und die damit verbundenen Strukturen modernisierte und der neuen politisch-religiösen Situation der vierziger-siebziger Jahre des 17. Jahrhunderts anpaßte, den lokalen Sachverhalt berücksichtigte und zum Schluß kam, im Habsburgischen Raum stimmten Ideal und Wirklichkeit völlig überein. Was früher als erstrebenswertes Ziel dargestellt worden war, wurde hier und jetzt als verwirklicht gegeben. An die Stelle der ermahnenden, gegebenenfalls strafenden Didaxe trat die *Laudatio*, das Lob auf das einzigartige Abbild des katholischen, für quasi vollkommen gehaltenen Gemeinwesens. Zentralthema der meisten Avancinischen Gedichte ist in der Tat die Person des Souveräns, der als Vertreter der regierenden Familie ein Glied in der langen Kette ist, welche in einer in der Vergangenheit vollbrachten Tat ihren durch die Vorsehung sanktionierten Anfang nahm, in der Gegenwart fortgesetzt wird und für die Zukunft Kontinuität und Glanz verbürgt.

Daß eine solche, spezifisch dynastische Vision den Komplex der *pietas austriaca*, insbesondere dessen eucharistisches Moment in den Vordergrund treten lassen sollte, darf nicht wundernehmen. In dem Maße, wie sie dem Geist der *Rudolfina instauratio* treu blieben, konnten nämlich die Habsburger des göttlichen, d. h. auch kirchlichen Schutzes versichert sein. Dies wurde von Avancini in der Ode *Panis eucharisticus est Austriacorum regnorum alimonia* paradigmatisch zusammengefaßt. Damit aber änderte sich die Funktion des Dichters wie die des Dramatikers. Ihre Aufgabe bestand nun darin, die Fürsten aufzufordern, an dieser Tradition festzuhalten. Ihrerseits wurden Stände und Untertanen ermahnt, das gesellschaftliche, heilbringerische Werk zu unterstützen. Daß diese Positionen ernst genommen wurden und – mindestens für die besten Köpfe des Ordens – mit opportunistischem Utilitarismus nicht verwechselt werden wollten, erhellt sich daraus, daß die politische Macht gerade wegen ihrer durch die Jahrhunderte hindurch aufrechterhaltenen religiösen Merkmale gleichzeitig damit beauftragt wurde, alles Mögliche zu tun, um das Heil der Seelen zu begünstigen. So blieb auch im gesellschaftlichen Bereich das Religiöse ausschlaggebend, ohne daß aber die Kirche je versucht hätte, die politische Führung selbst zu übernehmen, was diese Sichtweise von der mittelalterlichen unterscheidet.

Als Avancini zu dichten anfing, hatten diese Ideen durch die Verbreitung der

Fronleichnamsspiele in Wien und Graz, wo am Rücksichtslosesten gegen Andersdenkende vorgegangen worden war, dramatische Gestalt angenommen. Erst aber mit ihm, dem „Dichter der Ferdinande und Leopolds", der die Thematik der Eucharistiespiele in seiner Lyrik behandelte, entfaltete sich die römisch-katholische Vorstellungswelt des österreichischen Barocktheaters voll und ganz. Dies haben wir selbstverständlich dem Talent eines großen Gestalters zu verdanken. Nicht minder wichtig war aber auch die ästhetisch-politische Konstellation. Zu Avancinis Zeiten verfügte das Wiener Jesuitentheater über zwei feste Bühnen, die mit allen technischen Mitteln des modernen Theaters ausgestattet waren. Dies galt für den 1650 in der Universität errichteten Saal, zum Teil auch für die seit 1620 bestehende, ältere Bühne „am Hof". Eines hatten die Wiener Jesuiten verstanden: Wollten sie nicht zum Verfall verurteilt werden, so mußten sie sich die Errungenschaften der damaligen Kunst aneignen, um mit der italienischen Oper, dem schlesischen Kunstdrama und dem – vorwiegend benediktinischen – Ordensdrama mit Erfolgschancen wetteifern zu können. Daß sie in ihrem Unternehmen von den Habsburgern gefördert wurden, beweist, daß ihre Absichten von den Machthabern geteilt wurden.

Avancinis Theater umfaßt zuerst eine Gruppe von fünf Stücken, die leider verloren gegangen sind und deren Existenz nur durch eine anläßlich von Ferdinands III. Tod verfaßte Ode belegt ist. Zwei davon *Justus* und *Trebellius* wurden 1634, bzw. 1635/36 in Agram und Laibach gespielt. Von den drei anderen sind nur die Titel erhalten: *Andronicus, Tilly, Felicianus*. Mit größter Wahrscheinlichkeit wurden sie in derselben Periode geschrieben. In die gleiche Reihe gehört auch ein sechstes Drama, *Marius*, das aus unbekannten Gründen in der *Poesis Dramatica* gedruckt wurde, dessen Problematik dennoch keine Ähnlichkeit mit dem späteren „gültigen" Werk aufweist.

Die anderen 26 veröffentlichten Dramen sind von Avancini selbst wenn nicht in Zyklen, so doch zyklusartig konzipiert worden.

Es sollen zunächst einmal die Übersetzungen aus dem Italienischen genannt werden. Zwar bilden sie kein einheitliches Ganzes. Was sie miteinander verbindet ist nicht einmal die Perspektive. Keines der hier vertretenen Themen – David (zweimal, nach Cottone und Santi), Olaus magnus (Santi), Sidrach, Misach und Abdenago (Cottone), Hermenegildus (Tesauro) – war damals neu. Die Jesuitendramatiker der deutschen und österreichischen Provinzen hatten von allen reichlich Gebrauch gemacht. Die Geschichte des Wisigotenfürsten Hermenegildus, der, weil katholisch, den Intrigen des arianischen Hofes seines Vaters zum Opfer fällt, war schon kurz nach Erscheinen von Caussins *Tragoediae sacrae* (Paris 1620) in Deutschland eingeführt, adaptiert und inszeniert worden. Originell war eigentlich *Tyrannis Idokerdi* des Nicht-Jesuiten (!) Sbarra. Eines hatten dennoch all diese Werke gemeinsam: ihre ästhetischen Prinzipien. Indem er sie ins Lateinische übertrug, distanzierte sich nämlich Avancini von der immer noch starken plautinisch-terenzianischen Inspiration des niederländischen Theaters einerseits, von der klassizistisch anmutenden französischen Schule andererseits. Bei seinen italienischen Mitbrüdern entdeckte Avancini eine dramatische Auffassung, die auf die gesungenen Partien und die moderne Bühnenausstattung großes Gewicht legte – eine nicht hoch genug einzuschätzende Tatsache, wenn man sich an die damalige Wiener Situation erinnert. Es zog auch Avancini der geschmeidige, komplizierte, bewußt unnatürliche Stil seiner Vorbilder an, die das seit dem 16. Jahrhundert in Rom gepflegte Erbe der Silbernen Latinität mit den profanen Formen des südländischen Barock zu kombinieren versuchten. Bei Santi, Cottone, Tesauro lernte Avancini Techniken kennen, die in Deutschland noch wenig verbreitet waren. Mit ihm begann man anders zu schreiben, mehrere Handlungsstränge kunstvoll miteinander zu verbinden. Man griff auch zu optischen und akustischen Effekten, bediente sich immer mehr der Verkleidungen und des – nicht selten heiklen – Spiels mit der Identität der Personen, deren Gefühlsäußerungen – meistens waren es Liebesgefühle – breiterer Raum gegeben wurde. Das auf diesem Wege Erlernte veranlaßte Avancini dazu, das alte biblische Drama – davon legen seine eigenen Kompositionen *Josephus* und *Judith* (darüber später mehr) beredtes Zeugnis ab – zu erneuern. In dieser Hinsicht übten seine Übersetzungen einen beachtlichen Einfluß auf die Jesuitendramatiker des späten 17., frühen 18. Jahrhunderts aus, mindestens bis zum Triumph der Corneilleschen Dramaturgie in Bayern und Tirol nach 1730/1740. Daß Avancini sich aber keineswegs darauf beschränken wollte, alte Formen zu modernisieren, beweist *Hermenegildus*, dessen Motivik zum Gegenstand einer viel interessanteren Aktualisierung wurde.

Avancinis entschiedener Wille, sich formal und inhaltlich mit den dominierenden dramatischen Konstruktionen seiner Zeit auseinanderzusetzen, führte ihn dazu, sich mit dem Problem des Tragischen zu befassen. Hierin hat man sogar den Kern einer trotz aller Vielfalt einheitlichen Dramatik zu sehen, die Antikes und Christliches, Geschichte und Heilsgeschichte, Konfessionelles und stark territorial gefärbte Politik, Jenseits und Diesseits in immer neuen Variationen singulär zueinander in Beziehung setzt.

Indem er sich dem Altertum zuwandte, das *per definitionem* die Wiederaufnahme tragischer Situationen begünstigte, konnte Avancini mit den entwickelsten Formen des modernen Trauerspiels rivalisieren, das seit Heinsius' theoretischen Darlegungen in Lohensteins römischen, afrikanischen und türkischen Zyklen einen Höhepunkt erreichte. *Semiramis* beruht auf kollidierenden Pflichten, genauer gesagt auf dem Kampf der Liebe mit der Gesellschaft, auf einer abrupten Opposition zwischen der notwendigen Treue zum Ehepartner und dem nicht minder notwendigen Gehorsam dem König gegenüber. Die weibliche Hauptperson, die ihren Gatten Memnon liebt und von ihm geliebt wird, erfährt unerwarteterweise, daß Kaiser Ninus von heftiger Leidenschaft zu ihr entbrannt ist. Dadurch werden die Idylle und das Glück des Paares gefährdet. Die Situation ist um so komplizierter, als Ninus kein Tyrann, sondern ein in jeder Hinsicht bewundernswerter Fürst ist, dem es nicht darauf ankommt, Semiramis zu verführen, sondern zur Gattin und Kaiserin zu machen. Dazu kommt das politische Kalkül des Herrschers, der Memnon sozusagen als Entschädigung seine eigene Nichte zur Frau anbietet. Dieser Tauschhandel, der den Weg zu einer friedlichen Lösung des Konflikts freigeben könnte, wird natürlich weder von Semiramis noch von Memnon angenommen. Beide bleiben unerschütterlich und besiegeln somit den Sieg der geprüften Tugend. Da dies aber den Willen des Kaisers nicht zu beugen vermag, entschließt sich Memnon dazu, Selbstmord zu begehen: Dem Fürsten gegenüber, dessen Macht unangetastet bleiben soll, erweist er sich mithin als ein treuer Untergebener, der den absoluten Wert des Staates anerkennt, in dem er sich ihm vorbehaltlos unterwirft. Nach Memnons Tod steht Ninus' Plan nichts mehr im Wege. Andererseits kommt in seinem freiwilligen Fall die höchste Liebe zum Ausdruck: Memnon geht auf den für ihn und Semiramis entehrenden Vorschlag des Königs nicht ein.

Dank diesem, den Einfluß des stoischen Ideals verratenden, Ausgang wird die Versöhnung möglich. Ninus kann Semiramis heiraten, ohne die heiligen Gesetze der Ehe zu verletzen, ohne zum Tyrannen gestempelt zu werden. Der Staat, dem eine schwere Krise erspart worden ist, bleibt bestehen und die Untertanen werden in Ruhe und Frieden weiterleben.

Allen diesen positiven Elementen zum Trotz befriedigt jedoch ein solches Ende, das die Vernichtung eines Paares und den Fall eines würdevollen Mannes erforderlich macht, nicht. Die Erklärung dafür fand Avancini, der seine Gestalten hier nicht nach manichäischen Kriterien maß, in den geistigen Grundlagen einer Antike, die von der erlösenden Botschaft Christi noch nichts wußte und so nur zu unvollkommenen, d. h. ungerechten Lösungen kommen konnte. Bei allen ehrlichen Bemühungen von seiten seiner höchsten Vertreter erreichte ebenfalls der Staat sein Ziel nur dadurch, daß er den Menschen Gewalt antat und so genau das Gegenteil dessen erwirkte, wofür er sich einzusetzen vorgab.

Unter diesen Umständen vermochte er auch nicht, sich den ihn beständig bedrohenden Intrigen zu widersetzen. Dafür bietet *Xerxes*, ein Familien- und politisches Drama, ein einleuchtendes Beispiel. Hier kennt der Kampf um die Macht keine Grenzen. Ocus, Xerxes' dritter Sohn, treibt seinen Vater, den Erbprinzen Darius vom Hofe zu entfernen, dann wegen angeblichen Verrats zum Tode zu verurteilen. Nachher schmiedet Ocus neue Ränke – diesmal gegen Arsames, den er durch einen seiner Helfershelfer im Duell töten läßt. Sobald Xerxes einsieht, daß er betrogen worden ist, nimmt er sich das Leben, so daß Ocus zum König gekrönt werden kann. Der reine Bösewicht triumphiert, ohne daß der Machtwille des wirklichen Protagonisten durch edle Absichten oder gutgemeinte Handlungen „entschuldigt" wird. Selbst die späte Reaktion von Ocus' jüngstem Bruder Ariaspes stellt die gestörte Ordnung nur unvollkommen wieder her, da sie allzu deutlich an die nicht ganz ernstzunehmende Tradition des *Deus ex machina* anknüpft.

Noch zweideutiger ist *Alexius Comnenus,* ein Stück, das dem Interpreten unbestreitbare Schwierigkeiten bereitet. Bezeichnenderweise ist der Titelheld nicht die Hauptgestalt. Ohne Arg, seinen Mitmenschen naiv trauend, im momentanen Verbündeten den potentiellen Gegner nicht erblickend, ist er von vornherein das Opfer par excellence. Sieger auf der ganzen Linie ist hingegen Andronicus, der Alexius' Schwäche und Ahnungslosigkeit auszunützen weiß. Dem von allen Seiten bedrängten Fürsten kommt er zuerst scheinbar freundlich zu Hilfe. An die Macht gelangt, läßt er aber den jungen unerfahrenen Herrscher köpfen, unter dem Vorwand, letzterer habe sich geweigert, ein Dekret zu unterschreiben, wo seine Mutter mit dem Tode bestraft wird, weil sie früher die Macht mißbraucht habe! Im Gegensatz zu *Xerxes* bleibt in *Alexius* also jede Wiederherstellung der Ordnung aus: Der Verbrecher wird zum unumstrittenen Herrscher!

Da man in Avancini schwerlich einen Vertreter des modernen säkularisierten Weltbildes sehen kann – eine solche Auslegung strafen die weiter zu kommentierenden Werke Lüge –, ist es geboten, sich noch einmal auf die geschichtliche Perspektive zu beziehen. In *Alexius* wie in *Semiramis* und *Xerxes* steht hinter den grausamen Geschicken der Gestalten eine Grundüberzeugung Avancinis. Weder Großmut noch edle Gefühle sind imstande, die dunklen Mächte aus einer Welt zu verbannen, der die erlösende Wahrheit nicht mitgeteilt worden ist. Avancinis Auffassung vom Tragischen hängt somit direkt von der theologisch-teleologischen Vision des Christentums ab. Nicht weniger aufschlußreich ist aber auch, daß der Staat der Ort ist, wo sich die eben heraufbeschworenen Mächte am zerstörerischsten manifestieren. Dies läßt sich nur dadurch erklären, daß Providentia nur jene politischen Gebilde schützt, die auf christlichen Fundamenten ruhen. Sonst können den menschlichen Trieben und den zur Verselbständigung tendierenden Spielen der Politik keine Grenzen gesetzt werden. So negativ dieses Bild auf den ersten Blick auch sein mag, es unterstreicht dennoch implizit die Existenz einer zwischen höherer und menschlicher Ordnung bestehenden Verbindung. In *Canutus,* einem im nordeuropäischen Mittelalter, zur Zeit der Christianisierung der germanischen Völker spielenden Stück, gewinnt diese Idee an festeren Umrissen. Zwar erliegt Canutus den Intrigen seiner heidnisch gebliebenen Gegner. Durch seinen Martertod erhält aber das Drama eine belehrende Funktion, die einen Übergang vom Impliziten zum Expliziten nach sich zieht. Die christlichen Fürsten werden zur Wachsamkeit und Umsicht ermahnt, so daß auf die Möglichkeit hingewiesen wird, das Tragische zu überwinden. Die Pseudogesetze der Notwendigkeit werden negiert, Providentias Walten dafür aber um so stärker hervorgehoben. Durch Heranziehen der *Postfiguratio,* die im ermordeten König die trostspendende Gestalt des Erlösers erscheinen läßt, wird die dargestellte Handlung über den Einzelfall hinaus zum sinntragenden, alle Menschen und Staaten angehenden Ereignis.

Damit waren die Grundlagen zu anderen Konstellationen gegeben: Der potentiell tragische Konflikt konnte im christlichen Staat harmonisch gelöst werden, ohne daß es absolut notwendig gewesen wäre, auf das exegetische Figurensystem zurückzugreifen.

Diese Ansicht verdeutlichen vier Dramen, in deren Mittelpunkt Frauengestalten stehen, die zu Unrecht des Ehebruchs bezichtigt werden, deren Unschuld schließlich aber anerkannt wird. In *Sancta Ida* wird die Gräfin von Toggenburg gerettet, ihr Gemahl bereut seinen Irrtum und der böse Intrigant stirbt einen verdienten Tod. Ziel der Handlung ist die im Prolog angekündigte „Restituta Conjugum ... fides". Zwar geht Avancini nicht so weit, das wieder versöhnte Ehepaar auftreten zu lassen. Dies hätte der legendären Vorlage zu sehr widersprochen, in der Ida in der Einsamkeit zu leben beschließt. Unmißverständlich gibt aber Avancini zu verstehen, daß die Wiedervereinigung der Liebenden, d. h. die Wiederherstellung der Ordnung in Familie, Staat und Gesellschaft nur augenblicklich verzögert ist. In *Pomum Theodosii* ist Anfangs- und Schlußsituation mit der von *Sancta Ida* beinahe identisch. Was der Ring dort war, ist hier der Apfel, der – „fatale pomum"! – lange und zu Unrecht von den Gestalten als unheilbringendes Werkzeug des Schicksals angesehen wird. Gerügt wird von Avancini der *suspicax sensus* des Herrschers, der sich zu beherrschen hat. Ist dem nicht so, so wird die Unschuld unterdrückt. Wird aber von ihm die Gerechtigkeit als höchster Wert anerkannt, so kann der Staat das normale Funktionieren der Justiz, damit aber auch das Heil der den Fährnissen des Lebens ausgesetzten Untertanen garantieren. Dort, wo die Gesetze beachtet werden, „Rei .. semper publicae floret status", heißt es in *Susanna Hebraea*. Das persönliche Schicksal der Heldinnen wird also in allen diesen Dramen nur im Hinblick auf die Gemeinschaft interpretiert. Die stark juristische Komponente der vier Frauenstücke läßt die Sorge des Autors um das Weiterbestehen des christlichen Staates, ggbf. um dessen Errichtung spüren. Viel eher als die Lüsternheit der Greise tadelt der als das Sprachrohr des Verfassers fungierende Prophet Daniel die Art und Weise, wie sich die Ankläger vor dem Gericht verhalten, an die elementaren Reaktionen des Volkes appellieren, ohne vom wirklichen Tatbestand auszugehen. Daniels Kampf gegen den früheren, falsch geführten Prozeß, führt zum Sieg der Gerechtigkeit. Da es ihm noch dazu gelingt, Nabuchodonosor von der Überlegenehit seiner Grundsätze zu überzeugen, wird seine Susannas Ehre rettende Tat zum Triumph der Wahrheit über die Lüge. Und da die Gerechtigkeit zum alleinigen Referenzwert deklariert wird, vollzieht sich in aller Augen der Übergang vom unvollkommenen zum vollkommenen Staat. In *Genoveva Palatina* wird die gleiche grundsätzliche Konstellation dadurch erweitert, daß der „schlechte" Hof wieder zum Sitz der Tugend und der Eintracht wird: Ein weiterer Beweis dafür, daß Avancini von der Gespanntheit der Bidermannschen Dramen Abstand nimmt und deutlich dazu neigt, a l l e im Rahmen der christlichen Welt entstandenen Konflikte optimistisch zu behandeln.

Obgleich er wie Bidermann dem neuscholastischen Gedankengut verpflichtet war, stand Avancini dem Leben des Menschen in der Gesellschaft viel positiver gegenüber. Unter solchen Umständen änderte sich zwangsweise die Bedeutung der Einsiedlerdramen. In *Eugenia Romana* entscheidet sich die Heldin, die die Heirat mit dem heidnischen Konsul Aquilinus verweigert, für die *vita solitaria*. Aber ihr Verzicht auf die Ehe hat für sie nichts mit Verachtung des Irdischen zu tun, sondern wird durch die Unmöglichkeit motiviert, im vorkonstantinischen Rom ein mit den göttlichen Geboten konformes Leben zu führen: Nicht die Ehe an sich ist verwerflich, sondern die Vermählung mit einem den Götzen opfernden, im Dienste eines nicht-christlichen Staates stehenden Mann, den Eugenia, wäre er ein Christ gewesen, sicherlich geheiratet hätte. In ihrer Bleibe in der Wüste kümmert sich Eugenia im übrigen um die Staatsangelegenheiten, greift in sie ein, stört das religiöse und politische System Roms: Ihr Ziel ist in aller Deutlichkeit die Errichtung des christlichen, mit dem neuen Rom verbündeten Staates.

Dadurch ist die aus den Frauendramen gewonnene Überzeugung erhärtet, daß die Ehe und nicht die Weltflucht das Verhältnis des Menschen zur Welt exemplifiziert. Die hohe Frequenz des Motivs hat bei Avancini eine nicht zu übersehende Signalfunktion. Quasi paradigmatisch sind in dieser Hinsicht die in *Connubium Meriti et Honoris* enthaltenen Aussagen. Der junge Evergetes, der die schöne Witwe Endoxa nicht heiraten wollte, weil er so sicherer erlöst zu werden hoffte, schließt sich am Ende der Ansicht seines Vaters an, die Fleischeslust werde durch das Sakrament der Ehe eingedämmt und geheiligt. Das Stück gipfelt in der frohen Vereinigung aller handelnden Personen. In seinen Orientierungen und Situationen (z. B. Flucht aus dem Elternhaus, dann mißglückter Versuch, dort als Anachoret zu leben) ist dieses Stück die genaue Umkehrung der Bidermannschen Thesen. Ist anderswo die Stimmung zurückhaltender, so erweist sich die Stellungnahme unseres Dichters nicht weniger affirmativ. Im schon herangezogenen Genoveva-Drama distanziert sich Avancini von der asketischen Weltsicht: Genoveva lebt inmitten einer freundlichen Landschaft, die Natur ernährt sie, ihr Kind hat sie stets bei sich, während der totale Bruch mit der Familie bei Bidermann unbedingt zum eremitischen Leben gehörte. Als Siegfried ihr entgegentritt, fällt sie ihm in die Arme. Beide gehen zum Hofe zurück, den die Gräfin nur wider Willen verlassen hatte. In diesem eminent sentimentalen Ausgang wird noch einmal dem gesellschaftlichen Leben das Wort geredet.

Indem er so für die Möglichkeit einer Ordnung plädierte, wo der Christ leben konnte, ohne Gefahr zu laufen, seine Seele zu verlieren, geriet Avancini mit modernen Vorstellungen in Konflikt, die die Macht der Vorsehung oder die Vollkommenheit der Schöpfung in Zweifel zogen. In *Sosa naufragus*, wo der Held Schiffbruch erleidet, durch ganz Afrika umherirrt, schließlich Weib und Kind vor Durst sterben sieht, beweist Avancini, daß alle gezeigten Katastrophen Gott nicht zugeschrieben werden können. Schuld am ganzen Geschehen ist allein Sosa, der seine Prüfungen nicht richtig einzuschätzen weiß. Zwar vermag er zu erkennen, daß Unbeständigkeit das einzige Beständige ist, eine Verbindung zwischen Schuld und mangelnder Einsicht in das Wesen der Dinge herzustellen, bleibt ihm aber versagt. Hier fehlt jede außerweltliche Perspektive. Sosas Irrtum kulminiert in jener grotesken Szene, wo der Held sich der Göttin mit dem Rad opfert, in der gottlosen Hoffnung, ihren Zorn zu stillen. Charakteristischerweise teilt der Negerkönig seine Meinung: In den modernen, das Postulat der waltenden Vorsehung in Frage stellenden Systemen sieht Avancini einen Rückfall in archaische Denkkategorien. Mit dieser Diagnose eng verwandt ist der Inhalt von *Alphonus X,* und zwar insofern, als die Titelgestalt die Idee vertritt, die Welt werde von einer willkürlichen, unberechenbaren Macht regiert. Providentia wird mit Fortuna schlechthin identifiziert, was einer Negation der Vorsehung gleichkommt. In Alphonsus' Augen ist deshalb Gott selbst für das Unglück der Welt verantwortlich zu machen. Dies läßt auch den Schluß zu, die Schöpfung sei bei weitem nicht bewunderungswürdig. Gott trotzend versteigt sich der spanische Monarch dazu, sein Reich und sein Regiment als vorbildlich hinzustellen: Alphonus' Sünde ist eine moderne, philosophische Variante des Mundus-inversus-Topos. Es besteht kein Zweifel daran, daß sich Avancini hier mit Fragen auseinandersetzt, die in der zweiten Hälfte des 17. Jahrhunderts diskutiert wurden und mit dem Um-sich-Greifen des säkularisierten Denkens und des Absolutismus in direktem Bezug stehen. Man darf sogar annehmen, daß er dabei an Hobbes dachte, dessen Hauptschriften – *De cive, Leviathan, De Homine* – einige Jahre vorher erschienen waren. Avancini fällt es nicht schwer, auf das Problem des Bösen eine – wie zu erwarten – orthodoxe Antwort zu geben: Das Böse in der Welt ist die Folge des Sündenfalls. An der Vollkommenheit der Schöpfung und der Ordnung der Welt ist nichts auszusetzen. Nicht die kosmische Ordnung hat sich der menschlichen anzupassen, sondern letztere muß mit allen Kräften danach trachten, jener möglichst nah zu sein. Der Absolutismus, indem er dazu neigt, sich von der Transzendenz zu emanzipieren, versklavt die Menschen und degradiert die Religion zu einem Instrument der reinen Machtausübung. Zum Glück sind die Menschen und Fürsten belehrbar: Alphonsus ändert seine Meinung. Durch seine individuelle Wandlung wird der lebenswichtigen Forderung nach Demut Rechnung getragen, das Primat des Religiösen anerkannt. In der Schlußszene legt der König seine Beichte vor dem Mönch Elphegus ab. Der Geistliche, dem allein das Recht zu vergeben zugestanden wird, wird zum Begleiter, Freund und Berater des Fürsten, dessen Handlungsraum somit klar abgesteckt wird.

Verfolgt Avancinis Schaffen – wie das ganze Jesuitendrama auch – ein didaktisches Ziel, so beruht seine Existenzberechtigung darauf, daß es ein positives Gegenbeispiel gibt zu dem, was hier und da angeprangert wird. Neben kritischen Werken enthält Avancinis Theater Stücke, die auf die Verherrlichung der bestehenden Ordnung im Habsburgerraum hinauslaufen. Auf der Jesuitenbühne sind es die „Ludi Caesarei", die die Perfektion dieses politischen Organismus verkündeten. Darunter wird man jene von Mitgliedern des Ordens verfaßten und inszenierten Schauspiele verstehen, die vor dem Kaiser, dem Hof und dem Volk, in den Erblanden – vor allem Wien, aber auch Prag und Graz – gespielt wurden. Gehören monarchische und religiöse Motive konstitutiv zu diesen Werken, so zeichnen sich auch letztere durch einen meistens fünfaktigen Aufbau – ähnlich der Tragödie und der *opera seria* –, gesungene Partien, musikalische Zwischenspiele, Chöre, Ballette und Tänze aus. Inhaltlich beruhen diese Spiele auf dynastisch-kaiserlichen Ideologemen. Avancini – das hoffen wir zur Genüge gezeigt zu haben – hat andere Texte geschrieben. In der Behandlung dieses Dramentyps hatte er Vorgänger. Nach ihm wäre noch ein Mann wie J. B. Adolph zu nennen. Wie dem auch sei, er ist als der beste Repräsentant dieser höchst interessanten Sonderform anzusehen.

Toposartiger Kern des dramatischen Komplexes ist der Hof. „Mater omnium scelerum", „carcer", „peccatorum et malorum origo": Dem Ort hafteten seit jeher negative Bezeichnungen an. Mit Avancini, der Caussins *Cour Sainte* gelesen hat, wird der Begriff uminterpretiert und im absolut positiven Sinne umgedeutet. In der Ode *Aulae defensio* (!) behauptet Avancini, das Böse komme immer von außen, d. h. vom Gegner. Aufgabe des Herrschers sei es dann, jede Häresie vom Hofe zu vertreiben. Aus Caussins „aula sancta" wird nun die „aula catholica habsburgica". Ist ein solcher Plan verwirklicht worden, so ist Fortuna zum Nichts geworden. Diese kardinale Thematik äußert sich in allen *Ludi*, am schlagendsten aber in der Ode *Imperium Austriacum non subjacere Fortuna, quia virtute firmatur*. Daraus ist gleichzeitig zu ersehen, daß die tragischen Elemente nur noch zum Schein beibehalten werden. Deshalb sind die Kaiserspiele weder Komödien noch christliche Tragödien mit glücklichem Ausgang, ebensowenig Tragikomödien, sondern breit angelegte, a n t i t r a g i - s c h e Spiele. Die Helden werden nie wirklichen Prüfungen unterzogen. Sie begehen keinen Fehler, kennen keine gegensätzlichen Pflichten. Ihnen ist der Sieg von vornherein versprochen. Die Ordnung wird nie ernstlich gestört und bedarf deswegen keiner Wiederherstellung. Die Angriffe der Gegner sind nur dazu da, um deren Permanenz und Bestand ostentativ vor Augen zu stellen. Die Welt der *Ludi* ist eine hieratische, den vielen bewegten Episoden zum Trotz statische, im Zeichen des Unveränderlichen stehende. Nur *Judith* und vor allem *Saxoniae Conversio* die zur Offensive bzw. expansionistischen Außenpolitik im Donauraum aufrufen, charakterisieren sich durch dynamische Komponenten.

Aus dieser Grundeinstellung hat Avancini die Struktur seiner Werke betreffende Schlüsse gezogen. In *Pomum Theodosii*, dessen Inspiration den Geist der großen *Ludi* vorwegnimmt, entschied er sich für ein achtaktiges Schema. Auf eine vieraktige „Tragoedia" mit „Protasis, Epitasis, Catastasis und Catastrophe" folgte eine auch vieraktige „Antitragoedia" mit „Antiprotasis, Antiepitasis, Anticatastasis und Anticatastrophe"! Dieser Aufbautyp war viel zu kompliziert, verwirrte die Zuschauer und wurde von Avancini nie wieder aufgenommen. Die ihm zugrundeliegende Idee lebte aber in den Prologen und Chören weiter. In *Pax Imperii* (1650, zur Ratifizierung des Westfälischen Friedens aufgeführt), *Curae Caesarum* (1654, anläßlich von Ferdinands IV. Krönung zum König der Römer konzipiert), *Pietas Victrix* (1658, zur Kaiserwahl Leopolds I. gespielt), in *Cyrus* (Graz, 1673, anläßlich der Heirat Leopolds mit Claudia Felicitas) werden die siegenden Mächte schon im Prolog, meist in allegorisch-musikalischer Form, genannt. Die Chöre haben keine kommentierende Funktion mehr, sondern deuten die folgende Handlung. Jedesmal, wenn archetypisch und präfigurativ (Leopold ist der direkte Erbe Konstantins und Theodosius') auf das Schicksal des „Imperium Habsburgicum" Bezug genommen wird, ist dieselbe zuversichtliche Atmosphäre zu spüren. Die gegnerischen Mächte hingegen verschwinden mehr und mehr aus der Handlung, so daß Epilog und manchmal sogar letzter Akt dem Triumph des katholischen Reiches gewidmet sind. Die vergangene Geschichte ist Ankündigung der gegenwärtigen, vollkommenen Realität. Die Zukunft kann dann nur Fortsetzung des Bestehenden bis zum Ende der Welt sein. Im letzten Aufzug von *Pietas Victrix* demonstriert die Jungfrau Maria anhand heraldischer Bilder die Geschichte des Reiches von Konstantin bis hin zu Leopold. In *Cyrus* prophezeit Daniel das A. E. I. O. U.: „Austria Erit In Orbe Ultima": Die Vier-Monarchien-Lehre und die *Translatio Imperii* in einer spezifisch habsburgischen Umformung reinterpretierend verherrlicht Avancini in Österreich die bestmögliche Realisierung menschlichen Zusammenlebens, eine irdische Antizipation von Gottes Reich. Unter Österreichs Führung kann ganz Deutschland in Frieden leben, vom „großen Bruder" (Josephdrama) gelenkt und vorm Chaos bewahrt. Bei Avancini steht weniger der Einzelmensch als das Volk im Vordergrund. Die *Laudatio* auf die Habsburger ist dann nicht Selbstzweck, sondern höchste Form der diesseitigen Bejahung. Eine von Bidermanns streng spiritueller Tendenz so weit entfernte Auffassung kann man sich kaum vorstellen. Vor näheren Vergleichen, die hier nicht am Platze wären, wird man sich dennoch hüten. Denn eines ist jedenfalls sicher: ohne diese in lateinischer Sprache schreibenden Jesuiten wäre die deutsche Barockdramatik um ein Vieles ärmer.

Anmerkungen

Texte

1. **Avancini Nicolaus**
Hecatombe Odarum ..., Viennae 1651.
Elogium D. Leopoldo ... Principi ... Dictum ..., Viennae 1655.

Effigies ac Elogia quinquaginta Germanico-Romanorum Caesarum a Carolo Magno ad Leopoldum usque I. itidem Magnum, Viennae 1658.

Poesis Lyrica . . . , Viennae 1659.

Poesis Dramatica . . . , 5 Bde. Bd. 1-3, Coloniae Agrippinae 1674, 1675, 1680. Bd. 4, Duderstadii 1679. Bd. 5, Romae 1686.

2. Bidermann Jacobus

Res à B. Ignatio Loiola Societatis Iesu parente gestae . . . , Monachii 1612.

Herodiados libri tres, Sive DD. Innocentes Christomartyres, Ab Herode tyranno crudeliter caesi . . . , Monachii 1622.

Heroum Epistolae . . . , Antverpiae 1630.

Ubaldinus Sive de Vita et Indole Antonii Mariae Ubaldini Urbinatis Monteae Comitis Breviarium, Romae 1633.

Sylvulae Hendecasyllaborum, Romae 1634.

Jacobi Bidermanni e Societate Jesu Deliciae Sacrae . . . , Romae et Florentiae 1639.

Utopia Didaci Bemardini seu Iacobi Bidermanni . . . , Dilingae 1640.

Acroamatum Academicorum Libri tres, Lucernae 1642.

Ludi Theatrales sive Opera posthuma . . . , Monachii 1666. Wieder hrsg. v. R. Tarot, Tübingen 1967 (Dt. Neudrucke, Reihe Barock. 2 Bde).

Literatur

1. Zu N. Avancini:

Angela Kabiersch: Nikolaus Avancini S. J. und das Wiener Jesuitentheater 1640-1685, Diss., Wien 1972 (Masch.).

Nikolaus Scheid: Nikolaus Avancini als Dramatiker, Progr. Feldkirch 1913, S. 5-51.

Nikolaus Scheid: P. Nikolaus Avancini S. J., ein österreichischer Dichter des 17. Jahrhunderts, Progr. Feldkirch 1898-1899, S. 3-48.

Jean-Marie Valentin: Programme von Avancinis Stücken. In: Jahrbuch der Görresgesellschaft, NF 12, 1971, S. 1-42.

Jean-Marie Valentin: Zur Aufführung des Avancinischen ,Sosa Naufragus' (Wien 1643). In: Humanistica Lovaniensia, 36, 1977, S. 220-227.

2. Zu J. Bidermann:

Thomas Best: Jacob Bidermann, Boston 1975 (Twayne's World Authors Series 314).

Hermann Joseph Nachtwey: Die Exerzitien des Ignatius von Loyola in den Dramen Jakob Bidermanns S. J., Münster 1937.

Josef H. K. Schmidt: Die Figur des ägyptischen Joseph bei Jakob Bidermann (1578-1639) und Jakob Böhme (1575-1624), Zürich 1967.

Rolf Tarot: Jakob Bidermanns ,Cenodoxus', Köln 1960.

Jean-Marie Valentin: Le ,Macarius Romanus' de Jacob Bidermann. Réédition et introduction. In: Humanistica Lovaniensia, XIX, 1970, S. 365-469.

3. Zum Jesuitendrama des deutschen Sprachraums:

Willi Flemming: Geschichte des Jesuitentheaters in den Landen deutscher Zunge, Berlin 1923 (Schriften der Gesellschaft für Theatergeschichte 32).

Johannes Müller: Das Jesuitendrama in den Ländern deutscher Zunge vom Anfang (1555) bis zum Hochbarock (1665). 2 Bde., Augsburg 1930 (Schriften zur deutschen Literatur 7).

Nikolaus Scheid: Das lateinische Jesuitendrama im deutschen Sprachgebiet. In: Jahrbuch der Görresgesellschaft, 5, 1930, S. 1-96.

Elida-Maria Szarota: Das Jesuitendrama im deutschen Sprachgebiet. Eine Periochen-edition, Teil 1, München 1979, S. 6-121. Teil 2, München 1980.

Jean-Marie Valentin: Le théâtre des Jésuites dans les pays de langue allemande (1554-1680). Salut des âmes et ordre des cités, 3 Bde. Bern/Frankfurt a. M./Las Vegas 1978 (Berner Beiträge zur Barockgermanistik 3 und Europäische Hochschulschriften, I, 255). Mit ausführlicher Bibliographie.

Ruprecht Wimmer: Jesuitentheater. Didaktik und Fest, München 1982 (Das Abendland. N. F. Band 13).

Jean-Marie Valentin: Le théâtre des Jésuites dans les pays de langue allemande. Répertoire chronologique des pièces représentées et des documents conservés (1555-1773), 2 Bde., Stuttgart 1983 (Hiersemanns bibliographische Handbücher 3).

JÖRG JOCHEN BERNS

JUSTUS GEORG SCHOTTELIUS

Justus Georg Schottelius gehört nicht zu den größten deutschen Dichtern des 17. Jahrhunderts. Wenn er gleichwohl einen Platz in der Galerie, die dieses Buch bietet, beanspruchen darf, so deshalb, weil er einer der einflußreichsten ‚Sprachkünstler' – im umfassendsten Sinn dieses Wortes – war: der bedeutendste Grammatiker der deutschen Sprache vor Jacob Grimm, der dezidierteste antiklassizistische Poetologe seiner Zeit, der erste Verfasser einer systematischen deutschsprachigen Ethik, ein Sammler deutscher Rechtsaltertümer und eben doch auch – ein Poet. Das Werk, das er hinterlassen hat, ist, mit zwanzig selbständigen Buchtiteln, so umfangreich nicht, wenn man es an der Produktion vieler seiner gelehrten Zeitgenossen mißt. Obwohl Schottelius auf mehreren Wissenschaftsgebieten tätig war, die für uns heute weit auseinanderliegen, ist er kein Polyhistor. Denn sein Gesamtwerk ist zentriert in ‚Spracharbeit'. Sein Lebensziel ist Arbeit für die, Arbeit an der, Arbeit mit der deutschen Sprache. Ein pfingstliches Begeistertsein durchwaltet dies lutherische (Sprach-) Arbeitsethos, so daß die Grammatik von Poesie, die Poetik von Ethik, die Jurisprudenz von Didaktik nicht immer strikt sich trennen läßt. Drei kulturpolitisch bedeutsame Kräfte vor allem ermöglichten es, daß Schottelius während – und durchaus auch wegen – des Dreißigjährigen Krieges selbst zu einer Art literaturpolitischer Instanz wurde: der protestantisch-irenische Akademismus unter Einfluß der ‚niederländischen Bewegung', der Wolfenbütteler Musenhof und die patriotische Sozietätsbewegung. Im Felde dieser drei Kräfte entstand das Gesamtwerk von Schottelius. Durch sie erhielt es Autorität, Perspektive und – Schranken. Eben jene Schranken, die seine allseitige Rezeption in späteren Jahrhunderten vereitelte. Die Schottelius-Vita, deren bündigste, wenn auch nicht in allen Daten verläßliche Fassung[1] noch immer der Personalia-Anhang der von Brandanus Daetrius verfaßten Leichenpredigt bietet, veranschaulicht das Zusammenwirken dieser drei Kräfte.

Der Pfarrerssohn, der am 23. Juni 1612 in der niedersächsischen Hansestadt Einbeck geboren war – seine Vorfahren dort waren Handwerker (mit dem unlatinisierten Namen „Schotteler"), Kaufleute, Ratsverwandte und Akademiker –, mußte sich seinen Weg in die akademische und höfische Welt selbst bahnen. Nach dem Tod des Vaters entrann der Junge der Krämerlehre in Einbeck, indem er seinen Studienweg durch Präzeptorenarbeit selbst finanzierte. Dieser Weg führte ihn vom Gymnasium in Hildesheim an die Universität Helmstedt, das Akademische Gymnasium zu Hamburg, die Universität Leiden und schließlich an die Universität Wittenberg. 1643 erwarb er den Lizentiatentitel und 1646 den Titel eines Doktors beider Rechte an der Universität Helmstedt.

Die akademische Qualifikation war in diesem Fall nicht Vorbedingung der höfischen Beamtenkarriere, sondern sie überlagerte sich mit ihr. Denn der Jurastudent wurde Ostern 1638 in Braunschweig durch Herzog August von Braunschweig und Lüneburg (1579-1666) zum Präzeptor von dessen zweitältestem Sohn Anton Ulrich und dessen Schwestern bestallt. Schottelius verließ diesen Hof nie mehr.[2] Der merkwürdige Umstand, daß der regierende Fürst einen durch keinen akademischen Grad ausgewiesenen Sechsundzwanzigjährigen, der sein Studium kriegshalber hatte abbrechen müssen, zum Erzieher seines Lieblingssohnes machte, deutet darauf hin, daß der junge Schottelius mehr war als ein hergelaufener Student. Es gibt Indizien dafür, daß der junge Mann dem Fürsten als ,Sprachkünstler', als wissenschaftlicher Kenner der deutschen Sprache (deren Kenntnis man damals an deutschen Universitäten bekanntlich nicht erwerben konnte) empfohlen war. Da August sich selbst seit geraumer Zeit mit kabbalistischen Sprachtheoremen und Problemen der Bibelverdeutschung befaßt hatte, mußte ihm der Schüler des Sprachdidaktikers Joachim Jungius (der in Hamburg Lehrer von Schottelius gewesen war) und des niederländischen Poeten und Historiographen Daniel Heinsius (bei dem Schottelius in Leiden studiert hatte) willkommen sein. Tatsächlich darf man voraussetzen, daß Schottelius bereits 1638 seine wichtigsten linguistischen und poetologischen Beobachtungen und Thesen notiert hatte, denn sonst hätte er schwerlich bereits bis 1645 neben seiner Diensttätigkeit bei Hofe seine wissenschaftlich erheblichsten Schriften publizieren können.

Als Neunundzwanzigjähriger ließ er die Erstfassung seiner Grammatik erscheinen. Zwei Jahre später publizierte er ein programmatisches Lehrgedicht, *Der Teutschen Sprache Einleitung*, das er dem Fürsten Ludwig von Anhalt als dem Praeses der Fruchtbringenden Gesellschaft dedizierte, deren 397. Mitglied er unter dem Namen ,Der Suchende' 1642 geworden war. Wiederum zwei Jahre später lag auch die Erstfassung seiner *Teutschen Vers- oder Reimkunst* im Druck vor. Mit diesen drei Schriften hatte der braunschweigisch-wolfenbüttelsche Präzeptor binnen vier Jahren erstmals sein linguistisch-poetologisches Programm umfassend (auf mehr als elfhundert Seiten!) vorgestellt. Bereits der Dreiunddreißigjährige war den Zeitgenossen als einer der profundesten wissenschaftlichen Promotoren der kulturpatriotischen Sache bekannt. Hervorzuheben ist das deshalb, weil die Schottelius-Rezeption sich seit dem 18. Jahrhundert fast ausschließlich auf die *Ausführliche Arbeit Von der Teutschen HaubtSprache* beschränkte, die doch erst 1663, fünfzehn Jahre nach Beendigung des Dreißigjährigen Krieges, mithin in einer völlig andersartigen Situation publiziert wurde. Solcher Blickverengung entgeht aber gerade die politische Motivation der

Sprachbemühung und deren innovatorische Bedeutung. Denn die fünf Bücher der *Ausführlichen Arbeit* bieten auf ihren fast 1500 Quartseiten – von einigen wenigen Zutaten abgesehen – nicht mehr als eine Zusammenfügung früherer, nur geringfügig überarbeiteter Schriften. Daß sie in dem dicken Quartanten zusammengefügt werden konnten, besagt aber zugleich, daß Schottelius von Anfang an systematisch gearbeitet hatte. Erstmals in Deutschland wagte er den Versuch, Grammatik und Poetik theoretisch und praktisch zu verbinden. Unter Berufung auf naturrechtliche Argumente von Hugo Grotius, Hermann Conring u. a. suchte er zu bestimmen, inwiefern die Gesetzlichkeit der deutschen Sprache am aktuellen Sprachstand, der als „Gebrauch" (usus) und „Gewohnheit" (consuetudo) sich durchsetzte, zu erkennen sei. Gesetzmäßigkeit des Sprachgebrauchs sieht er dann gegeben, wenn dieser Vernunftsprinzipien entspricht („rationalis" oder doch „rationabilis" ist), die ihrerseits in der gottgegebenen „Natur" der Sprache vorliegen. Die naturrechtliche Grundlegung der Wissenschaft von deutscher Sprache findet somit ihre notwendige Ergänzung in einer naturwissenschaftlichen Elementen- oder Atom-Lehre, die Schottelius dem niederländischen Physiker Simon Stevinus entlehnt. Naturwissenschaftlicher Axiomatik folgend, ermittelt er die Grundelemente, die phonetischen und semantischen ‚Atome' der deutschen Sprache: die „Letteren" (Buchstaben, Laute), die „Stammwörter" (radices, literae radicales) und „Nebenwörter" (literae accidentales). Da aus diesen einfachen „einlautenden" (einsilbigen) Elementen der ganze „Sprachbaum" besteht, bedarf es der Klärung, wie diese Elemente eine organische Einheit bilden, wie sie miteinander in Verbindung treten können. Der analytischen Elementenlehre entspricht sonach eine synthetische Kompositions- oder Kombinationslehre, die sowohl das Zentrum der Schottelischen Grammatik ausmacht als auch seine Poetik grundlegend bestimmt. Nicht Normierung des Sprachgebrauchs durch schematische Regeln, sondern Sprachpotenzierung im Sinne poetisch-wortbildnerischer Differenzierung und wissenschaftlich exakter Begriffsbildung ist das Ziel der ‚Sprach-Kunst'. Dabei verdienen die Kombinationsgesetze der Wortbildung und die Kompositionsgesetze der Syntax besondere Aufmerksamkeit, denn in ihnen findet Schottelius den Ansatz, um seine Poetik systematisch aus der Grammatik zu entwickeln. Im Unterschied zu den meisten deutschen Poetologen seiner Zeit fundiert er die Poetik nicht (oder doch nicht primär) in der Rhetorik. Daß er als erster eine genuin deutsche Poetik aus einer Grammatik des Deutschen herzuleiten sucht, bedeutet zugleich, daß er – im Gegensatz etwa zu Opitz, Buchner u. a. m. – antiklassizistisch argumentiert. Die grammatische Ausgangsposition hat für den inneren Aufbau und den Problemradius der Poetik deutliche Konsequenzen. Bestehen die barocken Poetiken gemeinhin aus zwei Teilen, der „Reimkunst" (Reimlehre und Metrik) und der „Dichtkunst" (Verhältnisbestimmung res/verbum, Inventions-, Gattungs-, Stil-, Ornatus-, Elocutio-Lehre etc.), so bricht Schottelius mit dieser Tradition. Seine Poetik bleibt auf Reimlehre und Metrik beschränkt. Das ist systemlogisch notwendig, denn seiner grammatisch-sprachtheoretischen Argumentation entsprechend konnte er Probleme der eigentlichen „Dichtkunst" in diesem Zusammenhang nicht abhandeln. Daß er sie aber durchaus sah, beweisen bestimmte *Lobreden* im Vorspann seiner Grammatik und bestimmte Traktate im V. Buch der *Ausführlichen Arbeit* und schließlich die Vorreden zu zahlreichen lyrischen und theatralischen Dichtungen. Auch nach 1663 ließ das linguistische Interesse nicht nach. Briefen ist zu entnehmen, daß Schottelius immer noch seinem Lieblingsplan, der Erstellung eines Deutschen Wörterbuchs, nachhing. Grundlegend neue Erkenntnisse aber hatte er nicht mehr zu publizieren. Er beschränkte sich, wie seine allegorische Grammatiksatire *Horrendum Bellum Grammaticale Teutonum antiquissimorum* und eine Orthographielehre für den Schulgebrauch zeigen, auf die Popularisierung des einmal Erkannten.

Die Zeitgenossen feierten Schottelius als „teutschen Varro". Doch sollte man darüber nicht vergessen, daß er seinem Studiengang und seiner späteren Berufspraxis nach Jurist war, der sich 1643 mit einer Inauguraldisputation über Prinzipien der Strafzumessung qualifiziert und 1646 den Titel eines Doctor utriusque juris erworben hatte. Vermöge dieser Qualifikationen wurde es ihm möglich, an Herzog Augusts Hof zum Ordentlichen Hofgerichtsassessor, Konsistorialrat und Hofrat aufzusteigen. An juristischen Werken hat er neben der Inauguraldisputation eine Sammlung von lüneburgischen Salzrechten hinterlassen, die indes ungedruckt blieb. Großen Erfolg aber hatte er mit seinem *Kurtzen Tractat Von Unterschiedlichen Rechten in Teutschland,* der nach dem Erstdruck (1671) noch mindestens drei weitere Auflagen, aber auch Fortsetzungen und Nachahmungen durch andere Autoren fand. Rechtsgeschichte und Sprachgeschichte waren für Schottelius wie später für Jacob Grimm ineinander verwoben.

Die dritte tragende Säule im Wissenschaftsgebäude des Schottelius bildet die Philosophia practica. Sie vermittelt zwischen Jurisprudenz und Spracharbeit und bestimmt auch seine Poesie maßgeblich. Zweifellos ist die 1669 publizierte *ETHICA Die Sittenkunst oder Wollebenskunst* neben der *Ausführlichen Arbeit* (bzw. den in ihr zusammengefügten Schriften) die bedeutendste wissenschaftliche Schrift von Schottelius. Sie bietet eine – im Verhältnis zur philippistischen Tradition – säkularisierte Moralphilosophie, die in einer psychologischen Anthropologie ihr Zentrum findet.[3]

Alle Wissenschaft, die Schottelius treibt, ist in entschiedenem Sinne praktische Wissenschaft. Ihr Quellpunkt ist ein Arbeitsethos, das sich gelegentlich mystisch emphatisiert. Arbeit ist das Prinzip, unter dem Schottelius antritt: Nicht von ungefähr erörtert er in der Dedikation seines frühesten Büchleins, einem mystischen Gedicht mit dem Titel *Die hertzliche Anschawunge Vnsers gecreutzigten Heylandes* (1640), ausführlich den Wert der Arbeit für das irdische und das himmlische Leben; nicht umsonst deklariert er sein umfänglichstes Buch als *Ausführliche A r b e i t* ; nicht zufällig wird er unter dem programmatischen Namen ‚Der Suchende' Mitglied der Fruchtbringenden Gesellschaft; am auf-

schlußreichsten aber ist seine Lebensdevise, die er als Subscriptio seiner Wappen-
figur, dem Obelisken, beifügt: „Surgit labore bene ordinato."

Ohne diesen wissenschaftlichen Rahmen und ohne dies Ethos ist der eigentümliche Charakter der Poesie des Wolfenbütteler Gelehrten nicht zu verstehen.
Denn Dichtung und Wissenschaft stehen für ihn nicht getrennt nebeneinander,
sie ergänzen sich auch nicht nur, sondern sie bedingen einander. Dichtung gilt
ihm nur als besondere Präsentationsform der einen Sache, die er auch mit seinen
wissenschaftlichen Schriften meinte: Nachweis des „Vermögens" der deutschen
Sprache. Insofern ist alle seine Poesie lehrhaft, ja belehrend. Ihre eigentümliche
Wissenschaftsgebundenheit aber entschied auch über ihre Rezeption. Da bekanntlich wissenschaftliche Leistungen in einem strikteren Sinne obsolet werden als
ästhetische, verlor auch seine Poesie ihrer Wissenschaftsgebundenheit wegen rasch
ihre Verständlichkeit. Da er seine Grammatik, seine *Sprachkunst* samt deren
elementaristisch-strukturalistischen und onomatopoetischen Implikationen, zur
Konstruktionsbasis und zum Kriterium seiner Kunstsprache machte, verfiel die
Verständlichkeit der meisten seiner poetischen Werke schneller und unwiederbringlicher als die mancher Zeitgenossen, die sich enger an volkssprachliche oder
kirchlich und akademisch-rhetorisch (auch international) bewährte Stillagen und
Argumentationsmuster hielten.

Die recht umfangreiche dichterische Produktion von Schottelius läßt sich grob
in vier Gruppen aufteilen, die einander vielfach ergänzen und überschneiden:
Casualdichtung, Lehrdichtung, Erbauungsdichtung und Schauspieldichtung.

Es ist sicher mehr als ein Zufall, daß die erste wie die letzte der poetischen
Äußerungen von Schottelius, die auf uns gekommen sind, C a s u a l g e -
d i c h t e sind: ein Epicedium (Trauergedicht) auf den 1633 verstorbenen Hamburger Buchhändler Michael Hering und ein Epicedium für den zwei Monate
vor Schottelius selbst verstorbenen Prinzen August Friedrich von Braunschweig
und Lüneburg. Denn das Verfassen und Austauschen von Casualgedichten gehörte doch zu den Kommunikationsgepflogenheiten und Repräsentationspflichten jener sozialen Elite, der Schottelius aus dreifachem Grunde angehörte: kraft
Herkunft (aus der ,Ehrbarkeit' einer Hansestadt), kraft Bildung (als promo-
vierter Akademiker) und kraft Amtes (als Hofbeamter mit Sitz in drei Kammern). Aus der Casualdichtung von Schottelius wird der Radius seines Be-
kannten- und Freundeskreises kenntlich. Obgleich die anlaßgebundenen Gedichte,
die Schottelius für andere schrieb, wie die, die von anderen für ihn geschrieben
wurden, noch nicht vollständig erfaßt sind, ließe sich doch mit den bisher bekannten bereits ein eignes Büchlein füllen. Es kann nicht erstaunen, daß die
meisten Casualgedichte, die Schottelius in Form von oft sehr kunstvollen Ein-
blattdrucken, im Vorspann von Büchern ihm beruflich oder persönlich naheste-
hender Autoren, in Epithalamiensammlungen (Sammlungen von Hochzeitsgedichten) und im Anhang von Leichenpredigten publizierte oder auch nur in
handschriftlicher Form überreichte, an Mitglieder der Herzogsfamilie adressiert

sind, in deren Dienst er stand: mehr als zwanzig allein an Herzog August, dem er nicht nur als Höfling, sondern mehr noch durch gleichgerichtete Wißbegier und patriotische und religiöse Interessen verbunden war. Auch die Kollegen in Hofgericht, Kammer und Konsistorium wurden natürlich mit Gedichten bedacht. Literarhistorisch aufschlußreich sind vor allem aber die Gedichte für befreundete Poeten, unter denen das Dreigestirn Harsdörffer, Rist und von Birken hervorglänzt; doch gehören auch die von Greiffenberg, von Hille, Dilherr, von Glasenapp und von dem Knesebeck zu den Empfängern. In Gedichten an solche Adressaten werden die gemeinsamen poetischen und didaktischen Ziele angesprochen und kulturpatriotische Hoffnungen beschworen. Der Ruhm, den der Wolfenbütteler als Linguist und Poetologe im gesamten deutschen Sprachraum gewann und den die Aufnahme in Fruchtbringende Gesellschaft und Pegnesischen Blumenorden bestätigte und verstärkte, brachte es mit sich, daß Schottelius auch selbst zum bevorzugten Adressaten von Casualgedichten anderer Gelehrter und Poeten wurde. Unter den Autoren der fast achtzig bislang nachgewiesenen Gedichte auf Schottelius finden sich so berühmte wie J. V. Andreae, Herzog Anton Ulrich von Braunschweig und Lüneburg, S. v. Birken, A. H. Bucholtz, J. M. Dilherr, G. Greflinger, G. Ph. Harsdörffer, M. Kempe, Johann Klaj, J. M. Moscherosch, J. Rist, G. W. Sacer und Philipp von Zesen. In dem *Fruchtbringenden Lustgarte*, der repräsentativen Sammlung verschiedenartiger Dichtungen aus seiner ersten Lebenshälfte, bietet Schottelius eine ganze Reihe von Casualgedichten, vor allem Epicedien und Epithalamien, deren Adressaten meist nicht angeführt werden. Er signalisiert so, daß er seine Verse auch über den ephemeren Anlaß hinaus geschätzt wissen will.

Die L e h r d i c h t u n g oder lehrhafte Dichtung bildet im Werk des Schottelius keine streng eingrenzbare Gruppe, denn lehrhaft im didaktisch-erbaulichen und sprachgrüblerischen Sinne ist jedes seiner Gedichte und Schauspiele. In unserm Zusammenhang soll unter Lehrdichtung jene Dichtung verstanden werden, die wissenschaftlich-programmatischen Anspruch hat. Drei Werkchen sind hier zu nennen, die sich in ihrer linguistischen, poetologischen und kulturpatriotischen Argumentation, aber auch im Motivhaushalt vielfach überschneiden: die *LAMENTATIO GERMANIAE EXSPIRANTIS. Der numehr hinsterbenden Nymphen GERMANIAE elendeste Todesklage* (1640), *Der Teutschen Sprach Einleitung / Zu richtiger gewisheit und grundmeßigem vermügen der Teutschen Haubtsprache* (1643) und das *Horrendum Bellum Grammaticale Teutonum antiquissimorum* (1673). In allen drei Werkchen macht sich Schottelius die besonderen perspektivischen und psychologischen Möglichkeiten der Allegorie für seine Lehrzwecke zunutze. Besonders enge formale und argumentative Verwandtschaft weisen aber die beiden erstgenannten Gedichte auf, in denen, zumindest beschwörend und hypothetisch andeutend, schon alles angesprochen ist, was Schottelius je wollte und meinte. Im ersten Gedicht spricht die personifizierte Nation, Germania, im zweiten die allegorisch ermächtigte *Teutsche Sprache*.

Beide klagen in heroischen Alexandrinern über den Zerfall deutscher Tugend und Sprache. Beide prangern das Alamode-Wesen an, das die einstige deutsche Redlichkeit und Sprachreinheit verderbt habe. Doch damit nicht genug: Beide argumentieren entschieden antiklassizistisch, in dem sie die Konsequenzen der biblizistischen Noachidengenealogie und der Translatio-Imperii-Lehre gegen den kulturhegemonialen Anspruch der griechisch-römischen Antike wenden. Denn wo Germania konstatiert:

> Man sihet itz nicht mehr auff des Parnassus Spitzen
> Der Musen süsses Chor in schöner Reige sitzen /
> Der Griechen Zier ist aus: das prächtige Latein
> Künn' ein' Auffwärterin / vnd nicht mehr Herrin seyn,

da fordert die *Teutsche Sprache*:

> Laß stehen Ithacam, Parnassum, Helicon,
> und vieles Fabelwerck und mag dich nur davon.
> Der höchste Sprachenwitz ist lengst dort ausgelaßen;
> / . . . /
> Laß auf der Lügensee nur den Ulyssem fahren:
> Greiff doch mit voller Hand aus unsren Teutschen Jahren /
> Aus unsrem Gottesdienst' / und der Geschichten Lauff' /
> und grosser Heldenzahl du hast mehr als vollauf.
> Das Jahrbuch Teutscher Zeit ist noch unausgeschrieben . . .

So provokant diese Forderungen nach nationaler Geschichtsschreibung und patriotisch-politischer Dichtung klingen, muß man sich doch hüten, sie abstrakt zu verabsolutieren. Die Realistik nämlich, die Schottelius fordert, ist gewiß nicht die, die etwa der einzige Grimmelshausen in seinen Romanen entwickelte und bewährte; schon eher die der Anton Ulrich und Lohenstein. Wenn man indes die Dichtungen von Schottelius selbst zum Prüfstein macht, wird ganz deutlich, daß die von ihm geforderte Realistik allegorisch-hypostasierendes Sehen nicht verwirft, sondern zu ihrem Beding hat. Aber die Allegorie der Gegenwart und die Allegorese der nationalen Geschichte bestimmen vor allem die Darstellungsperspektive, nicht so sehr die Realistik des Details. Am realistischen Detail – etwa bei Darstellung der Kriegsgreuel – gewinnt die expressive Sinnlichkeit mitunter eine Kraft, die die Hermetik der Allegorie in Frage stellt. Zugespitzt hieße das: Schottelius ist realistisch (im heutigen Sinne) da, wo die Apodiktizität seiner Allegorie am Detail ihrer sinnlichen Durchführung scheitert.

Man mag sich fragen, weshalb Schottelius seine wissenschaftlichen Erkenntnisse und patriotischen Forderungen zunächst vor allem in versifizierter Form und allegorischer Maske und erst später vermehrt in prosaisch-traktathafter Fassung vortrug. Politische Einsichten dürften da ausschlaggebend gewesen sein. Denn er war sich sicher, daß man durch Göttliche Reitzung der Sprachen kan eine Göttliche Gestalt geben / daß einer / der sie beschawet oder anhöret / dardurch erregt / und zu demselben / was sie spricht / beweget / und bey sich umbzwungen werde.

Die poetische Sprache ist politisch-agitatorisch effizienter als die prosaisch-wissenschaftliche, weil zur rationalen Qualität des Deduzierens und Induzierens hier noch die sinnliche des Überredens tritt. Wenn Schottelius seit Mitte der vierziger Jahre jahrzehntelang keine Lehrgedichte mehr publizierte, so vermutlich deshalb, weil die politische Situation der patriotisch-poetischen Begeisterung keinen Anlaß mehr bot. Erst 1673 publizierte er nochmals eine allegorische Lehrdichtung, eine witzige Prosachronik von Aufstieg und Fall des deutschen Wörterimperiums, die deutlich in der auf Andrea Guarna zurückweisenden Tradition der Grammatiksatire steht. Berichtet wird da von einer „wunderbaren Zusammenkunft aller Teutschen Wörter", die zur Konstituierung des „Käyserthums der freien / reinen Teutschen Stammwörter" führt. Die auf dem Reichstag der Wörter beschworene „Verfassung des Teutschen Sprach-Regiments" zerbricht, als höfische Intriganten die deutschen Wörtersouveräne durch Prestigestreitereien und partikularistische Auslandsverträge gegeneinander aufhetzen und Nachbarvölker in die kriegerische Auseinandersetzung hineinziehen. Das Reich bricht zusammen, in den verwüsteten deutschen Landen hausen nur noch elende Leute, die keine gesunden Kinder mehr zeugen können. So zergehen Wohllaut und Einheit der deutschen Sprache, und es entstehen „hunderterlei ungewisse seltzame Mundarten" und Krüppelwörter. Der Allegorie, die deutlich auf den Dreißigjährigen Krieg und dessen Folgen anspielt, wird die Ermahnung angefügt, man möge die alten „Sprachstükke" sammeln und das, was „im Grunde / und in seiner Natur selbst / annoch richtig / gut / gesund / fest" ist, „zum Künstlichen beständigen Wiederanbau der HaubtSprache" nutzen.

Den größten Teil des poetischen Werkes von Schottelius stellt mit sieben eignen Buchpublikationen von insgesamt fast zweieinhalbtausend Seiten Umfang die Erbauungs- und Andachtsdichtung. Von einer mystischen Kreuzesbetrachtung des Achtundzwanzigjährigen abgesehen, entstand diese geistliche Poesie im letzten Lebensjahrzehnt, also von 1666 bis 1676: ein Buch über die Jesusminne der bräutlichen Seele, vier Bücher über die Vier letzten Dinge und eine Evangelienharmonie. Daß Religion in Leben und Werk eines Hofmannes so große Bedeutung erlangen konnte, erklärt sich nicht allein aus der individuellen Disposition des Autors, sondern gewiß auch aus der eigentümlichen Frömmigkeitskultur des Wolfenbütteler Hofes. Denn man muß sich vor Augen halten, daß Herzog August Freund und Förderer von vier der bedeutendsten deutschen Theologen des 17. Jahrhunderts war: Johann Arndt, Johann Valentin Andreae, Georg Calixt und Joachim Lütkemann. Zumal Arndt als eigentlicher Initiator der neuen protestantischen Frömmigkeitsbewegung war für die Wolfenbütteler Hofangehörigen eine Art Kultfigur, die in Augusts Hofprediger Lütkemann den erbauungspoetisch erfolgreichsten Nachfolger fand. Calixtus daneben, der Helmstedter Professor, war fraglos der scharfsinnigste Kopf der irenischen Theologie, die für Herzog Augusts kleinabsolutistisch-autokratische Neutralitätspolitik im Dreißigjährigen Krieg die tiefgreifendste Legitimation lieferte. An Augusts Hof war man fromm oder man blieb nicht an diesem Hof. So erstaunt es nicht, daß nicht nur von allen Mitgliedern der Familie Augusts – von ihm selbst, von seiner Gemahlin Sophie Elisabeth, von den drei Söhnen und den Töchtern –, sondern auch von vielen seiner höchsten nichttheologischen Hofbeamten – neben Schottelius von dem Leibarzt Gosky, dem Hofmeister von Hille, dem Junker von Glasenapp, dem Hofgerichtsadvokat Sacer und selbst von dem ranghöchsten Offizier des Hofes, von dem Knesebeck, – Gebete, erbauliche Gedichte und geistliche Lieder geschrieben und oft in eignen Büchern publiziert wurden. Indes blieben die Hinweise auf die Frömmigkeitskultur dieses Hofes oberflächlich, wenn verschwiegen würde, daß sie nicht nur musisch lichte, sondern durchaus auch fanatisch finstere Züge hatte. Der junge Herzog August hatte sich vor seiner Regierungszeit im Amte Hitzacker als einer der rigidesten protestantischen Hexenverfolger erwiesen, und auch als regierender Fürst richtete er in seiner Residenz eine eigne Kommission für Hexenjustiz ein, der der fromme Schottelius angehörte. Kein Zweifel: Schottelius war abergläubisch, war hexengläubig. Er billigte, wie aus seinem *Kurtzen Tractat Von Unterschiedlichen Rechten in Teutschland* hervorgeht, magische Gottesgerichtsverfahren und die Hinrichtung sogenannter Hexen. Er unterschied sich in dieser Hinsicht übrigens kaum von den meisten seiner Zeitgenossen, auch nicht von den meisten deutschen Gelehrten und Dichtern. An der Möglichkeit von Hexerei zu zweifeln und Hexenverfolgung zu kritisieren, galt im damaligen Deutschland selbst als ketzerisch, ja nachgerade als wissenschaftswidrig, denn die Universitäten waren gutachterlich an der Hexenverfolgung beteiligt.

Diese Dimension barocker Frömmigkeit muß man in Erinnerung behalten, wenn man die geistliche Poesie von Schottelius liest. Es ist dies eine oftmals angstvolle, eine nicht nur schreckensvolle, sondern gelegentlich auch schreckliche Poesie. Schon die früheste Andachsdichtung, *Die hertzliche Anschawunge Vnsers gecreutzigten Heylandes,* bietet Belege dafür, wenn dort die Hinrichtung Jesu mit akribischer Detailgenauigkeit und greller Expressivität in hart skandierenden und gewaltsam reimenden Versen geschildert wird. Auch in der Schrift *Jesu Christi Nahmens-Ehr* und in den todesängstlichen Reimbüchern von den Vier letzten Dingen begegnet solche Marterrealistik. Vor allem die Imagination des Jüngsten Gerichts und der Höllenqual provoziert die bildliche und onomatopoetische Sprachphantasie. Es ist eine befremdliche Lust, der Schottelius in solchen Qualbetrachtungen nachhängt. Mit dem modernen Begriff Sadismus wäre sie unscharf benannt. Genauer trifft, in einem sehr engen Sinn, das Wort Schadenfreude. Denn in der Betrachtung von Schaden – durchaus auch von Schaden anderer – sah Schottelius die erfreuliche, gottgegebene Chance, klug zu werden. Er selbst erläutert seine schreckliche Lust gelegentlich in seiner in der Tat *Grau-*

samen Beschreibung und Vorstellung Der Hölle Und der Höllischen Qwal durch den vielsagenden Merkvers:

> Ein Schrekken voller Lust und angenehmes Grausen /
> Wenn man die wilde See in voller Wüt' und Brausen
> Von fernen überschaut / wenn man kan sicher sehen
> Ohn selbsten-Untergang / die andern untergehen.

So weiß in schadenreicher Zeit der geschlagene Christ noch aus dem Schaden Freude, noch aus dem Schrecken Lust zu schlagen. Schottelius ist kein Stoiker, er ist Mystiker. Doch ist diese Mystik, anders als die der Spee oder Böhme, der Czepko oder Silesius, merkwürdig unsozial und insofern unbarmherzig. Gewiß ist sie nicht unsinnlich, aber sie ist fundiert in einem Asketismus, der keine Selbstaufgabe in Liebestrunkenheit kennt, wohl aber Züge von Selbsthaß und zweiflerischer Selbstzerstörung hat. Obschon sich der Erbauungsdichter Schottelius des überkommenen mystischen Bildarsenals bedient, obgleich er die Bildlichkeit des Blut- und Wundenkultes ebenso sicher einsetzt wie die der Jesus-Anima-Minne, obwohl er süßliche Schmeckmetaphorik und infantilisierende Diminutivformen mit solchen der kosmogonischen Heroik und Astralmetaphorik zu kontrastieren weiß, und wiewohl auch seine Sprachtheorie Kernthesen der Logosmystik reaktualisiert, schwingt sich sein Reflexionsgestus doch nie zu einem emphatischen Pantheismus und auch nicht zu einer dezidiert solipsistischen Egologie auf, sondern relativiert sich fatalistisch. Fatalismus ist die Form des Schottelischen Materialismus. Er verhindert, daß Schottelius radikalmystische Positionen bezieht. Der Fatalismus ist der Modus, in dem Schottelius seine indiviuelle Welterfahrung (z. B. den Tod seiner ersten Gemahlin und Kriegserlebnisse) in die Weltgeschichte einbringt. Aber er ist auch der Modus, in dem er sie spruchhaft generalisiert. So etwa in Gedichtketten seines *Fruchtbringenden Lustgarte* oder im zweiten Teil der Schrift *Jesu Christi Nahmens-Ehr,* wo er auf Titelbegriffe wie „UnglüksLust", „Unglükstrift", „Neiderfluht", „SorgenSucht", „AngstLust", „Täglicher Sterbenswunsch", „Todschlag des Unglükks", „Gestank der Todten Werke", „Tägliches Saurwerden" sich seine selbstquälerischen Reime macht. Wie Max Wehrli treffend feststellte,

> hat sich der konstruktive, im Grund nüchterne und solide Charakter Schottels wohl am echtesten und glücklichsten ausgeprägt in seinen knappen spruchartigen Strophen, die einzeln, als Verssentenzen oder Epigramme, oder strophisch zu Liedern gereiht auftreten. Hier kommt die meist recht massiv skandierende Art von Schottels Versen sozusagen dem Stil zugute. An sich schon gilt ihm kaum je das opitzische Ideal gleichmütiger, getragener Dignität; er kann grell und kraß sein, sich an grober Worthäufung erlaben ... Aber er kann auch freier, natürlicher sein, sich ungeniert idiomatischer Wendungen bedienen, und vor allem liebt er die klare und kräftige Wendung, die treffende Sentenz.[4]

Das gilt übrigens auch für seine Prosa, seine wissenschaftliche sowohl (deren machtvollste, mit Recht berühmte Passagen sich in den *Lobreden* im Vorspann seiner Grammatik und in den Traktaten des V. Buches der *Ausführlichen Arbeit* finden) als auch für seine theologisch-mystische, wie sie sich im Schlußteil von *Jesu Christi Nahmens-Ehr* findet. Er liebt die grobianische Drastik als Stilmittel seiner fatalistischen Schreckens- und Unglückslust, aber er weiß auch die Worte zu wenden, die Wörter zu bewegen, ja zu beuteln in imaginativer Sprachwut, daß aus ihnen etwas Neues, oft Paradoxes, entsteht.

Eine Komponente der angestrengten Frömmigkeit unseres Autors, die weder allein seiner mystischen (oder doch mystagogischen) Andächtigkeit noch auch seiner fatalistisch-grobianischen Schreckens- und Schrecklust, sondern vielmehr seiner (gelegentlich pedantischen) Didaktik entsprang, gilt es noch kenntlich zu machen. Sie äußert sich am deutlichsten in seiner *Ordentlichen Zusammengefügten Vereinbarung Der Vier Heiligen Evangelisten.* Wenn hier der heiligste der christlichen Texte „Auf sonderliche Art Vernehmlich und mit ungezwungenen deutlichen Reimen oder Versen in Teutscher Sprache ausgefertiget" wurde (so der Untertitel), so sagt das ja einiges über das Religions- und Sprachverständnis des Autors. Offenkundig galt ihm die Abfassung einer „Poetischen Harmonia" der Evangelien, der er sich als alter Mann unterzog, keineswegs als Verfälschung eines Textes, der möglichst authentisch tradiert werden muß, sondern als Reaktualisierung und Steigerung der Heilspotenz, die in ihm als „Lehr- und Lebens-Beschreibung" Jesu enthalten sei. Anders als die meisten orthodoxen Lutheraner hielt er den Wortlaut der Lutherbibel nicht für sakrosankt. Er trachtete danach, ihn durch seine poetische Fassung didaktisch aufzubereiten, verständlicher und eingängiger zu machen. Indem Schottelius alle Äußerungen Jesu und seiner Gesprächspartner in Reimversen wiedergibt, im übrigen aber bei den bloßen Ereignisberichten den Wortlaut Luthers beibehält, gewinnt seine Evangeliendichtung oratorienhafte Züge.

Der Teil des poetischen Werkes von Schottelius, der bei den Zeitgenossen die relativ größte Beachtung fand und auch heute noch vordringlich Aufmerksamkeit verdient, ist seine S c h a u s p i e l d i c h t u n g . Sie ist nicht eben umfangreich und leider auch nur lückenhaft überliefert. Trotzdem läßt sich sagen, daß in ihr alle Fähigkeiten und Absichten des Poeten und spekulativen Gelehrten die aspektreichste und spannungsvollste Verbindung eingingen. Denn alles das, was sonst separiert, was in der Kasualdichtung an Gegenwartsbezogenheit und Anspielungswitz, in der Lehrdichtung an kulturpatriotischer Emphase, allegorisierender Imaginationskraft und Geschichtsdeutung, in der Erbauungsdichtung an mystagogischer Didaktik und Frömmigkeit geboten wurde, verquickt sich hier zu einer ebenso komplexen wie komplizierten theatralischen Demonstrationskunst. Freilich fände die heute schwerlich noch ein Publikum, denn sie entzieht sich, schon ihrer Anlaßgebundenheit wegen, dem spontanen Verständnis. Doch ist ihr historischer Dokumentarwert deswegen ja keineswegs geringer.

Mindestens sechs Schauspiele hat Schottelius verfaßt, deren Texte vollständig oder fragmentarisch überliefert und deren Aufführungsdaten bekannt sind. Publikationsankündigungen, die er mehrfach wiederholte, bezeugen, daß er noch weitere konzipiert hatte. Doch sind bislang nicht einmal deren Titel bekannt. Bei mehreren anderen Stücken, die ihm im späten 19. und frühen 20. Jahrhundert gelegentlich zugeschrieben wurden, konnte inzwischen die Verfasserschaft der Herzogin Sophie Elisabeth und des Herzogs Anton Ulrich von Braunschweig und Lüneburg ermittelt werden.

Die sechs überlieferten Schottelius-Schauspiele sind mit heute gängigen dramaturgischen Begriffen nicht knapp und eindeutig zu klassifizieren. Gewiß lassen sich zwei Ballette – das *Ballet der Diana* (aufgeführt am 26. X. 1639 in Braunschweig)[5] und ein *auf die Zeit gerichtetes Ballet* (aufgeführt am 19. II. 1646 im Schloß Wolfenbüttel)[6] –, ferner zwei dramatisierte Bibelhistorien – *Die Gebuhrt unsers Heylandes* (aufgeführt im Schloß Wolfenbüttel am Heiligabend 1645)[7] und die *Theatralische neue Vorstellung von der Maria Magdalena* (aufgeführt in Schloß Wolfenbüttel, vermutlich an der Jahreswende 1644/45)[8] – und schließlich zwei allegorische Lehrstücke – das *Neu erfundene Freudenspiel genandt FriedensSieg* (aufgeführt in Braunschweig im Februar 1642, in Wolfenbüttel 1648 und 1649 und im Rathaus von Berlin-Kölln am 16. I. und 18. I. 1649)[9] und *Eine neue ergetzliche Vorstellung Des WaldGott Pans* (aufgeführt in Braunschweig am 6. VIII. 1643 und im Schloß Wolfenbüttel am 11. X. 1646)[10] – unterscheiden. Nach inhaltlichen Kriterien ergibt sich jedoch eine andere Konstellation. Dann zeigt sich nämlich eine argumentativ-thematische Verwandtschaft des Pan-Schauspiels mit dem Zeit-Ballett, während Diana-Ballett, FriedensSieg-Schauspiel und Maria-Magdalenen-Schauspiel in der Wendung zur Fürstenapotheose übereinstimmen. Die komplizierte Binnenstruktur der Stücke erlaubt ebenfalls keine eindeutige genrespezifische Zuordnung. Tanz, Sprache, Vokal- und Instrumentalmusik werden variationsreich eingesetzt. Auch die Bühnen- und Kulissenformen und die Verwendung von Maschinen variiert in den einzelnen Stücken. Aus alledem läßt sich ersehen, daß Schottelius nicht auf bestimmte vorgeformte Schemata, wie sie sich im Theater der ausländischen Wanderbühnen, im katholischen und protestantischen Schultheater und im höfischen Repräsentationstheater entwickelt hatten, zurückgreifen wollte oder konnte. Damit soll nicht unterstellt sein, daß Schottelius neue theatralische Formen kreiert hätte. Vielmehr ist jedes der von ihm eingesetzten theatralischen Elemente historisch ableitbar. Der variierende Einsatz dieser heterogenen traditionellen Elemente bezeugt indes, daß der Autor sich keiner bestimmten Theaterschule verpflichtet fühlte. Nur ein Element ist allen seinen Werkchen gemein, strukturiert ihren Aufbau und bestimmt ihre Präsentation: die Musik. Da jedes seiner Schauspiele mit musikalischen Effekten – Vokal- und Instrumentalmusik und Tänzen – arbeitete, darf man sie im weitesten Sinne als Singspiele bezeichnen. Die (leider verlorene) „Theatralische Music" der *Vorstellung von der Maria Magdalena* wurde übrigens von keinem geringeren als Heinrich Schütz komponiert. So ist also Schottelius neben Martin Opitz und August Buchner als dritter jener kulturpatriotisch engagierten Poeten zu nennen, die mit dem bedeutendsten deutschen Komponisten des Frühbarock bei der Schaffung eines originär deutschen Singspiel- und Operntheaters zusammenwirkten. Die Musik zum *Friedens Sieg*-Freudenspiel, zum *Pan*-Schauspiel und zur *Geburt unsers Heylandes* schrieb die Herzogin Elisabeth, während bei den übrigen Stücken der Komponist sich noch nicht namhaft machen ließ.

Schottelius verfaßte alle seine überlieferten Schauspiele während seiner Präzeptorenzeit, also Ende der dreißiger bis Mitte der vierziger Jahre; und er inszenierte sie auch selbst: mit seinen Schülern, den Fürstensöhnen, den Edelknaben und den Pagen. Aus Vor- und Nachreden, Dedikationen und Regieanweisungen wird die pädagogische Intention kenntlich. Auffällig ist nämlich, daß die dem mystischen, historischen oder allegorischen Rang nach vornehmsten Rollen den herzoglichen Prinzen vorbehalten waren, während die minderrangigen Rollen von den Edelknaben und Hofbeamtensöhnen übernommen wurden, und die untersten Chargen – etwa Schäfer, Bauern, allegorische Verkörperungen von „Armut", „Hunger", „Tod" – den sozial hintanstehenden Hofangestellten, „den Capelknaben und Musicanten", zugewiesen wurden. Die gemimte Hierarchie entspricht bis ins Detail der gesellschaftlichen Rangstellung der kindlichen Laienakteure. Somit lernen die untergebenen Knaben ‚spielend‘, sich den Prinzen, den Erben der Staatsmacht, zu bequemen. Die erzieherische Absicht liegt damit offen. Das höfische Knabentheater gibt sich als Sonderform des Schultheaters zu erkennen. Durch Auswendiglernen schöner Rede zu schönem Reden zu erziehen, war der Sinn, sah doch der Präzeptor in seiner Theaterarbeit eine „treffliche Übung / dadurch die Sprachen erlernet / ... die Lust zur Beredsamkeit eingetröpfelt" werden könne. Indes ist dies Theaterexperiment nicht hinlänglich gewürdigt, wenn man in ihm bloß den Versuch sieht, die Schultheaterpädagogik für Belange höfischer Kindererziehung umzumodeln. Es ist in der Tat auch entschieden höfisches Repräsentationstheater. Denn zum einen ist es kein reines Kinder- und Laientheater: Berufskünstler (Berufssänger, Instrumentalisten, professionelle Tänzer) wirken mit und garantieren das ästhetische Niveau der Inszenierungen. Zum andern ist es – im Unterschied zum Theater der Wanderbühnen und auch der meisten Schultheateraufführungen – kein Reprisentheater, sondern anlaßgebundenes Hoffesttheater, wie zumal der Einsatz von Cartell-Technik, Trionfo-Dramaturgie und Fürstenapotheose in den meisten Stücken bezeugt.

Unser Überblick über das poetische Gesamtwerk von Schottelius bliebe unvollständig, wenn nicht eigens noch auf seinen *Fruchtbringenden Lustgarte*, seine bedeutendste poetische Sammelpublikation, hingewiesen würde. Als repräsentative Anthologie der früheren Dichtungen vereinigt sie in sich alle poetischen Genera und Themen, die in den obigen Darlegungen separat vorgestellt wurden. Wer sich einen ersten Eindruck von den Möglichkeiten und Grenzen seiner

Poesie verschaffen will, sollte zunächst zu diesem Buch greifen, das ja nicht von ungefähr auch als Neudruck zugänglich gemacht und von Max Wehrli im Nachwort einläßlich gewürdigt wurde.

Fraglos waren für Schottelius die ersten Jahre seiner Integration in die höfische Gesellschaft der braunschweigisch-wolfenbüttelschen Residenz die poetisch ertragreichsten. Dem Prinzenpräzeptor und jungen Hofbeamten stellten sich Aufgaben und eröffneten sich Möglichkeiten, die er andernorts schwerlich hätte finden können. Der Aspektreichtum seines poetischen Werkes erklärt sich so aus seiner Vita. Auch die Wirkung seiner Poesie war dadurch weitgehend bestimmt. Natürlich wirkte sie zunächst unmittelbar auf die Menschen seines engeren Lebensbezirkes. Den größten Erfolg hatte er mit seinem *FriedensSieg*-Schauspiel, das er erstmals 1642 in der Burg Dankwarderode in Braunschweig aus Anlaß des Goslarer Separatfriedens inszenierte. Dem Großen Kurfürsten, der bei der Erstaufführung zugegen gewesen war, muß es gefallen haben, denn sonst hätte er es nicht anläßlich des Westfälischen Friedens 1648 und 1649 in Berlin-Kölln nochmals aufführen lassen. Auch Johann Valentin Andreae lobte in einem Brief an Herzog August dies Schauspiel, Friedrich Koldewey edierte 1900 einen Neudruck, und Josef Jansen verglich es in seiner Dissertation mit anderen Friedensspielen. Bei seinen herzoglichen Schülern hatte Schottelius hingegen zwieschlächtigen Erfolg mit seiner Theaterarbeit. Denn der gealterte Herzog Ferdinand Albrecht äußerte sich später recht abschätzig darüber, während aus inhaltlichen und formalen Besonderheiten der ersten Theaterdichtungen Anton Ulrichs deutlich wird, daß er von seinem Lehrer gelernt hat. Ähnliches gilt für einen Teil der Schauspieldichtungen der Herzogin Sophie Elisabeth. Welchen Erfolg Schottelius mit seinen übrigen Dichtungen bei den Zeitgenossen hatte, läßt sich heute, da die Briefwechsel und Nachlässe seines Freundes- und Bekanntenkreises noch nicht hinlänglich erforscht sind, schwer sagen. Daß sein Lehrgedicht *Der Teutschen Sprach Einleitung* bei Ludwig von Anhalt auf Kritik stieß, wissen wir aus einem Brief; hingegen bezeugte ihm der Pegnitzschäfer Johann Klaj, der das Gedicht in einer *Lobrede der Teutschen Poeterey* (1645) breit zitierte (ohne allerdings den Verfasser zu nennen), höchste Anerkennung. Überhaupt wäre die Bedeutung des Werkes von Schottelius für die Poeten des Pegnesischen Blumenordens, dessen 10. Mitglied der Wolfenbütteler 1646 unter dem Hirtennamen „Fontano" geworden war, eine eigne Darstellung wert. Diese weitreichende Bedeutung gewann Schottelius für die Nürnberger indes kaum als Dichter – er schrieb so gut wie keine Schäfergedichte und war überhaupt kein Freund romanischer Gedichttypen und des Petrarkismus –, wohl aber als Poetologe. Vor allem die grammatische Rechtfertigung der Onomatopoese war den Nürnbergern willkommen. Als antiklassizistischer Poetologe gewann Schottelius höchste Autorität, und zwar bei so unterschiedlichen Persönlichkeiten wie Zesen und Windischgrätz, Kuhlmann und Stieler, Omeis und Sacer. Doch ist das hier, wo es um . den Poeten Schottelius geht, nicht näher darzulegen. Aus demselben Grund verbietet es sich, die wissenschaftliche Nachwirkung der schottelischen Grammatik, die ja seinen Ruhm begründete und die die Bewunderung von Leibniz und noch von Jacob Grimm fand, zu beschreiben. Daß die Dichtungen des Schottelius im 17. Jahrhundert durchaus Anerkennung fanden, läßt sich nicht nur aus den wiederholten Auflagen einiger seiner Erbauungsbücher schließen; auch Erdmann Neumeister gibt noch 1695 ein indirektes Zeugnis dafür, wenn er, der selbst weder den Poeten noch den Wissenschaftler Schottelius schätzte, schreibt: „Versus quidem ipsius tanti certe non sunt, quanti fere volgo aestimantur." Dann wird es still um den Poeten. Erst im 19. Jahrhundert melden sich – mit Gervinus, Goedeke, von Waldberg und anderen Literarhistorikern – Stimmen, die Neumeisters Vorbehalt gegen das poetische Vermögen von Schottelius zum Verdikt steigern. In den Barockanthologien des 20. Jahrhunderts hat diese Poesie auch keine repräsentative Berücksichtigung gefunden. Erst mit dem *Lustgarte*-Neudruck, der Schottelius-Ausstellung der Herzog August Bibliothek (1976) und zugehörigem Katalog und jüngst mit der Fürstenlob-Anthologie von Martin Bircher und Thomas Bürger[11] sind Voraussetzungen geschaffen, die eine stärkere Beachtung auch der Dichtung von Schottelius bewirken könnten. Beachtung aber verdient sie nicht etwa deshalb, weil hier eine vergessene oder verkannte ästhetische Kraft von singulärem Rang wiederzuentdecken und womöglich zu popularisieren wäre. Vielmehr liegt ihre Bedeutung in ihrer historischen Zeugenschaft. Sie erlaubt es, die vorrationalen Wurzelgründe des doch vielfach von rationalem Scharfsinn und intellektuellem Mut zeugenden Gesamtwerkes von Schottelius zu begreifen. Sie ermöglicht es, die Ängste und Hoffnungen einer Wissenschafts- und Literaturetappe kennen zu lernen, die im 20. Jahrhundert schon mehrfach (und jüngst wieder von Günter Grass in Telgte) unter Umgehung von Aufklärung, Klassik und Romantik zum Vortrab der Moderne verharmlost wurde. Solche Poesie könnte das Staunen lehren, wo allzu behende wissenschaftliche und emotionale Verständnisinnigkeit die historische Distanz nivelliert. Mit dem Staunen aber beginnt die Wissenschaft.

Anmerkungen

Texte

LAMENTATIO GERMANIAE EXSPIRANTIS. Der numehr hinsterbenden Nymphen GERMANIAE elendeste Todesklage. Gedruckt zu Braunschweig / bey Balthasar Grubern / Im Jahr 1640.
Neudruck: hrsg. v. Ernst Voss, in: The Journal of English and Germanic Philology. Vol. VII, Nr. 1, 1908. S. 1-31.
Die hertzliche Anschawunge Vnsers gecreutzigten Heylandes (...) Braunschweig / Bey Balthasar Grubern / Im Jahr 1640.
Teutsche Sprachkunst Darinn die Allerwortreichste Prächtigste reinlichste / vollkommene

Uhralte Hauptsprache der Teutschen auß jhren Gründen erhoben (...) Braunschweig Gedruckt bey Balthasar Grubern Im Jahr 1641.

Der Teutschen Sprach Einleitung / Zu richtiger gewisheit und grundmeßigem vermügen der Teutschen Haubtsprache (...) Lübeck / Gedruckt durch Johan Meyer / In Verlegung Matthaei Dündklers Buchh. in Lüneburg. Anno 1643.

DISPVTATIO INAVGVRALIS IVRIDICA DE POENIS, IVXTA CVIVSCVNQVE DELICTI MERITVM IVSTE AESTIMANDIS. (...) SVB PRAESIDIO (...) DN. IOHANNIS LOTICHII (...) HELMSTADII, Ex Officina HENNINGI MVLLERI, Acad. Typ. Anno MDC XLIII.

Teutsche Vers- oder ReimKunst darin Vnsere Teutsche MutterSprache (...) in eine richtige Form der Kunst zum ersten mahle gebracht worden. getrückt zu Wolfenbüttel in Verlegung des Authoris im jahre MDCXLV.

Fruchtbringender Lustgarte In sich haltend Die ersten fünf Abtheilungen / Zu ergetzlichem Nutze Ausgefertiget / Und gedrukt In der Fürstlichen Haupt-Vestung Wulfenbüttel / Durch Johann Bißmark / In verlegung Michael Cubachs Buchhändlers in Lüneburg. Im Jahr / 1647.

Neudruck: hrsg. v. Marianne Burkhard, mit einem Nachwort von Max Wehrli und einer Bibliographie von Martin Bircher, München 1967.

Votiva acclamatio, pro firmâ et fidâ INTER CHRISTIANOS PACE, Ad primum Monasterii & Osnabruggis 15. Octob. anni 1648. publicatae Pacis allatum nuncium, facta (...) GVELPHERBYTI, Typis JOHANNIS & HENRICI STERNIORUM. (o. J.)

Neu erfundenes FreudenSpiel genandt Friedens Sieg. In gegenwart vieler Chur- und Fürstlicher auch anderer Vornehmen Personen, in dem Fürst. Burg-Saal Zu Braunsweig im Jahr 1642. von lauter kleinen Knaben vorgestellet. Auf vielfältiges begehren mit KupferStücken gezieret und verlegt durch Conrad Buno In Wolfenbüttel Im Jahr 1648.

Neudruck: hrsg. v. Friedrich Ernst Koldewey. Halle / Saale 1900 (Neudr. dt. Lit. werke d. XVI. u. XVII. Jhs., Nr. 175).

Ausführliche Arbeit Von der Teutschen Haubt-Sprache / Worin enthalten Gemelter dieser Haubt-Sprache Uhrankunft (...) Abgetheilet In Fünf Bücher. (...) Gedrukt und verlegt durch Christoff Friederich Zilligern / Buchhändlern. Anno M.DC.LXIII.

Neudruck: hrsg. v. Wolfgang Hecht, Tübingen 1967 (Deutsche Neudrucke, Reihe Barock, Bd. 11 u. 12).

Jesu Christi Nahmens-Ehr / Worin alles auf den süssen Nahmen GOttes und dessen Wort eingerichtet (...) In Verlegung Conradi Bunonis, und gedrukt in der Fürstlichen Residentz Wolfenbüttel / Von JOHANNE Bißmarken im Jahr 1666.

Eigentliche und sonderbare Vorstellung Des Jüngsten Tages und darin Künfftig verhandenen Grossen und Letzten Wunder-Gerichts Gottes (...) Braunschweig / In Verlegung Christoff-Friederich Zilligers. Anno M DC LXIIX.

ETHICA Die Sittenkunst oder Wollebenskunst In Teutscher Sprache vernemlich beschrieben in dreyen Bücheren. (...) Wolfenbüttel Gedruckt bey Paul Weiß (...) Anno 1669.

Neudruck: hrsg. v. Jörg Jochen Berns, mit einem Nachwort, Begriffsregister u. Bibliographie. Bern u. München 1980.

De Singularibus quibusdam & antiquis In Germania Juribus & Observatis. Kurtzer

Tractat Von Unterschiedlichen Rechten in Teutschland (...) Wolffenbüttel in Verlegung Conradi Bunonis. Gedruckt zu Braunschweig bey Johan Heinrich Duncker Anno 1671.

Sonderbare Vorstellung Von der Ewigen Seeligkeit In Teutscher Sprache. Nachdenklich beschrieben (...) An stat des andren Theils ist beigefügt Eine Sterbekunst Oder Sonderliche Erinnerung Gern recht / bald und frölig zusterben. (...) Braunschweig / Gedrukt und verlegt durch Christoff-Friederich Zilligern im Jahr 1673.

Horrendum Bellum Grammaticale Teutonum antiquissimorum Wunderbarer Ausführlicher Bericht / Welcher gestalt Vor länger als Zwey Tausend Jahren in dem alten Teutschlande das Sprach-Regiment gründlich verfasset gewesen (...) Getrukt zu Braunschweig / im Jahre 1673.

Sonderbare Vorstellung / Wie es mit Leib und Seel Des Menschen werde Kurtz vor dem Tode / In dem Tode / und nach dem Tode bewandt seyn. – Braunschweig / Gedruckt und verlegt durch Christoff-Friederich Zilliger / im Jahr 1674.

Concordia seu Harmonia Quatuor EVANGELISTARUM. Ordentliche Zusammengefügte Vereinbarung Der Vier Heiligen Evangelisten. Auf sonderliche Art Vernehmlich und mit ungezwungenen deutlichen Reimen oder Versen in Teutscher Sprache ausgefertiget. Braunschweig / Gedruckt und verlegt durch Christoff-Friederich Zilligern / im Jahre 1675.

Brevis & fundamentalis Manuductio ad ORTHOGRAPHIAM & ETYMOLOGIAM in Lingua Germanica. Kurtze und gründliche Anleitung Zu der RechtSchreibung Und zu der WortForschung In der Teutschen Sprache. (...) Braunschweig / Gedruckt und verlegt durch Christoff-Friederich Zilligern / 1676.

Grausame Beschreibung und Vorstellung Der Hölle Und der Höllischen Qwal / Oder Des andern und ewigen Todes. (...) Wolfenbüttel / In Verlegung CONRADI BUNONIS seel. Erben. Im Jahr 1676.

O p u s m a n u s c r i p t u m :

Beschreibung Der Sulten Oder Des Salzwesens in Lünäburg Darin enthalten Alle Heüser in der Sulten (...) Nicht weniger von den Salingütern undt Gerechtsam des Klosters Scharnbeck (...) Anno 1665.

V e r s c h o l l e n e W e r k e :

Viten der Vorfahren Herzog Augusts d. J. von Braunschweig und Lüneburg. ca. 1643. (Genauer Titel unbekannt. Die Existenz des Werkes bezeugt ein Brief Herzog Augusts an Johann Valentin Andreae, Datum 25. April 1643.)

W e r k e , a n d e n e n S c h o t t e l i u s m i t g e a r b e i t e t h a t :

Dreiständige Sinnbilder zu Fruchtbringendem Nutze, und beliebender ergetzlichkeit, ausgefertiget durch den Geheimen [d. i. Franz Julius von dem Knesebeck]. Braunschweig bei Conrad Buno Kunst und kupfferstechern Im Jhar 1643.

Der Teutsche Palmbaum: Das ist / Lobschrift Von der Hochlöblichen / Fruchtbringenden Gesellschaft Anfang / Satzungen / Vorhaben / Namen / Sprüchen / Gemählen / Schriften und unverwelklichem Tugendruhm. Allen Liebhabern der Teutschen Sprache zu dienlicher Nachrichtung verfasset / durch den Unverdrossenen [d. i. Carl Gustav von Hille] Diener derselben. (...) gedrukkt / und verlegt durch Wolffgang Endtern. Nürnberg 1647.

Jörg Jochen Berns

TOPOGRAPHJA vnd Eigentliche Beschreibung Der Vornembsten Stäte, Schlösser auch anderer Plätze vnd Örter in denen Hertzogthümern Braunschweig vnd Lüneburg, vnd denen dazu gehörenden Grafschafften Herrschafften vnd Landen. Franckfurt, Bey Matthaei Merians S. Erben MDCLIIII.

Literatur

Brandanus Daetrius: Grund-Lehre des Heyligthums Von der Väterlichen Fürsorge und Regierung GOttes . . . Wolfenbüttel 1677. (Leichenpredigt auf JGS).

Erdmann Neumeister: De Poetis Germanicis (1695). Neudruck, hrsg. v. Franz Heiduk in Zusammenarb. mit G. Merwald. Bern u. München 1978.

(Anonymus:) D. Just George Schottels ausführliche Arbeit von der deutschen Hauptsprache. – In: Beyträge Zur Critischen Historie Der Deutschen Sprache, Poesie und Beredsamkeit. Bd. 2, 7. Stück. Leipzig 1734, S. 365-412.

Elias Caspar Reichard: Versuch einer Historie der deutschen Sprache. Hamburg 1747.

Georg Heinrich Klippel: Justus Georg Schottelius. In: Klippel, Deutsche Lebens- und Charakterbilder aus den drei letzten Jahrunderten. Bd. I, Bremen 1853, S. 226-257.

Gottlieb Krause: Der Fruchtbringenden Gesellschaft ältester Ertzschrein. Briefe, Devisen und anderweitige Schriftstücke. Leipzig 1855.

August Schmarsow: Leibniz und Schottelius. Die unvorgreiflichen Gedanken. Straßburg 1877.

Karl Borinski: Die Poetik der Renaissance und die Anfänge der literarischen Kritik in Deutschland. Berlin 1886.

Max von Waldberg: Schottelius. Justus Georg. In: Allgem. Deutsche Biographie. Bd. 32. Leipzig 1891, S. 407-412.

H. C. G. v. Jagemann: Notes on the language of J. G. Schottel. In: Publications of the Modern Lang. Assoc., New Series, Vol. I, 1893, S. 408-431.

Carl Müller: Bella grammaticalia. In: Neue Jahrbücher für Philologie u. Pädagogik, Bd. 154, 1896, S. 443-457 u. 506-519.

Friedrich Ernst Koldewey: Justus Georg Schottelius. Ein Beitrag zur Geschichte der Germanistik. Wolfenbüttel 1899.

Paul Zimmermann: Matthaeus Merians Topographie der Herzogtümer Braunschweig und Lüneburg. In: Jahrbuch d. Geschichtsvereins f. d. Herzogtum Braunschweig, Nr. 1, 1902, S. 38-66.

Johannes Bolte: Andreae Guarnas Bellum Grammaticale und seine Nachahmungen. Berlin 1908 (Monumenta Germaniae Paedagogica, Bd. 43).

Franz Kasper: Die Teutsche Sprachkunst (1641) des Justus Georgius Schottelius. (hs. Diss.) Wien 1912.

Max Hermann Jellinek: Geschichte der neuhochdeutschen Grammatik von den Anfängen bis auf Adelung. 2 Bde., Heidelberg 1913/14.

Ernst Leser: Fachwörter zur deutschen Grammatik von Schottel bis Gottsched. In: Ztschr. f. dt. Wortforschung, 15. Jg., 1914, S. 1-98.

Cornelie Prange: Ein Jahrzehnt deutscher Sprachreinigung. 1640-1650 (hs. Diss.) Freiburg i. Br. 1922.

Rudolf Meissner: Eine Anmerkung zu Schottels Horrendum bellum grammaticale. In: Neophilologus 9, 1924, S. 258-263.

Paul Hankamer: Die Sprache. Ihr Begriff und ihre Deutung im 16. und 17. Jahrhundert. Bonn 1927.

Friedrich Gundolf: Justus Georg Schottel. In: Deutschkundliches. Festschr. f. F. Panzer. Heidelberg 1930 (Beitr. z. neuer. Lit.gesch. Nr. 16).

Wolfgang Kayser: Die Klangmalerei bei Harsdörffer. Ein Beitrag zur Geschichte der Literatur, Poetik und Sprachtheorie der Barockzeit. Leipzig 1932 (Palaestra, Bd. 179).

Ella Schafferus: Die Sprichwörtersammlung bei Schottelius. In: Korrespondenzblatt d. Vereins f. nd. Sprachforschung, 45. Jg., 1932.

Kenneth Miles: The strong verb in Schottel's Ausführliche Arbeit von der Teutschen HaubtSprache. (Diss.) Philadelphia 1933.

George J. Metcalf: Schottel and historical linguistics. In: Germanic Review, vol. 28, 1953, S. 113-125.

Blake Lee Spahr: The Archives of the Pegenesischer Blumenorden. A survey and reference guide. Berkeley and Los Angeles 1960.

Friedrich Thöne: Wolfenbüttel. Geist und Glanz einer alten Resedenz. München 1963.

Josef Jansen: Patriotismus und Nationalethos in den Flugschriften und Friedensspielen des Dreißigjährigen Krieges. (Diss.) Köln 1964.

William Mohr: J. G. Schottelius' Spelling Rules compared with the practices of some of his printers. (Diss.) Chicago, Illinois 1966.

Josef Plattner: Zum Sprachbegriff von J. G. Schottel, aufgrund der Ausführlichen Arbeit Von der Teutschen HaubtSprache' von 1663. (Diss. Zürich) Thusis 1967.

Max Wehrli: Nachwort zum Neudruck von J. G. Schottelius, ,Fruchtbringender Lustgarte', hrsg. v. Marianne Burkhard. München 1967, S. III-XVII.

Mary Elizabeth Lee: Justus Georg Schottelius and Linguistic Theory. (Ph. D.) Los Angeles 1968.

Jörg Jochen Müller: Wolfenbüttel in der Barockliteratur – Barockliteraten in Wolfenbüttel. In: Beiträge zur Geschichte der Stadt Wolfenbüttel. Hrsg. v. Josef König. Wolfenbüttel 1970, S. 74-92.

Jörg Jochen Müller: Justus Georg Schottelius (1612-1676). Untersuchungen zu Leben und Werk. (Habil.-Schrift, Typoskript) Marburg 1972.

Jörg Jochen Berns: Der weite Weg des Justus Georg Schottelius von Einbeck nach Wolfenbüttel. Eine Studie zu den Konstitutionsbedingungen eines deutschen Gelehrtenlebens im 17. Jahrhundert. In: Einbecker Jahrbuch, Bd. 30, 1974, S. 5-20.

Etienne Mazingue: Anton Ulrich, Duc de Braunschweig-Wolfenbüttel (1633-1714). Un Prince Romancier au XVIIéme siecle. (These Paris) 2 Bde., Lille 1974.

Jörg Jochen Müller: ,Ausführliche Arbeit Von der Teutschen HaubtSprache'. In: Kindlers Literatur Lexikon. Erg.-Bd., Zürich o. J. (1974), Sp. 119-122.

Jörg Jochen Berns: Der Pegnitzschäfer Raabe. Kommentar zu sieben vergessenen Briefen. In: Jahrbuch der Raabe-Gesellschaft, 1975, S. 16-32.

Jörg Jochen Berns (unter Mitarbeit von Wolfgang Borm): Justus Georg Schottelius 1612-1676. Ein Teutscher Gelehrter am Wolfenbütteler Hof. Wolfenbüttel 1976 (Ausstellungskataloge der Herzog August Bibliothek Nr. 18).

Richard Moderhack (Hrsg.): Braunschweigische Landesgeschichte im Überblick. Braunschweig 1976. (Quellen und Forschungen zur Braunschweigischen Geschichte. Bd. 23).

Jörg Jochen Müller: Fürstenerziehung im 17. Jahrhundert. Am Beispiel Herzog Anton Ulrichs von Braunschweig und Lüneburg. In: Albrecht Schöne (Hg.), Stadt – Schule –

Universität – Buchwesen und die deutsche Literatur im 17. Jahrhundert. München 1976, S. 243-260.

Jörg Jochen Berns: Probleme der Erschließung und Edition des Schottelius-Briefwechsels. In: H.-H. Krummacher (Hg.), Briefe deutscher Barockautoren. Probleme ihrer Erfassung und Erschließung. Hamburg 1978 (Wolfenbütteler Arbeiten z. Barockforschg. Bd. 6), S. 95-106.

George J. Metcalf: The copyright patent in Schottelius' ,Ausführliche Arbeit' (1663): the blue pencil helps shape the Haubt-Sprache. In: Wege der Worte. Festschr. f. Wolfg. Fleischhauer. Köln u. Wien 1978, S. 11-26.

(Autorengruppe): Sammler, Fürst, Gelehrter: Herzog August zu Braunschweig u. Lüneburg 1579-1666. Wolfenbüttel 1979 (Ausstellungskataloge d. Hzg. August Bibliothek Nr. 27).

Jörg Jochen Berns: Nachwort zum Neudruck von J. G. Schottelius, ETHICA, Bern u. München 1980, S. 3-63.

Jörg Jochen Berns: ,Theatralische neue Vorstellung von der Maria Magdalena' – Ein Zeugnis für die Zusammenarbeit von J. G. Schottelius u. Heinrich Schütz. In: Schütz-Jahrbuch II (1980), S. 120-129.

Jörg Jochen Berns: Trionfo-Theater am Hof von Braunschweig-Wolfenbüttel. In: Daphnis, Bd. 10 (1981), S. 663-711.

Nachweise

[1] Vgl. dazu die Chronik bei J. J. Berns, Justus Georg Schottelius 1612-1676 – Ein Teutscher Gelehrter am Wolfenbütteler Hof. Wolfenbüttel 1976, S. 22-27.

[2] Schottelius starb am 25. Oktober 1676 in Wolfenbüttel und wurde dort in der Hauptkirche Beatae Mariae Virginis beigesetzt.

[3] Vgl. dazu die ausführlichen Erläuterungen im Nachwort zum Neudruck dieses Werkes.

[4] Max Wehrli im Nachwort zum Neudruck des *Fruchtbringenden Lustgarte*, S. XVI.

[5] Der Text ist fragmentarisch überliefert im *Fruchtbringenden Lustgarte*, S. 276-283. Noten nicht erhalten.

[6] Der Text ist fragmentarisch überliefert im *Fruchtbringenden Lustgarte*, S. 284-287. Noten nicht erhalten.

[7] Der Text ist vollständig überliefert im *Fruchtbringenden Lustgarte*, S. 92-126. Noten nicht erhalten.

[8] Der Text ist fragmentarisch erhalten im *Fruchtbringenden Lustgarte*, S. 127-129, und in der *Ausführlichen Arbeit*, S. 939 u. 945. Noten nicht erhalten. – Näheres über dies Schauspiel in meinem Aufsatz im Schütz-Jahrbuch II (1980).

[9] Der Text ist vollständig mit Noten und Illustrationen in zwei Drucken von 1648 und 1649 überliefert (vgl. Textverzeichnis) und fragmentarisch überliefert im *Fruchtbringenden Lustgarte*, S. 287-308. – Vgl. auch den von Fr. Koldewey besorgten Neudruck (Halle 1900).

[10] Der Text ist vollständig überliefert im *Fruchtbringenden Lustgarte*, S. 209-257. Noten nicht erhalten.

[11] Martin Bircher u. Thomas Bürger, Alles mit Bedacht. Barockes Fürstenlob auf Herzog August (1579-1666). Wolfenbüttel 1979. (Enthält zahlreiche Casualcarmina von Schottelius.) – Monika Hueck (Univ. Göttingen) wird in Bälde eine umfangreiche Dissertation über die Casualdichtung des Wolfenbütteler Hofes publizieren und in diesem Zusammenhang auch Gedichte von Schottelius berücksichtigen.

CONRAD WIEDEMANN

ANDREAS GRYPHIUS

Die Versuchung, Andreas Gryphius in die Reihe der frühneuzeitlichen Natio-
nalklassiker zu stellen, ist nicht gering. Er ist im Todesjahr Shakespeares geboren, des großen Elisabethaners, mit dem er die Vorliebe für Drama und Sonett
gemein hatte. Nicht wesentlich älter als er, der Schaffensperiode nach sogar seine
Zeitgenossen, waren Calderón, der große Dramatiker des spanischen siglo d'oro,
und Corneille, der Trauerspielmeister des französischen grand siècle, von denen
ihm der erstere durch seine religiösen, der letztere durch seine politischen Passionen vergleichbar scheint. Wie alle drei war er der Beste seines Metiers in seinem
Lande, ein Mann von ungewöhnlicher Formkraft, breiter Bildung und sogar
Weltkenntnis, – und doch vermochte er nicht zum klassischen Nationalautor
zu werden. Offensichtlich fehlte es ihm an einem Wesentlichen, an der Gunst des
historischen Moments. Von all dem, was Goethe später als unverzichtbare Voraussetzung für Klassizität erachtete: eine nationalgeschichtliche Perspektive, ausgeprägte Gesinnungen und Empfindungen unter den Mitbürgern, die Möglichkeit der Sympathie mit dem Vergangenen und Gegenwärtigen, vor allem aber
eine entfaltete und facettenreiche Kultur, die die eigene Profilierung leicht
macht und das Lehrgeld der Orientierung niedrig hält[1] – von all dem konnte
Gryphius nichts oder nur wenig für sich in Anspruch nehmen. Sein prägendes
Erlebnis war der 30jährige Krieg, also ein nationales Debakel, seine kulturelle
Vorgabe das Reformwerk des Martin Opitz, also ein noch durchaus unerprobtes
Literaturprogramm. Mehr hatte das Vaterland seinem Genie nicht zu bieten.

Während sich die kulturelle Blüte Englands, Spaniens, Frankreichs und Hollands im Aufgang nationaler Macht und nationaler Identität spiegelte, war in
Deutschland die von einer kleinen humanistischen Elite suggerierte kulturelle
Einheit und Größe nichts anderes als ein ästhetisches Kompensativ gegen den
Niedergang der politischen Nation. Gryphius mag deshalb als der erste Autor
von Rang gelten, der das problematische Schicksal aller folgenden Kulturan-
strengung in Deutschland ungeteilt an sich erfuhr, das Schicksal der Provinzialität, oder genauer: das Schicksal, an einer Nationalkultur in provinziellem Kontext bauen zu müssen. Daß dies nicht als Makel oder gar Verhängnis verstanden
zu werden braucht, beweist die späte Ernte der deutschen Klassik und Romantik,
doch es trieb bekanntlich manche vertrackte Eigenart hervor, eine Kulturentwicklung der indirekten Wege mit einem hohen Verschleiß an Kraft und Bega-

bung. A. Gryphius' Werdegang ist, auch abgesehen vom persönlichen Mißgeschick, ein frühes Lehrstück zu diesem Thema.[2]

Das Geburtsdatum, 1616, bezeichnet den Vorabend des großen Krieges, der
Geburtsort, das niederschlesische Glogau, einen Schauplatz wirtschaftlicher und
konfessioneller Not. Die Eltern, offensichtlich ein ungleiches Paar, er 56jährig
und lutherischer Geistlicher, sie 24jährig und vermutlich Offizierstochter, blieben ihm nicht lange. Der Vater starb, in religiöse Querelen verwickelt, bereits
1621, die Mutter, inzwischen neu verehelicht mit dem Glogauer Lateinschulleh-
rer Michael Eder, 1628. Eder seinerseits heiratete 1629 erneut, Maria Rißmann,
die 18jährige Tochter eines Glogauer Hofrichters, die dem nur 5 Jahre jüngeren
Knaben allerdings eine liebevolle Stiefmutter gewesen zu sein scheint. 1637 starb
auch sie, vom Pflegesohn in einem leidenschaftlichen Gedicht beklagt. Daß bei all
dem das familiäre Zusammengehörigkeitsgefühl intakt blieb, mag ein glücklicher
Zufall gewesen sein, vielleicht aber auch typisch für die Mentalität einer Kriegs-
generation. Man betrieb jedenfalls mit großer Sorgfalt seine gelehrte Ausbildung und schickte ihn – die desolaten öffentlichen Zustände überspielend – von
Schulort zu Schulort, wobei seine Begabung schnell offenbar wurde und auch
erster dichterischer Ruhm sich einstellte. Die entscheidenden literarischen Anstöße dürfte er auf dem Akademischen Gymnasium in Danzig (1634-36) erhalten haben, wo sich ein Kreis hochgebildeter Lehrer und Gönner seiner annahm
und ihn mit dem Geist der Opitzschen Reformbestrebungen vertraut machte.
Zugleich lernte er die Werke der Jesuiten Caussinus, Balde und Sarbievius kennen, übersetzte aus ihnen und schrieb die ersten eigenen Sonette in deutscher
Sprache. Sicher ist wohl auch, daß er durch die beiden Astronomen Crüger und
Hevelius mit dem kopernikanischen Weltbild bekannt wurde.

1636, nach einer schweren Krankheit, kehrte er zu seinen Stiefeltern nach
Schlesien zurück und trat wenig später als Hauslehrer in den Dienst eines gewissen Georg (von) Schönborner. Auch dieser Schritt sollte bedeutsam für ihn
werden. Schönborner war ein Mann von ungewöhnlichem Zuschnitt und wider-
sprüchlicher Physiognomie: einerseits habsburgischer Beamter, politischer Schriftsteller, religiöser Synkretist, andererseits schlesischer Patriot, Moralist und problematische Natur. Als Jurist in kaiserlichen Diensten hatte er es zu sozialem
Ansehen gebracht, als Verfasser einer wiederholt aufgelegten und ins Deutsche
übersetzten Staatsrechtslehre absolutistischer Prägung zu einigem gelehrten
Ruhm. Er lebte, geadelt, auf einem Landgut bei Freistadt in Schlesien. Daß er
den jungen Gryphius, mit dem er lange Gespräche zu führen pflegte, in die neue
Juristen-Disziplin der theoretischen Politik eingeführt hat, unterliegt kaum
einem Zweifel. Doch das war längst nicht alles, was dieser von ihm profitierte.
Als kaiserlicher „Hofpfalzgraf" hatte Schönborner das Recht, die damals noch
begehrte Krönung zum „poeta laureatus Caesareus" vorzunehmen und dazu die
Magisterwürde und sogar den Adelstitel zu verleihen. Als Gryphius 1637 seinen
ersten deutschen Sonettband zum Druck gebracht hatte, zögerte er nicht, ihn mit

allen drei Würden auszuzeichnen. Der junge Gelehrte unterschrieb fortan als „M. Philos. und P. L. C." (= Magister der Philosophie und kaiserlich gekrönter Poet). Vom Adelsprädikat hat er hingegen, wie Schönborner selbst, keinen Gebrauch gemacht, vermutlich wegen der geringen Geltung dieser Art von Nobilitierung, vielleicht sogar wegen ihrer rechtlichen Anfechtbarkeit.

Am tiefsten scheint indes der merkwürdige Gemütszustand des Mäzens auf ihn gewirkt zu haben. Schönborner litt offensichtlich unter dem Trauma einer erzwungenen Konversion. Protestantisch geboren und erzogen, hatte er sich nämlich aus politischen Rücksichten (als kaiserlicher Rat) rekatholisieren lassen, bereute nun aber unter dem Eindruck einer militanten habsburgischen Gegenreformation und einer tödlichen Krankheit seinen Schritt und unterstützte als Kryptoprotestant die verfolgte Seite. Er fiel darüber in eine pathologische Melancholie und starb im Dezember 1637 in den Armen seines Schützlings.

Das Symptomatische dieser Erfahrungen ist nicht zu übersehen, denn in den Seelenbedrängnissen Schönborners spiegelt sich der Widerspruch zweier bestimmender geistiger Kräfte der Zeit, der juristisch-politischen Denkweise mit ihrem säkularen Ordnungsinteresse und der theologisch-konfessionellen mit ihrem subjektiven Gewissensdruck, ein Widerspruch, der sich meist zugunsten der säkularen Kraft entschied, da der juristischen Organisation der Welt zunehmend der höhere Rang eingeräumt und die konfessionell-dogmatische Problematik als eine Funktion der politischen behandelt wurde. Trotzdem blieben die so verbreiteten Konversionen politischer Personen (von Justus Lipsius und Heinrich IV. bis zu Christine von Schweden und August d. Starken) immer auch moralischer Beurteilung ausgesetzt. Schönborners Schwanken zwischen Staatsräson und lutherischer Individualmoral erscheint deshalb nicht untypisch für die Problematik eines protestantischen Absolutismus, wie ihn auch sein Schüler Gryphius vertrat.

Im Sommer 1638 zog Gryphius mit den Söhnen der Familie Schönborner und anderen schlesischen Adeligen an die niederländische Universität Leiden. Auf die folgenreiche Vorliebe der Schlesier (die selbst keine Universität hatten) für diese modernste Hochschule des 17. Jhs. hat H. Schöffler aufmerksam gemacht.[3] Manches spricht dafür, daß der lange und kostspielige Weg dorthin nicht bloß ein Bildungsweg, sondern auch ein Fluchtweg vor dem anhaltenden Krieg und den heillosen Konfessionsverhältnissen in der Heimat war. Gryphius jedenfalls nahm die Gelegenheit wahr, ganze 10 Jahre, bis zur endgültigen Beilegung des Krieges im Jahre 1648, aus Schlesien und Deutschland fernzubleiben. Er hat diese Zeit indes nicht vergeudet. Er komplettierte in Holland zunächst sein polyhistorisches Wissen und suchte Kontakt zu fast allen wissenschaftlichen Kapazitäten der neuen Hochschule, solchen der Medizin und Mathematik ebenso wie der Philosophie, Jurisprudenz und Rhetorik. Auch in seinen Privatkollegs, die er als Magister abzuhalten befugt war, hielt er sich an dieses breite Wissensspektrum. Sein erster Biograph B. S. von Stosch nennt u. a. ein *Collegium Metaphysicum, Geographicum & Trigonometricum, Logicum, Physiognomicum &*

Tragicum, ferner eine vergleichende Veranstaltung über aristotelische und neue (stoische) Philosophie, eine über Astronomie und eine über römische Altertümer.[4] Besonders fasziniert war Gryphius offensichtlich von den Themen, die zugleich die aktuellsten waren: der modernen Anatomie, dem Streit zwischen Absolutisten und Naturrechtlern und dem Problemfeld des politischen Neustoizismus Lipsiusscher Prägung. Daß auch Kopernikus nicht abgetan war, läßt ein 1643 gedrucktes Lobgedicht auf ihn vermuten.

Überhaupt florierte die lyrische Arbeit während der niederländischen Jahre wie sonst nie wieder in seinem Leben. 1639 erschien in Leiden die erste Ausgabe der Sonn- und Feiertagssonette, 1643 das jeweils erste Buch der Oden, der Sonette[5] und der Epigramme. Zugleich lernte er das in Blüte stehende holländische Theater der Vondel, Hooft und Bredero kennen und führte seine einst mit den Jesuiten begonnene Übersetzungstätigkeit fort.

1644 trat Gryphius als Begleiter („Cammerad") eines pommerschen Kaufmannssohns eine Reise an, die wir uns halb als peregrinatio academica, halb als Kavalierstour vorzustellen haben. Gemeinsam mit einigen adeligen Studenten ging es zunächst nach Paris, das damals schon als unbestrittenes Machtzentrum Europas galt, mochte die Ära Ludwigs XIII. und Richelieus auch gerade zu Ende gegangen und die des Sonnenkönigs noch nicht aufgegangen sein. Der junge Schlesier erlebte die Stadt, nach Auskunft seiner Biographen, offensichtlich noch ganz mit den Augen des Gelehrten und fühlte sich weniger von der höfischen Prachtentfaltung als von der reichhaltigen Bibliothek Richelieus angezogen. Anderthalb Jahre später in Rom hatte sich das von Grund auf geändert. Wie für die großen deutschen Reisenden des 18. Jhs. scheint ihm Italien, und besonders Rom, der „begriff der welt", zu einer Schule des Sehens geworden zu sein. Er bestaunt jetzt die „Wunder der Gemäld", die „prächtigen Palläst", die Gärten, Grüfte, Standbilder und Obelisken, und muß bekennen, daß zwei Augen nicht reichen, um sich daran satt zu schauen (I, 87).[6] Natürlich vernachlässigte er auch hier die Geschäfte der respublica litteraria nicht. D. h. er suchte die gelehrten Zelebritäten auf, wie etwa den berühmten jesuitischen Polyhistor Athanasius Kircher, und führte sich in Venedig sogar mit einem lateinischen Widmungsgedicht an den Rat der Lagunenstadt ein, das er vorher in Florenz hatte drucken lassen. Doch derlei mag gelehrte Routine für ihn gewesen sein. Als er 1646 wieder deutschen Boden betrat, tat er es im Bewußtsein, daß ihm „Nun nach der Römschen pracht kaum was zu schawen fehlt" (I, 88). In Straßburg, wo man neun Monate Station machte, fand er sich denn auch unversehens wieder in jene andere Kultur des akademischen Werkelns und Disputierens einbezogen, der er entsprossen war. Immerhin brachte sie seine schriftstellerische Arbeit erneut in Gang. Er schloß das zweite Buch der *Oden* ab, ein zweites und drittes Buch *Epigramme,* die Neufassung der *Sonn- und Feirtagssonette,* vor allem aber seine ersten beiden selbständigen Trauerspiele *Leo Armenius* und *Catharina von Georgien.*

1647, im November, betrat Gryphius nach fast 10jähriger Abwesenheit wieder Heimatboden – und fand sich ins ganze Elend seiner Jugend zurückversetzt. Der Ort (Fraustadt) war verheert und entvölkert, das umgebende Land weitgehend Wüstung, die eigene Familie fast ausgestorben. Zwar lebte der Stiefvater noch, jedoch körperlich und geistig entstellt durch einen Schlaganfall. Kein Wunder, daß dem Heimgekehrten Fluchtgedanken kamen, um so mehr, als man andernorts nach ihm fragte und innerhalb kurzer Zeit drei akademische Rufe aus Heidelberg, Frankfurt a. d. Oder und sogar Uppsala eintrafen. Vermutlich war es der Friedensschluß von Münster und Osnabrück (1648), der ihn ermutigte, zu bleiben. Sein ausgeprägtes Pflichtgefühl tat ein übriges: „nun grimme Krieges-Noht So Land als Stadt verheert / ruft Gott mich wieder ein / Und heist das weite Land mein einig Sorgen seyn" (II, 182). So richtete er sich also in der Misere ein, begann alte Beziehungen aufzufrischen und neue zu knüpfen. 1649 heiratete er Rosine Deutschländer, die Tochter eines Fraustädter Arztes, und 1650 nahm er das Amt eines Glogauer Landes-Syndikus an. Dieses Amt, das ihn verpflichtete, die Rechte und Interessen der Landstände gegen die der Fürsten und des Reiches zu vertreten und das neben juristischem Sachverstand viel Vermittlungsbereitschaft im Widerstreit der Loyalitäten verlangte, also eminent politisch war, hat er bis zu seinem Lebensende ausgeübt. Einer strengen Amtsauffassung folgend kümmerte er sich zunächst um die Rechtsgrundlagen seiner Tätigkeit und brachte 1653 eine Quellensammlung der Glogauischen Landesprivilegien heraus. Eine ähnliche Zusammenstellung der Gewohnheitsrechte scheint im Manuskript abgeschlossen gewesen zu sein. Der neuralgische Punkt seines Wirkens lag freilich nicht hier, im positiven Recht, sondern im Konfessionsproblem, und d. h. konkret: in der Gegenwehr gegen die rigide habsburgische Rekatholisierung. Es spricht für sein diplomatisches Geschick wie seinen persönlichen Mut, daß er bekennenden Widerstand gegen den alten Glauben mit politischer Loyalität gegenüber dem Wiener Hof und dessen Repräsentanten zu vereinen vermochte. So weihte er 1652 die erste der drei den schlesischen Protestanten vertraglich zugestandenen „Friedenskirchen" (650 andere waren geschlossen worden) mit einer bewegenden Rede ein, um ein Jahr später ein Festspiel zur Kaiserwahl Ferdinands IV. zu verfassen. Daß ihm der Rechtsanspruch fürstlicher Souveränität als unantastbar galt, hatte er bereits 1649, mit seinem *Carolus Stuardus,* einer Apologie des englischen Prinzipats, unmißverständlich kundgetan und in einer späteren Überarbeitung (nach 1660) noch einmal bekräftigt. Auch das letzte und problembewußteste seiner politischen Stücke, der *Papinian,* ließ daran keine Zweifel.

Überhaupt trat für den praktizierenden Juristen in diesen Jahren die dramatische Arbeit immer mehr in den Vordergrund. Neben den schon genannten Stücken waren offensichtlich ein *Heinrich der Fromme* und eine *Hedwig* in Arbeit, beides Themen aus der schlesischen Landesgeschichte mit aktuellem politischen Stellenwert. In die Zeit zwischen 1654 und 1657 fiel auch der Abschluß seines einzigen nichtpolitischen Trauerspiels, *Cardenio und Celinde*. Im übrigen gibt es Anzeichen dafür, daß Gryphius in diesen Jahren eine gelöstere Einstellung zu sich selbst und seiner Umwelt gefunden* hatte, nicht nur, weil jetzt gelegentlich Sonette entstanden, in denen der altprotestantische Diesseitspessimismus stark gemildert scheint, sondern auch, weil er sich nun entschließen konnte, seine Lustspielversuche fertigzustellen und an die Öffentlichkeit zu geben. 1657 erschien seine *Absurda Comica. Oder Herr Peter Squentz*, eine derbe Satire handwerklicher Kunstpraxis, die mit Shakespeares *Sommernachtstraum* Motiv und Drastik, nicht aber den versöhnlichen Humor gemein hat. Ähnliches darf für den *Horribilicribrifax. Teutsch* (gedruckt 1663) gelten, ein Stück, das wie der *Peter Squentz* schon Ende der 40er Jahre entstanden war und eine unnachsichtige Abrechnung mit der Großmannssucht eines depravierten Soldaten- und Gelehrtentums zum Inhalt hat. Zu einer weniger misanthropischen Tonlage findet erst die für eine Fürstenhochzeit im Jahre 1660 verfaßte Doppelkomödie vom *Verliebten Gespenste* und der *Geliebten Dornrose*. Gryphius hat in ihr den Typus des höfischen Singspiels mit dem des volkstümlichen Rüpelspiels auf kunstvoll-spiegelbildliche Weise verschränkt, um die standesunabhängige (aber durchaus noch nicht standesüberwindende) Macht der Liebe feiern zu können. Alle diese Stücke wurden zu Lebzeiten des Dichters oder wenigstens bald danach gespielt, meist von Schultheatern, gelegentlich auch von Hofbühnen und Wandertruppen.

Zugleich ging die Arbeit in den früher bevorzugten Gattungen weiter. Neben den Sonetten und Kirchenliedern mehrten sich nun die Gelegenheitsgedichte zu Hochzeiten und Todesfällen. Gryphius, der sich – verglichen mit anderen Dichtern der Zeit – in diesem Genre stets zurückgehalten und selten auf Bestellung panegyrisiert hat, mußte hier wohl den Tribut für sein öffentliches Ansehen entrichten. Er hat sich indes nie auf den Stil der professionellen Lobhudelei eingelassen. Das gilt auch von seinen zahlreichen *Leich-Abdankungen,* hochstilisierten und gedankenschweren Prosareden, von denen uns nur ein Teil überliefert zu sein scheint, da er – angeblich aus Zeitmangel – häufig extemporierte. Freie Zeit im Überfluß dürfte er in der Tat kaum gehabt haben. Nach eigenem Zeugnis entstand die Dichtung dieser Jahre überwiegend in den Nachtstunden, ohne daß dies seine „Ergötzung" gemindert hätte. Auch die Auseinandersetzung mit anderen Autoren ging weiter. 1663 erschien die Übertragung einer englischen Erbauungsschrift, 1660 die von 17 altlateinischen Hymnen. Als einen Nachklang der Leidener naturwissenschaftlichen Studien wird man den Bericht von einer Mumiensektion verstehen dürfen, die 1658 unter seiner Mitwirkung in Breslau stattfand.

Gryphius' überwiegend kontemplative dichterische Arbeit war, das hat seine Biographie deutlich werden lassen, eingebettet in eine vita activa. Das einzige überlieferte Porträt zeigt uns ein fülliges Gesicht mit melancholischen Augen, die freilich den Eindruck eines ausgeprägten Selbstbewußtseins und entschiedener

Dynamik kaum zu stören vermögen. Ob ihm der Ordensname des „Unsterblichen", den er bei seiner späten Aufnahme in die Fruchtbringende Gesellschaft (1662) erhielt, schmeichelte oder als Anmaßung widerstand, – wir wissen es nicht. Wahrscheinlich beides zugleich. Ihm selbst war das Erleben menschlicher Hinfälligkeit auch in den späten Berufsjahren treu geblieben. Von seinen sieben Kindern starben vier im jugendlichen Alter, eine Tochter siechte an einer spastischen Krankheit dahin. Von den übriggebliebenen Söhnen erreichte nur Christian, der spätere Dichter und Verwalter des väterlichen Ruhmes, das Mannesalter. Andreas Gryphius selbst, der arbeitsbesessene Melancholiker, starb, noch nicht 48jährig, in Erfüllung seiner Amtspflichten. Am 16. Juli 1664 sank er, mitten in einer Ratssitzung, von einem tödlichen Schlag getroffen dahin, angeblich mit den Worten: „Mein Jesus, wie wird mir!"

Ein Fazit aus dieser Biographie hat Widersprüchliches zu bedenken. Folgen wir dem Selbstkommentar des Dichters, wie er vor allem in den Gedichten Ausdruck findet, so stellt sich sein Lebensweg als eine Kette bedrückender Erfahrungen dar, gesäumt von Gewalt und Tod, beherrscht von unbezwingbarer Existenzangst. Doch das ist nur die halbe Wahrheit. Realiter steht dem Anteil des Unglücks ein nicht zu unterschätzender Glücksanteil entgegen. Unglück, – das sind Krieg und konfessionelle Kämpfe, die dieses ganze Leben bald stärker bald schwächer überschatten und jegliche Art von Bedrohung bereithalten. Glück, – das ist das Gelingen eines Bildungsweges von denkbar höchstem Anspruch, so als habe ihn das Schicksal auf diese Weise zu entschädigen gesucht. Denn machen wir uns klar: ist schon die schlesische und Danziger Schulzeit ein Privileg, so bedeutet Leiden, das Harvard der Zeit, und der Grand Tour durch Frankreich und Italien den Eliteweg schlechthin. Mehr war nicht zu haben, auch nicht für die Adeligen und die Reichen, ganz abgesehen davon, daß Gryphs wissenschaftliches Format ihm zusätzlich Wohlwollen und Nähe der großen Gelehrten der Zeit sicherte. Zugegeben, es fehlt in dieser Skala der Hofdienst, aber von ihm wissen wir nicht, ob er Gryphius durch die Ungunst der Zeit versagt blieb oder ob er ihm auswich. Näher liegt Letzteres, ja man wird mit einigem Recht davon ausgehen können, daß er ihn bewußt mied, um seinem religiösen Moralismus treu bleiben zu können. Daß die höfische Seite sein Angebot verschmäht hätte, ist schwer vorstellbar, ja durch die Anfragen aus Heidelberg und Uppsala im Grunde widerlegt.

So gerät eine auffällige, aber schwer deutbare Disproportion in dieses Leben. Der (neben Casper von Lohenstein) politisch gebildetste deutsche Dichter der Zeit und kritische Verfechter des Souveränitätsprinzips stellt sein Wissen und seine Weltkenntnis in den Dienst einer abgelegenen Adelslandschaft, situiert sich also beruflich auf seiten einer vom Gang der Geschichte überholten ständischen Freiheit gegen den Hof oder bestenfalls zwischen den beiden Positionen.

Nun scheint dieser Tatbestand nicht ganz unspezifisch für Deutschland zu sein, doch ist im Fall Gryphs offensichtlich auch eine starke Eigendynamik im

Spiel. Gemeint ist ein absoluter Mangel an geistiger Kompromißbereitschaft. Gryphius gehört zu den leid-, oder sollte man sagen: lustvollen Aporetikern, dem exklusiven, aber mächtigen Orden der moralischen Rigoristen in der deutschen Geistesgeschichte. Das lieferte ihn den großen Widersprüchen seines Zeitalters, vor allem dem zwischen Glaubensgebot und Staatsräson, den für sich aufzulösen er verzweifelt versuchte und doch nicht konnte, mehr oder minder schutzlos aus und brachte ihm jenen intellektuellen Habitus des Obsessiven ein, der Ton und Thematik seines Werks bis ins Alter bestimmte. Anderes hatte sich daneben zu bescheiden. Weder der moderne Leidener Wissenschaftsgeist noch der Weltglanz von Paris und Rom haben ihn tiefer zu beeindrucken vermocht, ganz zu schweigen von individuellen Erfahrungen wie Liebe und Freundschaft, deren Artikulation zwar versucht wird, aber schon im Ansatz erstickt. Gryphius zählt deshalb auch nicht zu jenen Ausnahmeerscheinungen unter unseren Dichtern, die aus dem Vollen schöpfen konnten, also zur Reihe Wolfram, Grimmelshausen, Lohenstein, Wieland, Goethe, Büchner, Brecht oder Thomas Mann, man wird ihn vielmehr ohne Zögern zum Gegentypus schlagen müssen, jenen Dichtern, deren Größe aus der Einseitigkeit erwuchs, also zur Reihe Hutten, Böhme, Günther, Moritz, Kleist, Eichendorff, Heine oder Stifter.

Der Lyriker (Die Poetik der Klage)

Gryphs Nachruhm verdankt sich im wesentlichen den Sonetten und Trauerspielen, ein wenig vielleicht auch dem Schauerpanorama der *Kirchoffs-Gedancken* und den Lustspielen, hier vor allem dem grobianischen *Peter Squentz*. Alles andere ist mehr oder minder aus dem historischen Gedächtnis verschwunden. Aber auch Sonett und Trauerspiel haben sich nur mit Mühe und auf ganz unterschiedliche Weise dort gehalten.

Die Trauerspiele, längst nicht mehr aufgeführt und schon deshalb ohne öffentliche Einschätzung, haben eine rein akademische Karriere gemacht. Seit gut einem halben Jahrhundert, vermutlich seit Benjamins Trauerspiel-Abhandlung von 1928, gelten sie als ideen- und formgeschichtlich anspruchsvolle, wenn auch theatralisch spröde Stücke, mit denen die Auseinandersetzung lohnt. Entsprechend mangelt es heute nicht an einläßlichen, auch kontroversen Interpretationen.

Anders die Sonette. Einige von ihnen schafften schon im 19. Jahrhundert den Sprung in die populären Anthologien, offensichtlich weil sie als prototypisch für ihre Zeit, die Zeit des 30jährigen Kriegs, empfunden wurden. An dieser Geltung hat sich seither wenig mehr geändert. Gryphius figuriert heute im nationalen Lyrikkanon als der Barockdichter schlechthin. Man sieht in ihm den großen Sonettisten und den großen Rhetoriker und honoriert mit seiner Formgerechtigkeit zugleich das Pathos und die Konsequenz seiner Weltverachtung. Wie weit das

der Sache insgesamt gerecht wird, sei vorerst dahingestellt. Aber sicher nicht zufällig sind gerade diejenigen seiner Sonette berühmt geworden, in denen sich
klassische Strenge der Form mit einer gefaßten Eindringlichkeit der Aussage
verbinden. Die Suggestivkraft dieser Gedichte wird man schwer bestreiten können. Keiner hat wie er die Alexandrinerzeile zu modellieren vermocht, um sie
den typischen Argumentationsfiguren der Zeit gefügig zu machen, etwa der
Deixis:

DV sihst/ wohin du sihst nur eitelkeit auff erden (I, 33)

Oder der Antithese:

Was dieser heute bawt/ reist jener morgen ein (I, 33)

Oder der Klimax:

Ich/ du/ vnd was man hat/ vnd was man siht/ (I, 66)

Oder der sententiösen Conclusion:

Was sag ich? wir vergehn wie Rauch von starcken winden. (I, 35, Fassung von 1650)

Das wirkt gekonnt einfach, klassizistisch im guten Sinn, und reicht doch weiter,
nämlich in den Bereich einer archetypischen Wahrnehmung, weswegen es unwill-
kürlich haften bleibt.

Dazu kommen noch andere Effekte, weniger schulgemäß, dafür noch unter-
schwelliger und noch eindringlicher, wie etwa die Syntax reinster Autosug-
gestion:

HIer wil ich gantz nicht weg! (I, 32; gemeint ist: vom Kreuz des Heilands)

Oder auch nur ein Spiel mit Wortverdoppelungen, das keinen distinkten Sinn
macht und doch als bedeutsam erfahren wird:

⟨die⟩ in das todten buch der großen sterblikeit
Längst eingeschrieben sind/ sind vns aus sinn und hertzen. (I, 35)

Oder die gekonnte Hervorhebung einer Phrase durch einen scheinbaren Akzent-
verstoß (der zugleich die Monotonie des Metrums mildert):

Das vom b l u t t fette schwerdt/ die donnernde Carthaun (I, 48)

Auch das prägt sich ein, bewußt oder unbewußt, so daß sich in Gryphs Poesie
rhetorisch Offenbares und rhetorisch Verborgenes zu einem stets wirksicheren,
mitunter großartigen lyrischen Idiom verbinden.

Doch das macht noch nicht ihre Einheit und Unverwechselbarkeit aus. Der
poetische Charakter des Dichters resultiert nicht aus seinem rhetorischen Vermögen, auch nicht aus einer besonders scharfsinnigen Bildlichkeit (wie bei den sog.
Concettisten) oder einer eigenwilligen Gattungsauslegung, sondern allein aus

443

seiner spezifischen Stimmungslage, dem „Ton", den er der Welt gegenüber anschlägt. Dieser Ton, es ist bekanntlich der der Angst, der Trauer und der Klage,
scheint von höchster Durchdringungskraft. Er beherrscht nicht nur die Sonette,
er mischt sich auch in die Epigramme, die Strafgedichte und die Lustspiele, er
legt sich über die Oden, Trauerspiele, Leichabdankungen, und zwar nicht als ein
leichter melancholischer Hauch, sondern schwer und drückend als Tenor des
Jammers.

Kein Leser, kein Interpret, dem diese Eigenart entgangen wäre. Wie könnte
sie auch? Aber auch nur wenige, die das Normüberschreitende darin erkannt
hätten. Im Gegenteil, da man Gryphius in der Regel als Musterautor seiner
Epoche nahm, schloß man von ihm auf das weniger geläufige Ganze und schat-
tierte die Epoche selbst um einige Nuancen zu dunkel. Gryphius fungierte so als
der Kronzeuge einer allgemein verbreiteten Diesseitsverachtung und Vergäng-
lichkeitstrauer. Selbst ein Kenner wie W. Benjamin macht darin keine Ausnahme. Auch ihm wurde die Melancholie des Glogauers (und seine eigene) zu der
der Epoche.[7]

Nun wird man die Aktualität der Vanitas- und Memento-mori-Themen für
das Barockjahrhundert natürlich nicht leugnen können[8], aber das bedeutet nicht,
daß sich die Poesie der Zeit in ihnen erfüllt oder gar erschöpft hätte. Wenn
Existenzangst wirklich eine Grunderfahrung der Epoche war (und vieles spricht
dafür), dann gab es in der Dichtung offensichtlich auch andere Bewältigungsfor-
men dafür als die der Gryphschen Klage, ja sogar vorrangig andere. Nichts vermag das besser zu verdeutlichen als die Schwierigkeit, weitere deutsche Barockdichter von Rang auszumachen, die so ausschließlich in die Kategorie der großen
Lamentatoren gehören wie er. Weder an Opitz wird man denken dürfen, noch
an Weckherlin, nicht an Spee oder Balde, Zesen oder Fleming, Logau oder Stieler, Hoffmannswaldau oder Lohenstein, Harsdörffer, Klaj oder Birken. Ihnen
allen galt der Klagegestus als eine poetische Ausdrucksmöglichkeit unter anderen. Gryphius war mit seiner manischen Fixierung also durchaus ein Einzelfall.
Konkurrenz erwuchs ihm bestenfalls von anderen Einzelgängern, wie Catharina
Regina von Greiffenberg, oder aber von seiten der geistlich-protestantischen
Kirchenlieddichter, allen voran einem Paul Gerhardt.

Das wirft die Frage auf, in welches der großen literarischen Lager seiner Zeit
Gryphius eigentlich gehörte, in das weltlich-humanistische oder in das der konfessionellen Kirchendichtung. Für einen protestantischen Seelsorger und Beken-
ner von der Art Paul Gerhardts waren Weltskepsis und Memento mori gleichsam selbstverständliche und zentrale Äußerungsweisen. Sollte Gryphius nicht
ebenfalls dorthin, also zur protestantischen Kirchen- und Erbauungsdichtung zu
rechnen sein? Bestimmte Aspekte seiner Biographie und seines literarischen Ge-
barens sprechen durchaus dafür, neuere Forschungsergebnisse wie die von H. H.
Krummacher (1976) und W. Mauser (1976) nicht minder. Was freilich dagegen
spricht, ist die Eigenwilligkeit des Dichters selbst. Er hat sich nämlich zu beiden

Institutionen sowohl bekannt wie in Gegensatz gebracht, und zwar explizit, aus einem entschiedenen theologischen und literarischen Problembewußtsein heraus.

Nun ist die Grenzlinie zwischen Barockhumanismus und Konfessionalismus in der literarischen Praxis der Zeit durchaus keine scharf markierte. Zahlreiche typische Opitzianer haben sich dichterisch als orthodoxe Protestanten geäußert, und umgekehrt zeigt die protestantische Kirchendichtung (in Ausnahmefällen auch die katholische[9]) die deutliche Tendenz, sich die humanistischen Formvorstellungen anzueignen. Doch man wird das intellektuelle Kräftespiel der Zeit schwerlich richtig erfassen, wenn man sich nicht auch das Trennende gegenwärtig hält. Es scheint, abgesehen von spezifischen Rücksichten in Stil-, Quellen- und Themenwahl, grundsätzlich in einer unterschiedlichen Urteilshaltung[10] gegenüber der Welt zu liegen. Während nämlich den geistlichen Dichtern (Berufserwartung: Pfarramt) abverlangt ist, stets von einem unwandelbaren Standpunkt aus zu sprechen (in der Regel dem dogmatischen), haben die Barockhumanisten (Berufsziel: Jurist, Hofdienst, Schule und Universität) offensichtlich die Freiheit, wechselnde Standpunkte einzunehmen (u. a. auch einen religiösen). Grenzgänger zwischen den beiden Lagern, wie Bucholtz, Rist, Klaj, Birken (also Opitzianer mit theologischem Amt oder Studium), haben als Dichter entsprechend laviert, ohne indes den Widerspruch intellektuell auszutragen. Eben davor aber hat sich Gryphius nicht gescheut und sich dabei nach beiden Seiten hin abgegrenzt. Als erster scheint P. Böckmann[11] dies gesehen zu haben, am anspruchvollsten wurde es von Mauser (1976) dargestellt, doch bedarf es über beide hinaus weiterer Klärung.

Beginnen wir mit dem humanistischen Aspekt. Wie verhält sich der junge Dichter zur neuen weltlichen Formkultur des Martin Opitz? Er scheint zunächst durch seine Lehrer und Förderer ganz organisch in sie hineingewachsen zu sein. Sie wurde „seine" ästhetische Norm, die das Humanistenlatein der Anfänge[12] bald überspielte und bis zum Ende seines Schaffens für ihn verbindlich blieb. Doch was hieß das überhaupt, Opitzianer zu sein? Machen wir uns klar: die Opitzsche Dichtungsreform, 1624 begonnen und etwa 1635 (als Gryphius nach Danzig kam und deutsch zu dichten begann) abgeschlossen, konstituierte sich im wesentlichen aus einem metrischen Gesetzeswerk und einer Reihe von Gattungsmustern. Die epochemachende metrische Vorschrift, wonach Versakzent und natürlicher Sprechakzent in der deutschen Poesie nicht widerstreiten dürfen, hat der junge Gryphius – wie auch andere frühe Opitzadepten, Plavius und Fleming – spontan erfaßt und als alleinverbindlich anerkannt. Wenn er gelegentlich doch gegen sie verstieß, war es Kunstgriff oder bewußte Nachlässigkeit, kaum je wirkliches Verfehlen. Nicht viel anders verhielt es sich mit den Gattungen und Formen. Gryphius hat aus der von Opitz vorgeschlagenen reichen Skala kaum etwas ausgelassen. Er pflegte Sonett und Epigramm, das Alexandriner-Langgedicht, die unterschiedlichsten Lied- und Odenformen, Tragödie, Komödie, Festspiel und Libretto, plante sogar einen Roman und schrieb pathetische Prosa (in seinen Leich-Abdankungen). Auch hier leistete er sich stets ein gewisses Maß an Eigenart und Neuerung, lernte von den Jesuiten, Niederländern und Franzosen dazu, ohne gleich ins Fahrwasser eines experimentellen Dichtens zu geraten wie einige seiner Generationsgenossen.

So gesehen könnte Gryphius als echter Opitznachfolger hingehen, ja in mancher Hinsicht als sein dichterischer Vollender. Doch dies wäre nur eine Teilwahrheit. Gryphs Dichtung enthält neben Bestätigung der Opitzschen Doktrin nämlich auch grundsätzlichen Widerspruch. Dem Fundus der normativen Gattungen und Formen, wie ihn Opitz in Anlehnung vor allem an romanische Poetiken der Zeit entwickelt hatte, entsprach in der europäischen Barockdichtung bekanntlich ein in loser Analogie mit diesem verbundener Fundus an poetischen Rollenhaltungen, – etwa einer geistlich-emotionalen und einer geistlich-meditativen, einer heroisch-preisenden und einer heroisch-stoischen, einer erotisch-sinnlichen und einer erotisch-didaktischen, einer des geselligen Hedonismus, einer des Weltspotts usf.[13] Dieses literarische Rollenverhalten, von Opitz ohne ausdrückliche Rechtfertigung übernommen und weitervermittelt (es war ja in der lateinischen Humanistendichtung schon vorgeprägt), macht ein Spezifikum barocker Kunstäußerung aus und bringt zugleich jenes bereits angedeutete und oft beschriebene Phänomen der widersprechenden Argumentation hervor, daß nämlich ein und derselbe Dichter einmal christliche Askese predigt, das andere Mal das Recht auf Sinnenlust, daß er Wissenschaft und politische Macht einmal erhebt, das andere Mal verwirft usf., je nach der Rollenperspektive, die er gewählt hat. Nicht nur die Individualität der Rede wird auf diese Weise aufgegeben, sondern auch die (ethische) Identität des Autors. Eine konsensfähige geschichtliche Erklärung dieses Prinzips steht bis heute aus. Sicher ist, daß nicht nur die vielen kleinen Schul- und Gelegenheitspoeten der Epoche sich daran gehalten haben, sondern auch erlauchtere Geister, – in Deutschland neben Opitz etwa Hoffmannswaldau und Lohenstein, anderswo sogar ein Gracián oder Pascal (als theoretische Apologeten). Sicher ist ebenfalls, daß es als poetisches Prinzip nicht alleinsteht, sondern mit anderen typischen und konstitutiven Zeiterscheinungen korreliert, etwa mit dem Vordringen des juristisch-situativen Denkens, mit der Verdrängung des ganzheitlich-metaphysischen aristotelischen Syllogismus durch den endlich-partikularen Modus des „Urteilens" in der Erkenntnistheorie[10], mit der kopernikanischen Herausforderung, kurz: mit den vielfach nachweisbaren Dissoziationsformen religiöser, politischer und naturwissenschaftlicher Welterfahrung in dieser Zeit. Und es steht außer Frage, daß alle diese Aspekte auch Andreas Gryphius mittelbar oder unmittelbar tangiert haben.

Trotzdem ist er dieser spezifischen Art von Modernität nicht oder nur bedingt gefolgt, d. h. er hat zwar das späthumanistische Gebot des repräsentierenden, überindividuellen und regelhaften Sprechens akzeptiert, nicht aber das der situativen Auswechselbarkeit der Urteils- und Affekthaltungen. So wird man bei ihm vergeblich die panegyrische Gleichbehandlung von christlicher Aszetik, politischer Weltklugheit und erotischer Lust finden, wie sie für so viele andere weltliche Barockdichter, vor allem aus der Berufssparte der Juristen, typisch ist. Das bedeutet zugleich, daß eine ganze Reihe von barocktypischen Argumentationsmustern bei ihm weitgehend ausfällt, u. a. die petrarkistische und erst recht die antikisierend-frivole der Liebeslyrik, die der Jesusminne und der enthusiastischen Jenseitsschau, die des hymnischen Naturpreises und der humanistischen Geselligkeit. Andere, wie die des Personallobs und des epigrammatischen Spotts, hat er zwar aufgenommen, aber nicht eigentlich typisch ausgelegt. Der Grundgestus christlicher Weltklage dringt letztlich auch hier immer wieder durch.

Gryphius erweist sich somit als strenger Barockhumanist in allen Formbelangen bei gleichzeitiger Ablehnung barockhumanistischer Rollenfreiheit. Wie sich dieser ethische Rigorismus im regelpoetischen Gewand begründet, ist ein Kapitel für sich, vermutlich das wichtigste der Gryphschen Poetik.

1637 erschien in der polnischen Stadt Lissa Gryphs erste deutschsprachige Gedichtsammlung, eine Folge von 31 Sonetten. Sie wirkt nach Ton und Thema noch wenig festgelegt. Neben 6 auf Bibeltexte bezogenen Sonetten stehen 5 der Existenzklage (davon 3 sehr persönlich gehaltene), 2 Epicedien, 9 personalpanegyrische und 8 moralsatirische Sonette. Das ist, sieht man von der Abwesenheit, ja Ablehnung des petrarkistischen Tons (I, 18 *An eine Jungfraw*) ab, ein bunter Strauß. Doch diesem Befund widerspricht das in eigener Sache argumentierende *Beschluß Sonnet*. Danach weiß der junge Dichter nämlich sehr genau, was er will. Er versteht sich als Ankläger eines flagranten öffentlichen Sittenverfalls, für den es jedoch keine Richter gibt, so daß die Dichtung dafür sorgen muß, daß der Wahrheit nie „Lufft / Red / vnd Freyheit fehlen" (I, 22).

Diese frühe Selbsteinschätzung als zorniger junger Mann, als Moral- und Gesellschaftskritiker enthält Richtiges und Falsches. Tatsächlich blickt der Verfasser der Lissaer Sonette gebannt auf die Unmoral seiner Zeit, aber mit dem Zorn und der analytischen Kraft, mit dem Willen zum diesseitigen Gericht ist es nicht weit her. Was schon hier, im Erstlingswerk überzeugt, ist das Pathos der Klage und der Welttrauer, wie es in den bekannt gewordenen Gedichten der Sammlung zum Ausdruck kommt. (*An den am Creutz auffgehenckten Heyland, Vanitas, vanitatum, et omnia vanitas, Trawrklage des Autoris / in sehr schwerer Kranckheit, Der Welt Wollust ist nimmer ohne Schmertzen, Menschliches Elende* und *Trawrklage des verwüsteten Deutschlandes.*) Der Ton der Satire kann damit nicht konkurrieren, hier wie in späteren Publikationen. Es fehlt ihm an Schärfe und Streitlust.

Man wird also getrost sagen können: Trauer und Jammerton liegen Gryphius von allem Anfang an. Und es gibt keinen Zweifel, daß er sich dessen schon wenig später bewußt war. Jedenfalls hat er das *Beschluß Sonnet* von 1637 in die folgenden Auflagen nicht mehr übernommen, dafür andere Rechtfertigungen seiner Diesseitstrauer angeboten.

Die erste und einfachere lautet: traumatisches Jugenderlebnis der Kriegsnot. So schreibt er im *Beschlus Sonnet* der *Festags Sonnete* von 1639, also zwei Jahre nach dem Lissaer Gedichtbändchen:

> Umbringt mitt höchster angst, vertäuft in grimme schmertzen,
> Besturtzt durch schwerdt undt fewr, durch libster freunde todt,
> Durch blutverwandter flucht und elendt, da uns Gott
> Sein wort, mein licht, entzog: als toller feinde schertzen
> Als falscher zungen neidt drang rasends mir zue hertzen,
> Schrib ich, was itz kombt vor, mir zwang die scharffe noth,
> Die federn in die faust. (I, 181)

Kriegsschock als Ursache poetischer Melancholie: nur wenige gelehrte Dichter des 17. Jahrhunderts haben ihre ästhetischen Normen so unmittelbar aus dem Zeiterleben abgeleitet. Doch damit hat sich Gryphius nicht begnügt. Auf einer zweiten Argumentationsebene hat er sein Problem sehr viel komplexer gefaßt. Damit aber eröffnet sich uns der r e l i g i ö s e Aspekt seines Dichterselbstverständnisses.

Im Jahre 1638 ließ sich der 22jährige Student in eine theologisch-literarische Auseinandersetzung mit seinem älteren Halbbruder Paul ein, einem verdienstvollen und von ihm hochverehrten Theologen. Dieser hatte für eine Leichabdankung ein längeres Alexandrinergedicht verfaßt und sich darin, offensichtlich unter dem Eindruck seiner Vertreibung als protestantischer Seelsorger, zu einer Haltung mystischer Weltabkehr bekannt. Wo der Fürst dieser Welt so gnadenlos triumphiere wie im Hier und Jetzt, bleibe als Modus der Selbstbewahrung nur die geistige Erhebung über den irdischen Jammer, die meditative Vorwegnahme und Preisung des jenseitigen Glücks.

> Wolan, versencket nicht, Ihr Edelen Betrübten,
> Ewr Hertz in Thränenschacht, folget Ewrem Geliebten,
> • • •
> Ins lebendige Land des Lebens, wo die leben,
> So der Welt abgelebt, nach Glaub vnnd Liebe streben,
> • • •
> Sprechend: Doch lebe ich im Lebens-Land allhier.
> (abgedr. bei Szyrocki, 1959, S. 137)

Andreas war vom spiritualistischen Bekenntnis des Bruders offensichtlich beeindruckt. Eine Möglichkeit für sich selbst erblickte er darin jedoch nicht. Im Gegenteil, er nahm es zum Anlaß, sich über die eigene Position als religiöser Dichter Klarheit zu verschaffen. Das Ergebnis, in Form eines Antwortgedichts, zählt zu den eigenwilligsten poetologischen Äußerungen des ganzen deutschen Barock. Sein Fazit: eine Absage an Spekulation und Preisung. Sein Tenor: stoische, leidensbereite Weltskepsis. Seine Argumentation: Um so mehr er sich zwinge, seine dichterische Einbildungskraft auf Gott, Himmel und Jenseitsfreude zu richten, um so mehr werde er sich nur seiner Erdenschwere und Gottverlassenheit bewußt:

> Mich schleust der Kercker ein! diß Fleisch/ die Haut/ die Beine/
> Sind Fessel/ Strick' und Stock/ es sind die harten Steine/
> In die die Seel vermaurt. Wie selten fällt der Schein
> Den Gott/ die Sonn' ausstrahlt zu diesen Fenstern ein.
>
> (III, 167 f.; 2. Fassung)

Und wäre ihm gleich die Fähigkeit verliehen, von der Erlösung der Menschen zu lobsingen, so hätte er in diesen gottverlassenen Zeiten, in diesem von Gott abgefallenen Lande keinen, der ihm zuhören wollte und könnte. In dieser Situation, die er nur als die einer babylonischen Gefangenschaft seines Volkes deuten könne, erübrige sich für ihn die Frage nach anderen angemessenen Ausdrucksformen. An den Ufern Babels verstummten bekanntlich die Lob- und Freudenlieder der Kinder Israels und wurden in Wehklagen verkehrt. So vermöge auch er seinen Geist nicht freudig zu erheben, sondern nur wehmütig auf das Elend der Welt zu richten. Dies und nichts anderes sei sein dichterischer Auftrag, – kein Kann, sondern ein Muß.

> Calliope bind hier statt meiner Lorbeer-Cron
> Cypressen um diß Haubt; Ich wil den Klage-Thon
> Mit Seufftzern stimmen an: Ich will die Seiten rühren/
> Und Augen-klar die Angst der herben Welt ausführen.
> Mehr schlägt mir Phoebus ab.   (III, 170)

Wer oder was sich in Phöbus verbirgt, sei dahingestellt; sicher nicht die späthumanistische Regelpoetik, eher wohl ein Ensemble aus Wirklichkeitserfahrung, Glaubensstandpunkt und Naturell. Wenn Andreas deshalb abschließend den Bruder ermuntert, weiter die himmlischen Freuden zu besingen, während er vom Diesseits als der Schule des Todes lehren wolle, so hat das wenig mit Rollenteilung oder gar Rollenwahl zu tun, eine ganze Menge hingegen mit dem Bekenntnis zu sich selbst.

Tatsächlich wird man mehr als vier Fünftel des Gryphschen Werks dem apostrophierten „Klage-Thon" zurechnen können und der Absicht, „Augen-klar die Angst der herben Welt" zu schildern. Wie sich letztere, eine Art geistliches Realismuskonzept, in praxi darstellt, ist nicht ganz eindeutig. Man wird von einer relativ großen stilistischen Varianz ausgehen müssen, die von der „figuralen" Wirklichkeitsdeutung, wie sie A. Schöne als typisch für Gryphius beschrieben hat[29], bis zur Detailrealistik reicht. Für erstere enthält das Gedicht an den Bruder selbst ein eindringliches Beispiel:

> Hier ist die Thränen-satt: Hier ißt man Brodt aus Aschen/
> Hier schau' ich Achabs Hand in Neboths Blute waschen.
> Da steht der taumel Kelch/ den uns die Welt einschenckt/
> Die uns mit Aloes/ und Myrrh'/ und Gallen tränckt/

Diß mein' ich ist die Nacht/ in der das Heulen wehret/
Hört an wie Zion klagt: Dort wird in Glut verkehret/
Was noch von Salem stund. Schaut/ schaut der König sinckt
In Bodenlosen Schlamm. Der große Usus trinckt
Aus Cedrons trüber Bach ...   (III, 169)

Die konkret gemeinte geschichtliche Gegenwart erscheint bereits sinngedeutet im Spiegel biblischen Geschehens, hier der Gottverlassenheit des Volkes Israel, wobei auch die Sprache sich als biblische Zitaten-Collage entpuppt, hier aus den Lamentationsbüchern des Alten Testaments.

Das andere, realistische Extrem markieren die *Kirchhoffs-Gedancken* (gedruckt 1657) mit ihrer kaum verstellten Lust am Schauerlichen, hier in der Schilderung der Verwesung:

Der Därmer Wust reist durch die Haut/
So von den Maden gantz durch bissen;
Ich schau die Därmer (ach mir graut!)
In Eiter/ Blutt vnd Wasser fliessen!
Das Fleisch/ das nicht die Zeit verletzt
Wird vnter Schlangen-blauen Schimmel
Von vnersätlichem gewimmel
Vielfalter Würmer abgefretzt.

(Str. 31; III, 13)

Ziehen wir ein Zwischenresümee: Gryphs religiös begründete Individualpoetik verwirft nicht nur die Freiheit späthumanistischen Rollensprechens, sie reduziert auch die geistliche Dichtung weitgehend auf den Gestus der Klage. Was dieses Programm devotionsgeschichtlich bedeutet, wird in seiner vollen Konsequenz erst klar, wenn wir uns erinnern, wie sich religiöse Poesie, ja religiöse Kunst überhaupt in der Barockepoche darzustellen pflegt, nämlich durchaus auch als Weltskepsis und Vergänglichkeitsbeschwörung, doch mehr noch als jubelnde Preisung der Kirche, der Glaubenswahrheiten und (im katholischen Bereich) der großen Glaubenstaten. So erscheint in Gryphs Dichtung die Frömmigkeit der Zeit gewissermaßen halbiert. Das vorbehaltlose „Fröhlich soll mein Herze springen", wie es selbst einem Paul Gerhardt möglich war, gehörte zeitlebens nicht zu seinem emotionalen Repertoire. Wo andere Autoren naive Freude zu äußern vermögen, bleiben bei Gryphius in der Regel immer noch Vorbehalte zwischengeschaltet. So kann ihm die Morgensonne eben nicht Jubel über die Auferstehung, sondern nur ein Gebet um Erleuchtung entlocken (I, 65) und selbst in manchen Christgeburtssonetten bleibt die Trauer über den Erdenweg des Kindes stärker als die Freude über die Menschwerdung. Gäbe es nicht Ausnahmen wie „NAcht mehr den lichte nacht!" (I, 30), seine Dichtung wäre eine Messe ohne Gloria, ein fortgesetzter dies-irae-Chor, ein Märtyrerreigen ohne das Freudenfest des barocken Freskenhimmels. Aber auch so bleibt sie das Zeugnis einer negativen, verzweifelten propaganda fidei.

Die dichterische Reaktion auf die *Poetik der Klage* von 1638 sind zunächst die Sonn- und Feiertagssonette (ersch. 1639) und die Oden (1. Buch 1643), in denen Gryphius einer dramatischen Glaubensauseinandersetzung Ausdruck gegeben hat. Wie immer man den Charakter dieser Auseinandersetzung einschätzt, ob eher individualistisch oder eher traditionalistisch, sie nimmt im Rahmen der geistlichen deutschen Barocklyrik eine Sonderstellung ein. Erwarungsgemäß hat sich der Lamentationsgestus auf der ganzen Linie durchgesetzt; doch nicht nur das, er wird auch geradezu selbstquälerisch reflektiert. Auf diese Weise entsteht in den genannten Werken eine Ebene der Metaklage, also der Klage darüber, daß ihm Klage, und nur diese, als poetische Aufgabe gegeben ist. „Ach! wie lange soll ... Ich mein immer wehrendt weh beklagen" (II, 14). Oder in der Variante der Erlösungshoffnung: „Diß bleibt des Himmels ewig-feste Schluß Daß Betrübte nicht stets klagen (müssen)" (II, 53). Oder im Sinne christlichen Selbsttrostes: „O selig wer ... nichts als klagen kan" (I, 179), usf. Klage als Lust, als Leid gilt Gryphius offensichtlich als unausweichliches Debet des wahrhaft gläubigen Christen, so daß es ihm offenbar nicht schwer zu fallen scheint, in einem späten Gedicht, schwankend zwischen Selbstbewunderung und Selbstmitleid, zu bekennen: „daß ich meinem Ziel mit winseln zugerandt." (II, 85)

Der „winselnde" Dichter: ein fast befremdliches Eingeständnis, das unserem herkömmlichen Bild von Gryphius ebenso widerspricht wie den zeitgenössischen Normen eines weltlichen und geistlichen Dichtertums. Die berühmtgewordenen Sonettbücher, 1 und 2, zeigen einen ganz anderen Mann, einen, der zwar der Klage huldigt, dabei aber ruhig und fest im Glauben steht, – einen christlichen Stoiker. Ist nach unseren Beobachtungen dieses Bild aufrechtzuerhalten? Darf ein Barockstoiker die emotionale Selbstkontrolle lockern bis zum Winseln (und sei es vor Gott)? Wenn wir den stoischen Vorstellungen des opitzianischen Barockhumanismus folgen, dann doch offensichtlich nicht. Machen wir uns klar: der Auswahlfundus poetischer Rollenhaltungen (und d. h. ja immer: distinkter affektiver Sprechweisen), wie ihn Opitz und andere Poetiker darbieten, ist durchaus nicht auf die Entbindung individueller Affektivität gerichtet, sondern ganz im Gegenteil auf deren Verdrängung. Dem Wildwuchs menschlicher Emotionen wird gewissermaßen ein Musterangebot formal geregelter Affektäußerung entgegengesetzt, das durchaus therapeutisch gemeint ist und dem Individuum seine Würde, der Gesellschaft ihre Ordnung zu sichern verspricht. Das korreliert mit der Anthropologie des politischen Neustoizismus, die Ende des 16. Jahrhunderts in den Niederlanden formuliert wurde (J. Lipsius) und die jeder elementaren Leidenschaftlichkeit als der Erzfeindin wahrer Rationalität und weltnotwendiger Selbstgewißheit höchst skeptisch gegenüberstand.[14] Opitz hat sich im 2. Buch seiner *Trost-Gedichte In Widerwertigkeit Deß Kriegs* hinreichend deutlich zu dieser Geisteshaltung bekannt, und Ähnliches glaubte die Forschung lange Zeit auch für Gryphius in Anschlag bringen zu dürfen. An Manifestationen stoischen Geistes mangelt es in seinem Werk, besonders in den

Trauerspielen ja nicht. Erst H. J. Schings (1966) gelang es im Rahmen einer profunden Quellenstudie zu zeigen, wie grundsätzlich sich der christliche Stoizismus des Glogauers vom politischen Neustoizismus eines Lipsius oder Opitz unterscheidet. Bedeutet „constantia" (Beständigkeit) für diese nämlich rationale Selbstmächtigkeit gegenüber dem äußeren Schicksal, so für jenen Unanfechtbarkeit im Glauben. Und führt die Constantia eines Lipsius und Opitz folgerichtig zur diesseitigen tranquilitas animi und damit zu einem Status der persönlichen Freiheit, Unverzagtheit und Fröhlichkeit, so bleibt die des Gryphius, von Momenten abgesehen, an Angst und Melancholie gebunden. Welt als solche bleibt ihm allemal unbewältigbar. Am augenfälligsten wird die Diskrepanz beider Positionen wohl darin, daß gerade jene von Gryphius exklusiv gebrauchte poetische Artikulationsform, die der Klage über Ich und Welt (bis zum Winseln), den politischen Neustoizisten als persönlichkeitsbedrohendes Fehlverhalten galt und dementsprechend sanktioniert wurde. Opitz:

> Viel weynen/ kläglich thun/ sich wie ein Weib erzeigen/
> Sein Leben/ seine Zeit/ verdammen für und für/
> Sein Hertze lassen gehn/ das stehet nicht bey dir.[15]

Wären diese Zeilen, die im übrigen kaum verhülltes Lipsius-Zitat sind, nicht schon eine halbe Generation vor Gryphius geschrieben, man könnte sie leicht als Spott auf ihn lesen.

So gründen sein Verlangen, im Glauben „stehen" zu können, und damit verbunden seine eingestandene Weltangst und Klagebereitschaft eben nicht in einem modernen säkularen Stoizismus als vielmehr in einer spezifischen Religiosität, in der sich Tradition und persönliche Eigenart vielfältig zu durchdringen scheinen. Zu den geschichtlichen Wurzeln dieser Religiosität hat die Forschung der vergangenen Jahrzehnte manches Erhellende geäußert. Flemming (1965) und Mauser (1976) vermochten die starke Rückbesinnung auf Luther plausibel zu machen, Schings (1966) die vielfältigen Beziehungen zum patristischen Stoizismus und Manheimer (1904) und Krummacher (1976) die große Nähe zu dem theologischen Dreigestirn des frühen 17. Jahrhunderts Heermann, Arndt und Herberger. Besonders bei Johann Heermann scheint viel von Gryphs religiöser Melancholie vorgeprägt. Doch sicher ist auch, daß er die Erbauungstheologie der drei zuletzt Genannten nicht einfach poetisch verdichtet und gesteigert hat. Bei aller Weltverachtung waren sie theologisch ausgewogener als er, gaben sich ungebrochen der Jenseitsspekulation hin und dem Lobpreis der kosmischen Natur als einem Analogon der Größe und Schönheit Gottes (Arndt, Herberger). Gryphs Poesie kennt diese positiven Züge nicht. Und von Glaubenszuversicht und Glaubensgeborgenheit ist zwar viel in ihr die Rede, aber nur ausnahmsweise als von einem gesicherten Gut, im Normalfall jedoch als von einem verzweifelt ersehnten, ja eingeklagten. Das ist das große Thema besonders der Sonn- und Feiertagssonette und der Oden. Johann Christian Günthers Dichtung ausgenommen gibt es in der Geschichte der deutschen Lyrik vermutlich nichts, was ihnen als Zeugnis der Glaubensanfechtung vergleichbar wäre.

Die Wurzeln dieser Problematik dürften vor allem in einem radikal ausgelegten Luthertum zu suchen sein. Darauf deutet z. B. die Stereotype einer angstvoll wahrgenommenen Gottesferne hin: „ach der Herr mein leben / Hatt mich in meiner angst verlassen!" (II, 3) Oder: „Ach! ach! mir wird so bang! Wo bleibt Gott so lang." (II, 12) Oder: „Hilff das ich doch nur schau Ein funcklin deiner flamm" (I, 150) usf.

Dieser Erfahrung, daß Gottes Existenz offensichtlich nur in glücklichen Augenblicken gespürt wird, er sich ansonsten jedoch wie unter einem „dicken Nebel" (II, 53) verborgen zu halten scheint, verdankt sich ein wiederkehrender Gestus der Ungeduld, des Vorwurfs, ja der Herausforderung, so etwa wenn Gott des insistenten Schlafens bezichtigt wird:

> Ich wil ihn auß dem langen Schlaff
> Auffwecken/ daß er nach der Straff
> Mir Seelerquickend-heyl vnd Gnade muß verleihen (II, 81)

Oder:

> Der du mit deinem Wort
> Das tolle Schnauben brichst/
> Der du an jedem Ort
> Ein rechtes Urtheil sprichst/
> Beweiß' anitzt/ daß dich der Schlaff nicht überwunden! (II, 76)

Auch der Verdacht, Auge und Ohr mutwillig zu verschließen, wird Gott nicht erspart: „Gott hat sein Aug umbhangen Mitt dicker wolcken nacht" (I, 148) und: „Mitt mir ists' doch geschehn! mein Heilandt wil nicht hören" (I, 159). So ist es nur konsequent, daß Gottes Verhalten als „stille grawsambkeit" (I, 143) oder gar als bares „aussen sein" (I, 162, 167) empfunden wird.

Zweifellos ist auch dieser Unterton, der von einem verzweifelten Pochen auf den Vertragstext der Offenbarung begleitet wird, lutherischer Provenienz. Er geht stilistisch mit einer erhöhten Lautstärke und einer forcierten Ansprache einher. Im Grunde kann es ja auch nicht verwundern, wenn über die als so groß empfundene Kluft hin die Wechselrede heftig wird: „Ich hoch betrubtes hertz ... Schrey fur und fur umbsonst" (I, 143), aber auch: „Ich kenne deine stim! mein Heilandt schrey mir zu" (I, 147) oder sogar: „So schrey mir friden zu" (I, 172). Überhaupt hat die Dreieinigkeit sich dauernder Ermunterung, dauernder Befehle zu gewärtigen: Auf, auf; schneid weg; zeig dich; hilf; sprich; komm es ist hohe Zeit; steh still und schau mich an; komm eilend usf. usf. Natürlich ist dieser jammernde Ton des Aufbegehrens nicht das Ganze. Alles in allem herrscht in den Sonn- und Feiertagssonetten wie in den Oden kein Mangel an Äußerungen der Glaubenszuversicht und der Lobes- und Dankbereitschaft: nur, daß sie auf den Grundtenor geringen Einfluß haben. Dieser scheint eindeutig bestimmt durch ein elementares Gefühl der Angst, der Angst nämlich, im Zustand des von Gott Alleingelassenseins am Glauben zu scheitern. Mögen deshalb auch die lutherischen Prinzipien des sola fide, sola gratia, sola scriptura allenthalben durchscheinen, zu einem Zeugnis protestantischer Glaubensgewißheit will uns die Gryphsche Andachts- und Bibellyrik nicht werden, von welcher Seite wir sie auch ins Auge fassen. Das spiegelt sich nirgend klarer als in der poetischen Syntax der beiden Autoren. Zwischen dem Lutherischen „Ein feste Burg ist unser Gott" oder „Bei dir gilt nichts denn Gnad und Gunst, die Sünden zu vergeben" und dem Gryphschen „Man schaw't jhn / wenn man meynt / Er habe sich verborgen" (I, 80) oder „Du wirsts ja endtlich thun" (nämlich: den „alten Bund" erfüllen, I, 139) springen tiefe mentale Verschiedenheiten auf.

So liegt eher die Vermutung nahe, daß Gryphius die theologia crucis des Wittenbergers im Sinn einer imitatio christi mißdeutet hat. Was für Luther ein für allemal getan war, die Kreuzestat, und deshalb vom Menschen nicht wiederholt zu werden braucht, scheint der melancholische Schlesier nicht nur den fürstlichen Märtyrern seine Trauerspiele abzufordern. Jeder wahrhaft Gläubige hat offensichtlich stets auf sie vorbereitet zu sein, so daß es nicht verwundern kann, wenn der Normalstatus (oder gar Gnadenstatus?) des Christen für Gryphius der der Gethsemaneangst ist.

Zu den gewichtigsten neueren Bemühungen um den Dichter zählt der Versuch, seine Andachts- und Bibelpoesie so gut wie ganz in der Tradition der Bibelparaphrase, der altprotestantischen Postillenliteratur und eines augustinischen sermo-humilis-Gebots aufgehen zu lassen (Krummacher 1976). Wäre diesem Radikalbefund zuzustimmen (wozu der Überwältigungseffekt der geleisteten Quellen- und Belegarbeit entschieden verführt), Gryphius wäre als Epigone des Reformationsjahrhunderts und bloßes Rhetorisierungstalent heute ein gestürzter Fürst des barocken Lyrikparnaß. Doch die These scheint Gottseidank nicht so weitreichend. So klar und differenziert sie nämlich das Barockprinzip der stilistischen Fremdorientierung für Gryphius zur Erscheinung bringt, so wenig trägt sie zur Erklärung der literarhistorischen Singularität und des spezifischen „Tons", genauer: der poetischen Obsession des Dichters bei:

> Welt ruhme was du wilt! ich mus die Trubsal preisen,
> Die trubsal die uns lehrt voll sanffer sinnen sein. (I, 180)

Natürlich liegt auch dieser Äußerung, entsprechend der Perikopenordnung der Sonn- und Feiertagssonette, ein Bibelwort zugrunde (wie auch fast allen anderen hier angezogenen Textbeispielen), doch ihre Programmatik und poetische Verarbeitung („Welt ruhme was du wilt" steht nicht in Röm. 5; anstatt „sanfter sinnen" steht „Geduld") macht ein Vorbeigehen an der zeitgeschichtlichen Konnotation fast unmöglich. Poetische Rühmung aber erfährt in diesem Jahrhundert wie nie zuvor oder später die institutionelle Macht, sei es nun die des absoluten Fürsten oder der triumphierenden Kirche, die sich beide bekanntlich nicht durch

Sanftmut definiert haben. So wird durch Gryphs Reduktionspoetik der Klage hindurch ein Verweigerungsgestus gegenüber der säkularen prudentia-Welt sichtbar, der sich in den Trauerspielen bis zum Paradox konkretisiert, daß nur noch der entmachtete und ins Martyrium gestellte Fürst christlich prädizierbar wird.[16]

So scheint Gryphs Dichtung in der Tat Ausdruck eines „unglücklichen Bewußtseins"[17] zu sein, eines Bewußtseins, das sich den Himmel zu orten verwehrt und auf Erden gleichwohl kein „Räumlein" (III, 170) zu besitzen meint, eines Bewußtseins aber auch, das die Obrigkeit heiligspricht und ihr zugleich die Macht als summum malum in Rechnung stellt. Die Frage, wie sich dieses aporie- und leidverliebte Denken im Beruf des Juristen bewährte, bleibt letztlich unbeantwortbar, lenkt uns aber auf das Korrektiv einer strengen Amtsauffassung, wie sie uns von seinen Biographen bestätigt wird, wie er sie selbst seinem römischen Rechtsgelehrten Papinian abverlangt hat und wie sie sich schließlich auch in der thematischen und formalen Konsequenz seiner Dichtung widerzuspiegeln scheint. Das soll nicht heißen, daß er durch seine Pflichten-, Regel- und Formtreue der diesseitigen Negativität zu entkommen glaubte, – das verbot der lutherische Amts- und Gesetzesbegriff. Doch waren sie zweifellos konstitutive Stützelemente seiner Glaubensethik des diesseitigen „Stehens" im Unglück. Er selbst hat diesen Auftrag an mehreren Stellen als „Amt" bezeichnet. „Doch mustu trew im ampt, undt unerschrocken sein." (I, 168) Die Berechtigung, auch sein formalästhetisches Gebaren unter diesem Aspekt zu sehen, mag umstritten sein, doch zeigt die Art und Weise, wie er seine chaotische Welterfahrung, sein aporetisches Denken und seine Glaubensnot der humanistischen Formdisziplin unterworfen hat, in vielem amtsethische Züge. In jedem Fall aber wird man zugestehen müssen, daß sein ungewöhnliches Formvermögen sich kaum je als Lust an der Form, als Spiel und Überschuß darstellt, sondern fast ausschließlich als Mittel der Perpetuierung, Festigung und Begrenzung.

21. Am Sonntag Reminiscere. Matth. 15

Ich hoch betrubtes hertz, ich schawplatz aller plagen,
   Schrey fur und fur umbsonst, auf dehn ich je' und eh'
   Mein Hoffnung grunden lies: verhült sich (ach und weh!)
In stille grawsambkeit! was helffen meine klagen?
Ich mus, wie schwer's auch ist, des Teufels schläge tragen.
   Ie mehr ich mich mitt ernst zu beten untersteh,
   Ie frembder stelt er sich! Hilff eh ich gantz vergeh!
O der du keinem noch hast beistandt abgeschlagen!
   Obzwar ich schnöder hundt nicht deiner gaben wehrtt,
   Hastu den hunden doch offt kinderbrott beschertt.
Nun wol! ich werd auch nicht besturtzt weg von dir gehen.
   Vielleicht hastu bisher ein kröstlin mir versagt,
   Weill du mich (wen ich nun in trubsal müd gejagt)
Entschlossen bist zum tisch der ehren zu erhöhen. (I, 143)

Die Bauelemente religiösen Denkens bei Gryphius treten uns in diesem Gedicht noch einmal mit wünschenswerter Klarheit vor Augen. Auf der einen, thematischen Seite ein nur schwer zu trennendes, aber gleichsam hochreaktives Gemisch aus Objektivem und Subjektivem, aus Schriftwort, aus konfessioneller Tradition, aus Hypochondrie, ja Masochismus, aus intellektueller Unbehaustheit, religiöser Angst und Klagebereitschaft, auf der anderen, formalen Seite die selbstbewußte Demonstration poetischer Disziplin im Gleichmaß des Alexandriners, im strengen Schlußverfahren des Sonetts. Und erst beides zusammen, „unglückliches Bewußtsein" und Selbstbewahrung in der Form, macht schließlich die „Poetik der Klage" aus.

Nun sind es ja nicht das 3. und 4. Sonettbuch (Sonn- und Feiertagssonette) oder gar die Oden, die Gryphs lyrischen Ruhm begründet haben, sondern das 1. und 2. Sonettbuch, in denen der Klageton zwar nicht weniger dominant erscheint, doch einen gelasseneren und stilistisch eleganteren Ausdruck sucht. Der Meditationsgestus wirkt hier abgeklärter, die thematische Durchführung einheitlicher und das einzelne Bild konzentrierter.

Einsambkeit.

IN dieser Einsamkeit/ der mehr denn öden wüsten/
Gestreckt auff wildes Kraut/ an die bemößte See:
Beschaw' ich jenes Thal vnd dieser Felsen höh'
Auff welchem Eulen nur vnd stille Vögel nisten.
Hier fern von dem Pallast; weit von deß Pövels lüsten/
Betracht ich: wie der Mensch in Eitelkeit vergeh'
Wie auff nicht festem grund' all vnser hoffen steh'
Wie die vor abend schmähn/ die vor dem tag vnß grüßten.
Die Höell/ der rawe wald/ der Todtenkopff/ der Stein/
Den auch die zeit aufffrist/ die abgezehrten bein.
Entwerffen in dem Mut vnzehliche gedancken.
Der Mauren alter grauß/ diß vnbebaw'te Land
Ist schön vnd fruchtbar mir/ der eigentlich erkant/
Das alles/ ohn ein Geist/ den GOtt selbst hält/ muß wancken. (I, 68)

Offensichtlich vermochte Gryphius zu trennen zwischen einem subjektiveren, weniger kunstvollen Klageton in der Tradition der konfessionellen Gebetsliteratur und einem objektiveren in der Tradition humanistischer Rhetorik. Er selbst bot in einem späten Gedicht (1657; I, 234) die simple Unterscheidung von „frommer" und „gelehrter" Ausdrucksweise an[18], die sich freilich in praxi nur tendenziell, d. h. mit einer Vielzahl von Übergangsstufen bestätigen läßt. Sicher ist indes, daß die Gedankenschwere und Suggestivkraft jener „schöneren", formbewußteren Sonette der gelehrten Tradition nicht erklärbar wären ohne die erregte Glaubensauseinandersetzung der Bibeldichtung. Erst sie und die aus ihr hervorgegangene „Poetik der Klage" hebt Gryphs religiöse Poesie so entschieden über das Durchschnittsniveau des Opitzianischen Barockhumanismus.

Andreas Gryphius

Der Dramatiker (Evangelium und Gesetz)

Mit Theater und Drama war Gryphius seit seiner Jugend vertraut. In Fraustadt, als 17jähriger, hatte er tragende Rollen auf dem Schultheater deklamiert, in Danzig Jesuitendramen gelesen und vielleicht auch schon übersetzt, in Holland (nach 1638) den strahlenden Aufgang eines nationalen Theaters beobachtet. An eine eigene Produktion scheint er in diesen Jahren, seinen Lyrik-Jahren, noch nicht gedacht zu haben. Eine solche setzte erst, dann aber geradezu schubartig, 1646 ein, nachdem er seine Reise durch Frankreich und Italien glücklich beendet hatte. Erinnern wir uns: Bis 1650, teils noch unterwegs (Straßburg, Amsterdam, Stettin), teils schon wieder in Schlesien, entstanden schnell nacheinander vier Trauerspiele (*Leo Armenius, Catharina von Georgien, Carolus Stuardus, Cardenio und Celinde*) und zwei Lustspiele *(Herr Peter Squentz, Horribilicribrifax)*. Nach einem Intervall von sieben Jahren, in welchem die Theaterarbeit freilich nie ganz abriß (Festspiele, Übersetzungen bzw. Überarbeitungen), kamen dann noch zwei wichtige Stücke nach, die Tragödie *Papinianus* und die Doppelkomödie *Verliebtes Gespenst / Geliebte Dornrose.*

Aus dieser Serie sind von der Forschung stets die vier historisch-politischen Trauerspiele herausgehoben worden, nicht nur wegen ihrer geschlossenen Thematik, sondern auch weil sie nach ihrem intellektuellen und gattungsgeschichtlichen Anspruch wenn schon nicht ein deutsches Nationaltheater, so doch ein eigenständiges nationalsprachliches Drama begründeten. Alle vier behandeln historische Vorwürfe, darunter sogar eines von tagespolitischer Aktualität, haben ein ähnliches Personal und entwickeln eine vergleichbare Konfliktsituation, ohne indes thematisch stereotyp zu sein. Eher wird man von sich ergänzenden Varianten eines zentralen Problems sprechen dürfen, des Widerspruchs von geistlicher und weltlicher Amtsauslegung im souveränen Prinzipat. Der melancholische Lutheraner und ambitionierte Jurist griff also von seiner eigentlichen, der literarischen Kanzel aus in die Absolutismusdiskussion der Zeit ein, und zwar in zu erwartender Manier: trauerbereit, theologisch borniert und politologisch kompetent.

Leo Armenius, Oder Fürsten-Mord, 1646/47 in Straßburg während einer Zeit lebhafter wissenschaftlicher, auch politologischer Diskussionen fertiggestellt, nimmt ein Thema aus den höfischen Machtkämpfen im mittelalterlichen Byzanz auf. Kaiser Leo, einst selbst gewaltsam zur Krone gelangt, hat seinen einstigen Kampfgenossen Michael Balbus als überführten Verschwörer einkerkern und zum Tode verurteilen lassen. Doch ein bloßer Aufschub der Exekution um ein paar Tage, halb aus politischer Unentschlossenheit, halb aus christlicher Rücksicht (um den Weihnachtsfrieden nicht zu stören) genügt, den Gang der Dinge umzukehren. Michael kann seine Revolte aus dem Kerker heraus in Gang setzen. Der Kaiser wird noch während der Christmesse überfallen, am Altar niedergemacht und stirbt im Gestus des Gekreuzigten, während der Aufrührer sich zum neuen Kaiser krönen läßt.

Liegen Schuld- und Legitimitätsfrage in diesem ersten Stück ziemlich kompliziert (beide Hauptakteure sind Rechtsbrecher), so im nächsten, *Catharina von Georgien. Oder Bewehrete Beständigkeit*, denkbar einfach. Das Stück nimmt Bezug auf ein politisches Ereignis der Zeit, nämlich Gefangenschaft und Tod einer georgischen Fürstin Catharina unter Schah Abas von Persien im Jahr 1624. Doch Gryphius ist es hier nicht um historische Genauigkeit zu tun. Er gestaltet den Vorwurf idealtypisch, als Widerspiel vollkommener christlicher Herrschertugend und barbarischer Tyrannei. Abas ist der unterworfenen Fürstin in leidenschaftlicher Begierde verfallen und bietet ihr Ehe und Krone an, doch Catharina nimmt um ihrer Treue zu Gott, Volk und ermordetem Ehemann willen unerschrocken den Martertod auf sich. Zurück bleibt ein von seinem Gewissen gequälter Abas.

Ermordete Majestät. Oder Carolus Stuardus ist vermutlich gleich nach Bekanntwerden der Hinrichtung Karls I. von England durch Oliver Cromwell (30. Januar 1649) begonnen und spätestens 1650 abgeschlossen worden. Das Stück hält sich, im Gegensatz zum vorausgegangenen, sehr weitgehend an chronistische Details und sucht in einer Art dramatischer Revision die sowohl theologische wie juristische Analyse des Majestätsverbrechens zu geben. Gryphius rekonstruiert zu diesem Zweck sorgfältig das Interessenspiel der Parteien um Rettung oder Sturz des Königs, und zwar überraschenderweise von der Grundlage der individuellen Motivationen her, wodurch das handlungsarme Stück ein beträchtliches politisches Niveau gewinnt. An die Vorgeschichte des gegenwärtigen Unheils (England als Land der Königsmorde) erinnert eine Reihe von Traumerscheinungen, u. a. der Maria Stuart. Karl stirbt schließlich, seinen Tod als Opfer annehmend, in der Haltung christlicher und herrscherlicher magnanimitas. – Auf Grund neuer, besserer Quellen und wohl auch unter dem Eindruck der veränderten politischen Lage in England hat Gryphius das Stück nach 1660 noch einmal von Grund auf umgeschrieben. Er legte den Aktivitäten des königstreuen Widerstands mehr Gewicht bei, korrigierte die Charakterzeichnung einzelner Akteure (Fairfax), führte andere neu ein (Poleh) und stellte in diesem Zusammenhang ganze Szenenfolgen um. Vor allem aber verlieh er der in der ersten Fassung nur angedeuteten Analogie zwischen dem Martyrium des Königs und der Passion Christi den Stellenwert einer genauen Handlungsgleichung. Wunderbarer Zufall: die Perikope des Hinrichtungstages ist die Passionsgeschichte nach dem Matthäusevangelium.

Das letzte der vier politischen Trauerspiele, *Großmüttiger Rechts=Gelehrter / Oder Sterbender Aemilius Paulus Papinianus*, zeitlich von den anderen um gut ein Jahrzehnt abgesetzt, zeigt auch thematisch die stärkste Eigenart. So sind die Hauptakteure keine Christen, und obwohl der Held wie schon Catharina oder Carolus als Märtyrer figuriert, ist dieser Held und Märtyrer (erstmals) nicht der Fürst selbst, sondern sein gelehrter Minister (iurisconsultus) und moralischer Widerpart. Der historische Vorwurf des Stücks stammt aus der römischen Geschichte der Kaiserzeit und behandelt die Auseinandersetzung zwischen den Antoninen-Brüdern Bassian (Caracalla) und Geta um die Alleinherrschaft. Während Papinian, höchste juristische Autorität im Staate und zugleich dem Kaiserhaus verwandtschaftlich verbunden, noch nach einer politischen Lösung sucht, erliegt Bassian den Einflüsterungen eines skrupellosen Ratgebers und ermordet seinen Bruder unter den Augen der Mutter. Mit der Weigerung, diesen Mord juristisch zu rechtfertigen, beginnt Papinians Leidensweg. Bassian greift zu allen denkbaren Repressalien, kerkert ihn ein, nimmt ihm Amt und Vermögen, ja tötet schließlich seinen Sohn, doch Papinian bleibt dadurch ebenso unangefochten wie durch das Angebot der Militärs, den Tyrannen zu stürzen und ihn selbst zum Kaiser auszurufen. So stirbt er schließlich auf dem Richtblock für die Idee eines heiligen und naturverbürgten Rechts. Bassian bleibt, ähnlich Chach Abas, mit Anzeichen eines beginnenden Wahnsinns zurück.

Die Form, in der sich Gryphs Trauerspiele darbieten (das gilt auch für das einzige nichtpolitische, *Cardenio und Celinde*), entspricht einer klassizistischen Dramenauffassung. Gryphius hält sich streng an die Einheit der Handlung und der Zeit, etwas nachlässiger an die des Ortes. Dazu kommt ein 5aktiger Handlungsaufbau, der auch da, wo es überflüssig erscheint, auf einen Peripetie-Einschnitt nicht verzichtet. Die stärkste Abweichung vom aristotelischen Funktionsmodell zeigt sich im Verhältnis von Akt und Chor. Die Akte („Handlungen"), verstanden als typische Stationen eines exemplarischen Geschehens, fungieren dramaturgisch als Schaubilder, zu denen die abschließenden Chor-Partien („Reyen") zumeist – im Sinne des emblematischen Prinzips von pictura und scriptura – die allgemeine explicatio sprechen.[19] Auch darin ist Gryphius, ohne selbst originell zu sein, vorbildlich für das deutsche Barocktrauerspiel (Lohenstein, Hallmann, Haugwitz, u. a.) geworden.

Drei herausragende neuere Einzelinterpretationen (Kaiser, Schings, Schöne)[20] treffen sich in ihrer Tendenz darin, daß sie als nennenswerte Fragestellung eigentlich nur die religiöse anerkennen. Die geleistete Quellen- und Textarbeit scheint ihnen darin so sehr rechtzugeben, daß alle früheren und nachfolgenden Versuche, zeitgeschichtliche, politische oder juristische Aspekte dagegen zu aktivieren, wie ein um Ergänzung bemühtes Abarbeiten an diesen Fundamentalbefunden wirken. Das ist – nicht nur im Rückblick auf die Lyrik – kein Zufall. In der Tat wird man fragen müssen, vor allem wenn man die beiden ersten Stationen der Gryphschen Auseinandersetzung mit dem politischen Kardinalthema der Zeit, der Souveränitätslehre, in Betracht zieht, inwieweit es ihm darum ging, die so erregt diskutierte säkulare Problematik durch das demonstrative Vorschieben der geistlichen zu entwerten oder wenigstens zu relativieren. Zeit- und literaturgeschichtlich hätte das seinen Vorlauf in der ursprünglich kritischen Einstellung der Jesuiten zur Souveränitätsidee, die sich auch in ihrer Dramatik niederschlug, und ihr späteres Einschwenken auf ein symbiotisches Verhältnis von staatlicher und kirchlicher Autorität (das sich ebenfalls an ihrer Dramatik ablesen läßt). Hatten jedoch der jesuitische Widerstand und die spätere Kompromißbereitschaft ihre energetische Quelle im institutionellen, also kirchlichen Denken, so war Gryphs Standpunkt in der lutherischen Rechtfertigungslehre fundiert und damit sehr viel grundsätzlicher gefaßt. Gottesstaat und Fürstenstaat lassen sich nach der lutherischen Zwei-Regimente-Dialektik nun einmal nicht analogisch aufeinander beziehen, sondern sind sich hierarchisch zugeordnet mit einer entschiedenen Abwertungstendenz allen politischen Ordnungsbemühens.

Sind demnach Gryphs *Leo Armenius* und mehr noch *Catharina von Georgien* überhaupt politische Stücke im Sinn des aktuellen Interesses? Sind sie mit der Zeit oder gegen die Zeit geschrieben? Kaisers und Schings' Kommentare scheinen konsequent für das letztere zu sprechen. Was konnte Gryphius veranlassen, in seinem ersten „politischen" Drama nicht etwa den guten und den schlechten, den legitimen und den illegitimen Fürsten zu konfrontieren, sondern zwei gleicherweise von der politischen Machtbegierde korrumpierte Repräsentanten? Aus welchen Gründen verweigert er seinem gekrönten Haupt, Leo, so lange, nämlich bis zur Sterbeszene, jedes christliche Charakterattribut? Es ist ja nicht er, der auf weihnachtlichen Frieden dringt, sondern seine Frau, und seine Entscheidungsschwäche entspringt nicht moralischen Bedenken, sondern herrscherlicher Müdigkeit, in der sehr wohl eine „Ahnung von der Sinnlosigkeit seines Lebens"[21] mitklingen mag. Warum all das? Doch offensichtlich, um die Weltsphäre des Hofs als gesteigerten Ausdruck weltlicher Vergeblichkeit zu kennzeichnen. In den Herrschergestalten als den „Göttern dieser Welt", wie die Epoche in Anlehnung an die Bibel zu sagen pflegte, ist die Unbeständigkeit und Hinfälligkeit menschlichen Strebens eben nicht gemildert, sondern nur gesteigert sichtbar. Der christlich-allegorische Blick Gryphs erkennt sie als die eigentlichen Knechte dieser Welt. G. Kaiser hat auf die faszinierende sinnbildliche Inszenierung dieser Einsicht in der Handlungsmitte des „Leo"-Stücks hingewiesen: als nämlich der umhergetriebene Kaiser nachts, in verkleidetem Zustand, seinen gefangenen Widersacher aufsucht, um sich von seiner Unschädlichkeit zu überzeugen, und diesen zwar in Ketten, aber bereits herrscherlich gekleidet und ruhig schlafend vorfindet. Gegenwärtiger und zukünftiger Kaiser sind beide in ihrem Sinn Gefangene, und das Stück wird zeigen, wie innerhalb von Stunden diese beiden Gefangenschaften der höchsten Höhe und tiefsten Tiefe, Thron und Kerker, austauschbar sind. „Trotz der Gegenläufigkeit ihrer Schicksalskurven sind Kaiser und Gegenkaiser unseres Stückes eben durch ihr Verhaftetsein in dem Unbestand der Welt doch geheime Brüder und Schicksalsgenossen."[22]

So gesehen ist Gryphs Herrscherbild ein lutherisches Gegenmanifest, eine Eitelkeitserklärung an die Adresse der kurrenten Souveränitätstheorien und deren Apotheose der Staatsklugheit (ratio status). Denn indem Absolutismus

und politischer Neustoizismus der christlichen Weltunsicherheit (als der unab-
dinglichen Erlösungsvoraussetzung des protestantischen Menschen) korrigierend
vorzugreifen versprachen (nämlich durch Minderung diesseitigen Unbestands),
mußten sie als Emanationen weltlicher Überheblichkeit erscheinen. Drohten sie
doch den auf die theologia crucis verpflichteten Menschen in seiner Bewährungs-
und Leidensfähigkeit einzuschränken, so daß christliche Glaubensbeständigkeit
und politische Weltbeständigkeit in einem eifersüchtigen Konkurrenzverhältnis
gedacht werden können. Das Gryphsche Trauerspiel wäre aus dieser Sicht nichts
anderes als die eschatologische Warnung an den Menschen, nicht im Diesseits
schon Frieden, ja Ewigkeit (etwa im Nachruhm) zu erstreben.

Eben dies bezeichnet H.-J. Schings als die zentrale Botschaft der *Catharina
von Georgien* und zugleich als die „Gryphsche Theorie des Trauerspiels".[23]
Konsequenterweise geht es in diesem Stück auch gar nicht mehr um die Macht-
frage (Catharina bleibt, ob gefangen oder frei, eine politisch Besiegte), sondern
allein um die Demonstration christlicher Weltverachtung da wo sie am gefähr-
detsten scheint. Catharina ist nicht deswegen ein Sinnbild bewährter Beständigkeit, weil sie sich besonders selbstlos um das diesseitige Wohl ihrer Untertanen
oder den Ruhm ihres Landes bemühte, sondern weil sie eben diese ihr bevorzugt
gegebenen Möglichkeiten mißachtet und sich unerschrocken (oder narzißtisch?)
auf ihr martyrologisches Sollen konzentriert.

Daß Ausschließungsaxiome von solcher Konsequenz sich nur noch in der Relativierung weiterentwickeln können, liegt auf der Hand. Sieht man einmal davon
ab, daß auch schon die beiden betrachteten Stücke verborgene Signale eines politischen Interesses enthalten, so scheint spätestens seit dem *Carolus Stuardus* ein
solches gleichwertig mitgedacht, ohne daß freilich der Rahmen lutherischer
Theologie verlassen würde. Gemeint ist die zunehmende Verklärung des weltlichen Regiments und des weltlichen Gesetzes als gottgewollte Institutionen.
Nach der lutherischen Zwei-Reiche-Lehre führt Gott ja sein Regiment gegenüber der sündigen Welt in doppelter Weise, nämlich weltlich durch das Gesetz
und die ihn vertretende Obrigkeit, geistlich durch das Evangelium. Ist das Evangelium reines und lebendiges Wort Gottes, so das Gesetz immer auch Menschen-
wort, wiewohl zugleich Instrument Gottes, weshalb es, genau wie der stellvertretend für Gott handelnde Fürst, zwischen Göttlichkeit und Heillosigkeit
steht.[24]

Diese Regiments- und Gesetzesdefinition ist der der säkularen Souveränitätstheorie auffällig nahe und doch grundverschieden von ihr. Beide machen den
Fürsten zum Verfügungsgewaltigen über ein Gesetz, vor dem er selbst sich nicht
zu verantworten hat, was nichts anderes bedeutet, als daß beide das weltliche
Regiment als ein im politischen Sinn absolutes definieren. Divergent sind lediglich die Begründungen. In der politischen Theorie dient der Grundsatz des „lege
solutus" allein der Immunisierung von Herrschaft. Die unbedingte Gesetzesab-
hängigkeit der Untertanen und die unbedingte Gesetzesunabhängigkeit des Für-

sten haben also denselben Zweck: Machtkontinuität, Verhinderung von Aufruhr und Bürgerkrieg. Im lutherischen Gottesgnadentumsverständnis beruht die Unantastbarkeit des (sündhaften) Fürsten und seines (sündhaften) Gesetzes aus beider Göttlichkeit und ihrem instrumentellen Vermitteltsein mit dem Evangelium, weswegen der Angriff auf den Fürsten und die illegitime Berufung auf das Recht d. h. gegen den Fürsten, hier zum Aufbegehren gegen Gott selbst wird (was freilich subjektiv dann auch – und doppelt – für den Fürsten gilt, – ein Gedanke, der in der weltlich-politischen Theorie von Lipsius bis Hobbes wenig Gewicht hat).

Beides, die Heiligkeit des Fürsten als Statthalters Gottes und die Heiligkeit des Gesetzes, wird von größter Bedeutung für die beiden späten Trauerspiele Gryphs, denn die Propaganda der göttlichen Institution tritt nun neben oder sogar vor die propaganda fidei. War im *Leo Armenius* und erst recht in der *Catharina von Georgien* der sündhafte Umgang mit dem Recht noch ein beiläufiges Indiz für die Heillosigkeit der Welt, so wird im *Carolus Stuardus* daraus die kardinale Sünde wider den heiligen Geist. Das besondere Skandalon des Cromwellschen Aufruhrs ist ja nicht der Königsmord, sondern daß dieser mit Rechtsmitteln (einem Prozeß) legitimiert wird, mit Rechtsmitteln, die, so lange der Fürst lebt, von Gott nur ihm zugestanden sind. Der Aufruhr gegen Gott verdoppelt sich also gleichsam. Zur Sünde der Begehrlichkeit (Macht) tritt der luziferische Sündenfall der Vernunft (Selbstrechtfertigung).

> Sie rasen mit Vernunfft/sie setzen Richter ein
> Es muß ihr Doppelmord durch Recht beschönet seyn. (IV, 8)

Und:

> Nur diß ist new: mit tollen Händen
> Der heil'gen Themis Richt-Axt schänden. (IV, 17)

Große Passagen des Stücks können als Disput um diesen Bruch des „heiligen Rechts" gelesen werden. Und es ist natürlich kein Zufall, daß als dessen radikalster Verfechter ein häretischer Geistlicher, Hugo Peter, auftritt, der auch anderes Gottloses im Kopf bewegt, wie z. B. die Aufhebung der Standesunterschiede. Interessanter in unserem Zusammenhang bleibt freilich sein Angriff auf die Institution der weltlichen Jurispridenz, den der Autor in der zweiten Fassung des Stückes von 1663 eingefügt hat.

> Fairf. Wie aber wenn uns Recht und Prister widerspricht?
> Du sihst/sie scheuen nichts/wie hefftig wir auch schrecken
> Mit Kercker/Band und Noth/ihr Murren zu entdecken.
> Pet. Der Feldherr glaub es fest/es wird nicht besser stehn;
> Biß rechtsgelehrter Nam und Stand wird untergehn.
> Wir haben Krafft des Sigs/macht Satzungen zu stifften;
> Drumb weg mit dem was stets fußt auf verfaulte Schrifften! (IV, 100)

Die Jurisprudenz, entscheidende Stütze des frühmodernen Staats, wird hier ex negativo vom Autor zur Garantie-Instanz einer religiös fundierten Rechtspflege avanciert, und zwar offensichtlich doch nicht mit Blick auf ihre prudentistischen Fähigkeiten, sondern auf ihre wissenschaftliche Methode der Quellenauslegung, die möglicherweise sogar als ein Analogon zum lutherischen Garantie-Prinzip der Schriftauslegung gesehen wird.

Die durchaus nicht unproblematische Gedankenführung macht deutlich, von welchen neuen Notwendigkeiten Gryphs Denken in den Jahren seiner praktischen Juristentätigkeit geleitet wurde. So nimmt es nicht Wunder, daß ihn in seinem letzten politischen Drama auch nicht mehr die eschatologische Bewährung des Fürsten beschäftigte, sondern die Bewährung des beamteten Rechtsgelehrten vor der Heiligkeit des Gesetzes. Zu diesem Zweck bedient er sich eines Kunstgriffs, der ihn von der komplizierten protestantischen Gesetzes-Evangeliums-Dialektik entlastet. Er siedelt die Handlung seines Stückes außerhalb der christlichen Geschichtswelt an, und zwar im heidnischen Rom der Kaiserzeit, also jener Phase der Antike, die dem politischen Schrifttum der Zeit als wichtigstes Paradigma der eigenen Epoche galt. Trotzdem ist Gryphius weit davon entfernt, sich auf eine rein säkulare Rechts- und Herrschaftsproblematik einzulassen. Im Gegenteil. Gerade am Beispiel heidnischer Herrschaft kann er demonstrieren, daß über dem absoluten Staatsinteresse, der baren Macht, ein summum bonum walten muß, das sie legitimiert. Daß es sich dabei im konkreten Fall um eine Art Naturrechtsidee handelt, korrespondiert weitgehend mit der lutherischen Auffassung, daß Gesetz bzw. Recht im Sinn einer Lebensordnung ermöglichenden Naturoffenbarung immer auch schon vor und außerhalb von Schrift und Christentum gegeben ist. Dementsprechend beruft sich Gryphs römischer Rechtsgelehrter Papinian – im übrigen d i e große Beispielfigur der frühneuzeitlichen Rechtsdiskussion[25] – auf die „Götter ewig Recht", das „Völcker Recht" und das „heil'ge Recht" (IV, 214 u. ö.), also eine verbürgte Rechtsidee, die ins menschliche Gewissen eingeschrieben sei.

Gryphius erhebt also gleichsam aus einem christlichen Berufsverständnis heraus Widerspruch gegen die Tendenzen des zeitgenössischen Absolutismus, sich einer reinen Logik der Macht zu verschreiben und transzendente Rechtfertigungen entweder auszuklammern oder aber rein rhetorisch einzusetzen. Weltliche Macht muß für Gryphius, zumindest idealiter, immer im Dienst, oder anders ausgedrückt: im „Amt" stehen. Erst der Amtscharakter der Herrschaft (in der christlichen Offenbarung durch Röm. 13,1 belegt: „wo aber Obrigkeit ist, die ist von Gott verordnet") rechtfertigt das Prinzip ihrer Unantastbarkeit, verwehrt ihrem Repräsentanten aber auch, sich über das begründende summum bonum hinwegzusetzen und seine Machtvollkommenheit selbstherrlich zu verantworten, etwa indem er das Gewissen seiner Untertanen zwingt oder gar andere Fürsten stürzt.

Das alles ist, auf die römische Antike übertragen, ein wenig erzwungen, aber sei's drum – der Geist des Stückes ist nun einmal kryptochristlich.[26] Gryphius ging es mit seiner Verpflanzung in die heidnische Antike ja auch gar nicht darum, der Gegenwart zu entkommen, sondern umgekehrt, sich ihr möglichst frei und kritisch nähern zu können. Dabei muß man nicht gleich an eine verschlüsselte Auseinandersetzung mit Thomas Hobbes und seinem *Leviathan* von 1651, den er möglicherweise gar nicht gekannt hat, denken. Die Details weisen eher auf seine langjährigen Berufserfahrungen mit dem konkreten „christlichen" Absolutismus im eigenen Lande hin, auf seinen juristischen Kampf um vertragliche und fundamentale Rechtsansprüche gegen eine rechtsbeugende und gewissenspressende summa potestas, den andersgläubigen Kaiser, der mit seiner Gegenreformations- und territorialen Arrondierungspolitik das Nachkriegselend im damaligen Schlesien verantwortete. Nicht ohne tieferen Grund fordert deshalb Gryphius-Papinian Glaubensfreiheit für die Christen Roms, mehr Achtung der Rechtstraditionen und eine gewaltfreie Prozeßführung, nicht umsonst geißelt er so nachdrücklich die ‚Staatssucht' (Staatsräson), den fürstlichen Bruderkrieg und den Machtdschungel dynastischer Verwandtschaftsbeziehungen. Doch das sind gleichsam nur die Externa seiner Zeitkritik. Es gibt auch einen Aspekt von sehr viel grundsätzlicherem Anspruch, der uns auf den schon angeschnittenen Amtsbegriff zurückbringt.

Werfen wir einen Blick auf die Personenkonstellation des Stückes. Auf der einen Seite finden wir (fast allein) Papinian, den Juristen und ersten Minister, einen Großen im Reich, ja den Größten – wie ausdrücklich versichert wird – nach der kaiserlichen Familie, mit der er ja sogar verschwägert ist. Da er zudem als herrschaftsfähig gilt, scheint der Unterschied zur anderen Seite, der Kaiserfamilie, bestehend aus Kaisermutter und zwei Söhnen, nebst ihren politischen Beratern, gar nicht so groß. Er liegt zunächst in der Mentalität. Während Papinian sich zu jedem Zeitpunkt machtskeptisch, ja machtfeindlich verhält, ist auf der Gegenseite, obwohl die Verhältnisse eigentlich geklärt sein sollten (beide Brüder sind durch Testamentsverfügung legitime Kaiser), ein gnadenloser Machtkampf im Gange. Also die in Stücken solcher Art geläufige Konfrontation von politisch Gut und Böse? Nicht ganz. Es tritt nämlich Wesentliches hinzu. Zunächst die Tatsache, daß Papinian ein Abhängiger ist, ein beamteter Rat des Kaiserhauses. Kaiser Severus, der Vater, hat ihn in sein Amt eingesetzt, die beiden Söhne haben ihn bestätigt, er ihnen Treue geschworen. Und noch wesentlicher: daß er dieses Amt nicht allein höfischer Gunst oder seiner persönlichen Integrität, sondern auch seiner juristischen Kompetenz, seinem Wissen verdankt. Dieser Zug wird von Gryphius sorgfältig herausgearbeitet. Papinian spricht nie als bloßer Moralist, sondern immer auch als fachlich, d. h. theoretisch und praktisch Zuständiger, was die Gegenseite gelegentlich nur noch mit hilflosem Zorn quittieren kann. Bassian:

> Von hir! wir können selbst mit uns zu Rathe gehn.
> Weil Räth' in Ihrem Wahn nur gar zu vil verstehn. (IV, 227)

Daß dieser Sachverstand sich auch und besonders auf Rechtsmetaphysisches erstreckt, liegt auf der Hand. So ist sich Papinian völlig im klaren darüber, daß nicht schon der Brudermord Anlaß sein darf, dem Kaiser die Amtsloyalität aufzusagen. Das Wesen einer lutherisch begründeten Souveränität wird ja nicht dadurch negiert, daß sich der Fürst als fehlbar erweist, auch nicht durch die verwerflichen Mittel, die er einsetzt, seinen Status zu sichern, wie Prachtentfaltung, Unnahbarkeit, Intrige, Gewalt und sogar Mord, sondern erst durch die Leugnung des eigenen Angewiesenseins auf ein legitimierendes Prinzip[27], die schon erwähnte Kardinalsünde der Selbstrechtfertigung. Diese aber ist gegeben, als Bassian glaubt, über das Recht und zugleich das Gewissen seines Dieners zur eigenen Reinwaschung frei verfügen zu können. Hätte er nach seiner Tat Reue gezeigt, Papinian hätte ihm seine Hilfe nicht verweigern können (IV, 213, 225). Doch nun, da das Fundament zu brechen droht, muß er sich ihm versagen. Während Bassian in die bare Tyrannei abgleitet, geht Papinian den Weg ins Martyrium, die Heiligkeit des Rechts bezeugend.

Papinian handelt also nicht nur aus moralischer Überzeugung, sondern auch aus intellektueller. Selbst seine Gegner müssen das bewundernd anerkennen. „Gewissen / grosser Mann! und Wissen spricht vor dich." (IV, 1) Von beidem gibt es auf der anderen Seite nur Bruchstücke. So scheinen Kaiser Bassian die naturrechtlichen (eigentlich: christlichen) Grundsätze seiner Herrschaft zwar vertraut, doch auf so äußerliche Weise, daß es ein Leichtes ist, sie ihm auszureden. Ähnlich verhält es sich mit der Kaisermutter Julia. Eine Sonderstellung nimmt Laetus, der böse Einflüsterer Bassians ein, den wir uns wie Papinian wohl als iurisconsultus vorzustellen haben und der diesem an Intellektualität kaum nachsteht, wohl aber an moralischer Dignität. Als kühler Dezisionist verfügt er durchaus über eine Vorstellung von politischer Moral und ihrer Notwendigkeit für das Gemeinwesen, doch hat er das machiavellistische Machtkalkül als das für ihn selbst nützlichere Prinzip erkannt. Damit avanciert er, als der Täter mit dem höchsten Bewußtseinsgrad, neben den gemischten Charakteren Bassian und Julia zum eigentlichen Bösewicht des Stückes und zugleich zum eigentlichen Widerpart Papinians.

Gryphs Abbildung des absolutistischen Paradoxes, daß die zum „sterblichen Gott" stilisierte Institution des Staates durch keineswegs göttliche Individuen repräsentiert und perpetuiert werden muß, wird durch diese Kontrastierung zu einer unerwartet kritischen Denkfigur, einer Denkfigur, die im Kern auf die Frage nach dem Verhältnis von Repräsentation und Verantwortung im absoluten Staat hinausläuft. Der Gedanke ist ebenso einleuchtend wie konkret: Wenn der absolute Fürst, in der Regel politischer, juristischer und theologischer Laie, eben dadurch verstärkt gefährdet erscheinen muß, die religiöse oder naturrechtliche Legitimation seiner provozierenden Machtfülle zu verkennen, dann muß der Instanz, die diesen theoretisch einkalkulierten Mangel durchschaut, eine erhöhte Verantwortung zukommen. Diese Instanz ist natürlich die neue Kaste der politisch gebildeten Juristen, gelegentlich auch Theologen. Denn das ist ja ein entscheidender historisch-pragmatischer Aspekt des absolutistischen Paradoxes: daß im souveränen Staat, der bekanntlich ein Gesetzes- und Ministerregiment ganz neuen Ausmaßes führt, unfachmännische absolute Repräsentanz und abhängige Fachkompetenz sich als ein funktionales Ganzes zu erweisen haben. Ein, wie man weiß, problematisches Ensemble. Zwar gibt es natürlich auch die Vorstellung vom integren und politisch begabten Fürsten (in der Literatur ist dafür vor allem der Roman zuständig), aber grundsätzlich ist im absolutistischen System, das Trauerspiel wird nicht müde, das zu zeigen, ein dialektisches Gegenüber von Affekt (der Machtwille, die Ruhmbegierde, die Wollust, aber auch die Religiosität des Fürsten) und Rationalität (die theoretische und empirische Kompetenz der Beamten) einkalkuliert. Ja, um das Paradox noch einen Schritt weiterzuführen, wird man sagen können, daß, wo die schlechte Normalität des Souveräns (der dem Bild der Zeit vom unbeständigen und begehrlichen „Pövel" so merkwürdig verwandt erscheinen kann) eingeplant ist, die volle Wucht der Verantwortung auf die beamtete Fachkompetenz zurückfallen muß, die juristische Intelligenz, die die Souveränitätstheorie ja auch entwickelt hat. So gesehen kündet das *Papinian*-Drama von nichts Geringerem als der Einsicht, daß sich das Problem der Machtverantwortung virtuell nicht mehr auf der höchsten, der Repräsentationsebene entscheidet, sondern auf der der Fachleute und Beamten, genauer: ihrer Amts- und Wissensethik. Eine Einsicht von größter historischer Konsequenz, gerade im deutschen Geschichtskontext. Beinhaltet sie doch den Grundsatz, daß höheres Wissen mit höherer Verantwortung erkauft und ein Amt, zumal ein politisches, durch seine Idee, nicht das bloße Loyalitätsgebot definiert sein muß. Gryphius trifft damit einen neuralgischen Punkt, gewissermaßen die „Physiker-Frage" seiner Zeit und beantwortet sie mit dem Postulat einer ethischen Verweigerungspflicht für die Amts- und Wissensträger. Ob man, wie jüngst H. Steinhagen[28], den Gedanken weiterspielen und auch das Recht auf aktiven Widerstand als eine dann gleichsam nicht genutzte Logik im Drama angelegt sehen kann, sei dahingestellt. Seine gedankenreiche Analyse, die sich dem Sachverhalt nicht aus institutionen- und wissensgeschichtlicher (wie hier), sondern ideologie- und subjektivitätsgeschichtlicher Perspektive nähert und deren Diskussion noch weitgehend aussteht, überfordert damit vermutlich ihren geschichtlichen Gegenstand. Der Schritt zum Monarchomachen dürfte Gryphius zwar nicht von seinem Geschichtserleben, wohl aber von den Grundlagen seines theologischen und politologischen Wissens her versperrt gewesen sein. Ja es liegt eher die Vermutung nahe, er könnte schon die Diskussion um den ‚trahison des clercs' als theologische Grenzüberschreitung empfunden haben.

Denn der *Papinian* ist zwar das letzte Stück, nicht aber das letzte Wort Gryphs im politisch-dramatischen Genre. 1660 machte er sich an die Neufassung seines *Carolus Stuardus* von 1649, und zwar so, als gälte es, das *Papinian*-Experiment der Interessenverlagerung vom Fürsten auf den Staatsdiener, von der Heilsfrage auf die Gesetzesfrage, zu korrigieren. Das alte Thema also wieder, doch in entschieden religiöser Zuspitzung. Das findet seinen Ausdruck darin, daß die vereinzelten christologischen Züge, mit denen der Dichter schon früher seine untergehenden Fürsten ausgestattet hatte, sich nun zu einem geradezu provozierend genauen Nachvollzug der Passion Christi in der Person Karls verdichten, – und das, obwohl Lebensgang und Regiment des englischen Königs durchaus als sündhaft erkannt sind.

Das Ungewöhnliche, fast Befremdliche dieses Sachverhalts hat seinen Vorlauf in der Figur des Leo Armenius, dem, einem Tyrannen und Machtverblendeten bis an die Schwelle des Todes, ebenfalls schon ein heiliges Ende zugestanden war. Er stürzt sterbend, von den Waffen der Gegner stigmatisiert, auf die Kreuzesreliquie nieder, so daß sich sein Blut mit dem des Erlösers vermischt. Zur komplexen Sinndeutung dieses allegorischen Verfahrens hat A. Schöne in einer bekanntgewordenen Studie über den *Carolus Stuardus* das Wesentliche gesagt.[29] Es muß hier nicht wiederholt werden. Doch scheint ein Gedanke ergänzenswert, der die historische Pragmatik des Sachverhalts betrifft. Gryphs erneute Bemühungen um das *Carolus*-Drama wirken zunächst, unabhängig vom leicht erkennbaren aktuellen Anlaß, wie eine Wiedergutmachung an der Institution des christlichen Fürsten. Im *Papinian* hatte der Monarch ja nur noch eine Chargenrolle inne; die Würde der Person, die Heiligkeit des Amts und die politische Kompetenz waren allein in der Figur des Rats, des hohen Beamten gegenwärtig. Eine Umkehrfigur, wie wir gesehen haben, von faszinierender innerer Dialektik, vor deren Konsequenzen Gryphius eher zurückgeschreckt sein dürfte. Doch seine Antwort darauf (wenn es eine Antwort ist), nämlich den christlichen Fürsten zum Figuralzeugen der Heilswahrheit schlechthin zu erheben, vermag an diesen Konsequenzen nichts zu ändern. Im Gegenteil, sie treibt sie nur deutlicher hervor, indem sie eine wichtige qualitative Differenz sichtbar werden läßt. Während nämlich der Rechtsgelehrte Papinian in musterhafter Erfüllung seines weltlichen Amtes erscheinen darf, erleben wir Gryphs Könige nie als Beispiele vorbildlicher Amtsführung, – entweder weil sie schon von allem Anfang an als gestürzte auftreten (Catharina, Carolus) oder weil sie eben keine musterhaften Regenten waren (Leo, Carolus).[31] Diese prinzipielle Ausblendung, denn als solche müssen wir sie sehen, läßt zwei Folgerungen zu: einmal, daß Gryphius der Möglichkeit idealer Herrschaft skeptisch gegenübersteht und deshalb das Faktum wenn schon nicht leugnet, so doch ihm ausweicht. Das aber liefe auf eine Bestätigung der *Papinian*-Problematik hinaus: der reale Garant des Ideals ist für Gryphius nicht der Fürst, sondern der Intellektuelle in der Amtsverantwortung. Die zweite betrifft die Funktion seiner fürstlichen Untergänge und damit die spezifische Auslegung seines Gottesgnadentum-Begriffs. Wenn Gryphius nämlich bevorzugt den fürstlichen Sünder ins Martyrium führt, ihm die Kraft verleiht, dieses sein Kreuz anzunehmen (und sei es erst mit dem letzten

Atemzug), um ihn schließlich als Figuration des Schmerzensmannes zu präsentieren, so kann dies nur den Sinn haben, den Status einer erhöhten, ja höchsten Gnadenfähigkeit zu bezeugen, einer Gnadenfähigkeit, die doch offensichtlich mit der Institution, die die Betroffenen repräsentieren, verbunden ist, der gottgewollten Institution weltlicher Macht. Da aber durch die Erlösungstat der sündige Mensch schlechthin gnadenfähig geworden ist, werden der Fürst und die Sphäre der Macht auch zum Exempelfall christlicher Diesseitsbefindlichkeit schlechthin. Was ihn vom Normalfall unterscheidet, ist seine gesteigerte Evidenz in allen Aspekten. So wie der Fürst der weltverfallenste der Menschen ist und, da er am tiefsten fallen kann, auch den Unbestand dieser Welt am augenfälligsten erfährt, so ist auch die Sphäre der Macht die gottverlassenste, in die – im Moment ihres Zusammenbruchs – dann die Gnade, das Wort des Evangeliums um so unerwarteter, um so machtvoller einbricht. Der Hof als Paradigma christlichen Welterlebens, als exemplarische Schaubühne des menschlichen Erlösungsdramas, – das ist oft gesehen worden, das haben auch andere Dichter der Zeit so ins Bild gesetzt, wenn auch in der Regel nicht in der gleichen reduktionistischen Zuspitzung wie bei Gryphius. Denn bei ihm ist die oft zitierte „Hofschul" eine „Weltschul" nur, insofern sie „Glaubensschul" ist. Die Glaubensschule ist aber aus lutherischer Sicht notwendig eine des diesseitigen Leids, so daß die Frage nach dem „guten" weltlichen Regiment paradoxerweise obsolet, ja für den lutherischen Melancholiker geradezu als ein Störfaktor erscheinen kann. Gryphs Weltkonzept bleibt somit, genau wie sein Dichtungskonzept, eines der Obsession, einer Obsession, die vielleicht als die Tragödie des radikalen Protestantismus umschrieben werden kann. Der einzig dynamische Punkt in der Statistik dieses Modells scheint Stellung und Funktion derer, die seine Regeln erklären und überwachen, die seinen Bildfundus sammeln und deuten und den geordneten Ton der Klage bestimmen. Doch das wäre ein neues Thema.

Anmerkungen

Text

Andreas Gryphius: Gesamtausgabe der deutschsprachigen Werke. Hrsg. von Marian Szyrocki und Hugh Powell. Bd. I-VIII, Tübingen 1963-72. (Nach dieser Ausgabe alle Zitate.)

Bibliographie

Karl-Heinz Habersetzer: Auswahlbibliographie zu Andreas Gryphius. In: Text und Kritik 7/8 (1980²), S. 112-130.

Biographie, Gesamtdarstellungen

Marian Szyrocki: Der junge Gryphius. Berlin 1959.
Marian Szyrocki: Andreas Gryphius. Sein Leben und Werk. Tübingen 1964.
Willi Flemming: Andreas Gryphius. Eine Monographie. Stuttgart 1965.
Eberhard Mannack: Andreas Gryphius. Stuttgart 1968.

Allgemeines

Friedrich-Wilhelm Wentzlaff-Eggebert: Dichtung und Sprache des jungen Gryphius. Die Überwindung der lateinischen Tradition und die Entwicklung zum deutschen Stil. Berlin 1936, ²1966.
Paul Böckmann: Offenbarungshaltung und Elegantiaideal in der Dichtung des Gryphius. In: P. B.: Formgeschichte der deutschen Dichtung. Bd. 1., Hamburg 1949.
Hugh Powell: Andreas Gryphius and the ‚New Philosophy'. In: German Life and Letters 5, 1951/52.
Max Wehrli: Andreas Gryphius und die Dichtung der Jesuiten. In: Stimmen der Zeit 90, 1964/65.
Gerhard Fricke: Die Bildlichkeit in der Dichtung des Andreas Gryphius. Materialien und Studien zum Formproblem des deutschen Literaturbarock. Darmstadt 1967 (zuerst 1933).
Hans-Jürgen Schings: Die patristische und stoische Tradition bei Andreas Gryphius. Untersuchungen zu den Dissertationes Funebres und Trauerspielen. Köln 1966.
Peter Rühl: Lipsius und Gryphius. Ein Vergleich. Phil. Diss., Berlin 1967.
Wilhelm Voßkamp: Untersuchungen zur Zeit- und Geschichtsauffassung im 17. Jahrhundert bei Gryphius und Lohenstein. Bonn 1967.
Peter Rusterholz: Theatrum vitae humanae. Funktion und Bedeutungswandel eines poetischen Bildes. Studien zu den Dichtungen von Andreas Gryphius, Christian Hofmann von Hofmannswaldau und Daniel Casper von Lohenstein. Berlin 1970.
Friedrich-Wilhelm Wentzlaff-Eggebert: Der triumphierende und der besiegte Tod in der Wort- und Bildkunst des Barock. Berlin, New York 1975.
Xaver Stalder: Formen des barocken Stoizismus. Der Einfluß der Stoa auf die deutsche Barockdichtung – Martin Opitz, Andreas Gryphius und Catharina Regina von Greiffenberg. Bonn 1976.
Friedrich Gaede: Poetik und Logik. Zu den Grundlagen der literarischen Entwicklung im 17. und 18. Jh. Bern 1978.

Lyrik

Victor Manheimer: Die Lyrik des Andreas Gryphius. Studien und Materialien. Berlin 1904.
Erich Trunz: Fünf Sonette des Andreas Gryphius, Versuch einer Auslegung. In: Vom Geist der Dichtung. Gedächtnisschrift für Robert Petsch. Hrsg. von F. Martini. Hamburg 1949.

Karl Otto Conrady: Lateinische Dichtungstradition und deutsche Lyrik des 17. Jahrhunderts. Bonn 1962.

Dietrich Walter Jöns: Das ‚Sinnen-Bild'. Studien zur allegorischen Bildlichkeit bei Andreas Gryphius. Stuttgart 1966.

Marvin Schindler: The Sonnets of Andreas Gryphius. Use of the poetic word in the seventeenth century. Gainesvill, Florida 1971.

Hans-Henrik Krummacher: Der junge Gryphius und die Tradition. Studien zu den Perikopensonetten und Passionsliedern. München 1976.

Wolfram Mauser: Dichtung, Religion und Gesellschaft im 17. Jahrhundert. Die Sonette des Andreas Gryphius. München 1976.

Drama

Willi Flemming: Andreas Gryphius und die Bühne. Halle 1921.

Walter Benjamin: Ursprung des deutschen Trauerspiels. Frankfurt a. M. 1963 (zuerst 1928).

Heinrich Hildebrandt: Die Staatsauffassung der schlesischen Barockdramatiker im Rahmen ihrer Zeit. Rostock 1939.

Erik Lunding: Das schlesische Kunstdrama. København 1940.

Erika Geisenhof: Die Darstellung der Leidenschaften in den Trauerspielen des Andreas Gryphius. Diss. (masch.). Heidelberg 1958.

Peter Szondi: Andreas Gryphius. Leo Armenius. In: P. S.: Versuch über das Tragische. Frankfurt 1961.

Eberhard Mannack: Andreas Gryphius' Lustspiele – ihre Herkunft, ihre Motive und ihre Entwicklung. In: Euphorion 58, 1964.

Walter Hinck: Das deutsche Lustspiel des 17. und 18. Jahrhunderts und die italienische Komödie. Stuttgart 1965.

Dieter Nörr: Papinian und Gryphius. Zum Nachleben Papinians. In: Zeitschrift der Savigny-Stiftung für Rechtsgeschichte. Romanistische Abteilung, 83, 1966.

Werner Eggers: Wirklichkeit und Wahrheit im Trauerspiel von Andreas Gryphius. Heidelberg 1967.

Albrecht Schöne, Emblematik und Drama im Zeitalter des Barock. München ²1968 (1964).

Gerhard Kaiser (Hrsg.): Die Dramen des Andreas Gryphius. Eine Sammlung von Einzelinterpretationen. Stuttgart 1968 (Der Band enthält Interpretationen sämtlicher Dramen und Dramenübersetzungen. Autoren: D. W. Jöns, G. Kaiser, H. Plard, H.-J. Schings, A. Schöne, J. Schulze, H. Turk).

Gustav Klemens Schmelzeisen: Staatsrechtliches in den Trauerspielen des Andreas Gryphius. In: Archiv für Kulturgeschichte 53, 1971.

Elida Maria Szarota: Geschichte, Politik und Gesellschaft im Drama des 17. Jahrhunderts. Bern 1976.

Harald Steinhagen: Wirklichkeit und Handeln im barocken Drama. Historisch-ästhetische Studien zum Trauerspiel des Andreas Gryphius. Tübingen 1977.

Klaus Reichelt: Politica dramatica. Die Trauerspiele des Andreas Gryphius. In: Text + Kritik 7/8, Andreas Gryphius, 2. Aufl. 1980.

Nachweise

[1] Vgl. Literarischer Sansculottismus. In: Goethes Werke, Hamburger Ausgabe, hrsg. von E. Trunz, Bd. XII, S. 239 ff.

[2] Zum Lebenslauf des Dichters liegen drei historische Zeugnisse von Belang vor: 1. Baltzer Siegmund von Stosch, Danck- und Denck-Seule des Andreae Gryphii, 1665. 2. M. Johannes Theodor Leubscher, Andreas Gryphius, 1702 (lat.). 3. Christian Stieff, Andreae Gryphii Lebens-Lauff, 1737. Alle drei abgedruckt in: Text + Kritik 7/8 (Andreas Gryphius) ²1980. – Wissenschaftliche Literatur: Manheimer, 1904; Szyrocki 1959 und 1964; Flemming 1965; Mannack 1968.

[3] Heinz Schöffler, Deutsches Geistesleben zwischen Reformation und Aufklärung. Von Martin Opitz zu Christian Wolff, Frankfurt a. M. 1974³ (1940), S. 30 ff.

[4] v. Stosch, a. a. O., S. 6.

[5] Überarbeitete und erweiterte Ausgabe der sog. Lissaer Sonette von 1637.

[6] Alle Textnachweise zu Gryphius (in Klammer) beziehen sich auf: Andreas Gryphius, Gesamtausgabe der deutschsprachigen Werke, hrsg. von Marian Szyrocki und Hugh Powell, Tübingen 1963 ff. (Band- und Seitenzahl).

[7] Benjamin, 1963, S. 149 ff.

[8] Vgl. Ferdinand van Ingen, Vanitas und Memento mori in der deutschen Barocklyrik, Groningen 1966.

[9] Vgl. Dieter Breuer, Oberdeutsche Literatur 1565-1650. Deutsche Literaturgeschichte und Territorialgeschichte in frühabsolutistischer Zeit, München 1979.

[10] Gaede, 1978, S. 63 ff.

[11] Böckmann, 1949, S. 416 ff.

[12] Wentzlaff-Eggebert, 1966.

[13] Vgl. Conrad Wiedemann, Heroisch – schäferlich – geistlich. Zu einem möglichen Systemzusammenhang barocker Rollenhaltung. In: Schäferdichtung, hrsg. von Wilhelm Voßkamp, Hamburg 1977.

[14] Hauptschrift dieser Bewegung: Justus Lipsius, De Constantia, 1584. Deutsch: Von der Beständigkeit, 1599. Nachdruck: Stuttgart 1965, hrsg. von Leonhard Forster. – Einführend: Gerhard Oestreich, Geist und Gestalt des frühmodernen Staates, Berlin 1969 (mehrere Aufsätze zum Thema). – Zur Anthropologie und Affektenlehre der Zeit: Erich Rotermund, Der Affekt als literarischer Gegenstand. Zur Theorie und Darstellung der Passiones im 17. Jahrhundert. In: Die nicht mehr schönen Künste. Grenzphänomene des Ästhetischen. Hrsg. von H. R. Jauß, München 1968.

[15] Martin Opitz, Geistliche Poemata. 1638. Hrsg. von Erich Trunz (Deutsche Neudrucke, Barock 1), Tübingen 1975, S. 367.

[16] Vgl. Steinhagen, 1977, S. 261.

[17] Gaede, 1978, S. 67.

[18] Vgl. Krummacher, 1976, S. 393 ff. (Zur Poetik der geistlichen Dichtung im 17. Jahrhundert. Sermo humilis).

[19] Schöne, 1964, S. 156 ff.

[20] Alle drei Beiträge in: Kaiser, 1968.

[21] Gerhard Kaiser, Leo Armenius, Oder Fürsten-Mord. In: Kaiser, 1968, S. 12.

[22] Ebd., S. 13.

[23] H.-J. Schings, Catharina von Georgien. Oder Bewehrete Beständigkeit. In: Kaiser, 1968.

[24] RGG, Bd. 3, ³1960, Sp. 506 ff.

[25] Wilhelm Kühlmann, Der Fall Papinian. Ein Konfliktmodell absolutistischer Politik im akademischen Schrifttum des 16. u. 17. Jhs. (Manuskript).

[26] Vgl. H.-J. Schings, Großmüttiger Rechts-Gelehrter/ Oder Sterbender: Aemilius Paulus Papinianus. In: Kaiser, 1968.

[27] Vgl. Gerhard Ebeling, Luther, Tübingen [4]1964 (1964), S. 153.

[28] Steinhagen, 1977, S. 240 ff.

[29] Albrecht Schöne, Ermordete Majestät. Oder Carolus Stuardus König von Groß Britannien. In: Kaiser, 1968.

Franz Heiduk

CHRISTIAN HOFFMANN VON HOFFMANNSWALDAU

Christian Hoffmann von Hoffmannswaldau, von seinen Zeitgenossen viel bewunderter, von späteren Generationen viel geschmähter Ratsherr und Poet in Breslau, übersandte im Jahre 1659, zu Beginn des Oktobers, dem angehenden Jurastudenten Johann Burkhart (V.) von Löwenburg, dem Sohn eines sehr eng befreundeten Kollegen im Rat, eine Anleitung fürs Studium, ein einzigartiges Zeugnis für die Verschmelzung profunder Gelehrsamkeit mit politischer Praxis. Eine gedruckte Fassung erschien im Jahre 1700 unter dem Titel *De curriculo studiorum vitae civili profuturorum . . .*, vermehrt um eine Einleitung, Ergänzungen und einen Kommentar.[1] Der anonyme Herausgeber, Magister Samuel Grosser, Rektor des Gymnasiums in Görlitz, erklärte in seiner Einleitung, es werde dem „unvergleichlichen Ruhm des erlauchten Herrn Hoffmann von Hoffmannswaldau" nichts entzogen, wenn dieser Essay in Brieffform veröffentlicht werde, obwohl er nur für einen bestimmten jungen Mann geschrieben worden sei; denn jeder genauere Leser werde sofort bemerken:

alle Hinweise und Gedanken, die er in diesem Brief geäußert hat, können zu denen gerechnet werden, die Greise billigen, Männer in der Vollkraft ihres Lebens bestaunen und ihren Söhnen einprägen, junge Männer aber . . . begierig zur Kenntnis nehmen und befolgen müssen.[2]

Es gäbe doch eine Verpflichtung aus Liebe zum Nächsten, den Altersgenossen zu helfen, die zarte Jugend aber durch gute Ratschläge fürs Leben zu kräftigen und zu veredeln. Vor allem einem Ratsherrn oder dem Ratspräses sollte es ein Herzensanliegen sein, sich auf solche Weise um die Jugend, den vaterländischen Nachwuchs, zu bemühen. Die Studienanleitung sei für jeden Kenner so überaus wertvoll, weil darin jede Art von Wissenschaft mit einmaliger Gründlichkeit behandelt werde, die Frömmigkeit nach dem Willen des Verfassers „sozusagen nicht nur der Bug, sondern auch das Heck allen Studierens sei"[3] und die Bescheidenheit, die Höflichkeit sowie das Geschick, mit anderen in aller Ungezwungenheit zu verkehren, die Lebensführung kennzeichneten. Mit seiner Fülle von dargebotenen Bildungsgrundsätzen sei somit der Essay keineswegs veraltet, sondern verdientermaßen aus Moder und Mottenfraß ans Licht gezogen, zumal erst vor kurzem andere Werke dieses Mannes, „die allerdings zur Unterhaltung niedergeschrieben wurden", veröffentlicht worden sind.[4]

Es bleibt Grosser, dem angesehenen Gelehrten, das unbestreitbare Verdienst, den allgemeinen Wert der Studienanleitung erkannt und sie kommentiert herausgegeben zu haben. Alle seine Argumente für sein Vorgehen überzeugen; seine Charakteristik der Schrift trifft durchwegs zu. Die Observationes, die er zur Ausgabe beisteuerte, bleiben wertvoll, obwohl sie, infolge zu reicher Literaturhinweise, den Text zu überwuchern drohen. Unübersehbar ist der Hang Grossers zur Pedanterie, während im Gegensatz dazu der Ratsherr entschieden auf das Wesentliche, Unumgängliche und für die Praxis Nützliche drängt. Der außerordentliche, ja einzigartige Wert dieser Veröffentlichung besteht darin, daß Hoffmannswaldau zugleich mit seinen Ratschlägen, die er an den Sohn eines seiner engsten Freunde richtet, ein ungemein eindrucksvolles Bild von seiner eigenen Persönlichkeit und von seiner Lebensführung bietet, gewissermaßen ein Selbstporträt, das überdies den Vorzug hat, aus der Hochzeit seines Lebens und vielfältigen Wirkens zu stammen. Dies Selbstporträt bestätigt nicht nur jenes Bild von seinem Leben, das Daniel Casper von Lohenstein in seiner Lobrede auf den verstorbenen Freund entwarf, sondern ergänzt und vertieft es in vielen Zügen.[5] Die Authentizität der Selbstdarstellung verbürgen Hoffmannswaldaus eigene Worte.

Die Gedanken, die der Ratsherr und Dichter in liebevoller Zuneigung vorträgt, wenden sich nicht nur an den Verstand, sondern auch an das Herz. Sie sollen die Offenheit des Geistes erkennen lassen, der „frei von jeder Schminke" ist und dem nur das als schön erscheint, „was natürlicher Anmut erwächst". Deshalb und auch aus Mangel an Zeit bemüht sich Hoffmannswaldau nicht um eine systematische Anordnung. Er folgt vielmehr seiner Gewohnheit, das zu erörtern, was ihm gerade an- und einfällt. Das kann nicht darüber hinwegtäuschen, daß er es als unerläßlich für den ansieht, der Ansehen erringen will, sich umfassende Kenntnisse anzueignen, ohne sich freilich in nebensächlichen Einzelheiten zu verlieren.

Es ist Hoffmannswaldaus stärkster Wunsch, der Student möge sich einer ernsten Gottesverehrung widmen, das entsprechende Wissen sich aneignen und in die Praxis umsetzen. Frömmigkeit ist die Grundtugend. Wenn sie fehlt, „verdienen die übrigen Tugenden nur als maskierte Laster bezeichnet zu werden". Die tägliche Lesung in der Bibel wird zur unabdingbaren Pflicht. Die Heilige Schrift bezeugt, daß Gott nicht nur den Menschen geschaffen hat, sondern alles. Um einen sicheren Standort in den konfessionellen Fragen zu gewinnen, empfiehlt der Ratgeber einige dogmatische Werke, erörtert einige Bücher zur religiösen Praxis und zur Kirchengeschichte, verlangt auch eine Orientierung in der nicht-christlichen Welt (Juden, Mohammedaner, Brahmanen). Er lehnt entschieden das Studium der Kampf- und Streitschriften ab, da solches Streiten zur Maßlosigkeit neigt. Einem Lutheraner stehen Anglo-Katholiken nahe, doch zählen auch die Reformierten zu den „Wiederherstellern der reinen Lehre".

Hoffmannswaldau bezeichnet das Studium der Rechtswissenschaften als zwar dornenvoll, aber wahrheitsgemäß als eine angenehme Leiter zu Ehren und Reichtum. Da er das Streben danach als selbstverständlich erachtet, empfiehlt er nur, das Studium ernsthaft zu betreiben, dabei aber auf das für den Beruf Nützliche und für das Leben Brauchbare einzugehen und so jeden überflüssigen Kram zu meiden, „von dem es in diesem Studium wimmelt". Die Rechtsdisputationen erweisen sich als das beste Mittel, die eigenen Sinne zu schärfen.

Für den Bereich der Medizin, Anatomie und Botanik genügt es, die Geschichte der Disziplinen zu kennen, dazu einige grundlegende Werke, um die unterschiedlichen Auffassungen und Lehren zu verstehen. Die Hilfswissenschaft der Grammatik wird nur erwähnt, weil sie dazu beiträgt, „originell, fehlerfrei und anschaulich zu sprechen und zu schreiben". Die eingehende Beschäftigung mit der lateinischen Sprache ist für einen Wissenschaftler selbstverständlich. Die ausgewählte tägliche Lektüre hat auf die Kunstmittel der Verknüpfungen zu achten, die Kraft und Bedeutung der Partikel, einzigartige Konstruktionen, den Aufbau langer Perioden, kurzum auf alles, worauf Hoffmannswaldau als Poet in seiner Muttersprache Wert legte. Es bedeutet keine geringe Hilfe, mit einem ausgewählten Freunde in der lateinischen Sprache „täglich zu scherzen, zu plaudern und sich über Dinge zu unterhalten, die sich eben bieten". Dabei gelegentlich in gelehrten Zirkeln um der Freude willen die eine oder andere Geschichte zu erzählen und in Kirchen Sätze des Predigers sozusagen „zwischen den Lippen ins Lateinische zu übersetzen". Ähnliche Grundsätze sind beim Schreiben von Briefen zu befolgen.

Der angehende Student soll sich tüchtig in der Poesie üben, aber freilich nur dann, wenn er zu ihr Neigung besitzt. Denn es ist besser, gar keine Verse zu schreiben als schlechte, namentlich in der gegenwärigen Zeit, in der fast alle Dichter sein wollen. Das Studium der Dichter, vor allem der antiken Autoren, soll Freude bereiten; wie von selbst führt es zu Kenntnissen über ihr Leben und Schicksal. Julius Cäsar Scaliger erleuchtet die Bahn mit seiner *Poetik*. Das Studium der Logik soll zu gedanklicher Disziplin verhelfen, unerfreulich, ja „lächerlich ist der Aberglaube, sich immer ängstlich um Definitionen zu bemühen und alles in Formeln einzuzwängen". Von den vier Abteilungen, in die Hoffmannswaldau die Rhetorik einteilt, in die für die Schule, für die Kirche, für den wissenschaftlichen Vortrag, für den Senat, empfiehlt er besonders nachdrücklich die zwei letzteren; auch hier heißt es ständig zu üben, auf Gestik und Aussprache zu achten. Indem Themen gewählt werden, die von Nutzen sein könnten, wird für die Zukunft gerüstet.

Mit scharfen Worten läßt er sich über die Metaphysik und die Lehre von den Geistern (Pneumatik) aus, da es sich um bloße Meinungen handelt. Um so mehr empfiehlt er das Studium der Physik, in welcher sich der Geist des Jahrhunderts kundtut, während im 16. Jahrhundert Textkritik und Philologie herrschten. Hoffmannswaldau nennt Campanella, Gassendi, F. M. van Helmont, Descartes und Th. Hobbes, schätzt aber über alles das System von Sperling. Beim Studium der Mathematik, Geometrie und Baukunst, militärischer wie ziviler, ist wiederum jedes Übermaß verderblich. Ein allgemeines Verständnis für die Ordnung der Gestirne und für die Optik reicht zu, intensiveres Studium verlangt die Geographie.

Ausführlich behandelt der Breslauer Ratsherr die Ethik. Er wünscht, der angehende Student eignete sie sich ganz an. Die Lehre von den Affekten sollte sorgfältig behandelt werden, außerdem lohne sich die Mühe, Seneca und die Moralia Plutarchs zu studieren. Gerade diese Wissenschaft verlangt eine ständige Anwendung auf das eigene Leben. Der spezifisch eigene Fehler ist zu erkennen und möglichst mit seinen Wurzeln auszurotten. Für die Fehler anderer muß man Verständnis zeigen, aber nie für die eigenen. Auf dem Gebiet der Staatslehre ist es notwendig, die Strukturen zu erfassen, sie dann durch Lektüre historischer Werke anzureichern. Die Geschichte sollte nicht nur Staatslehre sein, sondern alle Wissensgebiete einbeziehen. Als ein Standardwerk wird das Buch von Francis Bacon über die Fortschritte der Wissenschaften hervorgehoben, Werke zur Geschichte der Philosophie, Kirchengeschichte, politischen Geschichte und Universalgeschichte aufgeführt. Da Worte, zu Recht oder Unrecht, darüber ist nicht zu entscheiden, ebensoviel gelten wie Sachen, sind unbedingt fremde Sprachen zu studieren. Man sollte kein Land betreten, ohne daß man sich mit der Kenntnis von dessen Sprache einigermaßen vertraut gemacht hätte. Dies Studium sollte aber nicht zuviel beanspruchen, weil Sprache nicht Wissen ist. Aber eine der Fremdsprachen sollte ein Akademiker voll beherrschen.

Alle Ratschläge Hoffmannswaldaus gipfeln in der Polytropia, in der Kunst, die Herzen der Menschen für sich zu gewinnen, gibt es doch kein größeres Glück, als mit den Mitteln der Menschlichkeit und Milde Einfluß auf andere auszuüben.

Was der Ratsherr und Dichter hier lehrt, das hat er – nach den Aussagen aller Quellen – auch gelebt. Der Grund zu seinem Weltverstehen wurde im Elternhaus und in der Schule gelegt, erweitert und gefestigt in der Studienzeit, voll in seiner Tätigkeit als Rat der Stadt Breslau entfaltet.

Christian Hoffmann von Hoffmannswaldau, geboren am 25. Dezember 1616 in Breslau, entstammte einer streng lutherischen Familie, die „vaterländisch" (= schlesisch) und kaiserlich gesinnt war.[6] Der Vater des Dichters Johann Hoffmann (1575-1652), Sohn eines Geistlichen, wurde 1612 mit dem Prädikat „von Hoffmannswaldau" in den Adelsstand erhoben, rückte in die Spitze der Landesverwaltung auf – Sekretär der schlesischen Kammer – und erhielt 1622 den Titel eines Kaiserlichen Rats. Er heiratete dreimal. Die Mutter Christians, seines einzigen Kindes, war Anna Nagel; sie, die erste der Ehefrauen, starb schon 1621. Der Vater ehelichte noch zwei vermögende Witwen. Das Heiratsgut trug erheblich dazu bei, daß in der Landeshauptstadt ein glanzvolles Haus geführt werden konnte.

Der hochbegabte Junge besuchte das heimatliche Elisabetgymnasium, bereitete sich in Danzig, wo er vom August 1636 bis zum August 1638 weilte, sehr sorgfältig auf das Studium und die anschließende Studienreise vor: er lernte Italienisch, Französisch und Niederländisch am akademischen Gymnasium der Stadt.

Zur Poesie, der Rede in Versen, fühlte sich bereits das Kind außerordentlich hingezogen. Dem Jungen gefiel die „reine Schreibens-Arth" von Martin Opitz so, daß er aus dessen Werken Regeln für sich ableitete. Während der Zeit in Danzig, berichtet Hoffmannswaldau in der Vorrede zur Ausgabe seiner *Deutschen Übersetzungen und Getichte (= Gesamtvorrede)*, sei er fast täglich bei Opitz ein- und ausgegangen.[7]

Als Student der Rechtswissenschaften wurde Hoffmannswaldau am 9. Oktober 1638 an der Universität in Leiden, einem Zentrum der europäischen Wissenschaften, immatrikuliert. Er studierte wohl sein Fach, hörte aber auch Vorlesungen bei berühmten Philologen und Historikern, wanderte sogar, um andere Koryphäen kennenzulernen, nach Amsterdam. Die „peregrinatio academica", begonnen Ende November 1639, führte zunächst durch die Niederlande und nach England. Die Reisegesellschaft langte vor der Mitte 1640 in Paris an. Der junge Schlesier blieb hier ein halbes Jahr. Darauf reiste er über Lyon, Marseille, Genua und Pisa nach Siena, wo er sich am 1. Dezember 1640 in die Matrikel aufnehmen ließ. Hier verabschiedete sich Johann Friedrich Gronovius, der später als ein berühmter Philologe in Leiden lehren sollte.[8] Auf Wunsch des Vaters kehrte der Student über Rom, Florenz, Bologna, Ferrara, Venedig und Wien zurück. Nach fünfjähriger Abwesenheit traf der Dichter in der Mitte des Jahres 1641 in Breslau ein.

Hoffmannswaldau zeigte sich von einer schier unerschöpflichen Lust erfüllt, umfassendes Wissen, Erkenntnisse und Erfahrungen zu erwerben, ob in der Fremde oder in der Heimat. Wenn sich ihm an den Mittelpunkten des kulturellen und politischen Lebens in Europa die Zirkel öffneten, in denen hervorragende Gelehrte, Vertreter aller Disziplinen zusammentrafen, so verrät das ungewöhnliche geistige und gesellschaftliche Fähigkeiten.

Der Vater bestand auf der Heimkehr angesichts seines hohen Alters, der seit 1640 – Abgrenzung zwischen Oberamt und Kammer – veränderten Lebensumstände, der kriegerischen Entwicklungen sowie der Chancen und Gefahren, die sich für die lutherische Sache in Schlesien abzeichneten. In Breslau zogen als ein neues Element die vielen Räte der anwachsenden Landesbehörden, fast ausnahmslos katholische Adlige, alle Augen auf sich; die einst tonangebenden alten Kaufmannsfamilien zeigten sich überfordert. Für diese lutherischen Geschlechter war es stets eine Ehrenpflicht, die Stadt zu regieren, dabei geistig und gesellschaftlich zu glänzen. Diese Aufgaben erfüllten jetzt besser Gelehrte. Die Ratskarriere gleicht sich immer mehr einer Beamtenlaufbahn an. In dem Abwehrkampf der Stadt gegen alle Versuche, die erworbenen Rechte einzuschränken, rückt die Kulturpolitik in den Mittelpunkt. Ihre Vertreter mußten repräsentabel sein, auch für die kaiserlichen Behörden und den Hof in Wien. Der junge Hoffmannswaldau mit seiner weltläufigen Bildung, seinen Erfahrungen und den Kenntnissen europäischen Hoflebens bot sich für die Bewältigung heikler Aufgaben geradezu an. Sogleich nach seiner Rückkehr bewies er seine Fähigkeiten, so daß er höchstens Ansehen gewann. Die Bürgerschaft wünschte seine Wahl in den Rat.

Um den Sohn endgültig an seine Heimatstadt zu binden, drängte der Vater zu einer Eheschließung. Der Dichter sträubte sich lange, entschied sich dann rasch und heiratete am 16. Februar 1643 Maria Webersky, ein Nachbarskind, mit dem er eine lebenslange glückliche Ehe führte.[9] Über diese Heirat war er nun doppelt „ratsfähig" geworden: Sowohl seine zweite Stiefmutter als auch seine Schwiegermutter stammten aus dem Ratsgeschlecht derer von Artzat. Die weibliche Ratsverwandtschaft aber gab bei Ergänzungswahlen für den Rat den Ausschlag.

In den vierziger Jahren entstand auch der größere Teil des dichterischen Werkes von Hoffmannswaldau: umfangreiche Übersetzungen, die *Poetischen Grabschriften*, die *Poetischen Geschichtreden*, viele der *Vermischten Gedichte*, viele Gelegenheitsgedichte. Am 19. Juli 1646 hielt er für Heinrich von Reichel, den Praeses Scholarum – in mancher Hinsicht ein Vorgänger in seinem Amt –, die einzige seiner Reden, die zum Druck gelangte.[10] Der Rat der Stadt Breslau wählte den Dichter am 6. März 1647 zum Mitglied und Scholarchen. Als solcher war er zuständig für das Unterrichtswesen, darüber hinaus für alle kulturpolitischen Aufgaben der Stadt, der Vorhut des gesamten lutherischen Schlesiens. Die Wahl geschah im Zeichen eines bedrohlichen Vordringens der Katholiken in die Stadt, wobei die Jesuiten eine führende Rolle spielten. 1638 war es ihnen gelungen, im Matthiasstift eine Schule zu eröffnen, die sofort regen Zuspruch hatte, und schon 1644 stockten die Patres auf das sechsklassige Gymnasium eine philosophische Fakultät auf, kurz darauf einen Kursus der systematischen Theologie. Als Ziel zeichnete sich deutlich die Gründung einer Universität ab. Die Theateraufführungen zogen auch die Breslauer Bürger an. Der Rat konnte die Bürger lediglich gegen die Einweisung der Jesuiten nach St. Dorothea (1648) mobilisieren. Der Orden aber faßte 1659 Fuß in der kaiserlichen Burg, endgültig 1670. Die Konversion des Dr. med. Johannes Scheffler im Jahre 1653 fand einen mächtigen Widerhall im ganzen Reich. In der Folge erschienen Hunderte von Kampf- und Streitschriften, in denen Scheffler sich nicht schlecht behauptete. Als Angelus Silesius veröffentlichte er 1657 seine *Heilige Seelenlust* und auch seine *Geistreichen Sinn- und Schlußreime*. 1661 forderte er die Stadt heraus, als er an der ersten der Prozessionen seit der Reformation in Breslau teilnahm, bei einer weiteren selbst die Monstranz trug. 1669 schließlich zogen auch die Kapuziner wieder in die Stadt ein.

Der Friede von 1648 beließ der Stadt Breslau das Recht der freien Religionsausübung. 1654 gelang es, St. Salvator und die 11 000 Jungfrauenkirche, die vor den Toren lagen, den Lutheranern zu erhalten. Dafür mußten katholische Begräbnisse in der Stadt zugelassen werden. Als Gesandter in Wien behauptete Hoffmannswaldau 1657 das Burglehn Namslau für die Stadt, gegen die Ansprüche kaiserlicher Behörden, 1660 und 1669/70 kirchlichen Besitz der Lutheraner gegen die Katholiken. Kaiser Leopold I. ernannte den Dichter 1657 zum Kaiserlichen Rat. Im selben Jahr rückte er zum Tischherrn (Consul) im Rat auf, seit 1656 wirkte er schon als Praeses Scholarum; seit 1670 Ratsältester, trat Hoffmannswaldau 1677 als Praeses an die Spitze der Stadtregierung.

Als Praeses wie als Ratsherr widmete er sich mit einzigartiger Gewissenhaftigkeit dem Wohl seiner Stadtgemeinde. Mit Eifer und Leidenschaft bemühte er sich, die bürgerliche Eintracht zu sichern. Dies Ziel verfolgte er mit Ausdauer und Energie, dabei mit Offenheit beim Erteilen von Ratschlägen, Glaubwürdigkeit, wenn er seine Meinung vertrat, und Verantwortungsbewußtsein bei der Ausführung.[11] Stets machte er sich um alle Stände verdient, verstand er es doch, mit jedem Bürger zu reden „wie mit seinesgleichen und mit dem Geringsten aus dem Pöbel wie mit seinen Kindern" (Lohenstein). Bei der Bewältigung der Amtsgeschäfte kamen ihm Urteilskraft und gutes Gedächtnis zustatten, so daß er als Schutzherr (Patron) angesehen, aufgrund seiner „Freundlichkeit" als Vater geliebt und ob seiner Fürsorge als Wohltäter verehrt wurde.

Über 30 Jahre erledigte Hoffmannswaldau alle Aufgaben, die sich auf Geistesbildung und deren Wirkungsstätten bezogen. An den Schulen ermahnte er die Leiter und Lehrer, sich der Bedeutung ihrer Aufgabe bewußt zu sein, die Jugend ermunterte er durch väterliche Worte, Geistesbildung anzunehmen, und zögerte nie, an den feierlichen Übungen der jungen Leute teilzunehmen. Er förderte die Aufführungen von Schauspielen in deutscher Sprache. Zu allem konnte er unvermutet erscheinen, forschte dann peinlich genau nach dem jeweiligen Stand der Ausbildung und würdigte jegliches Gelingen. Exulanten, vor allem aus Ober-Ungarn (Slowakei), förderte er nach bestem Vermögen, brachte sie als Hauslehrer in befreundeten Familien unter oder sorgte für ihr weiteres Fortkommen an den Universitäten oder in einem Amt.

Angehende Studiosi versah er mit Ratschlägen, empfahl sie an ihm bekannte Gelehrte im In- und Ausland (Johann Friedrich Gronovius und G. F. Loredano schrieb er sehr oft an). Die von den Universitäten und Reisen zurückkehrenden jungen Leute unterzog er einer Prüfung, verschaffte sich über sie immer neue Informationen auf allen Wissensgebieten und nicht zuletzt auch Bücher. Es bereitete dem Ratsherrn Lust, immer neue Lust, die gewonnenen Erkenntnisse sogleich in die Praxis umzusetzen, zum Nutzen der Sache, die er vertrat.

In Hoffmannswaldaus Hause wuchsen nicht nur zwei Söhne auf, sondern fast zu jeder Zeit auch Kinder aus dem großen Kreis der Freunde, Jungen wie Mädchen. In dieser Gemeinschaft war eine Absonderung nicht möglich. Das Haus, bestimmt von geistreicher Geselligkeit, entwickelte eine immer stärkere Anziehungskraft auf die befreundeten Familien, zumeist der Ratsherren und ihrer Verwandten, dann die Angehörigen der lutherischen Oberschicht des Landes.

Es entfaltete sich ein Leben, vergleichbar jenem, daß der junge Hoffmannswaldau einst auf seiner Studienreise in vielen Häusern kennengelernt hatte. Des
Ratsherrn Gelegenheitsdichtung ist das schönste Zeugnis für dieses vielgestaltige
gesellige Treiben.

Der Dichter fürchtete, sein Geist erstarre, wenn er sich der Muße überlasse,
die ihm angeborene Lebhaftigkeit nicht in Schwung halte. Eine stete „heilige
Neugierde" heftete sich an religiöse Probleme. Das Wissen von Gott und die
Liebe zu Gott, stellte er fest, „sei nicht nur allumfassendes Glück, sondern auch
Seligkeit und Vollendung" (Thomae). Wiederholt betonte er, daß die Menschen
um der Menschen willen erschaffen seien und jemand unmöglich Gott erreichen
könne, wenn er das Wohlwollen gegenüber dem Menschengeschlecht aufgebe.
Gott sei der Gute, er wünsche ein freudig Herz. Daher betrachtete es Hoffmanns-
waldau als eine seiner vornehmsten Aufgaben, andere aufzumuntern, durch
Worte wie durch sein persönliches Beispiel. Auf seinem Krankenlager – bis
etwa zu seinem 60. Lebensjahr besaß er gute Augen und gutes Gehör, einen
gesunden, gewandten, lebenskräftigen Körper – erklärte er, als er merkte, die
Anwesenden befürchteten Schlimmes:

> Dieses Ende wurde mir deshalb in Aussicht gestellt, damit ich durch Verehrung Got-
> tes und Liebe zu meinem Nächsten im Vertrauen auf die Entsühnung durch den
> Heiland einen guten und schönen Tod erreiche und nach Beendigung des Laufes, den
> mir Gott bestimmt hat, ein seliges Leben bei ihm verbringe. Es gibt keinen Grund,
> daß mir der Schöpfer diesen Wunsch nicht erfüllen wird. Denn ich habe meinen
> Schöpfer niemals mit erkünstelter, sondern immer mit echter Frömmigkeit verehrt,
> von der die Menschen nichts wußten, wohl aber ich selbst (Thomae).

Am 18. April 1679 starb Christian Hoffmann von Hoffmannswaldau in der
vierten Morgenstunde an einem Erstickungskatarrh, tief betrauert von der ganzen Stadt und weithin im schlesischen Land. Daniel Casper von Lohenstein
wußte in seiner Lob-Rede zum Leichen-Begräbnis am 30. April nicht, ob er „ihn
mehr als einen ehrlichen Mann oder als einen treuen Bürger oder als einen klugen Ratsherrn oder als einen gottseligen Christen rühmen" sollte. Thomae schlug
in seiner Gedächtnisrede auf Hoffmannswaldau vor, ihn nicht mit dem Beinamen „der Große" zu ehren, sondern mit „der Gute"; denn damit werde nichts
auf das Schicksal, alles auf den Charakter zurückgeführt.

Als ein wesentlicher Charakterzug wird in allen Lebenszeugnissen die Bescheidenheit des Verstorbenen hervorgehoben. Sie war dafür ausschlaggebend, meinte
Lohenstein, daß der Ratspräses nie an eine Veröffentlichung seiner Dichtungen
dachte. Denn der Trieb zur Poesie, im Aufnehmen und Gestalten, überdauerte
die Jugend, obwohl die Verpflichtungen, welche Familie und wachsende Berufs-
aufgaben stellten, den Spielraum stark einengten. Trotz aller Klagen über den
Mangel an Zeit, der es nicht gestattete, etwas auszufeilen, sei es eine Dichtung,
ein Brief oder die Studienanleitung, vollendete der Dichter 1652 noch seine Verdeutschung des *Getreuen Schäfer* von G. B. Guarini und 1664 die *Heldenbriefe*,

beides umfangreiche Werke. Daneben langte es freilich nur zu Versen, geschrieben zu vielen, zumeist festlichen Gelegenheiten. Dabei wandte er alle Sorgfalt auf, ob er sie handschriftlich überreichte oder zuweilen in der Form des Einzeldrucks. Die Freunde nahmen sie als Kostbarkeiten an, schätzten seine dichterische Tätigkeit als Ausdruck humanistischer Gelehrsamkeit, als geistreiche Form, Weltweisheit zu vermitteln. Als solche „befleckte" sie keinen Würdenträger, sondern erhöhte noch sein Ansehen. Überdies war jedes Aufmuntern, Anfeuern, „Belustigen" angesichts der politischen Lage des lutherischen Schlesien mehr als nur erwünscht. Der programmatische Zug ist in den Werken, die in der Vollkraft der Mannesjahre entstanden, unverkennbar, eine Reaktion auf die Zeitverhältnisse. Der nähere Kreis der Freunde zeigte sich jedoch nicht in der Lage, den Dichter, den Motor ihres gesellschaftlichen und politischen Lebens, bei seinen Arbeiten anzuspornen, schon gar nicht auf längere Zeit hin. Auch dies ist wohl des Ratspräses Bescheidenheit zuzuschreiben, wenn er seine Schwierigkeiten lediglich andeutet. Er beteuert nur in seiner *Gesamtvorrede*, sein vornehmstes dichterisches Vorhaben, ein schon begonnenes Epos über den 30jährigen Krieg fortzuführen, sei nicht an seinem Unvermögen gescheitert, „sondern allein auß Mangel etlicher guter Freunde, so mich ein wenig darzu aufgemuntert hätten".[12] So setzte er alles allein zu seiner „eigenen Belustigung" auf.

Hoffmannswaldau sah sich kurz vor seinem Tode noch genötigt, eine Ausgabe seiner Dichtungen für den Druck in Angriff zu nehmen, um so auch dem beharrlichen Drängen der Familie und einiger Freunde nachzugeben. Denn es hatten „etliche vorwitzige Leute ... sich unterstanden", dem Ratspräses „zum schimpf und ihnen zum Nutzen", einige seiner Werke, Übersetzungen wie eigene Erfindungen, „durch den Druck bekant zu machen".[13] Diese unbefugten Drucke, seit dem Beginn der 60er Jahre nachweisbar, fußten auf fragwürdigen Abschriften, die von Hand zu Hand gegangen, anderen Situationen oft angepaßt, in andere Werke eingebaut und hin und wieder auch vertont worden waren. Die anonymen Herausgeber nutzten den Ruhm des schlesischen Poeten, der über das deutsche Sprachgebiet hinaus sich auch in Frankreich und Italien verbreitete. Der Dichter wollte den Geschäftemachern von vornherein nur mit einer Auswahl seiner Werke entgegentreten. Deshalb sah er für den Druck vorzüglich derjenigen seiner Werke und Übersetzungen vor, von denen schon unerlaubte Drucke umliefen, ergänzt um jene der verstreuten einzelnen Gedichte, die der Nachwelt zu übergeben er für wert erachtete, obgleich er sich nicht mehr in der Lage befand, sie abschließend zu überarbeiten und mit erläuternden Prosatexten auszugestalten. Die Auswahlausgabe erschien nach seinem Tode unter dem Titel *Deutsche Übersetzungen und Getichte*; sie leitete die Periode der galanten Dichtung in Deutschland ein.[14] Hoffmannswaldau hatte viele andere seiner Texte nicht mehr in seinen Händen; auch nahm er bewußt viele ihm unzulänglich scheinende Gedichte, insbesondere sehr situationsbezogene oder unterhaltsame Übersetzungen und Dichtungen nicht auf, darunter zahlreiche erotische Gedichte.

Die anderen Lust-Getichte, so noch unter meinen Händen liegen, habe ich, zu ungleichem Urtheil nicht anlaß zugeben, mit fleiß zu rücke gehalten, massen denn auch viel dergleichen meiner Poetischen Kleinigkeiten allbereit in unterschiedenen Händen seyn.[15]

Eine stattliche Anzahl jener vom Ratspräses zum Druck nicht freigegebenen Gedichte veröffentlichte Benjamin Neukirch in den ersten beiden von ihm herausgegebenen Bänden (1695 und 1697) der insgesamt siebenbändigen Serienanthologie *Herrn von Hoffmannswaldau und andrer Deutschen auserlesene und bißher ungedruckte Gedichte*, die in jeweils erster Auflage zwischen 1695 und 1727 erschien. Die Art der Veröffentlichung – der große Name diente als ungemein werbewirksamer Köder –, die mehr als nur bedenkliche Form und Einordnung vieler Gedichte, die unbestreitbar Eigentum des Breslauer Ratspräses sind, vor allem jedoch die zahlreichen lasziven Verse anderer Autoren, die man ihm unterschob oder unkritisch zurechnete, schadeten auf die Dauer dem Ruf des Dichters, ließen endlich seine gesamte dichterische Tätigkeit in einem seltsamen Lichte erscheinen.[16] Auf die volle Bewunderung der Zeitgenossen folgte, wenn auch zu Unrecht, die harsche Schmähung der Nachwelt.[17]

Eine verläßliche und kritische Würdigung des dichterischen Gesamtwerkes von Hoffmannswaldau sollte nicht, wie so oft geschehen, von einer so fragwürdigen Basis ausgehen, wie sie letztlich die von Neukirch veröffentlichten Gedichte abgeben, sondern von den autorisierten Texten, welche die Ausgabe der *Deutschen Übersetzungen und Getichte* enthält. Auswahl, Anordnung und Gruppierung der Texte in dieser Ausgabe gewähren bereits einige Aufschlüsse über die Absichten des Dichters. Jeweils aufeinander zu beziehen sind die höfische Tragikomödie *Der getreue Schäfer* und der philosophisch-poetische Diskurs *Der sterbende Socrates*, die *Helden-Briefe*, das Hauptwerk der späteren Jahre, und die *Poetischen Grabschriften*, das früheste der Werke, die Gruppe der *Poetischen Geschichtsreden*, mit ihrer verdeckten, die *Geistlichen* Oden mit ihrer offen bekennerhaften Schreibweise, die *Hochzeit-* und die *Begräbnüßgedichte*. Die Themen und Thesen durchdringen einander in den *Vermischten Gedichten*. Das Grundmuster zeichnet sich auch bei Werken ab, die, aus welchen Gründen immer, nicht in die Auswahlausgabe aufgenommen wurden: der höfische Roman *Eromena* von G. F. Biondi kontrastiert mit dem satirisch-entlarvenden Buch *The Characters of Virtues and Vices* von Joseph Hall, ferner eine Gruppe von Epithalamien (Versen zu Polterabenden) mit herzlichen Beglückwünschungen. Sowohl einige Sonette als auch einige galante Oden auf Mädchen und Frauen (Lesbia, Flavia) verweisen auf eine zyklische Anlage; jeder Zyklus umspielt eine charakteristische Beziehung. Bei jeder Betrachtung einer Dichtung ist auf die Beziehungen zu achten, auf ihre Teilhabe an dem Geflecht. Die thematische Gruppierung der einzelnen Stücke tilgt nach Möglichkeit alle konkreten Hinweise auf die Anlässe ihres Entstehens. Das zu einer bestimmten Gelegenheit Geformte wird im Zeitlosen, auf das alle Lehre zielt, aufgehoben.

Die Formkunst Hoffmannswaldaus fand zu allen Zeiten ihre Bewunderer. Allgemein gerühmt werden der ungewöhnliche Reichtum an strophischen Formen und der leicht bewegte, anmutige Fluß der Verse, weithin auch die Anlage und der Aufbau der Dichtungen. Heftig umstritten ist dagegen die poetische Qualität der Bilder. Ein schroffes Entweder-Oder herrscht in den Bewertungen vor. Die zuweilen äußerst heftige Ablehnung ist, bei Lichte besehen, nur zu oft und zu rasch von der jeweiligen Einstellung zur Thematik abgeleitet; sie lebt, endlos variiert, mehr auf vermeintliche als echte Argumente gestützt, auch in den Literaturgeschichten unserer Tage fort. So wird behauptet, es fehle den Vergleichen, die dem Bereiche des sinnlich Fühl- und Greifbaren entnommen sind, jede andere Funktion als die des bloßen Schmückens. Der Wortschmuck diene letztlich dazu, die Sachverhalte, vor allem moralisch anfechtbare, zu verunklären; er entspreche so dem Zeitgeschmack, der verlangte, alles in möglichst geschraubten Wendungen zu umschreiben. Die prunkvolle Gleichnissprache wirke entseelt, da sie sich nicht an das Gemüt wende, sondern an den Intellekt, dessen humanistische Bildung das Ausgefallene, Curiose, bevorzuge. Obwohl es dem schlesischen Poeten an Pathos mangelt, er deutlich alles steifleinene Gelehrtenwesen verabscheut und unablässig Wissen und Tun nach seinem Nutzen bewertet, rechnete man ihn kurzerhand den Vertretern des Schwulststils zu oder stempelte ihn gar zu dessen Ahnherrn. Mit diesem Begriff verbindet sich die nachhaltige Abwertung eines europäischen Zeitstils.

Hoffmannswaldau war keineswegs, wie so oft behauptet wird, der knechtische Nachahmer einer in der Romania bereits abgeblühten literarischen Mode, sondern entfaltete einen eigenen Stil, gekennzeichnet von einer sehr engen Bindung an die Realia. Das sahen die Zeitgenossen voller Staunen; allmählich erfassen auch die Literarhistoriker den Tatbestand. Die Gebildeten des Barockzeitalters bewunderten den Glanz der Sprache, die durchdringende Kraft der Concetti mit ihrer Funktion, „artige Verknüpfungen" herzustellen, um den Geist zu „belustigen", schließlich den reichen Wortschatz. Sie erkannten in dem Einsatz der poetischen Mittel, die der Breslauer Ratspräses dem Studium der romanischen Literaturen abgewann, ein souveränes Schalten. Das gleichmäßig hohe Niveau des Stils, das kein anderer deutscher Autor dieses Jahrhunderts so zu wahren verstand, riß sie zu enthusiastischen Lobesworten hin. Man war überzeugt: Die deutsche Dichtung habe mit Hoffmannswaldau einen Gipfel erreicht, da er mit seinen „sinnreichen" Versen seine Lehrmeister noch übertroffen habe. Diejenigen Stimmen, die das „Verderbliche" der Einwirkung des schlesischen Poeten auf die deutsche Literatur bereits in seiner Bildlichkeit erblicken, müssen einen kaum erklärbaren Widerspruch zwischen Dichtung und „unsträflicher Lebensweise" behaupten oder einen Konflikt mit den herrschenden Morallehren seiner Zeit. (Heutige Forscher, recht modebewußte, folgern daraus auf ein Streben nach Freiheit, nach Emanzipation.) Die Lebenszeugen berichten durchwegs von einer restlosen Übereinstimmung zwischen dem dichterischen Schaffen und dem Lebensstil des bewunderten und geliebten Ratsmitgliedes. Sie rühmen sowohl seine Poesie als auch seinen Charakter mit denselben Worten: Hoffmannswaldau war zeitlebens, versichert Lohenstein, „die selbständige Anmut".

Bewunderer wie Bemäkler der dem Dichter eigentümlichen Bildlichkeit: Sie stützen sich, wenn sie ihre Urteile begründen, sehr oft auf dieselben Verse, beispielsweise auf die Verszeile eines Sonetts aus dem Lesbia-Zyklus: „der Schultern warmer Schnee wird werden kalter Sand".[18] Unsinnig verwendet werde schon, behauptet die Schar der herkömmlichen Kritiker, der Gegensatz warm – kalt. Subjekt des Satzes müßten die Schultern sein; denn sie, nicht die Farbe, könnten zu Sand werden. Das gegensätzliche Attribut zu Sand, das paßte, nach Grammatik und Sinn, wäre demnach dunkel oder schwarz. Außerdem verunkläre die Zuspitzung vom warmen Weiß zum warmen Schnee das Gemeinte. Eine derartige Verwendung von Bildern könne darum nicht überzeugen. Sie entspringe der Sucht, Gegenstände und Vorgänge effektvoll zu umschreiben. Die Häufung solcher Umschreibungen sei für den Schwulststil bezeichnend. Die Zeitgenossen des Dichters bewunderten die „Erfindung" des Oxymorons „warmer Schnee". Die Schultern sind ihm attributiv untergeordnet, weil die warme Haut das Vergängliche allen menschlichen Lebens deutlicher wahrnehmen läßt. Der sinnvolle Gegensatz – „Widerspiel" mit den Worten des Dichters – zum blühend warmen Leben weißer Schultern ist der kalte, der tote oder dürre Sand, wobei Sand (Erde) schon hinreichend das Dunkle evoziert. Das Wort Sand ist dem Wort Erde vorzuziehen, erweckt doch die Eigenschaft des Körnigen eine Fülle weiterer Assoziationen. Die gebrauchten Bilder machen die Beziehungen zwischen den Gegenständen und ihren Eigenschaften durchsichtig. Unmöglich, die Bereiche von Bild und Bedeutung zu trennen. Ein Gedicht besteht aus einer Abfolge von solchen Wahrnehmungen, die dem Fluß der Erscheinungen entrissen werden, die Gegenstände im immer neuen Lichte zeigen. Nur mit einer künstlerisch anspruchsvollen Sprache kann die Vermittlung durch den Poeten erfolgen. Wenn er den Geist des Gebildeten erfreut („belustigt"), erfüllt er die Forderung Hoffmannswaldaus, die „Lieblichkeit", das Schöne und Angenehme, mit dem Nützlichen zu vereinen. Die Forderung an die Poesie stimmt mit jener an die Wissenschaften völlig überein. Im Jahre 1658, ein Jahr vor der Abfassung der Studienanleitung, schrieb der Dichter auf ein Stammbuchblatt:

> Der Menschen Leben sol der Rose sich vergleichen,
> Die bey der Lieblikeit auch Hülfe weis zu reichen:
> Des Lebens Gartenwerck liebt keinen Tulipan,
> Der reich an Farben ist, und wenig nuzen kan.[19]

Hoffmannswaldaus Hand formte auch die widerborstigsten Inhalte leicht und sicher. Jederzeit zeigt er sich als ein unerbittlich genauer, ein unbestechlicher Beobachter, der die Themen, die er wählte, ebenso rigoros, freilich angemessen abgetönt, wiedergibt. In den *Poetischen Grabschriften*, seinem ersten, 1643, vollendeten Werk, übt er meisterlich seinen scharfen, oftmals satirischen Witz an Gestalten aus der Bibel, dem Mythos und der Geschichte, an Repräsentanten menschlicher Eigenschaften und Berufe, an Tieren und selbst an Gegenständen. Irgendwelche Rücksichten brauchte er nicht zu nehmen, solange das Werk nur im Kreise der Freunde kursierte. Weder am Thema noch dem scharfsinnigen Spiel mit dem Namen und der triebhaften Neigung zur Astrologie konnte sich ein Leser reiben, wenn Wallenstein aufgeboten wurde:

> Hier liegt das grosse Haupt so itzt wird ausgelacht,
> Viel wissen das von mir so ich mir nie gedacht,
> Das wust ich, daß ein Stein nicht leicht ein Stern kan werden,
> Ein Stein, wie hoch er wallt, fällt endlich zu der Erden.[20]

Bei den Vorbereitungen zum Druck stellten sich Bedenken ein. Einige der Grabschriften erschienen aus politischen, konfessionellen oder sittlichen Gründen in abgeschwächter Form, andere wurden ganz ausgeschieden. Die satirische Grabschrift auf die lasterhafte Lukrezia Borgia erhielt in der autorisierten Ausgabe eine Fassung, die Rätel aufgibt:

> Ein Nothzwang meiner Zucht fraß meines Ruhmes Schätze,
> Ein Loch in meiner Brust, gab mir des Todes Netze,
> Ein Loch nicht weit von hier beschloß den zarten Leib,
> Zwey Löcher sind zu viel, zu fällen nur ein Weib.[21]

Der harte Stachel fehlt. Er verleiht der Grabschrift eine völlig andere poetische Qualität. Was jedoch als Wortwitz belustigte, konnte Anstoß erregen. Das machte den ursprünglichen Text so problematisch:

> Ein wohlverwahrtes Loch fraß meines Ruhmes Schätze,
> Ein Loch in meiner Brust, gab mich des Todes Netze,
> Ein Loch nicht weit von hier beschloß den zarten Leib,
> Drey Löcher sind zuviel, zu fällen nur ein Weib.[22]

Konfessionelle Rücksichten bewogen den Breslauer Ratspräses, die Grabschrift auf eine Nonne auszuscheiden. Die zweideutige Pointe drückt eine heftige Reaktion des Lutheraners aus, auf Askese, Zölibat und – nach seiner Überzeugung – „Unnatur":

> Man nahm mir meinen Schmuck und ließ mir Fleisch und Blut,
> Man schnitt die Haare weg und ließ mir meine Glut,
> Im Beten hat mir sehr der Glaube stets behaget,
> Weil er von Aufferstehn des Fleisches etwas saget.[23]

Der Dichter greift das Thema nochmals in dem nachgelassenen Gedicht *Seine Geliebte wollte ins Kloster gehen* auf.[24] Der Ansturm „wider Fleisch und Blut" heißt es hier, „ist der Erbarmung zwar, doch keines Ruhmes wert". Der Genuß der ambrierten Früchte, welche die Welt anbietet, ist zur gegebenen Zeit eine Pflicht, von Gott auferlegt. Das Verlangen nach dem Sein der Engel führt ins Verderben; in jedem Falle zeugt es von Vermessenheit. Die gleiche Begierde trieb Wallenstein wie die Nonne an.

Der antikatholische Affekt ist in vielen Dichtungen offen oder verdeckt am Werk. Eingehüllt in ein (durchsichtiges) historisches Gewand, lodert er in *Cato,* einer markanten *Poetischen Geschichtsrede,* zugleich als politischer Protest im Kampf um die Selbstbehauptung auf:

> Der Freyheit steiffe Fahn, die pflantz ich in die Wunden
> ... ich thue, was ich will.

Das leidenschaftliche Bekenntnis zur Freiheit richtet sich gegen den Anspruch Cäsars auf Herrschaft auch über die Seelen:

> Der Cäsar kan zwar Rom, doch nicht mein Hertz ersteigen.

Der lyrische Diskurs entstand keineswegs zufällig zu Beginn des Jahres 1647, unmittelbar vor der Wahl Hoffmannswaldaus in den Rat der Stadt. Nur Lutheraner waren zugelassen. Diese Poetische Geschichtsrede hat den Charakter einer politischen Grundsatzerklärung.

Die Ärgernisse, die Angelus Silesius verursachte, stachelten zu immer neuen „Parodien" an. Das erfolgreichste seiner Werke, die *Heilige Seelenlust,* enthält eine Reihe von Liedern, die selbst schon Gesellschaftslieder von Opitz und seinen Nachfolgern parodieren. Der Breslauer Ratsherr antwortete auf seine Weise: mit betont freizügigen Liebesoden.

Die lutherische Kritik katholischer Anschauungen ist auch in das Hauptwerk Hoffmannswaldaus eingegangen, in seine 1664 abgeschlossenen *Heldenbriefe.* In dem überaus reich orchestrierten Werk erklingt die Kritik nur als Nebenton, jedoch insofern gewichtiger, als er eine Kontinuität aufzeigt. Die Briefwechsel, insgesamt 14 Briefpaare, schaffen den Raum, um in unaufdringlicher Form zu ironisieren, zu parodieren und auch zu polemisieren. In dem Briefwechsel Przetislaus-Jutta triumphiert die erotische Leidenschaft über die geistlichen Bindungen; in der Erzählung von Ludwig und der Mahometanin sieht sich der Papst gezwungen, die Doppelehe zu billigen und damit das katholische Sakrament in Frage zu stellen; das Geschehen um Abelard und Heloise gibt reichlich Gelegenheit, die Sitten der Geistlichen aufs Korn zu nehmen. Schließlich spielen sämtliche Geschichten in höheren katholischen Kreisen.

Mit den *Heldenbriefen* frischte Hoffmannswaldau die Heroide wieder auf, eine alte Dichtungsgattung, begründet von Ovid. Im Unterschied zum römischen Dichter läßt er, wohl von Michael Drayton, Shakespeares Zeitgenossen angeregt, nur Liebespaare miteinander korrespondieren, nicht einzelne Liebende sich brieflich äußern. Die Liebenden trennen entweder Standesschranken oder geistliche und eheliche Bindungen. Jedes Briefpaar leitet eine breite Darstellung der

Ereignisse ein, durchsetzt mit aufschlußreichen Anmerkungen, zum Thema wie zur Form. Jeder Brief ist genau 100 Verse lang. In diesem Rahmen entfaltet der Dichter seine glänzende Kunst der Rede.

Das brisante Thema der *Heldenbriefe* ist die Liebesleidenschaft. Sie bekundet sich als übermächtige „Regung", durchbricht Standesschranken, setzt sich hinweg über Gesetz und Sitte, treibt, des Lustgewinns halber, zu unglaublichen Taten an. Hoffmannswaldau fesseln an diesem Urphänomen nicht die individuellen Züge, sondern das Generelle, das Typische. Er führt bewußt „allerhand Gemüter" ein, um unterschiedliche Konstellationen und Probleme der erotischen Leidenschaft bereden zu können. Der Liebe, dieser Krankheit, entgehen nur wenige. Und wenn es auch jeden anders trifft: „Ein jeder überlege und leide sein Anliegen". Der Dichter verwahrt sich in seiner Vorrede entschieden gegen alle Anwürfe, gelten sie dem Thema an sich, seiner Person oder der zwar kunstreichen, doch freien Art seiner Darstellung. Liebe ist, stellt er fest, ein Urthema der Poesie, so daß „man der Poesie mit Entziehung der Liebes-Sachen die Hertzwurzel versteche". Zu seiner Person bemerkt er: „Wer mein Gemüte kennet oder kennen will, wird nichts Ungleiches aus meinen Briefen schlüßen können". Die Eigenart der Gattung bedingt es, „daß bisweilen ein unschuldiger Schertz mit eingestreuet worden". Sollte eine Wahrheit als böse erscheinen, so tröstet er sich mit dem Hinweis, „viel gute Warnungen" und viele entlarvende Anmerkungen eingebracht zu haben. Um jene aber, die seiner Dichtung unbedingt „etwas Widriges ... zu entspinnen begehren", will er sich nicht kümmern. Daß er bei diesem Thema viel wagte, war ihm nur zu bewußt. Der Ratspräses kannte die Meinung enger Gemüter, alle Liebesdichtung sei moralisch gefährlich. Daran rieb sich sein Charakter. Er fühlte sich herausgefordert, seine Intelligenz an dieser so schwierigen Aufgabe zu messen. Dieser Charakterzug, in den Lebenszeugnissen nur mittelbar zu erfassen, erzeugte seinen Drang zu rastloser Tätigkeit und die sprühende Geistigkeit, die allerorten Funken schlug und die Mitmenschen faszinierte. Nicht unter dem trüben Himmelslicht des Nordens, unter der strahlenden Sonne Italiens scheinen die Figuren zu agieren, die Bilder sich zu reizenden regelmäßigen Mustern zu fügen. Die Sonne bringt Hitze, aber keine Schwüle. Kein Zweifel: Die Sehweise des Breslauer Ratsherren, seine Ausdrucks- und die mit ihr völlig übereinstimmende Existenzweise sind nicht imitierbar; sie heben ihn von allen deutschen Autoren seines Jahrhunderts ab.

Die heftige „Gemüts-Regung" gibt immer neuen Anlaß zum Verwundern. Sie entzieht sich letztlich jedem rationalen Zugriff. Wenn, wie in dem Briefwechsel Holdenreich-Adelinde, „Ehebruch und Mord durch Betrug (drei schöne Tugenden!) versiegelt" werden, aus so „übel angefangener Ehe" aber „unterschiedene große Leute" hervorgingen, dann stößt menschliches Erkennen an eine Grenze: „Also sind die Gerichte Gottes unerforschlich, und nicht selten wird ein glückseliges Laster den Tugenden an die Seite geleget, und Gift wird vielmal uns zu Arzneien". Wer um „die Art der Brunst" weiß, ihr Spiel auf dem „Spiel-Platz"

– der Welt – durchschaut, stellt fest, daß sie „veränderlichen Zufällen unterworfen" ist. Er sieht:

> Wie alles, was die Hand der Liebe hat gebauet,
> Gar leichtlich Ritze kriegt, und endlich gar zerfällt.

Das Feuer wütet in der Zeit der Jugend, die „Freude, Lust und Spiel" liebt, aber die Flamme brennt „selten so beständig als heftig". Das Sengende zerstört mehr als es erwärmt. „Dein Lieben war ein Blitz, kein rechter Sonnenschein", schreibt Algerthe an Reinier und zieht daraus die Konsequenzen: Die Staatsräson bezwingt die Leidenschaft. In dieser Situation bedarf es eines großen Aufgebots an Kräften, um schon in der Jugend mit Vernunft dem bedrohlichen Ansturm des eigenen Blutes zu widerstehen. Da Jutta die Kraft fehlt, stößt sie in ihrem Brief das Gebet aus: „O Gott, behüte mich vor mir!" Wohl kann, wie Heloise schreibt, „gesetzte Tugend" aus der Buhlerey entsprießen, doch nicht unterschiedslos aus jedem Liebesverhältnis. Die Liebe, die nur auf die fleischliche Lust zielt, auf das Schlacken-Werk, bleibt gemein zu nennen; die Liebe, die das Herz, die Wesensmitte eines Menschen, ergreift, muß anders beurteilt werden. Denn in ihr wirkt nach Heloisens Meinung ein „edler Geist":

> Man muß die Liebe nicht mit gleicher Elle messen,
> Gemeine Buhlerey sucht nichts als Fleisch und Blut,
> Doch den ein edler Geist das Hertze hat besessen,
> Der läst das Schlacken-Werck, und sucht ein höher Gut.

Die Gabe der rechten Unterscheidung, daran hält Hoffmannswaldau unerbittlich fest, erwächst aus dem unverstellten Blick auf die volle Wirklichkeit. Diesem Blick kann die Hinfälligkeit aller Dinge nicht entgehen. Auch die Liebe, die fast übermächtige Gewalt, vergeht wie ein Wind, ein Schall, ein Rauch. Der wahre Charakter einer Liebe, einer Leidenschaft, eines ganzen Menschenlebens enthüllt sich vom Ende her. Der Tod entlarvt jeden und jedes. Das ist das beherrschende Thema der *Poetischen Grabschriften*. In seiner unnachahmlichen geistreich-witzigen Weise erfüllte der Dichter die Aufgabe, in der knappsten poetischen Formulierung das Wesentliche, den Kern eines Lebens, eines Gegenstandes oder Zustandes herauszuschälen. Denn die Sinne des Menschen gleichen Schalen. Sie umschließen den Kern, die Seele, kerkern das Unveränderliche, das Unsterbliche ein. Die äußerlichen Sinne betrügen den Menschen. Der Weise säubert sein Gemüt, entbricht sich des Leibes, um das Unvollkommene, das Unreine aufzuheben. Der Mensch hat kein Recht, diese Tatsachen zu beweinen. Das lehrt Socrates in dem Werk von Th. de Viau *Mort de Socrate,* das Hoffmannswaldau eindeutschte *(Der Sterbende Socrates)*. Der Dichter wunderte sich, als er seine Auswahlausgabe zusammenstellte, daß er in seiner Jugend „ein so trauriges und unlustiges Werk habe zu ende bringen können" (= *Gesamtvorrede*). Das Wort bekundet seine veränderte Einstellung zum Wert und Unwert der sinnenfälligen, vergänglichen Sachen. Die Veränderung folgte der Entscheidung, das Amt des Ratsherrn zu übernehmen. Als Amtsträger fühlte er sich verpflichtet, mit allen ihm verfügbaren Mitteln soziale Hilfe zu leisten. Das bedeutete, der bedrohlichen Neigung entgegenzuwirken, die Gegenwart völlig zu entwerten, die lutherische Sache aufzugeben oder mit Gleichmut das Vordringen der katholischen Kräfte hinzunehmen. Das dichterische Werk von Andreas Gryphius spiegelt getreu das Lebensgefühl dieser Kreise. Der Gedanke kehrt unablässig wieder, alles menschliche Tun und Denken sei eitel, sei nichtig. Nur zu leicht stellt sich Mutlosigkeit ein, die alles Handeln lähmt. Hoffmannswaldau reagierte auf die Not und Bedrängnisse seiner Umgebung als Politiker und Dichter auf unterschiedlich abgestufte Weise. In einer besonders bedrohlichen Situation, auf der Fahrt nach Wien im Jahre 1669, entrang sich ihm ein Stoßseufzer zu Gott, von dessen Willen das Gelingen des Auftrags abhängt, der auch den Weg in die Zukunft weisen kann:

> Der schwartze Flügel trüber Nacht
> Will alles überdecken,
> Doch diß was Gottes Finger macht,
> Bringt mir geringen Schrecken.

War die allgemeine politische Lage nicht zu ändern, zumindest nicht in absehbarer Zeit, so sah sich der Ratsherr aufgefordert, auch die geringsten Möglichkeiten auszuschöpfen, um sich zu behaupten. Dahinter steht die Überzeugung, das Handeln diene einem Leben, das auch unter widrigsten Umständen lebenswert sei. Alles Nichthandeln sei ein Laster. Er teilte durchaus den Gedanken seines Freundes Gryphius von der Eitelkeit, der Vergänglichkeit aller Dinge, doch bestritt er dessen Ausschließlichkeitsanspruch. Gott hat zwar die Welt als eine vergängliche geschaffen, doch der Mensch soll die Dinge gemäß ihrer Natur auch nutzen, sie richtig gebrauchen. Dem finsteren Pessimismus der Zeit und dem „unlustigen" Werk des Franzosen setzt er sein rückhaltloses Vertrauen in Gottes Willen entgegen, der eine unverkürzte, freudige Annahme der Wirklichkeit verlangt. Seine Dichtungen wollen „aufmuntern"; sie stemmen sich gegen den trüben, trägen, „unlustigen" Zeitgeist.

Die Aufforderung, zur rechten Zeit die Schätze zu gebrauchen, welche Gott einem verliehen hat, kennzeichnet eine Fülle nachgelassener Gedichte, galante oder verliebte Arien oder Gedichte genannt.

> Es wird auf deinen Wangen
> Nicht steter Frühling sein.
> Es weicht der Sternen Schein
> Als wie der Blumen Prangen.
> Die Zeit, so alles bricht,
> Schont auch des Leibes nicht ...

> Gebrauche deine Schätze,
> Weil Blut und Blüte siegt.
> Wann dich die Zeit betrügt,
> So reißet auch das Netze,
> So vormahls um dich hing
> Und manche Seele fing ...[25]

Einige der nachgelassenen Glückwunschgedichte, in Briefform gehalten, erfüllt eine überströmende Freundlichkeit. Hier spricht ohne Zweifel kein Liebhaber, sondern ein naher Verwandter oder ein väterlicher Freund des Hauses, der ob seiner aufmunternden Scherze wohlgelitten ist. *(Wohlmeynende gedancken über den geburts-tag der Bleßine, An Flavien, Cupido an Berinne.)*[26] Die stolzen, ängstlichen, verunsicherten oder auch fragilen Mädchen in den Sonett-Zyklen, Lesbia, Chloris oder Flavia genannt, scheinen aufzuleben, werden sie mit trefflichen Komplimenten und Heiterkeit erregenden Scherzen bedacht. Der wahre Scherz soll ja, wie die Gelehrten sagen, belustigen, also: erquicken, jedoch niemand beleidigen, soll zum Nachsinnen anregen über ungewohnte Verknüpfungen von Ideen oder Gegenständen. Je mehr das gelingt, desto besser ist der Scherz, desto mehr nützt er. Der gute Scherz zählt durchaus zu den ernsthaften Belustigungen. Doch ist wohl nichts schwerer als das Leichte, als mit Lachen die Wahrheit zu sagen und sie mit Lachen auch anzunehmen. In vielen dieser Gedichte dient der Scherz als Mittel, Vertraulichkeit und Distanz in Balance zu halten; man bezeichnet sie als galante Gedichte. Wer in die Redesituation einbezogen ist, erfaßt spontan die freundliche, huldigende oder auch väterliche Zuneigung, die Scherz und Verse prägten. Wer außen steht, findet oft keinen Zugang zu der Situation, dem können galante Scherze als „unanständig", unangebracht oder übertrieben erscheinen. Der Dichter wußte das. Das bestimmte ihn wohl, viele seiner „poetischen Kleinigkeiten", die Ort, Zeit und Personenkreis bedingten, nicht drucken zu lassen.

Schertzgedancken benannte Hoffmannswaldau ein Schlüsselgedicht, das er in seine *Vermischten Gedichte* der autorisierten Ausgabe aufnahm.[27] Die Gedanken wenden sich an einen jungen Mann, der der curiösen Bücherlust frönt. Die unmäßige Begierde entfremdet den Studierenden von der Wirklichkeit, sein Geist scheint gebannt in eine imaginäre Welt. Dabei peinigt er sich selbst. Das bestätigt das zweite Laster, das seinem Fehlverhalten entspringt: die Trauersucht. Der Dichter faßt das Laster der „curiösen" Wollust, die Wissen nur für sich selbst errafft, ins Auge und argumentiert scherzhaft: „Der Tugend Fluß muß zwischen Thämmen rinnen." Anschließend lenkt er den Blick auf die oft anzutreffende Differenz oder Diskrepanz zwischen Geschriebenem und Praktizierten. Vor allem schriftstellerisches Können decke sich selten mit der Fähigkeit, richtig zu leben. Die strikten Morallehren der Stoiker sogar könnten beim Betrachten weiblicher Schönheit niedergeschrieben worden sein. Die Lust selbst sei moralisch indifferent. „Die Lust, als Lust, wird niemals Sünde heißen." Zu einem vollen, zu einem richtig geführten Leben gehört die Lust, ihr Ausdruck ist die Freude. Daraus ergibt sich konsequent, da Trauersucht zu den Lastern gerechnet wird:

> Freud und auch Heiligkeit die können Schwestern seyn,
> Und Trauersucht bleibt stets verwandt der Höllenpein.

Das selbe Thema wird von Hoffmannswaldau in den beiden Gedichten, die auf die *Schertz-Gedancken* folgen, nochmals abgehandelt: *Die Wollust* und *Die Tu-*

gend. Die Natur, die Mutter allen Lebens, schenkt uns die Wollust, den „Zucker dieser Zeit", „läßt durch Lieb und Wein den kalten Geist erwarmen". Dem tritt tyrannisch das Gesetz entgegen, das sich untersteht, die Sinne von der Außenwelt abzuschließen. Die Schönheiten der Natur bieten sich aber zu ihrem Gebrauch an; das muß jeder, der „Verstand und reine Sinne" besitzt, erkennen. „Jugend, Kraft und Muth" sind gegeben, um den „Kern der Welt" reichlich zu genießen. Daraus folgt die These: „Die Wollust bleibet doch der Menschen höchstes Guth." Epicur lehrte das und ihm folgen alle, die keine Unmenschen sind, die an der Welt Geschmack haben. Die Tugend ist gleichfalls unsere Mutter; sie wendet sich als Lehrmeisterin an Verstand und Willen. Was die Natur gibt, „Gesundheit, Krafft und Muth", bedarf der Orientierung auf ein Ziel hin, wenn unser Lebensschiff nicht dahintreiben und schließlich untergehen soll. Die Antithese leuchtet ein: „Die Tugend bleibet doch der Menschen höchstes Guth." Das Leben ohne Tugend zeugt von Vermessenheit. Deshalb bedarf es auch der „Richtschnur" der Gesetze, die als Leuchtturm den Hafen anzeigen. Das große Licht, das ein von Wollust allein bestimmtes, umherirrendes Leben nicht wahrnehmen kann, ist an dem Ort, „Wo sich die Ewigkeit vermählet mit der Lust".

Beide Gedichte stimmen restlos in Strophenzahl, Versmaß und Sprache überein; es sind Pendantgedichte. Die Position der Wollust vertritt die unreife Jugend, die in ihrem Überschwang den Anspruch auf reichlichen Genuß erhebt. Es scheint, als billige der Dichter ihr das Recht zu, solch übertriebene Forderungen zu erheben. Der einsichtige, der reife Mensch muß das ganze Leben bedenken, über die Schwelle des Todes hinaus. Er weiß um die Begrenztheit des menschlichen Lebens, erkennt allen Daseins gegensätzliche Struktur. Eine Aussage über das Lebendige hat nur bedingte Gültigkeit, eine andere widerruft sie, schränkt sie ein. Nur Aussagen, die Spruch und Widerspruch in sich bergen, werden der Doppelnatur des Menschen gerecht, dem Kind der Natur wie der Tugend.

Wie seltsam sich das mischt, versucht der schlesische Poet an einer Grundkraft des Lebens, der Liebe, scherzend aufzuweisen. In einem Epithalamium, einem heiteren Gedicht zum Polterabend, reiht er spielerisch eine Umschreibung an die andere, jede in antithetischer Form. Das Gedicht beginnt mit den Feststellungen:

> Die lieb ist unvernunfft, die mit vernunfft vermengt,
> Ein fried-gesellter haß, betrug vermischt mit glauben . . .

Die gedruckte Kurzfassung[28] endet:

> Ein unbeständig spiel und ein beständig trug . . .
> Ein rath, der urtheil spricht gantz ohne recht und fug,
> Ein wohlstand, der betrübt, ein glück, das nicht erscheinet,
> Ein lust-hauß, da die seel den freyen stand beweinet.

Die Einsicht in die gegensätzliche Struktur des Lebens kann den Willen zum Handeln lähmen. Der ästhetische („wollüstige") Mensch zeigt sich davon besonders betroffen, da er stärker auf die Umweltreize reagiert. Handeln setzt eine Entscheidung voraus. Ob sie richtig oder falsch ist, wie sie sich auf andere auswirkt, darüber gibt es letztlich keine Gewißheit. Der gläubige Mensch wagt die bewußte Entscheidung im festen Vertrauen. Hoffmannswaldau bittet in einer seiner *Geistlichen Oden:*

> Mein Jesu spare nicht die Strahlen deiner Güte,
> Greiff meinen Geist mit Himmels-Blicken an ...

Die geistliche Dichtung des Breslauer Ratspräses ist von seiner „weltlichen", die sogenannte galante Dichtung eingeschlossen, nicht abzutrennen; sie ist ein wesentlicher Bestandteil seines Gesamtwerks.

Jede Formulierung in den Schlüsselgedichten *(Schertz-Gedancken, Die Wollust, Die Tugend)* bestätigt Hoffmannswaldaus genaue Kenntnis der christlich geprägten Morallehren seiner Zeit. Viele Redewendungen tauchen in den sogenannten galanten Gedichten, besonders häufig jedoch in den *Helden-Briefen* auf. Sie bezeugen die Einheitlichkeit des dichterischen Weltbildes.

Der Mensch ist der Sterbliche, der im Kerker geboren wird und im Kerker der Endlichkeit haust. Alles an ihm ist begrenzt. Die Sinne verbinden mit der Außenwelt. Im Menschen wirken Kräfte, die seinen Lebenslauf bestimmen. Sie streben nach Gütern, die der Mensch zur Erhaltung seines Lebens unbedingt braucht, für seinen Leib wie seine Seele. Jeder Genuß eines Gutes bereitet Lust. Die leibliche Lust im engeren Sinne, die Wollust, ist das höchste der zeitlichen Güter, da sie Leben erhält und Ursprung neuen Lebens sein kann. Mit der Zeit, mit dem Menschen vergehen alle diese Kräfte und Güter, zerbricht die Schale. Aber jeder einzelne „Trümmer" kann, richtig verstanden, auf Reines, Ganzes, Vollkommenes verweisen, ein unsagbares Gut ahnbar machen im vergänglichen Gut. Die Schale umschließt ja einen unverweslichen Kern, die Seele. Auch sie wird von Lust bewegt, hin zu Gütern, die wahr und falsch sein können. Alle Güter, die der Leib benötigt, fesseln die Seele, verderben sie. Verwerflich ist auch die Selbstliebe. Um das dauerhafte, unendliche Gut, das allein der Seele nutzt, zu erkennen, braucht der Mensch die Tugend, zugleich Orientierungshilfe und höchstes Gut. Sie erwirkt alles, um den freiwerdenden, unzerstörbaren Kern in den Hafen unbegrenzter, vollkommener Freuden zu geleiten. Denn dank ihrer Hilfe lernt der Mensch das Loslassen, das Sterben, und kann das Tor des Todes in freudiger Erwartung durchschreiten. Dasein ist Zeugnis ewiger Liebe, eines liebenden Gottes. Er ist der Schöpfer allen Lebens. Das Denken des Dichters umkreist immer wieder die Liebe, diesen glühenden Kern, diesen geheimnisvollen Boden menschlicher Existenz. Wie weit reicht eine Analogie? Und wenn das Geheimnis, das Rätsel bleibt, wir sollen der Neigung des zeitlichen Lebens folgen, sollen lieben wie Gott die Welt liebt, nach unseren Kräften, ohne Vermessenheit. Die Dichtung Hoffmannswaldaus will den rechten Gebrauch der Welt lehren, einen liebevollen, einen freundlichen Umgang mit ihr.

Die Schmähungen, die Werk und Person Hoffmannswaldaus zuteil wurden, können übergangen werden. Die immer wieder aufgefrischte These, der Dichter sei eine zutiefst gespaltene, eine heillos zerrissene Persönlichkeit gewesen, entweder von Grund auf oder – quasisoziologisch – als Ausdruck, als getreuer Spiegel seiner Epoche, verrät mehr über ihre Erfinder und Nachredner als über den Dichter. Die Zeitgenossen sahen schärfer, urteilten mit uneingeschränkter Bewunderung. Sie bewunderten und ehrten einen stets charaktervollen Mann, der in ungewöhnlich dichter Weise miteinander verknüpfte: weltumspannende Bildung, fruchtbares politisches Wirken, hellwache Frömmigkeit und scharfsinnig-anmutige Poesie. Mit vollem Recht nannten sie ihn Breslaus „großen Pan".

Karl Wolfskehl, Dichter und ausbündiger Kenner der deutschen Literatur des Barock, hat wie kein anderer in unserem Jahrhundert Wesen und Werk Hoffmannswaldaus gewürdigt:

> Durchaus nicht der reichste, begabteste und umfänglichste Dichter, aber der vollkommenste Repräsentant seiner Epoche, ihrer Sitten, ihres Zeremoniells, ihrer Höflichkeit und Würde ... er ist das Barock schlechtweg, in eigener Person. Er ist viel mehr Typus wie Einzelerscheinung ... Wer sich in den Geist der Epoche versetzen will, muß sich an ihn halten. Man kann ihn entgegen aller aus der Unkenntnis und überlieferten Phrasen stammenden gegenteiligen Meinungen ohne Ermüdung lesen, ja genießen, denn er ist – immer vom Barock aus erlebt – einfach und immer vom Gegenstand natürlich, der Poesie über ein Thema (nicht von der Identität, vom Gegenstand, Erlebnis und Ausdruck) erfüllt, oft genug bewegt. Ein Gedicht wie die „Thränen Johannis unter dem Kreutze" oder manche seiner Liebesgedichte sind so schön und echt, wie das beste Barockgemälde, in der schwingenden Diagonale ihrer Komposition, wie in der Einzelhebung des Verses, die die streng durchgeführte architektonische Disposition auflöst.[29]

Anmerkungen

Texte

C. H. V. H. Deutsche Übersetzungen und Getichte. Breßlau 1679.

Herrn Christian von Hofmannswaldau auf Arnoldsmühl Sinnreiche Helden-Briefe, Auch andere Herrliche Gedichte. o. O. 1680.

Herrn von Hoffmannswaldau und andrer Deutschen auserlesener und bißher ungedruckter Gedichte. Teil 1-7. 1695-1727. Neudruck: Teil 1-5, Tübingen 1961-1981.

De Curriculo Studiorum vitae civili profuturorum ad Generosum Juvenem Commentatio Epistolica ... Görlitz 1700. (Vgl. Nachweise 1)

Zu den verschiedenen Ausgaben und Auflagen, zur Zuschreibung der Gedichte in der Serienanthologie:

F. Heiduk: Hoffmannswaldau und die Überlieferung seiner Werke. In: Jahrbuch des Freien Deutschen Hochstifts 1975. Tübingen 1975, S. 1-72.

F. Heiduk: Die Dichter der galanten Lyrik. Studien zur Neukirchschen Sammlung. Bern – München 1971.
Bis zum Erscheinen der Hoffmannswaldau-Gesamtausgabe ist eine Kombination dieser „modernen" Auswahlausgaben zu empfehlen:
Felix Bobertag: C. Hofmann von Hofmannswaldau. DNL, Bd. 36. Berlin u. Stuttgart 1890, S. 1-107.
Christian Hofmann von Hofmannswaldau: Gedichte. Hg. v. Johannes Hübner. Berlin 1962.
Herrn Christians von Hofmannswaldau Sinnreiche Helden-Briefe ... Hg. v. Friedhelm Kemp. Frankfurt am Main 1962.
Christian Hofmann v. Hofmannswaldau: Gedichte. Hg. v. Manfred Windfuhr. Stuttgart 1964.

Literatur

Erdmann Neumeister: De Poetis Germanicis. Hg. v. Franz Heiduk. Bern – München 1978.

Josef Ettlinger: Christian Hofman von Hofmanswaldau. Halle 1891.

Karl Friebe: Christian Hofman von Hofmanswaldaus Grabschriften. Programm Greifswald 1893.

Karl Friebe: Chronologische Untersuchungen zu Hofmanswaldaus Dichtungen. Programm Greifswald 1896.

Wilhelm Schuster: Metrische Untersuchungen zu Christian Hofman von Hofmanswaldau. Kiel 1913.

Rudolf Ibel: Hofman von Hofmanswaldau. Berlin 1928.

Hans Heckel: Christian Hofman von Hofmanswaldau. In: Schlesische Lebensbilder. Bd. 3. Breslau 1928, S. 119-126.

Hedwig Geibel: Der Einfluß Marinos auf Christian Hofmann von Hofmannswaldau. Gießen 1938.

Paul Stöcklein: Vom barocken zum Goethischen Liebesgedicht. In: Ders.: Wege zum späten Goethe. Hamburg ²1960, S. 316-330.

Erwin Rotermund: Christian Hofmann von Hofmannswaldau. Stuttgart 1963.

Robert L. Beare: Hofmannswaldau and the problem of bibliographical evidence. In: Modern Languages Notes. Vol. 86, 1971, S. 625-648.

Wolfdietrich Rasch: Lust und Tugend. In: Rezeption und Produktion. Fs. f. Günther Weydt. Bern und München 1972, S. 447-472.

Erwin Rotermund: Affekt und Artistik. München 1972.

Franz Heiduk: Unbekannte Gedichte von Hoffmannswaldau. In: Daphnis 7, 1978, S. 697-713.

Wulf Segebrecht: Poetische Grabschriften des 17. Jahrhunderts als literarische Zeugnisse barocken Lebensgefühls. In: literatur für leser. München 1981, S. 1-17.

Christian Hoffmann von Hoffmannswaldau

Nachweise

[1] Der vollständige Titel lautet: *Viri aeternae memoriae Dn. Christiani Hoffmann ab Hoffmannswaldau S. Caesar. Regiaeque Majest. Consilarii & Reipublicae Vtratislaviensis, Praesidis De Curriculo Studiorum vitae civili profuturorum ad Generosum Juvenem Commentatio Epistolica, omnibus apprimè iectu utilis & necessaria, qui Politiori literarum atque vitae genere delectantur. Accesserunt Observationes in eandem Anonymi.//* Gorlicii, apud Jacobum Rohrlachium. (HAB Wolfenbüttel)

[2] A. a. O., Praefatio ad lectorem.

[3] A. a. O., Praefatio.

[4] A. a. O., Praefatio.

[5] D. C. von Lohenstein: *Lob-Rede Bey des Weiland HochEdelgebohrnen, Gestrengen und Hochbenambten Herrn Christians von Hofmannswaldau auf Arnolds-Mühle ... Den 30. April. Anno 1679. in Breßlau Hoch-Adelich gehaltenem Leichbegängnüße.* (Beigebunden der Ausgabe *Deutsche Übersetzungen und Getichte.* Breslau 1679/80 u. ff. Hier zitiert nach: C. H. V. H. Gedichte. Hg. v. J. Hübner. Berlin 1962, S. 75-85). Künftig = Lohenstein.

[6] Johann Hoffmann von Hoffmannswaldau hatte zwei Brüder, die mit ihm geadelt wurden: Georg stand in Ungarn in kaiserlichen Diensten, Balthasar wirkte als Agent der schlesischen Stände in Prag und Wien.

[7] C. H. V. H. *Deutsche Übersetzungen und Getichte.* Zu den verschiedenen Ausgaben und Auflagen: F. Heiduk: Hoffmannswaldau und die Überlieferung seiner Werke. In: Jahrbuch des Freien Deutschen Hochstifts 1975. Tübingen 1975, S. 1-72.

[8] 8 unedierte Briefe an J. F. Gronovius in der UB München (Ms. 616. 2⁰).

[9] Vgl. F. Heiduk: Das Geschlecht der Hoffmann von Hoffmannswaldau. In: Schlesien 1968, S. 31-41. Hier über die Nachkommen.

[10] C. H. v. H.: *Kurtz gefaste gegenantwort, bey dem Christ-Adelichen Leichbegängnüße deß ... Herrn Heinrichs von Reichell ...* In: Trauerreden des Barock. Hg. v. Maria Fürstenwald. Wiesbaden 1973, S. 61-67.

[11] Elias Thomae: *Justa viro Nobilissimo, Strenuo Amplissimoque Domino Christiano Hofmann ab Hofmanswaldau in Arnoldsmühle ...,* Vratislaviae o. J. (1680); künftig = Thomae.

[12] Die *Gesamtvorrede* zu der Ausgabe *Deutsche Übersetzungen und Getichte* wird zitiert nach dem Abdruck (hg. v. K.-G. Just) in: Poetica 2. München 1968, S. 541-552; hier: S. 552.

[13] Ebd., S. 541.

[14] F. Heiduk: Die Dichter der galanten Lyrik. Bern – München 1971.

[15] *Gesamtvorrede,* a. a. O., S. 552.

[16] Eine kritische oder größere zuverlässige Ausgabe der Dichtungen Hoffmannswaldaus liegt nicht vor. Die beste zugängliche Auswahl: M. Windfuhr (Hg): Christian Hofmann von Hofmannswaldau: Gedichte. Stuttgart 1964. Das Gedicht *An Melinden* auf S. 24 f. stammt allerdings von Christian Schwartz. Eine bezeichnende absurde Auswahl in: M. Szyrocki (Hg): Lyrik des Barock II. Reinbek 1971, S. 52-72. Von den insgesamt 15 Gedichten und einigen Grabschriften sind drei umfangreiche Gedichte nicht von Hoffmannswaldau, darunter das von Plattheiten strotzende laszive *Schertz-Gespräche ...,* S. 59-65. Auf 20 Seiten Text fast die Hälfte nicht von Hoffmannswaldau (!!).

[17] Ein einziges Zitat für viele: O. v. Leixner: Geschichte der deutschen Literatur, 1. Teil. Leipzig ⁸1910, S. 208: „Nur eine verkommene Gesellschaft, durch den Schlamm aller Genüsse gehetzt, bar jeder Scham, die Einbildungskraft verlottert durch und durch, konnte Freude an solchen Schöpfungen finden, die der Darsteller des Schrifttums nur mit Ekel in die Hand zu nehmen vermag."

495

[18] *Benajmin Neukirchs Anthologie Herrn von Hoffmannswaldau ... Gedichte erster theil.* Ndr. Tübingen 1961, S. 46.

[19] O. v. Leixner, a. a. O., S. 208 (Faksimile der Handschrift).

[20] Text nach den Handschriften. Vgl. F. Heiduk: Hoffmannswaldau und die Überlieferung ... (Anm. 7).

[21] C. H. V. H. *Deutsche Übersetzungen und Getichte.* Breslau 1679.

[22] Text nach den Handschriften.

[23] Text nach den Handschriften.

[24] *Benjamin Neukirchs Anthologie ... erster theil,* a. a. O., S. 72.

[25] Ebd., S. 385.

[26] Ebd., S. 31-40.

[27] C. H. V. H. *Deutsche Übersetzungen und Getichte,* a. a. O.

[28] *Benjamin Neukirchs Anthologie ... anderer theil.* Ndr. Tübingen 1965, S. 266.

[29] Katalog der *Sammlung Victor Manheimer.* Ndr. Hildesheim 1966 (München 1927), S. 41.

FERDINAND VAN INGEN

PHILIPP VON ZESEN

I

Philipp von Zesen gehört zu den merkwürdigsten, zugleich zu den umstrittensten Gestalten der deutschen Literatur des 17. Jahrhunderts. Kaum ein anderer Autor jener an kollegialer Lobhudelei wie an gehässiger Polemik reichen Zeit war so heftigen Attacken ausgesetzt wie er. Zwar wurden seine Werke viel gelesen und nachgedruckt, wurde sein Stil nachgeahmt, hatte er viele Freunde – aber gerade die einflußreichsten wandten sich von ihm ab, als es immer mehr zum guten Ton zu gehören schien, Zesen zu verunglimpfen. Den Höhepunkt erreichten die Angriffe durch das Auftreten des Wedeler Pastors und Stifters des Elbschwanenordens Johann Rist. Dieser verspottete Zesen öffentlich und sprach ungeniert von dem „leichtfertigen Landläufer, dem Ehrendieb Philipp Zesien".[1] Das Verdikt der Zeitgenossen hat die Rezeptions- und Wirkungsgeschichte der Werke Zesens jahrhundertelang überschattet. Stellvertretend für viele andere Zeugnisse sei hier die Charakteristik Karl August Küttners zitiert:

> Seine theoretischen Schriften über teutsche Dichtkunst sind so sonderbar elend, als seine Poesien. Wer mag den Klingklang aller der geistlosen Riegelgedichte, Dattel- und Palmenreime mit Geduld aushalten! wer in seinen Romanen die lächerlichen Sprünge seiner erhitzten Einbildungskraft ohne Bedauern ansehen! wer an den ekelhaften Tändeleyen seiner ernsthaften Verse Geschmack finden! [...] bey aller Erfindungskraft seines wunderbaren Geistes [...] hat er sich auf dem teutschen Parnaß blos in die Reihe derjenigen eingedrängt, die mit dem Namen der Verderber des guten Geschmacks, andern zur Warnung, auf immer bezeichnet sind.[2]

Als man sich ernsthafter mit der Barockliteratur zu beschäftigen anfing, war es lediglich ein Buch, das den Autor Zesen der Vergessenheit entriß: die *Adriatische Rosemund.*

Erst vor wenigen Jahrzehnten bahnte sich ein neuer Zugang zu Zesens Werk an und fand seine Leistung eine gerechtere Beurteilung. Heute wird Zesens Bedeutung hoch angeschlagen und sind auch die Urteile über seinen Charakter meist frei von negativen Zügen – „Zesen ist eine ernste und aufrichtige Natur, wahrhaft fromm, Vorkämpfer der Glaubens- und Gewissensfreiheit, tolerant, ehrlicher Patriot, vielseitiger Könner".[3]

Es ist nicht leicht auszumachen, was zu dem ungünstigen Bild geführt hat. Denn Zesen scheint auf den ersten Blick nur der Idealvorstellung der Zeit vom Dichter zu entsprechen. Unermüdlich tätig im Dienst der von ihm gegründeten „Deutschgesinneten Genossenschaft", erfolgreicher Autor von weltlichen und geistlichen Liederbüchern, Romanen, sprach- und literaturtheoretischen Werken, Erbauungsbüchern und historischen Schriften, spielte Zesen eine zentrale Rolle im literarischen Leben seiner Zeit, vielleicht sogar als erster freier Schriftsteller. Im Alter von 33 Jahren wurde er in den Adelsstand erhoben, er erhielt die Würde eines kaiserlichen Hof- und Pfalzgrafen, die Stadt Amsterdam verlieh ihm 1662 das Bürgerrecht, die Stadt Hamburg ehrte ihn 1677 mit der Überreichung eines „Wein- und Ehrengeschenkes".

An literarischem Erfolg hat es Zesen ebensowenig gefehlt wie an persönlichen Ehrungen. Allseitig gebildet, wußte er sich durch ein gefälliges Benehmen auch in den höchsten Kreisen sicher zu bewegen, weil er – so berichtet ein Zeitgenosse – „durch Gewohnheit und Erfahrung so weit kommen ist / daß er an zierlichen Reden / höflichen Sitten / und anmuhtigen Gebährden keinem Höflinge weicht".[4]

Dennoch – an Zesen schieden sich die Geister. Dabei wurde die Kritik an einem Punkt festgemacht, der uns heute eher zweitrangig vorkommen dürfte: an seinen Ansichten über die Rechtschreibung und seinen sprachpuristischen Bemühungen, die im Zuge des Alamodekämpfes manche gelehrte Köpfe beschäftigte. Offenbar hatte Zesen das Unglück, in diesen Dingen bei vielen bedeutenden Männern anzuecken. Spürt man den Gründen dafür nach, stößt man sofort auf den Vorwurf eines lächerlichen Purismus (die Beispiele „Jungfer-zwünger" für Nonnenkloster und „Tageleuchter" für Fenster, die etwa J. S. Wahll noch zu Anfang des 18. Jahrhunderts moniert, geistern auch in modernen Handbüchern herum[5] und auf eine nahezu einhellige Verurteilung seiner als schrullig angesehenen orthographischen Reformvorschläge (Ludwig von Anhalt-Köthen: „... übelschreibung, und andere überflüssige Klügeleyen...")[6]. Auch in Kreisen, die auf ihre Weise für die Verbesserung der Sprache eiferten, wie die ehrwürdige Fruchtbringende Gesellschaft unter der Leitung des Fürsten Ludwig von Anhalt-Köthen, stieß Zesen auf Ablehnung. Als ihm endlich die ersehnte Aufnahme unter die Fruchtbringenden gelang (1648) und er fortan als Mitglied dieser vornehmsten Sprachgesellschaft gelten durfte, lassen Gesellschaftsname (Der Wohlsetzende) und „Reimgesetz" erkennen, daß der Streit nicht endgültig beigelegt war[7]:

> Gezwungne neuerung sey weit von uns verbant,
>   Weil sie die eigenschaft der rede wil verletzen:
> Wer neue sachen setzt, der setze mit bedacht,
> Und nehme die Natur der sach' und sprach' in acht.

Der Sinnspruch, den Zesen am 2. Dez. 1648 ins Gesellschaftsalbum schrieb, ist eine deutliche Anspielung auf die fortgesetzten Anfeindungen:

> *Tugend* hat leider! allzuviel neider, aber indessen
>   werd' ich sie dennoch allezeit lieben, nimmer vergessen.

Wilstu die rosen unter den Dornen völlig abbrechen,
mustu nicht achten ober betrachten, daß sie dich stechen.
wahlspruch
Last häget Lust.[8]

Tatsächlich wollen Zesens sprachliche Neuerungsversuche eher als Vorschläge
betrachtet werden, die den kritischen Leser zum Nachdenken anhalten, denn als
Vorschriften: „Ich weis sehr wohl / daß ich irre. Darüm wil ich dir danken /
wan du mich meines irtuhms erinnerst. [...] Sotahnig trehten wir der volkom-
menheit immer näher und näher. Man mus sie suchen / bis man sie findet. Aber
einer allein wird sie nimmermehr finden."[9] An anderer Stelle äußert er sich noch
deutlicher: „Worbei ich nohtwendig erinnern mus / daß ich meinen Deutschen
eine neue schreib-art mit gewalt aufzudringen keines weges gesonnen sei [...]
sondern nur weisen wolle / wie man selbige nach der natur und durch kunst ver-
bessern könne."[10] Erst die neuere Forschung ist Zesens Bestrebungen kritisch
gerecht geworden.[11] Die Zeitgenossen wollten oder konnten Zesens Ansichten
im allgemeinen kein Verständnis entgegenbringen. Ihnen galt Zesen ebenso wie
Generationen von Literarhistorikern als ein „Don Quichote unter den Sprach-
reinigern" (Newald). Die alten Urteile wurden unbesehen übernommen, und so
haben Zesens gewagte Spracherneuerungen für Jahrhunderte den Blick auf ein
imponierendes Œuvre verstellt.

II

Von Anfang an hat Zesen den Widerwillen seiner Kollegen erregt. Er mag
nicht immer taktvoll verfahren sein. Aber es ist auffällig, daß schon Zesens Leh-
rer Gueintz, der nichts getan hat, um Zesens Aufnahme in den Köthener Kreis
zu bewerkstelligen, sogar dann noch, als Zesens Mitgliedschaft beschlossene
Sache war, seinen ehemaligen Schüler beim Fürsten verdächtigte: „... Ist sonsten
[...] Ehrgierig und Hochsinnig auch frauenholdig."[12] Daß der junge Zesen ein
Schürzenjäger gewesen sein sollte, wurde alsbald seinem Roman *Adriatische
Rosemund* zur Last gelegt. Auch hier hatte Rist kräftig vorgearbeitet, und schon
Thomasius weiß zu berichten, daß der Roman („ein recht einfältig Buch")
„einem Wäschermädgen zu Leipzig zu ehren gemacht" worden sei, ja daß Zesen
sich „mit einem Hauffen Adriatischen Rosemunden, oder deutlicher zu sagen,
mit einem Hauffen Kleppel- und Wäscher-Mägdgen" amüsiert habe.[13] Andere
wollen es noch genauer wissen: die A d r i a tische Rosemund sei die Tochter
eines Mannes namens A d r i a n Tutzenhof gewesen.[14] Damit war nicht nur
der Mythos von einer historischen Rosemund geschaffen, vor allem war beabsichtigt, Zesen an einer empfindlichen Stelle zu treffen und seinen Ruf zu ruinie-
ren. Man geht wohl nicht weit fehl, wenn man dafür eine „jalousie de métier"
verantwortlich macht.

Zesen hatte eine steile Karriere gemacht, hatte sich in der Welt umgesehen und konnte sich der Bekanntschaft vieler bedeutender Männer rühmen. Seine Biographie, wie fragmentarisch sie auch ist, ist von dem historischen Kontext nicht ablösbar, sie ist außerdem eng mit seinem Werk verflochten. Philipp von Zesen wurde am 8. Okt. 1619 in Priorau bei Dessau als Sohn des lutherischen Pfarrers geboren, der dort von 1616 bis 1668 wirkte. Er besuchte das bekannte, von Christian Gueintz geleitete Gymnasium in Halle. Der an sprachlichen Dingen interessierte Rektor (*Deutscher Sprachlehre Entwurf*, 1641) hat seinem Schüler nachweislich wichtige Anregungen gegeben. Schon als Zwölfjähriger will Zesen die Reimtafel zu seinem *Helicon* verfertigt haben.[15] 1639 bezog er die Universität Wittenberg, wo der berühmte Augustus Buchner lehrte (dieser zählte auch Klaj, Schottelius, Schirmer und Finckelthaus zu seinen Schülern). In Wittenberg ließ Zesen 1640, kaum mehr als 20 Jahre alt, seine Poetik erscheinen (*Deutscher Helicon*), die erste deutschsprachige nach dem *Buch von der deutschen Poeterey* von Martin Opitz (1624). Obwohl Zesen damals noch nicht über Opitz hinaus Neues bringen wollte, war es immerhin ein wagemutiges Unternehmen, das in poetologischer Hinsicht eine neue Periode einleitete.[16]

Ein Studienaufenthalt in Leipzig ist nicht bezeugt; aber es ist mit Sicherheit zu sagen, daß Zesen den Magistertitel in Wittenberg erwarb.[17] In Hamburg ist er schon im September des Jahres 1641 nachzuweisen. Hier wurden die Schäferdichtung *Poetischer Rosen-Wälder Vorschmack* und die Liedersammlung *FrühlingsLust* gedruckt (beide 1642). Amsterdam ist die nächste Station (vermutlich Herbst 1642 bis 1648). Die größte Stadt der jungen, aufstrebenden Republik (sie hatte 1648 ca. 150 000 Einwohner und zählte zu den größten Städten Europas) zog viele Ausländer an, namentlich auch solche, die, wie die Anhänger Jacob Böhmes, ihre Heimat aus Glaubensgründen verlassen mußten. Es ist sicher kein Zufall, daß die schlesischen Spiritualisten in dieser toleranten Stadt eine ungestörte Bleibe gefunden haben und daß die Schriften Böhmes, Weigels u. a. dort gedruckt und verkauft wurden. Handel und Gewerbe blühten wie kaum anderswo, das Verlagswesen florierte, und zahlreiche deutsche Bücher wurden von Amsterdam aus vertrieben.[18] Hier ließ sich also Zesen nieder, von hier aus leitete er seine „Deutschgesinnete Genossenschaft" (1643 gilt als ihr Gründungsjahr), hier erschienen auch seine Romanübersetzungen *Lysander und Kaliste* (1644), *Ibrahim* (1645), *Die Afrikanische Sofonisbe* (1647) sowie das selbständige Romanwerk *Adriatische Rosemund* (1645). Die erste holländische Periode wurde abgeschlossen, als Zesen sich 1648 nach Deutschland begab, wo er u. a. in Köthen beim Fürsten persönlich vorstellig wurde, um in die Fruchtbringende Gesellschaft aufgenommen zu werden. Schon im Frühjahr des nächsten Jahres reiste er wieder nach Holland, allerdings für kurze Zeit: Vermutlich Anfang 1653 ging er zum Anhaltinischen Hof nach Dessau. In welcher Funktion er reiste und was er am Dessauer Hof trieb, ist bisher ungeklärt. Er wurde hier jedenfalls freundlich aufgenommen.[19] Von Dessau aus unternahm er die Reise nach Regensburg, wo er auf dem Reichstag vom Kaiser geadelt wurde. Im Jahre 1655 war Zesen in den Ostseeprovinzen beim Grafen von Thurn, der dort Statthalter geworden war. Aber schon 1656 finden wir ihn wieder in Holland; der dritte holländische Aufenthalt dauerte bis 1667.

Das unstete, rastlose Leben ist charakteristisch für Zesen, charakteristisch wohl auch für einen Mann, der von der Feder leben wollte und deshalb auf Kontakte angewiesen war. Überall versuchte er neue Mitglieder für seine Sprachgesellschaft anzuwerben; aus den Widmungen seiner Schriften und aus den vielen Gelegenheitsgedichten läßt sich schließen, daß er sowohl in Deutschland wie in seiner Wahlheimat Beziehungen zu einflußreichen Leuten zu knüpfen wußte.[20] Inzwischen hatte er seinen Namen gefestigt – seinen „Neidern" zum Trotz: 1656 war der *Helicon* in vierter (letzter) Auflage erschienen, ein großes Geschichtswerk über die Niederlande wurde im gleichen Jahr abgeschlossen *(Leo Belgicus)*, mit der prachtvollen Ausgabe der *Moralia Horatiana* (ebenfalls 1656) zollte er der emblematischen Mode seinen Tribut. Wie sehr er sich in Holland wohlfühlte, geht aus den zahlreichen Gedichten in holländischer Sprache hervor, die sich bruchlos in sein lyrisch-allegorisches Programm (s. u.) einfügen.[21] Er hatte sich auch schon mit der *Beschreibung der Stadt Amsterdam* (1664), die er den „Amstellinnen" zum Dank für das ihm verliehene Bürgerrecht widmete, durch genaue Detailkenntnisse als rechter Sohn der stolzen Kaufmannsstadt ausgewiesen. Von dem schönen Buch erschienen in einem Jahr zwei Ausgaben (bei Joachim Noschen und Marcus Wilhemsen Doornik).

Im Dezember 1667 ist Zesen wieder in Hamburg. Er blieb dort auch im nächsten Jahr, um das 25jährige Stiftungsfest seiner Gesellschaft zu feiern, das man „im Meimohnde des 1668 heiljahres / welches war das 25. nach ihrer stifftung / zu Hamburg / hochfeierlich beging". Dann ging es 1669 nach Amsterdam zurück, und hier, „im Ertzschrein der Amstellinnen", erschien *Das Hochdeutsche Helikonische Rosentahl* (1669), die erste der Gesellschaftsschriften. Die Deutschgesinnete Genossenschaft hatte sich offenbar fest etabliert, Amsterdam als Stadt des „Ertzschreins" schien der geeignete Ort für die von Zesen angestrebte Vermittlung zwischen holländischer und deutscher Kultur zu sein. So ließ er auch seinen zweiten Roman, die *Assenat,* 1670 in Amsterdam erscheinen. Im gleichen Jahr kam jedoch seine große Sammlung *Dichterisches Rosen- und Liljen-tahl,* die Lieder aus verschiedenen Zeiten umfaßt, wieder in Hamburg heraus.

Zwischen Amsterdam, der Stadt des „Ertzschreins", und Hamburg, der Stadt, wo er seine Genossenschaft gegründet haben wollte[22], muß Zesen eine Wesensverwandtschaft gespürt haben. Seine Frau, Maria Beckers, holte er sich aus Stade; er heiratete sie am 13. Mai 1672 in Amsterdam. Die deutschen und holländischen Freunde ergriffen die Gelegenheit, dem Brautpaar mit Ehrengedichten gebührend zu huldigen. Offenbar ging es aber dem jungen Paar in Amsterdam nicht nach Wunsch, denn bald nach der Heirat zog Zesen mit seiner Familie nach Deutschland. Er war zwischendurch (im Frühjahr 1674) allerdings wieder in Amsterdam, das er nun schnell verlassen wollte, „weil mir Holland itzund gantz nicht mehr gefallen wil".²³ Von kleineren Reisen (u. a. nach Sachsen) abgesehen, blieb er bis Sommer 1679 in Hamburg. Dann ging er doch wieder nach Amsterdam zurück, wo seine Frau einen „Handel mit Schlesischem Leinwand" anfangen wollte. Glücklich können die letzten Jahre in Hamburg nicht gewesen sein, und auch die letzte Amsterdamer Periode stand wohl unter keinem guten Stern. Zwar wuchs die Genossenschaft ständig, und verfaßte Zesen noch den großen Roman *Simson* (1679, er gilt als weniger gelungen); auch fanden sich einige Getreuen bereit, öffentlich für Zesen einzutreten (*Etlicher der* [. . .] *Deutsch-gesinneten Genossenschaft Mitglieder* [. . .] *Sendeschreiben* [. . .] *zusammen geläsen* [. . .] *durch Johan Bellinen, 1647; Wohlgegründete Bedenkschrift über die Zesische Sonderbahre Ahrt Hochdeutsch zu Schreiben und zu Reden /* [. . .] *zusammen und zu tage getragen durch L. Andreas Daniel Habichthorsten*, 1678). Aber Geldsorgen und der Wunsch nach einem festen Wohnsitz quälten ihn immer mehr. Hanisius, den Wolfenbütteler Bibliothekar, ging er wiederholt um Hilfe an, „damit ich etwan von einem Hofe hier oder im Hage einige Bestallung erlangen möge".²⁴ Sein jugendlicher Elan hat Zesen allmählich verlassen. Immer mehr richtete er seine Gedanken auf die Jugendzeit, und so entstand 1680 sein großes Gedicht *Prirau / oder Lob des Vaterlandes*. Gegen Ende heißt es da:

> . . . . Kan ich schon bei dir nicht sein /
> trekt und schlept mich schon vor dir mein Verhängnis an den Rein /
> an die Amstel / ferne weg; dannoch denk' ich / liebste Mutter /
> liebstes Prirau / stähts an dich. Du bist meiner Sinnen Futter.
> Du bist meiner Seele Spiel. Diese spielet für und für /
> ist der Leib schon in Hamburg / dannoch schier allein bei dir.

Seit 1684 taucht Zesens Name wieder in den Hamburger Gelegenheitsgedichten auf. An freundschaftlicher Aufmunterung hat es ihm in den letzten Hamburger Jahren sicher nicht gefehlt. Aber außer Gelegenheitsgedichten wollte ihm kein Lied mehr gelingen. Schon 1679 hatte er über seine angegriffene Gesundheit geklagt (Vorrede zu *Simson*). Das letzte große Werk ist ein mythologisches Handbuch: *Der erdichteten Heidnischen Gottheiten* [. . .] *Herkunft und Begäbnisse* (1688). Am 13. November 1689 ist Zesen im Alter von 70 Jahren in Hamburg gestorben.

III

Zesens Name war von Anfang an mit dem kleinen Roman *Ritterholds von Blauen Adriatische Rosemund* verknüpft. Er ist es heute noch, und zwar uneingeschränkt in positivem Sinn. Manchen Zeitgenossen war die Beliebtheit des Buches aber ein dankbarer Anlaß zur Verhöhnung seines Verfassers. Als den Junker Sausewind läßt Rist in seinem *Friedejauchtzenden Teutschland* (1653) den nicht recht gescheiten Liebhaber einer etwas überspannten Rosemund, also

Zesen, in lächerlichen Szenen auftreten, und parodiert wirkungsvoll den Zesen-Ton: „O Rosemund / Ich bin ja dein getreuer Hund . . .".[25] Die Identifizierung des Autors Zesen mit dem von Rosemund so treugeliebten Markhold, dem geschäftigen Romanhelden, brauchte Rist nicht zu erfinden. Der Ritterhold im Titel ist natürlich mit Markhold identisch, und hinter beiden Namen erscheint (durch Verdeutschung der griechischen Bestandteile) der Name Philipp, während „von Blauen" dem Lateinkundigen sofort als „von Zesen" (lat. caesius = blau) durchsichtig ist. Eben der private Charakter des Buches, unterstützt durch unverkennbar autobiographische Züge[26], und die vielen empfindsamen Stellen in dieser tragischen Liebesgeschichte sicherten dem Buch in der Literaturgeschichtsschreibung einen ehrenvollen Platz. Leo Cholevius umriß kurz nach der Mitte des 19. Jahrhunderts die Sonderstellung der Rosemund-Geschichte folgendermaßen:

> Zesen schreibt die innere Geschichte eines Herzens, das mancherlei Phasen der Liebe, die Sehnsucht, die Eifersucht, den frohen Genuß des Augenblicks, den Schmerz über eine getäuschte Hoffnung durchempfindet, bis es sich in tragischer Schwermuth aufzehrt. [. . .] So sind [. . .] Markhold und Rosemund [. . .] ein reines und hochgestimmtes Paar, wie es bis dahin kein deutscher Dichter aufgestellt.[27]

Durch denselben Roman, der einst dazu herhalten mußte, Zesen zu verspotten, trat eine Wende in der Beurteilung des Dichters ein, als man den Sprachneuerer noch belächelte. Zesen wurde zum Wegbereiter der Goethezeit erklärt und aufgrund dieses einen Buches, bei gleichzeitiger Vernachlässigung seines übrigen Schaffens, als einem Befreier der Seele aus den Fesseln der barocken Rhetorik gefeiert.[28]

Nun hat Zesen mit seinem Roman zweifellos etwas ganz Neues im Sinn gehabt. In der Vorrede an den Leser erwähnt er den Erfolg der aus dem Spanischen und Französischen übersetzten Liebesromane[29], spricht aber die Befürchtung aus, die Deutschen würden „von ihrer gebuhrts-ahrt und wohl-anständigen ernst-haftigkeit abweichen", wenn man so fortführe. Er hält es darum für besser, „wan man was eignes schriebe": „Solches aber müst' auch nicht alzu geil und alzu weichlich sein, sondern bisweilen, wo es sich leiden wolte, mit einer lihblichen ernsthaftigkeit vermischet, damit wihr nicht so gahr aus der ahrt schlügen, und den ernsthaften wohlstand verlihssen."[30] So stellt er der welschen Venus die „deutsche Freie" entgegen, und erläutert in dem Gedicht „Lustinne", das dem Roman beigegeben und der „un-vergleichlichen Rosemund" gewidmet ist, ihr Wesen. Sie mache den Liebhaber nicht allzu weichlich, sie belehre ihn dagegen über das rechte Maß im Lieben –

> das mittel ist das bäst', und würd das bäste bleiben.
> wehr ganz nicht liben wül, dehr läbet ohne lücht,
> wehr al-zu-eifrig lihbt, hat sähend kein gesicht.

Von diesen Versen her läßt sich im Roman Markholds Verhalten erklären.

Nachdem Rosemunds Vater, ein vornehmer in Amsterdam wohnhafter italienischer Kaufmann, den Liebenden deutlich gemacht hat, daß seine katholische Tochter den evangelischen jungen Deutschen nicht werde heiraten können, es sei denn dieser würde konvertieren, nimmt das tragische Geschehen seinen Lauf. Markhold, der schon seit Beginn des Liebesverhältnisses viel unterwegs war, zieht sich jetzt immer mehr zurück. Er läßt sich in Utrecht nieder, „damit er in solcher stillen lust seiner bücher däs zu bässer abwarten könte" (211). Rosemund verzehrt sich in Kummer, die Briefe ihres Geliebten bringen keine Linderung ihrer Pein, denn „waren di seinigen fol trohstes und hofnung, so waren di ihrigen fol trühbnüs und verzweifelung" (227). Markhold verschwindet nun völlig aus dem Blickfeld, der Schluß des Romans ist ganz dem Mädchen gewidmet, das „nihmand hatte, dehm si ein teil ihrer bekümmernüs auf-bürden könte" (228). Der Leser erfährt nur noch, daß die „wunder-schöne Rosemund" im Stillen leidet; angedeutet wird, daß sie an gebrochenem Herzen stirbt, – sie „verschlos ihre zeit in lauter betrühbnüs".

Zesens erster Originalroman sperrt sich einer Zuordnung zu den gängigen Romantypen der Zeit.[31] An den höfisch-historischen Roman erinnert die medias-in-res-Technik und die nachgeholte Vorgeschichte sowie die Trennung des Liebespaars zu Beginn der Romanhandlung: Alles Wesentliche ist schon geschehen, es fehlt nur noch der Schluß. Aber gerade der Schluß, der offen bleibt und die Liebenden nicht – wie in diesem Romantypus üblich – zusammenbringt, weicht entscheidend ab. Hier liegt eine offenkundige Verbindung zum Schäferroman vor, die durch die angekündigte Fortsetzung und die Schäferepisode, das Kernstück der Handlung, unterstrichen wird. Der autobiographische Hintergrund und das Verlegen des Geschehens in die Gegenwart weisen in die gleiche Richtung. Die ältere Forschung nahm diese Sonderstellung des Romans zum Indiz dafür, daß Zesen sich zur romanhaften Darstellung eines persönlichen Erlebnisses genötigt gesehen habe, bereitstehende Romanschemata abzuwandeln. Die biographisch orientierte Forschung hat sich denn auch lange um die Identifizierung einer historischen Rosemund bemüht, ohne allerdings je zu überzeugenden Resultaten zu gelangen.[32] Man muß heute feststellen: So unleugbar Elemente aus Zesens Lebensgeschichte in den Roman eingegangen sind, so müßig und belanglos ist die Frage nach Rosemunds historischem Vorbild.

Wichtiger dagegen ist die vor ca. 30 Jahren einsetzende symbolische Interpretation, die die vielfältigen Bezüge der Rosemund-Gestalt zur Deutschgesinneten Genossenschaft aufdeckte[33]; deren erste Zunft, die „Rosenzunft", wurde an Rosemunds Geburtstag (1. Mai) gegründet. Es ist außerdem zu berücksichtigen, daß Rosemund auch außerhalb des Romans in Zesens Schaffen eine bedeutende Rolle spielt. So ist die Romanübersetzung *Lysander und Kaliste* (1644) vom „Blauen Ritter" der „überirdischen Rosemund" gewidmet; zum erstenmal tritt sie in einem Trinklied aus der *Scala Heliconis* (1643) auf. Im *Helicon* von 1649 nimmt Zesen auf Rosemunds Tod Bezug, in einem holländischen Lied[34] ebenfalls. Schließlich treten Markhold und Rosemund zusammen in den sprach- bzw. literaturtheoretischen Schriften *Rosen-mând* (1651) und *Helikonische Hechel* (1668) auf. Man kann von einem regelrechten „Rosemund-Kult" sprechen. Er bezeugt den inneren Zusammenhang von künstlerischem und theoretischem Werk, wie er programmatisch für Zesens Sprachgesellschaft Geltung haben sollte.

Zweifellos war Rosemund die Symbolfigur für Zesens umfassende Tätigkeit im Dienst an der deutschen Sprache. Aber dennoch kann eine ausschließlich symbolische Interpretation des Romans nicht befriedigen. Der Roman hat sicher auch eine pädagogisch-moralische Funktion (vgl. die Vorrede an den Leser). Rosemund und Markhold zeigen wohl ein vorbildliches Verhalten in Fragen der Liebe, wie Zesen das, von den ausländischen Liebesromanen deutlich unterschieden, seinen Landsleuten beibringen möchte.[35] Dieses Verhalten entspricht dem ursprünglich-deutschen Wesen („gebuhrts-ahrt"), das von einer „wohl-anständigen ernst-haftigkeit" gekennzeichnet wird. Das Wort „ernst-haftigkeit" wird in der Vorrede deutlich hervorgehoben, und es ist kein Zufall, daß sie auch zum Wesenszug der deutschen Venus wird. Im Hause von Rosemunds Vater ist diese Venus auf einem Gemälde dargestellt:

> Näben disem zur rächten hing di Deutsche Lustinne, die Freie, [...] in einem blau-angelauffenen halben harnisch, mit vergüldeten schupen. [...] Aus ihrem gesichte blikte so ein fräund-säliger schein, und zugleich ein durchdrüngendes ernst-haftes wäsen härführ... (50).

Die in diesem Zusammenhang auffällige blaue Farbe mag die Beziehung dieser Venus zu Pallas, der Göttin der Weisheit, herstellen und ihr ernsthaftes Wesen nachdrücklich symbolisieren. Solcherart sollte nun die deutsche Venus ihren Siegeszug durch Deutschland antreten, die Lektüre dieser neuartigen Liebesgeschichte sollte das Herz des Frauenzimmers erobern, „welches nicht so gahr machiavellisch-wält-sälig ist".[36]

Rosemund wird so zur Repräsentantin jener Venus, und sie ist deshalb in symbolischer Nähe dieser Göttin angesiedelt. Ihr Name deutet auf die Rose, die Venus-Blume, hin, die sechs Bücher ihrer Geschichte verweisen auf die der Venus geheiligten Zahl; schließlich erinnert Markholds Beschreibung von Rosemunds Haaren an das im Roman erläuterte Gemälde der Lustinne.[37] In Rosemund ersteht das Idealbild einer treuliebenden Frau („träu-beständig" oder „träu-befästigt" sind ihre leitmotivischen Charakteristika), sie verkörpert in geradezu exempelhafter Art die barocke „Constantia".[38] Aber sie ist doch keine Gestalt gewordene Idee, sondern ein Wesen aus Fleisch und Blut. Es paßt zu ihren krausen Haaren, daß sie während Markholds Aufenthalt in Paris von Eifersuchtsgefühlen geplagt wird – und aus ihrem Herzen keine Mördergrube macht. Sie ist „verzweifält, argwähnisch, libes-eiferig" (82), erkennt aber ihre Charakterschwäche und findet Heilung in der Einsamkeit des Schäferlebens. Hier kommt sie zu sich selbst; sie gesteht dem Geliebten, sie sei nun „from, de-mühtig, stil und sitsam worden, da ich fohr-mahls [. . .] arg-wähnisch, hohch-fahrend, aufgeblasen und unruhig gewäsen bin" (86). Sie ist vom Laster des Hochmuts geheilt[40], ihre Liebe erhält jene religiöse Komponente, die sie wahrhaft „überirdisch" macht. Die Schäferepisode bewirkt die Vollendung ihrer Tugend.[41] Rosemund ist nach einer Zeit der Einkehr geläutert. Da es zu einer Heirat nicht kommen kann, will sie Markhold freilassen und ihm auch in der Entsagung die Treue halten.[42] In ihrer opferbereiten Selbstlosigkeit erscheint Rosemund am Ende beinahe religiös verklärt.

Wenn man bedenkt, daß Zesen für seinen in Holland geschriebenen und dort spielenden Roman keine deutschen Vorbilder hatte, ist der offene Schluß vielleicht mit dem Hinweis auf die im fortschrittlicheren Nachbarland bekannte französische Mode des literarischen Porträts zu erklären.[43] Dann ist auch Markholds Rückzug aus dem Geschehen nicht etwa negativ als Zeichen seiner Egozentrizität zu bewerten[44], sondern eine kompositorische Notwendigkeit. Wäre das Buch ein Liebesroman in der gängigen Art gewesen, hätten sich die Helden zur Wehr gesetzt, bis schließlich ihre Tugend belohnt würde. Geht es aber darum, ein Porträt von der fast übermenschlichen Tugend einer Frau zu zeichnen, wird von dem Punkt an, wo die Exposition vollendet ist, die eigentliche Handlung belanglos. Markhold kann von der Bildfläche verschwinden und handelt sozusagen nur noch hinter den Kulissen, während Rosemund auf offener Bühne agiert. Markhold fungiert bloß als *agens*, damit sich die Vollkommenheit Rosemunds zeige.[45] Rosemunds verklärtes Bild legitimiert das Anliegen des Romans: „ d a s   r ü h m l i c h e   g e d ä c h t n ü s   d e r   ü b e r - m ä n s c h l i - c h e n   A d r i a t i s c h e n   R O S E M U N D " (Schluß) durch die Kunst zu verewigen.

IV

Zesens übrige Romanwerke (*Assenat*, 1670; *Simson*, 1679) haben nicht die Beliebtheit seines Romanerstlings erreichen können, obwohl doch vom Josephsroman weitere Ausgaben 1672 und 1679 und außerdem sechs Auflagen einer dänischen Übersetzung erschienen (1711 bis 1776). Sie reihen sich in die Tradition des biblischen Romans ein, dem Zesen aber neue Impulse zu geben suchte. In der Vorrede zu der *Assenat* betont er, daß sein Vorgehen als etwas ganz Neues anzusehen ist: „Freilich ist es was neues / was fremdes / was seltsames. Ja es ist was heiliges / dergleichen auf diese weise noch niemand verfasset."[46] Den Kern der Argumentation bildet der Anspruch, eine biblische Geschichte bearbeitet zu haben,

die ich noch über das / in ihrem *gantzen* grund-wesen / wie ich sie in der heiligen Schrift / und in den besten unter den andern gefunden / heil und unverrükt gelaßen; wiewohl ich ihr zu weilen / nach dieser ahrt zu schreiben / einen höhern und schöneren schmuk und zusatz / der zum wenigsten wahrscheinlich / gegeben.

Die Spitze ist deutlich gegen die immer lauter werdende Kritik an den Romanen gerichtet.[47] Dem Vorwurf der Lügenhaftigkeit begegnet Zesen mit der „nakten Wahrheit" seines Buches: „Hier aber haben wir keiner erdichtungen / keiner vermaskungen / keiner verdrehungen nöhtig gehabt." Das heißt keineswegs, daß Zesen sich nur um eine spannende Nacherzählung im Sinne von Grimmelshausens *Des Vortrefflich Keuschen Josephs in Egypten . . . Lebensbeschreibung* (1667) bemüht.[48] Er gliedert, obwohl er dem biblischen Bericht über Joseph genau folgt, bewußt anders und setzt eigenwillige Akzente. Der Leser ist durch Träume und Prophezeiungen schon darüber informiert, daß Joseph und Assenat füreinander bestimmt sind, und so bewegen sie sich folgerichtig bis zur glänzenden Hochzeit aufeinander zu. Hier setzt nun, anders als im gängigen Roman jenes Typus, die eigentliche Haupthandlung ein. Diese zeigt Joseph auf dem Gipfel seiner Staatsmannskunst. Erst nachdem die ganze Lebensgeschichte der Hauptpersonen zu Ende erzählt ist (im letzten Buch sind das 66 Jahre!), kann die Geschichte, die an erzählter Zeit fast ein Jahrhundert umfaßt, abgerundet werden. Die *Assenat* ist ein Staatsroman, und zwar im Sinne einer literarischen Verwirklichung zeitgenössischen absolutistischen Denkens[49]: Alles Private tritt in den Hintergrund, volles Licht fällt auf Josephs Staatskunst, so daß man zutreffend von einem „Lehrspiegel des vorbildlichen Hofmannes" (Sieveke) gesprochen hat.

Man hat die Josephsgestalt als Präfiguration Christi gedeutet[50], und dieses Element verbindet den *Assenat*-Roman mit dem *Simson*.[51] Hier hat Zesen auf Pallavicini aufgebaut, aber auch aus Quellen der Erbauungsliteratur geschöpft.[52] Sprachlich interessant, ist die Anlage des Romans im ganzen jedoch wenig gelungen. Von einem kunstvollen Aufbau kann nicht die Rede sein, die Reihung ist das vorherrschende Kompositionsprinzip. Dennoch ist die Episodenreihung (bekannt aus dem Pikaroroman) hier insofern als ein interessantes Experiment zu werten, als die Geschehnisse durch Vorausdeutungen und Rückblicke, die sie auf eine über sie hinausragende Bedeutungsschicht hin transzendieren, zusammengehalten werden. – Die erbauliche Geschichte wird durch eine eigene Erfindung Zesens aufgelockert: Die Geschichte von der „Schönen Timmnatterin" ergänzt den Roman um das sentimentale Liebesmotiv und rückt mit ihrer höfisch-repräsentativen Atmosphäre die Bibelerzählung in die Nähe des Staatsromans. Auch darin liegt eine gewisse Übereinstimmung mit dem *Assenat*-Roman. Aber die auffälligen Kompositionsschwächen (so verlaufen die Handlungsstränge der beiden Hauptpersonen nebeneinander, ohne sich atmosphärisch zu durchdringen) verbieten es, die biblischen Romane in eine Linie zu stellen: Der *Simson* ist ein unfertiges Werk, wofür sich Zesen in der Vorrede denn auch entschuldigt.[53]

Was Zesens große Übersetzungen *Lysander und Kaliste* (1644, nach Daudi-gier), *Ibrahim* (1645, nach Madeleine de Scudéry), *Die Afrikanische Sofonisbe* (1647, nach Sieur de Gerzan) für die Entwicklung des deutschen Romans bedeu-tet haben, läßt sich nur vermuten. Einige Strukturelemente des französischen Romans hat Zesen für seine biblischen Romane übernommen, wie die analytische Technik und die enge Verschränkung von Haupt- und Nebenhandlung *(Assenat)* sowie die Erzählung der Vorgeschichte durch einen Dritten *(Assenat, Simson)*. Indessen sind die Übersetzungen mehr als sklavische Nachahmungen des Origi-nals, denn auch hier prägt sich Zesens Prosastil deutlich aus: Der charakteristi-sche knapp-lakonische Ausdruck ist das Ergebnis seines Bestrebens, „die langen geträkk und geschleppe der räde" *(Ibrahim,* Vorrede) zu vermeiden.

V

Zesens Lyrik hat auf die Zeitgenossen nachhaltig gewirkt. Mit sicherem Ge-spür für das Moderne und Neuartige rückte Zesen entschieden von der Tradition des humanistisch-gelehrten Opitzschen Liedes ab, in dem rhetorisch-rationale Durchstrukturierung des Themas und objektivierende Formstrenge vorherrschen. Der starke motorische und musikalische Impuls, der die Eigenart der Zesenschen Lieder ausmacht, wird theoretisch auf die Erkenntnis gegründet, daß Tanz und Gesang die Schwesterkünste der Dichtkunst sind.[54] Der Klang und der Rhyth-mus stellen deshalb für diesen Liedtypus die wichtigsten konstituierenden Ele-mente dar, und von daher läßt sich erklären, daß Zesen das Eintreten seines Wittenberger Lehrers Buchner für daktylische und anapästische Verse dankbar aufgriff und sich tatkräftig für die Verbreitung der „Buchner-art" einsetzte. Hatte Buchner den von Opitz nur in Ausnahmefällen zugelassenen Daktylus legitimiert, so war es Zesen, der dieser wichtigsten Neuerung nach Opitz bereits mit der ersten Auflage seines *Helicons* theoretisch zum Durchbruch verhalf und die „hüpfenden" Verse sogar auch für religiöse Themen als geeignet auswies.[55] Zusätzlich mit Binnen- und Mittelreimen klanglich bereichert[56], sind sie noch heute gleichsam Zesens lyrisches Markenzeichen –

> Was flinkert und blinkert? was strahlet und prahlet
> so prächtig / so mächtig / so lieblich herfür?
> Ach! ist es die Sonne / mit wonne bemahlet /
> mehr lieblich / als üblich / in güldener zier?[57]

Die Klangkultur der Nürnberger mag von Zesen entscheidende Anstöße erhal-ten haben, denn Zesens Plädoyer für die „verzukkerung durch die mittel-reime" erfolgte früher als Harsdörffers gleichgerichtete Bemühungen. Indessen erwies sich vor allem der daktylische Vers als zukunftsträchtig, und unterstützt durch die Poetiken von Titz (1642), Schottelius (1645) und Harsdörffer (1647)[58] fand er allgemein Eingang, auch bei erklärten Opitzianern.

Damit war ein wichtiger Schritt in der Geschichte der Verskunst getan. Mit der Aufnahme des Daktylus in die Metrik wurde der Weg frei für sog. „gemischte Versarten", „in welchen bald Jambische / bald Trochäische / bald Dactylische pedes mit untergemischet werden".[59] Es läßt sich unschwer ermessen, wie groß die Zugkraft dieser Neuerungen gewesen sein muß.[60] Im Vergleich zu Opitz hatte der deutsche Vers eine bisher ungeahnte Beweglichkeit und Leichtigkeit erreicht, dazu eine Eleganz und Musikalität im klanglichen Bereich, die in den Augen der Deutschen nicht nur die Griechen und Römer, sondern auch die romanischen Lyriker in den Schatten stellte –

> Es geht euch allen für die Deutsche Nachtigal /
> die nuhn so lieblich singt / daß auch ihr süßer schal
> die andern übertrifft.[61]

Unter den Zeitgenossen hat aber kein anderer Dichter den klang-rhythmischen Elementen des Verses eine so große Bedeutung zugemessen wie Zesen. Die musikalische Bewegung, deren Hauptcharakteristikum eine Sinn und Beziehung stiftende Lautanalogie ist, saugt die einzelne begriffliche Aussage in so hohem Maße auf, daß das Wort als Lautträger einen eigengesetzlichen Sinnzusammenhang repräsentieren kann.[62] Es geht dabei nicht nur um brillante Klangvirtuosität: Zesens Bemühen geht dahin, mit Hilfe sprachlicher Mittel ein analogistisches Beziehungsnetz zu knüpfen, das die Welt der Dinge in Entsprechungen zu erfassen sucht. Daneben spielt selbstverständlich auch die Freude am Klang eine Rolle, wie überhaupt das Spielerische in Zesens Lyrik nicht übersehen werden darf. So ist Zesen trotz häufiger Anwendung petrarkistischer Motive in seinen Liebesliedern kein Petrarkist. Dazu fehlt die Tiefe ebenso wie in den geistlichen Liedern, in denen die Motivkreise der Jesusminne ohne die innere Glut eines Angelus Silesius oder die Antinomie von Zeit und Ewigkeit ohne die pathetische Intensität eines Andreas Gryphius gestaltet werden. Die Erfahrungsinhalte von Zesens Lyrik sind vielmehr unproblematisch. Dem entspricht eine Zurückhaltung im Bildgebrauch. Nicht nur im geistlichen Lied, das sich traditionell einfacher Formen bedient, sondern auch im weltlichen Lied ist Zesen um Eingängigkeit bemüht – „Die Worte seyn schlecht / die Reden deutlich / daß sie jederman verstehen sol. Denn so die Reden allzusehr verfünstert / daß mancher kaum den halben Verstand daraus erzwingen kan / wozu dienet es?" (Vorrede zur *FrühlingsLust*). Wenn Zesen sich in späteren Jahren verstärkt dem Bild zuwendet, wie im *Rosen- und Liljen-tahl*, das neben neuen zahlreiche ältere Lieder in überarbeiteter Fassung bringt, bewegt er sich fast ausschließlich im Bereich der dekorativen Metaphorik. Zesen schließt sich an das Gesellschaftslied an; ohne existentielle Tiefen auszuloten oder mit scharfsinnigen Metaphern den kombinierenden Verstand des Lesers anzusprechen, gibt er sich betont einfach. Um so reicher kann sich das klang-rhythmische Spiel entfalten.

Sprachspiele durchziehen Zesens ganzes Werk, sie finden sich auch in den theoretischen Schriften –

> Ich schreibe aus liebe zur sprache / aus liebe zu dier / aus liebe zu meinem Vaterlande. durch liebe werde ich getrieben; von liebe rede ich; mit liebe vermische ich meine reden: damit sie solcher gestalt verlieblichet / dier / der du Liebe liebest / zu lesen belieben möchten; damit der unanmuhtige immerwährende ernst mit lieblichen schertz-reden verzukkert / mit frölichen lust-geprängen versüßet / einen lieblichen schmak bekähme. So gatten sich alhier ernst und schertz; so küssen sich nutz und lust; so ümhälsen sich frommen und liebe; so vermählen sich ernsthaftigkeit und lieblichkeit (*Rosen-mând*, Vorrede an den Leser).

Wie aus diesem Zitat erhellt, handelt es sich hier um ein ernstes Spiel – geht es im *Rosen-mând* doch darum, dem Leser zu erklären, „was mier mein Gott für geheimnüsse in der Natur gezeiget", d. h. um den Nachweis, daß das Deutsche eine „mächtige / prächtige / allernaturgemäßeste" Sprache ist.

Das Zitat hat exemplarische Bedeutung. Verspielter Ernst ist es auch, wenn Zesen sich und seine Poesie in den Dienst der Sophia, der himmlischen Weisheit, stellt und sich damit die Unsterblichkeit zu sichern hofft: Die allegorische Jungfrau wird, als halb irdische, halb überirdische Gestalt, zum Gegenstand einer Liebesdichtung gemacht, die, die Symbolhaftigkeit erotisch überspielend, zwischen Metaphysik und Erotik zu oszillieren scheint. Ernst ist es Zesen mit dem Anspruch, der im hohen Spiel der Weisheit-Gedichte impliziert ist: Der Dichter, der sich der Weisheit vermählt und ihr Lob singt, ist ein Gelehrter, ein *poeta doctus* – was dem Idealbild der Zeit entspricht –, und ein sicherer Führer auf dem Weg zur Tugend. „Daß mein Mund mit Weißheit blühe / und in Tugend sich bemühe", so heißt es in dem Lied, das 1642 in der *FrühlingsLust* abgedruckt wurde und 1670 den Auftakt bildete für die umfangreiche Selbstauswahl.

Dem Sophien-Kult, der schon in den frühen Schriften begegnet und nie aufgegeben wird, tritt der Rosemund-Kult an die Seite (s. oben S. 505). Mit Hilfe der Rosemund-Gestalt verbindet der *poeta doctus* kunstvoll das künstlerische Werk und die sprach- und literaturtheoretischen Schriften und stellt schließlich auch eine Verbindung zwischen seinem Werk und der Sprachgesellschaft her, deren Seele er zeitlebens war. Rosemund verweist auf deren erste Zunft, die Rosen-Zunft. Aber nach Zesens Willen sollte die Gesellschaft vier Zünfte haben; es folgten die Lilien-, die Näglein- und die Rauten-Zunft. Interessanterweise sind es einige der insgesamt vierundzwanzig holländischen Gedichte – enthalten in den *Jugend-Flammen* und im *Rosen- und Liljen-tahl* –, die, ähnlich wie vorher die Rosemund-Lieder, in Form einer poetisierten Liebe die symbolische Verbindung zu den späten Zünften knüpfen; die Lely (Lilie), die Anemone und die Violette sind die beziehungsreich Auserwählten. Auch hier sind es Liebesgedichte, die in petrarkistischer Manier handeln von Liebesglück und -leid, aber in verspielt-verschlüsselter Form auf die Gesellschaft der Deutschgesinneten verweisen. Zesens Gedichte in der Sprache seines zweiten Vaterlandes beleuchten damit die merkwürdige Stellung seiner Sprachgesellschaft. In Hamburg gegründet, wo sie 1668 auch ihr 25jähriges Jubiläum feierte[63], hatte sie ihren Sitz in Amsterdam. Nachdrücklich wird so ihre kulturelle Vermittlerrolle unterstrichen.

Die holländischen Gedichte machen schließlich noch etwas anderes sichtbar. Die mit Rosemund einsetzende Doppeldeutigkeit setzt sich in den erwähnten Schönen fort. Aber wie Rosemund sind auch ihre Nachfolgerinnen von der Amstel keine blutleeren Allegorien, sondern anmutige Geschöpfe, die zunächst eine Liebesgeschichte in Fortsetzungen durchaus glaubhaft machen und erst bei näherem Zusehen ihre Verweisfunktion erkennen lassen. Hinter dem poetischen Versteckspiel verbirgt sich auch hier die tiefere Bedeutung. Sie liegt in dem Begriff der Liebe, die auch unter dem Beiwerk der symbolischen Blumenmetaphorik als lebendige Macht erfahren wird und erfahren werden soll. So wie Zesen im angeführten Zitat aus dem *Rosen-mând* in auffälliger Weise mit dem Liebesbegriff spielt, um die Liebe zum Zentrum sowohl seines Werkes wie seiner Wirkungsabsicht zu erklären, so bezieht er über das Medium der Liebesgedichte die Deutschgesinnete Genossenschaft mit ein. Mit Rosemund fing alles an, in ihrem Zeichen wurde die Genossenschaft gegründet. Sie beherrscht auch alles Nachfolgende – „Doch die allertiefste Wunde / machte meine Rosemunde".[64] Die Rose als die „Bluhme der Liebe" ist deshalb das „allgemeine Zunftzeichen der gantzen Genossenschaft". Sie „gehet mit Liebe schwanger; sie gebühret die Liebe; sie reitzet zur Liebe", weshalb sie ihre Diener reich beschenkt:

> Wer mit diesem Zeichen wahrhaftig gezeichnet ist / der wird allezeit / wie [...] die Alsgöttin der Liebe / mit einem Rosenmunde reden: der wird / durch seine liebliche wohlredenheit / aller gemühter zu seiner liebe bewegen. Was er spricht / werden lauter Rosen sein / Rosen ohne stacheln / Rosen ohne dornen.[65]

Die Rose ist somit mehr als bloßes Zunftzeichen, sie ist Bild und Idee. Dieses „Bild der lieblichen Liebe" wählte Zesen sich und den Deutschgesinneten zum Leitbild – und zur verpflichtenden Norm.

Anmerkungen

Texte

Philipp von Zesen, Sämtliche Werke, unter Mitwirkung von Ulrich Maché und Volker Meid hrsg. von Ferdinand van Ingen. Berlin/New York 1970 ff.

Philipp von Zesen, Adriatische Rosemund. 1645. Hrsg. von Max Hermann Jellinek. Halle 1899.

Philipp von Zesen, Die Adriatische Rosemund. Hrsg. und mit einem Nachwort versehen von Klaus Kaczerowsky. Bremen 1970.

Philipp von Zesen, Assenat. 1670. Hrsg. von Volker Meid (Faksimile-Neudruck). Tübingen 1967.

Bibliographie

Philipp von Zesen. A Bibliographical Catalogue by Karl F. Otto Jr. Bern und München 1972.

Literatur

Max Gebhardt: Untersuchungen zur Biographie Philipp Zesens. Diss. Berlin 1888.

Karl Dissel: Philipp von Zesen und die Deutschgesinnte Genossenschaft. Programm Hamburg 1890.

Hans Körnchen: Zesens Romane. Ein Beitrag zur Geschichte des Romans im 17. Jahrhundert (Palaestra 115) 1912.

Cornelia Bouman: Philipp von Zesens Beziehungen zu Holland. Diss. Bonn 1916.

Alfred Gramsch: Zesens Lyrik. Marburg 1922.

Rudolf Ibel: Die Lyrik Philipp von Zesens. Diss. Würzburg 1922.

Willi Beyersdorff: Studien zu Philipp von Zesens biblischen Romanen „Assenat" und „Simson" (Form und Geist 11) 1928.

Jakob Gander: Die Auffassung der Liebe in Philipp von Zesens „Adriatischer Rosemund" (1645). Diss. Freiburg/Schweiz 1930.

Hans Obermann: Studien über Philipp von Zesens Romane „Die Adriatische Rosemund", „Assenat", „Simson". Diss. Göttingen 1933.

Paul Baumgartner: Die Gestaltung des Seelischen in Zesens Romanen (Wege zur Dichtung 39) 1942.

Waltraut Kettler: Philipp von Zesen und die barocke Empfindsamkeit. Diss. Wien 1948 (masch).

Jan Hendrik Scholte: Zesens „Adriatische Rosemund". In: DVjs. XXIII (1949), S. 288-305.

Eberhard Lindhorst: Philipp von Zesen und der Roman der Spätantike. Ein Beitrag zu Theorie und Technik des barocken Romans. Diss. Göttingen 1955 (masch.).

Renate Weber: Die Lieder Philipp von Zesens. Diss. Hamburg 1962.

Werner Volker Meid: Zesens Romankunst. Diss. Frankfurt a. M. 1966.

Herbert Blume: Die Morphologie von Zesens Wortneubildungen. Diss. Gießen 1967.

Klaus Kaczerowsky: Bürgerliche Romankunst im Zeitalter des Barock. Philipp von Zesens „Adriatische Rosemund". München 1969.

Ferdinand van Ingen: Philipp von Zesen (Sammlung Metzler 96) Stuttgart 1970.

Herbert Blume: Eine unbekannt gebliebene Übersetzungsarbeit Zesens. In: Philipp von Zesen 1619-1969. Beiträge zu seinem Leben und Werk. Hrsg. von Ferdinand van Ingen. Wiesbaden 1972. S. 182-192.

Herbert Blume: Zur Beurteilung von Zesens Wortneubildungen. In: Ph. v. Z. 1619-1969, S. 253-273.

Bernd Fichtner: Ikonographie und Ikonologie in Philipp von Zesens „Adriatischer

Rosemund". In: Ph. v. Z. 1619-1969, S. 123-136.

Ferdinand van Ingen: Philipp von Zesen und die Forschung. In: Ph. v. Z. 1619-1969, S. 1-25.

Ferdinand van Ingen: Philippp von Zesens „Adriatische Rosemund": Kunst und Leben. In: Ph. v. Z. 1619-1969, S. 47-122.

Ulrich Maché: Zesens Bedeutung für die Entwicklungsgeschichte der Poetik im 17. Jahrhundert. In: Ph. v. Z. 1619-1969, S. 193-220.

Ulrich Maché: Aus dem Prirauer „Pestbuch": einige biographische Hinweise auf Zesen. In: Ph. v. Z. 1619-1969, S. 287-289.

Volker Meid: Heilige und weltliche Geschichten: Zesens biblische Romane. In: Ph. v. Z. 1619-1969, S. 26-46.

Ulrich Maché: Johann Sebastian Mitternachts „Bericht von der Teutschen Reime-Kunst": Auszüge aus Zesens „Helicon". In: Ph. v. Z. 1619-1969, S. 246-252.

Karl F. Otto: Zesens historische Schriften: ein Sondierungsversuch. In: Ph. v. Z. 1619-1969, S. 221-230.

Karl F. Otto: Zu Zesens Zünften. In: Ph. v. Z. 1619-1969, S. 274-286.

Franz Günter Sieveke: Philipp von Zesens „Assenat": Doctrina und Eruditio im Dienste des „Exemplificare". In: Ph. v. Z. 1619-1969, S. 137-155.

Renate Weber: Die Lautanalogie in den Liedern Philipp von Zesens. In: Ph. v. Z. 1619-1969, S. 156-181.

Herbert Zeman: Philipp von Zesens literarische Wirkungen auf Kaspar Stielers „Geharnschte Venus" (1660). In: Ph. v. Z. 1619-1969, S. 231-245.

Ferdinand van Ingen: Philipp von Zesens Gedichte an die Weisheit. In: Rezeption und Produktion zwischen 1570 und 1730. Fs. für Günter Weydt. Bern 1972, S. 121-136.

Leo Lensing: A „Philosophical" Riddle: Philipp von Zesen and Alchemy. In: Daphnis 6 (1977), S. 123-146.

Joseph Leighton: Zu drei wiederaufgefundenen Gedichten von Philipp von Zesen. In: Daphnis 6 (1977), S. 365-373.

Karl F. Otto: Wiederaufgefundene Zeseniana I. In: Wiss. Z. Univ. Halle XXX '81 G, H. 4, S. 113-127.

Nachweise

[1] Rist in einem Brief an Neumark vom 2. 3. 1655, zitiert nach Karl Dissel, Philipp von Zesen und die Deutschgesinnte Genossenschaft. S. 33.

[2] Charaktere teutscher Dichter und Prosaisten. Von Kaiser Karl, dem Großen, bis aufs Jahr 1780. I. Band. Berlin 1781. S. 164-166.

[3] Richard Newald, Die deutsche Literatur vom Späthumanismus zur Empfindsamkeit 1570 bis 1750. München ²1957, S. 277. Vgl. für die Urteile der Zeitgenossen: F. van Ingen, Philipp von Zesen und die Forschung, in: Philipp von Zesen 1619-1969, S. 6 ff.

[4] (Hans Adolf Frh. von Alewein) *Kurtze Doch grundrichtige Anleitung zur Höflig-keit.* Frankfurt a. M./Hamburg 1649, fol. A jiᵛ.

[5] *Johann Samuel Wahllens Gründliche Einleitung zur rechten reinen und galanten Poesie.* Chemnitz 1723, S. 6 ff.; J. G. Boeckh (u. a.), Geschichte der deutschen Literatur 1600-1700. Berlin ²1963, S. 177.

[6] Brief des Nährenden (Ludwig) an den Wohlsetzenden vom 26. 5. 1649. Zit. nach G. Krause, Der Fruchtbringenden Gesellschaft ältester Ertzschrein. Leipzig 1855, S. 424.

[7] Vgl. für die ständigen Schwierigkeiten: F. van Ingen, Philipp von Zesen, 1970, S. 3 ff.

[8] Reimgesetz und Sinnspruch zitiert nach Krause, Ertzschrein, S. 411 bzw. 489.

[9] *Helikonische Hechel* (1668), Vorrede. Sämtliche Werke. Bd. XI, bearbeitet von U. Maché. 1974, S. 282.

[10] *Rosen-mând* (1651), Vorrede. Sämtliche Werke, Bd. XI, S. 89.

[11] Hugo Harbrecht, Philipp von Zesen als Sprachreiniger. 1912; Herbert Blume, Die Morphologie von Zesens Wortneubildungen. 1967; ders., Zur Beurteilung von Zesens Wortneubildungen, in: Philipp von Zesen 1619-1969, S. 253-273; Klaus Kaczerowsky, Bürgerliche Romankunst im Zeitalter des Barock: Philipp von Zesens „Adriatische Rosemund". S. 134-164.

[12] Gueintz in einem Brief vom 5. 12. 1648, zit. nach G. Krause, Ertzschrein, S. 277.

[13] Chr. Thomasius, *Freymüthige ... Gedancken Oder Monats-Gespräche, über allerhand, fürnehmlich aber Neue Bücher / Durch alle zwölff Monate des 1688. und 1689. Jahrs durchgeführet ...*, Halle 1690, S. 60 f., 470; ders., *Freymüthige ... Gedancken Uber allerhand / fürnehmlich aber Neue Bücher Durch alle zwölff Monat des 1689. Jahrs*, Halle 1690, S. 656 f. Ihm folgte Gundling: *Nic. Hieron. Grundlings, ... Satyrische Schriften*, Jena 1738, S. 237.

[14] *Juris consulti Nicolai Beckmanni ad virum clarum Severin Wildschütz ... epistola.* Hamburg 1688, S. 63.

[15] Andreas Daniel Habichthorst, *Wohlgegründete Bedenkschrift über die Zesische Sonderbahre Ahrt Hochdeutsch zu Schreiben und zu Reden.* Hamburg 1678. S. 14 f.

[16] U. Maché, Zesens Bedeutung für die Entwicklungsgeschichte der Poetik im 17. Jahrhundert.

[17] Erstmals (von Gelegenheitsgedichten abgesehen) auf dem Titelblatt zur *Himmlischen Kleio*, 1641.

[18] Vgl. J. Bruckner, A bibliographical Catalogue of seventeenth-century german Books published in Holland. The Hague/Paris 1971 (Anglica Germanica, XIII).

[19] F. van Ingen, Philipp von Zesen. 1970, S. 10 f. Das Protokoll vom 20. 10. 1662, das Zesen das Amsterdamer Bürgerrecht verlieh, nennt ihn „raetsheer van de Heere prince van Anhalt".

[20] Für Amsterdam und Utrecht s. F. van Ingen, Philipp von Zesen. 1970, S. 12 f.

[21] Ferdinand van Ingen, Do ut des. Holländisch-deutsche Wechselbeziehungen im 17. Jahrhundert. In: Deutsche Barockliteratur und europäische Kultur. Hamburg 1977 (Dokumente des Intern. Arbeitskreises für Barockliteratur, Bd. 3), S. 72-115, hier 89-92.

[22] Zur Problematik der Genossenschaftsgründung vgl. F. van Ingen, Philipp von Zesen. 1970, S. 91 f.

[23] An David Hanisius, dat. vom 31. 7. 1674, zit. bei Kaczerowsky, a. a. O., S. 179.

[24] An Hanisius, dat. vom 4. 10. 1679, zit. bei Kaczerowsky, a. a. O., S. 186.

[25] Johann Rist, Sämtliche Werke. Unter Mitwirkung von H. Mannack und K. Reichelt hrsg. von Eberhard Mannack. II. Band. Berlin/New York 1972, S. 372.

[26] Markhold und Zesen haben beide in Wittenberg studiert, haben dieselben Reisen gemacht und sind beide Dichter. Markholds Devise „Keine Last sonder Lust" variiert Zesens Devise „Last hegt Lust" (die auch auf dem Titelkupfer des Romans vorkommt), sein Zeichen, der Palmbaum (ebenfalls durch das Titelkupfer repräsentiert), ist auch Zesens Zunftzeichen. Rosemund tritt schließlich auch außerhalb des Romans in Zesens Werk wiederholt auf (s. u.).

[27] Die bedeutendsten deutschen Romane des siebzehnten Jahrhunderts. Leipzig 1866, Nachdruck Darmstadt 1965, S. 67.

[28] Vgl. etwa Herbert Cysarz (Deutsche Barockdichtung, Leipzig 1924, S. 59): „Zesen, der ein Leben einer Sache weiht, die damals fast noch niemands Sache war, verdient den

Lorbeer des Befreiers, zum Mindesten des Freiheitskämpfers. Er wieder ist seinem Erlebnis voll und ganz gewidmet . . .“; Waltraut Kettler (Philipp von Zesen und die barocke Empfindsamkeit, S. 6): „Die ‚Adriatische Rosemund‘ ist der Ausdruck eines empfindsamen Menschen in einem noch – scheinbar – unempfindsamen Jahrhundert.“

[29] Eine Übersicht bringt Volker Meid, Der deutsche Barockroman. Stuttgart 1974, S. 9-29.

[30] Ed. Jellinek, S. 6. Eine 2. Auflage des Romans erschien 1664 ebenfalls in Amsterdam.

[31] Vgl. Meid, Zesens Romankunst, S. 14 ff.; F. van Ingen, Ph. von Zesen, 1970, S. 45 f.; zusammenfassend jetzt auch Meid, Der deutsche Barockroman, S. 71/72.

[32] Gebhardt, Untersuchungen, S. 27 ff. (Dorothea Eleonora von Rosenthal); W. Graadt van Roggen, Een Stichtsche Sleutelroman uit de zeventiende eeuw. Utrecht 1943/44 (Beatrix de Wael van Vronesteyn). Noch 1969 vertritt Kaczerowsky die Auffassung, daß man aus dem Roman „Zesens ‚Lebenslauf‘“ rekonstruieren (S. 18 ff.), ja sogar Rosemunds Sterbejahr und -datum ziemlich exakt eruieren könne (S. 103 ff.). Für eine Diskussion dieser Fragen vgl. F. van Ingen, Philipp von Zesen und die Forschung, S. 14 f.

[33] J. H. Scholte, Zesens „Adriatische Rosemund“. Ergänzungen bringt Kaczerowsky, a. a. O., S. 103 ff.

[34] *Jugend-Flammen*, S. 125 ff. Sämtliche Werke, I. Band, 1. Teil, bearbeitet von F. van Ingen, 1980, S. 349 ff.

[35] Ausführlich dazu und zum Folgenden: F. van Ingen, Philipp von Zesens „Adriatische Rosemund“, S. 82 ff.

[36] Auf-trahgs-schrift, ed. Jellinek S. 4.

[37] „eins teils ringel-weise gekrümmet und angekläbet, anders teiles nahch der kunst auf-geflammet“ (S. 55) – „Meinen krum-gekrüllten hahren / hat di wild-erbohste Se / . . . gleiche krümmen eingetrükket . . .“ (S. 50). Vgl. Rosemunds Worte: „Bin ich gleich mitten im Adriatischen Mehre gebohren, und den wällen . . . in etwas nahch-geahrtet . . .“ (S. 86).

[38] W. Welzig, Constantia und barocke Beständigkeit. DVjs. 35 (1961), S. 416-432.

[39] Zur Bedeutung der Schäferepisode und Rosemunds Reue vgl. F. van Ingen, Ph. von Zesens „Adriatische Rosemund“, S. 92 ff.

[40] „. . . den stolz, . . . die hoh-fahrt, den auf-geblasenen geist, dehr sich inner den schranken der tugend nicht halten kan, dehr andere näben sich verachtet, und keinen hohch-hält als sich selbst“ (S. 173).

[41] „Hatt’ er si fohr disem häftig gelibet, so libet’ er si izund noch vihl tausendmahl häftiger, und noch vihl inbrünstiger, als er nih-mahls getahn“ (S. 87).

[42] „. . . so wül ich doch nicht, daß Er gebunden sei: und . . . so gähb’ ich ihn allezeit frei . . .“ (S. 105).

[43] Arthur Franz, Das literarische Porträt in Frankreich im Zeitalter Richelieus und Mazarins. Diss. Leipzig 1905.

[44] So traditionell und noch bei Kaczerowsky, a. a. O., S. 93 und 95.

[45] Rosemunds Vater nennt Markhold „heiland und artst seiner tochter“ (S. 224).

[46] Zitate nach dem Faksimile-Neudruck.

[47] Walter Ernst Schäfer, Hinweg nun Amadis und deinesgleichen Grillen! Die Polemik gegen den Roman im 17. Jahrhundert. GRM NF 15 (1965), S. 366-384; der Schweizer Pastor Gotthard Heidegger faßte in seiner *Mythoscopia Romantica: oder Discurs Von den so benanten Romans* (1698, Nachdruck 1969) alle bekannten Argumente gegen den Roman in den Kernsatz zusammen: „Wer Romans list / der list Lügen“ (S. 71).

[48] Zum Streit Grimmelshausen/Zesen: Clara Stucki, Grimmelshausens und Zesens

Josephsromane. 1933; Herbert Singer, Joseph in Ägypten. Zur Erzählkunst des 17. und 18. Jahrhunderts. Euphorion 48 (1954), S. 249-279.

[49] Franz Günter Sieveke, Philipp von Zesens „Assenat", wo u. a. Ansätze Meids weiterentwickelt werden (Zesens Romankunst, S. 43-110). Ferner: V. Meid, Heilige und weltliche Geschichten.

[50] Vgl. vor allem Sieveke (s. Anm. 49).

[51] Meid, Zesens Romankunst, S. 125 ff.

[52] *Geteutschter Samson / Des Fürtrefflichsten Italiänischen Schreiber-Liechtes unserer Zeiten / Herrn Ferrante Pallavicini.* Übersetzt von Joh. Wilh. von Stubenberg. Nürnberg 1657; V. Meid, Barockroman und Erbauungsliteratur. Quellenmaterial zu Zesens „Simson". Levende Talen Nr. 265 (1970), S. 125-141.

[53] Das Unfertige des Romans wird von allen Forschern hervorgehoben, aber interessanterweise manchmal auch als reizvoll betrachtet.

[54] *Helicon,* 1656: „... weil die tantz-kunst der Dichterei schwester so wohl / als die Singe-kunst / ist / und eine ohne die andere / wan man zur fol-kommenheit gelangen wil / fast nicht sein kan" (Sämtliche Werke, X. Band, 1. Teil, bearbeitet von U. Maché, 1977, S. 182.

[55] Bearbeitung des *Hohen Liedes,* erstmals in den Musterbeispielen des *Helicon,* 1641. Buchners Poetik lag 1638 im Manuskript vor und kursierte auch in dieser Form. Gedruckt wurde der *kurze Weg-Weiser zur Deutschen Tichtkunst* erst 1663, eine Neuedition erschien 1665 unter dem Titel *Anleitung zur Deutschen Poeterey.*

[56] Zur „verzukkerung durch die mittel-reime" bemerkt Zesen: „...ie mehr reimworte darinnen zu finden seind / ie lieblicher und anmuhtiger seind sie zu hören / zu lesen / und zu singen" (*Helicon,* 1656, Sämtliche Werke, X. Band, 1. Teil, S. 108).

[57] *Rosen- und Liljen-tahl,* S. 343.

[58] Johann Peter Titz: *Zwey Bücher Von der Kunst Hochdeutsche Verse und Lieder zu machen,* Danzig 1642; Justus Georg Schottelius: *Teutsche Vers- oder Reim-Kunst,* Wolfenbüttel 1645; Georg Philipp Harsdörffer: *Poetischer Trichter,* I. Teil, Nürnberg 1647, V. Stunde.

[59] *Helicon,* 1641: Sämtliche Werke, IX. Band, S. 40.

[60] Bei Homburg, Brehme und Greflinger lassen sich die Spuren deutlich feststellen. Zu Stieler vgl. Herbert Zeman, Philipp von Zesens literarische Wirkungen auf Kaspar Stielers „Geharnschte Venus" (1660).

[61] Zesen im *Helicon,* 1656: Sämtliche Werke, X. Band, 1. Teil, S. 34.

[62] Hier sind insbesondere die Forschungen von Renate Weber zu nennen.

[63] Vgl. das „Freudenlied" im *Rosen- und Liljen-tahl,* S. 100 ff.

[64] „Mahrholds Klage über seinen glüks-wechsel in der Liebe": *Jugend-Flammen,* Nr. 28 (Sämtliche Werke, I. Band, 1. Teil, bearbeitet von F. van Ingen, 1980, S. 380 ff.).

[65] Sämtliche Zitate aus *Das Hochdeutsche Helikonische Rosentahl.* Amsterdam 1669 (Vorbericht).

EBERHARD MANNACK

HANS JACOB CHRISTOFFEL VON GRIMMELSHAUSEN

Wohl kein Dichter aus dem Barockzeitalter findet in der Gegenwart ähnliche Beachtung wie der Verfasser des seit langem gerühmten *Simplicissimus*-Romans. 1976, zu seinem 300. Todestag, gedachte man seiner auf Marken und Münzen und fand eine vielbeachtete Ausstellung statt, die ein ebenso breitgefächertes wie informatives Bild von *Grimmelshausen und seiner Zeit* entwarf. Seit einigen Jahren haben sich zudem gleich an mehreren Orten Personen mit unterschiedlichen Interessen zusammengeschlossen, die das Erbe des bedeutenden Dichters zu pflegen bereit sind. Zu seiner Popularisierung trug zweifelsohne weiterhin Günter Grass' Erzählung *Das Treffen in Telgte* bei, in der Schriftsteller-Begegnungen aus jüngster Zeit in die Epoche des Barock rückprojiziert werden und der ‚Gelnhausen' – unterstützt von der Figur der Courasche-Libuschka – sich als ein alle Situationen meisternder Krieger und Organisator aus der Menge der oft empfindlichen Dichter, deren Ruhm er ihnen bald streitig machen wird, heraushebt. Daß auch die wissenschaftliche Forschung sich neuerdings dem Leben und Werk Grimmelshausens in geradezu beängstigendem Maße zuwendet, kann danach kaum überraschen. Dennoch bleibt nach wie vor eine Reihe von Fragen zu klären und sind vielfach neue Probleme entstanden, nachdem das Grimmelshausenbild entscheidende Wandlungen erfahren hat. Bewunderte man lange Zeit den volkstümlich-unverbildeten Realisten, der als humorvoller Erzähler die Spannungen seiner Zeit aufzuheben verstanden habe, so wird diese Annahme mehr und mehr verdrängt von der Vorstellung eines von tiefer Religiosität erfüllten, mit theologischen Traditionen vertrauten Dichters, der die Früche der zeitgenössischen Gelehrsamkeit sich anzueignen und in sein umfangreiches wie – hinsichtlich der Thematik und Gattung – vielfältiges Oeuvre einzubringen vermochte. Es wäre freilich verfrüht, in diesem Zusammenhang von einem allgemeinen Konsens zu sprechen, zumal in jüngsten Untersuchungen das Für und Wider dieser Interpretationen in aller Schärfe zum Ausdruck kommt. Wir werden daher bemüht sein, bei der Deutung von Leben und Werk des in seinem Rang heute nicht mehr umstrittenen Dichters die unterschiedlichen Positionen zu berücksichtigen oder wenigstens zu referieren.

Selbst bei der Vita des Dichters sind wir noch immer vielfach auf Vermutungen angewiesen; daß hierfür seine Schriften nur mit gebührender Vorsicht herangezogen werden dürfen, ist von der Forschung seit langem anerkannt. Geboren wurde Grimmelshausen, dessen anagrammatisches Versteckspiel 1837 aufgedeckt wurde, im hessischen Gelnhausen, wahrscheinlich im März 1621.[1] Seine Vorfahren hatten im ausgehenden 16. Jahrhundert den Adel abgelegt und bestritten als Bäcker und Gastwirte ihren Lebensunterhalt. Hans Jacob, der schon früh seinen Vater verlor, besuchte die evangelische Lateinschule von Gelnhausen, in der er in Religionslehre und Latein unterrichtet wurde, die Grundlagen der Rhetorik und Texte der Klassiker zumindest in Auszügen kennenlernte und wohl auch einige Griechischkenntnisse erwarb. Der Krieg vertrieb ihn aus der Heimatstadt und führte zum Abbruch einer systematischen Ausbildung, wie sie die meisten Poeten der Zeit auf Gymnasien und Universitäten bzw. Akademien genossen. 1634 dürfte er in der von den Schweden besetzten, dem Gouverneur Ramsey unterstellten Festung Hanau mit seinen Angehörigen Zuflucht gesucht haben, bevor er 1635 von kaiserlichen Kroaten entführt und bald darauf von den Hessen gefangengenommen wurde, die ihn nach Kassel brachten. Der Belagerung und Einnahme Magdeburgs durch die kaiserliche Armee und der Schlacht bei Wittstock im Jahre 1636 hat er mit großer Wahrscheinlichkeit beigewohnt, da er bei der Darstellung dieser Ereignisse im *Simplicissimus* seine literarischen Vorlagen mit Fakten anreicherte, die auf unmittelbare Erfahrungen zurückgehen müssen. Von Mitte Dezember 1636 diente er im Leibdragonerregiment des kaiserlichen Feldmarschalls Graf von Götz, das im westfälischen Soest stationiert war; unter dessen Führung nahm er 1638 am Feldzug zum Entsatz der Festung Breisach sowie an weiteren Zügen im oberrheinischen und schwäbischen Gebiet teil. 1639 war er Musketier im Regiment des kaiserlichen Obristen Hans Reinhard von Schauenburg, der die strategisch wichtige Festung Offenburg erfolgreich verteidigte.

Seit 1645 ist Grimmelshausen als Schreiber in der Regimentskanzlei des Obristen nachgewiesen, der der gebildete, von den Offenburgern nach Kriegsende in ehrenvolle Ämter gewählte Magister Johannes Witsch vorstand. In jener Zeit litt die katholische Reichsstadt erhebliche Not wegen des andauernden Belagerungszustandes, so daß der Kommandant in mehreren Schreiben, mit denen z. T. Grimmelshausen befaßt war, um Unterstützung bei den Verbündeten bitten mußte. Als 1647 der bayerische Kurfürst einen Separatfrieden mit den Franzosen und Schweden abschloß, forderte er den Schauenburger zur Übergabe der Stadt auf, die der pflichttreue Oberst jedoch verweigerte. Im Frühsommer 1648 wurde Grimmelshausen Kanzleisekretär beim bayerischen Regiment des Schwagers Hans Reinhards von Schauenburg, des seiner Tapferkeit wie seines gewandten Auftretens wegen geschätzten Obristen von Elter, dem im letzten Kriegsjahr die Verteidigung von Orten an der Innlinie gegen Franzosen und Schweden oblag. Am 30. 8. 1649 heiratate Grimmelshausen in Offenburg die Katholikin Catharina Henninger, die Tochter eines gleichfalls im Regiment von Schauenburg dienenden Wachtmeisterleutnants und späteren Zaberner Ratsherrn; acht Monate danach wurde das erste von zehn Kindern in Gaisbach geboren, wo Grimmelshausen von 1649 bis 1660 bei den Reichsfreiherren Hans Reinhard, seinem früheren Kommandeur, und Carl von Schauenburg als Schaffner tätig war. In diesem Amte hatte er vielfältige Aufgaben zu erledigen, darunter die Lehensverwaltung, das Eintreiben von Zinsen und Zehnten überhaupt, das Beschaffen von Baumaterial und landwirtschaftliche Tätigkeiten. Als er 1660 aus dem Schaffnerdienst ausschied, schuldete er seinem Dienstherren eine beträchtliche Summe. Zwei Jahre später wurde er Schaffner und Burgvogt bei dem angesehenen Straßburger Arzt Dr. Johannes Küeffer auf der nur zwei Wegstunden von Gaisbach entfernt gelegenen Ullenburg. 1665 eröffnete er auf der sogen. Spitalbühne, die er neben anderen Grundstücken in Gaisbach erworben hatte, das Wirtshaus zum Silbernen Stern, das er bis 1667 betrieb. Als er in diesem Jahr das Amt des Schultheißen im nahen Renchen übernahm[2], war er gezwungen, aus Kapitalmangel den von ihm erworbenen Grundbesitz als Sicherheit anzubieten und seinen Schwiegervater um Übernahme einer Bürgschaft zu bitten. Das neue Amt bot finanzielle Sicherheit und ließ dem Gerichtsbeamten offensichtlich Zeit für die Fortsetzung der umfangreichen schriftstellerischen Tätigkeit, deren erste Früchte schon 1666 erschienen waren und die in den folgenden Jahren ihren Höhepunkt erreichte. Kriegerische Auseinandersetzungen, die schon früh den Lebensweg des Dichters entscheidend beeinflußten, blieben ihm auch in den letzten Lebensjahren nicht erspart. Als während der französischen Raubkriege Renchen und dessen Umgebung von 1673 an mehrfach mit Truppen belegt wurden, versuchte er, eine gerechte Verteilung der Lasten durchzusetzen. Zwei Jahre später sah er sich gezwungen, noch einmal Kriegsdienst zu leisten, nachdem Turennes Truppen auch Renchen besetzt hatten. Dort starb Grimmelshausen am 17. August 1676; die entsprechende Eintragung im Kirchenbuch bezeichnet ihn als einen Mann ‚et magno ingenio et eruditione‘ und weist ihn als guten Katholiken aus.

Mit dieser Charakterisierung sind zwei Aspekte berührt, denen im Hinblick auf die Interpretation seines Werkes entscheidende Bedeutung zukommt. Wir erwähnten bereits kurz, daß Grimmelshausen eine systematische Ausbildung, wie sie den meisten zeitgenössischen Poeten zuteil wurde, versagt blieb. Gerade dieses Faktum hat das Bild des Dichters weitreichend beeinflußt, galt er doch lange Zeit in der Forschung als abenteuernder Schriftsteller und als Naturtalent, der der Bildung wenig, der Lebenserfahrung aber nahezu alles zu verdanken habe. Dem ist in jüngerer Zeit mit vollem Recht widersprochen worden, da eine Benutzung von schriftlichen Quellen bzw. Vorlagen vielfach nachgewiesen werden kann.[3] Folgt man mit gewissen Einschränkungen dem Weydtschen Verzeichnis der gesicherten Quellen, so darf aufgrund der Erscheinungsjahre geschlossen werden, daß Grimmelshausen von 1665 an Neuerscheinungen große Aufmerksamkeit schenkte, wohl oft geleitet von der Absicht ihrer literarischen Verwertung. Aus der Liste geht ferner hervor, daß unterschiedliche Sachbücher und

Sammlungen von kurzweiligen Geschichten eine herausragende Stellung einnahmen, wobei nur wenige besonders intensiv genutzt, jedoch nicht einfach aus-
geschrieben wurden.[4] Daß er vorzügliche Bibelkenntnis besaß und gern auf
Luthers Übersetzung zurückgriff, steht nach neueren Forschungsergebnissen ebenso außer Frage wie die starke Wirkung der Schriften von Ägidius Albertinus auf
den überwiegenden Teil seiner Werke.[5] Zugleich – und dies sollte nicht übersehen
werden – bildeten nahezu ausschließlich Drucke von Verlagsorten in relativer
Nähe zum Wohnsitz des Dichters seine Lektüre; Bücher aus der Messestadt
Frankfurt sind am meisten vertreten, gefolgt von Drucken aus Nürnberg (wo
der überwiegende Teil seiner Schriften erschien), Straßburg, Mainz und Basel.
Nicht oder nur mit ein bis zwei Titeln vertreten sind die bedeutenden Verlags-
orte Breslau, Leipzig, Hamburg und Köln sowie die Niederlande, während Ulm,
Zürich, St. Gallen u. a. in der Leseliste vorhanden sind. Dieses Bild wird sich
aller Wahrscheinlichkeit nach noch ein wenig verschieben, zeigt aber doch, welche
Grenzen dem Bildungsdrang des bis zuletzt nicht begüterten Dichters gezogen
waren. Von seiner „unvorstellbaren Belesenheit" zu sprechen, wie es Koschlig
tut, scheint deshalb nicht ganz angemessen, auch wenn der ‚Mythos vom
Bauernpoeten' endgültig verabschiedet werden muß.[6] Was seinen dichtenden
Zeitgenossen gerade während ihrer Studien und nicht zuletzt auf den Bildungsreisen an Bibliotheken längerfristig zugänglich war, dürfte bei ihm weitgehend
Wunschvorstellung geblieben sein, auch wenn wahrscheinlich die Privatsamm-
lung des literarisch interessierten Küeffer einigen Ersatz bot. Die Nähe zu Straßburg wie auch seine Verbindung mit dem Kloster Allerheiligen lassen vermuten,
daß er die Bibliotheken dieser Orte benutzte, doch setzt die souveräne Verwertung der Quellen – er wandelt oft umfangreiche Zitate außerordentlich geschickt ab – einen längeren Besitz der entsprechenden Drucke voraus.[7]

Kaum geringere Aufmerksamkeit gilt dem Glaubensbekenntnis eines Mannes,
der im Elternhaus und in der Schule evangelisch erzogen wurde und – wohl
durch die Eheschließung gefördert – zum katholischen Glauben übertrat, scheint
doch davon die Deutung bestimmter Textstellen entschieden abhängig. Erinnert
sei indessen an den ausgeprägten irenischen Zug bei den meisten Poeten jener
Zeit, der sie oft Verdächtigungen von seiten der Orthodoxie aussetzte, aber sie
eben nicht daran hinderte, die Geistesprodukte der anderen Konfessionen zur
Kenntnis zu nehmen und für das eigene Werk zu nutzen. Daß diese Toleranz bei
der Mehrzahl der Poeten nicht mit Indifferenz gleichgesetzt werden darf, bleibt
auch heute noch entschieden hervorzuheben.[8] Schwierigkeiten zeigen sich ferner
bei der Bestimmung des politischen Bekenntnisses oder Standortes von Grimmelshausen. Hatte der als Vertreter der Bürgerschaft mit radikalen Forderungen
hervorgetretene Großvater Melchior auf den Adelstitel verzichtet, so legte der
Enkel wieder ausdrücklich Wert auf die adelige Herkunft. In der Ratio-Status-
Abhandlung wie in den beiden im höfischen Bereich spielenden Idealromanen,
die sämtlich Adligen gewidmet sind, nennt sich der Autor ‚von Grimmelshausen'

und scheint er auch sonst seine edle Herkunft zu betonen[9], ähnlich dem Helden seines Hauptwerkes, dessen „junkerliche Attitüde" nach Meinung eines neueren Interpreten schon in den ersten Zeilen des Romans hervortritt.[10] Dies aber ist nur schwer zu vereinbaren mit einer offensichtlichen Sympathie des Autors für die Bauern, deren radikale, gegen den Feudalismus gerichtete Forderungen er sogar mehr oder minder versteckt gutzuheißen scheint.[11]

Daß freilich die Betonung der adligen Herkunft nicht notwendig mit einem Rückfall in überlebte Vorstellungen gleichzusetzen ist, lehren die Ausführungen des von ‚Nobilisten oder Edelleuten' handelnden neunzehnten Diskurses in Thomas Garzonis Piazza Universale, dem Grimmelshausen schon für den Anfang des Simplicissimus einige Partien entnommen hat. Danach beruht wohl der wahre Adel auf Tugendhaftigkeit und Würde, doch diese Eigenverdienste erhalten eine besondere Qualität, wenn auch der Adel der Vorfahren in tugendhaften Leistungen begründet ist.[12] Indem Grimmelshausen den Adelstitel sich wieder zulegte, ehrte er zugleich die Verdienste seiner Vorfahren und betonte er ein Adelsverständnis, das sich gerade nicht mit dem sonst üblichen, von Garzoni schon abgelehnten, deckte.[13]

Wenn ‚Tugendt / Fromb = vnd Auffrichtigkeit' den Adel begründen, dann können grundsätzlich Angehörige aller Stände zu ‚Edlen' werden, was Garzoni durch eine Reihe von Beispielen belegt.[14] Das geschieht auch im Diskurs von den Bauern, die er sogleich in Schutz nimmt, weil sie alle ernähren; erst danach wartet er mit der üblichen Bauernschelte auf, da eben ‚bey etlichen' auch widerwertige Qualitäten nicht zu übersehen seien.[15] Die deutschen zeitgenössischen Schriftsteller – und dabei konnten sie auf die Autorität der Poetik verweisen – neigten vorwiegend zur Bauernschelte; in der zweiten Jahrhunderthälfte jedoch mehrten sich Beispiele für eine maßvollere Einschätzung und Darstellung. In Gryphius' letztem Lustspiel erhielt der Bauer einen dem angesehenen Stadtbürger nahezu vergleichbaren Rang, und eben zu dieser Zeit konnte in Schochs Studentenkomödie ein Bauernsohn das Muster für einen vorbildlichen Studenten abgeben.[16] Möglicherweise haben dabei nationalökonomische Überlegungen eine Rolle gespielt, da, wie Pufendorf ausdrücklich hervorhob, nach den Verwüstungen des Dreißigjährigen Krieges und wegen der Stadtflucht es an Bauern vielerorts mangelte.[17] Grimmelshausens Sympathie für die Bauern wäre danach gar nicht so exzeptionell, wie des öfteren behauptet worden ist, und sie kann auch nicht generell für das Gesamtwerk unterstellt werden.[18]

Umstritten bzw. nicht voll geklärt ist schließlich auch der eigentliche Beginn seiner schriftstellerischen Tätigkeit. 1666 erschienen – neben einem Anhang zu Balthasar Venators *Fliegendem Wandersmann* und einem Extract aus dieser Schrift – der erste Teil des *Satyrischen Pilgram* und die *Histori des Keuschen Josephs in Egypten*, nachdem beide Werke schon Herbst 1665 angekündigt worden waren, wegen eines Verbotes für den Verleger Nagel aber nicht in Straßburg herauskommen konnten.[19] In der Momus zugeschriebenen ersten Vorrede des *Satyrischen Pilgram* kündet der neiderfüllte Tadler an, daß sich nunmehr „ein neuer [...] Scribent freventlich herfürthut".[20] Wenn ferner im *Simplicissimus* der Held erzählt, daß er seinen Stoff zum Keuschen Joseph „auß andern Büchern extrahirt / [sich] umb etwas im Schreiben zu üben", so verweist das gleichfalls auf Grimmelshausens erste schriftstellerische Versuche.[21]

Die *Pilgram*-Vorreden sind auch deshalb aufschlußreich, weil sich darin der Autor rechtfertigend vorstellt – gegenüber Momus gesteht er ein, daß er ungelehrt sei und dieses bedaure, wennschon er es nicht zu verantworten habe, da der Krieg ihn am Studium hinderte. Schließlich kann er noch mit einer Reihe namhafter Personen aufwarten, die ebenfalls eine mangelhafte Ausbildung genossen haben, sich aber bei der gelehrten Welt höchster Anerkennung erfreuen.[22] Auch wenn er die Vorwürfe und deren Abwehr Garzoni entlehnt, bleibt zu vermuten, daß er damit auf seine Außenseiterrolle anspielt, die er im Kulturbetrieb der Zeit durchaus innehatte, galt doch eine umfassende Gelehrtheit als unabdingbare Voraussetzung für den Poeten und deren Mangel als Grund für die unzureichenden Versuche eines Hans Sachs oder anderer den Pegasus reitenden Dichter. Der Autor des Pilgram freilich gibt sich nicht nur einleitend als selbstbewußter Mann zu erkennen, der für seinesgleichen ‚einfältige Leut' zu schreiben sich nicht hindern lasse, sondern reiht überdies im 1667 publizierten zweiten Teil den ‚Altfränkischen Teutschen Hans Sachs' unter die von göttlicher Inspiration erfüllten großen Dichter ein.[23] Daß er dem noch von Christian Wernicke verachteten Meistersänger weiterhin Anerkennung zollte, belegen Zitate oder Verweise im übrigen Werk.[24] Für den Pilgram freilich schöpfte er ausgiebig aus der für mehrere seiner Werke benutzten *Piazza Universale* des Garzoni, einem gelehrten Ansprüchen durchaus genügenden Kompendium. Bei nicht weniger als zwölf von zwanzig Kapiteln lehnte er sich eng an die Vorlage an; daneben benutzte er auch das für die Hausväterliteratur der Zeit bedeutsame Werk des Johannes Colerus.[25] Die besonders bei Garzoni zusammengetragenen Materialien setzte er in das Schema von Satz, Gegensatz und ‚Nachklang' um, in dem er seine Meinung kundtat. Diese abschließende Stellungnahme und ebenso die Ergänzungen gegenüber der Vorlage sind nicht nur hilfreich für die Interpretation des großen Romans, sondern geben Aufschluß über Vorstellungen und Urteile des literarischen Debütanten. Was er in den meist zufällig aneinandergereihten Abschnitten zu sagen hatte, war keineswegs originell und den Zeitgenossen auch aus Büchern der gelehrten Poeten vertraut. So erweiterte er beispielsweise noch den Negativ-Katalog bei den Bauern[26] und huldigte er uneingeschränkt dem Antifeminismus der Zeit; wenn er ferner den Petrarkismus verspottete, das Tanzen als unkeusch verwarf und vor den Gefahren der Liebe warnte, so wiederholte er ebenfalls Wohlbekanntes. Das gilt nicht minder für seine Darlegungen über Fürstentugenden oder zur Frage des Widerstandsrechtes, das er – im Sinne Bodins – ebenso radikal ablehnte, wie es u. a. Gryphius in seinen Tragödien getan hatte.[27] Konventionell war auch die Deutung des Krie-

ges als einer Hauptstrafe Gottes, doch lassen gerade die nicht zufällig ans Ende
gerückten Klagen über den Krieg das persönliche Engagement des Autors erkennen.[28] Und ebenfalls im Sinne der Zeit verfuhr er, wenn er einzelne Darlegungen mit einer Mahnung zur Reue und Buße ausklingen ließ.

Nicht nur die mehrfache Erwähnung des *Simplicissimus* im zweiten *Pilgram*-
Teil, sondern auch eine Reihe von Themen verweisen auf die intensive Beschäftigung in jener Zeit mit dem großen Roman, für den nach Auskunft seines Erzählers der 1666 erschienene *Keusche Joseph* als eine Vorübung diente. Wie beim
Simplicissimus handelt es sich auch beim Josephroman um eine Lebensbeschreibung, hier des aus dem ersten Buch Mose bekannten Helden[29], dessen Schicksal
in der frühchristlich-patristischen, in der jüdischen, islamischen und persischen
Literatur dargestellt bzw. gedeutet wurde und auch im Mittelalter und der
frühen Neuzeit nicht an Interesse eingebüßt hatte.[30] Im 16. und frühen 17.
Jahrhundert nahm sich das Drama der Josephsgeschichte an, mit recht unterschiedlicher Gewichtung insofern, als einige Autoren ganz der schon bei Philo
vorherrschenden allegorischen Deutung folgten, während andere das politische
Verhalten des Helden herausstellten.[31] Grimmelshausen wollte – wie er in der
Vorrede sagt – den Wünschen hoher wie niederer Standespersonen nach einer
breiteren Beschreibung der Josephsgeschichte nachkommen[32], wobei er die Information mit einer massiven religiösen Belehrung verknüpfte. Nutzte er am
Ende – ähnlich einigen Kapitelabschlüssen im *Pilgram* – die Geschichte zu
einer auf Reue und Bußbereitschaft zielenden Mahnung, so signalisierte er schon
mit der Titelformulierung *Exempel Der unveränderlichen Vorsehung Gottes*,
daß er die Josephsgeschichte als Beispiel für das Walten der Providentia verstanden wissen wollte. In der Rede Josephs an seine Brüder heißt es dann auch:

> Dann ich bin dessen nunmehr genugsam versichert / daß euer böser Rahtschlag /
> mich zu verderben / nicht aus Trieb angeborner bösen Eigenschafft entsprungen:
> Sondern durch die Göttliche Vorsehung also verordnet worden / damit ich zu dieser
> hohen Würde gelangen / und euch und die eurige in dieser grossen Theurung er-
> halten möge [...][33]

Bewährt hat sich Joseph vor allem durch seine Standhaftigkeit gegenüber den
Verlockungen von Potiphars Frau Selicha bis hin zur Bereitschaft, um der Tugend willen das Martyrium auf sich zu nehmen. Mit der Einsetzung in das hohe
Amt fand dieses vorbildliche Verhalten sodann die angemessene Belohnung.
Constantia-Ideal, Providentia-Beweis und das Schema von Tugendlohn bzw.
Sündenstrafe sind Konstituenten des hohen Romans, die in den deutschen Zeugnissen der zweiten Jahrhunderthälfte besonders betont werden.[34] Ähnliches
gilt auch für den politischen Aspekt, der im Josephroman gleichfalls eine Rolle
spielt. Da Joseph auch seiner Herrin zum Gehorsam verpflichtet ist, gerät
er durch ihre Zudringlichkeit in einen Konflikt, den er freilich sogleich zu lösen
vermag – sein Gehorsam erstreckt sich nicht weiter „als in billichen Dingen /

und nicht in solchen Sachen", die seinem Herrn zum Schimpf gereichen.[35] Daß ferner mit der von Joseph betriebenen Vorratswirtschaft aktuelle politische Probleme angesprochen wurden, ist erwiesen.[36] Es überrascht freilich, daß Grimmelshausen trotz der Providentia-Thematik die allegorisierende Deutung der Vorgänger völlig vernachlässigte und Hinweise auf die Josephgeschichte als Präfiguration Christi erst in der überarbeiteten Fassung von 1670 anbrachte, also nach der Veröffentlichung des *Simplicissimus*.[37] Das legt die Annahme einer frühen Entstehung des Josephromans durchaus nahe.[38]

Zu einem erfolgreichen Autor wurde Grimmelshausen durch den erstmals 1668 erschienenen *Simplicissimus Teutsch*, der schon ein Jahr danach unrechtmäßig nachgedruckt wurde und es zu Lebzeiten des Dichters auf insgesamt sechs Ausgaben brachte. Ebenfalls 1669 kam die *Continuatio* bzw. das sechste Buch heraus, die nach einer Bemerkung Grimmelshausens zusammen mit vier weiteren Schriften zum Korpus der simplicianischen Schriften gehört. Das wirft Fragen der Interpretation dieser Werke und besonders des *Simplicissimus* auf, die noch nicht hinreichend beantwortet sind.[39] Dagegen kann die lange Zeit umstrittene Funktion der *Continuatio* bzw. des sechsten Buches als geklärt gelten; gemeinsam mit dem ebenfalls erst neuerdings recht überzeugend gedeuteten Titelkupfer übernimmt sie Aufgaben der sonst üblichen Vorreden mit programmatischen und das Leseverhalten steuernden Hinweisen.[40]

Mit dem *Simplicissimus Teutsch* folgte Grimmelshausen der Tradition des – aus der Perspektive des Ich-Erzählers einen bestimmten Weltausschnitt darstellenden – pikaresken Romans, die von Spanien mit dem sozial- und klerikalkritischen *Lazarillo de Tormes* und dem auf moralisch-religiöse Belehrung zielenden *Guzmán de Alfarache* ausging. Grimmelshausen lernte beide Texte in deutschen Übersetzungen bzw. Bearbeitungen kennen und empfing von ihnen entscheidende Anregungen. Wurde in der Augsburger Übersetzung von 1617 das Leben des Lazaro zu einem Beispiel für die „Instabilität des Glücks in dieser Welt" und damit zur Lektion in Vanitas umgeformt, so baute der Guzmán-Bearbeiter Albertinus die schon in der apokryphen Fortsetzung angelegte Büßer- und Heiligengeschichte entschieden aus.[41] Den Menschen zu Umkehr und Buße zu bewegen angesichts der alles beherrschenden Vanitas war erklärtes Ziel seiner der katholischen Reformbewegung verpflichteten Schrift, wobei er sich in zunehmendem Maße der Methode des vierfachen Schriftsinnes bediente. Gerade von dieser Quelle machte der Autor des *Simplicissimus Teutsch* ausgiebig Gebrauch – ihr dürfte er neben der Vorliebe für sinnbildliche Darstellung auch eine von Verhaltensweisen bestimmte Anordnung der Lebensgeschichte sowie zahlreiche Motive und Figuren – darunter die Belehrungen durch Einsiedler, den Besuch eines Schweizer Klosters, den Rückfall in ein sündhaftes Leben und die endgültige Weltabkehr – entnommen haben.

Starken Einfluß übte auch, wie man seit langem weiß, das Werk des bekannten Satirikers Johann Michael Moscherosch aus. Überraschend freilich ist die von

Grimmelshausen selbst bezeugte Hochachtung für die *Histoire comique de Francion* von Charles Sorel, einen Roman, dessen ethisch indifferente Darstellung erotisch-sexueller Abenteuer sich entschieden von den auf religiös-moralische Belehrung zielenden eben genannten Vorlagen abhebt. Wichtig erscheint in diesem Zusammenhang, daß Sorels *Francion,* den Grimmelshausen in der deutschen Übersetzung von 1662 kennenlernte, mit der Charakterisierung des neuen, der Wahrheit bzw. Vollkommenheit verpflichteten Stiles den Unterschied zu den ‚ernsten Sachen' hervorhob.[42] Wenn der Autor des *Simplicissimus* – durch das Vorbild des Franzosen bestärkt – der ‚wahrhaften Histori' und der Beschreibung von ‚Sachen in ihrem natürlichen Wesen' den Vorzug gab, so sollte freilich nicht übersehen werden, daß er in bestimmten Zielvorstellungen mit zeitgenössischen deutschen Ausformungen der hohen Romangattung durchaus übereinstimmte. Interesse verdient in dieser Hinsicht die Vorrede des wenige Jahre vor dem *Simplicissimus* publizierten Romans *Herkules und Valiska,* in der der Autor Andreas Heinrich Bucholtz bekennt, daß er sich der Gattung zur christlichen Unterweisung und Erbauung bediene und damit zugleich die Tradition nicht nur der Amadis-Bücher, sondern auch der Argenis, der Arcadia und Ariana zu unterlaufen beabsichtige.[43] Grimmelshausen fand in der *Guzmán*-Bearbeitung des Albertinus und im deutschen *Lazarillo* eine massive christliche Unterweisung vor, deren Überzeugungskraft ihm freilich zweifelhaft erschien, wie seine Ausführungen über den theologischen Stil verraten. Indem er sich stilistisch an dem von moraltheologischen Intentionen freien Buche des Franzosen orientierte, gewann sein *Simplicissimus*-Roman an Lebendigkeit und künstlerischer Qualität, die eine eindeutige Textinterpretation im Sinne der theologischen Exegetik verbietet. Daß er auch um religiöse Unterweisung entschieden bemüht war, steht heute außer Zweifel, nutzte er doch die *Continuatio* zu einer ausführlichen Leseanweisung und zur Warnung vor einem falschen Leseverhalten, zu der auch Bucholtz sich gedrängt fühlte, weil er gleichfalls fürchten mußte, daß die Rezipienten nicht die „christliche Unterrichtung wohl beobachten", sondern sich nur „sinnlich ergetzen" würden.[44]

Die *Continuatio* beendet die Lebensbeschreibung mit der Darstellung des Aufenthaltes von Simplicius auf einer Insel, bei deren Besuch der holländische Kapitän Jean Cornelissen die Aufzeichnungen des Insel-Einsiedlers an sich nimmt und so der Nachwelt überliefert. Dieses Motiv entlehnte Grimmelshausen der 1668 erschienenen deutschen Übersetzung von Nevilles *Insul Pines* oder *Warhafftiger Beschreibung des vierdten Eylands,* einer kleinen Schrift, deren Inhalt wiederum zu den Vorstellungen, die Grimmelshausen mit der Inseldarstellung verbindet, im krassen Gegensatz steht. Läßt der Simplicissimus-Autor seinen Helden auf dem einsamen Eiland zu religiösen Einsichten gelangen, die ihn als Heiligen ausweisen, so berichtet der Verfasser der *Insul Pines* von den sexuellen Leistungen des schiffbrüchigen Engländers, der mit vier Mädchen 47 Kinder zeugt, die alle nackt herumlaufen und wiederum zur Bevölkerungsvermehrung kräftig beitragen. Damit parodiert seine Schrift, die mit der anagrammatischen Spielerei des Namens Pines den eigentlichen Helden der Inselgeschehnisse nur unzureichend verschleiert, die biblische Darstellung der Vermehrung des Menschengeschlechts. Grimmelshausen entnahm dem anspruchslosen Buche neben dem Überlieferungsmotiv einige die Insel als paradiesisch kennzeichnende Züge, auf der er dann, angereichert durch zahlreiche Motive aus der *Historischen Beschreibung der Antillen-Inseln* sowie aus Reiseliteratur, seinen bis in mystische Tiefen der Gotterkenntnis vordringenden Eremiten ansiedelte.[45]

Vielleicht darf man diese ‚Montagetechnik‘, die als eine Konstituente besonders des *Simplicissimus* heute angesehen werden muß[46], mit dem ästhetischen Programm des Verfassers in Verbindung bringen, das nach übereinstimmender Meinung neuerer Forscher in der lange Zeit umrätselten Chimäre des Titelkupfers ausgesprochen wird.[47] Danach wußte sich Grimmelshausen mit der schon von Rabelais und Fischart geübten Groteske einem Formprinzip verpflichtet, das sich vom klassizistischen Verisimile-Postulat, dem auch der hohe Roman folgt, abhebt und gegen die organisch-geschlossene Form das Mischmasch oder Monströse als Ausdruck einer unharmonisch verstandenen Wirklichkeit setzt (Habersetzer).[48] Mit dem Stichwort Groteske und Mischmasch ist zugleich die satirische Intention angesprochen, die im Werk von Grimmelshausen vorherrscht und den Hauptroman umfassend prägt.[49] Im Widmungsgedicht zu *Dietwald und Amelinde,* das offensichtlich aus der Feder des Autors selbst stammt, wird diese Intention noch einmal gekennzeichnet als eine natürliche Beschreibung dieser Welt, die die Wahrheit mit Lachen anzudeuten pflegt, „weil die edle Wahrheit nicht gerne mehr wird blos beschauet".[50] Schon dieses Versteckspiel oder die Notwendigkeit der satirischen Einkleidung verweisen auf das zentrale Thema, die Verkehrtheit der Welt, die seit dem Sündenfall alles Irdische prägt und sich auch darin zeigt, daß der Mensch ihrer nicht oder kaum gewahr wird. Ihre Beurteilungskriterien bezieht diese Satire also aus der christlichen Wahrheit mit der Heilsbotschaft, deren immer erneute Vergegenwärtigung angesichts der verkehrten, von Unbeständigkeit geprägten Welt gefordert ist. Die fiktive Autobiographie, in die zahlreiche Erfahrungen des Autors eingeflossen sind, bildet so die Einkleidung oder Hülse zunächst für moralische Belehrungen und Ermahnungen, denen sie stets untergeordnet bleibt. Als Geschichte im bloßen Wortsinn zwar von Belang, findet des Simplicius Lebensbericht doch erst als Beispielsammlung christlichen Verhaltens oder besser Fehlverhaltens seine Rechtfertigung. In diesem Sinne besitzen die zahlreichen, allzuleicht als Produkte eines rein autonomen Erzählens mißzuverstehenden Episoden Verweisungscharakter, indem sie christliche Laster und ihre umfassenden Auswirkungen, wie sie etwa aus den theologischen Traktaten des Albertinus den Zeitgenossen bekannt waren, oft bis ins Detail hinein demonstrieren.[51] Von der Allmacht des Lasters zeugen die Lebensumstände wie auch das Verhalten des Simplicissimus in zahlreichen Stationen seines Lebensganges; wenn er sich trotz der Lehren und

Mahnungen des Einsiedels immer stärker mit der Welt und ihrer bösen Gesellschaft einläßt und dabei das 'nosce te ipsum' mehr und mehr vergißt, so wählt er einen Weg, dessen Abschnitte sich nur durch Grad und Ausmaß der Torheit unterscheiden.[52] Selbst der Entschluß, als Einsiedler auf dem Moskopf der Welt abzusagen, steht noch unter dem Gesetz der Sünde, da er, statt dem 'ora et labora' der ägyptischen Eremiten zu folgen, sich der Neugier, des Müßigganges und der Völlerei – und damit dreier Vergehen im Sinne des christlichen Lasterkataloges – schuldig macht. Erst der Inselbewohner, der sein Unglück als Akt göttlicher Gnade, d. h. der Providentia, begreift[53] und seine Tage als Einsiedler zu enden beschlossen hat, zeigt sich frei von jeder Torheit und führt jene beispielhafte Form der Existenz vor, die im Heiligenleben ihren höchsten Ausdruck findet.[54] Damit nimmt die Lebensbeschreibung des ‚seltzamen Vaganten' Simplicissimus, die dem Schema von Belehrung – Sünde – Erlösung gehorcht[55], wesentliche Elemente der Heiligenlegende auf und gewinnt sie weitere Sinndimensionen, die zu erschließen zahlreiche Passagen der *Continuatio* auffordern.[56]

Daß der *Simplicissimus*-Roman vielfach eine Deutung nach der Methode der mittelalterlichen Bibelexegese nahelegt, ist schon länger unterstellt und von Interpreten bestätigt worden.[57] Auch wenn das Werk nicht jener offensichtlichen Allegorisierung folgt, wie sie der deutsche *Guzmán*-Bearbeiter Albertinus – insbesondere im zweiten Teil etwa mit der Auslegung der Pilgerrequisiten – vornimmt, so darf dennoch davon ausgegangen werden, daß Verweisungen im Sinne der 'Buch der Welt'-Vorstellung, die Grimmelshausen wohl durch Franckenberg und Andreae bekannt geworden ist, den Roman durchziehen. Besonders den Traumerscheinungen, den ‚utopischen' Entwürfen sowie den dem Helden in den verschiedenen Lebensetappen begegnenden Figuren fällt dabei eine wichtige Rolle zu[58], und nicht zufällig kommt es in der *Continuatio*, etwa mit der Baldanders- oder der Schermesser-Allegorie, zu einer Häufung von Beispielen, die sich auf göttliche oder himmlische Dinge beziehen – entsprechend dem Bekenntnis des Einsiedlers, wonach ihm die Insel

> die gantze Welt . . . seyn . . . muste / und in derselbigen ein jedes Ding / ja ein jeder Baum! ein Antrieb zur Gottseligkeit: und eine Erinnerung zu denen Gedanken die ein rechter Christ haben soll.[59]

Wenn in diesem Zusammenhang ausdrücklich vermerkt wird, daß er den Schiffsleuten nicht als Narr, sondern als ‚sinnreicher Poet' und gottseliger Christ erschein, so deutet der Autor zugleich an, welch hohes Amt der mit dem 'divinus furor' begabte Dichter innehat; als 'interpres dei' vermittelt er den geistlichen Sinn aller Dinge und führt er den Leser zur wahren Erkenntnis, deren höchste Form wiederum in einer der Zeit vertrauten Metaphorik als Licht und Glanz umschrieben wird und die der Teilhabe auch der geringsten Kreaturen am Göttlichen gewiß ist.[60]

Der 'divinus furor' wird hier freilich gerade einem Manne zugesprochen, der nicht über universale Kenntnisse verfügt und sich damit von der Masse der gelehrten Poeten unterscheidet. In diesem Sinne hatte Grimmelshausen schon in seinem *Pilgram* den im Barock weithin verachteten Hans Sachs zu rehabilitieren versucht, auf dessen Dichtung er nun auch in der *Continuatio* ausdrücklich Bezug nimmt.

Damit ist eine Problematik angesprochen, die in der Forschungsliteratur noch der jüngsten Zeit ihren Niederschlag findet und zu erheblich divergenten Deutungen geführt hat. Auf Widerspruch stößt selbst die Interpretation des *Simplicissimus*-Romans als eines auf umfassende Vermittlung christlicher Wahrheiten angelegten Textes, zumal eine Reihe von Textstellen wie auch eine offensichtliche Sympathie für die vom Kriege besonders betroffenen Angehörigen niederen Standes einer Deutung des Romans als, verkürzt gesprochen, Mahnung zur Weltabsage entgegenzustehen scheinen. Die sogenannte Ständebaum-Allegorie, die Jupiterepisode, der Mummelseebesuch und der Bericht über die Wiedertäuferkolonie, denen schon die frühere Forschung zum Teil erhebliche Aufmerksamkeit schenkte, enthalten Aussagen, die zumindest als versteckte Wünsche oder Vorstellungen des Erzählers mit dem Ziel einer Veränderung des schlechten Weltzustandes und damit eines innerweltlichen Engagements angesehen werden können. Marxistische Literaturwissenschaftler in der DDR verstehen schon länger Grimmelshausen als den ‚großen volksverbundenen Realisten des 17. Jahrhunderts‘[61], der mit der Weltabsage des Einsiedlers eine schonungslose Verurteilung der vom Feudalismus geprägten Gesellschaft aus der Perspektive ihrer Opfer vornimmt und das Bild einer humaneren Ordnung entwirft, ohne daß er – den Umständen der Zeit entsprechend – Möglichkeiten ihrer Verwirklichung wahrzunehmen vermag. Dem haben sich wenigstens in Teilaspekten andere Forscher angeschlossen und von ‚literarischer Sozialkritik‘ gesprochen (vgl. insbes. Gebauer).[62]

Gegen die mit emblematischen Texten angereicherte[63] Traumallegorie ist indessen eingewendet worden, daß es sich nicht eigentlich um einen Ständebaum handele, sondern daß nur die Adelsideologie unter dem Aspekt des Ehrgeizes der Plebejer thematisiert werde und so der Baum als Baum der Sünde die Verfallenheit des Träumenden an die Hoffart versinnliche.[64] Ähnlich ist auch beim Jupiter-Narren argumentiert worden, dessen politische Reformvorstellungen freilich den Wünschen der vom Kriege besonders Geschundenen wie auch von vielen Anhängern der zahlreichen Sekten durchaus entgegengekommen sein dürften. Das gilt vor allem für die Beseitigung fürstlicher Willkürherrschaft und die Abschaffung jener Abgaben, unter denen die Masse des ohnehin durch immer neue Kriegswirren ausgebluteten Volkes zu leiden hatte, und das gilt noch mehr von seinem Vorschlag zur endgültigen Überwindung des Religionsgezänkes und der konfessionellen Spaltung, die den eigentlichen Anlaß für die dann zu einem reinen Machtkampf sich entwickelnden kriegerischen Auseinandersetzungen gebildet hatten:

Nachdem mein Held den Universal-Frieden der gantzen Welt verschafft / wird,er die Geist- und Weltliche Vorsteher und Häupter der Christlichen Völcker und unterschiedlichen Kirchen mit einer sehr beweglichen Sermon anreden / und ihnen die bißherige hochschädliche Spaltungen in den Glaubens-sachen trefflich zu Gemüth führen / sie auch durch hochvernünfftige Gründe und unwidertreibliche Argumenta dahin bringen / daß sie von sich selbst eine allgemeine Vereinigung wünschen [...] Alsdann wird er die aller-geistreichste / gelehrteste und frömmste Theologi von allen Orten und Enden her / auß allen Religionen zusammen bringen [...] und ihnen aufflegen / daß sie so bald immer möglich [...] die Strittigkeiten / so sich zwischen ihren Religionen enthalten / erstlich beylegen / und nachgehends mit rechter Einhelligkeit die rechte / wahre / Heilige und Christliche Religion, der H. Schrifft / der uhralten Tradition, und der probirten H. Vätter Meynung gemäß / schrifftlich verfassen sollen [...][65]

Durch Argumente des Simplicius provoziert, entwickelt Jupiter diese und andere der Zeit geläufige Vorstellungen in einer Konsequenz, in der sich schließlich die Unmöglichkeit ihrer Verwirklichung angesichts der Gebrechlichkeit der Welt enthüllt, zugleich aber auch vertraute Erklärungsmuster des Zeitalters in Frage gestellt werden. Gehörte etwa die Deutung des Krieges als Strafgericht Gottes zum Zwecke der Besinnung und Besserung der Menschen zu den unumstößlichen Wahrheiten, so meldet Jupiter daran auch deshalb Zweifel an, weil Friedensverhandlungen geführt werden, ohne daß eine sichtbare Abkehr der Menschen vom lasterhaften Leben festzustellen ist.[66] Damit problematisiert er theologische Interpretationsmuster, wie sie oft auch in den Friedensspielen Verwendung fanden, denen offensichtlich die Figur des zur Erde herabgesendeten und das Verhalten der Menschen inspizierenden Gottes selbst entlehnt ist.[67] Indem Jupiter sich mit einer fiktiven Gestalt der Poesie identifiziert, bestätigt er die Vermutung des Simplicius, daß er mit dem vagierenden Gott einen Überstudierten und Phantasten eingefangen hat, dessen Glaube an die mögliche Verwirklichung eines idealen Weltzustandes[68] eben lediglich solcher Verstiegenheit zuzurechnen ist. Diese der Zeit aus Don Quixote- und Schäferdichtungs-Tradition bekannte Deutungsweise läßt sich durch den Kommentar der 1685 herausgekommenen Ausgabe stützen, der das Moment des Überstudierten und ,Fantasten' bei Jupiter betont, bei dem Einbildung gerade auch auf das eigene Wissen alles ausmache.[69]

Die von Jupiter erstrebte Ausrottung aller Lasterhaften als Bedingungen für eine neue Regierungsform und einen ewigen Frieden – gerade diese (für utopische Entwürfe wichtige) Voraussetzung wird gern übersehen – ist im Sylphenreich des Mummelsees gleichsam als Naturzustand vorgegeben, aber mit dem Verlust des ewigen Lebens verknüpft, der nur den Verblendeten nicht zu schrekken vermag. Eben unter dieser Bedingung der Sündenlosigkeit ist ein weitgehender Verzicht auf Herrschaft und Ausübung der Justiz möglich, so daß ihr König wie der ,Weissel in einem Immenstock' die Geschäfte der Mitbewohner lediglich dirigiert. Da nach allgemeiner Überzeugung jener Zeit Herrschaftsausübung erst durch den Sündenfall notwendig geworden ist, erscheint die Zwanglosigkeit im

Sylphenreich durchaus einsichtig. Um so mehr überraschen freilich Simplicius' Ausführungen über das Leben bei den Wiedertäufern, weil auch hier auf Herrschaft verzichtet wird und ähnlich wie im Sylphenreich eine bloß väterliche Aufsicht oder Fürsorge ein gewaltfreies Zusammenleben ermöglicht. Ungeachtet der Skepsis des Knans, wonach Simplicius für eine von ihm zu gründende ähnliche christliche Gesellschaft ‚nimmermehr solche Bursch zusammen bringen würde', und des ausdrücklichen Hinweises auf das Ketzerische der Wiedertäuferbewegung kann nicht übersehen werden, daß der Erzähler für dieses Experiment einen Grad von Sympathie zeigt, der gerade auch im Vergleich mit zeitgenössischen Urteilen überrascht.[70]

Beobachtungen dieser Art bleiben nicht ohne Folgen für die Bewertung des Heiligenlebens, das der Insel-Eremit führt und dem als endlich erreichten, im Ausgangspunkt der Lebensgeschichte schon implizierten Ziel eine exemplarische Bedeutung im Sinne der beispielhaften Existenz zuerkannt werden muß. Wenn Grimmelshausen darüber hinaus die Zusammengehörigkeit der simplicianischen Schriften betont, so trägt er selbst zur Relativierung des exemplarischen Charakters einer radikalen Weltabkehr bei, da die Geschehnisse wenigstens teilweise hinter das erreichte Ziel zurückfallen und wohl mit der Betonung tätiger Nächstenliebe eine andere Form christlicher Existenz erprobt wird.

Aufgrund der hier nur kurz skizzierten Aspekte und dank einer raffinierten Erzähltechnik mit mehrfacher perspektivischer Brechung, die zur Problematisierung scheinbar eindeutiger Aussagen beiträgt und dem Roman eine fast moderne Offenheit hinsichtlich seiner Auslegung verschafft, hat der *Simplicissimus Teutsch* bis heute seine Ausstrahlungskraft nicht verloren. Als ein herausragendes Kunstwerk zeigt er sich freilich schon im Barockzeitalter. Auch wenn sein Verfasser satirischer Belehrung und religiöser Unterweisung – den Gewohnheiten der Zeit gemäß – den Vorzug gab, kann nicht übersehen werden, daß er einen Text geschaffen hat, der sich von der Masse der zumeist Exempel reihenden bzw. wiederholenden satirischen Literatur und dem vordergründig allegorisierenden Erbauungsschrifttum entschieden abhebt. So darf es nicht verwundern, daß der *Simplicissimus Teutsch* lange Zeit als ein früher Entwicklungsroman verstanden worden ist, in dessen fiktive Autobiographie unmittelbare Erfahrungen einer von weitreichenden Veränderungen geprägten Lebenswirklichkeit einflossen.

Damit ist die Kontroverse um den ‚Realismus' des Romans angesprochen, die bis in die jüngste Zeit anhält, wobei vielfältige Bedeutungsvarianten einbezogen wurden. Den lange Zeit mit Vorstellungen wie nicht bewußt gestalteter Volkspoesie, Darstellung von Selbsterlebtem, dokumentierter Kultur- oder Sozialgeschichte u. a. verbundenen Begriff suchte Alewyn durch den eines an christlichen Normen orientierten ‚Naturalismus' zu ersetzen, womit er zweifelsohne eine für den Roman charakteristische Weise der Darstellung unabhängig von der Herkunft des ausgewählten Beispiels umschrieb.[71] Neben anderen Versuchen und entschiedenem Widerspruch findet Alewyns These noch immer Unterstützung, auch wenn etwa sein Begriff durch den des ‚grotesken Realismus' zu ersetzen vorgeschlagen worden ist.[72]

Außer dem unbestechlichen Blick für die Lasterhaftigkeit der Welt berechtigt nicht zuletzt die Fähigkeit des Autors, Zusammenhänge bis in feinste Verästelungen zu erkennen und dem Leser einsichtig zu machen, von einer realistischen Erzählkunst zu sprechen. Als herausragendes Beispiel hierfür darf die von Olivier selbst erzählte Lebensgeschichte gelten, in der als Motive für seine lasterhafte Handlungsweise das Fehlverhalten der Eltern in Form einer alles entschuldigenden ‚Affenliebe' gegenüber dem Kind und einer unverhältnismäßig harten Reaktion gegenüber dem ihre Erwartungen enttäuschenden Jüngling auch in ihrer wechselseitigen Beeinflussung offengelegt werden:

> kein Schelmstück war mir zu viel / und wo ich einem konte einen Possen reissen / unterließ ichs nicht / dann mich weder Vatter noch Mutter hierumb straffte; ich terminirte mit meines gleichen bösen Buben durch dinn und dick auff der Gassen herumb / und hatte schon das Hertz / mit stärckern als ich war / herumb zu schlagen / kriegte ich dann Stöß / so sagten meine Eltern / Was ist das? soll so ein grosser Flegel sich mit einem Kind schlagen? überwand denn ich (massen ich kratzte / biß und warff) so sagten sie / Unser Oliv: ergen wird ein braver Kerl werden! Davon wuchs mir der Muth / zum beten war ich noch zu klein / wenn ich aber fluchte wie ein Fuhrmann / so hieß / ich verstünde es nicht: Also wurde ich immer ärger / biß man mich zur Schul schickte / was denn andere böse Buben auß Boßheit ersannen / und nicht practiciren dorfften / das setzte ich ins Werck. Wenn ich meine Bücher verklettert oder zerrisse / so schaffte mir die Mutter wieder andere / damit mein geitziger Vatter sich nit erzörnte. Meinem Schulmeister thät ich grossen Dampff an / dann er dorffte mich nit hart halten / weil er zimliche Verehrungen von meinen Eltern bekam / als deren unzieml iche Affen-Liebe gegen mir ihm wol bekant ware[73];

Die ausgewählte Textstelle ist nur ein Beispiel von vielen für die Fähigkeit genauer Beobachtung und lebendiger Darstellung von Zusammenhängen, denen zeitgenössische Autoren sonst kaum gerecht zu werden vermögen. Das schließt freilich eine allegorisierende Deutung nicht aus, wie der Lebenslauf und die Argumentation der vielfach als teuflisch gekennzeichneten Olivier-Figur verraten.

Zeigt sich gerade in der unauffälligen Verknüpfung von wirklichkeitsnaher Darstellung und didaktischer Intention die Kunstfertigkeit des *Simplicissimus*-Dichters, so hat die Frage nach der Gesamtstruktur, d. h. nach den Aufbauprinzipien dieses bis heute lebendigen Textes, noch keine überzeugende Antwort gefunden. Daß eine Zuordnung zum Entwicklungsroman mehr als problematisch erscheint, ist nach Rohrbachs Untersuchung nicht zu bezweifeln.[74] Seit Alts These von der symmetrischen Struktur des *Simplicissimus* gibt es eine Reihe weiterer Versuche, spezifische Baugesetze herauszuarbeiten.[75] In diesem Sinne sind auch die Bemühungen von Weydt, eine siebenphasige astrologische Struktur im Roman nachzuweisen, und die Annahme eines 'sensus astrologicus' durch andere Interpreten zu verstehen, wobei freilich Methode und Ergebnisse dieser Untersuchungen schon bald auf entschiedene Kritik stießen.[76] Neben dem neuentbrannten Streit über diese Frage gibt es in der jüngsten Forschungsliteratur vorsichtige Versuche einer Integration der Ergebnisse, ohne daß ein Systemzwang akzeptiert wird, so wie eine mit dem poetischen Programm des *Simplicissimus*-Autors begründete Ablehnung einer durch Planetenphasen sich abzeichnenden Strukturierung des Romans.[77]

Ungeachtet der zahlreichen Beiträge, die sich oft mit dem Roman insgesamt befassen, bedarf noch eine Reihe von Einzelaspekten einer sorgfältigen Untersuchung. Wenn häufig schon aufgrund der im ersten Satz des ersten Kapitels eingeschobenen Bemerkung „zu dieser unserer Zeit (von welcher man glaubt / daß es die letzte seye)" auf eine Endzeit-Vorstellung des Erzählers bzw. Autors geschlossen wird, so wäre durch eine Analyse etwa von Textstellen in der *Continuatio* und dem dritten Buch mit vergleichbaren Aussagen sowie in anderen Werken von Grimmelshausen zu klären, ob er hier nicht eher auf eine durch ,wissenschaftliche Schriften' untermauerte Erwartung des Weltendes u. a. im Jahre 1670 ironisch anspielt.[78] Damit ist auf die gerade im *Simplicissimus* häufig zu beobachtende Technik der wiederholten Motivverwendung verwiesen, deren systematische Erfassung etwa im Hinblick auf die oben erwähnte sinnbildliche Darstellung zu gesicherteren Erkenntnissen führen würde. Dieses sollte um so nachdrücklicher angegangen werden, als erste Versuche bereits von der Ergiebigkeit eines solchen Verfahrens zeugen.[79]

Unsere Vermutung, daß Grimmelshausen gleich zu Beginn des Romans auf Aktuelles anspielt, wird durch andere Belege im übrigen Werk gestützt; die Jupiterepisode verspricht u. a. in diesem Zusammenhang dem Interpreten noch immer reiche Ausbeute. Schließlich sollte man auch dem eingangs erwähnten Zusammenhang der ,simplicianischen Schriften' größere Aufmerksamkeit widmen, der zumeist nur bei der Frage, welcher Aussagewert dem Inseleremiten bei der Interpretation des Romans insgesamt zukommt, ernstgenommen zu werden pflegt.

Daß Grimmelshausen mit seinem *Simplicissimus* einen Bestseller verfaßt hatte, ist weder ihm noch den Zeitgenossen und Nachfahren entgangen. Der Name oder davon abgeleitete Formen wurden vom Erfinder wie von den Nachahmern als eine Art Markenzeichen benutzt, mit dem man für Produkte unterschiedlichen Inhalts warb. Zu den unmittelbaren Erben gehörten die bekannten Autoren Angelus Silesius und Johann Beer; bei den zahlreichen anonymen Schriften, die sich zuweilen nur des bekannten Namens bedienten, fällt auf, daß sie aus aktuellem Anlaß kriegerische Ereignisse als Thema bevorzugten.[80] Das gilt auch für Nachahmungen aus dem 18. Jahrhundert, in dem der Simplicissimus des ursprünglichen Romans wie auch der unterschiedlichen Nachbildungen lebendig blieb.[81]

Gebauers interessante Argumentation, wonach der Roman zumindest in den ersten Jahrzehnten nach seiner Veröffentlichung nicht von breiteren Schichten, sondern fast ausnahmslos von Angehörigen des Adels und von akademisch gebildeten Bürgern gelesen wurde, bedarf noch der genauen Überprüfung.[82] Unter den letztgenannten gab es auch entschiedene Kritiker wie Christian Weise, während Quirin Moscherosch[83] und Leibniz das Talent des *Simplicissimus*-Dichters durchaus erkannten. Es ist das Verdienst der Romantik, die Simplicissimus-Schriften als Texte eines begabten Dichters einem breiteren Publikum nahegebracht zu haben, obgleich ihre Deutung im Sinne ,urwüchsiger', auf die übliche Gelehrsamkeit und den bewußten Formwillen verzichtender volkstümlicher Schöpfungen gerade auch die germanistische Forschung lange Zeit einseitig festgelegt hat. Wenn vom *Simplicissimus*-Roman bis 1976 rund 200 Ausgaben, darunter Übersetzungen ins Russische und Japanische, erschienen sind, so zeigt das freilich, in welchem Ausmaß sich der Kreis der Leser erweitert hat – und dies sicher nicht zuletzt wegen der lustigen ,Schreibart'. Einige Beiträge aus jüngerer Zeit legen nahe, den von Grimmelshausen betonten Zusammenhang der simplicianischen Schriften – zu ihnen gehören die 1670 veröffentlichten Lebensbeschreibungen der *Courasche* und des *Springinsfeld* sowie die beiden Teile des *Vogelnests* aus den Jahren 1672 und 1675 – wegen der mannigfaltigen Verbindungen und besonders der Querverweise durchaus ernstzunehmen. So darf aufgrund der sorgfältigen Analyse von Feldges heute davon ausgegangen werden, daß zumindest die *Courasche* nicht einfach das der Picara[84] nachgebildete weibliche Gegenstück zum *Simplicissimus* mit einer ins Diesseits gewendeten Entwicklung darstellt, sondern als Vergleichsbeispiel mit einer die Weltabkehr des Helden eher bestätigenden Funktion verfaßt worden ist, wobei offenbar die Methode des mehrfachen Schriftsinnes konsequent zur Anwendung gelangt.[85] Schon mit der im einleitenden Kapitel ausdrücklich betonten Abwehr des Verdachtes, daß sie aus Reue über ihr sündhaftes Leben zur Feder gegriffen habe, macht die Verfasserin des *Trutz-Simplex* sich bei der Masse der christlichen Leser jener Zeit hinreichend verdächtig. Einziges Ziel ihrer Schriftstellerei ist vielmehr eine von Rache diktierte Bloßstellung des Simplicissimus, die sie durch eine schamlose Schilderung ihres durchweg fragwürdigen Lebenswandels zu erreichen gedenkt[86]; damit gerät auch diese Tätigkeit der zu ihrer Hurerei sich bekennenden, bereits durch Annahme ihres eindeutig auf die Vulva bezogenen Namens sich Entblößende zur Prostitution. Darüber hinaus geht ihr Racheakt völlig fehl und schlägt sogar ins Gegenteil um, weil Simplicius durch ihre Schrift letzte Gewißheit darüber erhält, daß das von der Courasche ihm untergeschobene Kind sein eigener Sohn und keine Frucht der lüsternen Erzählerin ist. Diese Nachricht erhält er vom Schreiber des *Springinsfeld;* sie enthüllt zugleich Courasche als eine betrogene Betrügerin und betont so ihre Diesseitigkeit.

Besitzt in dem ,originellen' Motiv des Sich-Prostituierens wie auch in der von keinen Skrupeln geplagten Schilderung die Autobiographie des männerverschleißenden und dabei sozial immer tiefer absinkenden, von einer blühenden Schönheit zur geschlechtskranken alten Vettel verwandelten Weibes den Charakter des Besonderen, so verleihen ihr zahlreiche Signale thematischer wie formaler Art eine Allgemeinheit, durch die das Schicksal der Courasche durchweg als Beispiel im Rahmen eines schon im *Simplicissimus* entfalteten Verweisungszusammenhanges sich enthüllt; indem den vier Altersstufen der Courasche in einer nach dem Vier-Wochen-Zyklus gegliederten, 28 Kapitel umfassenden Darstellung vorwiegend die Laster des Vorwitzes und der Wollust, des Zorns (mit der Streit- und Herrschsucht), des Neides (mit der Geldgier) und der mit der Genußsucht verbundenen Trägheit zugeordnet werden[87], erhält die Lebensbeschreibung eine generalisierende Tendenz, die aus einer langen, das Weib mit den Künsten des Teufels gleichsetzenden Tradition sich herleitet. Daß die Courasche von ihrem Verfasser in diesem Sinne verstanden wurde und als Inkarnation der durchweg dämonisch gedeuteten ‚Frau Welt‘ gelten darf, ist aus zahlreichen, durch öftere Wiederholungen beglaubigten Hinweisen unschwer zu erschließen.[88] Sie waren den Zeitgenossen zweifelsohne so vertraut, daß der Verfasser auf moralische Kommentare, die im Munde der Erzählerin ohnehin unglaubwürdig gewesen wären, völlig verzichten konnte.[89]

Ohne die moralisch-allegorische Intention der Courasche in Frage zu stellen, ist im Anschluß an die von Streller und vor allem von Feldges vertretene Auffassung gerade das Ambivalente der vorwiegend aus der Schwankliteratur schöpfenden, den Chroniken und wiederum Garzonis *Piazza* verpflichteten fiktiven Autobiographie betont worden. Danach besitzt – gleichsam ohne bewußte Absicht – diese atypische Schrift des Verfassers eine „unbekümmert schelmengesichtige Seite", indem sie die Selbstbehauptung der Heldin mit Sympathie vorführe und das von heiterem Weltvertrauen bestimmte Zigeunerleben als Gesellschafts-Utopie im Sinne einer, wenn auch der theologischen nicht gleichberechtigten, Äußerungsform von Lebensweisheit präsentiere.[90] Diese Deutung berührt zugleich eine für Grimmelshausens Schriftstellerei allgemein erörterte Frage, die des Humors, der hier als eine Unvereinbares verbindende, für das vermittelnde Denken des Erzählers überhaupt typische Haltung interpretiert und partiell der Ironie zugesellt wird.[91]

Nun kann nicht geleugnet werden, daß in der Heldin Courasche dem Verfasser eine Gestalt gelungen ist, deren Faszination sich der Leser schwerlich entziehen kann. Unbezweifelbar besitzt diese von den Männern immer erneut gedemütigte Frau einen Blick für die Wahrheit und damit eine Fähigkeit, ihrer Umgebung jeweils auf die Schliche zu kommen, die ihr selbst zum Rang einer satirischen Erzählerin verhilft und sie weitgehend vor Täuschungen bewahrt. Das gilt gerade auch für die Selbsttäuschung, der sie dank genauer Einschätzung ihrer augenblicklichen Umgebung entgeht:

> Derowegen beschlosse ich mit mir selbsten / nicht nur diß Regiment / sondern auch die Armada / ja den gantzen Krieg zu quittirn / und konnte es auch umb so viel

desto leichter ins Werck setzen / weil die hohe Officier meiner vorlängst gern los
gewesen wären; Ja, ich kan mich auch nicht überreden lassen zu glauben / daß sich
unter andern ehrlichen Leuten viel gefunden haben / die umb meine Hinfahrt viel
geweinet. [...] Daß ich den verwundeten Obrist-Leutenant aus der Battalia und
Tods-Gefahr errettet und zu den unserigen geführt / darvon schriebe er ihm so
wenig Ehr zu / daß er mir meiner Mühe nicht allein mit Potz-Velten danckte /
sondern auch / wann er mich sahe / mit Grißgrammenden Minen erröhtet / und
mir / wie leicht zu gedencken / lauter Glück und Heil an den Hals wünschte /
[...]⁹²

Verrät die Courasche hier ein von pragmatischen Überlegungen bestimmtes Verhältnis zur Welt, so zeigt sie bei anderer Gelegenheit, daß sie mit Praktiken der
‚simulatio‘ und ‚dissimulatio‘ vertraut ist, wie sie in der politischen Literatur der
Zeit entwickelt und teilweise legitimiert worden sind. Wohl im Zusammenhang
mit der Picara-Tradition müssen ihre Rechtfertigungsversuche hinsichtlich des
Geldsammelns verstanden werden, erweist sich doch die Justina als eine eigenständige Person, die konsequent nach den Gesetzen der Geldwirtschaft handelt.

Schließlich sei auch noch an die Erwartungen erinnert, die besonders geistliche
Herren an eine sich dem Tode nähernde Verfasserin eines Lebensberichtes her-
antragen, und denen sie sogleich im ersten Kapitel eine entschiedene Absage erteilt. Es spricht manches dafür, daß die Courasche, die sich im christlichen Lasterkatalog wie im vorgeschriebenen Ritual gut auskennt, mit der Zurückweisung
dieser Erwartungen die Aushöhlung christlicher Verhaltensweisen durch vorgegebene Muster und Formen zu geißeln versucht.

In der *Springinsfeld*-Geschichte freilich, der sich die Forschung bislang wenig
angenommen hat, zumal man ihre künstlerische Qualität nicht hoch einschätzt,
erscheint das Bild der Courasche umfassend abgewertet. Beim Schreiber dieser
Geschichte, der von der Courasche schon zur Abfassung ihrer Biographie genötigt
wurde, und bei Springinsfeld, den sich die Courasche für alle möglichen Dienste
abgerichtet hat, mag es kaum überraschen, daß sie ihre verhaßte frühere Herrin
als ‚babylonische Dame‘ bezeichnen und mit der betrügerischen Besitzerin des
Vogelnests gleichsetzen. Mehr Gewicht hingegen besitzen die Äußerungen des
nach seinem Heiligenleben in die Welt zurückgekehrten Simplicissimus, der zur
Mäßigung im Urteil über diese Frau ermahnt, da sie angesichts ihrer heillosen
Sündenverfallenheit unseres tiefsten Mitleides bedürfe. Damit ist zugleich die
Funktion des verwandelten Simplicissimus in dieser Geschichte angesprochen, der
seinen Gesprächspartner nicht zufällig an einen Prediger erinnert und mit rigorosen Betrachtungen über das Lachen der Menschen zur Christusnachfolge anhält. Simplicissimus, so dürfen wir annehmen, ist zurückgekehrt, weil er Seelen
retten will, und so sieht er es als seine vornehmste Aufgabe an, den moralisch
verkommenen einstigen Spießgesellen Springinsfeld auch wider dessen Willen
auf den Weg des Heils zu führen.

Sein Erfolg rechtfertigt dann auch die Verwendung des zweifelhaften Mittels der *Gaukeltasche* – sie wurde ebenfalls 1670 in Verbindung mit der Nachbildung von Teilen eines Kartenspiels veröffentlicht –, deren allegorische Deutung Springinsfelds Bekehrung mitbewirkt. Daß Allegorisierungen auch im *Springinsfeld*, der teilweise durch Übernahme von Partien aus dem *Theatrum Europäum* und Wasenbergs *Geschichtsbuch* den Charakter des einfachen Kriegsberichts besitzt, unterstellt werden dürfen, legen neben Einzelmotiven und den bereits bekannten Leseanweisungen die wiederkehrenden Themen des ‚Wahnes, der betrügt‘, der Unbeständigkeit, die aus frischen Soldaten abgelebte Bettler werden läßt, und der Selbsterkenntnis als Bedingungen des Heils nahe.[93] Nicht zu übersehen scheint mir indessen, daß das Buch nach einer Reihe von Szenen, die der Verknüpfung von Personen und deren wechselseitiger Spiegelung dienen, relativ rasch und ohne daß Wiederholungen vermieden sind, zu Ende erzählt wird.

In den beim Publikum beliebten ersten Teil des *Wunderbarlichen Vogelnests* sowie den zweiten Teil, der letzten Schrift des Autors überhaupt, hat Grimmelshausen noch einmal alle Aspekte eingebracht, die für die simplicianischen Schriften insgesamt von Bedeutung sind. Zeugen die aus Schwankbüchern und anderen Sammelwerken entnommenen Geschichten von der ungebrochenen Freude am Erzählen ‚abenteuerlicher‘ Historien, so tritt nun freilich die ‚lehrreiche‘ Absicht entschiedener als in den vorausgegangenen Fortsetzungen in den Vordergrund. Dem Erzähler des ersten Teiles, der bei der Hinrichtung der Leirerin das unsichtbar machende Vogelnest an sich nimmt, bietet dieses Wundermittel doppelten Gewinn; neben dem gefahrlosen Diebstahl der seit langem begehrten Dinge erlaubt es ihm die uneingeschränkte Beobachtung von menschlichen Handlungen, die ihrer Torheit und Lasterhaftigkeit willen im Verborgenen geschehen oder in betrügerischer Absicht unternommen werden. Doch eben dies führt zugleich zur allmählichen Bekehrung des Nestbesitzers, der sich gleichsam Gottes Amt angemaßt hat und über die Einsicht, daß der Mensch allenthalben der göttlichen Gegenwart vergißt, zur Selbsterkenntnis und damit zur Reue über die eigene Sündhaftigkeit gelangt. Diese Wandlung des Menschen wird in zahlreichen, die Geschichten begleitenden Reflexionen verdeutlicht, wobei der Erzähler – und mit ihm offensichtlich der Autor – zu erkennen gibt, daß auch die Bekehrung angesichts der Unbeständigkeit der Welt vor erneuten Anfechtungen nicht ganz gefeit ist. Es spricht vieles dafür, daß sich gerade deshalb Grimmelshausen veranlaßt sah, in immer neuen Folgen das Thema des bekehrten Sünders abzuhandeln.[94] So sind Wiederholungen wie etwa die schon für den Insel-Eremiten Simplicissimus charakteristische Erkenntnis vom ‚Buch der Natur‘ als Lohn für den gewandelten Menschen durchaus beabsichtigt[95], weil eben dadurch dem Rückfall z. B. in Form des Vergessens beim Leser entgegengetreten werden soll.

Auf eine eindrucksvolle Darstellung der Bekehrung eines ganz dem Diesseits zugewandten Menschen ist auch der zweite Teil des *Wunderbarlichen Vogelnests* angelegt, der sich durch Konzentration auf wenige Geschichten auszeichnet und damit dem Reihungsprinzip der für dieses Werk benutzten Schwank- bzw. Novellensammlungen entgeht. Die Erzählung vom Kaufmann, der dank des Nestes die ehebrecherische Absicht seines Weibes erkennt und durch geschickte Täuschungsmanöver vereitelt, dabei aber selbst die Ehe bricht, erscheint als eindringliches Beispiel für den betrogenen Betrüger, da sein Triumph nur durch seinen Selbstbetrug in bezug auf sein Seelenheil möglich wird. Mit seinem Auftritt als falscher Elias und Verführer der Jüdin Esther, die zum Christentum überzutreten bereit war, gewinnen weitere Sinnebenen an Bedeutung, auf die eine Vielzahl von Signalen in beiden Teilen des *Vogelnests* verweist; so dürfen diese beiden ‚Continuationen‘ als aufschlußreiche Kommentare zum simplicianischen Schriftenkorpus insgesamt gelten, deren sorgfältige Analyse weitere Aufschlüsse über die Vielschichtigkeit des Romans und der Fortsetzungen verspricht.[96]

Dank des veränderten Literaturverständnisses und des Interesses an astrologischen Aspekten im Werk Grimmelshausens ist auch dem Kalendermacher in jüngerer Zeit mehr Aufmerksamkeit geschenkt worden. Wohl schon kurz nach dem *Simplicissimus* hat der Dichter den 1671 erschienenen *Ewigwährenden Calender* abgeschlossen, der sich von der Masse der in jener Zeit üblichen Kalenderliteratur durch die Vielfalt des Gebotenen abhebt und das offensichtlich schon im *Satirischen Pilgram* begonnene Vorhaben einer enzyklopädischen Wissensvermittlung weiterführt.[97] Neben dem aus der Hausväterliteratur vertrauten Calendarium perpetuum[98] sowie einem umfassenden Martyrologium und einem Geschichts- und Bibelkalender enthält dieses Buch wissenschaftliche Abhandlungen u. a. zur Astrologie und Wahrsagekunst, in denen Simplicissimus als Schüler der ausgiebig benutzten Autoren Garzoni und Indagine fungiert. Als Quelle für Auskünfte über den Simplicissimus oder sogar dessen Autor fanden die unter der dritten Materie gesammelten Diskurse und Schwänke oder Apophthegmata besondere Aufmerksamkeit, die einen schlagfertigen und witzigen Erzähler präsentieren. Außer dem lustigen Bericht des fiktiven Herausgebers über den Erwerb der Schrift gibt auch die Vorrede ‚Simplicissimi des Aeltern‘ an seinen Sohn Auskunft über den Zweck der Schrift, den der aus der ‚neuen Welt‘ heimgekehrte gereifte Verfasser religiös als Anleitung zur Betrachtung der Wunder Gottes und als Mittel gegen den Müßiggang verstanden wissen will.[99]

Steht der *Ewigwährende Calender* aufgrund der Geschichten über den Romanhelden und seine Familie in unmittelbarer Beziehung zum simplicianischen Schriften-Korpus, so rückt auch die 1672 publizierte Abhandlung von der *Verkehrten Welt*, nicht zuletzt dank der verwandten Thematik bzw. Motivik mit der Mummelsee-Episode, in die Nähe des Hauptwerkes. Eindeutiger als in manchen anderen Büchern gibt der Verfasser hier seine auf religiöse Ermahnung zielende Absicht zu erkennen, wenn er das seit dem Mittelalter vertraute Bild der verkehrten Welt zur eindrucksvollen Beschreibung der unter furchtbaren Höllenstrafen leidenden Sünder nutzt. Neben den vielfach herangezogenen

satirischen Schriften Quevedos, Albertinus' und Moscheroschs greift Grimmelshausen auch auf die humanistische Dialogsatire zurück[100], die er in deutlicher
Anlehnung an die Begegnung des Simplicissimus mit dem König der Mummel-
seebewohner verwendet.[101] Auf seinem Weg durch die verschiedenen ‚Örter'
der Hölle, in denen die nach dem Lasterkatalog unterschiedenen Sünder der Art
ihres Verschuldens gemäße Strafen erleiden müssen, die bei den Ketzern Arius
und Pelagius besonders hart ausfallen, erhält der Erzähler von einigen der Verdammten Auskunft über ihre Vergangenheit wie ihr furchtbares Schicksal. Diesen Schreckensbildern setzt er die Beschreibung idealer Zustände entgegen, wie
sie nach seinem Vorgeben in der Welt, aus der er gekommen ist, existieren. Da
dem Leser das Unzutreffende dieser utopischen Darstellung sofort bewußt wird,
gewinnen die Beichten und Qualen der Befragten noch an Wirksamkeit; weil
sich die Zeitgenossen nicht so verhalten, wie es der Höllenwanderer berichtet,
müssen sie auf ähnliche Strafen nach ihrem Tode gefaßt sein, sofern sie nicht
rechtzeitig durch Reue und Buße aus dem Teufelskreis ausbrechen. Die Schrift
bietet damit vielfach in eindeutiger Aussage, was u. a. im Hauptroman nur angedeutet wird.[102]

Wer sich nach den beiden 1672 erschienenen Schriften – der im Sinne der
traditionellen Moralsatire verfaßten Vogelnest-Schwanksammlung und der mo-
ralsatirisch massiv den Leser bearbeitenden Verkehrten-Welt-Abhandlung – in
das ebenfalls 1672 herausgekommene *Rathstübel Plutonis Oder Kunst Reich zu
werden* vertieft, wird sich fragen, ob das Büchlein wirklich aus der Feder desselben Verfassers stammt oder zumindest der Abfassungszeit nach einem früheren Schaffensabschnitt angehört, (obschon der *Simplicissimus Teutsch,* die *Courasche* und *Springinsfeld* als bekannt vorausgesetzt werden). In diesem bislang
viel zu wenig beachteten Werk zeichnet ein Schwede Erich die Gespräche von
Personen auf, die am ländlichen Wohnsitz des alten Simplicissimus zusammentreffen, um zu erörtern, welcher Weg am ehesten aus der mühseligen Armut zum
holden Reichtum zu führen geeignet ist. Das Buch folgt damit dem Muster der
im Barock beliebten Gesprächspielgattung, die vor allem von Harsdörffer be-
kanntgemacht und von Rist in seinen Monatsgesprächen weitergeführt wurde.[103] Überraschend ist schon die Zusammensetzung des Teilnehmerkreises
insofern, als zu ihm neben bekannten Figuren aus den simplicianischen Schriften
wie der Knan, die Meüder, Courage und Springinsfeld ein recht hochgestellter
‚Cavallier' ebenso gehören wie ein Kaufherr, ein Handwerker, eine Komödian-
tin und ein Jude. Das aber heißt nichts anderes, als daß hier alle Repräsentanten
der gesellschaftlichen Hierarchie – bis hin zum verachteten Juden oder der ver-
teufelten Zigeunerin – zum Zwecke des erörternden Gespräches als gleichbe-
rechtigt versammelt werden.[104] Mehr noch überraschen freilich die Offenheit,
mit der hier diskutiert wird, und die Bereitschaft, den anderen voll zu Wort
kommen und Gerechtigkeit widerfahren zu lassen. Das fällt auch etwa im Vergleich zu Rists Monatsgesprächen auf, in denen die Teilnehmer ebenfalls des

öfteren eigene Meinungen zum besten geben, sich aber oft den korrigierenden
Eingriff des Gesprächsleiters gefallen lassen müssen. Simplicissimus, der sich mit
einer moralischen Bemerkung einführt, hält sich in erstaunlicher Weise zurück
und kommt erst am Ende massiv zu Wort. Während er zur lebhaften Beschreibung ihres Hurentreibens durch Courage schweigt, wartet er selbst mit Beiträgen auf, die dem Gebot der Ernsthaftigkeit, wie er es im *Springinsfeld* so
rigoros unter Hinweis auf den leidenden Christus formuliert hatte, zuwiderlau-
fen und wohl auch nicht erzähltechnisch-satirisch gerechtfertigt sind:

> 64. Simplicissimus.
> Man hencke auch nicht zu viel an überflüssigen Haußrath / wie meine Würthin zu
> N. gethan / welche bey Tag die Supp in einem Haffen kochte / den sie bey Nacht
> an stat eines Kammer-Geschirrs brauchte.[105]

Und in seinen frauenfeindlichen Äußerungen muß er sich die Kritik des die
Gesprächsrunde leitenden Kavaliers gefallen lassen, der in äußerem Auftreten
wie in seiner Großzügigkeit gegenüber unterschiedlichsten Meinungen oder An-
griffen auf das Leben der Hochgestellten als herausragende Persönlichkeit er-
scheint. Erst am Ende erhält Simplicissimus wieder jene Züge, die uns vom
Inselheiligen vertraut sind: Die das Werk beschließende Rede des ‚die Wahrheit
ohne Scheu‘ vortragenden Simplicissimus, in der auf Wunsch des dem regierenden
Hochadel angehörenden Martius Secundatus diesem der Weg zu seinem sicheren
Verderben gezeigt wird, erhält durch genaue Entsprechungen im *Verkehrten
Welt*-Traktat wiederum den Charakter einer auf religiöse Ermahnung zielenden
Abhandlung, die der Kavalier mit hohem Lob bedenkt. Auf Fragen des von Gott
abgefallenen Kaisers Julian entwirft der Höllenwanderer der *Verkehrten Welt*
ein Bild vom Hofleben, das u. a. durch die Behauptungen, wonach Potentaten der
Jagd nur aus Liebe zu den Untertanen nachgehen, sich des Spielens (mit Ausnah-
me des Schachspiels) ebenso wie der Gastereien und kostspieligen Theaterleiden-
schaften enthalten und auf Konkubinen verzichten, sich als christlich geprägte
Wunschwelt zu erkennen gibt; dem vornehmen Kavalier Secundatus aber rät
Simplicissimus zu allen diesen ‚Ergötzungen‘, wenn er seinen Reichtum rasch los-
zuwerden und ‚am allersichersten‘ zu seinem Verderben zu gelangen wünscht.[106]
  Die Schlußbemerkung des derart Belehrten – er habe vieles gelernt und werde
es sich zunutze machen, daß seine und seiner Untertanen Nachkömmlinge es Simplicissimus nicht genug werden danken können – verrät indessen, daß die ausführliche und unverblümte Beschreibung durchaus auch als politische Unterweisung verstanden werden soll, wie sie z. B. in der Tradition des Fürstenspiegels
lebendig war.[107] Realpolitische Überlegungen scheinen dann auch in den Vorschlägen einzelner Unterredner zur Sparsamkeit eine Rolle zu spielen. Wenn
etwa des öfteren vom Kauf teurer ausländischer Waren bzw. Luxusartikel abge-
raten und der Wert einheimischer Produkte gepriesen wird, so erinnert das nicht
nur an gleichartige Appelle in den Friedensspielen, sondern auch an dringende

Ermahnungen des Historikers Pufendorf, im Sinne einer Gesundung des nationalen Wirtschaftssystems zur Verringerung von teuren Importen beizutragen. Damit setzt Grimmelshausen fort, was er schon in seiner Josephgeschichte begonnen, in deren Fortsetzung *Des ... Musai ... Lebenserzählung* von 1670 noch vertieft und in der im selben Jahr erschienenen Ratio Status- Abhandlung systematisch abgehandelt hatte.

Erscheint es noch verfrüht, generell von einer Änderung in der politischen Argumentation der zwischen 1666 und 1675 publizierten Schriften zu sprechen, worauf Breuer hinweist, so bleibt doch zu konstatieren, daß in den Lebensbeschreibungen Josephs und seines Dieners offensichtlich Fragen der Staatsform und Wirtschaftspolitik berührt werden, die – verbunden mit der Erörterung von Aufstiegsmöglichkeiten und einer Kritik an der frühabsolutistischen Schatzbildungs-Politik – außerordentliche Aktualität besaßen.[108]

Nicht minder aktuell war das Thema der Schrift *Simplicianischer Zweyköpffiger Ratio Status*, die – neben zwei weiteren Werken – unter des Autors wahrem Namen herauskam. Die zunächst besonders in Italien diskutierte Frage der Staatsräson fand im Deutschland des 17. Jahrhunderts zunehmend Beachtung, wobei der Begriff der 'ratio status' lange Zeit mit den machiavellistischen Praktiken, die man als teuflisch ansah, gleichgesetzt wurde. Nur zögernd schloß man sich einer differenzierteren Betrachtung an, in der Machiavells Auffassung als Mißbrauch eines für viele Bereiche gültigen Prinzips galt.[109] Grimmelshausen übernahm diese Unterscheidung, ohne jedoch die eben durch Pufendorfs Ratio-Status-Abhandlung erneut entfachte Debatte zu bereichern. In seinen grundsätzlichen Aussagen lehnt er sich vielmehr eng an Garzonis ersten Diskurs an, dessen Katalog von Eigenschaften eines guten Regenten er mit geringen Änderungen übernahm. Gerade sie erweisen sich als aufschlußreich; wenn er beispielsweise die Forderung, daß ein Regent demütig gegen Gott sich zeige, mit dem Zusatz begründet, „als welcher ihn in einen solchen hohen Stand gesetzt / und ihn vermittelst seines Beystands darinn erhält", so geht er offensichtlich auf Distanz zu Garzonis Argumenten gegen eine ‚perpetuierte Gewalt'. Verräterisch sind ferner die Verkürzungen in bezug auf die Darlegungen über einen Tyrannen; hatte er schon bei den entsprechenden Passagen im *Satyrischen Pilgram* nur die ein Widerstandsrecht verneinenden Sätze zitiert, so verzichtet er nun ganz auf die Erwähnung eines möglichen Widerstandes. Schließlich schränkt er die vom guten Fürsten geforderte ‚Freundlichkeit gegen den Unterthanen' durch die Formulierung „gegen seinen frommen und getreuen Unterthanen" ein, während er im *Pilgram* noch Garzoni wörtlich zitiert hatte.[110] Worauf es Grimmelshausen besonders ankommt, wird an der gegenüber der Vorlage betonten Eigenschaft der Demut deutlich, die den Grund für eine wahre 'ratio status' abgibt und deren Verdrängung durch den Hochmut zur machiavellistischen und damit verderblichen Politik führt. Seine eng an den Bibeltext angelehnten Geschichten von David und Jonathan stehen als Beispiele für den demütigen Regenten, während die von Saul und Joab beweisen, welche Folgen aus einem hochmütigen Verhalten zu erwarten sind. Damit versucht Grimmelshausen – wie zahlreiche Zeitgenossen – einer Trennung der Politik von ethischen Normen, die im Anschluß an Machiavell sich durchzusetzen drohte, entgegenzuwirken, wobei er offensichtlich allein in einer rigorosen christlichen Bindung ein Gegenmittel gegen den Verfall des politischen Lebens zu erkennen vermochte. Daß auch David öfter der schlechten Staatsräson folgt und – angesichts von Mücken und Spinnen – an der Vernünftigkeit der göttlichen Schöpfung zweifelt, wird nicht verschwiegen, doch eben seine Reue und sein erneutes, an den Inseleinsiedler gemahnendes Vertrauen in die Güte auch des geringsten Geschöpfes[111] verleihen ihm den Status des nachzuahmenden Herrschers. Wenn er schließlich mit der ironischen Begründung, daß noch ‚viel weiß Papier übrig verbleibt‘, einen Diskurs anhängt, in dem Sabud, ein Vertrauter Salomons, seiner Frau die Durchsetzung ihres Willens auf handgreifliche Art austreibt, so findet er sich in Übereinstimmung mit der in den politischen Schriften der Zeit vielfach vertretenen Auffassung, daß der Einfluß der Frau auf das Handeln des Mannes zumeist nachteilige Folgen hat.[112]

Politische wie religiöse Absichten haben auch den Verfasser der beiden – von der Forschung lange vernachlässigten und hinsichtlich ihrer Wertung umstrittenen[113] – Liebesromane *Dietwalt und Amelind* (1670) sowie *Proximus und Lympida* (1672) geleitet, die nicht zuletzt wegen der christlichen Didaxe an die jüngeren heroisch-galanten Romane anschließen, ohne sie distanzlos nachzuahmen.[114] Ausdrücklich verweist der Schluß der (einem Meisterlied verpflichteten) Dietwalt-Erzählung auf die Aktualität des in einer weit zurückliegenden Zeit handelnden Geschehens. Das darf sowohl auf die als wenig integriert geltenden historischen Teile als auch auf die eigentliche Fabel selbst bezogen werden: geht es dort vorwiegend um die für das Heilige Römische Reich deutscher Nation lebenswichtige Frage der Stärkung der Zentralgewalt, für die der Erzähler nachdrücklich eintritt, so greift die Fabel selbst das Problem der Vereinbarkeit von politischer Tätigkeit und christlicher Tugendübung auf[115], von der keinerlei Abweichung etwa im Sinne des Klugheitsgebotes gestattet wird. Unter diesem Aspekt erscheint ein dem Eremitenleben vergleichbarer, zeitlich begrenzter Rückzug aus der Welt, den die Liebenden aus Buße für ihre Hoffart antreten, als unerläßliche Bedingung für die Übernahme eines Regierungsamtes und dessen angemessene Ausübung, da den Versuchungen besonders des von Lüge und Gewalt geprägten Hoflebens auf Dauer niemand zu widerstehen vermag. Erst nach einer bewußt demütigenden, auf alle Würden verzichtenden und von niederen Arbeiten ausgefüllten Lebensphase kehren beide zur Herrschaft zurück, deren Mißbrauch nach den wunderbaren, meist nur Heiligen zuteilwerdenden Begegnungen der fürstlichen Büßer nicht mehr zu befürchten ist.

Der in dieser legendenhaften Erzählung enthaltene politische Appell[116] verbindet sie mit der Proximus-Geschichte, die darüber hinaus zahlreiche, teilweise bis in Details sich erstreckende Parallelen zum Dietwalt-Roman besitzt. Wenn der Held hier auf eine Läuterung durch Weltflucht verzichten kann, so deshalb, weil sein in Einsamkeit und Demut geübter Vater ihn zur Barmherzigkeit und Armut erzieht und er „von selbsten geneigt [war] / die zeitliche Reichtumber eben so sehr zu verschmähen als die Einsidler in der Ægyptischen Wildnus . . .“[117] Erst indem er alle daraus entstehenden Mißlichkeiten standhaft auf sich nimmt, zeigt er, daß er seinen Adel zu Recht besitzt, und erhält er die nicht minder standhafte Lympida zur Gemahlin, die er um Gottes willen liebt, wie „die Mönche ihre Einödinen“.[118] Dieses Glück verdankt er dem Eingriff Gottes, der – so soll die Geschichte verdeutlichen – die Seinigen, die ihn „lieben / förchten / ehren und ihm dienen“, beschützt und nach ihrer Beständigkeit „probiert“ und belohnt.[119] Die am Ende berichtete Übersiedlung der beiden nach Venedig zeugt zweifelsohne von Gottes Providenz und Schutz, bereitet den Interpreten jedoch Schwierigkeiten hinsichtlich der politischen Aussage. Daß der Autor hier keine Vermittlung von christlicher Moral und Politik im absolutistischen Staat mehr für möglich halte und daher für die Republik votiere, kann nicht aus dem Text und unter Hinweis auf seine Vorlage hergeleitet werden, denn das Paar folgt den Weissagungen des frommen Modestus, entzieht sich nicht allein den Nachstellungen eines Tyrannen, sondern vor allem eines Ketzers, und es läßt sich in einem Staatsgebilde nieder, das nach Meinung des Gewährsmannes Horn eine „Mischung der drei Hauptregierungsarten“ darstellt.[120]

Selbst in der anonym 1672 erschienenen, mit ihrer aktuellen Polemik gegen französische Großmachtgelüste und der Aufforderung zum wirtschaftlichen Boykott dieses Landes eindeutig als politische Kampfschrift gemeinten *Geschichte vom Stoltzen Melcher* verzichtet Grimmelshausen nicht auf massive religiöse Belehrung. Neben zahlreichen Motiven, die er in den simplicianischen Schriften in Anlehnung an die Deutung besonders des Albertinus verwendet, kehrt auch das schon im *Springinsfeld* gestaltete Thema des durch Kriegsereignisse bekehrten Sünders wieder, dessen auf Nobilitierung gerichteter Stolz in die Demut des heimkehrenden verlorenen Sohnes sich wandelt. Daß selbst der Erzähler sich diesem beispielhaften Verhalten nicht zu entziehen vermag, beweist dessen nach der Begegnung mit den drei Kriegsheimkehrern gefaßter Entschluß, auf Erfahrungen zu verzichten, die einen weitgereisten Soldaten bei seinen Unternehmungen erwarten, und stattdessen sich mit der Lektüre des auf christliche Didaxe ausgerichteten Hirnschleifer-Traktats des Albertinus zu begnügen.[121]

Mit dem 1673 veröffentlichten *Teutschen Michel* nahm Grimmelshausen – in enger Anlehnung an eine Reihe zeitgenössischer Abhandlungen – an den schon länger geführten Auseinandersetzungen um die Sprachverderbnis teil, wobei er sich der Auffassung gemäßigter Sprachgesellschafter anschloß.[122] Sprachgebrechen wie Neuerungsversuche sind für den Autor, der wie zahlreiche andere Zeitgenossen vor allem auf Reinheit der Sitten bei den Sprachbemühungen bedacht war, Ausdruck der Hoffart, die er – neben der für einen Deutschen unwürdigen

Ausländerei – leidenschaftlich bekämpft. In dem ebenfalls 1673 erschienenen *Galgen-Männlein* bot er ein nicht eben überzeugendes Beispiel für die Anwendung seiner Sprachbemühungen; diese wiederum von religiös-moralischer Belehrung durchsetzte Schrift ist für Simplicissimi Sohn ,und alle andern / so die Reichthum dieser Welt verlangen', bestimmt und von der Überzeugung getragen, daß der Wunsch nach der vielbegehrten Zauberwurzel dem unermüdlichen Wirken des Satans entspringt.[123] Von diesen auf Belehrung wie Bekehrung zielenden Abhandlungen hebt sich die im selben Jahr publizierte ironisch-verspielte Streitschrift um den Vorzug von roten und schwarzen Bärten bzw. die rechte Farbbezeichnung, der *Bart-Krieg,* ab, in der Grimmelshausen die Zitierwut der Gelehrten parodiert und ein weiteres Mal sein Erzähltalent unter Beweis stellt.[124]

Das Werk Grimmelshausens, das im Rahmen dieses Beitrages nur summarisch vorgestellt und dessen mannigfache Verflechtung mit zeitgenössischen Strömungen und Texten nur skizzenhaft angedeutet werden konnte, gibt auch dem Interpreten unserer Zeit noch vielfältige Rätsel auf. Nach sorgfältiger Analyse seiner unterschiedlichen Texte scheint es mir müßig, ihn für das eine oder andere Lager zu vereinnahmen und ihn etwa als Aufklärer einerseits oder als einen Konservativen andererseits, der bestimmten mittelalterlichen Auffassungen folgt, einzustufen.[125] Am auffälligsten ist freilich die Orientierung an allegorisierenden Deutungen bis hin zur Komposition nach Prinzipien des mehrfachen Schriftsinnes, wie sie in mehreren Werken des Dichters überzeugend nachgewiesen werden konnte und darüber hinaus teilweise bis in kleinste Verästelungen zu beobachten ist. Wie sehr es Grimmelshausen gerade auf die Berücksichtigung dieser Exegesepraxis ankam, belegen neben den massiven Anweisungen in der *Continuatio* sich wiederholende Leseappelle oder rechtfertigende Diskussionen in den weiteren *Simplicissimus*-Fortsetzungen. Die zugegebenermaßen stellenweise aufdringlichen Leseermahnungen mit Rücksicht auf herrschende Zensurverhältnisse erklären zu wollen, geht insofern fehl, als sich viele Szenen in den simplicianischen Schriften keineswegs gegen eine Exegese dieser Art sperren. Zu ihnen gehört zweifelsohne die Gänsestall-Episode des großen Romans, die der Erzähler selbst schon in kommentierenden Einschüben als vieldeutig präsentiert. Interessant ist freilich – und wir haben am Beispiel von Bucholtz darauf aufmerksam gemacht –, daß auch bzw. schon der sogenannte hohe Roman mit derartigen Leseanweisungen im Sinne einer christlichen Erbauung aufwartet und vor einem bloß belustigenden Lesen warnt. So kann nicht ganz ausgeschlossen werden, daß Grimmelshausen, der freilich auch in seinen pikaresken Vorlagen recht oberflächliche Allegorisierungen vorfand, die Übernahme des exegetischen Musters dazu benutzte, den verachteten niederen Roman aufzuwerten. Daß der Autor des *Simplicissimus Teutsch* seinen Helden in die geheimsten Erkenntnisse christlichen Glaubens und Spekulierens eindringen läßt, kann nach der sorgfältigen Analyse des Insel-Eremiten-Lebens nicht mehr geleugnet werden. Im

Springinsfeld begegnet sodann der in die Welt zurückgekehrte Simplicissimus, dessen abgeklärte Weisheit und dienende Arbeit im Geiste der Seelenleitung durchaus dem in wechselvollen Erfahrungen gewonnenen Verständnishorizont entsprechen, kann sich doch der ehemalige Spießgeselle nicht genug über das Predigerhafte des früheren schlimmen Kameraden verwundern. Um so erstaunlicher wirkt dann der Unterredner gleichen Namens im *Rathstübel*- Gesprächsspiel, so daß man an der Kohärenz der Person des Simplicissimus zu zweifeln sich veranlaßt sieht. Diese nach modernem Verständnis als Schwächen zu bezeichnenden Phänomene im Sinne der Verwendung von Figuren als bloßen Funktionsträgern zu rechtfertigen, fällt insofern schwer, als der Autor meist durch deutliche Hinweise genereller Art oder auf bestimmte Abschnitte in Simplicissimi Lebensbeschreibung selbst einer Identifikation durch den Leser Vorschub leistet. Vielleicht könnten wir hierüber – und über eine Reihe weiterer Fragen, so etwa zu Entwicklungen bzw. Veränderungen im Denken des vielseitigen Autors – zu genaueren Einsichten gelangen, wenn die Entstehungsgeschichte der einzelnen Werke etwas genauer bekannt wäre. Das gesamte umfangreiche Oeuvre ist innerhalb weniger Jahre publiziert worden; teilweise erschienen gleich mehrere Texte in einem Jahr. Es ist kaum vorstellbar, daß der Renchener Schultheiß, von dessen vielfältigen Verwaltungsaufgaben wir genauer unterrichtet sind, die Werke noch zusätzlich und gleichsam nebenher niedergeschrieben hat. Möglicherweise begann er schon als Regimentssekretär mit der Vorbereitung seiner schriftstellerischen Arbeiten, die er – auch das ist Spekulation – dann später als erfolgreicher Schriftsteller überarbeitet herausbrachte.

Nicht vergessen sollte schließlich werden, daß die Lebensjahre des reiferen Autors in eine Zeit fallen, die von mannigfaltigen Strömungen beherrscht wird und in der sich schon Geister zu Wort melden, denen ‚barocke‘ Erscheinungsformen wenn nicht verdächtig, so zumindest bereits historisch anmuten. Die Lebensumstände nach Ende des schrecklichen Krieges, die einen nüchternen Umgang mit Dingen der Welt erzwangen und Aspekten der Nützlichkeit besonderes Gewicht verliehen, mögen wesentlich dabei mitgewirkt haben. Solche Entwicklungen in Jahren des Umbruches sind der Gleichzeitigkeit des Ungleichzeitigen durchaus förderlich und können manche Äußerungen Grimmelshausens verstehen helfen, bei denen wir heute eine Art Inkonsequenz oder Brüchigkeit unterstellen. Gerade bei Grimmelshausen ist – nach einer Durchsicht seiner umfangreichen Lektüre – mit seinem Interesse an aktuellen Erscheinungen eine Offenheit für alles Neue zu beobachten, die demjenigen, der nach stringenten Argumentationen sucht, des öfteren Enttäuschungen nicht erspart, dem literarischen Text hingegen durchaus zugute kommt. Auch in diesem Sinne steht die Grimmelshausen-Forschung noch vor großen Aufgaben.[126]

Hans Jacob Christoffel von Grimmelshausen

Anmerkungen

Texte

Grimmelshausen. Gesammelte Werke in Einzelausgaben. Unter Mitarbeit von Wolfgang Bender und Franz Günter Sieveke hrsg. von Rolf Tarot. Tübingen 1967 ff.

 1. Der Abentheurliche Simplicissimus Teutsch und Continuatio des abentheurlichen Simplicissimi. Hrsg. von Rolf Tarot. 1967.
 2. Lebensbeschreibung der Ertzbetrügerin und Landstörtzerin Courasche. Hrsg. von Wolfgang Bender. 1967.
 3. Dietwalts und Amelinden anmuthige Lieb- und Leids-Beschreibung. Hrsg. von Rolf Tarot. 1967.
 4. Des Durchleuchtigen Printzen Proximi und Seiner ohnvergleichlichen Lympidae Liebs-Geschicht-Erzehlung. Hrsg. von Franz Günter Sieveke. 1967.
 5. Des Vortrefflich Keuschen Josephs in Egypten Lebensbeschreibung samt des Musai Lebens-Lauff. Hrsg. von Wolfgang Bender. 1968.
 6. Simplicianischer Zweyköpffiger Ratio Status. Hrsg. von Rolf Tarot. 1968.
 7. Der seltzame Springinsfeld. Hrsg. von Franz Günter Sieveke. 1969.
 8. Satyrischer Pilgram. Hrsg. von Wolfgang Bender. 1970.
 9. Das wunderbarliche Vogelnest. Hrsg. von Rolf Tarot. 1970.
 10. Die verkehrte Welt. Hrsg. von Franz Günter Sieveke. 1973.
 11. Kleinere Schriften. Hrsg. von Rolf Tarot. 1973.
 12. Rathstübel Plutonis. Hrsg. von Wolfgang Bender. 1975.
 13. Deß Weltberuffenen Simplicissimi Pralerey und Gepräng mit seinem Teutschen Michel. Hrsg. von Rolf Tarot. 1976.

Grimmelshausens Simpliciana in Auswahl. Weitere Continuationen des abentheurlichen Simplicissimi, Rathstübel Plutonis, Bart-Krieg, Teutscher Michel. Hg. v. J. H. Scholte. Halle 1943. (Neudr. dt. Lit.werke des XVI und XVII Jhdrts. Nr. 315-21).

Des Abenteurlichen Simplicissimi Ewigwährender Calender ... Nürnberg 1670. Faksimile-Druck der Erstausgabe Nürnberg 1671 mit einem erklärenden Beiheft, hrsg. von Klaus Haberkamm. Konstanz 1967.

Literatur

Artur Bechtold: Johann Jacob Christoph von Grimmelshausen und seine Zeit. München 1919.
Jan Hendrik Scholte: Zonagri Discurs von Waarsagern. Ein Beitrag zu unserer Kenntnis von Grimmelshausens Arbeitsweise in seinem Ewigwährenden Calender mit besonderer Berücksichtigung des Eingangs des Abentheuerlichen Simplicissimus. Amsterdam 1921. Neudruck Wiesbaden 1968.
Gustav Könnecke: Quellen und Forschungen zur Lebensgeschichte Grimmelshausens. Hrsg. von J. H. Scholte. Weimar. Bd. 1. 1926, Bd. 2. 1928. Nachdruck Hildesheim 1977.

Jan Hendrik Scholte: Der Simplicissimus und sein Dichter. Gesammelte Aufsätze. Tübingen 1950.

Walter Ernst Schäfer: Die sogenannten ‚heroisch-galanten‘ Romane Grimmelshausens. Untersuchungen zur antihöfischen Richtung im Werk des Dichters. Diss. Phil. (Masch.) Bonn 1957.

Siegfried Streller: Grimmelshausens simplicianische Schriften. Allegorie, Zahl und Wirklichkeitsdarstellung. Berlin 1957 (Neue Beitr. z. Lit. wiss. Bd. 7).

Günter Rohrbach: Figur und Charakter. Strukturuntersuchungen an Grimmelshausens Simplicissimus. Bonn 1959 (Bonner Arbeiten z. dt. Lit. Bd. 3).

Walter Müller-Seidel: Die Allegorie des Paradieses in Grimmelshausens Simplicissimus. In: Festschrift für Walther Bulst. Heidelberg 1960, S. 253-278.

Clemens Heselhaus: H. J. C. von Grimmelshausen. Der abenteuerliche Simplicissimus. In: Der deutsche Roman. Vom Barock bis zur Gegenwart. Bd. 1. Düsseldorf 1963, S. 15-63.

Werner Welzig: Beispielhafte Figuren. Tor, Abenteurer und Einsiedler bei Grimmelshausen. Graz und Köln 1963.

Ilse-Lore Konopatzki: Grimmelshausens Legendenvorlagen. Berlin 1965 (Philol. Studien u. Quellen H. 28).

Günther Weydt: Nachahmung und Schöpfung im Barock. Studien um Grimmelshausen. Bern u. München 1968.

Mathias Feldges: Grimmelshausens ‚Landstörtzerin Courasche‘. Eine Interpretation nach der Methode des vierfachen Schriftsinnes. Bern 1969 (Basler Studien z. dt. Sprache u. Lit. H. 38).

Günther Weydt [Hrsg.]: Der Simplicissimusdichter und sein Werk. Darmstadt 1969 (Wege der Forschung Bd. CLIII).

Hansjörg Büchler: Studien zu Grimmelshausens Landstörtzerin Courasche (Vorlagen/ Struktur und Sprache/Moral). Bern u. Frankfurt 1971 (R. 1 Dtsch. Lit. u. Germanistik 51).

Günther Weydt: Hans Jacob Christoffel von Grimmelshausen. Stuttgart 1971, ²1979 (Sammlg. Metzler 99).

Wolfdietrich Rasch u. a. [Hrsg.]: Rezeption und Produktion. Zwischen 1570 und 1730. Festschrift für Günther Weydt zum 65. Geburtstag. Bern u. München 1972.

Hans Georg Rötzer: Picaro – Landstörtzer – Simplicius. Studien zum niederen Roman in Spanien und Deutschland. Darmstadt 1972 (Impulse der Forschung Bd. 4).

Hubert Gersch: Geheimpoetik. Die ‚Continuatio des abentheurlichen Simplicissimi‘ interpretiert als Grimmelshausens verschlüsselter Kommentar zu seinem Roman. Tübingen 1973 (Stud. z. dt. Lit. Bd. 35).

Italo Michele Battafarano: Grimmelshausen-Bibliographie 1666-1972. Werk – Forschung – Wirkungsgeschichte. Unter Mitarbeit von Hildegard Eilert. Napoli 1975 (Quaderni degli Annali dell’ Istituto Universitario orientale sezione Germanica 9).

Hans Geulen: Erzählkunst der frühen Neuzeit. Zur Geschichte epischer Darbietungsweisen und Formen im Roman der Renaissance und des Barock. Tübingen 1975.

Simplicius Simplicissimus. Grimmelshausen und seine Zeit. Westfälisches Landesmuseum für Kunst und Kulturgeschichte Münster in Zusammenarbeit mit dem Germanistischen Institut der Westfälischen Wilhelms-Universität. Landschaftsverband Westfalen-Lippe. Münster 1976. [Katalog der Ausstellung von Peter Berghaus und Günther Weydt.]

Günther Weydt u. Ruprecht Wimmer [Hrsg.]: Grimmelshausen und seine Zeit. Die Vorträge des Münsteraner Symposions zum 300. Todestag des Dichters. In: Daphnis 5 (1976), S. 183-737.

Hans Dieter Gebauer: Grimmelshausens Bauerndarstellung. Literarische Sozialkritik und ihr Publikum. Marburg 1977 (Marburger Beiträge zur Germanistik Bd. 53).

Manfred Koschlig: Das Ingenium Grimmelshausens und das ‚Kollektiv‘. Studien zur Entstehungs- und Wirkungsgeschichte des Werkes. München 1977.

John D. Lindberg und Rolf Tarot [Hrsg.]: Grimmelshausen-Sonderheft zum Gedenkjahr 1976. Argenis 1 (1977), S. 1-409.

Jan Knopf: Frühzeit des Bürgers. Erfahrene und verleugnete Realität in den Romanen Wickrams, Grimmelshausens, Schnabels. Stuttgart 1978, S. 59-83.

Peter Triefenbach: Der Lebenslauf des Simplicius Simplicissimus. Figur – Initiation – Satire. Stuttgart 1979.

Günther Weydt u. a. [Hrsg.]: Simpliciana. Schriften der Grimmelshausen-Gesellschaft. Bern u. München 1979 ff.

Nachweise

[1] So von Weydt, Nachahmung aaO. S. 279 ff. Rudolf Behrle: H. J. v. Gr. Leben und Werk. Bühl/Baden 1971 nimmt neuerdings wieder 1622 als Geburtsjahr an. Wir folgen insbes. den Ausführungen Könneckes, die wir durch neuere Forschungen ergänzen. (Nicht berücksichtigt wegen zahlreicher Fehler wurde die Monographie von Hohoff.) Vgl. dazu jetzt auch Weydt. In: Daphnis 7 (1978), S. 751-754.

[2] Näheres über Renchen und Gr.s Tätigkeit jetzt bei Hermann Streich: Gr.s Renchener Schultheißen-Zeit. In: Gr. Dichter und Schultheiß. Festschrift der Stadt Renchen. Renchen 1976, S. 43-60.

[3] Gr. gilt heute als außerordentlich belesen. Vgl. dazu die Nachweise bei Karl Kissel: Gr.s Lektüre. Diss. Gießen 1928 (Teildruck Darmstadt 1928); Willi Heining: Die Bildung Gr.s. Diss. Bonn 1965; Günther Weydt: Nachahmung aaO., S. 393-414 und S. 20-43. Ferner Hans Dieter Gebauers Ergänzungen aaO., S. 458; Manfred Koschlig: Das Ingenium Gr.s, aaO., S. 117-192, und Joseph B. Dallett: Gr. und die Neue Welt. In: Argenis 1, aaO., S. 172 ff.

[4] Dazu gehört insbes. Garzonis Piazza Universale. Vgl. besonders Jan Hendrik Scholte: Zonagri Discurs von Waarsagern, aaO.

[5] Insbes. Heining, aaO., S. 97 f.

[6] Koschlig: Das Ingenium Gr.'s., aaO., S. 188. Hansjörg Büchler: Studien, aaO., S. 37 macht auf Gr.'s Geschick im Umgang mit Registern und Randglossen aufmerksam.

[7] Heining, aaO., S. 102 f.

[8] In diesem Sinne verstehen die Toleranz Julius Petersen: H. C. v. Gr. 1622-1676. In: Weydt, Der Simplicissimusdichter aaO., S. 68, und Gebauer aaO., S. 310 f. Vgl. dagegen P. B. Wessels: Geistlicher Ordo und menschliche Inordinatio in Gr.'s Simplicissimus Teutsch. In: Festschrift Joseph Quint. Bonn 1964, S. 271 f.

[9] Vgl. Koschlig, Das Ingenium Gr.s, aaO., S. 97.

[10] Conrad Wiedemann: Zur Schreibsituation Gr.s. In: Daphnis 5, aaO., S. 719 f.

[11] Die bereits bekannten Belege sowie weitere Hinweise bei Gebauer, aaO.

[12] Piazza Universale ... verdeutscht ... Franckfurt am Måyn. MDCLIX, S. 196 ff.

[13] „Wann aber ein solcher Adel kein ander Fundament hat / als gemeldte Reichthumb / so stehet er gar bawfellig ...“, ebenda, S. 202.

[14] Ebenda, S. 204.

[15] Ebenda, S. 581 f. u. 590 f.

[16] Andreas Gryphius: Verliebtes Gespenst / Die geliebte Dornrose ... hrsg. von E. Mannack. Berlin 1963, S. 74 ff. Johann Georg Schochs Comoedia Vom Studenten-Leben. Leipzig 1657.

[17] Samuel Pufendorf: De Statu Imperii Germanici ... 1667, S. 172.

[18] Gebauer, aaO.

[19] Sat. Pilgr. aaO., S. VII ff.; Keusch Jos., aaO., S. VIII-XII.

[20] Sat. Pilgr., aaO., S. 5.

[21] ST, aaO., S. 265. Koschligs Argumente hierzu überzeugen nicht vollständig.

[22] Sat. Pilgr., S. 9 u. 11.

[23] Sat. Pilgr., S. 90.

[24] Christian Wernicke im ,Helden-Gedicht' der Ausgabe Hamburg 1704. Vgl. ferner die einschränkende Anerkennung des Nürnberger Poeten durch Hoffmannswaldau in dessen Vorrede. Neudruck von Klaus Günther Just. In: Poetica 2 (1964), S. 549.

[25] Scholte, Zonagri Discurs, aaO., S. 151 ff. Koschlig: Das Ingenium Grs, aaO., S. 127.

[26] Die Deutung dieses Abschnittes durch Gebauer, aaO., S. 30 vermag kaum zu überzeugen.

[27] Vgl. dazu u. a. Klaus Reichelt: Barockdrama und Absolutismus. Frankfurt u. Bern 1981, S. 29 ff. (Arb. zu mittl. deutsch. Lit. u. Sprache 8).

[28] Sat. Pilgr., S. 153 ff.

[29] 1. Mos. 37, 39-50.

[30] Hans Priebatsch: Die Josephsgeschichte in der Weltliteratur. Eine legendengeschichtliche Studie. Breslau 1937.

[31] Alexander von Weilen: Der ägyptische Joseph im Drama des 16. Jahrhunderts. Wien 1887; Gudrun Iber: Studien zur [!] Gr.s ,Josef' und ,Musai' mit einem Neudruck des ,Musai'-Textes nach der Erstausgabe von 1670. Diss. Bonn 1958 (Teildruck).

[32] Keusch. Jos., S. 5.

[33] Ebenda, S. 113.

[34] Zum höfischen Roman vgl. Richard Alewyn: Der Roman des Barock. In: Formkräfte der deutschen Dichtung vom Barock bis zur Gegenwart. Göttingen 1963, S. 21-34; Wilhelm Voßkamp: Romantheorie in Deutschland. Stuttgart 1973, S. 7-28.

[35] Keusch. Jos., S. 59.

[36] Dazu nuerdings Dieter Breuer: Gr.s politische Argumentation. Sein Verhältnis zur absolutistischen Staatsauffassung. In: Daphnis 5, aaO., S. 303-332.

[37] Keusch. Jos., S. 6 u. 36.

[38] Siehe dazu S. X des Keusch. Jos., bes. Koschlig: Gr. und seine Verleger, Leipzig 1939 (Palaestra 218), S. 31.

[39] Vg. dazu bes. Streller: Gr.s simplicianische Schriften, aaO., S. 5 ff.; ferner Feldges: Gr.s Landstörtzerin Courasche, aaO., S. 37 f.

[40] Hubert Gersch: Geheimpoetik, aaO. u. ders.: 13 Thesen zum Titelkupfer des Simplicissimus. In: Internat. Arbeitskreis f. dt. Barockliteratur. Wolfenbüttel 1973, S. 76-81; ferner Karl-Heinz Habersetzer: Ars Poetica Simpliciana. In: Daphnis 3 (1974), S. 60-82 u. 4 (1975), S. 51-78. Zusammenfassend dazu Conny Bauer: Das Phönix-Kupfer von Gr.s ,Abentheuerlichem Simplicissimus'. Zur Forschungslage. In: Text und Kontext 8 (1980), S. 43-62.

[41] Daß Gr. auch Freudenholds Bearbeitung kannte, legen zahlreiche Motive nahe, vgl. dazu Rötzer: Picaro-Landstörtzer–Simplicius, aaO., S. 54 u. 61, u. ders.: ,Novela Picaresca' und ,Schelmenroman'. In: Literatur u. Gesellschaft im deutschen Barock. GRM Beiheft 1, S. 56 u. 68 ff.

[42] Vgl. Koschlig: Das Ingenium Gr.s, aaO., S. 76 ff. u. Voßkamp, aaO., S. 36 f., dagegen Heining, aaO., S. 137 ff.

[43] Andreas Heinrich Bucholtz: Herkules und Valiska ... Braunschweig 1659/60, S. 1-4. Vgl. dazu auch Hilkert Weddige: Die ‚Historien vom Amadis aus Franckreich'. Wiesbaden 1975, S. 216.

[44] Bucholtz, aaO., S. 3.

[45] Vgl. dazu Joseph B. Dallet: Gr. und die Neue Welt. In: Argenis 1, aaO., S. 172.

[46] Das wird aus Untersuchungen zu Übernahmen, Entlehnungen u. a. besonders deutlich.

[47] Habersetzer, aaO. und Gersch, aaO. gelang gleichzeitig die Auflösung. Vgl. dazu neuerdings Rolf Tarot: Gr.s Simplicissimus Teutsch oder: Die Geschichte einer ‚scheußlichen Seele?' In: Simpliciana II aaO., S. 7-29.

[48] In: Daphnis 4 (1975), S. 54 ff.

[49] Zur Satire bei Gr. vor allem Walter Ernst Schäfer: Der Satyr und die Satire. In: Festschrift für G. Weydt. Bern u. München 1972, S. 183-232; Habersetzer aaO. und Rolf Tarot: Gr. als Satiriker. In: Argenis 2 (1978), S. 115-142. Ulrich Stadler: Satire und Romanform. In: Daphnis 9 (1980), S. 89-107.

[50] Dietw. u. Amel., S. 100 f.

[51] Dazu bes. Tarot: Nosce te ipsum. Lebenslehre und Lebensweg in Gr.s Simplicissimus Teutsch. In: Daphnis 5, aaO., S. 499-530, und Herbert Walz: Aegidius Albertinus' „Schlemmerzünfte" und Gr.s Hanauer „Fürstliche Gasterey". In: Argenis 2 (1978), S. 19-36.

[52] Zum Toren bzw. Narren Welzig, Beispielhafte Figuren, aaO., u. Paul Gutzwiller, Der Narr bei Gr. Bern 1959.

[53] ST, S. 569 f.

[54] Dazu bes. Konopatzki: Gr.s Legendenvorlagen, aaO., S. 29 ff. u. 98 ff. u. Welzig, aaO., S. 143 ff.

[55] Rötzer, Picaro – Landstörtzer – Simplicius, aaO., S. 136.

[56] Besonders bei Gersch, vorher schon bei Rötzer und Feldges Hinweise hierzu, ferner bei Dallett. In: Argenis 1, aaO., S. 141-227.

[57] Schon bei Heselhaus, aaO. und Müller-Seidel, aaO.

[58] Zum Motiv des Traumes vgl. Feldges, aaO., S. 87 f., ferner Müller-Seidel, aaO.

[59] ST, S. 568. Zu den beiden Beispielen bes. Feldges, aaO., S. 18 ff., und Tarot. In: Argenis 1, aaO., S. 107-129.

[60] ST, S. 573, dazu Feldges, aaO. S. 21 ff., ferner Max Wehrli: Das finstre Licht. Gr.s Lichtspruch im Simplicissimus. In: Deutsche Barocklyrik. Bern u. München 1973, und Dallet. In: Argenis 1, aaO., S. 178 ff.

[61] So die Überschrift des Gr. gewidmeten Kapitels im 5. Bd. der DDR-Literaturgeschichte. Vgl. ferner S. Streller: Gr.s Werke. Berlin u. Weimar 1964, Bd. 1, S. 26 ff.; Ingeborg Spriewald: Vom ‚Eulenspiegel' zum ‚Simplicissimus'. Berlin 1974. Dies.: Gr. und sein Abenteuerlicher Simplicissimus Teutsch. In: WB 22 (1976) 1, S. 21-42.

[62] Ferner Battafarano: Simpliciana utopica. In: AION 15 (1972) 2, S. 7-36; S. 7-41 u. 239-40; ders. In: Daphnis 5, aaO., S. 295-302.

[63] Dietrich Jöns: Emblematisches bei Gr. In: Euph. 62 (1968), S. 385-391.

[64] Vgl. Tarot. In: Daphnis 5, aaO., S. 507 ff.

[65] ST, S. 215 f. Heselhaus, aaO., S. 40; Müller-Seidel, aaO., S. 266.

[66] ST, S. 387.

[67] Daß zahlreiche Anregungen aufgenommen wurden, ist schon in der heute freilich revisionsbedürftigen Untersuchung von Julius Petersen: Gr.s ‚Teutscher Held'. In: Euph. Ergänzungsheft 17 (1924), S. 1-30 dargelegt worden. Neuerdings auch C. Stephen Jaeger: Gr.s Jupiter and the Figure of the Learned Madman. In: Simpliciana III aaO., S. 39-64.

Über Gr.s Bekanntschaft mit einem Friedensspiel von Rist vgl. meinen Aufsatz in der Festschrift für B. L. Spahr.

[68] Müller-Seidel, aaO., S. 266, und Rötzer, Picaro ..., aaO., S. 143, Mannack. In: Daphnis 5, aaO., S. 333 ff.

[69] Simplicissimus. Nürnberg 1685, S. 270 ff.

[70] Dazu bes. Gebauer, aaO., S. 109 u. 134 f.

[71] Richard Alewyn: Johann Beer. Studien zum Roman des 17. Jhdrts. Leipzig 1932; zum Realismus ferner u. a. Rolf Tarot: Gr.s Realismus. In: Festschrift f. G. Weydt, aaO., S. 233-265; Italo Battafarano: Die Schildwacht in Hanau ... Annali ... Napoli. Studi Tedeschi 19 (1976), H. 1, S. 7-21; Hans Geulen: Wirklichkeitsbegriff und Realismus in Gr.s Simplicissimus Teutsch. In: Argenis 1, aaO., S. 21-40.

[72] Habersetzer, aaO. 4 (1975), S. 71 ff.; auch Feldges bestätigt Alewyns Position; dagegen meldet Gebauer, aaO., S. 259 ff. entschieden Widerspruch an.

[73] ST, S. 346.

[74] Rohrbach, aaO. Wenig überzeugend sind die Einwände von Werner Hoffmann: Gr.s Simplicissimus – nicht doch ein Bildungsroman? In: GRM NF 17 (1967), S. 166-180. Interessant dagegen die Ausführungen von P. Triefenbach, aaO., S. 13-16 u. S. 96. Vgl. ferner Jan Knopf, aaO., S. 59 ff. (mit polemischen Überzeichnungen).

[75] Vgl. dazu Weydt, Nachahmung ..., aaO., S. 13 ff.

[76] Vgl. dazu Weydt, ebenda, S. 243 ff; Helmut Rehder: Planetenkinder ... In: The Graduate Journal 8 (1968), S. 69-97; Klaus Haberkamm: Sensus Astrologicus ..., Bonn 1972; zur neueren Kontroverse Blake Lee Spahr: Gr.s Simplicissimus: Astrological Structure? In: B. L. S. Problems and Perspectives. Frankfurt u. Bern 1981, S. 161-182. Vgl. dazu auch S. 183-191. Weydt: Und sie bewegen sich [leider?] doch! ... In: Argenis 2 (1978), S. 3-17, und Gerhard Lemke: Die Astrologie in den Werken Gr.s und seiner Interpreten ... In: Argenis 1, aaO., S. 63-105.

[77] Dies geschieht bei Habersetzer, aaO.

[78] Neben Jupiter vertritt Luzifer (ST S. 477) diese Auffassung. Vgl. dazu auch Feldges, aaO., S. 166 ff.

[79] Beispiele hierfür in den Untersuchungen von Müller-Seidel, aaO.; Feldges, aaO.; Klaus-Detlef Müller: Die Kleidermetapher in Gr.s Simplicissimus. In: DVjs 44 (1970), S. 20-46; Dallett, aaO. und Triefenbach insbes. zu Nebukadnezar.

[80] Italo Battafarano: Goethe und Grimmelshausen ... In: Annali ... Napoli, Studi Tedeschi (1975), S. 91-108; weitere Angaben in der Bibliographie, aaO.

[81] Auch hierin sind die Angaben von Gisela Herbst: Die Entwicklung des Gr.bildes in der wissensch. Literatur, Bonn 1957 unzutreffend.

[82] Gebauer, aaO., S. 358 ff.

[83] Hans-Rüdiger Fluck: Quirin Moscherosch – ein ‚Nachbar‘ Gr.s. In: Daphnis 5, aaO., S. 557 ff.

[84] Zur Picara vgl. Rötzer, GRM, aaO., S. 46 ff.; Ulrich Stadler: Parodistisches in der ‚Justina Dietzin Picara‘. In: Arcadia 7 (1972), S. 158-170; Büchler, aaO., S. 15 u. 28 ff.

[85] Feldges, aaO., insbes. S. 42 ff.

[86] Cour., 13 f. u. 149.

[87] Dazu Streller, aaO., S. 47 ff. u. 237; Feldges, aaO., S. 134 ff.

[88] Insbes. Feldges, aaO., S. 87 ff.

[89] Zu den Nutzanwendungen bei den Picara-Romanen der Vorgänger vgl. Rötzer GRM, aaO., S. 46, und Stadler, aaO., S. 168.

[90] Büchler, aaO., S. 53 ff. u. 63 ff.

[91] Ebenda, S. 88 ff. – Nicht verschwiegen sei, daß eine astrologische Struktur auch bei diesem Werk nachzuweisen versucht wird.

[92] Cour., S. 49.

[93] Wilhelm Joseph Hachgenei: Der Zusammenhang der ‚Simplicianischen Schriften‘ des H. J. C. v. Gr. Diss. Heidelberg 1957 (Masch.), S. 160 ff. u. 187 ff.

[94] Ebenda, S. 206.

[95] Vgl. dazu Vo. I, S. 128 ff.

[96] Auf einige wichtige Hinweise macht schon Hachgenei, aaO. aufmerksam.

[97] Klaus Haberkamm: Beiheft, aaO., S. 45f. Lemke, aaO., S. 68 ff.

[98] Auf Entnahmen aus Colerus machte Koschlig, aaO., S. 156, aus Sebizius Dallett, aaO., S. 209 f. aufmerksam.

[99] EK, aaO. Vorrede und S. 92, 3. Materie. Zur Verwendung des Begriffes der Neuen Welt bei Gr. vgl. Dallett, aaO., S. 192 ff. – Noch nicht endgültig geklärt ist die Frage, welche Rolle Grimmelshausen bei der Abfassung des von 1670 an erscheinenden *Europäischen Wundergeschichten-Calenders* spielte, zumal Spekulationen über Auseinandersetzungen des Dichters mit seinem langjährigen Verleger Felßecker durch neue Funde stark erschüttert worden sind. Vgl. dazu Weydt, Nachahmung . . ., aaO., S. 305-307; Tarot: Notwendigkeit und Grenzen der Hypothese in der Gr.-Forschung. In: Orbis Litterarum XXV (1970), insbes. S. 77 ff. und 87 mit Verweisen auf die Argumente von Ziegesars.. Die sogen. Continuationen u. der Anhang sind m. E. nur als Nebenprodukte Gr.s zu deuten, anders freilich P. Triefenbach, aaO., S. 222 f. Vgl. ferner zu den Kalendern T. Sodmann, Ausstellgskat., aaO., S. 132 f. T. Verweyen: Apophthegma und Scherzrede. Bad Homburg u. a. 1970, S. 157 ff.

[100] Verk. Welt, S. VII f. Zum Thema vgl. Ulrich Stadler: Das Diesseits als Hölle. Sünde und Strafe in Gr.s ‚Simplicianischen Schriften‘. In: Europ. Tradition und deutscher Lit.barock. Bern 1973, S. 351-369.

[101] ST, S. 423 ff.

[102] Die Kuppler, Verführer und ‚Hurer‘ leiden in einem unerträglich stinkenden Stall. Verk. Welt, S. 72 ff.

[103] Aus einem Monatsgespräch Rists zitiert Gr. im Galgen-Männlin.

[104] Vgl. dazu insbes. Gebauer, aaO., S. 14 ff. u. 236 ff., dessen Argumentation in bezug auf eine Entwicklung im Werk Gr.s freilich nicht widerspruchsfrei ist. Eine differenziertere Analyse zu diesen Fragen bei Martin Stern: Geld und Geist bei Gr. In: Daphnis 5, aaO., S. 432 ff.

[105] Rats. Plut., S. 22.

[106] Verk. Welt, S. 15 ff. Rats. Plut., S. 74 ff.

[107] Stern, aaO., S. 433 f. spricht davon, daß Gr. hier „einiges an persönlicher Sorge und Kritik investiert haben . . . dürfte“.

[108] Breuer. In: Daphnis 5, aaO., S. 303 ff., bes. auch 320 ff.

[109] Vgl. zur Ratio-Status-Diskussion den von Roman Schnur herausgegebenen Sammelband: Staatsräson. Studien zur Geschichte eines politischen Begriffs. Berlin 1975. E. Mannack. In: Daphnis 5, aaO.

[110] Garzoni, aaO., S. 36; Rat. Status, S. 8. Vgl. Sat. Pilgr., S. 122 f.; weil Triefenbach dieser Unterschied entgeht, gelangt er zu anderen Folgerungen, aaO., S. 243.

[111] Rat. Status, S. 35 f.

[112] So bei Bodin und in Gryphius’ Trauerspielen.

[113] Vgl. u. a. Koschlig, aaO., S. 97 und Hans Ehrenzeller: Studien zur Romanvorrede von Gr. bis Jean Paul. Bern 1955, S. 90 ff.; auch Ulrich Stadler: Der einsame Ort . . ., Bern 1971, S. 65 ff.

[114] Zur gattungsmäßigen Zuordnung siehe Schäfer, aaO. Zu den benutzten Quellen Karl Ortel: Proximus und Lympida. Eine Studie zum idealistischen Roman Gr.s. Berlin 1936.

[115] Den aktuellen politischen Bezug betont insbes. Eberhard Köhler: Die beiden Idealromane von H. J. C. v. Gr. Diss. Jena 1963 (Masch.), S. 5 ff. Stadler, aaO., S. 79

spricht dagegen davon, daß polit. Welt und legendenhafte Welt letztlich unversöhnbar blieben.

[116] Köhler, aaO., S. 91 ff. spricht vom polit. Bekenntnis des Autors und der Mahnung an Fürsten zu christlichem Lebenswandel.

[117] Prox. u. Lymp., S. 55.

[118] Prox. u. Lymp., S. 76. Zum Legitimationszwang der höfischen Gestalten siehe Rötzer GRM, aaO., S. 72.

[119] Prox. u. Lymp., S. 16.

[120] Georgi Horni Orbis Politicus ... Budiszin 1669, S. 130. Vgl. dazu Breuer, aaO., S. 330 f., dagegen Büchler, aaO., S. 63.

[121] Kleinere Schriften, S. 50. Zu den aktuellen Anspielungen vgl. die Unterredungen des Junkers mit dem Pfarrer, S. 48 ff. Daß man den Geldabfluß nach Frankreich unterbinden solle, lernt der Junker aus der Relation des Savoyers und Schweizers, S. 47 f.

[122] Gisbert Bierbüsse: Gr.s ‚Teutscher Michel'. Untersuchung seiner Benutzung der Quellen und seiner Stellung zu den Sprachproblemen des 17. Jhdrts. Diss. Bonn 1953 (Masch.), S. 64. Diese Schrift spricht nicht für eine Gegnerschaft zu den Sprachgesellschaften; so Bierbüsse, S. 84 und Heining, aaO., S. 149 ff., anders Fluck. In: Daphnis 5, aaO., S. 560.

[123] Kleinere Schriften, S. 76 f. u. 107 ff.

[124] Zur Verfasserschaft siehe Kleine Schriften, S. XVII f. Auf die kurze Abhandlung *Beernhäuter*, 1670 mit der Gaukeltasche erschienen, soll hier nur der Vollständigkeit halber hingewiesen werden. Daß sie mit der Verwandlung des Menschen in ein Tier ein für Gr. wichtiges Motiv gestaltet, hebt Triefenbach, aaO., S. 74 mit Recht hervor.

[125] Daß Gr. schon „ein Licht der Aufklärung" anzünde, wie Triefenbach, S. 11 f. behauptet, können wir demnach nicht bestätigen, zumal seine wenigen Belege nicht zu überzeugen vermögen. Vgl. dagegen die Resümees bei Stern, Breuer u. a.

[126] Den Herren Battafarano, Lohmeier, Stockinger und Tarot bin ich für vielfältige Hilfe zu großem Dank verpflichtet.

LOUISE GNÄDINGER

ANGELUS SILESIUS

Der heute allgemein unter dem Namen Angelus Silesius bekannte und berühmte, bislang im Nachruhm unsterbliche Dichter und konfessionspolemische Publizist der Barockzeit – er veröffentlichte seine Werke unter mancherlei Pseudonymen – hieß für seine Zeitgenossen vorerst einfach Johannes Scheffler. So wurde er unter dem Datum des 25. Dezember 1624 in Breslau als der erstgeborene Sohn des nobilitierten, lutherischen, 1618 aus Polen nach Schlesien eingewanderten Stanislaus (Stenzel) Scheffler, Herr von und zu Borowicze, und der um achtunddreißig Jahre jüngeren Arzttochter Maria Hennemann ins Taufregister eingetragen. Der wohlhabende, 1562 in Krakau geborene Stanislaus Scheffler hatte am 20. Februar 1624 die frühverwaiste, vierundzwanzigjährige Maria Hennemann, deren Vater am Hofe Kaiser Rudolfs von Habsburg als Leibmedicus tätig war, geehelicht. Zwei Geschwister, Magdalena (*1626, Todesjahr unbekannt) und Christian (* 1630, † 1690) folgten. Was für Johannes Scheffler die Familie, in der er aufwuchs, bedeutete, ist kaum auszumachen. Der begüterte Vater lieh, erhaltenen Dokumenten gemäß, öfter Geld auf Zinsen aus. Sein Tod erfolgte am 14. September 1637, und bald darauf, am 27. Mai 1639, starb die Mutter, „ihres Mühseligen Alters im 39. Jahre".[1] Die jungen Söhne Johannes und Christian waren eben unter dem Datum des 29. April als Schüler des Elisabeth-Gymnasiums von Breslau eingetragen worden.

Das Elisabeth-Gymnasium von Breslau war damals, unter dem Rektorat von Elias Major (seit 1631), berühmt. Unter den von Scheffler erhaltenen frühen Gelegenheitsgedichten[2] findet sich ein 1641 für Major verfaßtes Namenstagsgedicht in griechischen Hexametern. Alle Schefflerschen Schülergedichte lassen den guten Unterricht in Rhetorik und den fördernden Einfluß des Lehrers Christoph Köler (Colerus), des Freundes und Biographen von Martin Opitz, erkennen. Köler selbst dichtete in lateinischer und deutscher Sprache und wußte die dichterischen Begabungen seiner Schüler zu entdecken und zu entwickeln. So beschrieben jedenfalls bei einer poetisch-rhetorischen Übung am 22. Mai 1642 in einer „teutschpoetischen Mayenlust"[3] Scheffler die „Nachtigall", dessen Freund und Mitschüler Andreas Schultz (Scultetus) die „Wald-Lust". Wie Scheffler hinterließ Scultetus ein Dichtwerk, das 1771 von Gotthold Ephraim Lessing wiederentdeckt, geschätzt und herausgegeben wurde.

Nach der Gymnasialzeit wechselte Johannes Scheffler 1643, mit einem Empfehlungsschreiben seines väterlich um ihn bemühten Lehrers Köler versehen, an die Universität Straßburg über, wo er sich unter dem Datum des 4. Mai zum Studium der Medizin und des Staatsrechts immatrikulierte. Die Fächerkombination hatte ihm Köler empfohlen, „der Ähnlichkeit des menschlichen Körpers halber mit dem unseres Staatskörpers".[4] Bereits ein Jahr später trifft man Scheffler zu weiterem Studium in Leyden. Gibt es darüber auch keine direkten Zeugnisse, so darf man doch aus Schefflers späterem Werk rückschließen, er habe in den damals allen geistigen Strömungen gegenüber toleranten Niederlanden mystisches Schrifttum und vielleicht auch religiöse Konventikel kennengelernt. Inzwischen war Schefflers früherer Freund Scultetus 1644 zum Katholizismus übergetreten und als Novize im Jesuitengymnasium aufgenommen, deswegen durch den Stadtrat von Breslau offiziell aus der Stadt ausgewiesen worden. Ob Scheffler davon wußte oder gar durch weltanschauliche Diskussionen mit dem Freund die Konversion mitvorbereitete, ist unbekannt; wie überhaupt Dokumentationslücken manche Fragen zum Leben Schefflers offen lassen. Doch weiß man aus der Studienzeit in Padua – er immatrikulierte sich da unter dem Datum vom 25. September 1647 –, daß Scheffler „in Chatholischen Örtern, wie auch hernach auß einem und dem andren Buche"[5] sich über die katholische Glaubenslehre informiert hatte, wohl auch von der Schönheit der Liturgie und dem Reformgeist des nachtridentinischen Konzils beeindruckt war. Aus Schefflers Dichtungen, die in wenigen Jahren bald folgen, läßt sich mit Bestimmtheit eine lebendige Verbundenheit mit dem liturgischen Kirchenjahr ablesen, wie sie in kurzer Zeit nicht angeeignet werden kann. In Padua dann schließt Scheffler am 9. Juli 1648 sein Studium mit dem *Doctor philosophiae et medicinae* ab. Übrig bleibt für uns aus dieser Zeit der in seiner Abbreviatur und paradoxen Ausdrucksweise für Scheffler typische, alles und nichts sagende Stammbucheintrag: mundus pulcherrimum nihil[6], welcher kaum eine Enttäuschung an der Welt, viel eher deren Erfahrung in der Erkenntnis ihrer Vorläufigkeit und ihres Ungenügens bezeugt.[7] Denn um der unvergänglichen Schönheit willen, deren Abglanz irdische Schönheit ist, dichtete Scheffler später, nach eigener Erklärung, seine in Gott verliebten Lieder.

Auf den Abschluß der Studien folgt ein Jahr mit unbestimmtem Aufenthalt: sehr wahrscheinlich kehrte Scheffler nach dem Doktorat nach Breslau zurück. Dort hatte sich seine Schwester Magdalena mit dem Arzt Tobias Brückner vermählt, dort befand sich auch der inzwischen geisteskrank gewordene Bruder Christian, da wohnten auch die Vormünder der Geschwister Scheffler, welche ihnen eben 1648 das ansehnliche elterliche Erbe aushändigten, welches auch Johannes in Empfang nahm.

Am 3. Novemver 1649 tritt Scheffler, vielleicht auf Empfehlung seines Schwagers, beim lutherisch-orthodoxen Herzog Sylvius Nimrod von Württemberg in Öls als Leibarzt in Dienst. Von einer Privatpraxis, die der Medicus Scheffler sich daneben hätte einrichten dürfen, hören wir nichts. Scheffler vermochte von seiner Anstellung und Erbschaft zu leben und pflegte in seiner freien Zeit andere, zeitraubende Interessen: er las intensiv geistliche Schriftsteller und vertiefte sich weiter in theologische, vorwiegend wohl mystisch-theologische Fragen. Vor allem aber entfaltet sich jetzt, in der Ölser Zeit, Schefflers glückliche und tiefe Freundschaft mit Abraham von Frankenberg (*1593), der, einem geistlichen Vater gleich, Scheffler in seiner Wahrheitssuche begleitete, ihn in gemeinsamer Beschäftigung mit geistlicher Literatur sich verband und förderte, ihm ein christliches Leben, wie dieser es für sich selbst wünschte, exemplarisch vorlebte. Abraham von Frankenberg nämlich, der Böhme-Verleger und -Biograph, kehrte 1650 auf sein Gut in Ludwigsdorf bei Öls zurück, überläßt dessen Besitz und Bewirtschaftung seinem jüngeren Bruder, um sich, vielleicht schon kränklich, einem zurückgezogenen und beschaulichen Leben hinzugeben. Ob die Bekanntschaft Schefflers mit Frankenberg und dessen Freundeskreis einer Vermittlung Georg Betkes, eines Bruders des gegen die verknöcherte lutherische Orthodoxie angehenden Predigers Joachim Betke, bedurfte, bleibt fraglich, ebenso die Vermutung, Scheffler könnte Frankenberg schon vor 1650 begegnet sein. Gewiß ist, daß Scheffler sich in diesem Jahr (1650) die fünfbändige Ausgabe der Schriften von Ludovicus Blosius (1506-1566) kaufte; Frankenberg überließ von da an Scheffler zahlreiche Bücher zur Meditation. Er schenkt Scheffler u. a. die Offenbarungen der Heiligen Gertrud der Großen und Mechthilds von Hackeborn, die *Insinuationum Divinae pietatis Exercitia, Intimae devotionis suavitatis, castam Animam in Deum elevantiam,* die Scheffler neu einbinden läßt und auf dem frischen Buchdeckel mit einem hymnischen handschriftlichen Eintrag versieht. Das Buch wird da ein Garten der göttlichen Weisheit, ein Baumgarten, in welchem sich Gott mit den Menschen ergeht, genannt.[8] Der gebethafte Nachtrag: DOMINE JESU, / AGNE DEI, / SPONSE VIRGINUM / Esto nobis JESUS, AGNUS, SPONSUS / Hic et in Æternum[9], spiegelt wohl das Entscheidende und Zukunftsbestimmende an Schefflers religiös zentrierter Freundschaft mit Frankenberg. Dieser setzte in seinem Testament Scheffler zum Erben seiner an Druckwerken und Manuskripten reichen Bibliothek ein, deren Titel, sicher zum größten Teil, bekannt sind und sich in Schefflers Nachlaß wiederfanden.[10] Doch blieb Schefflers Verhältnis zu Frankenberg keine bloße, einsame Buchfreundschaft: wie vermutlich schon Köler, führte Frankenberg Scheffler in einen im Barock so beliebten und häufigen Kreis gleichgesinnter Freunde ein; dazu gehörte Daniel Czepko von Reigersfeld (1605-1660). Aber bereits am 25. Juni 1652 stirbt Frankenberg. Scheffler widmet ihm da sein kunstvolles, rhetorisch durchgestaltetes *Christliches Ehrengedächtnis*[11], das in den achtundzwanzig vierzeiligen Strophen, deren äußere Klammer die Zergliederung des Namens bildet, nicht nur von der starken geistigen Verbundenheit und gedanklichen Übereinstimmung der beiden Freunde zeugt, sondern bereits vorwärts auf Schefflers späteres Dichtwerk weist und besonders in der Schlußstrophe die epigrammatische Prägnanz und die scharfe innere Antithetik des *Cherubinischen Wandersmanns* vorwegnimmt.[12] Diese Strophe lautet:

Wer Zeit nimmt ohne Zeit und Sorgen ohne Sorgen,
Wem gestern war wie heut und heute gilt wie morgen,
Wer alles gleiche schätzt, – der tritt schon in der Zeit
In den gewünschten Stand der lieben Ewigkeit.[13]

Ein erhaltener Stammbucheintrag Schefflers für Elias Major d. J., aus der Zeit kurz nach Frankenbergs Tod, zeugt sowohl von Frankenbergs Nachwirkung wie auch von Schefflers eigenem innerstem Entscheid:

Summa Scientia Nihil Scire. / nisi / IESUM CHRISTUM, / et Hunc quidem / CRUCIFIXUM et RESUSCITATUM. Morere. / AEternitas Esto et / Christo Conformare. / Sic Eris Beatus. (22. Juli 1652)[14]

War es Frankenberg zeitlebens gelungen, sich von der lutherischen Orthodoxie wie von der vom Wiener Hofe propagierten Gegenreformation gleicherweise fernzuhalten, geriet Scheffler nun alsbald in Konflikt mit der lutherisch-orthodoxen Zensur, einige Jahre später in den Dienst der Gegenreformation. Vielleicht hängt mit dem Widerspruch zur lutherischen Orthodoxie auch die Quittierung seines Arztdienstes beim Herzog Sylvius Nimrod in Öls, bereits im Dezember 1652, zusammen. Sicher war die intolerante Haltung des dortigen Hofpredigers Christoph Freytag ein Grund, daß sich Scheffler der lutherischen Konfession ganz entfremdete. Äußerer Anlaß war die Verweigerung der Druckerlaubnis für eine Neujahrsgabe, die Scheffler seinen Freunden zum Geschenk vorbereitet hatte. Aus den mystischen Schriften Gertruds der Großen, Constantins von Barbanson, des Ludovicus Blosius u. a. hatte Scheffler eine Sammlung von Gebetstexten ausgezogen, und diesem geistigen Vermächtnis seines Freundes, nunmehr den Zeugen seiner eigenen geistigen Heimat, wurde das Imprimatur abgeschlagen. Gleichzeitig etwa lernte Scheffler den auch in gefährlicher Zeit jesuitenfreundlichen Heinrich Hartmann, Prior des Hospitalstifts der Kreuzherren zum Roten Stern, kennen, der ihm wahrscheinlich die *Sonnenstadt* des Jesuiten Jodocus Kedd zur Lektüre vermittelt. Allgemein hatte der jesuitische Einfluß seit 1650 in Breslau zugenommen, und es ist anzunehmen, daß Scheffler nun auch das Exerzitienbuch des Ignatius von Loyola kennenlernte, wenn nicht sogar selbst die geistlichen Übungen durchmachte. Sicher tritt Scheffler, nachdem kurz zuvor verschiedene Konversionen in Adelkreisen in Breslau stattgefunden hatten, am 12. Juni 1653 in der Kirche St. Matthias zur römisch-katholischen Kirche über. Dabei nimmt er den Zunamen Angelus – „Demnach Er schon in der Kindheit durch Ansinnung der Göttlichen Providenz von seinen Bekandten ein Engel genennet worden [...]"[15], wie der Jesuit Daniel Schwartz in der Grabrede für Scheffler dann zu berichten weiß –, heißt also fortan Johannes Angelus und fügt dem später, um nicht mit dem zeitgenössischen lutherischen Theologen Johannes Angelus verwechselt zu werden, die Spezifikation Silesius (= schlesischer) bei.[16] Nicht nur der ungewisse Verbleib Schefflers vor der Konversion, vor allem die Konversion selbst gab damals, wie heute, zu mancher

Kritik und Spekulation Anlaß. Sicherlich war Schefflers Konfessionswechsel längst vorbereitet und mochte, in der konfessionell so gespannten Zeit, bis auf Gespräche mit dem Gymnasialfreund Andreas Scultetus, ganz gewiß bis in die Studienjahre in Leyden und Italien zurückgehen. Ebenso sicher war Schefflers Konversion uneigennützig, brachte sie auch am 24. März 1654 die Ernennung zum „Kaiser- vnd königl hoff Medico" durch Kaiser Ferdinand III. ein[17], was keine Einnahmen, höchstens etwas Anerkennung und Ermunterung von gegenreformatorischer Seite zusicherte. Gerede, Kritik und Verleumdungen versuchte Scheffler alsbald durch eine schriftliche Erklärung, durch die *Gründtliche Vrsachen vnd Motiven, Warumb er Von dem Lutherthumb abgetretten, Vnd sich zu der Catholischen Kyrchen bekennet hat,* die er einige Tage nach dem entscheidenden Schritt verfaßt hatte, abzutun.[18] Diese 1653 in Olmütz und Ingolstadt erscheinende Konversionsschrift nennt in einer Anzahl Punkten die Gründe des Bekenntniswechsels und einige Einflüsse, die ihn dazu bewogen. Schefflers Rechtfertigungsschrift wurde katholischerseits hoch eingeschätzt, noch im gleichen Jahr lateinisch bearbeitet und gedruckt. Damit freilich verwickelte sich Scheffler in ein Hin und Her von Schmäh- und Streitschriften, deren er selbst müde wurde, obwohl er von 1663 an in einer Art Neophyteneifer unablässig für die von ihm als Bekehrung zur Wahrheit erfahrene Konversion warb, indem er seine Gegner in Glaubenssachen des Irrtums und der Unkenntnis zu überführen suchte.[19]

Über Schefflers Aufenthalt und Tätigkeit nach dem Konfessionswechsel ist vorerst wiederum nichts bekannt; wahrscheinlich blieb er in Breslau und studierte die katholische Glaubenslehre. Das in Schefflers Werken, besonders in den Streitschriften an den Tag gelegte Wissen veranlaßt zu diesem Schluß. Zudem gab Scheffler in den nun folgenden Jahren die beiden Dichtwerke, die ihn für immer berühmt machen sollten, die *Geistreichen Sinn- und Schlußreime,* Wien 1657, in der Zweitauflage von 1675 als *Cherubinischer Wandersmann oder Geist-Reiche Sinn- und Schluß-Reime zur Göttlichen beschauligkeit anleitende* betitelt, und die *Heilige Seelen-Lust Oder Geistliche Hirten-Lieder Der in jhren JESUM verliebten Psyche,* Breslau 1657, heraus.

Biographisch ist aus der Zeit von 1654 bis 1660 wenig bekannt. Es scheint, Scheffler versuche sein öffentlich angenommenes Glaubensbekenntnis im Sinne des Tridentinums und der gegenreformatorischen Bemühungen konsequent und ebenfalls öffentlich zu praktizieren: er tritt einer Gebetsbruderschaft bei, welche die Prozessionen fördert oder, wo abgeschafft, wiederum einführt, er macht größere wohltätige Stiftungen und gibt reichlich Almosen aus. In dieser seiner Sicht wohl die letzte Konsequenz bildet die Priesterweihe, die er am 29. Mai 1661 zu Neiße empfängt. Von da ab stellt er sich mit unverkennbarem Pathos, ja geradezu mit Verbissenheit in den Dienst der Rekatholisierung Schlesiens. In Prozession und Wallfahrt identifiziert er sich ausdrücklich mit kirchlicher Repräsentanz. So weiß etwa der Jesuit Daniel Schwartz in seiner Leichenrede auf Scheffler zu berichten:

In der ersten Wallfarth gen Trebnitz ist er vorgangen, nicht als ein Privat Clericus, und minderer Priester, auch nicht wie ein schwacher Mensch, der sich eines Unglücks in der Kühnheit hette zu befahren; sondern als ein Engel und Gottes-Both, unerschrocken und unüberwindlich vorangegangen, mit einer brennenden Fackel in der Lincken, mit einem Crucifix in der Rechten, mit einer dörnern Cron auff dem Haupt, mit einem Seraphischen Eyfer und resolution im Hertzen.[20]

Schefflers umfangreiches konfessionspolemisches Prosaschrifttum, später als kontrovers-theologische Predigthilfe unter dem Titel *Ecclesiologia Oder Kirche-Beschreibung*[21] (1677) in Auswahl herausgegeben, nahm hier seinen Anfang. 1664 bis 1666 amtierte Scheffler sodann als Marschall am Hof des gegenreformatorisch äußerst aktiven Fürstbischofs und Oberhauptmanns von Schlesien, Sebastian von Rostock, zog sich sodann, nach der kurzen Amtszeit, ins Stift St. Matthias zu Breslau zurück; vermutlich um sich vollamtlich seiner apologetischen schriftstellerischen Tätigkeit hingeben zu können. Nach dem Tode Sebastians von Rostock im Jahre 1671 findet er im Zisterzienserabt von Grüssau, Bernhard Rosa, der sich wie Rostock intensiv gegenreformatorisch betätigt, einen neuen Gönner bei der Drucklegung seiner Werke. Scheffler vermehrt die *Heilige Seelen-Lust*, Breslau 1668, „mit dem Fünfften Theil"[22], er erweitert die *Geistreichen Sinn- und Schluß-Reime*, Glatz 1675, um das sechste Buch, er gibt ein neues poetisches Werk, die *Sinnliche Beschreibung Der Vier Letzten Dinge Zu heilsamem Schröken und Auffmunterung aller Menschen*, Schweidnitz 1675, in Druck. Er übersetzt die lateinische *Margarita Evangelica* (Köln 1545)[23], eine Betrachtungsschrift aus der Hinterlassenschaft seines Freundes Frankenberg, ins Deutsche. Sie erscheint als *Köstliche Evangelische Perle Zur Vollkommener ausschmuckung der Brautt Christi* 1676 in Glatz.[24] Kurz vor seinem Tod wählt er, wie gesagt, aus seinen fünfundfünfzig im Druck erschienenen konfessionspolemischen Traktaten neununddreißig Abhandlungen aus, bearbeitet sie teilweise für den Neudruck, der, gefördert von seinem Gönner Abt Bernhard Rosa von Grüssau, als sein Glaubenstestament 1677 mit dem Titel *Ecclesiologia* erscheint. So war Schefflers Leben durch seine publizistisch seelsorgerliche Tätigkeit, nebst seinem caritativen Wirken „mit seiner Artzt practica"[25], voll ausgefüllt. Die letzten Monate vor seinem Tode verbrachte Scheffler, nach dem Zeugnis von Pater Daniel Schwartz, in Zurückgezogenheit und Kontemplation. Am 9. Juli 1677 stirbt er, anscheinend nach längerem Leiden, das ihn zuletzt kaum mehr atmen ließ, im Stift St. Matthias und wurde in der Stiftskirche der Kreuzherren zum Roten Stern, mit denen er sich seit Jahren verbunden fühlte, begraben. Der nach Schefflers Tod aufgefundene *Libellus Desideriorum Joannis Amati*[26], eine Art geistliches Tagebuch, das Scheffler sich in jesuitischer Spiritualität als Lumina-Heft anlegte, ist leider für immer verschollen. Nur die vom Grabredner Pater Schwartz daraus zitierten Stellen blieben erhalten: sie bestätigen Schefflers anhaltendes Bemühen um ein im Sinne des *Cherubinischen Wandersmanns* und der seraphischen *Heiligen Seelen-Lust* geführtes geistliches Leben. „So leuchtet nun hoffentlich der abgemägerte Joan. Angelus vor Gott"[27], wie jene, die ihr erhaltenes Licht nicht unerlaubterweise unter den Scheffel stellen, zugleich in Raum und Zeit weiterleben.

*

Schefflers unverminderter Nachruhm und ‚zeitlose' Aktualität beruht, wie eingangs vermerkt, auf den in der Zweitauflage von 1675 *Cherubinischer Wandersmann* genannten *Geistreichen Sinn- und Schlußreimen*. Diese Dichtung wird von Gottfried Arnold bereits 1701 neu herausgegeben. Der *Cherubinische Wandersmann* dient Arnold auch als inspirierendes Muster für seine *Neuen Göttlichen Liebesfunken* (1700) und Gerhard Tersteegen für das *Geistliche Blumengärtlein inniger Seelen* (1729). An den mystisch-theologischen Rätseln der Sinnsprüche hatten die Philosophen Leibniz, Baader, Friedrich Schlegel, Schopenhauer, Hegel sowie die Dichter Rückert, Annette von Droste-Hülshoff und Gottfried Keller ihr Interesse.[28] Scheffler selbst sah in den epigrammatischen zweizeiligen Alexandrinern seines *Cherubinischen Wandersmanns* mehr die eine, die intellektuelle, auf Erkenntnis ausgerichtete Seite des zwiefachen mystischen Wegs zur Gottesschau; die seraphische Seite muß die cherubische, wie ein zweiter Flügel, ergänzen[29]:

> Glückseelig magst du dich schätzen, wann du dich beyde lässest einnehmen, und noch bey Leibes Leben bald wie ein Seraphin von himmlischer Liebe brennest, bald wie Cherubin mit unverwandten augen Gott anschawest [. . .].[30]

Diese notwendige seraphische Ergänzung bildet im Werke Schefflers die *Heilige Seelen-Lust*, die folgerichtig, mindestens teilweise, gleichzeitig mit den geistreichen Sinnsprüchen entstanden ist, um den Anspruch und die Kraft der Ratio sowie des Affekts in die mystisch-kontemplative Suche und Erfahrung einzubeziehen.

Anfänglich scheint Scheffler stärker unter dem Eindruck und der kreativen Begeisterung der cherubischen Weise gestanden zu haben. Denn die scharf zugespitzten Alexandriner Epigramme kamen zuerst gleichsam als Nachwirkung eines intellektuell-poetischen Exzesses mit scheinbar höherer Gewalt über ihn, so daß sie ihn fassungslos zu ihrer Formulierung sozusagen rein instrumental in Anspruch nahmen. Darüber sagt Scheffler im Vorwort zum *Cherubinischen Wandersmann*:

> Dise Reimen, gleich wie sie dem Urheber meisten theils ohne Vorbedacht und mühsames Nachsinnen in kurtzer Zeit von dem Ursprung alles guten einig und allein gegeben worden auffzusetzen; also dass er auch das erste Buch in vier Tagen verfertiget hat; sollen auch so bleiben, und dem Leser eine auffmunterung sein, den in sich verborgenen GOtt, und dessen heilige Weißheit selbst zu suchen, und sein Angesichte mit eignen Augen zubeschawen.[31]

Demgegenüber folgt die parallel entstehende, vom Affekt bestimmte *Heilige Seelen-Lust* einem ausgeklügelten, von den poetischen Verfahren der Parodie und der Kontrafaktur bestimmten Programm. Bei der Niederschrift des ersten Buches der *Geistreichen Sinn- und Schlußreime* – es umfaßt dreihundertzwei meist spekulativ-mystische Epigramme – stand Scheffler offensichtlich in der schockartig wirkenden Einsicht, daß der ihm aus geistlicher Lektüre und durch das Leben Frankenbergs bekannte geistliche Weg auch für ihn persönlich ernst und existentiell verpflichtend sei. Die in eigener Person gemachte Erfahrung veranlaßt ihn, die ihm eingegebenen Sinnsprüche in einem Erbauungsbuch zu sammeln und darin in überindividueller Redeweise, mit der häufigen allgemeinen Ansprache „Mensch!", den selbst durchlaufenen religiösen Prozeß in den Lesern einzuleiten. Schefflers vier Tage dauernde Eingebung, die er über längere Zeit hin, freilich als ,gewöhnliches' Dichtwerk, als sprachliche Formulierungsarbeit fortsetzte, geschah nicht ohne vielfache Voraussetzungen. Schon in der Begegnung mit Frankenberg konkretisierte sich sein früh begonnenes, vorerst noch unbestimmtes religiöses Suchen: Scheffler standen zudem in Frankenbergs Bibliothek Texte der gesamten christlich-mystischen Tradition bereit, deren Studium gewiß zur Wiedererweckung von früher Gelesenem, eindeutig aber zu jener starken Betroffenheit führte, durch die sich das angelesene mystische Gedankengut unterschiedlichster Herkunft in den über 1600 Nummern des *Cherubinischen Wandersmanns* kristallisierte. Nicht erstaunlich, daß daher im *Cherubinischen Wandersmann*, nach Schefflers eigener Aussage, „vil seltzame paradoxa oder widersinnische Reden, wie auch sehr hohe und nicht jederman bekandte schlüsse, von der geheimen GOttheit"[32] vorkommen und mit Recht zu fürchten ist, daß sie mißverstanden würden. Der Namenskatalog von Schefflers geistlichen Autoritäten, viele davon nennt er selbst im Vorwort zu den Sinnsprüchen, beginnt in der Patristik mit Augustinus, Dionysius Areopagita, führt über Bernhard von Clairvaux, Johannes Tauler, Meister Eckhart, Jan van Ruysbroek, Mechthild von Hackeborn und Gertrud die Große, Rulman Merswin (unter dem Namen von Seuse), die Theologia deutsch, Heinrich Herp, Ludovicus Blosius, Johannes vom Kreuz, Nicolaus a Jesu (theologische Erklärungen zu Johannes vom Kreuz), Thomas a Jesu u. a. und reicht bis zu Jakob Böhme und Valentin Weigel, die Scheffler als zeitgenössischen naturphilosophischen Strom eher am Rande integriert. Mit starker synthetisierender Kraft rezipiert Scheffler jede auf die *unio mystica* und *deificatio* des Menschen ausgerichtete geistliche Literatur, selbst eine „wesentliche" Verbindung und Einheit mit Gott anstrebend. Eine terminologische Fundgrube stand Scheffler in der *Theologia mystica* und, mehr noch, in der *Pro theologia mystica clavis* (Köln 1611) des Jesuiten Maximilian Sandaeus, beide aus dem Besitze Frankenbergs stammend, zur Verfügung.[33] Die in der *Pro theologia mystica clavis* lexikonartig alphabetisch aufgeführten Stichworte und Zitate ergänzte Scheffler eigenhändig mit mehr als zweihundert Textstellen.[34]

Ebenso wie Thematik, Inhalt und Terminologie ist die literarische Form der Sinnsprüche durch Frankenberg und dessen Freundeskreis vorbereitet und Scheffler vermittelt, soweit er sie nicht im humanistisch-rhetorischen Unterricht Kölers kennenlernen konnte.[35] Ungewiß bleibt zwar, ob Scheffler im Kreise Frankenbergs oder sonstwie die in sieben Sprachen übersetzten und auch in Deutschland damals viel gelesenen *Emblemata christiana* von Georgette de Montenay (1571) kannte[36] oder die *Paradoxa Ducenta octoginta* Sebastian Francks zu Gesicht bekam; beides ist wahrscheinlich. Sicher hingegen gehören Daniel Sudermanns Sprüche, die *Kupferstücke*, zu den von Frankenberg zur Lektüre empfohlenen Büchern.[37] Sicher auch las man in Frankenbergs Kreis die *Vitae cum Christo sive Epigrammatum sacrorum Centuriae XI* des Frankenbergfreundes Johann Theodor von Tschesch (1595-1649)[38], welche dieser 1622 begonnen und 1644 in Druck herausgegeben hatte; Tscheschs Manuskripte nämlich lagen längst in Frankenbergs Obhut. Gleichzeitig lagen die moralischen Epigramme des Engländers John Owen, die *Epigrammatum Libri X* (1606) nunmehr in deutscher Sprache vor (1641 und 1644 herausgekommen)[39]; von 1643 an kennt der Schlesier Andreas Gryphius das geistliche Epigramm und Friedrich von Logau, ebenfalls Schlesier, übte sich im Sinngedicht.[40] Sicher machte Scheffler im Kreis um Frankenberg, wenn nicht schon früher im literarischen Zirkel um Christoph Köler, mit dem vielseitigen Ireniker Daniel Czepko von Reigersfeld (1605-1660) Bekanntschaft und lernte damit sicher auch dessen Reimsprüche, die *Sexcenta monodisticha Sapientum* kennen; 1647 waren sie fertiggestellt, die poetischen Beigaben Frankenbergs sind mit dem 17. Januar 1652 datiert.[41] Ja unzweifelhaft belegt ist die Tatsache, daß Frankenberg selbst inhaltlich und formal ähnliche Reimsprüche, wie sie dann meisterhaft und zahlreich von Czepko und Scheffler vorlagen, verfaßt hatte, wenn sie auch als vollständige Sammlung nicht mehr vorhanden sind. Das Frankenbergs Sendschreiben vorgedruckte Verzeichnis seiner eigenen Handschriften weist unter No. 2 *Etliche Lehr-Sprüche von Gott und der Natur* auf.[42] Einige der gereimten geistlichen Aphorismen Frankenbergs haben sich in anderem Zusammenhang erhalten. Nur ein Muster aus Frankenbergs Spruchsammlung, das die Nähe zu Scheffler leicht erkennen läßt:

> Jesus mein Adel.
> Mein Jesus ist mir alles: Mein Herr: mein Gut und Geld
> Mein Adel, Ruhm und Ehr; Was frag ich nach der Welt.[43]

Doch nicht nur die Nähe, auch der Abstand von Frankenbergs Reimsprüchen zu denen Schefflers – wie sich auch die Monodisticha Czepkos von Schefflers Sinnsprüchen abheben – ist ersichtlich.

Trotzdem ist Frankenberg als dem Vermittler des geistlichen Epigramms zu verdanken, daß Scheffler das Gedankengut seiner geistigen Ahnen, der „Heiligen Gottschawer"[44], literarisch kreativ zu rezipieren und zu verarbeiten vermochte. Ohne die Vertrautheit mit dem geistlichen Epigramm, dem geistreich zugespitzten Reimspruch, hätte Scheffler die Möglichkeit, negativ theologische Aussagen über Gott, über Grenzerfahrungen der Seele mit Gott und über den vorzeitlichen und eschatologischen Zustand und Sinn der Schöpfung zu machen, in dieser Perfektion nicht gehabt. Er hätte in absolute Apophatik verfallen oder aber in eine stammelnde Form der mystischen Rede, in eine durch den mystisch-theologischen Gehalt ständig sich selbst gefährdende literarische Gattung ausweichen müssen. Nun ist jedoch das Epigramm so vielfach vorexerziert, daß Scheffler es, ganz im Sinne der gattungseigenen Merkmale, mit äußerstem Raffinement zur Bildung von mystischen Abbreviaturen zu verwenden vermag. Er kann bei konsequenter Auswertung der dem Alexandriner Epigramm innewohnenden formalen Gesetzlichkeiten zur Formulierung einmalig prägnanter und ästhetisch befriedigender und genußreicher mystischer Aussagen gelangen.[45] Das die argutia, die sinnreiche und überraschende Pointe fordernde Alexandriner Epigramm leiht sich mühelos der Schaffung von Grenzformeln; dank seiner Zweizeiligkeit mit je einer Zäsur pro Zeile ist es wie geschaffen zur Antithetik und zur Formulierung des Paradox.[46] Scheffler nutzt dieses Angebot zur spannungsreichen, verwirrlichen und extremen Aussage voll aus. Er verbindet sie darüber hinaus mit häufigem Wortspiel und bunter Metaphernreihung. Das blendende Form- und Gedankenspiel führt nur nicht ins Absurde und Chaotische, wenn man die außerliterarische Glaubenslehre, die Scheffler voraussetzt und an der er festhält, stets im Sinne behält.

Die in fünf Bücher aufgeteilten *Geistreichen Sinn- und Schlußreime* zeigen in der Anordnung, ihrer Entstehungsweise entsprechend, keinerlei System. Das in rasanter Anfangsbegeisterung verfaßte erste und noch das zweite Buch bestehen zwar in der Mehrzahl aus Sprüchen mit spekulativem Charakter, die thematisch häufig in metaphysische Bereiche ausgreifen: Nichts, Raum, Zeit, Ort; Ich, Engel, Gott sind da die bevorzugten Themen. Abrupt und kontrastreich setzen die Sprüche natürlich da ein, wo das Ich von Gott in gleichzeitiger Ich- und Gotteserkenntnis gleichsam von oben her ergriffen wird, wo aber Gott, ihn zu distanzieren, nicht nur über die Engel hinweg in die Gottheit, sondern in die Über-Gottheit transzendiert wird. Umgekehrt sucht Scheffler eine größtmögliche Nähe, den Zusammenfall von Gott und Mensch zu insinuieren:

> Ich bin wie Gott und Gott wie ich
> Ich bin so groß wie Gott, er ist als ich so klein;
> Er kann nicht über mich, ich unter ihm nicht sein. (I, 10)

Ohne heilsgeschichtlichen Durchblick, wonach die Menschwerdung Gottes unausgesprochene Voraussetzung ist, bliebe das Epigramm seines Sinnes bar und stünde dazu in krassem Widerspruch zu anderen Reimsprüchen. Buch I bringt bald das christologische Thema der mystischen Gottesgeburt als Imitatio Mariae und macht so die Heilsgeschichte gegenwärtig:

> Die geistliche Maria
> Ich muß Maria sein und Gott aus mir gebären,
> Soll er mich ewiglich der Seligkeit gewähren. (I, 23)

Buch III vor allem bringt das Korrektiv und Gegengewicht zur negativ theologischen Spekulation: eine große Zahl von Christologie und Brautmystik geprägter Epigramme, die den liturgischen und biblischen Bereich stark einbeziehen, die paradoxe Situation des Menschen damit freilich nicht aufhebend:

> Die Lieb ein Magnet
> Die Lieb ist ein Magnet, sie ziehet mich in Gott,
> Und was noch größer ist, sie reißet Gott in Tod. (III, 2)

> In Christo kommt man hoch
> Weil mein Erlöser hat die Engel überstiegen,
> So kann, wo ich nur will, auch ich sie überfliegen. (III, 23)

> Gott liebt sich allein
> Es ist gewißlich wahr, Gott liebet sich allein
> Und wer sein ander Er in seinem Sohn kann sein. (III, 45)

Die Bücher IV und V wiederum sind mehr spekulativ, sprechen weniger vom Jesuskind, von Stall, Stroh, Lämmlein und Kreuz.

Die häufige Emblematik des VI. Buches zeigt sich im V. bereits in einigen Sprüchen an. Doch erscheint das sechste, der Neuauflage von 1675 beigefügte Buch durch starke Typisierungen härter und militanter: der Soldat, der Schütze, der Narr und der Weise, der Geizhals treten bestimmend auf.

Einziges erkennbares Ordnungsprinzip bilden verschiedene assoziative Reihen, die sich feuerwerkartig fortlaufend an einzelnen Worten, Begriffen und Themen entzünden, sich wohl zu Spruchreihen bündeln lassen, aber nicht in logisch stringenter Kette zusammenhängen. Als Beispiel diene die Tröpflein-Reihe im VI. Buch. In den den zitierten Sprüchen unmittelbar vorangehenden Nummern dominiert das Verbum v e r l i e r e n , welches zweifellos das Bild des Tröpfleins, mystische Metapher in alter Tradition, heraufbeschwört:

> Im Meer werden alle Tropfen Meer
> Das Tröpflein wird das Meer, wenn es ins Meer gekommen;
> Die Seele Gott, wenn sie in Gott ist aufgenommen. (VI, 171)

> Im Meer kann man kein Tröpflein unterscheiden
> Wenn du das Tröpflein wirst im großen Meere nennen,
> Dann wirst du meine Seel im großen Gott erkennen. (VI, 172)

> Im Meer ist auch ein Tröpflein Meer
> Im Meer ist alles Meer, auchs kleinste Tröpfelein;
> Sag, welche heilge Seel in Gott nicht Gott wird sein? (VI, 173)

> Im Meer sind viel eins
> Viel Körnlein sind ein Brot, ein Meer viel Tröpfelein;
> So sind auch unser viel in Gott ein einges Ein. (VI, 174)

> Die Vereinigung mit Gott ist leicht
> Mensch, du kannst dich mit Gott viel leichter eines sehn
> Als man ein Aug auftut; will nur, so ists geschehn. (VI, 175)

> Gott verlangen macht Ruh und Pein
> Die Seele, die nichts sucht als eins mit Gott zu sein,
> Die lebt in steter Ruh und hat doch stete Pein. (VI, 176)

Nachdem die Vorstellung des Einsseins mit Gott erreicht ist, geht Scheffler in den folgenden Sinnsprüchen zum Konträren, nämlich zum Narren über, der zerstreut (VI, 177). So gleiten Schefflers Sinnsprüche *ad infinitum,* in dieser Bewegung selbst ein Bild dafür, daß Gott, zu dem der cherubinische Wandersmann unterwegs ist, anders als punktuell zeitlebens nicht erreicht wird; Bild aber auch der Unerschöpflichkeit und Endlosigkeit des menschlichen Bemühens. Scheffler beendet denn auch brüsk seine Spruchsammlung, indem er die rationale Anstrengung in existentielles Aneignen und Werden, in Praxis übergehen läßt:

> Beschluß
> Freund, es ist auch genug. Im Fall du mehr willt lesen,
> So geh und werde selbst die Schrift und selbst das Wesen. (VI, 263)

Woher die Sprüche kamen, aus Erfahrung und Praxis, dorthin wollen sie, wie irgendein Erbauungsbuch, führen und sich damit selbst erübrigen.

Die Tendenz, sich selbst aufzuheben, zeigt allerdings jeder Spruch. Die im epigrammatischen Zweizeiler geforderte Pointe und Spitzfindigkeit sowie die Knappheit an Worten bieten Scheffler gerade die gemäße Voraussetzung. In ästhetisch vollkommener Form vermag darin Schefflers extremer Denkstil in der mystischen Aussage bis in die äußerste Gegensätzlichkeit vorzudringen. Im scheinbaren Widerspruch und Widersinn angelangt, hat die rational so leicht durchschaubare Form des zweizeiligen Alexandriner Epigramms in der Ausnutzung der eigenen Möglichkeiten zur Antithetik und zum Paradox jenen Anschein von Irrationalität erzeugt, der die mystische Rede glaubhaft macht.[47] Bei scheinbar leichtester Faßlichkeit der knappen literarischen Form wird ständig die Unsagbarkeit des unermeßlichen mystischen Gegenstandes bezeugt. Das Glück des punktuellen gedanklichen Gelingens springt aus jedem Schefflerschen Sinnspruch und erneuert ununterbrochen jene Dynamik, in der eine neue Grenzformel gesucht und gefunden wird. Alle Sinn- und Schlußreime des *Cherubinischen Wandersmanns* müßten, was indes unmöglich ist, synoptisch zusammen gelesen werden. Diese Unmöglichkeit der simultanen Zusammenschau fordert, als ihren andersartigen Ausgleich, den unermüdlichen Versuch einer frischen, zwar fragmentarischen, aber doch treffenden Formulierung. So kann der Prozeß der Gottsuche auf dem Erkenntnisweg nicht erlahmen, und damit erreicht der cherubische Wanderer sein Ziel. Im Widerspiel wie im Zusammenspiel mit den Eigenheiten des Alexandriner Epigramms gelingt die mystische Aussage bis an die Grenze dessen, was Verstand und Sprache zu leisten vermögen immer; indem sie nämlich ihren Gegenstand gerade in seiner Unfaßlichkeit und Unaussprechlichkeit sichten und benennen.

Die parallel zum *Cherubinischen Wandersmann* entstandene gemüthafte *Heilige Seelen-Lust* steht nicht etwa im Gegensatz zu der zur göttlichen Beschaulichkeit anleitenden Spruchdichtung, sie ergänzt sie vielmehr. Sie stellt als Pendant zur cherubischen die seraphische Form des mystischen Verhaltens dar. Dementsprechend ist sie ein Lied der Liebe, das, in typologischer Anlehnung an das alttestamentliche Hohe Lied, Jesus Christus als die Ewige Schönheit zwar auch in cherubischer Weise zu s c h a u e n , mehr aber noch affektiv-seraphisch zu l i e b e n begehrt. Da gibt es keine Spekulation der *ratio* in der Formstrenge des Alexandriner Epigramms, hier spricht sich die liebende Seele „zur Ergetzligkeit und Vermehrung ihrer heiligen Liebe / zu Lob und Ehren Gottes"[48] in Bilderreichtum, wohltuend beschwingter Rhythmisierung und wohlklingendem Reim aus. Um den Affekt in seinem Liebesverlangen noch weiter zu tragen, bietet die *Heilige Seelen-Lust* nicht Lesegedichte, sondern anmutige Lieder, deren Melodien des weiter unbekannten Komponisten Georgius Josephus in den späteren Ausgaben leider fehlen.[49] Räumt Scheffler in seinem Vorwort denen, die in der „Singe-Kunst" nicht erfahren sind, auch ein, die Gedichte als Gebete gebrauchen zu können, muß doch ein solcher Beter dann, über den Text hinaus, mit „innigen Seuffzern und nach jhm verlangenden Begierden"[50] das ersetzen, was sonst, in barockem Verständnis, die Musik leistet: er muß seine affektische, mystisch-poetische Rede wie in der transzendenzbezogenen Ordnung der Töne auf den absoluten Bereich Gottes und dessen zugrunde liegende Gesetzlichkeit stets beziehen.[51]

Eine weitschweifige, in weltlicher Dichtung eben modische „Zuschrifft" widmet die *Heilige Seelen-Lust* „JESU Christo dem Lieb-würdigsten unter allen Menschen-Kindern".[52] Was im *Cherubinischen Wandersmann* nur ab und zu thematisch wurde, die Schönheit als Weg zum unfaßbaren Gott, bildet hier das Grundprinzip: die in Jesus Christus faßliche Schönheit Gottes soll den Menschen zur Gottesliebe anreizen und über sich selbst hinweg, jedoch durch Vermittlung der Sinne (: Affekte) zur Annäherung an Gott und zur Vereinigung mit ihm führen. In Parodie zur weltlichen Schäferdichtung will Scheffler, wie vor ihm bereits Friedrich von Spee und Johannes Khuen[53], anstatt der „thörichten Welt-Liebe" die Liebe des „süßen Seligmachers" besingen, da sie in ihrer transzendenten Bezogenheit „ja so viel schöne Anmutungen und Fürstellungen an die Hand geben kan, als nimmermehr die Liebe aller Creaturen".[54] Denn „hier hier in dem unvergleichlichen Angesichte JEsu Christi, ist die allerfreundlichste Anmuttigkeit, die alleranmuttigste Liebligkeit, die allerlieblichste Huldseligkeit, und allerhuldseligste Schönheit".[55] Im Verfahren der Travestie überträgt Scheffler als Muster das Porträt Jesu ins Pastorale, einmal im Vorwort zur *Heiligen Seelen-Lust,* dann auch in Lied I, xxxvii; doch hier, wie überhaupt, will er sich mit der pastoralen Welt nicht voll identifizieren. Er benutzt nur ihre Stilmittel, um parodistisch das affektivische Vokabular und deren Bildbereich für seine Brautmystik zu gewinnen.[56]

Die geistlichen Hirtenlieder der *Heiligen Seelen-Lust* passen die Geschichte der Liebe zwischen Psyche (: anima, Seele) und Jesus Christus (: Gott und Mensch) in arkadischer Verkleidung und geistlicher Erotik, im Sinne der Brautmystik, in den Zyklus des Kirchenjahres ein. Die Bücher I bis III folgen so dem liturgischen Jahr von Advent bis Ostern und Himmelfahrt, die Bücher IV und V (V später, 1675, dazugekommen) ergänzen einzelne Fest- und Glaubensgeheimnisse, etwa das Fest der Trinität und das Sakrament der Eucharistie. Die begrifflich weitest ausgreifende intellektuelle Anstrengung des *Cherubinischen Wandersmanns* macht hier einer klangreichen Bukolik Platz. Doch wie die Sinnsprüche Gottes Wesen in unablässig wiederholtem Versuch angingen, kommt die *Heilige Seelen-Lust* in der endlosen Variation ihrer affektiven Lieder nicht zur Ruhe. Analog zur weltlichen Schäferdichtung spielt sich die Liebesgeschichte zwischen Psyche und Jesus in arkadischer Landschaft, vornehmlich aber im *hortus conclusus,* an abgeschiedenem, einsamem, die Intimität begünstigenden Ort ab.[57] Der abgeschlossene Raum der Begegnung ist oft das Herz, das Herz Jesu oder das Menschenherz. Christi Wunden sind, entsprechend den mittelalterlichen, besonders den bernhardischen Hohe-Liedkommentaren, als Ritzen und Höhlen bevorzugte Orte und Zufluchtstätten der Psyche; ein Zug, der die *Heilige Seelen-Lust* Nikolaus Ludwig Graf von Zinzendorf nahe brachte, wie auch das pietistische Gesangbuch von Freylinghausen fünfzig Texte aus Schefflers seraphischer Dichtung aufnahm.[58]

In der *Heiligen Seelen-Lust* transformiert Scheffler das alte katholische und das lutherische Kirchenlied mit den verschiedensten rhetorischen Mitteln in ekstatische, glühend verlangende oder gemüthaft hingegebene Liebeslieder. Vorherrschend wirkt das reiche Vokabular des Begehrens.[59] Typisch ist die ständige Frage: wo, wann; typisch ebenso der häufige Ruf: komm und ach, wie lange; nimm und laß mich.

> O, wo bist du mein Leben [...] (I, iv, 1)
> Wo ist der Schönste, den ich liebe?
> Wo ist mein Seelenbräutigam?
> Wo ist mein Hirt und auch mein Lamm [...] (I, xii, 1)
>
> Ach, wann kommt die Zeit heran [...] (I, ii, 1)
> Wann wirst du dich in mich begeben
> Und überflüssiglich erfülln?
> Wann wirst du selber sein mein Leben
> Und alle mein Begehren stilln?
> (III, cxxiii, 1)
> Wann wirst du mich in dich mit Leib und Seel versenken?
> Wann wird mein Geist in dich zerfließen
> Und seiner Liebe Lauf vollführn? (III, cxxiii, 4)

Wann werd ich, Jesu, zu dir kommen
Und unabscheidlich bei dir sein?
Wann werd ich in dich aufgenommen?
Wann, wann, Jesu, ein einges Ein? (III, cxxiii, 5)

Komm mein Herze, komm mein Schatz
Komm mein grüner Freudenplatz.
Komm mein Leitstern, komm mein Licht,
Komm mein liebstes Angesicht,
Komm mein Leben, meine Seele,
Komm mein wahres Balsamöle. (I, vii, 1)
Komm, komm, eh ich vergehe. (I, xiii, 4)
Komm, komm, eh der Tag anbricht. (I, xxvi, 2)
Komm doch, mein Trost, mein Leben komm zu mir. (IV, cli, 7)

Ach, wo bleibst du doch, mein Licht! (I, ii, 2)
Ach, wie lange muß ich sein
Ein so armes Täubelein! (I, i, 3)

Nimm mein Herze, güldne Kerze,
Und entzünd es heiliglich. (I, xx, 7)
Nun nimm mein Herz und alles, was ich bin [. . .] (III, cii, 1)

Laß mich sehen deinen Glanz,
Ungeschaffne Sonne [. . .] (III, lxxix, 2)
Laß mich, o süßes Bild,
In deinen keuschen Armen
Entschlafen und erwarmen
Und ruhn, so lang du willt. (III, cxiv, 3)

Dieses Jetzt der ersehnten *unio mystica* besingt Scheffler, der christologischen Ausrichtung seiner *Heiligen Seelen-Lust* entsprechend im liturgischen Festkreis um die Geburt Christi, in einem eigentlichen jauchzenden Jetzt-Gesang, der in einer innerseelischen wie kosmischen Vereinigung Gottes mit der Schöpfung endet:

Jesu, du Heiland aller Welt,
Dir dank ich Tag und Nacht,
Daß du dich hast zu uns gesellt
Und diesen Jubel bracht.
Du hast uns befreiet,
Die Erde verneuet,
Den Himmel gesenket,
Dich selbsten geschenket,
Dir, Jesu, sei Lob, Ehr und Preis. (I, xxiii, 5)

Grundsätzlich ist die Möglichkeit zur *unio* von Gott her stets angeboten; doch steht der Mensch, die Psyche, oft in der Abwendung, der Sünde, der Terminologie des *Cherubinischen Wandersmannes* gemäß im Spannungsfeld zwischen Gott und Teufel, Himmel und Hölle. Davon spricht die *Heilige Seelen-Lust* zwar wenig, setzt jedoch die menschliche Defizienz, welche die *unio* nur *parva mora* geschehen läßt, unausgesprochen voraus.[60] Das hieraus resultierende Hin und Her zwischen Erfüllung und Verlangen entspricht dem im *Cherubinischen Wandersmann* in unzähligen Denkakten fragmentarisch erkannten, aber nie ganz begriffenen Gott. Das cherubinische Erkennen bei unmöglichem vollen Begreifen korrespondiert dem seraphischen unendlichen Verlangen bei unvollkommenem Besitzen.

Die barocke Technik der Parodie stellt Scheffler hauptsächlich die ideal-schäferliche Staffage, Hirte, Lamm, Nachtigall, Rose, Biene, Täublein, Garten mit den Lieblingsblumen Lilie, Narzisse, Rose, Hyazinthe, Viole (vgl. III, cii), zur Verfügung und leiht ihm den pastoralen Bildbereich zur ästhetischen Transposition der mystischen Vorgänge in die Welt der Poesie, damit sie überhaupt sagbar würden. Die Scheffler vertraute ignatianische Spiritualität und Betrachtungstechnik der Exerzitien helfen dabei[61]: mittels der geistlichen Sinne vermag er den jeweiligen Schauplatz, an dem das seelische Geschehen stattfindet, herzurichten. Der häufige Imperativ „Schauet [...]" vgl. etwa II, xliii) entstammt diesem sinnenhaft geistlichen Betrachten.

Wie der *Cherubinische Wandersmann* knüpft aber die *Heilige Seelen-Lust* nicht erst bei Schefflers späteren ignatianischen Erfahrungen, sondern bei der geistlichen Lektüre aus der Zeit der Freundschaft mit Frankenberg an. Die ignatianische Inbrunst und Leidenschaftlichkeit lernte Scheffler bereits in den Exerzitiengebeten des Ludovicus Blosius, dessen Gesamtwerk er ja besaß, und in Frankenbergs so entscheidendem Buchgeschenk, den *S. Gertrudis Insinuationum Divinae pietatis Exercitia, Intimae devotionis suavitatis, castam Animam in Deum elevantia* (u. a. 1620) kennen. Auch das Werk Constantins von Barbanson, das *Verae Theologiae Mysticae Compendium Sive Amoris Divini Occultae Semitae, in quibus vera coelestis sapientia et regnum Dei, quod intra nos est, absconditum latet* (1623), das franziskanisch-seraphische Affektivität tradiert und die pseudo-bernhardischen Passionssalven, aus denen Scheffler einst Texte für die von der lutherischen Orthodoxie scharf zensurierten Neujahrsgabe gezogen hatte, gehen merklich in die Glut und den Gefühlsreichtum und -überschwang der *Heiligen Seelen-Lust* ein.[62]

Geht von der *Heiligen Seelen-Lust* auch der „überzeitliche Anspruch"[63] des *Cherubinischen Wandersmanns* nicht aus – es stehen zwar heute noch einige der schefflerschen Lieder im Kirchengesangbuch, darunter „Mir nach, spricht Christus, unser Held" (V, clxxi) –, so bildet sie doch das notwendige Kontrapost zu den *Geistreichen Sinn- und Schlußreimen,* da Erkenntnis ohne Liebe nicht zur Beschauung führen könnte.

Nachdem Scheffler den *Cherubinischen Wandersmann* und die *Heilige Seelen-Lust* in der zweiten, erweiterten Auflage abgeschlossen hatte, veröffentlichte er

als letztes poetisches Werk die *Sinnliche Beschreibung der Vier Letzten Dinge /
Zu heilsamem Schröken und Auffmunterung aller Menschen inn Druck gegeben*
(Schweidnitz 1675). Sie steht noch heute allzusehr im Schatten der beiden zur
göttlichen Beschaulichkeit und Liebe anleitenden früheren Bücher Schefflers. In
ganz anderer Stillage als die beiden vorgängigen Dichtwerke will die *Sinnliche
Beschreibung* in barocker Schaustellung, in der Art der ignatianischen geistlichen
Exerzitien, die vier letzten Dinge, Tod, Jüngstes Gericht, die ewigen Peinen der
Verdammten und die ewigen Freuden der Seligen, in den Blick bringen. Scheffler
zeigt sich in Sorge um die Seelen, die im Welttheater entweder verloren oder
gewonnen werden. Diese Reime sollen zur Rettung beitragen:

> Komme derowegen mit denselben auff den Schauplatz der gäntzlichen Hoffnung,
> ich werde die Gemüter meiner Zuschauer, durch die theils erschreckliche Darstellung,
> theils liebliche Anmuttungen, zu einer heilsamen Erstaunung, und glückseligen Ver-
> zukkung bewegen.[64]

Die sinnenhafte und sinnfällige Vergröberung des Stoffes, in der der Tod in
zwanzig, das Jüngste Gericht in sechzig, die Qualen der Verdammten in zwei-
undsiebzig und die ewigen Freuden der Seligen gar in 157 achtzeiligen Strophen
beschrieben werden, ist Scheffler wohl bewußt, weswegen er sich im Vorwort
auf die bildliche Redeweise der Bibel beruft, um sein literarisches Vorgehen zu
rechtfertigen. Wie Ignatius von Loyola im Exerzitienbuch die geistliche Betrachtung sich auf den Analogien zum geschöpflichen Bereich aufbauen läßt, will
Scheffler den kontemplativen Weg in der *Sinnlichen Beschreibung* bei den
menschlichen Wahrnehmungsmöglichkeiten beginnen lassen. Die Kreatürlichkeit
wird in der Ewigkeit nicht vollends Lügen gestraft, denn jeder menschliche Sinn
wird dort, ähnlich wie hier, seine Vollendung und Beseligung erfahren:

> Wiewol es alles auff himmlische und nicht irrdische Weise seyn wird. Wir schreiben
> aber nur was wir wissen und was wir sinnen können, und den sinnlichen Menschen
> fürzutragen ist. Was die Seeligkeit an sich selber ist, da bleibt es wol darbey, dass es
> noch kein Auge gesehen, kein Ohre gehöret, und in keines Menschen Hertze kommen
> ist.[65]

Nicht nur umfangmäßig, auch ideell legt Scheffler das Hauptgewicht auf die
Darstellung des Himmlischen Jerusalem und der Seligkeit dort. Die sich ablösen-
den Bildreihen geben die höchsten Wertvorstellungen der Barockzeit, wie Hofwelt, Stadt- und Gartenarchitektur und utopische arkadische Ideallandschaft,
wieder[66]:

> Die Erde wird allzeit geziert
> Von ihrem Seidensticker,
> Der Wald steht immer wohl schattiert,
> Die Luft wird niemals dicker. (IV, 35)

Hoftanz, Hoftheater, Hofmusik, irdisches Vergnügen soll eine trotz ihrer hohen

Stilisierung nur abbildhafte Seeligkeit zeigen. Mit „Sturm und Liebe" (IV, 157) will Scheffler in das ewige Haus eindringen, um zur Gottesanschauung, der ewigen *visio beatifica* zu gelangen.

Für Scheffler sind seelsorgerisch missionarisches Wirken und innerliche Poesie nicht zweierlei. So kümmert ihn auch der innerweltliche Eigenwert seiner Dichtung nicht; er benutzt jeweils die Sprechweise, die ihm zur Verwirklichung seiner Intention geeignet scheint. Schefflers ganze schriftstellerische Tätigkeit ist Teil seines eigenen geistlichen Weges und inneren Erfahrens, das sich zusehends im Verzicht auf eigene kontemplative Ruhe und geistliches Vergnügen dem leidenden Christus angleichen will. So hatte er sich, wie er im Vorwort zur *Ecclesiologia* ausführt,

> mit grosser Gewalt auß der anmuttigen Innigkeit (von welcher die in ihren JESUM verliebte Psyche und der Cherubinische Wandersmann sambt andren, Zeugen) heraußziehen mussen.[67]

Dies schließt freilich nicht aus, daß er bei aller Tätigkeit sich nicht doch um den cherubischen Blick bemüht hätte; nur möchte er gleichzeitig in seraphischer Liebesbereitschaft, frei von Eigenwillen, den mystischen Weg gehen. Entsprechend notierte er als Littera A. in seinem Tagebuch:

> Ich bitte den HErrn JESUM von Grund meines Hertzens, Er wolle doch nicht zulassen, daß ich mein Angesicht einen Augenblick von dem Seinen wende, damit ich nicht etwan eines von seinen Liebe wincken versehe![68]

Anmerkungen

Texte

Georg Ellinger (Hrsg.): Angelus Silesius, Cherubinischer Wandersmann (Geistreiche Sinn- und Schlussreime) (Neudrucke deutscher Litteraturwerke No. 135-138). Halle a. S. 1895.

Georg Ellinger (Hrsg.): Angelus Silesius, Heilige Seelenlust oder Geistliche Hirtenlieder der in ihren Jesum verliebten Psyche. (Neudrucke deutscher Litteraturwerke No. 177-181). Halle a. S. 1901.

Georg Ellinger (Hrsg.): Angelus Silesius, Sämtliche poetische Werke und eine Auswahl aus seinen Streitschriften. 2 Bände, o. J.

Henri Plard (Hrsg.): Angelus Silesius, Pèlerin chérubinique (Cherubinischer Wandersmann). Paris 1946.

Hans Ludwig Held (Hrsg.): Angelus Silesius, Sämtliche poetische Werke in drei Bänden. München ³1949-1952.

Eugène Susini (Hrsg.): Angelus Silesius, Le Pèlerin Chérubinique. (Publications de la faculté des lettres et sciences humaines, tomes IV et V). Paris 1964.

Angelus Silesius, *Cherubinischer Wandersmann oder Geist-Reiche Sinn- und Schluß-Reime zur Göttlichen beschauligkeit anleitende*. Kritische Ausgabe der Edition von 1675, hrsg. und mit einem Nachwort versehen von Louise Gnädinger. Stuttgart 1984 (Reclams UB).

Literatur

Georg Ellinger: Angelus Silesius. Ein Lebensbild. Breslau 1927.

Benno von Wiese: Die Antithetik in den Alexandrinern des Angelus Silesius. In: Euphorion 29 (1928), S. 50-522.

M. Hildburgis Gies: Eine lateinische Quelle zum „Cherubinischen Wandersmann" des Angelus Silesius. Untersuchungen zwischen der mystischen Dichtung Schefflers und der „Clavis pro theologia mystica" des Maximilian Sandäus. Breslau 1929.

Karl Langosch: Die „Heilige Seelenlust" des Angelus Silesius und die mittellateinische Hymnik. In: Zeitschrift für deutsches Altertum 67 (1930), S. 155-168.

Marie-Luise Wolfskehl: Die Jesusminne in der Lyrik des deutschen Barock. Diss. Gießen 1934.

Rudolf Neuwinger: Die deutsche Mystik unter besonderer Berücksichtigung des „Cherubinischen Wandersmannes" Johann Schefflers. (Schriften zur deutschen Geistes- und Bildungsgeschichte, Heft 1). Bleicherode/Harz 1937.

Jean Orcibal: Les sources étrangères du „Cherubinischer Wandersmann" (1657) d'après la bibliothèque d'Angelus Silesius. In: Revue de littérature comparée 18 (1938), S. 494-506.

Henri Plard: La mystique d'Angelus Silesius. (Cahiers de l'institut d'études germaniques, III). Paris 1943.

Walter Dürig: Zur Frömmigkeit des Angelus Silesius. In: Amt und Sendung, Beiträge zu seelsorgerlichen und religiösen Fragen hrsg. von E. Kleineidam, O. Kuss, E. Puzik. Freiburg i. Br. (1950), S. 461-481.

Jean Baruzi: Création religieuse et pensée contemplative, II. Angelus Silesius. Paris (1951), S. 99-239.

Horst Althaus: Johann Schefflers „Cherubinischer Wandersmann": Mystik und Dichtung. (Beiträge zur deutschen Philologie, Band 9). Gießen 1956.

Elisabeth Meier-Lefhalm: Das Verhältnis von mystischer Innerlichkeit und rhetorischer Darstellung bei Angelus Silesius. Diss. masch. Heidelberg 1958.

Renate Schäfer: Die Negation als Ausdrucksform mit besonderer Berücksichtigung der Sprache des Angelus Silesius. Bonn 1959.

Jaime Tarracó: Angelus Silesius und die Spanische Mystik. Die Wirkung der spanischen Mystik auf den „Cherubinischen Wandersmann". In: Spanische Forschungen der Görresgesellschaft, 1. Reihe: Gesammelte Aufsätze zur Kulturgeschichte Spaniens, 15. Band, Münster (1960), S. 1-150.

Louise Gnädinger: Die spekulative Mystik im „Cherubinischen Wandersmann" des Johannes Angelus Silesius. In: Studi germanici n. s. IV (1966), S. 29-59, 145-190.

Rolf Dammann: Der Musikbegriff im deutschen Barock. Köln 1967.

Friso Melzer: Das Wort ‚Nichts' in der Spruchweisheit des Angelus Silesius und Gerhard

Tersteegens. In: Gestalt – Gedanke – Geheimnis, Festschrift für Johannes Pfeiffer zu seinem 65. Geburtstag, hrsg. von R. Bohnsack, H. Heeger, W. Hermann. Berlin (1967), S. 264-292.

Ernst Otto Reichert: Johannes Scheffler als Streittheologe. Dargestellt an den konfessionspolemischen Traktaten seiner „Ecclesiologia". (Studien zur Religion, Geschichte und Geisteswissenschaft, Band 4). Gütersloh 1967 (mit reicher Bibliographie der älteren Forschung).

Jeffrey L. Sammons: Angelus Silesius. (Twayne's World Authors Series, 25) New York 1967.

Hugo Föllmi: Czepko und Scheffler. Studien zu Angelus Silesius' „Cherubinischer Wandersmann" und Daniel Czepkos „Sexcenta Monodisticha Sapientum". Diss. Zürich 1968.

Hermann Kunisch: Angelus Silesius, 1624-1677. In: Kleine Schriften. Berlin (1968), S. 165-175.

Carl-Alfred Zell: Untersuchungen zum Problem der geistlichen Barocklyrik mit besonderer Berücksichtigung der Dichtung Johann Heermanns (1585-1647). Heidelberg 1971.

Louise Gnädinger: Rosenwunden. Des Angelus Silesius „Die Psyche begehrt ein Bienelein auff den Wunden JEsu zu seyn" Heilige Seelenlust II.52). In: Deutsche Barocklyrik. Gedichtinterpretationen von Spee bis Haller, hrsg. von M. Bircher und A. M. Haas. Bern und München (1973), S. 97-133 (mit Notenbeispiel).

Bernard Gorceix: Flambée et Agonie. Mystiques du XVIIe siècle allemand. (Coll. „Le soleil dans le cœur", 10). Sisteron (1977), S. 233-275.

Alois M. Haas: Angelus Silesius – Die Welt, ein wunderschönes Nichts. In: Sermo mysticus. Studien zu Theologie und Sprache der Deutschen Mystik. (Dokimion, Band 4). Freiburg i. Ue. (1979), S. 378-391.

Michael Härting: Friedrich Spee. Die anonymen geistlichen Lieder vor 1623. (Philologische Studien und Quellen, Heft 63). Berlin 1979.

Louise Gnädinger: Angelus Silesius (d. i. Johannes Scheffler, 1624-1677): *Cherubinischer Wandersmann oder Geist-Reiche Sinn- und Schluß-Reime zur Göttlichen beschauligkeit anleitende.* Die Rosen-Sprüche als Beispiel für Johannes Schefflers geistliche Epigrammatik. In: Gedichte und Interpretationen, Band 1, Stuttgart 1982, S. 303-318 (Reclams UB Nr. 7890 [S]).

Alois M. Haas: Christus ist alles. Die Christusmystik des Angelus Silesius. In: Herrenalber Texte 46 (1983), S. 9-31.

Nachweise

[1] Held I, S. 16, und den ausführlichen Text ebda., S. 217 ff.
[2] Schefflers Gelegenheitsgedichte finden sich gedruckt bei Held II, S. 7 ff. Eine poetische Uebung des Schülers Scheffler über das Leiden Christi scheint für immer verloren; vgl. dazu Held I, S. 19, und Meier-Lefhalm, S. 19.
[3] Held I, S. 19.
[4] Held I, S. 20 f. bringt eine deutsche Übersetzung des lateinisch geschriebenen Briefes von Köler.

⁵ Held I, S. 23; vgl. ebda. S. 121 Anm. 26, wo die für diese Zeit interessante Stelle aus Schefflers *Schutz-Rede Für sich und seine Christen-Schrifft* auszugsweise wiedergegeben wird.

⁶ Vgl. Ellinger I, S. XXXI f. und Reichert, S. 37. Die bei Reichert gegebene Interpretation des Spruches scheint mir indes verfehlt.

⁷ So auch die Deutung von Haas, S. 378.

⁸ Der Eintrag Schefflers ist faksimiliert wiedergegeben bei Held I, S. 29, aus dem Lateinischen ins Deutsche übertragen ebda., S. 27.

⁹ Held I, S. 29, faksimiliert.

¹⁰ Held I, S. 317 f. zählt sechs geistliche Werke aus dem Nachlaß Schefflers mit ausführlicher Referenz auf. Zur Kenntnis von Schefflers Bibliothek vgl. aber vor allem die Untersuchung von Orcibal.

¹¹ Abgedruckt bei Held II, S. 23 ff.

¹² Zu Form und Inhalt des *Christlichen Ehrengedächtnisses* vgl. besonders Meier-Lefhalm, S. 20 ff.

¹³ Held II, S. 27.

¹⁴ In Faksimile wiedergegeben bei Held I, S. 39, übersetzt ebda., S. 38: „Das höchste Wissen ist nichts zu wissen, außer Jesum Christum und ihn nur als Gekreuzigten und Auferstandenen. Stirb, sei die Ewigkeit und mache dich Christus gleich, so wirst du glücklich sein." Nach Meier-Lefhalm, S. 22, bildet der Akt der mystischen Selbstaufgabe bereits das Zentrum des *Christlichen Ehrengedächtnisses.*

¹⁵ Held I, S. 342. Ebda., S. 341 ff. ist die ganze Grabrede auf Scheffler, *Engel-Art an dem Leben und Wandel Deß WolEhrwürdigen, in Gott andächtigen, WolEdel gebohrnen, Hochgelehrten Herren Joannis Angeli Scheffler* von P. Daniel Schwartz, abgedruckt.

¹⁶ Held I, S. 127 Anm. 48, teilt einen Text von Johann Kaspar Wetzel aus der *Hymnopoegraphia* (Herrnstadt 1719) mit, wonach sich Scheffler Angelus Silesius hätte nennen müssen, um nicht mit dem spanischen Mystiker Johannes ab Angelis verwechselt zu werden.

¹⁷ Das Ernennungsdiplom ist wiedergegeben bei Held I, S. 255 ff.

¹⁸ Vgl. den Wortlaut bei Held I, S. 233 ff.

¹⁹ Zu Schefflers kontroverstheologischem Prosaschrifttum vgl. die wertvolle, wenn auch in mancher Beziehung ungenügende Studie von Reichert.

²⁰ Held I, S. 351 f.

²¹ Vgl. das Titelblatt der *Ecclesiologia* samt deren *Überreichungs-Schrifft* bei Held I, S. 323 ff.

²² Held I, S. 64, wo auch genaue Angaben über Anzahl der Textseiten und Melodien in den verschiedenen Teilen zu finden sind.

²³ Das Titelblatt des heute seltenen Werkes ist, mit Frankenbergs handschriftlichem Besitzvermerk, abgebildet bei Held I, S. 55.

²⁴ Held I, S. 321 f. teilt Schefflers Vorrede zur *Köstlichen Evangelischen Perle* mit.

²⁵ Zitat aus der Grabrede von P. Daniel Schwartz, Held I, S. 349.

²⁶ Held I, S. 346.

²⁷ Held I, S. 350, Zitat aus der Grabrede von P. Daniel Schwartz.

²⁸ Vgl. die näheren Angaben bei Susini, S. 7 ff., sowie die Nachweise bei Held I, auf die er sich meist bezieht.

²⁹ Schon Kunisch, S. 165, macht auf die Zusammengehörigkeit der beiden früheren Dichtungen Schefflers aufmerksam: „Sie sind in der Tat in ihrer Erscheinungsform sehr verschieden voneinander, hängen aber doch in der Tiefe innig und notwendig zusammen." Vgl. auch Gorceix, besonders S. 244 ff.

³⁰ Held I, S. 314: Zitat aus der Vorrede zur zweiten, vermehrten Ausgabe des *Cherubinischen Wandersmanns*. Alle Texte aus dem *Cherubinischen Wandersmann* wer-

den der Ausgabe von Held entnommen. Eine von mir neu besorgte Edition wird demnächst in Reclams UB, Stuttgart, erscheinen.

[31] Held I, S. 314: Zitat aus einem in der ersten und zweiten Auflage des *Cherubinischen Wandersmanns* gleichbleibenden Abschnitt.

[32] Held I, S. 307.

[33] Held I, S. 113, bildet das Titelblatt der *Theologia mystica* aus Schefflers Bibliothek mit eigenhändigem Besitzvermerk faksimiliert ab.

[34] Vor allem die Studie von Gies untersucht die Randbemerkungen von Schefflers eigener Hand in der *Pro theologia mystica clavis* aus dem Besitze Frankenbergs und deren etwaigen Zusammenhang mit den Sinnsprüchen des *Cherubinischen Wandersmanns* eingehend; vgl. aber auch Gorceix, S. 241 ff.

[35] Zweizeiler zu verfassen wurde am Elisabeth-Gymnasium im Rhetorikunterricht Kölers bestimmt geübt. So findet sich in einem Heftchen, das die Schülerschaft 1641 Chrysostomus Schultz zu seinem Abschied vom Schulamte widmete neben einem Distychon des Andreas Scultetus ein lateinisches von Scheffler. Die Köler-Schüler mögen darin das Vorbild Catos nachgeahmt haben. Vgl. dazu Held I, S. 117 Anm. 18, und S. 163 f., wo durch Martin Opitz verdeutschte Cato-Disticha abgedruckt sind, die 1646 erschienen.

[36] Vgl. dazu Ellinger, 1895, S. XLII.

[37] Zu den fünfundzwanzig Lehrsätzen Frankenbergs, denen er ein Verzeichnis empfehlenswerter Schriften voranstellte, den *Conclusiones de Fundamento Sapientiae*, Königstein 1646, vgl. Ellinger, 1895, S. VII ff. Den Text selbst vgl. bei Held I, S. 159 f. Anm. 102. Sudermanns Sprüche bringt Held I, S. 156 Anm. 98, im Auszug.

[38] Eine Auswahl daraus bietet Held I, S. 157 Anm. 99.

[39] Vgl. Plard, 1946, S. 19.

[40] Eine Probe von Logaus Sinngedichten findet sich bei Held I, S. 164 f. Anm. 104. Auch Plard, 1946, S. 19, weist auf die das geistliche Epigramm pflegende Schlesische Schule hin. Meier-Lefhalm, S. 75, macht zudem auf die 1648 in Danzig erscheinenden *7 x 70 Epigrammata* und die 117 *Epigrammata oder Überschriften auf Jesu Christi Leyden und Tod gerichtet* von Michael Albini aufmerksam.

[41] Vgl. dazu Ellinger, 1895, S. XLVIII ff., und Held I, S. 165 f. Anm. 104; vor allem aber die eingehende Untersuchung der Sprüche Czepkos im Vergleich mit Scheffler durch Föllmi.

[42] Vgl. Ellinger, 1895, S. LXIV, und Held I, S. 158 f. Anm. 101.

[43] Held I, S. 158, Anm. 101.

[44] Scheffler selbst nennt in seinem Vorwort zum *Cherubinischen Wandersmann* seine Vorgänger in der mystischen Theologie so.

[45] Vgl. dazu vor allem Meier-Lefhalm, S. 8 f.

[46] Meisterhaft zeigt von Wiese, besonders S. 520 ff., den Zusammenhang des zweizeiligen Alexandriner Epigramms mit der von Scheffler bevorzugten antithetischen, paradoxen und wortspielerischen Redeweise. Vgl. auch Gorceix, S. 257 f.

[47] Vgl. von Wiese, S. 514 und passim.

[48] Held I, S. 66 (Titelblatt der ersten Ausgabe der *Heiligen Seelen-Lust*).

[49] Ein Beispiel mit Übertragung in moderne Notation und ausgesetztem Baß findet sich bei Gnädinger, Rosenwunden, S. 103.

[50] Held I, S. 303 Anm. **.

[51] Dammann, passim, erörtert die musiktheoretischen und spekulativen Seiten des Barock. Zu den musikalischen Vorbildern von Schefflers Liedern vgl. Ellinger, 1901, besonders S. IV ff. und S. XXVII ff. (Nachwirkung), und Meier-Lefhalm, S. 536 ff. vor allem.

[52] Held I, S. 302.

[53] Meier-Lefhalm, S. 123, erinnert an die geistliche Schäferei in Spees *Trutz-Nachti-*

gal (1649), ebenso Gorceix, S. 247, und Gnädinger, Rosenwunden, S. 99 und Anm. 10 und 11.

[54] Held I, S. 303: Zitat aus der Vorrede zur *Heiligen Seelen-Lust.* Sehr ähnlich drückt sich Friedrich von Spee in seinem 1621 anonym erschienenen Liederbuch *Bell' Vedère Oder Herbipolis Wurtzgärtlein* einleitend aus: „Vnnd das darumb / damit die Kinder täglich bey jhrer Arbeit etwas guts zu gedencken / zu sagen / vnd zu singen haben / vnd Himlische Ding gleich als Zucker vnnd Hönig im Mund käwen / hergegen aber das Pestilentzisch Gifft der Weltlichen Liedlein / so jhnen das Hertz abstossen möchte / nit vber die Zungen bringen" (Härting, S. 63).

[55] Held I, S. 304: Zitat aus dem Vorwort zur *Heiligen Seelen-Lust.* Zu dem hier aufscheinenden ästhetischen Christusbild vgl. Meier-Lefhalm, S. 118 ff.

[56] Vgl. dazu Gnädinger, Rosenwunden, S. 121 Anm. 16 und, vor allem Meier-Lefhalm, S. 229 ff.

[57] Dazu die ausgezeichneten Ausführungen von Gorceix, S. 268 ff.

[58] Gorceix, S. 247.

[59] Gorceix, S. 270.

[60] Gorceix, S. 270, meint zu Unrecht, die Liebe der Schefflerschen Psyche bleibe unerfüllt, denn die Liebe hier „wird uns eine ewige Freude seyn" (Held I, S. 304), nur hat sie hier noch keinen festen Bestand.

[61] Zur ignatianischen Spiritualität bei Scheffler vgl. Gnädinger, Rosenwunden, S. 133 Anm. 95, und Meier-Lefhalm, S. 218 ff.

[62] Meier-Lefhalm, S. 167 ff.

[63] Meier-Lefhalm, S. 10.

[64] Held I, S. 319: Zitat aus dem Vorwort zur *Sinnlichen Beschreibung.*

[65] Held I, S. 320: Zitat aus dem Vorwort.

[66] Auf den utopischen Charakter der Seligkeitsbeschreibung macht bereits Gorceix, S. 248, aufmerksam.

[67] Held I, S. 331: Zitat aus der Vorrede zur *Ecclesiologia.*

[68] Held I, S. 347: Zitat aus der Grabrede von P. Daniel Schwartz.

HERBERT ZEMAN

KASPAR STIELER

Leben und Werk Kaspar Stielers sind ein Feld der Entdeckungen. Zwar hat sich dieser Schriftsteller nie so sehr hinter seinen Veröffentlichungen verborgen, wie es etwa Grimmelshausen und Beer taten, noch stellten die Chronologie, Bibliographie und Echtheitsfrage seiner Schriften Probleme wie bei diesen beiden Dichtern oder bei Abraham a Sancta Clara. Stieler selbst prägte sein Bild für die Nachwelt dermaßen, daß er – als Dichter schon zu Lebzeiten vergessen – einen in seiner Entwicklung eigenartigen Nachruhm erlangte: bis weit ins 18. Jahrhundert hielten sich seine juridischen Handbücher, allen voran *Der Teutsche Advokat* (1678, [2]1691/95) wirksam am Leben, schätzte man seine rhetorischen Kompendien bzw. Briefsteller, besonders die *Teutsche Sekretariat-Kunst* (1673/74, [2]1681, [3]1705, [4]1726 – „übersehen [...] mit vielen [...] Zusätzen vermehrt von Joachim Friederich Fellern"), respektierte man über Gottsched und Adelung bis zu den Brüdern Grimm die beinahe unglaubliche Leistung dieses Gelehrten, die er als einzelner mit seinem umfassenden Wörterbuch *Der Teutschen Sprache Stammbaum und Fortwachs / oder Teutscher Sprachschatz* (1691) erbracht hatte. Mit den genannten Werken – sein Büchlein *Zeitungs Lust und Nutz* (1695, [2]1697), die erste zusammenfassende Darstellung des Zeitungswesens, darf noch erwähnt werden – diente er der Förderung der deutschen Sprache in weitestem Sinn: ihre Zweckhaftigkeit als Mittel der Kommunikation und ihre künstlerischen Möglichkeiten erläuterte er unermüdlich, – auch in (den ersten!) deutschen Rhetorik-Vorlesungen an der Universität Jena (1678-80) und in Privatkursen am Ende seines Lebens in Erfurt. Das ist die Tätigkeit eines Mannes, der leidenschaftlich und besessen den Zielen Rechnung trägt, mit denen er sich, als „der Spate" seit 1668 Mitglied der Fruchtbringenden Gesellschaft, identifizierte; es sind die gelehrten, wissenschaftlichen, vor allem aber an die gebildete Öffentlichkeit bildend zu vermittelnden Anliegen um Pflege und Hebung des deutschen Sprachstils. Angesichts solcher kulturpolitischer Aufgaben waren für Stieler selbst die dichterischen – zumeist anonym oder gar nicht gedruckten – Arbeiten von sekundärer Bedeutung und blieben es auch für die Öffentlichkeit.[1] So kam es, daß seine Zeitgenossen die beiden späten Dramen *Bellemperie* (1680) und *Willmut* (1680) als Einzelproduktionen zur Kenntnis nahmen, dem Dichter Stieler aber kaum wirkliche Beachtung schenkten, nicht zuletzt deshalb, weil sie ihn hinter anonym erschienenen Werken nach ein paar Jahren kaum mehr vermuteten. Die vielen

Gelegenheitsgedichte sicherten dem Spaten nur einen regional beschränkten Ruf; seine Gebet- und Gesangbücher – z. B. die *Neuentsprungene Wasser-Quelle* (1670, immer wieder neu aufgelegt, u. a. noch 1718), *Der Bußfertige Sünder oder Geistliches Handbüchlein* (1679, ²1684, ³1689) und *Jesus-Schall und Widerhall* (1684) – waren beliebte Gebrauchsbücher, nicht mehr, und sind selbst von der modernen Literaturwissenschaft im Zusammenhang mit der unbefriedigenden Erforschung der Erbauungsliteratur und des Kirchenliedes nicht gewürdigt worden; Stielers vorzügliche, in Alexandrinern verfaßte poetische Übersetzung des *Il pomo d'oro* (s. u.) schließlich – bloß in einer einzigen schönen Handschrift überliefert – fand einen sehr begrenzten Widerhall zu Lebzeiten und keinen in der Forschung. Vom übrigen dichterischen Werk wußte man wenig oder nichts. Die unter dem Pseudonym Filidor der Dorfferer 1660 erschienene Sammlung scherzhafter Lieder, Epigramme und Madrigale, *Die Geharnschte Venus,* kannte man zwar gut, doch der unbekannt gebliebene Name des Verfassers interessierte üblicherweise nicht sonderlich; am Ausgang des 17. Jahrhunderts erwähnte Daniel Georg Morhof die Sammlung nur beiläufig, Erdmann Neumeister sogar abschätzig.[2] Das änderte sich bald im 18. Jahrhundert: Gottsched, Herder, Johann Joachim Eschenburg, Ramler, Lessing und Gleim bemühten sich – ohne Erfolg – um die Lösung des Verfasser-Problems[3]; sie und ihre Freunde schätzten die Gedichte; in Leopold Friedrich Günther von Goeckingks *Liedern zweier Liebenden* (1777) lassen sich sogar Spuren des Einflusses nachweisen; der sprechendste Beweis jedoch ist der Abdruck einer erstaunlichen Anzahl von Gedichten zunächst in Eschenburgs, später in Wilhelm Müllers und Karl Försters Anthologien. Eschenburg vermutete Jacob Schwieger als Verfasser, und Theobald Raehse veranstaltete noch unter diesem Autorennamen den ersten Neudruck der Gedichtsammlung (1888). Nun wurde die hohe dichterische Qualität des Liederbuchs von der Literaturwissenschaft entdeckt, zugleich auch der eigentliche Verfasser: beides gelang Albert Köster 1897 in einer beispielhaften literaturwissenschaftlichen Studie (s. Anmerkungen). Über dem Dichter Kaspar Stieler vergaß man jetzt beinahe den Gelehrten: Kösters Überzeugung, daß die unter dem Namen Filidor verfaßten sogenannten „Rudolstädter Festspiele" (*Filidors Trauer- Lust- und Misch Spiele,* 1665 ff.) Stieler zuzuweisen sind, hat Conrad Höfer mit guten Gründen 1904 (s. Anmerkungen) bestätigt, und Johannes Bolte vervollständigte das Bild der dichterischen Persönlichkeit, als er 1926 von der bereits 1887 geglückten Auffindung der *Dichtkunst des Spaten* (1685), der einzigen handschriftlich überlieferten vollständigen Verspoetik des 17. Jahrhunderts, Mitteilung machte. Fortan galt Stieler – hinter den großen Namen der deutschen Dichtung dieses Jahrhunderts Opitz, Gryphius, Grimmelshausen, Abraham a Sancta Clara, Paul Gerhardt usw. – als eine Art Geheimtip. Denn im Grunde geschah nach Köster, Höfer und Bolte wenig: man versuchte sich deutend und edierend an einigen Gedichten der *Geharnschten Venus* (Herbert Cysarz, Günther Müller), druckte ein Stück der Rudolstädter Festspiele ab (Willi Flemming), vergaß das übrige und überdies die *Dichtkunst des Spaten.* Erst das neuauflebende Interesse an der Literatur des 17. Jahrhunderts und die damit verbundene Poetik- und Rhetorikforschung nach dem zweiten Weltkrieg haben die Basis für eine umfassende Beurteilung von Stielers Bedeutung als Dichter, Rhetoriker und Sprachmeister geschaffen. Der neue Forschungsansatz förderte in mehreren Etappen sowohl biographische als auch werkdeutende Erkenntnisse.

*

Der Universitätssekretarius Kaspar Stieler richtet am 10. September 1679 „An die Herren Visitatores" der Universität Jena das Ansuchen, weiterhin Privatkollegien über den deutschen Briefstil und öffentliche „Collegia oratoria Germanica" halten zu dürfen, denn es sei „ja kein Professor alhier zu Jehna zur teutschen oratorie oder StatsStylo bestellet"; die kulturhistorische und -politische Begründung gibt Stieler gleich zu Anfang des Briefes:

> Was viel höchstverständige Theologi und Politici darunter gehalten, und wie eyferig sie gewünschet, daß man die Jugend in der Schulen beyzeiten darzu gewehnen, auch auff universitäten dieselbe den Studenten vortragen möchte, solches ist und kan niemanden verborgen seyn, der des Seel. H. Lutheri, Meyforderns [d. i. Johann Matthaeus Meyfart], Harsdörffers, Schottels und anderer Teutschliebenden Schrifften gelesen. Und wolte Gott, daß gleich anderen Nationen, da die Muttersprache in ihrem Vaterland öffentlich gelehrt wird, also man auch in Teutschland Teutsche Professores haben möchte, welche den rechten durchgehenden Staats Stylum führeten, nicht aber erdichtet unteutsch teutsch oder aus poetischen und auslendischen Phrasibus zusammengerafftes affectat teutsch anwiesen; was würde nicht in allen Ständen vor herrlicher Nutzen daraus erfolgen?[4]

Nur kurze Zeit später (1687) hat dann Christian Thomasius an der von Jena nicht weit entfernten Universität Halle begonnen, auf breiter, wirkungsvoller Basis die deutsche Sprache an den hohen Schulen des mittel- und norddeutschen Raumes durchzusetzen. Stielers Brief zeigt, daß für die Bemühungen des Thomasius (s. S. 588) recht entscheidende Voraussetzungen geschaffen worden waren, und bezeichnenderweise erwähnt er mit der eigenen, offenbar zeitgemäßen Beschäftigung die Tätigkeit der Fruchtbringenden Gesellschaft; vom selbständigen, frühen Engagement für die deutsche Muttersprache bis zur systematischen Arbeit im Einklang mit der großen Sprach- und Dichtergesellschaft war es freilich ein weiter Weg. Stielers Feststellung an die Visitatoren „der ich ohne Ruhm und auf die 30 Jahr dem Grunde in teutscher Sprache nachgedacht"[5] führt in die Jugendzeit an den Beginn seiner Universitätsstudien zurück.

Der am 25. März 1632 als Sohn einer protestantischen Erfurter Patrizierfamilie Geborene – der 1635 verstorbene Vater und der Stiefvater (seit 1638) Johann Martini waren wohlhabende Apotheker – genießt eine sorgfältige Ausbildung: zunächst an der Erfurter Kaufmannsschule, dann – seit 1642, dem Todesjahr des von Stieler später so geschätzten Theologieprofessors der Universität Erfurt und geistlichen Redners Meyfart – am Rats-Gymnasium. 1648 beginnt Stieler in Leipzig Medizin zu studieren, wechselt 1649 an die Universität Erfurt, hält unter dem Professor Eckard Leichner eine Disputation *(De calido innato)*, geht nach Gießen und wird dort – nach einer Schlägerei – am 26. November 1650 relegiert. Von einem Freund überredet, wendet er sich nach Ostpreußen, verdient von 1651 bis 1653 als Hauslehrer beim königlich-polnischen Oberjägermeister von Müllheim auf dem Gut Puschkeiten in der Nähe Königsbergs seinen Lebensunterhalt, muß Theologie treiben, um an ihn gestellte Forderungen nach sonntäglichen Predigten erfüllen zu können.[6] Hörte Stieler wahrscheinlich schon in Gießen unter dem Professor Tackius Eloquenz, so kommen ihm hier erste Kenntnisse in der Rhetorik beim Predigen zugute. Die intensive Beschäftigung mit der deutschen Sprache, ihrer zweckgerichteten wie künstlerischen Handhabung läßt ihn nun nicht mehr los. Am 21. April 1653 immatrikuliert Stieler an der Königsberger Universität. Neben das Interesse für die Medizin tritt jenes für Theologie und (damit verbunden) für Rhetorik, die er bei Valentin Thilo (1607-1662) studiert. Durch Thilo, den akademischen Kollegen und Freund Simon Dachs (1605-1659) lernt der Einundzwanzigjährige den literarischen Geschmack des Königsberger Dichterkreises im Wirkungsbereich der Kürbshütte kennen. Es ist keinesfalls auszuschließen, daß er auch in den schlecht besuchten, weil die „brotlose Kunst" der römischen Dichtung behandelnden Kollegs Simon Dachs saß. Jedenfalls weist darauf die Behandlung lateinischer Vorbilder in vielen Gedichten seiner *Geharnschten Venus* hin, die kurze Zeit später – neben anderen Gedichten – entstand. Autobiographische Züge dieser Gedichtsammlung und vor allem das neu aufgefundene Gelegenheitscarmen *Sehnliches Nachsehen* für seinen Freund und Studienkollegen Friedrich Dechant belegen Stielers poetische Bestätigung, die in Ostpreußen geweckt und gefördert wurde:

> Offt hat mir Föbus ohne Noth
> die Verse häuffig zugeschüttet,

heißt es im *Sehnlichen Nachsehen,* das am 20. April 1655 anläßlich der Abreise des ostpreußischen Freundes an die Universität Leipzig dankbar der verflossenen gemeinsamen Studienzeit und der freundlichen Aufnahme im ländlichen Anwesen von Dechants Eltern gedenkt. Angenehm ist der Abschied nicht, so daß dieses Mal die Verse gar nicht recht fließen wollen:

> Mir ist der hohe Helikon
> wie vor der Nasen zugeschlossen,
> der ich doch als ein Musen-Sohn
> offt seiner süssen Fluth genossen.[7]

Abgesehen von der rhetorischen Floskel bestätigt Stieler einen allgemeinen literarhistorischen Befund: der akademische Betrieb und das studentische Leben an den protestantischen Universitäten bilden einen entscheidenden Anstoß für die deutsche Dichtung in verschiedenen Gattungen. Die scherzhafte weltliche Lyrik wird beinahe ausschließlich von Studenten getragen, die antike und neuere ausländische Vorbilder – auf ihre spezifische Welt bezogen – nachklingen lassen.[8] So ähnlich mag es auch in Stielers Königsberger Freundeskreis zugegangen sein. Viel ist davon nicht überliefert. Nur die Widmungsgedichte Stielers und die Zuschriften seiner Freunde in der *Geharnschten Venus* sind sichere Zeugen. Da wird – in schäferlicher Einkleidung – z. B. nochmals Dechants und eines anderen Freundes, des aus Gera stammenden Magisters der Theologie Martin Posner, gedacht: beiden ist das erste Zehen (das sind die ersten zehn, zu einer Einheit gruppierten Gedichte) zugeeignet. Daß die Dichtung – antike wie moderne – stets ein Anliegen der jungen Studenten war, belegen viele Verse, daß darüber hinaus daran die deutsche Stilübung erprobt wurde, ist selbstverständlich.

Geistliche bzw. weltliche Beredsamkeit hat Stieler in Königsberg zum ersten Mal gründlich studiert und praktiziert. Noch viel später gedenkt er – längst unter dem Namen „der Spate" berühmt – seiner dortigen Studienzeit und erzählt am Beispiel eines Studentenulks, wie im Bewußtsein der protestantischen Theologen die Pflege der deutschen Sprache – Universität und Kirche arbeiten Hand in Hand – ein stets gegenwärtiges Gebot war, das ihm selbst offenbar nachdrücklich vor Augen gestellt wurde:

> Ich erinnere mich hierbey einer Begebnüß / so sich vor vielen Jahren zu Königsberg in Preussen mit dem alten berühmten Theologo, D. Böhmen / Churfürstl. Hofprediger aldar zugetragen: demselben wurde einstmals unter der Predigt in der Schloßkirchen daselbsten auf die Kanzel ein Zedel eingeschoben / worauf geschrieben stunde: auch wird begehret zu bitten vor einen Studiosum, welcher von hier naher Pommern verreiset / die hochteutsche Sprache zulernen: Als er nun übereilet / diesen Zedel abgelesen / Stieß er entrüstet heraus: Dem Teufel auf deinen Kopf wirstu in Pommern die hochteutsche Sprache lernen.[9]

Stieler erschließen sich in Königsberg zum ersten Mal die dynamischen sprachlich-stilistischen und poetischen Strömungen seiner Zeit, die später für ihn lebensprägend bleiben sollten. Das aber kann der Student damals noch nicht ahnen. Im Gegenteil, es scheint, daß ihm zunächst eine ganz andere akademische Beschäftigung in einem Ereignis, bei dem es auf Leben und Tod ging, zu Hilfe kommt. Stieler studierte auch Rechtswissenschaften. Als nun gegen Ende einer Pestepidemie noch 1655 der schwedisch-brandenburgische Konflikt um Ostpreußen akut wird, nimmt er im schnell zusammengerufenen Heer des Großen Kurfürsten Friedrich Wilhelm die Stelle eines Auditeurs und Kriegsschultheiß, also eines Rechtsprechers, beim Kavallerieregiment des Obersten von Wallenrodt an. Was Stieler dabei – neben den Kämpfen – zu überstehen hatte, davon gibt er 1683 in seinem Buch *Auditeur oder Kriegs Schultheiß* eine lebhafte Vorstellung. Ein Auditeur müsse gelehrt und in den Rechten „wolerfahren" bzw. „ein guter Practicus juris" sein, dürfe sich vor den kraft seines Amtes entstehenden Todfeinden in den eigenen Reihen nicht fürchten und müsse ärgste körperliche Strapazen ertragen können:

> Ich / der ich gar vielfältig bey solchem zwiefachen Dienste zwey / drey Nächte schlaflos hingebracht / also / daß ich oft stehend eingeschlaffen bin / und keinen Befehl, den ich empfangen / mehr vernehmen können / wüste einem ein Liedlein davon zusingen / was dergleichen eingebildete compatibilität vor einen Ausgang gewinnet [...][10]

Selten sind von Dichtern des 17. Jahrhunderts so anschaulich-realistische Darstellungen ihrer Lebensumstände überliefert wie von Stieler. Freilich, die wilden Erlebnisse (1655-1657) – einschließlich der blutigen Schlacht von Warschau (1656) – prägten sich tief ein und haben die dichterische Phantasie in der *Geharnschten Venus* weiterbeschäftigt. In diesem Sinn ist der zwar wahrscheinlich über Opitz vermittelte, letztlich der *Griechischen Anthologie* verpflichtete Titel einer gewaffneten Venus (*Anthologia Graeca* XII, 18) tatsächlich auf einen für die Dichtung des 17. Jahrhunderts ungewöhnlichen autobiographischen Hintergrund bezogen, in dem Liebes- und Kriegserlebnisse einander überblenden und den konventionell-traditionellen Gestaltungselementen des scherzhaften weltlichen Liedes lebendiges Kolorit geben.[11] Man kann also eine historisch belegte Kriegs- und Liebesgeschichte nicht nur wissenschaftlich rekonstruieren, sondern auch als künstlerischen Effekt mitgenießen. Die *Geharnschte Venus* ist das poetische Zeugnis für die Ereignisse während des Stielerschen Aufenthalts in Ostpreußen:

> Ich heisse sie darumb die Geharnsche Venus / weil ich mitten unter denen Rüstungen im offenen Feld-Läger / so wol meine / als anderer guter Freunde / verliebte Gedanken / kurzweilige Begebnüsse / und Erfindungen darinnen erzehle [...][12]

Die Lieder „erzählen" in verblümter, dichterisch-rhetorisch improvisierender Art von manchen Stadien des Kriegszuges, von Stielers schwerer Erkrankung, der Pflege durch Posner, von Genesung, Liebesenttäuschung, Verleumdung und fluchtartiger Abreise. Das alles wird in eine bunte Abfolge gebracht. Die autobiographischen Stellen der *Geharnschten Venus* ziehen sich als Verbindungselemente zwischen und in den einzelnen Zehen durch die Sammlung. Manches Lied wird noch in Ostpreußen entstanden sein, vieles wurde später ein- und hinzugefügt. Zu Ostern 1657 ist der Dichter bereits in Danzig, wird dort von Freunden bereitwillig aufgenommen, empfiehlt sich den Bürgermeistern und Ratsherren mit einem in pathetischen Alexandrinern geschriebenen Gedicht *Christus Victor Oder Triumff / Uber die Siegreiche Aufferstehung von den Todten unsers Herrn und Heylandes Jesu Christi* und kehrt wohl noch im späten Frühling 1657 nach Erfurt zurück. Hier beginnt er nun, die poetische Ernte der Jahre in Ostpreußen einzubringen.

Neben all den autobiographischen, real-historischen Details weisen die souveräne rhetorische Gestaltung, die mitunter ausgeklügelte Art des Aufbaus und die virtuose Anverwandlung altrömischer und neulateinischer Dichtung (in Motiven, Topoi, montageähnlichen Übernahmen aus Catull, Tibull, Properz, Horaz, Martial und Ovid) darauf hin, wie sehr einem so hochbegabten Schriftsteller des 17. Jahrhunderts Gegenwart und literarische Vergangenheit eigenschöpferisch ineinanderwachsen konnten. Mag sein, daß die Antwort auf das „Wer tröstet mich nu?" in der poetischen Bewältigung des Ostpreußen-Erlebnisses selbst zu suchen ist. Wie dies jedoch durch Stieler geschieht, das ist ein Kabinettstück rhetorischer Überlegungen des Autors, der Eigenes mit Geborgtem, Erlebtes mit Erfundenem, original Übernommenes mit Parodiertem in sinnvollem Gesamtaufbau der sieben mal zehn Lieder und in den einzelnen Gedichten kalkuliert abwechseln läßt (s. Nachweise 11). Daher eröffnet eine dreifache – in strophische Gedichtform gekleidete – poetologische Erklärung (Erstes Zehen, I-III) das Liederbuch, daher umgeben die biographisch gefärbten Gedichte stets Lieder, die das allgemeine Thema frei, gleichsam als objektivierende Stilübungen umspielen, daher relativieren die Widmungsgedichte der Freunde und Stielers eigene Vorrede bzw. seine Dedikationsverse den biographischen Bezug mit Hinweisen auf die Erfindungskraft anderer – lateinischer wie deutscher – Schriftsteller, daher klingt das Buch mit 50 Sinnreden und 18 Madrigalen aus, die in einem anderen Metier, bei gleichem Thema, die Formulierkunst des Dichters unter Beweis stellen. Vieles hatte Stieler in Königsberg gelernt, aber manches scheint er noch dazugelernt zu haben, als er im Sommer 1657 wieder nach Hamburg geht und dort zwischen dem 20. August und 20. Oktober die *Geharnschte Venus* nach Zehen ordnet und mit Widmungsgedichten versieht. Den Aufenthalt in der Hansestadt nützt der ehrgeizige Dichter, um Ausschau nach literarischem Anschluß zu halten. Sowohl Johann Rist (1607-1667) als auch Philipp von Zesen (1619-1689) hatten sich im hamburgischen und schleswig-holsteinischen Raum ihre Anhänger geschaffen: Zesen begründete 1643 seine *Deutschgesinnete Genossenschaft*, Rist (spätestens 1658) den *Elbschwanenorden*. Die Mitglieder beider Sprach- und Dichtergesellschaften befehdeten einander. Dabei war nicht nur persönliche Aversion im Spiel. Der Konflikt ging mit fortschreitenden Jahren tiefer. Rist und seine Parteigänger folgten einer Sprach- und Dichtungsauffassung, die dem rational-architektonischen „Klassizismus" Opitzscher Prägung und dem Normenkanon der Regelgrammatik von Justus Georg Schottel entsprach. In Opposition dazu befand sich Zesen mit seinem empfindungsbetont-spielerischen Zugang zur Dichtung; die Sprache begriff er als stets Werdendes und schloß an die grammatischen Bestrebungen von Christian Gueintz an. Der alte Gegensatz von Physei- und Thesei-Theorie war eine beinahe weltanschauliche Auseinandersetzung, die Stieler während seines Aufenthalts in Hamburg kennenlernte. Einerseits kommt er mit den Parteigängern Rists in Berührung – Johannes Wolke, im Elbschwanenorden als Nephelidor bekannt, ist ihm ein kritischer Ratgeber, als er letzte Hand an das Manuskript der *Geharnschten Venus* legt; andererseits lassen sich auch Spuren von Zesens Einfluß nachweisen: da wird nicht nur auffällig in dessen spielerischer Manier eine daktylische Strophenform (Erstes Zehen, VI) virtuos gehandhabt, sondern vor allem werden Zesensche Wort- und Rechtschreibformen übernommen. Stieler hat das offenbar in jugendlicher Begeisterung, vielleicht aus Opportunismus getan. Später, als er überzeugt die durch die Fruchtbringende Gesellschaft legitimierten Ansichten von Opitz und Schottel vertrat, erinnerte er sich nicht gern der Jugendsünden, die für ihn Grund genug waren, seine *Geharnschte Venus* nie mehr zu erwähnen[13]:

Ich muß zwar gestehen / daß ich anfänglich und in meiner Jugend / nicht allein das kk / sondern auch zz und ander mehr Neulichkeiten in der Schrift angenommen gehabt / und in der blinden Meynung begriffen gewesen / man würde mehr auf mich sehen und von mir halten / wenn ich was sonderliches hervor brächte: nachdem aber solche neugierigkeit mit den jahren vergohren und ich mich mit dem cicerone erinnert / daß das Alterthum heylig zu halten / und davon ohne höchstdringende Ursachen nit abzuweichen; so muß ich bekennen / daß / so oft ich meine vorige Schreiberey lese / darob einen ekel empfinde und mich meiner misbrauchten Ubereilung schäme.[14]

Im Sommer 1658 war der Dichter noch anderer Meinung; hoffnungsvoll schloß er das Manuskript ab, vertonte manche Lieder selbst, andere erhielten Melodien von Hamburger Organisten, französische Tänze wurden unterlegt, und sogar der bekannte Schütz-Schüler Christoph Bernhard steuerte 14 Kompositionen bei. Dem Publikum versprach Stieler in der Vorrede – sofern die *Geharnschte Venus* Gefallen fände – noch weitere Lieder. Dazu ist es nicht gekommen. Während Stieler – von Hamburg (wohl im Herbst 1658) aufbrechend – bis 1661 auf Reisen ist, erscheint – aus unbekannten Gründen verzögert – erst 1660 die *Geharnschte Venus*. Heute gilt sie als die beste in sich geschlossene Liedersammlung des 17. Jahrhunderts.

*

Von 1658 bis 1661 ist Stieler unterwegs; eine aus dem väterlichen Erbe und aus eigenen Mitteln bestrittene Bildungsreise war wohl geplant, doch es kommt anders: Holland und Frankreich sind die ersten Ziele; in Paris treibt Stieler Sprachstudien, gerät aber bald in französische Kriegsdienste gegen Spanien, die ihn in die katalonische Festung Rosas, südlich von Perpignan, am Mittelmeer führen. Erst der Abschluß des Pyrenäenfriedens (7. November 1659) bringt die Entlassung aus einer erbärmlichen Lage. Stieler überquert mit einigen Gefährten – unter Lebensgefahr wegen der katalonischen Räuber – die Pyrenäen, durchwandert Südfrankreich und gelangt ins Fürstentum Orange (Departement Vaucluse), wo er nochmals als Soldat dient:

Orange / so nur vor kurzer Zeit / dem Prinzen von Uranien / abgesprochen und hinweg genommen worden: hatte eine treffliche Festung / so aber im Jahr 1660. als ich gleich darauf gewesen / unter dem Schein der Freundschaft / von dem Franzosen eingenommen und zerrissen worden.[15]

Zusammen mit dem Schweizer Johann Jakob Stockharr von Neufern geht Stieler an der Jahreswende 1660/61 nach Italien, lernt Rom und die päpstliche Hofhaltung aus nächster Nähe kennen:

> Es erkünete sich in Rom einsmals mein Reisegefärde Mittags vom Tische aufzustehen / von uns zugehen und des Pabsts [Alexander VII., 1655-1667] Pantoffel zu küssen: Als nun der Heil. Vater ihn fragte: Wes Landes und welcher Religion er wäre? Und dieser trucken heraus antwortete: Daß er ein Luteraner sey; Sagte der Pabst zu ihm: Er wäre nicht allein ein Geistlicher / sondern auch ein Weltlicher Herr / dem auch wol die Ketzer Reverenz an tuhn könten.[16]

Stieler liebt es, in sämtlichen Schriften von zeittypischen Erlebnissen zu sprechen, aus denen der Leser eine Lehre zu gewinnen vermag. Dem Literarhistoriker vermittelt er überdies Einblicke in Lebens- und Vorstellungsmöglichkeiten, die aus anderen Quellen kaum zu schöpfen wären. Stieler erzählt von politischen Ereignissen, von Naturerfahrungen, von Moden, Sitten und von Wundererscheinungen, die er in zeitüblicher, mitunter abergläubischer Weise zur Kenntnis nimmt. Das reichste Reservoir für derlei Geschichten sind ihm die Jahre in Ostpreußen und die Reisezeit. Als er gegen Ende 1661 über die Schweiz nach Hause zurückkehrt, bringt er viel an Erfahrungen mit, nicht zuletzt Sprachkenntnisse, die das Staunen seiner Zeitgenossen erregen; so berichtet der berühmte „Ertzschreinhalter" (Sekretär) der Fruchtbringenden Gesellschaft, der Weimarische fürstliche Sekretär und gekrönte Dichter Georg Neumark (1621-1681) am 4. Dezember 1668 seinem Mitgesellschafter Sigmund von Birken (1626-1681) in Nürnberg: Stieler „ ist überaus rar Span.-italiän. frantzös: griech- und lateinisch ist ihm wie teutsch".[17]

Die gesamte Ausbildung weist Stieler auf einen Beruf, dem damals in den thüringisch-ernestinischen Ländern eine besondere kulturgeschichtliche Bedeutung zukommt. Es ist der Beruf des Hof- (bzw. Kammer-) Sekretarius. Mit einer solchen Position beginnt Stieler, nach einem letzten, kurzen Studium der Rechte an der Universität Jena (6. Februar – 1. August 1662), seine Laufbahn zu Ende des Jahres 1662 auf Schloß Heydeck (Heydecksburg) beim Grafen Albert Anton von Schwarzburg-Rudolstadt (1641-1710) im thüringischen Rudolstadt. In den vier folgenden Jahren seiner Dienste entfaltet er eine reiche Tätigkeit, deren Grenzen und Möglichkeiten in der Bestallung festgelegt sind: neben den üblichen Schreibarbeiten – Korrespondenzen, rechtliche Schriftstücke – hat er auch die Pflicht, wöchentlich einlaufende Zeitungen („Advisen und Gazetten") zu sammeln, an der gräflichen Tafel vorzulesen und dann an die höheren Beamten weiterzuleiten; die Pagen des Hofes unterrichtet er in deutschem Briefstil, in deutscher Rede und übt mit ihnen die französische, wahrscheinlich ebenfalls die italienische Sprache und wird besonders dazu verhalten, seinen jugendlichen Schützlingen Gottesfurcht, ehrbaren Wandel einzuschärfen bzw. sie „mit christadligen moralibus praeceptis" anzuleiten; schließlich wirkt er bei den Darbietungen der Hofkapelle mit, ohne allerdings einem Musikdirektor „unterwürffig" zu sein.[18] Diese Aufgabenbereiche entsprechen einerseits der erworbenen Bildung des neuen Kammersekretarius, andererseits werden sie die Grundlage seines bald nach den Rudolstädter Jahren einsetzenden publizistischen Schaffens: Briefsteller, Rhetorik-, Rechts-, Erbauungs- und Gesangbücher, selbst das Bändchen *Zeitungs Lust und Nutz* sind aus der Rudolstädter Tätigkeit ableitbar. An persönlichen, frühen Anregungen hat es ihm nicht gemangelt; denn neben sich findet Stieler einen gelehrten, schriftstellerisch überaus produktiven Mann, den er bald zum Freund gewinnt: Ahasversus Fritsch (1629-1701), Prinzenerzieher (seit 1657), einflußreicher Hof- und Justizrat (seit 1661), zuletzt Kanzler (seit 1682) in Rudolstadt. Stieler gedenkt in vielen seiner Bücher dieses hervorragenden Staatsbeamten, Rechtswissenschaftlers und Erbauungsschriftstellers als seines anregenden Freundes und Gevatters.

Stielers poetisches Talent verkümmert nicht: zu freudigen und traurigen Anlässen verfaßt er Gelegenheitsgedichte[19], und bald erhält sein künstlerisches Engagement ein viel weiteres Betätigungsfeld. Eine Reihe von Hoffestlichkeiten fordern das dramatische Können Stielers heraus: am 7. Juni 1665 findet die Hochzeit des Grafen Albert-Anton mit Aemilie Juliane von Barby-Mühlingen statt, der 25. und 26. Geburtstag des Landesherrn (2. März 1666 und 1667) sollen besonders festlich begangen werden, ebenso ein Geburtstag von Albert-Antons älterer Schwester (3. März 1666) und die Taufe des Erstgeborenen der Landesfürsten (4. Januar 1667). Jeden Festtag begleitet eine höfische, der landesfürstlichen Familie huldigende Theateraufführung. Aufführungsplatz ist der große Saal des Renaissanceschlosses Heydecksburg, die Pagen verkörpern die meisten Rollen. In der Reihenfolge der Festtage spielt man *Der Vermeinte Printz* (Lustspiel) zusammen mit *Ernelinde* (Mischspiel) zum 7. Juni 1665, *Die Wittekinden* (Singe- und Freudenspiel) zum 2. März 1666, *Die erfreuete Unschuld* (Mischspiel) zum 3. März 1666, *Der betrogene Betrug* (Lustspiel) zum 4. Januar 1667, *Basilene* (Lustspiel) zum 2. März 1667. Der Verfasser nennt sich Filidor und macht mit dem Jenaer Verleger J. L. Neuenhahn den Versuch, die im Einzeldruck erschienenen Stücke gesammelt herauszugeben. Bedenkt man jedoch Daniel Georg Morhofs bislang unterschätzten Hinweis, daß die in Prosa geschriebenen Stücke „mehr actus Oratorii, als Poetici sind / dergleichen viel von Herrn Risten / Filidor, und andern geschrieben"[20], so wird man um so nachdrücklicher einen bestimmten pädagogischen Charakter der Spiele wahrnehmen. Mit Ausnahme der *Wittekinden* haben alle Stücke sehr aktuelle, beliebte französische oder italienische Vorlagen.[21] Der Autor bezeichnet sich in der Vorrede zum *Vermeinten Printzen* sogar bloß als Übersetzer[22], keinesfalls als Dichter[23], zweifellos versteht er sich aber als rhetorisierender Bearbeiter der zumeist erzählenden Quellen. Es gibt also wohl keinen Zweifel, daß Abfassung und Spielleitung der Lust- und

Mischspiele dem Kammersekretär Stieler zufielen bzw. aus dessen Unterweisung der Pagen erwuchsen und eine willkommene Ergänzung des sprachlichen und stilistischen Unterrichts bildeten.

Was für den Rudolstädter Hof neu war, hatte man anderwärts in ähnlichem Sinn erprobt: Justus Georg Schottel (1612-1676) hatte am nicht allzuweit entfernt gelegenen Wolfenbütteler Hof mit Erfolg bei den Pagen und Prinzen – vorab Anton Ulrich von Braunschweig-Lüneburg (1633-1714) – versucht, die „Lust zur Beredsamkeit"[24] mit gemeinsamer Theaterarbeit zu wecken.[25] Musik war bei der Umrahmung der Spiele reichlich verwendet worden, der Wortlaut erschien – wie Filidors spätere Stücke – in Einzeldrucken. Als der Rudolstädter Hof mit dem *Vermeinten Printzen* und mit *Ernelinde* auf seine Weise Premiere feierte, war Herzog Anton Ulrich unter den Zuschauern. Freilich, was der hohe Gast zu sehen bekam, unterschied sich wesentlich von der ernsthaften, pathetischen Wolfenbütteler Theaterpflege. Hier, in Rudolstadt, war in Stieler ein Mann am Werk, der die Commedia dell'arte, das Théâtre italien aus eigener Anschauung kannte, dem die romanischen Stoffquellen überdies neue Gestaltungsmöglichkeiten eröffneten, –

> eine Technik der Handlungsführung, wie man sie bei Gryphius und schon gar bei seinen Vorgängern vergeblich sucht. Zum erstenmal wird das – auch sonst bereits sporadisch benutzte – Verkleidungsmotiv fruchtbar gemacht als Triebkraft für das gesamte Lustspielgeschehen. So erscheinen im „Vermeinten Printzen" allein drei Personen in den Kleidern des anderen Geschlechts; und das bewegte Spiel der fingierten, der unbewußt gleichgeschlechtlichen, oder der nur scheinbar abwegigen und nach heimlicher Entdeckung trachtenden Liebe stiftet ein Geflecht von Verwicklungen und eine Kette szenisch wirksamer Situationen.
>
> Auch die Handlung im „Betrogenen Betrug", die Geschichte einer Spanierin, die ihren ungetreuen Bräutigam durch ein Täuschungsmanöver zurückgewinnt, basiert auf dem Motiv der Verkleidung. Zwar bedurfte es gegenüber der erzählerischen Vorlage eigener Erfindung kaum; dennoch bleibt das Geschick des Rudolstädter Dichters in der szenischen Entwicklung der Intrige, in der Verknüpfung der Handlungslinien und der schließlichen Auflösung der Verwicklungen ohne Beispiel in der deutschen Literatur des 17. Jahrhunderts [...][26]

Stieler selbst hätte sich solcher Vorzüge halber wohl kaum als Dichter bezeichnet. Höhere Ansprüche stellten allerdings die von ihm frei erfundenen Handlungen bzw. Ensembles der lustigen Figuren. Aus der Commedia dell'arte bzw. dem Théâtre italien übernimmt er die Figur des Skaramutza, der – mit jeweils verschieden benannten Kammermädchen (in der *Erfreueten Unschuldt* ist es eine junge Wäscherin), hinter denen das Urbild Colombines steht – in allen Rudolstädter Festspielen vorkommt. Skaramutza ist – entgegen den früheren deutschen, englischer Überlieferung entnommenen komisch-lustigen Typen – sprachlich diffiziler, d. h. rhetorischer angelegt, freut sich „am geistreichen – nicht mehr plumpen – Spiel mit den Zweideutigkeiten der Sprache".[27]

Stieler bleibt diesen einmal gefundenen Lustspieltypen treu. Daher gleichen die Skaramutza-Gestalten der beiden 1680 veröffentlichten Dramen *Bellemperie* und *Willmut* noch denen der Rudolstädter Stücke. Die Machart, das Arrangement sind wieder gleich. Auch das Trauerspiel *Bellemperie* ist keine freie Erfindung, sondern die auf Korrekturen der Erfindung und Anordnung zielende Bearbeitung einer niederländischen Version (*Don Jeronimo*, anonym, Amsterdam 1638 u. ö.) von Thomas Kyds *Spanish Tragedy*. Wieder ist der Rhetoriker Stieler am Werk, der hier mit Absicht und Notwendigkeit den höheren Stil der Tragödie in den formelhaften, von den Rudolstädter Festspielen selbstverständlich abweichenden Reden der Standespersonen praktiziert. Gleiches gilt von dem Lustspiel *Willmut*, dessen Figuren Begriffe der „Sittenkunst" (d. h. der Ethik) allegorisch nachbilden und die dem vorgegebenen Schema entsprechend handeln. Willmut erhält nach mannigfachen Verwirrungen Allguda (summum bonum), Skaramutza seine Wunna. Das rhetorische Interesse steht hier wie in den früheren Stücken im Vordergrund, mit ihm vereinigt sich ein pädagogisches, schließlich ein ethisches Ziel: in den höfischen Festspielen der Rudolstädter Zeit verdichtet sich die übliche Licenza immer von neuem zu allegorischer Gestaltung, die allgemeine Lehre aus der blutigen Tragödie *Bellemperie* wird im Spiel der antikisierenden Allegorien am Schluß gezogen, und *Willmut* stellt das Spiel von Kräften und Gegenkräften der Ethik selbst als Lehrstück auf die Bühne: am Ende steht der von Verstand, Vernunft und Weisheit geleitete Wille – Willmut, ein königlicher Prinz, der die konstante Harmonie mit Allguda, dem summum bonum, erreicht. Es ist durchaus wahrscheinlich, daß die beiden zuletzt genannten und letzten Stücke des Spaten, die er als Lehenssekretär in Weimar verfaßte, aus einer der Rudolstädter Situation ähnlichen theatralischen Praxis entstanden sind. In Weimar hatte sich Georg Neumark als Erfinder von theatralischen Aufzügen und Gesprächen betätigt. Stielers Stücke mögen diese ältere Tradition aufgegriffen haben; jedenfalls finden noch unter seiner Leitung 1684 in Weimar zwei gleichartige Theateraufführungen statt; davon bringt eine die (nicht überlieferte) Bearbeitung von Christian Weises für das Zittauer Schultheater geschriebene Stück *Die triumphierende Keuschheit* (1668) auf die Bühne.[28] Man sieht: unter der Perspektive moralischer Bildung im Sinne eines stoizistisch-stabilisierenden Welt- und Lebensverständnisses wie der rhetorischen Übung rücken das protestantische Schul- und das Hof-Schauspiel Thüringens nahe zusammen. Literarisch getragen wird dieses Drama durch die rhetorische Kunst seiner bürgerlichen, ihrer pädagogischen Aufgabe leidenschaftlich ergebenen Autoren. Das ältere reformatorische Erbe wird sichtbar im ethischen Anspruch und in der ästhetischen, theatralisch-bildenden Durchführung, die im Grundsätzlichen auf Luther zurückweist. Hand in Hand damit geht die Pflege bzw. die rhetorische Erprobung des deutschen Stils.

Als höfischem Sekretär im realen Alltag, als künstlerisch engagiertem Autor standen Stieler solche Aufgaben stets lebendig vor Augen: er arbeitete an ihnen im traditionellen, höfisch orientierten Weltverständnis, allerdings mit dem sich immer deutlicher abzeichnenden Selbstbewußtsein des sich gesellschaftlich in der Rolle des Sekretärs, des sich geistig in wegweisenden künstlerischen Werken bzw. (populär-)wissenschaftlichen Handbüchern emanzipierenden Bürgerlichen. Stielers Laufbahn führt daher fast selbstverständlich zu der unter höfischer Patronanz sich vollziehenden, national ausgerichteten Kulturarbeit Bürgerlicher im Rahmen der Fruchtbringenden Gesellschaft. Diese Konstellation fruchtbringender Zusammenarbeit zweier Stände ist zum Zeitpunkt von Stielers Aufnahme vor allem von adeliger Seite nicht mehr gewährleistet. Geht die Fruchtbringende Gesellschaft ihrem Ende entgegen, so entstehen bald danach als erste Neugründungen – wieder im sächsisch-thüringischen Raum – die „Deutschen Gesellschaften" des frühen Aufklärungszeitalters. Um so emsiger sucht Stieler – in persönlicher wie kulturgeschichtlicher Hinsicht „der Spate" – die alte Bildungsarbeit seiner zwischen den humanistischen Sodalitäten und den Deutschen Gesellschaften des 18. Jahrhunderts stehenden Vereinigung zu vollenden. Konservatives Beharren und Brückenschlagen zu einem neuen Zeitalter vereinigen sich in der Persönlichkeit des Spaten. Stieler bleibt höfischer Beamter bzw. kehrt in den höfischen Dienst zurück; die neuen Wege aber vollziehen sich nicht mehr mit den thüringischen, sächsischen Hofsekretären im höfischen Milieu, sondern auf neuer historischer Stufe mit der Bildungsarbeit der Universitäten, d. h. mit den Universitätslehrern Christian Thomasius – gerade noch Zeitgenosse Stielers – und Johann Christoph Gottsched.

Am 1. Jänner 1668 richtet Stieler das Aufnahmegesuch um seine Mitgliedschaft in der Fruchtbringenden Gesellschaft an das Oberhaupt, den Herzog August von Sachsen-Weißenfels. Darin hat er vielleicht seine bis dahin vorgelegenen schriftstellerischen Arbeiten, die eine Aufnahme rechtfertigten, angegeben: die *Geharnschte Venus* war da nur eine zweifelhafte Stütze, es konnten nur die Rudolstädter Festspiele in Frage kommen.[29] Das Beweisstück fehlt, der Brief ist verlorengegangen. Am 29. Januar 1668 wird Stieler unter dem Beinamen „der Spate", dem symbolischen Gewächs des Blumenkohls und dem erklärenden Wort „Uebertrifft den Frühzeitigen" in die Fruchtbringende Gesellschaft aufgenommen.

*

Wesentliche Lebensdaten Stielers, die in die Rudolstädter Zeit fallen, sind nachzutragen: am 24. Februar 1663 heiratet er Regina Sophie (geb. 7. Oktober 1640), die Tochter des wohlhabenden und einflußreichen Erfurter kaiserlichen Postmeisters und „Obristen Rathsmeisters" Georg Friedrich Breitenbach. Am 2. Januar 1664 kommt der älteste Sohn Kaspar Ernst zur Welt, am 21. Oktober 1665 folgt die Geburt Kaspar Friedrichs. 1666 bietet sich eine neue berufliche Chance. Im Frühjahr stirbt der Eisenacher Kammer- und Lehenssecretarius Daniel Breithaupt, und der Kanzler des Eisenacher Fürstentums Prueschenk von Lindenhofen schlägt den Rudolstädter Kammersekretär als Nachfolger vor. Am 18. Mai 1666 beruft man Stieler auf den neuen, einträglicheren Posten.

Die weiteren Lebensetappen sind schnell erzählt: nach der 1672 erfolgten Teilung innerhalb der ernestinischen Fürstentümer (Sachsen-Eisenach, Sachsen-Jena und Sachsen-Weimar) sowie der Betätigung Stielers als Eisenacher Secretarius scheint seine direkte Laufbahn zum Hofrat gesichert. Die Eisenacher Zeit bringt ihm bürgerliche Wohlhabenheit. Er ist Hausbesitzer. Die Familie wächst: 1676 kommt das letzte (siebte) Kind zur Welt. Doch das Glück verkehrt sich in Unglück. An den Folgen der Geburt stirbt die Mutter (26. September 1676). Die verzweifelte Lage nötigt Stieler überraschend – wahrscheinlich zu Ende 1676 – sein beschwerliches Amt aufzugeben und auf eine schnelle Karriere zu verzichten. Er heiratet am 15. Mai 1677 Christine Margarethe, die Tochter des damaligen Eisenacher Bürgermeisters Christian Cotta und schlägt sich seit dem 4. Februar 1678 mit den ihn keineswegs zufriedenstellenden Agenden eines Universitätssekretärs der Universität Jena herum. Aber schon am 13. Januar 1680 verpflichtet man ihn auf das Amt eines Lehenssekretärs nach Weimar, das er zu Anfang 1685 mit einer Hofratsstelle beim Herzog Philipp Ludwig von Holstein-Wiesenburg (1620-1689) vertauschen kann. Die letzten Lebensjahre (seit 1689) verbringt Stieler in Erfurt, nur noch einmal reist er (1694) nach Hamburg. In seiner Heimatstadt wirkt er als angesehener Privatgelehrter vor einer kleinen Zahl von Studenten, die den Rhetorik- und Stilunterricht des berühmten Spaten zu schätzen wissen. 1705 sucht er – vor allem im Interesse seiner Kinder, von denen zwei Söhne im Militärdienst stehen – in Wien um die Zuerkennung des erblichen Adelsprädikates an, das ihm der Kaiser (Joseph I.) verleiht. Während der letzten Lebensjahre wohnt Stieler – ein kranker, schwacher, von einem Schlaganfall halbseitig gelähmter Mann – bei seinem ältesten Sohn. Am 24. Juni 1707 stirbt er und wird auf dem Kaufmanns-Kirchhof Erfurts in aller Stille begraben.

Das große öffentliche Ereignis seines Lebens bleibt für Stieler die Mitgliedschaft in der Fruchtbringenden Gesellschaft; er faßt sie als hohe Verpflichtung auf. Seit 1673, dem Erscheinungsjahr der ersten Auflage seiner *Teutschen Sekretariat-Kunst*, bringt der Spate beinahe Jahr für Jahr ein neues Werk heraus. In dem Nürnberger Verleger Johann Hofmann (1629-1698) findet er einen Partner, der fast alle wichtigen geistlichen, juridischen, rhetorischen sowie sprachwissenschaftlichen Werke publiziert und für deren weite Verbreitung sorgt. Trotz gelegentlicher Meinungsverschiedenheiten in finanziellen Dingen – Stielers Einkünfte aus seinen vielgelesenen Büchern waren beträchtlich – hält die Zusammenarbeit.[30] Nur selten werden seine Werke anderswo verlegt bzw. gedruckt: das gilt (nach der *Geharnschten Venus*) für sämtliche – regionalen Anlässen gewidmete – Schauspiele und Gelegenheitsgedichte, die bei thüringischen Druckern herauskommen, das gilt u. a. auch für die Neubearbeitung eines Rhetorikhandbuches, nämlich Balthasar Kindermanns *Teutschen Wolredner* (1680), und für das Buch *Zeitungs Lust und Nutz*[31], das Stieler 1694 in Hamburg verfaßt und dem dortigen Verleger Benjamin Schiller überläßt, der es 1695 und 1697 (2. Auflage) verlegt. Alle Schriften des Spaten dienen den Zielen der Fruchtbringenden Gesellschaft; er folgt daher Bestrebungen, die von anderen Autoren des 17. Jahrhunderts innerhalb und außerhalb der Sprach- und Dichtergesellschaft bereits vorgezeichnet worden waren; er setzt deren Arbeiten fort und vollendet sie[32]:

1. Die Andachts-, Erbauungs- und Gesangbücher (s. S. 577) sind ein Bekenntnis zum christlich-evangelischen Glauben in der Nachfolge Luthers, dem – wie Stieler – alle Mitglieder getreu anhängen. Auf diesem Gebiet hat der Spate viele Vorbilder.

2. Die Übersetzungen bzw. Bearbeitungen Stielers bestellen ein weiteres Arbeitsfeld, auf dem Tobias Hübner, Diederich von dem Werder, Adam Olearius u. a. vorangeschritten waren. Nach den Rudolstädter Festspielen fertigte er 1669 für den Herzog Johann Ernst von Sachsen in Eisenach eine Übersetzung des berühmten höfischen Schauspiels *Il pomo d'oro* (Text von Francesco Sbarra, Musik von Marc' Antonio Cesti) an: *Der Göldene Apfel. Freudenspiel vorgestellt in Wien [...] in hochteutsche Sprache übersetzt, von Dem Spahten*[33]; Stielers Verdeutschung ist ungleich poetischer als die Johann Gabriel Meyers (1672). In Weimar trat er bei der Zusammenstellung „theatralischer Gespräche"[34] geradezu die Nachfolge des 1681 verstorbenen Georg Neumark an; die beiden Dramen *Bellemperie* und *Willmut* zielten in die gleiche Richtung. Der Übersetzer, der Sprachmeister, der Redner Stieler tritt dem Leser aus solchen dichterischen Bemühungen, zu denen noch das reiche Kasualschrifttum (Gelegenheitsgedichte zu Jubel- und Trauerfeiern, Leichabdankungen usw.) zählt, entgegen.

3. Der Secretarius Stieler erfüllte die Aufgaben des Redners im beruflichen Alltagsbetrieb wie bei künstlerischen Gelegenheiten. Analog der Praxis rückte er daher innerhalb der rhetorischen Konzeption seiner Briefsteller, die mit dem *Teutschen Wolredner* (s. o.) zugleich Rhetorikhandbücher sind, die uralte, der Antike verpflichtete Tradition des Redners in die Nähe der modernen Position des Sekretärs. Hier mischt sich theoretischer Konservativismus der rhetorischen Anleitung, das Beharren auf den antiken (Cicero, Quintilian), humanistischen und älteren Vorbildern des 17. Jahrhunderts (Meyfart, Harsdörffer) mit dem Bemühen um moderne gesellschaftliche Aufwertung seines bürgerlichen (Sekretärs-)Standes. *Die Teutsche Sekretariat-Kunst* gibt deshalb eine weitgespannte Lehre

für den angehenden ‚Secretarius', in der dieser als ein Universalgelehrter erscheint, der fast mit dem gleichen Anspruch auftritt wie der von Quintilian als Idealbild des Menschen hingestellte Redner. Aus der von Stieler ausführlich nachgewiesenen ganz engen Verwandtschaft zwischen Schreiber und Redner folgt für das Werk, daß es über weite Strecken nichts anderes ist als eine Rhetorik, und oft spricht Stieler gar nicht mehr vom „Secretarius", sondern vom Redner.[35]

4. Von dieser rhetorischen Position greift Stielers Gedankengang auf das Wesen des Dichters und der Dichtung aus. Auch hier vollendet er, was sonst im 17. Jahr-

hundert keinem gelang: er schafft eine umfassende, gleichsam im Wetteifer mit Horazens *De arte poetica* geschriebene, 5704 Alexandriner zählende Verspoetik *Die Dichtkunst des Spaten* (1685). Das Lehrgedicht ist ein bedeutendes Zeugnis für Stielers sprachkünstlerisches Vermögen.[36] Nach dem üblichen Aufbau birgt es in sich grundlegende Gedanken zum Wesen von Dichter und Dichtung, spricht von der Erfindung, stellt die Dichtungsgattungen dar, bietet eine ausführliche rhetorische Anweisung und Stiltheorie und schließt mit Hinweisen zur Metrik. Neben vielen traditionellen Gesichtspunkten bringt die *Dichtkunst* neue Akzente:

Wie für Stieler der Abstand zwischen dem Redner und dem Secretarius zusammenschmolz oder zumindest fließend wurde, so wurde für ihn auch der Abstand vom Redner in die andere Richtung, in die Höhen des Dichtertums, immerhin begreifbar aus der Ähnlichkeit rhetorischer Gestaltung. Immer wieder hat er daher in der *Dichtkunst des Spaten* die Nähe von Dichter und Redner betont. [...] Hier liegt selbstverständlich die Begründung dafür, Rhetorik als ein sowohl dem Dichter als auch dem Redner gemeinsames Feld zu entwickeln, was tatsächlich in mehr als 2400 Versen geschieht. [...] Das Neuartige an Stielers Poetik ist die enge Verknüpfung von Rhetorik und Stillehre; im Urteil über ihre Elemente jedoch ist er ein ausgesprochener Traditionalist. Was Stieler zum Wesen des Dichtertums, der Dichtungsgattungen und zu den rhetorischen Aspekten in der *Dichtkunst* darlegt, ist daher durchaus überkommene Lehrmeinung. So ist der Aufbau der *Dichtkunst* an Horaz und an Opitz orientiert, alle grammatischen und auch die metrischen Überlegungen sind Schottel verpflichtet, und die rhetorischen Quellen [s. o. unter 3] wurden bereits angedeutet. [...] Was sich an Details weder in Opitzens Poetik noch bei Horaz findet, das hat Stieler aus Scaliger und dessen Nachfolgern geborgt. Die Linie, die er dabei vertritt, ist unmißverständlich zu erkennen: In der zweiten Hälfte des 17. Jahrhunderts haben, um zwei Beispiele zu nennen, Sigmund von Birken und Daniel Georg Morhof, jeder auf seine Weise, den Weg, den Opitz eingeschlagen hatte, in eine bestimmte Richtung verengt (Birkens Dichtungslehre bezieht sich auf die Poesie als ausschließliche Dienerin des Glaubens) oder in gewissem polyhistorischem Sinn geweitet (Morhofs literaturgeschichtliches und „komparatistisches" Interesse). Solche Neuerungen lagen dem Spaten fern. Er behielt die Perspektive von Opitz bei, vertiefte nur durch Erklärungen und Beispiele, was dort knapper vorgeformt worden war. Darin allerdings traf er sich mit Morhof auf typische Art und Weise; beide haben sie mit Opitz einen grundsätzlich ähnlichen Zugang zur Dichtung gemein: Wenn es stimmt, daß man im 17. Jahrhundert zwischen einer rationalistischen und einer spielerisch-empfindungsbetonten Grundhaltung im literarischen Ausdruck unterscheiden kann, die im literarischen Schaffen von Opitz und Schottel bis um die Jahrhundertmitte einerseits und in jenem von Zesen und zum Teil der Nürnberger Pegnitzschäfer (vor allem im Werk Klajs, zum Teil Harsdörffers, Birkens und Catharina Regina von Greiffenbergs) anderseits kulminiert, so liegen Stieler und Morhof zweifellos auf der Linie von Opitz zu Schottel, die sie bewußt fortsetzen. Man könnte fast behaupten, daß Stieler diesen poetologischen Grundlagen gemäß den rhetorischen Aspekt ausbaute, während sich Morhof unter den gleichen Voraussetzungen den literarhistorischen Fragen zuwandte.[37]

Stielers Verspoetik, die die heute unfaßbare Belesenheit des Spaten von Horaz bis Boileau (*Art poétique,* 1674) belegt, ist nie gedruckt worden. Ihre Lehrmeinungen wirkten nur indirekt über das rhetorische Schrifttum des Spaten, über seinen praktischen Unterricht.

5. Der deutschen Stillehre hatte Stielers Aufmerksamkeit gegolten, auch dann, wenn er – wieder von der Position des Secretarius ausgehend – im *Teutschen Advokat* juristische, im *Schattenriß der Welt* (1684) nicht unwidersprochene geographische[38], in *Zeitungs Lust und Nutz* publizistische Kenntnisse ausbreitete. Am Lebensabend gelingt ihm die Fertigstellung der sprachwissenschaftlichen Grundlagen dazu: das große Wörterbuch *Der Teutschen Sprache Stammbaum und Fortwachs oder Teutscher Sprachschatz* und die Grammatik *Kurze Lehrschrift Von der Hochteutschen Sprachkunst* (beide Werke erschienen aneinandergebunden 1691). Spät erreicht er damit – an Schottel anschließend – das Ziel der Fruchtbringenden Gesellschaft, ein vollständiges Wörterbuch der deutschen Sprache gleich dem *Vocabulario degli Accademici della Crusca* (1612), auf gründlicher Sprachtheorie beruhend, herauszubringen.

Ein reiches literarisches Leben ist mit solchen Großleistungen erfüllt. Und so setzt in diesem Bewußtsein Stieler 1705 den Satz an das Ende der Vorrede zur dritten Auflage seiner *Teutschen Sekretariat-Kunst:*

> Das beste ist / das ich weiter keine Ehre / durch Bücherschreiben suche / weil ich alt / schwach und Lebenssatt bin / und nunmehro nach einer himmlischen Cantzeley Verlangen trage.[39]

Anmerkungen

Texte

Werke und Briefe in Neuausgaben; zu den zeitgenössischen Drucken vgl. man die in den Nachweisen angegebene Literatur.

1. Anthologien (Auswahl)

Auserlesene Stücke der besten deutschen Dichter. Von Martin Opitz bis auf gegenwärtige Zeiten, hrsg. v. Johann Joachim Eschenburg, Bd. 3, Braunschweig 1778, S. 323-368. Gedichtabdruck aus der *Geharnschten Venus* unter dem Autorennamen „Filidor der Dorfferer".

Bibliothek deutscher Dichter des 17. Jahrhunderts, hrsg. v. Wilhelm Müller und Karl Förster. 14 Bde., Leipzig 1822-1838. Bd. 11 (1828), S. 1-122, Gedichtabdruck aus der *Geharnschten Venus* unter dem Autorennamen Jacob Schwieger.

Barocklyrik, hrsg. v. Herbert Cysarz. 3 Bde., Leipzig 1937 (Deutsche Literatur in Entwicklungsreihen, Reihe Barock). Bd. 2, S. 68-79.

Das Zeitalter des Barock, Texte und Zeugnisse, hrsg. v. Albrecht Schöne. München ²1968 (Die deutsche Literatur, Bd. 3), S. 391-397, S. 891-895.

2. Wissenschaftliche Gesamtausgaben

[Irrtümlich unter dem Namen Jacob Schwieger:] Geharnschte Venus 1660, hrsg. v. Theobald Raehse. Halle a. S. 1888 (Neudrucke deutscher Litteraturwerke des 16. und 17. Jahrhunderts, Bd. 74/75).

Die geharnschte Venus, hrsg. v. Conrad Höfer, Jahresgabe der Gesellschaft der Münchner Bücherfreunde für ihre 75 Mitglieder. München 1925.

Die Geharnschte Venus oder Liebes-Lieder im Kriege gedichtet, hrsg. v. Herbert Zeman, mit Beiträgen v. Kathi Meyer-Baer u. Bernhard Billeter. München 1968 (Reprint-Ausgabe).

Die geharnschte Venus, hrsg. v. Ferdinand van Ingen. Stuttgart 1970 (Reclams Universal-Bibliothek, 7932-34).

Die Wittekinden. Singe- und Freuden-Spiel. In: Oratorium. Festspiel, hrsg. v. Willi Flemming (1933). Darmstadt ²1965 (Deutsche Literatur in Entwicklungsreihen, Reihe Barock, Barockdrama, hrsg. v. Willi Flemming, Bd. 6).

Der Teutschen Sprache Stammbaum und Fortwachs oder Teutscher Sprachschatz, mit einem Nachwort von Stefan Sonderegger. 3 Tle., München 1968 (Reprint-Ausgabe).

Der Teutschen Sprache Stammbaum und Fortwachs, mit einer Einführung und Bibliographie von Gerhard Ising. Hildesheim 1968-69 (Documenta Linguistica, Reihe II), (Reprint-Ausgabe).

Zeitungs Lust und Nutz, vollständiger Neudruck der Originalausgabe von 1695, hrsg. v. Gert Hagelweide. Bremen 1969.

Die Dichtkunst des Spaten 1685, hrsg. v. Herbert Zeman. Wien 1975 (Wiener Neudrucke, Bd. 5).

Literatur
(Weitere Angaben auch in den Nachweisen)

Just Christoph Motschmann: Erfordia Literata oder Gelehrtes Erffurth [...] Erfurt 1729. Bd. 1, S. 100-123, S. 312-314.

Johann Heinrich von Falckenstein: Analecta Nordgaviensia [...], IV. Nachlese. Schwabach 1738, S. 253-280 („Caspars von Stieler, ehemahligen Herzog-Holstein-Wiesenburgischen Hof-Raths, insgemein Serotinus, oder der Spate genannt, Lebens-Beschreibung").

Johann Joachim Eschenburg: Von alten Autoren. 2. Ueber Filidor den Dorfferer. In: Bragur. Ein Litterarisches Magazin der Deutschen und Nordischen Vorzeit, Bd. 2, Leipzig 1792, S. 420-427.

Albert Rudolphi: Kaspar Stieler der Spate, ein Lebensbild aus dem 17. Jahrhundert. Progr. Erfurt 1872.

F. Arnold Mayer: Horaz in Jacob Schwiegers ‚Geharnschte Venus'. In: Vierteljahrschrift für Litteraturgeschichte, Bd. 2, Weimar 1889, S. 470/1.

Alfred Puls: Römische Vorbilder für Schwiegers ‚Geharnischte Venus'. In: Vierteljahrschrift für Litteraturgeschichte, Bd. 3, Weimar 1890, S. 236-251.

Albert Köster: Der Dichter der Geharnschten Venus. Marburg 1897.

Conrad Höfer: Die Rudolstädter Festspiele aus den Jahren 1665-67 und ihr Dichter. Eine literarhistorische Studie. Leipzig 1904 (Probefahrten, Bd. 1).

O. Günther: Kaspar Stieler in Danzig (1657). In: Mitteilungen des Westpreuß. Geschichtsvereins, 11. Jg., 1912, S. 49-50.

Johannes Bolte: Eine ungedruckte Poetik Kaspar Stielers. In: Sitzungsberichte der preuß. Akademie der Wissenschaften, phil.-hist. Klasse, Berlin 1926, S. 97-122.

Herbert Koch: Deutsche Vorlesungen an der Thüringischen Landesuniversität im Jahre 1679. In: Das Thüringer Fähnlein, Monatshefte für die mitteldeutsche Heimat, 4. Jg., 1935, S. 323-324.

Fritz Rollberg: Vom Leben und Sterben einer Thüringer Dichtersgattin: Regina Sophie, die Frau von Caspar Stieler. In: Das Thüringer Fähnlein, Monatshefte für die mitteldeutsche Heimat, 7. Jg., 1938, S. 65-74.

Conrad Höfer: Georg Bleyer, ein Thüringischer Tonsetzer und Dichter der Barockzeit. In: Zeitschrift des Vereins für Thüring. Geschichte und Altertumskunde, Beiheft 24, Jena 1941.

Herbert Cysarz: Drei barocke Meister. In: Gedicht und Gedanke, Auslegungen deutscher Gedichte, hrsg. v. Heinz Otto Burger. Halle 1942, S. 72-88.

Hans Taeger: Der Thüringer Barockdichter und -gelehrte Kaspar Stieler, mit besonderer Betonung seiner Eisenacher Zeit (1667-77). In: Der Wartburg-Türmer, Eisenach, Juni 1954, S. 87-90.

Gerhard Ising: Die Erfassung der deutschen Sprache des ausgehenden 17. Jahrhunderts in den Wörterbüchern Matthias Kramers und Kaspar Stielers. Berlin 1956 (Deutsche Akademie der Wissenschaften zu Berlin, Veröffentlichungen des Instituts für Deutsche Sprache und Literatur, Bd. 7).

Herbert Zeman: Kaspar Stieler – Versuch einer Monographie. Diss. phil. (maschinschr.), Wien 1965.

Martin Bircher: Ein neu aufgefundenes Frühwerk von Kaspar Stieler. In: Typologia Litterarum, Festschrift für Max Wehrli. Zürich u. Freiburg i. Br. 1969, S. 283-297.

Herbert Zeman: Philipp von Zesens literarische Wirkungen auf Kaspar Stielers ‚Geharnschte Venus' (1660). In: Philipp von Zesen 1619-1969, Beiträge zu seinem Leben und Werk. Wiesbaden 1972 (Beiträge zur Literatur des 15. bis 18. Jahrhunderts, Bd. 1), S. 231-245.

Harold Jantz: Helicon's Harmonious Springs – Kaspar Stieler and Poetic Form. In: Deutsche Barocklyrik, Gedichtinterpretationen von Spee bis Haller. Bern – München 1973, S. 135-152.

Herbert Zeman: Kaspar Stielers „Die Geharnschte Venus" – Aspekte literaturwissenschaftlicher Deutung. In: DVjS, 48. Jg., Stuttgart 1974, S. 478-527.

Ders.: Die ‚versus rapportati' in der deutschen Literatur des XVII. und XVIII. Jahrhunderts. In: arcadia, Bd. 9, Berlin – New York 1974, S. 137-160.

Therese Maria Krenn: Die rhetorischen Stilprinzipien in Kaspar Stielers Brief- und Dichtlehre. Ein Vergleich. Diss. phil. (maschinschr.), Graz 1976.

Nachweise

[1] Diesem Bild von der Bedeutung des Spaten entspricht die Würdigung von Johannes Moller: Cimbria Literata, Bd. 2, Kopenhagen 1744, pp. 870 f.

[2] Daniel Georg Morhof: Unterricht von der Teutschen Sprache und Poesie [1700], hrsg. v. Henning Boetius, Bad Homburg v. d. Höhe, Berlin, Zürich 1969 (Ars Poetica,

Texte, Bd. 1), S. 343; die Erwähnung der *Geharnschten Venus* findet sich in beiden Ausgaben von Morhofs Poetik: 1682 und 1700. Erdmann Neumeister: De Poetis Germanicis [1695], hrsg. v. Franz Heiduk in Zusammenarbeit mit Günter Merwald, Bern u. München 1978, S. 84 und S. 224.

³ Vgl. Herbert Zeman: Kaspar Stielers „Die Geharnschte Venus" – Aspekte literaturwissenschaftlicher Deutung. In: DVjS, Heft 3, Stuttgart 1974, S. 478-527, hier S. 481 f.

⁴ Ders.: Kaspar Stieler – Versuch einer Monographie, Diss. phil. (maschinschr.), Wien 1965, dort die Zitate in ihrer Reihenfolge auf den Seiten 168, 167 und 166. Dieser Arbeit sind die folgenden Lebensdaten – wenn nicht anders angegeben – entnommen.

⁵ Ebda., S. 167.

⁶ Ebda., S. 23.

⁷ Sehnliches Nachsehen Alß Mein recht- und wahrer Hertzensfreund / Bruder und Stubengeselle / Herr Friederich Dechant / Von hiesiger hochlöblichen auf die in Teutsch-Land berühmten hohen Schulen zureisete / Glückwünschend bezeuget Von mir Kaspar Stielern. Königsberg in Preussen den 20 April im Jahr 1655. Gedruckt bey Paschen Mense, dritte Strophe; zitiert nach Martin Bircher: Ein neu aufgefundenes Frühwerk von Kaspar Stieler. In: Typologia Litterarum, Festschrift für Max Wehrli, Zürich u. Freiburg i. Br. 1969, S. 292. Der Drucker des Stielerschen Gedichts, Paschen Mense, war recht bekannt; er brachte um 1650 Gedichte von Dach, Christoph Kaldenbach u. a. heraus; er druckte auch Heinrich Alberts *Arien*, und zwar die Teile fünf bis acht.

⁸ Vgl. hierzu Herbert Zeman: Die Entfaltung der deutschen anakreontischen Dichtung des 17. Jahrhunderts an den Universitäten und ihre Wirkung im städtischen Leben. In: Barock-Symposion 1974, Stadt – Schule – Universität – Buchwesen und die deutsche Literatur im 17. Jahrhundert, hrsg. v. Albrecht Schöne, München 1976, S. 396-409, bes. S. 401 ff.

⁹ Kaspar Stieler: Des Spatens Teutsche Sekretariat-kunst, Franckfurt und Leipzig, Verlegts Johann Hofmanns seel. Wittib, und Engelbert Streck, in Nürnberg, ³1705, Bd. 1, S. 673.

¹⁰ Ders.: Auditeur oder Kriegs Schultheiß [...] aus selbsteigener Beleb- und Erfahrung herausgegeben von dem Spaten, Nürnberg, Bey Johann Hofmannen / 1683, die Zitate in der Reihenfolge auf den Seiten 170, 191 f. und 499.

¹¹ Vgl. hierzu und zu den übrigen Hinweisen auf die *Geharnschte Venus* Herbert Zeman, s. Anm. 3.

¹² Kaspar Stieler: Die Geharnschte Venus oder Liebes-Lieder im Kriege gedichtet, hrsg. v. Herbert Zeman, mit Beiträgen v. Kathi Meyer-Baer u. Bernhard Billeter, München 1968, Vorrede.

¹³ Vgl. hierzu Herbert Zeman: Philipp von Zesens literarische Wirkungen auf Kaspar Stielers „Geharnschte Venus" (1660). In: Philipp von Zesen 1619-1969, Beiträge zu seinem Leben und Werk, hrsg. v. Ferdinand van Ingen, Wiesbaden 1972 (Beiträge zur Literatur des XV. bis XVII. Jahrhunderts, Bd. 1), S. 231-245; ferner s. Anm. 3.

¹⁴ S. Anm. 9, ebda., S. 53.

¹⁵ Kaspar Stieler: A. Z. Schattenriß der Welt des Spaten. [...] Nürnberg / zu finden bey Johann Hofmann / Buch- und Kunsthändlern daselbst. Im Jahr 1684, S. 219.

¹⁶ Kaspar Stieler: Zeitungs Lust und Nutz, hrsg. v. Gert Hagelweide, Bremen 1969 (Sammlung Dieterich, Bd. 324), S. 88.

¹⁷ S. Anm. 4, ebda., S. 69.

¹⁸ Ebda., S. 69.

¹⁹ Ebda., bibliographische Angaben, S. 115 f.

²⁰ Daniel Georg Morhof, s. Anm. 2, ebda., S. 351.

²¹ Die Vorlagen sind im einzelnen: *Il Principe Hermaphrodito*, Novelle von Ferrante Pallavicino (Ausgabe Venedig 1640) – *Der Vermeinte Printz; La moglie di quattro*

mariti Opera Tragica von Giacinto Andrea Cicognini (Ausgabe Mailand 1659) – *Ernelinde;* Matteo Bandellos Novellensammlung II/44, wahrscheinlich in einer französischen Ausgabe *Histoires Tragiques* (Rouen 1603) – *Die erfreuete Unschuldt;* der *Roman Comique* von Paul Scarron (Ausgabe Amsterdam 1662) – *Der betrogene Betrug;* das aus Guarinis *Il pastor fido* schöpfende Schäferdrama *Bergerie* von Antoine de Montchrestien – *Basilene.* Einzig *Die Wittekinden* behandeln einen deutschen Stoff, nämlich die legendäre Begründung des Hauses Schwarzburg(-Rudolstadt) zur Zeit Karls des Großen durch Widukinds (Wittekind) Sohn gleichen Namens.

[22] S. Anm. 4, ebda., S. 209.

[23] Vgl. die Vorrede zur *Erfreueten Unschuldt,* s. Walter Hinck: Das deutsche Lustspiel des 17. und 18. Jahrhunderts und die italienische Komödie, Stuttgart 1965, S. 135.

[24] Jörg Jochen Müller: Fürstenerziehung im 17. Jahrhundert. Am Beispiel Herzog Anton Ulrichs von Braunschweig und Lüneburg. In: Barock-Symposion 1974, s. Anm. 8, ebda., S. 242-266, hier S. 255, ferner an gleichem Ort die Diskussionsbeiträge von Herbert Zeman, ebda., S. 295 f. und S. 308.

[25] Justus Georg Schottelius 1612-1676. Ein Teutscher Gelehrter am Wolfenbütteler Hof, Ausstellung der Herzog August Bibliothek Wolfenbüttel (23. Oktober 1976 bis 2. Januar 1977), Katalog, S. 14 f.

[26] Walter Hinck, s. Anm. 23, ebda., S. 133.

[27] Ebda., S. 132.

[28] Conrad Höfer: Weimarische Theaterveranstaltungen zur Zeit des Herzogs Wilhelm Ernst, Sonderabdruck aus dem Jahresbericht des Großherzoglichen Sophienstifts zu Weimar, Ostern 1914, S. 5 ff.

[29] Die von Willi Flemming – Die Wittekinden. Singe- und Freuden-Spiel. In: Oratorium. Festspiel, hrsg. v. Willi Flemming (1933). Darmstadt ²1965. (Deutsche Literatur in Entwicklungsreihen, Reihe Barock, Barockdrama, hrsg. v. Willi Flemming, Bd. 6), S. 134 ff. – vorgebrachten Argumente gegen Stieler als Verfasser fallen hiermit weg: Stieler war Kammersekretär in Rudolstadt (1662-1666), hatte die Pagen – wie dargestellt – zu erziehen, kannte das italienische Theaterwesen und war außerdem musikalisch gebildet. Vgl. hierzu auch Conrad Höfer: Georg Bleyer, ein Thüringischer Tonsetzer und Dichter der Barockzeit. In: Zeitschrift des Vereins für Thüringische Geschichte und Altertumskunde, Beiheft 24, Jena 1941.

[30] S. Anm. 4, ebda., S. 75-78 und S. 88-91.

[31] Zur Charakteristik des Werkes vgl. man die Einleitung der Neuausgabe, s. Anm. 17, ebda., S. VII-XXV.

[32] Vgl. hierzu Kaspar Stieler: Die Dichtkunst des Spaten 1685, hrsg. v. Herbert Zeman, Wien 1975 (Wiener Neudrucke, Bd. 5), S. 295 ff.

[33] Zentralbibliothek der deutschen Klassik, Weimar, Sign. Q. 580.

[34] S. Anm. 4, ebda., S. 99.

[35] Ludwig Fischer: Gebundene Rede, Dichtung und Rhetorik in der literarischen Theorie des Barock in Deutschland, Tübingen 1968 (Studien zur deutschen Literatur, Bd. 10), S. 157.

[36] Vgl. zur Bewertung und Erläuterung das Nachwort der Neuausgabe, s. Anm. 32, ebda., S. 273-304.

[37] Ebda., S. 300 ff.

[38] Vgl. die Attacken des Weimarischen Hofadvokaten und gekrönten Dichters Johann Christoph Lorber, s. Anm. 4, ebda., S. 97 f.

[39] S. Anm. 9, ebda., Neue Vorrede.

BLAKE LEE SPAHR

HERZOG ANTON ULRICH VON BRAUNSCHWEIG-LÜNEBURG

Anton Ulrich, zweiter Sohn des Herzogs August des Jüngeren, wurde am 4. Oktober 1633 in der kleinen Residenz Hitzacker in Niedersachsen geboren. Seine Mutter, die zweite Gattin des Herzogs, war Dorothea, Prinzessin von Anhalt-Zerbst, „eine Heroische und sowohl am Leibe als Gemüht hochbegabte Prinzesse".[1] Sie starb knapp ein Jahr nach Anton Ulrichs Geburt. Als er zehn Jahre alt war, ist sein Vater, nachdem die kaiserliche Garnison das kleine Wasserschloß Wolfenbüttel geräumt hatte, in diese neue Residenz eingezogen und fing an, dort ein kleines Kulturzentrum aufzubauen. Er stellte eine bescheidene Hofkapelle zusammen, von der Heinrich Schütz zum Kapellmeister „von Haus aus" ernannt wurde, ließ den berühmten Grammatiker Justus Georg Schottelius als Präzeptor für seine Söhne herbeiholen, und fuhr fort, Bücher und Manuskripte für seine Bibliothek, „die reichste und wertvollste Büchersammlung der Welt"[2], zu sammeln. Dabei fand er Zeit, über dreißig Foliobände zu schreiben, die thematisch von der Politik, der Jurisprudenz und den schönen Künsten bis zur Theologie reichen. Er war auch Liebhaber der Jagd und des Fechtens, galt als Fachmann auf dem Gebiet des Armbrustschießens und „kein Pferd bestieg er, was er nicht selbst zugeritten hatte".[3] Seine dritte Frau, Sophie Elisabeth von Mecklenburg-Güstrow, selbst eine talentierte Musikerin und Musenfreundin, hatte der Vater geheiratet, als Anton Ulrich erst zwei Jahre alt war. Sie übte sicherlich einen nicht unerheblichen Einfluß auf den künstlerischen Werdegang ihres Stiefsohnes, Anton Ulrich, aus. Der Nürnberger Dichter Sigmund von Birken war auch ein Jahr lang als Präzeptor am Wolfenbütteler Hof und blieb zeit seines Lebens literarischer Mentor des Herzogs.

Im übrigen war der Unterricht des jungen Fürsten, von seinem Vater bestimmt und von Schottelius durchgeführt, streng und anspruchsvoll: er lernte Logik, Rhetorik, Geographie, las Vergil und Terenz, und studierte die Grundlagen der christlichen Lehre, in den ersten Jahren in deutscher, später in lateinischer Sprache. Unter den in der Herzog August Bibliothek in Wolfenbüttel noch vorhandenen Autographen des Herzogs finden sich einige seiner ersten Lateinübungen, die belegen, daß er schon mit elf Jahren etliche Schriften von Erasmus ins Deutsche übersetzte. Einem ebenfalls erhaltenen Wochenplan zufolge begann jeder Tag mit Gebet und Bibellektüre. Montags, dienstags und mittwochs stan-

den morgens Logik und Terenz, am Nachmittag wieder Terenz und „Imitatio"
(vermutlich lateinische Komposition), auf dem Programm; freitags und samstags
Ethik und Vergil. Am Donnerstag und Sonntag war der Nachmittag frei, aber
am Morgen gab es Geographie, Deklamation und Religionslehre. Auch die Zusammenfassung des während der Woche Gelernten gehörte zu den sonntäglichen
Aufgaben. Obendrein hatte er in seinen freien Stunden Zeit gefunden, seiner
Neigung zur Graphik und Malerei zu frönen. Um den Kindern Gelegenheit zu
geben, ihren Stil zu üben, zunächst in deutscher und lateinischer Sprache, später
auch in den modernen Fremdsprachen (Französisch, Italienisch und Spanisch),
hat man sie ermuntert, Briefe an einander und an andere über moralische Themen zu schreiben. Eine Reihe solcher Briefe an Johann Valentin Andreae aus
den vierziger und fünfziger Jahren wurde sogar veröffentlicht. Auch ein französischer Tanzmeister war später am Hofe vorhanden und, da Anton Ulrich immer eine der Hauptrollen in seinen Balletten getanzt und in den Singspielen
gesungen hat, hat er wohl Unterricht in diesen Künsten genossen. Reiten und
Fechten hatten ebenfalls einen Platz im fürstlichen Lehrplan.

Anton Ulrich wuchs mit fünf Geschwistern auf. Rudolf August, als Ältester
zur Nachfolge bestimmt, genoß einen getrennten Unterricht, während Anton
Ulrich und sein drei Jahre jüngerer Halbbruder, Ferdinand Albrecht, obwohl
sie nicht besonders gut miteinander auskamen, dieselben Präzeptoren und Hofmeister hatten. Ferdinand Albrecht, begabt, aber schwierig und exzentrisch –
bezeichnenderweise erhielt er den Beinamen „der Wunderliche" in der *Fruchtbringenden Gesellschaft* – wurde als Verfasser einer Reisebeschreibung bekannt.
Die ältere Schwester, Sibylla Ursula, stand Anton Ulrich am nächsten. Hoch-
intelligent, belesen und sensitiv, nahm sie regen Anteil an den Studien und Interessen ihres Bruders. Ihr widmete er eine intime Beschreibung in seinem Roman
Aramena, wo sie verschlüsselt als „Suriane" erscheint.[4] Hier wird das nahe Verhältnis zwischen ihr und Anton Ulrich dargestellt, und hier heißt es, daß sie mit
seiner späteren Frau „nicht erkennend den unterschied zwischen der ehelichen
und brüderlichen liebe," manchmal Zwistigkeiten gehabt hatte. Auch Sibylla
Ursula nahm an der lateinischen Korrespondenz mit Andreae teil, deren zweiter
Band ihr gewidmet ist. Sie übersetzte lange französische Romane, schrieb selbst
verschiedene erbauliche Schriften, ein unvollendetes Drama und spielte eine nicht
unerhebliche Rolle in Anton Ulrichs literarischem Schaffen. Erst neulich ist ihre
kleine Korrespondenz mit Madeleine de Scudéry veröffentlicht worden. Die anderen Schwestern, Clara Augusta und Maria Elisabeth, scheinen ein distanzier-
teres Verhältnis zu ihrem Bruder gehabt zu haben.

Eine häufige Form der höfischen *Divertissements* war die Aufführung von
Bühnenwerken – Singspielen, Balletten, Schauspielen, Masqueraden, u. dgl., –
wobei Mitglieder der herzoglichen Familie, adelige Gäste und Hofpersonal die
Rollen spielten. Im Jahre 1642 hatte Schottelius ein sogenanntes „Freudenspiel"
mit dem Titel *Friedens Sieg* geschrieben, „von lauter kleinen Knaben vorge-

stellet". Der neunjährige Anton Ulrich spielte die Rolle der ‚Fortuna' und die des ‚Henricus Auceps', der sechsjährige Ferdinand Albrecht vertrat den ‚Frieden' und ‚Cupido'. Schottelius rechtfertigt diese Art von Unterricht wie folgt:

> dadurch [werden] zugleich die Sprachen erlernet, die Ausrede wolklingend gebildet, die Lust zur Beredsamkeit eingetröpfelt, das Gedächtniß gestärket, der Verstand gescherfet, anstendliches Gebärde angenommen, undienliche Blödigkeit abgelegt und ein Tugendwilliges Hertz zu vielen Guten aufgefrischet.[5]

Wenn man bedenkt, daß Fortuna/Heinrich 270 Prosazeilen auswendig zu lernen hatte, während der sechsjährige Cupido unter anderen eine zweiundzwanzig-zeilige Periode rezitieren mußte, die aus einem einzigen Satz bestand, ist es kein Wunder, daß sich Ferdinand Albrecht sechsunddreißig Jahre später an seine Qual erinnert:

> ... [daß] Schottelius ihn allerhand Lustspiele zu spielen zwang / ehe Er kaum das ABC kunte / und wann Er mehr Lust was Fürstliches und rechtschaffenes als solche Possen zu lernen.[6]

Auch Sophie Elisabeth schrieb solche Schau- und Singspiele, in denen die Kinder auftraten.

Ernstere Krankheiten zu Beginn der fünfziger Jahre (1651 und 1653) verschafften dem langsam genesenden Anton Ulrich eine Mußezeit, die er zu ausgedehnter Lektüre französischer und italienischer Literatur nutzte. Wahrscheinlich entstanden in dieser Periode seine ersten Gedichte, geistliche Lieder „... bei müßigen stunden oftmals nach wirckung der gedanken aufgesetzet". Sie wurden in einem niedlichen Bändchen in den Schriftzügen des Herzogs selbst seinem Vater zur Neujahrsgabe 1655 überreicht. Die Sammlung enthält 34 Lieder mit einem Widmungsgedicht und trägt den einfachen Titel ‚Himlische Lieder'. Um einige weitere Lieder vermehrt erschien das Werk 1665 im Druck mit dem Titel *Geistliche Lieder*. Zwei Jahre später erscheint die Sammlung, jetzt auf 60 Lieder angewachsen und von Sophie Elisabeth mit Musiknoten für Deskant und Baß versehen, als *ChristFürstliches Davids-Harpfen-Spiel*. Mehrere weitere Ausgaben, Auflagen oder ausgewählte Teile erschienen bis zum Jahre 1734.

Anton Ulrichs Reisepläne waren an seinem sparsamen, wenn nicht geradezu geizigen Vater gescheitert. Erst im Juni 1655 erhielt er die ersehnte Erlaubnis zu einer Parisreise. Sein Weg führte über Göttingen, Frankfurt, Darmstadt und Stuttgart nach Neuenstadt (Württemberg), wo er einige Tage bei seiner Schwester, Clara Augusta, verbrachte, die 1653 den Herzog Friedrich von Württemberg-Neuenstadt geheiratet hatte. In Straßburg blieb er sechs Wochen und im September erreichte er Paris. Er verweilte dort sechs Monate, und es scheint, daß er sich nicht ohne Geschick auf dem gesellschaftlichen Parkett der Hauptstadt bewegt hat.

Allenthalben [ward er] von Königen und Fürsten mit höchster *tendresse* aufgenommen, inmassen er durch sein beliebtes und majestätisches Ansehen aller Augen und Herzen auf sich wandte.[7]

Er wurde vom König und von der Königin empfangen, besuchte Mazarin und veranstaltete eine *soirée musicale*, zu der „etzliche Fürstliche Personen" erschienen. Seine Bekanntschaft mit Mlle. de Scudéry führte zu einer Korrespondenz. zwischen ihr und seiner Schwester, Sibylla Ursula. Häufige Theaterbesuche blieben nicht ohne Wirkung, wie seine späteren Singspiele bezeugen. (Seine *Andromeda*, z. B., ist eine Umarbeitung der *Andromède* von Corneille.) Kurzum versuchte er sein kleines, in Frankreich so gut wie unbekanntes Herzogtum mit Würde zu vertreten und mit bescheidenem Stolz berichtete er von seinen Erfolgen:

> Der *duc de Modene* hat mir nebst vielen anderen fürsten auch eine visite gegeben, also dass das haus Braunsweig noch ziemlich consideriret wird. Gott gebe, dass ich nicht der iehnige sei, der diese consideration verringere.[8]

Er hat auch viele *objets*, im besten Touristengeist, gekauft, besonders Bücher, Gemälde, Graphiken und Geschenke. Sein Aufenthalt wurde jedoch durch finanzielle Nöte beeinträchtigt. Ob nun eigene Unvorsichtigkeit oder die Sparsamkeit seines Vaters der Grund war, eine standesgemäße Existenz scheint ihm nur hin und wieder möglich gewesen zu sein. Seinem Freund, dem Verleger Johann Stern schrieb er:

> Es gehet mir ietz gar zu elend, da ich etliche wochen ohne geld hie leben müssen, und noch von einem neüen wexel weder höre noch sehe. Wo ich nicht bald hülf bekomme, weis ich mich für schimpf nicht länger zu erretten.[9]

Er mußte beträchtliche Summen von Bankiers und persönlichen Freunden borgen, um durchzukommen, und von Zeit zu Zeit spürt man einen Ton der Verzweiflung in seinen Briefen. Wir wissen nicht, wie sein Vater auf seine Situation und seine Notlösungen reagiert hat. Mitte März verließ er Paris und kam am 23. April 1656 wieder in Wolfenbüttel an.

Im Jahre 1651 war Elisabeth Juliana, Herzogin von Holstein-Norburg, Anton Ulrichs Cousine, mit ihrer Mutter zu einem längeren Besuch nach Wolfenbüttel gekommen. (Ihre Mutter war die Schwester der ersten Frau des Herzogs August, deren zwei Kinder kurz nach der Geburt gestorben waren.) 1654, also noch vor der Parisreise, hatte sich Anton Ulrich mit ihr verlobt. Am 17. August 1656 feierten sie ihre Hochzeit, und zu dieser Gelegenheit verfaßte Anton Ulrich sein erstes Bühnenwerk, das Ballett, *Frühlings-Ballet, Oder: Dy Vermählung des Phoebus mit der Flora*. Es ist möglich, daß er das Werk schon in Paris oder kurz nach seiner Rückkehr angefangen hat, denn wir lesen im *Vorbericht*:

> Es [= das Werk] war im Frühling gebohren, daher es auch den Namen / nebenst denen anderen Vorstellungen / so selbiger Zeit beyzumessen / unveränderlich behalten.[10]

Die Verfasserschaft, vor kurzem noch umstritten, kann jetzt mit einiger Sicherheit dem Herzog zugeschrieben werden.

Damit beginnt die lange Reihe seiner Bühnendichtungen – es sind insgesamt 17 Werke, die zu verschiedenen festlichen Angelegenheiten verfaßt wurden.[10a] Die jährliche Geburtstagsfeier des alternden Herzogs (1656 war er 77 Jahre alt) war jeweils der Anlaß zu großen Feierlichkeiten und fast jedes Jahr, bis zum Tode des Herzogs (1666) schrieb Anton Ulrich ein kleines Werk, dessen Aufführung er sorgfältig überwachte. Er selbst sang oder tanzte eine Hauptrolle, dirigierte die Aufführung, verteilte die Rollen unter Familienmitglieder und jeweilige Gäste des Hofes. Leider ist die Musik, deren größten Teil wohl der Kapellmeister, Johann Jacob Löwe, komponiert hat, spurlos verschwunden. Die Choreographie hat wahrscheinlich der Tanzmeister, Ulric Roboam de la Marche, konzipiert. Im Jahre 1657 wurde das Singspiel *Amelinde* zum 79. Geburtstag des Herzogs aufgeführt. (Nach damaligem Brauch rechnete man den Tag der Geburt als den ersten Geburtstag. August war 78 Jahre alt.) Im nächsten Jahr folgte noch ein Singspiel, *Regier-Kunst-Schatten*, auch zum Geburtstag des Herzogs, und im folgenden Jahr (1659) erschienen zwei Singspiele, *Andromeda* und *Orpheus*, zu den Geburtstagen des Herzogs und der Herzogin, wie auch ein Ballett *(Ballet des Tages)*. 1660 erschien das *Ballet der Natur*, und im nächsten Jahr eine kleine Masquerade *(Masquerade der Hercinie)* und ein weiteres Singspiel *(Iphigenia)*. *Jacobs des Patriarchen Heyrath*, ein Singspiel, war der Geburtstagsgruß für 1662 (August war 83 Jahre alt, ein sehr ehrwürdiges Alter im 17. Jh.), und möglicherweise auch das kleine Singspiel *Des Trojanischen Paridis Urtheil*, dessen Verfasserschaft allerdings immer noch umstritten ist. Im Jahre 1663 erschienen vier Werke, zwei Singspiele *(Selimena* und *Daniel)* und zwei Ballette *(Ballet der Gestirne* und *Ballet der Diana)*. *Daniel* wurde in diesem Jahr zweimal aufgeführt (und mit jeweils einem neuen Titelbogen gedruckt), das zweite Mal für die Hochzeitsfeier der Schwester, Sibylla Ursula, für die auch das *Ballet der Diana* geschrieben wurde. Das *Ballet der Gestirne* dagegen wurde anläßlich der Hochzeit der anderen Schwester, Maria Elisabeth, aufgeführt. 1663 war also ein festliches Jahr für den kleinen Hof.

Danach hörten die jährlichen Feierlichkeiten aus unbekanntem Grunde auf. Herzog August lebte bis 1666, aber wir besitzen keine anderen Werke, die ihm gewidmet sind. Zwar existiert noch ein Singspiel, *Davids und Jonathans Treuer Liebe Beständigkeit*, 1685 datiert und nachlässig und fehlerhaft geschrieben. Ein Gedicht, das sowohl in diesem Werk als auch in einem ungedruckten Fragment des *Octavia*-Romans erscheint, läßt jedoch vermuten, daß es möglicherweise Anton Ulrich verfaßt haben könnte. Ein weiteres Drama, das später in ein Singspiel umgearbeitet worden ist, wäre noch zu erwähnen: *Die verstörte Irminseul*, die vermutlich 1669 verfaßt wurde.

Zwar sind im Laufe der Zeit auch verschiedene andere Bühnenwerke Anton Ulrich zugeschrieben worden, aber die hier genannten sind die einzigen, für die seine Verfasserschaft als einigermaßen sicher gelten kann. Die Bühnendichtungen existieren heute meistens nur in zwei oder drei Exemplaren einer bescheidenen Edition, hauptsächlich für die an der Aufführung Beteiligten und für Gäste gedacht, die bei der Feier anwesend waren. Zwei Texte sind auch in einer zweiten Ausgabe vorhanden, die wahrscheinlich in Rudolstadt gedruckt wurde. Aemilie Juliana, Gräfin von Barby und Mühlingen, weilte lange Jahre am Wolfenbütteler Hof und war in verschiedenen Aufführungen aufgetreten. Im Jahre 1665 hat sie Albrecht, Fürst von Schwarzburg-Rudolstadt, geheiratet, und nichts wäre natürlicher gewesen, als daß sie etliche Spiele oder Ballette, in denen sie früher aufgetreten ist, nach Rudolstadt gebracht hätte, um sie dort aufführen zu lassen. Im Jahre 1659 wurde Anton Ulrich in die *Fruchtbringende Gesellschaft* mit dem Namen „der Siegprangende" aufgenommen, was jedoch nicht unmittelbar als eine Anerkennung seiner literarischen Verdienste zu verstehen ist.

Zur selben Zeit, da Anton Ulrich die Bühnentätigkeit eingestellt hatte, begann seine Arbeit an dem ersten großen Roman: *Die Durchleuchtige Syrerin Aramena*. Die Entstehung dieses Romans ist fast so verwickelt wie der Roman selbst. Die Neuentdeckung des Manuskripts der Urfassung läßt vermuten, daß nicht Anton Ulrich sondern seine Schwester, Sibylla Ursula, die erste Version geschrieben hat, oder zumindest daß Bruder und Schwester daran zusammen gearbeitet haben, denn die Schriftzüge des Manuskripts sind die der Herzogin.[11] Anton Ulrich hat dann diese primitive Fassung umgearbeitet, abschreiben lassen und seine Version an seinen alten Freund und ehemaligen Präzeptor, Sigmund von Birken, nach Nürnberg geschickt. Birken hat das ganze Manuskript revidiert, geschliffen, abgeschrieben und an den Verleger, Johann Hofmann, weiter befördert. So erschienen in Nürnberg von 1669 bis 1673 die fünf Bände (3882 Seiten) der *Aramena*, ein Band pro Jahr. Birken hat das Ganze nicht nur revidiert, sondern auch Teile davon geschrieben. Andere Freunde des Herzogs waren ebenfalls daran beteiligt. Im fünften Band, der den Obertitel *Mesopotamische Schäferei* trägt, finden wir verschlüsselte Teile, die Persönlichkeiten und Episoden des Hoflebens beschreiben. Eine zweite Ausgabe des ganzen Romans erschien zwischen den Jahren 1678 und 1680, auch bei Hofmann in Nürnberg. Das kleine Drama im fünften Band, *Schäferspiel von Jacob, Lea und Rahel* (oft mit dem Singspiel *Jacobs des Patriarchen Heyrath* verwechselt) stammt aus der Feder Birkens.

Der zweite große Roman, *Octavia, Römische Geschichte*, hat vielleicht eine noch kompliziertere Entstehungsgeschichte. Die erste Edition, ebenfalls von Birken revidiert, erschien von 1677 bis 1679 in drei Bänden bei Hofmann in Nürnberg. Der Tod Birkens 1681 kann die Ursache gewesen sein, daß die Fortsetzung mehr als zwanzig Jahre auf sich warten ließ. Ein zweiter Druck dieser drei Bände erschien 1685, 1687 und 1702. Darauf wurde der Roman in drei weiteren Bänden fortgesetzt (Band IV in zwei Teilen). Sie erschienen von 1703 bis 1707.

Ein neuer Druck dieser sechs Bände erschien im Jahre 1711. Zwei weitere Ausgaben erschienen in Braunschweig, davon eine undatiert. Die andere trägt im ersten Band das Datum 1712. Schließlich erschien fünfzig Jahre später, 1762, lange nach dem Tode des Herzogs, ein siebter Band bei Trattnern in Wien. Verschiedene Amanuenses haben Birkens Rolle übernommen. Die vollkommene Entstehungsgeschichte wird sich jedoch erst nach dem geplanten Druck der historisch-kritischen Ausgabe rekonstruieren lassen.[12]

Nach dem Tode des alten Herzogs (1666), wurde der älteste Sohn, Rudolf August, regierender Herzog. Das Testament des Vaters, in dem augenscheinlich eine Verteilung der Länder vorgesehen wurde, ist merkwürdigerweise verschwunden, aber wir wissen, daß Anton Ulrich, obwohl von seinem Bruder bescheiden kompensiert, finanziell einigermaßen beschränkt und politisch im Schatten blieb. Rudolf August hat ihn im folgenden Jahr zum Statthalter ernannt, aber die Stelle war anfänglich nur ein Zeichen der Ehre und Versöhnung. In den folgenden Jahren hatte Anton Ulrich reichlich Muße, um an seinem Roman zu schreiben. Es gibt jedoch Anzeichen, daß er allmählich über die Jahre mehr und mehr politischen Einfluß gewann, bis er endlich im Jahre 1685 zum Mitregenten des Bruders erklärt wurde. In der Zeit von 1657 bis 1672 hat ihm seine Frau, Elisabeth Juliana, fast jedes Jahr ein Kind zur Welt gebracht – sieben Jungen und sechs Mädchen, von denen sechs kurz nach der Geburt gestorben sind. Der älteste Sohn, August Friedrich, ist mit neunzehn Jahren bei der Belagerung Philippsburgs gefallen. Der zweitälteste, August Wilhelm, heiratete seine Cousine, die Tochter Rudolf Augusts. Da dieser keine Söhne hatte und da er nach dem Tode seiner Frau die Ehe mit einer Friseurstochter einging, wurde es offensichtlich, daß die Erbfolge an August Wilhelm fallen würde. In der Zeit zwischen dem Tode seines Vaters und seiner Mitregentschaft ist Anton Ulrich dreimal nach Italien gereist. Jedes Mal verweilte er eine Zeitlang in Venedig, um den Karneval und besonders die Oper zu besuchen.

Als Mitregent (bis zum Tode des Bruders, Anfang 1704) gewann Anton Ulrich rasch die Überhand in allen Bereichen. Politisch war diese Periode durch den Vetternzwist in Braunschweig-Lüneburg bestimmt, wobei die drei Zweige des Welfenhauses, Hannover, Celle und Wolfenbüttel andauernd mit- und gegeneinander intrigierten, um das politische Hauptgewicht zu gewinnen. Ein Höhepunkt war die erfolgreiche Belagerung der aufständischen Stadt Braunschweig im Jahre 1671 durch die drei Welfenherzöge, von der Anton Ulrich später behauptet hat: „[Es] ist gleichwohl einzig und allein meiner in der Thatt mühsamen unterbauung beyzumessen."[13] Dann, als Kulmination des Widerstandes des Wolfenbütteler Hauses gegen die Investitur des Elektorats an den Herzog von Hannover (Ernst August), greift ein feindliches Heer in das Herzogtum Wolfenbüttel ein, was eine Niederlage für Anton Ulrich darstellte.

Aber trotz der ewigen Zwistigkeiten hatte Anton Ulrich reichlich Gelegenheit, seinen wachsenden Einfluß auf anderen Gebieten spüren zu lassen. Im Jahre

1687 gründete er eine sog. Ritterakademie, eine Art höhere Schule, wo sich die jungen Edelleute nicht nur den herkömmlichen klassischen Studien, sondern auch ihrem Stand gemäßeren Fächern und Exerzitien widmen konnten. Reiten, Fechten, aber auch Singen, Tanzen und gutes Benehmen waren Teile des Lehrplans. Hauptsächlich wegen Mangels an guten Lehrkräften fand die Akademie keinen großen Anklang. In den drei Jahren bis 1690 lag die Anzahl der Schüler zwischen 20 und 30, danach weniger als 10, bis die Akademie im Jahre 1713 einging. Sie war allenfalls ein interessantes Experiment.[13a]

Andererseits hatte Anton Ulrichs großes Interesse für die Oper ihn dazu geführt, ein Opernhaus hinter dem Schloß in Wolfenbüttel bauen zu lassen, und ebenfalls das große Theater in Braunschweig, „das vollkommenste aller norddeutschen Theater".[14] In diesen beiden Häusern, wie auch in seinem Lustschloß zu Salzdahlum wurden die besten italienischen und französischen Opern aufgeführt. Aber nicht nur ausländische Stücke, auch die deutsche Oper wurde gepflegt. Unter den ersten ständigen Bühnen in Deutschland boten die Theater zu Braunschweig und Wolfenbüttel deutschen Künstlern ungewöhnliche Möglichkeiten. Friedrich Christian Bressand, ein talentierter Librettist, wurde von Anton Ulrich angestellt, und die Komponisten Johann Sigismund Kousser, Georg Kaspar Schuermann und Johann Rosenmüller fanden hier Gelegenheit, ihre Werke aufgeführt zu sehen. (Kousser und Schuermann gehören zu den wenigen prominenten deutschen Opernkomponisten im 17. Jh.)[15] Das Schloß zu Salzdahlum wurde ca. 1697 fertiggestellt. Hier hatte Anton Ulrich nicht nur einen Theatersaal, sondern auch eine Orangerie, künstliche Brunnen, Gärten, seine Raritäten- und Gemäldesammlungen. Hier fand er seine Ruhe von den Spannungen des Hofes, schrieb an seinem *Octavia*-Roman, und trat gelegentlich in den Balletten und Schauspielen selbst auf. Der vielbewunderte Bau, nach französischem Vorbild, wurde dann später von Jérôme, König von Westfalen und Bruder Napoléons, vollkommen zerstört.

Rudolf August hatte, teils aus Mangel an Interesse, teils wegen seiner beschränkten finanziellen Mittel, nicht nur das Theater, sondern auch die Bibliothek seines Vaters vernachlässigt. Auch hier sorgte sein Bruder für Abhilfe. Erstens gliederte er seine eigene Büchersammlung der Sammlung seines Vaters ein, dann 1691 gewann er Leibniz für die Stelle des Bibliothekars. Im festen Glauben, daß eine Bibliothek nicht stillstehen kann, systematisierte Leibniz den Katalog und war bemüht, durch Einkaufen von Büchern und Manuskripten mit den Neuerungen auf den verschiedensten Gebieten Schritt zu halten. Im Jahre 1705 wurde mit dem Bau einer neuen Bibliothek begonnen.

Durch geschickt geplante Heiratspolitik brachte es Anton Ulrich zuwege, daß seine Enkelin, Elisabeth Christine, Tochter seines jüngsten Sohnes, Ludwig Rudolf, den Bruder des Kaisers, König Karl I. von Spanien (den späteren Kaiser Karl VI.) heiratete. Ihr berühmtestes Kind war bekanntlich Maria Theresia. Eine zweite Enkelin, Charlotte Christine, heiratete 1711 Alexis, Zarewitsch von

Rußland. Sie war die Mutter Peters II. Im Jahre 1709 hat Anton Ulrich seine Religion gewechselt und wurde römisch-katholisch. Wahrscheinlich hatte ihn dazu die Hoffnung bewegt, durch Kaiser Joseph I. zum Regenten in Köln und Hildesheim, mit dem dazu gehörigen Kurrecht, ernannt zu werden. Zumindest könnte dieser Gedanke sein Gewissen beschwichtigt haben. Am 26. März 1714, im achtzigsten Lebensjahr, ist er nach einem feierlichen Abschied von seiner Familie und Angehörigen gestorben.

Anton Ulrichs künstlerische Tätigkeit hat drei deutlich getrennte Phasen: die geistlichen Lieder seiner Jugend, die Theaterdichtungen der fünfziger und sechziger Jahre und die beiden großen Romane, an denen er von den frühen sechziger Jahren bis zu seinem Tode gearbeitet hat. (Noch auf seinem Sterbebett schrieb er an seiner *Octavia*.) In diesen drei Gattungen hat er für die Literaturgeschichte beachtenswerte Leistungen zurückgelassen, die vielleicht erst jetzt mit der historisch-kritischen Ausgabe seiner Werke zur Geltung kommen werden.

Die g e i s t l i c h e n L i e d e r formen in der Urfassung von 1655 einen lockeren Zyklus, der eine gewisse Progression aufweist. Die ersten Lieder sind Tages- und Wochenzeitlieder, die im Tage des Herrn kulminieren. Darauf folgen Lieder, die mit kirchlichen Gebräuchen zu tun haben und allmählich zur Jesusminne und Weltabsage führen, dann Andachtslieder, die vom barocken Thema der Vergänglichkeit über das des unbeständigen Lebens zur Todesbetrachtung führen. Zwei Freundschaftslieder am Ende scheinen nicht ganz in das Schema hineinzupassen, doch führen sie das Thema der Unbeständigkeit, diesmal im menschlichen Bereich, weiter. Etliche Gedichte, die wirklich den zyklischen Rahmen sprengen, verleihen dem ganzen eine gewisse Spontaneität. Dadurch daß die Anzahl der Gedichte in jeder weiteren (gedruckten) Ausgabe vermehrt wurde (schon die zweite Ausgabe von 1667 hat fast den doppelten Umfang), wird der zyklische Charakter der Sammlung zerstört. Obgleich sich auch heute noch ein paar dieser Gedichte in den kirchlichen Liederbüchern finden, und zwar in der Vertonung Sophie Elisabeths, wurden sie eher als Ausdruck privater Andacht denn zum öffentlichen Gebrauch geschrieben. Sie sind ganz im Sinne der meditativen Andachtsbücher der Zeit konzipiert, wobei das Dichten selbst als fromme Handlung, als Teil eines persönlichen Gottesdienstes betrachtet wurde. Obgleich auch die frühe ungedruckte Fassung ein gewisses dichterisches Talent zeigt, werden alle späteren Fassungen von Anton Ulrichs literarischem Mentor, Sigmund von Birken, revidiert, geschliffen und zum Druck befördert. Birken hat auch die *Vor-Ansprache zum Leser* geschrieben, in der er die Lieder ganz als Gebete betrachtet, „von einer Hoch Fürstlichen Person / GOtt zu Ehren und zu eigner Herzens-andacht / aufgesetzet". Der junge Anton Ulrich, streng lutherisch erzogen, muß die Lieder zu verschiedenen Zeiten und mit Abständen als Andachtsübung geschrieben haben. Die Qualität ist nicht gleichmäßig, es gibt holprige Stellen, und die Sprache ist dem Thema nicht immer gewachsen. Die späteren Fassungen dagegen sind poliert und nach den Opitzschen Regeln revidiert. Das bekannteste Lied ist wohl das *Sterbelied* („Es ist genug! mein matter sinn . . ."), das in sehr vielen Anthologien seinen Platz gefunden hat.

Wie die geistlichen Lieder nicht für die Öffentlichkeit bestimmt waren und nur durch Birken zum Druck befördert worden sind, so waren auch die B ü h - n e n d i c h t u n g e n nur für das Hofzeremoniell bestimmt. Sie wurden in der Form bescheidener „Textbücher" zu unmittelbarem Gebrauch des auftretenden Hofpersonals und zur Erinnerung der Gäste gedruckt. Heute existieren einige nur in einem oder zwei Exemplaren, und selbst die Herzog August Bibliothek in Wolfenbüttel besitzt kein einziges Exemplar des *Jacob*. Erst bei der Veröffentlichung der hist.-kritischen Ausgabe werden alle neugedruckt vorliegen. In thematischer Hinsicht ergeben sich fünf Gruppen der Singspiele:

1. *Christliche Allegorien.* Zu dieser Gruppe gehören die beiden, miteinander eng verwandten Singspiele, *Amelinde* (1657) und *Selimena* (1663). *Amelinde* bietet eine mehrschichtige allegorische Form. In der Vorrede werden die Rollen der neun handelnden Personen an die neun Musen verteilt, die auch von herzoglichen Familienmitgliedern und Gästen gespielt werden, so daß eine jede Person, sich selbst vertretend, auch eine gewisse Rolle in dem Spiel jedoch in der Persona einer Muse übernimmt. Das Stück selbst ist ein typisches kleines Schäferspiel, gewinnt aber an Bedeutung dadurch, daß die Rollen auch jeweils allegorisch zu interpretieren sind. Eine Schäferin (Amelinde, die Seele) liebt einen „Hirten" (Coelidamas, „den schönsten Seelen-Hirten", = Jesus), der aber verkleidet ist. In Wirklichkeit ist er ein Fürst, Sohn des mächtigsten Königs (Deodas = Gott). Volamis (das Fleisch oder die Wollust), Sohn des Königs Trompiares (= der Teufel) und der Königin Mondiane (= die Welt) wirbt um Amelinde. Durch seinen Glanz und Stand verführt und auf Geheiß der Königin (der Welt) entschließt sich Amelinde, ihn zu heiraten und ihrem Hirten untreu zu werden. Ihre Freundin Coeliflor (= der Glaube) verrät ihr die wahre Identität des Coelidamas, und sie bereut ihre Wahl. Andere barocke Themen, wie z. B. der Scheintod der Amelinde durch einen Schlaftrunk, der für Gift gehalten wird, tragen zu den Komplikationen des Stücks bei, bis schließlich Coelidamas der Untreuen verzeiht und beide, i. e. Jesus und die Seele, am Ende vereinigt werden.

Selimena weist eine kompliziertere Handlung, eine gewandtere Handhabung der Verse und eine größere Vielfalt der handelnden Personen auf, folgt aber dabei demselben allegorischen Schema. Hier ist Selimena die Seele, Deocharus die Jesus-Figur. Terrasius bedeutet den Leib, Freudiane „die Freud und Seeligkeit", während der Teufel hier Satanides und seine Frau (die Sünde) Sundemire heißen. In den beiden Stücken ist der Nexus einerseits und die Schlüssigkeit der allegorischen Sinnebene ohne jeden Zwang durchgehalten. Ohne Zweifel zählen diese Texte als geistlich-moralische Libretti zu den besten des Jahrhunderts. Sicher sind sie der bekannteren Opitzschen *Dafne* oder der Harsdörfferschen *Seelewig* überlegen.

2. *Klassische Stücke.* Die drei Singspiele, *Andromeda, Orpheus* und *Iphige-*

nia sind möglicherweise alle drei Umarbeitungen französischer Quellen. Auch bei diesen Stücken sieht man eine gewisse stilistische und thematische Entwicklung. *Iphignia* ist das vollendetste der drei Stücke, und man spürt Anton Ulrichs zunehmendes Selbstbewußtsein darin, daß er mitten in dem klassischen Milieu einen humoristisch konzipierten Hofnarren auftreten läßt, der in den streng eingehaltenen Alexandrinern rhythmisch stottert! *Des Trojanischen Paridis Urtheil* dagegen ist ein kurzes, ziemlich belangloses Stück, das aus einer einzigen Szene besteht. Sein Titelblatt nennt keine besondere Feierlichkeit. Die Verse sind holprig und ungelenk und voller unreiner Reime. Wenn es tatsächlich von Anton Ulrich stammt, dann muß es eine erste, unvollendete und unrevidierte Skizze gewesen sein. Anton Ulrichs Talent, seinen Quellen in sich gerundete, szenisch wirksame Vorgänge zu entnehmen, zeigt sich in seinen klassischen Stücken am deutlichsten. Seine Handlungen sind straff und gelegentlich wirklich dramatisch, was bei der allgemeinen allegorischen Tendenz des barocken Dramas eher Ausnahme als Regel ist. Einige der Stücke setzen eine ziemlich raffinierte Bühnenmaschinerie voraus.

3. *Didaktisches Stück.* Anton Ulrichs zweites Singspiel, *Regier-Kunst-Schatten* (1658) verwendet zwar auch klassische Stoffe, jedoch in entschieden didaktischer Absicht. In diesem kleinen Fürstenspiegel unterweist ein Hofmeister den Fürsten. Fünf moralische Lehrsätze werden durch kleine anekdotenhafte Geschichten aus dem klassischen Altertum illustriert. Jede Geschichte mit Rahmenszene (Hofmeister-Fürst) wird in einem Akt vorgeführt und jeder Akt ist für sich selbständig. Dieses Stück ist jedoch keine selbständige Leistung Anton Ulrichs sondern „eine freie Bearbeitung"[16] des wenig bekannten Dramas von Gillet de la Tessonerie *L'art de regner, ou le sage gouverneur,* das zur Erziehung des fünfjährigen Ludwig XIV. geschrieben wurde, was nicht ausschließt, daß sich Anton Ulrich seinen eigenen, strengen Präzeptor, Justus Georg Schottelius, als den pedantischen Hofmeister vorgestellt hätte.

4. *Biblische Stücke.* Jacobs des Patriarchen *Heyrath* (1662) und *Der Hoffmann Daniel* (1663) fallen bereits in die Zeit der Vorarbeiten zur *Aramena,* also in eine Phase, in der biblische Themen dominieren. Wie erwähnt, hat auch Birken ein Stück *Jakob, Lea und Rahel* geschrieben, das Anton Ulrich in den fünften Band seiner *Aramena* aufgenommen hat, aber die beiden das gleiche Thema behandelnden Werke scheinen vollkommen selbständig voneinander entstanden zu sein. *David und Jonathan* dagegen ist ein kleines Machwerk in drei Szenen, dessen Zuschreibung an Anton Ulrich wieder fraglich ist. Der honigsüße Ton der Liebesergüsse zwischen den beiden Freunden würde heutzutage ohne weiteres als homosexuell bezeichnet werden. Dagegen ist der *Daniel* vielleicht Anton Ulrichs reifstes Bühnenwerk. Nicht zufällig lautet der Titel „Der Hoffmann", denn das Stück illustriert die Intrigen und Tücken des Hofes und die fast unüberwindlichen Hindernisse, die sich dem ehrlichen Höfling am barocken Hofe entgegenstellen.

5. *Einheimische Stücke. Die Verstörte Irmenseul*, Anton Ulrichs einziges „Schauspiel", wurde vermutlich ohne musikalische Einlagen konzipiert, dann aber viel später, wahrscheinlich von einem anderen, zu einer besonderen Feierlichkeit mit Arien versehen und als Singspiel aufgeführt. Die Arien sind nicht sonderlich gelungen und scheinen ihrem jeweiligen Kontext recht willkürlich eingefügt zu sein. Es ist eine barocke, tendenziöse Darstellung der Bekehrung der Sachsen durch Karl den Großen. Anton Ulrichs Meisterschaft der komplizierten Handlung und seine Fähigkeit, seinen Stoff knapp, doch prägnant zu fassen, kommen hier vollkommen zur Geltung. Das religiöse Motiv dominiert, ohne jedoch dem Stück die Lebendigkeit und selbst eine gewisse dramatische Spannung zu nehmen. (Auch die Masquerade *Hercinie* bringt einheimische Motive, die sich vor den niedersächsischen Kulissen abspielen.)

Anton Ulrich hat fünf Ballette und die eben erwähnte Masquerade geschrieben. Sie waren ohne Ausnahme für höfische Feierlichkeiten verfaßt und sämtlich allegorischen Charakters mit einer bunten Mischung von Figuren – Götter und Göttinnen, Musen und Grazien, aber auch einheimische Krämer, Schäfer, Glasbläser, Kohlenbrenner, schließlich personifizierte Elemente, Planeten, Zephyren, u. dgl. Gewöhnlich hält sie ein fester Rahmen zusammen, wie z. B. der Tag und die Tageszeiten, oder die Natur und die Jahreszeiten, oder die Gestirne, usw. „Was den Wert dieser Bühnendichtungen ausmacht, ist trotz der Vielfalt der poetischen Einfälle eben nicht die Erfindung allein, sondern das Zueinanderordnen vorgegebener Grundsituationen, die sich in nichts von dem verbindlichen barocken Bildungsideal unterscheiden."[17] Bei jedem findet man dramatische, lyrische und gedankliche Teile.

Die Singspiele, wie auch die Ballette, stellen eigentlich eine Mischgattung dar, halb Schauspiel, halb Oper bzw. Ballett. In den Singspielen wurde gesungen und rezitiert, aber da die Arien nur selten als solche bezeichnet sind, läßt sich nicht mit Bestimmtheit sagen, welche Teile gesungen und welche deklamiert wurden.[17a] Natürlich scheinen die der Form nach lyrisch konzipierten oder rhythmisch unregelmäßigen und in Strophen geordneten Verse eher zum Singen geeignet, während sich die Alexandriner, oft lange erzählende Passagen enthaltend, eher zum Rezitieren eignen. Auch bei den Balletten finden wir eine Mischung von Tanz, Gesang und, wahrscheinlich, Rezitation. Es sind die sog. Singballette, die Anton Ulrich in Frankreich kennenlernte. Ballett und Singspiel sind engverwandte Gattungen – es liegt nahe zu behaupten, daß die beiden nur als anders gerichtete Reflexe derselben Schauspielform zu betrachten sind, wobei in der ersten Gattung der Nachdruck auf dem Tanz, in der zweiten auf dem Gesang liegt. Von der Choreographie wissen wir noch weniger, aber da die Tänze nicht von Berufstänzern ausgeführt wurden, sondern von adligen (bisweilen bürgerlichen) Gästen und Familienmitgliedern, bestanden sie höchstwahrscheinlich aus den üblichen, allen Höflingen bekannten Tanzbewegungen der Suite. Ob die Entreegedichte gesungen oder melodramatisch vorgetragen wurden, bleibt ebenfalls dahingestellt. Bis sich die Kritik eingehender mit der Librettoform befaßt und bis Neudrucke der verschiedenen Arten solcher an den barocken Höfen Deutschlands aufgeführten Festspiele vorliegen, lassen sich die Leistungen des Wolfenbütteler Herzogs nur schwer abschätzen.

Anton Ulrichs größtes literarisches Verdienst liegt jedoch auf dem Gebiet des R o m a n s , und die beiden Großromane hat man „die vollkommensten Erzeugnisse der höfischen Barock-Epik"[18], genannt. Selbst Goethe läßt seine „schöne Seele" bemerken: „Aber die römische Oktavia behielt vor allen den Preis: die Verfolgungen der ersten Christen, in einen Roman gekleidet, erregten bei mir das lebhafteste Interesse."[19] Sicher hat Anton Ulrich den sog. höfisch-historischen Roman zu einem Höhepunkt gebracht, der in dieser Gattung nie wieder erreicht worden ist.

Die *Aramena* weist eine labyrinthische Struktur auf, bei der sich die Handlung ruckweise mittels eingestreuter Episoden – Rückblendungen, die das Skelett der Rahmenhandlung einfleischen – vorwärts bewegt. Wir lernen gewisse Personen *media in re* kennen, hören dann Berichte über ihre Vergangenheit, wobei sie mit anderen Persönlichkeiten in Kontakt kommen, die dann später eine selbständige Rolle im Romangeschehen spielen. Die üblichen barocken Kunstgriffe sind überall zu finden: vertausche Identitäten, wobei sich beispielsweise Bruder und Schwester ineinander verlieben, Rollentausch (Könige, die als Schäfer verkleidet sind), Scheintod und Scheinehe, alles in alttestamentarischer Zeit, wo biblische Figuren als handelnde Personen auftreten. Ein großartiges, breit angelegtes Kompositionsschema vertritt hier eine kleine Welt, eine barocke Welt, in der Schein und Sein, Rolle (Maske) und wahre Identität, Freiheit und Gebundenheit, Wirklichkeit und Illusion scheinbar willkürlich aufeinander folgen. Aber der feste Grund in allem Willkürlichen und Chaotischen ist ein göttlicher Plan, eine Gottesordnung, die einer jeden, scheinbar sinnlosen Handlung Richtung und Zweck verleiht. Fortuna ist ein Agent des Scheins, der aber letztlich auch der göttlichen Providentia dient. Das Ganze beweist nur die menschliche Unfähigkeit, dahinter zu kommen. Der Roman ist ein grandioser Beweis für die Allmacht Gottes, der die Rolle des unsichtbaren Regisseurs spielt und die menschlichen Marionetten lenkt. Der Mensch hat einen freien Willen, aber wehe ihm, wenn er sich auf seinen Verstand verläßt: die scheinbar vernünftige Handlung entpuppt sich als ein unmittelbar zur Katastrophe führender Schritt. Die Existenz liegt außerhalb der menschlichen Vernunft. Der Leitfaden ist vielmehr die beständige, tapfere Tugend in der Liebe, und nur diese Tugend kann den Menschen durch das Labyrinth lotsen. In diesem komplexen Weltbild ist selbst der Schein nur scheinbar Schein. Eine dritte Ebene ist die des falschen Scheins, eine fiktive Scheinwelt, in der der Mensch eine f a l s c h e Rolle spielt, die nicht vorherbestimmt, sondern von der eigenen Willkür abhängig ist. Der Roman verkörpert die barocke Weltanschauung von dem Standpunkt der höfischen Aristokratie aus betrachtet, und kann nur mit barocker Rezeptionsfertigkeit gelesen werden.

Die *Octavia* dagegen ist ein reiferes Werk, und obwohl hier wie in der *Aramena* dieselben Stil- und Aufbauprinzipien gelten, kann man schon in der über 40 Jahre dauernden Arbeit deutlich die Merkmale eines neuen Zeitalters erkennen. Man kann von einer „Rhetorik klassiszistischer Prägung" sprechen, „die aus dem Stilbereich des Barock hinaus und auf den der frühen Aufklärung verweist".[20] Man findet kein barockes Schwelgen in der Beschreibung, weder von Personen noch von Ereignissen; eher ist das leitende Stilprinzip die Klarheit und Rationalität der Darstellung. Person und Handlung bilden eine Einheit, die bereits psychologisch gedeutet werden kann. Die historischen Figuren aus der Zeit Neros sind nicht mehr barocke Maskenträger oder typologische Repräsentanten quasi-allegorischer Richtungen, sie sind auch keine blasse Imitation der historischen Persönlichkeiten. Sie fügen sich in einen einheitlichen, sorgfältig motivierten Handlungsgang, der sich logisch und konsequent auf sein Ziel zu bewegt. Man könnte diesen Roman mit Recht als die Brücke bezeichnen, die vom Barock zur Frühaufklärung hinüberführt. Dabei müßte man auch hinzufügen, daß Anton Ulrichs souveräne Meisterschaft der kompliziertesten und weitreichendsten Handlungsgefüge, seine Fähigkeit, Personen und deren Verhältnisse miteinander lebendig und spannungsvoll zu beschreiben, und vor allem sein klarer und prägnanter Sprach- und Erzählstil ihresgleichen erst wieder in der Goethezeit finden.

Die untergeordnete Bedeutung der Literatur im 17. Jh. und die illustre Position des Herzogs waren wohl der Grund, weshalb all seine Werke anonym erschienen. Dieser Umstand und die spärlichen Zeugnisse zeitgenössischer Leser verdunkeln die Rezeptionsgeschichte seiner Werke im 17. Jh. Die wenigen Leser (u. a. Catharina Regina von Greiffenberg, Leibniz, Birken und sein Kreis), die im Bilde waren und von denen wir persönliche Reaktionen besitzen, waren voll Bewunderung. Catharina Regina behauptet, daß sie die ganze *Aramena* mehr als zwanzig Mal gelesen hat. Und, wie oben erwähnt, ließ selbst Goethe ein günstiges Wort über die *Octavia* fallen. Es scheint aber, daß die Leser der folgenden Jahrhunderte weder Zeit noch Neigung hatten, solche unendlich langen Romane zu lesen oder zu imitieren, und außer den wenigen verstreuten Liedern in den Kirchenliederbüchern finden wir im späten 18. und im 19. Jh. kaum noch eine Spur von Anton Ulrichs Werk. Erst jetzt werden diese Werke wieder neu gedruckt, im Reprint (die Lieder, *Aramena*) oder als Teil der jetzt erscheinenden historisch-kritischen Ausgabe der sämtlichen Werke. Diese Neudrucke und die Arbeit der Anton-Ulrich-Arbeitsstätte in Wolfenbüttel versprechen neue Züge im Bild des herzoglichen Literaten.

Anmerkungen

Texte

Anton Ulrich Herzog zu Braunschweig und Lüneburg, Werke, Historisch-Kritische Ausgabe. Bühnendichtungen, I, 1, I, 2 (Bibliothek des literarischen Vereins in Stuttgart, Bd. 303 f.). Unter Mitwirkung von Maria Munding und Julie Meyer herausgegeben und eingeleitet von Blake Lee Spahr. Stuttgart 1982-3.

Lyrik

ChristFürstliches Davids-Harpfen-Spiel: zum Spiegel und Fürbild Himmel-flammender Andacht . . . Nürnberg, 1667.

Bühnendichtungen

A. Singspiele

Amelinde, Oder: Dy Triumphirende Seele . . . Wolfenbüttel [1657].

Regier-Kunst-Schatten, Oder: Vorstellung etlicher Beschaffenheiten, welche einem Potentaten vorträglich oder nachtheilig seyn können . . . Wolfenbüttel [1658].

Andromeda, Ein Königliches Fräulein aus AEthiopien, des Cepheus und der Cassiope Tochter, Wie Sie an einen See-Felsen angefässelt, und einem Meer-Drachen übergeben, endlich aber vom Perseus erlöset . . . Wolfenbüttel [1659].

Orpheus aus Thracien, Der Calliope und deß Apollinis Sohn, Wie er seine Eurydice nach ihrem Tode unter der Erden gesuchet, gefunden, und wieder verlohren, auch selbst elendiglich umbkommen . . . Wolfenbüttel, [1659].

Iphigenia, ein königliches Fräulein, Agamemnonis, der Mycenen und Argiver Königes Tochter, Wie Sie Clytemnestrae ihrer Mutter entführet, der Diana zum Opffer dargestellet, iedoch aus mitleiden wieder ausgewechselt, und endlich dem Pyladi vermählet wird . . . Wolfenbüttel [1661].

Jacobs des Patriarchen Heyrath. Oder: Die Geschicht des dienenden Schäffers Jacobs, wie er sich mit den beyden Töchtern des Labans, der Lea und Rahel verehlichet . . . Wolfenbüttel [1662].

Selimena . . . Wolfenbüttel [1663].

Der Hoffman Daniel. Wie er bey dem Könige Dario gedient . . . Wolfenbüttel [1663].

Die Verstörte Irmenseul; oder Das Bekehrte Sachsenland . . . o. O., o. D.

B. Ballette

Frühlings-Ballet, Oder: Dy Vermählung des Phoebus mit der Flora . . . Wolfenbüttel [1656].

Ballet Des Tages, Oder: Aufblühende Frühlings-Freude, . . . Wolfenbüttel [1659].

Ballet der Natur, Oder: Fürstliche Frühlings-Lust . . . Wolfenbüttel [1660].

Masquerade Der Hercinie: Oder: Lustiger Aufzug deß Hartz-Waldes . . . Wolfenbüttel, [1661].

Ballet Der Gestirne, Oder: Annehmliche Aufführung der Sieben Planeten, und etlicher vornehmen Gestirne . . . Wolfenbüttel [1663].

Ballet Der Diana, Oder: Ergetzliche Lust der Diana, Welche Sie dem verliebten Schäffer Endymion, nachdem er in Carien den Berg Latmus besuchet, und Ihr aufgewartet ... Wolfenbüttel [1663].

C. Singspiele (Verfasserschaft zweifelhaft)

Des Trojanischen Paridis Urtheil Von dem Golden Apffel der Eridis, o. O., o. D.
Davids Und Ionathans Treuer Liebe Beständigkeit ... Wolffenbüttel, ... 1685.

Romane

Die Durchleuchtige Syrerinn Aramena. Der Erste (-fünfte) Theil ... Nürnberg 1669 (-1673).
Octavia, Römische Geschichte. [Erster Theil] (- Zugabe des Ersten Theils, Zweiter Theil) ... Nürnberg ... 1677 (-1679) Zweite Ausgabe + Zugabe des Andern Theils. Der Zugabe Des Andern Theils Sechstes Buch, Beschluß Der Römischen Octavia, Zugabe zum Beschluß Der Römischen Octavia. Alle Nürnberg, 1685 (-1707).

Literatur

Clemens Heselhaus: Anton Ulrichs ‚Aramena‘: Studien zur dichterischen Struktur des deutschbarocken ‚Geschichtgedichts‘ (Bonner Beiträge zur deutschen Philologie, 9). Würzburg-Aumühle 1939.
Carola Paulsen: ‚Die Durchlauchtigste Syrerin Aramena‘ des Herzogs Anton Ulrich von Braunschweig und ‚La Cléopatre‘ des Gautier Coste de la Calprenède. Diss. (masch.) 1956.
Harry Haile: *Octavia, Römische Geschichte:* Anton Ulrich's Use of the Episode. In: JEGPh., LVII (1957), 611-632.
Blake Lee Spahr: The Archives of the Pegnesischer Blumenorden: A Survey and Reference Guide (Univ. of Calif. Publ. in Mod. Philol., Vol. 57). Berkeley & Los Angeles 1960.
Wolfgang Bender: Herzog Anton Ulrich von Braunschweig-Wolfenbüttel. Biographie und Bibliographie zu seinem 250. Todestag. In: Philobiblon VIII (1964), S. 166 ff.
Wolfgang Bender: Verwirrung und Entwirrung in der ‚Octavia / Roemische Geschichte‘ Herzog Anton Ulrichs von Braunschweig. Diss. (masch.), Köln 1964.
Gerhard Gerkens: Die Ballettdichtungen Herzog Anton Ulrichs zu Braunschweig und Lüneburg. In: Braunschweigisches Jahrbuch XLV (1964), S. 29 ff.
Gerhard Gerkens: Verherrlichung in der Oper. In: 275 Jahre Theater in Braunschweig: Geschichte und Wirkung. Braunschweig 1965.
Blake Lee Spahr: Protean Stability in the Baroque Novel. In: GR, XL (1965), S. 253 ff.
Blake Lee Spahr: Anton Ulrich and Aramena: The Genesis and Development of a Baroque Novel (Univ. of Calif. Publ. in Mod. Philol., Vol. 76). Berkeley & Los Angeles 1966.
Blake Lee Spahr: Der Barockroman als Wirklichkeit und Illusion. In: Deutsche Romantheorien, hrsg. v. Reinhold Grimm. Frankfurt/M. 1968.

Adolf Haslinger: Epische Formen im höfischen Barockroman: Anton Ulrichs Romane als Modell. München 1970.

Frederick Robert Lehmeyer: The *Singspiele* of Anton Ulrich von Braunschweig. Diss. (masch.), Berkeley 1970.

Fritz Martini: Der Tod Neros: Suetonius, Anton Ulrich von Braunschweig, Sigmund von Birken oder: Historischer Bericht, erzählerische Fiktion und Stil der frühen Aufklärung. In: Probleme des Erzählens in der Weltliteratur: Festschrift für Käte Hamburger. Stuttgart 1971, S. 22 ff.

Etienne Mazingue: Anton Ulrich, Duc de Braunschweig-Wolfenbuettel (1633-1714): Un Prince Romancier au XVIIème Siècle (Service de Réproduction des Thèses, Université de Lille III). 2 Bde. Lille 1974.

Maria Munding: Zur Entstehung der ,Römischen Octavia‘ des Herzogs Anton Ulrichs von Braunschweig. Diss. (masch.), München 1974.

Hans Geulen: Erzählkunst der frühen Neuzeit. Tübingen 1975.

Jörg Jochen Müller: Fürstenerziehung im 17. Jahrhundert: Am Beispiel Herzog Anton Ulrichs von Braunschweig und Lüneburg. In: Stadt, Schule, Universität, Buchwesen und die Literatur des 17. Jhs., hsg. v. Albrecht Schöne. München 1976.

Martin Erich Schmid: Orpheus. Grimmelshausen – Anton Ulrich – Francesco Buti. Die Quelle zum Pariser Opernkapitel im „Simplicissimus". In: Argenis, I (1977), S. 279-299.

Sammler, Fürst, Gelehrter. Herzog August zu Braunschweig und Lüneburg 1579-1666 (Ausstellungskatalog der Herzog August Bibliothek Nr. 27), hsg. von Paul Raabe u. a. Braunschweig 1979.

Rand R. Henson: Duke Anton Ulrich of Braunschweig-Lüneburg-Wolfenbüttel (1633-1714) and the Politics of Baroque Musical Theatre. Diss. (masch.), Berkeley 1980.

Blake Lee Spahr: Ar(t)amene: Anton Ulrich und Fräulein von Scudéry. In: Europäische Hofkultur, hsg. von August Buck, Georg Kauffmann, Blake Lee Spahr u. Conrad Wiedemann. Hamburg 1981.

Blake Lee Spahr: Problems and Perspectives: A Collection of Essays on German Baroque Literature (Arbeiten zur mittleren deutschen Literatur und Sprache 9). Frankfurt/M, Bern 1981.

Pierre Béhar: Anton Ulrichs Ballette und Singspiele. In: Wolfenbütteler Beiträge 1982.

Joseph Leighton: Anton Ulrichs Singspiel „Regier-Kunst-Schatten" und seine französische Vorlage. In: Wolfenbütteler Beiträge 1982.

Blake Lee Spahr: Madeleine de Scudéry and Sibylla Ursula, Herzogin von Braunschweig-Lüneburg: The Correspondance of two Femmes Savantes. In: Theatrum Europaeum: Festschrift für Elida Maria Szarota, hsg. von Richard Brinkmann, Karl-Heinz Habersetzer, Paul Raabe, Karl-Ludwig Selig u. Blake Lee Spahr. München 1982.

Herzog Anton Ulrich von Braunschweig: Leben und Regieren mit der Kunst (Ausstellungskatalog des Herzogs Anton Ulrich-Museums), hsg. von Rüdiger Klessmann. Braunschweig 1983.

Nachweise

[1] Zitiert von Clemens Heselhaus, S. 2.

[2] F. Sonnenburg, Herzog Anton Ulrich von Braunschweig als Dichter. Berlin 1896, S. 2.

[3] Allg. Deutsche Biogr., I, S. 490.

[4] S. Spahr, 1966, Kap. III.

[4a] S. Spahr, 1981 u. 1982.

[5] *Friedens Sieg. Ein Freudenspiel von Justus Georg Schottelius,* hsg. v. Fried. Koldewey (Neudrucke deutscher Litteraturwerke des 16. u. 17. Jhs., Nr. 175). Halle/S. 1900, S. 12.

[6] *Wunderliche Begebnüssen und wunderlicher Zustand... Durch den... Wunderlichen* [1678], S. 3.

[7] Zitiert von Mazingue, Bd. I, S. 70.

[8] Ebd., S. 71.

[9] Ebd., S. 70.

[10] *Frühlings-Ballet, Oder: Dy Vermählung des Phoebus mit der Flora...* Wolfenbüttel [1656], Sig. [A 3b].

[10a] S. Anton Ulrich, Werke, 1982-3.

[11] S. Spahr, 1966, für die Entstehungsgeschichte des Romans.

[12] S. Munding.

[13] Zitiert von Mazingue, Bd. I, S. 99.

[13a] So Mazingue. S. jedoch die davon abweichende Darstellung der Ritterakademie v. Gisela Richter (Anton Ulrichs Ritterakademie in Wolfenbüttel) in: Herzog Anton Ulrich 1983. Dieser Katalog erschien, als jetzige Abhandlung schon im Umbruch stand und konnte nicht in Betracht gezogen werden.

[14] Heinrich Sievers, Albert Trapp u. Alexander Schum, 250 Jahre Braunschweigisches Staatstheater, 1690-1940. Braunschweig 1941, S. 46.

[15] Manfred Bukofzer, Music in the Baroque Era. New York 1947, S. 309.

[16] S. Leighton.

[17] Gerkens, S. 36.

[17a] Vgl. jedoch die Theorie von Béhar 1982.

[18] Anna M. Schnelle, Die Staatsauffassung in Anton Ulrichs ,Aramena' im Hinblick auf La Calprenèdes ,Cleopatre'. Diss., Berlin 1939, S. 5.

[19] Goethes Werke, IX, Wilhelm Meisters Lehrjahre (Meyers Klassiker Ausgaben). Leipzig, o. D., S. 393.

[20] Fritz Martini, S. 106.

Peter M. Daly

CATHARINA REGINA VON GREIFFENBERG

Jch stehe Felsen-fest in meinem hohen hoffen.
Die wellen prellen ab / an meinem steinern Haupt.
So ist dem Meere-Heer / zu stürmen nicht erlaubt. (SLG. 37)[1]

Die Frau, die mit solch stoischer Entschlossenheit schrieb, die von Zeitgenossen die „Tapfere" genannt wurde, war Catharina Regina von Greiffenberg. Sie konnte aber auch gefühlsbetont und manchmal ausgesprochen sinnlich ihre Liebe zu Christus, dem „Gott-Mann", ihrem „Himmels-Prinzen" (SLG. 179) und „Bräutigam" (SLG. 179) aussprechen, besonders in den Abendmahlsbetrachtungen:

Jch küss / und iss ihn gar vor Lieb' in meinen Schlund.
Nicht näher er sich ja mit mir vermählen kund. (SLG. 181)

Während Catharina in hohem Maße die christliche Tugend der Demut besaß: „Ich bin der Pinsel nur: seine Hand mahlt selbst die Frucht" (SLG. 5), konnte dieselbe Frau von einem derart starken Glauben erfüllt sein, daß sie sich „all-überwindend" fühlte: „durch Glauben / mit dem ich Allüberwindend bin" (SLG. 205).

Zwischen stoischer *constantia* und mystischer Liebe, zwischen Demut und scheinbarer Selbstüberheblichkeit spannt sich der geistige Bogen dieser Dichterin, die als Frau im deutschen Literaturbarock ihresgleichen nicht hat, deren beste Dichtungen sich neben die Leistungen eines Gryphius oder Kuhlmann stellen ließen. Wer war diese Frau, deren Werke erst während der zwei letzten Jahrzehnte zumindest von der Barockforschung wiederentdeckt worden sind?[2]

Catharina Regina von Greiffenberg[3], 1633 auf Schloß Seisenegg bei Amstetten in Niederösterreich geboren, entstammte einer Familie des protestantischen Landadels. Tod, Unglück, aber auch der unerschütterliche Glaube an einen guten, wenn auch oft unbegreiflichen Gott prägten sehr früh ihr Leben. Ihr Vater starb, als sie kaum sieben Jahre alt war. Vor allem aber der Tod ihrer geliebten jüngeren Schwester bestimmte entscheidend ihre Entwicklung: er führte die 18jährige zum Entschluß, ihr Leben in Wort und Tat Gott zu widmen. Sie studierte eifrig theologische, philosophische und historische Schriften. Besonders intensiv las sie die Bibel, in der sie ihr ganzes Leben lang Anregung und Trost fand. Daneben beschäftigte sie sich eingehend mit den repräsentativen Werken der Erbauungsliteratur. Früh interessierte sie sich für die Dichtkunst. In dem in der Nachbarschaft wohnenden Übersetzer Wilhelm von Stubenberg entdeckte sie einen sachkundigen Lehrmeister, der sie wohl auch mit einer Gruppe literarisch interessierter Landsleute bekanntmachte, die sich zum zwangslosen Bund der Ister-Gesellschaft zusammengeschlossen hatten.

Stubenberg, vom dichterischen Talent seiner Schülerin überzeugt, stellte Catharina 1659 dem Oberhaupt des Pegnesischen Blumenordens, Sigmund von Birken, vor. Auch Birken war von ihren Dichtungen beeindruckt. Dies veranlaßte Catharinas Onkel Hans Rudolph, ihre Gedichte – laut Titelblatt ohne Wissen der Verfasserin – drucken zu lassen. Er wurde dabei von Birken unterstützt, der selbst für einen Verleger sorgte und sich um die Ausstattung des Buches kümmerte. So erschien 1662 als Catharinas Erstlingswerk die Sammlung *Geistliche Sonnette / Lieder und Gedichte* ... bei Endter in Nürnberg.

Das Auftreten als Dichterin leitete für Catharina allerdings keineswegs ein sorgenfreies Leben ein. Zu sehr war sie von ihrem protestantischen Glauben überzeugt, als daß die Angriffe der katholischen Landbevölkerung auf den Glauben ihrer Familie sie nicht persönlich tief getroffen hätten. Ihre Familie teilte das Los jener protestantischen Adligen, die in Niederösterreich blieben und nicht wie viele andere Lutheraner ins Deutsche Reich, vor allem nach Regensburg und Nürnberg, auswanderten, nachdem der katholische Kaiser Ferdinand II. 1629 sämtliche evangelischen Geistlichen und Lehrer des Landes verwiesen und so die Lutheraner praktisch ihrer Kirche beraubt hatte. Die Lage dieser in Niederösterreich zurückgebliebenen Protestanten hatte sich nach Abschluß des Westfälischen Friedens zumindest vorübergehend etwas gebessert. So erhielten sie offiziell die Erlaubnis, den Gottesdienst an Orten jenseits der österreichischen Grenze zu besuchen, was allerdings jeweils eine längere und beschwerliche Reise bedeutete, die man nur zu besonderen Gelegenheiten, an hohen Festtagen etwa, unternahm.

Noch mehr als durch diese für protestantische Adlige in katholischer Umgebung schwierige Lage kam Catharina in Bedrängnis, als ihr Onkel Hans Rudolph, der Stiefbruder ihres Vaters, 1659 um ihre Hand bat, nachdem er bei ihr lange Zeit Vaterstelle vertreten hatte. Dieses Ansinnen wies sie wohl nicht nur der verwandtschaftlichen Beziehungen und des Altersunterschiedes wegen ab, sondern auch, weil es ihr mit dem Ideal, ihr Leben ausschließlich Gott zu weihen, unvereinbar scheinen mochte. Auf diese Zurückweisung hin wurde Hans Rudolph von einem schweren, immer gefährlicher werdenden körperlichen und seelischen Leiden befallen. Dies und der Umstand, daß er Erkundigungen eingezogen hatte, was die katholische Kirche ihm anbieten würde, falls er deren Glauben annähme, bewog sie, ihre Haltung zu ändern. Denn schon nur der Gedanke eines Verrats am protestantischen Glauben war ihr Zeichen genug, sich verpflichtet zu fühlen, ihren Onkel zu „retten". „Diese Liebe vor eine göttliche Schickung achtend"[4], zeigte sie sich bereit, in die Ehe einzuwilligen, falls diese mit ihrem Glauben vereinbar sei. Nachdem die theologischen Zweifel ausgeräumt waren, mußte noch eine fürstliche Sondergenehmigung eingeholt werden, damit eine solche Verbindung rechtsgültig werden konnte. Sigmund von Birken erreichte diese Genehmigung beim Markgrafen von Brandenburg-Bayreuth. Daraufhin fand im Oktober 1664 in Frauenaurach bei Nürnberg die Trauung der Dichterin mit Hans Rudolph statt.

Obwohl Hans Rudolph sich bemüht hatte, die Eheschließung rechtlich abzusichern, wurde deren Gesetzmäßigkeit in Österreich wiederholt in Frage gestellt. Vermutlich ging der Versuch, die Rechtsgültigkeit dieser Ehe anzufechten, von dem mächtigen Freiherrn Matthäus von Riesenfels aus, der selbst am Erwerb des Greiffenbergischen Besitzes interessiert war. Bereits 1663 hatte Hans Rudolph den Entschluß gefaßt, seine Güter an Riesenfels zu verkaufen und sich mit seiner künftigen Frau in der Nähe des protestantischen Nürnberg niederzulassen. Als er 1665 nach seiner Heirat diese Angelegenheit mit Riesenfels regeln wollte, verlangte dieser einen vorteilhafteren Vertrag. Wenig später wurde Hans Rudolph auf kaiserlichen Befehl hin verhaftet mit der Begründung, er habe sich mit „seines verstorbenen Herrn Bruders Tochter in Lieb eingelassen" und sich dann von einem willigen „Praeticanten" „copulieren" lassen.[5] Catharina setzte sich sofort für die Freilassung ihres Gemahls ein. Um die Rechtmäßigkeit ihrer Ehe zu bekräftigen, legte sie eine Bescheinigung des Fürsten von Brandenburg-Bayreuth vor, die allerdings am Wiener Hof nicht sehr viel bewirkte. Hans Rudolphs Haft wurde lediglich in Arrest umgewandelt. Erst als der Kurfürst von Sachsen sich der Angelegenheit annahm, wurde Anfang 1666 das Verfahren gegen Hans Rudolph eingestellt. Entgegen seinen ursprünglichen Plänen emigrierte dieser allerdings trotz solcher Demütigungen nicht, sondern übernahm die Leitung seines bisher unrentablen Bergwerks, verkaufte die Güter Weinzierl und Seisenegg an Riesenfels, bewohnte aber Seisenegg weiterhin zur Pacht.

Als Hans Rudolph 1677 starb, geriet Catharina in wirtschaftliche Schwierigkeiten. Die Erben des vormaligen Gegners versuchten, sich auch des letzten Besitzes der Witwe zu bemächtigen, ohne diese dafür zu entschädigen. Die versprochene Barzahlung für das Bergwerk, die Catharina die Begleichung der Schulden ermöglicht und ihren Lebensunterhalt gesichert hätte, zögerten sie so lange hinaus, bis Catharina sich genötigt sah, ein Gerichtsverfahren anzustrengen. Ihren Gegnern gelang es allerdings, den Prozeß über Jahre hinauszuziehen. Selbst Catharinas Ehe wurde nochmals in Zweifel gezogen. Schließlich vermochte sie wenigstens das Erbe ihrer Mutter zu sichern, das man ihr ebenfalls zu nehmen versucht hatte. 1680 ließ sich Catharina dann in Nürnberg nieder.

Mit Sigmund von Birken stand Catharina seit ihrem ersten Nürnberger Aufenthalt im Jahre 1663 in freundschaftlichem Kontakt. Die zahlreichen an ihn gerichteten Briefe (etwa 200 sind aus den Jahren 1666-1680) erhalten) geben einen einzigartigen Einblick in ihr Leben auf Seisenegg, in ihre Schwierigkeiten, Hoffnungen und Pläne.

Seit Anfang der 1660er Jahre trug sich Catharina aus religiöser Überzeugung mit dem Gedanken, den österreichischen Kaiser Leopold I. zum lutherischen Glauben zu bekehren. Diese Absicht erscheint illusorisch, wenn man bedenkt, daß der Wiener Hof Mittelpunkt der von den Jesuiten erfolgreich vorangetriebenen Gegenreformation war. Allerdings gab es seit dem großen Religionskrieg Bestrebungen zu einer Annäherung der Konfessionen. Auf katholischer Seite gehörte zu den Irenikern der Franziskaner Christoph Royas Spinola, der Beichtvater der Kaiserin Maria Theresia, dessen Bemühungen Leopold zeitweilig anscheinend mit Interesse verfolgte. Diese Haltung Leopolds bestärkte Catharina wohl in ihrer Absicht, und so reiste sie mehrmals nach Wien (so in den Jahren 1666, 1667, 1671, 1673, 1675), um sich persönlich für ihr „Vorhaben" einzusetzen. Bei Hofe wurde sie wohlwollend aufgenommen, wenngleich man ihre Absichten bald erkannte. Die „Obersthofmeysterin" erklärte sich bereit, sie zur Kaiserin zu führen. Aber Catharina ließ die Gelegenheit ungenutzt, weil sie fürchtete, den Erfolg des Unternehmens durch übereiltes Handeln zu gefährden. Hingegen verfaßte Catharina mehrere Bekehrungsschriften. Die erste aus dem Jahre 1668, die sie dem jesuitischen Beichtvater Leopolds übergeben hatte, gelangte allerdings nie in die Hände des Kaisers. Mit Birkens Hilfe schrieb Catharina 1672/73 ein allegorisches Werk, das sie *Adler-Grotta* nannte. Die Schrift ist offenbar verschollen. Aus Briefen Catharinas und aus dem Titel der Schrift lassen sich allerdings Argumentation und Gestaltung erschließen. Die *Adler-Grotta* sollte sowohl – so Horst Frank – Leopold I. „bewegen, die ‚Grotta' des falschen Glaubens ... zu verlassen und sich triumphierend hinaus in das freie Licht des wahren Glaubens zu schwingen".[6] Leopolds Wiedervermählung bot einen günstigen Anlaß, die endlich fertiggestellte Schrift zu überreichen. Aber auch diesmal erfüllte sich Catharinas Hoffnung nicht. Bei ihrem Wiener Aufenthalt im Jahre 1675 begegneten Catharina in einer „kleinen Zeit" so „große Wiederigkeiten ... wegen der Adler Grotta"[7], daß sie ihre Bekehrungsabsichten aufgab.

Catharina war in den Jahren auf Seisenegg literarisch sehr aktiv. 1672 beendete sie die erste ihrer Andachtsschriften: *Des Allerheiligst- und Allerheilsamsten Leidens und Sterbens JESU CHRISTI / Zwölf Andächtige Betrachtungen* ... Dieses Werk fand, im Gegensatz zu ihrer Sonettsammlung, großen Anklang. Wohl durch diesen Erfolg angespornt, ließ sie frühere, bis dahin unveröffentlichte Schriften drucken, so u. a. die 1663/64 anläßlich der Türkengefahr verfaßte *Sieges-Seule* ... Es folgten 1678 *Der Allerheiligsten Menschwerdung / Geburt und Jugend Jesu Christi / Zwölf Andächtige Betrachtungen* ..., die im Stil der Passionsbetrachtungen geschrieben sind. Ihre letzten Jahre in Nürnberg widmete Catharina vor allem dem umfangreichen zweibändigen Werk über das Leben Christi, seine „Lehre und Wunderwercke", das 1693, ein Jahr vor ihrem

Tode, erschien. Die in der „Voransprache an den geneigten Leser" angekündigten Betrachtungen über „Auferstehung, Himmelfahrt, und zur rechten Gottes Sitzung Jesu . . ." scheinen noch als Handschrift verlorengegangen zu sein.[8] Sie hätten den Zyklus der Andachtsschriften abschließen sollen. Der Titel jenes Werks, worauf Catharinas Rang und Ruf als Dichtertalent beruht, lautet *Geistliche Sonnette, Lieder und Gedichte* (Nürnberg, 1662). Mit dieser Sammlung von Gedichten aus den 1650er Jahren tritt die 29jährige Frau erstmals an die literarische Öffentlichkeit. Ob das Buch tatsächlich „ohne ihr Wissen" erschien, wie Hans Rudolph auf dem Titelblatt beteuerte, bleibt ungewiß und ist überhaupt erst dann relevant, wenn die Frage der Anordnung der Gedichte aufgegriffen wird. Ob sich der Oheim durch die Veröffentlichung ihrer Lyrik die Gunst seiner Nichte, die er heiraten wollte, zu verschaffen erhoffte, ist auch nicht von Belang, obwohl eine solche Vermutung, so nahe sie dem Klatsch kommt, nicht von der Hand zu weisen ist. Wie oft wird sich Catharina später in Briefen und Gelegenheitsgedichten über die „uble Nachred", „der Lippen Lügenschmerzen" und „der verleymbdung Schwert" beklagen.[9]

Der Duodezband, das Taschenbuchformat der Zeit, enthält 414 Seiten mit Sonetten und Liedern in verschiedenen Formen. Da der bekannte Kunstrichter Sigmund Birken den Druck vorbereitete, ist es nicht mehr ersichtlich, inwieweit dieser die Gedichte überarbeitet und neugeordnet hat. Es ist nicht zu leugnen, daß die Qualität dieser Lyrik ungleich ist. Auch Catharina hat schlechte Gedichte geschrieben, aber man muß dabei bedenken, daß sie, im Gegensatz zu Gryphius, aus dieser Erstausgabe keine weiteren, überarbeiteten Ausgaben machen konnte oder wollte. Unbestreitbar bleibt die Tatsache, daß ihre besten Gedichte großartig sind und den unverkennbaren Stempel ihrer besonderen Kunst, Sprache und Persönlichkeit tragen.[10]

Die SLG bestehen aus 250 Sonetten, gedruckt in zwei Gruppen von je 100 und einer „Zugabe" von 50; es folgen 52 Lieder (nicht 50, wie es auf S. 251 heißt), „untermischt mit allerhand Kunst-Gedanken" (S. 252-414). Auf die Frage, ob sich in der Reihenfolge der Gedichte eine Ordnung erkennen läßt, weiß die Forschung keine klare Antwort zu geben.[11] Ob irgendwelche darin entdeckten Ordnungsprinzipien von Catharina oder von Birken stammen, läßt sich überhaupt nicht feststellen. Jedenfalls handelt es sich nicht um ein „Geistliches Jahr". Das bedeutet aber noch nicht, daß die Sammlung planlos wäre. Die Gedichte gruppieren sich jeweils um ein bestimmtes Thema, etwa Lob oder Vorsehung, oder um einen Themenkreis wie Glück – Unglück oder Tugend – Not. Im ganzen gesehen begegnet uns die breite Thematik des christlichen Barock, wobei jedoch erstaunlicherweise gewisse große Barockthemen fast völlig fehlen, Themen, die für den ebenfalls lutherisch gesinnten Gryphius, für fast jeden anderen Barockdichter und für den Barock überhaupt geradezu bestimmend sind: gemeint sind die Themen – und dies könnte auch heißen: das Erlebnis von – Zeit, *vanitas* und Tod, und das so oft irreführende Wechselspiel von Schein und

Sein als diesseitige Erfahrung (man denke nur an Simplicissimus). Diese Themen beschäftigten Catharina, die „Tapfere", wegen ihrer Gelehrtheit auch „Uranie" und „Ister-Clio" genannt, so gut wie gar nicht!

Die Sammlung beginnt mit einem Zyklus von Lobsonetten (SLG. 1-10): „auch laß den Engel-Zweck / dein Lob laß mich erstreben" (SLG. 1). Sie betet um „Weisheit", Inspiration und Überzeugungskraft, um Gott würdig loben zu können:

> Ach gib mir Hitz' und Witz / zu richten meine Pflicht.
> versag / den Geistes-Strom / die Flügelflamm / mir nicht.
> ja mach den Muht zu Glut: dich brünstig zuerheben! (SLG. 1)

Gott zu loben ist die Bestimmung des Menschen und die hohe Aufgabe des Dichters:

> Ach lobe / lobe / lob' ohn unterlaß und ziel /
> den / den zu loben du / O meine Seel / gebohren!
> zu diesen Engel-werk bist du von GOtt erkohren /
> daß du ihm dienen solst im wunderpreisungsspiel. (SLG. 6)

Den Lobsonetten folgt eine Gruppe (SLG. 11-28), die zum Thema hat: Gottes Vorsehung, „Vorsorge", „Wunder Regirung", „Wunderspielung", was oft an Beispielen aus dem Alten Testament demonstriert wird. Hier werden die oft undurchschaubare Güte und der verdeckte Plan Gottes gepriesen. Daneben fällt ein für Leben und Werk der Dichterin bezeichnendes Thema auf, nämlich das Wechselspiel von Glück und Unglück. Dies ist schon in der Überschrift des 15. Sonetts angedeutet: „Auf die erniedrigende Erhebung und erhebte Nidrigkeit", ein Gedanke, den die Dichterin einmal so ausdrückt:

> wen Er erheben will / der muß die Knie vor biegen
> der muß ohnmächtig seyn / der neue Krafft soll kriegen. (SLG. 15)

Manchmal zieht Catharina es vor, demselben Gedanken (von „Gottes Vorsehungs-Spiegel") durch eine Reihe von konkreten Bildern und biblischen Episoden Ausdruck zu verleihen:

> Das Feuer war schon gekühlt / als jene Drey darinnen.
> Auch David war gekrönt / weil er im Elend schwebt.
> Das Weib war schon entzuckt / eh ihr der Drach nachstrebt.
> Gott pflegt die Schnur / eh man in Jrrgang kömt / zu spinnen.
> Die Schlange war entgifft / eh Paulus sie berührt. (SLG. 17)

Andere Themen wie Glaube, Liebe, Hoffnung und Tugend werden auch oft im Zusammenhang mit dem Problem des Übels oder der Not dargestellt. Auf diese Weise entsteht ein Wechselspiel zwischen den gepriesenen Eigenschaften und deren Gefährdung und Prüfung. Gegenüber dem Übel und der Not nimmt Catharina durchgehend eine affirmative oder stoizistisch-duldende Haltung ein, indem sie diesen Phänomenen eine erzieherische Funktion zuschreibt. An der Güte und Gerechtigkeit ihres Gottes zweifelt sie nie; durch das Böse, ob vom Menschen oder vom Teufel herkommend, läßt sie sich nicht beirren. Nur so erklärt sich das eigenartige Fehlen der barocken Thematik von Zeit, *vanitas,* Tod und irdischem Wechselspiel von Schein und Sein. Es wäre aber verfehlt, daraus schließen zu wollen, ihr Blick sei weltfremd, nur auf das Jenseits gerichtet. Immerhin hat Catharina auf ihre eigene, wenn auch eher passive Art versucht, ein konfessionell-politisches Ziel zu erreichen, nämlich den katholischen Kaiser zu bekehren, was seinen Niederschlag in der *Sieges-Seule,* einem späteren Werk, findet.

Eine besonders wichtige Stellung nimmt der Begriff des Glaubens ein (vgl. SLG. 30-37), der ihrer Dichtung, sonst als Andachtswerk kaum konfessionell gebunden, das lutherische Gepräge verleiht. Mit ihrer Betonung des „allein selig durch den Glauben" und mit der daraus folgenden Ablehnung jeder Art von „meritum" steht Catharina auf festem lutherischem Boden. In Sonett 158 „Es ist vollbracht" sagt Christus:

> Daß ganz' Erlösungs-Werk ist völlig nun vollbracht;
> . . .
> drum laßt eur selb-Verdienst / seit mir allein verpflichtet!

Erst durch diesen Glauben, der für Catharina „die höchst Krafft" (SLG. 105) bedeutet und nicht im Menschen wurzelt, sondern göttlichen Ursprungs ist, erst durch diese von Gott herstammende Kraft nimmt der Mensch an der Erlösung und Gnade Gottes teil: „... der starke Glaub / das Allmacht-Mark aussaugen" (SLG. 43). Diese göttliche Macht ermöglicht es dem Christen, durch Verzicht auf Wissen und Verstehen sich dem Willen Gottes „ganz entselbstet" (SLG. 20) unterzuordnen. Dadurch aber, daß der glaubende Mensch sich von Gott beherrschen läßt, nimmt er auch an Gottes Macht und verborgenen Absichten teil. Von hier aus ist es nur ein kleiner Schritt zum kühnen Paradoxon, daß der Mensch durch den Glauben Gott sogar beherrsche. Dieser Gedanke wird direkt ausgesprochen: „wer überwindet Gott? der Glaube thut's allein" (SLG. 126). Seinen prägnantesten Ausdruck findet er in Catharinas oft kräftiger, manchmal eigenwilliger Bildlichkeit:

> Der Pulfer kracht / so bald ein Fünklein Feur drein fällt:
> die Allmacht macht / wann sich der Glaube zu ihr hält. (SLG. 126)

> Der Glaubens-Donner bricht die Wolken / daß der blitz /
> die göttlich Herrlichkeit / in werken sich entdecket /. (SLG. 61)

> Die Allmacht-Muschel sich dem Glaubens-Thau aufschliest: (SLG. 126)

Es versteht sich, daß Catharina die Kanaaniterin im Neuen Testament in der Überschrift zum 125. Sonett eine „Cananeische Glaubens-Heldin" nennt, da die Frau eine „kühne Kämpferin" ist, die „Vom unsiegbaren" [Christus] „den Sieg davon" trug. Zusammenfassend stellt die Dichterin fest:

Ein Glaubens-Heldenstreich / erlegt die grösten zween:
Gott / zu erbarmen sich; den Teufel / auszugehen. (SLG 125)

Die oben zitierten Bilder zeigen nicht nur die Macht des Glaubens, sondern auch die Unvermeidlichkeit von Gottes Intervention. Sie deuten auf die „Hilflosigkeit" der Allmacht gegenüber dem „allüberwindenden" (SLG. 205) Glauben hin. Solch kühne Bilder und paradox anmutende Äußerungen, die über die lutherische Orthodoxie hinausgehen, entspringen Catharinas absolutem Vertrauen in einen liebenden, wenn auch oft unbegreiflichen Gott.

Die zweiten hundert Sonette wirken thematisch geschlossener. Im Mittelpunkt stehen Leben und Werk Christi. Die ersten dreißig Sonette kreisen um Geburt und Jugend Christi; sie sind auch mit „Neujahrsgedanken" und andern kalenderorientierten Gedichten untermischt. Die nächste Gruppe behandelt die Wundertaten Christi (SLG. 122-130). In jeder Hinsicht zentral ist das große Thema von Leiden, Tod und Auferstehung Christi (SLG. 131-175). Sicherlich nicht zufällig trägt Sonett 150 die Überschrift „Auf sein allerheiligstes Blut-vergießen". Danach folgt konsequenterweise ein Zyklus von Abendmahlsbetrachtungen (SLG. 176-184). Dieses zweite Hundert schließt dann mit Sonetten über den Heiligen Geist und die Trinität. Die letzte Zeile des 200. Sonetts preist die „Dreyheit / die in Eins besteht ...".

Viele Passions- und Abendmahlssonette zeugen von Catharinas Annahme der Realpräsenz im Sakrament, was im protestantischen Kontext ein weiteres Zeichen ihrer lutherischen Konfession darstellt. In den Sonetten 177, 180 und 181 wird Christus, „Der selber hat erbaut die Zunge und den Mund" (SLG. 177), buchstäblich „gegessen" und „getrunken": „Der / dem die Erd' ein Staub' / ist auf der Zung gesessen" (SLG. 177). In Sonett 180 heißt es einfach: „... der Mensch / den Schöpffer ißt." Gerade in solchen Gedichten äußert sich der so charakteristisch kombinierende barocke Geist, der seine besondere Freude an Wortspiel, Bildlichkeit jeder Art, Antithese und Paradoxie und an deren Zusammenspiel offenbart, am augenfälligsten. Aber Catharinas Passions- und Abendmahlsgedichte werden auch oft durch einen mystischen Zug bereichert, und gerade diese Mischung von Orthodoxie und Mystik war dem damaligen Luthertum nicht ganz fremd.[12]

Die „Zugabe von L. Sonnetten" ist eine bunte Sammlung von „lyrischen Betrachtungen" (Villiger, S. 21), die aus Meditationen, Neujahrsgedanken, biblischen Themen und Naturbetrachtungen besteht. Nicht weniger als fünfzehn sind der „Gott-lobende(n) Frülingslust" gewidmet (SLG. 223-237). Hier preist die Schöpfung ihren Schöpfer:

Jauchzet / Bäume / Vögel singet! danzet / Blumen / Felder lacht
springt / ihr Brünnlein! Bächlein rauscht! spielet ihr gelinden Winde!

walle / Lust-bewegtes Traid! süße Flüsse fliest geschwinde!
opffert Lob-Geruch dem Schöpffer / der euch frisch und neu gemacht. (SLG. 225)

Wieder einmal ist die Themenwahl des letzten Sonetts dieser Gruppe in mancher Hinsicht charakteristisch: „Über die Unendlichkeit Gottes". Es ist charakteristisch für die so oft besprochene offene Form des Barock überhaupt, für den oft konstatierten Willen zur Unendlichkeit, zur Absolutheit (sei es im politischen, theologischen oder ästhetischen Bereich), für die künstlerische Problematik, wie man das Kunstwerk (sei es ein Garten, ein Gebäude, ein Gemälde, eine Fuge, ein Sonett oder ein Ikongedicht) abschließt. Die „Unendlichkeit Gottes" ist ein solcher ewig offener Schluß, ein nie aufhörendes Sujet, ein Kreis ohne Anfang und Ende, was alles im ersten Quartett mit wortspielerischem Ernst (wobei der Spielbegriff[13] selbst eine Rolle spielt) deutlich widergespiegelt wird:

> Du ungeendter Gott / doch einigs End und Ziel /
> des Wunder-bunten Runds! das ganze Wesen gehet
> aus dir! und auch in dich: in dir sein Ziel bestehet /
> der du / unzielbar selbst / hast doch damit dein Spiel.

Die Lieder und „Kunstgedanken", darunter fünfzig epigrammatische Zweizeiler und eine kleine Sammlung von *emblemata nuda* mit italienischen Überschriften[14], bleiben im Themenkreis der Sonette. Sie überraschen durch den Reichtum der Formen, die Catharina verwendet. In den zweiundfünfzig Liedern sind nicht weniger als vierundvierzig Strophenformen zu beobachten (vgl. Villiger, S. 21). Ein komplexes Gedicht wie Catharinas Figurengedicht über das Kreuz (SLG. 403) läßt sich nur interpretieren, wenn man es im Lichte der emblematischen, meditativen und petrarkistischen Tradition liest.[15]

Die Frage nach Catharinas Religiosität kann hier nur ganz kurz angeschnitten werden. Eine gebührende Untersuchung müßte mindestens folgende Aspekte mitberücksichtigen: Religiosität und Frömmigkeit, Pietismus und Mystik, Theologie und Erbauungswerk, Meditation und „evangelisation".[16] Man dürfte dabei formale Unterschiede nicht gänzlich außer Betracht lassen, müßte die geistliche Lyrik, sei sie in Form des Sonetts, Liedes oder Epigramms, absetzen von didaktischer und erbaulicher, in Prosa verfaßter „Andachtsbetrachtung". Allerdings sind die Grenzen zwischen beiden Formen oft fließend.

Wie schon angedeutet, ist die Religiosität der SLG kaum konfessionell gebunden, obwohl die Betonung des Glaubens und die Annahme der Realpräsenz im Abendmahl unter Protestanten den lutherischen Charakter ihrer Theologie bezeugt. Konfessionellen Streit, geschweige denn Polemik, findet man in Catharinas gedruckten Schriften nicht. Sie selbst schätzte den Dichter Friedrich Spee hoch und hatte nur poetologische Kritik gegen seine *Trutznachtigall* anzumelden. Obwohl Catharinas „Bekehrungs-Vorhaben" ihr Schwierigkeiten am katholischen Kaiserhof zu Wien einbrachte, war sie mit dem einflußreichen Jesuiten Philipp Müller in der Auffassung der „Allgemeynen Andacht" einig.[17] Umgekehrt wissen wir aus ihren Briefen, daß ihre SLG und Passionsbetrachtungen sich bei katholischen Geistlichen großer Beliebtheit erfreuten. Ein stark zerlesenes Exemplar der SLG, mit dem Probatum des Societas Jesu versehen, befindet sich heute noch in der Wiener Nationalbibliothek.

Was den theologischen Charakter ihrer Religiosität betrifft, gehört Catharina, wie schon gezeigt, der Kirche Luthers an, aber völlig orthodox bleibt sie nicht. In den Gedichten und Betrachtungen kommt selten ein Gefühl persönlich erlebter Sündhaftigkeit oder des Zweifelns zum Ausdruck. Als Glied einer mit Sünde befleckten Menschheit fühlt sie Reue und Mitverantwortung dafür, daß Gottes Sohn den Opfertod sterben mußte. Aber auch hier wird die Gewißheit der Erlösung durch Christi Tod und den rechten Glauben akzentuiert. Wie schon oben angedeutet, geht sie im Glauben über das Luthertum hinaus. Durch Maßnahmen der Gegenreformation in Niederösterreich wurde sie ihrer Kirche praktisch beraubt. Sie war also auf sich selbst gestellt, und so mußte sich ihr religiöses Leben zunehmend außerhalb von Kirche und Gemeinde entfalten. Das mag einer der Gründe sein, die den manchmal pietistischen Einschlag ihrer Gedichte erklärten. Sie sucht Gott nämlich nicht nur in der Heiligen Schrift und in ihrer Kirche, sondern auch in der Natur, die den Schöpfer preist und offenbart. Die einsame Natur, die Wiesen und Wälder um Seisenegg an der Ybbs werden zum Meditationsort für die Dichterin, die so viele Jahre auf dem Lande lebte. Einmal schrieb sie ein sehr persönlich gehaltenes Gedicht an Birken, in dem sie u. a. das Erlebnis des Abendmahls, das sie so sehr vermißte, mit einer anderen Möglichkeit, Gott zu erfahren, vergleicht, nämlich in einsamer, privater Andacht in der Natur, im „Einsam-seyn, / in der Oeden Wüsten".[18]

Damit ist schon das Stichwort „Pietismus" gefallen. Ihre gefühlsbetonte und persönliche Frömmigkeit legt Frank als früh-pietistisch aus (S. 89). Schon Catharinas religiöses Erweckungserlebnis erinnert eher an pietistische Erweckung als an dramatische Konversion. Als 18jährige sei ihr während eines Gottesdienstes im ungarischen Preßburg „... der Deoglorj Licht ... Angelimmet und Aufgegangen" (vgl. Frank, S. 19-21). Von jenem Tag an wußte sie um ihren Auftrag, der darin bestand, sich Gott ganz zu widmen und seinen Namen in Wort und Tat zu verherrlichen. Diese Aufgabe hat einen gewissen öffentlichen Charakter; sie impliziert eine Verpflichtung, die Mitmenschen von dieser erlebten Wahrheit zu überzeugen, was mit pietischer Innerlichkeit oder mit der konventikelhaften Organisation des späteren Pietismus wenig gemeinsam hat. Bei der Dichterin handelt es sich aber nicht um ein „entweder oder", nicht um die Frage: entweder frühe Pietistin oder engagierte, nach außen wirkende Protestantin, entweder Mystikerin[19] oder meditative Dichterin[20], sondern es ginge vielmehr darum, diese verschiedenen Züge ihres geistlichen Lebens und Wirkens als Teilaspekte klar darzustellen und deren Wechselspiel und Interaktion zu beschreiben.

Catharina hat ihr ganzes Leben lang Sonette geschrieben; so enthalten die

SLG. 250, die drei Bände Betrachtungen weitere 116 Sonette; zudem wären auch einige Gelegenheitssonette zu erwähnen.[21] Es ist schon daher berechtigt, Catharina zu den bedeutendsten Sonettdichtern des deutschen Barock zu zählen. Bekanntlich verwirklicht sich diese Gattung während des 16. und 17. Jahrhunderts in drei Grundtypen, deren Aufbau und Organisation sich wenigstens zum Teil in bestimmten Reimschemen widerspiegelt. Auf dem Kontinent herrschten die italienische Form (abba/abba/cdc/dcd oder abba/abba/cde/cde) und die französische (abba/abba/ced/ced oder abba/abba/ccd/ede) vor. Das englische oder Shakespearesche Sonett, aus drei Quartetten und einem Schlußcouplet bestehend, wobei jede Versgruppe einen neuen Reim bekommt, blieb eine Sonderentwicklung und wurde außerhalb Englands nicht aufgenommen. Obwohl Catharina sich sowohl italienischer als auch französischer Formen bedient, setzt sich ihr bevorzugtes Reimschema von beiden Typen ab und nimmt eine Sonderstellung ein: abba/abba/cde/dee oder die Variante abba/abba/cdd/cee. Obwohl das Schlußcouplet an die englische Form erinnert, ist der Greiffenberg-Typ streng genommen kein Shakespearesches Sonett, da das Oktav vom Sextett deutlich getrennt ist. Genaueres über die Verteilung der verschiedenen Sonett-Typen ist bei Frank und Liwerski zu lesen.[22]

Den Sonetten sind mehrere Arbeiten gewidmet worden. In seiner Dissertation hat Frank nicht nur eine verdienstvolle Biographie geschrieben, sondern er hat es auch unternommen, Form, Aufbau und Motivik der Sonette darzustellen. Auf der Poetik Scherers und Walzels basierend, untersucht Frank die „Sprechrichtung" der Sonette und postuliert zwei grundsätzlich verschiedene „Sprechsituationen": die der Ansprache und die der Aussprache. Die „Ansprache" ist an ein Publikum gerichtet, wirkt Gemeinschaft stiftend, während die „Aussprache" entweder das persönliche Empfinden oder aber die Anbetung Gottes zum Ausdruck bringt. Es gibt auch Sonette, wie Frank zeigt, die beide Richtungen beinhalten. „Aussprache" wäre etwa vergleichbar mit Subjektbezug und „lyrisch" im Sinne von Siekhaus[23], die sich auf K. Hamburger bezieht, und „Ansprache" entspräche ungefähr dem Objektbezug und wäre „nicht-lyrisch".

Kimmich hat versucht, „the methods of composition" in den Sonetten zu analysieren, wobei sie den Aufbau unter dem a-historischen Qualitätskriterium des Einheitlichen und Organischen bewertet. Nach Kimmich reicht die Kompositionsmethode von „linearen" bis zu „integrierten" Sonetten; zwischen diesen beiden Extremen gäbe es auch Sonette, die aus „discrete blocks" mit „legitimate strophes" bestehen.[24] Was Kimmich aber als „linear" bezeichnet und damit abtut, kann neutraler und auch ganz anders gesehen werden; es ist in bestimmten Fällen angebrachter, dieses stilistische Phänomen als Ausdruck einer emblematischen Kunst- und Denkform zu betrachten.[25]

In meiner Dissertation habe ich die Metaphorik der Sonette unter verschiedenen Aspekten untersucht. Das Sonett ist aber ein zu komplexes Gebilde mit unterschiedlichen Strukturelementen, als daß es sich aufgrund einer Betrachtung der Bildlichkeit, der „Sprechrichtung" oder des Aufbaus allein beurteilen ließe. Erst durch eine Analyse der Wechselbeziehung von Wort und Bild, Reim und Lautelementen, Versform und Aufbau erschließt sich das Sonett dem Leser.

Nachdem sie die wichtigsten Aussagen der barocken Poetik über das Sonett zusammengefaßt und auch die Ausführungen A. W. Schlegels zur Symmetrie und Struktur dieser Gattung hinzugezogen hat, versucht Liwerski[26] die Grundstruktur des Greiffenbergs-Typs zu bestimmen. Auf eine Strukturformel gebracht, ließe sich der Typ so darstellen: (4 + 4) + (4) + (2). Schlegels geometrische Anschauungsfiguren übernehmend, vergleicht Liwerski das Oktav mit dem Kubus und das Sextett mit dem Triangel, womit die gerade Zahl 4 und die ungerade 3 zugrundeliegt. Die theologische, mystische und kabbalistische Bedeutsamkeit der Zahl 7, die sich aus 4 und 3 zusammensetzt, kannte Catharina, wie Liwerski überzeugend zeigt. So betrachtet, gewinnt die Sonettkunst der Dichterin eine neue und tiefere Dimension.

Siekhaus hat in ihrer Dissertation den „lyrischen" Gehalt der Sonette untersucht, und zwar aufgrund einer Modifikation der Lyrik-Theorie von K. Hamburger. Die Unterscheidung zwischen „lyrischen" und „nicht lyrischen" Sonetten ist nicht unproblematisch, aber die subtilen Interpretationen bringen aufschlußreiche Ergebnisse.

Jedem Leser fällt zunächst die Macht und Kunst von Catharinas dichterischer Sprache auf, die die verschiedensten rhetorischen und bildlichen Möglichkeiten der barocken Kombinatorik voll ausschöpft. Wohl am augenfälligsten ist die Bildersprache dort, wo neue Komposita gebildet werden.[27] So erscheint das bekehrende Wort Gottes als „Wort-Carthaunen" (SLG. 194), die Erlösung durch Christus als „Blut-Corall", die „im Hertzen möge leben" (SLG. 28), und das Blut Christi selbst als „Gold-Geist" (SLG. 144 und 146), sogar als „Lösungs-Ader-Gold" (SLG. 114). Es ist eigentlich nur ein kleiner Schritt von solchen Zusammensetzungen wie „Herzens-Arch" (SLG. 187), „Lebens-Kerze" (SLG. 62) und „Irrungs-Stein" (SLG. 117) zu dem verwandten Phänomen der Genitiv-Verbindung, die zwei Konkreta oder ein Abstraktum mit einem Konkretum auf verschiedene Weise miteinander kombiniert: „Augen der Vernunft" (SLG. 28), „Unglaubens Salz" (SLG. 28), „Creutzes Feur" (SLG. 42) und „der Seuffzer Winde" (SLG. 164).

Ebenso auffallend ist aber die Neigung zur Intensivierung des Ausdrucks, was, wie schon oben am Bild, auch allgemein am Wort und Laut festgestellt werden kann. Die vielen Zusammensetzungen, die, anders als die oben erwähnten Komposita, oft aus Präfixbildungen bestehen, haben einen eindeutigen Superlativ-Charakter, so etwa die Zusammensetzungen mit „all", „erz", „höchst", „un", „ur", „wunder". Zum Beispiel wird Christus „Herz-Erz-Herzog" (SLG. 176) und „Wunder-Allheit" (SLG. 404) genannt.

Catharinas Gebrauch von lautlichen Elementen reicht von symbolischer Mehrdeutbarkeit zu fast funktionsleerer Alliteration, obwohl der moderne Leser dazu geneigt ist, den darin zum Ausdruck kommenden, vom 17. Jahrhundert oft positiv rezipierten ästhetischen Spielcharakter zu übersehen oder aber zu verurteilen. Manchmal erscheint die Alliteration allerdings doch fast Selbstzweck geworden zu sein; sie bleibt ohne Beziehung zum Gedanklichen in Versen wie „Lieb / der ich mich zu Lieb will willig ritzen lassen:" (SLG. 143), wie es in einer Meditation über die Dornen-Krone Christi heißt. Aber die Umschreibung der Ewigkeit als „Zeit-befreite Zeit" (SLG. 248) ist als Wortspiel klanglich und semantisch durchaus ernstzunehmen, wie auch die Charakterisierung des Blutes Christi als „Wund-Wunder Wasser", das vom „rechten Fels" herfließt, „in den die Römer stechen" (SLG. 165). Die Alliteration auf „w", gekoppelt mit der Steigerung des Wortelements, „Wund" auf „Wunder" kann den modernen Leser verständlicherweise befremden. Was diese Wendung durch Alliteration und Wortverdoppelung zum Ausdruck bringt, ist das Geheimnis der Erlösung durch das Blutvergießen; so betrachtet, erfüllt die Wortgruppe auch eine semantische Funktion. Wortverdoppelung (in diesem Fall -verfünffachung), Gleichklang und Lautfolge, Antithetik und semantisches Wortspiel bereichern und verdichten eine charakteristische Aussage über Tod und Ewigkeit:

> Ach ich meyn die Ewig-Ewig-Ewig-Ewig-Ewigkeit /
> in die der belebend Tod wird entleibend einverleiben. (SLG. 248)

Hier stehen Wort und Laut zwar gedrängt, aber in einem rhetorisch ausgewogenen Verhältnis zueinander.

Die *Sieges-Seule der Buße und Glaubens / wider den Erbfeind Christliches Namens* ..., 1663/64 während des Türkenkriegs geschrieben, aber erst 1675 veröffentlicht, ist als politisch-religiöses Werk ein eigenartiges Dokument, zumal wenn man bedenkt, daß es der Feder einer Frau entstammt. Wenn eine Frau sich damals literarisch äußern wollte, konnte sie geistliche Dichtungen, Gelegenheitslyrik oder Erbauungsliteratur schreiben. Die meisten Gattungen der „hohen Literatur" hingegen standen ihr nicht offen. Daß eine Frau es gar unternehmen würde, sich zu Fragen der Staatswissenschaft und Politik literarisch, also öffentlich zu äußern, war kaum vorstellbar. Genau dies aber wagte Catharina mit ihrer *Sieges-Seule*, wenn sie auch nicht auf übliche Demutsformeln – „Jungfrauen sollen schweigen, ihr Tugend durch die Röth / nicht mit der Rede zeigen" (S. 2) – verzichtete.

Stubenbergs „Beurtheilungs-Zeilen" bieten eine brauchbare Einführung in dieses „Helden Gedicht":

> Dieses Werk ist so vollkommen in Erfindung / in künstlichen Einschaltungen fast des ganzen Neuen Bundes und der Evangelien / der meisten Sternseh-Kunst / der völligen Mahumetischen Geschichten; ... daß jedes Manns-bild / welcher sich die grüne Lorbeerverdienung mehr als eigenbar einbildet / sich deren / als eines Meisterstückes / billig rühmen könte / von dem holdseeligen VenusGeschlechte aber billigst vor ein Engel-Werk zu schätzen und zu ehren. Die Gottseligkeit dieses

Werks / übertrifft Bischofe; die Wolredenheit / Dichtere; die Herzhaftigkeit / Obristen; die Geschicht-anziehungs-mänge / gelehrte Staats-Lehrer ...

Tatsächlich hat die *Sieges-Seule*, ein stattliches Werk von 7000 Alexandrinern auf 250 Seiten, eine dezidiert politisch-religiöse Zielsetzung: sie enthält einen Appell an die deutsche Nation, an alle Fürsten und Christen, sich vereint hinter den Kaiser zu stellen, um eine geschlossene Front gegen die Türken zu bilden, die eine Bedrohung der ganzen Christenheit, des Heiligen Römischen Reiches und nicht zuletzt der überkommenen Lebensformen darstellten. So ist etwa, nicht zufällig im Werk einer Frau, die Rede vom Türken als dem „geschworenen Feind vom Ehestand" (S. 165).

Catharinas Hauptanliegen ist wohl die Notwendigkeit einer „Vereinigung der Christenheit", wie es im „Entwurf" heißt. Dabei muß man wohl bedenken, daß bei dieser entschlossenen Protestantin mit dem heimlichen „Vorhaben", wie sie es nannte, den Kaiser zum Luthertum zu bekehren, christliche Einigkeit nur einen, wenn auch nicht direkt ausgesprochenen Sinn hat. Bildlich wird die Bekehrungsabsicht einmal allegorisch, aber doch unmißverständlich ausgedrückt:

> Ach! wehrte Geistes-Taube /
> vom Adler ausgesandt / (zu würken / daß man glaube)
> der in den Himmel fuhr! ach! brüte völlig aus
> den halben Adler / füg' ihn auch zu diesem Haus /
> das in dem Schild ihn führt. (S. 222)

Nur einmal wird der Kaiser mit seinem Eigennamen Leopold genannt (S. 162), sonst greift die Dichterin gerne nach bildlichen Umschreibungen, wobei sie das habsburgische Wappentier des Adlers besonders bevorzugt. Von da her gesehen gewinnt einiges an Bedeutsamkeit: so manches Adlerbild, das ständige Insistieren auf Glauben[28] und das ganze Bild- und Sinnfeld des Sehens, in dem „sehen", „Auge", „Adler", „Glaube", „blind", „Wahrheit" u. a. enthalten und verschiedentlich miteinander kombiniert sind.[29]

Die Forderung nach Einheit der Christenheit geschieht primär aus religiöser Überlegung, obwohl sie auch einen politischen Aspekt hat. Für Catharina, wie für die meisten Zeitgenossen, gab es nur einen Gott, nur eine richtige Lehre, nur einen rechten Glauben; folglich durfte es nur eine Christenheit geben. Das Dilemma, das in Logaus Epigramm mit der Überschrift „Glauben" ausgesprochen wird:

> Luthrisch / Päbstisch vnd Calvinisch / diese Glauben alle drey
> Sind vorhanden; doch ist Zeifel / wo das Christenthum dann sey.

kennen weder Catharina noch die Jesuiten, die ihre Bekehrungsabsicht durchschauten und sie zu konvertieren suchten. So heißt es in der *Sieges-Seule:* „die Drey-Einigkeit / die Treu-Einigkeit liebt" (S. 175). Noch klarer äußert Catharina den Wunsch nach einem wiedervereinigten Christentum in folgenden Worten:

> Zu wünschen wär es auch / ...
> daß doch der einig GOtt auf einem Haubt-Altar
> bedienet und verehrt würd von der Christen-Schaar
> daß sie / wie ein GOtt / so einen Glauben hätten;
> ...
> daß ganz kein Unterschied in der und jener Lehre;
> daß vielmehr alls zugleich voll GOtt und Christus wäre;
> daß sich der starke Glaub so hoch in Gott erschwüng /
> durch alle Nebel sich des Streit-Gewölkes drüng; (S. 176)

Scheinbar ganz im Geiste der Ireniker ihrer Zeit sucht auch Catharina religiöse „Verfolgung" (S. 177) als mißverstandene „Bekehr-Lust" (S. 177) zu deuten, die „allein von Liebe vorgebracht" sei (S. 177). Will Catharina diese tolerant anmutende Feststellung für alle Konfessionen gelten lassen?

Die *Sieges-Seule* fängt mit einer langen Bußpredigt an, bei der der Leser sich allerdings fragen mochte, was die Christenheit denn zu büßen habe. Die Antwort liegt zum Teil ganz allgemein in der verlorenen Einheit des Christentums, im konfessionellen Streit, der seine blutigen Auswirkungen im Dreißigjährigen Krieg fand, auf den in der *Sieges-Seule* denn auch kurz eingegangen wird. Da aber Catharina immer wieder auf die Notwendigkeit des Glaubens, des „wahren Glaubens" (S. 7) hinweist, liegt die Vermutung nahe, daß die Anhängerin des Luthertums an den alleinseligmachenden Glauben denkt. Explizite aber sind es die vielen Sünden, sowohl persönlicher als auch politischer Art, die Catharina als Grund für die Buße nennt. „Geitz und Aufruhr" (S. 14) und die daraus folgenden Einzelsünden „Geitz" (S. 12-16), „Aufruhr", „Hohfart", „Lügen", „Neid" und „Haß", diese und ähnliche Sünden (vgl. S. 26 f) und die Uneinigkeit im Christentum werden jetzt bestraft: „Wir leiden grosse Qwal an unser Sünden gicht" (S. 29, vgl. auch S. 31). Gemeint ist das allgemeine Übel einer gespaltenen Christenheit, aber auch der Türkenkrieg, obwohl die Türken, später als „neue Christen-Geisel" (S. 153) und „Rute der ergrimmten Gottes Hand" (S. 153) bezeichnet, erst S. 35 genannt werden. Damit ist das Übel aufgedeckt und benannt, und es wird auch Einsicht in „Gottes Wege und Gericht [obwohl] unergründlich" (Entwurf) geboten. So argumentierte auch Martin Opitz in seinem „Trostgedicht in Widerwertigkeit deß Kriegs" anläßlich des Dreißigjährigen Krieges. Das Problem der Theodizee findet also seine traditionelle Lösung. Der gerechte Gott erlaubt die Bestrafung seiner Christen durch die Türken; er wird aber später sein „Rächschwerd" gegen sie „verdrehen" (S. 153). Die Argumentation der Dichterin ist logisch, wenn auch traditionell: Krieg und Unglück sind die verdiente Strafe für die Sünde, die gebüßt werden muß; die Sünde selbst muß jetzt durch den rechten Glauben ersetzt werden, der die Christenheit wieder vereinigen soll. Nun hat aber „Glaube" für Catharina einen besonderen Stellenwert, wie wir schon aus den *Sonnetten, Liedern und Gedichten* gesehen haben. Glaube ist Einsicht in Gottes Willen; deshalb kann Catharina scheinbar paradox behaupten, daß der Mensch Gott durch seinen Glauben zwingen kann. Wenn die bedrängten Christen sich im rechten Glauben vereinigen, ist der Sieg gesichert:

> Man muß den Höchsten binden /
> mit Banden die er liebt / ihn glaubend überwinden
> mit seinem eignen Schwerd / mit seinem wahren Wort
> bezwingen . . . (S. 54)

Der Begriff des Glaubens hat auch, wie oben ausgeführt, einen ausgeprägt lutherischen Sinn, der nicht überhört werden darf.

Catharinas Forderung nach Einheit des Christentums und des Staates ist der Kontext, in dem sie auch für religiöse Freiheit plädiert:

> Jch find' es aller seiten
> Staat-Ehr' und Seelen-nutz / zur Einigkeit zu schreiten:
> an der ein starkes Glied die Glaub-erlaubung wär / (S. 180)

Interessant ist die Tatsache, daß Catharina ebenso überzeugt ist von der Notwendigkeit, das Christentum im Sinne Luthers zu vereinigen, wie die Katholiken überzeugt sind von der Notwendigkeit, die Christenheit im Sinne der Gegenreformation zu vereinigen. Diese „Glaub-erlaubung" (S. 180) bietet der Dichterin offensichtlich Gelegenheit, ihre allein-seligmachende Konfession zu propagieren.

Der unmittelbare Anlaß, der Catharina dazu bewog, ja fast zwang, die *Sieges-Seule* zu schreiben, war die Türkengefahr, die ihr „Allerliebstesvatterland" damals bedrohte. So trägt das Werk eine „Zuschrifft" „An mein wehrtes Teutsches Vatterland!", in der sie die Vaterlandsliebe als „Kern aller Tugenden" bezeichnet. Sie liebt und unterstützt das habsburgische Kaiserhaus, obwohl sie den Adler für konfessionell blind erklärt. Sie zweifelt nie daran, daß Gott, vielleicht durch sein bescheidenes Instrument Catharina, dafür sorgen wird, daß dem Adler mit der Zeit die Augen geöffnet werden. Dies war auch Sinn und Meinung der verlorenen *Adler-Grotta*, die die Dichterin in der „Zuschrifft" zur *Sieges-Seule* erwähnt. Catharina trennt also Politik und Religion. Sie scheint, wie die meisten Zeitgenossen ihres Standes, keine Änderung der Gesellschaft für notwendig zu erachten. Sie stellt die überkommene Obrigkeitslehre nie in Frage: „die wehrte Obrigkeit" ist für Catharina „Gottes Bild" (S. 159). Sie hat eine wohlbegründete Angst vor Aufstand jeder Art. Treue schätzt sie höher als Leben und Freiheit. In einem Satz, der an Klarheit nichts zu wünschen übrig läßt, verurteilt sie jeden „Aufruhr":

> Die AUfruhr-Wankelmut
> thät nie zu keiner Zeit / und thut auch noch nit gut:
> Man hüte sich davor. Ist bässer treu ersterben
> in Unterthänigkeit / als such / im Verderben
> der Obern / seine Ruh. Die Freyheit lieb' ich zwar:

doch soll sie an der Treu verrucken mir kein Haar.
Verantwort-leichter ist / recht thun u. etwas leiden /

Nicht nur Gryphius erschrak vor der Enthauptung Karls I., auch Catharina betrachtet seine Hinrichtung als „Königs-Mord" (S. 159), eine Tat, die Gott „zuwider" war und bestraft wurde. Die Restauration Karl II. deutet die Dichterin als Wiederherstellung der gottgewollten Ordnung, die eine gerechte Belohnung und Bestrafung mit sich brachte (vgl. S. 159).

Darin zeigte sich Catharinas konservierende, aber auch konservative Haltung, die sich ebenso in ihrer Beurteilung der Staatsführung und -ordnung niederschlägt. Der gute Staatsführer ist der christliche Prinz. „Machiavell", einmal (S. 22) namentlich erwähnt, verkörpert für sie alles Unehrliche, Pragmatische und Zynische im Staatswesen. Catharina beklagt die Tatsache, daß „bloße Wahrheit / so jezt Phönix-seltsam ist" (S. 20), und daß „der raue Warheit-weg ist manchem eine Marter" (S. 21). Was die Dichterin am schärfsten anprangert, ist eine „Staatskunst" (S. 21), die nur durch Umwege und Indirektheit ans Ziel kommt: „Sein Wort ist nie sein Will / sein Ziel nie bey der That" (S. 21). Diese Kritik richtet sich selbstverständlich nicht gegen Leopolds „Adler-Reich" (S. 22), dessen „Augen", doch „gar zu Tugend-klar" (S. 22) sind. Leopold verkörpert die christlichen Staatstugenden der Wahrheit und Beständigkeit, der Gerechtigkeit und Gottesfurcht (vgl. S. 23), zumindest werden ihm diese Tugenden nahegelegt.

Einen sehr langen Teil der *Sieges-Seule* (S. 69 bis etwa S. 156) bildet Catharinas geschichtlicher Überblick über Aufkommen, Wesen und Verbreitung des Islams und über die Auseinandersetzungen zwischen Christen und Mohammedanern. Hier bietet die Dichterin, aus christlicher Sicht, eine souveräne Zusammenfassung dessen, was man damals darüber wußte. Für den heutigen Leser bleibt das eine weniger interessante, wenn auch beachtliche Leistung der Gelehrsamkeit. Schon damals wurde Catharina wegen ihrer Belesenheit und Gelehrtheit viel bewundert.

Schließlich ist die *Sieges-Seule* ein Appell an die Deutschen, sich politisch und konfessionell zu vereinigen und den Krieg gegen die Türken tapfer anzutreten. Für Catharina kann der Sieg nicht ausbleiben, wenn die Christen vorbehaltlos an ihren Gott glauben, ihre menschliche Schwachheit anerkennen und sich in Gottes Hand begeben. So endet die *Sieges-Seule* mit einem langen Lob- und Dankgebet.

Als Anhang zur *Sieges-Seule* veröffentlichte Catharina ihre Übersetzung des *Triomphe de la Foy* des französischen Dichters du Bartas (1544-1590), in dessen Kommentar sie eine erstaunliche Gelehrsamkeit an den Tag legt.

Das zweite kleine Werk, das der *Sieges-Seule* beigegeben wurde und weder in der „Zuschrifft" noch in Stubenbergs „Beurtheilung" noch in der Korrespondenz mit Birken erwähnt wird, ist die *Tugend-Übung Sieben Lustwehlender Schäferinnen*, die wahrscheinlich zwischen 1659 und 1663 geschrieben wurde. An anderer Stelle habe ich den Versuch unternommen, das Werk als Sammlung von *emblemata nuda*, ja sogar als emblematischen Spiegel des Lebens der Dichterin zu interpretieren.[30] Die „Tugend-Übung" besteht darin, daß jede Schäferin einen bestimmten Gegenstand, z. B. eine Koralle, eine Person, etwa Clelia, oder eine Begebenheit, wie die Verwandlung der durch Apollo bedrängten Daphne in einen Lorbeerbaum, auswählt, was der *pictura* eines Emblems entspricht. Die Schäferin erfindet dazu ein passendes Motto und ein Sonett, das als *subscriptio* dient. So entsteht eine Sammlung von 21 geistlichen, Helden- und Liebesemblemen. Die zweite Schäferin etwa wählt sich als Symbol der Liebe „eine Stählene Nadel in der Form eines Degens" (S. 334). Das stoizistische Motto lautet: „Beständigkeit-Degen / kan alles erlegen!" (S. 334), und die Sonetterklärung preist eine „Tugend-lieb", die allem Unglück widersteht und bis in die Ewigkeit besteht.

Meiner Ansicht nach kristallisieren sich in der *Tugend-Übung* Catharinas stoizistische[31] und religiöse Anschauungen, wobei das allzu Private ausgeschaltet wurde. Aber hinter dieser scheinbar objektiven Form der Gesellschaftsdichtung in emblematischer Spielform lassen sich viele persönliche Erfahrungen der Dichterin, wenn auch nur indirekt und verallgemeinert, herauslesen. Der persönliche Bezug besteht in der Liebe des Oheims, in den mannigfaltigen Problemen persönlicher, religiöser, sozialer und sogar finanzieller Art, die Hans Rudolphs Liebeserklärung und die spätere Ehe mit sich brachte. Somit wäre auch die *Tugend-Übung* als typisch barockes Spiel von Maske und Identität zu betrachten. Eine solche Interpretation ist aber nur dann zulässig, wenn – wie in diesem Fall – die biographischen Fakten gesichert sind, und selbst dann bleibt dieses Durchschimmern des Persönlichen durch die traditionellen Formen nur eine Dimension und eine Deutungsmöglichkeit.

Der bei weitem größte Teil ihres Schaffens besteht aus den drei Sammlungen von „andächtigen Betrachtungen" über Leben und Tod Christi, ein Werk in vier gewichtigen Bänden mit 4357 Seiten Text und insgesamt 39 emblematischen Bildern und Gedichterklärungen. Catharina arbeitete fast ihr ganzes Leben lang an diesem Werk der „Deoglori". Schon 1668 fing sie an, die Passionsbetrachtungen zu schreiben, die 1672 unter dem Titel *Des Allerheiligst- und Allerheilsamsten Leidens und Sterbens JESU CHRISTI Zwölf andächtige Betrachtungen ...* bei Johann Hofmann in Nürnberg erschienen. Die Beliebtheit dieser Passionsbetrachtungen wird durch ihre zweite Auflage (Nürnberg, 1683) bezeugt. Ein zweiter Band *Der Allerheiligsten Menschwerdung / Geburt und Jugend JESU CHRISTI / Zwölf Andächtige Betrachtungen ...* erschien 1678 in demselben Verlag und wurde 1693 auch wieder aufgelegt. Catharina schrieb bis zu ihrem Tode im Jahre 1694 an diesem Erbauungswerk unentwegt weiter. So erschienen dann 1693 die zwei Teile des letzten Werkes, das dem Leben Christi gewidmet ist: *Des Allerheiligsten Lebens JESU CHRISTI Sechs Andächtige Betrachtungen Von Dessen Lehren und Wunderwerken ...* und *Des Allerheiligsten Lebens*

JESU Christi Ubrige Sechs Betrachtungen Von Dessen Heiligem Wandel / Wundern und Weissagungen von- und biß zu seinem Allerheiligsten Leiden und Sterben. Geplant war auch ein vierter Band über die Auferstehung und Himmelfahrt Christi, der den Zyklus abgeschlossen hätte, aber entweder hat Catharina das Manuskript nie zu Ende geschrieben, oder es ist verlorengegangen.[32]

Obwohl solche Erbauungsbücher zur Literatur im weitesten Sinne gezählt werden müssen, gehören sie doch als geistliche Dokumente eher in den Bereich der Geschichte der Theologie und Religion, besonders wenn es darum geht, den geistlichen Gehalt im religiösen Leben der Zeit einzuordnen. Dabei ist die für die Literaturwissenschaft zentrale Frage nach der sprachlichen Gestaltung und Kunstform des Werkes, die Frage nach seiner Realisierung und Wirkung weniger wichtig. Es ist hier nur möglich, Form und Aufbau von Catharinas Betrachtung allgemein zu charakterisieren und auf einige Beispiele etwas näher einzugehen.[33] Jeder der drei Bände enthält zwölf Betrachtungen und jede Betrachtung wird durch ein emblematisches Bild eingeleitet, dessen Motto dann in einem „Erklärungs"-Gedicht erläutert wird.[34] Die Dreiteiligkeit des Emblems wird hier genau nachgebildet. Die Betrachtung selbst setzt sich zusammen aus Bibelzitaten, langen Prosaauslegungen, Gebeten und Gedichteinlagen. Die Passionsbetrachtungen enthalten z. B. genau 100 Gedichte, wovon 53 Sonette sind. Diese Gedichte sind keine Einschübe, sondern sie haben ihren bestimmten Platz in der Betrachtung, nämlich als Höhepunkt der Argumentation oder, wie Frank schon festgestellt hat, „der seelischen Bewegung – sei es als Klage, anrufendes Gebet oder als ausrufende Preisung" (S. 119). Die Bibelzitate, die das Gerüst der jeweiligen Meditation darstellen, werden schon drucktechnisch herausgehoben, so daß sie als Zwischentitel dienen; interessanterweise aber verzichtet die Dichterin auf genaue Stellenangaben, um die Andacht nicht durch Gelehrsamkeit zu stören.

Als Beispiel nehmen wir die Gebúrtsbetrachtungen (1678), die Catharina Gott „Dem Vatter des selbständigen Wortes" widmet, wie es in der unpaginierten „Zueignungs-Schrifft" heißt. Dieses Andachtsbuch stellt sie als ein Werk der „Deoglori" dar. In der „Vor-Ansprache An den Edler Leser" betont die Dichterin mit Nachdruck, daß sie lediglich die „Deoglori in der Welt dadurch auszubreiten" trachte. Der Leser wird gewarnt, er habe nur „etwas kindisches", nur „Liebe und Einfalt" zu erwarten. Catharina habe dem Rat gelehrter Freunde nicht folgen wollen, und so habe sie nicht „die Lateinische *Allegata* aus den *Patribus* zu Ende ordentlich gesetzt", wie sie „zwar wol thun können", weil sie zeigen wolle, daß sie „alle eitle Ehre und Ruhm fliehe . . ." In der Tat erwähnt sie schon auf den ersten drei Seiten der Betrachtungen Ambrosius, Basilius, Chrysostomus, Ignatius und Tertullianus.

Die Geburtsbetrachtungen werden in zwölf in sich geschlossene Einzelbetrachtungen unterteilt, deren Themen folgende Überschriften tragen: 1. „Von dessen Ewiger Gottheit" (S. 1-67); 2. „Von der Empfängnis Christi" (S. 69-134); 3. „Von der Heiligen JEsus-Mutter Schwanger-gehen" (S. 136-302) mit nicht weniger als 32 Zwischentiteln; 4. „Von JEsu heiligster Geburt" (S. 304-425); 5. „Von JEsu allerheiligstem Namen" (S. 427-485); 6. „Von der Heiden Erscheinung" (S. 487-608); 7. „Von JEsu Darstellung im Tempel" (S. 610-733); 8. „Von JEsu Flucht in Egypten" (S. 735-792); 9. „Von dem verlohrnen Kind JEsu" (S. 794-852); 10. „Vom Zeugnis Johannis von JEsu" (S. 854-971); 11. „Von der Tauffe Christi" (S. 973-1041); 12. „Von der Versuchung Christi" (S. 1043-1126).

Die Beschreibung der ersten Betrachtung soll einen Einblick darin verschaffen, wie Catharina in den einzelnen Betrachtungen vorgeht. Ein emblematisches Sinnbild wird vorangestellt, das eine Reihe von immer größer werdenden Kreisen darstellt, die aus einem Mittelpunkt ihren Ursprung nehmen. Das Motto „klein doch unendlich" wird in der „Erklärung" so ausgelegt, daß „Das kleine JEsu-Kind disi Pünctlein" bedeutet; da aber Christus auch die „ew'ge Gottheit" ist, so ist er gleichzeitig „Welt-überweitend", und „ein GOtt der Ewigkeiten". Somit wird das große Thema der ersten Betrachtung emblematisch dargelegt; es wird thematisch festgehalten in der Überschrift „Von dessen Ewiger Gottheit" (S. 1), die ihrerseits im Johannesevangelium „Im Anfang war das Wort" ihre biblische Fundierung findet. Die Prosabetrachtung beginnt mit einem Gebet, das die Anrede „JESU! du unanfänglicher Anfang aller Dinge!" mit rhetorischem und wortspielerischem Ernst aufgreift. So betet die Dichterin für Inspiration und preist zugleich die „Unanfänglichkeit" Christi: „Gib mir / was du selbsten nicht gehabt hast / ... nämlich den Anfang: daß ich einen glücklichen Anfang mache / deine Unanfänglichkeit unendlich zu beweisen" (S. 1). Nach diesem kurzen Gebet wird dasselbe Bibelwort „Im Anfang war das Wort" als Zwischentitel wiederholt, dessen Schlüsselbegriff „Wort" verschiedentlich ausgelegt wird und in der folgenden charakteristischen Zusammenfassung gipfelt: Christus sei „ein mit-ewiger Ur-selbstand und Brunn aller Selbständigkeit / ein ewiger Erz-Urwesen aller Wesenheiten ... eine Quelle der Unendlichkeit" (S. 5) ... und ein „Dolmetscher ... des Göttlichen Willens" (S. 6).

Die erste Hälfte dieser einführenden Meditation besteht aus einer eher abstrakt gehaltenen Paraphrase über das Thema „Christus als Wort und Licht". Dabei geht es der Dichterin auch darum, die Göttlichkeit Christi zu beweisen (daher die vielen Hinweise auf die Kirchenväter) und seine Stellung innerhalb der Trinität zu beschreiben. Dort aber, wo Christus als Mensch im Vordergrund steht, wo beschrieben wird, wie er von den Seinen angenommen, beziehungsweise nicht angenommen wurde, dort wird die Sprache beweglicher, bildreicher und konkreter. Daß die Israeliter Christus als Sohn Gottes und Heiland nicht erkannt und akzeptiert haben, ist Catharina unvorstellbar und führt zu einer Reihe von rhetorischen Fragen, die ihrer Verwunderung darüber und auch ihrer Liebe zu Christus Ausdruck verleihen: „Sollten sie [die Seinen] nicht / vor brünstigem Verlangen / den kleinen-grossen HimmelSchatz zu empfangen / schier gestorben seyn?" (S. 33). In ähnlicher Weise häufen sich die Umschreibungen für die Freude, die Catharina darüber empfindet, daß viele Christus doch „aufnahmen": „viele Hertzen / diesen himmlischen Thau auffiengen ... dieses Engel-Manna samleten ... diese Perle fande ... diese Paradeis-blume ... pflanzten" (S. 34). Catharinas Ausführungen zur Bibelstelle „Und [Christus] wohnt unter uns" münden in antithetische und paradoxe Formulierungen, die das Mysterium des Mensch gewordenen Gottes aussprechen. Das kann in abstrakter Rede geschehen: „Der Unbegreifliche wohnt unter uns; der alles-umgebende / in unsern Gränzen" (S. 46), wird aber auch einfach und konkret ausgedrückt: „Dessen Stuhl der Himmel ist / der sitzt in einem kleinen Häuslein" (S. 46).

Die Betrachtung schließt mit einer längeren Meditation über die biblische Charakterisierung Christi als „Voll Gnade und Wahrheit" (S. 50-67). „Wo nehme ich auch überschwängliche worte / das überschwänglich-wesende Wort zu preisen?" (S. 53), fragt die Dichterin und kehrt damit zum Anfang dieser ersten Betrachtung zurück. Die darauffolgenden elf Seiten Prosa teilen sich in Gebet und Lob, was dann wiederum in einem 10strophigen Gedicht „Lob-Lied / GOttes des Wortes" (S. 64-67) dichterisch zusammengefaßt wird.

Catharina Regina von Greiffenberg teilte das Los vieler Dichter des Barock, die zu Unrecht in Vergessenheit gerieten. Zwar wurden einige ihrer Werke in letzter Zeit neu aufgelegt, doch kann man deswegen wohl kaum von einer Greiffenberg-Renaissance sprechen. Die Rezeption des Nachdrucks ihrer SLG von 1967 erinnert sehr an das Schicksal der Erstausgabe von 1662. Damals hatte sich der Verleger über den schlechten Absatz beklagt, und heute sind Exemplare des 1967 erschienenen Nachdrucks immer noch erhältlich, obwohl die Auflage laut unpräzisen Angaben des Verlags „wenige hunderte Exemplare" betrug.[35] Stubenberg hat damals den Verleger unter die „groben Pfützengeister" eingereiht; über den zeitlosen Wert von Catharinas Dichtung wußte er aber zu sagen: „Gibt es doch auch mehr leühte denen der Diamanten Preiß unwissend alß welchen ihr teürer wehrt kundig der gleichwohl bey jenigen allzeit in seiner höhe bleibt."[36] Die Zahl der „Wissenden" ist aber klein geblieben.

Anmerkungen

Texte

Geistliche Sonnette / Lieder und Gedichte / zu Gottseeligem Zeitvertreib / erfunden und gesetzet durch Fräulein Catharina Regina / Fräulein von Greiffenberg / geb. Freyherrin von Seyßenegg: Nunmehr Jhr zu Ehren und Gedächtniß / zwar ohne ihr Wissen / zum Druck gefördert / und durch ihren Vettern Hanns Rudolf von Greiffenberg / Freyherrn zu Seyßenegg. Nürnberg / In Verlegung Michael Endters. Gedruckt zu Bayreuth bey Johann Gebhard. Jm M.DC.LXII. Jahr. 1662.
Reprographischer Nachdruck. Mit einem Nachwort zum Neudruck von Heinz-Otto Burger. Darmstadt 1967.

Des Allerheiligst- und Allerheilsamsten Leidens und Sterbens JESU CHRISTI Zwölf andächtige Betrachtungen: Durch dessen innigste Liebhaberin und eifrigste Verehrerin Catharina Regina / Frau von Greiffenberg / Freyherrin auf Seisenegg / Zu Vermehrung der Ehre GOttes und Erweckung wahrer Andacht / mit XII. Sinnbild-Kupfern verfasset und ausgefertigt. Nürnberg. Verlegts Johann Hofmann / Kunsthändler. Drukts Johann-Philipp Miltenberger / Jm 1672. Christ-Jahr. 2. Auflage 1683.

Sieges-Seule der Buße und Glaubens / wider den Erbfeind Christliches Namens: aufgestellet / und mit des Herrn von Bartas geteutschtem Glaubens-Triumf gekrönet / durch Catharina Regina / Frau von Greiffenberg / Freyherrin auf Seissenegg. Nürnberg / Jn Verlegung Johann Hofmann / Kunst- und Buchhändlers. Gedruckt bey Christoff Gerhard. Im Jahr Christi 1675.

Darin: S. 1-250: Sieges Seule; S. 252-328: Glaubens-Triumf. oder die Siegprachtende Zuversicht: Aus Herrn von Bartas Französischem in das Teutsche versetzet / Im 1660. Christ-Jahr; S. 329-348: Tugend-Übung / Sieben Lustwehlender Schäferinnen.

Der Allerheiligsten Menschwerdung / Geburt und Jugend JESU CHRISTI / Zwölf Andächtige Betrachtungen: Durch Dessen innigste Liebhaberin und eifrigste Verehrerin / CATHARINA REGINA Frau von Greiffenberg / gebohrne Freyherrin auf Seysenegg / Zur Vermehrung der Ehre GOttes / und Erweckung wahrer Andacht / verfasset / und ausgefärtigt. Nürnberg / Jn Verlegung Johann Hofmanns / Buch- und Kunsthändlers. Gedruckt daselbst bey Andreas Knorzen. Jm 1678. Christ-Jahr. 2. Auflage 1693.

Des Allerheiligsten Lebens JESU Christi Sechs Andächtige Betrachtungen Von Dessen Lehren und Wunderwercken / Durch Dessen innigste Liebhaberin und eifrigste Verehrerin Catharina Regina Frau von Greiffenberg / gebohrne Freyherrin auf Seysenegg / Zu Vermehrung der Ehre GOttes / und Erweckung wahrer Andacht / verfasset und verfärtigt. Nürnberg / Jn Verlegung Johann Hofmanns / Buch- und Kunsthändlers. 1693. Gedruckt daselbst bey Christian Sigmund Froberg.

Des Allerheiligsten Lebens JESU Christi Ubrige Sechs Betrachtungen Von Dessen Heiligem Wandel / Wundern und Weissagungen / von- und biß zu seinem Allerheiligsten Leiden und Sterben. Denen auch eine Andacht vom Heiligen Abendmahl hinzugefügt / Durch Dessen innigste Liebhaberin und eifrigste Verehrerin Catharina Regina / Frau von Greiffenberg / gebohrne Freyherrin auf Seysenegg / Zu Vermehrung der Ehre GOttes / und Erweckung wahrer Andacht / verfasset und verfärtigt. Nürnberg / in Verlegung Joh. Hofmanns / Buch- und Kunsthändlers. 1693. Gedruckt daselbst bey Christian Sigm. Froberg.

Literatur

Hermann Uhde-Bernays, Catharina Regina von Greiffenberg (1633-3694). Ein Beitrag zur Geschichte deutschen Lebens und Dichtens im 17. Jahrhundert. Diss., Berlin 1903.

Leo Villiger, Catharina Regina von Greiffenberg (1633-1694). Zur Sprache und Welt der barocken Dichterin. Zürich 1952.

Horst-Joachim Frank, Catharina Regina von Greiffenberg. Untersuchungen zu ihrer Persönlichkeit und Sonettdichtung. Diss., Hamburg 1957.

Ingrid Schürk, Sey dennoch unverzagt! Paul Fleming und Catharina Regina von Greiffenberg. Aus der Welt des Barock, hrsg. von Richard Alewyn. Stuttgart 1957.

Ruth Liwerski, Über die Passionsbetrachtungen der Catharina Regina von Greiffenberg. Unveröff. Staatsarbeit, Göttingen 1961.

Peter M. Daly, Die Metaphorik in den „Sonetten" der Catharina Regina von Greiffenberg. Diss., Zürich 1964.

Gedichte. [Greiffenberg] Ausgewählt und mit einem Nachwort hrsg. von Hubert Gersch. Berlin 1964.

Max Wehrli, Catharina Regina von Greiffenberg: Über das unaussprechliche Heilige Geistes-Eingeben. In: Schweizer Monatshefte, LXV, (1965), S. 577-82.

Martin Bircher u. Peter Daly, Catharina Regina von Greiffenberg und Johann Wilhelm von Stubenberg. Zur Frage der Autorschaft zweier anonymer Widmungsgedichte. In: Literaturwissenschaftl. Jb. d. Görres-Ges. Bd. 7 (1966), S. 17-35.

John Hermann Sullivan, The German Religious Sonnet of the Seventeenth Century. Diss., Berkeley 1966, S. 199-243.

Horst-Joachim Frank, Catharina Regina von Greiffenberg. Leben und Welt der barokken Dichterin. Göttingen 1967, (= 1. Teil der Diss.).

Martin Bircher, Catharina Regina von Greiffenberg. Neue Veröffentlichungen zu Leben und Werk der Dichterin. In: Neue Zürcher Zeitung, Beilage Literatur und Kunst, Nr. 203, 31. 3. 1968.

Conrad Wiedemann, Engel, Geist und Feuer. Zum Dichterselbstverständnis bei Johann Klaj, Catharina von Greiffenberg und Quirinus Kuhlmann. In: Literatur und Geistesgeschichte. Festgabe für Heinz Otto Burger, hrsg. von Reinhold Grimm und Conrad Wiedemann. Berlin 1968, S. 85-109.

Malve Kristin Slocum, Untersuchungen zu Lob und Spiel in den „Sonetten" der Catharina Regina von Greiffenberg. Unveröff. Diss., Cornell 1970.

Ingrid Black u. Peter M. Daly, Gelegenheit und Geständnis. Unveröffentlichte Gelegenheitsgedichte als verschleierter Spiegel des Lebens und Wirkens der Catharina Regina von Greiffenberg. Bern 1971.

Vereni Fässler, Hell-Dunkel in der barocken Dichtung. Studien zum Hell-Dunkel bei Johann Klaj, Andreas Gryphius und Catharina Regina von Greiffenberg. Bern 1971.

Urs Herzog, Literatur in Isolation und Einsamkeit. Catharina Regina von Greiffenberg und ihr literarischer Freundeskreis. In: DVJs, XLV (1971), S. 515-546.

Elisabeth Bartsch Siekhaus, Die lyrischen Sonette der Catharina Regina von Greiffenberg. Diss. Berkeley 1972.

Martin Bircher, Unergründlichkeit. Catharina Regina von Greiffenbergs Gedicht über den Tod der Barbara Susanna Eleonora von Regal. In: Deutsche Barocklyrik. Gedichtinterpretationen von Spee bis Haller, hrsg. von Martin Bircher und Alois M. Haas. Bern 1973, S. 185-223.

Flora E. Kimmich, Methods of Composition in Greiffenberg's Sonnets. Chapel Hill, NC 1975.

Ruth Liwerski, Ein Beitrag zur Sonett-Ästhetik des Barock. Das Sonett der Catharina Regina von Greiffenberg. In: DVJs, IL (1975), S. 215-264.

Hilke Möller, Thränen-Samen und Steckdosenschnauze. Linguistische Beschreibung von Neubildungen Catharina Reginas von Greiffenberg und Wolfdietrich Schnurres. Diss., Zürich 1975.

Peter M. Daly, Dichtung und Emblematik bei Catharina Regina von Greiffenberg. Bonn 1976.

Peter M. Daly, C. R. v. Greiffenberg und Honoré d'Urfé. Einige Bemerkungen zur Frage von Catharinas Rezeption der Schäferdichtung. In: Schäferdichtung. Referate der fünften Arbeitsgruppe beim zweiten Jahrestreffen des Internationalen Arbeitskreises für deutsche Barockliteratur, Wolfenbüttel 1976, hrsg. von Werner Voßkamp. Hamburg 1976, S. 76-84.

Xaver Stalder, Formen des barocken Stoizismus. Der Einfluß der Stoa auf die deutsche Barockdichtung – Martin Opitz, Andreas Gryphius und Catharina Regina von Greiffenberg. Bonn 1976.

Ruth Liwerski, Das Wörterwerk der Catharina Regina von Greiffenberg. Bern, Frankfurt a. M. 1978.

Sharon L. Hamersley, Meditation, Dogma, Kerygma: The Devotional Works of Catharina Regina von Greiffenberg. Diss., Ohio State University, 1980.

Nachweise

[1] *SLG: Geistliche Sonnette, Lieder und Gedichte* ... (Nürnberg, 1662).

[2] Herbert Cysarz war der erste, der einige von Catharinas Sonetten in seine große Barocksammlung (1937) aufnahm; dann widmete ihr Hubert Gersch eine eigene kleine Anthologie (1964), und 1967 schließlich erschien bei der Wissenschaftlichen Buchgesellschaft ein Nachdruck der SLG. Ein Nachdruck ihrer sämtlichen Werke, herausgegeben von Martin Bircher in der Reihe „Wolfenbütteler Barock-Ausgaben", wird eben von Kraus-Reprint angekündigt. Die wissenschaftliche Beschäftigung mit dem Werk dieser großen Barockdichterin setzte spät ein, eigentlich erst mit der Aufarbeitung ihrer Biographie und einer ersten Würdigung der Sonette durch Horst-Joachim Frank (1957), obwohl eine allgemeine Arbeit zur Sprache und Welt der Greiffenberg schon 1952 von Leo Villiger als Zürcher Dissertation vorgelegt worden war. Für Angaben über weitere Untersuchungen sei der Leser auf die Bibliographie hingewiesen.

[3] Diese biographische Skizze basiert auf Horst-Joachim Franks grundlegender Biographie: Catharina von Greiffenberg. Leben und Welt der barocken Dichterin (Göttingen 1967), die wiederum auf der Korrespondenz der Dichterin vor allem mit Birken beruht. Es ist zu hoffen, daß diese äußerst interessante Korrespondenz bald ediert und veröffentlicht wird.

[4] H. Frank, S. 43.

[5] H. Frank, S. 54.

[6] H. Frank, S. 83 f.

[7] Catharina an Birken am 2. 7. 1675, auch in der Vorrede zur *Sieges-Seule* (1674) genannt.

[8] Vgl. M. Bircher, „Catharina Regina von Greiffenberg" in der Neuen Zürcher Zeitung vom 31. März 1968.

[9] Vgl. Catharinas sehr persönlich gehaltenes Gelegenheitsgedicht „Die Betrübte unschuld!", gedruckt und besprochen in Black und Daly, Gelegenheit und Geständnis, S. 30-41.

[10] Sogar einige anonym erschienene Gedichte konnten der Dichterin zugeschrieben werden. Vgl. Villiger, S. 95-97, und Bircher und Daly, Catharina Regina von Greiffenberg und Johann Wilhelm von Stubenberg. Zur Frage der Autorschaft zweier anonymer Widmungsgedichte.

[11] Vgl. Villiger, S. 19-21 und Kimmich, S. 15 f.

[12] Vgl. Werner Elert, Morphologie des Luthertums, (München, Nachdruck 1952) Bd. I, S. 279.

[13] Vgl. Villiger, S. 64-67, 85; Burger, im Nachwort zum Nachdruck der SLG, S. 11-15; Slocum, Untersuchungen zu Lob und Spiel in den „Sonetten" der Catharina Regina von Greiffenberg.

[14] Vgl. Daly, Dichtung und Emblematik bei Catharina Regina von Greiffenberg, S. 62 f.

[15] Ebd., S. 125-129.

[16] So Sharon L. Hamersley in ihrer Dissertation.

[17] Brief an Birken im September 1666.

[18] Das Gedicht trägt den Titel „Wag-gedanke Ob die Jehsus-genüssung im H: Abend-Mahl oder jn der Ruhe im Geist zu erwählen Seye?" Vgl. Black und Daly, S. 60-72.

[19] Vgl. Villiger, S. 90-94; Liwerski; Daly, Die Metaphorik in den „Sonetten" der Catharina Regina von Greiffenberg, S. 158-70, wo ich allerdings die Bedeutsamkeit der Mystik unterschätzt habe.

[20] Dieser Aspekt wird eingehender von Hamersley untersucht.

[21] Zwei sind in Black und Daly abgedruckt und besprochen.

[22] Vgl. Franks unveröffentlichte Diss. und Liwerskis Aufsatz „Ein Beitrag zur Sonett-Ästhetik des Barock. Das Sonett der Catharina Regina von Greiffenberg".

[23] Vgl. Siekhaus, Die lyrischen Sonette der Catharina Regina von Greiffenberg.

[24] Siehe auch die Kritik von Joseph Leighton in Modern Language Review, 72 (1977), 741-743.

[25] Man vergleiche nur die verschiedenartigen Interpretationen und auch Wertungen eines „linearen" Sonetts wie das „Uber des Creutzes Nutzbarkeit" (SLG. 82), dessen Oktav aus einer Reihe von Bild-Argumenten besteht: Kimmich, S. 130 der Diss. und Kapitel III ihres Buches, Siekhaus, S. 90-102 und Daly, Dichtung und Emblematik bei Catharina Regina von Greiffenberg, S. 54-55.

[26] „Ein Beitrag zur Sonett-Ästhetik des Barock. Das Sonett der Catharina Regina von Greiffenberg."

[27] Vgl. Daly, die Metaphorik in den „Sonetten" der Catharina Regina von Greiffenberg, S. 122-32; Hilke Möller, Thränen-Samen und Steckdosenschnauze. Linguistische Beschreibung von Neubildungen Catharina Reginas von Greiffenberg und Wolfdietrich Schnurres.

[28] Die verschiedenen Formen des Wortes kommen 47mal in der *Sieges-Seule* vor.

[29] Einige Beispiele für das Bild- und Sinnfeld des Sehens: „blind . . . bekehren" (S. 6), „wahre Glaub" (S. 7), „Adler-Reich . . . Augen" (S. 22), „Wahrheit-Liecht . . . Glauben . . . Argus . . . Luchs . . . Adler . . . schauen . . . glauben" (S. 30), „Türkisch Rab . . . nicht beck die Augen aus / durch raubung rechter Lehre" (S. 49), „Adler . . . Ferne-Glas . . . Aug" (S. 170).

[30] Vgl. Daly, Dichtung und Emblematik bei Catharina Regina von Greiffenberg, S. 66-113.

[31] Die Rolle der stoizistischen Tradition im Leben und Werk der Dichterin wird eingehender untersucht in: Xaver Stalder, Formen des barocken Stoizismus, S. 112-148, und Daly, Dichtung und Emblematik bei Catharina Regina von Greiffenberg, S. 98-108.

[32] Siehe Anm. 8

[33] Frank hat schon die Passionsbetrachtungen kurz dargestellt, S. 115-126

[34] Alle Sinnbilder und Erklärungen sind in Daly, Dichtung und Emblematik bei Catharina Regina von Greiffenberg, reproduziert.

[35] Daß die Wissenschaftliche Buchgesellschaft Darmstadt die fachliche Frage nach der Größe einer Auflage nur indirekt und ungenau beantwortet, scheint mir mit der Funktion und dem Namen des Verlags kaum vereinbar zu sein.

[36] Brief an Birken 24. 8. 1662, zit. nach Frank, S. 149, Anm. 140.

GERHARD SPELLERBERG

DANIEL CASPER VON LOHENSTEIN

Für Elida Maria Szarota

„Die Unruhe jagte ihn schon unter Mütterlichen Hertzen zur Sicherheit auf ein Fürstliches Schloß / welchen bey seinem Erwachsthumb Fürsten in dero Rathstuben beruffeten." Mit diesen Worten hat der Bruder des Dichters im *Lebens-Lauff Deß sel. Autoris*[1] präzise jenen Bereich bezeichnet, der für Leben und Schaffen Daniel Caspers von Lohenstein bestimmend gewesen ist: den des Höfischen, und zugleich die Momente aufscheinen lassen, die den gegen ständische Gewalten und Vorstellungen sich regional unterschiedlich rasch durchsetzenden landesfürstlichen Absolutismus in seiner Frühphase so attraktiv für die bürgerlich-gelehrten Schichten erscheinen und ihm in ihren Reihen die eifrigsten Propagandisten erwachsen ließen: Ordnung stiftende und Sicherheit verheißende Kraft ebenso wie Aufstieg ermöglichende soziale Mobilität. In Lohensteins Œuvre hat das manieristische Literaturbarock in seiner höfisch-repräsentativen Prägung seine Vollendung gefunden, und das war entscheidend für dessen Rezeption. Der Normen- und Geschmackswandel, der einherging mit der konkreten Ausgestaltung des absolutistischen Systems seit dem ausgehenden 17. Jahrhundert und den damit verbundenen gesellschaftlichen Umstrukturierungen, hat die Grundlagen für das unmittelbare Verständnis dieser Dichtung zerstört: waren Lohensteins Werke für die Zeitgenossen und noch die beiden folgenden Generationen die unvergleichlichen Hervorbringungen eines in einem Atemzug mit den größten Namen der abendländischen Poesie zu nennenden Dichterfürsten, so gelten sie für die nächsten zwei Jahrhunderte als Inbegriff der ‚Anti-Dichtung'. Erst eine literaturgeschichtliche Betrachtung, die sich aus den Fesseln einer von Klassik und Romantik bestimmten, sich selbst aber als überzeitlich verstehenden Literarästhetik befreit hat, vermochte wieder einen Zugang zu dieser Literatur zu eröffnen. Aus der Tatsache, daß der geschichtliche Verlauf von Rezeption und Wertung der hochbarocken Dichtung exemplarisch am Werk Lohensteins verfolgt werden kann, erhellt, daß dieses Œuvre ganz in jenes als „Schwulst-Stil" bezeichnete Syndrom gehört. Will man Sprache und Stil nicht als etwas dem literarischen Werk Äußerliches, als von den es bestimmenden Denkformen und Denkinhalten Isoliertes verstehen, so verbietet es sich eigentlich, solchen – vereinzelten – Hinweisen in der Rezeptionsgeschichte zu folgen, die – wie die von Thomasius zum Verständnis des *Arminius* – dazu verleiten könnten, an Lohensteins Dichtung eine ausgeprägt nicht-barocke, aufklärerische Seite zu entdecken. Freilich: je entschiedener man diese für den hochbarocken Manierismus reklamiert hat, um so größer wurde die Irritation durch sie. Es dürfte kaum andere Dramen des 17. Jahrhunderts geben, die so divergierende Deutungen erfahren hätten wie die Lohensteinschen Trauerspiele, und für kaum einen Barockroman – sieht man einmal vom *Simplicissimus* ab – sind so unterschiedliche Einschätzungen gegeben worden wie für den *Arminius*. Diese Divergenzen resultieren nun keineswegs aus dem Gegenüber eines in Richtung Frühaufklärung und eines in Richtung Hochbarock weisenden Vorverständnisses, sondern sie gewinnen gerade da ihre äußerste Schärfe, wo die Interpreten von einem dezidiert barocken Produktions- und Rezeptionszusammenhang ausgehen. Wenn für diesen konstitutiv sind: strengste Korrelation zwischen Redezweck, literarischer Gattung und sprachlich-rhetorischen Mitteln; strikte, mittels Allegorie und Emblematik regulierte Bezüge zwischen Bild- und Bedeutungs-, Handlungs- und Sinnebene; durch systemorientiertes Analogiedenken bestimmte Argumentationsstrukturen und Denkinhalte; kalkulierte Einbeziehung des ursprünglichen Rezipientenkreises, so sollten ihm zuzuordnende ästhetische Konstrukte dadurch gekennzeichnet sein, daß wir uns ihres Aussage- und Lehrgehalts in eindeutiger Weise vergewissern können. Somit aber signalisiert die in der Forschung sich darbietende Deutungsvielfalt, daß sich das Lohensteinsche Werk einer simplen Zuordnung zur hochbarocken Repräsentationskunst entzieht. Als deren Vollendung ließe es sich wohl nur in dem Sinne verstehen, daß es zugleich auch deren – im einzelnen genauer zu bestimmende – Aufhebung markiert. Deshalb sei, dem im *Lebens-Lauff* gegebenen Hinweis folgend, versucht, zunächst die historisch-gesellschaftliche Situierung des Autors auszumachen und dann vor diesem Hintergrund die Hauptwerke zu analysieren, um so wenigstens in Ansätzen den bewußtseinsgeschichtlichen Ort dieses literarischen Œuvres deutlich werden zu lassen.

Der Dichter wurde geboren am 25. Januar 1635 als ältester Sohn Johann Caspers (Caspars), kaiserlichen Zoll-, Akzise- und Biergefälleeinnehmers und späteren Ratsältesten zu Nimptsch im Herzogtum Brieg, und Susanna Caspers, einer geborenen Schädel. Mit den Wirren des 30jährigen Krieges hängen sowohl die Flucht der Eltern aufs fürstliche Schloß zu Nimptsch, wo Daniel und 1640 auch sein Bruder Hans zur Welt kamen, als auch jene Taten des Vaters zusammen, derer man lange rühmend gedachte: er hatte „mit Gefahr seines Lebens und darsetzung seines Vermögens" Nimptsch mehrmals vor der Plünderung bewahrt und die kaiserlichen Einnahmen gerettet.[2] Ob diese Verdienste ihm und seiner Familie 1670 die Nobilitierung mit dem Prädikat „von Lohenstein" eintrugen, ist vielleicht nicht ganz so sicher, wie in schlesischen Chroniken dargestellt, die die Adelung in einem Atemzug mit der Anerkennung durch ein reiches Geschenk und eine goldene Gnadenkette nennen. Jedenfalls führen die Mitglieder der Casperschen Familie seitdem erst den Namen, unter dem wir den Dichter zu nennen gewohnt sind.

Das Fürstenhaus der schlesischen Piasten und das habsburgische Kaiserhaus waren auch die beiden politischen Größen, in denen die höfisch-absolutistischen Tendenzen der Zeit für Lohenstein Gestalt annahmen. Schlesien, das in keiner unmittelbaren rechtlichen Verbindung zum Reiche stand, nicht die Reichsstandschaft besaß, sondern seit dem 14. Jahrhundert zum Königreich Böhmen und damit seit 1526 zu Habsburg gehörte, zerfiel in eine Reihe von Mediatfürstentümern, in denen einheimische Fürstenhäuser wie die schlesischen Piasten der Liegnitz-Brieger Linie regierten, eine größere Zahl von Immediatfürstentümern, deren alte fürstliche Geschlechter ausgestorben waren und die nun der Krone direkt unterstanden, sowie eine Reihe von Minderherrschaften, die in der Mehrzahl nicht über die Landstandschaft verfügten. Angesichts der absolutistischen Tendenzen des kaiserlichen Landesherrn und der sich im Zusammenhang damit, zumal seit 1635, verschärfenden Gegenreformation kam den noch regierenden einheimischen Fürsten trotz der eingeschränkten realen Macht doch größte politische Bedeutung für die schlesischen Stände und den Protestantismus zu. Der Fürstentag war schon in der letzten Phase des 30jährigen Krieges zur Bedeutungslosigkeit herabgesunken, indem das Oberamt, das kurz vor Beginn der 30er Jahre in eine landesherrliche Zentralbehörde für Schlesien umgewandelt worden war und durch kaiserliche Beamte höchst effektiv im Sinne des absolutistischen Regiments verwaltet wurde, auch die Justizverwaltung kontrollierte und die Ausgabe der Steuern überwachte, an deren Erhebung der Fürstentag ein nur noch eingeschränktes Mitwirkungsrecht hatte.

Mit einer dritten Größe im schlesischen Kräfteverhältnis, mit Breslau, dem Sitz des schlesischen Fürstentags, des kaiserlichen Oberamtes wie auch des geistlichen Oberhauptes des katholischen Bistums von Breslau, sollte Daniel Casper schon mit sieben Jahren in engste Brührung kommen, wurde er doch, nachdem er ersten Unterricht in Nimptsch erhalten hatte, 1642 in die Schule zu St. Maria Magdalena gegeben, die 1643 in den Rang eines Gymnasiums erhoben und dem älteren Gymnasium zu St. Elisabeth gleichgestellt wurde. Breslau – eine landesherrliche Stadt, die sich aber aufgrund ihrer starken, auf Gewerbe und Fernhandel beruhenden Wirtschaftskraft, die während des 30jährigen Krieges eher noch zu- als abgenommen hatte, eine politische Sonderstellung zu erwerben und mittels des Rechts auf Unterhaltung einer eigenen Schutzwehr und daraus folgender Befreiung von der Einquartierung landesherrlicher Garnisonen auch zu bewahren gewußt hatte – sollte von entscheidendem Gewicht in der Entwicklung des *poeta doctus* und *homo politicus* Lohenstein sein, sie sollte das Zentrum seines literarischen wie juristisch-politischen Wirkens werden, und dies durchaus in Übereinstimmung mit seiner ausgeprägt ‚höfischen' Grundorientierung. Nominell war Breslau zwar eine Stadtrepublik mit einem jährlich zu wählenden Rat, doch lagen, da der Rat faktisch längst durch Zuwahl sich selbst ergänzte, die

Geschicke der Stadt in der Hand einiger einflußreicher, allerdings häufig wechselnder Familien: neben den bis zu fünfzehn auf Lebenszeit gewählten Ratsherren, die abwechselnd den Bürgermeister stellten, gehörten noch zwei längerfristig bestellte Rechtsbeistände, nämlich Syndikus und Protosyndikus, sowie – allerdings ohne Stimmrecht – zwei ebenfalls rechtskundige Sekretäre dem Führungsorgan der Stadt an. Es waren die Interessen dieser im Rat repräsentierten gesellschaftlichen Oberschicht aus Wirtschaft und Handel, aus Altadel und bürgerlichen, in den neuen Beamtenadel aufsteigenden Gelehrten, die das politische Verhalten der Stadt bestimmten. Hatte gerade in Schlesien der über großen Allodialbesitz und Regale verfügende Landadel im Rahmen der sich neu formierenden Gewerbe- und Handelsformen eine solide ökonomische Absicherung zu erreichen gewußt, so suchten – hier wie auch sonst im Reich – die durch Dienst oder Besitz emporkommenden bürgerlichen Schichten sich einer adligen Lebens- und Geselligkeitsform zu befleißigen und realiter die Nobilitierung zu erlangen. Wenn man von einer ‚Höfisierung‘ der Elite der Zeit spricht, so ist nicht der sozialtechnische Vorgang gemeint, bei dem die Bindung des Adels an den Hof, seine hier in Etikette und Ehrenämtern sich niederschlagende Aufwertung einhergeht mit der ständerechtlichen, politischen Entmachtung, sondern ein diesen engen Rahmen weit übergreifender sozialpsychologischer Prozeß, in dem die für die Ausbildung des absolutistischen Systems entscheidende mentale ‚Sozialdisziplinierung‘ der Führungsschichten insgesamt ihren markanten Ausdruck findet. Im Falle Lohensteins wird er ablesbar an den Lebensumständen und am literarischen Werk.

Das Breslauer Magdalenen-Gymnasium besuchte Lohenstein bis ins Jahr 1651. Wie der konfessionelle Gegensatz in der auf Ausgleich bedachten Handels- und Messemetropole nie die sonst im Reich und in Schlesien gewohnte Schärfe gewonnen hatte, wie man sich, nachdem im Prager wie im Westfälischen Frieden für die Stadt Religionsfreiheit gesichert worden war, der Sache des Protestantismus zwar weiterhin mit Entschiedenheit annahm, aber es doch nie zu einer Zerreißprobe mit dem Katholizismus und der Krone kommen ließ – auch nicht als seit 1638 die Jesuiten ihre Wirksamkeit in der Stadt zu entfalten begannen –, so trat im Bildungsziel der Breslauer Gymnasien mehr als andernorts das religiöse Moment hinter dem humanistischen zurück. Dafür ließe sich auf die mit dem Namen Melanchthons verbundene evangelische Tradition verweisen; ein Zeitgenosse, Friedrich Lucae, hat freilich den Grund dafür in der sozialen Zusammensetzung der Schülerschaft sehen wollen:

> Sonst findet sich unter derselben jederzeit eine grosse Menge Schlesischer Edelleute / denen zu gefallen / mehr als anderswo / gewöhnlich / das Studium Oratoriæ, und die Teutsche Poesie exerciret / und dociret wird.[3]

In der Tat war das im 30jährigen Krieg weder eroberte noch belagerte Breslau die Stätte gewesen, in die altadlige Familien Schlesiens und angrenzender Territorien – aber auch das führende Besitzbürgertum und die höhere Beamtenschaft dieser Region – ihre Söhne zur Ausbildung schickten. Der Förderung und Übung aktiven Beherrschens der klassischen Sprachen galten das kunstgerechte Disputieren über Lehrgegenstände ebenso wie die nachahmende Produktion von Briefen, Reden und Gelegenheitsgedichten. Seinen öffentlichen Ausdruck fand dies in den *actus publici declamatorii,* die monatlich abwechselnd von den beiden Gymnasien gehalten und vom Rat der Stadt finanziert wurden. Unter deren Gegenständen finden sich solche aus dem Bereich der Politik- und Staatswissenschaft, die höchste Aktualität besaßen und einen für das Lohensteinsche Werk nicht zu unterschätzenden Stellenwert gewinnen sollten: man handelte etwa über den Genius guter und tyrannischer Herrscher, über die Aufgaben der Hofbeamten und fürstlichen Ratgeber, über die absolute Herrschergewalt, über den Begriff der Majestät, über Staatsräson, Privat- und Staatsklugheit, und dies zumeist anhand von Werken der tonangebenden Autoren des ausgehenden 16. und 17. Jahrhunderts, z. B. des Justus Lipsius.

Zum Wintersemester 1651 nahm Lohenstein das Studium der Rechte an der Universität Leipzig auf, wo er Benedikt Carpzov, den zu Anwendung von List wie Härte neigenden Begründer des deutschen Strafrechts, hörte. Hier gab er 1653 sein während der Schulzeit entstandenes und aufgeführtes Trauerspiel *Ibrahim* in Druck: einen Teil der Auflage ließ er mit einer höfischen Widmung an die drei Piasten Georg, Ludwig und Christian, einen anderen mit einer Zueignung an Carl Henrich und Primislaus Freiherren von Zierotin, die zu den Förderern des Breslauer Theaters zählten, versehen. Wohl noch im Jahre 1653 wechselte er an die Universität Tübingen, wo er am 6. Juni 1655 unter einem der angesehensten deutschen Juristen, Wolfgang Adam Lauterbach, disputierte. Er handelte *de voluntate* und zog dabei aus philosophischen Definitionen des Willens die für die Rechtsprechung relevanten Folgerungen. Seine in der Breslauer Atmosphäre fundierte geistig-literarische Offenheit zeigt sich hier voll ausgeprägt: in seiner Disputation hat Lohenstein theologisch-moralphilosophisches und staatspolitisches Schrifttum auch katholisch-spanischer, insbesondere jesuitischer Provenienz verarbeitet, darunter Werke der für seine Anschauungen so wichtigen Autoren Luis de Molina und Saavedra Fajardo. Den Druck der Disputation hat er den geheimen Räten der Piastenherzöge sowie dem Breslauer Syndikus Nikolaus Henel von Hennefeld gewidmet. Mit dem Studium in Tübingen und mit den Bildungsreisen weitete sich auch Lohensteins politisches Blickfeld. Er scheint schon während der Tübinger Studienzeit Teile des Reichsgebietes bereist und dabei nicht nur größere Höfe, sondern auch den in Regensburg versammelten Reichstag (1654) besucht zu haben. Die Reise von der Schweiz in die Niederlande wird er gewiß erst nach Beendigung des Studiums absolviert haben. Leiden und Utrecht waren die Hauptstationen. In Breslau blieb er danach, trotz offensichtlich gut dotierter und ehrenvoller Angebote, nur kurze Zeit, um sich auf eine weitere Bildungsreise mit Italien und Frankreich als

Zielen zu begeben. In diesem Zusammenhang wird im *Lebens-Lauff* angemerkt, daß Lohenstein das Italienische, Französische und Spanische „fast ohn jemandes Anleitung mit jedermands gröster Verwunderung erlernet" hatte. Wenn er auch auf dem Weg nach Italien wegen der Pest schon bei Graz kehrtmachen mußte und nach Wien, darauf nach Ungarn reiste, von dort auf Drängen des Vaters nach Schlesien zurückkehrte, so bleibt doch zeit seines Lebens eine Orientierung – im politischen Gedankengut wie im literarischen Geschmack – auf die Romania hin. Daß er gelehrte Werke und Dichtungen in allen drei Sprachen für sein literarisches Schaffen herangezogen hat und übersetzte, sind nur die äußeren Symptome einer tieferen geistigen Wahlverwandtschaft.

Lohenstein hat allem Anschein nach seine Reisen als Hofmeister der beiden Söhne eines „Obristen" von Kleindienst unternommen. Wie diese Hofmeistertätigkeit sich mit dem Befolgen des Rückrufs durch den Vater verbinden läßt und wann die Rückkehr erfolgte – wohl kaum vor den ersten Monaten des Jahres 1657 – bleibt unklar. Jedenfalls entsteht seit dieser Zeit eine größere Anzahl von Gelegenheitsdichtungen für Studienfreunde oder aber Persönlichkeiten des öffentlichen Lebens Breslaus bzw. Schlesiens, mit denen Lohenstein es als in Breslau niedergelassener Anwalt zu tun hatte. Wann genau diese Anwaltstätigkeit einsetzte, wissen wir nicht. Doch ist mit einer die Existenz sichernden Tätigkeit gewiß schon zum Zeitpunkt seiner Eheschließung mit Elisabeth Herrmann im Oktober 1657 zu rechnen. Aus der Ehe gingen drei Töchter und ein Sohn hervor.

Während des Jahrzehnts seiner Anwaltstätigkeit entstehen auch der größte Teil seiner nicht im engeren Sinn anlaßgebundenen Lyrik und seine bedeutendsten Dramen: das 1661 aufgeführte Trauerspiel *Cleopatra*, dessen Druck aus demselben Jahr dem Rat der Stadt Breslau gewidmet ist; die 1665 im Druck erschienenen, 1666 aufgeführten Trauerspiele *Agrippina* und *Epicharis* – der Druck der *Agrippina* ist Herzogin Luise, Gemahlin Herzog Christians, nach dem Tode seiner Brüder in Liegnitz, Brieg und Wohlau regierend, gewidmet, während ein Teil der Auflage der *Epicharis* sowie alle späteren Drucke dieses Stücks eine März 1665 datierte Widmung an Otto Baron von Nostitz, Landeshauptmann von Schweidnitz und Jauer, aufweisen –; schließlich *Sophonisbe*, sein wohl gelungenstes Trauerspiel, von dem allerdings nicht sicher ist, ob es noch gegen Ende seiner Breslauer Anwaltstätigkeit oder erst danach verfaßt worden ist: aufgeführt wurde es 1669, gedruckt erst 1680 und dabei Franz Freiherrn von Nesselrode, „Der Röm. Käyserl. Majest. würcklichen Cämmerern" gewidmet. Das Stück nimmt Bezug auf die Ehe Kaiser Leopolds I. mit Margareta Theresia, Tochter Philipps IV. von Spanien, die formell am 25. April 1666 in Madrid geschlossen und Mitte Dezember desselben Jahres in Wien vollzogen wurde. Sie ist der Anlaß für eine *laudatio* auf Leopold und das Haus Habsburg, wie Lohenstein sie ähnlich schon in der *Cleopatra* angebracht hatte. Auf ihren Höhepunkt kommt die laudative Wendung an das Haus Habsburg mit dem

1673 gedruckten *Ibrahim Sultan,* dem „Schauspiel auf die glückseligste Vermäh-lung" Kaiser Leopolds mit Claudia Felicitas.[3a] Die in der Sache ausgeführte poli-tische und geschichtliche Würdigung des deutschen Kaisertums bot Lohenstein allerdings erst mit seinem *Arminius*-Roman, nachdem er als einer der politischen Spitzenbeamten Breslaus am Wiener Hof geweilt hatte.

Seine Karriere als Politiker, mit der endgültige soziale Absicherung und ge-sellschaftlicher Aufstieg einhergingen, kann wohl nicht in einer vordergründigen, Berechnung unterstellenden Weise mit den so sorgsam gepflegten Kontakten zu schlesischen Fürsten und zu fürstlichen wie kaiserlichen Beamten in Verbindung gebracht werden. Soweit diese sich für eine elitäre Öffentlichkeit in Gelegen-heitsschriften sowie in den Widmungen und Zueignungen seiner Werke manife-stierten, waren sie zunächst einmal Ausdruck des Zugehörigkeitsgefühls zu einer höfisch ausgerichteten Oberschicht und sodann, in Verbindung mit den Adressen an Habsburg, Zeichen einer – auch literarisch umgesetzten – politischen Grundorientierung. Was als Empfehlung für eine politische Laufbahn wirklich zählte, waren seine durch Kenntnisse wie Beredtheit bestechende, weithin ge-rühmte juristische Tätigkeit sowie seine literarischen Leistungen. Und was der gelehrte Anwalt und der in seinen Werken Scharfsinnigkeit wie politische Klug-heit an den Tag legende Dichter versprachen, das sollte der politische Beamte Lohenstein halten.

Schon sein erstes Amt, das des Regierungsrates des Fürstentums Oels, das er wahrscheinlich 1668 angetreten hatte, versah er in einer Aufsehen erregenden Weise: „Seine Meriten verursachten unter Hohen gleichsam ein Vorrecht an ihm zu suchen", konstatiert der *Lebens-Lauff.* Schon bald bot ihm Herzog Christian von Liegnitz, Brieg und Wohlau das Amt eines Geheimsekretärs an, doch Lo-henstein, der seit Ende 1669 mit dem Breslauer Rat über eine zwölfjährige An-stellung als Syndikus verhandelte, trat, wahrscheinlich noch im Juni 1670, die städtische Beamtenstelle an. Kurz darauf wurde Lohensteins Vater geadelt. Die Annahme, daß damit dem bekannten und geschätzten neuen Diener der so über-aus selbständigen landesherrlichen Stadt ein Wink gegeben werden sollte, man verliere höchsten Orts Verdienste auch nach langer Zeit nicht aus dem Gedächt-nis, ist nicht ganz abwegig. Andererseits setzte die Nobilitierung immer eigene Initiative und gezielte Nachhilfe an den entscheidenden Stellen voraus: Sollte Daniel Casper in den späten 60er Jahren, als er am Beginn einer politischen Karriere stand, ein Adelsprädikat für nötig oder förderlich erachtet und dieses geschickterweise, um den Ruch des ganz frischen Briefadels zu vermeiden, nicht für sich selbst, sondern – als erbliches – für den Vater zu erreichen gewußt haben? Darüber würde allerdings auch das Patent selbst, das noch 1882 in Berlin ausgestellt worden ist, jetzt aber als verloren gilt, keine Auskunft geben.[4]

So wenig Lohensteins Entscheidung für Breslau einer bisweilen vermuteten republikanischen Gesinnung sich verdankte, so wenig war sie eine Entscheidung gegen die Piasten und – wie angesichts der *laudationes* denkbar – für den kaiserlichen Landesherrn. Zwischen den einheimischen Fürsten hier und der Wiener Zentralgewalt dort bot die Wirtschaftsmacht Breslau für das politische Handeln einen realen Freiraum und für die literarische Praxis die nötige Distanz, aus der heraus beiden Seiten als Repräsentanten jener die verfassungsrechtliche Monstrosität des Reiches ausmachenden Institutionen ihr politisches Gewicht zuerkannt und Reverenz erwiesen werden konnte. Seine Breslauer Amtstätigkeit führte über die unmittelbaren Kontakte nach Wien zu einer zusehends sich steigernden Wertschätzung des Kaisertums und ermöglichte gleichzeitig ein enges, die in den Widmungen dokumentierten förmlichen Beziehungen weit hinter sich lassendes vertrautes Verhältnis zum Liegnitz-Brieger Hof, zumal nach dem Tode Herzog Christians (1672). Den wohl entscheidenden Berührungspunkt zwischen dem Dichter und der Herzoginwitwe Luise, die in zeitgenössischen Berichten als kunstsinnig, klug und weltoffen beschrieben wird und in Religionsdingen Freisinnigkeit an den Tag legte, bildete der Hang der Fürstin zu repräsentativer Prachtentfaltung, der sich insbesondere in Um- und Ausbau alter herrschaftlicher Anlagen äußerte, und die dabei geradezu ostentativ hervorgekehrte Orientierung an der Romania: sie umgab sich mit französischer Dienerschaft und zog bildende Künstler aus Italien an ihren Hof.[5] Ihrem Sohn Georg Wilhelm, der seinem Vater – zunächst noch unter Vormundschaft – im Amte folgte, widmete Lohenstein zum zwölften Geburtstag (1672) die Übersetzung von Baltasar Graciáns *El Político D. Fernando el Cathólico,* einer literarischen Konstruktion des vollkommenen Politikers und Herrschers aus fünfzig Attributen und Demonstration derselben an der Vorbildgestalt Ferdinands d. Katholischen. Das Ästhetisch-Konstruktivistische dieses Werks ließ die ausgesprochen katholische Position weder für den lutherischen Übersetzer noch für den kalvinistischen Adressaten zum Problem werden, und auch die alles krönende Apotheose auf das Haus Habsburg war offensichtlich nicht nur für Lohenstein kein Stein des Anstoßes.

Bezeichnend für das Verhältnis des Piastischen Hauses zu Habsburg gerade während der Regentschaft der Herzoginwitwe Luise, die 1662 eines der ersten Mitglieder des von der Kaiserinwitwe Eleonora gestifteten Ordens „Sklavinnen der Tugend" geworden war, sind die aufwendigen Festlichkeiten des Brieger Hofes anläßlich der Vermählung Leopolds I. mit der Erzherzogin Claudia Felicitas im Jahre 1673, zu denen Lohenstein, der dieses Ereignis ja auch mit dem *Ibrahim Sultan* feierte, einen *Zuruff der frolockenden Oder* beisteuerte. In dieser Zeit auch hat Lohenstein zur Arrondierung der beiden in der Nähe der alten Nimptscher Heimat gelegenen Güter Reisau und Roschkowitz, die er kurz zuvor von dem letzten der beiden kinderlos verstorbenen Kleindienst-Söhne geerbt hatte, das Gut Kittelau von Herzogin Luise mit einer Restschuld von 5000 Talern erworben und damit eine standesgemäße Ausstattung der geadelten Familie erreicht.

Den Höhepunkt seines öffentlich-politischen Wirkens bildet seine diplomatische Mission an den Wiener Hof. Sehr bald nach seinem Amtsantritt hatte Lohenstein sich in die Auseinandersetzungen einschalten müssen, die schon rund drei Jahrzehnte wegen der Steuerverfassung und -erhebung zwischen den schlesischen Ständen und der Zentralbehörde andauerten. Der November 1674 vom Kaiser gezogene Schlußstrich lief für Breslau insofern noch auf eine Erhöhung der alten drückenden Lasten hinaus, als auch nicht mehr vorhandene Vermögenswerte nicht aus der Generalschatzung herausgenommen wurden. Fast gleichzeitig war ruchbar geworden, daß man sich im Wiener Kabinett mit der Absicht trage, Breslau mit einer Garnison zu belegen, um sich bei dem drohenden Schwedeneinfall der Loyalität der Stadt zu vergewissern. Wie so viele aufgrund ihrer Wirtschaftskraft privilegierte und politisch selbständige Städte gerade in dieser Zeit dem Zugriff der ein absolutistisches Regiment errichtenden Landesherren preisgegeben waren, sollte auch die relativ weitgehende Selbständigkeit der ,Stadtrepublik' Breslau beseitigt werden. Die Lage spitzte sich so zu, daß der Rat der Stadt einen Delegierten nach Wien zu schicken beschloß. Als Lohenstein Anfang März in Wien eintraf, hatten die ,Falken' am Hofe Resonanz schon in den höchsten Kreisen gefunden. Der Breslauer Syndikus aber konnte einflußreiche, in dieser Sache noch nicht festgelegte Mitglieder des Hofes rasch als feste Bundesgenossen gewinnen. Gegner wußte er einzuschüchtern, Feinden Schranken zu weisen. Doch blieben ihm auch Ränkespiel und Bestechung nicht erspart, um diese Angelegenheit schließlich ganz im Sinne des Rates und der Stadt regeln zu können. Hinsichtlich der Steuersachen war die Entscheidung vertagt worden, doch hatte Lohenstein für eine allgemeine Steuerrevision in Schlesien insofern einen guten Boden bereitet, als auf seinen Vorschlag hin Georg Wilhelm dabei den Vorsitz führen sollte. Dieser hielt sich zur gleichen Zeit in Wien auf, um, von den Ständen seines Herzogtums mit 14 Jahren für mündig erklärt, vom Kaiser die Investitur zu erhalten. Daß Lohenstein jeden Mittwoch mit dem jungen Herzog dinierte, läßt seine vertraut-engen Beziehungen zum Brieger Hof auch hier deutlich werden. Doch auch auf dem glatten Parkett des Wiener Hofes hatte er sich sechs Wochen lang vollendet und klug zu bewegen gewußt, selber all die Regeln beachtend, die er in seinen Trauerspielen und seinem Roman immer wieder als Voraussetzungen für Erfolg am Hofe vorgestellt hat. Anerkennung wurde ihm nicht nur in Form ehrender Worte zuteil: er avancierte in jenem Jahr zum Obersyndikus mit dem ungewöhnlich hohen Gehalt von 800 Reichstalern und wurde dann auch wegen seiner hervorragenden Qualitäten, die selbst die andere Seite bei den Wiener Verhandlungen zu schätzen gelernt hatte, zum „Kaiserlichen Rat" ernannt.

Seine engen Beziehungen zu den Piasten konnte Lohenstein anläßlich eines für die drei Herzogtümer und den schlesischen Protestantismus katastrophalen Ereignisses noch einmal unter Beweis stellen. Als Herzog Georg Wilhelm am 21. November 1675 nach nur neunmonatiger Regierung starb, erlosch das Geschlecht der schlesischen Piasten in männlicher Linie, und die drei Herzogtümer fielen an

Habsburg heim. Für Luise, der ihr Witwenteil – Weichbild und Amt Wohlau – verblieb und die im übrigen, wie ihre Tochter, mit einer größeren Summe abgefunden wurde, war dies Anlaß, ein letztes Mal alle Register der Repräsentation zu ziehen und das Piastengeschlecht aufs würdigste dem geschichtlichen Gedächtnis zu überantworten. Zu diesem Zweck wurde der Plan gefaßt, den Hochchor der fürstlichen Hof- und Begräbniskirche St. Johannis zu Liegnitz zu einem Mausoleum umzugestalten. Das Konzept dafür entwickelte Lohenstein; er entwarf das emblematisch-historiographische Programm für die Gemälde und Plastiken und verfaßte das gesamte Inschriftenwerk, darunter siebzehn Distichen, vier adonische Verse und ein Epitaphium. Ausgeführt hat diese Ideen Matthias Rauchmüller, den Lohenstein wohl in Wien kennengelernt und dann an die Herzoginwitwe vermittelt hat. Anläßlich der Übersendung der lateinischen Inschriften sowie ihrer Übertragungen ins Deutsche im Sommer 1679 stattete Luise dem Breslauer Obersyndikus, „ohne deßen gewaltigen beythat" ihr Vorhaben „ubel [. . .] von statten gangen" wäre, ihren Dank in einem sehr persönlich gehaltenen, eigenhändigen Brief ab. Er war aber auch – wie offensichtlich schon 1672 beim Tode Herzog Christians – beteiligt gewesen an der Planung der ganz auf Prachtentfaltung abgestellten Trauer- und Beisetzungsfeierlichkeiten selbst: er lieferte wohl das Bildprogramm und die Inschrift für das *Castrum Doloris*, den Sarkophag und die Gedenkmünzen; vor allem aber hat er eine zugleich als *laudatio funebris* und Fürstenspiegel angelegte *Lob-Schrifft* auf Georg Wilhelm verfaßt (Erstdruck 1676). In diesem Werk, das, wie der in einer Pflanzen- und Gartenbauallegorese entwickelte Fürstenspiegel im zweiten Teil des *Arminius*, im wesentlichen auf Saavedra Fajardos *Idea de un principe Christiano-Politico* fußt, aber auch Kerngedanken des *Oráculo manual* Baltasar Graciáns verarbeitet, hat er seine Auffassungen zur Staatsklugheit und Regierungskunst niedergelegt und damit einen – bisher kaum genutzten – Schlüssel zu seinen Hauptwerken an die Hand gegeben.

Während seines letzten Lebensjahrzehnts, in dem er zunehmend von Gicht gequält wurde, hat er alle Zeit und Kraft, die ihm die Breslauer Amtsgeschäfte ließen, neben der Überarbeitung schon vorliegender Werke der Niederschrift des *Arminius* gewidmet, des mit über 3000 zweispaltig gedruckten Quartseiten ins Riesenhafte geratenen Romans, der Abschluß und Summe seines literarischen Schaffens bildet. Als den Dichter am Morgen des 28. April 1683 in Breslau ein Gehirnschlag trifft und er am Mittag desselben Tages stirbt, ist der *Arminius* noch nicht vollendet: das neunte und letzte Buch des II. Teils hat nach erfolglosen Bemühungen des Bruders schließlich der Leipziger Theologe Dr. Christian Wagner – offensichtlich auf der Grundlage eines Konzepts des Dichters – verfaßt, woraufhin die beiden Teile 1689 bzw. 1690 in Leipzig herauskommen konnten. Gewidmet hat der Sohn des Dichters den Roman Friedrich III. Kurfürsten von Brandenburg, vorgebend, daß das Werk ursprünglich dessen Vater, dem Großen Kurfürsten, zugedacht gewesen sei. Dies stimmt aber weder mit

Lohensteins politischer Orientierung – noch 1682 hatte er ein in der posthumen Sammlung von 1685 gedrucktes Gedicht auf die Geburt des Prinzen Leopold verfaßt – noch mit der inneren Anlage des Romans überein. Die Verbindungen zu der im Aufstieg begriffenen brandenburgisch-preußischen Macht sind vielmehr von seinem Bruder geknüpft worden; seine drei Töchter heirateten preußische Adlige, sein Sohn wurde kurbrandenburgischer Amtshauptmann.

Das Bild, das das literarische Œuvre Lohensteins bietet, ist ebenso eindeutig wie das durch den Lebenslauf vermittelte: im Bereich des Dramas hat er sich ausschließlich der hohen, höfisch-repräsentativen Gattung zugewandt; das in diesem Gattungsbereich Komplementäre, das von Gryphius gepflegte Lustspiel, die von Hallmann daneben genutzten Formen des Mischspiels und des Pastorells, fehlen. Bei Lohenstein haben die dem Trauerspiel eigenen Geschichtsausschnitte und deren gattungseigentümliche Darstellung und Wertung ihr Komplement in der den höfisch-repräsentativen Bereich abdeckenden epischen Großform der Zeit, im heroisch-galanten Roman. Hinzu kommen ‚angewandte‘ Repräsentationskunst, sodann *laudatio funebris* und Fürstenspiegel, in der Lyrik schließlich – neben den zeitüblichen Gelegenheitsgedichten und Großformen religiöser Dichtung – bezeichnenderweise Heroiden und andere Gedichte gelehrt- oder frivol-galanten Zuschnitts.

Den größten Teil seiner L y r i k hat Lohenstein in der 1680 erstmals gedruckten Sammlung *Blumen* vorgelegt: sie gliedert sich in *Rosen,* Hochzeits- und Liebesgedichte, *Hyacinthen,* Trauer- und Begräbnisgedichte, sowie *Himmel-Schlüssel oder Geistliche Gedichte.* Nachgelassene Stücke, darunter das aus dem Französischen übersetzte Gedicht *Der Erleuchtete Hoffmann,* enthält dann noch die 1685 erschienene Sammelausgabe; einige weitere Gedichte sind nur im Rahmen der ‚Neukirchschen Sammlung‘ überliefert. Die Epicedien, unter denen das auf Andreas Gryphius herausragt, waren, bevor sie im Rahmen der *Hyacinthen* gedruckt wurden, meist als Separatdrucke erschienen; die beiden frühesten Stücke allerdings, die *Cypreß-Taffel,* ein „Klag-Gedichte" auf die Ende 1651 gestorbene, ein Jahr jüngere Schwester Marie[6], und der *Denck- und Danck-Altar,* ein „Klag- und Lob-Gedichte über dem zwar zu zeitigem / doch seligem Absterben" der Mutter im Mai 1652[7], fehlen in der Sammlung. Das erste hat Lohenstein gar nicht mehr berücksichtigt, von dem letzten hat er zwei der insgesamt fünf Gedichte, die eingebaut sind in den fast 400 Verse umfassenden ‚Erzählrahmen‘ – Pallas nimmt den jungen Dichter an die Hand und führt ihn in den Tempel „der verlebten Sterblichkeit", wo er ein „Denckmahl" einätzen soll; er trifft hier auf die Mutter und schreibt nun deren „rühmlichs Tugend-Lob" – als isolierte Stücke in die *Hyacinthen* aufgenommen. Reichfließende Erfindung, kunstvolle Komposition, üppigste Früchte einer erstaunlichen Gelehrsamkeit wie eines ungewöhnlichen Sprachvermögens hat selbst ein vom Schwulstvorwurf bestimmtes Verständnis diesen beiden frühen Texten nicht absprechen können; von einem Mangel tiefen und echten Gefühls wird man heute nicht mehr sprechen, sondern umgekehrt die spätere Reserve des Dichters darin begründet sehen, daß unmittelbar Gefühltes und Privat-Persönliches noch zu sehr durchbricht, daß gerade im ‚Erzählrahmen‘ eine die gänzliche Überführung ins Repräsentativ-Allgemeine ermöglichende Distanzhaltung noch nicht gewonnen ist.

Zu dem generellen Vorbehalt der Literarhistoriker und Interpreten gegenüber der ‚Kasuallyrik‘ der Barockautoren kommt im Fall Lohenstein noch der besondere gegenüber seiner geistlichen Lyrik hinzu.[7a] Diese umfaßt außer der Sammlung *Himmel-Schlüssel* noch *Geistliche Gedancken über das LIII. Capitel des Propheten Esaias* und *Thränen*, nämlich der *Mutter Gottes Unter Dem Creutze des HERRN*, der *Maria Magdalena zu den Füssen Unsers Erlösers* und *Eines armen Sünders unter dem Creutze Unsers Erlösers*. Haben die Gryphischen Trauerspiele lange den Blick für den literarischen Rang der Lohensteinschen Dramatik verstellt, so sind gegenüber der geistlichen Lyrik Lohensteins aus dem steten Vergleich mit Gryphius heraus das Schwulst- und Säkularisationsverdikt bis heute ungebrochen wirksam. Wohl ist bei Lohenstein kaum etwas zu finden von der Haltung und dem Sprachgestus des bohrend-inbrünstigen Glaubenserlebnisses eines Gryphius, doch ist darum das Christentum, das uns phänotypisch in Lohenstein und seinem Werk entgegentritt, nicht weniger echt. Kennzeichnend für dieses ist, daß der Glaube eher ein in intellektueller Anstrengung behauptetes Moment ist, das ergriffen wird in der Erfahrung jener Grenzen, die auch der „Höhe des menschlichen Geistes“ gesetzt sind, daß erst in der Kapitulation des Denkvermögens das Eingeständnis für legitimiert erachtet ist, daß „Andacht“ der Vernunft Flügel leihe, der „Glaube“ ihr den Weg weise.[8] Am deutlichsten greifbar sind diese Momente in dem mehr als 600 Verse umfassenden Weihnachtsgedicht *Wunder-Gebuhrt unsers Erlösers*, in der *Leitung der Vernunfft Zu der ewigen Zeugung und Menschwerdung des Sohnes GOttes* sowie dem außerhalb der Zählung stehenden Schlußgedicht der *Geistlichen Gedancken* mit dem Titel *JESUS stirbt*.

In der Vorrede zu den *Blumen* begründet Lohenstein die Sammlung seiner Gedichte damit, daß Fremde „unterschiedene Stücke [. . .] für ihre Arbeit ausgegeben“ und sie nach geringfügigen Änderungen hochgestellten Persönlichkeiten gewidmet, anderen Gedichten zwar seines „Namens Uberschrifft gelassen / selbte aber auf gantz andere Fälle und Personen“, an die er nie gedacht habe, „mit einer mercklichen Veränderung verkehrt“ hätten.[9] Letzteres zielt sicher nicht auf seine Gelegenheitsgedichte und deren Textvarianten, sondern auf die verschiedenen Fassungen von vier seiner insgesamt sechs, von Hoffmannswaldaus Heldenbriefen angeregten Heroiden. Während von den Briefen Nr. 5 und Nr. 6, in denen es um die Beziehung zwischen Philipp II. von Spanien und der Fürstin Eboli geht, nur eine Fassung existiert, gibt es zu den ersten vier Briefen neben der in den *Rosen* abgedruckten Fassung – hier beziehen sie sich auf die Liebe Peters I. von Kastilien zu Johanna de Castro und die Trennung von seiner Gemahlin Blanca von Bourbon – verschiedene, in Handschriften und in späteren Drucken, darunter der ‚Neukirchschen Sammlung‘, überlieferte Fassungen, denen jedoch eines gemeinsam ist, nämlich die Bezugnahme auf einen noch frischen deutschen Hofskandal anstatt auf eine spanische Liebesaffäre. 1657 hatte Kurfürst Karl Ludwig von der Pfalz seine Gemahlin Charlotte von Hessen verlassen, um deren Hoffräulein – zur linken Hand – ehelichen zu können. Mit einiger Sicherheit stellt diese Bezugnahme keine durch Zeitgenossen vorgenommene Verdrehung einer ursprünglichen ‚spanischen‘ Version Lohensteins dar, wie die Vorrede zu den *Blumen* Glauben machen möchte. Vielmehr dürfte es sich so verhalten, daß der Dichter eine zwar keine Namen nennende, aber deutlich auf die Pfälzer Verhältnisse anspielende Version, vielleicht in umfangmäßigen und textlichen Varianten, hatte kursieren lassen: dies war in ‚höfischen‘ Kreisen zumal – aber nicht nur – bei Gedichten amourösen Inhalts eine durchaus übliche Praxis, wie sich am Beispiel Hoffmannswaldaus gut belegen läßt. Nachdem Lohenstein ins Rampenlicht der Politik getreten war, dürfte er, da auch Fassungen mit Nennung der in die Pfälzer Dreiecksgeschichte Verwickelten in Umlauf gekommen waren und der Kurfürst wie seine verstoßene Gemahlin bei Drucklegung der *Blumen* noch lebten, Anlaß gesehen haben, eine dementierende Tarnfassung zu veröffentlichen. Ähnliche Beweggründe mögen dazu geführt haben, daß er das sinnlich-üppige Preisgedicht *Venus* nicht in die *Blumen* aufnahm.

Literarhistorisch gewichtiger als die Lyrik sind freilich die D r a m e n. Lohenstein ist wohl der neben Gryphius bedeutendste deutsche Dramatiker des 17. Jahrhunderts. Die Trauerspiele dieser beiden und des dritten Schlesiers, Johann Christian Hallmanns, die Gottsched bereits als die besten dramatischen Leistungen des deutschen Barock würdigte, stellen, wie jüngst betont[10], den klassischen Fall einer literarischen Reihenbildung dar. Die entscheidende Voraussetzung für dieses Phänomen bildete das Breslauer Schultheater. Hier wie andernorts war das Gymnasium die eigentliche Pflegestätte des Kunstdramas; nirgendwo sonst waren die Voraussetzungen für verstehende Aneignung und Darbietung der klassischen und der an ihr orientierten neueren Dramatik sowie für die nachahmende eigene Produktion gegeben. Doch wenn andernorts das gemeinhin lateinisch- oder griechischsprachige Schuldrama in einem direkten Zusammenhang mit den humanistischen und religiösen Bildungszielen der Gymnasien stand, so galt dies kaum von den Breslauer *ludi scenici* oder *actiones theatrales*. Zwar erfolgten die Aufführungen der Schüler beider Gymnasien unter der Aufsicht von Mitgliedern des Lehrkörpers oder der Rektoren selbst, aber es wurde kaum je in den Räumlichkeiten der Schulen, sondern in größeren Gebäuden der Stadt, oft den Stadtwohnungen des schlesischen Adels – wie der Herzöge von Liegnitz-Brieg oder Oels oder aber der Freiherren von Zierotin – gespielt, und die Theaterausstattung mußte aus den nicht unbeträchtlichen Einnahmen erworben und unterhalten werden. Neben der relativ weitgehenden äußeren Unabhängigkeit dieses Theaters vom schulischen Bereich war vor allem seine Deutschsprachigkeit ausschlaggebend für die Ausbildung des sogenannten schlesischen Kunstdramas.

Diese seine Eigenart verdankt das Breslauer Schultheater ohne Zweifel der Herausforderung durch die Aktivitäten der Jesuiten, die „alsbald ihren Schulanstalten gemäß theils in dem Fürstlichen gestift zu Matthiä, theils auf der kayserlichen Burg lateinische Lust- und Trauerspiele mit den möglichsten Verzierungen aufführten".[11] Daß diese Herausforderung so glanzvoll bestanden wurde, dafür mußten besondere Umstände zusammentreffen: das Interesse wenigstens eines Teils des Ratskollegiums, der Gegenreformation und ihrem politischen Repräsentanten Wirksames entgegenzusetzen, ohne realpolitische Konsequenzen herauszufordern; die geistigen und materiellen Voraussetzungen, die die Stadt und ihre Einrichtungen boten[12]; nicht zuletzt das Engagement einiger Rektoren, die der dramatischen Dichtkunst aufgeschlossen gegenüberstanden oder sich sogar selber in ihr versuchten. Wie gezielt dieses deutschsprachige Theater die Konkurrenz suchte, zeigt sich auch daran, daß es zur Zeit seines höchsten Ansehens Übertragungen von Jesuitendramen – Gryphs *Felicitas* (nach Caussinus, 1658) und Hallmanns *Mauritius* (nach Masen, 1662) – herausbrachte. Spiritus rector des Breslauer Schultheaters war der zum Dichter gekrönte Elias Major, der das Elisabethanum von 1631 bis zu seinem Tode 1669 leitete. Unter seiner Ägide hatten die Elisabethaner schon 1640 mit ersten *ludi scenici* begonnen, und nach einer Pause zwischen 1642 und 1648 setzte dann eine kontinuierliche Spieltätigkeit beider Gymnasien ein. Sie endet 1671, zwei Jahre nach dem Tode Majors, der immer wieder über Schwierigkeiten hinweggeholfen hatte. Der enge Zusammenhang von Theaterbetrieb und Dramenproduktion erhellt schlagartig daraus, daß schon bald nach der letzten Aufführungsfolge die zuvor so florierende dramatische Literatur in Schlesien zu versiegen beginnt: 1673 erscheint Lohensteins letztes, nicht mehr aufgeführtes Drama, *Ibrahim Sultan*, im Druck, und Hallmanns dramatisches Schaffen hat seinen Höhepunkt damals bereits erreicht: seine späteren, andersartigen Zuschnitt verratenden Stücke sind auf neue, aber nur kurzfristig gegebene Aufführungsmöglichkeiten ausgerichtet.

Nach 1648 hatte man zunächst Stücke von Opitz, Rist/Stapel und Schonaeus, dann der drei großen schlesischen Dramatiker gespielt. Noch während seiner Schulzeit, 1650 oder erste Jahreshälfte 1651, wurde Lohensteins Erstling, *I b r a h i m* – seit dem Zweitdruck 1689 lautet der Titel *Ibrahim Bassa* – aufgeführt. In der Vorrede des Leipziger Erstdrucks weist der Autor auf „einen fürtrefflichen Lands-Mann" als sein literarisches Vorbild hin, dessen Trauerspiele ihm „nicht alleine unter die Hände sondern auch auf den Schau-Platz kommen" seien. Er dürfte damit auf Gryphs *Leo Armenius, Oder Fürsten-Mord* vielleicht auch dessen *Catharina von Georgien. Oder Bewehrete Beständigkeit* anspielen, die – nach Ausweis der Vorrede zum *Papinian* (1659) – in Breslau aufgeführt worden waren. Anders als Hallmann geht Lohenstein aber trotz der Berufung auf seinen Landsmann von Anfang an eigene Wege. Doch war ihm und den Zuschauern seines ersten Trauerspiels dies vielleicht nicht einmal bewußt. Denn mit dem „Tugendhafften / doch von den zwey schärffsten Gemüths-Regungen übermeisterten Fürsten", mit dem intrigantischen Duo, der von „allen Welt-Lastern" erfüllten Kaiserin Roxelane und Rusthan, dem „Ehr-vergessenden Hof-Heuchler und Mord-stifftenden Ohrenbläser", und endlich mit den beiden tugendhaften und großmütigen Protagonisten Ibrahim und Isabelle steht eine Figurenkonstellation und eine Konfliktstrategie da, wie wir sie aus den Gryphischen Stücken kennen. Und es deckt sich auch mit dem Gryphischen Trauerspielmodell, wenn es den Intriganten gelingt, den in Soliman tobenden Kampf zwischen den Affekten, deren „höchster Gipffel Erd und Koth", und der Vernunft, deren „tifster Zihl-Zweck [. . .] der Himmel" ist (II. Reyen, 331 f.), zugunsten der Affekte zu wenden, wenn sie den Sultan, von Liebe und Ehrsucht besiegt, dazu bringen, Ibrahim, der sein „Gemahl" nur vor der Begierde des Sultans durch Flucht hatte retten wollen, erwürgen zu lassen, wenn der Herrscher mit seiner irreversiblen Tat im Banne des Affekts der auf allen Menschen lastenden ersten Schuld Adams eine neue, eigene hinzufügt, von der er sich vergebens zu entlasten sucht durch die Hinrichtung dessen, der ihn zum Mordbefehl angestiftet hatte. Und dennoch hat man, zu Recht, eine tiefe Kluft schon zwischen Lohensteins Erstling und den Gryphischen Dramen gesehen, sie allerdings mit dem Begriff ‚Säkularisation' unzureichend bestimmt. Daß die beiden Vorbildgestalten das Martyrium auf sich nehmen bzw. zu nehmen bereit sind um der Liebe willen, verdankt sich den Gattungsgesetzen der Vorlage, Madeleine de Scudérys *Ibrahim ou l'Illustre Bassa*: die – laut Widmung an die drei Piasten – „biß zu der Asche durch kein Unglück erschliche Liebe" ist die für Helden eines heroisch-galanten Romans angemessene Erscheinungsform exponierter und bewahrter Tugend. Und da im emblematischen Konstrukt des Trauerspiels die jeweilige Erscheinungsform der Tugend, für die der Mensch Folter und Tod freudig auf sich nimmt (vgl. I, 365-369) und damit die Gewißheit von Auferstehung und wahrem Leben abbildet, kontingent ist, konnte der junge Dramatiker glauben, auf den Spuren des Gryphius zu wandeln. Doch kann ein im Hinblick auf das Lohensteinsche Gesamtwerk gravierendes Differenzmoment nicht entgehen: Wenn Gryphius den Handlungszusammenhang seiner Trauerspiele strukturiert als Exempel für die Grundbefindlichkeit der gefallenen Kreatur und die daraus resultierenden, für das ewige Heil wie für die staatlich-politische Ordnung der Menschen relevanten Entscheidungszwänge, so macht Lohenstein, der nicht zufällig schon bei seinem ersten Drama von der Gepflogenheit des Doppeltitels abgeht, das Geschehen zwar ebenfalls auf diesen Bedeutungszusammenhang hin durchsichtig, läßt ihn aber nicht länger das einzige organisierende und strukturierende Prinzip abgeben. Er zieht vielmehr daneben ein zweites, im Prolog markiertes Bezugssystem für die Handlungsbewertung ein. Tritt in der *Catharina* die „Ewigkeit" auf den Schauplatz und gibt Zuschauern und Lesern die bedeutungsmäßigen Koordinaten an die Hand, so im

Ibrahim bezeichnenderweise das von den Lastern gefesselte „Asien". Dieser ehrwürdigste unter den Kontinenten, der einst die Welt beherrschte, ihr „gesätze" gab und ihr „den Gottes-Dinst" schenkte, hat seine geschichtliche Rolle ausgespielt und verbirgt unter Zeichen der Herrschaft nur noch Flecke der Schmach: dem „Abgrund" und seinen Ausgeburten ganz verfallen, hat sich sein Zepter „in Blut-dürstig Ertzt verwandelt". Daß der Fürst, von den schärfsten Affekten überwunden, in die Lasterhaftigkeit treibt und Blutschuld auf sich lädt, ist zwar einerseits in der Natur des gefallenen Menschen schlechthin, andererseits aber auch in der geschichtlichen Situation des Kontinents und des es beherrschenden türkischen Reichs begründet. Der Prolog läßt in diesem Reich nicht einmal der Möglichkeit nach andere Entscheidungsabläufe zu. Der dargestellte Handlungszusammenhang erhält eingeprägt nicht nur das Signum allgemeiner kreatürlicher Hinfälligkeit, sondern auch das des besonderen geschichtlichen Verfalls. Die aus der geschichtstheologischen Reflexion welthistorischer Zusammenhänge sich entwickelnde Aufwertung geschichtswirksamen Handelns wird dann ablesbar an den ab Anfang der 60er Jahre entstandenen Stücken.

Die Hinwendung zu der wichtigsten höfischen Gattung neben dem Trauerspiel und die Orientierung an der französischen Literatur der ersten Hälfte des 17. Jahrhunderts ist ausschlaggebend auch für Lohensteins zweites Trauerspiel, *C l e o p a t r a*. Anregungen dafür bezog er von La Calprenèdes Roman *Cleopatre*, dessen Titelgestalt die Tochter der großen ägyptischen Königin ist, sowie von Isaac de Benserades Tragödie *La Cleopatre;* im übrigen stützte er sich für die Fabel bis in Details auf antike Historiker, vor allem Plutarch und Xiphilinos. Das Stück wurde am 28. Februar 1661 von Schülern des Elisabethanums zum ersten Mal auf die Bühne gebracht, und zwar im Wechsel mit *Cardenio und Celinde* von Gryphius. Beide Stücke ließ Georg III. Herzog von Brieg für sich und sein Gefolge am 2. bzw. 3. März in geschlossener Vorstellung geben.

Mit der *Cleopatra,* deren durch das Szenar dokumentierte Spielfassung für den Erstdruck desselben Jahres bereits überarbeitet wurde, griff der junge Breslauer Rechtsanwalt jenes Problem auf, das Theologie, Moralphilosophie und politische Theorie Westeuropas gleichermaßen erregte und seine Spuren in Themen selbst der Breslauer *actus scholastici,* wie angedeutet, hinterließ: nämlich die mit den radikalen Positionen Macchiavellis auf den Krisenpunkt zugetriebene Frage, ob überhaupt und in welchem Maße politisches Handeln gegenüber den Normen einer religiös fundierten Ethik Autonomie und Eigenwertigkeit beanspruchen könne. Waren Macchiavellis Lehren einerseits notwendig als Angriff auf die Fundamente der abendländischen christlichen Gesellschaft empfunden worden, so wurden andererseits seine Einsichten in die Mechanismen der Macht, die er frei von allen absoluten Rang beanspruchenden Werten und Normen in vollkommener Isolierung seines Erkenntnisgegenstandes, des modernen Machtstaates, gewonnen hatte, ein unentbehrliches Instrumentarium der Herrschenden. Allenthalben sind – in Deutschland mit zeitlicher Verzögerung und mit deutlicher Bremsung zumal im protestantischen Bereich – die unter dem Titel der *ratio status* formulierten Versuche greifbar, Kerngedanken und zentrale Herrschaftstechniken Macchiavellis zu retten durch eine Vermittlung mit für unaufgebbar erachteten moralisch-ethischen Positionen. Wo diesem Versuch, der immer im Zeichen des Anti-Macchiavellismus stand, nicht Einhalt geboten wurde durch rigoristische Markierung der mit dem göttlichen und natürlichen Recht gesetzten Grenzen, wie Gryphius dies besonders deutlich im *Papinian* versucht, da blieben eigentlich – von Ausnahmen wie Bodins Konzeption abgesehen – nur oberflächliche Harmonisierungen, scheinhafte Lösungen des Problems übrig. Handgreiflich ist dies bei jenen Beiträgen, die sich auf die Diskussion realpolitischer Zwänge einlassen, z. B. bei Lipsius, weniger augenfällig bei letztlich in Idealkonstruktion ausweichenden Ansätzen, z. B. bei Saavedra Fajardo und Gracián.

Lohenstein konfrontiert zu Beginn des Trauerspiels nicht nur Cleopatra, wie von den Geschichtsschreibern berichtet, sondern auch Antonius in militärisch ausweggloser Situation – Niederlage bei Actium und Belagerung Alexandrias durch das römische Heer – mit einem Angebot des Augustus, das den Erhalt der Herrschaft für den Fall zusichert, daß der Partner ermordet bzw. ausgeliefert wird. Für beide entsteht somit das gleiche Dilemma, das Antonius präzise so formuliert:

> Wir schweben / Sosius / recht zwischen Thür' und Angel.
> [. . .]
> Was raths? Eh' oder Thron muß brächen und vergehen. (I, 599/604)

Die Entscheidungen freilich, die sie treffen, sind grundverschieden. In den jeweils vorangehenden Diskussionen vertreten die Räte ohne jede Irritation Positionen der *ratio status* und fordern das Eingehen auf die Vorschläge des Augustus. Moralische Bedenken, wie sie Antonius entwickelt, fallen nicht ins Gewicht: seinen Hinweis, daß er anstelle Cleopatras die Schwester des Augustus, „Octavien den bösen Wurm nicht liben" könne, beantworten sie mit der Maxime: „Wer Wol regiren wil / thut mehr als dis zum Schein" (I, 708-710, vgl. 732-736), und sein Pochen auf Ehe, Treue und Eid replizieren sie mit dem Diktum: „Wo di zu brechen sind / gescheh's des herschens halben" (I, 616-619). Solchen Überlegungen aber vermag Antonius sich im Augenblick nicht anzuschließen.

Bei Cleopatra, die auf den Vorschlag des Augustus deshalb zunächst nicht eingegangen war, weil „es nicht Fürstlich schien di Mord-That vorzunähmen / Und durch deß Ehmanns Tod zu kauffen Thron und Reich" (II, 78 f.), fällt der Ratschlag, Antonius zuvorzukommen und dabei ihm gegenüber sich der Dissimulation, jener Minimaltechnik politischen Verhaltens, zu bedienen (II, 80 ff.; 91), auf fruchtbaren Boden. Sie versteht es zu bewirken, daß der noch schwankende Antonius sein Handeln endgültig aus der Liebe zu ihr heraus bestimmt und sich seiner Verhandlungsmöglichkeit mit Augustus durch einen gezielten Affront begibt. Daß sie, weil es eine Chance, ihre Herrschaft positiv sicherzustellen, in dieser Lage nur über die Erlangung des persönlichen Wohlwollens des Augustus gibt, den in Liebe zu ihr brennenden Antonius durch einen vorgetäuschten Selbstmord kalkuliertermaßen in den Tod treibt und dann durch „süssen Libes-Reitz den Keiser zubesigen" sucht, läßt einer naiv-moralisierenden Betrachtung Cleopatra als lasterhaft handelnde Figur, Antonius und Augustus aber als deren in menschlicher bzw. politischer Hinsicht positive Pendants erscheinen. Und genau dies ist der Tenor in der Lohenstein-Forschung.

In Antonius eine Figur zu sehen, die im Raum politischer Machinationen, der Täuschung und Lüge unbedingte Werte hochhalte, heißt sich im klaren Widerspruch zum Text setzen. Als barocker Autor hat Lohenstein es nicht daran fehlen lassen, die mit der Handlung und dem Personal transportierte Bedeutung klar herauszustellen. Es gilt so nachzuvollziehen, daß Antonius im entscheidenden Moment seinen Herrschaftsauftrag vergißt und aufhört, seiner Rolle gemäß zu handeln. Das fürstliche Personal des Trauerspiels aber geht – wie nach zeitgenössischer Auffassung die wirklichen Fürsten – darin auf, von Gott eingesetzte und diesem in ihrem Amt unmittelbar verpflichtete Herrscher zu sein, und nur als solche stehen sie, ihre Entscheidungs- und Handlungsweisen zur Debatte. Darüber hinaus wird das scheinbar an Werten wie Liebe, Ehe, Treue sich orientierende Handeln des Antonius bis in seine Wurzeln freigelegt: sein wahrer Ursprung und seine wahre Gestalt ist der Affekt, und als vom Affekt bestimmtes entbehrt es jeder möglichen Moralität. In Antonius, so deutet es der II. Reyen, wird ein anderer Paris vorgeführt, der Wollust über Herrschaft und Tugend setzt.

Auch Augustus ist nicht als positive Exempelfigur gegenüber Cleopatra konzipiert. Gibt er sich, vom Tode des Antonius längst durch einen Überläufer unterrichtet, dem Gesandten Cleopatras gegenüber den Anschein des im Siege Maß haltenden, zur Milde neigenden vollkommenen Herrschers und läßt er der Königin die Erhaltung ihrer Herrschaft zusichern, so entpuppt er sich als der mit allen Wassern nicht nur der Dissimulation, sondern auch der von den Theoretikern verworfenen Simulation gewaschene Politiker, wenn er im Kreis seiner Räte sein Täuschungsmanöver und dessen Ziel offenbart: er will die Königin ohne jedes politisch-militärische Risiko nach Rom schaffen, um sie als Prunkstück in seinem Triumphzug mitführen zu können. Und dafür scheint allen das bequemste und sicherste Mittel zu sein, daß Augustus sich verliebt stellt. Doch Cleopatra, das Spiel des Augustus durchschauend und sich den Anschein des Einverständnisses mit seinen Vorschlägen gebend, weiß besser, als Augustus es versteht, die Endabsicht zu verbergen. Sie geht, ‚großes Gemüt' offenbarend, als Herrscherin in den Tod:

> Ein Fürst stirbt muttig / der sein Reich nicht überlebt. (V, 70)

Diesen letzten herrscherlichen Akt ausgenommen läßt der Autor beide gleiches

Verhalten an den Tag legen, gleichen Handlungsnormen folgen. So ist es nur die Projizierung des historischen Ablaufs – Untergang Cleopatras, Triumph des Augustus – auf das simple Schema von Tugend und Lohn, Laster und Strafe, die zu gänzlich divergierender Bewertung beider führt. Die Fehldeutung wird noch handgreiflicher, wenn man das Verhalten beider Fürsten vor dem Hintergrund zeitgenössischer *ratio-status*-Konzeptionen sieht. In den *Politicorum sive civilis doctrinae libri VI*, die Lohenstein in den „Anmerckungen" des Erstdrucks zitiert[13], hat Lipsius unter dem Titel der *prudentia mixta* die von Macchiavelli entwickelten Notwendigkeiten politischen Handelns und die aus christlicher Ethik abgeleiteten Forderungen mittels spitzfindiger Kasuistik zu harmonisieren versucht. Sünde hört auf Sünde zu sein, wenn das allgemeine Heil, das „nimmermehr von eines Regenten heyl und wolfahrt abgesondert werden" kann, Ziel des herrscherlichen Handelns ist. Wird dafür leichter Betrug angeraten und mittlerer geduldet, so wird schwerer – z. B. jemanden ungerechterweise um Hab und Gut oder um sein Leben zu bringen – grundsätzlich verdammt und dann doch zugelassen, nämlich „in grossem übelstand und widerwertigkeit", allerdings mit der Maßgabe, daß dies nur der Selbsterhaltung, nicht der Machterweiterung dienen dürfe. So ist Cleopatra nicht nur hinsichtlich des Wissens um die Techniken staatsklugen Handelns dem Kaiser mehr als ebenbürtig, sie ist – anders als dieser – auch hinsichtlich der Anwendung derselben von zeitgenössischer politischer Theorie gedeckt. Defension im Ausnahmezustand läßt sich für Augustus nicht geltend machen: sein doppelzüngiges Angebot an die beiden Gegner erfolgt in der Situation militärischen Sieges, sein übles Spiel mit Cleopatra nach der Kapitulation. Gerade im Vergleich zum Sieger erhält die Cleopatra-Gestalt deutlich positive Züge. Anders als seinem römischen Gegner Antonius muß Augustus ihr, „der edlen Frauen", Größe zugestehen, und es ist keine ethisch neutrale Größe, wenn er einräumt, daß „ihr behertzter Todt des Lebens Fleck' abwäscht", und wenn er sie als Königin, die „stehn" wird, „wenn Rom nicht Rom wird sein" (V, 308-318), der emblematischen Rüstkammer der Geschichte überantwortet. Denn nicht Absenz von Tugend, nicht Leugnung ethischer Normen kennzeichnen sie: angesichts der geschichtlichen Lage und des sich als Herrscher aufgebenden Antonius konnte sie im Rahmen ihrer Rolle zwar wünschen, mit Antonius vermählt zu bleiben, ja mit ihrem „Gutt und Blutt ihm seinen Thron zu bauen" (III, 33 f.), dies jedoch nicht real leisten. Wohl aber kann sie in dem Moment, da sie als Herrscherin endgültig scheitert, sich „noch einmal durch den Tod [...] dem Anton vermähln" (V, 33 f.) und angesichts des Todesschmerzes in einem Akt vorbehaltlosen Bekennens fragen, ob ihre „Schuld geringer als di Pein" sei (V, 121), ohne daß dies implizierte, der Autor habe sie als Gewandelte vorführen wollen oder nach dem Tode des Antonius Benserades Auffassung von der treuen Gattin so stark durchschlagen lassen, „daß dies sein eigenes Konzept von der nüchtern-brutalen Verstellungskünstlerin nachträglich infrage stellt".[14] Sie läßt sich vom Text her weder als ruchlose Intrigantin begreifen noch als „Inkarnation erotischer Energien", die selber dem Affekt der Liebe verfallen ist. Cleopatra setzt diesen Affekt klug und kalkuliert als das ihr allein noch verbleibende Instrument politischen Verhaltens auf das Ziel hin ein, das herrscherliches Handeln vernünftigerweise bestimmen soll.

Demgegenüber gilt gerade Augustus dem 17. Jahrhundert als ausgemachter Lüstling, und Lohenstein läßt in der *Cleopatra* wie noch später im *Arminius* mehrfach auf diesen Zug hinweisen. Allerdings ist in der 1680 zusammen mit dem Erstdruck der *Sophonisbe* erschienenen 2. Fassung der *Cleopatra*, für die im übrigen historische Nebenumstände und das exotisch-kultische Environment extensiv ausgestaltet wurden, die Augustusgestalt deutlich aufgewertet. Zwar unterbreitet der Kaiser auch in dieser Fassung sein doppelzüngiges Angebot, aber die Versprechungen, die er Cleopatra über ihren Gesandten machen läßt, erscheinen hier nicht mehr als Teil eines Täuschungsmanövers. Vielmehr sind es das „allgemeine Heil" und der „Nutzen" des Vaterlandes, die, von den Räten ins Feld geführt (IV, 211-237), sein „Wort" zunichte machen; ihm bleibt nichts anderes, als protestierend jenes Prinzip zu nennen, dem er selbst im Moment des Sieges sich beugen muß:

> Verdammte Staats-Klugheit / die Treu und Bund heist brechen! (IV, 238)

Wenn er auch mit Cleopatra so verfährt und verfahren muß, wie bereits in der 1. Fassung dargestellt, so läßt der Autor ihn doch in dieser Szene allgemein-moralische und amtsethische Bedenken gegen den Vorschlag, sich verliebt zu stellen, entwickeln. Sein Hinweis, daß Cleopatra nicht „nach gemeiner Schnur" zu messen sei (IV, 296), signalisiert dabei die – allgemein übersehene – genau entsprechende Aufwertung auch dieser Figur. Auch Cleopatra setzt den von der Staatsräson bestimmten Argumenten ihres Ratgebers verstärkt moralisch-ethische Normen entgegen (II, 224-241). Lohenstein markiert so noch schärfer die Aporie der Geschichtsmächtigen, moralisch so nicht handeln zu dürfen und doch politisch so handeln zu müssen.

Wenn er auch in dieser Fassung den Hinweis auf Lipsius tilgt, so geht er doch immer noch, ja deutlicher als früher, von einer Auffassung aus, wie sie Lipsius formuliert hatte, daß nämlich der politisch Handelnde – wie der dieses Handeln reflektierende Theoretiker – es nicht „mit deß Platonis Policey", sondern „mit deß Romuli zuhauff geschäumbter Grundsupp zuschaffen hetten" und daß „ein Regent in grossem übelstand und widerwertigkeit / nicht dem was recht und schön geredt: Sondern dem / was nötig und nützlich were / zu folgen hette." Was er gleichzeitig aber, und auch dies deutlicher als früher, im Unterschied zu Lipsius zurückweist, ist der Gedanke, daß das allgemeine Heil etwas sei, das aus politisch-geschichtlichem Handeln „das eingepflantzte Gifft deß Bösen leichtlich [. . .] säuget unnd verschlinget". Die Schuld, um die der Autor Cleopatra im Augenblick der Entscheidung klar wissen läßt, bleibt unter allen Umständen bestehen und findet keine Entschuldigung:

Gesteh ich doch die Schuld. Sie kan nicht sein vertheidigt. (V, 204)

Demgegenüber behält der Imperator im Schlußtableau auch der 2. Fassung die Janusgesichtigkeit des Politikers. Angesichts seines totalen Triumphes läßt er zwar den ermordeten Prätendenten auf die römische Herrschaft, Antyllus, ehren und seine Mörder zur Rechenschaft ziehen, dem flüchtigen aber, Caesarion, nach dem Leben trachten: „Sein Todt verleih't uns Ruh / sein Leben Ungemach" heißt es in der 1. Fassung (V, 386), später: „Er sterbe. [...] Es heischt die Sicherheit Des Reiches derer Tod / die einig Recht drauf rügen " (V, 621-623).

Der Beitrag, den Lohenstein mit der *Cleopatra* zu jener die frühe Neuzeit so sehr bewegenden Diskussion leistet, besteht darin, das politische Handeln unter den jeweils konkreten historischen Bedingungen als die für den Fürsten schlechthin verbindliche Aufgabe ernstgenommen und dabei gleichzeitig die ethischen Normen ohne jede Einschränkung in Geltung gelassen zu haben: das allgemeine Heil wird, wie das Beispiel Cleopatras lehrt, nicht zum Vehikel dafür, den Geschichtsmächtigen einen rechtsfreien Raum oder eine Sphäre eigenen Rechts zu schaffen, wird nicht zum Wundermittel, das aus Unrecht Recht macht. Im Zusammenhang der Macchiavelli-Adaption hat auf der Ebene der politischen Theorie nur Bodin eine solche, die Widersprüche aushaltende Position entwickelt.[15]

Lohensteins Lösungsansatz verharrt aber nicht im Bereich der Staats- und Moralphilosophie, sondern bezieht darüber hinaus den der Geschichtstheologie mit ein. Es bleibt ja die Frage, woran Cleopatra in der Perspektive des Trauerspiels scheitere, wenn auf seiten des Augustus weder eine höhere politische *virtus* noch eine qualitativ andere Moralität steht. Für die Deutung geschichtlicher Abläufe lagen von alters her zwei Muster bereit: das Wirken des Zufalls, unter dem Bilde der blinden Fortuna vorgestellt, und das Wirken eines ebenso blinden, das menschliche Tun determinierenden Fatums. Beide Deutungsmöglichkeiten zieht Antonius nacheinander an: für den Verlauf der militärischen Auseinandersetzung mit Augustus das Glück, das auch die Aufteilung der Welt unter Jupiter, Neptun und Pluto bestimmt habe (I, 566-571), für die Liebesbindung an Cleopatra, die ihm die letzte Rettungsmöglichkeit verlege, das Verhängnis (I, 667-681). Beiden Deutungsmustern wird nicht nur auf der Ebene der Abhandlungen widersprochen, beide werden auch in ihrer landläufigen Fassung auf der Ebene der Reyen widerlegt.

Im I. Reyen, der das Motiv der Teilung der Welt durch das Glückslos aufnimmt, werden der Fortuna Zufall, Blindheit und unberechenbare Gunst als Attribute genommen, dagegen ihr zugesprochen die Austeilung ihrer Gaben mit „wohlbedacht", „nach Würden" und gemäß ewiger Vorhersehung (I, 777-786). Es ist in Wahrheit das für die blinden Menschen die Gestalt der blinden Glücksgöttin annehmende Verhängnis, in dessen Plan die Teilung der Welt vorherbestimmt war und in dessen Plan auch der Geschichtsverlauf beschlossen liegt. Das Verhängnis ist somit auch der legitime Bezugspunkt für alles politisch-geschichtliche Handeln, und dieses gewinnt durch die Teilhabe an der Auswicklung des Verhängnisplans eine unvergleichlich höhere Würde als durch die Ausrichtung auf das vielberufene allgemeine Heil. Die Vorstellung von der Verhängnisbestimmtheit der Geschichte wirft allerdings die Frage nach der menschlichen Willens- und Handlungsfreiheit auf. „Was das Verhängnüß schleust muß Erd und Mensch erfüllen" (I, 676), so schlußfolgert Antonius. Welche Momente zu einer befriedigenden Lösung dieses Problems gehören, deutet der II. Reyen an, der „das Gerichte des den Antonium abmahlenden Paris" vorführt: Wenngleich die Entscheidungssituation selber „des Verhängnüsses stählerner Schluß" ist, so bleibt doch der Spruch des Richters frei und sind die Folgen des Spruchs, obgleich sie nicht allein in seiner Hand liegen, vom Richter zu verantworten. Entsprechend deutet der Schlußreyen der *Cleopatra* die dargestellte historische Konstellation an sich wie auch den „Ausschlag" der auf ihre Bewältigung zielenden Handlungen als verhängnisbestimmt. Der Nil spricht zum Tiber:

> Jedoch verfinstert mich so sehr nicht Rom und du /
> Als des Verhängnüsses gesetzter Schrancken /
> Der Himmel selbst trägt Glutt zu meinem Holtzstoß zu (V, 453-55).

Im Verhängnisschluß also liegt das Scheitern Cleopatras wie der Triumph des Augustus begründet, und beides läßt sich, wie der Autor es durch die Parzen auf der Ebene des Reyens als allgemeine Einsicht formuliert und am historischen Exempel evident werden läßt, nicht begreifen in Gestalt eines kausal gedachten Verhältnisses von Laster und Strafe, Tugend und Lohn. Zu erkennen gilt es vielmehr, „wi / was dem Verhängnüß ist zu wider / So seicht' und mirbe wurtzeln kan" (V, 415 f.). Auch die Fürsten, die zwar zu Herren über die Kreatur gesetzt sind und „der Erde Götter" geheißen werden (V, 3), aber die Erkenntnisblindheit mit aller menschlichen Kreatur teilen und doch für die Kreatur zu entscheiden und zu handeln haben, lehrt zumeist der „Ausschlag" erst, „was kein verschmitzter Rath Vermag vorher zu sehn" (V, 117-119), und so war auch Cleopatras Interpretation des Verhängnisses, daß nicht auch ihr, sondern nur dem Antonius ein „letztes Urtheil" schon gesprochen sei (III, 32), falsch. Verletzte sie Tugend aber nur in Befolgung ihres vermeintlich noch bestehenden Herrschaftsauftrags, so vermag sie auch, nachdem der „Himmel" ihr „zu Trost entdeckt" hat (V, 57), was „di Geburts-Gestirn und Götter" ihr beschieden haben (V, 119 f.), in ihrem letzten herrscherlichen Akt auch der Tugend Genüge zu tun.

Der Gedanke, daß im Verhängnis, dem menschlicher Erkenntnis verborgenen Ausfluß der göttlichen Providenz, das Steigen und Fallen der Reiche festgelegt ist, daß am Verhängnis herrscherliche Klugheit ihre Grenze findet und für seine Ordnung Tugend und Laster nicht auf eine berechenbare Weise bestimmend sind, findet sich in ausgeprägter Form in dem für Lohenstein so entscheidenden politischen Schrifttum eines Lipsius, Saavedra und Gracián. Bei Lohenstein rückt er ins Zentrum seines Geschichts- und Politikverständnisses und wird in immer neuen Aspekten und in immer schärferer Profilierung in den Trauerspielen und im Roman angegangen. Voll ausgeformt sind aber bereits mit der 1. Fassung der *Cleopatra* die dramaturgischen Konsequenzen, die sich aus dieser Konzeption ergeben. Anders als der *Ibrahim* läßt sich schon die *Cleopatra* nicht mehr in das dichotomische Modell von einerseits Märtyrer- und andererseits Tyrannen- bzw. Laster- und Leidenschaftsdrama einfügen. Die Protagonistin ist weder ein Vorbild, das, wie für das Märtyrerstück gattungstypisch, zu unbedingter *imitatio* aufrufen soll und kann, noch auch, wie vom gattungsmäßigen Seitenstück her gewohnt, ein Schreckbild, angesichts dessen *per contrarium* die je ‚bedeutete‘ vernunftgemäß-tugendhafte Haltung zu konstruieren ist. Lohensteins Figuren, die in katastrophaler geschichtlicher Situation gemäß ihrem Herrschaftsauftrag und in Orientierung an einem nur sehr begrenzt interpretierbaren Verhängniswillen Entscheidungen zu treffen haben, die das uneingeschränkt gültige göttliche und natürliche Recht verletzen, legen Zuschauern und Lesern nahe, die simplen Bewertungsalternativen von tugendhaft und lasterhaft, von lobenswürdig und verdammenswert zu transzendieren und die damit einsetzende Reflexion angesichts der dilemmatischen Situation nicht in vorschneller Erhebung der Anklage haltmachen zu lassen.

Diese jenseits aller Schwarz-Weiß-Zeichnung sich haltende Figurengestaltung ist das eine Moment, aus dem heraus der oft konstatierte Eindruck entsteht, Lohensteins Dramen seien im Vergleich mit denen des Gryphius durch ein stärkeres Abstellen auf geschichtliche Realität gekennzeichnet. Das andere Moment wird greifbar in der genauen Ausgestaltung von Nebenumständen und der massiven Anreicherung mit kultischen Vorstellungen und exotischen Realien des alten Ägypten von der 1. zur 2. Fassung der *Cleopatra*. Indem dieses Material durch Zitierung von Autoritäten in seiner Faktizität beglaubigt und durch Freilegung des ihm anhaftenden geistigen Sinnes als signifikant erwiesen wird, fügt es sich bruchlos ein in die emblematische Struktur des Trauerspiels, zugleich aber bringt es in seiner Fülle und Dichte die Ebene seiner Bedeutung faktisch doch nahezu zum Verschwinden, läßt es das Trauerspiel selbst wie einen von historischer Realität vollgesogenen Schwamm erscheinen und führt einen qualitativen Umschlag des allegorisch-emblematischen Wesens des Barockgedichts im Moment seiner höchsten Entfaltung herbei.

Die Frage nach der Lenkung der Geschichte durch das Verhängnis spitzt sich zu in den Trauerspielen *Agrippina und Epicharis* angesichts der Herrschergestalt, die in beiden Stücken Gegenspieler der weiblichen Titelfigur ist: Nero. Lohenstein hat beide Dramen offensichtlich als eng aufeinander bezogene sehen wollen: er gab sie 1665 zusammen in Druck, und im Wechsel miteinander wurden sie dann erstmals vom 2.-18. Mai 1666 von den Schülern des Elisabeth-Gymnasiums gespielt.

Mit Nero bringt Lohenstein den Tyrannen par excellence auf die Bühne. Die klassische Reihe jener Attribute, die Bodin im 4. Kap. des zweiten der *Six livres de la République* dem Tyrannen in Abhebung von einem guten König zugemessen hat, wird von Lohensteins Nero-Figur nahezu völlig eingelöst. Gleich die ersten Szenen der *Agrippina* lassen deutlich werden, wie nicht zu überbieten Machthypris (I, 1-2, 6-7), die genährt wird von Schmeichelreden (I, 29-43), und Machtpervertierung, die herrscherliche Gewalt nur noch dem Lustgewinn – sei es durch Prachtentfaltung (I, 49-71), sei es durch sexuelle Genüsse (I, 328-334) – dienen läßt, Hand in Hand gehen. Der maßlosen Selbstüberschätzung, die die Welt vor der eigenen Macht erstarren sieht, steht ebenso maßlose Furcht gegenüber anläßlich der bloßen Nachricht, die Mutter wolle sich auf seinen Hals verschwören. Jedermann erscheint als potentieller Meuchelmörder, Verdächtigungen werden bereits für Tatsachen genommen, und indem mit jedem hingeschlachteten Opfer wiederum mögliche Rächer aufzustehen drohen, ist der Kreislauf geschlossen, sucht er sich wie alle Tyrannen „durch Blutt umbsonst zu kühlen".[16] Zeitweilig sicher vor den Handlungseruptionen Neros ist so nur derjenige, der sie auf neue Lüste lenkt (II, 314 f.) oder auf unbequeme, den eigenen Einfluß gefährdende Konkurrenten ableitet. Entsprechend nimmt sich der Kreis der Vertrauten Neros aus, und einer von ihnen, Paris, findet auch sogleich ein offenes Ohr für den Ratschlag, die Mutter aufgrund der eben erhaltenen Meldung unverzüglich umbringen zu lassen. Bedenklich kann Nero nur stimmen, daß „Burrhus Hauptmann ist / dem sie die Würde gab" (I, 229). Allein Seneca, der Nero aufgezogen hat, nun sein „geheimster Rath" ist und ihn behutsam zu lenken sucht, kann ihn dazu bringen, nach Beweisen für den ausgesprochenen Verdacht forschen zu lassen.

Agrippina nun, die Nero nicht nur das Leben, sondern auch den Thron geschenkt hat und von aller Welt verehrt worden war, ist „enterbt vom Purper" und „verstossen vom Pallast" (I, 317/310), der „Tiranney ein Spiel" geworden. Das Abgeschiedensein vom Hofe bedeutet nämlich keineswegs Sicherheit, denn „wer vom Hofe kömmt / kömmt endlich auch vom Leben" (II, 435), ist er doch nicht mehr – wie vermittelt auch immer – ein Subjekt des vom Zentrum des Hofes ausgehenden Handelns, sondern nur noch dessen Objekt. Mag der vom Hof Entfernte irgendwie aktiv oder gänzlich inaktiv sein, es wird gedeutet als Zeichen der Vorbereitung von Mord und Umsturz. So weiß auch die kaltgestellte Kaiserinmutter, daß der „Blutt-Durst Nerons" nicht gelöscht sein wird, bis „er die Mörder-Faust mit Mutter-Blutte wäschet" (I, 351 f.). Vier Mordversuche hat Nero unternommen; Britannicus, seinen Stiefbruder und Bruder seiner Gemahlin Octavia, die nur noch Ziel von Demütigungen ist, hat er schon durch Gift beseitigt.

So ist dieses Trauerspiel nicht zufällig angefüllt mit *argumenta emblematica* und Sentenzen, die belegen, daß im Umfeld der Herrschaft auch Gesetze, die „die Natur gleich schreibt"[17], außer Kurs gesetzt sind. Kein Geier speist sich „mit Geyers Blutte", und auch die „Natter reisst der Mutter Eingeweide Nicht

außer der Geburth entzwey" (V, 405 ff.), im Bannkreis des Hofes aber verlieren
selbst die Bande zwischen Mutter und Sohn ihre Kraft. Die Spannung zwischen
den Abhandlungen und den Reyen ist hier notwendigerweise extrem groß.
Denn nur auf der Ebene des Reyen können die auf der Handlungsebene grundsätzlich mißachteten Normen göttlichen und natürlichen Rechts zur Geltung
gebracht werden; im Handlungszusammenhang beansprucht der zum Tyrannen
entartete Repräsentant der Geschichte, daß Tugend und Vernunft alles zuzugeben haben, „wo ein Fürst was heischt": „Man thue was man thu / Der Purper
hüllt es ein." (II, 41-43)

Gemäß jener Einsicht, derer sich das Barock im Skorpion-Emblem versicherte,
daß nämlich der „in den hohen Thron der Sternen" versetzte lasterhafte Mensch
„oft gantze Länder" ansteckt[18], ist auch die Werteordnung im Einflußbereich
Neros gänzlich auf den Kopf gestellt und bleibt so der Mutter keine andere
Wahl, als den „Magnet der Laster" zu ergreifen, nachdem sie „der Compaß der
Tugend irre macht" (II, 444 f.). Lohenstein hat alles daran gesetzt, um in der
„Käyserin / der grossen Agrippinen" (III. Reyen), der von Historikern wie von
dramatis personae nicht gerade Tugendhaftigkeit nachgesagt wird, als die von
Verleumdung verfolgte, hinsichtlich der Vorwürfe, ihrem Sohn nach Thron und
Leben zu trachten, gänzlich unschuldige Mutter darzustellen: Sie kann sich von
dem zunächst geäußerten Verdacht durch eine – nach Tacitus gearbeitete –
„stattliche Schutzrede" überzeugend reinigen; der IV. Reyen konstatiert, daß
Agrippina durch „Verdacht" ins Grab kommt, „Weil Nero sie für herrschens-
süchtig hält", und auch „Agrippinens Geist" noch weist den Versuch des Mutter-
mörders zurück, sie mit dem Laster des versuchten Kindesmords zu beflecken.
Der in Gestalt des Inzests ergriffene „Magnet der Laster" wird ihr, so deutet es
das Stück, aufgezwungen durch die erneut von ihrem Sohn ausgehende, nun von
Poppäa angezettelte Lebensbedrohung, der sie, nachdem weder Seneca noch
Burrhus noch Otho – der sich seine Gemahlin um eine Landvogtei abkaufen
läßt – ihr beizustehen bereit sind, nicht anders meint begegnen zu können, als
dadurch, daß sie ebenfalls sexuell Macht über Nero zu gewinnen sucht.

Der erst unmittelbar vor dem Coitus durch Außenstehende vereitelte Inzest-
versuch – das Kühnste, was das Barock an sexuell-erotischer Handlung auf die
Bühne gebracht hat – besiegelt das Schicksal Agrippinas. Nachdem der Plan mit
dem von selbst zusammenbrechenden Schiff fehlgeschlagen ist und Agrippina
sich, wie es der Geist des Britannicus dem schlafenden Nero voraussagte, von
den Untertanen bejubelt ans Ufer hat retten können, stimmt auch Seneca angesichts des einen Aufstand befürchtenden und sich schon verloren dünkenden
Kaisers der Ermordung der Mutter zu:

> Die Schlange die man tritt / die muß man gar ertretten.
> Gesätzt: Daß wir sie nicht zu tödten Uhrsach hetten /
> So heischts des Reiches Noth / und unsers Käysers Heil.
> Die zu beschirmen / muß jedwedes Blutt sein feil. (IV, 181-184)

Der Ermordung der Mutter wird der Schein des Rechts, den Seneca noch in einer Schutzschrift auszumalen hat, verliehen mittels eines vorgetäuschten Attentats. Nero, der auf der Ebene des Handlungszusammenhangs Bedenken wiederum nur wegen des Anhangs der Agrippina zu entwickeln vermag und sich an der Leiche noch in einen sexuellen Rausch steigert, ist erst und nur in nächtlicher Einsamkeit, da er, der Insignien und der Objekte der Herrschaft entkleidet, als bloße Kreatur mit dem Geist der Ermordeten konfrontiert wird, dazu in der Lage, die Ungeheuerlichkeit seines Tuns zu ermessen und die Forderung nach Sühne anzuerkennen. So schützt ihn konsequenterweise auch eben das Moment, das ihn in seine Rolle zurückfinden läßt, nämlich die Treuebezeugung seiner Leibwache, davor, den vorausgesagten Selbstmord sogleich zu begehen. Der Versuch Neros, durch magisch-mystische Beschwörung die Ermordete auf eben dieser Ebene zu versöhnen, muß mißlingen, und statt dessen malen ihm im Schlußreyen die Geister des Orestes und des Alcmaeon sowie die Furien die unendlichen Qualen des durch Muttermord verletzten Gewissens aus.

Hat Lohenstein in der *Agrippina* die Lasterhaftigkeit der Herrschaft Neros und des unter seiner Herrschaft sich duckenden Reiches in ihrem ganzen Ausmaß zu entwerfen gesucht, so stellt er in der *Epicharis* die Pisonische Verschwörung als einen von der Titelgestalt im Namen der Tugend geführten Kampf gegen den Tyrannen Nero dar. Daß Epicharis das Haupt dieser Verschwörung ist und unter dem Banner der Tugend antritt, geht nicht auf die historische Quelle, die Annalen des Tacitus, sondern auf eine der literarischen Vorlagen, den heroisch-galanten Roman *Ariane* des Jean Desmarets de Saint-Sorlin zurück. Ihre beim Historiker völlig dunkle Herkunft wird hier in gattungseigentümlicher Weise umgebogen in eine bis zum Romanende verborgene, im Handlungszusammenhang aber unmißverständlich in vollkommener Tugend sich andeutende königliche Abstammung. Die Tatsache, daß Lohenstein auf diesen die Heldin für die Gattung des Trauerspiels qualifizierenden fürstlichen Stand keinen Wert gelegt hat, läßt um so nachdrücklicher Tugend als kardinales Attribut und handlungsbestimmendes Motiv der Epicharis hervortreten und damit ins thematische Zentrum des Dramas rücken. Allerdings ist dies kaum beachtet worden, weil man die Motivationen der Verschwörer, nach denen eine an späterer Literatur orientierte Erwartungshaltung suchen ließ, in politischen Überzeugungen finden zu können meinte. Im Stück werden nämlich die Frage nach der besten Staatsform sowie das Problem des Widerstandsrechts und Tyrannenmords ausladend diskutiert, und weil Epicharis dabei für die „Wieder-Einführung eines freyen Bürger-Regiments" eintritt, hat man ihre Motivation in einer ‚republikanischen Gesinnung' erblickt und diese oft genug auf den Autor selber übertragen. Die jeweils vorgetragenen Auffassungen sind aber nicht etwas die *dramatis personae* individuell Charakterisierendes und Motivierendes, sondern nur jeweils die Parts, die ihnen im Rahmen einer den Gesetzen der Dialektik und Rhetorik gehorchenden Problemfaltung gemäß den Regeln der Wahrscheinlichkeit zufallen. Dieses Mittel dient neben anderen – zum Beispiel den Reyen – dazu, Bezugssysteme zu errichten, auf die hin es das Trauerspielgeschehen zu applizieren und in seiner Bedeutungshaltigkeit freizulegen gilt. Lohenstein allerdings verharrt nicht wie andere Trauerspieldichter auf der Ebene des Grundsätzlichen, die nur das Entweder-Oder unbedingter Wertungen zuläßt, sondern lenkt stets auf die Ebene der historisch-konkreten Situation zurück. Auf dieser Ebene kann Epicharis noch in derselben Szene ohne Irritation der Kür eines neuen Monarchen – Senecas anstelle des zunächst vorgeschlagenen Piso, der nach Nero ebenfalls umgebracht werden soll – zustimmen: eine Entscheidungsfindung, die im Barock allenfalls – wie z. B. mit der Hostilius-Figur in Gryphs *Papinian* – in denunziatorischer Absicht vorgeführt wird.

Auch Seneca läßt die entscheidende Diskussion, in der er gegenüber der generellen Bejahung von Widerstandsrecht und Tyrannenmord seitens der Verschwörer, die sich auf Gedankengänge der Vertragstheorie stützen, die aus lutherischer Obrigkeitsauffassung wie absolutistischen Theoremen abgeleitete generelle Verwerfung beider vertritt, schließlich auf einer mittleren Linie haltmachen. Tyrannenmord wird nicht für rechtens erklärt, aber zugleich eingeräumt, daß er im Einzelfall historisch notwendig werden kann:

> Wahr ists; ist sonst kein Fürst zu tödten / so ists der (I, 594),

so lautet Senecas Schluß. Das richtige Verhalten in derart präzis bestimmten historischen Situationen ergibt sich dann aus der jeweiligen Rolle. Hatte Seneca in der *Agrippina* als engster Ratgeber des Kaisers unter dem Aspekt von dessen Herrschaftsauftrag zu raten und zu entscheiden, so kann er, „von Hof und Gunst nach Hauß in Ungunst" gekommen, in der *Epicharis* sich als Privatperson gemäß seinen philosophischen Lehren verhalten. Da der Weise beherzt trägt, „was das Verhängnüs schickt" (I, 573), und der schon Begierden dient, der Tyrannei nicht dulden kann, wird er auch nicht auf seiten der Verschwörer zu finden sein, gleichzeitig aber ist sein Wunsch deren Sieg und sein Ratschlag: „säumt euch nicht".

So wenig hier übervorsichtiges Lavieren vorliegt, das Seneca, den Philosophen, individuell kennzeichnen soll, so wenig wird auch die Schar der Verschwörer vermittels politischer ‚Weltanschauungen' und individueller Charakterzüge differenziert: was zutage tritt, ist eine verschiedenen ‚Rollen' eigentümliche Verhaltenstypik. Gemeinsam ist den Verschwörern – die Titelfigur ausgenommen –, daß Affekte, wie Rache für erlittenes Unrecht, verletzte Eitelkeit, ungestillte Ehrsucht etc., die Triebfedern für ihr Handeln abgeben. Mit Epicharis dagegen rückt die Darstellung und Bewertung des Trauerspielgeschehens unter den Aspekt des Kampfes der Tugend gegen den durch und durch lasterhaften Repräsentanten der Geschichte.

Gleich zu Beginn des Trauerspiels läßt der Autor durch Epicharis die entscheidende Perspektive an die Hand geben: die Pervertierung der Herrschaft und der innere Zersetzungsprozeß Roms sind nicht den Zeitläufen, nicht dem Verhängnis und nicht dem Zufall, sondern der Bosheit der Menschen zuzuschreiben (I, 24-32). Damit sind Mächte wie Zeit, Glück und Verhängnis nicht als solche, sondern nur die Determination menschlichen Tuns durch sie geleugnet. Gerade Epicharis beruft sich immer wieder auf den Himmel, die Götter und das Verhängnis sowie auf deren sichtbare Zeichen, die Sterne, die Zeit und Gelegenheit[19], gründet in der Verhängnisbestimmtheit der Geschichte die Zuversicht, daß der im Namen der Tugend gegen Nero geführte Kampf Erfolg haben, die „Unglücks-Welle [. . .] am Tugend-Fels" sich brechen werde (II, 470).

Das Scheitern der Verschwörung – sie wird bereits in der II. Abhandlung verraten, in der III. gänzlich aufgedeckt und daraufhin ein Mitglied nach dem anderen verhaftet, verhört, gefoltert und hingerichtet, bis zuletzt die Titelgestalt sich selber auf dem Folterstuhl erwürgt – wirft die Frage nach einem möglichen Sinn der Geschichte in aller Schärfe auf. Jenes traditionelle christlich-stoizistische Deutungsmuster, daß Tugend dem blutigen Ende entgegeneilt und dieses Ende doch nicht als ein Unglück zu deuten ist, daß in Leid und Untergang Tugend allererst sichtbar gemacht und wirksam gehalten wird, daß der Tugendträger die blutige Prüfung „für ein Geschencke Der Götter" zu achten hat (IV, 53-86), meldet sich hier genauso wie bei den Märtyrergestalten des Gryphius zu Wort. Doch Tugend im furchtlos-freudigen, von der Hoffnung auf das wahre und ewige Leben getragenen Erleidens des Todes unter Beweis zu stellen, scheint in Lohensteins Werken nur als eine, und zwar letzte Möglichkeit auf. Vorgängig stellt sich auch der Tugend die Geschichte in ihren jeweils konkreten Situationen als Aufgabe:

> Alleine noch zur Zeit ists gar nicht Zeit zu sterben (IV, 103).

Den noch aus dem Kerker heraus unternommenen Versuch, den Zauderer Piso zum Handeln zu bringen, rechtfertigt Epicharis mit dem Hinweis: „Was taug unversucht?" (IV, 136)

Das Scheitern der Verschwörung ist aber, wie schon der I. Reyen offenbart, unumstößlicher „Verhängnüs-Schluß". Die Stellung des Verhängnisses gegenüber den konkurrierenden Mächten Glück, Klugheit und Zeit, die Nero zum einen vor „der Sterblichen Beginnen" zu schützen, zum anderen ihm letztlich doch das Ende zu bereiten beanspruchen, wird im II. Reyen geklärt: die drei Mächte sind nur die dienenden „Mägde" seiner Hand, die Instrumente, mittels derer sich die vor aller Zeit von ihm geschriebene „Satzung" der Geschichte realisiert (II, 577-584). Ein von selbst sich bewegendes Rad der Fortuna gibt es nicht; die ewige Ordnung ist schlechthin unzugänglich und der „Witz" macht deshalb selbst beim Versuch, diese punktuell einzusehen und die unmittelbar nächsten Handlungen darauf auszurichten, schwerste Fehler; die Zeit als die Form, in der die ewige Satzung anschaubar wird, bleibt auch in Gestalt der wechselnden Sternkonstellationen ohne eigene Kausalität.

Können der isolierte Untergang des Tugendträgers und der isolierte Triumph des Tyrannen nichts über die Moralität des in seiner ewigen Ordnung uneinsehbaren Verhängnisses besagen, so bietet auf der Ebene der Bedeutung der IV. Reyen erste, aber keineswegs zureichende Hinweise: die Sibylle von Cumae offenbart, daß die noch fortbestehende Herrschaft Neros wie die seiner Vorgänger seit Caesar und seiner Nachfolge bis hin zu Domitian Bestandteil der Strafe ist, die „Gott [. . .] mit Fug" über Rom und die von ihm unterjochten, zwar nach Rache schreienden, aber selber nicht „von eigner Bluttschuld" freien Reiche Europas, Asiens und Afrikas verhängt hat. Inwieweit das Verhängnis ein die Geschichte darüber hinaus als sinnvollen Prozeß strukturierendes Prinzip darstellt, bleibt offen.

Nicht offen scheint dagegen die Frage der Figurenbewertung zu sein. Von den vier weiblichen Titelgestalten der Lohensteinschen Dramen ist Epicharis die einzige, die – als Kämpferin für die republikanische Idee, als Verkünderin der Freiheit oder auch nur als Widersacherin der Tyrannis – allgemein als positive Exempelfigur, als Märtyrerin gesehen wird. Wie aber Cleopatra und Agrippina keine einfach negativen Figuren sind, so ist auch umgekehrt Epicharis keine einfach positive Exempelfigur, die zur Nachahmung aufrufen soll. Daß Tyrannenmord nicht rechtens ist, bleibt grundsätzlich auch angesichts eines Nero gültig, und der I. Reyen deutet dementsprechend den Angriff auf Nero wie überhaupt auf jeden Fürsten als Angriff auf den „Himmel" (I, 790–792). Auch ist nicht zu übersehen, daß der Tugendträger bei seinem geschichtswirksamen Handeln sich genauso wie der Träger der Macht der Techniken politischen Verhaltens, der Dissimulation zum Beispiel, bedient – etwa im Gespräch mit Proculus, im Verhör durch Nero und seine Helfershelfer oder gar beim Versuch, den doch schon zum nächsten Opfer ausersehenen Piso zur Tat zu bewegen – und daß er nicht nur sein eigenes Blut, sondern auch das Blut anderer Menschen für sein Ziel zu vergießen bereit ist. Auf der anderen Seite ist, wofern Tugend und Laster nicht gleichgeachtet sein sollen, angesichts eines Tyrannen wie Nero und angesichts eines zwar uneinsehbaren, aber die freien Willensakte der Menschen einschließenden und sich mittels ihrer auf unberechenbare Weise vollziehenden Verhängnisses vom Menschen unaufgebbar gefordert, Tugend nicht nur als ein ihn auszeichnendes Moment demonstrativ zu zeigen, sondern auch in der Geschichte wirksam zur Geltung zu bringen. Triumphiert Nero auch am Ende des Trauerspielgeschehens und behält er auch das letzte Wort, so gilt doch, daß, wenn er und Epicharis das *theatrum emblematicum* betreten werden, die Unterschrift seiner Figur „Schmach", die der ihren „Tugend" sein wird.

Die der Epicharis-Gestalt ebenso wie der Cleopatra und Agrippina eigene komplizierte Struktur hat dazu geführt, daß im genauen Gegensatz zu der heute allgemein geteilten positiven Deutung im Jahre 1710 Schweizer Jesuiten dieses Stück – offensichtlich ohne größere textliche Eingriffe – haben lesen und aufführen können unter der in einem neuen Titel formulierten These „CONIURA-

TIO PUNITA Das Jst Die in ihrem bösen Vorhaben abgestraffte EPICHA-RIS".[20]

In der *S o p h o n i s b e* stellt Lohenstein noch einmal die Kollision eines Reiches mit dem zur Weltherrschaft aufsteigenden Rom dar, und die dilemmatische Situation der betroffenen Herrscherfiguren entspricht so auch ganz der von Antonius und Cleopatra. Gegenüber der 1. Fassung der *Cleopatra* aber kennzeichnet die *Sophonisbe* ein deutlich fortgeschrittenes Problembewußtsein, mit ihr steht das Lohensteinsche Trauerspielmodell wie die ihm eigene Figurenkonzeption voll entfaltet da. Das Stück ist – zusammen mit der 2. Fassung der *Cleopatra* – erst 1680 gedruckt worden, aber ganz offensichtlich in der Textgestalt, in der es bereits im Mai 1669 zusammen mit Hallmanns *Antiochus und Stratonica* von den Schülern des Magdalenäums gespielt worden war. Der Grund für die verspätete Drucklegung dürfte wohl sein, daß Lohenstein eine Doppelpublikation auch der beiden ‚afrikanischen‘ Stücke ins Auge gefaßt hatte und daß er zu diesem Zweck die *Cleopatra* durch eine Überarbeitung erst auf das in der *Sophonisbe* erreichte Reflexionsniveau heben, dabei insbesondere eine seinem öffentlich-politischen Amt besser anstehende Konzeption der Staatsräson zum Tragen bringen wollte.

Daß gerade dieses Trauerspiel die Probleme der Lohenstein-Interpretation am deutlichsten hervortreibt, ist einsichtig. An der Titelgestalt machen sich ‚moderne‘ Mißverständnisse – Sophonisbe als Vorwegnahme des ohne alle moralischen Skrupel agierenden Politikers oder als die ihre Leidenschaften auslebende „Realerotikerin" oder aber als die in einer Welt voller Täuschungen tragisch Liebende – ebenso fest wie auf ‚barocktypische‘ Anschauungen gestützte Fehleinschätzungen – Sophonisbe als Beispiel des vom Affekt beherrschten Menschen oder der zum Extremismus neigenden Frau oder aber des mit dem Untergang bestraften schuldbeladenen Herrschers. All diese Deutungen haben nur auf den ersten Blick den Schein für sich.

Wenn die numidische Königin, nach dem Sieg Masinissas, des römischen Bundesgenossen, und der Gefangennahme ihres Gemahls Syphax in ihrer Residenzstadt Cyrtha eingeschlossen und vor die Wahl gestellt, ihre Herrschaft preiszugeben oder aber den Gemahl dem Tode zu überantworten, affektiv so stark berührt, so „gantz verwirrt" ist, daß sie sich zunächst nicht zu entscheiden weiß, wenn sie sich dann zum Kampf gegen Masinissa entschließt, damit den Tod des Ehemannes in Kauf nimmt, ja darüber hinaus bereit ist, einen ihrer Söhne den Göttern als Opfer darzubringen, und daraufhin zutreffend – wenngleich Syphax fliehen und die Opferung verhindern kann – im I. Reyen von der „Seele der Sophonisbe" der Rache der Preis als stärkstem der Affekte zugesprochen wird, wenn sie schließlich in Masinissa, nachdem dieser die Stadt durch Verrat eingenommen und Syphax in Ketten gelegt hat, den Funken der Liebe so zum Entflammen bringt, daß er sich kurzentschlossen mit ihr vermählt und sie auf diese Weise Königin bleiben läßt, und daraufhin der II. Reyen die Liebe als die

die ganze Schöpfung beherrschende Kraft preist, so scheinen all diese Entscheidungen und Taten im Banne von Affekten zu stehen, sich extremen ‚weiblichen‘ Regungen zu verdanken.

Nach der von Lohenstein dezidiert geteilten Auffassung sind Affekte aber keineswegs „Kranckheiten des Gemüths“, die man „als das schädlichste Unkraut ausrotten“ müßte, sondern haben vielmehr ein „nöthig Ampt“: sie erst machen „alle Kräfften der Vernunfft rege und lebhafft“, sie geben die *formae* aller *actus exteriores* ab, derer auch die Vernunft, will sie sich äußern, bedarf.[21] Die beiden Reyen benennen so nur zwei der allen menschlichen Handlungen überhaupt zugrunde liegenden *formae*. Ob die Affekte, die „an sich selbst weder böse noch gut“ sind, die Eigenschaft der Tugend oder des Lasters annehmen, hängt davon ab, ob sie im Einzelfall die im Hinblick auf ein vernünftiges Ziel vernünftigerweise gewählten *formae* sind oder ob die Affekte sich gegenüber der Vernunft durchgesetzt haben. Denn der Vernunft, dem Funken des göttlichen Lichts, „gehorsamen ist soviel als Gott folgen“, und Tugend ist nichts anderes als der „Gebrauch der Vernunfft“.[22] Sophonisbes Ziel aber ist das das mit ihrer Rolle gesetzte – Erhaltung der Herrschaft –, und die dafür gewählten Verhaltensweisen sind die jeweils vernünftig erscheinenden. Betont das Widmungsgedicht, daß man in Sophonisbes und Masinissas Taten Ehrsucht und Liebe „aufs grimmste“ spielen sehen könnne, dann ist dies nur der Hinweis auf den Zuschnitt, den die Handlungen in den für das Trauerspiel gattungseigentümlichen Situationen, nämlich wahrhaft katastrophalen, notwendigerweise haben.

Daß Lohenstein nicht deshalb Frauen zu Trägern derartig ‚grimmen Spiels‘ macht, um sie als zu Extremreaktionen neigende der Verurteilung preiszugeben, läßt sich nicht nur durch die Analyse der Dramen selbst evident machen und anhand der unter günstigeren geschichtlichen Bedingungen handelnden Frauengestalten des Romans zeigen, sondern auch durch unmittelbare Aussagen belegen. In der *Lob-Schrifft* attestiert er den Frauen alle männlichen Vorzüge zusätzlich zu den ihnen eigenen positiven weiblichen Eigenschaften und schließt mit dem Hinweis: „Ihre Hertzhafftigkeit ist von so grossem Nachdrucke: Daß Sie Gott ins gemein zu Aufrichtung der schon zerschmetterten Reiche gebrauchet“, wie Debora, Judith, Clelia und Johanna von Orleans beweisen (Bl. O$_2$^{v}). Gerade die Tatsache, daß Sophonisbe nicht Unempfindlichkeit an den Tag legt, macht sie, wie aus der *Lob-Schrifft* hervorgeht (Bl. F$_2$^{v}), zu einer großen Fürstin. Die in der dilemmatischen Ausgangssituation

> Läßt Sophonisbe zu: daß man den Eh-Schatz sebelt?
> Läßt Sophonisbe zu: daß man zur Magd sie macht?
> Daß ihr mit Cyrtha seyd ins Römsche Joch gebracht?

nicht mehr zugleich mit dem Herrschaftsauftrag einzuhaltende moralisch-sittliche Verpflichtung kann nur in heftigster Erschütterung, nur in der vorübergehenden Unfähigkeit, die der herrscherlichen Rolle gemäße Entscheidung zu treffen, als eine grundsätzlich anerkannte Handlungsnorm beglaubigt werden. Der Autor läßt Sophonisbe diesen Wertbereich wiederholt affirmieren. Wenn sie den Liebesbund mit Masinissa eingeht, weil sie glaubt, damit als Herrscherin dem Willen des Himmels zu entsprechen (II, 299), der ihr das Amt verliehen hat und auch weiterhin verleihen zu wollen scheint, so sieht sie sich durch diese Tat eben diesem Himmel gegenüber auch schuldig werden (II, 290-298). Für sie ist damit jener „Nothzwang" in Anspruch zu nehmen, den „ihrer wenig von dem Vorsatze böses zu thun" unterscheiden. Denn es wird ein Fürst als der Entscheidungsmächtige

> eben so wol bißweilen gezwungen wider seinen Willen ausser dem Schrancken seiner Gütigkeit / als ein Diener aus der Gräntze seiner Klugheit zu schreiten / wider sein ihm gesetztes Absehn zu handeln; ja was Böses zu erkiesen; welches sie in ihrem Gemüthe verdammen und nimmermehr thun würden / wenn sie eine Bothmässigkeit über die Geschäffte und das allzu gewaltige Verhängnüß hätten.[23]

Lohenstein läßt Sophonisbe aber nicht nur, wie Cleopatra, die moralischen Normen grundsätzlich anerkennen, sondern ihnen auch in der Tat bis zum äußerst Möglichen entsprechen. Sie sucht Masinissa endgültig zu gewinnen durch eine Handlung, die für den Ehegatten die Gelegenheit zur Rettung bietet – sie schmuggelt sich in römischer Kleidung in den Kerker und nimmt den Platz des in dieser Vermummung fliehenden Syphax ein –, für sie selbst aber alles auf die Spitze setzt. Indem Masinissa sie aber trotz und wegen dieser Tat auch gegen einen möglichen Einspruch Roms als Herrscherin an seine Seite setzt und ihr schwört, eher Rom als ihr den Treueid zu brechen, muß sie die Hochzeit mit Masinissa in der Überzeugung begehen, daß das „Verhängnüs" sie jetzt „mit holderm Strahl anblickt" als zuvor, da sie durch die Ehe mit Syphax Königin Numidiens wurde (III, 60-66). Daß sie nicht von unbändiger Ehrsucht oder unstillbarer Liebeswut beherrscht wird, sondern, wie sie in der ersten Begegnung mit Masinissa behauptet, „das Aloe des sauern Lebens" sie anwidert und sie „begierig" stirbt, wenn kein Herrschaftsauftrag sie mehr bindet (II, 90-111), stellt sie mit ihrem Tode unter Beweis. Sie stirbt nämlich keineswegs, den Giftbecher leerend, den Masinissa, durch Scipios energische Mahnung und Drohung anderen Sinnes geworden, ihr schickt, weil sie – als „Realerotikerin" – die „definitive Trennung von beiden männlichen Partnern" nicht ertragen oder – als „Realpolitikerin" – gegenüber dem für Frauenschönheit und Frauenlist unzugänglichen Scipio nicht siegen kann.[24] Sie ist schon, bevor sie den Giftbecher erhält, entschlossen zu sterben, weil Didos Geist ihr Einsicht in den verhängnisbestimmten Verlauf der Geschichte – bis hin zur Herrschaft Kaiser Leopolds – gegeben hatte und darin der Aufstieg Roms, der Untergang Numidiens und Carthagos beschlossen liegen:

> Elende Sophonisb'! ich klage dein Verterben!
> Dein Syphax trägt das Joch / dich heists Verhängnüs sterben!

[...]
Der Mohr wird itzt der Römer Knecht. (V, 111 f./115)

Wie sie bis zu diesem Zeitpunkt konsequent auf ihren Auftrag bezogen handelte, so sucht sie auch jetzt zu „erfüllen / Was das Verhängnüs wil" (V, 346 f.): sie gibt ihre herrscherliche Rolle, damit ihre irdisch-geschichtliche Existenz überhaupt, freiwillig auf. Wie in der *Cleopatra* wird aber auch hier ein nachrechenbarer Kausalnexus zwischen Schuld und geschichtlichem Untergang zurückgewiesen: dieser ist, wie Dido darlegt, verhängnisgewollt, doch hat Sophonisbe „ins Feuer Oel" gegossen, Syphax „Holtz zur Flamme" getragen, so daß sie auch „nicht ohne rechtes Recht" untergehen (V, 112-114). Ihre grundsätzliche Inklination auf Tugend in ihrem letzten den Verhängniswillen vollziehenden herrscherlichen Akt unter Beweis stellend, darf Sophonisbe allerdings auch „ein kräftig Recht [...] zu der Ewigkeit" sich zu erwerben hoffen.

Eine solche Deutung der Sophonisbe-Gestalt kann auch durch zwei in das Drama eingefügte Bewertungen nicht irritiert werden. Die erste nimmt Syphax vor, als er in wieder neuer Verkleidung unter den drei gefangenen Numidiern entdeckt wird, die Sophonisbe unmittelbar nach ihrer Vermählung mit Masinissa zu opfern bereit ist, um so, ihr Tun als ein „verzweifelt Werck" richtig einschätzend, erstmals die Freundschaft unter Beweis zu stellen, die sie als Herrscherin an Masinissas Seite künftig gegenüber Rom an den Tag legen will. Wer würde nicht den von Syphax gegen Sophonisbe erhobenen Vorwurf der Untreue teilen, und wer nicht, als Sophonisbe behauptet, nicht Untreue, sondern nur das Glück trenne sie, der Feststellung als wahr beipflichten, daß aufrichtige Liebe erst beim Unglück erkannt werde? Im Namen wahrer Liebe von Sophonisbe, die der Liebe „zweyfachen Sitz aus Noth" eingeräumt hat, die unbedingte Treue zu verlangen, hieße aber, genau besehen, ihr die möglich erscheinende Rettung als Herrscherin abschneiden und sie dem Verderben überantworten, also das Kerngesetz wahrhafter Liebe, dem Geliebten nichts zu mißgönnen, verletzen, hieße, daß gerade Syphax selbst den oft geschworenen Eid bräche, daß nichts auf der Welt ihn je auf sie eifern machen solle. Daß in Wahrheit der Affekt der Eifersucht Syphax gänzlich beherrscht, ist nicht nur eine Feststellung Sophonisbes, wird nicht nur in der Verkehrung der von Syphax behaupteten Liebe in ihr Gegenteil, im Tötungswunsch, deutlich, sondern offenbart vor allem der unmittelbar anschließende III. Reyen, dessen Thema die Eifersucht ist. In der ihrem Wesen entsprechenden Verbindung mit der „Narrheit" kann – demzufolge – Eifersucht nur auf Verzweiflung hinauslaufen, in Mord und Selbstmord, wie an Syphax auf der Handlungsebene sichtbar, enden.

Der zweite Bewertungsvorgang ist die Apotheose Masinissas im IV. Reyen: er wird hier, nachdem er sich von seiner ihm eben angetrauten Gemahlin wieder losgesagt hat, als ein gleichsam zweiter Herkules unter die emblematischen Exempel der Entscheidung gegen die Wollust und für die Tugend eingereiht. Das emblematische Verfahren aber, die Dinge der Welt in ihre Einzelmomente aufzulösen und die an den so isolierten Dingbestandteilen haftenden Bedeutungen mittels immer neuer Konfigurationen freizulegen, macht auch vor den zu *exempla* erhobenen historischen Personen nicht halt. Soweit Masinissas Liebesbindung an Sophonisbe unter dem Aspekt seiner Herrschaft keine vernunftgemäße Entscheidung, sondern Handlung im Banne des Affekts war, kann die Rücknahme dieser Bindung, in Absehung von dem dabei wirksamen Druck Scipios und in Isolierung des einen Aspekts, des Verhältnisses von Vernunft und Affekt, als Entscheidung für die Tugend gesehen und gepriesen werden. Damit ist aber weder eine positive Deutung der Masinissa-Gestalt noch auch nur dieser einen Handlung als ganzer vorgenommen. Das Widmungsgedicht sieht eben diese Tat Masinissas so, daß er, „der erst Buhler war / als Hencker sie erdrückt", Didos Geist stellt als das Signifikante an ihr den Bruch von Treue, Eid und Ehe heraus, und auch Sophonisbe bestimmt sie – auf der einen Seite – als Laster und Untreue. Aber gerade sie selbst ist es auch, die – auf der anderen Seite – in dem Gift „auch Oel der Liebe" rinnen sieht: denn unter dem Aspekt der verhängnisgefügten historischen Konstellation ist die Übersendung des Giftbechers für Masinissa die einzige Möglichkeit, seine Herrschaft zu erhalten und zugleich seinen Liebes- und Treueschwur gegenüber Sophonisbe wenigstens insoweit zu halten, als er sie nicht in die Hände der Römer fallen läßt.

Der so allenthalben ins Werk gesetzte Polyperspektivismus macht auch vor Scipio nicht halt, der allgemein als Vorbildgestalt und Idealfigur schlechthin angesehen wird. Doch ist es gerade der Repräsentant des vom Verhängnis auserkorenen, zum Weltreich aufsteigenden Rom, der Masinissa zwingt, Treue und Ehe zu brechen und die Gemahlin in den Tod zu treiben, der ihn dafür, wie Dido weissagt, „Kronen zwar / doch in den Fesseln tragen" läßt. Dido eröffnet aber auch, daß Rom „die Dienstbarkeit der Welt" fälschlicherweise für „himmlisches Verhängnüs hält".

Im Schlußreyen nämlich spricht das Verhängnis den „güldnen Siegs-Krantz", den es dem größten unter den vier Weltreichen, dem also, das beanspruchen kann, „den Welt-Kreiß überwunden" zu haben, aussetzt, zwar dem Römischen Reich zu, aber erst, wenn „Teutschland wird der Reichs-Sitz sein", wenn „der Römer Thron" mit „grösserm Glantz" vom „Oesterreichschen Stamm" bestiegen sein wird. Damit greift Lohenstein auf ein altes Muster für die Deutung der Weltgeschichte zurück, auf die aus dem Buch *Daniel* des Alten Testaments entwickelte Viermonarchienlehre. Gemäß ihrer gerade in der deutschen Staatsrechtslehre des 17. Jahrhunderts genutzten traditionellen Auslegung gilt als die letzte der vier Monarchien, welche die Verheißung hat, bis zur Wiederkunft Christi zu dauern, das Römische Reich, und dieses besteht im Sinne der *translatio Imperii* im Heiligen Römischen Reich deutscher Nation fort. Für den argumentatorischen Aufbau dieser laudativ gemeinten und so auch zu lesenden Konstruktion, das Verhängnis Österreich als dem die Geschichte krönenden Weltreich den Preis zuerkennen zu lassen, macht Lohenstein sich die Vermählung

Leopolds mit Margareta Theresia von Spanien zunutze, mit der die beiden habsburgischen Linien zusammengeführt wurden und daraufhin ein habsburgisches Imperium sich abzeichnete, von dem sich, an Saavedras *Corona gothica* und Campanellas *Monarchia Hispanica* anknüpfend, behaupten ließ, daß es im Unterschied zum antiken römischen Reich den ganzen Weltkreis beherrsche, da vor ihm nicht nur Reiche Europas, Asiens und Afrikas, sondern auch die neuentdeckte Welt, Amerika, knien und sich ihm im Süden auch der „dritte Welt-Kreiß" noch auftut.

Indem Lohenstein in seinem die zweite Vermählung Leopolds feiernden *I b r a h i m   S u l t a n* den entscheidenden historischen Gegner des solcherart geschichtsutopisch geehrten Hauses Habsburg in den Blick rückte, konnte er mit Hilfe eben dieser Prophetie Daniels und ihrer Auslegung seinen Versuch, Geschichte von ihrem Ende her als einen gerichtet verlaufenden Prozeß zu konstruieren, in einer entscheidenden Hinsicht, in Hinsicht auf die Moralität dieses Prozesses, weiterführen.

Dem vierten und letzten der Weltreiche wird nämlich ein Widersacher erwachsen, der den Höchsten lästert und dessen Heilige mit Füßen tritt, und es wird diesem ausgeliefert sein, bis „Gericht gehalten" wird: „Da wird denn seine Gewalt weggenommen werden, das er zu grund vertilget, und umbbracht werde. Aber das Reich, gewalt und macht, unter dem gantzen Himel, wird dem heiligen Volck des Höhesten gegeben werden, des Reich ewig ist, und alle gewalt wird im dienen und gehorchen."[25] Unter dem Reich des Antichristen, dem mit dem Jüngsten Tage ein Ende gemacht wird, wurde in der Exegese des 7. wie auch des 2. Kapitels des Buches *Daniel* das Türkenreich verstanden, so beispielsweise in Luthers *Vorrede über den Propheten Daniel* oder in der Summe der lutherischen Orthodoxie, in Johannes Gerhards *Loci Theologici*. Dementsprechend zeigt der Prolog des *Ibrahim Sultan* das türkische Reich als das des Satans (v. 34-44), das habsburgische umgekehrt als das restaurierte Paradies,

> Wo die Spiese sich in Eegen / Schwerdter sich in Pflug-Schaarn kehrn /
> Ja wo Löw und Lämmer sich in vertrauter Eintracht gatten /
> Wo man sieht auf Lantzen wachsen Trauben und Oliven-Beern. (v. 62-64)

Da der Laudatio nicht das Objekt wesentlich ist, in dem sie das Ideal, das weit davon entfernt ist, verwirklicht zu werden, als bereits erreicht vorstellt, sondern die Bedingung, unter der sie ihrem Objekt Preis und Ruhm zuerkennt, unter der mithin das postulativ formulierte Ideal tatsächlich verwirklicht wäre, ist auch in dem hier gegebenen Zusammenhang bedeutsam nur, welche Momente der Autor als die für die Erlösung der Geschichte konstitutiven allegorisch versammelt, nicht aber, daß er sie in der habsburgisch-österreichischen Monarchie als versammelt zeigt.

Die *Zuschrifft* des *Ibrahim Sultan* an das Kaiserpaar stellt Tugend und Glückseligkeit als „die zwey Angel-Sterne des Erdbodens" vor, und wer diese, deren Auseinanderbrechen gerade das Signum der Geschichte ist, vereinigen kann, der, so wird dargetan, „behauptet die Herrschaft der Welt / und übermeistert die Gesetze der Natur". Der Prolog läßt nun die Tugend, von Leopold „unter dem Sinnenbilde des Löwen" vorgebildet, sich der Glückseligkeit, von Claudia Felicitas „durch den Nahmen" repräsentiert, weihen, und der Schlußreyen knüpft an die triumphierend verkündete endgültige Verbindung beider Hinweise auf die Konsequenzen, die daraus folgen: Claudia, „des Höchsten Pförtnerin" macht Leopold „vom Leid und Dornen frey", Felicitas verkündet, daß unter dem Zeichen dieser Verbindung fortan „kein Anschlag fehln" kann. Als in der Welt auf Dauer garantierte hat die Vereinigung von Tugend und Glückseligkeit allerdings zur Voraussetzung, daß mit der Tugend auch die Macht zusammenfällt und daß dieser Zusammenfall universelles Prinzip ist, das nicht mehr in Frage gestellt wird. Das erste wird gewährleistet, indem der Herrscher selber unter der Gestalt des Löwen die Inkarnation der Tugend ist, das zweite dadurch, daß in den „unumbgräntzbarn Reichen" dieses Herrschers

> Die Sternen nicht erbleichen /
> Wie auch die Sonne nie lescht ihre Fackel auß (Prolog, v. 90-92).

Denn der und nur der, der die ganze Welt beherrscht, braucht seine Macht nicht mehr zu demonstrieren.

Vor diesem Hintergrund wird so auch die Bedeutung jenes Motivs klar, das im Schlußreyen der *Sophonisbe* markant hervortritt, das der immer größeren Machtausdehnung und der Konzentration dieser schließlich den Erdkreis umspannenden Macht in einer Hand, und es zeigt sich auch, daß nicht zufälligerweise der Schlußreyen der *Cleopatra* – in der 1. wie in der 2. Fassung – den Gedanken entwickelt, daß in Leopold, wenn seine Herrschaft wirklich, wie vorgebildet, die ganze Welt umspannen würde, zugleich mit der nicht mehr eingeschränkten Macht auch die „Tugend" bekränzt werden könnte (V, 487-502 bzw. 835-850). Die die Folgen des Sündenfalls auslöschende Vereinigung von Macht, der die ganze Welt untertan ist, von Tugend, die zur Macht wird, und von Glückseligkeit, die auf Dauer Dornen und Leid ausschließt, ist der einzige Zustand, in dem die Geschichte als erlöst gedacht werden kann, und auf diesen hin läßt, so lautet das Fazit, das Verhängnis die Geschichte ihren Verlauf nehmen.

Es bleibt noch ein Blick auf das negative Gegenstück des laudativ geehrten Reiches zu werfen. Anders als im *Ibrahim Bassa*, in dem der Absturz des Sultans in das Beherrschtsein durch den Affekt erst durch den Prolog dahingehend gedeutet wird, daß dies ein dem historischen Zustand dieses Reiches notwendig korrespondierendes Moment ist, wird die satanische Qualität des türkischen Reiches und seines Repräsentanten im *Ibrahim Sultan* auch in den Abhandlungen direkt greifbar. Der „Huren-Hengst" auf dem Thron, in dessen Adern „Kein Tropffen Fürstlich Blutt" mehr steckt (IV, 19 f.), ist zu keiner wirksam auf die Geschichte bezogenen herrscherlichen Geste mehr fähig (I, 389 f.). Alle Macht des Herrschers dient, da das türkische Reich keinen eigenen geschichtlichen Auftrag mehr besitzt und seine Rolle nur noch eine erborgte ist (I, 487 ff.), allein dazu, Objekte sexueller Begierden zu bezwingen. Letztes Opfer ist Ambre, die tugendhafte Tochter des Mufti. Ihre Rolle ist gegenüber der Hauptquelle Lohensteins für den Handlungszusammenhang, die Ibrahim-Biographie Bisaccionis, entschieden ausgebaut und aufgewertet. Ist es dort der Mufti, der die Vergewaltigung seiner Tochter und die entehrende Behandlung seiner selbst rächt, indem er einen Aufstand anzettelt und die Absetzung, schließlich die Ermordung Ibrahims bewerkstelligt, so fällt hier Ambre die bezeichnende Rolle zu, dem Sultan zunächst intellektuellen wie körperlichen Widerstand entgegenzusetzen und dann, nachdem die in ihrer Keuschheit sich manifestierende Tugend durch Ibrahim geschändet worden ist und dieser „Schandfleck" nur durch „Fäul und Tod [...] im Grabe" getilgt werden kann, die Untertanen noch vor ihrem Tod zum Widerstand gegen den Sultan anzutreiben. Nicht das Wissen um die Abwege der Liebe, das sie in ihrem Widerstand gegen den „Huren-Hengst" erkennen läßt, grenzt sie wesentlich von den Märtyrergestalten des Barock ab, sondern der – sie mit Epicharis verbindende – Impetus, Tugend geschichtswirksam werden zu lassen. Anders als Epicharis vermag Ambre mit ihrem Freitod die in ihr geschändete Tugend nicht nur als das Geltung beanspruchende, sondern auch – in der Stürzung des Schänders – als das im Reich des Satans faktisch geschichtswirksam werdende Prinzip zu erweisen: dies ist die Dämmerung des Jüngsten Tages auf der Handlungebene des Dramas, das nicht mehr den Gattungsnamen des Trauerspiels, sondern den des „Schauspiels" trägt. Angesichts dieses Bedeutungszusammenhangs kann die Tatsache, daß auch sie, wie Cleopatra, Epicharis und Sophonisbe, sich selbst tötet, nicht zum Vehikel einer Verurteilung werden. Erst recht für sie und die geschichtliche Situation ihres Handelns, aber auch für die drei anderen *dramatis personae* ist in Anschlag zu bringen, was Lohenstein den Haupthelden seines Romans zu einer nicht irritierbaren Rechtfertigung des Selbstmords erheben läßt, daß man nämlich „ehe sich selbst tödten / als sich seiner Freyheit und Tugend berauben lassen / und daß man länger nicht leben soll / als so lange es rühmlicher ist zu leben als zu sterben" (I, 16).

Wie das Trauerspiel so bringt die innerhalb des höfisch-repräsentativen Bereichs komplementäre epische Großgattung, die Lohenstein mit seinem *A r m i - n i u s* aufgreift, historisch-politisches Geschehen als Handeln fürstlicher Personen zur Darstellung. Gattungseigentümlich ist dabei die Verquickung von historischem Ereigniszusammenhang und Liebeshandlung. Neben der Liebes- und Geschichtsdarstellung kann die Einbringung von ‚Wissenschaft' als konstitutiv für diese Romangattung gelten. Der Titel des Lohensteinschen Romans deutet die Konfiguration dieser drei Elemente an: Arminius – oder auch Hermann –, „tapfferer Beschirmer der deutschen Freyheit", wird zusammen mit „seiner Durchlauchtigen Thußnelda" in „einer sinnreichen Staats- Liebes- und Helden-Geschichte [...] vorgestellet".

Aus der Konzeption als „Liebes-Geschichte" von Fürsten folgt zunächst, daß das im Zentrum stehende Personal „an Tugenden und Helden-Thaten / nicht weniger als treuer Liebe / vollkommen seyn muß".[26] Wenn der um Germanien so verdiente Arminius in solcher Stilisierung zur Hauptfigur eines deutschen heroisch-galanten Romans gemacht wird, so scheint sich darin deutlich der Patriotismus anzumelden, der einerseits dem Roman über die Zeit der ungebrochenen Rezeption der höfischen Barockliteratur hinaus einen gewissen Stellenwert in einer national orientierten Literatur- und Kulturgeschichte belassen hat, andererseits aber auch zum Ansatzpunkt des Chauvinismus-Vorwurfs geworden ist. Doch ist es ein Franzose, La Calprenède, gewesen, der Arminius und dessen Braut bzw. Gemahlin zuerst in eine Romanwelt eingeführt hat, in der sie mit der Familie des Kaisers Augustus und fürstlichen Personen des ganzen römischen Imperiums zusammenkommen. Lohenstein hat die *Cleopatre*, in deren 11. und 12. Buch die Arminius-Geschichte eingearbeitet ist, nicht nur gekannt, sondern hat sie für seinen Roman nachweislich benutzt[27]; ob er durch sie allererst die Anregung zu seinem *Arminius* erhielt, läßt sich nicht entscheiden und ist weniger wichtig als die Tatsache, daß er mit seinem Roman thematisch entscheidend Anderes als La Calprenède in den Blick rückt und dabei die Gattung des heroisch-galanten Romans zugleich erfüllt und aufhebt.

Hinsichtlich der Darstellung von Geschichte weisen die *Allgemeinen Anmerckungen* – die, vom Herausgeber des posthumen Erstdrucks besorgt, das „Absehen" des Romans zu bestimmen suchen und dabei zentrale Kategorien für das Verständnis desselben herausarbeiten – auf die Fülle historischen Materials im *Arminius* hin, das nicht im Zusammenhang mit dem Haupthelden stehe und so „die allgemeine Teutsche Geschichte" als den eigentlichen Zweck des Romans erscheinen lasse. In Wahrheit bietet dieser eine nach einem bestimmten Prinzip konstruierte und um ‚deutsche' Geschichte als Zentrum geordnete Universalgeschichte. Für die Gattung ist allgemein kennzeichnend, daß in das Geflecht fiktiver Liebesbeziehungen und der aus ihnen entspringenden politischen Verwicklungen ein Grundbestand an historischem Material eingelagert ist und insbesondere im Zusammenhang eines gattungsspezifischen Darstellungsmittels, der nachgeholten Vorgeschichten, zum Tragen kommt, aber doch nicht ansatzweise in solcher der Geschichtsdarstellung Eigengewicht verleihenden Massierung und Konsequenz wie im *Arminius*.

Nachdem mit der Schlacht im Teutoburger Wald, dem Anfang des Romangeschehens, das zentrale fürstliche Personal – die siegreichen germanischen Herzöge und ihre gefangengenommenen Gegner mitsamt ihren Liebes- bzw. Ehepartnern – zusammengebracht ist, wird mittels der Vorgeschichten dieser Personen die Geschichte praktisch aller Reiche der antiken Welt – des römischen und griechischen, der zahlreichen kleinasiatischen Reiche, aber auch des chinesischen, tartarischen und indischen Reichs – in kunstvoller Verzahnung miteinander erzählt und die Geschichte der ‚Deutschen', das ist die Geschichte der keltischen und germanischen Völker, bis zur Urgeschichte der Menschheit erweitert. Das vom Autor eingesetzte Prinzip solcher Geschichtsdarstellung ist zu greifen im „Lobe der Teutschen", im „Ruhm seines Vaterlandes". Nur von diesem den Roman klar und durchgehend bestimmenden, in den *Anmerckungen* unmißverständlich benannten Prinzip her läßt sich das Verfahren Lohensteins verstehen und angemessen beurteilen, die ‚Deutschen' in die antike Geschichte der Mittelmeerländer und der vorderasiatischen Reiche so zu verwickeln, daß alle Großtaten von ihnen bewirkt oder wenigstens mitbewirkt worden sind, sei es äußerstenfalls auch nur dadurch, daß sie die Völker ihre Auseinandersetzungen austragen ließen, ohne Partei zu ergreifen, und so der Geschichte an diesem Punkt keinen anderen Verlauf gegeben haben. Lohenstein macht sich für dieses Darstellungskonzept die Tatsache der Wanderbewegung von ‚deutschen', also keltischen und germanischen, Teilvölkerschaften durch eben diese geographischen Räume zunutze. Kein literarisch Gebildeter der Zeit würde darin wie spätere Leser und Interpreten eine vom Chauvinismus diktierte Geschichtsklitterung, vielmehr nur das Werk einer reichen Erfindungsgabe und eines scharfsinnigkunstvollen Schreibverfahrens gesehen haben, in dem wesentliche Abschnitte der antiken Geschichte so dargestellt sind, daß sie durchgehend dem literarischen Zweck des Lobens dienen und doch die Forderung der Wahrscheinlichkeit nicht verletzen, d. h. den Eindruck erzeugen, die bekannten historischen Fakten hätten auch auf eben diese und keine andere Weise zusammenhängen können. Diesem Zweck verdanken sich auch die Hervorhebung der landschaftlichen Schönheiten, der Fruchtbarkeit und der Bodenschätze „Germaniens", insbesondere aber die Zeichnung seiner Bewohner: diese sind nicht nur mindestens so zivilisiert und gesittet wie ihre römischen Gegner, sondern auch höchst tugendhaft, so daß sich die germanischen Helden, wie der Verfasser der *Anmerckungen* in richtiger Einschätzung des von Lohenstein geübten Verfahrens betont, nur „mit grosser Mühe" in diesem Roman wiederfinden und „in höchliche Verwunderung gerathen" würden, „daß ihre dicke Barbarey zu einen [sic!] Muster aller nach heutiger Welt-Art eingerichteten Sitten / und sie / durch den Ovidius unserer Zeiten / nicht aus Menschen in Vieh / sondern aus halben Vieh in vollkommene Menschen verwandelt worden" seien.

Lohenstein hat aber nicht nur die antike Geschichte bis hin zum Zeitpunkt des Romangeschehens mittels der Vorgeschichten, sondern zugleich auch die Geschichte des Hl. Römischen Reiches Deutscher Nation bis hin zu Kaiser Leopold, ja auch noch deren Zusammenhänge mit der Geschichte anderer europäischer Staaten – z. B. der Niederlande, Frankreichs, Englands, Schwedens, Polens – eingebracht, ohne die Einheit der Erzählung sich auflösen zu lassen, und zwar mittels eines in dieser Romangattung häufig anzutreffenden Kunstgriffs, der *personnages deguisés*. Personen der Romanhandlung bzw. der Vorgeschichten bedeuten durchgehend oder aber – weit häufiger – streckenweise eine oder mehrere Personen der nachgermanischen Historie: hinter der Geschichte der zwölf

Vorfahren Herzog Hermanns verbirgt sich die Geschichte der Kaiser aus dem Hause Habsburg, von Rudolph I. bis zu Ferdinand III., und als Nachfolger dieser zwölf „Cheruskerfürsten" repräsentiert Herzog Hermann selber Kaiser Leopold I.; der historische Marbod, Herrscher des Markomannenreiches, in der Historie wie im Roman der große germanische Gegenspieler des Arminius, bedeutet streckenweise auch Cromwell und Carl Gustav von Schweden; umgekehrt erscheinen historische Personen der späteren Geschichte auch unter verschiedenen Gestalten der Vorgeschichten und des Romangeschehens.

Auch das dritte den *Arminius* bestimmende Moment, die Einbringung von Themen und Gegenständen wissenschaftlicher und technischer Disziplinen – von der Medizin bis zur Leinwandindustrie, von den Philosophien und Religionen der Welt bis zu Acker- und Gartenbau – ist im Prinzip in der Gattung verankert. Es findet sich andeutungsweise auch in den französischen Romanen, wenn die fürstlichen Personen lange Gespräche über Liebe, Ehe, Malerei, Baukunst, Kriegsführung, die Regungen der Seele usw. führen, und auch hier werden die gesprächsweise behandelten Gegenstände über Register erschlossen. Im *Arminius* aber ist der Wissensstoff der Zeit mit geradezu enzyklopädischem Interesse aufgehäuft, sein Register nimmt beinahe den Umfang eines kleinen Romans an. Besonderes Interesse finden „wichtige Staats-Händel", also Grundinformationen über die Kunst des Regierens, die Fürstenerziehung, die Verfassungsformen, den Zusammenhang von Religion und Staat etc., so daß in der Tat, wie im *Vorbericht an den Leser* formuliert, der Roman angetan ist, „junge Standes-Personen" in nützlichen Künsten und ernsthaften „Staats-Sachen" zu unterweisen. Mit der Präsentierung eines Auszugs des Wissens der Zeit wird die Disputation notwendig zu einem die Bauform des *Arminius* bestimmenden Darstellungsmittel. Aber weder das disputatorische Element selbst noch der häufig anzutreffende offene Ausgang von Diskussionen, der sich genauso an den Gesprächen in den französischen Romanen des frühen 17. Jahrhunderts beobachten läßt, noch auch die Qualität der abschließenden Urteile, die gerade für die Erörterung zentraler Fragen bereitgehalten werden, können nahelegen, Lohenstein als frühen Aufklärer im präzisen historischen Sinn zu reklamieren.

Deutlich wird dies auch an jener Diskussion, die für die Frage des Verhältnisses von Verhängnisbestimmtheit der Geschichte und Freiheit des menschlichen Willens eine zentrale Stellung im Lohensteinschen Werk einnimmt. Sieht die eine Seite der Diskutanden, die einschlägige Theoreme der Stoa vortragen und auch die ihr inhärenten fatalistisch-deterministischen Konsequenzen akzentuieren, angesichts eines bestimmten, kurz zuvor berichteten Lebenslaufes alles irdische Geschehen so unentrinnbar von einer ewigen Verhängnisordnung bestimmt, daß für einen freien Willen des Menschen kein Raum bleibt und Bosheit wie Tugendhaftigkeit der Menschen allein zu einem Werk des Verhängnisses geraten, so leugnet die andere, deistisch-epikureische Gedanken vortragende Seite angesichts derselben Ereigniszusammenhänge eine Verhängnisordnung überhaupt und setzt als in einem vom Zufall durchwalteten Raum den freien Willen des Menschen und seine Willkür als wirkende Kraft. Thusnelda, die demgegenüber die christliche Position vertritt, kann zwar die stoische Auffassung teilen, daß als Zufall und Glück dem Menschen sich darstelle, was „im Himmel das Verhängnüß oder die göttliche Versehung genennt werde", macht aber im übrigen klar, daß in dem „Haupt-Stritte", hinsichtlich der Willensfreiheit, „so wol ein als das ander Theil" der einander gegenüberstehenden Parteien „den Bogen seiner Meinung zu hoch spannete". Das

> göttliche Verhängnüß wäre zwar der erste Bewegungs-Grund aller Dinge; Gott sehe all unser Thun unveränderlich vorher / und hätte es gesehen / als die Natur sein Kind / und nichts zu etwas worden wäre. Alleine dieses alles hätte keinen Zwang in sich / und bürdete dem Menschen keine Nothwendigkeit diß gute / oder jenes böse zu thun auf; sondern es behielte unser Wille seine vollkommene Freyheit. (I, 298)

Die beiden von der christlichen Dogmatik her unverzichtbaren Momente, die hier nur als miteinander vereinbar gesetzt sind, lassen sich nicht in einer die Vernunft voll befriedigenden Weise zusammen denken, und so verzichtet Lohenstein darauf, spezifische Elemente und Argumentationen vorliegender Denkmodelle heranzuziehen – den modernsten, den Anforderungen des Denkens relativ weitgehend genügenden Versuch des spanischen Jesuiten Luis de Molina hatte er in seiner juristischen Disputation zitiert –, und trägt lediglich Konsenselemente der christlichen Theologie und darauf aufbauende, seit der Patristik geläufige Argumentationen vor, um schließlich Thusnelda sich selbst und die Diskutanden damit bescheiden zu lassen, daß

> allzu verschmitzte Außlegungen in so tiefsinnigen Dingen selbte mehr verfinstern / als erklären; und wo Fragen von Gott mit einlauffen / eine fromme Einfalt mehr Ruhmes verdienet / als ein scharfsinniger Vorwitz.

So können auch die „Gewißheit und Gerechtigkeit", die Lohenstein hier durch Thusnelda für die Werke des Verhängnisses postulieren läßt, nicht tangiert werden durch entgegenstehende geschichtliche Erfahrungen: als Gewißheit und Gerechtigkeit Gottes, nicht des Menschen, vermag sie „niemand mit seinem Verstande zu erreichen". Und ebensowenig kann durch die Tatsache, daß gegenüber der ewigen Verhängnisordnung „dem menschlichen Willen und Klugheit [...] in der Wahl es vielmahl" fehlschlägt, die Faktizität des freien Willens in Frage gestellt werden, weil genauso wie die Vernunft auch der Wille des Menschen nur über eine sehr eingeschränkte geschöpfliche Potenz verfügt: unter seine „Botmäßigkeit" fällt wohl der „Anschlag", der Willensakt selbst, nicht aber der „Ausschlag", das Resultat desselben (I, 715 f.).

Gerade angesichts der für die Vernunft sich auftuenden Aporien gilt es, Konsequenzen für ein richtiges praktisches Verhalten zu ziehen. Lapidar formuliert sie die Hauptheldin des Romans:

wie wir in allen Dingen so klug und behutsam gebahren müssen / gleich als wenn
keine göttliche Versehung wäre; also / wenn diese nicht den Stich halten / muß
man sich auf die göttliche Hülffe alleine so feste verlassen / als wenn menschlicher
Witz und Fleiß bey nichts etwas thun könte. (II, 1115)[27a]

Ein das Handeln der zentralen Trauerspiel- und Romanpersonen erhellendes
Fazit wird am Schluß des allegorischen Fürstenspiegels gezogen:

> Wenn aber alle Fädeme der Klugheit und Tugend zerreissen / und ein Fürst alles
> gethan hat / was er gesolt und gekönnet / gleichwol aber alles mißlingt / oder den
> Krebsgang geht / muß er sich nur mit Gedult und Hoffnung gürten / und seinen
> Willen nach Leitung der Sonnenwende in die Schickungen des Verhängnüsses geben
> / welche sich niemals von der Sonne abwendet / wenn gleich die von ihr empor
> gezogene und in Zorn-Wolcken verwandelten Dünste der Erden mit Hagel und
> Blitz auf sie stürmen. Jedoch muß er hierbey nicht die Hand gar abziehen. Denn
> sein Glücke vom Zufalle erwarten ist eine albere Trägheit / die Einbildung aber /
> es sey umb einen schon gethan / Verzweifelung. (II, 781)

Solche Einsichten und Verhaltensregeln sind im Roman nicht nur formulierbar,
sie sind hier auch, anders als im Trauerspiel, im Geschehniszusammenhang positiv demonstrierbar und von den Romanfiguren mit Erfolg praktizierbar. Der
zur Darstellung gebrachte Geschichtsausschnitt ist so gewählt und durchstrukturiert, daß die Helden Tugend als Norm ihres Handelns nicht nur grundsätzlich
bejahen, sondern auch in extremen Notsituationen durch ihr Handeln unter
Beweis stellen können, statt sie verlarven zu müssen. Sie fallen so immer wieder
Intrigen zum Opfer, werden von lasterhaften Nebenbuhlern ihrer Geliebten
beraubt, von Usurpatoren ihrer Herrschaft entsetzt, gefangengenommen, ver-
bannt und eingekerkert, kurz: erleiden Geschichte als Opfer ihrer die Tugend
mißachtenden Gegner. Doch die endgültige Katastrophe, die letzte blutige Konsequenz bleibt ihnen erspart. Aus der hoffnungslosesten Lage noch leitet das
Verhängnis sie, ohne daß sie die Tugend haben verletzen müssen, auf den angestammten Thron, führt es ihnen, ohne daß sie ihre Liebe haben verraten müssen,
die Geliebte wieder zu. Die Romanhelden brauchen, wenn sie „das Verhängniß
schon über Stock und Stein führet", nicht zu verzweifeln, sondern können sich
trösten, daß sie „in den Armen einer solchen Wegweiserin sind / welcher nicht
ein Tritt mißlingen kan" (I, 716). Herzog Hermann zum Beispiel wird, als er
alle von den Römern und von Marbod ausgehenden Bedrohungen überwunden
hat, von seinem Oheim Ingviomer in seinem eigenen cheruskischen Herzogtum
in eine Falle gelockt, gefangengenommen und enthauptet. In einem Feldzug,
den daraufhin Krieger jener Stämme, die die Herrschaft Marbods hatten ab-
schütteln können und Hermann zum König gewählt hatten, gegen Ingviomer
unternehmen, wird dieser besiegt. Als er vor den Augen der von langen Irrfahrten aus Armenien zurückgekehrten Hauptpersonen des Romans, darunter auch
Thusnelda, hingerichtet werden soll, erscheint – Herzog Hermann. Die Gemahlin Ingviomers hatte seine Rettung bewerkstelligt und einen toten Langobarden

für ihn ausgegeben. Hermann tritt nun – als Herzog der Semnoner und Langobarden und König der Markomannen – die cheruskische Herzogwürde, durch die das Braunschweigisch-Lüneburgische Haus repräsentiert wird, an seinen Bruder Flavius ab und läßt so die Repräsentation des Habsburgers Leopold I. sich vollenden.

Bildet das den Germanenherzog Hermann durch Wahl zugefallene ‚Feldherrnamt', das ihn für die Zeiten kriegerischer Auseinandersetzung die Gefolgschaft der sonst gleichberechtigten germanischen Fürsten sichert, die Stellung Leopolds als Kaiser gegenüber den Reichsfürsten ab, so markiert sein markomannisches Königtum eine Sonderstellung unter den germanischen Fürsten, wie sie entsprechend dem Habsburger als König von Ungarn und Böhmen unter den deutschen Fürsten zukam. Lohenstein affirmiert so die verfassungsrechtliche Konstruktion des Reiches, das, wie Pufendorf konstatiert hat, weder eine Demokratie noch eine Aristrokratie, weder eine absolute noch eine beschränkte Monarchie darstellte, und die in dieser Konstruktion zusammengezwungenen Gewalten: auf der einen Seite die Reichsfürsten, deren Souveränität nach außen ihre Grenze an bestimmten Institutionen des Reichsrechts – Kaiser, Reichstag, Reichskammergericht – findet, auf der anderen Seite den Kaiser, der – zusammen mit den Kollektivorganen – das Auseinanderbrechen des Reiches in souveräne staatliche Gebilde verfassungsrechtlich ausschließt. Sofern die Träger der Reichsgewalt bereit sein würden, uneigennützig innerhalb dieser Verfassungskonstruktion zusammenzuwirken und nicht den latenten Antagonismus, sondern den möglichen Ausgleich der Verfassungsgewalten zu verstärken, sofern vor allem die Reichsfürsten sich würden bewegen lassen, Vorrangstellung und Führungsanspruch des Kaisers hinsichtlich der außenpolitischen Interessenvertretung anzuerkennen, konnte das Hl. Röm. Reich Deutscher Nation als ein staatliches Gebilde angesehen werden, das politisch-militärisch in der Lage war, zum einen, wie in den Dramen herausgestellt, die Türken, zum anderen Frankreich, das im Roman durch Rom repräsentiert wird, in Schach zu halten. Lohenstein hat dementsprechend, wie er im Titel des *Arminius* andeutet, die Geschichte des Helden „Dem Vaterlande zu Liebe Dem Deutschen Adel aber zu Ehren und rühmlichen Nachfolge" geschrieben.

Für die Thematisierung der in der Geschichte steckenden „Gewißheit und Gerechtigkeit" und für die Darstellung der Geschichte als einer von der göttlichen Vorsehung durchwalteten Ordnung war die Gattung des heroisch-galanten Romans nicht nur vom obligaten glücklichen Ende, sondern vor allem auch von der ihr eigenen Erzähltechnik und Bauform her prädestiniert. Nach dem gattungseigentümlichen Eingang medias in res – an einem beliebigen und zufälligen Punkt innerhalb der eigentlichen Romanhandlung – setzt stets das Geflecht der nachgeholten, von einzelnen Romanpersonen erzählten Vorgeschichten ein, das sich jeweils durch den gesamten Roman hindurchzieht und die „Welt des Romans [...] nicht sehr viel mehr als die Welt der Vorgeschichten" sein, die Romanhandlung zu einem „Abschluß" der Vorgeschichten zusammenschrumpfen läßt.[28] Dabei wird die Vorgeschichte einer Romanperson nicht in einem einzigen, Aufklärung leistenden Zug bis hin zum Zeitpunkt des Romangeschehens erzählt, sondern nur in Teilen dargeboten, die ihrerseits statt Aufklärung eine ständig wachsende Verrätselung dadurch bewirken, daß sie erstens nicht als zusammengehörig erkannt werden können, da die Personen – als Kinder vertauscht oder entführt, als angehende oder als gestürzte Herrscher vor ihren Verfolgern in angenommenen Masken auf der Flucht – in nicht nur einer Gestalt in Romanhandlung und Vorgeschichten auftreten, und daß sie zweitens mit den Segmenten Dutzender anderer Vorgeschichten verschachtelt werden. Leser wie Romanpersonen werden so in immer neue, sich multiplizierende Täuschungen und Verwirrungen gestürzt, bis mit dem Romanende ein Punkt erreicht wird, von dem aus das scheinbar nicht mehr zu entwirrende Knäuel all dieser Erzählfäden sich als ein wohlgeordnetes Knüpfwerk entdeckt. Der Autor bringt auf diese Weise einen von Gewißheit und Gerechtigkeit bestimmten, als in sich sinnvollen Zusammenhang konzipierten Geschichtsausschnitt so zur Darstellung, daß er als rätselhaftes, heilloses Chaos erscheint, um mit der für Leser wie Romanpersonen unverhofft erfolgenden Entwirrung eine weise Lenkung der Geschichte gewiß zu machen. Die sich einstellende Analogie zwischen dem Verfahren des Romanautors und dem von der christlichen Dogmatik her postulierten Wirken Gottes in der Geschichte ist durchaus gewollt. Leibniz hat seine Bemerkung, daß „niemand [...] unsern Herrn beßer [...] als ein Erfinder von einem schöhnen Roman" nachahme, begründet mit dem Kunstgriff desselben, „alles in verwirrung fallen zu laßen, und dann unverhofft herauß zu wickeln".[29] Mit dieser von der Gattung her immer schon gegebenen Möglichkeit, Geschichte in einem einzigen Ausschnitt als in sich sinnvollen, von der Providenz Gottes gerecht und gnädig gefügten Kosmos darzustellen und diesem dargestellten Ausschnitt den Rang des Exemplarischen zu verleihen, hat Lohenstein sich angesichts einer Geschichtskonzeption, wie er sie in seinem dramatischen Werk vorgetragen hatte, nicht begnügen können.

Im *Arminius* sind die Vorgeschichten – mit Ausnahme der Geschichte des Rhemetalces und des thracischen Reiches, die im 1. Buch des II. Teils erzählt werden – ganz auf den I. Teil konzentriert, der daraufhin an eigentlicher Romanhandlung außer der Schlacht im Teutoburger Wald (1. Buch) und den Feierlichkeiten anläßlich der Vermählung Hermanns und Thusneldas (9. Buch) nur den von Marbod und Segesthes unternommenen Versuch, Thusnelda zu entführen, bietet. Das so konzentrierte Vorgeschichtenfeld hat die Funktion, den Ereigniszusammenhang, mit dem der Roman einsetzt, in seinen Bedingungsverhältnissen gänzlich aufzuklären, und zwar, wie aus der skizzierten Füllung dieser Vorgeschichten erhellt, sowohl hinsichtlich der zwischen den Romanpersonen bestehenden ‚privaten' Beziehungen als auch und vor allem hinsichtlich der allgemeinen historisch-politischen Entwicklung der Alten Welt. Diesem doppelten

Aspekt entspricht ein gedoppelter Romananfang: dem für die Gattung typischen Bewegungsanfang, der einen bestimmten Punkt der Romanhandlung – im *Arminius* ist es die Versammlung der germanischen Stammesfürsten im Heiligtum der Tanfana – mit kosmischen Vorgängen zusammenbindet, hat Lohenstein einen zweiten umfänglichen Romaneingang vorgelagert, in dem die ungeheure Ausdehnung und Machtentfaltung Roms unter Augustus vorgestellt und als Werk des Verhängnisses gedeutet wird und in dem sich dann der Blick Schritt für Schritt verengt, über das eben erst unterjochte Dalmatien auf Germanien, die allein noch Widerstand leistenden Sicambrer und Angrivarier, schließlich auf jene Fürstenversammlung. Mittels dieses Romananfangs und mittels der Auffüllung der Vorgeschichten zum einen mit der Weltgeschichte bis zur Herrschaft des Augustus, zum anderen mit der Geschichte des Heiligen Römischen Reiches deutscher Nation in ihrer Verflechtung mit der modernen Weltgeschichte gerät die Schlacht im Teutoburger Wald zu einem historischen Moment, auf den die Geschichte verhängnisgewollt zuläuft, insofern hier das Fundament für die *translatio Imperii*, für das Fortbestehen des letzten der vier Weltreiche im deutschen Kaiserreich gelegt wird. Das an diesen durch die Vorgeschichten schon im I. Teil eingeholten historischen Augenblick sich anschließende eigentliche Romangeschehen – nach der versuchten Entführung Thusneldas und ihrer Vermählung mit Hermann sind es die den II. Teil des *Arminius* füllenden weiteren Auseinandersetzungen mit den Römern unter Augustus und Tiberius sowie mit König Marbod – werden im Zusammenhang und nach der Chronologie erzählt. Schlägt in dieser erzählerischen Konstruktion des eigentlichen Romangeschehens die für den Menschen je undurchschaubare Prozeßhaftigkeit der Geschichte als der Ausfaltung der ewigen Verhängnisordnung durch, so in der Einfassung dieser Romanwelt mit der antiken „Vor"geschichte und der verdeckt miterzählten modernen „Nach"geschichte die „Gewißheit und Gerechtigkeit" des Geschichtsverlaufs. Gegenüber der Gattung des heroisch-galanten Romans tun sich im *Arminius* trotz mannigfaltiger materialer Übereinstimmungen[30] prägnante strukturelle Unterschiede auf, die, ebenso wie die eigentümliche Ausformung des barocken Trauerspiels bei Lohenstein, auf die im thematischen Zentrum stehende Verhängnis- und Geschichtskonzeption zurückgehen.

Diese dekretiert dem Menschen Geschichte als eine nicht nur legitime, sondern verbindliche Aufgabe, ohne ihn von einer Orientierung auf die Transzendenz zu entbinden; sie bestimmt Geschichte als vom allwissenden und allmächtigen göttlichen Wesen gefügte unverbrüchliche Ordnung, ohne die Freiheit des menschlichen Willens aufzuheben und die freien Willensakte als irrelevant für den Verlauf der Geschichte und für die Bewertung menschlichen Daseins zu erklären; und sie weist Vernünftigkeit als Prinzip des auf das „allgemeine Heil" gerichteten politischen Handelns an, ohne die religiös-ethischen Normen in ihrem Geltungsanspruch zu beschneiden. Erkauft wird dies freilich mit der Preisgabe üblicher, simpler Lösungen, mit der Preisgabe sowohl inhaltlich fixierter, je eine

Wertsphäre absolutsetzender Handlungsmaximen als auch aller bloß scheinhaften Kompromisse. Doch verdient nur ein geschichtswirksames Handeln, das solcherart die für den Menschen faktisch bestehenden Widersprüche austrägt, den Titel wahrhafter Moralität.

Lohensteins Werk stellt ineins Vollendung und Aufhebung des Hochbarock insofern dar, als in ihm die an die tradierten Perzeptionsformen gebundenen Denkinhalte so konsequent reflektiert und scharfsinnig konfiguriert sind, daß die systemimmanenten Grenzen bewußt und damit bereits auch überwunden werden, und als die so gewonnenen neuen Positionen mit den Mitteln einer Sprache zur Darstellung gebracht sind, deren rhetorisch-pathetischer Manierismus nahe daran ist, in eine höhere Form von Natürlichkeit umzuschlagen. Daß Lohenstein einer der hellsten Köpfe seiner Zeit und eine „Sprachbegabung sondergleichen" gewesen sei, haben auch seine schärfsten, mit dem Schwulstvorwurf arbeitenden Kritiker eingeräumt: ihnen war er das vornehmste Opfer der als unselig apostrophierten ästhetischen Tendenzen seiner Zeit.

Anmerkungen

Textausgaben

Daniel Casper von Lohenstein, Türkische Trauerspiele: Ibrahim Bassa. Ibrahim Sultan. Römische Trauerspiele: Agrippina. Epicharis. Afrikanische Trauerspiele: Cleopatra. Sophonisbe. Hrsg. von Klaus Günther Just. Stuttgart 1953/1955/1957. (Bibliothek des literarischen Vereins in Stuttgart. Sitz Tübingen. 292/293/294.)

Daniel Casper von Lohenstein, Gedichte. Ausgew. u. hrsg. [Text modernisiert] von Gerd Henniger. Berlin (1961).

Daniel Casper von Lohenstein, Agrippina. Trauerspiel. In: Das Zeitalter des Barock. Hrsg. von Albrecht Schöne. 2., verb. u. erw. Aufl. München 1968. (Die deutsche Literatur. Texte und Zeugnisse. 3.) S. 577-683.

Daniel Casper von Lohenstein, Lob-Rede Bey des Herrn Christians von Hoffmannwaldau Leichbegängnüße. In: Ebd. S. 950-960.

Daniel Casper von Lohenstein, Cleopatra. Trauerspiel. Text der Erstfassung von 1661, besorgt von Ilse-Marie Barth. Nachwort von Willi Flemming. Stuttgart (1965). (Reclams Universal-Bibliothek. 8950/51.)

Daniel Casper von Lohenstein, Cleopatra. Sophonisbe. Hrsg. von Wilhelm Voßkamp. Reinbek 1968. (Rowohlts Klassiker der Literatur und Wissenschaft. 514/15.)

Daniel Casper von Lohenstein, Sophonisbe. Trauerspiel. Hrsg. von Rolf Tarot. Stuttgart (1970). (Reclams Universal-Bibliothek. 8394-96.)

Daniel Casper von Lohenstein, Großmüthiger Feldherr Arminius. Nachdr. d. Ausg. Leipzig 1689/1690. Mit einer Einf. von Elida Maria Szarota. 2 Bde. Hildesheim, New York [dass. auch: Bern] 1973.

Charlotte Brancaforte: Lohensteins Preisgedicht „Venus". Kritischer Text und Untersuchung. München 1974.

Gerhard Spellerberg

Bibliographie/Forschungsbericht

Hans von Müller: Bibliographie der Schriften Daniel Caspers von Lohenstein, 1652-
1748. Zugleich als ein Beispiel für die buchgewerblich exakte Beschreibung von deut-
schen illustrierten Büchern des 17. Jahrhunderts aufgestellt. In: Werden und Wirken.
Ein Festgruß Karl W. Hiersemann zugesandt. Hrsg. von Martin Breslauer und Kurt
Koehler. Leipzig 1924. S. 184-261. [Ergänzungen bei Asmuth: Daniel Casper von
Lohenstein (s. u.) u. Spellerberg: Lohensteins Beitrag zum Piasten-Mausoleum (s. u.)]
Gernot Uwe Gabel: Daniel Casper von Lohenstein. A bibliography. Chapel Hill / N. C.
[Hamburg] 1973.
Ulrich Stadler: Barock I. Neuere Literatur über Lohenstein. In: Wirkendes Wort 23
(1973), S. 271-281.

Literatur

Die bis 1970 erschienene Literatur ist bei Asmuth, *Daniel Casper von Lohenstein*,
nicht nur verzeichnet, sondern in den meisten Fällen auch kurz charakterisiert. Aus diesem Zeitraum werden daher nur ganz wenige, wichtige Forschungspositionen markie-
rende Titel angeführt. Auch aus der 1971-1980 erschienenen Literatur wird hier nur eine
knappe Auswahl geboten.

Conrad Müller: Beiträge zum Leben und Dichten Daniel Caspers von Lohenstein. Breslau 1882. (Germanistische Abhandlungen. 1.) (Nachdr.: Hildesheim/New York 1977).
Max Wehrli: Das barocke Geschichtsbild in Lohensteins Arminius. Frauenfeld/Leipzig
1938. (Wege zur Dichtung. Zürcher Schriften zur Literaturwissenschaft. XXXI.)
Erik Lunding: Das schlesische Kunstdrama. Eine Darstellung und Deutung. Kopenhagen
1940.
Wolfgang Kayser: Lohensteins Sophonisbe als geschichtliche Tragödie. In: Germanisch-
romanische Monatsschrift 29 (1941), S. 20-39.
Klaus Günther Just: Die Trauerspiele Lohensteins. Versuch einer Interpretation. Berlin
1961. (Philologische Studien und Quellen. 9.)
Edward Verhofstadt: Daniel Casper von Lohenstein: Untergehende Wertwelt und
ästhetischer Illusionismus. Fragestellung und dialektische Interpretationen. Brugge
1694. (Rijksuniversiteit te Gent. Werken uitgegeven door de Faculteit van de Letteren
en Wijsbegeerte. 133.)
Gerald E. Gillespie: Daniel Casper von Lohenstein's Historical Tragedies. Ohio State
University Press 1965.
Rolf Tarot: Zu Lohensteins *Sophonisbe*. In: Euphorion 59 (1965), S. 72-96.
Wilhelm Voßkamp: Untersuchungen zur Zeit- und Geschichtsauffassung im 17. Jahrhundert bei Gryphius und Lohenstein. Bonn 1967. (Literatur und Wirklichkeit. 1.)
Ulrich Fülleborn: Die barocke Grundspannung Zeit – Ewigkeit in den Trauerspielen
Lohensteins. Zur Frage der strukturellen Einheit des deutschen Barockdramas. Stutt-
gart 1969. (Dichtung und Erkenntnis. 8.)
Dieter Kafitz: Lohensteins „Arminius". Disputatorisches Verfahren und Lehrgehalt in
einem Roman zwischen Barock und Aufklärung. Stuttgart 1970. (Germanistische Abhandlungen. 32.)

Gerhard Spellerberg: Verhängnis und Geschichte. Untersuchungen zu den Trauerspielen und dem „Arminius"-Roman Daniel Caspers von Lohenstein. Bad Homburg v. d. H., Berlin, Zürich 1970.

Elida Maria Szarota: Lohensteins Arminius als Zeitroman. Sichtweisen des Spätbarock. Bern u. München 1970.

Bernhard Asmuth: Lohenstein und Tacitus. Eine quellenkritische Interpretation der Nero-Tragödien und des „Arminius"-Romans. Stuttgart 1971. (Germanistische Abhandlungen. 36.)

Bernhard Asmuth: Daniel Casper von Lohenstein. Stuttgart 1971. (Sammlung Metzler. 97.)

Gerhard Pasternack: Spiel und Bedeutung. Untersuchungen zu den Trauerspielen Daniel Caspers von Lohenstein. Lübeck u. Hamburg 1971. (Germanistische Studien. 241.)

Hans-Jürgen Schings: Consolatio Tragoediae. Zur Theorie des barocken Trauerspiels. In: Deutsche Dramentheorien. Beiträge zu einer historischen Poetik des Dramas in Deutschland. Hrsg. u. eingel. von Reinhold Grimm. Bd. I. – 3., verb. Aufl. Wiesbaden 1980, S. 19-55. (1. Aufl. Frankfurt a. M. 1971.)

Wolfgang Bender: Lohensteins *Arminius*. Bemerkungen zum „Höfisch-Historischen" Roman. In: Rezeption und Produktion zwischen 1570 und 1730. Festschrift für Günther Weydt zum 65. Geburtstag. Hrsg. v. Wolfdietrich Rasch, Hans Geulen und Klaus Haberkamm. Bern u. München 1972, S. 381-410.

Wolf Wucherpfennig: Klugheit und Weltordnung. Das Problem politischen Handelns in Lohensteins „Arminius". Freiburg i. Br. 1973. (Deutsche Literatur- u. Sprachstudien. Reihe A: 2.)

Karl-Heinz Mulagk: Phänomene des politischen Menschen im 17. Jahrhundert. Propädeutische Studien zum Werk Lohensteins unter besonderer Berücksichtigung Diego Saavedra Fajardos und Baltasar Graciáns. Berlin 1973. (Philologische Studien und Quellen. 66.)

Alberto Martino: Daniel Casper von Lohenstein. Storia della sua ricezione. Vol. I (1661-1800). Pisa 1975. (Athenaeum. I.) Dt. u. d. T.: Daniel Casper von Lohenstein. Geschichte seiner Rezeption. Bd. 1.: 1661-1800. Aus dem Ital. von Heribert Streicher. Tübingen 1978.

Joerg C. Juretzka: Zur Dramatik Daniel Caspers von Lohenstein. „Cleopatra" 1661 und 1680. Meisenheim am Glan 1976. (Deutsche Studien. 18.)

Elida Maria Szarota: Geschichte, Politik und Gesellschaft im Drama des 17. Jahrhunderts. Bern u. München 1976.

Die Welt des Daniel Casper von Lohenstein. Hrsg. (aus Anlaß der Uraufführung von *Epicharis* im Schauspiel Köln) von Peter Kleinschmidt, Gerhard Spellerberg, Hanns-Dietrich Schmidt. Köln 1978.

Gerhard Spellerberg: Lohensteins Beitrag zum Piasten-Mausoleum in der Liegnitzer Johannis-Kirche. In: Daphnis 7 (1978), S. 647-687.

Hans-Jürgen Schings: Gryphius, Lohenstein und das Trauerspiel des 17. Jahrhunderts. In: Handbuch des deutschen Dramas. Hrsg. von Walter Hinck. Düsseldorf (1980), S. 48-60.

Studien zum Werk Daniel Caspers von Lohenstein. Anläßlich der 300. Wiederkehr des Todesjahres hrsg. von Gerald Gillespie und Gerhard Spellerberg. Amsterdam 1983. (Zugleich: Daphnis, Bd. 12, 1983.)

Nachweise

[1] Erstmals beigedruckt der Breslau 1685 erschienenen Teilsammlung Lohensteinscher Werke (nach der Bibliographie Hans von Müllers: B 1).

[2] Johannes Sinapius: Des Schlesischen Adels Anderer Theil / Oder Fortsetzung Schlesischer Curiositäten [...]. Leipzig und Breslau 1728, S. 787.

[3] Fridrich Lichtstern [Friedrich Lucae]: *Schlesische Fürsten-Krone / Oder Eigentliche / wahrhaffte Beschreibung Ober- und Nieder-Schlesiens* [...]. Franckfurt am Mayn [...] Anno M.DC.LXXXV. S. 220.

[3a] Daß die Chronologie der Dramen Lohensteins keineswegs so klar und ohne Probleme ist, wie man auf der Basis der Daten der Drucke und Aufführungen vermuten könnte, geht schon aus einer Bemerkung des Lohenstein-Verlegers Fellgiebel aus dem Jahre 1685 hervor, derzufolge „die zwey Traurspiel von der *Agrippina* und *Epicharis*" wie der *Ibrahim* „seiner [sc. Lohensteins] ersten Jugend Schulfrüchte gewesen" sind. Im Gegensatz zur bisherigen Forschung hat jetzt Pierre Béhar (Zur Chronologie der Entstehung von Lohensteins Trauerspielen, in: Studien zum Werk Daniel Caspers von Lohenstein, 1983) diese Mitteilung Fellgiebels ernstgenommen und sie auf der Grundlage eindringlicher Textbeobachtungen und mit guten Argumenten als im Kern richtig dargetan. Danach wären die beiden Römischen Trauerspiele höchstwahrscheinlich vor 1657, auf jeden Fall vor der ersten Fassung der *Cleopatra* entstanden, aber erst, nachdem der Breslauer Anwalt 1661 mit der *Cleopatra* einen großen Erfolg errungen hatte, zum Druck gelangt und dabei überarbeitet worden. Wie ernst Lohenstein dieses Geschäft genommen hat, geht nicht nur aus der späteren Überarbeitung der *Cleopatra*, sondern auch aus der Arbeit am *Ibrahim Sultan* hervor, soweit hier die – bisher unveröffentlichten – handschriftlichen Fragmente im Vergleich mit dem Druck von 1673 Rückschlüsse zulassen. Legt man diese Reihung der Dramen zugrunde, so löst sich eine Reihe von Ungereimtheiten auf, die sich auf der Grundlage der bisher akzeptierten Chronologie hinsichtlich sowohl struktureller Momente als auch thematischer Aspekte ergaben. Die bei der Überarbeitung beider Dramen einzukalkulierenden textlichen Erweiterungen dürften bei der *Agrippina*, wie Béhar zeigt, vor allem auf den zweiten Teil der V. Abhandlung entfallen: die – der Konzeption nach – frühesten Dramen Lohensteins *(Ibrahim, Agrippina, Epicharis)* wären demnach insgesamt – nicht nur das erste und dritte – gemäß dem Gryphischen Vorbild ohne Schlußreyen abgefaßt worden. Da die Überarbeitungsvorgänge aber im übrigen nicht genau auszumachen sind, den historisch-politischen Aussagegehalt im Kern aber nicht werden unberührt gelassen haben, empfiehlt es sich, bei einer Gesamtanalyse der Dramatik Lohensteins *Agrippina* und *Epicharis* weiterhin nach der ersten Fassung der *Cleopatra* einzureihen.

[4] Katalog der Heraldischen Ausstellung zu Berlin 1882. Bearb. von Ad. M. Hildebrandt. 2. Aufl. Berlin 1882, Nr. 673 (S. 40).

[5] Zu Herzogin Luise vgl. *Schlesische Fürsten-Krone*, S. 563 ff.

[6] Gedruckt Leipzig 1652.

[7] Gedruckt Breslau 1652.

[7a] Anstöße zu einer historisch angemessenen Analyse und Würdigung der Lyrik Lohensteins bieten die einschlägigen Beiträge in: Studien zum Werk Daniel Caspers von Lohenstein, 1983.

[8] *Himmel-Schlüssel* (hier zitiert nach dem 3. Druck der *Blumen:* Breslau 1708), S. 41.

[9] Zitiert nach dem Druck Breslau 1708.

[10] Hans-Jürgen Schings: Gryphius, Lohenstein und das Trauerspiel des 17. Jahrhunderts, S. 48.

[11] Johann Caspar Arletius: Historischer Entwurf von den Verdiensten der Evangelischen Gymnasiorum in Breßlau um die deutsche Schaubühne [...]. – Breslau (1762). Bl. A 2r.

[12] „wer weiß, ob anderwärts so gute Gelegenheit sich hierzu [sc. zum deutschen Schauspiel] ereignet, als hier in Breßlau, da theils in der Fasten, theils in Jahrmärkten, Fürsten, Freyherren, Edelleute und andere wackere Bürger sich diese Lust vergönnten, und den spielenden Personen ihre Mühe reichlich belohnten", so Arletius (Bl. A 3r), der sich dafür auf Berichte von Beteiligten beruft.

[13] Zitate werden hier nach der zeitgenössischen Übertragung durch Haganaeus geboten: *Von Unterweisung zum Weltlichen Regiment: Oder / von Burgerlicher Lehr / Sechs Bücher JUSTI LIPSII. So fürnemlich auff den Principat oder Fürstenstand gerichtet* [...]. M.D.XCIX. Die hier interessierenden Zusammenhänge werden diskutiert im 13. und 14. Kapitel des IV. Buches (S. 189-209).

[14] Bernhard Asmuth: Daniel Casper von Lohenstein, S. 30.

[15] Vgl. dazu Helmut Quaritsch: Staatsraison in Bodins „République". In: Staatsräson. Studien zur Geschichte eines politischen Begriffs. Hrsg. von Roman Schnur. Berlin 1975, S. 43-63.

[16] *Epicharis*, III, 556.

[17] I, 565-574; vgl. auch I, 249-260; IV, 163-165.

[18] *Epicharis*, I, 438-441.

[19] Vgl. II, 432-447.

[20] Vgl. Jean-Marie Valentin: Une représentation inconnue de l'Epicharis de Lohenstein. In: Etudes Germaniques 24 (1969), S. 242-248.

[21] Vgl. dazu *Arminius*, I, S. 1344-1350; ferner *Lob-Schrifft* (1676), Bl. F 3r.

[22] *Arminius*, II, 715 bzw. I, 435 f.

[23] *Arminius*, II, 580.

[24] Klaus Günther Just: Die Trauerspiele Lohensteins, S. 138 bzw. Erik Lunding: Das schlesische Kunstdrama, S. 105.

[25] Dan. 7, 23-27, nach Luthers Übersetzung: Martin Luther, Werke. Kritische Gesamtausgabe. Die deutsche Bibel. 11. Band, 2. Hälfte. Weimar 1960. S. 161/163.

[26] *Anmerckungen*, S. 4 (im II. Teil des *Arminius*).

[27] Vgl. Verf., Verhängnis und Geschichte, S. 240-246.

[27a] II, 1115. Zur Herkunft dieses für Lohensteins Werk zentralen, in mehrfachen Abwandlungen begegnenden Gedankens vgl. jetzt Knut Forssmann: Baltasar Gracián und die deutsche Literatur zwischen Barock und Aufklärung. Mainz, Phil. Diss. 1976. (maschinenschriftl. vervielfältigt: Barcelona 1977.)

[28] Clemens Lugowski: Wirklichkeit und Dichtung. Untersuchungen zur Wirklichkeitsauffassung Heinrich von Kleists. Frankfurt a. Main 1936, S. 16 f.

[29] Gottfried Wilhelm Leibniz und Anton Ulrich von Braunschweig-Wolfenbüttel: Briefwechsel. Hrsg. von Eduard Bodemann. – In: Zeitschrift des Historischen Vereins für Niedersachsen. Jg. 1888, S. 233 f.

[30] So bleibt es ein als Reminiszenz an die Gattung zwar bewußt eingesetztes, doch strukturell bedeutungsloses Moment, wenn mitten im II. Teil die Entdeckung eines totgeglaubten Prinzen dazu führt, daß die Identität einer anderen Romanperson sich ändert und die Geschichte eines bestimmten Fürstenhauses – des gothonischen –, im I. Teil begonnen, nun erst zu Ende erzählt werden kann, und wenn im letzten Buch zwei Romanpersonen – Erato und Zeno – sich als Geschwister erweisen und damit der Weg frei wird für die von Bruder und Schwester des Haupthelden – Flavius und Ismene – angestrebten ehelichen Verbindungen.

WILFRIED BARNER

CHRISTIAN WEISE

„Funken von Shakespearschem Genie", „ganz den freyen Shakespearschen Gang" gewahrt Lessing in Weises „Trauerspiel von dem Neapolitanischen Hauptrebellen Masaniello"[1], als er in einem Brief vom 14. Juli 1773 seinen Bruder berät, der sich in Berlin mit dem Plan eines gleichnamigen Stücks trägt. Ungeachtet „des pedantischen Frostes", den Lessing an Weise durchaus kritisiert, ist es der ‚freye Gang' dieses Trauerspiels, den er dem Bruder „sehr zur Nachahmung empfehlen würde". Bald ein Jahrhundert nach der Uraufführung auf der Zittauer Schulbühne (1683), als *Hamburgische Dramaturgie* und *Emilia Galotti* bereits zu nationalen Symbolen eines neuen Dramas geworden sind, als die Formel vom neuen „Shakespeare-Lessing"[2] sich durchzusetzen beginnt, ist der Gefeierte sich nicht zu gut, unter eben jenem Stichwort „Shakespeare" auf einen schon fast vergessenen Landsmann hinzuweisen: „Aber weißt Du denn auch, daß Du schon einen dramatischen Vorgänger hast? und einen dramatischen Vorgänger in Deutschland? Es ist kein geringerer, als Christian Weise . . ."[3] In ganz Berlin aber ist, wie der Bruder knapp einen Monat später mit Enttäuschung berichtet[4], die Dramensammlung *Zittauisches Theatrum* mit dem Masaniello-Stück nicht aufzutreiben: in keinem Buchladen, bei keinem Buchkrämer und nicht einmal in der Königlichen Bibliothek: „niemand hat es, fast niemand kennt es, und wer von den schönen Geistern es ja kennt, rümpft die Nase, daß ich mich nicht schäme, nach einem solchen Buche zu fragen".[4]

Wiederum zwei Jahrhunderte später, als am Staatstheater Kassel (Spielzeit 1975/76) mit *Masaniello* der Versuch unternommen wird, „einen totgeglaubten Barock-Autor auf der Bühne wieder leben zu lassen"[5], sind trotz gezielter Aktualisierung im Sinne einer „Revolutions"-Thematik die Reaktionen des Publikums „vorwiegend ablehnend".[6] Selbst die inszenatorische Umsetzung in einen „epischen Bilderbogen à la Brecht" kommt offenbar nicht an; unerfüllt bleibt bei vielen „der Wunsch entweder nach einem positiven Helden oder dann doch nach der politischen Moral des Stücks".[7]

Ein definitiv erledigter Autor? Auf dem Höhepunkt seiner Laufbahn war der Zittauer Gymnasialrektor der vielleicht einflußreichste Literatur- und Sprachpädagoge im mitteldeutschen Bereich gewesen – und weit darüber hinaus. Noch zehn Jahre nach Weises Tod registrierte ein gut unterrichteter Beobachter, daß „fast wenige Schulen in Teutschland mehr anzutreffen/ darinnen nicht [...]

ein Weisianer dociret/ oder man wenigstens dessen Methode in der teutschen Oratorie und Poesie beliebet hat".[8] Seine zahlreichen Rhetoriken und Briefsteller, seine Lehrbücher zu fast allen Gebieten des ‚philosophischen' Wissens, von der Grammatik über Ethik, Logik und Politik bis zu Historie und Geographie, seine Gedichtbände, Romane und Dramensammlungen waren überall – nicht nur – im protestantischen Deutschland verbreitet. Einige seiner Lieder waren in beliebte Anthologien eingegangen, einzelne Dramen wurden auf Schulbühnen vor allem Sachsens und Thüringens noch bis ins Jahr 1782 gespielt.[9]

Der Vielschreiber Weise war jedoch schon einem Christian Wernicke, dem geschmackskritischen Geist und Meister der geschliffenen Form, als irregeleitetes Talent erschienen: als ein Mann, der „wegen seines geschickten Kopfs und seiner artigen Einfälle, viel gutes in der Deutschen Sprache [hätte] stifften können, wenn er sich auf was gewisses geleget, und dasselbe auszuarbeiten sich Zeit genug genommen hätte".[10] Erst recht aber als Gottsched daran ging, von Leipzig aus sein eigenes literarisches Imperium zu begründen und mit eisernem Besen die Literatur der vorausliegenden Epoche zu sichten, war der Reformer Christian Weise unter den geschichtslogisch notwendigen Opfern (nicht anders als es dann Gottsched wiederum für Lessing wurde). Dem klassizistischen Leipziger Kunstrichter erwies sich Weise rasch als einer, der „nichts regelmäßiges gemacht" hatte, ja dem „überhaupt die Regeln der alten Redekunst und Poesie unbekannt gewesen".[11] Der Regellose hatte sich dem Extrem, oder horazisch formuliert dem ‚Fehler', dem ‚Laster' ausgeliefert. Weise wurde zum repräsentativen Gegenpol Lohensteins: er habe „die hochtrabende lohensteinische Schreibart meiden" wollen und sei stattdessen „in den gemeinen prosaischen Ausdruck" gefallen.[12]

‚Lohensteinianisch' und ‚Weisianisch', ‚Schwulst' und ‚Wasserpoesie', ‚Hochtrabendheit' und ‚Niedrigkeit' wurden für Generationen der Literaturkritik und dann der Historiographie zu Synonymen, zu Chiffren, mit deren Hilfe man das verwirrende Bild der deutschen Literatur im letzten Drittel des 17. Jahrhunderts und dann bis Gottsched zu ordnen versuchte.[13] Noch für Ludwig Fulda, in der *Deutschen National-Litteratur* (1853), rangiert Weise unter der Rubrik „Gegner der zweiten schlesischen Schule"[14], neben Brockes, Canitz, Neukirch und Wernicke. Zwar hatte vor ihm schon Gervinus (1838) die Verdienste des volkszugewandten, „Natürlichkeit" erstrebenden Autors gewürdigt. Namentlich Weises Lustspiele seien „so viel besser in sich, als alle Tragödien der Zeit".[15] Doch Gottscheds literarisches Verdikt saß tief und wirkte nachhaltig. Allenfalls die Pädagogen interessierten sich für den Reformator des Gymnasiums, den Förderer der Muttersprache und der Realienfächer, im Zusammenhang mit Namen wie Ratichius und Comenius, Schupp und Weigel.[16]

Die neuere Barockbegeisterung, seit ihren stiltypologischen und expressionistischen Anfängen, konnte sich für den ‚platten', ‚realistischen' Weise wenig erwärmen. Es bedurfte der geschärften Aufmerksamkeit für die sich regende

,bürgerliche' Kultur des 18. Jahrhunderts[17], für ,Frühaufklärung' und generell für die Übergangsphase vom 17. zum 18. Jahrhundert, um auch des Reformers Weise wieder gewahr zu werden. Das neue Interesse der Barock- wie der Aufklärungsforschung an Sozialgeschichte, Institutionengeschichte, Bildungsgeschichte, oft zusätzlich motiviert durch die gezielte Suche nach ,fortschrittlichen', ,emanzipatorischen' Gestalten, hat dann während der letzten anderthalb Jahrzehnte, namentlich auch in der DDR[18], zu einer Art Weise-Renaissance geführt. Seit 1971 erscheint, von John D. Lindberg herausgegeben, die auf 25 Bände angelegte Werkausgabe. Und insbesondere der Stückeschreiber Weise, in der Linie Brecht, Büchner, Lenz, Lessing, findet neuerdings Interesse auch außerhalb der engeren Fachwelt. Der bereits erwähnte Kasseler Versuch mit dem Rebellionsstück *Masaniello* ist, gerade auch in der Problematik seiner aktualisierenden Bemühung, kennzeichnend für die gegenwärtige Situation.

Ein heutiger Blick auf die geschichtliche Gestalt Christian Weises kann von der schwierigen und wechselvollen Wertungsgeschichte nicht legitimerweise abstrahieren. Weise gehört nicht wie Opitz, Gryphius, Angelus Silesius, Hoffmannswaldau oder Grimmelshausen zu den ,kanonischen' Autoren des 17. Jahrhunderts. Mit Opitz mag ihn verbinden, daß der Anerkennung für den großen Literatur-Organisator und Programmatiker immer zugleich der Zweifel an seinem dichterischen Genie folgt. Also lohnt er die Beschäftigung nur als ,Beleg', als Exempel, und wofür? Arnold Hirsch, der sich als einer der ersten mit der Frage nach ,Bürgerlichkeit' dem Weiseschen Werk zuwandte, hat auch mit klarem Blick das Paradigmatische der Biographie erkannt: „Wie Opitz' Leben repräsentativ ist für das Schicksal jener Humanistengeneration, die den Anschluß an die höfische Kultur sucht, so hat auch Weises Lebenslauf mehr als individuelle Bedeutung." Und weiter: „Wie Opitz die humanistische Kultur in die höfische, so führt Christian Weise die höfische Kultur in die bürgerliche über."[19] Die These wird zu prüfen sein.[20]

Am 30. April 1642 in Zittau in der Oberlausitz als Sohn des Collega Tertius am dortigen Gymnasium Elias Weise geboren – die Mutter, Anna geb. Profelt, war Predigertochter –, wurde Christian Weise in seiner frühen Entwicklung vor allem durch zweierlei geprägt: durch die ungewöhnliche wirtschaftliche Blüte der oberlausitzischen Städtelandschaft rasch nach dem Ende des Dreißigjährigen Krieges und durch die Atmosphäre des christlichen Humanismus in der sehr lebendigen protestantischen Gelehrtenschule, an der sein Vater unterrichtete. Tuchherstellung und Tuchhandel mit Verbindungen bis hin nach England brachten den betroffenen Bürgerfamilien der Region während Weises Jugendzeit nicht nur wachsenden Wohlstand, sondern auch eine gewisse anspruchsvolle Weltläufigkeit mit Vorlieben für prächtige Architektur, Kunstkabinette, Bibliotheken und gesteigertes Bildungsstreben.[21] Das Gymnasium, 1594 gegründet und in der humanistischen Tradition von Melanchthon und Sturm eingerichtet, hatte unter dem Rektor Christian Keimann (1607-1662), einem Schüler August Buchners, einen deutlichen Aufschwung genommen, nach außen hin erkennbar vor allem durch die stärkere Förderung des Schultheaterspiels.

Der Vater Elias Weise, unter anderem Verfasser einer lateinischen Grammatik, stammte wie die Mutter aus einer Familie, die unter dem Druck der Gegenreformation Böhmen hatte verlassen müssen. Früh wurde der Sohn streng protestantisch, mit Bibel, Katechismus und geistlichen Liedern, nicht nur in die Religion eingeführt, sondern auch ins Lateinische als die ‚Muttersprache der Gelehrten‘. Vor allem auf wortgewandte und gedächtnisstarke „Extemporalität" legte der Vater großen Wert; er förderte sie durch fast täglich zu erbringende, z. T. auch deutsch abgefaßte Ausarbeitungen und Vorträge (Briefe, Chrien, kleine Reden), noch bevor Christian selbst zur Schule kam. Schon als Siebenjähriger mußte er kleine pädagogische Hilfsdienste erbringen, indem er die im Haus als ‚Pensionäre‘ wohnenden Schüler beim Lernen und Üben beaufsichtigte und unterstützte. Selbst in seinen eigenen Unterricht nahm ihn der Vater als Repetenten mit.

Weise selbst hat dieser frühen, persönlichen Formung durch den Vater zeitlebens entscheidende Bedeutung zugemessen, ja sogar die später so genannte *methodus Weisiana* von dort hergeleitet. Selbst wenn man einen gewissen Anteil obligatorischer Pietät einrechnet, bleibt die günstige Konstellation beachtenswert. Der Rektor Keimann wurde, als der Siebenjährige dann als Schüler eintrat, rasch auf das Talent aufmerksam und förderte den Jungen gezielt. Sehr wahrscheinlich hat er ihn – der gewiß auch streberhafte Züge zeigte – bei seinen Schultheateraufführungen gebührend eingesetzt. Der Vater vertiefte die normale rhetorische Ausbildung, wie sie der Unterricht bot (mit dem kanonisierten Ziel der *sapiens atque eloquens pietas*)[22], durch zusätzliche häusliche Übungen wie Exzerpieren, Paraphrasieren und Predigtreferat.

Mit deutlich erkennbarem „Naturell" zur freien mündlichen und schriftlichen Sprachgewandtheit, mit solidem Fundament im Gelehrtenschulpensum, von der Grammatik über die klassische Rhetorik bis zur sorgfältig gehüteten Religion, verabschiedete sich der brave, hoffnungsvolle Zögling zu Ostern 1660 von seiner Schule (seine Valediktionsrede handelte *De pietate*), um zu studieren. Bei der recht geringen Bezahlung des Vaters war dies, wie später etwa noch im Fall Lessings, keineswegs selbstverständlich. Die relative Nähe der Universitätsstadt Leipzig gehört zu den glücklichen Umständen von Weises Werdegang. Die europäisch renommierte Hohe Schule in einer der blühenden Handelsmetropolen Deutschlands vermittelte mit der Spannung von Gelehrtenrepublik und selbstbewußtem Bürgertum etwas für Weise gänzlich Neues und ungemein Anregendes. Zum ersten Mal kam er in Berührung mit der ‚großen Welt‘, wie sie eine andere deutsche Stadt damals kaum in dieser Konstellation bot.

Dem Wunsch des Vaters entsprechend – wieder zeigt sich eine wichtige Parallele zu Lessing – schrieb sich der junge Studiosus für Theologie ein. Er hörte auch fleißig das Pflichtpensum (Carpzov, Löffler und Kromayer nennt er als seine Lehrer), aber die Leipziger protestantische Orthodoxie wie auch die weithin scholastisch bestimmte Philosophie stießen ihn nach Inhalt und Darbietungsform oft ab. Bezeichnenderweise berichtet er, daß Spitzfindigkeit und Trockenheit des scholastischen Lehrbetriebs ihm eine zeitlang beinahe den Stil verdorben hätten. In der Philosophie war Jacob Thomasius, der Vater des berühmteren Sohnes, eine erfreuliche Ausnahme, bei ihm dürfte Weise auch dem vier Jahre jüngeren Leibniz begegnet sein.[23] Die anderen Lehrer in der Philosophie beurteilte er nicht zuletzt nach ihren rhetorischen Fähigkeiten, Rappolt als klaren, bedächtigen Redner, Alberti als guten Disputator.

Das erste Studienjahr, in dem er zunächst den Wünschen des Vaters nachzukommen suchte, wurde stark durch den in Leipzig unter den Studenten herrschenden „Pennalismus" bestimmt. Die Studienanfänger hatten den „älteren Häusern" bestimmte, oft auch entwürdigende Dienstleistungen zu erbringen (wie es in manchen Korporationen noch zwischen „Burschen" und „Füchsen" gepflegt wird), und der schwach gebaute Studiosus verstand es, sich ersatzweise durch poetische Erzeugnisse aus der Affäre zu ziehen. Es klingt nach ätiologischer Legende, ist jedoch glaubwürdig bezeugt: Weise mußte versprechen, auf Anforderung jeweils Gedichte zu liefern, die insbesondere den diversen Liebschafts-Bedürfnissen der Älteren dienten. Damit begann die Laufbahn des Dichters Weise, und die sich ansammelnden Produkte wurden zum Grundstock seiner ersten poetischen Veröffentlichung: *Der grünenden Jugend überflüssige Gedancken* (1668).

Weise wußte, eigener Aussage zufolge, anfangs „selber den Unterschied zwischen bösen und guten Versen nicht zu machen", und hatte doch mitunter pro Tag 10 bis 12 Stücke abzuliefern; es wurden „lange Bogen gantze Schäffereyen ja wohl gar verliebte Lieder"[24] von ihm verlangt. Er war darin rasch so erfolgreich, daß er nicht nur seine Pflichtabgaben erbrachte, sondern darüber hinaus als „Miethpoet" gegen Geld dichtete und damit – neben Privatunterricht – auch sein schmales Salär aufstocken konnte. Es hat sich in der Forschung früh eingebürgert, diese studentische Lyrik Weises in die Tradition des sogenannten Leipziger „Gesellschaftsliedes" zu stellen und von dessen festen Konventionen her auch die eindrucksvolle Serienproduktion zu erklären.

Hier sind Einschränkungen notwendig. Zwar gibt es während der ersten Hälfte des 17. Jahrhunderts in Leipzig[25] tatsächlich eine Tradition studentischer Trinklieder, Tanzlieder, Liebeslieder, die sich zunächst mit Namen wie Schein (von hier kommt starker italienischer Musikeinfluß), Brehme, Finckelthaus, Fleming, Gloger, Greflinger, Homburg, Lund und dann mit Schirmer, Schoch, Stieler, Voigtländer und anderen verbinden. Es ist eine lockere, spielerische Dichtungsart, die sich der strengen humanistisch-gelehrten Doktrin nicht unterwirft und auf der anderen Seite Berührungen mit dem Volkslied zeigt, auch mit Leipziger Lokalkolorit arbeitet. Doch ist diese Tradition in sich durchaus nicht einheitlich, es gibt Unterschiede zwischen der Ersten und der Zweiten Generation und bei den einzelnen Autoren immer wieder recht individuelle Abwandlungen. In Weises Leipziger Lyrik (die in dieser Hinsicht noch nicht gründlich analysiert worden ist) finden sich zum Beispiel kaum Trinklieder, aber Liebesthematik dominiert klar. Es geht immer wieder um Gelegenheiten, Anlässe und Situationen (Abschied, Namenstag, Hochzeit usw.)[26], aber auf ganz typisierende Weise; nur selten werden die Situationen spezifiziert, und bei den Namen begegnen immer wieder die gleichen Marsilis, Lisilis, Rosilis, Margaris. In der Vorrede zur Ausgabe von 1668 bemüht Weise auch Petrarca und Opitz[27], doch von Petrarkismus wie auch von strengem Opitzianertum sind die Gedichte weit entfernt. Den Spielcharakter, das Liedhafte, das Dialogische, das rollenhafte Sprechen, wie es in der Tradition der ‚Leipziger' überall begegnet, beherrscht Weise virtuos. Was im Vergleich mit den anderen vielleicht am deutlichsten auffällt, sind die ungemeine Wendigkeit und Flüssigkeit der Sprache, die Prosanähe und vor allem die Orientierung am Alltag, bis in die Wahl umgangssprachlicher Wendungen hinein.

Weise entwickelte sich in Leipzig früh zu einem aufmerksamen und präzisen Beobachter der Sprache seiner Umwelt, sei es im bürgerlich-städtischen Umgang, sei es in den akademischen Gefilden. Mehrfach berichtet er, daß er nach dem Zuhören oder Mitlauschen jeweils Wörter und Formulierungen mitschrieb. Beobachtung, Einschätzung und kluge Verwendung wurden später zentrale Fähigkeiten seines Ideals des „Politicus". Auch andere Motive in den frühen Gedichten weisen voraus: der programmatische Opitimismus, mit dem er Ende 1663 auf das neue Jahr vorausblickt (I, 12), das anthropologisch gewendete „Narren"-Thema, mit Erwähnung des „Pickelhärings" (IX, 1), und die Rechtfertigung des eigenen Dichtens vor „Deutschland" (X, 12). Die Texte in *Der grünenden Jugend überflüssige Gedancken* stammen offenbar wesentlich aus den frühen Leipziger Jahren, der eigentlichen Studentenzeit (1660-1663), und zwar in dem typisierenden, anonymen Stil. Andere Gedichte, ebenfalls zu „Gelegenheiten", aber mit Nennung von Ort, Zeit und Adressat, hat er später in andere Sammlungen aufgenommen, so in die *Nothwendigen Gedancken* (1675) eine Namenstag-Huldigung aus dem Jahre 1667.[28]

In der Leipziger Gelegenheitslyrik liegt offenkundig auch das Fundament seiner Poetik, wie er sie erst sehr viel später, 1691, in seinen *Curieusen Gedancken Von Deutschen Versen* veröffentlicht hat. Nicht nur, daß die Gattungsbreite nach der Opitzschen Dichtkunst, wie bei vielen anderen Barockpoetikern, wesentlich auf die Lyrik zusammengeschrumpft ist. Auch zentrale, z. T. berühmt gewordene Thesen sind in erster Linie aus den frühen Erfahrungen und Erfolgen abzuleiten, so die vielzitierte Prosakonstruktions-Regel: „Welche Construction in prosâ nicht gelitten wird/ die sol man auch in Versen darvon lassen."[29] Diese Regel, die dann zum Hauptbeleg für den ‚prosaischen', ‚niedrigen' Geist des Versemachers Weise wurde, namentlich bei Gottsched und seinen Anhängern, richtet sich gewiß auch gegen Stilerscheinungen des hoch- und spätbarocken

‚Schwulstes'. Positiv aber entspricht sie Weises früh begonnenem Versuch des ‚leichten', geselligen, eingängigen Sprechens in Versen und einer Annäherung der Lieder an die Mündlichkeit.

Nicht weniger bekannt – und oft mißverstanden – wurde der Satz, „die Poeterey sei nichts anders als eine Dienerin der Beredsamkeit".[30] Hier liegt einerseits die bereits antike – und seit dem deutschen Idealismus so befremdliche – Auffassung von dem inneren, qualitativen Zusammenhang der *eloquentia ligata* und *soluta,* der ‚gebundenen' und der ‚ungebundenen' Beredsamkeit zugrunde. Weises Begründung aber geht ganz aus seinen eigenen, schon frühen Erfahrungen hervor. Der von ihm so genannte „äußerliche" Nutzen liegt in der Verbesserung und Verfeinerung des Redestils durch die poetische Übung. Der „innerliche" besteht darin, daß man durch Gedichte „den Leuten dienen" lernt, die Affekte zur „meditation" bringt und etwas „zur eigenen oder fremden Belustigung" aufsetzen lernt. In diesen Bestimmungen ist Dichtung nicht nur völlig selbstverständlich und durchgehend an Zwecke gebunden.[32] Es wird auch deutlich, daß das eigentliche, das vorrangige Medium der sozialen Wirkung und des Erfolgs die Rede ist.

Den umfassenden Zusammenhang dieser Poesie-Konzeption entwickelte Weise erst in seiner „politischen" Rhetorik. Die Ursprünge des Interesses für „Politik" prägten sich aus, als der Student Weise, unbefriedigt von der Theologie und einem Großteil der Philosophie, sich immer stärker der *Politica* zuwandte. Entscheidend hierfür wurde Christian Friedrich Franckenstein, der als *Professor linguae latinae et historiarum* eine gut humanistische Fächerkombination vertrat, jedoch die ‚Geschichte' um die besonders von Lipsius und Conring angeregte neuere, realistische Staatslehre erweiterte.[33] Die modernen Staatssysteme mit ihren vor allem von Machiavelli zum Bewußtsein gebrachten Problemen des politischen Handelns und der *prudentia civilis,* lenkten den Blick fort vom bloß Antiquarischen, von der selbstgenügsam leerlaufenden Scholastik. Für den seine Umwelt aufmerksam beobachtenden, am Alltag und dem ‚gemeinen Leben' der Menschen interessierten Studenten Weise war dieses Fach von hoher Attraktion. Franckenstein, 1661 gerade Rektor der Universität Leipzig, entdeckte Begeisterung und Begabung des jungen Mannes und förderte ihn auch persönlich, unter anderem indem er ihm seine Privatbibliothek zugänglich machte. Immer mehr ging er auch in die Vorlesungen der Juristen (vor allem Born und Eckolt), deren Sachgebiete an das der ‚Politik' aufs engste anschlossen. Und es scheint so, als habe die Vorstellung von einer juristischen Laufbahn nach und nach die vom Vater gewünschte – und formal auch weiter gepflegte – Theologie verdrängt.

Der sprachgewandte, erfolgreiche junge Gelegenheitspoet, den das ‚Politische' anzog, brauchte jetzt das in Zittau unter der Ägide des Vaters gelegte Fundament freier Mündlichkeit nur noch konsequent auszubauen. Er tat es weit über das Pflichtpensum der akademischen Rhetorik hinaus, vor allem mit einer Fülle von Übungen im Extemporieren. Aufmerksam beobachtete er nicht nur die verschiedene Redepraxis der einzelnen Professoren, sondern bei den Kollegs etwa des Thomasius versuchte er sich auch selbst an einer Ausarbeitung des anstehenden Stoffs vorher, trug ihn sich in einem leeren Saal selbst vor und verglich dann später das Eigene mit der Vorlesungsstunde des Thomasius und stellte dabei fest, daß sein Lehrer „auch in diesem Stücke als ein vollkommener Professor Eloquentiae zu halten war".[34]

Ehrgeizig, interessiert, vielseitig, zielstrebig nutzte der junge Weise die außergewöhnlichen Leipziger Möglichkeiten, namentlich nachdem er den anfänglichen Zwängen des Pennalismus entronnen war. Am 25. Mai 1663, drei Jahre nach Studienbeginn, wurde er zum Magister der Philosophie promoviert und begann nun, wohlgeübt, gleich mit eigenen Vorlesungen: über Rhetorik, Ethik, Politik, Historie und nicht zuletzt auch Poesie. Die Kombination der Fachgebiete ist vielsagend. Weise nutzte die Aufgabe des Lehrens nicht nur zur systematischen Durchforstung der gängigen Theorien, sondern namentlich bei Rhetorik und Poesie auch zur Überprüfung an eigenen praktischen Erfahrungen. Als Universitätslehrer hatte er offenbar guten Zulauf und erwarb sich den Ruf eines glänzenden, scharfsinnigen Disputators. Zweimal (1666 und 1668) disputierte er mit dem Ziel einer Stelle in der Fakultät (pro loco). Doch scheint der Theologe Schertzer, dem Weise einmal in einer Disputation frech geantwortet hatte, die Sache hintertrieben zu haben.

Wenig beachtet ist, daß Weise während der Leipziger Zeit und neben seiner fleißigen akademischen Arbeit als Student und Magister auch auf dem Gebiet des Dramas und des Romans bzw. der Prosa-Satire gearbeitet haben muß. Es waren, nach dem Sprachgebrauch der Zeit, Produkte der „Nebenstunden". Als er 1668 die Gedichtsammlung *Der grünenden Jugend überflüssige Gedancken* veröffentlicht, ist ein Lustspiel *Die Triumphirende Keuschheit* angehängt, das sofort erkennen läßt: Hier sind ganz offensichtlich Leipziger Anregungen von seiten der Wanderbühne aufgenommen, und in den erotischen Partien besteht ein enger Zusammenhang mit den Gesellschaftsliedern. In dem Prosastück, dessen Titel spielerisch an Formeln wie „bewährte Beständigkeit" erinnert, hat Weise die Geschichte von Joseph und Potiphars Frau an den Hof des Königs Karl von Neapel verlegt. Ein kriegsgefangener deutscher Graf lebt unter dem Namen Floretto unerkannt als Knecht des Oberhofmarschalls Rodoman. Dessen Frau Clarisse entbrennt in Liebe zu ihm, doch er widersteht allen Verführungsversuchen. Sie rächt sich durch Verleumdung; aus dem Gefängnis wird er entlassen, als man sich von Florettos Saitenspiel Heilung für den kranken König verspricht. Dies gelingt. Am Schluß darf Floretto Belise heiraten, die ihn von Beginn an geliebt hatte, und er verzeiht Clarisse. Der versöhnliche Schluß legitimiert die Gattung „Lust-Spiel"; auch darf, als Rodomans Knecht, „Pickelhering" eifrig sein Wesen treiben. Doch Clarisse zeigt leidenschaftlich-brutale Züge, die bisweilen an Lohensteinsche Frauengestalten erinnern, und Floretto ist standhaft wie ein Trauerspielheld. Die erotisch-galanten Verführungsszenen[35] sind von großer Drastik und Bühnenwirksamkeit, noch weitgehend unabhängig von den späteren Rücksichten auf das Schultheater. Die religiöse Dimension der Josephsgeschichte ist fast völlig eliminiert, in seinem Erstling versuchte sich Weise gleich an der ‚Modernisierung‘ eines biblischen Stoffes, der auf dem Schultheater bereits reiche Tradition besaß.

‚Diesseitigkeit‘, ‚realistische‘ Gestaltung des Lebens und Sprechens der Menschen, scharfe moralische Durchleuchtung ihres Handelns haben Weise während der Leipziger Zeit auch dazu geführt, sich in den Gattungsmöglichkeiten des Prosaromans, besonders der satirischen Schreibart zu erproben. Die sogenannten ‚politischen‘ Romane, die das neuere Interesse an Christian Weise – namentlich seit Arnold Hirsch – sehr wesentlich mitgeprägt haben, sind zwar erst von dem Weißenfelser Professor zum Druck gegeben worden. Doch etwa zu den *Ertz-Narren* (1672) bemerkt Weise in der Vorrede ausdrücklich, sie seien „meistentheils vor acht Jahren mit flüchtiger Feder auffgesetzt worden"[36], d. h. um das Jahr 1665. Lustspiel u n d politischer Roman führen also in die Leipziger Zeit zurück, als sich Weises ‚politische‘ Lebenskonzeption herausbildet: noch in humanistisch-rhetorisch geprägtem Universitätsrahmen, aber schon mit Modernisierungstendenzen bei Jurisprudenz und Politik, und in der täglichen, aufmerksam angenommenen Konfrontation mit dem Leben einer großen, aufstrebenden Handels- und Bürgerstadt.

Als die mehrfach versuchte Fakultätskarriere nicht gelingen wollte, entschloß sich der Sechsundzwanzigjährige, ein günstiges Angebot zur Bewährung in der außerakademischen ‚Politik‘ anzunehmen. Er wechselte 1668 ins nahegelegene Halle auf eine Sekretärstelle am Hof des Grafen Simon Philipp zu Leiningen-Westerburg. Dieser, als erster Minister des Herzogs August von Sachsen-Weißenfels und Administrator des Erzbistums Magdeburg, übertrug ihm Aufgaben in der Hofkanzlei, darunter vor allem Erledigung von Korrespondenz, Empfang von Besuchern und nicht zuletzt Protokollführung bei den Kabinettssitzungen.

Dieser Wechsel der Lebens- und Tätigkeitsbereiche ist nicht nur folgenreich für Weises gesamten weiteren Werdegang. Er ist auch symptomatisch für die politisch-soziale Entwicklung der Zeit. Der mit solider humanistischer Grundlage versehene, akademisch bewährte und ‚politisch‘-modern interessierte junge Gelehrte fand eine neue Funktion in der politischen Welt. Fähige junge Leute aus bürgerlich-gelehrten Familien wurden in immer größerer Zahl gebraucht, um die Verwaltungsaufgaben des erstarkenden territorialstaatlichen Absolutismus wahrzunehmen.[37] Der unter Stichworten wie ‚Beamtenaristokratie‘ oder ‚bürgerliche Hofkarriere‘ oft beschriebene Vorgang wurde zu einer der entscheidenden Voraussetzungen für Weises spätere ‚politische‘ Lebenslehre und Pädagogik. Zunächst aber erfuhr er am eigenen Leibe exemplarisch den Sprung von der *academia* zur *aula,* von der Universität zum Hof, von der akademischen Lehre zur politischen Praxis.

Wendigkeit und Zielstrebigkeit, schon in Leipzig vielfach bewiesen, bestimmten offenbar auch am Hof Leiningens das Verhalten des jungen Weise. Er scheint sich rasch eingearbeitet und Anerkennung gefunden zu haben, und in dem erfahrenen und einflußreichen Freiherrn Georg Dietrich von Rondeck gewann er einen wichtigen Gönner. Von ihm wurde er auf Zusammenhänge und Praktiken des politischen Lebens hingewiesen, die seiner Buchgelehrsamkeit im Fach ‚Politik‘ bisher verborgen geblieben waren. Besonders das an der Gegenwart und ihren praktisch-administrativen Erfordernissen ausgerichtete Realfach ‚Statistik‘ *(statistica)* lernte Weise jetzt näher kennen, und schon 1670 veröffentlichte er eine eigene *Idea doctrinae statisticae,* der dann später weitere einschlägige Schriften folgten.

Weise gewann Sicherheit in der politischen Welt des überschaubaren Leiningenschen Hofs und seiner Beziehungen, und er war immer von neuem gezwungen, diese Erfahrungen mit dem zu vergleichen, was er an Rhetorik und ‚Politik‘ in Leipzig akademisch gelernt hatte. Von der täglichen Sekretärspraxis mit ihren sprachlichen Konventionen über die Kabinetts-Beredsamkeit bis hin zu den öffentlichen Anlaßreden verschiedenster Art reichte sein Beobachtungsfeld. Das rhetorische Hauptwerk *Politischer Redner* (1677) hat hier seine Ursprünge, Weise hat selbst darauf hingewiesen.[38] Daß er an einer wichtigen administrativen Funktionsstelle eines Hofes gearbeitet, gelernt und sich bewährt hat, unterscheidet ihn von den meisten Gelehrten, die vom Schul- oder Universitätskatheder aus in jenen Jahrzehnten ihren Beitrag zur neuen ‚politischen‘ Sprach- und Redekultur in Deutschland zu leisten versuchten.

Weises Dienstverhältnis fand 1670 offenbar nur deshalb ein Ende, weil Leiningen ins Feldlager zog und der junge Sekretär dorthin nicht folgen wollte. Bezeichnenderweise wechselte er für wenige Monate noch einmal in den Universitätsbereich, nach Helmstedt, wo zwei ‚moderne‘ Gelehrte ihn vor allem anzogen: Hermann Conring, der große Rechtshistoriker und damals schon berühmte Vertreter der ‚Politik‘, und Christoph Schrader, der als einer der ersten schon deutsche, muttersprachliche Rhetorik mit seinen Studenten betrieb.[39]

Es nimmt sich im nachhinein wie eine der geplanten Reisen durch die Sozialbereiche in Weises ‚politischen‘ Romanen aus, wenn auf die Zittauer christlich-humanistische Gelehrtenschulwelt, die Leipziger Bürger- und Universitätsatmosphäre und die Hallenser Hofpraxis nun eine pädagogische Tätigkeit im Bereich des Landadels folgte. Conring und Schrader empfahlen ihn dem Baron Gustav Adolf von der Schulenburg als Privatlehrer zweier Mündel. Weise zog nach Amfurt, einem kleinen Ort im Magdeburgischen, und nahm die Gelegenheit wahr, während der offenbar reich bemessenen Freizeit „Historie" zu studieren: nicht nur im traditionellen Sinn die antike anhand der antiken Autoren, sondern vor allem die neuere Geschichte als Realfach. Der junge Lehrer legte dabei, lernend und zugleich pädagogisch experimentierend, die Grundlage für ein neuartiges Lehrbuch, das dann 1675 erschien: *Der Kluge Hoff-Meister/ Das ist/*

Kurtze und eigentliche Nachricht/ wie ein sorgfältiger Hoffmeister seine Untergebenen in den Historien unterrichten/ und sie noch bey junger Zeit also anführen sol/ damit sie hernach ohne Verhindernis die Historien selbst lesen und nützlich anwenden können. Das beispiel- und realiengesättigte Kompendium ist in seiner Tendenz zum ‚Selberlesen' und zur ‚Nützlichkeit' ebenso kennzeichnend, wie es für den späteren Zittauer Gymnasialrektor zum Fundus seiner historischen Schuldramen wurde. Sein jetziger Dienstherr Schulenburg aber trat, als Gönner und Förderer, an die Stelle Rondecks und ließ ihn vor allem mehrfach an Ausarbeitung und Vortrag seiner weithin geschätzten politischen Reden teilnehmen.

Die Berufung als Professor der Politik, Rhetorik und Poesie an das Weißenfelser „Gymnasium illustre Augusteum" Ende Juli 1670 konnte kaum einen Geeigneteren treffen. Die erst 1664 durch den Herzog August von Sachsen-Weißenfels gegründete Schule, konzipiert als eine Art Ritterakademie[40], verfolgte genau jene modernen, politischen, realistischen Ziele, auf die sich Weise seit der frühen Leipziger Zeit in Theorie und Praxis mehr und mehr eingeschworen hatte. Dort, wo in erster Linie fähige Beamte für den Dienst im absolutistischen Staat ausgebildet werden sollten, wo Erfolg, Nützlichkeit und Realistik als Wertkriterien obenan standen, bot sich jetzt am ehesten die Chance, nach und nach eine umfassende rhetorische Literaturpädagogik zu entwickeln.

Für dieses Unternehmen, das Weises Ruhm bei den Zeitgenossen begründen sollte, ließ er sich auffällig viel Zeit. Der Weißenfelser Hof mit seinem vielfältigen kulturellen Ehrgeiz – man denke daran, daß Johann Beer später dort als Konzertmeister wirkte, und Johann Riemer als Weises Kollege und dann Nachfolger – spornte ihn gewiß an, ermöglichte ihm jedoch auch schriftstellerische Vielfalt. Der nunmehr etablierte Professor, der im Oktober 1671 die Pastorstochter Regina Arnold heiratete, holte langgehegte Pläne und Entwürfe noch aus der Leipziger Zeit hervor. Er schrieb nicht nur Gelegenheitsgedichte und beispielsweise ein Singspiel *Galathee* (1674), sondern publizierte zunächst vor allem – satirische Erzählprosa. Vielleicht waren es die vergleichsweise ‚offenen' Möglichkeiten in diesem Gattungsbereich, sicher auch das Einbringen seiner vielfältigen Sozialerfahrungen, was ihn hier reizte.

Am Beginn stehen, schon 1671 unter dem Pseudonym *Siegmund Gleichviel* veröffentlicht, *Die drey Haupt-Verderber in Teutschland.* Ein Ich-Erzähler schildert hier einen geträumten Besuch in der Unterwelt, wo Deutschlands drei Hauptverderber vor dem uralten Wendenkönig Mistevo über ihre Tätigkeit berichten. Der erste propagiert die bloße ‚Stimme des Herzens' in Glaubensfragen, der zweite vertritt machiavellistische Überheblichkeit, der dritte die Neigung zu Luxus und Alamodewesen. In Rahmenform und Thematik erinnert das Buch an Moscheroschs *Gesichte Philanders von Sittewalt* (dort besonders an den *Alamode-Kehrauß*)[41] und zum Teil – wenig beachtet – an dessen *Alamodischen Politicus.* Wie bei Moscherosch der oberrheinisch-elsässische Lebensraum in der Detailerfahrung und in der satirischen Tradition eine Rolle spielt, so bei Weise die regionale Bindung an den mitteldeutschen Bereich. Weises scharfe Beobachtungsgabe gerade auch im Sprachlichen prägt manche Einzelheit, und doch ist die typisierende Absicht beherrschend. Noch werden die Sinnenhaftigkeit und das Sichverlassen auf „Klugheit" durchaus als Gefahren demonstriert. Und doch wird erkennbar, wie Weise seinen Lesern, und sei es mit noch etwas unbeholfen ‚harten' Techniken, Durchblick und Lebenslehre zu verschaffen sucht.

Hierin liegt zugleich eine wichtige Gemeinsamkeit mit den Weiseschen Romanen, die traditionell als ‚politische' Romane im engeren Sinn bezeichnet werden. *Die drey ärgsten Ertz-Narren in der gantzen Welt*, im folgenden Jahr (1672) unter dem Namen *Catharinus Civilis* erschienen, wurden Weises bekanntester und wohl auch bedeutendster Roman, bis 1710 immer wieder neu aufgelegt. An die Stelle der Traumfiktion, die die ‚Welt' öffnet, ist die Testamentsklausel getreten: Ein junger Landadliger darf sein Erbe erst antreten, wenn er im Schloß die drei schlimmsten Narrenfiguren abmalen läßt. Eine Reisegesellschaft bricht auf, diese zu suchen; ihre Erlebnisse sind Hauptgegenstand des Romans. Auf Grimmelshausen hat Weise in der Leservorrede selbst hingewiesen: man solle nicht annehmen, „es sey ein neuer *Simplicissimus* oder sonst ein lederner Saalbader wieder auffgestanden".[42] Beim Verständnis der Stelle hat man zu wenig auf das eigentümlich Indirekte der Distanzierung geachtet, mit dem die recht freundliche Reaktion Grimmelshausens im *Teutschen Michel* (1673)[43] durchaus korrespondiert. Nicht scharfe Polemik war Weises Ziel, er wollte nur nicht in den bereits starken Sog der Simpliciaden geraten.

Der Vergleich mit Grimmelshausen ist fruchtbar, wenn man ihn nicht überzieht. ‚Innerweltlich' sind die Lebensziele, gemessen an der transzendentalen Gläubigkeit des großen Vorgängers, ‚optimistisch' ist die Weltsicht im Vergleich mit dem „Adjeu Welt". Nur scheinbar beantwortet Weise die Generalfrage des Romans entsprechend den christlichen Glaubensregeln. Der eigentlichen Suchaufgabe der Reisegesellschaft wird eine schriftliche Anfrage bei einem *Collegium Prudentium* aufgesetzt, „worinne die Narrheit bestehe?".[44] Die Antwort, gegliedert nach 20 Punkten, gipfelt in der These, der größte Narr sei, wer „umb zeitliches Kothes willen den Himmel verscherzt".[45] Im Roman selbst wird diese Sinngebung nirgendwo zentral. Verglichen mit Sebastian Brants *Narrenschiff*, dessen Narrenkonzeption auf dem Abfall der Menschen vom wahren Glauben beruht, ist der Weisesche „Narr" – angedeutet schon in dem einschlägigen Leipziger Gedicht[46] – der Unvernünftige, der sich über sich und seine Umgebung täuscht, dem es an „Klugheit" mangelt.

‚Politisch' ist der durch die *Ertz-Narren* repräsentierte Romantypus insofern, als er, im Sinne Baltasar Graciáns, zur klugen und realistischen Einschätzung der Anderen und des eigenen Selbst erzieht. Demonstration des Widervernünftigen, Lasterhaften, Verblendeten, Hybriden ist ein Hauptmittel dieser Pädagogik in Romanform. John Barclays historisch wirkungsmächtige Romane, durch ihre Latinität in ganz Europa verbreitet, gehören – neben Gracián – zu den Voraussetzungen Weises. Der Weißenfelser Professor für Politik, Eloquenz und Poesie, wegen seines fundierten, ‚realistischen‘ und zugleich eingängigen Unterrichts zunehmend beliebt bei seinen meist adligen Zöglingen, exponierte sich unter dem bezeichnenden Decknamen *Catharinus Civilis* in einer Romangattung, die – mit einer Weiseschen Lieblingsformel zu reden – „Lust und Nutz" verbindet.

Die Wahrung der eigenen, individuellen Interessen und zugleich die Respektierung und Förderung des gemeinen Besten gründen auf der Vorstellung vom „politischen Körper", die Gotthardt Frühsorge in seiner wichtigen Studie[47] präzisiert und für die Interpretation der Weiseschen Romane fruchtbar gemacht hat. Die das ganze 17. Jahrhundert hindurch andauernde Diskussion um die Moral der „politischen" und speziell der prudentistischen Lebensauffassung[48] überkreuzt sich – nicht nur – in Weises Romanen mit einer „Glücks"-Philosophie, die deutlich frühaufklärerische Züge trägt.

Die Drey Klügsten Leute in der gantzen Welt (1675), wiederum unter dem Pseudonym *Catharinus Civilis,* geben sich schon vom Titel her als Komplement und Fortsetzung der *Ertz-Narren* zu erkennen. Die Suche der kleinen Reisegesellschaft, jetzt nach den klügsten Leuten, führt in mannigfache Verwicklungen, deren Reise-Topik seit der Spätantike beliebt ist, zu Begegnungen mit Räubern, zu Verkleidung und Entdeckung, wobei das Verhältnis von brutalen Männern und verlassenen oder ausgelieferten Frauen einen besonderen thematischen Schwerpunkt bildet. Die Ausgangsfrage wird nicht klar beantwortet. Überall begegnet nur der Schein der Klugheit. Glücksorientierung, Selbstverteidigung und Selbstbeherrschung bleiben als Bestimmungen des klugen Verhaltens gültig. Aber die Narrheit der Menschen, die sich immer wieder vor allem als politische „Blindheit"[49] zeigt, ist der beherrschende Inhalt der Welterfahrung.

Der zuletzt veröffentlichte unter den politischen Romanen, *Politischer Näscher* (1676), erster Teil eines nicht mehr ausgeführten zweiteiligen Ganzen, konzentriert sich mit der Hauptfigur Crescentio auf einen bestimmten Typus fehlerhaften politischen Verhaltens: den chancenreichen jungen Mann, der sich im Heranwachsen (der Name Crescentio ist sprechend zugleich für den Vorgang der Erfahrung) übernimmt, seine Möglichkeiten überspannt. Der ‚affirmative‘ Zug, daß man Ordnungen und soziale Grenzen nicht ungestraft durchbricht, verbindet diesen Roman mit einer Reihe der wichtigsten Weiseschen Dramen. Crescentios schließliches Scheitern am Hof vermittelt aber „Experientz", und in der klugen Wahrnehmung des persönlichen Glücks liegt ein vorantreibendes, mehr als bloß sozial festschreibendes Moment. Leben kann gemeistert werden, aber es bedarf der umsichtigen Einschätzung, realistischen Planung, kurz: der Klugheit, *prudentia civilis.*

Weise ist Jahre später, als längst etablierter Zittauer Schulrektor, noch einmal auf seine ‚politische‘ Romanproduktion, insbesondere den *Politischen Näscher,*

zurückgekommen mit seiner Schrift: *Kurtzer Bericht vom Politischen Näscher /
wie nehmlich Dergleichen Bücher sollen gelesen und von andern aus gewissen
Kunst-Regeln nachgemacht werden (1680).* Es war ein Zeitpunkt, als der ‚politische' Roman längst eine Modegattung geworden war und Weise sich von Auswüchsen verschiedenster Art wiederholt distanzieren mußte. Noch vor dem
Erscheinen der epochemachenden Übersetzung von Huets Romantheorie (1682)
ist Weises Schrift „zum ersten Mal in der Geschichte des deutschen Romans ein
theoretischer Versuch, der von den pragmatischen Bedürfnissen eines zeitlich und
soziologisch abgrenzbaren Lesepublikums ausgeht und diese zur Basis eines bestimmten Typs des bürgerlichen Romans macht."[50]

Weise begründete seine spezifische Form der satirischen Schreibart, mit Hilfe der
rhetorischen Affektenlehre, aus dem Glücksverlangen der Menschen. Die Erfahrungen des „Näschers" zeigen, wie notwendig das moralisch maßvolle Verhalten
der Menschen ist, die „Mediocrität" – ein weiteres Leit- und Lieblingswort des
Weiseschen Gesamtwerks. Der satirische Roman wie die satirische Komödie
(hier spricht der sich verteidigende Zittauer Schulstückeschreiber) lenken durch
die Vorführung der Laster und Extreme zum klugen und vernünftigen Maß
zurück. In diesem Sinn nehmen sie in der Tat auch ‚bürgerliche' Möglichkeiten
und Interessen auf, in diesem Sinn sind sie ‚politisch'.

Von der Weißenfelser Profession her betrachtet, stellen die in diesen Jahren
erscheinenden, aber bis in die Leipziger Zeit zurückreichenden Romane „Neben-
Werck" dar. Unter dem Gesichtspunkt der ‚politischen' Zwecksetzung sind sie
integraler Bestandteil einer immer weiter in die zeitgenössische, wachsende
Leserschaft ausgreifenden Literaturpädagogik. Die vielen Neuauflagen der Romane noch in den 70er und dann in den 80er Jahren deuten darauf hin, daß
Weise – neben Grimmelshausen und den Simpliciaden – offenbar breite auch
bürgerliche Bedürfnisse ansprach. Als Lehrer am Gymnasium illustre Augusteum, wo er in erster Linie adlige Schüler zu betreuen hatte, war er bereits auf
dem Wege, die verschiedenen Stände und Anlaß-Gattungen in e i n e r Konzeption zu umgreifen. 1675 erschienen, als Pendant zur Erstlings-Anthologie
von 1668, *Der Grünen Jugend Nothwendige Gedancken.*[51] Es sind Beispieltexte
aus Weises eigener Praxis, „so wol in gebundenen als ungebundenen Reden",
d. h. Gedichte u n d Reden. Ein Teil der Gedichte ist dem Anlaß und dem
Adressaten nach genau fixiert, andere tragen nur typisierende Angaben – darunter vermutlich manche bloß fiktiv für Zwecke des Unterrichts. Gegenüber
1668 ist die Stilpalette bunter geworden, der muntere Leipziger Ton ist zurück-
getreten, aber die Verse fließen immer noch leicht, selbst noch in den nicht wenigen geistlichen Liedern der Sammlung.

Der zweite Teil, mit „allerhand ungebundenen Reden", folgt ebenfalls dem
Anlaß-Prinzip, hier freilich häufiger mit der Vorgabe, wie man bei einem bestimmten, realen, aktuellen Anlaß (den Weise jeweils auch nennt) „hätte reden
können". Es sind, Weises Aufgabenstellung entsprechend, weit überwiegend

Reden zu Ehren hochgestellter Persönlichkeiten (Empfänge, Huldigungen, Hochzeiten, Bestattungen usw.). Der Stil ist durchweg ,hoch', oft gelehrt-anspielungsreich, aber bei aller zeittypischen Zeremonialität doch um Klarheit in Syntax und Wortwahl bemüht. ,Realien' aus Weises historischen Studien fallen auf, und bei Reden für nichtadlige Personen, gegen Ende der Sammlung hin, dringt – etwa beim Anlaß ,Hochzeit' – auch Alltägliches, Vergnügliches ein.

In der Vorrede zum zweiten Teil läßt Weise keinen Zweifel, daß die vorangehenden Gedichte nur „ein Nothwendiges Neben-Werck der grünen Jugend" seien, hingegen „die Geschicklichkeit in der ungebundenen Rede desto nothwendiger".[52] Unter ,politischer' Zielsetzung ist Poesie nur Dienerin der Beredsamkeit. Den *Politischen Redner* hatte Weise, als er die *Nothwendigen Gedancken* herausbringt, bereits „unter der Hand", wie es in der Vorrede heißt.[53] Die Beispielsammlung von Gedichten und Reden sollte „einen guten Vorläuffer" des größeren Werks abgeben.

Weise war sich der säkularen Bedeutung der Aufgabe, die er übernommen hatte, offenbar bewußt: eine Synthese zu finden zwischen der großen rhetorischen Tradition seit Aristoteles, Cicero und Quintilian, und den modernen, realen Erfordernissen einer ,politischen' Praxis. Als im Jahr 1677, nicht weniger als sieben Jahre nach dem Amtsantritt in Weißenfels, der *Politische Redner* erschien, wurde auf dem Titelblatt bereits der sozial übergreifende, traditional synthetisierende Anspruch erkennbar. Vier Dinge sollte man aus dem Buch lernen können:

> 1. Auf was vor ein Fundament eine Schul-Rede gesetzet ist/ 2. Worinn die Complimenten bestehen; 3. Was bürgerliche Reden sind; 4. Was bey hohen Personen sonderlich zu Hofe vor Gelegenheit zu reden vorfällt.[54]

Mit diesem Programm war der Rhetoriker Weise in Deutschland ohne Vorbild.[55] Weder Johann Matthäus Meyfart in seiner *Teutschen Rhetorica oder Rede-Kunst* (1634) noch etwa Daniel Richter in seinem muttersprachlichen *Thesaurus Oratorius Novus* (1660) beanspruchten auch nur annähernd so viele Sozialbereiche zu umfassen wie Weise. Die Sicherheit des Wissens und den Optimismus des Gelingens gab ihm seine ungewöhnlich breite, vielschichtige Erfahrung, außerdem der langjährige Unterricht für angehende Politici. Humanistische Schulrhetorik, höfisches Komplimentieren (1675 hatte er schon eine schmale Schrift *De moralitate complimentorum* veröffentlicht), bürgerlich-öffentliche Redepraxis und schließlich die für den ,politischen' Erfolg entscheidenden Reden vor Hochgestellten und bei Hof – alles dies sollte auf klassisch-traditionalem Fundament der *doctrina* ruhen, aber realistisch an den Erfordernissen der gegenwärtigen Praxis orientiert sein.

Das von Weise tatsächlich gebotene Spektrum war noch breiter, als es das

Titelblatt verhieß. Es gab einen längeren Abschnitt über das Briefeschreiben, einen über „Studenten-Reden", d. h. über akademische Beredsamkeit, eine knappe Einführung in die Logik und außerdem noch eine (von den Zeitgenossen vielbeachtete) zum Lesen gedachte *Complimentir-Comoedie*. Die von Weise in großer Zahl gebotenen *exempla* waren aktuell, aus der Praxis, die Theorie war leicht faßlich formuliert. Weise arbeitete auch mit abschreckenden Beispielen falscher Stilwahl und zeigte im übrigen Zurückhaltung gegenüber jedem Versuch, die Hofberedsamkeit allzu sehr zu reglementieren. Gerade dieses realistische, umsichtige Sichorientieren an den je verschiedenen Traditionen und Konventionen der einzelnen Sozialbereiche, aber mit einer Tendenz zu Realienfülle, Praxisbindung und Verständlichkeit, wurde offenbar als befreiend und attraktiv empfunden. Weises *Politischer Redner* ist weder allein ‚höfisch' im Sinne einer völligen Durchdringung mit rhetorischen Normen des Hofes, noch ‚antihöfisch' oder gar durchgehend ‚bürgerlich' im Sinne einer ständisch-bürgerlichen Reglementierung. Er ist ‚politisch', insofern alle rhetorische Praxis auf Wirkung und gesellschaftlichen Erfolg ausgerichtet ist. Und dieser Erfolg öffnete sich nun allerdings auch dem Nichtadligen, dem Bürgerlich-Gelehrten, der die Chance erhielt, in den Beamtenapparat des absolutistischen Staates aufzusteigen.

Wie sehr der Weißenfelser Professor immer zugleich bemüht war, das humanistisch-gelehrte Element, dem er selbst entstammte, neu zu Ehren kommen zu lassen, zeigt die kurz nach dem *Politischen Redner* erschienene Spezialschrift *De poesi hodiernorum politicorum* (1678). Sie warb für die neue, manieristische, im wesentlichen aus‘ der Romania stammende Kunst des witzig-‚sinnreichen' Stils, der *argutia,* mit der ihn der gebildete, weitgereiste Diplomat Johann Helwig Sinold (gen. Schütz) wohl näher bekannt gemacht hatte. Die Vorliebe für diesen besonders im Epigramm kultivierten Stil hat Weise auch in späteren Jahren behalten. Sie war etwas, das die humanistische Schulstube überstieg und als Modisch-Exklusives für ‚politische' Zwecke besonders geeignet erschien: insofern ‚Poesie der heutigen Politiker'.

Weise besaß längst einen über Mitteldeutschland weit hinausreichenden Ruf als erfolgreicher ‚moderner' Literaturpädagoge, Poet und Rhetoriker, als am 9. Mai 1678 in seiner Heimatstadt der Rektor des Gymnasiums, Christoph Vogel, starb. Der Versuch, Weise als neuen Schulleiter zu gewinnen, hatte Erfolg. Die Weißenfelser Position mag die ‚prominentere' gewesen sein, doch in Zittau lockte die Möglichkeit, selbst Primarius zu werden, und vor allem: was er bisher als Pädagoge in erster Linie mit adligen Schülern entwickelt und erprobt hatte, nun im Unterricht und nicht bloß durch Bücher auch einem breiteren sozialen Spektrum zu vermitteln. Die bürgerlich-gelehrt-humanistische Grundlage hatte Weise nie verleugnet. Jetzt kehrte er nicht nur zu deren – und seinen eigenen – institutionellen Ursprüngen zurück, sondern konnte, als Gymnasialrektor, auch eine ganz andere Vielfalt von Fächern mitgestalten. In Weißenfels wurde der bisherige Kollege Johannes Riemer nun sein Nachfolger, die ‚politische' Mode nach Kräften ausschlachtend und von Weise selbst dabei offenbar nicht ohne Unbehagen beobachtet.[57]

Die Zittauer Antrittsrede *De gymnasii rectore*[58] ist in ihrer vorsichtigen Programmatik nur auf den ersten Blick überraschend. Die noch gültige Schulordnung von 1594 übernahm Weise ganz selbstverständlich als Grundlage, er stellte sich klar in die Aufgabentradition der protestantischen Gelehrtenschule: Erziehung zur *sapiens atque eloquens pietas,* wie Johannes Sturm es in den 30er Jahren des 16. Jahrhunderts verbindlich formuliert hatte. Dazu gehörte die solide Grundlage des Lateinischen, die breite und vielfältige Schulung in der ungebundenen und der gebundenen Rede, als Lektüre und als eigene Textproduktion der Schüler nach bewährten Techniken. Manches wurde von Weise leichter faßlich gestaltet, mit spielerischen Elementen und neuen, knapperen Beispielen – hier hat er über die Jahre seines Zittauer Rektorats namentlich durch eine große Anzahl eigener Lehrbücher einzuwirken versucht.[59] Von seinem *Enchiridion Grammaticum* (1681) über die *Institutiones Oratoriae* (1687) bis zum *Nucleus Logicae* (1691), vom elementaren Grammatikunterricht bis zur philosophischen Propädeutik reicht die lange Reihe seiner lateinischen Lehrbücher, von den muttersprachlichen noch nicht zu reden.

Das eigentlich Neue, das aus seiner ‚politischen‘ Konzeption folgte, wie sie vor allem der *Politische Redner* vertrat, brachte Weise hauptsächlich in den ‚extraordinären‘ Stunden, in den ‚Privatlektionen‘ zur Geltung. Hier wurden ‚realistische‘ Fächer intensiv betrieben, namentlich Historie, Geographie, Staatslehre, z. T. auch Heraldik und ähnliche Wissensbereiche, die er von seiner Weißenfelser Unterrichtspraxis für angehende Staatsbeamte beherrschte. Nicht zuletzt dieses Moderne, Praxisbezogene, Weltläufige war es, das mehr und mehr auch Schüler aus vornehmen, ja sogar hochadligen Familien an Weises Zittauer Gymnasium zog. Da die protestantischen Gelehrtenschulen in der Regel für Adlige nicht standesgemäß waren (Hofmeister, Privatlehrer übernahmen daher zumeist den Unterricht), konnte Weise hierauf zu Recht besonders stolz sein; es brachte außer der Ehre auch zusätzliche finanzielle Förderung.

Daß die ‚realistischen‘ Fächer auf den humanistischen Kernunterricht nicht ganz ohne Wirkung blieben, liegt nahe. Namentlich jedoch die Muttersprache, in der sich Weise seit der Leipziger Zeit als literarisches Talent einen Namen gemacht hatte, erhielt im täglichen Schulbetrieb einen immer festeren Platz. Absolut neu war diese Entwicklung nicht. Aber bezogen auf die Gesamtlandschaft der protestantischen Gymnasien in Deutschland – die Jesuiten blieben bekanntlich streng beim Lateinischen – rückten Weise und seine Schule in die vorderste Reihe der Reformer, der ‚Fortschrittlichen‘. Wie Weise muttersprachlichen Unterricht in Poesie und Rhetorik konkret betrieb, läßt sich, mit einigen Einschränkungen, an den zahlreichen deutsch geschriebenen Lehrbüchern ablesen, die Weise während seines Zittauer Rektorats veröffentlichte.

Von den *Curieusen Gedancken von Deutschen Versen* (1691), die wesentlich auf Weises Leipziger Dichtungspraxis basieren, war schon die Rede. Diese Anleitung zur Gelegenheitspoesie bringt natürlich mehr, als in einem Schulunterricht vermittelt werden konnte. Die mehrfache Erwähnung der „Professores Poëseos auff Universitäten und Gymnasiis"[60] zeigt klar, daß Weise den Gesamtbereich der literarischen Bildung im Auge hatte. Aber einfache Techniken des muttersprachlichen Versifizierens wurden auch im Schulkontext geübt, neben der Übung im Lateinischen. Und das Drängen auf Prosa-Nähe, Einfachheit, Verständlichkeit, auch Vergnüglichkeit kam selbstverständlich den Fähigkeiten der Schüler entgegen.[61] Von der noch zu behandelnden Schultheaterpraxis ist dieses Üben im Versemachen nicht zu trennen.

Weises muttersprachliche Lehrbücher generell gründen einerseits auf den Unterrichtserfahrungen an der Leipziger Universität, der Weißenfelser ‚Ritterakademie' und schließlich dem Zittauer Gymnasium. Anderseits aber wurden sie offenbar – auch die Auflagenziffern deuten darauf hin – für manchen zugleich zum Instrument der ‚Weiterbildung' außerhalb der festen Institutionen. Sie eigneten sich zum Selbststudium für Angehörige der aufstrebenden, mobiler werdenden bürgerlich-gelehrten Mittelschichten. Dies gilt besonders für die große Zahl der im engeren Sinne rhetorischen Handbücher Weises. Geradezu strategisch baute er die einzelnen Teile des Schlüsselwerks *Politischer Redner* zu selbständigen Kompendien aus.

Die seit 1677 gewonnene „Experienz" an Leichtigkeit der Regeln, Lebendigkeit der Beispiele, auch Ergänzung von Fehlendem setzte Weise 1684 um in den *Neu-Erleuterten Politischen Redner,* also ein ausdrückliches Nachfolgewerk. Das nur knappe Kapitel „Von der Ubung im Brieff-Schreiben"[62] nahm er gleich in zwei getrennten Büchern wieder auf: den allgemeiner gehaltenen *Curieusen Gedancken Von Deutschen Brieffen* (1691) und der verfeinernden, auch ‚politisch' aktualisierenden *Politischen Nachricht von Sorgfältigen Briefen* (1693). Der akademischen Beredsamkeit, sehr wohl über den Universitätsbereich hinausstrebend, widmete er den *Gelehrten Redner* (1692). Immer häufiger tauchte jetzt auch das neue Mode-Ideal des ‚galanten' Stils auf, mit stärkerer Anlehnung an französische Vorbilder und mit betonter Weltläufigkeit.[63] Hier ergab sich später eine zunehmende Konkurrenz mit den dezidiert ‚Galanten' wie August Bohse (Talander) und Christian Hunold (Menantes), was Weise offenbar wiederum dazu bewog, vorsichtiger mit dem Etikett ‚galant' umzugehen. Zu einem eigenen *Galanten Hoff-Redner* hat Weise nur einen „Vorbericht" (1693) veröffentlicht.[64] Daneben erschien weiter Neuauflage nach Neuauflage des *Politischen Redners,* und die große Zahl der lateinisch geschriebenen Rhetoriklehrbücher für abgestufte Zwecke ist nicht zu vergessen. In den späten Jahren hat dann der berühmte Zittauer Schulrektor und Wegbereiter einer ‚politischen' Rhetorik noch einmal zwei ‚Summen' gezogen: *Oratorische Fragen* (1706) und *Oratorisches Systema* (1707), freilich ohne den beflügelnden Impetus des Epochenwerks von 1677, mehr auf Ergänzung, Klärung, Absicherung bedacht.

Am stolzesten aber, wenn er seine sprachlich-literarische Pädagogik im ganzen betrachtete, war Weise auf das Schultheater. Als lebendige Spitze des Rhetorikunterrichts hatte er es seit seinen eigenen Schülerjahren unter dem Rektor Keimann kennengelernt. In Leipzig hatte er mit seiner *Triumphirenden Keuschheit* deutlich Einflüsse der Wanderbühne aufgenommen, in Weißenfels war ihm vor allem das Singspiel begegnet, *Galathee* war Dokument eigener Versuche. Für den neuen Zittauer Gymnasialrektor scheint die Schulbühne sehr früh Gegenstand seines ‚politisch‘-pädagogischen Ehrgeizes gewesen zu sein. Das unter dem Gesichtspunkt christlicher Moral nicht unumstrittene Schultheaterspiel stellte er entschlossen in den schon von Luther postulierten Lebenszusammenhang: *comoedia est vitae humanae speculum.*[65] Und mit dem Blick auf seine verantwortungsvolle Aufgabe als christlicher Schulrektor hielt er eventuellen Kritikern seines Stückeschreibens stolz entgegen: „In Regard meiner Profession ist mirs keine Schande/ ich könne Commoedien machen."[66]

An die 60 Stücke hat Weise während der drei Jahrzehnte seines Rektorats selbst geschrieben, einstudiert und aufgeführt, eine große Zahl von ihnen auch einzeln oder in Sammlungen gedruckt.[67] Die Forschung hat sich für diesen Bereich des Weiseschen Werks schon am längsten und intensivsten interessiert[68]; es gibt gute Einzeluntersuchungen und Gesamtüberblicke, so daß hier vergleichsweise knapp darauf eingegangen werden kann.

Über seine Konzeption des Schultheaters hat Weise in einer Reihe von Vorreden zu Dramensammlungen und Einzeldrucken Rechenschaft abgelegt, aus denen sich ein recht detailliertes Bild, ja ein ‚Kanon‘ von Hauptpunkten rekonstruieren läßt. Die zentralen Zwecke sind zunächst aus der Schultheatertradition hergeleitet, wie sie sich seit der Reformation ausgebildet hat, mit rhetorisch-moralischen Kategorien[69] vor allem der Antike: Übung von Gedächtnis, Aussprache, Gestik, freier Rede für die Spielenden; Information über das ‚Leben‘, die Historie usw. für Spielende und Zuschauer; Stärkung der Moral, des Glaubens, Belehrung, Vergnügung, Abwechslung für alle Beteiligten. Der Kanon erscheint in immer neuen Kombinationen und Akzentuierungen; die vielleicht häufigste übergreifende Formel bei Weise ist „Lust und Nutz", also die auf das antike *delectare et prodesse* zielende Totalität von Wirkung.

Die Praxis des Selberschreibens wie der Einstudierung und Aufführung ist nicht denkbar ohne die Wirklichkeit des literarisch-rhetorischen Unterrichts mit seinen von früh an beginnenden Rede- und Dialogübungen, den *recitationes*, *colloquia* und *actus*. Die Schüler und weitgehend auch die Zuschauer sind fachmännisch vorbereitet, das Gymnasium repräsentiert zugleich. Weise hat sich jedoch mehrfach als besonderes Verdienst angerechnet, daß er nicht nur sehr viele Schüler in seinen Stücken auftreten lassen kann – daher die vielkritisierte große Personenzahl –, sondern daß er die Rollen auch nach dem „Naturell" der einzelnen Schüler eingerichtet, sie ihnen ‚auf den Leib‘ geschrieben habe.[70]

Wer sich auf dem Schultheater im Rollenspielen geübt hat, wird dies brauchen können, um später „im Politischen theatro"[71] bestehen zu können.

Der ‚Gemischtheit' des menschlichen Lebens und zugleich dem Fundus der Stofftradition des Schultheaters entspricht es, daß Weise sich früh für ein Konzept von je drei typenverschiedenen Stücken entschieden hat. Jedes Jahr zu Fastnacht, ab 1685 jeweils zum Martinsfest wurde gespielt, und Weise selbst schrieb die Texte:

> So machte ich bald am Anfange die Eintheilung/ daß erstlich etwas Geistliches aus der Bibel/ darnach was Politisches aus einer curiösen Historie/ letztlich ein freyes Gedichte/ und in solchen allerhand nachdenckliche Moralia die Zuschauer bey dem Appetit erhalten möchten.[72]

Um die Rollentexte möglichst lebendig, möglichst ‚mündlich' zu gestalten, diktierte sie Weise seinem „Amanuensis" in die Feder. Zugleich war dies natürlich Erleichterung der Arbeit. Und doch mutet neben den täglichen Dienstaufgaben und dem schriftstellerischen Riesenwerk dieses Stückeschreiben als eine immense Leistung an – gewiß mit viel Serienarbeit und mancher Anleihe bei Quellen, aber doch auch mit dem Gelingen einzelner, wirklich origineller Würfe.

Im Zusammenhang der Textentstehung ist bedenkenswert, was neuerdings Konradin Zeller hat zeigen können: daß nicht nur die Wirkungskategorien, sondern auch einzelne Dramenstrukturen, ja ihre Verfertigungskonzepte rhetorisch sind.[73] Der mit den Inventions- und Dispositionstechniken von früh an vertraute Schulrektor Weise war so in der Lage, das Entstehen, das Einstudieren und das Wirken des Stückes an den prinzipiell gleichen rhetorischen Kategorien zu orientieren. ‚Rhetorischen' Charakter trug freilich auch das hohe Trauerspiel eines Gryphius, Lohenstein oder Hallmann. Der Vergleich besonders mit Gryphius ist oft gezogen worden[74], und im Gattungsbereich des Lustspiels gibt es manche Berührungspunkte, etwa mit *Herr Peter Squentz*.[75] Im Trauerspiel jedoch nahm Weise, schon mit der Prosaform, eine Schultheatertradition auf, die andere, der Wanderbühne nähere Wege gegangen ist; auf politisch-kritische Aspekte dieser Tradition hat neuerdings Marianne Kaiser aufmerksam gemacht und Weise in eine Entwicklungslinie mit Johann Sebastian Mitternacht und Christian Zeidler gestellt.[76]

Bibeldrama, historisch-politisches Stück und Lustspiel begegnen bei Weise im gemeinsamen Medium der Prosa – allenfalls mit Verseinlagen – und rücken schon dadurch im Rahmen der Drei-Tages-Trilogie näher aneinander als Komödie und Alexandriner-Trauerspiel bei den Schlesiern. Höfisch-Pathetisches begegnet, nicht zum Zwecke der Parodie, im Lustspiel; biblische Muster werden in ‚politische' Historienstücke integriert; Derb-Biotisches, ja selbst Pickelhering, findet seinen Platz im Trauerspiel. Diese eigentümlichen, noch den heutigen Leser bisweilen irritierenden Grenzüberschreitungen und Vermischungen haben einen gattungsgeschichtlichen und einen gewissermaßen lebensphilosophischen Aspekt. Gottsched störte an Weise, wenn er ihn ‚regellos' nannte[77], in erster Linie die Durchbrechung der Gattungsgrenzen; und er versuchte, diese Kritik zu erhärten, indem er dem Schuldramatiker ‚Unkenntnis' der Alten vorwarf. Weise selbst konnte sich bei der Begründung seiner Konzeption gerade auf antike Autoritäten berufen[78], etwa auf Aristoteles, wenn es darum ging, aus dem ‚gemischten' Charakter des Lebens, der Wirklichkeit das ‚Gemischte' seiner Schultheaterstücke zu begründen. Dies gilt für die Thematik der einzelnen Dramen, für die Präsentation der verschiedenen Sozialbereiche und vor allem natürlich für die Sprechweise der einzelnen Figuren. So wie im *Politischen Redner,* für die planmäßig geformte Rede und Schreibe das Prinzip „Jedem das Seine" als das ‚politische' Prinzip galt, so muß auch im Schuldrama „die Rede gewißlich dem Menschlichen Leben ähnlich seyn".[79]

Weise hat, was die Repräsentation des menschlichen Lebens auf der Zittauer Schulbühne angeht, während der drei Jahrzehnte des Stückeschreibens gelernt: aus der praktischen Erfahrung mit seinen Schülern, aus der Beobachtung des ‚politischen' Lebens, und nicht zuletzt durch literarische Anregung. Er hat Gryphius aufmerksam studiert, vor allem auch die commedia dell'arte-Tradition und Molière genauer kennengelernt und sich davon beeinflussen lassen.[80] Aus alledem läßt sich eine ‚Entwicklung' rekonstruieren, ohne daß man diesen Begriff überanstrengen sollte. Namentlich die bleibende institutionelle Zweckbindung an das Schultheater darf bei der Betrachtung der einzelnen Stücke nicht vergessen werden. Sie konstituiert einen Typus, der zwischen schlesischem Kunstdrama, Wanderbühne und dann der Gottschedschen Reform ein deutlich eigenes historisches Profil zeigt. Die nachfolgende Überschau kann nur einzelne wenige Dramen, meist ohne den notwendigen trilogischen Zusammenhang, hervorheben in der Hoffnung, mit dem Typischen auch das heute noch in erster Linie Lesenswerte getroffen zu haben.

Das erste Stück der ersten Trilogie, die Weise auf die Zittauer Schulbühne brachte, behandelt als ‚biblisches' Drama einen seit der Renaissance besonders beliebten Stoff: *Der Tochter-Mord. Welchen Jephtha unter dem Vorwande eines Opfers begangen hat*[81], aufgeführt am 13. Februar 1679. Schon hier zeigt sich, was für nahezu die gesamte weitere Dramenproduktion Weises gilt: In den biblischen Stücken – fast ausschließlich nach Texten des Alten Testaments – fühlt sich der Vertreter der ‚politischen' Literaturpädagogik am wenigsten frei und beweglich. Der Ton der Klage, der gerade Lyriker des 17. Jahrhunderts immer wieder zur Gestaltung gereizt hat, führt als Grundton des Sujets auch im Drama zu einer eigentümlichen Statik. Eine Fülle von Variationen, dialogisch und monologisch, bis hin zu dem großen „Lamento" der Priester in V, 13 und zum Abschied Tamars in V, 14 bestimmen die Struktur des Ganzen. Tragendes Element ist die Musik (mit abgedruckten Kompositionen überwiegend von Moritz Edelmann); offenkundig knüpft Weise hier, zum ehrgeizigen Zittauer Einstand, an Aufführungsmodi an, wie er sie in Weißenfels kennengelernt hat.

Denkbar stark muß der Kontrast zu dem zweiten, politisch-historischen Stück gewesen sein, das am folgenden Tag auf die Bühne kam: *Der gestürtzte Marggraff von Ancre.*[82] Der Titelheld, Günstling Ludwigs XIII., tritt selbst nur im 1. und 5. Akt auf, sein Gegenspieler Herzog von Luynes ist treibende Kraft des dramatischen Geschehens. Beide führen mit ihrem bedenkenlosen Machtstreben mitten in die Welt des ‚politischen‘ Agierens.[83] Breit ausgeführt sind die Intrigen, die Vorbereitungen zum Sturz, das Aufwiegeln und Überreden. Besonderes Interesse zeigt Weise schon jetzt an der Rolle der Volksmasse, die Ancres Palast stürmt und plündert. Aber noch tritt sie nicht selbst als dramatis persona auf, das Geschehen bleibt im höfischen Rahmen, vom König bis hin zu den niedrigsten Hofchargen. Und zur Auflockerung darf auch Potage, des Marschalls von Ancre „kurtzweiliger Diener“, sein Wesen treiben. Am Ende steht, was zu Beginn schon beschlossene Sache ist: die Ermordung des Markgrafen von Ancre. Das Grundmotiv dieses fast ‚zeitgenössischen‘ Sujets, der Sturz des Mächtigen, erinnert durchaus an die hohe Barocktragödie. Aber die Mechanismen des ‚politischen‘ Handelns, abgelöst von jeder transzendentalen Sinngebung, und die noch tastende Realistik des Prosa-Sprechens deuten auf den eigenständigen Zweig des Schuldramas, den Weise jetzt auszubauen begann.

Zwischen dem biblischen und dem historisch-politischen Stück ist das Motiv des „Opfers“ ein wichtiges Bindeglied. Der *Bäurische Machiavellus*[84], am 15. Februar aufgeführtes „Lust-Spiel“, bringt alles andere als bloß den vergnüglichen Abschluß. Das Prinzip des brutal-eigennützigen Handelns herrscht nicht nur am Hof, unter den ‚Hohen‘, sondern bis hinein in die niedrigsten Schichten, zu den Bauern. So verteidigt sich Machiavelli, der in einem allegorischen Vorspiel auf dem Parnaß angeklagt wird. Der Kampf der Bauern von Querlequitsch um die frei gewordene Stelle des Pickelherings offenbart dann Verschlagenheit, Verleumdung und Betrügerei. Machiavelli wird freigesprochen. Zuletzt aber ziehen die Vertreter des tugendhaften Handelns in den Parnaß ein. Die Belehrung ist schulmäßig und faustdick geraten. Aber das Arbeiten mit den Kontrasten zwischen den verschiedenen Handlungsebenen und vor allem die satirische Darstellung des bäurischen Treibens verraten Talent, Schärfe der Beobachtung, Sinn fürs effektvoll Komische. Zusammengenommen bieten die drei Stücke, als Weises erste Zittauer Trilogie, das ‚Große Welttheater‘ in vielen Etagen und Kammern: von der Fürstenwelt des Alten Testaments bis zu mit-klagenden Bauern, vom König und Herzog bis zum Diener, vom Parnaß mit Apollo als Richter bis zu den Bauern von Querlequitsch. Der totale, umfassende Anspruch dieser Präsentation von ‚Welt‘ ist offenkundig. Doch im Gegensatz zum Welttheater der Jesuiten oder etwa Calderóns fehlt, jedenfalls im zweiten und dritten Stück, Gott als normgebende und lenkende Instanz. Grausamkeit und Brutalität des innerweltlichen Geschehens – dies zeitweilig dominant auch in dem biblischen Stück – bedürfen des nüchternen ‚politischen‘ Blicks.

Das Trauerspiel *Von dem Neapolitanischen Rebellen Masaniello*[85], 1682 auf die Bühne gebracht, also noch in den frühen Zittauer Jahren, ist bis heute das bekannteste und meistinterpretierte Stück Weises geblieben. Ihm gilt Lessings Formulierung „Funken von Shakespearschem Genie", ihm nähert sich aktuelles Interesse vom Thema ‚Rebellion' her. Nur wenige Analysen und Interpretationen gründen sich auf genauere Kenntnis des Weiseschen Werks insgesamt, oder auch nur seines Schultheaters. Schon die Wahl des Sujets, des neapolitanischen Aufstandes unter dem Fischer Tommaso Aniello vom Jahre 1647, ist bemerkenswert in der Anknüpfung an zeitgeschichtlich Bekanntes und in der Benutzung der Quellen.[86] Weise kommt es auf größtmögliche Realistik, ‚Lebens'-Nähe und Konkretheit an. Die nicht weniger als 82 Rollen dienen zwar auch dem Bedürfnis, möglichst viele Schüler zu beteiligen, aber zugleich dem differenzierten ‚Aufriß' der Sozialbereiche, wie ihn schon Weises erste Trilogie als ganze erkennen ließ. Aber jetzt ist erstmals ein Fischer die Hauptfigur eines Trauerspiels: eine ‚Anmaßung' im doppelten Sinn. Der Titelheld, der zum Anführer der Rebellion aufsteigt, scheitert. Aber auch der Stückeschreiber Weise hat sich auf ein gefährliches Feld begeben. Der ‚Nachredner' zum Trauerspiel soll das Außergewöhnliche zugleich feststellen und gewissermaßen ‚abfangen': „So ist nunmehr die wunderbahre Begebenheit von dem unvergleichlichen/ und ich möchte fast sagen von dem unglaublichen Masaniello zu Ende gebracht worden."[87]

Das Verhältnis zwischen Binnentext (‚Handlungs'-Text) und Rahmentexten (Widmung, Vorrede, Inhalt, Personenverzeichnis, Tenoristen; Nachredner) ist ungemein bezeichnend. Im Lauf der Bühnenhandlung selbst gibt es nicht wenige Hinweise darauf, daß die Rebellion zu Recht geschieht; gleich in der ersten Szene (I, 1) gesteht es die Gemahlin des Herzogs ein. Doch schon die Tenoristen künden an, daß „am Ende [...] Recht und Macht den Platz behält".[88] Im Auf und Ab des Geschehens besitzt Philomarini, „Cardinal und Ertz-Bischoff zu Neapolis", den klarsten Durchblick, er ist der ‚politische' Kopf. Und aufgrund seiner weltlich-geistlichen Doppelfunktion vermag er vorübergehend zu vermitteln. Im Nachredner wird die „Göttliche Providentz"[89] als die entscheidende Macht bemüht, die das Blatt gewendet habe. Aber der Kardinal, der diese Instanz doch am ehesten zu vertreten hätte, ist alles andere als eine pastorale Figur. Er ist ein Politicus.

Solche – und eine Reihe weiterer – Widersprüche hat man gern übersehen oder zu harmonisieren versucht. Sie sind für Weises Intention und für seine historische Übergangsposition gerade aussagekräftig. Das Geschehen um den Masaniello-Aufstand gibt ihm die Möglichkeit, am aktuellen Beispiel das Wanken eines ganzen Staatsgefüges und den vorübergehenden Rollentausch Einzelner zu zeigen. Brüche, Ungerechtigkeiten, Brutalität, Klugheit und Scheitern werden erkennbar – und alles dies in einer ‚natürlichen' Breite sprachlicher Äußerung: vom gestelzten Dialog der Hohen über die Schleimerei der Satelliten bis zur direkten, gar vulgären Biotik der Niederen. Die Allegro-Figur wirkt ‚unorganisch' und demonstriert doch gerade, in den Grenzen der Weiseschen Dramatik, das ,Gemischte' des Lebens. Hier mag Shakespeare von ferne vergleichbar sein, auch in der offenen, bisweilen sprunghaften Szenenfolge.

Die Alternative von ,höfisch' und ,gegenhöfisch'[90] ist hier so wenig angemessen wie bei Weises Rhetorik. Der Vertreter der ,politischen' Lebenslehre richtet sich auf verschiedenartige soziale Bedürfnisse aus, auf die der Höfe u n d des erstarkenden Bürgertums. *Masaniello* ist ,affirmativ' in seinen Rahmentexten, gewiß auch im bloßen Handlungsausgang. Aber indem er dem sozial und sprachlich Niedrigen Raum gibt innerhalb eines „Trauer-Spiels", indem er Unterdrückung und Willkür aufzeigt, geht er über die Beschreibung oder gar Rechtfertigung des Bestehenden hinaus. Die Durchbrechung von Gattungsregeln ist hier ästhetische Konsequenz eines Willens nach Realistik, Lebensnähe. „Geschichte" wird zum auf der Bühne demonstrierten Realfach, in dem „Klugheit" und „politisches" Verhalten zu lernen sind.

Es scheint, als habe Weise dem Ungewöhnlichen, Übermächtigen des fünf Stunden dauernden *Masaniello* dadurch zu entsprechen versucht, daß er am nächsten Tag ein wirklich harmloses, aber reizvoll-leichtes Stück folgen ließ: *Lustiges Nachspiel/ Wie etwan vor diesem von Peter Sqventz aufgeführet worden/ von Tobias und der Schwalbe*[91] (12. Februar 1682). Die Analogie zu Gryphius' *Herr Peter Squentz* (1658) reicht bis in viele Einzelheiten. Die Aufführung findet zum Geburtstag eines vornehmen Grafen statt. Regie führt ein Schulmeister, er gibt die Einsätze, indem er die Zunge herausstreckt. Und wenn bei Gryphius die Fehler „Säue" genannt werden, so hier „Ferkel". Im aufgeführten Stück gewinnt Weise auf virtuose Manier komische Effekte aus dem Kontrast zwischen der angeblichen Friedfertigkeit der Eheleute und ihrem vorgeführten Streit. Wegen seines lockeren, witzigen Charakters und nicht zuletzt der Nähe zum Stück des Gryphius ist *Tobias und die Schwalbe* im 19. Jahrhundert vergleichsweise populär gewesen, auch mehrfach bearbeitet worden. In seiner Zusammenbindung mit *Masaniello* (und dem biblischen Stück *Von Jacobs doppelter Heyrath*) repräsentiert das Nachspiel etwas von jener ,Wendigkeit' und Vielfalt Weises, die dem rubrizierenden Denken so gern als Beliebigkeit erschienen ist.

Während das Spiel *Vom Niederländischen Bauer* aus dem Jahre 1685 noch von Weise selbst zum Druck gegeben worden ist und heute gar als Taschenbuch angeboten wird[92], hat sich *Die boßhaffte und verstockte Prinzessin Ulvilda aus Dennemarck* als vorangehendes Stück nur handschriftlich erhalten.[93] Eigenartig, ja fremdartig ist das Stück in mehr als einer Hinsicht: ein Stoff aus der nordischen Geschichte, eine Heldin voll düsterer Leidenschaften, voll Herrschsucht, Heimtücke und dann wieder Ängstlichkeit. Die Heldin treibt die Handlung voran, ist nicht bloß ,Opfer', aber erregt doch auch wieder eigentümliche Anteilnahme, wenn sie sich selbst in ausweglose Situationen gebracht hat. Liebesregungen werden auch in zarter Nuancierung erkennbar, man hat gar von „beseelter

Erotik" und von „Rührung" gesprochen.[94] Es scheint nachgerade, als habe hier Weise einmal experimentiert und das Zielstrebige seines ‚politischen' Schultheaterprogramms etwas in den Hintergrund treten lassen.

Der nachfolgende *Niederländische Bauer*, mit der Gattungsangabe „Ein wunderliches Schau-Spiel", ist in seiner Rollenthematik um so ‚politischer'. Auffällig, wie die Exposition aus der Sicht von „Bürgern" geschieht. Und die Stadt wird dann auch zum notwendigen Begegnungsort für Fürst u n d Bauer. Friede und Wohlstand der Niederlande, von Herzog Philipp dem Guten garantiert, sind mehrfach hervorgehobene Rahmenbedingung des ‚Experiments', das mit dem Bauern angestellt wird. Der Hof hat sein Vergnügen an dem Niedrigen, der sich als Fürst wähnt, und am Ende wird der Bauer wieder in seine Welt zurückgestoßen. Das Stück hat, auch in dem eingelegten Singspiel, etwas Vergnüglich-Schwebendes und dann wieder Willkürlich-Brutales. Das Motiv des Rollenspiels und des Rollentauschs, deutlich an *Masaniello* erinnernd[95], ist hier eingebunden in das Prinzip von Täuschung und Ent-Täuschung, Traum und Ernüchterung. Wohl in keinem seiner Stücke ist Weise so nahe an Grundmotiven des spanischen Barock wie hier. Zu den ernüchternden Einsichten aber gehört, fast leitmotivisch wiederkehrend, das harte Nebeneinander: „Das Volck ist zur Arbeit geschaffen", hat dabei zu bleiben; und: „Wir sind alle Bauern", und wer es im Herzen verbergen kann, „wird ein qvalificirter Hoffmann genennet".[96] Wie im *Masaniello* sind am Ende die ‚richtigen' Verhältnisse wieder hergestellt. Aber es bleibt ein Mehr an Einsicht, das über die bloß unterhaltsame Demonstration der Ordnung hinausgeht.

Eine vorwärtsweisende Gestalt, jetzt mehr in der psychologischen Problematik der Rollenerprobung, ist auch der Held der wenige Jahre später entstandenen Komödie *Die unvergnügte Seele* (1688).[97] Vertumnus, „ein Mensch von guten Qualitäten", wird von der Melancholie geplagt, ist unvergnügt, rastlos in seiner Suche nach Erfüllung und Zufriedenheit. Weder Geselligkeit noch Liebschaft, weder Ehrenamt noch Reichtum, auch nicht die Beschäftigung mit Philosophie verschafft ihm Genugtuung – die Analogie zu Fausts Weg drängt sich auf. Erst die Begegnung mit dem Glück eines armen Ehepaars im Wald – das Motiv von Philemon und Baucis erinnert an eine entsprechende Episode in den *Drey klügsten Leuten* – bringt ihn zu der Erkenntnis, daß nur Genügsamkeit und Selbstbescheidung die wahre Zufriedenheit schenken. Das Motiv der ‚Mediocrität', der Maß-Ethik, und das Durchproben verschiedener sozialer Rollenmöglichkeiten verbinden das Stück vor allem mit den ‚politischen' Romanen. Über sie hinaus geht die Tendenz zur Psychologisierung, die von ferne schon an Elemente der Empfindsamkeit erinnert.[98]

Im breiten Gattungsspektrum des Lustspiels bewegt sich Weise mit auffälliger Freiheit und Wendigkeit. Dem Problemstück vom unvergnügten Vertumnus steht mit dem Spiel *Vom verfolgten Lateiner* (1696)[99] ein anderer Typus gegenüber, der mehr das Ländlich-Bäurische, Altväterische mit dem Streben nach

‚lateinischer' Gelehrsamkeit kontrastiert. Weise selbst zieht in einer Vorbemerkung die Verbindungslinie zum *Bäurischen Machiavellus*. Das Stück, das mit seinem vergleichsweise geringen Personal nicht an den sonst ausschlaggebenden Schultheaterbedürfnissen orientiert ist (zwischen 1689 und 1701 ruhte der Spielbetrieb), stellt so etwas wie ein komisch-satirisches ‚Kabinettstück' dar. Da für die Töchter von zwei Neureichen nur Grafen als Schwiegersöhne gut genug sein sollen, schicken zwei arme Studenten (= ‚Lateiner') zwei als Grafen verkleidete Schornsteinfeger vor und ‚befreien' die Töchter im Moment der Ehezeremonie. Die Aktion läßt bei Müttern und Töchtern endlich die Einsicht in die eigene Überspanntheit sich durchsetzen, das Hoch-Hinaus-Wollen erscheint im komischen Kontrast, und es siegt die Vernunft. Verkleidungstechnik, Rollentausch, Selbstüberhebung und Desillusionierung bestimmen als Weisesche Grundmotive das Stück. Vernunft, Mäßigung und Selbsterkenntnis bleiben als Forderungen und ‚politische' Lehren, die aus dem vorgeführten Exempel zu ziehen sind. Bemerkenswert virtuos sind Vorbereitung und Durchführung der Intrige, dabei auch die Imitation des zeremoniösen Sprechens gelungen. Weise scheint hier von Molières *Précieuses ridicules* angeregt worden zu sein, hat jedoch das Geschehen möglichst eindeutig in deutsches Milieu verlegt.[100] Im Licht der späteren sächsischen Familien- und Typenkomödie zeigt sich von neuem die Übergangsfunktion des Zittauer Stückeschreibers.

Es ist nicht lediglich die angestrengte Suche nach ‚Neuem', Vorausweisendem, was in Weises Dramenproduktion vor allem die Lustspiele bzw. „Schauspiele" und hier wiederum die nicht-nur-traditionellen als besonders reizvoll erscheinen läßt. Im Gattungsbereich der Komödie werden bekanntlich auch noch während der ersten Hälfte des 18. Jahrhunderts die am weitesten vordringenden Experimente des Dramas gewagt. Hier ist, nicht zuletzt aufgrund der Ständeklausel, der meiste Spielraum. Weises *Curieuser Körbelmacher*, 1702 „auff dem Zittauischen Theatro [...] von Etlichen Studirenden praesentiret"[101], entfaltet ein Geschehen ganz im kaufmännisch-handwerklichen Sozialbereich und kann schon von daher besondere Aufmerksamkeit beanspruchen. Susanne, die tugendsame und fromme Tochter eines Korbmachermeisters, wird von Petroni, dem Sohn eines reichen Kaufmanns, geliebt. Der zunftbewußte Vater Susannes will seine Tochter jedoch nur einem Korbmacher zur Frau geben; Petroni beugt sich dem, lernt das Handwerk, und die beiden dürfen heiraten. Durch eine Fülle von Verwicklungen (Unfälle, Schiffsuntergänge, Gefängnishaft usw.) werden sie dann jedoch auf lange Zeit getrennt. Petroni wird für tot gehalten, kehrt aber schließlich zurück, zunächst unerkannt. Am Ende dieser Odyssee steht die glückliche Wiedervereinigung des frommen und treuen Paares. Die Handlungsführung des Stücks folgt romanhaft-komödienhaften Konventionen, Situations- und Sprachkomik lockern das Ganze auf. Der alte Körbelmacher aber, in seinem handwerklichen Berufsstolz, erscheint ebenso positiv und vorbildhaft wie das junge Ehepaar. Was man als Altersweisheit des bereits sechzigjährigen Gymnasialrektors interpretieren könnte, ist zugleich vorausweisend: Familienkomödie und Familienroman der Gottsched- und Gellert-Zeit werden bei solcher bürgerlichen Wertsetzung anknüpfen, bürgerliches Familienethos beansprucht auf der Bühne wie im Roman, ernst genommen zu werden.

Weise hat die Spannung zwischen dem der Immoralismus-Kritik ausgesetzten ‚politischen' Lebensideal und den christlichen Tugendforderungen während seiner Zittauer Jahre offenbar immer deutlicher gespürt. Schon 1684 versuchte er, im *Väterlichen Testament* zu zeigen, „Wie ein zukünfftiger Politicus in seinem Christenthum soll beschaffen seyn/ wenn Er auf der Welt ein gut Gewissen behalten/ Und im Tode Die ewige Seligkeit davon bringen will."[102] Dieser ‚seelsorgerliche' Aspekt von Weises pädagogischer Tätigkeit, wie er sich auch etwa in den Gedichtsammlungen *Der grünen Jugend Selige Gedancken* (1685) und *Gott ergebene Gedancken* (1703) ausprägt, wird im Gesamtbild dieses Mannes allzu leicht vergessen oder ignoriert. Mit Versuchen vorschneller Harmonisierung ist hier ebensowenig geholfen wie bei dem schon erwähnten widersprüchlichen Verhältnis zwischen innerweltlichem Narrenbild und christlicher Rückversicherung in den *Ertz-Narren*, oder zwischen dem Binnengeschehen und den ‚salvatorischen' Rahmentexten des *Masaniello*.

Beim Überblick über das Gesamtwerk kehrt diese Grundfigur des Sowohl-als-Auch, mit Ansätzen zu begrenzten Einzelsynthesen, immer wieder. Sein *Politischer Redner* ist pluralistisch in dem Sinne, daß er Wege aufzeigt, wie unterschiedlichen Bedürfnissen unterschiedlicher Adressaten mit Erfolg gedient werden kann. Was sein Verhältnis zur rhetorischen Tradition angeht, so konnte er sich für die Grundprinzipien des zweckgerichteten Redens durchaus zu Recht auf den Bescheidenheitstopos zurückziehen: „Meine Regeln sind nicht mein: denn sie stecken in den ältesten Büchern."[103] Aber wo es um die Realität der sich entwickelnden modernen, absolutistischen „Staats-Handlungen" ging, konnte man seine Rede unmöglich „nach dem Ciceronianischen oder nach dem Aristotelischen Leisten einrichten".[104] Oder verfassungsgeschichtlich noch deutlicher: „bey diesen Monarchischen Zeiten wollen die Aristocratischen und Democratischen Künste von Rom und aus Griechenland nicht allemal zulangen."[105]

Beim Schuldrama, das ja auf das künftige ‚politische' Leben vorbereiten sollte und dabei auch Einblick in die „vertraute Redens-Kunst" hinter verschlossenen Türen gab, war Weise mit der Wahl der Prosa von vornherein im Vorteil. Er bot dem Schüler eine Sprachebene, mit der er grundsätzlich auch in der späteren Praxis rechnen konnte. Die Forderung, jeder Einzelne solle seinem „Naturell" gemäß reden (wonach Weise selbst ja auch die Rollentexte einzurichten beanspruchte), ist nicht zunächst vom Streben nach ‚Individualität' als solcher bestimmt, sondern allein vom Prinzip des Erfolgs. In der Poesie, der gebundenen Rede, aber wagt er sich noch einen Schritt weiter vor, auf charakteristische Art zugleich ein altes Argument der rhetorischen Affektenlehre aufnehmend: „was nicht von Hertzen kömmt/ das geht auch nicht wieder zu Hertzen."[106]

Gewissermaßen im Windschatten der an die Spitze gesetzten ‚Erfolgs'-Kategorie ergeben sich nun in der Tat einige Thesen und Formulierungen, die mehr als nur geschicktes Lavieren mit Tradition und Konvention verraten: „Der ist der beste Künstler/ der sich den nothwendigen Umständen nach an keine Regel bindet"[107], das liegt auf der Linie, die schließlich zu Lessing führt. Und an einzelnen Stellen, bei denen Weise sich von Vorgegebenem ‚löst', Regeln einschränkt, wird er recht grundsätzlich und läßt Kriterien erkennen, deren Charakter eminent ‚frühaufklärerisch' ist. In den *Curiösen Gedancken Von Deutschen Brieffen*, dort also, wo es sich um die tägliche Praxis besonders Vieler handelt, formuliert er auch besonders deutlich. Nicht nur wendet er sich gelegentlich scharf gegen die „blinde Admiration der Antiqvität".[108] In der Vorrede heißt es sogar programmatisch:

> ich bin kein Sclave von fremden Gedancken/ und in diesen Menschlichen Dingen/ die von unserer Vernunfft dependiren/ gilt der Locus Autoritatis bey mir so viel/ als ich in der Praxi und in der nützlichen Probe selbst fortkommen kan.[109]

„Praxis", „Probe", „Experientz" sind Leitworte seiner Literaturpädagogik und zugleich seiner ‚politischen' Lebenslehre, die auf diesseitige „Glückseligkeit" gerichtet ist und sich durch das Prinzip der „Mediocrität" moralisch sichert und abgrenzt. Realitätsnähe und Leichtfaßlichkeit, beides auf dem Fundament der noch voll präsenten christlich-humanistischen Bildungstradition, bilden die Voraussetzungen für Weises eigenen Lebenserfolg. Er betraf zunächst seinen schulischen Wirkungskreis. Als er am 21. Oktober 1708 gestorben war, rechnete sein Nachfolger die Gesamtzahl seiner Schüler aus: „12 808 Untergebene/ darunter 1 Grafe/ 5 Barones/ 92 Adliche Söhne/ 1709 auswärtiger und grossentheils ausländischer vornehmer Eltern Kinder."[110] In den Universitätsbereich hat Weise im wesentlichen nur indirekt hineingewirkt, durch Schüler, die zu Studenten wurden, vielleicht auch durch das eine oder andere Lehrbuch. Kontakte zu seiner alten Universität Leipzig hat er weiter gepflegt, insbesondere zu seinem Studienfreund Otto Mencke, an dessen *Acta Eruditorum* er sich mehrfach beteiligte. Die 1716 erschienenen *Epistolae selectiores* zeigen ihn im angeregten Briefwechsel mit einer Reihe bedeutender Gelehrter, darunter Ehrenfried Walter von Tschirnhaus – vorwiegend über pädagogische Fragen – und vor allem mit dem bekannten Jesuiten Bohuslaus Balbinus, den Weise 1684 in Prag auch besucht hat.

Das Lateinische verwendete Weise hier wie in vielen seiner Lehrbücher mit geläufiger Sicherheit. Die Muttersprache aber, deren Pflege er im Gymnasialbereich so entschieden und erfolgreich vorangetrieben hatte, mußte vor den Mauern der Universitäten fast überall haltmachen. Als Gottsched seine umfassende Sprach- und Literaturreform begann und Lehrbuch auf Lehrbuch verfaßte, bis hin zu Grammatik, Poetik und Rhetorik für Schulen, baute er faktisch auf Weises breiter Vorarbeit auf. Anerkannt hat er sie nicht. Und eine ‚politische' bzw.

,galante' Lebens- und Literaturkonzeption für die angehenden Gelehrten, mit Attraktion auch im Universitätsunterricht, hatte ein anderer, wohl genialerer Sachse entwickelt: Christian Thomasius, der Sohn seines Leipziger Lehrers. Es ist nicht unangemessen, hier von historischer ,Arbeitsteilung' zu sprechen. Vielleicht waren nur so die ,politischen' Zielsetzungen der Frühaufklärung in Deutschland voranzutreiben. Beide, Weise und Thomasius, sind oft als Paradigmen des Übergangs vom Barock zur Aufklärung in ihren Wesensmerkmalen gedeutet worden. Die Entscheidung z w i s c h e n den beiden ,Epochen', im Sinne einer Alternative, bleibt immer willkürlich, zumal sie weitgehend von definitorischen Setzungen abhängig ist.[111] In der Bewertung des Weiseschen Tätigkeitsbereichs ,Schule' ist die Bereitschaft zur Anerkennung während der letzten Jahre zweifellos gewachsen.[112] Der Prozeß der Aufklärung war nicht möglich ohne eine solche pädagogische Vorarbeit ,von unten'. Die Lehrbücher waren naturgemäß am raschesten veraltet. Den Schuldramen scheint am ehesten noch heute ,Leben' vergönnt. Der sprachliche Realismus, die Lebensnähe, die dramatische Mischform, der düstere Schluß von Stücken wie *Ancre* oder *Masaniello* weisen voraus auf Lenz und Büchner. Aber noch sind es nur Versuche, Vorstöße mit Brüchen und Ungereimtheiten. Liegt es am Einzwängenden der Schule?

Als Karl Lessing das Stück mit den „Funken von Shakespearschem Genie" schließlich aufgetrieben und gelesen hat, ist er enttäuscht: „warum ihn gleich mit Shakespear vergleichen?"[113] Der Brief an den Bruder Gotthold Ephraim vom 24. August 1773 nennt Stichworte, die für lange Zeit die Einschätzung Weises bestimmen werden. Der Schuldramatiker Weise gibt selbst den Ansatz für den Irrealis, den Karl Lessing wählt:

> Er würde, allem Vermuthen nach, ein ganz andres Stück aus dem Masaniello gemacht haben, wenn er nicht in seiner Dedication des Zittauischen Theaters von sich mit Recht sagen könnte: ,Die Schule ist ein schattichter Ort, da man dem rechten Lichte gar selten nahe kömmt'.[114]

Nach der Einschätzung vieler Zeitgenossen ist er dem ,rechten Licht' näher gekommen als viele andere Stückeschreiber, Dichter und Pädagogen – auch wenn es zum ,rechten Licht' der Aufklärung nur ein Vorschein gewesen ist.

Anmerkungen

Texte

Christian Weise: Sämtliche Werke. Hrsg. von John D. Lindberg. Berlin/New York 1971 ff. Bisher erschienen (von 25 geplanten Bänden): Bd 1 (1971): Historische Dramen I; Bd. 3 (1971): Historische Dramen III; Bd. 4 (1973): Biblische Dramen I; Bd. 5

(1973): Biblische Dramen II; Bd. 8 (1976): Biblische Dramen V; Bd. 11 (1976): Lustspiele II; Bd. 21 (1978): Gedichte II.

Ausgewählte neuere Einzelausgaben:

Die drei ärgsten Erznarren in der ganzen Welt. Abdruck der Ausgabe von 1678. Hrsg. von Wilhelm Braune. Halle 1878, Leipzig ²1967.

Der grünenden Jugend überflüssige Gedanken. Abdruck der Ausgabe von 1678. Eingeleitet von Max Freiherr von Waldberg. Halle 1914.

Regnerus und Ulvilda. Nebst einer Abhandlung zur deutschen und schwedischen Literaturgeschichte. Hrsg. von Wolf von Unwerth. Breslau 1914.

Bäurischer Machiavellus. Lust-Spiel. Hrsg. von Werner Schubert. Berlin 1966.

Ein wunderliches Schau-Spiel vom Niederländischen Bauer. Hrsg. von Harald Burger. Stuttgart 1969.

Masaniello. Trauerspiel. Hrsg. von Fritz Martini. Stuttgart 1972.

Politischer Redner. Reprint der Ausgabe von 1683. Kronberg/Ts. 1974.

Neu-Erleuterter Politischer Redner. Reprint der Ausgabe von 1684. Kronberg/Ts. 1974.

Ausgewählte Sammlungen mit Texten Weises:

Fulda, Ludwig (Hrsg.): Die Gegner der zweiten schlesischen Schule. Zweiter Teil. Berlin und Stuttgart o. J. [1884]; darin: Bäurischer Machiavellus, Komödie von der bösen Catharine.

Brüggemann, Fritz (Hrsg.): Aus der Frühzeit der deutschen Aufklärung. Christian Thomasius und Christian Weise. Leipzig ²1938. Nachdr. Darmstadt 1966; darin: Von Verfertigung der Komödien und ihrem Nutzen, Die unvergnügte Seele, Vom verfolgten Lateiner.

Ketelsen, Uwe-K. (Hrsg.): Komödien des Barock. Reinbek bei Hamburg 1970; darin: Vom verfolgten Lateiner.

Wichtigere Werke, die noch nicht in Neuausgaben zugänglich sind:

Die drey Hauptverderber in Deutschland. O. O. 1671.

Der Kluge Hoff-Meister/ Das ist [...] Nachricht/ wie ein sorgfältiger Hoffmeister seine Untergebenen in den Historien unterrichten [...] sol. Leipzig 1675.

Die Drey Klügsten Leute in der gantzen Welt. Leipzig 1675.

Der politische Näscher. O. O. (1676).

De poesi hodiernorum politicorum sive de argutis inscriptionibus. (Jena u. Helmstedt) 1678.

Kurtzer Bericht vom Politischen Näscher. Leipzig 1680.

Reiffe Gedancken. Leipzig 1682.

Institutiones Oratoriae. Leipzig 1687.

Politische Fragen. Dresden 1690.

Curieuse Gedancken Von Deutschen Brieffen. Dresden 1691.

Curieuse Gedancken Von Deutschen Versen. Leipzig 1691.

Nucleus Logicae. Leipzig u. Zittau 1691.

Gelehrter Redner. Leipzig 1692.
Politische Nachricht von Sorgfältigen Briefen. Leipzig 1693.
Freymüthiger und höfflicher Redner. Leipzig 1693.
Curieuse Fragen über die Logica. Leipzig 1696.
Curiöse Gedancken von der Imitation. Leipzig 1698.
Oratorische Fragen. Leipzig 1706.
Oratorisches Systema. Leipzig 1707.
Epistolae selectiores. Budissin 1716.

Einzelne Dramensammlungen (Texte nur z. T. in Neuausgaben zugänglich):

Zittauisches Theatrum. Zittau 1683.
Neue Jugend-Lust. Leipzig 1684.
Lust und Nutz der Spielenden Jugend. Dresden u. Leipzig 1690.
Neue Proben von der vertrauten Redens-Kunst. Dresden u. Leipzig 1700.
Theatralische Sittenlehre. Zittau 1719.

Die bislang detaillierteste Teilbibliographie zu den Dramen Weises bietet Eggert (s. Literatur), S. 1-18.
Vgl. im übrigen die Gesamtbibliographie bei Horn (s. Literatur), S. 295-306.

Literatur

Ludwig Fulda: Einleitung zu: Die Gegner der zweiten schlesischen Schule. Zweiter Teil (s. Texte), S. III-LXXX.
Erich Schmidt / Otto Kaemmel: Christian Weise. In: ADB 41 (1896), S. 523-536.
Otto Kaemmel: Christian Weise. Ein sächsischer Gymnasialrektor aus der Reformzeit des 17. Jahrhunderts. Leipzig 1897.
Kurt Levinstein: Christian Weise und Molière. Diss. Berlin 1899.
Johann Beinert: Christian Weises Romane in ihrem Verhältnis zu Moscherosch und Grimmelshausen. In: Studien z. vergleichenden Lit. gesch. 7 (1907), S. 308-328.
Georg Witkowski: Geschichte des literarischen Lebens in Leipzig. Leipzig u. Berlin 1909, S. 116-153.
Rudolf Becker: Christian Weises Romane und ihre Nachwirkung. Diss. Berlin 1910.
Max von Waldberg: Einleitung. In: Christian Weise, Der grünenden Jugend überflüssige Gedanken (s. Texte), S. V-XVIII.
Hans Schauer: Christian Weises biblische Dramen. Görlitz 1921.
Heinrich Haxel: Studien zu den Lustspielen Christian Weises. Diss. Greifswald 1932.
Agnes Roseno: Die Entwicklung der Brieftheorie von 1655-1709. Diss. Köln 1933.
Walther Eggert: Christian Weise und seine Bühne. Berlin u. Leipzig 1935.
Franz-Josef Neuß: Strukturprobleme der Barockdramatik (Andreas Gryphius und Christian Weise). Diss. München 1955.
Arnold Hirsch: Bürgertum und Barock im deutschen Roman. 2. Aufl. besorgt von Herbert Singer. Köln u. Graz 1957 ([1]1934).

Horst Hartmann: Die Entwicklung des deutschen Lustspiels von Gryphius bis Weise (1648-1688). Diss. Potsdam (PH) 1960.

Klaus Schaefer: Das Gesellschaftsbild in den dichterischen Werken Christian Weises. Diss. Berlin (HU) 1960.

Joachim Wich: Studien zu den Dramen Christian Weises. Diss. Erlangen 1961.

Werner Rieck: Das deutsche Lustspiel von Weise bis zur Gottschedin (1688-1736). Diss. Potsdam (PH) 1963.

Ludwig Richter: Das Zittauer Gymnasium als Mittler tschechisch-slowakisch-deutscher Wissenschafts- und Kulturbeziehungen in der Periode des Wirkens von Christian Weise und Christian Peschek 1678-1744. Diss. Berlin (HU) 1963.

Heinz Otto Burger: „Dasein heißt eine Rolle spielen." Studien zur deutschen Literaturgeschichte. München 1963.

Walter Hinck: Das deutsche Lustspiel des 17. und 18. Jahrhunderts und die italienische Komödie. Stuttgart 1965.

Hans Arno Horn: Christian Weise als Erneuerer des deutschen Gymnasiums im Zeitalter des Barock. Der ‚Politicus' als Bildungsideal. Weinheim/Bergstr. 1966.

Joachim Dyck: Ticht-Kunst. Deutsche Barockpoetik und rhetorische Tradition. Bad Homburg v. d. H. / Berlin / Zürich 1966.

Ludwig Fischer: Gebundene Rede. Dichtung und Rhetorik in der literarischen Theorie des Barock in Deutschland. Tübingen 1968.

Reinhard Nickisch: Die Stilprinzipien in den deutschen Briefstellern des 17. und 18. Jahrhunderts. Göttingen 1969.

Wilfried Barner: Barockrhetorik. Untersuchungen zu ihren geschichtlichen Grundlagen. Tübingen 1970.

Fritz Martini: Christian Weise: Masaniello, Lehrstück und Trauerspiel der Geschichte. In: Orbis Litterarum 25 (1970), S. 171-196; auch in: Masaniello-Ausgabe, 1972 (s. Texte), S. 187-220.

Marianne Kaiser: Mitternacht – Zeidler – Weise. Das protestantische Schultheater nach 1648 im Kampf gegen höfische Kultur und absolutistisches Regime. Göttingen 1972.

Wilhelm Voßkamp: Romantheorie in Deutschland von Marin Opitz bis Friedrich von Blanckenburg. Stuttgart 1973.

Gotthardt Frühsorge: Der politische Körper. Zum Begriff des Politischen im 17. Jahrhundert und in den Romanen Christian Weises. Stuttgart 1974.

Alberto Martino: Christian Weise. In: Dizionario critico della letteratura tedesca. Diretto da Sergio Lupi, vol. 1. Torino 1976, S. 1262-1266.

Volker Sinemus: Poetik und Rhetorik im frühmodernen deutschen Staat. Göttingen 1978.

John D. Lindberg: Höfisch oder gegenhöfisch? Christian Weise in neuer Sicht. In: Literatur als Dialog. Festschr. f. Karl Tober. Johannesburg 1979, S. 159-166.

Helmut Koopmann: Drama der Aufklärung. Kommentar zu einer Epoche. München 1979, S. 45-63 (zu *Masaniello* und *Bäurischer Machiavellus*).

Konradin Zeller: Pädagogik und Drama. Untersuchungen zur Schulcomödie Christian Weises. Tübingen 1979.

Wilfried Barner

Nachweise

¹ Lessing: Lachmann-Muncker, Bd. 18, S. 85.

² So zuerst – und nach ihm viele andere – der Freund Johann Arnold Ebert am 14. März 1772 (a. a. O., Bd. 20, S. 151).

³ Ebd., Bd. 18, S. 85.

⁴ Ebd., Bd. 20, S. 272.

⁵ So Willi Händler: Christian Weises *Masaniello* – ein Theaterstück? Skizze der Kasseler Regie-Konzeption. In: Inszenierung und Regie barocker Dramen. Arbeitsgespräch Wolfenbüttel. Hrsg. von Martin Bircher. Hamburg 1976 (Dokumente des Internat. Arbeitskreises f. Dt. Barocklit. 2), S. 76-80, hier: S. 80.

⁶ Ebd., S. 80.

⁷ Peter Rusterholz: Bericht über die *Masaniello*-Aufführung in Kassel. Ebd., S. 81-86, hier: S. 82 f.

⁸ Johann Caspar Wetzel: Hymnopoeographia, oder Historische Lebens-Beschreibung Der berühmtesten Lieder-Dichter. Herrnstadt 1724 (¹1718), S. 380.

⁹ Eggert (s. Literatur), S. 338.

¹⁰ Christian Wernicke: Epigramme. Hrsg. und eingel. von Rudolf Pechel. Leipzig 1909, S. 303 f.

¹¹ Johann Christoph Gottsched: Versuch einer Critischen Dichtkunst. Leipzig ⁴1751, S. 642 (dort bezogen auf das Lustspiel, aber von Gottsched an anderen Stellen auch für andere Weisesche Gattungen ausgesagt).

¹² Ebd., S. 257 (Kapitel über den Ornatus).

¹³ Zu den Stereotypen im einzelnen Herbert Jaumann: Die deutsche Barockliteratur. Wertung – Umwertung. Bonn 1975, S. 58 ff.

¹⁴ Fulda: s. Literatur (wichtig vor allem die umfangreiche und detaillierte „Einleitung" in Weises Werk, S. III-LXXX).

¹⁵ Georg Gottfried Gervinus: Geschichte der poetischen National-Literatur der Deutschen, 3. Teil. Leipzig 1838, S. 411-415 und S. 475-482 (das Zitat: S. 479).

¹⁶ Aus diesem Interesse heraus sind während der 2. Hälfte des 19. Jahrhunderts – und später – zahlreiche noch heute wichtige Quellenuntersuchungen u. a. zur Biographie, zur Schulpraxis und zu den Lehrbüchern Weises entstanden. Eine ausführliche Zusammenstellung enthält die Arbeit von Horn (s. Literatur).

¹⁷ Aus den 20er und 30er Jahren ist hier vor allem an die Arbeiten und die Textauswahl Fritz Brüggemanns zu erinnern (s. Texte).

¹⁸ Zentrum ist die gut ausgestattete und recht aktive Christian-Weise-Bibliothek in Zittau. Wichtige Erschließungsarbeiten vor allem zu den Lustspielen leisteten die Längsschnitte von Hartmann und Rieck; vgl. auch die Untersuchungen von Schaefer und Richter (s. Literatur).

¹⁹ Hirsch: Bürgertum und Barock . . ., S. 41 f. und S. 44.

²⁰ Im folgenden wird für zahlreiche Einzelheiten Bezug genommen auf die Weise-Kapitel in Barner: Barockrhetorik, S. 167-189 und S. 190-220. Dort nähere Angaben zu den Quellen für Weises Biographie (dem knappen Überblick von Schmidt und Kaemmel hinzuzufügen ist jetzt der Lexikon-Artikel von Martino, s. Literatur).

²¹ Aufschlußreiche Details, mit weiterführenden Hinweisen, in der Arbeit von Richter (s. Literatur).

²² Zu dieser umfassenden Konzeption und dem ihr entsprechenden Lehrplan vgl. Barner: Barockrhetorik, S. 258-321.

²³ Die Quellenlage ist nicht ganz eindeutig, vgl. ebd., S. 198, Anm. 65.

²⁴ *Curiöse Gedancken Von Deutschen Versen* (s. Texte), 2. Teil, S. 53 f.

²⁵ Hierzu Witkowski (s. Literatur), S. 116-153 und die neuere Arbeit von Anthony

J. Harper: Leipzig Poetry after Paul Fleming. A Re-Assessment. In: Daphnis 5 (1976), S. 145-170.

26 Hierzu jetzt die große Untersuchung von Wulf Segebrecht: Das Gelegenheitsgedicht. Stuttgart 1977.

27 Ausgabe von Waldberg (s. Texte), S. 5 f.

28 Lindberg, Bd. 21, S. 17-19.

29 *Curiöse Gedancken Von Deutschen Versen* (s. Texte), 1. Teil, S. 141.

30 Ebd., 2. Teil, S. 16.

31 Ebd., 2. Teil, S. 18.

32 Zur Poesie als „Instrumental-Wesen" oder Privatbelustigung vgl. Sinemus (s. Literatur), S. 140 ff.

33 Zum Begriff, zur neuen Disziplin und zu den komplizierten Entwicklungen des neuen ‚politischen' Staatsdenkens vgl. jetzt die Untersuchung von Frühsorge (s. Literatur), mit umfangreichen weiterführenden Hinweisen.

34 *Neu-Erleuterter Politischer Redner* (s. Texte), S. 651.

35 Sie werden ausführlich behandelt in der Arbeit von Wich (s. Literatur), S. 11-42.

36 *Die drey ärgsten Ertz-Narren In der gantzen Welt*, Ausgabe von Braune (s. Texte), S. 4.

37 Aus der umfangreichen historischen Literatur hierzu sei nur genannt Gerhard Oestreich: Geist und Gestalt des frühmodernen Staates. Berlin 1969.

38 *Oratorisches Systema*, Leipzig 1707, S. 610.

39 Näheres bei Barner: Barockrhetorik, S. 412-416.

40 Zu Institution und Lehrplan vgl. ebd., S. 377-384 (mit weiterführender Literatur).

41 Hierzu neuerdings Frühsorge (s. Literatur), S. 178-182 mit der umfangreichen Anm. 253 (S. 266; dort die ältere Literatur).

42 *Ertz-Narren*, Ausgabe Braune (s. Texte), S. 3.

43 Grimmelshausen: *Dess Weltberuffenen Simplicissimi Pralerey und Gepräng mit seinem teutschen Michel*. Hrsg. von Rolf Tarot. Tübingen 1976, S. 17 (Kapitel III).

44 *Ertz-Narren*, Ausgabe Braune, S. 216.

45 Ebd., S. 226.

46 *Der grünenden Jugend überflüssige Gedancken*. Ausgabe von Waldberg, S. 143 f. (IX, 1): „Er ist ein Narr."

47 Frühsorge: Der politische Körper, 1974 (s. Literatur).

48 Hierzu Barner: Barockrhetorik, S. 135-150.

49 Frühsorge, S. 154-182.

50 Voßkamp: Romantheorie in Deutschland (s. Literatur), S. 103 (vgl. S. 96-103).

51 Jetzt zugänglich in der kritischen Ausgabe von Lindberg, Bd. 21 (1978).

52 Ebd., S. 402.

53 Ebd., S. 402.

54 So auf dem Titelblatt der Ausgabe Leipzig 1681.

55 Zum folgenden Barner: Barockrhetorik, S. 167-175; Sinemus: Poetik und Rhetorik ... (s. Literatur), S. 108-144.

56 Zur *argutia*-Bewegung, besonders auch im Zusammenhang der jesuitischen Literaturpolitik, vgl. Barner: Barockrhetorik, S. 44-46 und S. 355-362.

57 Auffällig sind die relativ wenigen Bezugnahmen auf Riemer in Weises Schriften nach 1678.

58 *Orationes duae*. Zittau 1678 (darin auch die Weißenfelser Abschiedsrede).

59 Zu diesem Bereich, der hier nur am Rande erwähnt werden kann, vgl. die grundlegende Darstellung von Horn, 1966 (s. Literatur).

60 So etwa zu Beginn des Zweiten Teils, S. 5.

61 Zu den Abweichungen von der Tradition der doctrina im einzelnen muß hier auf

die einschlägigen Arbeiten besonders von Fischer und Sinemus (s. Literatur) verwiesen werden.

[62] *Politischer Redner,* S. 219-249.

[63] Für dieses wichtige Thema generell Ulrich Wendland: Die Theoretiker und Theorien der sogen. galanten Stilepoche und die deutsche Sprache. Leipzig 1930. Einzelnes findet sich auch in den Arbeiten von Fischer, Nickisch und Sinemus (s. Literatur). Hilfreiche Textausschnitte aus dem Zeitraum seit 1680 bringt: Der galante Stil 1680-1730. Hrsg. von Conrad Wiedemann. Tübingen 1969.

[64] Gedruckt in der *Politischen Nachricht von Sorgfältigen Briefen* (1693).

[65] Vorrede zu *Lust und Nutz der Spielenden Jugend* (1690), Ausgabe Lindberg, Bd. 8, S. 423.

[66] Ebd., S. 417.

[67] Vgl. den im Abschnitt „Texte" gegebenen Überblick und die Tabelle bei Eggert (s. Literatur), S. 1-18.

[68] Auch nur die Grundlinien der Forschung anzudeuten, liegt jenseits der Möglichkeiten dieser Skizze. Unter den in der Literaturliste aufgeführten neueren Arbeiten seien hervorgehoben: Hartmann, Wich, Rieck, Burger, Hinck, Kaiser, Zeller.

[69] Hierzu Barner: Barockrhetorik, S. 302-321.

[70] Exemplarische Stelle: Ausgabe Lindberg, Bd. 8, S. 422.

[71] Vorrede zum *Curieusen Körbelmacher.* Görlitz 1705, fol. a 4ʳ.

[72] Ausgabe Lindberg, Bd. 8, S. 418 f.

[73] Zeller: Pädagogik und Drama, 1979 (s. Literatur).

[74] Besonders eingehend in der Arbeit von Neuß, 1955 (s. Literatur).

[75] Beispielsweise folgt 1683 auf den *Masaniello* eine „Parodie eines neuen Peter Sqvenzes".

[76] Kaiser: Mitternacht-Zeidler-Weise, 1972 (s. Literatur).

[77] Vgl. das in Anm. 11 nachgewiesene Zitat.

[78] Zu der eigenständigen Art, mit antiken Autoritäten umzugehen, vgl. Barner: Barockrhetorik, S. 187 f.

[79] Ausgabe Lindberg, Bd. 8, S. 423.

[80] Hierzu besonders Hinck, S. 136-138 und die ältere Arbeit von Levinstein (s. Literatur).

[81] Text jetzt in der Ausgabe Lindberg, Bd. 4, S. 1-196.

[82] Ausgabe Lindberg, Bd. 1, S. 1-151.

[83] Unter das Stichwort des *homo politicus* als eines neuen Menschentypus stellt Wich (s. Literatur), S. 43 ff. seine Interpretation.

[84] Ausgabe Lindberg, Bd. 11, S. 1-159. Hingewiesen sei auch besonders auf die Einzelausgabe durch Werner Schubert (1966), mit Analyse, Kommentar und Materialien (s. Texte).

[85] Ausgabe Lindberg, Bd. 1, S. 153-373. Unter den Einzelausgaben am wichtigsten die neuere von Fritz Martini (1972) mit dem ausführlichen Nachwort über *Masaniello* als „Lehrstück und Trauerspiel der Geschichte".

[86] Hierzu jetzt kompetent Italo Michele Battafarano: Alessandro Giraffi und Christian Weise. In: I. M. B.: Von Andreae zu Vico. Untersuchungen zur Beziehung zwischen deutscher und italienischer Literatur im 17. Jahrhundert. Stuttgart 1979, S. 107-170.

[87] Ausgabe Lindberg, Bd. 1, 371.

[88] Ebd., S. 160 f.

[89] Ebd., S. 372.

[90] Vgl. die kritische Auseinandersetzung Lindbergs mit neueren Deutungen in dem unter ‚Literatur' genannten Aufsatz von 1979.

[91] Ausgabe Lindberg, Bd. 11, S. 249-379.

[92] Ausgabe Harald Burger, 1969 (s. Texte).

[93] Ausgabe von Unwerth, 1914 (s. Texte).

[94] Wich (s. Literatur), S. 141-154.

[95] Hierzu vor allem die Analysen von Heinz Otto Burger: „Dasein heißt eine Rolle spielen" (s. Literatur), S. 75-93.

[96] So der Kammerherr Robert in IV, 6 (Ausgabe Harald Burger, S. 88 f.).

[97] Gedruckt 1690 in *Lust und Nutz der Spielenden Jugend* (s. Texte). Neudruck mit modernisiertem Text in der Auswahl von Brüggemann, ²1938 (s. Texte), S. 135-281.

[98] Hierzu Heinz Otto Burger: Die unvergnügte Seele. In: „Dasein heißt eine Rolle spielen" (s. Literatur), S. 120-143. Vgl. auch Wich (s. Literatur), S. 155-173.

[99] Nach dem Erstdruck (anschließend an *Comödien Probe,* 1696) wiedergegeben in der Sammlung von Ketelsen: Komödien des Barock (s. Texte), S. 127-194. Modernisierter Neudruck bei Brüggemann (s. Anm. 97), S. 282.

[100] Hierzu Hinck: Das deutsche Lustspiel . . . (s. Literatur), S.137 f.

[101] So auf dem Titelblatt des Drucks, der in Görlitz 1705 erschien. Das Stück liegt also nach der längeren Pause im Zittauer Schultheaterspiel, die zwischen den Jahren 1689 und 1701 eintrat.

[102] *Väterliches Testament.* Leipzig 1684.

[103] *Oratorische Fragen.* Leipzig 1706, Vorrede, fol. a 7ʳ.

[104] *Neue Proben von der vertrauten Redens-Kunst.* Dresden u. Leipzig 1700, Vorrede, fol. a. 3ᵛ.

[105] Ebd., fol. a 3ʳ.

[106] *Curiöse Gedancken Von Deutschen Versen* (s. Texte), 2. Teil, S. 21.

[107] Vorrede zur *Comödien Probe* (1696), Ausgabe Lindberg, Bd. 8, S. 432.

[108] *Curiöse Gedancken Von Deutschen Brieffen* (s. Texte), S. 536.

[109] Ebd., fol. a 6ʳ.

[110] Zitatnachweis bei Barner: Barockrhetorik, S. 214. Weitere Einzelheiten bei Horn: Christian Weise . . . (s. Literatur), S. 162-168.

[111] Wichtiges hat hierzu bereits Fritz Brüggemann in der Einführung zu seinem Thomasius / Weise-Band gesagt (s. Texte). Zu Weise vgl. Barner: Barockrhetorik, S. 215-220.

[112] Hervorgehoben seien für die Pädagogik die Monographie von Hans Arno Horn (1966) und für die Literaturwissenschaft – spät genug – die Untersuchung der Schuldramen durch Konradin Zeller (1979).

[113] Lachmann-Muncker, Bd. 20, S. 278.

[114] Ebd., S. 278.

WERNER WELZIG

ABRAHAM A SANCTA CLARA

Der Versuch, die literarhistorische Bedeutung Abrahams a Sancta Clara zu skizzieren, macht Verlegenheiten offenbar, deren Ursache nicht sogleich auszumachen ist, deren geschichtliche Wirksamkeit bei der Frage nach Abrahams Geltung in der Forschung aber sehr deutlich erkennbar wird. Früher als den meisten anderen Autoren des Barockzeitalters hat die Literaturgeschichtsschreibung sich Abraham a Sancta Clara zugewendet. Mehr als den meisten Autoren seines Ranges ist sie ihm bis heute schuldig geblieben. Theodor von Karajan, der bereits in den sechziger Jahren des 19. Jahrhunderts den Anstoß zur wissenschaftlichen Beschäftigung mit dem neben Grimmelshausen wahrscheinlich herausforderndsten deutschen Autor dieser Epoche gegeben hat, wußte um die Grenzen seiner Arbeit. Obwohl Träger der prestigesatten Funktion eines Präsidenten der Kaiserlichen Akademie der Wissenschaften zu Wien, gesteht er freimütig, daß es ihm für eine „kritische, allseitige Würdigung" von Abrahams literarischem Werk an „Muth und Geschick" fehle.[1] Späteren Generationen von Literarhistorikern hat es zumindest an „Muth" nicht mehr gemangelt. Trotz aller Aufmerksamkeit, der sich die Barockliteratur gerade in der jüngeren und jüngsten Vergangenheit erfreut, ist dieser Mann, von dem seine Zeitgenossen als einem „Wunder unserer Zeit" gesprochen haben, für die Literaturgeschichte aber nach wie vor eine Randfigur seiner Epoche.

I

Was wir von Abrahams Leben und Werk wissen, ist dichter und dürftiger zugleich als unsere Kenntnis der meisten anderen Autoren, in denen sich heute der Kanon deutscher Barockliteratur repräsentiert. Dem historisch-biographischen Interesse, das Karajan Abraham entgegenbrachte, dem Wilhelm Scherer zu einer gewissen Resonanz verhalf, und das schließlich 1918 in der mit Sorgfalt und Liebe geschriebenen Monographie Karl Bertsches einen vorläufigen Höhepunkt fand, verdanken wir ein relativ dichtes Netz Abrahamscher Lebensdaten. Sie reichen von der Herkunft aus dem schwäbischen Flecken Kreenheinstetten, wo Hans Ulrich Megerle 1644 als achtes Kind leibeigener Leute im Wirtshaus „Zur Traube" geboren wurde, über die Lateinschule in Meßkirch, das Studium bei den Jesuiten in Ingolstadt und anschließend bei den Benediktinern in Salzburg, den Eintritt in den jungen Ordenszweig der Reformierten Augustiner Barfüßer, die Tätigkeit als Neupriester im Kloster dieses Ordens in Wien, die Berufung als Wallfahrtsprediger nach Taxa bei Augsburg, die Rückberufung nach Wien, „nachmalen (sich) gezeigt", wie Alexander a Latere Christi, der Ordner und Herausgeber von Abrahams Nachlaß in der Vorrede zum *Abrahamischen Bescheid-Essen* bemerkt, „daß Er kein geschwätziger / sondern tiefsinniger / beredtsamer Schwab seye", die Ernennung zum „Kaiserlichen Prediger" (1677), die Tätigkeit als Subprior und Prior im Wiener Kloster, den Wechsel nach Graz, die Wahl zum Prior des dortigen Klosters am Münzgraben bis hin zur Rückkehr nach Wien, der Betrauung mit der Leitung der deutsch-böhmischen Ordensprovinz und zuletzt mit dem Amt eines Definitors der Provinz, das er bis zu seinem Tode im Jahre 1709 innehatte. Ein an geistlichen Pflichten reiches Leben. Ein Leben, dessen Fazit eine handschriftliche Eintragung im Katalog der Bibliothek seines Wiener Klosters mit den Worten zieht: „Nullum erat religionis officium, cui non prudenter praeerat, nulla onerosa dignitas, cui non humiles humeros subjecit."[2]

Neben den biographischen waren frühzeitig auch die wichtigsten bibliographischen Voraussetzungen für eine Beschäftigung mit Abraham gegeben. Wiederum ist der Name Karl Bertsches zu nennen. Sein 1922 zum ersten Male erschienenes Verzeichnis der „Werke Abrahams a Sancta Clara in ihren Frühdrucken" war ein wohl ergänzungsbedürftiges, im wesentlichen aber brauchbares Instrument der Orientierung. An der Spitze der rund sechzig selbständig erschienenen Titel, die Bertsche verzeichnet, stehen Predigten, Lobreden auf die Heiligen Leopold (1673), Joseph (1675), Georg (1676), Franz Xaver (1677) und auf Maria (1677), sowie eine Rede aus Anlaß der dritten Vermählung Leopolds I. (1676). Bereits elf Jahre nach der ersten dieser gedruckten Predigten, der Leopoldspredigt *Astriacus Austriacus*, faßt im Jahre 1684 ein Sammelwerk die bis dahin im Druck erschienenen Arbeiten Abrahams zusammen: *Reimb dich / Oder Ich Liß dich*. In diesem Sammelband, den auch Goethe und Schiller in Händen gehabt haben und der heute noch eine bessere Abraham-Anthologie wäre als die meisten neueren „Blütenlesen", stehen neben Predigten u. a. die zwei wichtigsten und berühmtesten kleineren Schriften Abrahams, die Pestschrift von 1680, *Mercks Wienn*, und die Türkenschrift von 1683, *Auf / auf ihr Christen!* Erst in den nachfolgenden Jahren erscheinen die größer konzipierten Arbeiten, wie der vierteilige *Judas Der Ertz-Schelm* (1686-1695), die in lateinischer Sprache abgefaßte *Grammatica religiosa* (1691), *Etwas für alle* (1699), *Heilsames Gemisch Gemasch* (1704) und *Huy! und Pfuy!* (1707).

Eine solche Aufzählung von Drucken darf nicht vergessen machen, daß Abraham nicht nur durch die Feder, sondern wesentlich auch durch das gesprochene Wort gewirkt hat. Nach dem Bewußtsein der Zeitgenossen basierte seine Bedeutung ebenso auf den „gehaltenen" Predigten wie auf den „ausgegangenen" Schriften. Seine Stimme entfaltet sich – um nur einige Situationsangaben der Predigtdrucke zu zitieren – „mitten in der Statt Wienn auff offentlichem Platz bey einer vnglaublichen Menge Volcks", „mitten in der Kayserlichen Residentz-Statt Wienn / vor einem Volckreichen Auditorio, under dem freyen Himmel", „in dem herrlichen Tempel deß Profess-Hauß der Societet Jesu in Wienn", „vor der gesambten Kayserl. Hoffstatt / in dem ... Hochlöbl. Stifft ... Closter-Neuburg", „in Gegenwart eines hohen / vnd häuffigen Adels / wie auch eines Volckreichen Auditorij ... auff der Cantzel in der Herren P. P. Prediger Kirchen zu Grätz in Steyermarckt". Wir wissen wenig darüber, welche Vorstellung das, was schriftlich überliefert ist, von der Gestalt und von der Wirkung dieses auf Kirchen und Plätzen gesprochenen, an „hoch- und niedere Standspersonen" gerichteten Wortes gibt, von dem die wichtigste biographische Quelle mit einem an Abraham gemahnenden „Buchstabenwechsel" vermerkt, daß sich die Landgrafen zu Fürstenberg, Hans Ulrich Megerles einstige Lehnsherren, ihres Untertanen zu freuen hätten, der auf der Kanzel als auf einem Berg T a b o r seinen R o b a t verrichtet habe, indem er durch vierzig Jahre die evangelische Wahrheit verkündete.[3]

Zu den verhältnismäßig reichen biographischen und bibliographischen Daten, die einer Beschäftigung mit Abraham paradigmatische Möglichkeiten böten, gesellt sich schließlich eine für die deutsche Barockliteratur geradezu exzeptionelle quellenmäßige Voraussetzung. Das Glück des Suchers hat Karl Bertsche 1926 in der Österreichischen Nationalbibliothek ein Konvolut von handschriftlichen Predigten und Predigtentwürfen Abrahams finden lassen. Was hier in Urschriften und Abschriften erhalten ist, hatte man bis dahin zum Teil und nur in sehr veränderter Form aus den posthumen Sammelbänden *Abrahamisches Bescheid-Essen* und *Abrahamische Lauber-Hütt* gekannt. Trotz der Widrigkeiten des Zweiten Weltkrieges war es Bertsche vergönnt, diesen handschriftlichen Bestand in den Jahren 1943-1945 in einer dreibändigen Edition vorzulegen. Ein im Problemfeld von Mündlichkeit und Schriftlichkeit höchst bedeutsames Zeugnis ist damit zugänglich.

II

Gemessen an derart günstigen Voraussetzungen wissen wir von Abrahams literarischer Leistung erstaunlich wenig. Der Ort, an dem er vor allem gewirkt hat, Wien und die Predigtkanzel, mag – um eine schon von Wilhelm Scherer abgewandelte Bemerkung Jean Pauls aufzunehmen – daran seinen Anteil haben.[4] Diese Bedingungen des Schaffens sollten aber nicht hinreichen, um die Unempfindlichkeit der Literaturwissenschaft gegenüber dem „reichen Schatz", der „höchsten Stimmung" und der „Gescheidigkeit" zu erklären, die Goethe und Schiller noch in den Schriften Abrahams erkennen konnten.[5] Die Ursache für unsere Verlegenheit, Abrahams Eigenart sichtbar zu machen, muß tiefer liegen. Das Faszinosum, das Abraham – im auffälligen Gegensatz zur Rezeptionsgeschichte der meisten seiner Zeitgenossen, ganz besonders jener oberdeutscher Provenienz – von der frühen Aufklärung bis in die Goethezeit immer wieder werden konnte, und das von den *Monatsgesprächen* des Thomasius, an deren Eingang das „Ingenium" Abrahams erörtert wird, bis zu der an Abrahams Türkenschrift gebildeten Kapuzinerpredigt Schillers seinen Niederschlag fand, mag – anders als dies gemeinhin angenommen wird – selbst schon Zeugnis dieser Verlegenheit sein. Die naive Frage, was etwa Schiller an Abraham gereizt hat, erweist sich insofern als höchst hilfreich, als sie uns aufmerksam macht, daß es jenseits des Barockzeitalters fast durchwegs nur mehr die „wunderbarliche Red-Art" ist, die das Interesse auf den kaiserlichen Prediger lenkt. Geblendet durch das Phänomen des Stils hat man jedoch übersehen, daß Abrahams Werk nicht zu beschreiben ist, wenn man zu fragen vergißt, wie es gemeint und für wen es gemeint war. Abrahams poetische Qualitäten sind nicht abzulösen von dem geistlichen Wurzelboden, auf dem sie wachsen, und von der seelsorgerischen Absicht, der sie dienen. Wer das Vorhaben des Predigers ignoriert, dem zerfällt letztlich auch das Werk des Schriftstellers zu stilgeschichtlichem Belegmaterial.

Da die Germanistik sich für Intention und Adressaten der geistlichen Rede kaum interessiert, steht – in nur scheinbar paradoxer Konsequenz – eine literaturwissenschaftliche Beurteilung Abrahams aus. Selbst eine knappe differenzierende Vorstellung der einzelnen Werke konfrontiert uns schon mit erheblichen Problemen. Die handelsüblichen Epitheta täuschen darüber mehr oder weniger elegant hinweg. Bereits bei der Frage der Gattungszuordnung versagt unser Beschreibungsvokabular. Präzise Auskünfte liefern in diesem Zusammenhang lediglich die im allgemeinen kaum beachteten Register. Sie tragen allerdings nicht zu einer Gattungs-Differenzierung, sondern ganz im Gegenteil zur Betonung des Funktionszusammenhanges von Abrahams Schriften bei. Als Abraham in *Reim dich / Oder Ich Liß dich* seine bis dahin im Druck erschienenen Schriften zusammenfaßt, da leitet er diese Sammlung von verschiedenartigen Texten durch ein Applikationsregister ein; Thomasius zitiert noch daraus. Wir kennen diesen Typ des Registers aus Predigtsammlungen.[6] Dort dient es dazu, ausgearbeitete Predigten auf andere als die ursprünglichen Anlässe zu applizieren, eine Sammlung von Heiligenpredigten etwa so einzurichten, daß sie für die Fastenzeit Verwendung finden kann. Dieser das neuere Literaturverständnis skandalisierende Transfer der geistlichen Rede von einem Anlaß zum andern wird in *Reimb dich* in verblüffender Weise abgewandelt. Abraham versieht den Band mit einem Applikationsregister, das die Nutzung aller darin zusammengestellten Texte, also sowohl der Predigten als u. a. auch der Schriften *Mercks Wienn* und *Auf / auf ihr Christen!*, für Predigten zu den Sonntagen des Kirchenjahres ermöglichen soll. Vom ersten Adventsonntag bis zum 24. Sonntag nach Pfingsten schlägt er jeweils einen Vers aus dem betreffenden Sonntagsevangelium als Motto vor. Ihm stellt er ein Thema, wie „De Eleemosyna", „De

Perseverantia", „De Lingua", „De Luxu Vestium", „De Scandalo", „De teme-
rario Judicio", zur Seite. Als drittes liefert er ein ausgearbeitetes Exordium.
Zum Abschluß schließlich vermerkt er, welche Abschnitte aus den einzelnen
Texten des Bandes für die weiteren Teile der Predigt herangezogen werden
sollten.

Von diesem Register her ist also alles Material der Verkündigung. Abraham
hegt offenbar nicht nur kein Bedenken, sondern er ist ausdrücklich daran interessiert, die anderen literarischen Formen, deren er sich bedient, der Predigt
dienstbar zu machen. In Übereinstimmung mit dem Register vermerkt denn
auch das Titelblatt, daß der Sammelband „Denen Herren Predigern für ein
Interim geschenckt / biß etwas anders bald folgen wirdet". Die einzige Einschränkung ist, daß es in *Reimb dich* noch an der für einen Jahreszyklus von
Predigten wünschenswerten Reichhaltigkeit fehlen könnte. Es unterstreicht die
innere Zusammengehörigkeit von Abrahams Schaffen, wenn bezüglich dieses
Mangels nicht nur auf dem Titelblatt, sondern in einer Art von exklusiver, weil
lateinischer, Leservorrede bereits auf ein kommendes Werk verwiesen wird: „Si
quae materia huic conglobato operi deest, suppeditabit alius Liber proxime lucem
visurus." Das hier den geistlichen Lesern angekündigte Werk, das nun reichere
„materia" für die Predigt bereitstellt, ist *Judas Der Ertz-Schelm*. Den ersten drei
Bänden dieses in der Literaturgeschichte u. a. als satirischer Roman apostrophierten Opus sind wiederum Applikationsregister beigegeben. Anders als in
Reimb dich fehlen diesmal ausgearbeitete Exordien. Statt dessen werden nach
einem ausgewählten Schriftvers ausführlicher die Hauptpunkte der jeweiligen
Predigt skizziert. Obzwar das Titelblatt neben dem Prediger ausdrücklich auch
den „Privat- vnd einsamben Leser" anspricht, markiert das Applikationsregister
eindeutig die Absicht, nicht nur diesem „ersprießliche Zeit-Vertreibung / vnd
gewünschtes Seelen-Hayl" zu gewähren, sondern auch dem „Prediger auff der
Cantzel sehr dienlich" sein zu wollen.

Der Zusammenhang mit *Reimb dich,* der die dominierende Rolle der Predigt
bekräftigt, ist nicht nur an der Ankündigung des nachfolgenden Werkes erkennbar, sondern auch daran, daß das spätere Werk auf das frühere und die dort
aufgenommenen Predigten zurückverweist. Im Applikationsregister des zweiten
Bandes des *Judas* findet sich am Dreifaltigkeitssonntag die Bemerkung: „Hac de
re nulla extat materia in praesenti opusculo, idcirco benevolum Lectorem ad
primam partem seu ad Reim dich remitto." Dort aber findet der diesem Hinweis folgende Benützer gleich zwei ausgearbeitete Predigten zum Fest der Drei-
faltigkeit.

Der homiletische Schlüssel des Applikationsregisters findet im *Judas* seine
funktionelle Ergänzung in einem zweiten, verbreiteteren Registertyp, dem Register des Merkwürdigen. Dieser Index, der im 17. Jahrhundert, nicht nur von der
Predigt- und Erbauungsliteratur, sondern auch vom Roman her geläufig ist, soll
hier ebenfalls die einzelnen Elemente des Werkes, wie den lehrhaften Diskurs,

die historische Geschichte, die fiktive Geschichte, die Gedichteinlage und das biblische Concetto, für die geistliche Rede erschließen: „Copiosiores Materias pro quavis Dominica reperies in Indice Rerum."

III

Obwohl Abraham, wie diese Funktionsangaben zeigen, tatsächlich „vor allem Prediger" ist, verkennt man sowohl das Amt der kirchlichen Verkündigung als auch die schriftstellerische Leistung, wenn man den Begriff „Predigt" so dehnt, daß das gesamte Schaffen dieses Autors darunter Platz hat. Gerade die Beobachtung des Funktionszusammenhanges erweist die Notwendigkeit der Sonderung der einzelnen Präsentationsformen. Doch Abrahams Weg von der Kanzel zum Buch harrt noch der Untersuchung. Abrahams literarische Leistung, soweit sie nicht Predigt ist, Heiligenpredigt vor allem, macht allerdings, um das Wort eines Schriftstellers unserer Tage aufzunehmen, einstweilen germanistische „Beschreibungsimpotenz" sichtbar. Roman und Traktat, ars moriendi und Ständesatire, Welt-Galerie und Narren-Fest – all diese Apostrophierungen erweisen sich bei näherer Beschäftigung mit den einzelnen Werken sehr rasch als unzulänglich. Die Kontamination mittelalterlicher, frühneuzeitlicher und barocker Genera stellt dem Literarhistoriker hier Aufgaben, die bisher nicht wahrgenommen wurden. Mehr als hundert Jahre nach Karajan bleibt eine „kritische, allseitige Würdigung" von Abrahams Œuvre immer noch ein Wunsch an die Zukunft. Einige Prämissen dafür seien – zugleich als Lesehilfe wie als wissenschaftlicher Diskussionsbeitrag – angedeutet:

1. Über alle isolierenden sprachgeschichtlichen und stilistischen Beobachtungen und über alle Ausgliederung einzelner Formen hinaus, für die dieses Œuvre ein hochbedeutsames Vehikel ist, wie Gedicht, Sprichwort, Schwank, Fabel oder Rätsel, bedarf Abrahams Schaffen jener „Werkgerechtigkeit", die an anderen Orten selbstverständlich ist. Abrahams Wirkung steht weitgehend im Zeichen eines die Intention der einzelnen Schriften verfälschenden Anthologismus. Wenn selbst Bertsche eine Wendung wie die unterläuft, daß Abraham in der oder jener Hinsicht „gründlich", aber noch lange nicht vollständig „ausgebeutet" sei[7], so verrät das deutlicher als manches polemische Urteil, wie wenig eben bei Abraham das jeweilige Werk in Aufbau und Funktion ernst genommen wird. Es ist kein Ruhmesblatt unseres Faches, daß selbst eine umfassendere literarhistorische Würdigung der Predigten Abrahams noch fehlt. Während das Predigtwerk eines Bossuet, Fénelon oder Bourdaloue seinen selbstverständlichen Platz in der Geschichte der französischen Literatur hat, ist der Prediger Abraham im Kanon des deutschen Barockschrifttums trotz seines Ruhmes bestenfalls ein „Pfaff vom Kahlenberg". Die Angst vor den ans Tageslicht drängenden „finsteren katholischen Schrecknissen", gegen die Gervinus bei seinen Auslassungen über Abraham fürsorglich den Bannfluch geschleudert hat[8], sollte heute soweit geschwun-

den sein, daß eine nicht leidenschafts-, aber doch vorurteilslose historische und funktionelle Auseinandersetzung mit Abrahams Kunst der geistlichen Rede möglich ist. Eine solche Auseinandersetzung mit der Predigt dürfte auch dem gerade nicht an der Predigt Interessierten nicht als Umweg gelten. Sie sollte vielmehr zu jener Beschreibung des neben der Predigt überlieferten schriftstellerischen Werkes Abrahams beitragen, deren dieses stärker noch als die Predigt selbst bedarf.

Nur im Vergleich mit der Predigt ist die Besonderheit von Abrahams übrigem Werk auszumachen. Die Applikation moderner Formvorstellungen führt in die Irre. *Judas Der Ertz-Schelm* etwa bleibt als Romantetralogie gelesen ein klägliches und quälendes Stückwerk. Er erweckt Erwartungen auf einen Epiker, der nicht zu finden ist. Das mehrere tausend Blatt umfassende Gesamtwerk Abrahams enthält keine zusammenhängenden fünf Seiten, die vom „Atem des Erzählers" lebten. Aufschlußreicher wäre hier wie bei den anderen umfangreichen Büchern Abrahams wahrscheinlich der Vergleich mit dem Typus der barocken Predigtsammlung. Er könnte helfen, gleichzeitig mit dem Funktionszusammenhang von Abrahams Schrifttum auch die genrespezifischen Qualitäten zu erkennen.

2. Abrahams Bücher versagen sich dem Bedürfnis nach „Inhaltsangabe". Die Suche nach thematischer Vielfalt fördert nichts anderes zutage als die Entdeckung eines Mangels an Originalität. Die moderne Lesererwartung bedarf da als eines Korrektivs des Verweises auf die zeitgenössische Rezeptionssituation. Diese weist die Wiederholung und Abwandlung des Einen als das zentrale Prinzip aus: Die Welt wird mit der Botschaft des Glaubens konfrontiert. Bis ins Motivische hinein ist dieses Prinzip von Repetition und Variation wirksam. Abrahams gesamtes Werk lebt von der stets neuen Verfügbarkeit und Adaptierbarkeit eines relativ beschränkten Fundus von Materialien. Der Leser stößt beispielsweise allenthalben auf dieselben biblischen Figuren und Geschichten – Job und Tobias, Nabuchodonosor und Samson, die Geschichte vom Schwemmteich und die Verfluchung des Feigenbaumes, die Frau, die die verlorene Drachme sucht, und der Reichstag der Bäume. Immer wieder neu werden sie auf ihren Sinn befragt, und unerschöpflich ist ihre Auskunft. Dieses bedenkenlose Mehrfach-Verwenden wird erst verständlich, wenn man die Identität des Rede- und Schreibziels vor Augen hat. Nicht die Darstellung von Tausenderlei, sondern die tausendfache Darstellung Desselben ist Abrahams Vorhaben.

3. Auf der Auseinandersetzung mit dem Rede- und Schreibziel und damit auch auf der Beobachtung von Funktionszusammenhang und Gattungseigenart könnte schließlich erst die Erörterung der sozialethischen Aussagen Abrahams aufbauen. Gerade da führen Vernachlässigung des funktionellen Aspekts und isolierende Lektüre leicht zu Kurzschlüssen. Von „konservativ" bis „rückständig" und „deterministisch" bietet die neuere Literatur zu Abraham eine ganze Palette polemischer Etikettierungen. Eine Überprüfung dieser Kennzeichnungen

vor dem Hintergrund der Abraham leitenden seelsorgerischen Intentionen wäre wünschenswert. Es mag hier genügen, darauf hinzuweisen, daß an unzähligen Stellen Abraham soziale Ungerechtigkeit kritisiert und das Versagen der weltlichen wie der geistlichen Obrigkeit anprangert. Erstaunlich bitteren Bemerkungen zum Los der Armen und Rechtlosen kann man da begegnen. Eine Stelle aus dem dritten Band des *Judas* (S. 64) mag als ein Beispiel für viele ähnliche stehen:

> Viel gehen mit den Dienstbotten um / wie die Apothecker mit denen Blumen / solche klauben sie gantz fleissig zusammen / legen sie in einen schönen Distilir-Kolben / sie brennens aus bis auf den letzten Tropffen / wann endlichen kein Safft und Krafft mehr darinn / alsdann wirfft mans zum Hauß hinauß auf den Mist. Nicht viel anderst verfährt man bisweilen mit einem Dienstbotten / viel Zeit und Jahr plagt sich der arme Tropf mit so harter Arbeit in einem Dienst / befleist sich Tag und Nacht / wie er seines Herrn und Frauen Willen und Befelch kan vollziehen / arbeitet manchesmal / daß ihme das Blut bey den Nägeln möchte ausbrechen / wann er endlichen an Stärcke und Kräfften abnimmt / wann er Krafft- und Safftloß wird / da heist es gar offt / vor der Thür ist draussen.

Doch Abraham erschöpft sich keineswegs in der Klage. Immer wieder ertönt die Forderung, daß man „ein jedwedern nach Verdiensten promoviere". Der Tüchtige und Gescheite soll die Chance des sozialen Aufstiegs haben, er soll zum Vorteil des „gemeinen Wesens" an den ihm gebührenden Platz kommen. Andrerseits kennt Abraham vor parvenühaftem Gehaben und ungerechtfertigten Privilegien keinerlei Respekt. Der Sohn des Joseph Schneuzer, der als Herr von Rotzberg durch die Gegend stolziert, ist ihm eine Zielscheibe des Spottes, und der Esel, der in die Arche Noah geht, kommt auch nach Abrahams Auffassung nicht als Doktor, sondern wieder nur als Esel heraus. Aus all dem erwachsen freilich keine sozialrevolutionären Forderungen. Die Grenze zwischen Gut und Böse liegt für Abraham weder zwischen Klassen noch zwischen Rassen. Sie geht mitten durch jeden einzelnen Menschen.

Anmerkungen

Texte und Ausgaben

Karl Bertsche: Die Werke Abrahams a Sancta Clara in ihren Frühdrucken. Zweite verb. u. erw. Auflage, hg. v. Michael O. Krieg. Wien/Bad Bocklet/Zürich 1961.

Abraham a S. Clara, Judas der Ertz-Schelm (Auswahl). Hg. v. Felix Bobertag. Berlin/ Stuttgart o. J. (1884) (Deutsche National-Litteratur, hg. v. Joseph Kürschner, Bd. 40), Neudr. Tokyo/Tübingen 1974.

Abraham a Sancta Claras Werke. In Auslese. Hg. v. Hans Strigl. 6 Bde, Wien 1904/07.

Abraham a Sancta Clara. Blütenlese aus seinen Werken nebst einer biographisch-literarischen Einleitung, hg. v. Karl Bertsche. 2 Bde, Freiburg/Br. ²1911.

Neun neue Predigten von Abraham a Sancta Clara. Hg. v. Karl Bertsche. Halle/Saale 1930 (Neudrucke deutscher Literaturwerke des 16. und 17. Jahrhunderts, Nr. 278-281).

Neue Predigten von Abraham a Sancta Clara. Nach den Handschriften der Wiener Nationalbibliothek, hg. v. Karl Bertsche. Leipzig 1932 (Bibliothek des Literarischen Vereins Stuttgart Bd. 278), Neudr. Hildesheim/New York 1975.

Werke von Abraham a Sancta Clara. Aus dem handschriftlichen Nachlaß hg. v. d. Akademie der Wissenschaften in Wien. Bearbeitet von Karl Bertsche. 3 Bde, Wien 1943/45.

Abraham a Santa Clara, Mercks Wienn. 1680. Unter Mitarb. v. Franz Eybl hg. v. Werner Welzig. Tübingen 1983.

Literatur

Theodor Georg von Karajan: Abraham a Sancta Clara. Wien 1867.

Wilhelm Scherer: Pater Abraham a Sancta Clara. In: Ders.: Vorträge und Aufsätze zur Geschichte des geistigen Lebens in Deutschland und Österreich. Berlin 1874, S. 147-192.

Karl Bertsche: Abraham a Sancta Clara. Mönchen-Gladbach 1918 (Eine Sammlung von Zeit- und Lebensbildern, H. 22).

Karl Helleiner: Das Bild der Wirtschaft und Gesellschaft bei Abraham a Sancta Clara. In: MIÖG 60/1952, S. 251-264.

Robert A. Kann: Kanzel und Katheder. Studien zur österreichischen Geistesgeschichte vom Spätbarock zur Frühromantik. Wien/Freiburg/Basel 1962 (zuerst engl. New York 1960).

Martin Heidegger: Über Abraham a Santa Clara. Meßkirch 1964.

Adolf Haslinger: Abraham a Sancta Clara. Gedanken zum 325. Geburtstag eines Barockdichters. In: Österreich in Geschichte und Literatur 13/1969, S. 399-407.

Werner Welzig: „Weheklagen in Wien". Abraham a Sancta Claras Beschreibung der Pest von 1679. Wien 1979 (Tätigkeitsbericht der Österreichischen Akademie der Wissenschaften 1978/79, Sonderdruck Nr. 2).

Ders.: Appell wozu? Zur Strategie von Abrahams Türkentraktat. In: Die Türken vor Wien. Europa und die Entscheidung an der Donau 1683. Salzburg 1982, S. 187-192.

Nachweise

[1] Karajan, Theodor Georg von: Abraham a Sancta Clara, Wien 1867, VI.

[2] Zitiert bei Karajan, a. a. O., S. 332 f.

[3] Vgl. Megerle, Johann Carl: Abraham ist gestorben (...) Ein schuldiger und wohlverdienter Nachklang. Weyland Ihro Hochwürden (...) Pater Abraham à S. Clara, Wien (1709).

[4] Vgl. Jean Paul: Vorschule der Ästhetik, § 36, und Scherer, Wilhelm: Pater Abraham a Sancta Clara. In: Ders.: Vorträge und Aufsätze zur Geschichte des geistigen Lebens in Deutschland und Österreich, Berlin 1874, S. 154.

[5] Der Briefwechsel zwischen Goethe und Schiller, Goethe, 5. Oktober 1798; Schiller, 9. Oktober 1798.

[6] Zur Bedeutung der Predigtregister siehe Welzig, Werner: Vom Nutzen der geistlichen

Rede. Beobachtungen zu den Funktionshinweisen eines literarischen Genres. Internationales Archiv für Sozialgeschichte der deutschen Literatur 4 (1979), S. 1 ff., weiters die Wiener Doktorarbeit von Eybl, Franz M.: Gebrauchsfunktionen barocker Predigtliteratur. Studien zur katholischen Predigtsammlung am Beispiel lateinischer und deutscher Übersetzungen des Pierre de Besse. Wien 1982, S. 122 ff. u. passim.

[7] Bertsche, Karl: Allerlei Neues über Abraham a S. Clara. In: Zeitschrift für deutsche Philologie 69 (1944/45), S. 100, Fußnote 2.

[8] Gervinus, Georg Gottfried: Geschichte der deutschen Dichtung, 3. Bd., Leipzig [4]1853, S. 396.

CLAUS VICTOR BOCK

QUIRINUS KUHLMANN

Quirinus Kuhlmann ist am 25. Februar 1651 in Breslau geboren und wurde auf den Vornamen des Vaters lutherisch getauft. Bei der Geburt des Kindes war der Vater 23 Jahre alt, die Mutter etwa 18. Nach Absolvierung des bekannten Breslauer Magdalenen-Gymnasiums bricht der Neunzehnjährige 1670 zum Rechtsstudium nach Jena auf. Mit diesem Aufbruch setzt Kuhlmanns Hauptwerk *Der Kühlpsalter* ein, der sein Leben in der Fremde für die nächsten fünfzehn Jahre sorgfältig kommentiert. Gleich der erste Psalm ist überschrieben:

> Als er zum Davidisiren unter geistlicher Anfechtung getriben ward in Jehna, dahin er von Breslau den 20. September ausreisend (...) über Lignitz, Buntzlaw, Goerlitz, Leiptzig, Lützen, Naumburg im October ankommen.[1]

Während Kuhlmanns Aufenthalt in Jena (1670-73) erschienen u. a. seine Sonettensammlung *Himmlische Liebes-Küsse über die fürnemsten Oerter der Hochgeheiligten Schrifft / vornemlich des Salomonischen Hohenliedes* und sein *Lehrreicher Geschicht-Herold*, ein an Harsdörffer orientiertes kompilatorisches Werk. Harsdörffer, der weltmännisch, vielseitig und gewandt die gebildeten Kreise seiner Zeit zu fesseln wußte, bezeichnet eine der beiden Möglichkeiten, die sich vor Kuhlmann auftun: der Barockgelehrte, der er hätte werden können, und der im inspirierten Botendienst Europa durchziehende Herold, der er wurde. Bald wünscht er mit seinen Geschichten „bei allen in einerlei Genaden zu stehen"[2], fühlt er sich belohnt als Wissenschaftler, „in dessen Arbeit auch di Vorweltarbeit grünt"[3]; bald verdrießt ihn der ganze akademische Betrieb. Er notiert für seine Aphorismensammlung das bissige Epigramm von Gryphius über den Doktor, der so sei, wie er sich schreibe, und seufzt: „vil führen anitzo den Doktortitel / und sind vilmehr eine Englische Dokk und ein Teutscher Thor".[4]

Den Besuch der Vorlesungen stellte er langsam ein. Die einen schalten ihn einen grübelnden Eigenbrötler; andere irritierte sein auffallendes Dandytum: so soll er mit samt- und damastüberzogenen Schuhabsätzen durch Jena geschritten sein.[5] Wie in dergleichen Fällen üblich, munkelte man: er entwickle neue autodidaktische Methoden, treibe irgendeine Ketzerei. Bei späterer Gelegenheit äußerte er rückblickend:

Ich habe (was ich habe) von Gott empfangen, nicht von einem Menschen, und unterwerfe mich auch nicht dem Urtheile eines Menschen, sondern alleine Gottes. So offt ich Menschen gefolget, so offt hat es mich gereuet; so offt ich Gott alleine ehrte, freute ich mich mit grosser Freude.[6]

Wie Athanasius Kircher und der junge Leibniz beschäftigt Kuhlmann sich mit der sprachalchimistischen Kombinationskunst. Er entwirft ein Wechselrad mit Worten[7] und hofft, durch dessen Umdrehung ihre Wesensbezüge darzustellen; mit einem ähnlichen Mechanismus sollen automatische Gedichte entstehen.[8] So dringt er auf allerlei Wegen und Umwegen mit immer neuen Fragen langsam in den Sprachgrund vor:

> Unsere Mundart ist so tifsinnig / dass man täglich mehr ausforschet / i mehr man sucht: Ihr Reichtum so mächtig / dass der jenige / welcher sich befürchten solte / es hätten seine Vorkommen schon alle Zirlikeiten ihm weggenommen / gleiche Narrheit beginge mit demselben / der etlicher verlohrner Tropffen wegen das Meer durchzukreutzen vor zu seichte hilte. Ihre Worte stecken voller Geheimnüsse und verblendet mir dere Vollkommenheitssonne nicht selten meine Vernunfftsaugen.[9]

Im Sommer 1673 bricht Kuhlmann von Jena auf, um sein Studium an der Universität Leiden abzuschließen. Das hohe Ansehen, das Holland genoß, ist bekannt. Eine auf Erasmus und Castellio fußende Tradition überlegener Toleranz, ein durch Seemacht und überseeische Besitzungen geweiteter Blick der Handelskreise und eine intensive Sprachpflege hatten zu diesem Ruhm beigetragen. Freilich ist bei Kuhlmanns Ankunft die Glanzzeit der ‚Gouden Eeuw‘ bereits verblaßt. Gerade 1672 gilt in der holländischen Geschichte als das vom Krieg gegen England und Frankreich verdüsterte Unglücksjahr (‚het Rampjaar‘).

Als Kuhlmann durch Vermittlung eines Kommilitonen ein Exemplar von Jakob Böhmes *Mysterium Magnum* zu Gesicht bekommt, tut sich eine neue Welt vor ihm auf. Die Berührung mit Böhmes Sprache eröffnet ihm ein „inwendiges Paradies" und weckt ihn zu dem Dichtertum, das er mit dem Tod auf dem Scheiterhaufen besiegelt. Es ist schon so, wie er, die Vaterstadt B r e s l a u und die geistige Vaterschaft B ö h m e s bedenkend, selber sagt: „ein B. gebahr mich; ein B. widergebahr mich".[10] Er wird „unverhofft siben tage lang in den Heiligen Sabath versätzet" und „der längst entgeisterte Böhme tritt (...) wider auf seine Schenkel / durch und in einen Jüngling neubegeistert".[11] So zumindest will es *Quirin Kuhlmanns Neubegeisterter Boehme*, der im Herbst 1674 in Leiden erscheint. Die Zuschrift zu diesem Buch unterzeichnet er „in König Davids Stadt / Psalm 38,18":

> Denn nahe bin ich dem Zusammenbruch
> Und mein L e i d e n ist mir allezeit gegenwärtig.[12]

In dieser Zuschrift findet sich auch ein autobiographischer Abriß, dem folgende Züge entnommen sind:

Ich bin ein dreiundzwantzigjähriger Jüngling / im Lutherthume geboren und aufgezogen / durch vil Kranckheiten / Zufälle / Trübsale und allerhand Unglükke
von Kindheit auf ziemlich geschwächet und doch Gott lob ni geschwächet. Meine
Jugend ist in Studiren zugebracht / habe vil gearbeitet / gelesen / geschriben /
Bibliotheken besuchet / di wahre Weisheit in manch tausend büchern vergebens
gesuchet / und aus Wissenschafts libe wenig Zeit gehabt um das Weltwesen mich vil
zubekümmern. Wiwol ich mit der Natur / nicht alleine mit dem Glükke vilfachen
Streit gehabt / habe ich doch in Gotteskrafft alles überwunden (...) Ich gehe fort
in meinem Beruf / und wil fortgehen / wiwol ich ein Jüngling bin. Ich könte zwar
mit Jeremias I:6 sagen: Ach Herr Herr ich taug nicht zu predigen / denn ich bin
zu jung: Doch ich vertraue dem Herrn Herrn festiglich / und weiss gewis / i jüngerer ich bin / i mächtiger wird der Herr Herr in mir wohnen.[13]

Mit der Veröffentlichung des *Neubegeisterten Böhme* verläßt Kuhlmann die
offizielle Laufbahn. Zwar pflegt er noch weiterhin Beziehungen mit dem Gelehrten Athanasius Kirchner, doch die Reise, die er als Studienreise angetreten
hat, endet in einem Labyrinth holländischer Böhmisten und abseits brodelnder
Enthusiasten. Er selber verspürt den Auftrag, die „Kühlmonarchie"[14] einzuleiten, unter der sich Europa politisch und konfessionell vereinigen soll. So wirbelt
ihn sein eigener Heilsplan wieder aus den Andachtsstuben heraus und verpflichtet ihn zu einem Wanderleben, das erst mit seinem Tod in Moskau einen Abschluß findet.

Als ihm auf Grund des *Neubegeisterten Böhme* ein Einladungsbrief nach
Lübeck erreicht, zögert er nicht und macht sich im Herbst 1674 nach der norddeutschen ‚LIBenEKKe' auf.[15] Wir begegnen hier einem neuen Aspekt. Denn
die radikalen Züge Kuhlmanns werden eigentümlich durchsüßt von denjenigen
seiner Erotik. Wo sein erotisches Empfinden mit der Gewißheit seines propheti-
schen Getriebenseins zusammentrifft (etwa im 37. Kühlpsalm), da schwingt sein
Lebensgefühl – und damit seine Gelegenheitsdichtung – am höchsten.

> Beseeligte! di voller Anmutt blinkt!
> Di schön entschönt! di süsste süss entsüsset!
> Weisheitewig! Nihm an, der dir einsinkt,
> Weil er von Dir Gemählinnstreu genüsset.
> Mein Libchen, Ach! Ich starr und starr
> Ob deiner Perl, auf die ich harr!
> Ja, Fräulein, Ja! es ist, wi du gesagt!
> Das Perlchen sei so blos nicht los gewagt.
> Di Ursach ist mir ferner unverhohlen:
> Doch lasse mich dir, Hertzchen, sein empfohlen.
> Bestrahle mich mit deinem Libesaug!
> Las fünken aus mit tausend lichten lichtern!
> O führe mich, das ich aus Jesus saug!
> Du wirst, mein Schatz, mich Dir durch Dich besichtern!
> Erwekk in Uns, was dir gefällt!

Gebähre Frucht, di Gott erhellt!
Ich liffre mich! Nihm, Äugchen, meine hand!
Nihm, Libchen, nihm mich selbsten zu dem Pfand!
Ich wil mir ni, was du mir ni wirst wollen:
Aus dir durch dich sei alles mir gequollen.
  Wi solt ich nicht in dir sein hochbeflammt?
Ach deine Lib zermalmt den Hertzensmarmel!
Ich war und war zur Abgrundangst verdammt!
Du bringest mich zum hohen Gnadencarmel!
Du brichst des willens demanthärt!
Ich wart und wart auf deiner wärt.
Mein Täubchen, komm! Umschatte stets mein haupt,
Weil Gott der Herr ja dises dir erlaubt.
Ich jauchtz und jauchtz und lass hinfort mein sorgen!
Genug, das du mein Beistand mir verborgen.
  Sih, schätzchen, sih, wi ich im feuer blitz!
Mein antlitz streut zu dir zehntausend funken!
Ich schenke dir zum Anfang solche hitz!
Ein feurig meer wünscht sich in dir versunken!
Mein Lämmchen, komm! mein Engel, eil!
Mein Zukkermund! O pfeil! O pfeil!
Ach hohle mich in dich mit schnellster schnell!
Komm, meine Braut! was finster, das erhell!
Ich bleibe dein, du mein, durch alle Zeiten!
Ich weiche nicht in allen Ewikeiten!
  Ist dis, mein Schatz, dein ernstbeschlossner Ernst,
So jauchtze ich aufs neu gantz unaussprechbar!
O seelger Tag, in dem du mich recht lernst!
Ich bleibe Braut! Di hochzeit bleibt unschwächbar!
Ich habe dir mich fest verlobt!
Ich bleibe dein, ob alles tobt!
Mein Brautbund ist gesätzt mit solcher schrifft:
Di Stein und Stahl und Demant übertrifft!
Jehova hat durch Jesus uns verbunden:
Ich habe dich, du mich aus Gott gefunden.
  Getrost, getrost! Ich werd in allem fall
Bei Leid und Freud um dich in dir nur hausen:
Ich bin und bin, mein schönster, überall,
Und pfleg um dich im innerm Chor zusausen.
Im innerm Chor, das keiner kennt,
Als dem es selbsten zugewendet.
Im innerm Chor, das keines witz ergreifft,
Wo nicht in ihm di neue Menschheit reifft.
Dann wird dadurch die Sternvernunfft verwirret:
Si stösset sich aus sich durch sich beirret.[16]

Treiben ihn dabei seine exuberanten Ergüsse gelegentlich schon in die Gefühls-
sphäre des aufkommenden Pietismus, so bleibt doch das spezifisch Kuhlmänni-
sche unverkennbar und setzt sich als Bild und vor allem als Rhythmus mit der
ihm eigenen Vehemenz durch. Wie er in den Vorbereitungen seines europäischen
Heilsplans selber im Zentrum figuriert und diese Rolle unter Aufbietung aller
Kräfte bis zum Lebensende durchführt, so sieht und erlebt er auch in seinen
Räuschen kein wirkliches geliebtes Du. Seine Beseligungen verzehren das Objekt,
an dem sie sich entflammen, und tragen ihn fort zu unpersönlichen Euphorien.
So verarmt er in der Fülle seiner Schauer und erfährt auch die Liebe nur als eine
einsame Verzückung. Zwar haben sich des öfteren Frauen und junge Mädchen
an ihn geheftet, aber eine greifbare Gestalt, ein geliebtes Antlitz wird für uns so
wenig sichtbar wie für Kuhlmann selbst. Sein ganzes Lebensgefühl zielt darauf
ab, sich als Privatperson aufzugeben und im gesteigerten Bewußtsein einer Gna-
denwahl mit sich geschehen zu lassen, was geschehen muß.

So geht er für 42 Monate die Ehe ein mit einer schwärmerisch veranlagten
älteren Witwe, Magdalena von Lindaw, die ihm von Amsterdam nachgereist
war. Denn war nicht schon der Prophet Elias „zu einer Witwe" gesandt worden
in den Tagen, „als der Himmel drei Jahre und sechs Monate lang verschlossen
blieb" (Luk. 4, 25 f.). Im *Lutetierschreiben* überblickt er nochmals den Schick-
salsschlag, der ihn als Vierundzwanzigjährigen getroffen hatte:

> (Ich war) anvertrauet einer betagten Witwen, deren erstgeborenes Kind, wann es
> lebte, fast um mein Alter waere; und muste in meiner blühenden Jugend, in den
> allerfreiesten Jahren, ein Vater heissen zweier mannbahrer Töchter und eines fünf-
> zehnjährigen Sohnes, das wider di Natur, meine Beschaffenheit und allen auswen-
> digen Stand lif (...) wo war bei mir eine einzige Neigung darzu, di mich hätte
> zihen mögen? Ich war der völligen Freiheit von Kindheit auf gewohnt, und musste
> also gebunden werden (...) Di Thränen schossen mir aus den Augen, als sich das
> erste Gerüchte des Ehestandes (Ehe, Wehe) einstellet.[17]

In England, wo die Familie die nächsten Jahre verbringt, erwacht in Kuhlmann
das Interesse an der Politik. Er plant nichts Geringeres als eine Reise in die Türkei zur Bekehrung des Sultans und zur Heimführung der mohammedanischen
Welt ins einheitliche Friedensreich. Entrüstet über den heilsgeschichtlichen Unverstand der schwedischen Politik, richtet er zwei *Kühl-Jubel* an Karl XI.[18] Ent-
schiedenere Hoffnungen setzt er auf den Großen Kurfürsten, dem er in mehreren
Kühl-Jubeln einen eigenen Vereinigungsplan unterbreitet.[19] Das an die Zaren
gerichtete 23. *Kühl-Jubel*, das Kuhlmann in mehreren Exemplaren seiner Moskauer Reise vorausschickte, rät abermals, sich mit den Nachbarstaaten unter die
gemeinsame „Nordstandarte"[20] zu scharen. Derartige Proklamationen waren
wenig dazu angetan, ihrem Autor einen freundlichen Empfang bei den Mosko-
witern zu bereiten. Sie können das inquisitorische Interesse an seiner Person und
seinen Verbindungen nur verschärft haben. So hat seine politische Leidenschaft

am Ende zu seinem Verhängnis beigetragen. Zur realen Macht und zum Machtkampf hatte Kuhlmann kein Verhältnis. Für ihn ereignete sich vor den Kulissen des Welttheaters ein großes heilsgeschichtliches Drama. Er folgte den apokalyptischen Stichworten, verteilte die Einsätze und vertraute, von keinen Rückschlägen entmutigt, auf die glückliche Figurierung der künftigen Zeit.

Fragt man, was ihn zu solcher Teilnahme veranlaßt habe, weshalb er sich gedrungen fühlte, seine Heilserwartungen als politische Kannegießereien zu verlautbaren, so erkennt man: die Zeitideen fluten durch ihn hindurch. Gefährliches, den Konfessionsstreit betreffendes Gedankengut, von besonneneren Köpfen wohl gehütet, wird bei ihm, der keine persönlichen Bedenken kennt und die praktischen Schwierigkeiten nur zur Hälfte übersieht, ungehemmt laut. Die Annäherung der Lutheraner und Calvinisten – für Leibniz etwa eine stille Hoffnung – wird von Kuhlmann mit jubilanter Gewißheit proklamiert. Die an den Großen Kurfürsten gerichteten Verse sind schon auf dem Titelblatt in fetten Frakturlettern als *Kühl-Jubel von der Vereinigung des Luther- und Calvinusthumes* angezeigt. Ausführliche Passagen des *Kühlpsalters* sowie der in England verfaßte *London Epistle* sind dem gleichen Thema der Concordia gewidmet. Kuhlmann fordert die Adressaten auf, sich zu vereinigen und sich mit ihm „ein Christ" zu nennen; denn ohne brüderliche Liebe bleibe die „Reformation nur eine Deformation". Auch müsse den Türken, Persern und Tartaren eine christliche Tür geöffnet werden.

Bei alledem empfindet Kuhlmann sich jedoch nicht als Sektierer. Er bringt keine Lehre; er hinterläßt keine wirkliche Gefolgschaft. Zu den „Kühlmännern" kann jeder zählen, wenn und solange er ihn in seinem Heroldsamt bestätigt. Als er 1682 aus Genf eine kleine Schrift *De Monarchia Jesuelitica* an die Politiker und Hofleute der Welt richtet, beteuert er: „Non fui Academicus aut Latinus, sed Refrigerator. Non sum Propheta aut Apostolus, sed Refrigerator. Non ero Rex aut Caesar, sed Refrigerator." Er ist – sein Name sagt es ihm – gesandt, die im Brand umkommende Welt zu kühlen, „bis di Kühlzeit kühlet alle Welt".[21]

Wenn Kuhlmann sich zeitlebens an Rom stößt, immer wieder in gräßliche Verwünschungen über das „römische Babel"[22] ausbricht, so ist das also nicht nur aus seiner protestantischen Herkunft zu erklären. In Rom tritt ihm, der eine ekstatische Vereinigung will, die Einheit der Weltkirche entgegen. Hier trifft ein Anspruch auf den Gegenanspruch. Rom ist für ihn die Ordnung, der Konservatismus, die ganze verstockte Welt, die sich nicht aufrütteln läßt und nicht mit ihm „davidisieren" will:

> Triumf! stimm herrlichst an! Triumf! Triumfgesaenge!
> Triumf! di wunderzeit! Triumf! ist hergerükkt!
> Triumf! der Tag ist dar! Triumf! der hauptgepraenge!
> Triumf! O prachttriumff! Triumf! zum Jesusspil!
> Triumf! TriumffsTriumff! Triumf! der ohne zil![23]

Die Bedeutung, die Kuhlmann seiner Reise in die Türkei beimißt, wird von ihm auch nach der Reise in nichts geschmälert, d. h. nachdem er den Sultan nicht, wie geplant, bekehren, ja nicht einmal hat sprechen können, also in der Realisation seiner Gesichte auf das peinlichste gescheitert ist. Der *Kühlpsalter* gibt dieser Bedeutung auch formal Ausdruck. Das erste Buch beginnt mit der Ankunft in Jena (1670) und endet 1677 in Bromley-by-Bow, East London. Das zweite und dritte Buch, mit wiederum je 15 Gedichten, sind beide ausschließlich der türkischen Reise gewidmet. Am 3. März 1678 bricht Kuhlmann von England auf; am 1. April des folgenden Jahres ist er zurück in Amsterdam. Das erste Buch umfaßt also einen Zeitraum von sieben Jahren, das zweite und dritte umfassen zusammen dreizehn Monate. Diese auffallende Intensivierung läßt sich aus den Überschriften der einzelnen Psalmen ablesen. Die Frage, ob Kuhlmann nun wirklich in diesem Reisejahr intensiver gedichtet habe, ist am besten dahin zu beantworten, daß er jedenfalls auch später dieser Episode eine ganz besondere Wichtigkeit beimaß.

Das erste Stück der Reise führt durch Frankreich. Wir erfahren, daß er „am Palmsonntag oder 2. Apr. von Paris aufgebrochen" und „den 11. Apr. in Lyon mit seinem Hause ankommen" und „am 15. Apr. von Lyon ausreisend" sechs Tage später „den 20. Apr. in Marsilien ankam".[24] Kaum hat er mit seiner Familie in Marseille das Schiff bestiegen, so hören wir auch schon Andeutungen über die „Nach- und Vorspile des verfallenden Israels an seinem ungehorsamen Volke".[25] Denn während für ihn das Mittelmeer das Gebiet der apostolischen Reisen ist, die er sich von Hafen zu Hafen mit großem Ernst vergegenwärtigt, überlassen sich Frau und Töchter unbekümmert der mediterranen Lebenslust. Im Hafen von Malta, wo man anlegt, versäumt er durch eine List der Töchter die Abfahrt des Schiffes und muß den Segler mit einem Ruderboot wieder einholen. Aus der Beschreibung dieses peinlichen Vorfalls hat Kuhlmann im 27. Kühlpsalm zwei Strophen gestrichen und sich mit der Bemerkung begnügt, die Familie habe auf dieser „Paulusinsel" einen „geistigen Schiffbruch" erlitten,[26] der „am besten vor Gott und der Welt mit Stillschweigen auszusprechen".[27]

Am 23. Juni ankert das Schiff vor Smyrna. Am 1. Juli setzt Kuhlmann die Reise alleine fort, während die Familie unter der Obhut des holländischen Konsuls zurückbleibt. Als er am 16. Juli, nach viereinhalb Monaten Reise, endlich Konstantinopel erreicht, ist Mohammed IV. im Feldzug gegen Rußland! Kuhlmanns ganze Existenz scheint plötzlich in Frage gestellt. Wo ist jetzt „die Gottesführung in allem seinem Leben, Erzihen, Reisen"?[28] Ihm ist, als sei er aus der Gnade gefallen. Um sich vor der flachsten Zufälligkeit zu retten, prüft er die Daten. Immer neue Berechnungen zeigen ihm: heut sind es fünfzehn Tage, daß ich . . ., heut vor einem Jahr war es, daß ich . . ., heut sind es fünfzehn Jahre, daß ich . . . Aber was dieses „daß ich" bedeutet, er weiß es nicht. Er ist sich „fremder als der Ort":

> Ich bin mir fremder als der Ort,
> Kan weder hin noch her noch fort,
> Umschwaert von selbstheits eiter!
> Es ekelt mir vor meinem greul!
> Komm! Jesus, komme! mach mich heil!
> Mach Aug und Sinnen heiter.
>
> Vertilg in mir, um Jesus sig,
> Was ursacht mir, das ich hir lig,
> Von dir in mir geschiden!
> Verbrenn in deiner Feuerskrafft,
> Was dise Trübsal mir geschafft!
> Gib mir doch deinen Friden.[29]

Wie kann sich einer dem Leben aussetzen und doch am Leben bleiben? Biblische Vorbilder fallen ihm ein: „Hiobs Stand ist mir nun bekand; Josephs kommt dabei (...) Solange ich gelebt, solange ist so vil mir nicht zugestossen".[30] Solche Vorbilder stärken ihn, indem sie ihn des Privaten und Absonderlichen entheben und der Sinnbildlichkeit allen Geschehens versichern. So genügt ihm ein Wink, um sich zu neuen Fahrten aufzumachen:

> Wilst du sonst mich nicht entkerkern,
> Mich auf ewigst also sehn,
> Taeglich aenger noch einaerkern:
> Wanns dein Will, er mag geschehn.
> Mache mich darzu nur tüchtig.
> Vater, wann es deine Weis,
> Acht ich weder schweis noch reis:
> Wanns dein Will, es ist schon richtig;
> Wanns dein Wink, es ist mir wichtig!
> Vater, dein sei Reis und Preis.[31]

Eine Entzifferung seines Rätsels unternimmt er im 49. Kühlpsalm. Dabei tritt zur Beseligung durch Lichtgeburten nunmehr die Hiobsnacht und neben der maßlosen Lust der Erwähltheit erscheint die ebenso maßlose Wut der Selbstvernichtung:

> Zermahle mich, Jehova, nicht im Zorn!
> Ach straffe nicht, nachdem ich straff verdinet!
> Gedenke doch, das ich kaum zartes korn,
> Das du gepflantzt, das du selbst ausgegrünet!
> Gedenke, das ich gaentzlich schwach,
> Sehr elend, arm, im Ungemach!
> Gedenke, ist es moeglich deiner gütt!
> Ists moeglich! Doch dein Will ist meine bitt.
> Zerhalme mich Jehova, voller liebe:
> Zermalme fort, was meine werk und tribe.

(...)
Zum eusersten ist Alles nun gebracht,
Und bin auch recht zum eusersten gebunden!
Ach Hiobsfreund! Ich lig in Hiobsnacht!
Eur helfen ist nur Hiob tiffer wunden!
Ach waer es so, wi man gedenkt,
Wo würd ich itzt, mein Gott, versenkt?
Allein mir ists dis alles wi ein Nichts!
Drum jauchtzt mein Geist! Gott toedtet unser Ichts.
Zerstükke mich, Jehova, voller liebe:
Zerdrükke fort, was meine werk und tribe.[32]

Nach dem erlittenen Schaden hatte Kuhlmann begreiflicherweise für den Spott nicht zu sorgen, weder seitens der Familie, die in Smyrna wartete, um endlich die Heimfahrt mit ihm anzutreten, noch bei den Freunden und Gönnern, die sich in ihren Erwartungen getäuscht sahen. Hatte doch der auch von Kuhlmann geschätzte Giftheil immerhin den eindrücklichen Bescheid des Sultans aus Konstantinopel mitgebracht: „Er würde Quaker sein, wäre er nicht schon Mohammedaner."[33] Kuhlmanns Rückreise nach Holland war beschwerlich gewesen. An seinem 28. Geburtstag dichtet und fastet er an Bord, „unter vilerhand Uppigkeiten seines Hauses".[34] Als er am 1. April endlich Amsterdam erreicht, ist der Empfang äußerst kühl. „O was für ein Glateis erkalteter Libe habe ich zum Wilkommen angetroffen, als ich in solchem Feuer Goettlicher Krafft von Osten herabeile!"[35] Freudlos betrachtet er seine wind- und wettergebräunte Haut. Wie die schöne Freundin Salomons möchte er sagen: „Ich bin schwarz, aber gar lieblich, ihr Töchter Jerusalems (...), denn die Sonne hat mich verbrannt" (Hohes Lied 1, 5 f.). Doch das Pathos seiner Empörung überschlägt sich: die Sonne kann sein Gesicht, die Menschen können seinen Namen gar nicht genug ,anschwärzen':

Wahr ist, ich bin schwartz worden, weil die Laeuterungs- und Prüfungssonne mich verbrand. Ich bin schwartz worden, aus Libe zur Wahrheit gerühret, und mus noch schwaertzer werden, weil die Schwaertze, die schwaertzer ist als das allerschwaertzeste Schwartz, mich zuvor mus schwaertzen, ehe di Krafft von der Krafft der Krafft flammet.[36]

Noch im Dezember des Jahres zieht Kuhlmann sich nach Paris zurück. In seinem *Quinarius* erfährt man, er habe zu dieser Zeit Trauerkleidung angelegt als lugubres Zeichen seines schwergeprüften Stands.[37] In ausführlichen Briefen, welche ganze Abschnitte seines Lebens rekapitulieren, versucht er nochmals eine Sinngebung der Vorfälle, die er schildert. Sein Briefstil ist entsprechenden Schwankungen ausgesetzt. Der Leser bleibt fortwährend im ungewissen, ob er einen Bericht oder eine Proklamation in Händen hält. Es klingt labil, wenn Kuhlmann im zweiten Brief an die holländischen Adressaten den hohen Ton Jesaias anschlägt: „Wolhernun / sage ich / kommet doch herbei mit eurem Stroh

und Stoppeln / dass der Eifer des Herrn / den ihr so hoch reitzet / euch be-
flamme .. ", um dann mit dem Geständnis fortzufahren: „Denn meine Seele ist
ermüdet / und mein Geist abgemattet über den schrecklichen Aergernissen /
welche aus erkalteter Libe zu Gott und seinem Naechsten herausgeflossen.‟[38]
Immerhin belegen diese Pariser Briefe, wenn man sie neben die dichterisch abge-
faßten Aussagen des Kühlpsalters hält, zwar nicht die Richtigkeit, aber doch die
Konsequenz der Kuhlmannschen Sehweise.

Dennoch ist es bedrückend, in dem *Quinarius* eine zunehmende Erstarrung des
Wahnsystems festzustellen. Kuhlmann büßt in seinen Pamphleten schon die
Frische ein, während seine Dichtung sich doch wieder aus der Vergitterung seines
Bewußtseins befreit, bis auch sie gegen Ende des Kühlpsalters in den rhythmi-
schen Proklamationsstil der späten Kühl-Jubel übergeht.

In der Vorrede zum vierten Buch des Kühlpsalters legt Kuhlmann nieder, er
habe „von tag zu tag staerker wachsend" sich in Paris zu der Erkenntnis durch-
gerungen, daß das Reich kein politisches, sondern ein „Herzensreich"[39] und daß
„an dem Zil das Zil gefunden, weil gleich das Zil *empfunden*" sei.[40] Erwartet
man, daß ihn diese Verinnerlichung im pietistischen Sinne sanfter stimme, so
führt der Grundtenor der nun folgenden Gedichte zu einem anderen Schluß.
Seine Empfindung des Ziels ist heftig, das Glücksgefühl erregt ihn weit mehr als
daß es ihn besänftigt. Er preist denjenigen selig, „der stets um Gott wird ausge-
fegt".[41] So wie er durch die Länder fährt, so wie er durch die Menschen fährt,
ohne eine dauerhafte Bindung einzugehen oder eingehen zu können – „Ich bin
durch euch gezogen / Gezogen und geflogen"[42] – so scheut er auch noch in den
Perioden der Introversion die Ruhe, die ihn mit sich als seinem ärgsten Feind
alleine läßt: „Jehova toedt in mir mein Ichts (...) / Hilf, Vater, hilf zum letzten sprung."[43]

Getrieben von diesem Verlangen begibt er sich auf eine innere Wanderschaft,
die er, als Konsequenz seiner äußeren Irrfahrten, 1681/82 in Genf antritt. Er
bezeichnet sie als „Jerusalemsreise" oder einfach als „Geistreise"[44] und schildert
ihren Fortgang, ganz so wie vorher den der türkischen Reise, mit regelmäßigen
Berichten vom Genfersee. Zweifellos litt er an ganz realen finanziellen Schwierigkeiten. Die erwarteten „Jerusalemerreiswechsel" blieben aus, und alles, was
er von den früheren Freunden und Gönnern empfing, war „laesterung, schaen-
dung, verdammung".[45] Nimmt man an, Kuhlmann habe weiterreisen wollen,
so hat diese Notlage vieles vereitelt, aber gerade in dieser Misere erweist sich
noch einmal, wie dem Dichter Kräfte zuwachsen, mit denen er sich den Zwängen
seiner Existenz entwindet. Streng genommen war ja die Aufgabe, als neuer David einen neuen David-Psalter zu dichten, mit den ersten fünf Büchern des
Kühlpsalters bereits erfüllt. Ihre insgesamt 75 Kühlpsalmen entsprachen den 72
biblischen Davidspsalmen, und Kuhlmann hat es selber so aufgefaßt:

Der 72. Gesang ist (Triumf!) verfertiget, und hat mit demselbigen di Figur ein ende,
wie mit den 72 Psalmen in dem zweiten Schriftheile ein Ende haben die Gebet

Davids, des Sohnes Isai. Ein Weiser merket hirauf, und ein kluger frohlokket hir-
über.

Aber diese formale Zielsetzung, die Kuhlmann mit den Verfassern barocker
Psalmen- und Hoheliedparaphrasen verband, konnte sich nicht behaupten. Sie
wich der Wucht seiner Erlebnisse und zwar so, daß die Fortsetzung des eigentlichen Psalters nunmehr von Kuhlmann als *Wesentlicher Kühlpsalter* bezeichnet
wurde. Unter diesem Titel erschienen das sechste und siebte Buch mit den sogenannten „Jerusalemsgesängen"[46] vom Genfer See, die damit ausdrücklich als
eine Steigerung seiner bisherigen Psalmen gekennzeichnet sind. Wie das Wesen
zur Figur, so verhält sich in Kuhlmanns Augen die Genfer Periode zu den vorausgehenden Perioden, die Geistreise zur Türkenfahrt. In der Vorrede zum
Wesentlichen Kühlpsalter wird die im Titel vorgesehene Steigerung gleich im
ersten Satz folgendermaßen formuliert:

> Meine Jerusalemische Reise, durch Rom und Egypten leiblich entschlossen, und über
> verhoffen unter sovilen Roemisch-Egyptischen Noethen des falschen Jerusalems
> beschlossen, übersteiget so weit an aergernissen di Constantinopolitanische Reise,
> als das inner den eusern Witz übersteiget.

War ihm Genf als „falsches Jerusalem", das ihn „dämpfen" wollte[47], verleidet,
so empfand er bei seiner Ankunft in Lausanne, er ziehe nun wirklich in eine
Stätte des Heils, klang doch dem Ankömmling hier schon aus dem Stadtnamen
verheißungsvoll das Wort des Psalmisten entgegen: „Hosanna dem Sohn Davids! Gelobet sei, der da kommt in dem Namen des Herrn!" Kuhlmann stimmte
daraufhin ein Hosann-Lied an:

> Hosann! Di stund ist da! Hosann! der grossen Wunder!
> Hosann! Es ist vollbracht!

Man darf diesen 78. Kühlpsalm nicht als Spielerei oder Blasphemie mißverste-
hen, denn war er als Dichter ohnedies der Rätselgewalt der Worte verfallen, so
hatte er hier – ganz im Sinne Böhmescher Sprachalchimie – den Namen der
Stadt in seinen Urstand hinaufgeläutert. Dieser Prozeß wird in Böhmes *Mysterium Magnum* wie folgt formuliert:

> Der Geist Gottes bildet in das Wort des Mundes / so es die sensualische Zunge fas-
> set / Gerechtigkeit / Wahrheit / Glauben / Liebe und Gedult mit ein / als Gött-
> liche Krafft und Tugend (...) Darumb so prüfe sich der Mensch / was ihme in die
> Bildung seiner Worte in die sensualische Zunge mit einfället / ists Wahrheit /
> Gerechtigkeit / Glauben in Hoffnung / Liebe in Gedult / gerne wollen die Wahr-
> heit reden und thun / und solches alles umb Gottes willen / in der Hoffnung des
> ewigen Lebens / so ists gut mit ihme / so bleibe er in solcher Übung beständig /
> und würcke je mehr und kräfftiger also; so steht sein Perlenbäumlein im Wachsen
> und Zunehmen.[48]

In die letzte Lebensperiode Kuhlmanns, also in die Zeit zwischen 1682 und

1688, fällt die Begegnung mit zwei Frauen, der Engländerin Mary Gould aus London – er nennt sie ‚Maria Anglicana‘ – und der 21jährigen Holländerin Esther Michaelis de Paew. Mit beiden geht er nacheinander die Ehe ein. Maria stirbt, wie ihr zweijähriger Sohn Salomon, schon 1686 in Amsterdam. Auch Esther, mit der Kuhlmann sich fünf Monate nach Marias Tod vermählt, hat von ihm ein Kind namens Salome. Beide Frauen spielen in seiner autobiographischen Symbolik eine beträchtliche Rolle. Maria Anglicana erscheint höchstpersönlich in emblematischer Verklärung auf den Titelkupfern der 1685 und 1686 gedruckten Teile des Kühlpsalters. Aber im Unterschied zu Christian Günther etwa, bei dem die Dichtung aus dem Erotischen ihre unmittelbare Kraft bezieht, wurzelt Kuhlmanns Kunst in seiner Ich-Erfahrung. So konnte er auch aus einer noch so theologisch umgedeuteten Beziehung keinen neuen Antrieb zur dichterischen Produktivität gewinnen. Zwar machte er sich abermals auf, um mit den neuverfaßten proklamatorischen Kühl-Jubeln beim Großen Kurfürsten, beim König von Schweden und bei den Zaren von Rußland für den Traum der Vereinigung zu werben, aber das Ziel, das er diesmal anstrebte, bedeutete zugleich das tödliche Ende seiner Existenz.

Als Kuhlmann im April 1689 in Moskau eintrifft, ist man sich in der dortigen deutschen Gemeinde rasch über den exzentrischen Eindringling einig. Er wird, zusammen mit Konrad Nordermann, einem ansässigen Kaufmann, verhaftet und verhört. Man holt über die Schriften, die er bei sich trägt, Gutachten ein, die vernichtend ausfallen. Er folge, so heißt es, dem Glauben der sogenannten Quaker, wie es sie in Holland und England gebe; sie seien mit den russischen Raskolniken zu vergleichen.[49] Am 28. Mai hatte man sie verhaftet, am 30. Juni erfahren beide ihren Urteilsspruch, lebendig verbrannt zu werden. Aber erst am 4. Oktober wurde das Urteil vollstreckt. Als es schließlich zur Exekution kam, errichtete man eine sogenannte „schwarze Stube“: Die Verurteilten begaben sich „innerhalb eines aus Holz verfertigten Zauns, der von außen mit Stroh umlegt und mit Fässern mit Pech umstellt wurde“.[50] Ein Brief von Kuhlmanns Mutter hält fest, was ihr ein aus Breslau gebürtiger Augenzeuge bei seiner Rückkehr aus Moskau berichtete. Der Brief spricht davon, wie sie vor sechs Tagen selber mündlich mit dem Zeugen geredet und erfahren habe, wie „dieser Harte Prozeß mit meinem Kinde vorgegangen“, und fährt dann fort:

Als sie aber (am 4. Oktober) vors Häuslein kommen und keine Rettung gesehen, so hat mein Sohn seine Hände aufgehoben und mit lauter Stimme gesprochen: Du O grosser Gott bist Gerecht, und Deine Gerichte sind Gerecht, Du weisest, dass wir heute unschuldig sterben, und weren beyde Getrost ins Häussel gegangen und alsbald den Flammen zuverzehren übergeben worden, es were aber keine Stimme mehr von ihnen gehöret worden, sondern ihre Seelen weren mit den Flammen empor getragen (. . .) Wie schwer mir sein Tod ist, und was für Betrübnüss ich darbey leide mangeln mir Worte, allein mein Gott siehet mein Trauern, Er kennet und zehlet meine Schlafflosen Nächte und mein abgematteter Leib nahet sich zum Grabe . . .[51]

Auch ein Leichengedicht ist erhalten. Es spricht weniger unmittelbar als der Brief der Mutter, ist aber beachtlich durch das Ekstatikerbild des Elias, in dem ein übrigens gänzlich unbekannter Verfasser den Sinn dieses Dichterlebens zu fassen suchte:

> Ein Licht dein Leben stets mit grossem Glantz umgab /
> Drum sinkest du auch nicht / wie wir / ins düstre Grab;
> Wer stets im Feuer lebt / muss auch im Feuer sterben;
> Doch kan dein reiner Geist darinnen nicht verderben /
> Er gleicht dem Phoenix nicht / den eine Flamme frist /
> Man findet nichts an ihm / was uns verderblich ist;
> Weil GOtt die Seinen hohlt auf einem Feuer-Wagen /
> So kan man auch von dir kein schmählich Ende sagen.[52]

Kuhlmann hatte ein Gefühl für seine Grenzsituation. Er mahnte die Leser, seine Dichtungen könnten „nimals mit blossem lesen oder betrachten, sondern allein in dem stande verstanden werden, darinnen si geschrieben".[53] In der Literatur-geschichte hat Gervinus zum erstenmal dieses eigensinnige Vorwort angeführt, allerdings nur, um den Kühlpsalter abzutun: „Wir gehen auf den Inhalt nicht ein, denn wir können billigerweise Niemandem anmuthen, den Sinn in diesem Unsinn zu erforschen, da er der Vorrede zufolge nur in dem Stand verstanden werden kann, darin er geschrieben".[54] Kuhlmann aber spricht im weiteren Zusammenhang dieses Vorworts geradezu von jener „lebendigen Erfahrung", aus der seine Dichtung „hervorgeflossen" sei, ein Bekenntnis, das schon der Kir-chenhistoriker Karl Hase in den dreißiger Jahren des letzten Jahrhunderts als einen Schlüssel zum Verständnis begriff. In einem kurzen Satz seiner Kirchen-geschichte fand er für Kuhlmann eine Formel, die in ihrer knappen Eindring-lichkeit ein tieferes Verständnis beweist. Kuhlmann ist für ihn „ein Dichter, der sich selbst zum Gedicht wurde" (bis zur dritten Auflage hieß es noch: „zum Gedicht m a c h t e ").[55] Zu den für Kuhlmanns Kritiker ärgerlichen, seine Krankhaftigkeit deutlich beweisenden Narreteien gehört sein Spiel mit Worten und Wortsilben, die er, bald vom Klang, bald von der Bedeutung her assozi-ierend, als beweiskräftige Versatzstücke seiner Selbstapotheose einfügt. Besonders beliebt ist ihm in diesem Sinn sein eigener Name. Daß gerade in der Böhme-Nachfolge sprachalchimistische Traditionen lebendig waren, hat Ernst Benz nachgewiesen.[56] Weil man mit Böhme annahm, daß der babylonischen Verwir-rung eine ‚Natursprache' vorangegangen sei, suchte man etwa durch Buchstaben-vertauschung die Reintegration der verderbten Wörter in die in ihnen verbor-genen Urworte zu bewerkstelligen. Gewiß hat Kuhlmann von dieser Seite einen starken Anstoß für seine eigenen Experimente empfangen. Aber darüber hinaus war er von der im Wort schlummernden assoziativen Möglichkeit fasziniert, und gerade in diesem Vorgang lag vielleicht die Voraussetzung dafür, daß er, ohne sich dessen voll bewußt zu sein, Schichten des Innenlebens aussprechen konnte, die sonst nicht so leicht durch die zeitbedingte Bewußtseinsperre drangen. Hier liegt die Ursache für jene von Günther Müller bemerkte „geschichtlich kaum begreifliche Unmittelbarkeit" Kuhlmanns, für seine „Irrationalität des Sprachlichen, die im Zeitalter des Intellektualismus völlig unerhört ist".[57] Was Wunder, daß jüngst Günter Grass wieder auf den Dichter des *Kühlpsalters* als „einen Vorläufer des Expressionismus" hinwies, wie denn auch sein Butt zu Protokoll gab, die sanfte Agnes habe vor ihrem Lebensende nicht nur Reime von Opitz aufgesagt, sondern ganze „Kuhlmannsche Wortkaskaden" vor sich hin „gebrabbelt".[58]

Anmerkungen

Texte

Quirinus Kuhlmann: *Der Kühlpsalter*. Hrsg. von Robert L. Beare. 2. Bde. (Neudrucke deutscher Literaturwerke N. F. 3-4). Tübingen 1971. Bd. 2 enthält auch die *Kühl-Jubel* und eine wertvolle *Bibliographie* der Schriften Kuhlmanns, mit Bibliotheksnachweisen. Die drei umfangreichsten Sammlungen befinden sich in UB Göttingen, Staatsbibliothek Preußischer Kulturbesitz Berlin (bei Beare noch als ‚Westdeutsche Bibliothek Marburg' bezeichnet) und British Library London (bei Beare noch ‚British Museum London').

Quirinus Kuhlmann: *Der Kühlpsalter*. Hrsg. von Heinz Ludwig Arnold. Reclam, Stuttgart 1973. Enthält das Erste Buch (Kühlpsalm 1-15) und die Geistreise (Kühlpsalm 73-93). Im Anhang ein photomechanischer Nachdruck des *Quinarius*. Die Kühlpsalmen werden vom Herausgeber knapp und nützlich in Fußnoten erläutert.

Quirinus Kuhlmann: *Himmlische Libes-Küsse*. Hrsg. von Birgit Biehl-Werner. (Deutsche Neudrucke Reihe Barock Bd. 23) Tübingen 1972.

Literatur

Gottfried Arnold: Unparteyische Kirchen- und Ketzer-Historien. Erweiterte Auflage, 3 Bde. Schaffhausen 1740 f. Quirinus Kuhlmann: Bd. 2, S. 508-513 und 1156-60.

Paul Hankamer: Die Sprache. Ihr Begriff und ihre Deutung im 16. und 17. Jahrhundert. Bonn 1927 (Neudruck 1965).

Ernst Benz: Zur Sprachalchimie der deutschen Barocklyrik. In: Euphorion 37, 1936, S. 482-498.

Sebastian Heller: Quirinus Kuhlmann. Gedenkrede zum 300jährigen Geburtstag des schlesischen Dichters. In: Castrum Peregrini Heft 2, 1951, S. 5-36.

Claus Victor Bock: Ekstatisches Dichtertum. Die Geistreise Quirinus Kuhlmanns. In: Castrum Peregrini Heft 29, 1956, S. 26-47.

Martin Lackner: Geistfrömmigkeit und Enderwartung. Studien zum preußischen und schlesischen Spiritualismus dargestellt an Christoph Barthut und Quirinus Kuhlmann (Beiheft zum Jahrbuch: Kirche im Osten I). Stuttgart 1959.

Walter Dietze: Quirinus Kuhlmann (Neue Beiträge zur Literaturwissenschaft 17). Berlin 1963, besonders S. 301 ff.: Letztes Wirken in Rußland.

Sibylle Rusterholz: Klarlichte Dunkelheiten. Quirinus Kuhlmanns 62. Kühlpsalm (und Johannes vom Kreuz). In: Deutsche Barocklyrik. Gedichtinterpretationen. Hrsg. von Martin Bircher und Alois M. Haas. Bern – München 1974, S. 225-263.

Leonard Forster: Kleine Schriften zur deutschen Literatur im 17. Jahrhundert. Amsterdam 1977, besonders: QK and the Poetry of St. John of the Cross (zum 62. Kühlpsalm), S. 235-261; Zu den Quellen des Kühlpsalters. Der 5. Kühlpsalm und der Jubilus des Pseudo-Bernhard, S. 236-281.

Leonard Forster: Q. Kuhlmann in Moscow 1689: An unnoticed Account. In: Germano-Slavica (Canadian Journal of Germanic and Slavic Comparative Studies) II/5, 1978, S. 317-323.

Gerald Gillespie: Primal Utterance: Observations on Kuhlmann's correspondence with Kircher. In: Festschrift Wolfgang Fleischhauer. Köln – Wien 1978, S. 27 ff.

Martin Bircher (Hrsg.): Deutsche Schriftsteller im Porträt. Das Zeitalter des Barock. München 1979. QK S. 104 f.

Joselyn Godwin: Athanasius Kircher. A Renaissance Man and The Quest for Lost Knowledge. London 1979.

Ulrich Stadler: Die Theuren Dinge. Studien zu Bunyan, Jung-Stilling und Novalis. Bern 1979 (Zur Tradition der geistigen Jerusalemreise).

Nachweise

[1] Zur Frage dieser und ähnlicher Datierungen vgl. Robert L. Beare: Quirinus Kuhlmann: where and when? In: Modern Language Notes 57/4, 1962, S. 379-397.

[2] QK, Geschicht-Herold, Vorgespräche, § 16.

[3] Ebda.

[4] QK, Lehr Hoff (Jena 1672), Nr. 170.

[5] Joh. Christoph Adelung, Geschichte der menschlichen Narrheit, 5. Theil, Leipzig 1787, S. 3-90. Zitat S. 9.

[6] QK, Göttliche Offenbarung (Amsterdam 1688), zitiert nach Robert L. Beare, Publications of the Modern Language Association of America 68, 1953, S. 828-862. Zitat S. 860.

[7] QK, Geschicht-Herold, Vorgespräche, § 19.

[8] Ebda, § 19 ff und QK: Libes-Küsse 17.

[9] QK, Geschicht-Herold, Vorgespräche, § 6.

[10] Kühlpsalter, Vorrede 2. Buch, § 11.

[11] QK, Neubegeisterter Böhme, Zuschrift.

[12] Ohne die Verbindung mit den Psalmen findet sich derselbe Doppelsinn des Ortsnamens in Johann Peter Hebels *Schatzkästlein* wieder, in dem die Geschichte vom Unglück der Stadt Leiden mit den Worten beginnt: „Diese Stadt heißt schon seit undenklichen Zeiten Leiden und hat noch nie gewußt, warum."

[13] QK, Neubegeisterter Böhme, Zuschrift, 33 f. (unpaginiert).

[14] Kühlpsalter, Vorrede 6. Buch, § 13 und Vorrede 7. Buch, § 12.

[15] QK, Lutetierschreiben (London 1681), 37.

[16] 37. Kühlpsalm, Strophe 21-26.

[17] Ebda, 43 f.

[18] Achtes und Zwanzigstes Kühl-Jubel.

[19] Ein und zwanzigstes Kühl-Jubel. Ebenfalls an den Großen Kurfürsten richten sich Zwei Berlinische Kühl-Jubel.

[20] 23. Kühl-Jubel.

[21] Kühlpsalter, Vorrede 4. Buch, § 7.

[22] 41. und 44. Kühlpsalm und öfter.

[23] 60. Kühlpsalm. Eine zehnstrophige Schlußfeier, mit der die erschienenen vier ersten Bücher des Kühlpsalters enden. Zitat aus Strophe 1.

[24] 22 und 24. Kühlpsalm, Überschriften.

[25] 25. Kühlpsalm, Überschrift.

[26] QK, Lutetierschreiben 91; dazu Apostelgeschichte 27, 41 ff.

[27] Lutetierschreiben 91.

[28] 34. Kühlpsalm, Überschrift.

[29] 29. Kühlpsalm, Strophe 7 und 11.

[30] Brief an die Familie zitiert nach Flechsig, S. 89.

[31] 31. Kühlpsalm, Strophe 13.

[32] 49. Kühlpsalm, Strophe 1 und 5. Zur vorletzten Zeile vgl. Jeremias Klagelieder 3, 11: „Er hat mich zerstücket und zunichte gemacht."

[33] Vgl. C. B. Hylkema, Reformateurs. Geschiedkundige Studien over de Godsdienstige Bewegingen uit de Nadagen onzer Gouden Eeuw, 2 Teile, Haarlem 1900, 1902. Zitat T. 2, S. 45. Giftheil starb 1660 in Amsterdam.

[34] 45. Kühlpsalm, Überschrift.

[35] Kühlpsalter, Vorrede 3. Buch, § 18.

[36] Ebda., § 19 f.

[37] QK, Quinarius (Amsterdam 1680) III, Nr. 43.

[38] QK, Pariserschreiben Besiegelung § 6; dazu Jesaia 5, 24: „Darum, wie des Feuers Flamme Stroh verzehret, und die Lohe Stoppeln hinnimmt, also wird ihre Wurzel verfaulen und ihre Blüte auffliegen wie Staub."

[39] Kühlpsalter, Vorrede 4. Buch, § 4 und vorgesetzter Gebetsspruch, § 1.

[40] Kühlpsalter, Vorrede 4. Buch, § 19.

[41] 53. Kühlpsalm, Strophe 73.

[42] 24. Kühlpsalm, Strophe 6.

[43] 46. Kühlpsalm, Strophe 17.

[44] 61. und 73. Kühlpsalm, Überschriften.

[45] 80. Kühlpsalm 3. Teil, Überschrift.

[46] 93. Kühlpsalm, Schlußbemerkung.

[47] 85. Kühlpsalm, Strophe 2.

[48] Kap. 36 § 79 und 81.

[49] Nicolaj Tichonrawow, Quirinus Kuhlmann. Aus dem Russischen von A. W. Fechner. Riga 1883. Zitat aus der Untersuchungsakte S. 6.

[50] D. Cyzevskyi, Zwei Ketzer in Moskau. In: Kyrios. Vierteljahrschrift für Kirchen- und Geistesgeschichte Osteuropas 6, 1942/43, S. 29-46. Zitat S. 34 und 37.

[51] Abdruck des ganzen Briefes bei Cyzevskyi (oben, Anm. 50), S. 36 f.

[52] Einziger mir bekannter Abdruck in Schlesische Kern-Chronicke, Nürnberg 1741 (1. Aufl. 1710), 2. S. 521 f.

[53] Kühlpsalter, Vorrede 1. Buch.

[54] G. G. Gervinus, Geschichte der deutschen Dichtung, Bd. 3, 5. Aufl. Leipzig 1872, S. 446.

[55] Karl Hase, Kirchengeschichte, 3. Aufl. (1837) S. 526 und 12. Aufl. (Leipzig 1900) S. 470.

[56] In: Euphorion 37, 1936, S. 240 ff und 482 ff.

[57] Günther Müller, Deutsche Dichtung von der Renaissance bis zum Ausgang des Barock (Handbuch der Literaturwissenschaft), Wildpark – Potsdam 1927. Zitat S. 254.

[58] Günter Grass, Der Butt. Darmstadt – Neuwied 1977. Zitat S. 357 und 358.

HELMUTH KIESEL

HERZOGIN ELISABETH CHARLOTTE VON
ORLÉANS, GEN. LISELOTTE VON DER PFALZ

Gewiß: Die wenigen von ihr selbst überlieferten Verse[1], französische zumal, rechtfertigen die Aufnahme der Herzogin Elisabeth Charlotte von Orléans in den Parnaß deutscher Barockdichter bei weitem nicht, und ihre wiederholten Bekenntnisse, sie sei „Zur poesie (...) gar nicht geschickt"[2], sei „keine poetin"[3], sprechen ganz entschieden dagegen. Dennoch gehört Elisabeth Charlotte in das literarische Bild dieser Epoche, gibt ihm sogar einen einmaligen Akzent. Ihr ‚Briefwerk‘, an dem sie so beständig ‚arbeitete‘ wie andere Autoren an ihren fast endlosen Romanen, ist nicht nur unvergleichlich durch Umfang, Inhalte und Stil, sondern bietet dem Leser immer wieder auch Anlaß, die ‚privaten‘ und unmittelbar aus dem Leben formulierten Äußerungen der Elisabeth Charlotte gegen das Bild vom Leben der Großen zu halten, wie es durch die Literatur dieser Zeit vermittelt wird. Wer sich durch die rund 5000 erhaltenen Briefe hindurchgelesen hat, der sieht das ‚höfische‘ Zeitalter in neuem Licht und liest die ‚hohe‘ Literatur dieser Epoche mit anderen Augen. Vom Glanz des Hoflebens bleibt nicht viel, und einige der gängigen Meinungen über die von Ludwig XIV. überstrahlte Zeit geraten ins Zwielicht. In den Briefen der Herzogin Elisabeth Charlotte beginnt sich ein Individuum aus dem höfischen Rollenzwang zu befreien und bekundet in überraschender Unmittelbarkeit und Spontaneität eine unverwechselbare (und bis zum heutigen Tag faszinierende) Subjektivität. Schreiben war für sie d a s Mittel, die Unfreiheit und Enge des Hoflebens zu überwinden oder wenigstens zu mildern: „ich were erstickt, wenn ich dießes nicht gesagt hette", so beschließt sie eine Klage über ihre gezwungene Existenz am französischen Hof.[4] Die negativen Erfahrungen und Verletzungen aus dem Hofleben beschreibt Elisabeth Charlotte mit einer solchen Ausdauer und suggestiven Anschaulichkeit, daß ihre Briefe – trotz ihres gelegentlichen Eintretens für höfische Lebensformen[5] – insgesamt doch wie eine permanente Anklage gegen die höfische Gesellschaft wirken.

*

Ihr Leben stand, wie sie selbst oft behauptete, von Anfang an unter einem unglücklichen Stern. Elisabeth Charlotte (1652-1722) war die Tochter des Kurfürsten Karl Ludwig von der Pfalz[6] und seiner Gemahlin Charlotte von Hessen. Nach der Geburt Elisabeth Charlottes zerstritten sich die Eltern. Karl Ludwig ließ sich in morganatischer Ehe Luise von Degenfeld, später Raugräfin von der Pfalz genannt, antrauen. Fortan erlebte der kurpfälzische Hof Parteiungen und Querelen um die beiden ersten Damen, bis sich Charlotte 1662 nach Kassel zurückzog. Schon vorher, 1659, hatte man Elisabeth Charlotte aus Heidelberg entfernt, nicht nur, um ihr unerfreuliche Szenen zu ersparen, sondern auch, um ihrer Mutter einen wichtigen Grund für weiteres Verbleiben zu entziehen. Einige Briefe der Kurfürstin lassen trotz ihrer formellen Diktion erkennen, wie sehr sie unter der Herzlosigkeit dieses Verfahrens litt.[7]

Die siebenjährige Prinzessin kam in die Obhut ihrer Tante Sophie[8], Schwester Karl Ludwigs von der Pfalz und Gemahlin Herzogs Ernst-August von Braunschweig-Lüneburg, des späteren Kurfürsten von Hannover.[9] Die vier Jahre bis 1663, die Elisabeth Charlotte an deren Hof erlebte, haben sie nicht weniger geprägt als die anschließenden Heidelberger Jahre. In der Jungfer Offeln, der späteren Frau von Harling, fand sie eine begabte und engagierte Hofmeisterin.[10] Herzogin Sophie war durch ihr weltoffenes Denken und ihre Toleranz, durch Witz und Humor, durch höfische Strenge und menschliche Wärme zugleich eine für Elisabeth Charlotte zeitlebens bestimmende Bezugsperson. Nicht umsonst war sie auch die bevorzugte Korrespondentin Elisabeth Charlottes, ihr „trost in allen widerwertigkeitten".[11]

Hinzu kam, daß am Hof von Ernst-August und Sophie eine durch vielerlei Inkongruenzen stimulierende Atmosphäre herrschte: Hocharistokratisches Standesbewußtsein opponierte mit einem gezwungenermaßen bürgerlichen Lebenszuschnitt[12], literarisch-wissenschaftliche Interessiertheit kontrastierte mit der Verachtung von Gelehrtheit als Schulfüchserei und Pedanterie.[13] Unstimmigkeiten herrschten auch auf konfessionellem Gebiet und führten zu einem Toleranzdenken, das auch von Elisabeth Charlotte übernommen wurde.

1663 wurde die Pfalzgrafentochter nach Heidelberg zurückgebracht und in den folgenden Jahren nach den ‚Instruktionen' ihres Vaters erzogen.[14] Schwerpunkte lagen auf der religiösen Erziehung, wobei der indifferent-irenische Kurfürst auf Toleranz größten Wert legte, auf dem Unterricht in deutscher und französischer Sprache („que nostre dite fille apprenne à bien lire et escrire en allemand et en françois") und auf der Anstandslehre, die den Repräsentationspflichten einer Prinzessin genügen sollten. Daneben erhielt sie Unterricht in Zeichnen, Schönschreiben, Rechnen, Tanzen und Gitarrenspiel. Sporadische Kenntnisse erwarb sie sich in Geographie und Geschichte. Latein lernte sie nicht, doch las sie viele Texte der Antike in Übersetzungen und war besonders an der klassischen Mythologie interessiert. Die ‚Instruktionen' sahen die Lektüre von guten moralischen und historischen Büchern vor („lire es bons livres de morale ou d'histoire"); das Lesen von Romanen wurde vom Vater verboten mit der zeitüblichen Begründung, es „machte die weibsleütte zu huren undt die mannßleütte zu nahrn".[15] Als Ausgleich dafür kam Elisabeth Charlotte häufig in den Genuß von Theateraufführungen, die der Kurfürst schätzte, insbesondere wenn es sich um englische oder spanische Stücke handelte.[16] Gelegentlich führten die Kinder des Kurfürsten selbst Komödien auf[17], wie sie sich auch darin übten, Sprichwörter in Szene zu setzen.[18]

Ziel dieser Erziehung war Tauglichkeit für das Leben in der höfischen Welt, in welcher Lebensart und gesellschaftliche Gewandtheit den Vorrang vor jeglicher Art von Gelehrsamkeit behaupteten. Daß Elisabeth Charlottes Freude am Theater zur Passion wurde, ist vor allem auf ihre späteren Lebensumstände zurückzuführen. Ihr Verständnis für Bühne und Literatur ihrer Zeit wurde durch keinen spezifischen Unterricht fundiert.

Offensichtlich erlebte Elisabeth Charlotte im Kreis ihres Bruders und ihrer Halbgeschwister in Heidelberg eine unbeschwerte Jugend, die sich in der Erinnerung aus Versailles zur paradiesischen Zeit in einem gelobten Land vergoldete.[19] Was sie nach Frankreich mitnahm, war indessen nicht nur die Erfahrung eines glücklichen ‚familiären' Zusammenlebens sogar an einem Hof, sondern auch ein festgefügtes Moralbewußtsein und eine nicht mehr überformbare ‚Natürlichkeit' oder Ungeniertheit. An ihre Halbschwester Luise schrieb sie 1696: „Ich ware schon zu alt, wie ich in Franckreich kamme, umb von gemühte zu endern; mein grundt war schon gesetzt (...)."[20]

Die Vermählung der zwanzigjährigen kurpfälzischen Prinzessin mit dem verwitweten Herzog Philipp I. von Orléans, dem Bruder Ludwigs XIV., war das Ergebnis politischer Kalkulationen beider Parteien. Aus französischer Sicht paßte die Eheschließung mit den daraus resultierenden Erbexspektanzen allzu gut in das Programm der Ostexpansion; man verzichtete – vorläufig, wie die Pfalzkriege erweisen sollten – auf eine Mitgift. Der Kurpfälzer sah seine Tochter standesgemäß versorgt und hoffte auf französischen Beistand für seine Restitutionspolitik; die notwendige Konversion seiner Tochter vom Calvinismus zum Katholizismus, die in der Familie kein Einzelfall war, nahm er in Kauf. Mitte November 1671 traf Elisabeth Charlotte am französischen Hof ein: durch ihre Provinzialität nicht unbedingt dazu geeignet, eine Rolle am Hof des Sonnenkönigs zu spielen, und durch ihre Moralität fast dazu prädestiniert, mit ihrem homoerotischen Gemahl und seinen Favoriten in Konflikt zu geraten.

Mit der Hochzeit wurde Elisabeth Charlotte zur „Madame, duchesse d'Orléans"[21], wie ihr offizieller Titel lautete. Am Hof wurde sie nur „Madame" genannt, und als Gemahlin des einzigen Bruders des Königs, „Monsieur" genannt, war sie die zweithöchste Dame im Königreich, nach dem Tod der Königin 1683 gar die höchste. Ihre politischen Einflußmöglichkeiten blieben indessen gering. Die Herzogin konnte nichts fordern und durchsetzen, allenfalls in familiären Angelegenheiten einige unliebsame Entscheidungen verhindern. An dieser macht- und einflußlosen Stellung änderte sich auch kaum etwas, als nach dem Tod des Sonnenkönigs 1715 ihr Sohn die Regentschaft für den unmündigen

Thronfolger übernahm. Madame verfolgte das politische Geschehen mit der Aufmerksamkeit einer sich verantwortlich fühlenden Fürstin, griff aber nicht unmittelbar in die Entscheidungsprozesse ein, weil ihrer Meinung nach Frankreich „nur gar zu lang durch weiber regirt undt verdorben worden" war.[22] Zudem hielt sie es für gewissenlos, „sich in sachen zu mischen, so man nicht recht verstehet, undt welches allerhandt ungerechtigkeiten nach sich zicht".[23] Elisabeth Charlottes exponierte Stellung am französischen Hof und ihre Nähe zum Thron kontrastierten auffallend mit ihrer politischen Abstinenz und Bedeutungslosigkeit. Nach eigenen Worten war die „grandeur" fürstlicher Damen, da sie realer Macht meist entbehrte, „vor bloße chimeren" zu halten.[24]

Eingedenk dessen wollte Leopold von Ranke 1870 nicht von einer „eigentlichen Biographie" der Herzogin sprechen, fand ihre Briefe jedoch bemerkenswert als Reaktion auf die „großen Strömungen der Ereignisse".[25] Rankes Zweifel an der ,Biographiewürdigkeit' Elisabeth Charlottes entsprangen einer heute gewiß nicht mehr akzeptablen Vorstellung von historischer Größe und Bedeutung. In gewisser Weise jedoch perpetuierten sie nur Elisabeth Charlottes Selbstwertzweifel, die ihrerseits freilich auch das Produkt einer patriarchalisch geordneten und auf männliche ,grandeur' fast versessenen höfischen Gesellschaft waren. Konsequenterweise tauchte bei Madame, zumal sie auch die Ehe als Zwang empfand[26], der Wunsch auf, ein Mann und regierender Herr zu sein:

> den es ist mir all mein leben leydt geweßen, ein weibsmensch zu sein, undt churfürst zu sein, wehre mir, die wahrheit zu sagen, beßer ahngestanden, alß Madame zu sein; aber weillen es gottes willen nicht geweßen, ist es ohnnöhtig, dran zu gedencken.[27]

Das Leiden an der Rolle einer zur Passivität verurteilten Aristokratin dokumentiert sich in vielen Briefen der Herzogin, aus denen ihre ,innere Biographie' und ihre Weltsicht rekonstruiert werden können: als epochal bedeutsame Auseinandersetzung einer durch deutsche Denktraditionen geprägten Moralistin mit dem Hof von Versailles und mit dem Europa nicht nur friedlich übergreifenden Regiment des Sonnenkönigs. Daß diese ,innere Biographie' nicht weniger faszinierend war als das ,tatenreiche' Leben manches ,Helden' dieser Epoche, beweist die hohe Zahl der Ausgaben von Madames Briefen seit 1788.[28] Diese wurden im übrigen schon 1791 als autobiographische „Confessionen" verstanden, weil

> sich die Prinzessin darin größtentheils selbst schildert, und ein getreues Bekenntniß von ihrer Denkungsart, so wie auch auf der andern Seite von den damaligen verdorbenen Sitten des französischen Hofes, und seiner zum Theil höchst verachtungswürdigen Creaturen ablegt.[29]

Im Spiegel ihrer Briefe glaubte man endlich auch die durch Herrscherpanegyrik meist verbrämten Privatleidenschaften der Großen zu erblicken und die Niedrigkeiten eines höfischen Lebens zu erkennen, die durch das Zeremoniell stets überspielt worden waren.

In der Tat gab es für die ‚Hofberichterstatterin' Elisabeth Charlotte kaum ein Tabu, wenngleich sie der Zensur wegen nicht immer „teütsch herauß" schreiben konnte.[30] Prinzipiell war sie der Ansicht, daß die offene Sprache, die man am französischen Hof führte[31], auch in ihren Briefen statthaft sei. Auch nahm sie an, daß ihre Briefe nach der Lektüre sofort verbrannt würden, wie sie selbst mit den Antwortschreiben verfuhr.[32] Unter diesen Voraussetzungen glaubte sie – charmant plaudernd das eine und dramatisch berichtend das andere Mal – alles mitteilen zu können, was ihr als bemerkenswert vorkam: auffällige Ereignisse im höfischen Leben, Krankheitsfälle in der königlichen Familie, vor allem aber absonderliche Vorkommnisse, Greuelgeschichten und Zoten aller Art, im Tonfall der Entrüstung auch die frivolen Ausschweifungen der Mitglieder des Königshauses und der Höflinge. Dafür standen ihr eine Fülle von sprichwörtlichen und anschaulichen umgangssprachlichen Wendungen zur Verfügung, die ihrer Neigung zur sentenzhaften Formulierung und zum frappierenden Vergleich entgegenkamen. Auch vor skatologischen Ausdrücken scheute sie nicht zurück, wenn sie z. B. den durchschlagenden Erfolg der regelmäßig verordneten Purgierungen schildern wollte (was freilich als wichtige Mitteilung über das körperliche Wohlbefinden betrachtet werden muß).[33] Über das Hofleben und einzelne Persönlichkeiten des Hofes schrieb sie manchmal in einem satirisch-entlarvenden Ton, und besonders schonungslos äußerte sie sich oft über Madame de Maintenon, die als letzte Mätresse Ludwigs XIV. zur ‚heimlichen Königin' und damit zur Intimfeindin von Madame avanciert war.[34]

Ihre mokanten, zum Teil gehässigen und häufig durch Selbstmitleid geprägten Briefe waren Produkte der Außenseiterposition, in die Elisabeth Charlotte allmählich geraten war.[35] Nach einer Anfangsphase, in der sie – vom König gehätschelt – das Hofleben genossen hatte und bei den Höflingen „a la mode" gewesen war[36], kam es zu dauernden Zwistigkeiten, teils durch Intrigen gegen die betont ungalante[37] Herzogin, teils wegen ihrer kompromißlosen Moralität und oft demonstrierten Barschheit. Auch ihre Ausfälle gegen die „alte Zott" Maintenon wurden bekannt. 1685 brach deswegen Ludwig XIV. mit Elisabeth Charlotte, und fortan blieb sie aus den königlichen Privatgemächern ausgeschlossen.[38] Die zuvor lebensfreudige Dame wurde grämlich und vor Kummer „dick und fett".[39] Nach dem Tod ihres Gemahls 1701 bahnte sich eine Verständigung an zwischen Elisabeth Charlotte, Madame de Maintenon und dem König, welcher der Herzogin eine durchaus zureichende Versorgung gewährte.[40] Zur Versöhnung mit dem König scheint es jedoch erst unmittelbar vor dessen Tod gekommen zu sein.[41]

Die Jahre zwischen 1685 und 1715 waren für Elisabeth Charlotte eine Leidenszeit, die sie nur überstand, indem sie ‚ihr Glück in sich selbst suchte'[42] und „gantz ein hermitte einsidlerin im mitten von hoff" wurde.[43] Den Verlauf eines gewöhnlichen Tages schilderte die Herzogin so:

Waß ich den gantzen tag thue, lest sich in kurtzem begriff sagen: in die meß gehen, zu mittag eßen, ein par gestochene stein besehen, ein par blätter leßen, hernach schreiben, nachts umb 10 ins Königs eßsahl gehen, I. M. dort erwarten, biß sie mitt der königliche familie von mad. de Maintenon kommen, nach dem eßen ins Königs cammer gehen, ein Vatter unßer lang da stehen, ein reverentz machen, der König geht in sein cabinet mitt den printzen undt duchesse de Bourgogne undt ich in mein cammer, da gebe ich meinen hündtger biscuit, ziehe meine uhren auff, besehe meine stein, endere von ring, hernach gehe ich nach bett. Damit wißen E. L. mein gantzes leben; undt ein tag ist wie der ander; (. . .).[44]

Nicht erwähnt ist hier, daß Elisabeth Charlotte fast täglich zur Jagd fuhr und abends meist eine Theater- oder Opernaufführung besuchte – ganz bewußt auch als Flucht vor der Melancholie.[45]

*

Über „innerliche melancholie undt betrübtnuß" klagte Elisabeth Charlotte in ihren Briefen häufig.[46] Sie führte ihre permanente „trawerigkeit"[47] – entsprechend den medizinischen Vorstellungen ihrer Zeit[48] – primär darauf zurück, daß ihr „temperement miltzsüchtig" sei[49] und ihre „melancolische galle" sie „schir gantz verbrendt" habe.[50] Wohl aber sah sie auch, daß ihre depressive Gemütsverfassung durch ihre Lebensumstände zumindest begünstigt wurde. Wenn nach Schings Melancholie als „Element" zu betrachten ist, „in dem sich Leidensdruck ausspricht"[51], so ist aus den Briefen der Herzogin von Orléans klar ersichtlich, daß ihre Melancholie eine Reaktion war auf die Intrigen, die gegen sie angezettelt worden waren[52], und auf die Erkenntnis ihrer machtlosen Position außerhalb der königlichen Gunst.[53] Lepenies' Ausführungen über Melancholie als resignative psychische Verfassung von Aristokraten, die in ihren politischen Aktionsmöglichkeiten eingeschränkt und zur Langeweile des Hoflebens gezwungen wurden[54], treffen tendenziell auch für Madame zu. Hatten die einstigen Frondeure ihre Entmachtung durch den forcierten Absolutismus der beiden Kardinäle und Ludwigs XIV. zu beklagen, so war die überaus standesbewußte[55] Herzogin mit ihren strengen Vorstellungen von Herrscherpflichten[56] verletzt und gedemütigt durch die Erfahrung, daß eine Frau bei politischen Entscheidungen nicht mitwirken konnte, es sei denn in der Rolle einer Intrigantin oder Mätresse, wie dies die „Pantecrate"[57] Maintenon über drei Jahrzehnte zur Abscheu von Madame demonstrierte.

Getröstet fühlen mochte sich Elisabeth Charlotte durch ihren noch strikt calvinistischen Glauben an die „predestination"[58] durch Gottes Vorsehung, der sie – in Verneinung des freien Willens[59] – alles überantwortete: ihre unglückliche Heirat[60] mitsamt dem Glaubenswechsel[61], ihre ohnmächtige Rolle am französischen Hof[62] und die daraus resultierenden psychischen Depressionen.[63] Was ihr blieb, war – außer ihrer Ergebenheit in Gottes Willen[64] – das tägliche[65] Schreiben langer Briefe an ihre Verwandten in halb Europa: ihr bevorzugtes und allerdings nicht ungefährliches Remedium gegen „hertzenleydt", Melancholie und Langeweile.[66] Gelegentlich glaubte sie, mit ihren Überlegungen einhalten zu müssen: „sonsten werden mir die grillen noch ärger im kopff steigen, alß sie schon sein".[67] Insistierte die Moralistin darauf, daß allein das „Raisoniren (...) unß zu menschen" macht[68], so sah sie darin doch auch ein negatives Moment: „Reflectionen machen trawerig".[69] Es ist offensichtlich, daß durch das ungewöhnliche und von den Höflingen belächelte lebenslange Briefeschreiben die Isolierung der Herzogin noch zunahm, ihre Schwermut gesteigert, ihre Aversion gegen den Hof verfestigt und ihr Urteil in mancher Hinsicht ungerecht wurden. Dies ist nicht immer genügend berücksichtigt worden, wenn Elisabeth Charlotte – seit 1789 – als Zeugin etwa für die Sittenlosigkeit des französischen Hofes oder für die moralische Überlegenheit Deutschlands zitiert wurde.

*

Das lebendige und nuancenreiche Bild vom Leben der Herzogin, das bei der Lektüre ihrer Briefe allmählich entsteht, kann bei der hier gebotenen Kürze unmöglich vermittelt werden. Ebensowenig ist es möglich, die vielfältige Thematik ihrer Briefe vorzustellen; der Interessent vermag sich durch die Stichwortverzeichnisse der Herausgeber Holland und Bodemann einen ersten Eindruck verschaffen. Im folgenden soll nur versucht werden, einige der von Elisabeth Charlotte immer wieder aufgegriffenen Themen zu umreißen, ihre Denk- und Schreibart zu charakterisieren und ihre epistolographischen Grundsätze zu beleuchten.

Bedingt durch Erziehung, höfischen Umgang, breite Lektüre und häufige Theaterbesuche sind in die Briefe der Elisabeth Charlotte viele der geistigen Problemstellungen und Denkmuster ihrer Epoche eingegangen, meist zugespitzt auf ihre besondere Situation und in der Darlegung geprägt durch ihre lange höfische „experientz"[70] sowohl als auch durch ihre Denkhaltung, die jeden Anschein übertriebener Gelehrsamkeit vermied. Für die Herzogin stand fest, daß Gelehrtheit und Lebensart nicht zu vereinbaren waren:

> Ordinari wißen die gelehrten nicht zu leben undt ob sie zwar gescheydt in ihren künsten sein, sein sie doch wie gecken unter die leütte; also der personnen von große qualitet sache nicht, so erschrecklich gelehrt zu sein; den es ist ihnen hoch nöhtig, die welt zu kenen undt wie sie mitt jedermandt leben müßen undt sollen, welches man nur durch experientz undt nicht in den büchern lernt.[71]

Wie sie den Gelehrten – unter Ausnahme des verehrten Leibniz[72] – wohl nicht nur dank eigener Erfahrungen, sondern auch im Rückgriff auf den zum Topos gewordenen Gegensatz von Gelehrtentum und Hofwelt „narische maniren" bescheinigte[73], so gestand sie für sich:

> Ach, liebe Louise, nichts ist gemeiner, alß mein verstandt; außer le sens commun kan ich mich nichts rühmen.[74]

Und bei anderer Gelegenheit schrieb sie:

> Wir müßen woll von bagattellen reden, staadtssachen weiß ich warlich nicht, philosophie verstehe ich nicht undt noch weniger die theologie, also muß man ja woll mitt mir reden, worauff ich andtwortten kan.[75]

Dies war nicht nur Koketterie mit ihrer aristokratischen Ungelehrtheit. Tatsächlich entzog sich Madame der Lektüre philosophischer oder theologischer Bücher. Ein Abbé de St. Pierre war zwar ihr Almosenier, aber seine Friedensschrift las sie nicht, obwohl sie von deren Existenz wußte.[76] Einen Leibniz schätzte sie wegen seiner Unierungsidee[77], wegen seines Vorsehungsglaubens[78] und – als Hundeliebhaberin – wegen seiner Theorie von der Beseeltheit der Tiere[79]; seine Schriften las sie freilich nur ganz sporadisch. Ihre Lesebereitschaft erwachte jedoch, sobald sie es mit einem Roman zu tun hatte. Fénelons *Télémaque* z. B. las sie im Manuskript und pries ihn als Fürstenspiegel nach ihrem Geist.[80] In einer unvollständigen Aufzählung ihrer Lektüre nennt sie Titel wie die fünfbändige *Astrée* des Honoré d' Urfé, die zehnbändige *Clélie* der Magdelaine de Scudérie, den sechsundzwanzigbändigen *Amadis* usw.[81] Die langwierige Entstehung der *Römischen Octavia* des Herzogs Anton Ulrich verfolgte sie mit Interesse[82] und lobte das Werk als einen Roman, der „recht schön teütsch undt woll geschrieben" sei.[83]

Besser noch als die Romane kannte Madame durch ihre häufigen Theater- und Opernbesuche die zeitgenössische Dramenliteratur. In ihren Briefen finden sich – neben einer Fülle von Sprichwörtern – eine lange Reihe von Zitaten aus Opern- und Dramentexten oder Anspielungen darauf. Im übrigen sind ihre Bemerkungen über Lektüre und Theateraufführungen meist sehr knapp gehaltene und unreflektierte Geschmacksurteile.[84] Als Urteilskriterien werden lediglich einmal Wirklichkeitsnähe und Natürlichkeit der Charaktere genannt[85], ein andermal das in einem Stück entfaltete Maß an „verstandt" und „moralitetten".[86] Wenn sich die Herzogin ausführlicher über die Jesuitenbühne von Paris äußerte, so deswegen, weil die dortigen Aufführungen ein gesellschaftliches Ereignis waren, an dem auch ihre Enkelkinder mitwirkten.[87]

So karg sie bei der Beurteilung einzelner Stücke war, so sehr ereiferte sich Elisabeth Charlotte bei der Verteidigung der ‚Komödien' gegenüber allen, die am Wert des Theaters zweifelten und die Schließung der Bühnen betrieben: in Frankfurt, wie sie erfuhr, die protestantische Geistlichkeit, in Paris die Partei der ‚Devoten'.[88] Mit Vorliebe betonte sie dann die Vorzüge des Theaters gegenüber der Kanzel:

> Wen man die passionen regiren solte, wie sie in den serieussen comedien von Corneille regirt werden, wehren sie mehr zu loben, alß zu schelten. In der kirch lehrt

mans unahngenehm, aber in den commedien wirdt es ahngenehm vorgestelt, wie die
tugendt belohnt undt laster gestrafft werden. Einen kerl, den man nie widersprechen
darff, eine gantze stundt allein zu hören ruffen, mag woll gutt sein, aber gar nicht
ahngenehm.[89]

Daraus folgt auch, daß Theaterbesuche für die Herzogin nicht nur Divertisse-
ment in melancholischen Stunden waren, sondern Schule der Tugenden und –
wie noch zu zeigen ist – der mitmenschlichen Empfindungen. Mit Formulierungen, die dazu geeignet sind, die von Lessing über das Mitleidspostulat vollzogene
wirkungsästhetische Abgrenzung des bürgerlichen Trauerspiels von der höfisch-
klassizistischen Tragödie als fraglich erscheinen zu lassen, beschreibt Elisabeth
Charlotte wiederholt eine – nach gängiger Meinung – für ihre Zeit und ihre
soziale Situierung ungewöhnliche Rezeptionshaltung:

> Wer wolte undt könte nicht mittleyden mitt Eüch haben über so rechtmäßige be-
> trübtnuß, so Eüch zugestoßen? Wen mans in einer comedie sicht, kommen einem die
> threnen drüber in den augen, will geschweygen den, wen es einer person widerfahrt,
> so man kendt undt lieb hatt, wie ich Eüch habe.[90]

> Liebe Louise, wen man solche abschiedt nur in einer commedie sehen solte, würde es
> einem zu hertzen gehen undt weinen machen, will geschweygen den, wen man es in
> der warheit sicht undt hört.[91]

Auch wenn einzuräumen ist, daß Elisabeth Charlotte nicht gerade ein Muster-
beispiel für höfisch-aristokratische Affektbeherrschung war, bleibt zu fragen, ob
der Gegensatz zwischen der Gefühlskultur des Ancien régime und der herauf-
ziehenden bürgerlichen Gesellschaft so kraß war, wie es die empfindsame Literatur des 18. Jahrhunderts glauben machen will. ‚Tränen des Mitleids' jedenfalls,
von den Theoretikern des bürgerlichen Trauerspiels als Zeichen ‚wahrer Menschlichkeit' gewertet, sind nicht erst aus bürgerlichen Augen geflossen.

Lektüre und Theaterbesuche schlugen sich vor allem in den Bemerkungen der
Herzogin über das Leben am Hof nieder, besonders wenn Madame über die
Schilderung einzelner kritikwürdiger Vorkommnisse oder Sachverhalte hinaus-
ging und auf die allgemeinen Bedingungen des Hoflebens reflektierte. Oft ver-
fiel sie dabei ins wörtliche Zitieren, und einmal fügte sie einigen entsprechenden
Versen von Corneille eine Begründung für dieses Vorgehen an:

> Daß ist woll eine wahre beschreibung vor denen, so regieren müßen; daß habe ich all
> mein leben in prose gesehen; aber wie ich keine poetin bin, hette ich es nicht in so
> schönnen vers setzen können, wie Corneille gethan.[92]

Aber auch wenn Madame versuchte, ihre Hoferfahrungen mit eigenen Worten
zu formulieren, griff sie meist auf Topoi und Vergleiche zurück, die traditionel-
lerweise für die Beschreibung der besonderen Problematik und Mühsale des
Hoflebens zur Verfügung standen. Die Höfe waren für sie die bevorzugten
Domizile aller Laster, insbesondere der Schmeichelei und der Langeweile mit

ihren Folgen, die „besten schullen" für die Erkenntnis der „eytelkeit dießer weldt".[93] Prediger 1,2: daß „alles in der welt sehr eytel ist", schien nach ihren Erfahrungen voll und ganz zuzutreffen. Ihren eigenen höfischen Rang, die „stelle von Madame", hätte sie wegen des damit verbundenen Zwangs am liebsten einmal verkauft.[94] Generell betrachtete sie das Leben der Großen und zumal der Mitglieder des Königshauses als Existenz gekrönter Sklaven[95], doppelt mühselig durch den unbedingten Gehorsam gegenüber dem König und durch die unentrinnbare Öffentlichkeit des Lebens in Versailles. Über die Unmenschlichkeit dieses immerwährenden Hofschauspiels klagte Madame ganz besonders:

> Daß große wie kleine ihre last in dießer welt haben, ist kein wunder; den sie seindt ja nur menschen wie andere auch, also alles unterworffen, waß den menschen in der welt begegnen kan. Aber waß sie ahm argsten haben, ist, daß sie allezeit mitt so viel leütte umbringt sein, daß ihre unglücke nie heimblich, noch verborgen sein können, undt müßen denen, so weniger seindt, alß sie, zum spectacle dienen.[96]

Der Rückzug der Elisabeth Charlotte in die ‚Einsiedelei' ihres Schreib- und Lektürekabinetts, wo außer ihren Lieblingshunden und Vögeln nur ihre vertrautesten Hofdamen anwesend waren, muß auch als bewußte Flucht aus einer Lebensform betrachtet werden, in der die Mitglieder der königlichen Familie durch eine hierarchisch gestaffelte Öffentlichkeit von Höflingen, Besuchern und Dienstboten ständig beobachtet und zudem durch eine Garde von königlichen Spionen gezielt überwacht wurden.[97]

Zu dem Versuch der Herzogin, sich psychisch vom französischen Hof zu distanzieren, gehört auch die demonstrative Betonung ihres ‚deutschen Wesens', die Bevorzugung deutscher Speisen, deutscher Tänze und deutscher Bräuche, vor allem aber ihr entschiedenes Festhalten an der deutschen Sprache, das für die ‚Exulantin' und ‚Außenseiterin' nahezu eine identitätsbewahrende Funktion hatte. Über sich selbst schrieb sie:

> Daß gutte lob, daß ich von teütscher parolle bin, will ich nicht verliehren, wo mir möglich ist.[98]

Über Deutsche, die französisch sprachen und schrieben, war sie verärgert, denn sie glaubte befürchten zu müssen,

> daß sie mitt frembden sprachen auch der frembden länder fehler aprobiren solte(n) undt nicht mehr ahn unßere alte teütschen maximen gedencken, so doch warlich nicht zu verwerffen sein.[99]

In der epochalen Frage der Nachahmung französischer Sitten und Gebräuche in Deutschland nahm Elisabeth Charlotte eine gemäßigte Position ein:

> Wen unßere gutte ehrliche Teütschen folgen wolten, waß man guts in Franckreich thut, werden sie zu loben (sein), aber zu folgen, waß selber hir gethadelt wirdt, daß ist abgeschmackt undt ridicule.[100]

Freilich: Die Briefe der Herzogin von Orléans verraten kaum einmal, was es Nachahmungswürdiges in Frankreich gegeben hätte; vielmehr beteuerte die geborene Pfalzgräfin noch fünfzig Jahre nach ihrer Übersiedlung, daß dort alles schlechter sei „alß bey unß"[101]: die Menschen, die Sitten, das Essen, der Wein, die Luft, der Nachtigallengesang etc. Die Vorgeprägtheit solcher Behauptungen durch die in Elisabeth Charlottes Jugendzeit aufkommende literarische Alamodekritik mit ihrer antifranzösischen Tendenz ist unverkennbar und nötigt dazu, die dauernde Kritik der Herzogin an Frankreich einerseits und ihr anhaltendes Lob für Deutschland andererseits mit Vorsicht zu prüfen.

Elisabeth Charlottes Differenzierungswille war offensichtlich auf nationalem und ständischen Gebiet, wo die Herzogin z. B. die Grenzen zwischen ‚bürgerlichem‘ und ‚höfischem‘ Sprachgebrauch exakt anzugeben wußte[102], viel ausgeprägter als etwa im religiösen Bereich. Dort versuchte sie, die dogmatischen Unterschiede zu relativieren und zu negieren, verdächtigte sie im übrigen als Vehikel für die Herrschsucht des Klerus.[103] An Luther übte sie Kritik, weil dieser die Kirchenspaltung in Gang gebracht hatte[104], trat demgegenüber für Toleranz und für die Wiedervereinigung der Konfessionen ein.[105] Die folgende Passage aus einem Brief von 1718 kann als ihr ‚Bekenntnis‘ gelesen werden:

> Glaubt mir, liebe Louisse! unterschiedt der Christenreligionen bestehet nur in pfaffengezäng, so, welche sie auch sein mögen, catholische, reformirten oder lutherische, haben alle ambition undt wollen alle Christen einander wegen der religion haßen machen, damit man ihrer von nöhten haben mag undt sie über die menschen regieren mögen. Aber wahre Christen, so gott die gnade gethan, ihn undt die tugendt zu lieben, kehren sich ahn daß paffengezäng nicht, sie folgen gottes wort, so gutt sie es verstehen mögen, undt die ordenung der kirchen, in welcher sie sich finden, lassen das gezäng den pfaffen, den aberglauben dem pöpel undt dinen ihren gott in ihrem hertzen undt suchen, niemandts ärgernuß zu geben. Diß ist, waß gott ahnbelangt, im überigen haben sie keinen haß gegen ihren negsten, welcher religion er auch sein mag, suchen, ihm zu dinnen, wo sie können, undt ergeben sich gantz der gottlichen providentz.[106]

Die einzelnen ‚Sätze‘ dieses Bekenntnisses resultieren aus der frühen Erziehung zu religiöser Toleranz, aus der Erfahrung der Konversion, aus dem Miterleben der Hugenottenverfolgung und nicht zuletzt aus der täglichen Lektüre der Bibel, die in Elisabeth Charlotte eine Art von ‚Mündigkeitsgefühl‘ in religiösen Fragen aufkommen ließ. In einer für diese Zeit ungewöhnlichen Weise ist jeglicher Konfessionalismus überwunden. Statt dessen äußert sich der Wille, im Vertrauen auf Gott ein eigenes Bekenntnis über den kontroversen Lehrmeinungen zu formulieren, wird mithin der Anspruch erhoben, sich wenigstens den Bereich der grundlegenden religiösen Überzeugungen als Raum der ‚Selbstbestimmung‘ zu eröffnen.

*

Die Briefe der Elisabeth Charlotte, die nach einer sich wiederholenden Formulierung nur „bagatellen" enthielten[107], sollten dazu dienen, die freundschaftlichen Bindungen zu den Verwandten zu pflegen[108], das „hertz aus(zu)schütten"[109] und eine familiäre „conversation" in Gang zu halten.[110] Zu diesem Zweck waren sie genau auf den jeweiligen Briefpartner zugeschrieben, nicht wie die Briefe einer Madame de Sévigné für einen Zirkel, für eine Öffentlichkeit gedacht.[111] Die spezifische Zweckbestimmtheit wie die enge Adressatengebundenheit hatten Konsequenzen für den Stil der Briefe, der bereits einigen Zeitgenossen als bemerkenswert erschien. Leibniz etwa bekam einige der Briefe in Hannover zu sehen und äußerte sich anerkennend[112], wiederholte sein Lob auch in einem seiner Briefe an die Herzogin.[113] Auch Elisabeth Charlotte selbst war sich der Besonderheit ihres Stils bewußt. Offensichtlich kamen ihre Korrespondentinnen immer wieder auf ihre Art des Schreibens zu sprechen, und sie reagierte darauf mit Bemerkungen über ihren Stil, die teils deskriptiv waren, teils apologetisch wirken sollten, teils normativ sein wollten.

Madame räumte ein, daß sie keinen „hohen stiel" schrieb[114], daß ihre Briefe nicht „romanesque" waren (d. h. nicht für Romane taugten)[115], und betonte demgegenüber, daß sie – an Verwandte zumal – ‚natürlich‘[116], ‚coulant‘[117], ‚ohne façon‘[118], ohne schmeichlerische Komplimente[119], ohne zeremoniöse Umschweife[120] und eben auf deutsch[121] schreiben wolle und auch nur derartige Briefe zu erhalten wünsche. Aus der Vielzahl einschlägiger Äußerungen lassen sich die folgenden gewissermaßen als ihre epistolographischen Maximen hervorheben:

(...) ahngenehm schreiben ist beßer, alß correct.[122]

Continuirt nur, imer natürlich undt ohne façon zu schreiben![123]

Ich bin recht content von Ewerm jetzigen brieff; den ich habe gern, daß die, so mir nahe sein undt ich lieb haben will, ohne façon undt lustig ahn mir schreiben, wie es ihnen im kopff kompt.[124]

Macht nur keine complimenten! so werde ich Ewere brieffe, liebe Louisse, allezeit gar ahngenehm finden.[125]

Ich sehe mein leben nicht darnach, ob ein schreiben sauber oder gekleckst geschrieben ist, sehe nur, ob, die sie mir schreiben, mich lieb haben; den findt ich alles schon undt gutt.[126]

Wen man nur die teütsche handt schreiben kan, hatt man nicht nöhtig, brieff zu lehrnen machen. Man kan ja nur schreiben, wie es einen ihm kopff kompt, wie ich thue; den muß ich gezwungen schreiben, würde ich mich mein leben nicht dazu resolviren können.[127]

... daß naturliche sprechen mag woll nicht gar regullirt in der politesse sein, ist aber viel nobler undt expressiver undt mehr, wie man denckt, also gar gewiß beßer.[128]

Zu meiner zeit fandt man woll geschrieben, wenn die phraßen in kurtzem begriff undt man viel in wenig worten sagte, nun aber findt man schön, wenn man viel wörtter daher setzt, so nichts bedeütten. Das ist mir unleydtlich, aber gottlob alle die, womit ich correspondire, haben dieße widerliche mode nicht ahngenommen; ich hette nicht andtworten können, aber gottlob sie sprechen noch alle mein teütsch, andtworte also kecklich.[129]

Für diese epistolographischen Grundsätze mag Madame die überlegene französische Briefkultur ihrer Epoche zum Vorbild genommen haben. Wenigstens bemerkte sie – in bedenkenswertem Kontrast zu ihrer üblichen Kritik an allem Französischen und zu ihrer sonstigen Bevorzugung der deutschen Sprache – gelegentlich einmal:

> Auff Frantzösch schreiben ist gar nicht schwer; man schreibt ja nur, wie man spricht, gantz natürlich; es ist schir leichter alß auff Teütsch (. . .).[130]

In der Tat erwies sich die Verwirklichung der genannten Grundsätze in deutschen Briefen als problematisch. Gewiß schrieb Elisabeth Charlotte Briefe, die – nach dem Urteil von Georg Steinhausen – als deutsche Briefe erstmals „unterhaltend in prägnantem Sinne und interessant" waren[131], die – nach den Beobachtungen von Adolf Urbach – „ungezwungene Natürlichkeit", „schlichte Volkstümlichkeit" und „Lebendigkeit" als Hauptmerkmale aufwiesen[132], die – nach dem zutreffenden Eindruck Wilhelm Ludwig Hollands – der jeweiligen Situation der Verfasserin so sehr entsprachen, daß sie „uns zu mitlebenden" machen.[133] Viele dieser Briefe jedoch sind dem spontanen Einfall mehr verpflichtet als dem Stilprinzip der ‚Flüssigkeit', wirken völlig dispositionslos und bieten die Inhalte in ganz zufälliger Reihenfolge (sofern nicht Punkt für Punkt auf einen anderen Brief geantwortet wird). Und häufig überließ sich die Herzogin dem Stilideal der ‚Natürlichkeit' allzu unkontrolliert. Kaum salviert durch die häufig verwendete Formel „met verlöff, met verlöff", finden sich in vielen Briefen Derbheiten und Grobianismen, die nicht nur den guten Geschmack verletzen, sondern bisweilen auch ins Inhumane abzugleiten drohen.[134] Ludwig XIV., nach übereinstimmendem Urteil vieler Zeitgenossen der denkbar höflichste Herrscher, ließ Madame durch ihren Beichtvater scharf rügen, weil sie „zu frey im reden" war[135], im täglichen Umgang wie in ihren Briefen; ihr Leibkutscher verklagte die Herzogin, daß sie in ihren mündlichen und schriftlichen Äußerungen „den staadt verachte"[136], und die Abneigung der Madame de Maintenon gegenüber der Herzogin dürfte zum guten Teil eine Folge der ungezügelten Schmähworte gewesen sein, mit denen Elisabeth Charlotte die „alte hex" und „rumpompel" in ihren Briefen häufig bedachte, wohl wissend, daß dies alles der ‚heimlichen Königin' hinterbracht würde.

Wenn Grobheiten und drastische Formulierungen in fürstlichen Briefwechseln des 16. und 17. Jahrhunderts auch durchaus üblich waren[137], so scheint die Herzogin von Orléans darin doch außergewöhnlich weit gegangen zu sein. Dafür können mehrere Gründe geltend gemacht werden: eine in dieser Hinsicht ‚liberale' Erziehung; der frivole Umgangston, der im Palais Royal herrschte; eine psychische Disponiertheit, die – als Folge des gezwungenen Hoflebens – zu grobianischen Ausfällen neigte. Möglicherweise fühlte sich die Herzogin auch durch die ihr bekannte aggressive Derbheit Lutherischer Polemiken zu ähnlichen Formulierungen legitimiert.[138]

*

Trotz der überraschenden Nähe der oben zitierten Stilprinzipien Elisabeth Charlottes zu Gellerts epistolographischen Grundsätzen[139] blieb die in den Briefen der Herzogin entfaltete ‚Natürlichkeit' weit entfernt von der Gellertschen ‚Natürlichkeit', die Reinhard M. G. Nickisch mit Recht als „Natürlichkeit einer stilisierten urbanen Umgangssprache humanistisch-literarisch Gebildeter" definierte.[140] Die Differenz zwischen der stilisierten Natürlichkeit mancher Briefe aus der Gellert-Zeit und der manchmal sehr derben Natürlichkeit der Elisabeth-Charlotte-Briefe war weniger durch Bildungsunterschiede verursacht, als vielmehr dadurch, daß Madame oft auf die Prüfung ihrer Formulierungen nach den Kriterien des guten Geschmacks[141] verzichtete und insbesondere das von Gellert später getadelte Moment des Ekelhaften[142] nicht vermied. Die Briefe der Herzogin, so charmant und bestrickend sie manchmal sind, wurden dadurch auch zu fast unerschöpflichen Dokumenten für die „Ungeniertheit, man kann auch sagen Schamlosigkeit" (Reifferscheidt)[143], mit der gerade auch in der höfischen Gesellschaft gesprochen wurde – anders, als die hohe Literatur dieser Epoche es vorspiegelt. Daß diese ‚Ungeniertheit' im Umkreis der Höfe noch länger erhalten blieb, sei nur angemerkt. Drastisch äußert sie sich noch im späten 18. Jahrhundert, als guter Geschmack und Moralität bereits in Prüderie ausarten, in Mozarts berühmten *Bäsle-Briefen*.[144]

Anmerkungen

Texte

Aus den Briefen der Herzogin Elisabeth Charlotte von Orléans an die Kurfürstin Sophie von Hannover. Ein Beitrag zur Kulturgeschichte des 17. und 18. Jahrhunderts. Herausgegeben von Eduard Bodemann. 2 Bde. Hannover 1891 (zitiert als: Bodemann, röm. Bandnummer, Seitenzahl).

Leopold von Ranke's Sämmtliche Werke. Dreizehnter Band: Französische Geschichte vornehmlich im sechzehnten und siebzehnten Jahrhundert. Sechster Band: Aus den Briefen der Herzogin von Orleans, Elisabeth Charlotte, an die Kurfürstin Sophie von Hannover. Leipzig (2) 1870 (durch Bodemanns umfangreichere Ausgabe überholt; bemerkenswert durch Rankes ‚Ansicht der Lebensstellung Elisabeth Charlottens').

Briefe der Herzogin Elisabeth Charlotte von Orléans (...). Herausgegeben von Dr. Wilhelm Ludwig Holland. 6 Bde. Stuttgart 1867-81 (Bibliothek des litterarischen Vereins in Stuttgart. Bde. 88 (= I), 107 (= II), 122 (= III), 132 (= IV), 144 (= V), 157

(= VI); zitiert als: Holland, röm. Bandnummer, Seitenzahl; enthalten sämtliche Briefe der Herzogin an ihre raugräflichen Halbschwestern).

Briefe der Herzogin Elisabeth Charlotte von Orléans an ihre frühere Hofmeisterin A. K. v. Harling, geb. v. Uffeln, und deren Gemahl, Geh. Rath Fr. v. Harling zu Hannover. Herausgegeben von Dr. Eduard Bodemann. Hannover und Leipzig 1895 (zitiert als: Harling, Seitenzahl).

Briefwechsel zwischen Leibniz und der Herzogin Elisabeth Charlotte von Orleans. 1715/16. Herausgegeben von Eduard Bodemann. In: Zeitschrift des historischen Vereins in Niedersachsen 46 (1884), S. 1-66.

Hans F. Helmolt: Kritisches Verzeichnis der Briefe der Herzogin Elisabeth Charlotte von Orléans. Leipzig 1909.

Ein Verzeichnis der Briefe der Herzogin von Orléans bei Strich, Liselotte und Ludwig XIV., S. 1 ff.; unter wirkungsgeschichtlichem Aspekt sind vor allem die folgenden, meist tendenziös kommentierten Ausgaben von Bedeutung:

Fragments de Letres originales de Mad. Charlotte Elisabeth de Barière, veuvre de Mons. Frère unique de Louis XIV (...). Hambourg 1788 (vermutlich eine unrichtige Angabe des Druckorts; eine zweite Auflage erschien unter abgeändertem Titel 1807 in Paris).

Anekdoten vom Französischen Hofe vorzüglich aus den Zeiten Ludewigs des XIV. und des Duc Regent aus den Briefen der Madame d'Orleans Charlotte Elisabeth (...). Strasburg 1789 (tatsächlicher Verlagsort war Braunschweig; weitere Ausgaben erschienen 1790 und 1793).

Bekenntnisse der Prinzessin Elisabeth Charlotte von Orleans. Aus den Originalbriefen. Danzig 1791.

Leben und Charakter der Elisabeth Charlotte Herzogin von Orleans nebst einem Auszuge des Denkwürdigsten aus ihren Briefen. Ein Beitrag zur Charakteristik des französischen Hofes Ludwigs XIV. vom Professor Schütz zu Halle. Leipzig 1820.

Briefe der Prinzessin Elisabeth Charlotte von Orleans an die Raugräfin Louise 1676-1722. Herausgegeben von Wolfgang Menzel. Stuttgart 1843.

Briefe über die Zustände am französischen Hofe unter Ludwig XIV. Ausgewählt aus den Jahren 1672-1720 und herausgegeben von Rudolf Friedemann. Stuttgart 1903.

Hof und Gesellschaft in Frankreich am Anfang des 18. Jahrhunderts. Neue Folge der Briefe über die Zustände am französischen Hofe von Liselotte. Ausgewählt und herausgegeben von Paul Volkmar. Stuttgart 1904.

Briefe der Herzogin Elisabeth Charlotte von Orléans, gen. Liselotte. Herausgegeben von Hermann Bräuning-Oktavio. Leipzig 1913.

Weitere Ausgaben um 1910; im Buchhandel zur Zeit lieferbar: Liselotte von der Pfalz, Briefe. 4. Aufl., Ebenhausen/Isartal 1974; Briefe der Liselotte von der Pfalz, herausgegeben und eingeleitet von Helmuth Kiesel, Frankfurt am Main 1981 (insel taschenbuch 428).

Literatur

Allgemeine Deutsche Biographie, Bd. VI (Leipzig 1877), S. 28-34 (Kugler).
Neue Deutsche Biographie, Bd. IV (Berlin 1959), S. 448-451 (Peter Fuchs).

Theodor Schott: Elisabeth Charlotte, Herzogin von Orleans. Eine deutsche Prinzessin am französischen Hofe. Heidelberg 1881.

Ohne Verfasserangabe: Elisabeth Charlotte als Philosophin. In: Die Grenzboten 55/III (1896), S. 545-558.

Friedrich Schmidt: Geschichte der Erziehung der Pfälzischen Wittelsbacher. Urkunden nebst geschichtlichem Überblick. Berlin 1899 (Monumenta Germaniae Paedagogica. Band XIX).

A. Winkelmann: Aus Liselottens Jugendzeit. Ein Beitrag zur Erziehungs- und Kulturgeschichte des XVII. Jahrhunderts. In: Veröffentlichungen der Grossherzoglich Badischen Sammlungen für Altertums- und Völkerkunde in Karlsruhe und des Karlsruher Altertumsvereins 3 (1902), S. 71-86.

Jakob Wille: Elisabeth Charlotte Herzogin von Orleans (Die Pfälzer Liselotte). Bielefeld und Leipzig 1905.

Michael Strich: Liselotte und Ludwig XIV. München und Berlin 1912 (Historische Bibliothek. 25. Band).

Ders.: Liselotte von Kurpfalz. Berlin 1925.

Carl Knetsch: Elisabeth Charlotte von der Pfalz und ihre Beziehungen zu Hessen. Marburg 1925.

Otto Flake: Große Damen des Barock. Historische Porträts. Frankfurt am Main 1981, S. 156-180: Liselotte von der Pfalz, Herzogin von Orleans.

F. Funck-Brentano: Liselotte. Duchesse d'Orléans, Mère du Régent. Paris 1936.

Mathilde Knoop: Madame Liselotte von der Pfalz. Ein Lebensbild. Stuttgart 1956.

Markus Lakebrink: Ideologische Züge in Sainte-Beuves Porträt der Lieselotte von der Pfalz. In: Germanisch-Romanische Monatsschrift N. F. 29 (1979), S. 87-94.

Nachweise

[1] Vgl. Bodemann II, 284; Holland I, 114 f. und VI, 69.

[2] Holland VI, 69.

[3] Holland V, 224.

[4] Bodemann II, 254.

[5] Vgl. Bodemann I, 219 und II, 266, 3221; Holland I, 301; II, 464, 642 f.; III, 351; IV, 62; V, 141, 237; VI, 277, 295, 347, 354, 417 u. ö.

[6] Vgl. ADB 15 (1882), S. 326 ff. (K. Menzel) und NDB 11 (1977), S. 246 ff. (P. Fuchs).

[7] Vgl. die Briefe der Charlotte, die Bodemann publizierte, in: Briefe der Herzogin Elisabeth Charlotte an ihre frühere Hofmeisterin, S. VIII f.

[8] Vgl. M. Knoop, Kurfürstin Sophie von Hannover.

[9] Vgl. ADB 34 (1892), S. 665 ff. (Köcher).

[10] Vgl. die Einleitung von Bodemann zu den Briefen der Herzogin Elisabeth Charlotte an ihre frühere Hofmeisterin.

[11] Holland II, 402; zur Charakterisierung der Herzogin Sophie vgl. Holland II, 399 ff.; Knoop, Kurfürstin Sophie, bes. S. 43 und 80.

[12] Vgl. Knoop, Kurfürstin Sophie, S. 62; Knoop, Madame, S. 11.

[13] Vgl. Knoop, Kurfürstin Sophie, S. 80 u. ö.

[14] Vgl. Schmidt, Erziehung der Pfälzischen Wittelsbacher, S. LXIV ff. (geschichtlicher Überblick) und S. 82 ff. (Instruktionen); vgl. Winkelmann, Aus Liselottens Jugendzeit; vgl. Knoop, Madame, S. 12 ff.

[15] Bodemann II, 147; prägnant erscheint der Vorwurf der unsittlichen Wirkung von Romanen noch bei Gotthard Heidegger, Mythoscopia Romantica oder Discours Von den so benannten Romans (1698), S. 58 ff.; viele Romanautoren versuchten in Vorreden, diesen Vorwurf zu entkräften.

[16] Vgl. Winkelmann, S. 83;

[17] Vgl. Holland III, 352, 377 und 402.

[18] Vgl. Holland I, 27.

[19] Vgl. Holland I, 62, 215; III, 13, 54, 374, 391; V, 149; VI, 27, 98, 417; Harling, 38.

[20] Holland I, 59; vgl. ebd., 56.

[21] Holland I, 262; vgl. Anekdoten, 54.

[22] Holland II, 630; vgl. Holland II, 626, 641 und III, 138, 299.

[23] Holland VI, 54.

[24] Holland I, 125.

[25] Vgl. Ranke, Ansicht der Lebensstellung Elisabeth Charlottens, S. XI (in: Ranke, Briefe der Herzogin von Orleans, 1870, S. IX ff.).

[26] Vgl. bes. Holland VI, 522, daneben auch I, 125, 264, 268 und V, 180, 205, 209, 259.

[27] Holland I, 225.

[28] Vgl. das Verzeichnis der Briefausgaben.

[29] Bekenntnisse der Prinzessin Elisabeth Charlotte (. . .) Danzig 1791, S. 3.

[30] Holland I, 18. Die dauernde Zensur ihrer Korrespondenz durch die Polizeiminister wurde von Elisabeth Charlotte häufig durch ironische oder ärgerliche Bemerkungen quittiert. Einige wichtige Stellen: Bodemann I, 195 und II, 48, 71, 79; Holland I, 4, 106, 388, 449; II, 317, 361, 421, 435, 568; III, 248; IV, 65; VI, 25, 87, 113; Harling, 112.

[31] Vgl. bes. Bodemann I, 23 und 64.

[32] Vgl. bes. Holland II, 401 f. und 452 f.; aber auch 652.

[33] Hinweise erübrigen sich; bes. kräftige Stellen in anderem Zusammenhang: Bodemann I, 109; Holland VI, 299.

[34] Vgl. Strich, Liselotte und Ludwig XIV., S. 55 ff.; Knoop, Madame, S. 55 ff.; von den vielen Äußerungen der Elisabeth Charlotte vgl. als besonders harte Bodemann I, 135 f., 209 und 213; Holland II, 107, 146; III, 384.

[35] Zum folgenden vgl. Strich, Liselotte und Ludwig XIV., S. 55 ff. Knoop, Madame, S. 55 ff.

[36] Vgl. Bodemann I, 12.

[37] Vgl. Bodemann I, 216.

[38] Vgl. bes. Bodemann I, S. 254.

[39] Vgl. Holland I, 85; Selbstbeschreibungen, meist ironisch oder sarkastisch formuliert: Bodemann I, 300 und II, 199, 323; Holland I, 202 und II, 258, 681.

[40] Zur materiellen Situation der Herzogin vgl. bes. Bodemann II, 18, 263 f.; Holland I, 14, 130, 250 f., 255; II, 129; IV, 254; VI, 131.

[41] Vgl. den noch heute ergreifenden Bericht Elisabeth Charlottes vom Tod Ludwigs XIV.: Holland II, 614 ff.

[42] Vgl. Bodemann I, 290.

[43] Vgl. Holland II, 16 und viele ähnlich lautende Äußerungen.

[44] Bodemann II, 217; vgl. Holland I, 214 f., 217 f., bes. 395 f. und II, 450 f.

[45] Vgl. Holland I, 129, 239; II, 649; III, 391.

[46] Vgl. Bodemann I, 101, 103; Holland I, 82, 247 f., 373, 377 und II. 415.

[47] Holland I, 377.

[48] Vgl. Hans-Jürgen Schings: Melancholie und Aufklärung. Melancholiker und ihre Kritiker in Erfahrungsseelenkunde und Literatur des 18. Jahrhunderts. Stuttgart 1977, S. 59 ff., bes. S. 62 und 70.

[49] Vgl. Holland I, 305 u. ö.

[50] Vgl. Holland VI, 13.
[51] Vgl. Schings, a. a. O., S. 6.
[52] Vgl. Holland I, 21 und 151; Bodemann I, 47 f.
[53] Vgl. Bodemann I, 95.
[54] Vgl. Wolf Lepenies, Melancholie und Gesellschaft. Frankfurt am Main 1972, S. 46 ff.
[55] Aus vielen einschlägigen Stellen vgl. bes. Holland I, 311: Stolz auf die Herkunft aus der pfalzgräflichen Familie; Bodemann II, 190: Verachtung der bürgerlichen Maintenon.
[56] Vgl. bes. Bodemann I, 245 und 402; Holland I, 226; V, 272 und 329; VI, 55.
[57] Vgl. Bodemann II, 331, 344 u. ö.
[58] Bodemann I, 137.
[59] Bodemann I, 218 f.
[60] Vgl. Holland I, 92 und 134; III, 374; Harling, 81.
[61] Vgl. Bodemann II, 93.
[62] Vgl. Holland I, 225, 228 und II, 573.
[63] Vgl. Holland I, 315 und II, 625.
[64] Holland III, 302; die Beteuerungen ihrer Gottergebenheit sind so zahlreich, daß sich Angabe weiterer Stellen erübrigt.
[65] Vgl. ihren wöchentlichen Schreibturnus bei Holland I, 105; II, 98 f.; V, 517.
[66] Vgl. Bodemann II, 319; Holland V, 179 f. und VI, 41.
[67] Bodemann I, 43.
[68] Holland VI, 522.
[69] Holland V, 235.
[70] Holland V, 164 und VI, 143.
[71] Holland I, 165.
[72] Vgl. hier Bodemann II, 112 f.
[73] Vgl. Holland I, 145 und III, 288.
[74] Holland IV, 159.
[75] Holland II, 158 f.
[76] Vgl. Bodemann II, 279.
[77] Vgl. Bodemann II, 124 und 128 ff.
[78] Vgl. Bodemann II, 102.
[79] Vgl. Bodemann II, 42 f. und 160.
[80] Vgl. Bodemann I, 368 und 402.
[81] Vgl. Bodemann VI, 189 f.
[82] Vgl. Bodemann II, 44, 120 f., 145, 157.
[83] Vgl. Bodemann II, 75 und auch 246, 344.
[84] Vgl. Bodemann I, 183 und II, 230; Holland I, 419, 430, 448; III, 265; VI, 317, 318.
[85] Vgl. Bodemann I, 386 f.
[86] Vgl. Holland VI, 309.
[87] Vgl. Holland II, S. 578, 586 f. und III, 309.
[88] Vgl. Bodemann I, 201 ff. und II, 122; Holland I, 107, 116, bes. 181, 314, 728, 440; III, 370; VI, 545.
[89] Holland I, 427.
[90] Holland II, 359.
[91] Holland II, 475.
[92] Holland V, 224.
[93] Holland II, 405.
[94] Holland I, 248.

[95] Vgl. aus vielen einschlägigen Stellen bes. Bodemann II, 254 und Holland II, 233 f.

[96] Holland III, 265.

[97] Zum Hofleben von Versailles vgl. neben vielen Quellensammlungen und kultur-historischen Darstellungen bes. Norbert Elias, Die höfische Gesellschaft (...) Neuwied und Berlin 1969; zum Spitzelsystem vgl. Bodemann I, 74 und II, 191.

[98] Holland II, 339.

[99] Holland II, 325; ähnlich öfters.

[100] Holland II, 65.

[101] Zum Auftauchen dieser typischen Exulantenformel in den letzten Lebensjahren der Herzogin vgl. bes. Holland VI, 99, 139, 400; eine Auflistung ihrer Frankreichkritik erübrigt sich.

[102] Vgl. Bodemann II, 280; Holland II, 91, 95, 216; III, 80, 90; VI, 287; V, 141 und auch VI, 277, 347, 354.

[103] Dieser Vorwurf wird von der Herzogin so oft erhoben, daß Stellenhinweise unnötig sind; vgl. im übrigen das folgende Zitat.

[104] Vgl. Holland III, 125 und 146.

[105] Vgl. bes. Bodemann I, 215, 373, 401 f. und II, 94; Holland I, 75, 80, 347, 349; II, 21, 41, 613, 638; bes. Holland III, 132 f. und IV, 160 f., 358; V, 336.

[106] Holland III, 302.

[107] Holland I, 238 und II, 158.

[108] Vgl. bes. Holland I, 55 f. und 85; III, 395; IV, 198.

[109] Vgl. Holland II, 573.

[110] Vgl. Holland II, 329 und III, 147; Harling 192.

[111] Vgl. Funck-Brentano, Liselotte, S. 100.

[112] Vgl. Bodemann I, 277 und Holland II, 684.

[113] Vgl. Briefwechsel zwischen Leibniz und der Herzogin Elisabeth Charlotte, 22.

[114] Vgl. Bodemann I, 410.

[115] Vgl. Bodemann II, 240.

[116] Vgl. Holland I, 59, 121 f., 147, 395; II, 175; IV, 101, 313; auch IV, 104.

[117] Vgl. Holland I, 122, 147.

[118] Vgl. Holland I, 243 und VI, 430, 557.

[119] Vgl. Holland I, 121 f., 249, 254 f., 258; II, 2 f., 34; VI, 354.

[120] Vgl. Holland I, 27; II, 100.

[121] Vgl. Holland II, 16, 325.

[122] Bodemann II, 201.

[123] Holland I, 121.

[124] Holland I, 243.

[125] Holland II, 34.

[126] Holland II, 124.

[127] Holland II, 325.

[128] Holland VI, 354.

[129] Harling, 195; vgl. ebd. 197.

[130] Holland V, 105; vgl. Steinhausen, Geschichte des deutschen Briefes II, S. 104. – Über die wenigen vorliegenden französischen Briefe der Herzogin urteilte Sainte-Beuve: „Madame n'écrivait pas plus mal le français que la plupart des personnes de qualité de son temps" (zit. nach Funck-Brentano, Liselotte, S. 101).

[131] Steinhausen, Geschichte des deutschen Briefes II, S. 110.

[132] Urbach, Sprache in den deutschen Briefen der Herzogin Elisabeth Charlotte, S. 6.

[133] Holland II, 374 (Anmerkung).

[134] Neben den Verwünschungen der Madame de Maintenon vgl. als besonders krasse Beispiele Holland I, 197 und V, 209: „Ihr könt der jalousen graffin sagen, sie solle ihre

rivalen [sic!] vor ein alt scheißhauß, met verlöff, met verlöff, halten; so wirdt ihr die jalousie gantz vergehen; ..."

[135] Vgl. Bodemann I, 64.

[136] Vgl. Bodemann I, 195.

[137] Vgl. Steinhausen, Geschichte des deutschen Briefes I, S. 148 und II, S. 100.

[138] Vgl. Bodemann I, 188.

[139] Vgl. Reinhard M. G. Nickisch, Die Stilprinzipien in den deutschen Briefstellern des 17. und 18. Jahrhunderts. Göttingen 1969, S. 173.

[140] Vgl. ebd., S. 176.

[141] Zur Bedeutung des guten Geschmacks bei Gellert vgl. Christian Fürchtegott Gellert, Die epistolographischen Schriften. Faksimiledruck nach den Ausgaben von 1742 und 1751. Mit einem Nachwort von Reinhard M. G. Nickisch. Stuttgart 1971, S. 178, 185, 186 und 7*; Diethelm Brüggemann, Gellert, der gute Geschmack und die üblen Briefsteller. In: DVjs 45 (1971), S. 117 ff.

[142] Vgl. Nickisch, Stilprinzipien, S. 174.

[143] Reifferscheid, in: Jahresberichte für neuere deutsche Litteraturgeschichte 2 (1893), S. 4 (III 1:25).

[144] Vgl. Mozarts Bäsle-Briefe. Herausgegeben und kommentiert von Joseph Heinz Eibl und Walter Senn. Mit einem Vorwort von Wolfgang Hildesheimer. Kassel und München 1978.

DIETER GUTZEN

JOHANN BEER

Ein Mann, der mit den mathematischen Disziplinen nicht nur oberflächlich bekannt und mit verschiedener Unterweisung in der Philosophie wohl versehen ist. In der Musik überragt er andere jedenfalls so weit, wie ihre göttlichere Herkunft durchzuspüren ist [...] Er ist unvergleichlich, was die Erfindungskraft angeht, lieblich, genau treffend und anmutig; im Stil richtet er sich nach seiner Mundart. Besonders fein spielt er mit der Paronomasie und der Metonymie. Und niemand wird leicht ohne die einzigartige Empfindung der Anmut oder gar ohne Lachen seine *Epigramme* lesen; genauso wird jeder gelehrter oder heiterer aus dem Umgang oder einem Zusammentreffen mit ihm hervorgehen; sogleich wird er davon etwas haben, wozu er sich viel Glück wünschen kann.[1]

Mit solchem Lob bedenkt Erdmann Neumeister im Jahr 1695 den aus Österreich stammenden Sänger und Kammermusiker des Herzogs von Sachsen-Weißenfels, Johann Beer. Es gilt dem Musiker und Schriftsteller, von dessen Werken allerdings nur die *Epigramme* und der Plan für ein Passionsgedicht erwähnt werden. Indes erlaubt die Charakteristik die Vermutung, daß Neumeister weitere Schriften im Sinn hatte, als er von der „unvergleichlichen Erfindungskraft" sprach. Die Aufnahme in das Compendium zeitgenössischer Schriftsteller zeigt, daß Beer zu seiner Zeit wohlbekannt war, und das Nachleben in den musikwissenschaftlichen Lexika läßt erkennen, daß der Musiker Beer nie ganz in Vergessenheit geriet. Dem Schriftsteller jedoch gelang es, über Jahrhunderte hinweg ein Geheimnis zu wahren, das erst Richard Alewyn aufdeckte, als er 1932 einer erstaunten Öffentlichkeit die Identität Johann Beers mit dem Autor präsentierte[2], der unter wechselnden Pseudonymen – Jan Rebhu, Hanß-guck-in-die-Welt, Wolffgang von Willenhag etc.[3] – in den Jahren 1677-1685 zahlreiche Romane und Erzählungen veröffentlicht hatte. Als sich 1963 im Erfurter Stadtarchiv zufällig die handschriftliche Autobiographie Beers fand, wurde auch Alewyns außergewöhnliche Leistung in der Erforschung der Biographie nachträglich bestätigt.[4] Immer noch aber haben die Werke Beers, der in der Literaturwissenschaft nicht zuletzt seines Entdeckers wegen zu den bekanntesten Namen aus der Literatur des 17. Jahrhunderts gehört, unverdient wenige Leser gefunden.

Nach Ausweis der Autobiographie muß ein aus dem Sachsen-Anhaltischen stammender Adliger, der auf dem Rückzug aus den Türkenkriegen in Linz ver-

starb und einem dortigen Fischer seinen minderjährigen Sohn hinterließ, als
Stammvater der österreichischen Familie Beer angesehen werden. Johann Beer/
Bähr, ein Urenkel dieses adoptierten und mit der Tochter des Fischers verheira-
teten Waisenknaben, wurde am 28. Februar 1655[5] als siebtes von fünfzehn Kin-
dern des Gastwirts Wolfgang Bähr und seiner Frau Susanne in St. Georgen im
Attergau geboren. Die Stationen seines Lebens lassen sich schnell aufzählen: Die
Jahre 1662-1669 verbringt Beer in den Benediktinerklöstern Lambach und
Reichersberg/Inn; dort erhält er eine vornehmlich musikalische Ausbildung.
Dem Besuch der Lateinschule in Passau (1669/70) folgen sechs Jahre auf dem
Gymnasium Poeticum in Regensburg, der Reichsstadt, in der ebenso wie in
Nürnberg bedrängte österreichische Protestanten, unter ihnen Beers Eltern, Zuflucht gefunden haben. In diesen Jahren – bis 1676 – entstehen erste Kompositionen und auch literarische Arbeiten, so das Zwischenspiel für ein Schuldrama,
drei lateinische Komödien und sechs Leichencarmina. Über die Schuljahre weiß
man sonst nicht viel, doch kann man wiederholten Bemerkungen in den Werken
entnehmen, daß Beer als ein beliebter Geschichtenerzähler seinen Kameraden
mit Erzählungen von „Turnieren / Ritterspielen, Unterredungen, Mord-Castel-
len, Raubnestern, Abentheuern / Liebesdiscursen, Einsiedeleyen / Gespenstern /
und allerley dergleichen Sachen"[6] die Zeit verkürzte. Nach Abschluß der Schulzeit geht Beer mit einem Stipendium des Regensburger Rates nach Leipzig und
nimmt dort das Theologiestudium auf, folgt aber schon nach einigen Monaten
einer Berufung in die Hofkapelle des Herzogs August von Sachsen-Weißenfels
in Halle; er tritt als Altist ein für ein Gehalt von jährlich 180 Talern bei freier
Kost und einem Maß Wein täglich. Drei Jahre später heiratet er in Halle Rosina
Elisabeth Bremer, die Tochter des Gastwirts „Zum Schwartzen Bähren".

Nach der Verlegung des Hofs von Halle nach Weißenfels, der Hauptstadt des
Herzogtums, erfreut sich Beer bald der besonderen Gunst des Herzogs Adolf I.
(1680-1697), den er auf vielen Reisen in die nähere und fernere Umgebung begleitet; 1685 wird er zum Konzertmeister ernannt, 1697 wird ihm zusätzlich das
Amt des Hofbibliothekars übertragen. Ehrenvolle Angebote des Coburger Hofes und des dänischen Königshauses hatte er abgelehnt. Seine Bindung an den
Hof festigt sich noch, als 1698 der Erbprinz mit zwanzig Jahren an die Regierung kommt und den Weißenfelser Hof zu einem Zentrum der Künste und vor
allem des Musiklebens zu machen sucht. Wie der Lebensbeschreibung zu entnehmen ist, verdankt Beer seine Vorzugsstellung nicht nur seinem musikalischem
Können, sondern auch seinen vielseitigen anderen Talenten; man schätzt ihn in
der fürstlichen Umgebung als besonnenen Ratgeber ebenso wie als witzigen Erzähler, als dienstfertigen Jagdgenossen wie als unterhaltsamen Reisegefährten.
Sein Tod könnte auch in seinen Romanen vorgekommen sein: Beer stirbt am
6. August 1700 an den Folgen einer Verwundung, die er zehn Tage vorher im
geselligen Kreis beim Vogelschießen durch einen irrtümlich ausgelösten Büchsen-
schuß erlitten hat. Die Autobiographie endet am 31. Juli mit dem Hinweis auf

die Entfernung der Kugel aus dem Nacken und auf das am gleichen Tage gefeierte Abendmahl.

Die Aufzeichnungen, die Beer wohl 1690 begonnen hat, wobei er die vorangegangene Zeit in größerer Raffung nachträgt und später zu chronikartigen Eintragungen übergeht, sind als eines der nicht eben zahlreichen lebensnahen Dokumente des 17. Jahrhunderts von großem Interesse. Allerdings nehmen Beobachtungen zum Leben am Hof und in der adligen Gesellschaft neben den zahlreichen Einzelinformationen über Konzerte und Opernaufführungen nur geringen Raum ein; als weitaus wichtiger werden in diese nur für die Familie bestimmte Schrift merkwürdige Begebenheiten aus Stadt und Land aufgenommen; Feuersbrünste, Verbrechen, Wundererscheinungen und Zeugnisse für Gespensterglauben wechseln mit der gewissenhaften Notierung von Geburten, Heiraten und Todesfällen in der Familie, im Freundeskreis und bei Hofe. In einem Anhang zum Lebenslauf, den Beer noch mit eigenhändigen Illustrationen einzelner Sehenswürdigkeiten geschmückt hat, finden sich einundsiebzig Historien, Anekdoten und wundersame Geschichten, „welche sich hin und wieder zu meiner Zeit begeben haben" (94), oftmals ausführlichere Darstellungen der im Diarium nur kurz notierten Ereignisse.

Von den eigenen Schriften führt Beer nur die *Passionsgedanken,* eine Streitschrift über die Bedeutung der Musik sowie die *Musikalischen Diskurse,* etliche Gelegenheitsgedichte und schließlich die von ihm herausgegebene und mit Holzschnitten versehene *Geschichte und Historie von Land-Graff Ludwig dem Springer* an. Auch einige Kompositionen nennt er, verschweigt aber seine Opern; ja, wenn er solche Musikwerke anläßlich der Eintragung von Opernaufführungen als „schrecklichen Mißbrauch" (41) oder „einreissende Eitelkeiten" (90) bezeichnet, so unterstützt er mit solchen Äußerungen eher die Auffassung der pietistischen Gegner aller weltlichen Musikausübung. Gerade gegen die Verdammung aller Musik, die nicht dem Lobe Gottes diene, durch den Gothaer Rektor Vockerodt richten sich aber Beers polemische Schriften *Ursus murmurat* und *Ursus vulpinatur* (beide 1697); in ihnen verteidigt er gegenüber einer mittelalterlich-traditionalistischen Musikauffassung eine moderne Musiktheorie und -praxis, die der Musik auch eine Autonomie mit dem Ziel des ästhetischen Vergnügens zugesteht, wenn sie in ihr die „Beherrscherin aller Gemüther / die Königin des gantzen Erden-Kreiß / die Bezwingerin der Barbaren / und das Uhrwerk aller Ergötzligkeit" sieht (Welt-Kucker III, 269). Die Erfahrungen seiner Musiker-Tätigkeit hatte er schon in den 1690 entstandenen, aber erst 1719 gedruckten *Musikalischen Diskursen* niedergelegt; sie enthalten in sechzig Artikeln nicht nur Beers Auffassung über das zeitgenössische Musikleben, sondern auch sehr klare Äußerungen zur Stellung des Musikers bei Hofe, dessen unregelmäßige Arbeitszeit und mangelnde Aufstiegsmöglichkeiten mit der Rolle des städtischen Musikers verglichen werden. Mit diesen Musikern, seien es höfische oder städtische, sind natürlich stets die ausgebildeten Konzertmusiker gemeint, gegen die Beer die

Kantoren, Dorfschulmeister und Organisten, deren Stümpereien den Geschmack des Publikums verderben, scharf abgrenzt. Der Würde, die der „Königin des gantzen Erden-Kreiß" zugesprochen wird, hat die Qualität ihrer Diener zu entsprechen:

> Ein Schuster und Schneider kan man leichtlich werden / zu der Music gehört ein Himmlischer Geist / man sagt die Poeten werden gebohren / ich lasse es zu / aber ich sage auch die Musici werden gebohren / ich rede aber von Künstlern, dann gleich wie ein Pritschmeister kein Poët kan genennet werden / also kan auch nicht jeder Bierfiedler / oder Brätel und Schertzel-Geiger ein Musicus seyn (Welt-Kucker I, 29).

Dieses Thema beschäftigt Beer allerdings nicht nur in seinen musiktheoretischen Überlegungen, sondern kehrt auch, wie die obigen Zitate aus dem *Welt-Kucker* zeigen, in den Romanen immer wieder. Es knüpft damit eine der wenigen Verbindungen zwischen den musikalischen Schriften des Hofmusikers in den neunziger Jahren und den Werken des überaus schreibfreudigen bürgerlichen Autors, der innerhalb von neun Jahren an die zwanzig Romane und Erzählungen erscheinen läßt. Von dieser Seite seiner Existenz ist jedoch in den autobiographischen Aufzeichnungen mit keinem Wort die Rede. Über die Gründe, die Beer veranlaßt haben, seine schriftstellerische Tätigkeit, der er teilweise im Auftrag geschäftstüchtiger Leipziger Verleger nachging,[7] völlig geheimzuhalten und sie im Jahr 1685 plötzlich aufzugeben, lassen sich nur Vermutungen anstellen. Mit Sicherheit spielen der soziale Aufstieg – 1685: Ernennung zum Konzertmeister – und die angesehene Stellung bei Hofe ebenso wie in der bürgerlichen Gesellschaft der Residenzstadt eine Rolle. Daß es zudem für einen zugereisten Fremdling nicht ganz einfach war, als gleichberechtigter Mitbürger akzeptiert zu werden, zeigen auch heute noch aktuelle Bemerkungen im III. Teil des *Welt-Kuckers*, mit denen Ressentiments der Einheimischen gegen fremde Neubürger zurückgewiesen werden:

> Ach ihr lieben Leute / Fremde thun zu weilen mehr als die Einheimischen. Wer sich wol hält und in einer Stadt Nutzen schaffen kan / der ist / wo er ist / zu Haus [...] Wo ich mich wol halte / dort bin ich ein Bürger (275).

Zu solchem Wohlverhalten gehört in den Augen der Öffentlichkeit allerdings auch, daß man sich nicht als Romanschriftsteller betätigt und erst recht nicht als Satiriker, als den Beer sich selbst weitgehend begriffen hat.

Das Bemühen und offensichtlich auch die Notwendigkeit, das eigene Tun – und sei es vor sich selbst – mit der strafenden und bessernden Aufgabe des satirischen Schriftstellers zu rechtfertigen, durchzieht Beers gesamtes Werk. Ist seine Wahl aber nicht auch deshalb auf die „Satyrische Schreib-Arth" gefallen, weil sie allein seinen erzählerischen Fähigkeiten genügend weiten Spielraum bot? Gerade wenn man an die Auftragsarbeiten denkt, kann man zweifeln, ob der Akzent tatsächlich auf der moralisch-didaktischen Absicht liegt und ob nicht die Äußerungen Beers, mit denen er die ihn selbst befreiende Wirkung des

Schreibens betont, der Wahrheit viel näher kommen. So verstanden wird Schreiben zur medicina mentis gegen Einsamkeit und Gespensterfurcht, zum Zeitvertreib – „dann die Langweil des Weges und die Schnee-Kälte logierte mir wunderliche caprizzen ins cerebrum" (Welt-Kucker III, Vorrede, 213) – und zum bloßen Vergnügen – „Wann meine Feder nicht ihre absonderliche Lust in dem Schreiben suchte" (Welt-Kucker IV, Vorbericht, 295) –, das sich durch ein Glas guten Weines noch merklich erhöhen läßt. Wenn Beer in einer an Jean Paul gemahnenden Manier den *Welt-Kucker* in der Zuschrift an den Freund David Georg Munogger als „eine fliegende Sommer-Mücke meines verparenthesirten Geistes" bezeichnet, so zeigt sich darin eine Selbsteinschätzung, die deutlich auf das sprudelnde Erzähltalent und die urwüchsige Freude am Fabulieren verweist.

Diese Freude am Spiel der Phantasie und die Fähigkeit, schon seinen Mitschülern „ex tempore eine verlogene Geschicht [. . .] erzehlen" zu können (Corylo II, 183), sind wohl auch als Ursprung des schriftstellerischen Schaffens anzusehen. Die Stoffe entnimmt Beer zunächst den Volksbüchern, Sagen und Ritterromanen, deren Reiz für Hörer und Leser ihm klar war und deren Faszination er selbst sich nicht ganz entziehen konnte, wie nicht nur die zahlreichen Episoden mit phantastischen und gespenstischen Wesen zeigen, die nach Ausweis des Diariums geradezu angstauslösende Realität für ihn gewonnen haben. Gleichzeitig erwirbt er sich in der erzählerischen Umformung der alten Stoffe während seiner Schulzeit die Voraussetzung für die sicher und lebendig wirkenden schriftlichen Fassungen, in denen er mit den überkommen Geschichten spielerisch-parodistisch umgeht. Auch seines stilistischen Fortschritts ist sich Beer bewußt, wenn er die altertümliche Unbeholfenheit am Beispiel des Ritter Galmy verspottet: „dann es läufft die gantze Sache auff ein Lieben thät / als er sich nieder setzen thät / als er hätte Trincken gethan [. . .] hinaus" (Welt-Kucker II, 117).

Das Empfinden, im Umgang mit der Sprache souveräner geworden zu sein, zeigt sich auch daran, daß Beer nicht bei der stofflichen Parodie der Rittergeschichten stehenbleibt, sondern in sie schon die satirische Darstellung eigener Erlebnisse und Erfahrungen wie auch seine Gegnerschaft gegenüber bestimmten sprachpolitischen Bestrebungen seiner Zeit einbaut. So erlebt einerseits der Schüler Cirikukes als *Abentheuerlicher Ritter Hopffen-Sack von der Speckseiten* (1677) die unwahrscheinlichsten Abenteuer im unterirdischen Geisterreich; andererseits werden in einer Kantorsatire, die Cirikukes als Besitzer eines unsichtbarmachenden Wunschringes belauscht, Beers und seiner Mitschüler Erfahrungen mit dem Kantor Seulin am Regensburger Gymnasium verarbeitet.[8] Stärker noch wird das tradierte Erzählgut der Rittergeschichte im *Ritter Spiridon aus Perusina* (1678) und in der mit diesem zusammengehörigen Liebesgeschichte des *Printz Adimantus und der Königlichen Prinzeßin Ormizella* (1678) parodiert. Beer reiht sich damit ein in die Tradition der literarischen Parodie, die für die Ritterromane im *Don Quichote*, den er offensichtlich gekannt hat, ihren Höhepunkt erreicht hatte. Eine der köstlichsten Szenen im *Ritter Spiridon* besteht darin,

daß zwei Handwerker, die als Ritter und Schildknappe auf Abenteuer ausgehen, in ein Schloß geraten, in dem der Ritter nach heftigem Kampf mit
papierenen Riesen vor einer befreiten meckernden Ziege kniet und erwartet, daß
diese sich jetzt, wie er es von seiner Lektüre gewohnt ist, in eine wunderschöne
Prinzessin verwandelt.

Entscheidender jedoch als solch stoffliche Parodie ist die Stilparodie; sie findet
sich öfters in Beers Romanen, etwa in der Verballhornung petrarkistischer Liebesgedichte; am deutlichsten tritt sie im *Adimantus* auf, hier auch in direkter
Stoßrichtung gegen den Amadis-Roman, obwohl der Titel von Beers Rittergeschichte anagrammatisch auf diesen Roman anspielt. Wenn der Erzähler seinen
Helden für eine Weile verabschiedet, um selbst „auff Steltzen einer poßir-
lichen Redens-Arth herum (zu) reitte(n)" (20), so beschreibt er damit sein eigenes Verfahren, allerdings in parodistischer Weise, mit dem er z. B. Nominal-
Komposita neuprägt, mit dem er gängige deutsche Begriffe nach Zesen'scher
Manier durch komisch wirkende Zusammensetzungen ersetzt – Stall-Karpfen
(Pferd); Unschlitt-Wurst (Kerze); Scheiter-Macher (Wald) – oder gestelzte
Personifikationen auf eine alltägliche Ebene herabholt: „die Sonne hatte sich
vom ersten Schlaff kaum auff die lincke Seite umbgewandt" (14); „die Fackeln
des Himmels hatten die Schlaff-Hauben abgelegt" (15). Hier wird ein Gegenstil
zu dem hohen Stil aufgebaut, der barocke Metaphernhäufungen und tropische
Redeweise ablehnt, den Beer aber schon wieder so virtuos zu nutzen weiß, daß
die Vielzahl niederer Metaphern – „Schubkarn deiner Benevolentz" (9) – und
anderer Stilelemente den Häßlichkeitsbeschreibungen des Antipetrarkismus ähnliche, groteske Züge gewinnen.[9] So kann der Leser vor allem auf den ersten
Seiten des *Adimantus* an einem parodistischen Feuerwerk auf den preziösen Stil
der Ritterromane teilnehmen, bei dem der Spott auf Zesens verunglückte Eindeutschungen nur einen Teil des ‚pyrotechnischen' Vergnügens bildet. Solche
Stilparodie bleibt nicht auf den *Adimantus* beschränkt; sie durchzieht das ganze
Werk bis hin zu den *Sommer-Tägen* und läßt auch in der spöttischen Brechung
eines normativ hohen Stilideals das neue Stilprinzip vermeintlich kunstloser
Allgemeinverständlichkeit erkennen.

Richteten sich Beers Rittergeschichten im großen und ganzen gegen eine überkommene Gattung, die als hohl entlarvt und dem Spott der Leser preisgegeben
wird, so gehen andere, zur gleichen Zeit entstandene Romane über die Literatur-
satire hinaus und nehmen Elemente wie Ziele des Pikarischen Romans auf; dieser ist in Deutschland nach der Vermittlung spanischer Vorbilder durch Grimmelshausens *Simplicissimus Teutsch* eingebürgert worden. Die Ablehnung rhetorischen Regelwerks bildet ebenso einen Grundzug dieses Romantyps wie die
Betonung der Allgemeinverständlichkeit und der Wahrhaftigkeit der dargestellten Ereignisse:

Meine Schrifften haben allezeit dahin gziehlet / damit sie jedermänniglich / es
seye gleich hohes oder niedriges / Bürger oder Bauren / Junges oder Altes / Gros-

ses oder Kleines / und so fort an / die klare Warheit unter Augen legen möchten (Welt-Kucker III, Vorrede, 214).

In seiner vollen Bedeutung wird der Pikarische Roman[10] nur verständlich vor der Folie des ‚hohen‘ oder heroischen Romans, gegen dessen fürstlich ideale und tugendhaft ferne Welt Grimmelshausen und Beer ihn als ‚niederen‘ Roman absetzen, indem sie den Blick auf die alltägliche und tatsächliche Wirklichkeit zu richten vorgeben. Denn mit der Wahl der Perspektive des Pikaro, der die Wirklichkeit von den unteren Sprossen der sozialen Leiter aus betrachtet, ist auch eine gewisse demonstrative Einseitigkeit verbunden, die erst aus der „sozialen Dialektik"[11] der beiden Welten verständlich wird.

Die Welt des niederen Romans wird bevölkert von Soldaten, Bettlern, Dieben, entlaufenen Studenten und Dirnen, aus deren Sehweise und Erfahrung mit den sozial Höhergestellten das Bild der Welt entsteht, das den Helden zur Einsicht in ihre Verderbtheit führt. Dem Leser wird, wenn man den *Simplicissimus* zum Maßstab nimmt, mit der Betonung von Lastern, Sittenlosigkeit und Betrug eine auf negative Aspekte verengte Weltauffassung geboten, wobei das Urteil über die Welt von Anfang an feststeht und das Leben des Helden nur dessen exemplarische Bestätigung bringt. In Form der Ich-Erzählung berichtet der Held in der Rückschau von einem Ort außerhalb des weltlichen Treibens über sein Leben von der Kindheit an, in der er meistens seiner Eltern beraubt worden ist; im Lauf unterschiedlichster Erlebnisse lernt er die unveränderlichen Gesetze dieser Welt nicht nur kennen, sondern sich ihnen so anzupassen, daß aus ihm meistens ein besonders gelehriger und erfolgreicher Schüler dieses Weltwandels wird. Die Person des Helden verhilft dieser Art ‚niederen‘ Romans zu seiner Einheit; seine Struktur ist episodenhaft-reihend, da jede neue Episode das Auf und Ab des Zufalls bestätigt, dem sich der Held in der immer neu betrogenen Hoffnung auf Glück anvertraut. Die Lehre aus seinem Lebenswandel, nach der auf das Walten der Fortuna kein Verlaß und das eigene Seelenheil nur mit dem Auszug aus der Welt zu retten ist, bildet den Anlaß für den Lebensbericht, damit auch dem Leser Aufschluß über den wahren Zustand der Welt gegeben werden kann.

Damit steht die nützliche Absicht aller dieser Romane fest. Das Horazische „ridendo dicere verum", die unterhaltsame Vermittlung der notwendigen Belehrung bestimmen die Wahl des Stoffs sowohl wie auch seine Darbietung: „Dann das Gemüth des begierigen Lesers ist zwar ein Zunder / wo aber gar zuviel Andachts-Funken darauf springen / da will es sehr hart [Feuer] fangen" (Welt-Kucker III, Vorrede, 214). Beer versichert sich nicht nur des Einverständnisses seiner Leser mit seinen Wertvorstellungen, sondern beschränkt sich in einem großen Teil seiner Schriften auch auf einen Ausschnitt der Wirklichkeit, der den Lesern nicht zu ferne liegt; wenn in einem ausführlichen Gespräch über die angemessene Lektüre den „Historien, welche nur mit erlogenen und großprahlenden Sachen angefüllet sind", die „natürlichen Sachen" gegenübergestellt werden, von denen zu berichten sinnvoll ist, „weil sie uns begegnen können und wir also Gelegenheit haben, uns darinnen vorzustellen solche Lehren, die wir zu Fliehung der Laster anwenden und nützlich gebrauchen können" (Winter-Nächte, 206), so steckt in diesen Worten die Absage an die Unwahrscheinlichkeit der Ritter- und Abenteuergeschichten. Mit ihnen hat allerdings auch Beer seine schriftstellerische Laufbahn begonnen; zwar ist auch dort schon Belehrung sein Ziel, aber die Mittel, mit deren Hilfe sie erreicht werden soll, sind auch in ihrer die Gattung destruierenden Form noch der Tradition eben dieser Gattung verhaftet.

Beers pikarische Romane greifen auf Grimmelshausen zurück, wie schon an den Anklängen im Titel zu sehen ist: *Symplicianischer Welt-Kucker* (I-III, 1677-1679); *Jucundus Jucundissimus*. Eine solche Anknüpfung ist mit dem Erfolg des *Simplicissimus* zu erklären, den Beer nutzen will. In seinem Titel *Welt-Kucker* deutet sich aber auch schon ein Unterschied zum *Simplicissimus* an. Bei Grimmelshausen führt die Desillusionierung der Welt zu der Einsicht, daß in ihr „Unbeständigkeit allein beständig sey"[12]; eine Rettung des Seelenheils ist demzufolge nur von einem Verlassen der Welt zu erhoffen. Bei Beer jedoch ist eine Veränderung des Normensystems festzustellen; während der Satyr auf dem Titelkupfer des *Simplicissimus* auf den herabgerissenen Larven der Frau Welt herumtrampelt, wird die Welt auf dem Kupfer des *Welt-Kucker* mit dem Fernrohr betrachtet und in den verschiedenen Büchern mit unterschiedlich großen Saiteninstrumenten ‚begeigt'. Die Weltflucht wandelt sich nicht zu einer vorbehaltlosen Weltbejahung, aber die Diskrepanz zu der göttlichen Heilsordnung ist geringer geworden. Damit aber verändert sich auch die Zielrichtung des satirischen Schreibens.

Zunächst wird das bekannte Muster aufgegriffen: die Begegnung eines jungen Helden mit der Welt. Jan Rebhu, der Welt-Kucker, wächst als Sohn eines Försters in Tirol auf; Pokazi ist ein Köhlerssohn aus dem Thüringer Wald, Jucundus der eines Ziegelbrenners aus dem Schwarzwald; Blaumantels Vater lebt als Schneider im Frankenland. Corylo scheint auf den ersten Blick eine Ausnahme zu bilden, da er auf einem Schloß als Sohn eines Grafen heranwächst; als er sich aber in seine Schwester verliebt, wird er von dem vermeintlichen Vater als ehemaliges Findelkind davongejagt. Auch der Erzähler im *Narrenspital* kommt aus der Einöde, entläuft aber aus eigenem Entschluß, weil er den unfähigen, prügelnden Dorfschulmeister nicht länger ertragen will. Die Begegnung mit der Welt führt in allen Romanen zu einer geographischen Ausweitung des Raums, am weitesten im *Welt-Kucker*, dann zunehmend enger werdend bis zum *Jucundus Jucundissimus*, zum *Narrenspital* und *Bruder Blaumantel*. Jan Rebhu geht nach Italien, wird von den Türken gefangen, verbringt eine Zeit auf einer entfernten einsamen Insel; Pokazi nimmt mit seiner adligen Braut ein Luftschiff nach London; Corylo verhilft als Diener seinem Marquis zu galanten Abenteuern in Paris; Blaumantel aber und sein Freund Pamphilius reisen von Nürnberg aus in Richtung Köln und Basel ab. Die entscheidende Veränderung gegenüber Grimmelshausen und den nachfolgenden Simplicianischen Schriften liegt jedoch in der Thematik; ging es dort um den großen Krieg und seine Folgen, so spielen kriegerische Auseinandersetzungen bei Beer kaum noch eine Rolle, abgesehen von der Erwähnung des Türkenkrieges oder später von eher lokalen Aufständen österreichischer Bauern.

In ganz anderer Weise als Grimmelshausen stellt Beer ausschnitthaft alltägliches Leben dar, auch wenn der *Welt-Kucker* noch eine ausufernde Breite zeigt, die man an etlichen Stellen ohne Verlust für das Ganze beschneiden könnte; witzige Einfälle und kaum ermüdende Erzählfreude reihen die buntesten Situationen zu einer endlos wirkenden Kette, bevor im vierten und letzten Teil, und hier in Analogie zum ‚hohen' Roman, die Geschichten fast aller wichtigen Personen aus den vorangegangenen Büchern zuendegeführt werden.

Der *Welt-Kucker* erschöpft sich jedoch nicht in der pikarischen Handlung; vielmehr kommt in ihm das Thema ‚Musik' am stärksten zur Geltung, das, wie schon angedeutet, die öffentliche und die verborgene Existenz Johann Beers miteinander verbindet. Beers erster pikarischer Roman kann darum auch der erste Musikerroman der deutschen Literatur genannt werden, selbst wenn „das Musikantentum [...] zwei nicht künstlerischen Bereichen ein- und untergeordnet (ist)"[13], dem erotischen und dem abenteuerlichen. Doch deren Priorität kann die herausragende Rolle der Musik in zahlreichen Partien der beiden ersten Teile des Romans nicht verdecken, zumal sich in ihnen auch Beers Künstlerauffassung und manche Lehren aus seinen musiktheoretischen Schriften niederschlagen. Der Musikerberuf Jan Rebhus setzt nicht nur die Handlung in Gang, sondern treibt sie streckenweise voran, wie denn auch Rebhus Beziehung sowohl zur Gräfin Squallora als auch zur Welschen Gräfin, die ihn verführt und sich hörig macht, auf sein Musikerdasein zurückzuführen ist. Wenn in ähnlicher Weise die zweimalige Aufgabe des selbstgewählten Einsiedlerdaseins mit Rebhus besonderer künstlerischer Disposition begründet wird, kann man zumindest von einer zeitweiligen Ersetzung des Abenteuerromans durch den Musikerroman sprechen. Die Veränderung des pikarischen Musters erstreckt sich vor allem auf die „Verknüpfung [...] des sozialen und persönlichen Lebens der Musiker"[14], in dessen Zeichnung sich eine Annäherung an die Realität vollzieht, die weit über die einseitig phantastische und moralische Darstellung anderer Pikaroromane hinausgeht. Dazu gehören auch die Lösung des Helden aus einer stark dem Typischen verhafteten Charakterisierung und das Hervortreten persönlicher Züge, wie sie von Rebhus Kanzlisten, der die Lebensgeschichte seines Herrn zuende erzählt, an ihm gerühmt werden in der Mischung von angeborener Lebensfreude und um das Seelenheil besorgter Frömmigkeit.

Im Vergleich mit dem Welt-Kucker ist der *Jucundus Jucundissimus* (1680) nur ein kleiner Roman, der in seiner Thematik auf die folgenden Schriften Beers vorausweist und in seiner Straffung deutlich die zunehmende Meisterschaft erkennen läßt. Der Ich-Erzähler Jucundus wird von einer Edelfrau, die auf der Suche nach ihrer Tochter bei seinen Eltern Aufnahme gefunden hat, in Dienst genommen, erhält eine Schulausbildung und wird mit achtzehn Jahren zum Hofmeister ernannt. Für seine weitere Ausbildung wird ein Student eingestellt, der seine Fähigkeiten mit dem Vortrag seines lehrreichen und unterhaltsamen Lebenslaufs unter Beweis gestellt hat, nachdem fünf andere Bewerber sich als aus dem Narrenspital entsprungene Patienten entpuppt haben. Merkwürdigerweise wird auf einer Reise der beiden einer Zaubergeschichte ziemliches Gewicht eingeräumt; der Genuß eines ‚Lachwassers' im Hause eines betrügerischen Edelmanns führt dazu, daß sich Jucundus und der Student ausgeraubt und ausgesetzt an einem Waldrand wiederfinden. Nach der Rückkehr auf das heimatliche Schloß wird Jucundus zum Erben eingesetzt, der nach einer vergeblichen Brautschau unter den Töchtern der Umgebung die glücklich und ehrenvoll heimgekehrte Tochter der Edelfrau heiratet.

Dieser nur auf den ersten Blick noch pikarische Roman führt weit über die so bezeichnete Gattung hinaus; zwar ist der Held noch ein Junge, der in die Fremde aufbricht, aber hier wird eine Übereinkunft getroffen zwischen den Eltern und der Edelfrau, und das neue Domizil ist nur eine Tagesreise entfernt; die erste weitere Reise über Land zu einem freiherrlichen Schloß nimmt sechs Stunden in Anspruch; der beabsichtigte Ritt zu den Eltern führt nach neun Stunden ,auf langsamen Pferden in die benachbarte Stadt. Der Einengung des Raums entspricht eine solche der Handlung, denn die ‚Abenteuer', die Jucundus erlebt, beschränken sich auf seine eigenen Schulstreiche, auf die Begegnung mit den Narren, auf das Ausgeraubtwerden und auf die Inszenierung einer Bauernkomödie; darüber hinaus erfährt er nur Erlebnisse anderer, der Edelfrau, des Studenten, eines Mörders und eines räuberischen Jägers. Dabei erweist sich die Erzählung der Edelfrau zu Beginn des Romans, die durch eine Episode aus dem Bericht des Mörders sowie durch die glückliche Auflösung, die die entlaufene Tochter am Ende gibt, bestätigt und ergänzt wird, geradezu als Fundament eines genau konstruierten Gebäudes. Je stärker aber die Berichte aus dem Leben anderer die Handlung bestimmen, desto weniger ist Jucundus selbst ein „Träger der Handlung" (Lugowski); er wird zum Zuhörer, der aus diesen Erzählungen lernen soll. In der Zuschauerfunktion des Helden, der durch seine ‚Stationierung' an einem festen Ort, in diesem Fall auf einem Schloß, und die Eingrenzung der geographischen Weite bedingt wird, besteht der entscheidende Unterschied dieses Romans zum pikarischen Roman in der Tradition des *Simplicissimus*. Mit ihr geht einerseits ein Gewinn an Gegenständlichkeit einher, wie er schon in der Zeichnung der häuslichen Lebenswelt des Knaben zu beobachten ist; andererseits ermöglicht die Erfahrungsbereicherung des Helden, die in einer Mischung aus sparsamem eigenem Agieren und ausgedehntem Zuhören auf die Lebenserfahrungen anderer erzielt wird, in Fortführung der an Jan Rebhu zu beobachtenden Ansätze eine stärker die individuellen Züge betonenden Charakterisierung des Einzelnen.[15]

Hinzu kommt, daß das Phantastisch-Wunderbare auf eine einzige Episode beschränkt bleibt, wogegen die Folgen dieses Abenteuers sich als sehr real erweisen, und sogar eine Klage beim Fürsten gegen die geschädigten Ankläger auszuschlagen droht, weil der diebische Edelmann gute Freunde bei Hofe hat.

Sowohl die Praezeptorenrevue, die im *Narrenspital* (1681) eine weit grundsätzlichere und boshaftere Ausgestaltung erfährt, als auch die Geschichten des Studenten weisen dagegen auf eine thematische Verengung in den folgenden Schriften Beers voraus. Denn in der Satire auf den geizigen Pfarrer und Schulmeister deutet sich schon die künftige Kleinbürgersatire an; und die Frauensatire, die mit dem Bericht der Edelfrau über ihre Schwester und mit Jucundus' Erlebnissen auf der Brautschau einigen Raum einnimmt, zeigt episodenhaft ein Motiv, das in der folgenden Zeit zum Thema ganzer Schriften wird. Auch formal tritt in einer kurzen Szene, in der ein Kammerdiener dem jungen Jucundus die Porträts einiger Theologen und Philosophen erklärt, in der Rolle des Lehrers, die der Diener übernimmt, ein Element zutage, das die Gattung des sogenannten ,politischen' Romans wesentlich mitprägt.

Die Form dieser Romane ist aus dem Pikaro-Roman entwickelt; auch hier soll ein einzelner junger Mann aus seinen Erfahrungen mit der Welt lernen; meistens wird er auf Reisen geschickt, um in der Begegnung mit Toren und Narren dieser Welt an eigener Klugheit zuzunehmen. An ihrer Nichtübereinstimmung mit gesellschaftlichen Konventionen und Normen soll er das eigene sinnvollere Verhalten erkennen. Damit er jedoch die einzelnen Situationen richtig deutet, wird ihm häufig ein älterer Mentor zur Seite gestellt, der den unerfahrenen Helden die Abweichungen von dem erwarteten Verhalten zu erkennen lehrt. Der entscheidende Unterschied zum Pikaro-Roman besteht in dem neuen Weltverständnis. Denn dieses erhält seine Norm nicht mehr von einem eschatologischen Bezugspunkt, von dem aus nur der strenge Dualismus in der Auffassung der Welt möglich war; vielmehr tritt an seine Stelle das System einer innerweltlichen ,Glückseligkeit', die man sich durch Beachtung der bürgerlichen Tugenden und der gesellschaftlichen Formen erwerben kann. Die Beobachtung des Fehlverhaltens anderer verhilft zu Lektionen in eigener Lebensklugheit. Indem diese Klugheit zu einem ethischen Wert erhoben wird, ist auch irdisches Glück unter dem Gesichtspunkt gottgewollter Ordnung zu begreifen und zu erreichen. Der ,homo politicus' versteht es, sich nach den Maßstäben gesellschaftlicher Nützlichkeit richtig zu verhalten. Der Politische Roman wird in seiner unterhaltsamen Form für den Leser zu einem Medium, das „moralisches Erfahrungsmaterial aus dem politischen Raum" vermitteln will und damit „in den Dienst der weltmännischen Bildung und Aufklärung des Bürgertums" tritt.[16]

Außer Christian Weise, dem Begründer der Gattung, der von 1670 bis 1678 als Professor in Weißenfels, danach als Rektor in Zittau wirkte, gehört der gleichzeitig mit Beer in Weißenfels lebende Johann Riemer zu den eifrigsten Produzenten dieser Gattung. Neben den Romanen dieser Autoren gibt es allerdings zahllose anonyme, häufig satirische Schriften, die sich des zugkräftigen

Epithetons ‚politisch' bemächtigen, auch wenn sie ganz im Gegensatz zu den ursprünglichen Intentionen dieser Gattung gerade den gebildeten Weltmann, der um seine Karriere in der Staatsverwaltung und bei Hofe bemüht ist, mit scharfer Kritik überziehen.

Beer hat zwei Schriften mit dem Hinweis auf den ‚politischen' Charakter erscheinen lassen[17], den *Politischen Bratenwender* (1682) und den *Politischen Feuermäuer-Kehrer* (1682); thematisch gehören in diesen Zusammenhang aber auch schon die 1680 erschienene *Weiber-Hächel* sowie die beiden 1681 folgenden Bändchen *Bestia Civitatis* und *Der neu ausgefertigte Jungfern-Hobel*, der *Bruder Blaumantel*[18] wie auch die späteren Veröffentlichungen *Der deutsche Kleider-Affe* (1685) und *Der verkehrte Staatsmann* (1700). Der grundsätzliche Unterschied zwischen Beers Romanen auf der einen Seite und Weises sowie seiner Nachfolger auf der anderen besteht in dem Mangel an weltläufiger und gesellschaftlicher Bildung bei Beers eher im Kleinbürgertum angesiedelten Helden. Sein Ziel ist viel stärker auf die satirische Bloßstellung einzelner Laster gerichtet als auf die Vermittlung gelehrter Bildung und gesellschaftlicher Umgangsformen. Bei etlichen dieser „denen jungen und lustbegierigen Gemüthern zur vorsichtigen Warnung des heut zu Tag im Grund verdorbenen Frauenzimmers" (Feuermäuer-Kehrer, Titelblatt) verfaßten Schriften handelt es sich um sehr handfeste antifeministische Satiren, deren Frauenbild noch stark mittelalterlich geprägt ist. Daß zwischen diesen Satiren und den ausdrücklich als ‚politisch' bezeichneten Schriften kein großer Unterschied besteht, aus dem zwei thematisch und formal getrennte Gruppen in Beers Gesamtwerk zu konstruieren wären, zeigt nicht nur der Hinweis auf die werbewirksame Titelwahl zu Beginn des *Feuermäuer-Kehrers:*

> Seyd dem etliche Tractat der lustbegierigen Welt unter dem Titul der Politic praesentirt worden / habe ich mich unterstanden ein gleichmäßiges zu thun / nicht daß ich dadurch gleiche Streiche zu führen suche / sondern damit ich eine neue Mode aufbrächte (Vorrede 4v).

Vielmehr läßt sich die einheitliche Ausrichtung dieser Romane auch an dem sie prägenden Stilwillen zeigen, der Allgemeinverständlichkeit zum obersten Prinzip erhebt und jede künstlich gezierte Schreibweise vermeiden will:

> Und ob ich ihme gleich den Titul eines Politischen Gesellen gegeben / so wird er [...] also reden / auf daß er von allen verstanden werde (Vorrede, 6r).

Mit diesem Ziel wird die Ablehnung allen ausländischen Wesens verbunden:

> Er ist kein Italiäner noch ausländischer Nation / sondern ein guter Teutscher und redet dannenhero wie es ihm ums Hertz ist / seyd ihr eines gleichen Gemüthes / so höret seine Reden mit teutschen Ohren an / und verhaltet euch also / daß man euch vor keine Ausländer halten darf (Vorrede, 8r f.).

Die wohlausgepolirte Weiber-Hächel, dem fiktiven spanischen Autor Franciscus Sambelle zugeschrieben, aber von dem bekannten Jan Rebhu übersetzt, spielt in Spanien und stellt das lasterhafte Treiben einer Goldschmiedefrau an den Pranger; fortgesetzt wird die Satire gegen verheiratete Bürgersfrauen ein Jahr später in der *Bestia Civitatis,* die durch den als Übersetzer angegebenen „jungen Simplicius Simplicissimus" wiederum mit einem wirkungsvollen Namen spekuliert; ein aus Jerusalem gebürtiger Schneidergeselle beobachtet in seiner neuen Stelle bei einem Meister in Ninive die Hurerei der mit einem biederen Bürger verheirateten Faktorin; ihr ehrloser Lebenswandel trägt ihr den Beinamen Bestia Civitatis ein; sie wie auch ihre Tochter nehmen sich gemeinsam das Leben, nachdem beide ein uneheliches Kind geboren haben. Der in demselben Jahr wie die *Bestia* erschienene *Jungfern-Hobel* dagegen richtet sich an die unverheirateten Mädchen, die durch die Schilderung des sittenlosen Lebens an einem Edelhof und in der benachbarten Stadt angehalten werden sollen, auf ihre Ehre, den „eintzige(n) Anker aller Tugenden" (78), zu achten. Allerdings weicht die Erzählung gegen Ende von diesem Thema ab und wendet sich der Ablehnung von Religionserörterungen unter den Frauenzimmern zu, deren einzige Aufgabe es sei, für Küche und Haushalt zu sorgen.

In den eben genannten Satiren stammt das Personal hauptsächlich aus dem Handwerkerstand; der *Jungfern-Hobel* greift schon in gehobenere soziale Schichten aus, denn der Edelmann hat ein Verhältnis mit der Küchenmagd, und seiner sich ehrbar gebenden Frau wird ein solches mit einem Corporal nachgesagt. In der vierten, thematisch ähnlichen Schrift, im *Feuermäuer-Kehrer,* wird der Kreis der handelnden Personen nochmals vergrößert, weil der Beruf des Kaminfegers Anlaß zu einer Vervielfältigung der Beispiele gibt.

Hatte Grimmelshausen einen seiner Helden noch mit einem Vogelnest ausgestattet, damit er, selbst unsichtbar, das Treiben der Welt um so besser kennenlerne, hielt Caspar Printz noch die Verwandlung in einen Hund für nötig[19], so verzichtet Beer auf solche Kunstgriffe. Kugelmann und der junge Verutzo stöbern bei ihrer frühmorgendlichen Arbeit als Kaminfeger allerlei Liebhaber in ehrbaren Bürgerhäusern auf. Das Verfallensein des Menschen an die sinnliche Macht der Liebe, die Lustbegierde und die Treulosigkeit, vor allem aber der Wankelmut der Frauen bilden das zentrale Thema für den Anschauungsunterricht, den Kugelmann seinem Schützling Verutzo zuteil werden läßt, damit er Aufschluß über das Treiben in der Welt bekomme; eingeschoben sind Szenen, die am Beispiel der Putz- und Klatschsucht ebenso interessante Einblicke in kleinstädtisches Leben der Zeit gewähren wie die Einzelheiten der Handwerks- und Zunftgebräuche, die Schmutzküttel im *Politischen Bratenwender* erfährt.

Wie im *Jungfern-Hobel* ist die Satire jedoch nicht nur auf den bürgerlichen Bereich beschränkt; Beer bezieht auch den adligen Stand ein, um an ‚Hütte u n d Palast' die Allgemeingültigkeit seines Urteils zu demonstrieren:

Wie er nicht allein auf hohen Schlössern den Ruß der ansteckenden Geilheit ausgefeget / sondern auch in niedrigen Hütten die glimmende Kien-Schwärze des verderblichen Huren Feuers bey Zeiten abgekehret hat (Feuermäuer-Kehrer, 370 f.).

Alle satirischen Schriften Beers haben das Ziel, der Welt den Spiegel vorzuhalten, aus dessen Betrachtung der jeweilige Held wie auch der Leser Nutzen für die eigene Lebensführung ziehen sollen. Das kann zu sehr konkreten Vorstellungen führen, wie die Dienstanweisung für den Kantor in der eher spielerisch wirkenden Kantorsatire des *Ritter Hopffen-Sack* zeigt; das kann sich auch mit der Bloßstellung bestimmter Laster in den Moralsatiren stärker auf die Betonung allgemein tugendhaften Verhaltens beziehen. Hierher gehören nicht nur die Frauensatiren, sondern teilweise auch die Episoden, in deren Mittelpunkt Handwerker stehen. Denn diese bilden schon mit den schildbürgerartigen Verteidigungszurüstungen, die Pokazi beobachtet, eine Gruppe, die Beer unter Rückgriff auf die Ständesatire in ihrem neidischen Dünkel und ihrer habsüchtigen Mißgunst bloßzustellen nicht müde wird. Gleichzeitig prangert er aber auch die im letzten Drittel des Jahrhunderts immer stärker zu Tage tretenden Mißstände im Zunftwesen an und beklagt die Entwicklung zu kartellähnlichen Vereinigungen, deren einziges Ziel in der Abwehr möglicherweise konkurrierender Handwerker bestehe. Solche Zeitkritik bleibt aber nicht auf den bürgerlichen Bereich beschränkt, vielmehr bezieht Beer eine bestimmte Schicht des Adels mit ein, den sogenannten Hofadel; ihm gilt in erster Linie die Kritik, auch wenn Lorenz hinter der Wiesen aus dem *Narrenspital* in seiner Faulheit, Freßlust und Freude am Unflat als boshafte Karikatur eines Landadligen gesehen werden muß. Das Klima der neidvollen und ehrgeizigen Intrigen, das die Grundlage bildet für die fürstliche Ämterpatronage sowie für die absolutistische Gleichsetzung des Allgemeinwohls mit dem fürstlichen Interesse, gewinnt besondere Anschaulichkeit in den Erläuterungen zu den Küchengeräten – „Spieß des Hoffverdienstes" (85); „Kessel der Ungnade" (90) –, die Schmutzküttel bei seiner Ausbildung zum Politischen Bratenwender zuteil werden. Dem Stand, der sich diese Situation am Hof zur eigenen Etablierung zu Nutze zu machen sucht, ist eine selbständige Schrift Beers gewidmet. *Der Verkehrte Staats-Mann oder Nasenweise Secretarius [...] Denen angehenden Hoff-Leuten in specie den hochmüthigen Scribenten zum besten entworffen,* stellt mit der phantastischgrotesken Schilderung der Herrschaft der Sekretäre über die Insel St. Helena Beers satirischen Gegenentwurf zu den vielseitigen Nobilitierungsbemühungen dieser Beamtenschicht dar, die in Stielers *Der allzeit fertige Secretarius* (1679) auch ständepolitisch wirksamen Niederschlag gefunden haben.[20]

Ist mit dem Kantor Seulin am Regensburger Gymnasium ein Vorbild für die im gesamten Werk anzutreffende Verspottung der Schulmeister und Kantoren nachweisbar geworden[21], so gilt dieses nicht mit gleicher Zuverlässigkeit für die Exempla der unzüchtigen Frauen, der Handwerker oder auch der Sekretäre. Daß für etliche Episoden und Szenen persönliche Erlebnisse und Erfahrungen, teils in Regensburg, teils in Weißenfels und am dortigen Hof anzunehmen sind, geht nicht nur aus wiederholten Hinweisen auf bestimmte Ereignisse in den Werken hervor[22]; vielmehr deuten vor allem die zahlreichen verteidigenden Bemerkungen in diese Richtung, mit denen Beer sich immer wieder energisch gegen den offenbar lautgewordenen Vorwurf wehrt, er sei ein Pasquillant, der persönliche Gegner bloßstellen wolle:

> Sie mögen in der Stadt sagen was sie sollen / so kommt mir doch der Titul, den sie mir deßwegen / das ich die Warheit schreibe / geben / keines Weges mit Recht zu (Feuermäuer-Kehrer, 356).

Seine das Gesamtwerk vom *Welt-Kucker* bis zu den *Sommer-Tägen* durchziehenden apologetischen Äußerungen lassen sich jedoch nicht allein aus der Sorge erklären, daß die Reduzierung der jeweiligen Vorbilder auf einen Typus nicht in der erwünschten, das Original verhüllenden Weise gelungen sei; vielmehr geben diese Äußerungen ihm auch Anlaß, sein Selbstverständnis als Satiriker darzulegen. Unter Berufung auf Autoritäten wie den Kirchenvater Hieronymus oder den Autor des *Poetischen Trichters*, Georg Philipp Harsdörffer, formuliert Beer schon im *Welt-Kucker* seine selbstgewählte Aufgabe, indem er aus John Barclays *Argenis* übersetzt:

> Ich will Laster und Tugenden außbilden / und diesem und jenem ihre verdiente Belohnung ertheilen / die es lesen oder über solche frembde Begebenheit zürnen / oder selbe belieben / werden gleichsam in einem Spiegel / ihrer Gestalt Lob-Gericht oder verdientes Straff-Urtheil erkennen (Welt-Kucker III, 246-248, hier 247).

Sich selbst als Satiriker vergleicht er einmal mit dem „Häscher" (Corylo A 9ʳ f.), der die Sünden vor den Richter bringt, zum anderen und betonter aber auch mit dem Pfarrer (Feuermäuer-Kehrer, 366), weil ihn mit diesem die strafende und bessernde Absicht verbinde. Der Unterschied besteht darin, daß der satirische Schriftsteller sich unterhaltsamer Methoden bedient, um die Leser zu erreichen. Obwohl in einer ganzen Reihe von Schriften ein bestimmtes Laster im Vordergrund steht, zielt der Satiriker weiter auf eine umfassende Aufklärung über den Zustand der Welt:

> Dieses und nichts anders hat uns zum politischen Feuermaur-Kehrer gemacht / nemlich / daß man die Welt heimlich und in den Hertzen wol betrachtet / ihre Hoheit verachten / und sein Heil in Zeiten bedenken lernet. Hier steckt der Zweck der zeitlichen Glückseligkeit / weil ein solcher Weg zu dem ewigen Leben führet (Feuermäuer-Kehrer, 366 f.).

Verutzo wird auf seinem Weg durch die Welt zu der Einsicht gebracht, die sein Mentor Kugelmann ihm schon bei der ersten Begegnung mitteilte, als er ihm wünschte, er wäre besser in der Einsamkeit seines Bergdorfes geblieben, „als daß du in diese gottlose Welt geschickt wirst / wo du leichtlich verführet werden kanst" (Feuermäuer-Kehrer, 13).

Bei aller Ähnlichkeit der eben zitierten Äußerungen mit denen des Simplicissi-

786

mus führen diese jedoch nicht zu einer Weltabsage oder zu einem Auszug aus der Welt; es bleibt einerseits bei der Diagnose über den wahren Zustand der Welt, andrerseits bei der Notwendigkeit, sich auch i n ihr mit dem Blick auf das künftige Heil zurechtfinden zu müssen. Darüber hinaus zwingt die Stellung einiger solcher, die Erwartung einer endgültigen Weltabsage nährender Reden am Schluß der jeweiligen Romane zu der Überlegung, wie weit sie nicht nur noch traditionelle Züge christlichen Moralisierens aufnehmen und in dieser Form schon toposhaft erstarrt wirken. Denn ein konstitutives Element des Erzählverlaufs bilden sie nicht mehr; auch die Entlarvung der Laster wird bestimmt und überdeckt von der baren Freude am Erzählen, so daß die abschließende ‚Moral‘ die Funktion eines Alibis für den Erzähler annimmt.

Hat man sich diese Verschiebung der Maßstäbe einmal klargemacht, kann man leicht zu sie ergänzenden Beobachtungen gelangen; sie betreffen einmal die Rolle des Einsiedlertums, über die noch zu sprechen sein wird[23], zum andern aber den so häufig glücklichen Ausgang der einzelnen Lebensgeschichten, deren Helden heiraten, einigen Besitz erwerben und sich höchstens nach dem Tod ihrer Frauen in die Einsamkeit zurückziehen, aus Trauer, aber nicht aus Ekel an der Welt. Auch hierin ist ein Grundzug aller Romane zu sehen, der schon im *Welt-Kucker* ausgeprägt ist, der sich aber in Verbindung mit anderen schon genannten Merkmalen Beer'scher Erzählweise sehr gut an den beiden Werken zeigen läßt, die gemeinhin als Beers bedeutendste Schöpfungen gelten: *Die teutschen Winter-Nächte* (1682) und *Die kurzweiligen Sommer-Täge* (1683).[24]

Die teutschen Winter-Nächte enthalten die Lebensgeschichte des Zendorius à Zendoriis, eines vermeintlichen Schinder-Sohnes, dessen adlige Herkunft sich jedoch bald herausstellt; deswegen kann er nicht nur die geliebte Caspia heiraten, sondern wird auch als sozial gleichgestellter in den Freundeskreis junger Edelleute aufgenommen und kann an deren regem geselligen Leben teilnehmen. Die Lebensläufe der einzelnen Angehörigen dieses Kreises, aber auch die durchreisender Vaganten und Musikanten bilden neben dem Bericht des Zendorius über das eigene Ergehen – wie auch über sein Selbstverständnis als Autor – die einzelnen Erzählstränge des Romans. Hauptperson ist in ihm nicht mehr allein das erzählende Ich der Titelfigur, vielmehr gewinnen die einzelnen Erzähler in starkem Maß an Eigengewicht. Anlässe, die Lebensgeschichten zu erzählen, bieten die Gesellschaften, Gastereien und Hochzeiten, die den Freunden Gelegenheit zum Zusammentreffen geben, ehe sie gemeinsam nach einem fürchterlichen Saufgelage bei der Hochzeit des letzten Junggesellen aus dem Kreis den Entschluß zu einem „gottseligen Wandel" (Winter-Nächte, 413) fassen. *Die teutschen Winter-Nächte* schließen mit der Ankündigung der *Sommer-Täge,* an deren Beginn die Umsetzung dieses Entschlusses in die Tat steht. Somit ist der pikarische Einsatz des ersten Romans, in dem Zendorius sich gefangen in einem Schloßkerker findet, vermieden, und es wird erzählt,

wie eine vertraute adelige Gesellschaft sich in heißer Sommerszeit zusammengetan /

und wie sie solche in Aufstoßung mancherlei Abenteuer und anderer merkwürdiger Zufälle kurtzweilig und ersprießlich hingebracht (Titelblatt).

Gleichwohl gibt es dieses pikarische Element auch hier, doch bleibt es beschränkt auf wandernde Soldaten, vagierende Studenten und Stellung suchende Bedienstete. Berichteten im ersten Roman die jungen Adligen selbst zumeist lustige und abenteuerliche Begebenheiten aus ihrem Leben, so treten im zweiten die Geschichten der Leute in den Vordergrund, die traditionell der Schicht der pikarischen Gestalten zugehören und die mehr oder weniger zufällig auf den einzelnen Schlössern vorsprechen. Im Unterschied zum ersten Roman, in dem Zendorius sich seine Welt nach und nach in einzelnen Begegnungen erschließt, werden in den *Sommer-Tägen* die Mitglieder des Kreises vom *Chronisten* vorgestellt; ihre beruflichen und privaten Pläne lassen zusammen mit Willenhags eigener Geschichte in diesem Band ein Gemälde entstehen, in dessen Hintergrund die landadlige Gesellschaft erscheint, in dessen Vordergrund aber die wechselnden Lebens- und Schicksalsläufe der Vaganten zu betrachten sind.

Die beiden Werke bilden trotz der Namensunterschiede einen Doppelroman, den man nach dem Erzähler der *Sommer-Täge,* Wolffgang von Willenhag, als Willenhag-Dilogie bezeichnet. Die *Winter-Nächte* erweisen sich schon durch den Namen des Helden als ein ausländisches Werk; außerdem wird auf einen ungenannt bleibenden Übersetzer verwiesen, der sich in einem „Unterricht an den Leser" vorstellt; aus diesem erfährt man, daß das Original „allgemach etlich sechzig Jahr in einer Canzeley eines adeligen Schlosses geschrieben" (7) worden sei und nun erstmals veröffentlicht werde. Die Frage nach den Gründen für ein solches Spiel des Autors läßt sich mit dem Hinweis auf die im 17. Jh. weit verbreiteten *Noches de Invernio* (1606) des Spaniers Antonio de Eslava beantworten, deren deutsche Übersetzung von Matthias Drummer unter dem Titel *Winternächte* von 1649-1699 vier Auflagen erlebt. Die Kenntnis dieses Werks ist für Beer bezeugt, der sich wohl den Erfolg dieser *Winternächte* zu Nutze machen wollte, in denen er im übrigen auch die Konstellation eines Freundeskreises vorfand; der zusätzliche Fingerzeig t e u t s c h e *Winternächte* sollte die Geschichte seiner Compagnie wiederum gegen den berühmten Vorläufer absetzen. Wenn den *teutschen Winter-Nächten* dann die *Sommer-Täge* angeschlossen werden, so zeigt sich in ihnen nicht die von solcher Titelgebung zunächst zu erwartende Antithetik; vielmehr wird durch die schon erwähnte inhaltliche Anknüpfung zu Beginn der *Sommer-Täge* ein Zusammenhang hergestellt, der Fortsetzungscharakter hat und durch die formale Gleichartigkeit bestätigt wird. Wahrscheinlich ist der Wechsel des Titels und der Erzählerfigur auch wieder mit verlegerischen Überlegungen bzw. mit Rücksichtnahme auf das Publikum zu erklären; denn unter dieser Voraussetzung konnte man die *Sommer-Täge* lesen, ohne sich schon durch denselben Helden und Erzähler auf die Kenntnis der *Winter-Nächte* verwiesen zu sehen.

Darum wird aus Zendorius Wolffgang von Willenhag, dessen Geschlecht schon im *Jucundus Jucundissimus* auftaucht; seine Caspia heißt jetzt Sophia, beide haben einen Sohn. Auch Ludwig, der die tollsten Streiche und Geschichten zu erzählen wußte, setzt seine Späße fort, jetzt allerdings unter dem Namen Philipp von Oberstein. Für ihn und auch für Willenhag selbst ist die Identifizierung mit den sprechenden Gestalten der Winter-Nächte nicht nur vom Inhalt her gegeben, sondern beide werden in den *Sommer-Tägen* ein- bis zweimal bei ihren Namen aus dem ersten Roman genannt. Auch der äußere Aufbau der Romane spricht für diese enge Verbindung: beide bestehen aus jeweils sechs Büchern, die zum größten Teil wiederum in zwölf Kapitel unterteilt sind.

Die Romane enthalten natürlich nicht nur, wie die Titel vermuten lassen könnten, die Geschichte eines Sommers bzw. eines Winters, dagegen spricht schon ihre Anlage als Lebensgeschichte der jeweiligen Berichterstatter; allerdings bleibt der zeitliche Rahmen merkwürdig ungenau, auch wenn sich einige historische Begebenheiten genau datieren lassen. Ähnlich unbestimmt erweist sich die geographische und räumliche Lokalisierung; zwar sind die Mitglieder des Adelskreises seßhaft und in der Nähe des Attergaus anzusiedeln; zwar spricht die Einbeziehung der österreichischen Bauernaufstände für diesen Raum ebenso wie das Lob der oberösterreichischen Landschaft durch Willenhags Pagen Paul; doch zeigt eine genaue Prüfung, daß landschaftliche wie räumliche Umgebung nie um ihrer selbst willen und immer nur so weit von Interesse ist, wie es mit ihrer Funktion als „Kulisse der Handlung"[25] benötigt wird; das schließt die überaus anschauliche Schilderung einzelner Räumlichkeiten, etwa eines Kerkers, oder einzelner Landstriche nicht aus.

Wie der Titel der *Sommer-Täge* ankündigt, enthält der Roman „Abenteuer und Zufälle" einer „vertrauten adeligen Gesellschaft". Dieser Freundeskreis, dessen Schlösser und Landsitze in jeweils erreichbarer Entfernung liegen, bildet das Personengeflecht der Handlung und gewinnt an Leben, weil Wolffgang von Willenhag beauftragt ist, die Geschichte des Kreises aufzuschreiben. Die Landadligen, zu denen keine Grafen oder Freiherren gehören, halten unübersehbare Distanz zu Hof und Stadt; sie alle haben Bediente und etliche Bauern als Untertanen; sie bewohnen ihre Schlösser selbst und lassen gegebenenfalls das eine oder andere Gut verwalten; ihnen steht die Gerichtsbarkeit in der Bagatellkriminalität zu, alle schwereren Verbrechen müssen sie den Gerichten in der nächsten Stadt überlassen. Politik spielt kaum eine Rolle, wenn man nicht ausführliche Diskussionen über das Für und Wider des Hof- und Militärdienstes ihrem Bereich zurechnen will. An ihre Stelle treten vielmehr Beispiele für eine ökonomisch orientierte Gutsverwaltung, Überlegungen zur sinnvollen Kindererziehung und zum richtigen Umgang mit der Dienerschaft, die an die Hausväterliteratur denken lassen. Doch bleiben sie derart episodisch, daß sich der Gedanke an die Landadel-Kultur eines Wolfgang Helmhard von Hohberg verbietet.[26] Überhaupt wird den Mitgliedern der Adelsfamilien auffällig wenig Interesse entgegengebracht; so spielen die Frauen der Freunde meistens nur bis zur Hochzeit eine Rolle, sofern die Geschichte der

Werbung von unterhaltsamen Wert ist. Später werden sie nur noch erwähnt, wenn sie ein Kind bekommen. Mit Ausnahme der Liebesgeschichten des Zendorius und der Caspia sowie Friderichs und Amalias sind nicht die Werbungen und Verwicklungen wichtig, die zu insgesamt dreizehn Hochzeiten führen, sondern ihr Ergebnis, weil die Hochzeiten wieder Grund für fröhliche Feste bieten. Um so mehr Raum wird neben den zum Schloß gehörigen Bedienten den zufällig vorbeireisenden Soldaten, Studenten und Musikanten gegönnt. Denn Welt und Abenteuer werden in den Adelskreis – vergleichbar der Anlage des *Jucundus Jucundissimus* – meist durch die pikarischen Gestalten hineingetragen; doch erschöpft sich deren Funktion nicht nur in der Unterhaltung der höhergestellten Gesellschaft, deren Mitglieder sich auch gerne an die Streiche der eigenen Jugend erinnern lassen. Vielmehr können sie in einigen Fällen selbst in den Adelskreis aufsteigen, weil sich plötzlich ihre edle Abkunft herausstellt: so erweisen sich Zendorius/Willenhag als Sohn eines Edelmanns, der Jäger Ergasto als Isidoros Bruder und der Soldat Krachwedel wiederum als Bruder Willenhags, der auf diese Weise zu einer Schwägerin kommt, die ehedem seine Köchin war:

> Und ihr Mann war mit ihr so vergnügt, als ob sie eine königliche Prinzeßin gewesen wäre, weil die Ehe nicht in der Geburt, sondern in der Vereinigung der Herzen und Gemüter bestehet (Sommer-Täge, 840).

Hier zeigt sich für eine vom Standesdenken geprägte Welt eine erstaunliche Mißachtung der standesgemäßen Geburt, da persönliche Qualitäten des Individuums wichtiger erscheinen als die ebenbürtige Herkunft. Darüber hinaus aber bieten die Erlebnisse der Fahrenden, deren Welt vom sicheren Port der adligen Landsitze aus betrachtet wird, den Freunden auch die negativen Beispiele für das Verhalten einzelner Angehöriger ihres Standes. Hierhin gehören die Berichte über den unmoralischen Lebenswandel vor allem adliger Damen wie der Gräfin Veronia, einer raffinierten und mannstollen Nachfahrin der Welschen Gräfin; zeigt sich an ihr die vertraute satirisch-moralische Behandlung der Hurerei, so verweisen die Erfahrungen anderer Besucher darauf, daß die bekannten Laster ebenso im Adel ihre Anhänger finden wie in der Welt der Kleinbürger. Das Abenteuer, das aus den Erzählungen als Unterhaltung genossen wird, kann jedoch für den Freundeskreis selbst unmittelbar bedrohliche Aktualität gewinnen; dieses wird nicht nur in der ständigen Gespensterfurcht, von der fast alle Mitglieder befallen werden, deutlich, sondern auch darin, daß sie von dem räuberischen Adligen Barthel auf der Heide, der manche Ähnlichkeit mit dem Pardophir des *Verliebten Österreichers* hat, verfolgt werden oder daß sich manche ‚Gäste‘ als gefährliche Verbrecher entpuppen.

Die Schilderung der Adelswelt in den *Winter-Nächten* und *Sommer-Tägen* ergibt kein reines Idyll; fröhliche Ungebundenheit herrscht zwar in den größeren Teilen beider Romane vor, erfährt aber durchaus auch ihre Einschränkungen, sei es durch direkte äußere Bedrohung, sei es durch zeitweilige Zweifel an der

Selbsteinschätzung bei einigen Angehörigen des Freundeskreises. Diesen die augenfällige Grundstimmung durchbrechenden Phänomenen lassen sich weitere Merkmale zugesellen, zu denen in erster Linie die Diskrepanz zwischen dem Gewinn an wirklichkeitsnaher Gegenständlichkeit auf der einen und einer traditionell dem Pikaro-Roman zuzusprechenden verzerrenden Weltsicht auf der anderen Seite gehört. Einige Beschreibungen, so auch die vielzitierte der oberösterreichischen Heimat, aber auch solche der Einzelheiten des Lebens auf den Schlössern zeigen – ebenso wie bestimmte kleinstädtische Milieustudien in den anderen Schriften – eine realistische Darstellungskraft, die weit über die gewohnte Literatur der Zeit hinausgeht. Einzelne Passagen der Willenhag-Dilogie enthalten jedoch wie viele andere im Gesamtwerk Beers eine „naturalistisch"-groteske Verzeichnung der Wirklichkeit, die es unmöglich macht, Beer auf eine einzige Welt- und Stilhaltung festzulegen und ihn als Antipoden Grimmelshausens zu bezeichnen. Beer entzieht sich einer einfachen Zuordnung zu einer der literarischen Strömungen des 17. Jahrhunderts. Er nimmt eine Zwischenstellung ein, die sich an der Verbindung bisher voneinander getrennt verlaufender Entwicklungen in der Behandlung von Themen, Motiven und Formen zeigt; sie wird nicht nur greifbar in der schöpferischen Adaption verschiedener zeitgenössischer Erzählweisen und in der „Mischform"[27] der Willenhag-Romane; sie kommt auch zum Ausdruck in der Anreicherung der „ersprießlichen Kurzweil", die sich die Freunde bereiten, mit aus den Kleinbürgersatiren bekannten Zügen. Am auffälligsten wirkt bei Beer als einer Gestalt des Übergangs jedoch das Festhalten an einer traditionell ins 16. Jahrhundert und ins Spätmittelalter zurückreichenden Frauenfeindschaft auf der einen Seite, während sich auf der anderen Vorstufen eines neuen Weltverständnisses erkennen lassen, das auf die kommende Aufklärung vorausweist.

Die immer wieder festzustellende Widersprüchlichkeit wird jedoch überdeckt von der das gesamte Werk durchziehenden unbändigen Lust des Erzählens und der Freude an den „Inventionen" der Phantasie, die oftmals nur durch die für die Öffentlichkeit notwendige moralische Kommentierung gezügelt erscheint. Dieses von der Struktur des Pikaro-Romans bestimmte Verfahren ist aus dem *Simplicissimus* bekannt und findet dort seine Konsequenz in der Weltabsage des Helden. Auch Beers Helden ziehen solche Folgerungen, aber ihr Rückzug aus der Welt gewinnt eine andere Qualität, die gerade im Vergleich mit den auch bei Beer vorkommenden wirklichen Einsiedlern deutlich zutage tritt.[28]

Der fromme Irländer, der die trunkene Gesellschaft der *Winter-Nächte* zur Buße ruft, lebt bei einem solchen Eremiten. In den Gesprächen aber, in denen er seinen Entschluß mit den bekannten Vorwürfen an die verdorbene Welt begründet, erörtern die Freunde Ludwig und Zendorius die Zuträglichkeit eines solchen Lebens, dem Ludwig mit einiger Skepsis begegnet:

Seine Lebensart [...] ist christlich genug, aber in Wahrheit nicht vor alle Menschen tauglich [...] Aber ich befinde mich sowohl innerlich als äußerlich zu diesem Werk ganz ungeschickt und verdrossen (Sommer-Täge, 400).

An die Stelle der tradierten Weltabsage treten Zweifel an der ihr zu Grunde liegenden Weltauffassung und eine stärkere Verankerung des Entschlusses in der einzelnen Persönlichkeit. Diese weltanschauliche Veränderung muß um so mehr auffallen, als ihre Begründung von Beers Helden häufig in einer variierten Übernahme des Simplicianischen „Adieu Welt" besteht. Im Blick auf Grimmelshausen kann man deshalb bei Beer von einer „Verweltlichung des asketischen Einsiedlertums"[29] sprechen, wie sie an Jan Rebhu im *Welt-Kucker*, an Sylvius aus dem *Verliebten Österreicher* sowie an Blaumantel und Pamphilius offenbar wird. In den *Sommer-Tägen* machen die Freunde daraus eine „Art Gesellschaftsspiel"[30] und begründen ihre ablehnende Haltung gegenüber einem lebenslangen Einsiedlertum mit dem Hinweis auf die Aristotelische Definition des Menschen als eines „Tieres, zur Gesellschaft geschaffen" (Sommer-Täge, 442) und mit ihrer gesellschaftspolitischen Verantwortung. Doch wird man der Gestalt Wolffgang von Willenhags mit dieser Wertung nicht gerecht; rein äußerlich gesehen scheint er mit seinen Bemerkungen über den Zustand der Welt am Ende der *Sommer-Täge* auch das literarische Motiv der Weltabsage des Simplicissimus aufzunehmen. Bei genauerem Hinsehen jedoch fällt nicht nur auf, daß er offenläßt, ob es sich um einen endgültigen Abschied von der Welt handelt; sondern es ist auch festzuhalten, daß er sich zu seiner Betrachtung anregen läßt durch die Lektüre der Schrift *De Imitatione Christi* des Thomas a Kempis; die *Sommer-Täge* werden eingerahmt durch zwei Kapitel dieses bekannten Erbauungsbuches, das Willenhag während seiner ersten Einsiedlerzeit übersetzt.

Das bei Beer zu beobachtende neue Weltverständnis bekommt damit von den „Lehren der Selbstzucht und der Selbstheiligung in der Welt"[31] ebenso seine geistliche Begründung, wie das Grimmelshausensche Einsiedlertum von der Weltverachtung des Antonio de Guevara geprägt wird. Auffälligerweise wird gleich im ersten Kapitel der *Sommer-Täge* in kurzen Abständen dreimal wiederholt, „daß die wahre Frömmigkeit nicht in Verwechslung der Örter, sondern vielmehr in Veränderung des Gemütes bestünde" (425), eine Auffassung, die als leicht veränderte Vorwegnahme einer Thomas-Stelle zu lesen ist, die Willenhag im nächsten Kapitel überträgt. Der Weltabkehr wird hier die christliche Meisterung des Lebens in der Welt gegenübergestellt, das grundsätzlich den gleichen Wert zugesprochen erhält wie das fromme Einsiedlerdasein. Von hier aus könnte bei genauer Analyse auch ein neues Licht auf das Moralisieren in den gleichzeitig entstandenen Satiren fallen. Die Gleichstellung wird darüber hinaus aber damit begründet, „daß ein fleißiger Weltmann sowohl als der einsamste Mönch die Seligkeit erlangen kann, s o e r s e i n e s B e r u f s f l e i ß i g a b w a r t e t" (Sommer-Täge, 437; Sperrung v. Verf.)

Diese Verbindung einer an protestantisch-bürgerliches Ethos erinnernden ‚Heiligung‘ des Berufs mit den Lehren eines der bedeutendsten Vertreter der Devotio moderna weist der Willenhag-Dilogie ihren Platz in der Entwicklung des bürgerlichen Romans zu. Die neue Sehweise bestimmt indes kaum das Geschehen des Romans, der den Lesern vielmehr in besonderem Maß etwas von der Heiterkeit spüren läßt, die Erdmann Neumeister an Beer zu rühmen wußte. In den *Winter-Nächten* und mehr noch in den *Sommer-Tägen* kommt damit ein Wesenszug zum Ausdruck, den Beer selbst zu den drei Dingen, „vor welche ich Gott zu dancken / grosse Ursache habe", rechnet: „[. . .] daß er mich mit einem überaus fröhlichem Gemüthe begabt"[32].

Nicht nur diese Heiterkeit könnte die Romane Beers für den heutigen Leser zu einer reizvollen Lektüre werden lassen.

Anmerkungen

Texte

Da in diesem Rahmen kein Gesamtverzeichnis der Werke Beers gegeben werden kann, sei auf die ausführlichen bibliographischen Angaben im Preußischen Gesamtkatalog, bei Alewyn: Beer, S. 249-266, bei Faber du Faur: German Baroque Literature, Bd. I u. II, bei Kremer: Satire, S. 4-12 und vor allem bei Dünnhaupt (mit Bibliotheksnachweisen) verwiesen: Gerhard Dünnhaupt: Bibliographisches Handbuch der Barockliteratur. Hundert Personalbibliographien deutscher Autoren des 17. Jhs. Erster Teil: A-G. Stuttgart 1980, S. 274-291 (Hiersemanns Bibliographische Handbücher, Bd. 2.I). Im folgenden werden nur die Werke aufgeführt, die als Neudrucke entweder in Bibliotheken und Büchereien oder im Buchhandel leicht zugänglich sind.

Das Narrenspital sowie Jucundi Jucundissimi Wunderliche Lebensbeschreibung. Hg. und mit einem Essay „Zum Verständnis der Werke" von Richard Alewyn. Hamburg 1957 Rowohlts Klassiker der Literatur u. der Wissenschaft 9).

Johann Beers Kurtzweilige Sommer-Täge. Abdruck der einzigen Ausgabe (1683). Hg. v. Wolfgang Schmitt. Halle (Saale) 1958 (Neudrucke deutscher Literaturwerke Nr. 324).

Die teutschen Winter-Nächte & Die kurzweiligen Sommer-Täge. Hg. v. Richard Alewyn. Frankfurt am Main 1963.

Printz Adimantus und der Königlichen Princeßin Ormizella Liebes-Geschicht. Hg. v. Hans Pörnbacher. Stuttgart 1967 (Reclam Universal-Bibliothek Nr. 8775).

Die Geschicht und Histori von Land-Graff Ludwig dem Springer. Hg. v. Marin Bircher. München 1967.

Der neu ausgefertigte Jungfern-Hobel. Hg. v. Eberhard Haufe. Leipzig 1968 (Insel-Bücherei Nr. 878).

Der verkehrte Staats-Mann Oder Nasen-weise Secretarius. Frankfurt am Main 1970.

Der verliebte Österreicher. Faksimiledruck nach der Ausgabe von 1704. Hg. und eingel. v. James N. Hardin. Bern/Frankfurt am Main/Las Vegas 1978 (Nachdrucke deutscher Literatur des 17. Jhs. 21).

Der Kurtzweilige Bruder Blau-Mantel. Faksimiledruck der Auflage von 1700. Hg. und eingel. v. Manfred K. Kremer. Bern/Frankfurt am Main/Las Vegas 1979 (Nachdrucke deutscher Literatur des 17. Jhs. 29).

Der Simplicianische Welt-Kucker. Hg. v. Ferdinand van Ingen u. Hans-Gert Roloff. Bern/Frankfurt a. M./Las Vegas 1981. (Johann Beer: Sämtliche Werke, Bd. 1; Mittlere Deutsche Lit. in Neu- u. Nachdrucken, Bd. 1).

Der Abentheuerliche ... Ritter Hopffen-Sack, München 1981.

Johann Beer – Sein Leben, von ihm selbst erzählt. Hg. v. Adolf Schmiedecke. Mit einem Vorwort v. Richard Alewyn. Göttingen 1965.

Literatur

Die umfassendste Bibliographie der kritischen Literatur hat James N. Hardin zusammengetragen und seiner Ausgabe des Verliebten Österreichers vorangestellt (S. 96-120). Manfred K. Kremer hat sie in die Ausgabe des Bruder Blau-Mantel übernommen (S. 83-107).

Hans Friedrich Menck: Der Musiker im Roman. Ein Beitrag zur Geschichte der vorromantischen Erzählungsliteratur. Heidelberg 1931 (Beiträge zur Neueren Literaturgeschichte, H. XVIII).

Richard Alewyn: Johann Beer. Studien zum Roman des 17. Jahrhunderts. Leipzig 1932 (auch: Palaestra, Bd. 181).

Arnold Hirsch: Bürgertum und Barock im deutschen Roman. Zur Entstehungsgeschichte des bürgerlichen Weltbildes, Frankfurt am Main 1934. 2. Auflage, besorgt v. Herbert Singer. Köln/Graz 1957 (Literatur und Leben 1).

Heinz Krause: Johann Beer, 1655-1700. Zur Musikauffassung im 17. Jahrhundert. Phil. Diss., Leipzig 1935, Saalfeld/Ostpr. [1935].

Ilse Hartl: Die Rittergeschichten Johann Beers. Phil. Diss., Wien 1947 (Masch.).

Richard Alewyn: Beer, Johann. In: NDB I (1953), S. 736 f.

Kenneth G. Knight: The Novels of Johann Beer (1655-1700). In: Modern Language Review 56 (1962), S. 194-211.

Manfred Kremer: Die Satire bei Johann Beer. Phil. Diss., Köln 1964.

Jörg-Jochen Müller: Studien zu den Willenhag-Romanen Johann Beers. Marburg 1965 (Marburger Beiträge zur Germanistik, Bd. 9).

Adolf Schmiedecke: Johann Beer und die Musik. In: Musikforschung 18 (1965), S. 4-11.

Martin Bircher: Neue Quellen zu Johann Beers Biographie. In: ZfdA 110 (1971), S. 230 bis 242.

Marcel Roger: „Hiermit erhebte sich ein abscheulich Gelächter". Untersuchungen zur Komik in den Romanen von Johann Beer. Frankfurt/M. 1973 (Europ. Hochschulschriften, Reihe I, Bd. 64).

Richard Alewyn: Johann Beer. In: Ders.: Probleme und Gestalten. Essays. Frankfurt am Main 1974, S. 59-74.

Der bei Dünnhaupt, S. 275, angeführte Beitrag: H. Bayer: Die empraktischen Sprachkategorien von J. B.'s. Weltdeutung, in: ZfdPh 96 (1977), Sonderheft, S. 170-201, hat nichts mit Beer zu tun, sondern bezieht sich auf J.[akob] B.[öhme].

Nachweise

Die Werke Beers werden, soweit vorhanden, nach den Neudrucken zitiert; in den übrigen Fällen sind die Originalausgaben der Sammlung Faber du Faur (Mikrofilm-Ausgabe im Germanist. Seminar der Universität Bonn) sowie der Bibliotheken Göttingen, Mannheim und Wolfenbüttel herangezogen worden. Den Damen und Herren dieser Bibliotheken habe ich für ihre Mühe zu danken. Die Quellenzitate sind mit Kurztitel und Seitenangabe im Anschluß an das jeweilige Zitat angegeben; auch aus der kritischen Literatur wird mit Kurztitelverweisen auf das weiterführende Literaturverzeichnis zitiert.

[1] Vgl. Erdmann Neumeister: De Poetis Germanicis huius saeculi praecipuis Dissertatio Compendiaria, 1695. Hg. v. Franz Heiduk in Zusammenarbeit mit Günter Merwald [Übersetzung], Bern und München 1978, S. 142 f.; der latein. Text findet sich auf S. 13.

[2] Richard Alewyn: Johann Beer. Studien zum Roman des 17. Jahrhunderts, Leipzig 1932. Die Arbeit hatte im Wintersemester der Jahre 1930/1931 der Heidelberger Fakultät als Habilitationsschrift vorgelegen. Zur gleichen Zeit war es Hans Friedrich Menck gelungen, auf Grund eines Stilvergleichs der *Musicalischen Diskurse* mit dem *Symplician. Welt-Kucker* und dem *Corylo*, Beer als Autor der beiden Romane zu benennen; vgl. Menck: Musiker, S. 8-29.

[3] Beer schrieb auch unter den folgenden Pseudonymen: Ein lebendiger Mensch; Der Neue Ehemann; Franciscus Sambelle; Franciscus à Claustro; Antonius Caminerus; Amandus de Bratimero; Zendorius à Zendorio; Alamodus Pickelhäring; Expertus Rupertus.

[4] Johann Beer. Sein Leben, von ihm selbst erzählt. Hg. v. A. Schmiedecke. Mit einem Vorwort v. Richard Alewyn, Göttingen 1965. Zur Biographie vgl. Alewyn: Beer, S. 6-62, Bircher: Biographie; ferner die Einleitung v. James N. Hardin zu: *Der verliebte Öster-reicher*, S. 10-47.

[5] Vgl. Beer: Leben, S. 16; dazu: Bircher: Biographie, S. 233 f.; Beer gibt den 28. März als Geburtsdatum an; so lautet es auch in der Leichenpredigt. Bircher macht darauf aufmerksam, daß im sorgfältig geführten Taufbuch von St. Georgen zwischen dem 15. Februar und dem 4. bzw. 16. März für den 28. Februar die Geburt Johann Beers verzeichnet ist, und möchte es bei der „bekannten allgemeinen Sorglosigkeit der Zeit gegenüber solchen Daten" bei dem im Taufbuch angegebenen Termin belassen.

[6] So auf dem Titelblatt des *Ritter Spiridon aus Perusina*.

[7] Vgl. Bircher: Biographie, S. 232 f.

[8] Vgl. Manfred Kremer: Der Kantor im Werke Johann Beers. In: MLN 88 (1973), S. 1023-1029. Kremer ist der Nachweis gelungen, daß hier eine ziemlich getreue Übernahme des Protokolls vorliegt, das über eine Verhandlung vor den für die Disziplin am Regensburger Gymnasium verantwortlichen Scholarchen angefertigt worden ist; Beschwerdeführer war der Kantor Philipp Jakob Seulin, der die Bestrafung einiger Schüler wegen der gegen ihn gerichteten Streiche verlangte. Unter diesen Schülern ist auch Johann Beer genannt.

[9] Vgl. hierzu auch: James N. Hardin: J. Beers Parodie „Printz Adimantus". In: Akten des V. Internationalen Germanistenkongresses Cambridge 1975, Bern 1976, S. 82 bis 89.

[10] Vgl. zum Folgenden: Richard Alewyn: Gestalt als Gehalt: Der Roman des Barock. In: Ders.: Probleme und Gestalten. Essays, Frankfurt am Main, S. 117-132, sowie vor allem: Wilhelm Voßkamp: Romantheorie in Deutschland. Von Martin Opitz bis Friedrich von Blanckenburg, Stuttgart 1972, S. 29-42; auch: Urs Herzog: Der deutsche Roman

des 17. Jahrhunderts. Eine Einführung. Stuttgart/Berlin/Köln/Mainz 1976 (Sprache und Literatur 98).

[11] Vgl. Alewyn: Beer, S. 211.

[12] Aus dem Motto zur Continuatio des *Simplicissimus.*

[13] Menck: Musiker, S. 11.

[14] Ebd., S. 20.

[15] Zu diesem Erfahrungsgewinn des Helden einmal durch eigenes Handeln, zum anderen durch Belehrtwerden und zur Kennzeichnung bestimmter Romantypen durch ein solches Verfahren – Grimmelshausen auf der einen, Weise auf der anderen Seite – vgl. Egon Cohn: Gesellschaftsideale und Gesellschaftsroman des 17. Jahrhunderts. Studien zur deutschen Bildungsgeschichte, Berlin 1921, S. 167 f.

[16] Vgl. Hirsch: Bürgertum, S. 72.

[17] Alewyn: Beer, S. 257, und Hirsch: Bürgertum, S. 136, schreiben auch die *Andere Ausfertigung Neu-gefangener Politischer Maul-Affen* Beer zu. Schon bei einem oberflächlichen Vergleich dieser Schrift mit den anderen Satiren Beers fallen so starke Unterschiede ins Auge, daß die Zuschreibung nur schwer zu verstehen ist. Inzwischen hat Hans-Dieter Bracker diese Schrift Johann Riemer zuschreiben wollen; auch die von Kremer: Satire, S. 159 ff. versuchte Zuschreibung zweier weiterer Werke – Lorindus: *Der Ratten und Mäuse-Fänger;* Germanicus: *Die Politische Mause-Falle* – ist nach Brackers Untersuchungen nicht zu halten; vgl. Hans-Dieter Bracker: Johann Riemers satirische Romane. Ihre Zuschreibung und Gliederung nebst einigen Bemerkungen zu Johann Beer. In: Jb. d. Schiller-Ges. 19 (1975), S. 138-166, hier: S. 161 ff. Gegen Brackers These und gegen Riemer als Autor der *Anderen Ausfertigung* wendet sich Helmut Krause: Mutmaßungen über Riemer. Zu H.-D. Brackers Aufsatz „J. Riemers satirische Romane". In: Daphnis 6 (1977), S. 147-169; die Frage der Verfasserschaft muß zur Zeit unbeantwortet bleiben.

[18] Zur Entdeckung des *Jungfern-Hobels* in der Landesbibliothek Weimar im Jahr 1960 vgl. Kenneth G. Knight: Eine wieder aufgefundene Schrift J. Beers. In: Neophilologus 44 (1960), S. 14-16; den *Bruder Blaumantel* hat M. Kremer in der Straßburger Bibliothek gefunden; vgl. Manfred Kremer: Johann Beers *Bruder Blaumantel*. In: Neophilologus 51 (1967), S. 392-395.

[19] Caspar Printz: *Der güldene Hund*, 1675; vgl. dazu und zur Polemik gegen Beer: Alewyn: Beer, S. 92 ff. Anders als Grimmelshausen und Prinz mit dem Motiv der Verwandlung verfährt Guevara; er läßt in dem 1640 erschienene *El Diablo cojuelo* den erst später in Lesages Fassung berühmt gewordenen *Diable Boiteux* die Dächer etlicher Häuser in Madrid abdecken, damit Leandro hinter die Geheimnisse einer nur scheinbar tugendhaften Welt komme.

[20] Vgl. Volker Sinemus: Poetik und Rhetorik im frühmodernen Staat. Sozialgeschichtliche Bedingungen des Normenwandels im 17. Jahrhundert. Göttingen 1978 (Palaestra 269), S. 208 ff. Zur Hofkritik vgl.: Helmut Kiesel: „Bei Hof, bei Höll". Untersuchungen zur literarischen Hofkritik von Sebastian Brant bis Friedrich Schiller, Tübingen 1979 (Studien z. deutschen Literatur, Bd. 60).

[21] S. oben S. 776 u. Anm. 8.

[22] Vgl. Alewyn: Beer. S. 45 ff, auch S. 87 ff.

[23] S. unten S. 791 f.

[24] Zu diesen beiden Romanen vgl. die Untersuchung von Jörg-Jochen Müller: Studien zu den Willenhag-Romanen Johann Beers, Marburg 1965 (Marburger Beiträge zur Germanistik, Bd. 9).

[25] Ebd., S. 71.

[26] Vgl. Otto Brunner: Adliges Landleben und europäischer Geist. Leben und Werk Wolf Helmhards von Hohberg 1612-1688, Salzburg 1949.

[27] Vgl. Jürgen Mayer: Mischformen barocker Erzählkunst zwischen pikareskem und höfischen Roman, München 1970, S. 120 f.

[28] Zur Behandlung des Einsiedlermotivs vgl. Alewyn: Beer, S. 229 ff.; Hirsch: Bürgertum, S. 131; Müller: Willenhag-Romane, S. 100 ff., 141 ff.

[29] Vgl. Alewyn: Beer, S. 235.

[30] Ebd., S. 234.

[31] Vgl. Müller: Willenhag-Romane, S. 104.

[32] Vgl. Johann Beer: Ursus murmurat / das ist: klar und deutlicher Beweiß / welcher gestalten Herr Gottfried Vockerod [...] in seinem [..] Programmate / der Music [...] zu viel gethan / jedermänniglich vor Augen gelegt durch Johann Bähren..., Weißenfels 1697, Bl. A 4r.

HANS-GERT ROLOFF

HEINRICH ANSHELM VON ZIEGLER UND KLIPHAUSEN

I

Heinrich Anshelm von Zi(e)gler und Kliphausen wurde am 6. Januar 1663 in Radmeritz, südlich Görlitz (heute unmittelbar auf der polnischen Westgrenze gelegen) geboren. Die Familie Ziegler-Kliphausen gehörte zu den ältesten Adelsfamilien Sachsens und war im Meißnischen und in der Oberlausitz reich begütert. Die Grundlagen des Familienbesitzes waren durch Teilhabe am Bergwerksbau in Freiberg/Sa. gelegt und später durch steten Erwerb von Landgütern beträchtlich vermehrt worden. Heinrich Anshelm hatte zehn Geschwister, doch ist von ihnen nichts weiter bekannt geworden; sie lebten als Landadlige und waren gelegentlich wie der ältere Bruder im Hofdienst tätig. Auch von den Lebensumständen des Dichters wissen wir wenig. Entscheidend war für ihn der Besuch des Görlitzer Gymnasiums zwischen 1679 und 1682. Er hat hier an Theateraufführungen der Schulbühne teilgenommen und neben einer soliden Ausbildung in den klassischen Sprachen wohl einen guten Unterricht in Rhetorik erhalten. Daß junge Adlige zu dieser Zeit bereits öffentliche Stadtschulen besuchten, ist keine Ausnahme mehr; der junge Adlige erhält seine Ausbildung zunehmend mehr an Gymnasien und Universitäten und weniger im Roßgarten und auf dem Fechtboden. Ziegler scheint überdies eine ausgesprochene Begabung für den Umgang mit Sprache, Literatur und Historie gehabt zu haben. Zwei Schulreden, die sich erhalten haben, lassen, obwohl sie übliche rhetorische Exercitien sind, gewisse rhetorisch-technische Formen und Formeln erkennen, die auch in den Reden seines Romans wiederbegegnen. Das ist insofern beachtenswert, als es zeigt, wie sehr die rhetorische Schulausbildung den Charakter einer Schreibschule der Nation hatte, die natürlich mehr oder weniger erfolgreich von den einzelnen Adepten absolviert wurde. Nicht alle Zöglinge schrieben ,gleich', denn die Anwendung der schreibtechnischen Lehre bedurfte durchaus der Begabung, des natürlichen Ingenium, um fruchtbar zu werden. *Ars* und *natura* als die Grundsäulen literarisch-poetischer Betätigung offenbaren sich in ganz besonderem Maße im literarischen Werk Zieglers, dessen enormer Erfolg bis weit ins 18. Jahrhundert hinein gerade im Hinblick hierauf zu denken geben muß.

Die zweite Stufe seiner Ausbildung erhielt Ziegler an der Universität Frankfurt an der Oder, wo er von 1682 an Juristerei, aber auch Geschichte, Sprachen und Poesie studierte. Infolge des frühen Todes des Vaters brach er 1684 das Studium ab und widmete sich der Administration seiner ihm auf dem Erbwege zugefallenen Besitztümer. Er verkaufte und kaufte verschiedene Rittergüter im Sächsischen – so Probsthain (südöstlich von Torgau/Elbe, bei Schildau gelegen), so Podelwitz (südl. von Altenburg/Sa.) und Altkötig. Sein letzter Landsitz war das heutige Städtchen Liebertwolkwitz, wenige Kilometer südlich von Leipzig. 1685 hatte Ziegler die Tochter des kursächsischen Oberküchenmeisters, Sabine von Lindenau, geheiratet, die ihm vier Söhne und drei Töchter schenkte, von denen nur die Töchter die Eltern überlebt haben sollen, die Söhne waren teils vor, teils kurz nach dem Vater verstorben. Sabine von Ziegler – aus ihrem Namen bastelte der schriftstellernde Gatte das Anagramm Banise, den Namen der bezaubernden Heldin seines damals weitgerühmten Romans – segnete 1709 das Zeitliche. Ziegler selbst, der von schwacher Leibeskonstitution gewesen sein soll und einen gewissen Hang zur Hypochondrie hatte, wurde im Alter von 34 Jahren am 8. September 1697 auf seinem Landsitz Liebertwolkwitz vom Tode ereilt. Die Todesursache soll, so weiß der Zedler zu melden – Schwindsucht gewesen sein.

An Zieglers Lebensgang ist auffällig, daß er trotz der nötigen Voraussetzungen kein Hof-Amt übernommen hatte und wohl auch nie im eigentlichen Hofdienst gewesen war, obwohl er recht gute Beziehungen zu den mitteldeutschen Höfen in Dresden und Weißenfels gehabt hat. Seine 1690 erfolgte Ernennung zum Stiftsrat am alten Kollegiatstift in Wurzen, das seit 1581 zu Kursachsen gehörte, war eine Ehrung und Anerkennung seines literarischen Verdienstes, nicht aber die Schaffung eines Brot-Amtes, denn Ziegler hatte seine *Asiatische Banise*, die 1689 erschienen war, dem Kurprinzen Johann Georg von Sachsen (1668-1694), dem Bruder Augusts des Starken, zugeeignet. Johann Georg war von 1691 bis 1694 sächsischer Kurfürst sans fortune; seine erotische Leidenschaft stürzte ihn in den Zwiespalt zwischen Neigung (Liebe zu Magdalena Sibylle von Neitschütz, Tochter seines Gardeobersten) und Staatsräson (Heirat der verwitweten Markgräfin von Brandenburg-Ansbach wegen eines Bündnisses mit Friedrich III. von Brandenburg) – eins der vielen tatsächlichen heroisch-galanten Vorkommnisse, wie sie der höfische Roman des 17. Jahrhunderts – unter Entrückung aller Ähnlichkeiten und typologisch sublimiert – nicht müde wurde darzustellen. Es ist anzunehmen, daß Ziegler durch diese Kontakte des öfteren Gelegenheit hatte, als Gast am Dresdener Hof zu weilen und an Hoffesten (evtl. Opernaufführungen) teilzunehmen. Daß er Beziehungen zum Weißenfelser Hof hatte, bezeugt Johann Beer in seinem Tagebuch zum 6. November 1696, an welchem Tage man in Weißenfels Zieglers Oper *Die Lybische Talestris* mit der Musik von Johann Philipp Krieger, dem dortigen Hofkapellmeister, aufführte.

Aus den wenigen Fakten seiner Biographie läßt sich wenigstens ablesen, daß

Ziegler im Leben wie im Schreiben sozial wie literarisch einerseits am Höfischen, andererseits an der Ungebundenheit des intellektuellen Landadligen partizipiert hat und von hier aus auch das Wertsystem seines Romans entwickelte, in den nicht nur Geschichtskenntnisse, sondern ebenso sehr genau gesehene absolutistische Verhaltens- und Verfahrensweisen eingegangen sind. Was in der *Asiatischen Banise* typologisch figuriert ist, hätte sich unschwer auf politische Duodez-Vorgänge beziehen lassen, die dem Kreis der Eingeweihten – nicht nur der Höflinge – vor Augen standen.

Zieglers literarisches Œuvre ist schmal, wenn auch vielgestaltig: neben dem Roman gibt es ein für die Zeit vorzügliches Opernlibretto, eine Sammlung von Heroiden unter dem Titel *Helden-Liebe der Schrifft Alten Testaments in 16 anmuthigen Liebesbegebenheiten*, ein Werk, das in der Nachfolge von Hoffmannswaldau steht, und schließlich zwei umfangreiche Sammelwerke historisch-feuilletonistischer Machart, in denen in leichter, klarer und ansprechender Diktion abendländisches Bildungsgut (nach der Vorstellung der Zeit) transportiert wird.

II

Die literaturwissenschaftliche Forschung hat sich bisher – sieht man von mehreren Dissertationen, die Teilprobleme der *Asiatischen Banise* behandeln, ab – wenig mit der literarischen Existenz Zieglers abgegeben; ihr Interesse galt im wesentlichen dem Roman. Die Urteile über die *Banise* sind auffällig gleichartig in ihren Kriterien und finden sich schon cum grano salis bei Gottsched, der der *Banise* „unter den deutschen Liebesgeschichten einen merkwürdigen Rang" attestierte; er lobte den „um ein vieles gereinigten Geschmack" des Autors, dessen „Fertigkeit in unserer Muttersprache" und dessen „aufgeweckten Geist" und hob besonders hervor, daß Ziegler „dem Leser allezeit die Tugend belohnt und das Laster bestraft vorstelle". Zu strenger Rüge sah sich Gottsched allerdings im Hinblick auf die metaphorische Sprachgestaltung und die „asiatischen Schönheiten der Schreibart", „die sich aber mit der gesunden Vernunft nicht überall reimen wollten", veranlaßt; seine Kritik an der Gestalt Scandors hat ihre Ursache darin, daß er in dieser Figur einen Artverwandten des Hanswurst witterte, und auch im Hinblick auf die Wahrscheinlichkeit in den konstruierten Vorgängen von Zieglers Textwelt meinte er einige Verstöße nachweisen zu können. Aber im ganzen erteilte er diesem Werk, das seine Affinität mit der zweiten schlesischen Schule expressis verbis nicht verleugnete, denn doch seinen Segen: „Doch bei diesem allen bleibet die asiatische Banise nicht ohne Werth, ja sie ist unter allen Deutschen Romanen noch für den besten zu halten." Dies Urteil übernahm Gottsched auch in seine *Critische Dichtkunst*, in der er sich des öfteren auf Zieglers Werk beruft. Zur *Banise* bemerkte er: „Zieglers Banise ist bey uns Deutschen noch der allerbeste Roman, das macht, daß er in wenigen Stücken von den obigen

abweicht" *(sc. Heliodor, Longus, Cervantes, Fenelon); „*kann auch daher von
verständigen und tugendliebenden Gemüthern noch mit einiger Lust und Nutzen
gelesen werden."

Die germanistische Literaturwissenschaft ist im wesentlichen in den Spuren
dieser Kritik geblieben. Seit Bobertag[1] und Lemcke[2] gilt die *Asiatische Banise* als
Muster des heroisch-galanten Romans des 17. Jahrhunderts; ihre besondere Beliebtheit bei den Literarhistorikern ging nicht zuletzt darauf zurück, daß sie
neben einer „außerordentlich glatten, lebhaften und frischen Darstellung" vor
allem den Vorzug einer erträglichen Länge aufwies, womit weder Anton Ulrich
noch Bucholtz noch Lohenstein aufwarten konnten. So ist die *Banise* wohl der
meistgelesene unter den deutschen Hof- oder Staatsromanen des 17. Jahrhunderts. Nach allgemeiner Ansicht repräsentiert der Text den Ausgang des Hochbarock bzw. den Gipfel der zweiten Schlesischen Schule; ebenso ist man sich in
dem Versuch einig, das Werk in die Nähe des Dramatischen zu rücken – Hankamer[3] verstieg sich zu der Charakterisierung „fast opernhafter Szenenablauf"!
Nicht ohne literarästhetisches Befremden konstatierte man immer wieder ,viel
Stil' und faustdicke Moral, die „Märchenstimmung eines paradiesischen Schlusses" (Lugowski[4], Newald[5]), abenteuerliche Exotik und sentimentale Erotik,
aufpeitschende Darstellungs-Manierismen und feudal-didaktische Intentionen –
kurz: „ein Reißer von Qualität".[6] Jedoch ist man den Konstituenten des Sensa-
tionellen dieses Textes, das zweifellos den offensichtlichen Publikumserfolg bis
in die achtziger Jahre des 18. Jahrhunderts bestimmt hat, bisher nicht genügend
nachgegangen. Eine adäquate Analyse, welche einerseits die scheinbaren exotischen Pikanterien, andererseits die für dieses Genre übliche Thematik in ihren
literaturgeschichtlichen und literaturtheoretischen Bedingungen der Zeit funktio-
nalisiert, steht – trotz Pfeiffer-Bellis Buch – noch aus.

III

Gegenstand und Vorgänge des Staatsromans *Die Asiatische Banise* sind sim-
pel.[7] Es geht um territoriale Machterweiterungen durch Eroberungskriege oder
Heiraten oder durch beides. Die Verwicklungen stehen sämtlich im Zeichen absolutistischer Kabinettspläne; die blutigen Fürstenrivalitäten gehen nach den
verschiedenen Interpretationen des Ratio-Status-Denkens der Zeit vor sich, vom
angewandten Machiavellismus bis zum Gottesgnadentum des Herrschers. Die
Liebe ist in diesen staatspolitischen Kalkulationen kein unbedingter Akt privater Gefühle, sondern ein der Staatsraison unterworfener Vorgang. Der Roman
führt die verschiedenen Erscheinungsweisen dieser Problematik in ihrer Kausalität vor. Die Intention des Autors geht darauf hinaus, am Ende eine modellhafte
Versöhnung von ratio status und Freiheit des Gemüthes, von Allgemeinwohl
und privater Glückseligkeit zu postulieren. Die Gesamthandlung in ihrem kau-
salgenetischen Ablauf ist letztlich nichts anderes als eine Argumentation für die-

ses Staatskonzept, dessen theoretische Möglichkeiten zwar in den Strukturformen des europäischen Absolutismus, insbesondere gerade der kleinen deutschen Höfe, aber im zeit- und regionalfernen asiatischen Kostüm demonstriert werden. Das didaktische Element des Romans ist unverkennbar und nicht nur aus der Romantheorie der Zeit beglaubigt, sondern an der Struktur des Romans und der Gewichtung und Position der politisch-theoretischen Aussagen ablesbar. Es geht Ziegler nicht um eine seichte Figurierung heroisch-galanter Alfanzereien, sondern um sehr ernste absolutistische Konstitutionsprobleme, die ständige Diskussionsgegenstände in Rede und Schrift seiner Zeit und seiner adlig-höfischen Kreise waren.

Für einen Autor wie Ziegler war es von entscheidender Bedeutung, wie er, und d. h. auf dem literarischen Felde: mit welchen Mitteln er sein Publikum für seine Vorstellungen gewinnen könnte. Ziegler wählte eine raffinierte, für derartige Sujets höchst beliebte Struktur: die Tektonik des antiken Romans, dessen analytische Bauform den intellektuellen Kitzel der Verwirrung und der sukzessiven Enthüllung bietet und ein streng-logisches System der Vorgänge und deren Verflechtungen fordert, sozusagen eine Analogie-Erscheinung zu den Verflechtungen und Kreuzungen absolutistischer Kabinettspolitik. Als zweites erzähltypisches Kennzeichen transponierte Ziegler seine Ideen ins Asiatisch-Exotische, ins Königreich Pegu und seine Nachbarstaaten im nördlichen Birma. Dadurch war – um es mit Thomasius zu sagen – „die Welt-Weißheit von denen Poeten in anmuthigen Fabeln verstecket"[8] worden.

Die Struktur des Werkes ist unter dem Aspekt des Ganzheitscharakters nicht nur auf den Erzählvorgang beschränkt, sondern umfaßt den Vorspann und den kompletten Operntext am Schluß des Romans. Gerade diese beiden Teile – das doppelte Proömion und die als Libretto figurierte Peroratio des Romans machen den intendierten Charakter des Staats-Romans mit seinem Lehrgehalt ernsthaft deutlich. Die Widmung an den sächsischen Chur-Prinzen Johann-Georg V. enthält über die schuldige Devotion hinaus Grundzüge des absolutistischen Staatsdenkens, die zwar anderswo und vielfach formuliert sich finden lassen, aber deren ad-hoc-Funktion hier wie anderswo unvermindert frisch den Zweck verfolgt, einen sehr konkret auf die bewidmete Person bezogenen Fürstenspiegel zu bieten. Die Anspielung auf Saavedra ist mehr als nur eine gelehrte Arabeske. Die Kombination von Fürstenlob und aufgelisteten absolutistischen Idealen intendiert, daß das Buch möglicherweise nicht ohne Einfluß auf das reale Verhalten des Fürsten bleiben sollte; die an der blutigen Geschichte des Reiches Pegu exemplifizierten staatspolitischen Begebenheiten sollten letztlich einen wenn auch nicht näher bezeichneten Lerneffekt bewirken. So ist die Widmung im Grunde genommen der Gradmesser der Aktualisierbarkeit des folgenden Exempels auf die konkreten eigenen Umstände der Lebenswelt des Lesers, an den unter Verwendung der Vorreden-Topik im zweiten Proömion appelliert wird. Wie der Anfang das Ziel der Aussage anvisiert, so nimmt das Ende die zentrale

Thematik des Tyrannensturzes und der Bewährung des vorbildlichen Fürsten in der Modifikation einer vorgestellten Oper auf. Es tut dem argumentativen und ästhetischen Effekt keinen Abbruch, daß der Text nicht von Ziegler stammt, sondern in allerengstem Anschluß an eine deutsche Prosaübersetzung durch Johann Christian Hallmann von ihm nur versifiziert wurde. Vorlage ist die 1671 in Venedig „auf dem Grimanischen Schauplatze" aufgeführte Oper von Nicolo Beregani, *L'Heraclio*, mit der Musik von Pietro Andrea Ziani. Heraclius ist wie Balacin ein Prinz aus einem Nachbarstaat, der den Tyrannen besiegt, das Land befreit, die Prinzessin gewinnt und dem guten Regenten als neuer Herrscher folgt. Die Adaption des Hallmann-Textes ist sozusagen der finale Beweis aus der Autorität, daß das Zentralproblem seine Richtigkeit hat. Die Argumentation Hallmanns bestätigt die Intention Zieglers und liest sich in bezug auf Heraclius ebenso wie auf Balacin: „Es zeigt Heraclius der Klugheit grosse Macht / Wodurch ein ErtztTyrann ward in die Gruft gebracht: Weil Ihn nun / Hoher Freund / auch Witz und Klugheit schmücken / So woll' Er diesen Printz mit sanfftem Aug' anblicken." Und Hallmanns Charakterisierung des Tyrannen Phocas im ‚Inhalt' (1684) könnte mutatis mutandis eine Deskription des Tyrannen Chaumigrem in der *Banise* sein.

Ist die Stringenz der Argumentation durch die einheitliche Struktur bestimmt, so liegt die schriftstellerische Leistung Zieglers in der Art und Weise, wie er nun seinen ‚Fall' darlegt. Und das ist nach Thematisierung und Einsatz der Mittel von höchst effektvollem Raffinement. Der berühmte Eingang des Romans ist zwar durch die analytische Technik gegeben, aber in der Ausführung meisterlich, denn er bietet in nuce ein Gesamtbild des Helden, das nicht nur dessen edle Wesenszüge, sondern in emblematischer Verbrämung zugleich dessen glückliches Schicksal offenbart und gleichzeitig dessen Aufgaben – Pegu retten, den Kaiser rächen, die Prinzessin erlösen – definiert. Der Klagemonolog des unglücklichen Prinzen Balacin zeigt unmittelbar seine edle Gesinnung, der bis zum Äußersten gehende Kampf mit den drei Feinden, die ihn überfallen haben, weist auf die heroischen Taten aus eigener Kraft hin, aber auch auf seine mutig hingenommene Schwachheit infolge der Verwundungen, der Schutz in der Höhle konfrontiert ihn mit Haufen von Leichen ermordeter Gegner des Tyrannen, der Sieg über den nach den Leichnamen hungrigen Tiger verrät die Kraft, die auch noch in dem geschwächten Körper steckt. Auf dem physischen und psychischen Tiefpunkt erscheint durch „göttliche Schickung" die Rettung in Gestalt zweier früherer Freunde, denen gegenüber er sich aber mit fürstlicher Prudentia verstellt. Die Symptome und Themen des ganzen Buches sind in das Bild dieser wenigen Seiten eingefangen: „Blitz, Donner und Hagel . . ."

Daß Ziegler die Vorgänge seines Staatsromans asiatisch koloriert hat, erklärt sich einerseits aus dem pikanten Reiz und dem zeitbedingten Interesse am Exotischen, andererseits aber aus dem literarischen Genre, denn ein Staatsroman des Absolutismus konnte sich allem Anschein nach nur im chiffrierten Gewand ferner Zeiten und Gegenden in die literarische Öffentlichkeit wagen – die Antike wie die germanische Vergangenheit waren bevorzugt, die Verlagerung ins Asiatische begegnet in strenger Konsequenz erst bei Ziegler. Die *Asiatische Banise* ist insofern kein historisch ethnologischer Roman, sondern der gattungsübliche Versuch, die eigene Gegenwart zu verfremden, wobei der Akt der Verfremdung (und die dabei durchaus einkalkulierte Dechiffrierung seitens des Lesers) einerseits einen intellektuellen Kitzel bereit hielt, andererseits den willkommenen Ausweis für die Gelehrtheit des Herrn Verfassers bot. In beidem hat man den Ausdruck literarischer Spielformen des Zeitalters zu sehen. Ziegler konnte als studierter Jurist und begabter poeta doctus diesen Spielformen vollauf Genüge tun und gewissermaßen dem Erwartungshorizont seiner Leserschicht entsprechen. In der Vorrede an den Leser weist er klar darauf hin, daß es sich beim ‚Inhalt‘ um „mehrenteils wahrhaftige Begebenheiten, welche sich zu Ende des funfzehenhunderten Seculi bei der grausamen Veränderung des Königreichs Pegu und dessen angrenzenden Reichen zugetragen haben", handelt. Und er listet auch seine Gewährsmänner für das asiatische Kolorit auf; es sind: Erasmus Francisci: *Ost- und West-Indischer wie auch Sinesischer Lust- und Staatsgarten* (Nürnberg 1668), desselben *Neu-polierter Geschichts-Kunst- und Sittenspiegel ausländischer Völker* (ebd. 1670), Johann Jakob Saar, *Ost-Indianische Funf-zehen-Jährige Kriegs-Dienste* (Nürnberg 1662), Wouter Schouten, *Ost-Indische Reyse* (Amsterdam 1676), Gasparo Balbi, *Viaggo dell' Indie Orientali* (1590), Abraham Roger, *Offne Thür zu dem verborgenen Heydenthum* (1663), Alexander Ross, *Der gantzen Welt Religionen* (Amsterdam 1668). Aus ihnen hat Ziegler die „wundersamen Gewohnheiten und Gebräuche der Barbarischen Asiater, bei Heiraten, Begräbnissen und Krönungen . . . colligieret". Die Forschung hat bisher viele direkte Zitate nachweisen können, wobei ein großer Teil auf Francisci zurückgeht, der seinerseits seine Informationen aus dem ‚Pinto‘, den wunderlichen und merkwürdigen Reisen des Fernão Mendez Pinto (1510-1583), eines portugiesischen Kriegers, der an den Kämpfen in Ostindien (Siam!) teilgenommen hatte und Ava, Martabane und Pegu aus eigener Anschauung kannte. Sein Bericht, der erst 1614 in Lissabon gedruckt wurde, war ein europäischer Bestseller der Reiseliteratur im 17. Jahrhundert gewesen. Die deutsche Übersetzung des ‚Pinto‘ erschien 1671 in Amsterdam. Ob Ziegler sie neben Francisci auch benutzt hat, ist noch nicht erwiesen, gleichwohl ist der ‚Pinto‘ die indirekte Hauptquelle für die *Asiatische Banise*. Die Art und Weise, wie Ziegler mit seinen ‚Quellen‘ umging, ist für die literarische Arbeitsweise der Zeit exemplarisch: das Material ist ihm nicht mehr als geschichtlich bezeugtes Argumentationspotential und literarisches Dekor, dessen Funktionalisierung in seinem Konzept gewisse Effekte beim Leser bewirken soll. So gibt er an wichtigen Stellen obligate Sachanmerkungen, in anderen Fällen zitiert er seitenlang seine Quellen, um durch das funktionalisierte Originalkolorit einen gewissen Effekt zu erzeugen. Dies Verfahren ist genau kalkuliert und darf keineswegs peiorativ gewertet werden – wie Pfeiffer-Belli es tut, wenn er rügt: Ziegler „schreibt in der Hauptsache ab, variierend und mit eigenen Zusätzen".[9] Dabei wird die Funktionalisierung der Stellen im neuen Textkosmos Zieglers übersehen; bezeichnenderweise haben sich etwa die blutrünstigen Schauerlichkeiten in den Quellen belegen lassen, sie sind – zur Enttäuschung einiger Exegeten – nicht Schöpfung des Autors aus gewissen barocken Fieberparoxysmen. Im ganzen lehrt die Art und Weise der Quellenbehandlung, daß Ziegler eben keinen ‚Geschichtsroman' konzipiert hat, sondern einen Exempelroman zum Themenkreis des absolutistischen Staatsprinzips europäischer Provenienz. Um diesen verdeckten Bezug stets aufrecht zu halten, zeigt der Roman gewisse europäische Reminiszenzen, die implicit die Verfremdung durchbrechen und auf das asiatisch-metaphorische Dekor verweisen sollen. Insofern konnte Ziegler auch – trotz seiner spielerischen Bemühung um scheinbare Sachtreue – den geschichtlichen Vorgang von etwa fünfzig Jahren exemplarisch auf wenige Hauptereignisse zusammendrängen. Überdies sind die Hauptfiguren, Balacin, Banise und Scandor, literarische und nicht geschichtliche Figuren. Aus der Collage-Technik, seiner Verwendung der verschiedenen asiatischen Quellen, entwickelt Ziegler auch die für diese Literatur wichtigen *effectus movendi*, die für die Lösung der Affekte beim Leser erforderlich sind. Das sind vor allem die Völkermassen, die den Regenten für ihre kriegerischen Auseinandersetzungen immer wieder zur Verfügung stehen, obwohl sie zu Hunderttausenden geopfert werden – es sind Zahlen, die in den Quellenberichten vorkommen und real gesehen Metaphern für ‚sehr viel an . . .‘ sind. Die Darstellungen von Grausamkeiten, von Opferungen, Metzeleien usw. sind sehr geschickt in aller Ausführlichkeit im Sinne der Evidentia in Funktion gesetzt worden, so daß sich ganze Generationen von Lesern dem affektiven Zwang des literarischen Bildes nicht rational widersetzen konnten. Nur ein Beispiel sei hier angeführt, eine Stelle aus dem Wüten des Tyrannen Chaumigrem bei der Einnahme von Prom:

> Nach diesem blutigen Untergang der Stadt zog er im Triumph durch die auf seinen Befehl eröffnete Mauer. Sobald er in des jungen Königs Hof kam, ließ er sich als einen König von Prom krönen, und den jungen Prinzen, welchen er des Reiches beraubet, so lange die Krönung währete, auf den Knien liegen. Dieser betrübte Prinz hub seine Hände empor, als wollte er einen Gott anbeten, schlug auch oftmalen sein Haupt zur Erden, und küssete dem Tyrannen die Füße, welcher ihn doch jederzeit verächtlich zurücke stieß. Hernach stieg er auf eine Schaubühne, von welcher man einen großen Markt übersehen konnte, und befahl, daß man alle kleine Kinder, so auf den Gassen hin und wider in ihrem Blute lagen, zusammentragen, auf Stücken zerhauen, solches zarte Fleisch mit Reis und Gras vermengen, und seinen Elefanten zur Speise vorwerfen sollte. Ingleichen brachte man darnach auf den Schall der Trommeln und Trompeten mehr als hundert Pferde, die alle mit gevierteilten Männern und Weibern beladen waren, diese ließ er ebenmäßig kleinhacken, und in ein gemachtes Feuer werfen.

In diesen nüchtern-faktischen Bericht schaltet sich hier der Erzähler (Autor) mit einer resumierenden und zugleich affizierenden Interjection ein:

> So höre demnach auf, du Mordkind der Höllen, und laß ab, die Schandhände fer- ner im Blute zu waschen! Doch nein! je mehr eine Bestie Menschenblut genossen, je begieriger wird sie, dessen noch mehr zu verschlingen! Dieses verdammte Mordaas ließ auch die Königin herbeibringen ...

Nach den Überlieferungen zurechtgeschnittene Darstellungen wie diese oder wie die vom Leidensweg des besiegten Königs von Pegu, Banisens Vater, weisen mit ihrer metaphorischen Evidentia auf den Künstlichkeitscharakter des Romans hin. Die dadurch bewirkte Affekterregung hat ihren Zweck allerdings nicht in sich selbst, sondern in der intendierten Bereitschaft, aus dem Affekt den didakti- schen Vorschlägen zu einem ,vernünftigen' Konzept zu folgen oder mindestens beizupflichten. Überhaupt liegt der künstlerische Schwerpunkt des Werkes in seinem sprachlichen Furioso. Ziegler vermag alle Stilarten zu handhaben und alle Register einer emotional hochgeladenen und stark metaphorisch orientierten Sprache zu ziehen. Man hat darin ein höchst artifizielles Sensorium für Möglich- keiten eines rhetorisch geschulten sprachlichen Ausdrucks zu sehen. Seine Abhän- gigkeit oder besser: seine offensichtliche Zugehörigkeit zur sogenannten Zweiten Schlesischen Schule, insbesondere zu Lohenstein und Hoffmannswaldau, zeigt sich darin; sie ist eine bewußte Entscheidung, denn das Stilgenus anderer Texte Zieglers ist in einem anderen, dem Gegenstand jeweils adäquaten Ausdrucks- gefüge gehalten. Die Konventionalität der Metaphorik der *Banise* ist nicht un- freiwillig oder wider besseres Können zustandegekommen, sondern absichtlich angestrebt, denn die Gattung erforderte ein bestimmtes Stilideal, dessen Meta- phorik Gemeinbesitz war. Man bediente sich des Materials und variierte es, wo es möglich oder nötig war. Nicht poetische Originalität im Sprachstil war das Ziel, sondern die kalkulierte momentane Wirkung der Formulierung einer Situation, eines Gegenstandes, einer Empfindung auf den Leser. Auch in erzähl- technischer Hinsicht erweist sich Ziegler als erstaunlich routinierter Schriftsteller, obwohl die *Banise* sein erstes Werk gewesen ist. Der genau bemessene Wechsel zwischen Bericht, Erzählung, Traumbericht, Dialog, Monolog, Briefen, Reden, integrierten Liedern, Arien, Sentenzen, gibt jeder der in diesen Bauformen ver- mittelten Aussagen ihren spezifischen Wert und ihr entsprechendes Gewicht. Die Prosa Zieglers gehört wegen ihrer klaren Satzbauformen und ihrer gekonnt- kalkulierten Ausdrucksqualitäten zu den besten Mustern deutscher Prosa des 17. Jahrhunderts. Die manieristischen Elemente ergötzen auch heute noch, weil sie in ihrer Gestaltung intellektuell bewältigt worden sind. Formulierung und Ausdruckssinn decken sich in restloser Klarheit, auch dort, wo er gewisse Manie- rismen bereits zur Parodie pervertiert.

In dieser qualifizierten und stringenten Formgebung stellt Ziegler ein Zentral- problem seiner Zeit, das absolutistische Staatswesen, dar. Der gesamte Roman ist von Anfang an ebenso unauffällig wie geschickt mit Grundpositionen der zeitgenössischen Ratio-status-Diskussion durchsetzt, wie sie im Gefolge des zu Ende des 16. Jahrhunderts neu belebten Machiavellismus zu Tage traten. In einer Fülle von Texten verschiedenster Provenienz und Genera wird die Thematik des absoluten Monarchen und seiner positiven wie negativen politischen und staatsverantwortlichen Handlungsweisen – verdeckt und unverdeckt – diskutiert und dargestellt. Ziegler hat in der *Banise* die verdeckte Darstellung gewählt – und dies auch im Titel angezeigt: „Alles in Historischer / und mit dem Mantel einer annehmlichen Helden- und Liebes-Geschichte bedeckten Warheit beruhende". Freilich spielen die Hauptprobleme des geschichtlichen Absolutismus in Europa (Frankreich, Habsburg, Bayern, Preußen) – geschlossene Administrationen, Finanzwesen, stehendes Heer – im politisch-poetischen Bewußtsein Zieglers noch keine Rolle. Die Grundzüge seines höfischen Absolutismus sind ausschließlich von den moralisch-typologischen Grundmustern fürstlicher und höfischer Existenz geprägt, wie sie besonders in den deutschen Kleinstaaten, z. B. in Sachsen, gang und gäbe waren. Er gestaltet unter dem Deckmantel der erfundenen Helden- und Liebesgeschichte eine Typologie der absoluten Monarchie, und zwar des Fürsten und seiner Umgebung, die in starkem Maße den diskutierten Vorstellungen seines Jahrhunderts Rechnung trägt und in vielen Einzelzügen bis auf Lipsius und Grotius zurückreicht, deren Kenntnis für einen akademisch gebildeten Juristen selbstverständlich war. Er figuriert sein staatspolitisches Konzept in verschiedenen Fürsten-Typen, vom Tyrann Chaumigrem bis zum vorbildlichen neuen und jungen Regenten Balacin; zwischen beiden gibt es ‚gemischte Typen‘, die gewissen theoretischen Zuordnungen und Klassifizierungen (etwa bei Lipsius) entsprechen: so Balacins Vater Dracosem als Bild des autoritären, verblendeten und zugunsten falscher Staatsräson das Naturrecht aufhebenden Fürsten, so Banises Vater Xemindo, ein Märtyrer auf dem Thron, so den Intriganten und skrupellosen Übervorteiler usw. Das gesamte Rüstzeug machiavellistischer Ratio-status-Verfahren wird im Roman verarbeitet: Widerrechtliche Sukzessionsansprüche und deren kriegerische Durchsetzung, Heiratspakte als politische Bündnisse, Intrigen, gefälschte Briefe, Meuchelmord, Aufhetzen zweier Fürsten gegeneinander, um daraus Vorteile zu ziehen, usw. Die in der Mitte des Buches stattfindende Ratio-status-Diskussion ist insofern von weitergehendem Interesse, als sie der im 17. Jahrhundert häufig anzutreffenden Gleichschaltung zwischen Ratio status und negativem Machiavellismus (was historisch gesehen bekanntlich nicht richtig ist) entspricht: „Ein Regente (ist) an die Gesetze gebunden, daß er nicht allenthalben frei verfahren kann" – „Ratio status ist die einzige Richtschnur großer Herren, und hat die Gerechtigkeit zur Stiefschwester". – „Ratio status aber ist hingegen die verdammte Ratgeberin, daß man weder Vater noch Mutter, weder Kinder noch Geschwister, weder Treue noch Glauben, weder göttliches noch weltliches Gesetze verschonet, sondern durch List, Falschheit und Tyrannei alle Rechte unterdrucket, die Untertanen ins Elend stürzet, sich aber selbst ein erschreckliches Ende auf den Hals zeucht." Interessant und aufschlußreich ist, was Ziegler als Ursache für die Ratio status benennt: „daß man ... niemals mit demjenigen, welches uns die Götter an Stand und Vermögen erteilen, vergnügt und zufrieden sei, solches ist eine allgemeine Würkung verderbter Natur, welche zu Bedeckung ihrer Schanden jederzeit den geflickten Mantel des verdammlichen Ratio status entlehnen muß". Am Schluß, als diese Art der Ratio status, verkörpert in der Gestalt des Tyrannen Chaumigrem, ihr abschreckendes Ende gefunden hat, wird in Pegu ein Friedensedikt verkündet, das im Rahmen der Fiktion den sozialpolitischen Staatszustand unter dem neuen Regenten umreißt: Der Sieg sei „durch Schickung der Götter" und durch „Tapferkeit des Königs" zustandegekommen; den Göttern ist dafür zu danken. Der Frieden wird ausgerufen: „Heute sollen sich alle Säbel in Pflugscharen, die Spieße in Eggen und die Lanzen in Weinpfähle verkehren" – allgemeines Staatswohl, Handel und Wandel, Wirtschaft, Handwerk und Ackerbau sollen vorsichgehen, Gesetze und Gerechtigkeit angewandt werden, in der beschworenen friedlichen Ordnung soll der Adel „vor dem gemeinen Volke erkennet" werden. Dem Fürsten aber werden bei der Krönung in etwa 25 Punkten die Regeln der neuen Regentschaft vorgetragen, deren Befolgung die Garantie für das verkündete Staatswesen der absoluten Monarchie liefern soll. Sie entstammen in jeder Hinsicht einem moralischen, nicht einem politischen Wertsystem und sind dem Zeitgenossen in ihrer pragmatischen Negation vertraut gewesen. Man darf hierin nicht eine Gloriole des Fürsten par excellence sehen, sondern der Fürst sollte in diesem Bild einen Spiegel haben, nach dem er sich zu richten hatte und an dem er sich messen sollte. Die Argumentation des ganzen Romans zielt auf diese beiden Schlußpunkte ab. Auffällig ist, daß in diesem Konzept die Rolle des Volkes nur in der einer dekorativen Staffage bzw. einer amorphen, immoralischen Masse besteht, die auf Gedeih oder Verderb den Ambitionen der Herrschaft ausgeliefert ist. Die Kirche spielt ebenfalls keine Rolle, obwohl das Regentschaftskonzept in jeder Hinsicht religiös fundiert ist. Am Gottesgnadentum des Monarchen wird kein Zweifel gelassen. In der hier verabreichten Fürsten-Lehre spielt der transzendente Bezug die größte Rolle. Der Fürst unterliegt der lenkenden Hand der Götter, bzw. Gottes: „Die mächtige Hand, welche Kronen stürzet, und Szepter zerbricht, welche den Fürsten auf den Thron setzet, und gekrönte Häupter in den Sarg leget ..." (40), sie ist die Instanz, der der Monarch verantwortlich ist. Man tut dem Wertsystem Zieglers unrecht, wenn man darin eine Ausflucht in einen übernommenen Mythos oder gar in eine Märchenseligkeit sieht, vielmehr entspricht das der religiösen Überzeugung des 17. Jahrhunderts auch noch an seinem Ende. Das religiöschristliche Weltbild ist hier im Roman aus bekannten Gründen nur asiatisch chiffriert worden; transponiert man das ganze Staatssystem ins Europäische zurück, so zeigt es sich als didaktische Utopie einer absolutistischen Monarchie, also einer zu Zieglers Zeit in Theorie und Praxis begegnenden Staatsform. Für sie führt er sein Plädoyer, und zwar für eine Form, in der die neue Generation der jungen Fürsten die negativen, wenn man so will inhumanen Verfahrensweisen der alten Generation überwindet und zu einer vernünftigen Deckung von Ratio status und privaten Gefühlen (Liebe) kommt.

Das göttliche Orakel, das Balacin nach der Verbannung vom väterlichen Hofe bei seinem Aufbruch in die Welt zuteil wird, spricht davon, daß er „sein Glücke durch Verstellung" suchen soll. Damit hat ein in moralischer Hinsicht eher schillernder Begriff hier in diesem Wertsystem einen seriösen Anstrich erhalten, denn die Gottheit empfiehlt das Verhalten, und es führt auch zum gleichnishaften Erfolg. Verstellung ist – wie sich im Verlaufe des Romans zeigt – eine Verhaltensweise, die nahezu einer Existenzbedingung des höfischen Menschen, vorab des Fürsten, entspricht. Sie erscheint als kluge Vernunft, als Prudentia, und wird in der Form der simulatio bzw. dissimulatio als konstitutives Element des Staatsromans ausgiebig verwendet. Sobald die Identitäten der Figuren verstellt werden, ist einem mitunter sehr reizvollen Verwirrspiel Tür und Tor geöffnet. So führt Balacin sich als ein anderer am Hofe in Pegu ein, bis er entlarvt wird, er spielt gegenüber der erotisch-begehrenden Lorangy die Rolle eines Boten, sein Diener wird dafür als der Prinz untergeschoben, beide spielen die Rollen von portugiesischen Kaufleuten, um Zugang zur inhaftierten Banise zu erhalten, Balacin verstellt sich als Priester, der Banise opfern soll, um sie zu retten, Zarang verkleidet sich als Dienerin, um Banise im Tempel zu bedrängen, die Prinzessin von Savaady verstellt sich als Banise, um ihren Geliebten Zarang zu gewinnen, Banise selber täuscht in Chaumigrems Gewand die Wachen und flieht, Abaxar entdeckt sich erst am Schluß als der verloren geglaubte Prinz von Prom usw. usw. Zu simulieren oder zu dissimulieren galt dem ganzen Jahrhundert als Zeichen von Weltklugheit; der Fürst aber galt seit Machiavelli (Il Principe, XVIII) als Meister der Verstellung und der Heuchelei, und bei Lipsius und Hugo Grotius wurde eine regelrechte Kunst der Verstellung kultiviert, die von hieraus in die Fürstenspiegel bzw. Staatsromane als höfisches Lebenselement ihren Einzug hielt.[10] Die Verstellung gehört zum Wesen des Hofes; die Larve und die Maskerade sind Lieblingsattribute der Hofgesellschaft. Bezeichnend ist, daß der antihöfische Picaroroman gegen diese Kunst der Verstellungen angeht um der Wahrheit willen: im Titelkupfer von Grimmelshausens *Simplicissimus* zertritt die Chimäre die Larven, d. h. der satirische Roman ent-larvt, der Staatsroman verlarvt, um mit der List arbeiten zu können. Bei Ziegler ist die moralische Gebrochenheit in der Verstellung und ihrer Anwendung noch nicht (oder nicht mehr!) gegeben, sondern sie ist eine Spielform der Prudentia; ihre integrierende Verwendung in der *Banise* belegt abermals, wie sehr der Roman auf seine Zeit hin konzipiert worden ist.

Alles in allem genommen wird man der *Asiatischen Banise* am ehesten gerecht, wenn man sie als Staatsroman nimmt. Das heroische Element erweist sich als Attribut des modellhaften Fürstenbildes, das galante Moment bestätigt die

Courtoisie als Standesausweis; daß ‚galant' nicht mit ‚erotisch' gleichzusetzen ist, zeigt die Konfrontation mit Lonagy und ihrer Mutter; aber auch die gefühlsbedingten Liebeswirren und -probleme lassen sich nicht dem Galanten subsumieren, sondern stehen als humane Gefühle außerhalb desselben.

Zieglers *Banise* gehört zu den reizvollsten epischen Sprachkunstwerken des 17. Jahrhunderts; der Text lebt ganz aus dem Kunstprinzip seiner Zeit und ist ein Stilwerk höchsten Ranges und gleichzeitig ein Speculum absolutistischer Lebensweise, deren negative wie positive Seiten ablesbar gestaltet werden. Die geschlossene Form des Textes umfaßt ebenso die Widmung wie die integrierte Opernaufführung, die als Peroratio des ganzen Argumentationsvorganges in der vorgeführten Erzählwelt anzusehen ist; die Oper umfaßt thematisch-metaphorisch das Zentralproblem des Romans – den guten und den bösen Fürst, den Kampf um Gewalt und Herrschaft; sie wird als Ovation für die siegreichen tugendhaften Fürstlichkeiten dargestellt, sozusagen als metaphorisch-ästhetischer Höhe- und Abschlußpunkt eines blutigen doch mutigen Kampfes um Recht und rechtmäßige Herrschaft. In der Idealität des literarischen Raumes erfährt hier der politisch-soziale Vorgang des Krieges und der neuen Reichsgründung seine Krönung im ästhetischen Kunstgebilde der Oper; in ihr erst findet der Sieg über die dunklen Mächte der Gewalt seine emotional-psychische Darstellung. Die tiefe Bedeutung des Theaters für die psychischen Dispositionen des 17. Jahrhunderts ist kaum anderswo so eindringlich zu fassen wie hier. Die Oper am Ende des Romans ist kein Anhängsel, sondern die affektgeladene Überhöhung des Grundthemas. Nicht daß die politische Lösung in der ästhetischen Weltflucht in die Oper läge, sondern der zu beeindruckende Empfänger der Botschaft des Textes wird durch die Oper in seinen Affekten so betroffen, daß er sich dem intendierten Lernprozeß des Autors ausliefert und Folge leistet. Was Zieglers Intention war, läßt sich mit Worten aus dem Vorbericht zu Lohensteins *Arminius* sagen, auf den er sich in der Vorrede bezogen hat – auch wenn der Vorbericht nicht von Lohenstein sein sollte, so signalisiert er doch eindeutig die Funktion solcher Staatsromane, die darin besteht, „unter dem Zucker solcher Liebes-Beschreibungen auch eine Würtze nützlicher Künste und ernsthafter Staats-Sachen ...miteinzumischen / und also die zärtlichen Gemüther hierdurch gleichsam spielende und unvermerkt oder sonder Zwang auf den Weg der Tugend zu leiten..." Man ging davon aus, „daß dergleichen Bücher stumme Hofmeister seyn / und wie die Redenden gute Lehren und Unterricht geben; also diese neben denselben durch allerhand Beyspiele der Würckung des Guten / und die Folge des Bosen / die Vergeltung der Tugend / und die Bestraffung der Laster vorstellen sollen".

Es dürfte keineswegs überraschen, daß die *Banise* einen großen Erfolg hatte und im 18. Jahrhundert neben der Lektüre zu Bühnenbearbeitungen, Fortsetzungen und Nachahmungen reizte. Bekannt geworden sind drei Bühnenfassungen – eine Oper von Joachim Beccau (1720), ein Theaterstück für die Wanderbühne, verfaßt von Brunius und 1722 nachweislich in Graz gespielt, und schließlich Friedrich Melchior Grimms Trauerspiel *Banise* (1743), in Alexandrinern und fünf Akten (Gottsched druckte sie im vierten Teil der *Deutschen Schaubühne* ab). – Prosaische Nachahmungen fand die *Banise* in Friedrich Erdmann von Glaubitz' *Anmuthiger Pistophile* (1713), gleichfalls einem Staatsromen, ferner in des Palamenes *Africanischer Bernandin* (1715), der *Deutschen Banise* (Leipzig 1752) und in Christian Ernst Fidelinus' *Engeländischer Banise* (1754). Der Autor bekennt sich in der ‚Vorrede an den geneigten Leser' zum Typ des lehrhaften Staatsromans und zu Zieglers Werk im besonderen: „Alle Verständige machen einen vernunftigen Unterscheid unter guten und schlimmen Romainen. Ich halte diejenige für gut, deren Auctores die löbliche Absicht gehabt, die Tugend recht anmuthig und liebenswerth vorzustellen; hingegen die Laster so abscheulich zu machen, daß ein jeder Verständiger zu einem gerechten Haß wider dieselbe bewogen wird. In die erste Classe der guten setze ich billig des Johannis Barclaji unvergleichliche Argenidem ... Dieser Argenidi setze ich billig an die Seite des Herrn von Ziegler und Klipphausen fürtreffliche Asiatische Banise, worinnen so viele kluge und politische Regeln und Staats-Maximen enthalten, daß ich mich nicht schäme allhier zu bekennen, daß ich in denen An. 1726 edirten sechshundert politischen Regeln und Staats-Maximen die allermeisten aus dieser incomparablen Banise I. Theile genommen habe. ... In die andere Classe, die schlimmen Romainen setze ich billig obenan den schändlichen Amadis, von welchem zu wünschen wäre, daß niemals eine Zeile davon das Licht erblicket hätte." – Noch in Reichards *Bibliothek der Romane*, Band 15 (1788), findet sich ein Digest einer Umarbeitung des Zieglerschen Romans unter dem Titel *Balacin Kayser von Pegu. Ein Asiatischer Roman.*[11]

Von nicht geringem Erfolg war auch Johann Georg Hamanns *Fortsetzung der Asiatischen Banise* (1724), in der die wildbewegten Ereignisse um Balacin und Banise nach dem Regierungsantritt dargestellt werden. Hamann hat dieselben Quellen wie Ziegler verwendet, hat aber in der Gestaltung der Figuren mehr der sentimentalen Stimmung Raum gegeben. Diese Fortsetzung erlebte noch mindestens vier weitere Auflagen (1728, 1734, 1753, 1766).

Die Spuren der Lektüre der *Banise* lassen sich durchs ganze 18. Jahrhundert nachweisen, noch Karl Philipp Moritz und Jung-Stilling gehörten zu ihren Bewunderern.

IV

Die nach der *Asiatischen Banise* entstandenen Werke lassen erkennen, daß Ziegler auch in den Sätteln anderer Schreibarten zurechtkam und jeweils den rechten Ton traf. Die Auflagen seiner anderen Bücher machen ebenfalls deutlich, daß er wohl den ‚Erwartungshorizont' seines Publikums richtig einzuschätzen wußte. So gehören seine Heroiden *Helden-Liebe Der Schrifft Alten Testaments*

In 16 anmuthigen Liebes-Begebenheiten (1691) zur auch in der deutschen Literatur der zweiten Hälfte des 17. und des Beginns des 18. Jahrhunderts beliebten Gattung der Heldenbriefe, deren regionales Muster Hofmannswaldau war. Neben Ziegler rechnen noch Lohenstein, Omeis, Neumeister u. a. dazu. Ziegler beruft sich in der Vorrede auf Hoffmannswaldau; die Materialbasis sei für ihn die Bibel gewesen. Die Rechtfertigung für die Verwendung dieser Gattung gibt Ziegler im Vorwort in einer Klage über die derzeitige Geringschätzung der Poesie: „Die Ursache aber sothaner Erniedrigung Poetischer Würde ist die überhäuffte Anzahl schlimmer Reimen-Schmiede / so nichts weniger / als den Poetischen Ehrennamen meritiren / und welche die rude Welt hernach von rechten Poeten nicht zu unterscheiden weis. Denn es kann ja fast kein Paar vor den Priester treten / keiner seinen Geburtstag begehen / noch beerdigt werden: er muß sich durch ungereimte Reime mehr beschimpffen / als beehren lassen." Der in den Briefen neu formulierte Schöpfungsbericht, der in einer nüchternen und klaren Stillage vorgetragen wird, ist demnach als ein Kontrastprogramm zur überhand nehmenden Gelegenheitspoesie der Zeit zu verstehen. Daß bei diesem Spannungsverhältnis besondere poetisch-ästhetische Finessen verwendet wurden, um den Künstlichkeitscharakter und den Niveau-Anspruch von Dichtung erkennbar zu machen, liegt auf der Hand und erklärt u. a. vielleicht auch die nur scheinbar krampfhaft wirkenden Bemühungen um dieses exaltierte poetische genus.

Bemerkenswert ist, daß sich Ziegler in theologisch brisanten Fragen bei den kirchlichen Autoritäten der Zeit wie Athanasius Kircher, Dorchaeus, Calixtus, Buxtorff u. a. absicherte. Während die ersten ‚Briefwechsel' noch stark auf das Verhältnis Gott – Menschheit abheben und eine ernsthafte christliche Religiosität zum Ausdruck bringen, werden die späteren Texte immer epischer, vor allem in ihren prosaischen Einleitungen, und geraten schließlich zu einer Typologie biblischer Liebesverhältnisse, bei denen z. B. die „entkräntzte Dina" an den „vergnügten Sichem" schreibt. Ziegler versucht in den 16 Korrespondenzen die verschiedenen Liebesverhältnisse des Alten Testaments sozusagen als Urtypen der Kommunikation der menschlichen Geschlechter darzustellen. Er beginnt mit Adam und Eva im Paradies, stellt den Sündenfall dar – „als sie nun vor diesem Baume stund / und fast jeden Apfel in sonderheit beschaute / legte der verborgene Satanas den Zünd-Strick teufflischer Verblendung alsobald in das Pulver ihrer Begierden" – und formuliert in Evas Brief an Adam betont deutlich die Schuld und die Unterwerfung des Weibes unter den Mann: „Mein Beyspiel soll zugleich die späte Nach-Welt lehren: / Zucht und Gehorsam sey der Weiber schönste Zier." Es folgen die Vorgänge um Abraham und Sara, Isaac und Rebecca, Jacobs ‚Abenteuer' mit den Töchtern Labans, Rahel und Lea. In der Geschichte zwischen Dina und Sichem wird der bestrafte Vorwitz (Sichem ist der Prinz vom Hofe, Dina die verführte Unschuld) exemplifiziert, in Josephs Erlebnissen mit Sephira die „triumphierende Keuschheit"; (die den Briefen vorausgehende Darstellung der Bett-Szene verrät Einfluß von Zesens *Assenat*). Die traurige Geschichte um die Jephtas-Tochter wird unter dem Leitbegriff „die in Blut begrabene Keuschheit" in Erinnerung gebracht; daß Liebe die Stärke des Mannes schwächen kann, zeigt dann der unglückliche Ausgang der Geschichte von Delila und Simson. An der Liebe von Ruth und Boas wird die „belohnte Tugend" dargestellt. David hingegen wird gleich dreimal exemplarisch vorgeführt: in seinen Beziehungen zu Michal, Abigail und Bathseba – jede Verbindung steht für einen spezifischen Liebes-Typ. Die Liebe zwischen Esther und Ahasver wird als „Die gekrönte Armuth" figuriert, Judiths Mord an Holofernes als „die tödtliche Liebe". Zum Schluß wird „Des verliebten Alters Thorheit" an Susanna und den beiden alten Richtern vorgeführt. – Im ganzen wird man Zieglers *Helden-Liebe* im Rahmen der galanten Liebesdichtung des ausgehenden 17. Jahrhunderts einen Sonderplatz einräumen können, denn er bietet in diesem Werk in vieler Hinsicht eine moralisierende, das Seriöse betonende Gegenposition zur frivolen Galanterie anderer Texte.

Die Entdeckung, daß Ziegler auch ein vorzüglicher Librettist gewesen ist, verdankt die Literarhistorie Elisabeth Frenzel, die in einer gründlichen und materialreichen Untersuchung – angeregt durch Johann Beers Tagebucheintragung zum 6. November 1696 – darlegt, daß Ziegler der Verfasser der *Lybischen Talestis* ist, die 1696 in Weißenfels aufgeführt wurde. Die Druckfassung von 1696 liegt auch der Ausgabe von 1698 zugrunde, während die Fassung von 1709, die einer Leipziger Opernaufführung (mit der Musik von David Heinichen) diente, gewisse Überarbeitungen aufweist. Wir geben hier den Inhalt der Oper in den Worten ihrer Entdeckerin wider: „Rhodope, die Gemahlin des Königs Pelopidus von Lybien, ist gestorben, und ihre Pflegetochter, Prinzessin Talestris, zettelt eine Verschwörung unter den Jungfrauen des Landes an, so daß sie der Liebe abschwören, den Männern den Krieg erklären und versuchen, die Herrschaft in Lybien in ihre Hände zu bekommen. Talestris wird von Pelopidus wie auch von dessen Sohn Philotas geliebt; Pelopidus will seinen Sohn zum Verzicht auf diese Liebe zwingen. Inzwischen aber ist Philotas durch eine List, die sein Mitleid mit einer scheinbar von den Ihren ausgestoßenen und gefesselten Gefährtin der Talestris erregt, in die Hände der Kriegerinnen gefallen, und wird auf Befehl der Talestris von einem Felsen zu Tode gestürzt. Die Göttin Diana jedoch erweckt den toten Prinzen zu neuem Leben und befiehlt ihm, in Frauenkleidung unter dem Namen Lucina sich in das Gefolge der Talestris zu begeben. Talestris bereut inzwischen, in Erinnerung an die Liebesbeteuerungen des Philotas, ihre Tat. Lucina gewinnt sich ihr Vertrauen, indem sie Talestris aus der Gewalt eines Satyrs errettet, aber bei einem Ausfall aus ihrer Burg werden beide mit anderen Kriegerinnen von den Soldaten des Pelopidus gefangen genommen; Pelopidus wirbt um Talestris: wenn sie ihn nicht erhört, will er den Tod seines Sohnes an ihr rächen. Zunächst scheint Talestris nachzugeben, um ihre Gefährtinnen vom Tode zu retten. Aber nun offenbart sich ihr Lucina-Philotas, und auch Talestris gesteht ihre Liebe; beide beschließen, zusammen zu sterben, da sie die Leidenschaft des Pelopidus als unüberwindliches Hindernis für ihre Vereinigung ansehen. Bei der feierlichen Opferung, die der Priester Bogudas an beiden vornehmen soll, erscheint unter Blitz das ‚Verhängnis‘ auf einer Wolke, verhindert die Opferung und klärt den König darüber auf, daß sich in der Frauenverkleidung sein Sohn verbirgt und daß dieser und Talestris von den Göttern füreinander bestimmt seien. Gerührt verzichtet der König nicht nur auf Talestris, sondern auch auf den Thron, und die Liebenden nebst einem weiteren, heiterer gezeichneten Paar werden vereint.“ Die Bezüge zur *Banise* und ihrem Klima werden deutlich erkennbar. Das Stück ist eine eigenständige Version Zieglers, der hier wiederum heterogene Stoff- und Motivelemente zu einem einheitlichen und aussagekräftigen Text zusammengeschweißt hat. Nicht ohne Interesse ist auch hier, daß Zieglers Text zu einem Schauspiele umgearbeitet wurde – *Der Triumph der beständigen Liebe über die widrigen Zufälle des Verhängnisses* –, das 1720 am Hofe in Saalfeld aufgeführt wurde. Außerdem konnte E. Frenzel einen anonymen Roman eruieren – *Die lybische Talestris. In einer anmuthigen Staats- und Helden-Geschichte von der galanten Welt zu wohlerlaubter Gemüths-Vergnügung communiciret von Colombini.* Copenhagen 1715; auch diese Weiterverarbeitung zeigt zur Genüge, wie ‚richtig‘ Ziegler bei seinem Publikum lag.

Die letzten Opera Zieglers gehören in den Bereich der ‚Bildungsliteratur‘ der Zeit. Am „13. Tag des Winter-Monats 1694“ schloß Ziegler die Widmung seines historischen Informationswerkes *Täglicher Schauplatz der Zeit* an den Kurfürsten Friedrich August von Sachsen ab. Er widmete damit dem Monarchen ein Sammelwerk, in „welchem sich ein iedweder Tag durch das gantze Jahr mit seinen merckwürdigsten Begebenheiten, so sich vom Anfange der Welt, biß auf jetzige Zeiten, an demselben zugetragen, vorstellig machet“. Das Werk ist eine historische Fundgrube für die Zeit gewesen und hat auch nach dem Tode des Autors noch mehrere Auflagen erlebt. Es wandte sich mit seinen Informationen an Gelehrte und Ungelehrte, und Ziegler wies stolz darauf hin, daß seine Darstellungen aus zehn bis fünfzehn Autoren zusammengezogen worden seien. Er hatte ausführliche Quellen- und Materialrecherchen angestellt. Eigens zu diesem Zweck hatte er sich eine kleine historische Bibliothek zusammengetragen. Die Anregung zu diesem Opus, dem bald darauf ein zweites dieser Art folgen sollte, hatte er aus den *Historischen Calendern* oder *Tage-Büchern* erhalten, die es durch das ganze 17. Jh. schon gab, die sich aber meist nur auf kurze Hinweise und Datierungen beschränkten. Seine Grundlagen waren Calvisius (für die Chronologie), Rittershusius und Imhoff (für Genealogie), Bandrandus (Geographie) und Merian (für die Topographie). Aus eigener Sache fügte er fast jedem Todesfall ein Epitaphium bei, das den „kurtzen Inhalt der Historie nebst dem Morale“ enthalten soll, das aber auch der „Anmuth im Lesen ungemein“ diene. Die übrigens sehr umfangreiche Information über Hus (6. Juli) schloß er mit dem Epitaph:

> Der Kayser bricht sein Wort, die Glut frißt Fleisch und Blut,
> Kein Pfaff' und Hencker tilgt doch nicht des Geistes Muth.
> Ich muß zwar durch Gewalt der Sachen Recht verlieren,
> Doch will ich vor der Welt an Christum appeliren.

Interessant für die Persönlichkeit Zieglers sind im Vorbericht und in der Widmung zwei Hinweise: einmal gibt er eine Rechtfertigung für sein Interesse am Historischen und schreibt über sich:

> Daß die Historie das unstreitige Fundament der Poetic, und daher deren Wissenschafft denen Poeticis gantz unentbehrlich ... Es hat von Jugend auf ein geheimer Einfluß eine ungemeine Liebe zur Historie und deren Connoissance in mir erreget, und dergestalt eingepflantzet, daß ich dieser Politischen Göttin fast die meiste Zeit meiner Jugend aufgeopffert, zumal als ich sahe, daß alle andere irrdische Wissenschafften mehrentheils auf sie gegründet waren.

In der Widmung skizziert Ziegler ein Fürstenbild, das in seiner Idealität genau den didaktischen Intentionen der *Banise* entspricht. Es handelt sich dabei nicht um eine Devotionsformel, sondern um eine Art Fürstenspiegel, in den auch der Kurfürst blicken und der ihn als den absoluten Monarchen moralisch in die Pflicht nehmen sollte. Es heißt da u. a.:

> Also ist auch derselben (sc. Sonne) nichts füglicheres zu vergleichen, als ein belobter Printz auf Erden. Denn was die Sonne am Himmel ist, das stellet ja ein souverainer Printz in seinem Lande vor. Die Sonne erhellet Himmel und Erden, und auch das geringste Kraut empfindet deren beliebe Krafft und Wärme. Wer zweiffelt, daß auch der geringste Unterthan, sofern er Treu und Gehorsam opffert, nicht dürffe dem Gnaden-Lichte seines Fürsten nähern, und sich allen Schutzes getrösten? Die hervorbrechende Sonnen-Glut verwandelt Nebel und Wolcken in nichts; und die Gegenwart eines beliebten Printzen vertreibet allen Kummer der besorgten Unterthanen. Wenn alle Welt im Schlaff begraben liegt, so setzet die Sonne Lauff und Würckung unermüdet fort; und ein löblicher Fürst wachet vor die stoltze Ruhe seines Landes. Die Sonn-Strahlen fallen durch das Fenster, sonder Verletzung des Glases, ins Gemach, welches durch Wind und Regen den Einfall versagt; und die Sanfftmuth eines Printzen durchdringet mehr die Gemüter, als eine tyrannische Schärffe. Die Sonne würcket nach derjenigen Beschaffenheit, was sie betrahlet. Schnee machet sie zu Wasser, und Graß zu Heu; Hingegen zeuget sie Rosen, und wärmet die erfrorne Welt; Ein gerechter Printz aber weiß Straffe und Lohn dergestalt auszuteilen, wie es Tugent und Boßheit verdienet...

In seinem *Historischen Labyrinth der Zeit*, das er nicht mehr vor seinem Tode abschließen konnte, bot er seinen Lesern eine Art Geschichts-Feuilleton, in dem er aus dem unerschöpflichen Brunnen der Weltgeschichte alles Bemerkenswerte anekdotisch mitteilte. Da wird über die europäischen Fürstenhäuser berichtet, über politische Vorgänge, über Unwetter, die Erfindung des Kupferstechens und der Buchdruckerei, über das erfundene Pulver wie über den Jetzer-Handel in Bern (1509), man findet darin einen Artikel über Molière wie einen über Heraklit und Demokrit. Das bunte Durcheinander wird am Ende durch einen Ariadne-Faden in Gestalt eines Registers benutzbar gemacht. Man findet eine Anordnung nach fürstlichen Häusern und eine nach Gedenktagen für geschichtliche Ereignisse und Daten. Für jeden Tag des Jahres werden zwischen einem und elf Artikel geboten, die entsprechende Hinweise nach Art eines Feuilletons auf Denkwürdiges enthalten. Das Werk war sicherlich für den Tagesbedarf des Gebildeten an wissenswerten Informationen gedacht. Unter dem Aspekt der Bildungsgeschichte kommt dem opus magnum – Großfolio, 1220 Seiten und Register – keine geringe Bedeutung zu.

Anmerkungen

Texte

Gratulatio specialis IIX ad ... Johannem Georgium III. 1680

Actus encomiastici de nomine Jesu Epilogi. 1681

Andere Demüthigste und Unterthänigste Gratulation an ... Churfürst Johann Georg III. 1681

Die Asiatische Banise / Oder das blutig- doch muthige Pegu / Dessen hohe Reichs-Sonne bey geendigtem letztern Jahr-Hundert an dem Xemindo erbärmlichst unter- an dem Balacin aber erfreulichst wieder auffgehet. Welchem sich die merckwürdigen und erschrecklichen Veränderungen der benachbarten Reiche Ava, Aracan, Martabane, Siam und Prom, anmuthigst beygesellen. Alles in Historischer / und mit dem Mantel einer annehmlichen Helden- und Liebes-Geschichte bedeckten Warheit beruhende. Diesem füget sich bey eine / aus Italiänischer in Deutsch-gebundene Mund-Art / übersetzte Opera / oder Theatralische Handlung / benennet: Die listige Rache / oder Der Tapffere Heraclius. Auffgesetzet von H. A. v. Z. U. K. Leipzig: Johann Friedrich Gleditsch 1689. Weitere Auflagen: Leipzig 1690, 1700, 1702 (zweimal), 1716, 1721; Königsberg und Leipzig: 1728, 1733, 1738 (zweimal), 1753 (zweimal), 1764.

Neudruck: Berlin 1883, Hrsg. v. Felix Bobertag, Kürschners Deutsche National-Litteratur 37.

München 1966, Hrsg. v. Wolfgang Pfeiffer-Belli, in: Die Fundgrube Nr. 15; Text nach der Ausgabe von 1707 unter Berücksichtigung des Erstdrucks von 1689, mit leichten Modernisierungen.

Helden-Liebe der Schrifft Alten Testaments in 16 anmuthigen Liebesbegebenheiten. Leipzig 1690. Weitere Auflagen: Leipzig 1691, 1700, 1705, 1706, 1711, 1715, 1721, 1734, 1745.

Die lybische Talestris. Weißenfels 1696; 1698. Überarbeitet: Leipzig 1709.

Täglicher Schauplatz der Zeit. Leipzig 1695; 1700; 1728.

Historisches Labyrinth der Zeit. (Vollendet von Philipp Sinold von Schütz). Leipzig 1701; 1715; 1731.

Literatur

Bibliographien: Goedeke III, S. 229 u. 259; Hayn-Gotendorf VIII, S. 645-651; Jöcher IV, S. 2199 f.; Zedler 62, S. 545-550; ADB 45, S. 169-172.

Erdmann Neumeister: De poetis Germanicis. Hrsg. v. Franz Heiduk in Zusammenarbeit mit Günter Merwald. Bern/München 1978; Ziegler: S. 124 f., 268 f., 503 f.

(Joh. Christoph Gottsched:) [Über die Banise] In: Beyträge zur Critischen Historie der Deutschen Sprache, Poesie und Beredtsamkeit. 5. Stück. Leipzig 1733, S. 274-292.

Johann Christoph Gottsched: Ausgewählte Werke. Hrsg. v. Joachim Birke † u. P. M. Mitchell. VI. Bd.: Versuch einer Critischen Dichtkunst. Berlin 1973 ff. (= ADL 39, 40); Zitat in Teil I, S. 221.

Erich Schmidt: (über Zieglers Banise) in: Rez. v. Felix Bobertag, Geschichte des Romans, Zweiter Band. Erste Hälfte. Breslau 1879. In: Archiv für Litteraturgeschichte 9 (1880), S. 405-415.

G. Müller-Frauenstein: Über Zieglers Asiatische Banise. In: Zeitschrift für deutsche Philologie 22 (1890), S. 60-92; 168-213.

Martin Pistorius: Heinrich Anselm von Ziegler und Klipphausen: Sein Leben und seine Werke. Leipzig 1928.

Erika Schön: Der Stil von Zieglers Asiatischer Banise. Diss. phil. Berlin 1933.

Wolfgang Pfeiffer-Belli: Die Asiatische Banise. Studien zur Geschichte des höfisch-historischen Romans in Deutschland. Berlin 1940; Reprint: Nendeln 1960.

R. Röder: Barocker Realismus in der ‚Asiatischen Banise‘. Diss. phil. Erlangen 1948.

Elisabeth Schwarz: Der schauspielerische Stil des deutschen Hochbarock, beleuchtet durch Heinrich Anselm von Zieglers ‚Asiatischer Banise‘. Diss. phil. Mainz 1956.

Heinrich Dörrie: Der heroische Brief. Berlin 1968 (passim).

Elisabeth Frenzel: H. A. von Zigler als Opernlibrettist. In: Euphorion 62 (1968), S. 278-300.

E. M. Schramek: Die Komposition der ‚Asiatischen Banise‘ von H. A. von Ziegler und Klipphausen. Diss. phil. Wien 1971.

Lilith Eva Schutte: Stilebenen in Ziglers ‚Asiatischer Banise‘. Diss. phil. University of Oregon 1973.

Hans Geulen: Erzählkunst der frühen Neuzeit. Zur Geschichte epischer Darbietungsweisen und Formen im Roman der Renaissance und des Barocks. Tübingen 1975, S. 117-139 zur *Banise*.

Gerhart Hoffmeister: Transformationen von Zieglers ‚Asiatischer Banise‘: Zur Trivialisierung des höfisch-historischen Romans. In: German Quarterly 49 (1976), S. 181-190.

Volker Meid: Ziglers ‚Asiatische Banise‘ 1689 und 1788: Zur Wirkungsgeschichte des Barockromans. In: Argenis 2 (1978), S. 327-340.

Nachweise

[1] Felix Bobertag: Geschichte des Romans. Erste Abt. Zweiter Band. Berlin 1884. – s. auch Vorrede zur Edition in KDNL.

[2] Carl Lemcke: Von Opitz bis Klopstock. Leipzig 1882.

[3] Paul Hankamer: Deutsche Gegenreformation und deutsches Barock. Stuttgart 1935 ([2]1947).

[4] Clemens Lugowski: Wirklichkeit und Dichtung. Frankfurt/Main 1936.

[5] Richard Newald: Geschichte der deutschen Literatur. Fünfter Band: Vom Späthumanismus zur Empfindsamkeit. München [5]1965.

[6] Geschichte der Deutschen Literatur. 1600 bis 1700. Berlin: VEB Volk u. Wissen 1963.

[7] Texte werden zitiert nach der Ausgabe von Wolfgang Pfeiffer-Belli, München 1966.

[8] Zitiert nach: Romantheorie. Dokumentation ihrer Geschichte in Deutschland 1620-1880. Köln 1971, S. 47.

[9] Wolfgang Pfeiffer-Belli: Die asiatische Banise. Berlin 1940, S. 54.

[10] August Buck: Die Kunst der Verstellung im Zeitalter des Barock. In: Festschrift der Wiss. Ges. an der Joh. Wolfg. Goethe-Universität Frankfurt/Main. Wiesbaden 1981.

[11] Cf. Volker Meid: Ziglers ‚Asiatische Banise' 1689 und 1788. In: Argenis 2 (1978), S. 327-340.

ECKART OEHLENSCHLÄGER

CHRISTIAN REUTER

Als Christian Reuter, Bauernsohn aus dem kleinen Dorf Kütten unweit von Halle an der Saale, im Herbst 1688 nach vermutlich dreizehnjähriger Gymnasialzeit das Domgymnasium zu Merseburg verließ, um das Jurastudium an der Universität Leipzig aufzunehmen, mit immerhin 23 Jahren in einem Alter, das anderen Jünglingen seiner Zeit längst akademische Würden beschieden hatte – Christian Weise legte mit 19 Jahren das Baccalaureat ab, Christian Thomasius wurde gar siebzehnjährig zum Magister der Philosophie promoviert –, da bescheinigte der Merseburger Konrektor Georg Ilmer seinem Zögling im Abgangszeugnis neben gängigen Schultugenden wie Begabung und Fleiß, gründlicher Beschäftigung mit Rhetorik und Logik sowie eifriger Lektüre guter Schriftsteller, sogar der griechischen, auch ein konventionellen gymnasialen Disziplinen durchaus abholdes Talent:

> Indulsit huic Iuveni Reutero sales et jocos benignior Natura, quos tamen ita temperavit, ut ab Honestatis regula non aberrarent; hinc Magnorum Virorum haud vulgarem sibi conciliavit gratiam.[1]

In milde Worte sorgsam eingehüllt und mit dem Hinweis auf die ungewöhnliche Gunst hochgestellter Persönlichkeiten[2] vorsichtig abgefedert, wird hier ein unter literarischen wie auch sozialen Auspizien ziemlich brisanter Zündstoff des Temperaments präsentiert, den Christian Reuter überdies mitnichten so pfleglich maßvoll handhaben sollte, wie sein wohlmeinender Lehrer gehofft haben mag. Offenbar nicht gesonnen, die witzigen Einfälle und spöttischen Scherze, mit denen ihn die Natur so freigebig bedacht hatte, in die bereitstehenden Schemata der didaktischen Komödie und des politischen Romans zu kanalisieren, obwohl er beide Formen gewiß gekannt und jedenfalls von Christian Weises Lustspielen auch gelernt hat, riskierte Chistian Reuter einen erheblich provokativeren literarischen Einsatz als die Zeitgenossen und leistete sich vehemente Aberrationen vom geltenden Anstandskodex.

Nur konsequent trafen ihn gesellschaftliche Sanktionen mit besonderer Schärfe: Die Auseinandersetzungen um seine Leipziger Werke endeten mit der Relegation von der Universität im April 1699, das war der Ruin der bürgerlichen Existenz. Aspirationen auf festen Halt am Dresdner Hof, wo Reuter vorübergehend eine Position errungen hatte, waren nur wenig später dahin, die

Komödie *Graf Ehrenfried* dürfte die höfische Toleranzmarge zu ungeniert strapaziert haben. Und als sich der inzwischen leicht bejahrte Juris utriusque Candidatus während des ersten Jahrzehnts des 18. Jahrhunderts, um sein Leben zu fristen, nun umgekehrt im Genre der höfischen Ovations- und Bettelpoesie, das seinem Naturell entschieden widersprach, in Berlin versuchte, blieb ihm erst recht der Erfolg versagt. Nach 1712 verliert sich seine Spur endgültig im Dunkel[3], Reuters Todesdatum ist unbekannt.

Unsere spärlichen, mit Vermutungen reichlich durchsetzten Kenntnisse zur vita verdanken wir fast ausnahmslos dem Umstand, daß der Dichter den Bürgern von Leipzig ein Ärgernis gewesen ist, das die Justiz mehrfach beschäftigt hat. In ihren Akten kommt Reuter nur selten zu Wort, hat sich auch nicht eben danach gedrängt, und seine wenigen überlieferten Einlassungen zur strittigen Sache geben kaum etwas her für ein Bild der Person. Neben den erhaltenen literarischen Texten ist fast kein Zeugnis von Christian Reuter auf uns gekommen: kein Porträt, keine theoretische Äußerung, auch keine Bemerkung von Zeitgenossen (der Merseburger Konrektor ausgenommen), wenige Briefe, meistens spöttische. Es fehlen beinahe alle Voraussetzungen zur näheren Beschreibung eines Mannes, den wir aufgrund der Physiognomie seines schmalen Werks als eine der interessantesten Erscheinungen des ausgehenden 17. Jahrhunderts – eben nur vermuten dürfen.

In Leipzig muß Reuters Name schon bald nach dem Abebben der Prozeßserie in Vergessenheit geraten sein, eine Sammelausgabe seines Œuvres von 1750 nennt keinen Autor, Gottsched, den noch Ausläufer des öffentlichen Bebens erreichten, das die Werke ausgelöst hatten[4], kennt den Urheber nicht mehr, und die Romantiker Achim von Arnim und Clemens Brentano, die sich zu Beginn des 19. Jahrhunderts eine Weile in Schelmuffsky-Manier gefielen[5], wußten den Namen Reuter ebensowenig wie vor ihnen Gottfried August Bürger, dessen *Wunderbare Reisen zu Wasser und zu Lande, Feldzüge und lustige Abentheuer des Freyherrn von Münchhausen* (1786) auf ihre Weise *Schelmuffskys Warhafftige Curiöse und sehr gefährliche Reisebeschreibung Zu Wasser und Lande* produktiv fortsetzten. – Erst Friedrich Zarncke, dem durch glücklichen Zufall ein Teil der Prozeßakten gegen Reuter in die Hände gefallen war und der mit positivistischer Akribie umfangreiche Recherchen anstellte, konnte in seiner ausführlichen Akademie-Abhandlung „Christian Reuter, der Verfasser des Schelmuffsky" (1884) die Autorfrage klären.[6] Auf dieser Abhandlung, der Zarncke noch einige Aufsätze folgen ließ, basiert im wesentlichen nach wie vor, was wir an Daten und Fakten über Christian Reuter wissen.[7] Darüber hinaus haben Zarnckes Qualitätsurteile, denen trotz des klaren Blicks für manche Schwächen doch eine Neigung zur Elevation des wiederentdeckten Dichters in säkulare Dimensionen innewohnt, die Reuter-Forschung nachhaltig beeinflußt bis hin zur sozialkritischen Würdigung, die ihrerseits gern mit epochalen Maßstäben operiert. Ein so hoch gesteckter Anspruch dürfte durch den literarischen Befund doch nicht hinreichend gedeckt sein, und er mag sogar im Umkehreffekt beigetragen haben zur auffälligen Randstellung Reuters in der neueren Barockforschung. Sie begnügt sich überwiegend mit einigen wenigen Hinweisen auf Reuters Übergangstendenz zur Frühaufklärung, eine Einschätzung, die von einschlägigen Arbeiten zur Aufklärung geteilt wird.[8] Diese Konsensbildung verdient eine kritisch differenzierende Überprüfung.

*

„Christianus Reuter, Küttensis Saxo" lautet die Eintragung in die Matrikel der Universität Leipzig zum Wintersemester 1688, ein eifrig lernender Studiosus inmitten der „Schulfuchserei eines scholastisch überalterten Universitätsbebetriebs"[9] wird er nicht gewesen sein, die unfreundliche Nachrede seiner späteren Widersacher, Reuters (und seiner Freunde) Hauptstärke bestehe in Trinken und Spielen, müssen wir uns gleichwohl nicht zu eigen machen, ohne doch seine rege Teilnahme am studentischen Leben in Auerbachs Keller und auf den umliegenden Dörfern unnötig schmälern zu wollen. Ob Reuter noch Christian Thomasius gehört hat, der im Kampf gegen akademische Isolierung und Erstarrung gerade ein Jahr zuvor mit der Vorlesung *Welcher Gestalt man denen Frantzosen in gemeinem Leben und Wandel nachahmen solle* der deutschen Sprache zum Durchbruch im Hörsaal verholfen hatte und für seine aller Orthodoxie feindlichen Gedankengänge 1790 mit der Vertreibung aus Leipzig büßen mußte: eine nicht ganz abwegige Annahme, Belege gibt es nicht. Ziemlich sicher ist hingegen, daß Reuter bald Anschluß an die Theater-Szene gefunden hat. Im wirtschaftlich nach dem 30jährigen Krieg rasch wieder erstarkten und gegenüber dem Dresdner Hof bürgerlich selbstbewußten Leipzig traten zu Messezeiten regelmäßig Schauspieltruppen auf, an deren Aufführungen Studenten als Akteure teilnahmen. Unter ihnen dürfte sich seit Beginn der 90er Jahre mit einiger Wahrscheinlichkeit auch Christian Reuter befunden haben. Gespielt wurde im sogenannten Fleischhaus über den Fleischbänken in der ersten Etage, seit 1693 stand für deutsche Singspiele auch das neue Opernhaus am Brühl zur Verfügung, auf private Initiative rasch hochgezogen, schon 1723 baufällig und 1729 abgerissen. Die berühmteste Truppe der Zeit, Johann Veltens „Chursächsische Comödiantengesellschaft", die in Leipzig von 1683 bis 1692 jährlich, zuweilen mehrmals, erschien, hatte Shakespeare, Calderon, Corneille, Scarron, auch schon Gryphius im Repertoire, räumte jedoch auf ihrem Spielplan Molière eine Sonderstellung ein.[10] Auf ihn hat sich Reuter in seiner ersten Komödie ausdrücklich bezogen, den Anstoß zur Niederschrift gab freilich ein nicht-literarischer Vorfall.

Zusammen mit seinem Freund Johann Grel aus Rügenwalde wohnte Reuter seit 1694 im Gasthaus „Zum roten Löwen", einem stattlichen Gebäude, das seit über hundert Jahren der begüterten Familie Müller gehörte. Nach dem Tod des Vaters Eustachius, „Bürger und Cramer, auch Brauer"[11], führte das Haus seine Witwe Anna Rosine, eine offenbar ziemlich derbe und ausnehmend gewöhnliche

Person, dabei durchdrungen von der Überzeugung ihrer vornehmen Art und Stellung. Noch übertroffen an Eitelkeit wurde sie von ihren beiden galant aufgeputzten Töchtern, die nach Kavalieren, möglichst von Adel, Ausschau hielten, während der ältere Sohn gerade seine Bildungsreise absolvierte, der jüngere wiederum, ausstaffiert mit einem Degen, unter der Obhut seines Präzeptors in der Stadt umherstolzierte. Dieses für die Situation des aufstrebenden Kleinbürgertums in Leipzig wohl nicht untypische Figuren-Ensemble, reich, borniert und präpotent, fast schon ein lebendes Komödien-Szenario, mußte Christian Reuters satirischen Nerv stacheln, zur Feder griff er, als die Müllerin ihn und Grel wegen Mietschulden auf die Straße setzte. Im Sommer 1695 schrieb er *L'Honnéte Femme Oder die Ehrliche Frau zu Plißine*, erlangte glücklich das Imprimatur, obschon der zuständige Zensor Ernesti, Professor der Poesie, Unrat witterte, fand rasch einen Verleger, Anfang Oktober war die Komödie anonym im Handel. Die erhoffte Aufführung durch eine Wandertruppe kam nicht zustande, Anna Rosine Müller setzte unverzüglich die Gerichte in Trab, davon später, zunächst zum Stück.

Dessen Disposition greift in Personal und Handlung unmittelbar auf die realen Erfahrungen zurück. Abgesehen hat es die Komödie natürlich auf die „Entlarvung angemaßter ständisch-gesellschaftlicher Geltung"[12], später Reflex des traditionellen Schein-Sein-Gegensatzes, am Ende fallen die hoffärtigen Töchter samt ihrer kupplerischen Mutter kläglich auf zwei von den Studenten angeworbene „Hüpeljungen"[13] herein, die sich vor ihnen „in schöner Kleidung"[14] als Junker gerieren. Gelächter auf offener Szene ist die Folge, und moralische Ermahnungen beschließen das Stück:

> Fidele: Lebt ihr fein erbar nur / und bleibt in euren Stande /
> Legt allen Hochmuth ab / und nehmt die Demuth an /[15]

Die Hüpeljungen-Intrige ist literarischer Herkunft, Reuter hat das Motiv Molières *Les Précieuses ridicules* entnommen, und Christian Weise wird es ein Jahr später in *Vom verfolgten Lateiner*, dessen Spielanlage der *Ehrlichen Frau* verwandt ist, neuerlich benutzen. Ihre Stärken hat Reuters erste Komödie gewiß nicht auf dramaturgisch-technischem Feld. In der klar proportionierten Figurenkonstellation, im kontinuierlichen Duktus der dialogisch geführten Handlung ist Weises *Verfolgter Lateiner* der *Ehrlichen Frau* deutlich überlegen. Für die szenische Präsentation der Figuren allerdings hatte Reuter ein scharfes Auge. Generell entsprach seine Praxis gewiß der Intention Weises, mit der Komödie „einen Blick in das gemeine Leben"[16] zu werfen, alltäglich-prosaische Diktion zu verwenden und die Schauspieler „zur gewöhnlichen Pronunciation"[17] anzuhalten, aber Reuters Gebrauch der gesprochenen Sprache fällt drastischer aus als der Weises, und er verleiht den Figuren, zumal der Protagonistin, ein merklich schärferes Profil. Frau Schlampampe, „die Ehrliche Frau und Gastwirthin im göldnen Maulaffen", wie es im Personenverzeichnis heißt, stellt sich im Eingangsmonolog mit einer Jammer-Tirade vor, die aus umgangssprachlichen Redewendungen förmlich montiert erscheint, sie gewinnt als Dramenfigur sogleich unverwechselbare Statur. Der nächste Auftritt, der sie im zänkischen Dialog mit ihren auf neue Kleider versessenen Töchtern zeigt, artet in eine wüste Fluch-Kanonade aus und vergegenwärtigt schlagend die tolle Atmosphäre in dieser honetten Familie. Dagegen sticht dann in den folgenden Szenen der von den Studenten gepflogene urbane Ton um so deutlicher ab, er wird von Reuter übrigens, zumal im Dialog, spürbar mühsamer gehandhabt. Auf der Sprachebene exponieren die Eingangsszenen dergestalt den Kontrast der Figuren, sie schlagen zugleich aber auch in unterschiedlicher Weise die Thematik an, die das Stück erörtert. Man kann die *Ehrliche Frau* lesen als dramatischen Diskurs über „die wahrhafftige honnetête"[18], von der im Winter 1687 schon Christian Thomasius gehandelt hatte. Als „honnéte homme" versteht er unter Berufung auf französische Vorbilder einen

> ehrlichen und gerechten Mann [...] der niemand mit Vorsatz beleidiget oder vervortheilet / seyn gegebenes Wort genau beobachtet / denen dürfftigen / so seine Hülffe von nöthen haben / willig und gerne beyspringe / auch von seinen Guthaten nicht viel Wesens machet / noch dieselbe wieder vorrücket etc.[19]

Abgehoben wird also auf Tugenden sozialen Verhaltens wie Aufrichtigkeit, Hilfsbereitschaft und Diskretion, gänzlich zurückgehalten bleibt ein Aspekt, der dem deutschen Wort „ehrlich" ursprünglich zugehört: das öffentliche Ansehen, die prominente gesellschaftliche Stellung. Sie kann, wird zu ergänzen sein, allenfalls aus den genannten Verhaltensformen resultieren, nicht aber von ihnen abgelöst reklamiert werden.

Vor diesem Hintergrund, dessen Kenntnis bei den Leipziger Studenten, denen Reuter das Stück gewidmet hat, wohl vorausgesetzt werden darf, gewinnt die Diskussion der Thematik in der *Ehrlichen Frau* an Prägnanz. Schlampampens stereotype Beteuerung „So wahr ich eine ehrliche Frau bin" – dem lebenden Vorbild abgelauscht, dem Frontispiz, das die Heldin in parodierter „Repräsentationspose"[20] zeigt, als Unterschrift beigegeben und gleich im Eingangsmonolog mehrfach variiert – artikuliert unter solchen Prämissen als platte öffentliche Proklamation zugleich auch schon ihr eigenes komisches Dementi. Von diesem Publikums-Effekt auf Kosten der ignoranten Protagonistin hat Reuter ausgiebig Gebrauch gemacht. Der eigentliche dramatische Konflikt wird jedoch erst ansichtig, wenn man berücksichtigt, daß das dreiste Auftreten der Schlampampe gleichwohl auf ein solides Fundament zu pochen weiß. Ihre stets lautstark repetierte Anwendung des Prädikats „ehrlich" auf die werte eigene Person mag sich in feineren Ohren je flugs selbst diskreditieren, sie unterhält für Schlampampe aber gar keine Rückbezüge auf Tugenden des sozialen Verhaltens, sondern basiert unverrückbar einzig auf dem respektablen Niveau des materiellen Besitzstandes. Unerschüttert bis in die letzte Zeile der Komödie hinein bleibt ihre

Überzeugung intakt, daß „ehrlich" sein gleichbedeutend ist mit „ein gutes Auskommen" haben. Die Menge an Talern gilt ihr als der unmittelbar äquivalente
Ausdruck des menschlichen Werts in der Gesellschaft. Einbußen an Geld lösen
infolgedessen sofort wilde Klagelieder aus, sie bedrohen die „ehrliche" Stellung.
Lüge, üble Nachrede, Betrug[21] hingegen, von ihr und ihren Töchtern fortwährend praktiziert, haben in den Augen der Schlampampe mit Ehrlichkeit gar
keine Berührung und können ihren sozialen Status mitnichten tangieren. Hier
setzt die Gegenwehr der Studenten an, die Szenen I, 3 und I, 4 demonstrieren
das ein erstes Mal. Sie wollen nicht eine Liebeshandlung in Gang setzen, sondern
nur gegen üble Nachrede den richtigen Sachverhalt zur Geltung bringen, „ehrliche" (d. h. wahrhaftige) Redeweise durchsetzen und „ehrlichen" (d. h. sittlich
anständigen) Ruf wahren.

Im Rahmen dieser Konflikt-Situuierung sind die galanten Affektationen der
Schlampampe-Töchter gewiß ein dankbares Material für komische Auftritte,
genauer besehen aber doch nur ein sekundär aus dem fundamentaleren Ansatz
nach außen abgeleitetes Phänomen: der gleißend konkretisierte Imponiergestus
des an sich abstrakten Geldwerts. In Wahrheit geht es in diesem Stück um nicht
weniger als die Begründung der Geltung einer für die Organisation des gesellschaftlichen Lebens zentralen Kategorie (Ehrlichkeit) und die daraus erwachsenden Konsequenzen. Die beiden Studenten, assistiert vom Candidatus Juris
aus Marburg, decken in Episoden und Gesprächen das nach ihren, dem Thomasius entsprechenden, Maßstäben kraß unehrenhafte Verhalten der Schlampampe-
Familie auf, sie können am Ende vor den Zuschauern einen Bühnenerfolg ver-
buchen, wie aber steht es mit der dramaturgischen Lösung des kardinalen Konflikts?

Hier mag ein Seitenblick von Nutzen sein. Im *Vincentius Ladislaus* des Herzogs Julius von Braunschweig, fast genau hundert Jahre vor der *Ehrlichen Frau*
entstanden, wurde die historisch überständige Ritter-Attitüde des Helden von
der Kultur einer sozial überlegenen Hofgesellschaft ihrer bombastischen Leere
überführt und mitsamt ihrem Träger förmlich vernichtet. Eben dies geschieht in
Reuters Komödie keineswegs. Das Gelächter markiert hier nur den punktuellen
Sieg einer keck auftrumpfenden, aber sozial deklassierten Minorität. Momentan
kompromittiert, was die galanten Posen angeht, in ihrer materiellen Substanz
jedoch unbeeinträchtigt und in ihrer moralischen Indolenz eher noch gestärkt
geht die Schlampampe-Familie aus dem Debakel hervor und sinnt bereits auf
Revanche. Die Schlußmoral Fideles, ebenso treuherzig wie hilflos angesichts des
unvermittelten Widerspruchs, überdeckt nur flüchtig den erkennbar fortdauern-
den Konflikt, in dessen geschichtlichem Verlauf der unaufhaltsame Aufstieg der
Schlampampe-Position ebenso gewiß ist wie die hartnäckige, auf Vernunftgrün-
den insistierende Opposition, als deren frühe Vorläufer die Studenten gelten
können.

Daß Reuter den scharf akzentuierten Gegensatz unaufgelöst stehen läßt, verdient Aufmerksamkeit auch im Hinblick auf die von Christian Weise im *Verfolgten Lateiner* vorgelegte Lösung. Seine beiden Studenten, in der lateinischen Sprache wohlausgebildete ‚Politici' mit handfesten beruflichen Ambitionen, heiraten am Ende die unbedarften, aber der Karriere förderlichen Bürgertöchter, die sie ohnedies nur „des Geldes wegen"[22] gefreit haben. Unüberwindliche Hindernisse werden gar nicht erst errichtet, vorübergehende Anwandlungen von Adelstollheit bei den Mädchen und ihren Müttern lassen sich mit Hilfe der Molièreschen Intrige wirkungsvoll kurieren. Schließlich treffen sich alle Beteiligten auf dem gemeinsamen Nenner der wechselseitigen Vorteile. Die Honoratioren des kleinen Orts erkennen den Nutzen von Lateinkenntnissen für die Verwaltung, die Studenten dämpfen ihren Bildungshochmut und sehen sich gesellschaftlich salviert. Der formalen Gewandtheit Christian Weises korrespondiert eine unübersehbare thematische Harmlosigkeit. Didaktischer Optimismus beherrscht die Szenerie, Vertrauen in die Tragfähigkeit der „Mediocrität", des gegenseitigen Einvernehmens auf der pragmatisch-verständigen Mittellinie, krönt die Handlung. Nichts ist Christian Reuter fremder als solch harmonistische Optik. Die milde lehrhafte Zuversicht des bedeutenderen Zeitgenossen spricht nicht aus seinem handwerklich unvollkommenen Stück. Frechheit der szenischen Präsentation und Radikalität des thematischen Zugriffs lassen einen opportunen Kompromiß bei ihm gar nicht erst in den Bereich des Möglichen treten. Eben darin offenbart sich der aufklärerische Impuls in diesem Stück. Die Technik der abschließenden Moralsentenz, von der Reuter fürderhin ohnedies keinen Gebrauch mehr gemacht hat[23], darf über den erhobenen Befund nicht hinwegtäuschen, sie sichert nur das Ende des Bühnenstücks, nicht des Konflikts.[24]

*

Daß studentischer Widerstand, ungeachtet aller in der Sache gegründeten Berechtigung, gegen das Schlampampe-Unwesen wehrlos ist, hat Reuter gewußt, sein zweites Stück zeigt es. Es hält am Personalbestand im wesentlichen fest und schließt die Handlung unmittelbar an die *Ehrliche Frau* an. Diesmal sind die Studenten jedoch nur noch als Beobachter des Geschehens zugegen, und damit entweicht mindestens auf den ersten Blick auch das Konfliktpotential aus der Handlung. In Aktion treten allein die Mitglieder der Schlampampe-Familie samt ihrem Gesinde. Traditionelle komische Elemente füllen die Bühnen-Flaute auch nicht recht überzeugend auf: der Pickelhering mit einem alten Schwank-Motiv, Arzt und Notar in Nebenrollen. *La Maladie & la mort de l'honnete Femme. das ist: Der ehrlichen Frau Schlampampe Krankheit und Tod,* 1696 publiziert, fällt gegenüber dem Erstling merklich ab. Interesse kann immerhin die Weiterführung der Thematik des ersten Stücks beanspruchen. Das Eingangsgespräch zwischen Frau Schlampampe und ihrer Gevatterin Camille rekapituliert die Ereignisse aus der *Ehrlichen Frau.* Der Bemerkung Camillens, auch ein mittelloser Student dulde keine Verachtung, sondern verlange Respekt, hält Schlampampe entgegen:

> Ich dächte aber / man müste doch ein Unterscheid machen unter vornehmer Leute Kinder / die ihr gut auskommen haben / und unter gemeinen Kerlen / die flugs manchmal nicht ein Dreyer in ihrem Leben haben.[25]

Die famose Unterscheidung gibt noch einmal unmißverständlich zu verstehen: Ehrlichkeit bleibt für die ‚ehrliche Frau' ein ausschließlich auf materiellen Besitz gegründeter Begriff. Die rücksichtslose Durchsetzung dieser Auffassung schlägt nun aber auf ihre prominente Vorkämpferin zurück und richtet sie zugrunde. Das ist die pointierte Wendung der Thematik im „Lust- und Trauerspiel" von Krankheit und Tod der Frau Schlampampe. Der Widerstand wird nicht mehr von außen inszeniert, die katastrophalen Kräfte mobilisieren sich vielmehr aus den internen Friktionen der Schlampampe-Position selbst. Die „Rabenäser" von Töchtern nämlich, die nur zu genau wissen, daß sie ihr „gut auskommen" haben, malträtieren mit kaltschnäuzigen Zänkereien um ihre Ansprüche die Mutter so lange, bis sie erschöpft aufs Sterbebett sinkt. Der Pickelhering verkündet das Ereignis in adäquater Weise: „So wahr ich ein ehrlicher Kerl bin / todt ist sie."[26] – Eine überzeugende dramaturgische Ausarbeitung findet die vom Ansatz her bemerkenswerte gedankliche Wendung freilich nicht. Am Ende hält sich Reuter an der zu flink auf der Bühne exekutierten Heldin noch einmal mit der Abdankungsrede des Präzeptors Lysander schadlos. Deren rhetorisch-affirmative Fragen attestieren der Verblichenen all jene Vorzüge der honnetête, welche die Lebende tatkräftig negiert hatte.

Mit solch vergleichsweise zahmer Ironie hat Reuter sich dann doch nicht bescheiden mögen. Er ließ eine nach allen Regeln der Kunst elaborierte „satirisch-groteske Predigtparodie" unter „genauer Kennzeichnung der schulmäßigen Redeteile"[27] folgen: *Letztes Denck- und Ehren-Mahl Der weyland gewesenen Ehrlichen Frau Schlampampe.* Nach einleitenden Bemerkungen zum Sprichwort „Wenn alte Weiber tanzen / so machen Sie einen großen Staub"[28] wird als „Textus" der in Leipzig bis in dieses Jahrhundert geläufige Vers: „Alte Weiber und Enten die schwimmen auff der See / Und wenn sie nicht mehr schwimmen können / So kehren sie den Steiß in die Höhe"[29] präsentiert. Dessen „Tractatio" offeriert nicht allein die eher mit understatement angekündigten „Momenta Comparationis", sondern setzt auf der thematisch konventionellen Linie der Weiberschelte einen verbalen Spielwitz frei, dessen obszöne Exzessivität auch im unzimperlichen 17. Jahrhundert als ungewöhnlich zu verzeichnen bleibt. Die am Exempel der Ente durchexerzierten Schlampampe-Tugenden fielen, als Laster eingestuft, einer immer noch zu tugendhaften Klassifikation anheim. – Zur Unterhaltung vorgetragen wurde das Sprechspektakel auf einer ländlichen Hochzeitsfeier Ende 1696, die Publikation „Uf Special-Befehl der Seelig-Verstorbenen"[30] dürfte im Sommer 1697 erfolgt sein.

Knapp vor Erscheinen dieser Schrift war Anna Rosine Müller gestorben und mit Pomp beigesetzt worden. Die heikle Koinzidenz beider Ereignisse scheint Reuter bei seinen akademischen Richtern um den letzten Kredit gebracht zu haben. Als er Ende Juli 1697 aufgegriffen werden konnte, wurde Reuter für acht Wochen bis zum Prozeßbeginn in den sogenannten „Bauernkarzer" geworfen, ein berüchtigtes, für übelste Verbrecher bestimmtes „Hundeloch"[31], worin man ihn hat „fast crepieren laßen".[32] Mit dem Karzer der Universität hatte Reuter schon im Jahr zuvor fünfzehn Wochen lang ausgiebig Bekanntschaft machen können; denn die gerichtlichen Schritte der Anna Rosine Müller gleich nach Erscheinen der *Ehrlichen Frau* waren nicht folgenlos geblieben. Der weitere Verkauf der Komödie wurde untersagt, der Verleger Heybey mußte den Namen des Verfassers preisgeben, Reuter bekannte seine Autorschaft, stritt jedoch energisch den Vorwurf ab, das Stück als Pasquill auf die Familie Müller geschrieben zu haben, insistierte vielmehr darauf, „daß alles fingieret" und „aus den Mollière meistens genommen"[33] sei. Über die Einzelheiten des ersten Prozesses vor dem Universitätsgericht in den Jahren 1695/96 besitzen wir keine Zeugnisse, können aber das Ergebnis aus anderen Unterlagen rekonstruieren: Reuter wurde auf zwei Jahre von der Universität relegiert[34], durfte Leipzig nicht verlassen und mußte versprechen, sein als pasquillantisch verurteiltes Schreiben nicht fortzusetzen.

Das Pasquill, leicht suspekt seiner spöttisch-aggressiven Schmäh-Tendenz wegen, gerade deshalb wiederum in jener Zeit auch gern genutzt zum Ausfechten persönlicher Händel, zumal bei Studenten beliebt, von Christian Weise gar zum Ingrediens der „Pursch-Manier"[35] erhoben, mußte Klägerin wie Richtern als plausibler Nenner zur rechtlichen Erledigung der mißlichen Affäre Reuter erscheinen. Die empfindliche Strafzumessung mag immerhin als Indiz für die nicht unzutreffende Ahnung der Richter gelten, daß Reuters Komödie nicht bruchlos den harmlosen studentischen Kavaliersdelikten zu subsumieren war. Reuter im nachhinein von heute aus ‚freisprechen' zu wollen, wäre nicht nur müßig, sondern hieße vor allem, die Diskussion auf der falschen Basis weiterzuführen. Der Streit um Reuters Pasquillantentum, so alt wie seine Werke, in der Germanistik im Anschluß an Zarnckes Abhandlung voll entbrannt und bis heute nicht ganz erloschen, hat nämlich überhaupt von Anbeginn unter dem proton pseudos einer juristischen Konditionierung gelitten. Deren systematischer Zwang fordert die Entscheidung: Pasquill o d e r Literatur. Diese Alternative, mutatis mutandis nach wie vor an der kunst/politischen Tagesordnung, delegiert das literarische Urteil in letzter Instanz an die Jurisdiktion und unterschlägt die poetologische Reflexion. Deren Interesse müßte sich richten auf eine erstmals in Reuters Komödie historisch signifikant faßbare Verschiebung im Verhältnis zwischen vorauszusetzender realer und literarisch realisierter Spielebene. Dazu können hier nur ein paar Hinweise gegeben werden. Reuters Stück vom ‚gemeinen Leben' nimmt zunächst in einem zu seiner Zeit so befremdlichen Grade und in so krasser

Manier ganz spezielle, real gegebene Umstände auf, daß es als deren simple Verdoppelung erscheinen kann. Es entsteht ein vom Autor vermutlich einkalkulierter naiv-realistischer Anschein, dem im übrigen nicht nur die betroffenen Leipziger verfallen sind. Bei genauer Beobachtung ist indes unschwer erkennbar, daß Reuters ‚Realismus' literarisch hervorgebracht wird durch den Einsatz reduktiv verfremdender sprachlicher Mittel. Deren Funktion ist an der häufig zu vordergründig als Charakter aufgefaßten Hauptfigur leicht wahrzunehmen. Schlampampe wird durch die Restriktion gerade auf ihre ‚reale' Standard-Losung und deren stereotype Repetition zu einer literarischen Konstruktion[36], und Schelmuffsky verdankt seine singuläre Existenz der virtuosen Handhabung desselben Verfahrens. Will man riskieren, den Befund auf die Spielsituation im ganzen zu übertragen, so ließe sich sagen, daß die in sie eintretenden Real-Motive den eigentümlich konkret-abstrakten Status von Zitaten annehmen, deren Signalcharakter nicht zum geringsten beiträgt zur Erkenntnis der grundsätzlichen Differenz im Begriff der honnetête.

Die sofort einsetzende starke Resonanz unter den Studenten Leipzigs[37] hat natürlich der handfeste Rückbezug auf lokale Gegebenheiten ausgelöst, der wiederum auch eine Beschränkung des Wirkungsumfangs der *Ehrlichen Frau* unvermeidlich mit sich brachte. Der stimulierende Effekt der studentischen Begeisterung auf den dramatischen Debütanten ist sicher nicht zu unterschätzen, und auch ein gewisses Rachebedürfnis gegenüber der Müllerin sollte man nüchtern in die Rechnung einstellen, Reuters geradezu fieberhafte Fortführung der literarischen Tätigkeit scheint mir indes voll verständlich erst vor dem Hintergrund seines knapp umrissenen poetischen Verfahrens. Die in ihm angelegte Variabilität und die aus ihm hervortretenden Konsequenzen erproben die in rascher Folge entstehenden nächsten Arbeiten. Bereits im Universitätskarzer 1696 erarbeitete Reuter die Opernversion seiner ersten Komödie, die er vielleicht auch selbst vertont hat: *Le Jouvanceau Charmant Seigneur Schelmuffsky, Et L'Honnéte Femme Schlampampe, representée par une Opera.* Im Sommer desselben Jahres ist bereits die erste Fassung des Schelmuffsky-Romans im Handel und wird konfisziert, ihr folgt die zweite Schlampampe-Komödie sowie auch noch 1696 der erste Teil der zweiten Fassung des Schelmuffsky-Romans. – Die Reaktion der Müller-Familie war vorauszusehen, und sie kam prompt. Anna Rosine Müller, unglückliches Opfer ihrer Identifikation mit der Frau Schlampampe, setzte einen zweiten Prozeß in Gang, dessen Ende im Herbst 1697 sie nicht mehr erleben sollte. Die Verhandlung vor dem Universitätsgericht im September 1697, abgehalten im Schatten der studentischen Tumulte um Augusts des Starken Übertritt zum Katholizismus, der ihm die polnische Krone eintragen sollte, führte zu einem Urteil, das an Reuter ein Exempel statuierte. Die Diktion des professoralen Relegationspatents vom 3. Oktober ist so unmißverständlich wie für die Nachgeborenen erhellend:

Nos nunc Chirurgos imitati, qui membrum putridum et corruptum resecant, ne partes sincerae trahuntur, Christianum Reuterum, ad sexennium a Corpore Academico proscribentes separamus.[38]

Das faulige Glied, vom gesunden akademischen Körper amputiert, wurde nun auch räumlich auf infektions-unschädliche Distanz gehalten: Reuter mußte versprechen, Leipzig sechs Jahre lang nicht zu betreten. Bei einer solchen Furcht vor drohendem Fäulnisbefall wird man nur als folgerichtig einzuschätzen haben, daß eine bloße Denunziation, Reuter sei in der Stadt gesehen worden, im April 1699 ausreichte, den Beschuldigten ohne Anhörung auf Lebenszeit von der Alma Mater zu verbannen.

*

Der *Schelmuffsky*-Roman, auf dessen zweiter Fassung[39] Reuters bis heute anhaltender Nachruhm gründet, hat in den Auseinandersetzungen mit der Familie Müller nur eine Nebenrolle gespielt. Sein kritisches Potential war im Rahmen der Pasquill-Unterstellung kaum noch justitiabel, seine literarische Spannweite ließ eine Restriktion auf lokale Affären nicht mehr zu. Hervorgegangen ist freilich auch die Schelmuffsky-Figur aus dem Schlampampe-Ambiente.[40] Von der Mutter aus französischer Gefangenschaft freigekauft, kehrt der ältere Sohn der Schlampampe im dritten Akt der ersten Komödie von seiner feinen Kavalierstour bis zur Unkenntlichkeit zerlumpt zurück und beherrscht fortan die häuslichen Gespräche mit monströsen Schwadronaden über seine verwegenen Abenteuer in der Fremde. Die Lügenhaftigkeit des Schelmuffsky-Wortschwalls, vom naseweisen jüngeren Sohn Däfftle sofort wahrgenommen, liegt für den amüsierten Zuschauer erst recht auf der Hand. Schelmuffskys Aufschneiderei kann man im Kontext der ersten Komödie prima vista auffassen als Komplettierung des familiären ‚Ehrlichkeits‘-Syndroms. Zugleich erfährt jedoch mit dem Auftreten Schelmuffskys die Diskussion der Thematik eine Drehung, die aus der Situierung der Komödie mindestens hinauszuführen tendiert. Die fabelhaften Einbildungen des flegelhaften Tölpels initiieren eine Ablösung aus der Sphäre, in welcher der materiell-moralische Konflikt angesiedelt ist, bei dessen Austragung Schelmuffsky denn auch eher unbeteiligt, wenn auch lautstark, mitagiert. Seine sprachlichen Phantasieprodukte entziehen sich im Grunde der moralischen Qualifizierung (‚Lügenhaftigkeit‘ erfaßt ja nur das Oberflächenphänomen der Schelmuffsky-Diktion), und seine galanten Prätentionen, ohnedies nicht von der tückisch-alerten Manier des Parvenüs, sind ohne weiteres durchsichtig als überdimensionale Wunsch-Projektionen eines armen Hundes. Schelmuffsky muß nicht ‚entlarvt‘ werden, für die Studenten ist er sowieso kein Gegner, in den Augen der Mutter kaum der erhoffte genuine Sproß, eher ein aus der rechten ‚ehrlichen‘ Art geschlagener Narr, als solcher nun aber prädestiniert für die Funktion eines Ich-Erzählers von höchst eigenartiger Statur mit einer Erfahrungsweise bisher nicht gekannten Kalibers.

Die Sonderstellung des Romans *Schelmuffskys Warhafftige Curiöse und sehr gefährliche Reisebeschreibung Zu Wasser und Lande,* seit je eine Crux bei Bemühungen um literaturgeschichtliche Einordnung, hebt sich nur um so schärfer ab, wenn man die traditionellen formal-thematischen Bestände sichtet, die Reuter in seinen Roman integriert hat. Der spanische Pikaro-Roman, in Deutschland im 17. Jahrhundert zunächst heilsgeschichtlich überhöht und später in eine weltlich-bürgerliche Version abgesunken, hat im *Schelmuffsky* die kleinbürgerliche Stufe erreicht, auf der sich nun aber der Held die sprachlichen Gestikulationen des vormals adlig-hochbarocken Bramarbas-Typus aneignet.[41] Die ursprünglich picarischen Bauelemente der Episoden-Technik und der Ich-Form tragen in Reuters Text bereits sichtbar die Spuren ihres Durchgangs durch den Kavaliersroman und vor allem den curiösen Reiseroman, eine inflationäre Erscheinung am Ausgang des Jahrhunderts, an sich. Titel und Vorrede „An den curiösen Leser" spielen bereits deutlich genug mit Ironie auf diese Modeströmung an. Schelmuffskys Reisestationen führen Reminiszenzen an den höfisch-historischen, den galanten und auch den Schäferroman mit sich[42]: als Material genutzt und zugleich durch den Mund des Helden nach Kräften denaturiert wird fast das gesamte Erzähl-Repertoire der Zeit. Schon dieser grobe Befund schließt eine feste Zuordnung zu einem bestimmten Genre aus. Am engsten allerdings erscheint mir der Rückbezug auf den politischen Roman, eben weil er indirekt auf dem Wege der stillschweigenden Negation sich vollzieht. Im Prototyp der Gattung, Christian Weises *Drey ärgsten Ertz-Narren In der gantzen Welt* (1672), wird der jugendlich unerfahrene Florindo vom Hofmeister Galeanor und dem Verwalter Eurylas behutsam durch die Welt geleitet, auf daß er die unvernünftigen Narrheiten der Menschen kennenlerne, sich vor ihnen künftig zu bewahren wisse und tauglich für seine Lebensaufgabe werde. Die erzieherische Expedition mündet in erzieherische Maximen, die zumal dem Leser zugedacht sind. Christian Weise hat seine weltlich-pragmatische Romanpoetik im *Kurtzen Bericht vom Politischen Näscher* (1680) niedergelegt und darin seine Intention, der Leser solle „etliche kluge und wolanständige Lebens-Regeln" aus einem Roman „zu mercken haben"[43], nachdrücklich betont. Es kann hier nicht um eine hinlänglich genaue Beschreibung oder gar Würdigung des historisch folgenreichen Ansatzes von Christian Weise gehen, entscheidend ist allein, daß seine rhetorischen Roman-Dispositionen Anweisungen enthalten, die geeignet sind, Christian Reuters Erzählverfahren aus der Distanz heraus in bestimmter Weise kurz zu beleuchten.

„Auffschneiderey", im Helden Reuters förmlich inkorporiert, handelt Christian Weise unter dem Titel ‚Politischer Quacksalber' detailliert ab, und er fügt zur praktischen Ausführung des Themas ein sorgfältig gegliedertes tabellarisches Schema bei, das in der Abteilung „respectu Objecti realis" Elemente auflistet, von denen die meisten auch im *Schelmuffsky* eine zentrale Rolle spielen: Res gestae, Nobilitas, Honor, Prudentia, Amicorum copia. Auf Reuters Roman

ließe sich überdies der „respectu Formae" erteilte Hinweis: „Aliqui magis exce-
dunt, qui mentiendo jactant quae planè absunt" ebenso trefflich applizieren wie
die „respectu Modi" angegebene Version „Aliqui suis verbis se magnifaciunt."
Gerade vor dem Hintergrund partieller Affinitäten tritt nun aber die prinzipielle Differenz um so klarer zutage. Die für Christian Weises Roman-Poetik
entscheidende Frage: „wie ist dem übel zu steuren?" kann an Reuters Helden
sinnvoll nicht mehr gestellt werden. Schelmuffsky spottet aller „Medicamenta"
und ist für „Tugend-Reguln [...], wie sich die Mediocrität erhalten lasse"44,
vollends unzugänglich. Derlei „Reguln" werden, das ist noch wichtiger, auch
dem Leser nicht offeriert. Er mag immerhin von Fall zu Fall sein „Korrektiv"45
gegen den Helden zur Geltung bringen wollen, eine implizite Norm jedoch, wie
sie für den niederen satirischen Roman des 17. Jahrhunderts durchgängig obli-
gatorisch war46, enthält der Text nicht mehr. An Schelmuffsky müßte nicht nur
jeder pädagogische Eros zuschanden werden, die vom Autor in seinen Helden
unverhohlen investierte Sympathie rührt gerade her von dessen Subversion
jener massiven Didaxe, die das Zeitalter prägte. Im ‚asozialen' Schelmuffsky
brechen die mühsam domestizierten animalischen Kräfte47 mit voller Energie
wieder durch und inszenieren eine erzählerische Tollheit ungekannten Ausmaßes.
In ihr realisiert sich, vor allen ironischen Allusionen auf andere erzählerische
Genres, eine Parodie der politischen Ambitionen des zeitgenössischen Romans.

Statt Rezepte zur Narrenkur zu verschreiben, bedient sich Christian Reuter
des Narren ganz ungeniert als seines erzählerischen Sprachrohrs. Trotz unverkennbarer Zuneigung zu seinem Helden ist er jedoch weit davon entfernt, sich
mit ihm zu identifizieren; der närrische Schwadroneur übernimmt vielmehr eine
bestimmbare erzählerische Funktion. Er gibt zunächst eine Art Hohlform her,
in der sich das alltägliche Geschwätz, der Fundus gängiger Redensarten und
sprichwörtlicher Wendungen, abgelagert hat und gründlich deformiert sowie
auch deplaziert erneut zur Artikulation drängt. Das Prinzip der Verfremdung,
erkennbar schon an der Frau Schlampampe, im *Schelmuffsky* thematisch vorgegeben in der schrägen Mentalität des Ich-Erzählers, die als sprachliche Bre-
chungsebene dient, entfaltet im Roman nun freilich eine produktiv-kombinato-
rische Kraft, die die erzählte Welt im ganzen erfaßt. Sie wird, im Medium eines
burschikosen Jargons, der für drastische Detail-Realistik sorgt, gegen alle gewohnte Erfahrung aufs Unwahrscheinliche und geradezu Unmögliche hin verschoben. Durch die Klappe des Helden kommen Sprach-Erfindungen zu Gehör,
die nicht nur den Sprecher selbst – „der Tebel hohl mer" – häufig genug ver-
blüffen und noch verwegenere Einfälle aus ihm hervortreiben, sondern überdies
dem Leser sein wohleingerichtetes Bild von Realität mit anarchischer Lust ver-
rücken. Diesen Vorgang bei der Lektüre bloß wieder zurechtzurücken und sich
allein auf Kosten des borniertes Protagonisten delektieren zu wollen, hieße sein
kritisches Potential zu unterschätzen. In der Verfremdung des Üblichen werden
gerade auch die Klischees der für normal geltenden Einstellung zur Wirklichkeit

bis zur Kenntlichkeit entstellt. Die Syntax des ‚artigen' Benehmens etwa erscheint durch die Entstellungen hindurch, die Schelmuffsky praktiziert, auch ihrerseits als Karikatur. Die in sprachlichen Modalitäten nistenden sozialen Usancen heben sich gegeneinander auf und betreiben eine Destruktion geltender Normen.

In letzter Instanz freilich wohnt diesem Erzählverfahren auch eine Tendenz zur Destruktion seiner eigenen Voraussetzungen inne. Indem Reuter den gerade in der Ich-Form manifesten Authentizitätsanspruch des Erzählens durch hybride Potenzierung ironisch auflöst, parodiert er nicht nur einzelne zeittypische Erscheinungen samt den ihnen entsprechenden literarischen Formen, sondern auch und sogar primär seine eigene Erzählprämisse. Es entsteht so etwas wie ein Para-Roman, der Spielmöglichkeiten des Romans virtuos nutzt, um sie fröhlich ad absurdum zu führen; dies nun eben nicht in der Absicht, sich geringschätzig über das Hergebrachte zu mokieren, sondern mit der viel weiterreichenden Intention, den erzählerischen Grundzug des Fingierens, dem ja gerade auch der *Schelmuffsky* unterworfen bleibt, als solchen demonstrativ hervortreten zu lassen. In die naiv-phantastische Fabulierlust des Helden ist durchgängig eine Art zweiter Ebene eingezogen, auf der alles Gesprochene im Lichte seines als-ob-Charakters nochmals thematisiert wird. Man kann diesen Sachverhalt als Selbstreflexion des Erzählens auf seine eigene Situation verstehen und wird darin ein aufklärerisches Ereignis sehen dürfen, das freilich im Rahmen einer didaktisch-moralisch orientierten Aufklärungsprosa in Deutschland isoliert und folgenlos geblieben ist und wohl doch nicht zufällig erst vor dem Hintergrund eines romantischen Ironie-Verständnisses Resonanz gefunden hat.

*

Die Komödie *Graf Ehrenfried*, entstanden vermutlich in den ersten Monaten des Jahres 1700, während sich Reuter als Sekretär des Kammerherrn von Seyfferditz am Dresdner Hof aufhielt, läßt sich verstehen als Fortsetzung der parodistischen Linie auf der Bühne. Die revueartig locker angelegte Szenenfolge mit Balletteinlagen, in deren Mittelpunkt die Figur eines heruntergekommenen Adligen steht[48], wurde, wie das Titelblatt mit merklichem Triumph verkündet, „Mit Ihr: Königl. Majestät in Pohlen etc. und Churfürstl. Durchl. zu Sachsen etc. allergnädigsten Special-Bewilligung und Freyheit zum Druck befördert" und war in Leipzig Anfang Mai 1700 im Handel. Angesichts der allerhöchsten Protektion, die Reuter sich vorübergehend zu erwerben wußte, waren seine Leipziger Widersacher[49] machtlos, und sie mußten auch – Höhepunkt in Reuters ansonsten reichlich deprimierender Biographie – die von Studenten initiierte Aufführung des Stücks im Fleischhaus zu Leipzig am 13. Mai 1700 hinnehmen, der sogar eine Wiederholung am 2. Juni in der Oper folgte.

Die Handlung des Stücks, in mehrere Stränge ausfransend, auf verschiedene

Schauplätze hingewürfelt, also auch diesmal von Reuter reichlich sorglos geführt, bleibt durch das Interesse an der Titelfigur doch einigermaßen zusammengehalten. Graf Ehrenfried gebietet über ein imponierend umfangreiches Gefolge, dessen Manieren freilich dem höfischen Standard kaum genügt haben dürften, er ist sich seiner standesgemäßen Titel und Privilegien voll bewußt und macht doch meist nur noch Faxen aus ihnen, seine desolate finanzielle Situation kommt seinem Witz, der selbstironische Pointen liebt, durchaus entgegen: eigentlich ist er der genuine Anführer einer total närrisch gewordenen Horde, deren Treiben aller guten Sitten, welcher Provenienz auch immer, mit unverfrorenem Vergnügen spottet. In dieser Hinsicht setzt sich die Spur Schelmuffskys in die Komödie hinein fort. Graf Ehrenfried allerdings, mitnichten ein borniertier Tor, kann eher als das reziproke Gegenbild zur Frau Schlampampe angesehen werden, und dies nicht nur insofern, als der gutsituierten Kleinbürgerin ein ökonomisch maroder Adliger umgekehrt entspricht. Immerhin könnte der Graf ja seine Einkünfte, über die er sehr wohl verfügt, sorgsam hüten und eifrig mehren, um sich aus seiner mißlichen Lage zu befreien. Seine Lebensführung dem kalten Erwerbstrieb zu unterwerfen, ist er aber weder willens noch auch nur imstande, wie das Unternehmen Glücks-Topf (III, 2 ff.) zeigt, und dieser Umstand erst kennzeichnet seinen Gegensatz zur Frau Schlampampe mit hinreichender Schärfe. Selbst mit beträchtlichen Vergünstigungen läßt sich Graf Ehrenfried nicht ködern: eine Stellung als Abt, die ihm ein „schönes Auskommen von so vielen Klöster-Intraden"[50] garantieren würde, verwirft er nach kurzer Probe „in einem schwartzen Habite" (Regieanweisung zu III, 10) sogleich wieder. Außerstande, gängige Verhaltensformen noch ernst zu nehmen, unentwegt beschäftigt, sie mit skurrilen Späßen, auch auf seine eigenen Kosten, zu zersetzen, wird Graf Ehrenfried am Ende auf königlichen Befehl in eine wohldotierte Ehe mit der „Närrin" Leonore, der er die „Ehre recht abgestohlen"[51], hineingezwungen, ein Vorgang, den man mit seiner eigenen Lieblingsformel „eine erschreckliche Schraube" wird nennen dürfen, eben darum freilich ihm auch wieder durchaus adäquat.

Gegen den Impetus der Titelfigur kommen die anderen Spielelemente nicht auf, weder die auf Leipziger Verhältnisse bezogenen um den intriganten Advokaten Iniurius und den lustigen Weinschenken Johannes noch auch die kleine Liebeshandlung auf Bedientenebene zwischen Courage und Grethe. Deren ‚positives' Exempel schlicht und recht denkender Lebensart bleibt blaß gegenüber dem furiosen Witz des Grafen. Als Karikatur des verlotterten Hofadels wirft er ironische Schlaglichter nicht nur auf seinen eigenen Stand, sondern gerade auch auf die Mentalität des aufsteigenden Bürgertums.

Dieser diffizilere Befund hebt sich deutlich genug ab gegen die handfeste Konfrontation der Standpunkte, mit der die *Ehrliche Frau* operiert hatte. Den Widerspruch nicht nur gegen den Widersacher, sondern auch und sogar zuerst gegen sich selbst aus jeder artikulierten Position hervorgehen zu lassen und mehrdeutig gegeneinander gebrochene Bezüglichkeiten ins Spiel zu ziehen, kann als Fazit des kurzen literarischen Lern- und Produktionsprozesses von Christian Reuter festgehalten werden. Eine solche Disposition schließt die explizite Behauptung einer Norm im Text aus, mag sie auch so berechtigt sein wie die der Studenten in der ersten Komödie, und nicht einmal an den Figuren vorbei wird dem Leser eine Belehrung zuteil. Das sozusagen oblique Verfahren, literarisch mindestens ebenso ergiebig und didaktisch eher das nachhaltigere, vermag jedoch die Gegensätze einer Zeit unter der Perspektive ihrer wechselseitigen ironischen Destruktion zu präsentieren, und es bot Christian Reuter jedenfalls im *Schelmuffsky* den angemessenen Spielraum zur Entfaltung seiner literarischen Möglichkeiten.

Seine witzigen Einfälle und spöttischen Scherze dürften Reuter allerdings nicht nur unter Bürgern unmöglich, sondern binnen kurzem auch am Dresdner Hof untragbar gemacht haben. Die freche Anspielung auf den Konfessionswechsel des Königs von Sachsen in der Abt-Szene des *Grafen Ehrenfried* mag seinen Abschied aus Dresden beschleunigt haben, Belege gibt auch diesmal der karge Kenntnisstand zur vita Christian Reuters nicht her. Aus dem Jahre 1703 datiert das erste Stück aus einer Serie von tristen Huldigungspoesien zu festlichen Anlässen des preußischen Königshauses.[52] Christian Reuters literarisches Werk – der Begriff so streng genommen, wie es seine Arbeiten bis 1700 fordern – war endgültig abgebrochen, fortan schrieb er ums knappe Brot bei Hof. Wieviel Selbstverleugnung ihn das gekostet hat, und wieviel Resignation darin mitwirkte, wissen wir nicht.

Anmerkungen

Texte

Christian Reuters Werke. Hrsg. v. Georg Witkowski. 2 Bände. Leipzig 1916. (Zitiert: W I bzw. W II)

Christian Reuters Werke in einem Band. Ausgewählt und eingeleitet v. Günter Jäckel. Weimar 1962. (Bibliothek deutscher Klassiker)

Christian Reuter. Schlampampe. Komödien. Hrsg. v. Rolf Tarot. Stuttgart 1977. (Reclams Universal-Bibliothek Nr. 8712 [3], zitiert: Schlampampe)

Christian Reuter. Schelmuffsky. Abdruck der Erstausgaben 1696 [A/B]. 1697. Hrsg. v. Peter von Polenz. Zweite, verbesserte Auflage. Tübingen 1956. (Neudrucke deutscher Literaturwerke Nr. 57-59)

Christian Reuter. Schelmuffsky. Abdruck der Erstausgaben (1696-1697) im Parallel-Druck. Hrsg. v. Wolfgang Hecht. Zweite, verbesserte Auflage. Halle 1956. (Neudrucke deutscher Literaturwerke Nr. 57-59)

Christian Reuter. Graf Ehrenfried. Abdruck der Erstausgabe von 1700. Hrsg. v. Wolfgang Hecht. Tübingen 1961. (Neudrucke deutscher Literaturwerke N. F. 2) Zitiert: Ehrenfried)

Literatur

Friedrich Zarncke: Christian Reuter, der Verfasser des Schelmuffsky. Sein Leben und seine Werke. In: Abhandlungen der königlich-sächsischen Gesellschaft der Wissenschaft zu Leipzig. Philologisch-historische Klasse 9 (1884), S. 453-661.

Friedrich Zarncke: Weitere Mitteilungen über Christian Reuter, den Verfasser des Schelmuffsky. In: Berichte über die Verhandlungen der königlich sächsischen Gesellschaft der Wissenschaft zu Leipzig. Philologisch-historische Klasse 39 (1887), S. 44-104 und S. 253-277.

Friedrich Zarncke: Neue Mitteilungen zu den Werken Christian Reuters. In: Berichte [siehe oben] 40 (1888), S. 71-136 und S. 201 f.

Georg Ellinger: Christian Reuter und seine Komödien. In: Zeitschrift für deutsche Philologie 20 (1888), S. 290-324.

Georg Witkowski: Geschichte des literarischen Lebens in Leipzig. Leipzig und Berlin 1909.

Joseph Risse: Christian Reuters „Schelmuffsky" und sein Einfluß auf die deutsche Dichtung. Hoerde 1911. (Diss. Münster)

Otto Deneke: Schelmuffsky. Göttingen 1927. (Göttingische Nebenstunden 3)

Eberhard Dehmel: Sprache und Stil bei Christian Reuter. Jena 1929. (Diss. Jena)

Ferdinand Josef Schneider: Christian Reuter. Halle 1936. (Hallische Universitätsreden 69)

Hans König: Christian Reuters „Schelmuffsky" als Typus der barocken Bramarbas-Dichtung. Hamburg 1945. (Diss masch. Hamburg)

Ferdinand Josef Schneider: Christian Reuters Jugend. In: Beiträge zur Geschichte der deutschen Sprache und Literatur, hrsg. v. H. Paul und W. Braune 70 (1948), S. 459-466.

Karl Tober: Christian Reuters Schelmuffsky. In: Zeitschrift für deutsche Philologie 74 (1955), S. 127-150.

Wolfgang Hecht: Die Idee in Christian Reuters „Schelmuffsky". In: Forschungen und Fortschritte 35 (1961), S. 105-108.

Wolfgang Hecht: Zu Christian Reuters „Graf Ehrenfried". In: Forschungen und Fortschritte 35 (1961), S. 105-108.

Günter Jäckel: Einleitung in: Christian Reuters Werke in einem Band. Weimar 1962, S. (5)-(31).

Wolfgang Hecht: Christian Reuter. Stuttgart 1966. (Sammlung Metzler 46)

Eckehard Catholy: Das deutsche Lustspiel. Vom Mittelalter bis zum Ende der Barockzeit. Stuttgart 1969.

Hans Geulen: Noten zu Christian Reuters Schelmuffsky. In: Rezeption und Produktion zwischen 1570 und 1730. Festschrift für Günther Weydt zum 65. Geburtstag. Hrsg. v. W. Rasch, H. Geulen und K. Haberkamm. Bern 1972, S. 481-493.

Jörg-Ulrich Fechner: Schelmuffkys Masken und Metamorphosen. In: Euphorion 76 (1982), S. 1-26. [Nach Abschluß der Niederschrift meines Artikels erschienen. (E. O.]

Nachweise

[1] Zitiert nach: F. J. Schneider (1948), S. 464. Das Zeugnis Georg Ilmers unterstützte Reuters Bewerbung um eine Stipendium der Stadt Zörbig, das ihm 1689 (nach dem dritten Bewerbungsanlauf) zuerkannt wurde. Vgl. zu den Einzelheiten den genannten Aufsatz F. J. Schneiders.

[2] Wahrscheinlich ist Herzog Christian August von Sachsen-Zeitz gemeint, der Reuter auch 1697 nach der Relegation von der Universität Leipzig mit hilfreichen Konnexionen unterstützte. Vgl. Zarncke (1884), S. 462 und 536.

[3] Auch das Datum 1712 kann mit unserem Christian Reuter nur hypothetisch verbunden werden. Die Annahme stützt sich auf eine Eintragung im Kirchenbuch der Berliner Schloßgemeinde, die besagt, daß am 11. August 1712 ein Christian Reuter und seine Ehefrau ihren Sohn Johann Friedrich taufen ließen. Vgl. Zarncke (1887), S. 52; F. J. Schneider: Christian Reuters Familie und sein Sohn Johann Friedrich. In: Ekkehard. Mitteilungsblatt deutscher genealogischer Abende 13 (1937), S. 227 f. und 14 (1938), S. 243 f. sowie Hecht (1966), S. 52 f.

[4] Gottsched: Nötiger Vorrat zur Geschichte der deutschen dramatischen Dichtkunst. Leipzig 1757. 1. Teil, S. 259.

[5] Zum Schelmuffsky-Enthusiasmus im Kreis um Arnim und Brentano vgl. Risse, S. 47 ff.

[6] Emil Weller: Die falschen und fingierten Druckorte. Leipzig 1858, S. 28 hatte als erster Christian Reuter als Autor des unter dem Pseudonym Hilarius erschienenen *Schelmuffsky*-Romans erkannt und später sogar einen Hinweis auf biographische Zusammenhänge gegeben (E. W.: Annalen der poetischen Nationalliteratur der Deutschen im 16. und 17. Jahrhundert. Freiburg 1862-64. Band 2, S. 277). Erst durch Zarnckes Arbeit freilich entstanden auf Kenntnissen gegründete klarere Umrisse von Leben und Werk Christian Reuters.

[7] Vor allem F. J. Schneiders Nachforschungen zur Jugend Christian Reuters konnten zusätzliche Materialien erschließen. Den gegenwärtigen Stand unserer Kenntnisse hat Wolfgang Hecht im Realienband der Sammlung Metzler knapp und klar zusammengefaßt. Auf diesen Band verweise ich grundsätzlich auch hinsichtlich der bibliographisch exakten Aufnahme der Titel von Reuters Werken. – Auf die fortbestehende Dürftigkeit unseres faktischen Wissens werfen schon die Eckdaten der vita deutliches Licht: Geburts- wie Sterbedatum kennen wir nicht, nur die Taufe am 9. Oktober 1665 hat Zarncke eruieren können.

[8] Vgl. u. a. Dieter Kimpel: Der Roman der Aufklärung. Stuttgart ²1977 (Sammlung Metzler 68), S. 33 f. und Horst Steinmetz: Die Komödie der Aufklärung. Stuttgart 1966 (Sammlung Metzler 47), S. 12-14.

[9] Ernst Bloch: Naturrecht und menschliche Würde. Frankfurt am Main 1961, S. 319.

[10] Deutsche Übersetzungen Molièrescher Stücke, darunter *Les Précieuses ridicules*, enthält die 1670 in drei Bänden in Frankfurt am Main erschienene Schaubühne Englischer und Französischer Comoedianten. Zur Leipziger Theaterszene in der zweiten Hälfte des 17. Jahrhunderts vgl. Witkowski, S. 318 ff.

[11] Zarncke (1884), S. 475.

[12] Catholy, S. 173.

[13] „Straßenjungen, die Brezeln verkaufen" (Erklärung Rolf Tarots, Schlampampe, S. 6).

[14] Regieanweisung zu Actus III, Szene IX (Schlampampe, S. 49).

[15] Schlampampe, S. 56.

[16] Christian Weise: *Von Verfertigung der Komödien und ihrem Nutzen*. Görlitz 1708. Zitiert nach: Deutsche Literatur. Sammlung literarischer Kunst- und Kulturdenk-

mäler in Entwicklungsreihen. Reihe Aufklärung. Hrsg. v. Fritz Brüggemann. Bd. 1. Darmstadt 1966 (Unveränderter reprografischer Nachdruck der 2. Auflage Leipzig 1938), S. 128-133, hier: S. 129.

[17] Ebd., S. 131.

[18] Christian Thomasius: Discours Welcher Gestalt man denen Frantzosen in gemeinem Leben und Wandel nachahmen solle. In: Ch. Th.: Deutsche Schriften. Ausgewählt und herausgegeben v. Peter von Düffel. Stuttgart 1970 (Reclams Universal-Bibliothek Nr. 8369-71), S. 20.

[19] Ebd., S. 13 f.

[20] Catholy, S. 173.

[21] Als Beispiel für Betrug kann die Geldtäuscherei in Actus I, Szene VIII dienen (Schlampampe, S. 21).

[22] Christian Weise: *Vom verfolgten Lateiner*. Leipzig 1696. Zitiert nach: Deutsche Literatur [vgl. Anm. 16], S. 325.

[23] Ausgenommen *Le Jouvanceau Charmant Seigneur Schelmuffsky*, die Opern-Version der *Ehrlichen Frau*.

[24] Auf die beiden, der Erstausgabe der *Ehrlichen Frau* beigebundenen Schmäuse (*Des Harlequins Hochzeit-Schmaus* und *Des Harlequins Kindbetterin-Schmaus*) gehe ich nicht ein und verweise hinsichtlich der Frage der nach wie vor unsicheren Autorschaft Reuters auf den Klärungsversuch Rolf Tarots im Nachwort zu: Schlampampe, S. 185-188.

[25] Schlampampe, S. 117 f.

[26] Schlampampe, S. 160.

[27] Wilfried Barner: Barockrhetorik. Tübingen 1970, S. 454.

[28] W I, S. 151.

[29] W I, S. 156.

[30] W I, S. 149.

[31] Zarncke (1884), S. 554.

[32] Reuter im Brief vom 15. März 1700 an Friedrich August, König von Polen und Kurfürst von Sachsen; zitiert nach: Zarncke (1884), S. 630.

[33] Protokoll der Vernehmung Reuters vom 12. Oktober 1695; zitiert nach: Zarncke (1884), S. 607.

[34] Den Vollzug dieser Relegation wendet Reuter ab durch ein Gesuch auf schriftliche Defension, die er freilich nicht vorgelegt zu haben scheint.

[35] Vgl. Zarncke (1884), S. 480.

[36] Vgl. auch Catholy, S. 173 f.

[37] Vgl. Zarncke (1884), S. 604.

[38] Zitiert nach: Zarncke (1884), S. 623.

[39] *Schelmuffskys Warhafftige Curiöse und sehr gefährliche Reisebeschreibung Zu Wasser und Lande* I. Teil. Gedruckt zu Schelmerode / Im Jahr 1696 (B I) und *Schelmuffskys curiöser und sehr gefährlicher Reise-Beschreibung Zu Wasser und Lande Anderer Theil*. Gedruckt zu Padua eine halbe Stunde von Rom / Bey Peter Martau / 1697. (B II). Hinsichtlich der Unterschiede zwischen der zweiten und der ersten Fassung (A) sei verwiesen auf den Aufsatz von Tober.

[40] Das gilt auch für den biographischen Konnex. Der ältere Müller-Sohn Eustachius hat Schelmuffsky einzelne Züge geliehen.

[41] Gründlich ausgearbeitet hat den Bramarbas-Komplex im *Schelmuffsky* die Dissertation von Hans König.

[42] Diese Beobachtungen verdanke ich dem Aufsatz von Hans Geulen.

[43] Zitiert nach: Theorie und Technik des Romans im 17. und 18. Jahrhundert. Band I. Barock und Aufklärung. Hrsg. v. Dieter Kimpel und Conrad Wiedemann. Tübingen 1970, S. 31.

[44] Alle Zitate aus dem *Kurtzen Bericht vom Politischen Näscher* ebd., S. 28-30.

[45] Geulen, S. 491.

[46] Vgl. Wilhelm Voßkamp: Romantheorie in Deutschland. Von Martin Opitz bis Friedrich von Blankenburg. Stuttgart 1973, S. 29-44.

[47] Es genügt ein Hinweis auf die berühmte Rattengeschichte, der Hans Geulen eine ingeniöse Deutung gegeben hat (S. 484).

[48] „Die Titelfigur knüpft an Namen und Charakter des Adligen Georg Ehrenfried von Lüttichau an." Hecht (1966), S. 46. Vgl. auch Zarncke (1888), S. 71 ff.

[49] Vor allem der Advokat Götze, dessen Denunziation Reuter seine Relegation von 1699 verdankte. Er fand sich im Fleck-Schreiber Iniurius porträtiert und eiferte vergebens gegen die Aufführung des Stücks.

[50] Ehrenfried, S. 78.

[51] Ebd., S. 32.

[52] Angabe der Titel bei Hecht (1966), S. 54 f., Abdruck der Texte in W II.

Uwe-K. Ketelsen

BARTHOLD HINRICH BROCKES

Schon die Entscheidung, den Hamburger Ratsherrn und Poeten Barthold Hinrich Brockes (1680-1747) unter die Schriftsteller des 17. statt zu denen des 18. Jahrhunderts zu rechnen, hat tiefgreifende Bedeutung für die Perspektive, unter der seine Person und sein Werk in den Blick kommen. Sie werden nämlich auf diese Weise von der Konstellation her beleuchtet, der sie zwar noch angehören, aus der sie aber auch schon herausgetreten sind; sie stehen zwischen den beiden Perioden, die man sich in der kulturellen Geschichte Deutschlands angewöhnt hat, mit den Kürzeln „Barock" und „Aufklärung" zu bezeichnen. Bedeutsamer wird diese Grenzlage noch dadurch, daß für unser historisches Bewußtsein alles, was der Aufklärung geschichtlich vorausliegt, Vor-Zeit darstellt, die Jahrzehnte um 1700 also eine entscheidende Schwelle bilden. Wenn Brockes – und andere Autoren seiner Zeit – dann auf die eine oder die andere Seite der geschichtlichen Scheidelinie gestellt werden, so wird damit auf die Frage geantwortet, ob sie Literaten unserer Epoche seien.

Ein Autor wie Brockes könnte indes die Skepsis gegenüber einer Historiographie der sauberen Schnitte nachhaltig stärken. Die Gleichzeitigkeit von „noch" und „nicht mehr" stellt das eigentliche Signum seiner Person wie seines Werkes dar; an seiner Figur tritt deutlich hervor, wie vielschichtig, widersprüchlich, teilweise sogar gegenläufig der Prozeß tatsächlich gewesen ist, in welchem die Literatur (und überhaupt die Kultur) unseres Zeitalters herausgebildet wurde. Dabei ist Brockes alles andere als ein komplexer Autor, im Gegenteil; gleichsam natürlich schießt das Übergangshafte seiner Zeit zur Eigentümlichkeit seines Werkes und seiner Person zusammen.

Für die geistesgeschichtlich orientierte Brockes-Interpretation hat das manche Schwierigkeit mit sich gebracht. Vor allem fiel es schwer, des Autors literarische Qualitäten angemessen einzuschätzen.[1] Erst als nicht mehr nur Fragen aus dem Horizont eines solchen Verständnisses an sein Werk gestellt wurden, gingen von dessen verwirrender Widersprüchlichkeit neue Impulse aus, und kaum einem anderen deutschen Autor, der als Minder-Dichter gilt, dürften im letzten Jahrzehnt so viele Darstellungen gewidmet worden sein wie eben dem Hamburger Ratsherrn Brockes.[2] So ist er unversehens zu einer paradigmatischen Figur der frühaufklärerischen Literatur in Deutschland geworden.

Seine Biographie ist seinem Werk durchaus nicht beiläufig. Man hat vielfach in seinem (angeblich) behäbigen bürgerlichen Charakter den einheitlichen Grund eines auf der Oberfläche verwirrenden Werkes erkennen wollen. Das taten – wenngleich unter ganz anderen literaturtheoretischen Voraussetzungen – schon seine Zeitgenossen, so wenn noch 1767 B. J. Zinck, ein Schüler des Dichters, zu dessen Ruhm ein wenig weitläufig und schon mit etwas überholter rhetorischer Emphase, aber dennoch das Urteil der Mitwelt wiedergebend, schreibt:

> Groß, in der Anbetung und Verehrung seines Schöpfers und Erlösers; Groß, im Umgange bey Höfen und der vornehmen Welt; Groß, im Senate und in der bürgerlichen Gesellschaft; Groß, als ein zärtlicher Familienvater; Groß, gegen seine Freunde, und selbst gegen seine Feinde, und allemal groß und standhaft in verdrießlichen und unangenehmen Vorfällen![3]

So wie Zinck hatte schon Brockes selbst über dreißig Jahre zuvor in seiner Lebensbeschreibung seine Literatur von seiner Person her gerechtfertigt (und nicht umgekehrt).[4] Aus dieser (Selbst-)Darstellung wie aus den Bildern[5], die von dem Schriftsteller existieren, wie aus den Entwürfen zu einer Idealgestalt des Bürgers, in der maßgeblich von Brockes beeinflußten *Moralischen Wochenschrift*: *Der Patriot* (etwa im achten Stück) blickt uns dieselbe Gestalt entgegen: die fleischgewordene *constantia* des humanistischen Stoizismus, wie sie 1584 Justus Lipsius entworfen und wie sie dem 17. Jahrhundert als Regulativ vorgeschwebt hatte, nun allerdings gemäßigt ins Praktische und Bürgerlich-Reputierliche sowie teilweise mit galanten Zügen garniert. Inwieweit sich dieses Leitbild mit der biographischen Gestalt gedeckt hat, ist schwer auszumachen; die Zeitgenossen haben jedenfalls das *decorum* gewahrt gesehen, so wenn ein Chronist Hamburgischer Zustände des Jahres 1729 die einschlägigen Stichworte summiert: „M. Brockes est d'un caractère aimable, honnête et complaisant: il se fait aimer et estimer de tous ceux qui le connoissent."[6] Was uns aus den Quellen entgegentritt, ist also nicht unbedingt ein „wirkliches" Abbild seiner Person, es sind vielmehr die in ihm verkörperten Ideale seiner Zeit. Möglicherweise darf man noch einen Schritt weiter gehen und sagen, daß in der Epoche tiefgreifender sozialer und geistiger Veränderungen in Deutschland von diesem geglückten Bild eines Bürgers nach den Idealen der Zeit, von seiner erkennbaren politischen Tätigkeit und schließlich auch und gerade von seinem literarischen Werk zumindest für einen kurzen Augenblick eine weitreichende integrative Kraft ausing, die alle Widersprüche dieser Übergangszeit zusammenband.

Sein Leben war nicht unbedingt aufregend, jedenfalls gemessen an den Bewegungen dieser unruhigen Jahrzehnte.[7] Allerdings ist seine erfolgreiche politische und literarische Karriere auch als zu selbstverständlich hingenommen und nie recht nach deren Bedingungen gefragt worden, vor allem nicht, inwieweit die eine mit der anderen zusammenhing. Der am 22. IX. 1680 in Hamburg geborene, aus einer Kaufmannsfamilie stammende Brockes hatte von seinem 1694 gestorbenen Vater ein gutes Vermögen geerbt, das sich allerdings nicht als unerschöpflich erwies. Er hatte vor allem in seinen jüngeren Jahren das Glück, mit den richtigen Leuten in Kontakt zu kommen, und er hat dieses Glück durchaus genutzt; schon seine Lehrer waren über Hamburg hinaus bekannte Gelehrte, zudem öffneten die Nicolaus Reimarus, Paul Georg Krüsike und Johannes Hübner ihm die Türen zu den herrschenden Kreisen Hamburgs. Im Umgang mit Barthold Feind, der auch sein erster dichterischer Mentor wurde, bemerkte er überdies, wie künstlerisches Talent den Zugang zur höheren Gesellschaft öffnen kann, und er nahm auch diese Chance wahr. Das kulturelle Klima im Hamburg des ausgehenden 17. Jahrhunderts mit seiner Mischung aus Imitation adliger Kulturgepflogenheiten, bürgerlich-kaufmännischer Pragmatik und christlich-stoischer Lebensdeutung prägte ihn nachhaltig. So ist Brockes in seinen Poesien nie ein „Gelehrter" gewesen (wie – außer Hagedorn – die anderen Autoren seiner Zeit) sondern immer ein Dilettant. Einer seiner posthumen Lobredner bescheinigte ihm, wohl gut unterrichtet, aber zugleich ein Talent von Natur gewesen zu sein.[8] Eine halb galante, halb der Bildung dienende Reise nach Wien endete 1698 wegen seines durch Kleiderkäufe arg strapazierten Geldbeutels schon in Prag; 1700 ging er dann endlich zum Jurastudium nach Halle, wo er auch Thomasius hörte; 1702 praktizierte er am Reichskammergericht in Wetzlar; aus einer geplanten Studienreise nach Genf wurde wegen der unruhigen Zeitläufe eine Art Kavalierstour nach Nürnberg, Venedig, Rom, Florenz, Turin, Genf, Paris. Da seine Mutter ihn wegen des Todes seiner Schwester nach Hause zurückwünschte, ließ er Brabant und London sowie seine Vorstellung, bei Hof eine Karriere zu machen, fallen und schloß sein Studium gleichsam auf der Durchreise in Leiden mit dem Lizentiaten-Examen ab.

Über ein Jahrzehnt lebte er dann als Privatier in Hamburg, eifrig bemüht, Konnektionen zu gewinnen und eine Geldpartie zu machen. In diese Zeit, also für die damaligen Bildungsverhältnisse unglaubwürdig spät, will er auch den Anfang seiner schriftstellerischen Bemühungen datieren. 1713 scheiterte der erste Anlauf zu einer politischen Laufbahn, im folgenden Jahr gelang aber die gute Partie; 1720 wurde er endlich in den Rat gewählt (was übrigens nur aufgrund der erst 1712 geänderten Ratsverfassung möglich geworden war, in welcher die bisher bestimmende Gruppierung zum Abschluß der sozialen und religiösen Unruhen, welche die Stadt zwei Jahrzehnte lang erschüttert hatten, den Kreis der städtischen Funktionsträger vorsichtig erweitert hatte. Merkwürdigerweise findet sich bei Brockes kaum die Spur eines Hinweises auf diese turbulenten Konstellationen.). Von nun an zog seine Karriere – jedenfalls soweit man sie von außen erkennen kann – eine ruhige Bahn; so nahm er an mehreren diplomatischen Expeditionen teil, unter denen die von 1721 an den Wiener Hof die herausragendste gewesen ist; unter anderem war er von 1735 bis 1741 Amtmann in der Hamburgischen Außenbesitzung Ritzebüttel (Cuxhaven); 1741 wurde er dem Scholarchat zugeteilt, dessen Leitung er 1743 übernahm. Am 16. I. 1747 starb er ziemlich plötzlich.

Dieser Lebenslauf besitzt für sich keine großen historisch-politischen Dimensionen (und welche Rolle Brockes als Stadtpolitiker tatsächlich gespielt hat, vor allem, welchen Fraktionen er seinen Erfolg verdankte und was ihn in den Augen seiner Gönner für seine Aufgaben qualifizierte, besonders, welche Bedeutung dabei seine literarischen Aktivitäten hatten [ob sie überhaupt von Wichtigkeit waren], das ist nicht wirklich auszumachen, ehe es nicht einmal ausdrücklich untersucht worden ist); kulturgeschichtlich ist dieser Lebenslauf aufschlußreich, weil er eines der möglichen bürgerlichen Lebensideale am Übergang der feudal-höfischen Zeit zur bürgerlichen Epoche im (aufgeklärten) Absolutismus ziemlich rein verkörperte. Poesie nimmt jedenfalls nur einen Teil dieser Biographie ein; aber seine schriftstellerische Arbeit wird nicht nur – wie Goethe richtig sieht[9] – von dieser Biographie gerechtfertigt, sondern auch in ihrer spezifischen Qualität überhaupt erst möglich. Insofern gehören beide unlöslich zueinander.

In seiner Lebensbeschreibung begründet Brockes seine schriftstellerischen Bemühungen nicht mit literaturspezifischen Argumenten sondern – im Stile der Frühaufklärung – mit moralischen und religiösen; er betont außerdem sehr nachdrücklich die Bedeutung von Poesie (und Kunst überhaupt) für das *decorum* seines galanten Lebensstils; auch weist er stolz darauf hin, welche diplomatischen Dienste er der Stadt Hamburg mit seinen Gedichten habe erweisen können. Um so bemerkenswerter ist es, daß er seiner eigentlichen „kulturpolitischen" Aktivitäten gar nicht gedenkt: Seine nachhaltige Mitarbeit in der *Teutsch-übenden Gesellschaft* (1714/15-1717) und in der *Patriotischen Gesellschaft* (seit 1724) übergeht er in seiner Lebensbeschreibung völlig, obwohl er in beiden eine wichtige Rolle gespielt hat. Die erstgenannte war noch eine Gründung im Stile der Sprachgesellschaften des 17. Jahrhunderts. Nach § 6 ihrer Ordnung sollen die

> einzubringenden Piecen [...] hauptsächlich bestehen entweder in Theoreticis, als nehmlich Teutsche Grammatikalische, Oratorische, Poetische, und dergleichen obseruationibus; oder in Practicis, verstehe einer ausgearbeiteten Prosa oder Carmine [...].[10]

Zum Ziel wurde die „gelehrte Erbauung" und „kluge Belustigung" der Mitglieder gesetzt, als Verkehrsform der „unumschränkte Discours" (§ 11 der Ordnung) festgelegt.[11] Die Initiatoren dieser Gründung waren Brockes, dessen damaliger Mentor in poetischen Sachen, der spätere sächsische Hofdichter Johann Ulrich König, und der Hamburgische Schulmann Michael Richey; einen öffentlichen Einblick in die Aktivitäten dieser limitierten Gesellschaft – und damit auch in die literarischen Diskussionen während der Ablösungsphase von den literarischen Prinzipien des 17. Jahrhunderts – geben die ersten Bände des ab 1721 von Christian Friedrich Weichmann (der mittlerweile in Brockes' Gunst an die Stelle Königs getreten war) publizierten Periodikums *Poesie der Nieder-Sachsen*.[12] Die Akten der Assoziation lieferten einen Großteil der Manuskripte. – War diese *Teutsch-übende Gesellschaft* in ihrer sozialen Zusammensetzung (als „Gelehrten"gesellschaft) und in ihren Zielen noch weitgehend ein Kind aus der Tradition des 17. Jahrhunderts, so war die *Patriotische Gesellschaft* dagegen eine Gründung ganz aus dem Geiste des 18.[13]: Nicht Literaten trugen sie, vielmehr fanden sich politisch einflußreiche Hamburger Bürger zusammen, die aus wichtigen Familien der Stadt stammten; sie debattierten über das allgemeine Wohl und die notwendigen Leitbilder der (bürgerlichen) Gesellschaft und legten ihre Ansichten im Stile der Zeit und nach englischem Vorbild zum allseitigen Nutzen ihrer Mitbürger in einer *Moralischen Wochenschrift*, dem *Patrioten*, nieder.[14] Literatur spielte da nur eine Rolle, insofern sie eine Funktion im moralischen Perfektibilisierungsprogramm übernehmen konnte. *Der Patriot* trat nicht nur ziemlich früh als Zeitschrift dieses neuen Typs in Deutschland ans Licht, sondern war – neben den *Discoursen der Mahlern* und den *Vernünfftigen Tadlerinnen* – die bedeutendste dazu.[15] Die Mitglieder der Gesellschaft versammelten sich noch bis 1748 regelmäßig; die Zeitschrift erschien allerdings nur von 1724 bis 1726.

Wie die anderen Publikationen dieses Genres verkündete auch *Der Patriot* die Prinzipien einer bürgerlichen Gesinnung und eines vernünftigen Lebenswandels. Er war den neueren Erkenntnissen und Vorstellungen seiner Zeit, vor allem auf den Gebieten der Naturphilosophie, der Ethik, der Ökonomie und der Gesellschaftslehre sehr aufgeschlossen, ohne sie indes mit Eifer gegen die traditionellen Deutungen und hergebrachten Lebensregeln zu verfechten. Das behutsame Überreden zum „Vernünftigen" und die Botschaften der Tugend und der Pragmatik eines bürgerlichen Alltags waren sein (wie der anderen *Moralischen Wochenschriften*) Programm. Wie sehr aber auch diese – verglichen mit englischer und französischer Aufklärungspropaganda – moderierten Grundsätze erregend auf das Alltagsbewußtsein der Zeitgenossen wirkten, dokumentiert die vehemente Kritik, welche die Publikation bei ihrem Erscheinen in Hamburg fand.[16] Brockes' Mitarbeit läßt sich über die allgemeine Teilnahme an der *Patriotischen Gesellschaft* in der Verfasserschaft einzelner Stücke belegen[17], und manche der vorgetragenen Ideen und Ideale findet der Leser in seiner literarischen Produktion wieder.

Wer die Hinweise auf die Aufgaben und Zwecke nicht ernst nimmt, mit denen Brockes und seine Zeitgenossen selbst des Autors poetische Bemühungen begründeten, dem bietet dieses Werk einen verwirrend unübersichtlichen Anblick; nicht nur daß seine stilistischen Mittel von den Prunkformen des „Hohen Stils" im Verständnis des 17. Jahrhunderts, über emblematische Darstellungsformen, über galante Stilzüge bis zu den „trockenen" Schreibidealen der deskriptiven Poesie auf der Ebene des „Mittleren Stils", ja selbst bis in die Bereiche des „Niederen Stils" in niederdeutscher Mundart reichen – auch die poetischen Genres, denen er sich zuwandte, zeigen einige Breite: er übersetzte viel[18], er verfaßte Texte sehr unterschiedlicher Natur, die zur Vertonung gedacht waren, so das überaus erfolgreiche Oratorium *Der für die Sünde der Welt gemarterte und*

Sterbende Jesus (1712), das seinen literarischen Ruhm begründete und zu dessen Uraufführung sich über fünfhundert Zuhörer in seinem Hause versammelt hatten, viele Texte für Serenaden und andere musikalische Darbietungen, die berühmten Komponisten seiner Zeit als Textvorlagen dienten[19]; er schrieb eine unübersichtliche Menge von Gelegenheitsgedichten, die einen ersten Blick auf seine Hamburger gesellschaftliche Stellung zu werfen erlauben und auch seine teilweise Distanz zum „gelehrten" Poesiebetrieb seiner Zeit deutlich zu erkennen geben[20]; er legte seine philosophischen Anschauungen in Gedankenlyrik (vor allem in Form von Neujahrsgedichten und gereimten Dialogen) nieder, die über sein ganzes Werk verstreut, in den letzten Bänden aber gehäuft erscheinen; er dichtete vor allem aber die deskriptiven Lehrgedichte, um derentwillen er seinen Platz in der Literaturgeschichte beanspruchen kann. In stetiger Arbeit seit etwa 1715/16 bis zu seinem Tod beschrieb er die sinnvolle Einrichtung und besang die Schönheit der Natur; daraus zog er Argumente des Gotteslobs. Die frühesten der insgesamt neun Bände, die seit 1721 unter dem Titel *Irdisches Vergnügen in Gott, bestehend in Physicalisch- und Moralischen Gedichten* erschienen, waren der erste populäre Bucherfolg der deutschen Aufklärungsliteratur. Brockes bestimmte mit diesem Teil seines Werkes die deutschsprachige Poesie der 20er und selbst der 30er Jahre in einer Weise, wie es später erst wieder Gellert gelang. 1723 besang ihn etwa Georg Philipp Telemann – um nur ein Beispiel aus vielen herauszuziehen:

> Der hochbegabte BROCKS / der Auszug kluger Geister /
> Die Lust der großen / so wie Hamburgs kleinen / Welt /
> Zeigt / wann er die Natur will mahlen / sich als Meister /
> Da das Original sich für den Abriß hält.[21]

Später tadelte man gerade das, was man zunächst an ihm gelobt hatte: nämlich die genaue Beschreibung der Natur und wollte allein die moralischen Tendenzen seiner Schriften gelten lassen, bis auch diese der Lächerlichkeit verfielen.

Bereits 1861 hatte David Friedrich Strauß mit seinem Satz: „Die ganze Brockes'sche Naturpoesie ist ein gereimter physico-theologischer [Gottes]Beweis"[22] eine Linie gegeben, auf die sich die breite Menge der Brockesschen Naturpoeme und deren entmutigender Eklektizismus beziehen lassen. Zunächst hat die Literaturgeschichtsschreibung (wie auch Strauß selbst) mit dieser Zuordnung nicht viel anzufangen gewußt. Erst als religionsgeschichtliche Untersuchungen die historische Bedeutung der Physikotheologie in den religiösen Erschütterungen herausarbeitete[23], welche die langdauernde Umgestaltung des Weltbildes vom Mittelalter zur Neuzeit mit sich brachte[24], wurde die Deutung Straußens wirklich fruchtbar für die Versuche, Brockes' Naturgedichte im Zusammenhang ihrer Zeit zu lesen.

Ihrem philosophischen und religiösen Gehalt nach bezieht sich die Physikotheologie auf alte hebräisch-christliche Traditionen zurück, auf den kabōddoxa-Komplex: im gleißenden Himmelslicht erscheint die Seinsfülle Gottes. Diesen Zusammenhang macht unmittelbar das Titelkupfer einer Brockes-Anthologie sichtbar: Eine Erdkugel, auf der Wälder, Auen und Berge zu erkennen sind, schwimmt gleichsam im Strahlenglanz des himmlischen Lichts.[25] Aus einer solchen emphatischen Begegnung mit der Schöpfung Gottes erwuchs für den spanischen Philosophen Raimund von Sabunde (gest. nach 1436) der Impuls, sich dem Schöpfer selbst als der Quelle alles Seienden zuzuwenden. Solche Formulierungen einer Gotteserfahrung wurden zu Anfang des 17. Jahrhunderts (etwa für den Jesuiten Leonard Lessius (1617) oder für Marin Mersenne (1623) zu Argumenten eines ausdrücklichen Gottes b e w e i s e s. Schon hier wird deutlich, wie sehr Apologie die Grundintention der Physikotheologie war. „Agnosci igitur Athee creatorem tuum", hieß es bei Mersenne, und ein Jahrhundert später antwortete ihm Brockes:

> Mich deucht, ich könn' auf allen Blättern [der Rose]
> Geheimnisse von GOttes Wunder-Wesen,
> Von Seiner Macht und heissen Liebe, lesen.
> Ach, nehm't es doch in Acht!
> Dieß steht auf jedem Blatt recht deutlich, hell und klar:
> *Wie ist doch Der, Der uns gemacht,*
> *So liebreich, groß und wunderbar!*[26]

Zwei Momente bestimmten die charakteristische Argumentationsweise der Physikotheologie: Zum einen beruhte sie – zumindest in ihrer eigentlichen Gestalt – nicht auf logischen Beweisgängen und Erwägungen, sondern auf der emotionalen Affiziertheit durch die Schönheit der göttlichen Schöpfung: „verum non disputando tantum elucescit haec veritas", meint Gerard de Vries (1695); „sola admiratione" erwachse der Glaube an Gott. Korrespondierend schreibt Brockes:

> Ach GOtt! wie lieblich gläntzt und glühet,
> Wie herrlich funckelt, prangt und blühet
> Der tausend-färbig-bunte Mah.
> In seinem Schmuck sieht mein Gemüthe
> Die Weisheit, Allmacht, Lieb' und Güte
> Des Schöpfers, ja Ihn selber, nah.[27]

Zum andern versagte sich die Physikotheologie nicht nur dem wachsenden Widerstand der christlichen Orthodoxien gegen die „new science" und gegen deren Erkenntnisse über die materielle Natur, sie griff im Gegenteil die neuen Einsichten in apologetischer Absicht auf und versuchte sie ausdrücklich gegen die „Atheisten" zum Zwecke der Rechtfertigung des einen universalen Weltbilds nutzbar zu machen, das die nominalistischen Tendenzen der entstehenden Naturwissenschaften zumindest tendenziell sprengten. Auf solche Weise sollte verhindert werden, daß die „sublunare" Welt der Materie und ihrer mechanischen

Ordnung aus dem einen, allumgreifenden Kosmos herausfiele; gerade die neu gewonnenen Einsichten in die rein materielle Organisation der „machina mundi" rechtfertigten in der Perspektive der Physikotheologie die Existenz Gottes. So beschreibt Brockes etwa den Anblick, den eine Nordlicht-Erscheinung bietet, und fährt dann fort:

> Was aber mag doch wohl der Schein
> Recht eigentlich, und was die Ursach seyn?
> Auf! auf! mein Geist, du must dich aufwärts schwingen!
> Bestrebe dich, mit Ehr-Furcht in die Tiefe
> Der wirckenden Natur zu dringen,
> zu unsers Schöpfers Preis' [...].[28]

Daran anschließend werden mehrere, allein physikalisch-mechanische Erklärungen für dieses Phänomen erwogen und zur Diskussion gestellt; das Gedicht endet dann mit den Zeilen:

> Doch wollen wir zugleich die Macht des HERRN der Sternen,
> Bey solchen Wundern, fürchten lernen.

Je ausdrücklicher, genauer und nachhaltiger nun die neuen naturwissenschaftlichen Erkenntnisse verarbeitet wurden, desto überzeugender mußte in der Selbsteinschätzung der Physikotheologie die apologetische Argumentation ausfallen; dabei ging es aber nicht nur darum, allein Gottes Existenz nachzuweisen, es sollten auch die Qualitäten im traditionell-theologischen Gottesbegriff gegen die Zweifel der „Atheisten" erwiesen werden, vor allem also die Macht Gottes (potentia dei), die gütige und gerechte Vorsehung und Vorsorge Gottes (providentia dei), die Weisheit Gottes (sapientia dei), und teilweise auch die Allgegenwärtigkeit Gottes (Ubiquität). So heißt es denn auch in Brockes' bereits zitiertem Gedicht über das Nordlicht:

> [...] üm auch in diesen Dingen
> Sein' Allmacht, Seine Lieb' und Weisheit zu besingen.[29]

Bei solcher Blickrichtung herrschte ein deutliches Desinteresse an christologischen Aspekten im christlichen Weltbild.

Die naturdeskriptiven Gedichte des *Irdischen Vergnügens* sind also nicht einfach die in Reim und Vers gesetzten naturwissenschaftlichen Erkenntnisse der Zeit; gerade dort, wo Brockes' naturwissenschaftliche Quellen auszumachen sind, läßt sich zeigen, wie der Autor diese Kenntnisse in den Dienst seiner religiösen Absichten stellt.[30] Seine Naturgedichte sind also, wie es im Untertitel seines chef-d'œuvres heißt, physikalisch und moralisch zugleich.

Je stürmischer nun die naturwissenschaftlichen Erkenntnisse wuchsen, und das bedeutete, je schwerer die neu gewonnenen Einsichten in die Prozesse der physikalischen Natur in den Rahmen des traditionellen Gedankens von der einen, universalen Schöpfung zu integrieren waren, desto verbreiteter und intensiver wurden die apologetischen Tendenzen der Physikotheologie. Vor allem in England, dann aber auch in Holland und Norddeutschland bildeten sich physiko-theologische Zentren; dabei wurden die Engländer Richard Bentley (1662-1742), William Derham (1657-1735), Samuel Parker (1640-1688) und John Ray (1628-1705) gewissermaßen schulbildend; in Hamburg war der mit Brockes befreundete Johann Albert Fabricius (1668-1736) der hauptsächliche Vertreter dieser Richtung. Der strenge theologische Kern des Ansatzes wurde bald ausgehöhlt, indem man – wie auch Brockes' Gedicht über das Nordlicht zeigt – durchaus auch rational zu demonstrieren versuchte; durch eine Öffnung in die predigende Verkündigung verflachte die Argumentationsweise zudem schnell und nahm (vor allem in Deutschland) nur zu leicht traktathafte und moralisierende Züge an; durch thematische Ausweitungen geriet die Physikotheologie schließlich in den Bereich der Beliebigkeit: An allem und jedem konnte die Existenz Gottes und sein Wesen gegen die „Atheisten" erwiesen werden. So gab es binnen kurzem eine unübersehbare Menge von Astro-, Bronto-, Chiono-, Chorto-, Cosmo-, Hydro-, Ichthyo-, Insecto-, Litho-, Melitto-, Petino-, Phyto-, Psycho-, Pyro-, Testaceo- und anderweitigen Theologien, die sich alle dem Ziel verschrieben hatten, die Menschen – wie es auf den Titelblättern so floskel- wie schablonenhaft hieß – „durch nähere Betrachtung der [Sterne, des Donners, des Schnees usw.] zur Bewunderung, Liebe und Verehrung Ihres mächtigsten, weisesten und gütigsten Schöpfers aufzumuntern." Gerade solche Grenzenlosigkeit schien die Universalität des Ansatzes und damit seine Überzeugungskraft zu garantieren: Jede neue Physikotheologie und jedes neue Gedicht von Brockes und seinen Schülern, die er schnell fand, bestätigten die Richtigkeit des Gedankens und damit die Vernünftigkeit des Vorhabens, aus der Beobachtung der Natur die Existenz Gottes zu beweisen.

Allerdings wäre zu fragen, ob nicht diese populäre Apologetik die dogmatischen Positionen unterlaufend aufweichte[31] und ob nicht wesentliche Momente im universalistischen Weltbild, vor allem der ordo-Gedanke in Gefahr gerieten, als den physikalisch-mechanischen Naturvorstellungen ein so zentraler Raum zugestanden wurde; daß jedenfalls D. F. Strauß die Brockesschen Gedichte in seine Traditionslinie religionskritischer Ansätze stellen konnte, wirft ein bezeichnendes Licht auf die historische Doppeldeutigkeit der Werke dieses Autors.

Brockes ist diese Problematik kaum aufgegangen, denn sein Interesse an der Natur war ja primär weder philosophisch noch naturwissenschaftlich, sondern religiös motiviert. So eignete er sich zwar naturwissenschaftliche Kenntnisse und Perspektiven erstaunlich schnell und genau an[32], aber nur insofern und so weit, wie er sie zu seiner Darstellungsabsicht zu benötigen glaubte. Wo sich dieses Ziel mit anderen, auch der naturwissenschaftlichen Verfahrensweise widersprechenden Argumenten erreichen ließ, zögerte er nicht, danach zu greifen. So stehen neben Gedichten, die auf dem Boden der neuesten naturwissenschaftlichen Erkenntnisse seiner Zeit formuliert sind, solche, die an längst überholten Anschauungen festhielten und unbedenklich den allegorischen und emblematischen literarischen Verfahren der rhetorischen Poesie des 17. Jahrhunderts verpflichtet blieben. Dieser Eklektizismus in seinem Wissen, in seiner Argumentationsweise wie in seinem poetischen Verfahren war nicht nur der Grund dafür, daß sich so unterschiedliche dogmatische Positionen auf ihn beriefen, sondern wohl auch dafür, daß er nirgends auf erkennbaren theologischen Widerstand gestoßen zu sein scheint. Alle konnten sich in ihm, der ohne Eifer, aber mit religiöser Emphase redete, irgendwie wiedererkennen.

Der schnelle Aufstieg zum Ruhm und dessen fast ebenso schnelles Verblassen deuten darauf hin, daß Brockes' Gedichte sehr stark mit den aktuellen Bedürfnissen seiner Leser verquickt waren und mit diesen versanken, wie sie mit ihnen aufgestiegen waren. Diese Leser – die vor allem in den nicht-„gelehrten" Schichten belegt sind – fanden in des Autors Naturpoemen die Gewißheit, daß das überlieferte transzendente Weltbild der christlichen Tradition in den rapiden Umschwüngen der Zeit gegen die Verunsicherungen durch „atheistische" Konsequenzen der „new science" seine Gültigkeit behalten habe. Solche Rettung fand zudem in einer Form statt, die sich nicht nur nicht den neuen Naturerkenntnissen versperrte oder ihnen gleichgültig blieb, wie bei den Orthodoxen und Pietisten, sondern gerade umgekehrt zu deren Aufnahme ermunterte und die vielfache, zumeist dilettantische Begeisterung für Naturbeobachtungen ausdrücklich rechtfertigte. Und schließlich boten diese Gedichte (wie die gesamte Physikotheologie) in der sich überstürzenden Flut neuer Erkenntnisse über die Zusammenhänge in der materiellen Natur ein einfaches und praktikables Schema, das die verwirrende Vielfalt einzelner Beobachtungen auf ein faßliches Grundmaß reduzierte. Die historische Entwicklung ging allerdings schnell über diese Situation hinweg, so daß Brockes' Gedichte die ihnen zugedachten Aufgaben bald nicht mehr erfüllen konnten.

Ähnlich mehrdeutig ist Brockes' Stellung im weitgreifenden geschichtlichen Zusammenhang zu sehen: auf der einen Seite hat er mit seinen naturbeschreibenden Gedichten entscheidende Bedeutung für die erstaunlich schnelle Ausbreitung naturwissenschaftlicher Erkenntnisse im allgemeinen Bewußtsein der bürgerlichen Schichten gehabt, denen der Zugang dazu ansonsten aufgrund der Bildungssituation versperrt geblieben wäre; auf der anderen Seite verhinderte die Einbindung dieser Erkenntnisse in einen umfassenden, transzendent begründeten Weltentwurf in der deutschen Aufklärung gerade die Herausbildung einer auf Naturwissenschaften gegründeten Weltanschauung, für die allerdings zunächst auch kein gesellschaftlicher Bedarf bestand. Grundlage der Brockesschen Naturgedichte blieb die reale Einheit von Naturzweck und Sinn menschlichen Handelns. In dem Augenblick, wo Natur und Geschichte im Bewußtsein der Aufklärung in ein Spannungsverhältnis gerieten, war die Brockessche Konstruktion geschichtlich nicht mehr möglich. Für die spätere „Kulturkritik" (die ja vor allem Kritik der Geschichte ist) konnte Brockes deswegen keine Rolle spielen.[33]

Anmerkungen

Texte

Die wichtigsten Textveröffentlichungen von Brockes sind:
Das Irdische Vergnügen in Gott, bestehend in Physikalisch- und Moralischen Gedichten, 9 Bde., Hamburg 1721-48 (in verschiedenen Auflagen).
Auszug der vornehmsten Gedichte aus dem von Herrn B. H. Brockes in fünf Theilen herausgegebenen Irdischen Vergnügen in Gott, hrsg. von Fr. v. Hagedorn und M. A. Wilckens, Hamburg 1738; Faks.-Nachdruck hrsg. v. D. Bode, Stuttgart 1965.
Verteutschter Bethlehemitischer Kinder-Mord des Ritters Marino, nebst des Herrn Uebersetzers eigenen Werken, Hamburg 1715 (in verschiedenen, stark divergierenden Auflagen).
Ausführliches Werkverzeichnis von Harold P. Fry in: B. H. Brockes. Dichter und Ratsherr in Hamburg. Hamburg 1980 (= Beiträge zur Geschichte Hamburgs, Bd. 16), S. 181-209.

Literatur

Alois Brandl: B. H. Brockes. Innsbruck 1878.
Wolfgang Philipp: Das Werden der Aufklärung in theologiegeschichtlicher Sicht, Göttingen 1957.
Eric A. Blackall: Die Entwicklung des Deutschen zur Literatursprache. Stuttgart 1966.
Ida M. Kimber: B. H. Brockes, a Transmitter of Germinal Ideas in his „I. V. G.". Diss. Edinburgh 1969.
E. M. Friese-Apitz: The Poetic Development of B. H. Brockes' in his „I. V. G.". Diss. Johns Hopkins Univ. 1971.
Karl Richter: Literatur und Naturwissenschaft. München 1972.
Walter Schatzberg: Scientific Themes in the Popular Literature and Poetry of the German Enlightenment (1966). Bern 1973.
Uwe-K. Ketelsen: Die Naturpoesie der norddeutschen Frühaufklärung. Stuttgart 1974.
Christoph Siegrist: Das Lehrgedicht der Aufklärung. Stuttgart 1974.
Geoffrey H. Sutton: The Reception, Tradition, and Influence of Brockes' „I. V. G.". Diss. Cambridge/Engl. 1974.
Harold P. Fry: Aspects of Tradition in B. H. Brockes' „I. V. G." 1721. Diss. Univ. of North Carolina at Chapel Hill 1975.
Uwe-K. Ketelsen: Naturpoesie als Medium bürgerlicher Ideologiebildung im frühen 18. Jh.: B. H. Brockes' „Die kleine Fliege". In: Norbert Mecklenburg (Hrsg.): Naturlyrik und Gesellschaft. Stuttgart 1977, S. 45-55.
Ingeborg Ackermann: „Geistige Copie" und „Wirkliche Wirklichkeit". Zu B. H. Brockes und A. Stifter. In: Sibylle Penkert (Hrsg.): Emblem und Emblemrezeption. Darmstadt 1978, S. 436-501.
Harold P. Fry: Die „Betrachtungen über die drey Reiche der Natur" als Schlüssel zu einer neuen Brockes-Deutung, Lessing Yb. XI, 1979, S. 142-164.

Nach Abschluß des Manuskripts sind erschienen:
Geoffrey H. Sutton: Neun Briefe von B. H. Brockes an unbekannte Empfänger. In:

B. H. Brockes. Dichter und Ratsherr in Hamburg. Hamburg 1980 (= Beiträge zur Geschichte Hamburgs, Bd. 16), S. 105-135.

Uwe-K. Ketelsen: B. H. Brockes als Gelegenheitsdichter. In: B. H. Brockes (wie Sutton, 1980), S. 163-189.

Georg Guntermann: B. H. Brockes' „Irdisches Vergnügen" und die Geschichte seiner Rezeption in der deutschen Germanistik. Bonn 1980.

Sara Stebbins: Maxima in minimis. Zum Empirie- und Autoritätsverständnis in der physikotheologischen Literatur der Frühaufklärung, Frankf./M. 1980.

Harold P. Fry: Gleich einem versifizierten Buffon. Zu Chronologie und Quelle von Brockes' „Betrachtungen über die drey Reiche der Natur". In: Wolfgang Harms und Heimo Reinitzer (Hrsg.): Natura loquax. Naturkunde und allegorische Naturdeutung vom Mittelalter zur frühen Neuzeit. Frankf./M. 1981, S. 257-276.

Hans-Georg Kemper: Gottebenbildlichkeit und Naturnachahmung im Säkularisierungsprozeß. Problemgeschichtliche Studien zur deutschen Lyrik in Barock und Aufklärung. 2 Bde. Tübingen 1981.

Nachweise

[1] Vergl. z. B. Ida M. Kimber: B. H. Brockes. Two Unacknowledged Borrowings, MLR 64, 1969, S. 808.

[2] Vergl. das Lit.-Verz.

[3] B. J. Zinck: Neue Vorrede zum Zweyten Theil des I. V., Hamburg ⁵1767, Bl. a3*b*.

[4] J. M. Lappenberg (Hrsg.): Selbstbiographie des Senators B. H. Brockes, ZVHG 2, 1847, S. 167-229.

[5] Gemälde von D. van der Smissen und verschiedene Stiche.

[6] Baron Pölnitz, zit. bei J. M. Lappenberg (A. 4), S. 219, A. 1.

[7] Es existiert nur eine Biographie, nämlich die von Alois Brandl: B. H. Brockes, Innsbruck 1878, die großzügig aus Brockes' Autobiographie und Gelegenheitsgedichten schöpft.

[8] Vergl. Paulus Schaffshausen: Virtutes meritaque Brockesii, Hamburg 1750, Bl. B2*a*.

[9] Vergl. J. W. Goethe: Dichtung und Wahrheit, 10. Buch.

[10] Journal und Akten der Teutsch-übenden Gesellschaft (UB Hamburg: cod. hist. litt. 2).

[11] Zum kulturpolitischen Bedeutungsfeld solcher frühen bürgerlichen Verkehrsformen vergl. Jürgen Habermas: Strukturwandel der Öffentlichkeit, Neuwied ⁵1971.

[12] Christian Friedrich Weichmann (Hrsg.): Poesie der Nieder-Sachsen, Hamburg, Bd. 1, 1721; Bd. 2, 1723; Bd. 3, 1726 ab Bd. 4 hrsg. von Joh. Peter Kohl. Repr. Nachdruck hrsg. von Jürgen Stenzel u. a., München 1980 (dazugehöriges Register: Wolfenbüttel 1983).

[13] Vergl. Reinhard Koselleck: Kritik und Krise, Freiburg ²1969.

[14] Vergl. den Nachdruck, 3 Bde., hrsg. v. Wolfgang Martens, Berlin 1969/70.

[15] Vergl. Gerhard Sauder: Sozialgeschichtliche Aspekte der Literatur im 18. Jh., IASL IV, 1979, S. 221 ff.

[16] Vergl. Wolfgang Martens, Die Botschaft der Tugend, Stuttgart ²1971, S. 142 f.

[17] Stück 5, 8, 18, 23, 42 (1724), 61, 68, 76, 84, 96, 98 (1725), 124 (1726).

[18] Seine schriftstellerische Karriere begann sogar mit Übersetzungen einiger kleiner Gedichte von Madame des Houlieres u. a., die Bartold Feind in die Ausgabe seiner eigenen *Gedichte*, Stade 1708, aufnahm (Vergl. Harold Jantz, Brockes' Poetic Apprentice-

ship, MLN 77, 1962, S. 439-442.); neben anderen wichtigen Autoren im Literaturkanon seiner Zeit übersetzte er 1715 G. Marinos *Strage degli Innocenti* (1620) und erreichte damit bis 1753 sechs Auflagen; 1726/27 übertrug er des Abbé Genests *Principes de la Philosophie* (1716), seit dem Ritzebüttler Aufenthalt James Thomsons *Seasons* (1726-1730) – vergl. den Nachdruck der Ausgabe v. 1745 hrsg. v. Ida M. Kimber, New York 1972 –, und seine letzte literarische Arbeit war ebenfalls eine Übersetzung, nämlich diejenige der *Ars semper gaudendi* (1664) des Jesuiten Sarasa.

[19] Eine Extraausgabe besorgte B. H. Brockes jun.: Harmonische Himmels-Lust im Irdischen, Hamburg 1741.

[20] Die meisten dieser Texte sind seit 1715 im Anhang zu den verschiedenen Ausgaben des *Bethlehemitischen Kindermords* gesammelt worden.

[21] Georg Philipp Telemann: Gedanken über (S. T.) Herrn Brockes Sing-Gedicht vom Wasser im Frühlinge, in: Jürgen Stenzel (Hrsg.): Epochen deutscher Lyrik: 1700-1770, München 1969, S. 96.

[22] David Friedrich Strauß: B. H. Brockes und H. S. Reimarus, in: D. F. St.: Gesammelte Schriften, Bd. 2, Bonn 1876, S. 4.

[23] Hier ist vor allem zu verweisen auf: Wolfgang Philipp: Das Werden der Aufklärung in theologiegeschichtlicher Sicht, Göttingen 1957; Hans-Martin Barth: Atheismus und Orthodoxie, Göttingen 1971.

[24] In diesem Zusammenhang ist zu verweisen auf die schmale, aber weitreichende Arbeit von Hans Blumenberg: Die kopernikanische Wende, Frankfurt/M. 1965.

[25] B. H. Brockes: Auszug der vornehmsten Gedichte, Hamburg 1738, Repr. hrsg. v. Dietrich Bode, Stuttgart.

[26] Ebda., S. 68.

[27] Ebda., S. 265.

[28] Ebda., S. 466 f.

[29] Ebda., S. 467.

[30] Vergl. Harold P. Fry: Die „Betrachtungen über die drey Reiche der Natur" als Schlüssel zu einer neuen Brockes-Deutung, Lessing Yb. XI, 1979, S. 142-164.

[31] Vergl. Hans-Georg Kemper: Gottebenbildlichkeit und Naturnachahmung im Säkularisierungsprozeß, 2 Bde., Tübingen 1981; er sieht in Brockes hermetische Positionen fortgeführt und eine soterologische Naturinterpretation formuliert.

[32] Vergl. Uwe-K. Ketelsen: Naturpoesie als Medium bürgerlicher Ideologiebildung im frühen 18. Jh., in: Norbert Mecklenburg (Hrsg.), Naturlyrik und Gesellschaft, Stuttgart 1977, S. 45-55.

[33] Die einzige Ausnahme macht, soweit ich sehe, W. Philipp (A. 23).

WILHELM VOSSKAMP

CHRISTIAN FRIEDRICH HUNOLD
(MENANTES)

I

Werk und Biographie Christian Friedrich Hunolds sind charakterisiert durch eine literatur- und bewußtseinsgeschichtliche Übergangssituation an der Wende vom 17. zum 18. Jahrhundert. Mit der zunehmenden Ablösung des Hofes als soziologischen Ortes der Literatur durch die Stadt[1] ändern sich zugleich Erwartungen und Bedürfnisse von Lesern gegenüber einer Literatur, die noch weitgehend in der Tradition überlieferter Formen des deutschen „Barock" steht. Neben Sachsen als der „einzige[n] deutsche[n] Literaturprovinz des frühen 18. Jahrhunderts"[2] sind es die großen bürgerlichen Handelsstädte wie Leipzig, Hamburg oder später Zürich, die die Landkarte der Literatur nun bestimmen.

Auf Grund eines sich jetzt herausbildenden literarischen Markts mit zunehmender Bedeutung der Buchmessen bieten sich vornehmlich in den städtischen Zentren Möglichkeiten für Autoren, sich auch als ‚freie Schriftsteller' zu versuchen. Mit welchen Risiken und Einschränkungen eine solche Existenzform allerdings verbunden ist, zeigt die Biographie Hunolds in anschaulicher Weise. Auch wenn er zu den populärsten Autoren am Beginn des 18. Jahrhunderts gehört und für einige Jahre als freier Schriftsteller leben kann, bleibt der lebenslange Wunsch, ein Hofamt zu übernehmen und schließlich die bittere Notwendigkeit, seinen Lebensunterhalt mit dem Abhalten von Vorlesungen zu bestreiten.

Die Literaturgeschichtsschreibung sieht Hunold durchgehend im Zusammenhang mit der „galanten Stilepoche", was im 19. Jahrhundert zu einer vollständigen Verkennung und Verurteilung geführt hat: „Vertreter der poetischen Nichtswürdigkeiten" (G. G. Gervinus); „[...] schwelgen in Erotik, in der breiten Ausmalung lüsterner Situationen" (H. Vogel).[3] Das Beispielhafte der Hunoldschen Texte im Übergang vom 17. zum 18. Jahrhundert ist erst in dem Augenblick erkannt worden, wo deutlich wurde, daß das „Galante" Teil jenes umfassenden Säkularisierungsprozesses der frühen Neuzeit darstellt, innerhalb dessen sich nicht nur weltliche Vernunft, sondern auch Sinnlichkeit emanzipiert und damit weitreichende Veränderungen im moralischen und kulturellen Normensystem der Zeit auslöst. Außer einzelnen Arbeiten zur Theorie und Literatur des Galanten[4] kommt vor allem Herbert Singer das Verdienst zu, die paradigmatische Rolle Hunolds im Zusammenhang mit dem galanten Roman hervorgehoben zu haben.[5] Singers Untersuchungen sind zum Ausgangspunkt für eine Reihe von neueren Analysen sowohl unter strukturell-erzähltechnischen als auch stärker kultur- und sozialgeschichtlichen Aspekten geworden.[6] Eine Gesamtdarstellung über Hunold, die neben den Romanen auch das übrige umfangreiche Œuvre (Opernlibretti, Gedichte, Briefsteller, theoretische Schriften mannigfacher Art) zu berücksichtigen hätte, liegt bisher nicht vor und gehört zu den Desiderata der Erforschung der deutschen Frühaufklärung.

II

Dank einer zeitgenössischen biographischen Skizze – nebst beigefügten Briefdokumenten – von Benjamin Wedel: *Geheime Nachrichten und Briefe von Herrn MENANTES Leben und Schrifften* (Köln 1731) läßt sich Hunolds Lebensgeschichte relativ genau und detailliert rekonstruieren.

Christian Friedrich Hunold wird 1681 als Sohn eines gräflichen Amtmanns in Wandersleben (Thüringen) geboren. Nach dem frühen Tod der Eltern übernehmen Vormünder die Erziehung des Verwaisten, der zunächst die Schule in Arnstadt und später das Gymnasium in Weißenfels besucht. Sein Studium absolviert Hunold an der Universität Jena, wobei er sich hauptsächlich auf die Jurisprudenz, als „Haupt-Studium", konzentriert. Daneben studiert er, vor und während seiner Universitätszeit, Sprachen, Rhetorik, Poesie und Geschichte, so daß sich Hunold (wie Wedel hervorhebt) außer gründlichen Kenntnissen im bürgerlichen Recht, dem Staats- und Völkerrecht eine ungewöhnliche Fähigkeit des Briefeschreibens erwirbt. Schließlich erhält die Musik eine besondere Bedeutung: Hunold spielt verschiedene Instrumente, vor allem Violine und Viola da gamba.

Daß sein Studium durchaus Vorstellungen und Erwartungen einer ‚modernen' Erziehung zur höfischen Weltklugheit, zu geselligen Fähigkeiten und galanten Umgangsformen erfüllt, zeigt sich daran, daß Hunold etwa ein besonderes Können im Fechten und Tanzen erreicht. Von seinen Lehrern wird bezeichnenderweise August Bohse, der in Jena Vorlesungen hält, eigens gerühmt. Hunold pflegt den geselligen Umgang und die Konversation, scheint sich aber nicht dem zeitgenössischen, häufig rabulistischen Treiben der Studenten angeschlossen, sondern Freunde gesucht zu haben, die (wie Wedel betont) Musik und Poesie lieben.

Als sich, am Ende der Studienzeit, Hunolds Hoffnung auf eine Sekretariatsstelle am Weißenfelser Hof zerschlägt, verläßt er Jena und reist 1705 – mittellos – über Wandersleben und Erfurt, nachdem er den „Buchhandlungs-Gehilfen" Benjamin Wedel (seinen späteren Biographen) kennengelernt hat, nach Hamburg.

In Hamburg, der ökonomisch und kulturell führenden Stadt in Norddeutschland, die verlockende Existenzmöglichkeiten zu bieten verspricht, schlägt sich Hunold zunächst als Schreiber für einen „Dählenlöper" (eine Art Winkeladvokat und Hilfsrichter) durch. Entscheidenden Erfolg erzielt Hunold bald darauf mit seinem ersten Roman *Die Verliebte und Galante Welt,* der auf intimen Kenntnissen des Weißenfelser Hoflebens beruht. Der Hamburger Verleger Liebernickel entdeckt nicht nur die Qualitäten dieses Romans, sondern auch die Verkaufsmöglichkeiten anderer Texte seines Autors. Nachdem *Die Verliebte und Galante Welt* einen reißenden Absatz findet, so daß man den Roman „in einem halben Jahr wieder auflegen mußte", bietet Liebernickel Hunold einen Vorschuß an und übernimmt es, „alle seine Schriften / so er herausgeben würde / in Verlag zu nehmen".[7] Hunold, der überhaupt nicht geplant hat, vom „Bücherschreiben" zu leben, erblickt nun gerade darin seine Chance: Ermutigt durch den Erfolg seines ersten Romans und das Angebot seines Verlegers, entschließt er sich zum Leben eines „freien Schriftstellers".

Daß dies am Beginn des 18. Jahrhunderts möglich ist, zeigt, inwieweit eine Stadt wie Hamburg bereits die Voraussetzungen für das Funktionieren eines Literaturbetriebs bietet. Eine besondere Rolle spielt dabei die seit 1678 bestehende Oper. Hunold, inzwischen bekannt durch seine „galante Poesie" und in Kontakt mit einflußreichen Mitgliedern des Hamburger Opern- und Kulturlebens, verfaßt zwei Opernlibretti *(Salomon, Nebucadnezar),* die vom Operndirektor Reinhard Keiser vertont werden und großen Erfolg haben. Neben seiner literarischen Tätigkeit (Entstehung des Romans *Der Europäischen Höfe Liebes- und Helden-Geschichte;* Arbeit am *Satyrischen Roman)* hält Hunold Vorlesungen über Stilprobleme, Rhetorik und Poesie. Sein „satyrisches Naturell" (B. Wedel) verwickelt ihn häufig in literarische Fehden und Streitereien, etwa mit Christian Wernicke, dessen Angriffe auf Hoffmannswaldau und Lohenstein Hunold mit einer beißenden satirischen Komödie *(Der Thörichte Pritschmeister / Oder Schwermende Poete / in einer lustigen COMOEDIE.* [1704]) beantwortet.

Wie unsicher und prekär die Existenz Hunolds als freier Schriftsteller in Hamburg allerdings – trotz seiner Erfolge als Romancier, Opernlibrettist und Verfasser einer Vielzahl von Gelegenheitsgedichten im Namen anderer (womit er viel Geld verdient) – am Beginn des 18. Jahrhunderts noch ist, zeigt sich beim Erscheinen seines *Satyrischen Romans* (1706). Auf Grund von Anspielungen auf hochgestellte Personen und delikate Vorkommnisse in der Hamburger Gesellschaft aus dem Umkreis der Oper verursacht dieses Buch einen Eklat. Während der Text „eiligst gedruckt wird; damit er noch in die Leipziger Meß fertig würde / wohin man auch etliche 100 Exemplaria gesandt / welche reissend abgiengen [...] und der Verleger sich über dieses gute Glück erfreuete [...]" (S. 92 f.), werden die im Hamburger Buchhandel auftauchenden Exemplare konfisziert; dem Autor und Verleger droht ein Gerichtsprozeß. Der Roman macht einen solchen „Alarm in Hamburg" (S. 95), daß sich Hunold seines Lebens nicht mehr sicher fühlt und überstürzt abreist. Aber auch dies ist charakteristisch für das Funktionieren des bereits marktorientierten literarischen Betriebs: Während der Autor Hamburg fluchtartig verlassen muß, wird sein Roman ein um so größerer Erfolg, der sogar zum überhöhten Preis verkauft werden kann.

Nach seiner Flucht aus Hamburg bemüht sich Hunold erneut um eine Position am Hof. Aber weder bestätigen sich Hoffnungen auf eine Stelle in Wolfenbüttel, noch in Rudolstadt oder Braunschweig. Hunold bleibt keine andere Wahl, als zunächst in seinen Heimatort Wandersleben zurückzukehren und dort seine literarische Tätigkeit fortzusetzen. Schließlich geht Hunold, auf Zureden von Freunden, nach Halle, wo er die Erlaubnis erhält, Vorlesungen über Moral, Rhetorik, Poesie und Stilprobleme zu halten. Daneben beschäftigt er sich mit vornehmlich literaturtheoretischen Werken (poetologischen Lehrbüchern, Briefsammlungen, Übersetzungen) und arbeitet bis zu seinem Tod an einem *Oratorisch-Epistologisch-Poetischen Lexicon*, das jedoch nicht mehr abgeschlossen werden kann.

Hunolds letzte Lebensjahre liefern das Bild einer allem Bohemienhaften abgeschworenen ‚bürgerlichen‘ Existenz. Nach der Promotion in der Jurisprudenz heiratet er eine Beamtentochter und bringt, wie sein Biograph Wedel hervorhebt, seinen Ehestand „recht christlich zu" (S. 107), indem er „sein voriges Leben und freye Schreib-Art bereuet / und wo es möglich / mit seinem Blute selbe auszulöschen / sich öffters vernehmen lassen" (S. 107 f.). In Hunolds Briefen klingen dagegen gelegentlich alte Neigungen zu Hamburg an, während demgegenüber das Abhalten der Vorlesungen in Halle eher als eine lebensnotwendige Pflicht angesehen wird.

Nach schwerer Krankheit stirbt Christian Friedrich Hunold mit 41 Jahren, offensichtlich an Tuberkulose.

III

Hunolds Œuvre besteht aus literarischen Werken (Romanen, Opernlibretti, Gedichten), die vornehmlich in Hamburg, und theoretisch-poetologischen Texten (Poetiken, Brieftheorien und Anleitungsbüchern), die hauptsächlich in Halle entstanden sind. Beide Teilbereiche sind konstitutiv bestimmt durch das Stil- und Verhaltensideal des Galanten, das in der Abkehr von christlich-stoischen Prinzipien innerweltliche Maximen der Lebenskunst und Weltklugheit betont. Damit vollzieht sich ein charakteristischer Normenwandel an der Wende vom 17. zum 18. Jahrhundert zugunsten situationsadäquater Verhaltensregeln und säkularisierter Moralkonzepte.[8] Zwar ist das Galante bei Hunold (ähnlich wie bei Benjamin Neukirch, August Bohse und Christian Thomasius) vom Hof und von höfischen Regeln abgeleitet, aber es bleibt darauf nicht mehr beschränkt. Vielmehr bildet es ein ständeübergreifendes Ideal, das Leitwerte sowohl für aristokratische als auch bürgerlich-patrizische Oberschichten formuliert.[9]

Inhaltlich läßt sich das Galante als konformistische Lebens- und Weltklugheit charakterisieren, die auf situationsgerechtem Verhalten zur Wahrung und Wahrnehmung des eigenen Vorteils beruht. Darin werden Momente des ursprünglich ritterlichen „Honnêteté"-Ideals ebenso sichtbar wie Komponenten des „Politischen" im Sinne bloß egoistisch-kaltsinniger Interessenkalkulation. Es ist daher nicht verwunderlich, daß – ähnlich wie etwa bei Benjamin Neukirch – auch in Hunolds literarischen und theoretischen Texten den menschlichen Affekten eine besondere Rolle zugewiesen wird. Erst die Kenntnis der eigenen Affekte und die der anderen erlaubt eine adäquate Wahrnehmung der persönlichen Interessen mittels Selbstdisziplinierung und strategisch-zweckrationalem Handeln. Hunolds literarische und theoretische Bücher liefern deshalb immer wieder Regeln und Beispiele der Verhaltenskunst und Lebenstaktik auf Grund möglichst genauer psychologischer Menschenkenntnis.

Soziologisch ist Hunolds Begriff des Galanten besonders bemerkenswert durch eine Ausweitung in Richtung auf spezifisch ‚bürgerliche' Momente des „Rechtschaffenen" und „Redlichen" einerseits und im Blick auf eine stärkere Betonung des „Natürlichen" andererseits.[10] Beide (erweiternden) Modifikationen des Galanten verweisen nicht nur auf die ständeübergreifende Bedeutung dieses Ideals, sondern zugleich auf deren kritische Intentionen sowohl gegenüber höfischer „Komplementier- und Zeremonialsucht" als auch gegenüber einer erstarrten „Pedanterie" humanistischer Gelehrtentradition. Aus einer Reihe von Hinweisen läßt sich die hauptsächliche Adressatengruppe, die Hunold vornehmlich im Auge hat, recht gut erschließen. Es sind jene arbeitenden, reichen stadtbürgerlichen Schichten, die sich qua Lebensstil durch Versuche einer ‚Nivellierung nach oben' zum Adel hin und/oder durch tatsächlich vorhandene bzw. angestrebte ökonomische Verbindungen zu den Höfen auszeichnen: „Alle Tugenden können sich bei dem Reichtum hervortun; nämlich die Mäßigkeit, die Freigebigkeit und mögliche Ordnung."[11] Im Horizont der im 17. und 18. Jahrhundert historisch aktuellen Verbindung von Hof und Stadt stellen die Intentionen Hunolds so eine spezifische Variante der europäischen Konstellation von „La Cour et la Ville" dar.[12]

IV

Jenseits des abstrakten, bloß exemplarisch-illustrierenden Raisonnements bieten Darstellungsformen des erzählerischen Diskurses im galanten Roman ideale Möglichkeiten für die sinnliche Vergegenwärtigung galanter Spielregeln und Lebensformen in der Fiktion und deren unterhaltsamen Nachvollzug durch Leserinnen und Leser. Mit Hunolds Texten erreicht der „galante Roman" seine paradigmatische Ausformung – vor allem in der *Liebens-Würdige[n] Adalie*, die zu Recht als Prototyp dieses Genres bezeichnet worden ist.[13]

Tritt die providentia dei als regulierendes Leitprinzip des Barockromans zurück zugunsten einer providentia amoris, sind die handelnden Romanpersonen den „seltsamen und verwirrten Veränderungen ihres Liebes-Verhängnisses"[14] ausgesetzt. Sie bewegen sich im „Laberinth der Sinnen" und beziehen den Leser in das heitere Spiel von Liebesverwicklungen und -entwirrungen mit ein. „Liebeshandlungen" treten an die Stelle von Staatsaktionen, und Staatspolitik wird durch ‚Privatpolitik' ersetzt. Damit ist das dargestellte „Öffentliche" programmatisch zurückgenommen und die Welt als „geheimes Liebes-Cabinett" interpretierbar.[15]

Mit der Dominanz des Erotischen – gegenüber dem Öffentlich-Politischen im höfisch-historischen Roman des 17. Jahrhunderts – verändern sich zugleich die normativen ethischen Leitwerte der ‚virtus' und ‚constantia'. In keiner anderen literarischen Form am Ende des 17. und beginnenden 18. Jahrhunderts ist der Übergang zu einer konformistischen Gesellschaftsmoral der Anpassung deutlicher als in der literarischen Gattung des galanten Romans. Das strenge Tugend-Laster-Schema löst sich auf, statt moralisch eindeutiger Entscheidungen dominiert das Sich-Arrangieren unter den jeweils wechselnden, gegebenen Umständen.

Wird so ein konstitutives Merkmal des hohen Romans aufgegeben, verändert sich auch dessen ästhetische und gattungspoetologische Konsistenz. Denn nun werden Elemente etwa der Komödie und des Schwankhaften einbezogen; der künftig und für das 18. Jahrhundert zentrale Vorgang der Mediatisierung und Vermischung von Gattungselementen und Stilebenen läßt sich bereits im galanten Roman beobachten.

Daß diese literarische Gattung deshalb weniger homogen ausfällt als deren Genrecharakterisierung erwarten läßt, kann man auch an Hunolds – sehr erfolgreichen – Romanen ablesen.[16] Angeregt ebenso durch zeitgenössische französische wie deutsche Romane (Mademoiselle de Scudéry, La Calprenède, Des Marets – Anton Ulrich, Lohenstein, August Bohse) tendieren die Romane *Die Verliebte und Galante Welt* und der *Satyrische Roman* zu Formen des Landadelsromans mit der Darstellung ausgedehnter ländlicher Vergnügungen, während die *Liebens-Würdige Adalie* und der Roman *Der Europäischen Höfe Liebes- und Helden-Geschichte* stärker das Leben geschmacks- und normbildender Höfe Europas in den Mittelpunkt rücken. Trennen lassen sich die sozialen Bereiche in den Romanen allerdings nur sehr bedingt, was ebenso auf die Darstellung ‚bürgerlicher' Momente zutrifft.[17]

Hunolds erster Roman *Die Verliebte und Galante Welt* (1700) enthält parallelgebaute und symmetrisch aufeinander bezogene Liebesgeschichten zweier „Cavaliere" Heraldo und Seladon, die locker miteinander verbunden sind. In beiden Geschichten dominiert das Motiv der Untreue. In der einen Erzählung steht – nach Abschluß einer Duell-Episode – eine Entführungsgeschichte im Mittelpunkt: Der Entführer wird auf der Flucht vom Ehemann Heraldo erschossen. Die andere (Parallel)geschichte Seladons erzählt von einer treulosen Geliebten und der schließlichen Freundschaft zu einer Witwe. Der Schluß des Romans knüpft an seinen Beginn an; die gegenüber einem Nebenbuhler verteidigte Geliebte wird von Heraldo geheiratet.

Charakteristisch für die Struktur des Erzählens ist die Verbindung zwischen objektivierender Er-Erzählung und eingeblendeten Ich-Erzählungen aus der Perspektive der Hauptfiguren. Beide berichten an wichtigen Knotenpunkten des lockeren Handlungsablaufs von ihren individuellen Erfahrungen. Hunold nutzt Möglichkeiten der Darstellung psychologischer Vorgänge und Affektkonstellationen, wobei negative Erfahrungen von Untreue und Treulosigkeit den Ausgangs- oder Bezugspunkt bilden. Dem Motiv der Untreue korrespondiert im Roman eine Form des Sich-Findens und endgültigen Vereinigens in der zweiten Phase der Lebensgeschichten, so daß die Erzählungen heiter und lustspielhaft enden. Eingebettet sind alle, insgesamt episodenhaft komponierten Geschichten in eine Welt des Reisens von Adelspalast zu Adelspalast, mit Lustbarkeiten in der Oper, in den Gärten, bei der Jagd oder auch in ländlichen Gasthäusern.

Der Roman *Die Liebens-Würdige Adalie* (1702) stellt schon zu Beginn die Welt des glanzvollen französischen Hofes und seiner vielfältigen Beziehungen und Ausstrahlungen in den Mittelpunkt. Gegenüber dem Kriegsgott Mars, der Deutschland noch immer regiere, werde Amor – so versichert der Erzähler – die „Unumschränckte Gewalt desto empfindlicher sehen lassen / je mehr er durch den entzogenen Gehorsam war beleidiget worden".[18] Das öffentlich-politische Welttheater des höfisch-historischen Romans wandelt sich zum galanten „Schau-Platze der Liebe".

Zentrales Motiv ist eine Liebesgeschichte als Aufstiegsgeschichte: Die Pariser Kaufmanns- und Bankierstochter Adalie Brion heiratet nach mancherlei verwikkelten und verwirrenden Episoden den inzwischen als Herzog regierenden Prinzen Rosantes, den sie zunächst inkognito kennengelernt hatte. Schließlich in den Fürstenstand erhoben, wird die frühere Kaufmannstochter Adalie Nachkommen haben, die „[...] einsten auf einem gläntzenden Königs-Thron zu steigen gewürdiget werden".[19]

Hunold bezieht sich bei dieser für den höfisch-historischen Roman des 17. Jahrhunderts undenkbaren – und unerhörten – Aufstiegsgeschichte einerseits auf ein realgeschichtliches Vorbild und nutzt andererseits eine literarhistorische Vorlage. Das historische Modell bietet der Aufstieg der Tochter eines verarmten französischen Landedelmanns zur Herzogin von Celle, deren Tochter später Königin von England wird. Das literaturgeschichtliche Vorbild liefert Jean de Préchacs „*L'illustre Parisienne*". Nachdem schon hier aus der Provinzadeligen eine reiche Pariser Bankierstochter geworden ist, erweitert Hunold seine Vorlage noch durch eine Fülle von Nebenhandlungen, neuen Figuren, Landschaftsbeschreibungen und einzelnen Episoden erheblich, versucht aber, insgesamt die Form der „histoire galante et véritable" zu erhalten.[20] Erzählt wird nicht aus der Perspektive eines quasi-objektiven Chronisten, sondern aus der heiteren

Distanz, die der Erzähler zum Erzählten einnimmt. In der Rolle eines Regisseurs greift der Erzähler in das Geschehen ein, redet die Romanfiguren an und kommentiert deren Verhalten. Damit bieten sich Möglichkeiten der psychologischen Reflexion; Affekte werden nicht nur dargestellt, sondern dem Leser auch aus der beobachtenden Distanz analytisch vergegenwärtigt.

Insgesamt bleibt die Romanhandlung – im Unterschied zum höfisch-historischen Roman – überschaubar und klar gegliedert. Auch die als Parallelgeschichte zur Aufstiegsgeschichte Adalies eingebaute Liebesgeschichte Barsines und Renards bleibt auf den französischen Hof als Handlungs- und Bedeutungszentrum bezogen, selbst wenn hier die Spannung zwischen höfischer Welt und adeligem Landleben, mit Anklängen an bukolische Momente, durchaus eine Rolle spielt. Allerdings nicht im Sinne der Arkadien-Tradition des Barockromans, denn die Flucht vom Hof aufs Land ist keine vor politischen Intrigen und macchiavellistischen Anschlägen, sondern eine vor den L i e b e s verwirrungen und -nachstellungen. Das Landleben bietet mit seinen Lustschlössern und Landpartien sowohl momenthafte Entspannung als auch zusätzlichen Genuß in Liebesdingen. Gerade die ländlichen Abenteuer mit delikaten erotischen Verwechslungsspielen offenbaren vollständigen Konformismus und moralische Indifferenz, die den Grad von (auch in Deutschland) möglichem Libertinismus anzeigt.

Entscheidend für die Struktur und Funktion des Romans ist die ‚unerhörte‘ Aufstiegsgeschichte Adalies. Die Verbindung von „Stand und Reichtum"[21] verweist auf den sozialgeschichtlichen Zusammenhang von Absolutismus und wohlhabendem Kaufmannsbürgertum. Die Beziehungen zwischen dem französischen Hof und der Handelsstadt Hamburg deuten eine für die frühe Neuzeit entscheidende historische Konstellation an, wobei die Nobilitierung des Bankiers Brion nur ein bezeichnendes Detail liefert.

Bemerkenswert in Hunolds galantem „Komödienroman" (H. Singer) bleibt schließlich die Episode vom adeligen Bösewicht Curton. Dieses „archaische Einsprengsel"[22] macht in besonderer Weise den dezidierten Abstand zum höfisch-historischen Roman deutlich, wird doch die moralische Verurteilung eines Adeligen mittels einer verabreichten Prügelstrafe dargestellt. Dem zeitgenössischen Lesepublikum dürften die pietistisch-erbaulichen Tendenzen dieser Episode – in leichter ironischer Brechung – so gefallen haben wie die geschilderten Galanterien und jener Aufstieg der Protagonistin, die sich als Projektion eigener Wunschvorstellungen gerade durch ihre Zeitnähe besonders anbot.

Im Unterschied zum prototypischen galanten Roman der *Liebens-Würdige[n] Adalie* bleibt der umfangreiche Roman *Der Europäischen Höfe Liebes- und Helden-Geschichte* (1705) konventioneller. Er ist als (leicht durchschaubarer) Schlüsselroman konzipiert und beschreibt außergewöhnliche und skandalöse Vorgänge der europäischen Höfe aus der zeitgenössischen Geschichte des 16. und 17. Jahrhunderts. Die historische Distanz zu den Ereignissen wird eingezogen, das Staatspolitische zugunsten reizvoller Geschehnisse im „Liebes-Cabinett" zurückgedrängt. Zwar nähert sich der Roman dem traditionellen höfisch-historischen Muster, aber die vielfach dargestellten geselligen Aktivitäten repräsentativer Öffentlichkeit: Höfische Turniere und Kampfspiele, Opern und Bälle mit zusätzlichen ländlichen Vergnügungen deuten den Grad der Entpolitisierung bzw. Erotisierung des Politischen an im Sinne einer leserwirksamen Zeitgeschichte als Skandalgeschichte.

Die Haupt- und Rahmenerzählung bildet die Geschichte Augusts des Starken von Sachsen und späteren polnischen Königs unter dem Namen eines Herzogs Gustavus. Auf der Jagd nach seiner entführten Geliebten Arione liefert das zeitgenössische galante Europa den Schauplatz der Handlung. Unter Rückgriff auf das bewährte Heliodor-Modell kommt alles – nachdem Gustavus ‚nebenbei' noch die polnische Königskrone zufällt – zum glücklichen Ende mit glanzvoller Krönung und Hochzeit.

Eingeblendet sind umfangreiche Erzählungen aus der europäischen chronique scandaleuse, so die Geschichte über das mysteriöse Verschwinden und die vermutete Ermordung des schwedischen Grafen von Königsmark (unter dem Namen Silibert von Cremarsig) am Hannoveraner Hof, die Darstellung von Liebesaffären Ludwigs des XIV. und seiner Mätressen – aber auch Vorgänge aus der portugiesischen Geschichte (Alfons der VI.) oder der englisch-holländischen Politik (Wilhelm von Oranien). Hunold nutzt seine historischen Quellen, insofern sie ihm spannendes und delikates Material für seine dramatisch aufbereiteten Erzählungen liefern. Er spitzt die Handlung zu und steigert das Anekdotenhafte und Interessante.[23]

Daß historisch-politische Momente in diesem Roman allerdings nicht ganz ausgeblendet bleiben, läßt sich an der relativ ausführlich dargestellten zeitweiligen städtischen Opposition gegen Wilhelm von Oranien in Holland ablesen. In der Thematisierung aktueller Probleme der städtischen Autonomie gegenüber territorialstaatlichem Absolutismus deuten sich politische Perspektiven der Zeitgeschichte an. Insgesamt jedoch dominiert das auf Leserwirkung und -erfolg gerichtete und häufig leicht entschlüsselbare Sensationelle der europäischen Hofchronik.

Hunolds *Satyrische[r] Roman* (1706) knüpft einerseits an Themen und Motive seines ersten Romans an und ist andererseits durch eine ungewöhnliche Formenvielfalt charakterisiert, die das Abenteuerhafte mit dem Satirischen, das Galante mit dem Bukolischen und Parodistischen verbindet. Konturen gewinnt diese Mischform auf Grund einer Doppelgeschichte zweier adeliger Freunde Tyrsates und Seladon, die im Unterschied zu Hunolds *Verliebte[r] und Galante[r] Welt* auf eine von frivolen Erlebnissen begleitete Abenteuerreise geschickt werden, die Charakteristika aus dem roman comique aufnimmt. Schon zu Beginn wird die parodistisch-satirische Intention deutlich, wenn die Episode eines Mädchens erzählt wird, das sich vergeblich um den Verlust ihrer Unschuld bemüht. Konstitutiv ist auch in diesem Roman das Motiv der Untreue und des sich schließlich Arrangierens in der Verbindung zwischen „galante[n] und reichen Leute[n]".[24] Am Ende einer novellenartigen Dreiecksgeschichte, in der von der Untreue einer reichen Kaufmannsfrau und ihrer Liebe zu einem adeligen Studenten erzählt wird, löst sich der Konflikt, weil die Ehepartner sich wechselseitig in nichts nachstehen.[25]

Der besondere Reiz des *Satyrischen Romans* für zeitgenössische Leser und das Skandalerregende für tonangebende Schichten des Hamburger Publikums dürfte indes in der breiten Ausmalung und Darstellung von „Galanterie-Amouren" bestanden haben. Gelegenheit dazu bieten Erzählungen von nächtlichen Liebesabenteuern in ländlichen Gasthäusern und Berichte über die erstaunlichen erotischen Aktivitäten venezianischer Opernsängerinnen. Anspielungen auf die Hamburger Szene sind beabsichtigt, und so manch einer wird sich nur ungern in Hunolds Erzählungen wiedererkannt haben.

Daß der Roman (nachdem zuvor eine phantastische Entführungsgeschichte eingeblendet wird) bukolisch endet – Seladon zieht sich in England aufs „geruhige Land-Leben" zurück, worin er „ein irdisches Paradies"[26] erblickt – dokumentiert noch einmal die szenische Vielfalt und Mischform dieses Textes. Das reizvolle Vergnügen der Leser kann sich auf die häufig schwankhaften Einzelepisoden richten, wobei die Befriedigung von Neugier mit ausgeprägter Enthüllungssucht einhergeht und nicht selten mit einer voyeurhaften Perspektive des Belauschens und Entdeckens verbunden ist. Das Phantasiebedürfnis läßt sich in fiktiven Wunschwelten reizvoll befriedigen. Hunolds Romane können hier als paradigmatisch für galante Literatur überhaupt gelten.

V

Keine andere Kunstform des frühen 18. Jahrhunderts ist dem galanten Roman so verwandt wie die O p e r . Den Genuß von Wunschwirklichkeiten „zum Zeit-Vertreib wollüstiger und müßiger Leute"[27] bieten beide gleichermaßen. Text, Handlung und Musik lassen sich wechselseitig intensivieren: „[...] die Music nebst der Action / die gleichsam die Worte gedoppelt beseelen / geben der Poesie soviel Anmuth wieder / als sie von ihr empfangen."[28] Hunold sieht die Parallelen zwischen Oper und Roman vor allem im gemeinsamen Darstellungsgegenstand ‚Liebe'. Die Oper kann die Präsentation von Liebesbegebenheiten allerdings noch beträchtlich steigern, weil sie „lebendige Personen" im „Original" vorstellt, während der Roman lediglich einen „schriftlichen Abriß davon" gibt und sich auf die Wiedergabe von „Portraits" beschränken muß.[29]

Versinnlichung von Affekten und Vergegenwärtigung von kuriosen und exotischen Geschehnissen kennzeichnen Hunolds Romane wie Opernlibretti. Der genrespezifischen Ohren- und Augenlust der an italienischen Vorbildern orientierten Hamburger Oper Reinhard Keisers kommen die Texte auf das genaueste entgegen. Im *Salomon* (1703) wird das ausschweifende Verhältnis des Königs zu einer Reihe attraktiver Frauen, die sich untereinander eifersüchtig befehden, am Beginn – der klugen und mäßigen „Weisheit" in der Entscheidung für seine Gemahlin am Schluß gegenübergestellt. So tadelhaft die übertriebenen Galanterien des Anfangs beurteilt werden sollen, „desto ruhmwürdiger" gilt das Ende. Dazwischen geschaltet ist ein politisch-satirischer Mittelteil, in dem ein Anschlag auf das Leben Salomos mittels eines dargebrachten Menschenopfers verhindert wird. Das Opfer bringt, statt des durch Los bestimmten königlichen Dieners, ein listig getäuschter, dummer Schneidergeselle. Die parodistische Darstellung des archaisch-biblischen Moloch-Menschenopfers impliziert deutliche Kritik an bestehendem Wunder- und Aberglauben, der Spaß geht allerdings auf Kosten des hereingefallenen Kleinbürgers, den die aufgeklärten Operngenießer unbeschwert verlachen können.

Noch größeres „Verwundern und Erstaunen" bei den Zeitgenossen verursacht Hunolds *Nebucadnezar* (1704). Zu den besonders wirkungsträchtigen Szenen gehören die Ausmalung von Nebucadnezars Träumen, seine Darstellung in der „wüste[n] Einöde [...] an Ketten mit Adlers Federn und Klauen bewachsen unter vielen wilden Thieren"[30] und die Verhinderung von Belsazars Selbsttötungsversuchen. Ihre Spannung bezieht die Oper aus drei Handlungsbereichen: Nebucadnezars Triumph, sein Sturz (aus Hochmut) und seine Wiedereinsetzung in den ursprünglichen Glanz; aus mannigfachen Liebesbeziehungen und -intrigen zwischen Babyloniern und Medern und aus der souveränen, über allem stehenden Figur des Propheten Daniel. Biblische Vorlagen nutzt Hunold für seine Opernlibretti so unbedenklich wie historische Quellen für die Romane. Der Erotisierung von Politik entspricht eine opern- und publikumswirksame Auswahl „sonderbahrer Zufälle der Liebe" aus den „schönsten Biblischen Historien".[31] Satirische Einsprengsel, die der „kurtzweilige[n] Durchhechelung der Laster und Schwachheiten" dienen[32], sind dabei die Regel; sie bewirken jenen eigentümlichen Spannungs- und spielerischen Schwebezustand, der Hunolds Texte auszeichnet.

Das gilt auch für seine G e d i c h t e , deren thematische Vielfalt (Casuallyrik, Liebesgedichte, Sinngedichte, Satirische und Geistliche Gedichte) ebenso auffallend ist wie ihr bemerkenswerter Formenreichtum (Sonett, Madrigal, Lied oder Epigramm). In der Tradition „Hofmannswaldaus / und etlicher anderer galanter Sachen"[33] und von Martial eher als von Ovid inspiriert, stehen die *Verliebten und Galanten Gedichte* im Mittelpunkt. Die „Befreiung der erotischen Passion" als Emanzipation der Sinnlichkeit gilt ähnlich programmatisch wie für die Beiträger der *Neukirchschen Sammlung*.[34] Geistreiche Eleganz und artistische Vermittlungsmodi ermöglichen Formen der Sublimierung, die das Heikle darstellbar und das Gewagte für Leser nachvollziehbar macht. Das „Uhrwerk wunderlicher Triebe"[35] kann im sprachlichen Darstellungsvorgang veranschaulicht werden, indem der Autor der Triebbewegung folgt und nacheinander einzelne erotische Körperteile und sexuelle Wünsche beschreibt. Lusterfahrung ist gleichermaßen im Beschreiben und nachvollziehenden Lesen möglich.

Viele erotische Gedichte sind aus einer sich zugleich dem Gegenstand nähernden und distanzierenden Perspektive des Enthüllens geschrieben. Das schrittweise vorangehende und immer wieder zögernde Entdecken des Verhüllten und Verbotenen steigert die Phantasiefähigkeit des Lesers, der sich das Unausgesprochene oder bloß Angedeutete leicht vorstellen und ausmalen kann. Die besungenen und bedichteten Frauen sind dabei noch nicht Subjekte eigenen Handelns, sie bleiben Objekte männlicher Verehrung und Verherrlichung.

Gegenüber den erotischen Gedichten der *Neukirchschen Sammlung*, von denen sich Hunolds Texte prinzipiell kaum unterscheiden, nehmen distanzierende Reflexion und epigrammatische Pointierung zu.

> *An die schöne und höfliche Amalia*
> Was offt den Klügsten fehlt und Wenige beglückt,
> Darzu wird man bey Dir, Amalia, geschickt,
> Denn Deiner Schönheit-Pracht, die Englischen Geberden,
> Die lassen Augenblicks die besten Redner werden.
> Jedoch gesteh' es nur, Annehmlichste der Zeit!
> Zu Schmeichlern werden wir durch Deine Höfflichkeit.[36]

Grenzüberschreitungen zum satirischen Gedicht einerseits oder zum „Sinngedicht" andererseits – aber auch zu beiden – sind für Hunold charakteristisch. Waren schon für Hoffmannswaldau Ironie und Satire artistische Möglichkeiten der Darstellung leidenschaftliche Affekte, nutzt Hunold diese Stilmittel zusätzlich, um das Erotische mit dem (Hof)kritischen zu verknüpfen.

> *Caracter unterschiedlicher Hof-Mägden*
> Ein Mädgen / das bey Hof und grossen Herren ist /
> Wird niemahls nicht geliebt / und allemahl geküst.
> Wird niemahls nicht geehrt und allemahl gegrüßt.
> Hat einen grossen Rang / indem sie unten liegt /
> Hat tausend Freyer stets / davon sie keinen kriegt /
> Hat immer Freud und Lust / und wird doch nie vergnügt.[37]

Die Verbindung zwischen dem Frivolen und Satirischen zielt deutlich auf Hunolds prinzipielle Intention des Galanten, die mit Benjamin Neukirch als eine „vermengung des scharffsinnigen, lustigen und satyrischen styli" und als eine Schreibart angesehen wird, die „so wohl im ernste, als im schertze das maß hält, und den leser auf eine ungemeine art nicht allein ergötzt, sondern auch gleichsam bezaubert".[38]

Daß es Hunold um Poesie geht, die „gefällt" (vgl. die Parallelen zu den Romanen und Opernlibretti), zeigt auch seine „kompromißbereite" Haltung gegenüber der Casuallyrik, deren Gebrauchscharakter durchaus anerkannt, deren Übertreibungen und Lobhudeleien jedoch abgelehnt werden.[39] Literatur ist Teil jener Geselligkeitskultur, die dem unterhaltenden und entspannenden Vergnügen von Publikumsschichten dient, die Hunold genau kennt und für die er bewußt schreibt.

An dich

Die Warheit kan zwar nicht zu meinen Ruhme setzen,
Daß ein galanter Sinn hier was galantes liest;
Jedoch ich wil es selbst vor unvergleichlich schätzen,
Wenn es das Glücke hat, und dir gefällig ist.[40]

Hunolds p o e t o l o g i s c h e   u n d   t h e o r e t i s c h e   S c h r i f t e n doku-
mentieren auf einer reflektierenden Ebene jenen Übergangscharakter vom 17.
zum 18. Jahrhundert, wodurch auch die literarischen Texte ausgezeichnet sind.
Im Zentrum der Poetik- und Brieftheorie steht Hunolds am französischen
Klassizismus orientierter Begriff des „Natürlichen"; im Umkreis der praktischen
Anleitungen spielt die Explikation und Ausdeutung des galanten Lebens- und
Verhaltensideals die Hauptrolle.

„Ohne die natürliche Fähigkeit wird man ein trockener und höchstverdrießli-
cher Reimen-Schmierer", heißt es in der „Einleitung zur Teutschen Poesie"[41],
und in einer Vorbemerkung („Von dem Stylo im Schreiben") zu den *Lettres
Choisies* betont Hunold: „Die Natur ist uns alhier weit nöthiger als die Kunst;
[. . .]."[42] Unter dem Eindruck der französischen Briefliteratur wird alles Übertriebene und Gekünstelte abgelehnt und selbst das Zierliche – im Unterschied
zu August Bohse – „in den Bereich des Oratorischen" abgedrängt.[43] Allerdings
handelt es sich bei Hunold nicht um jenen Naürlichkeitsbegriff, den das spätere
18. Jahrhundert entwickeln wird, sondern um eine am Maßstab der Konver-
sationssprache des Hofes orientierte „geglättete und verhöflichte Natürlichkeit".[44] Dennoch verdient das zentrale Hervorheben dieses Stilwerts bei Hunold
besondere Beachtung. Nicht nur weil damit kritische Abgrenzungen sowohl
gegenüber „hochtrabender" Zeremonialsucht als auch gegenüber „schulfüchsi-
scher" Pedanterie möglich sind, sondern weil dadurch die traditionelle Brieftheorie und -rhetorik entscheidend verändert wird. Wie deutlich Hunold Traditionen der französischen Klassik (Boileau, Bouhours) folgt, läßt sich an seiner
Konzeption des „Maßes" ablesen. Im Unterschied zur dichterischen Praxis (etwa
bei den Liebesgedichten) vertritt Hunold in der Theorie eine Vorstellung von
Angemessenheit und Schicklichkeit, die vornehmlich durch das bienséance-Ideal
geprägt ist. Er wendet sich etwa gegen die Verwendung mythologischer Bilder
und Namen oder lehnt Edelstein- und Schmuckmetaphern ab.[45]

Diesen ‚rationalistischen' Momenten widersprechen andererseits Komponenten
in Hunolds Theorie, die das Gefühlsmäßige durchaus betonen: „[. . .] daß keine
Briefe besser und natürlicher fliessen / als welche das Gemüth oder eine wahrhafte Veranlassung in die Feder dictiret."[46] Solche Neigungen zum ‚Authen-
tischen' und Situationsgerechten verweisen auf Hunolds literarische Texte selbst
und können als Vorgriff auf die Anakreontik gesehen werden.[47]

Unter Gesichtspunkten lebenspraktischer Anleitungen fällt Hunolds Erweiterung des galanten Ideals besonders ins Gewicht. Ausgehend von den ursprünglich höfischen Spielregeln gelungener Konversation werden Verhaltensmaximen

entwickelt, die ständeübergreifende Leitbildfunktionen haben.[48] Lebenskunst und Weltklugheit als Momente von „Individualpolitik" gelten als realitätsangemessene Wertorientierungen, die nicht nur im Umkreis des Hofes nützlich und verbindlich sind. In wie starkem Maße Hunold auch bürgerliche Adressaten in den großen Handelsstädten im Auge hat, zeigen etwa Formulierungen zum Lob der Arbeit und den Vorteilen des Reichtums in seiner gesprächstheoretischen Abhandlung *Beste Manier in Honnêtter Conversation*.[49] Auffallend ist zudem eine modifizierende und ergänzende Erweiterung des Begriffes „galant" selbst. In einem deutsch-französischen Wörterverzeichnis, das Hunold seinem Briefsteller „Die Allerneueste Art Höflich und Galant zu Schreiben" beifügt, wird beispielsweise das Wort „galant" – kaum noch höfisch orientiert – mit den sehr allgemein gehaltenen Vokabeln „höflich / geschickt" umschrieben; dem Galanten verwandten Begriffe „Honnêteté" und „honnête" sogar – bereits entschieden ‚bürgerlich' gefärbt – als „Ehrbahrkeit, Höfflichkeit" bzw. „ehrlich / ehrbar / rechtschaffen" übersetzt.[50] Von da aus ist die Öffnung zum „Redlichen", wie sie gelegentlich in Hunolds Romanen vorkommt, nicht mehr verwunderlich.

Hunolds theoretische Arbeiten zielen, wie die literarischen Texte, auf ständeübergreifende Leitwerte und Lebensformen, in denen eine Verbindung zwischen Höfischem und Bürgerlichem möglich ist. Bürgerliche Zweckrationalität sucht von höfischer zu lernen, bürgerliche Kunst nimmt höfisches Erbe auf. Hunold ist sich seiner Amalgamierungsversuche deutlich bewußt; er liefert einem Publikum Modelle und Denkformen, das sich – für einen begrenzten historischen Zeitraum – in seinen theoretischen und literarischen Bedürfnissen ebenso gewitzt reflektiert wie galant befriedigt findet.

Anmerkungen

Texte*

Die Verliebte und Galante Welt In vielen annehmlichen und wahrhaftigen Liebes-Geschichten / Welche sich in etlichen Jahren her in Teutschland zugetragen. Curieusen Gemüthern zu beliebter Ergetzung Itzo in zweyen Theilen ans Licht gestellet Von Menantes. Hamburg 1700.

---

* Bibliographische Verzeichnisse der Werke Hunolds finden sich bei: B. Wedel: Geheime Nachrichten und Briefe von Herrn MENANTES Leben und Schrifften. Köln 1731, S. 183 f.; H. Vogel: Christian Friedrich Hunold (Menantes). Sein Leben und seine Werke. Leipzig o. J. [1897], S. 51 ff. Eine vollständige und auch in den Erscheinungsdaten verläßliche Bibliographie liegt bisher nicht vor. Im folgenden werden in chronologischer Reihenfolge zunächst jeweils Originalausgaben (Erstausgaben) mit Angaben über vorliegende Neudrucke, dann Übersetzungen aufgeführt.

Die Edle Bemühung müssiger Stunden / In Galanten, Verliebten / Sinn- Schertz- und Satyrischen Gedichten / Von Menantes. Hamburg 1702.

Die Liebens-Würdige ADALIE, In einer annehmlichen und wahrhafftigen Liebes-Geschichte Der Galanten Welt zu vergönnter Gemühts-Ergetzung Heraus gegeben Von MENANTES. Hamburg 1702. (Neudruck hrsg. v. Herbert Singer. Stuttgart 1967.)

Die Allerneueste Art Höflich und Galant zu Schreiben / Oder Auserlesene Briefe / In allen vorfallenden / auch curieusen Angelegenheiten / nützlich zu gebrauchen / Nebst einem zugänglichen Titular- und Wörter-Buch Von MENANTES. Hamburg 1703.

Einleitung zur Teutschen Oratorie und Brief-Verfassung Von MENANTES. Hamburg 1703.

Die über die Liebe Triumphirende Weißheit / Oder: SALOMON, In einem Singe-Spiel Auff dem grossen Hamburgischen Schau-Platze Vorgestellet. Im Jahr 1703. In: Hamburgische Opern. Sammlung A. Bd. 6. o. O., o. J., o. S.

Der Bestürtzte und wieder Erhöhte NEBUCADNEZAR, König zu Babylon / Unter dem Grossen Propheten DANIEL, In einem Singespiel Auf dem Grossen Hamburgischen Schau-Platze Vorgestellet Im Jahr 1704. In: Hamburgische Opern. Sammlung A. Bd. 7. o. O., o. J., o. S. (Neudruck hrsg. v. Reinhart Meyer. München 1980.)

Galante, Verliebte Und Satyrische Gedichte, Erster und Anderer Theil, von Menantes. Hamburg 1704; zit. Ausg. 1711.

Der Thörichte Pritschmeister / Oder Schwermende Poete / In einer lustigen COMOEDIE. Wobey zugleich eine CRITIQUE Über eines Anonymi Überschriften / Schäffer-Gedichten / und unverschämte Durchhechelung der Hofmanns-Waldauischen Schrifften. Auf sonderbare Veranlassung / allen Liebhabern der reinen Poesie zu Gefallen ans Licht gestellet. Von MENANTES. Koblenz 1704.

Auserlesene neue Briefe / Nebst einer Anleitung / Wie in den allermeisten Begebenheiten die Feder nach dem Wohlstand und der Klugheit zu führen, An das Licht gestellet von MENANTES. Hamburg 1704.

Der Europaeischen Höfe / Liebes- Und Helden-Geschichte / Der Galanten Welt zur vergnügten Curiosité ans Licht gestellet. Von Menantes. Hamburg 1705. (Neudruck hrsg. v. Hans Wagener. Bern, Frankfurt a. M., Las Vegas 1978.)

Satyrischer ROMAN, In unterschiedlichen / lustigen / lächerlichen und galanten Liebes-Begebenheiten. Von Menantes. Hamburg o. J. [1706]. (Neudruck der Ausg. 1706 hrsg. v. Hans Wagener. Frankfurt a. M. 1970, der Ausg. 1726 Bern u. Frankfurt a. M. 1973.)

Die Allerneueste Art / Zur Reinen und Galanten Poesie zu gelangen. Allen Edlen und dieser Wissenschafft geneigten Gemühtern / Zum Vollkommenen Unterricht / Mit überaus deutschen Regeln / und angenehmen Exempeln ans Licht gestellet / Von Menantes. Hamburg 1707 [Umfangreiche Vorrede; die Poetik selbst hat Erdmann Neumeister verfaßt].

Die beste MANIER in Honnêter Conversation sich höflich und behutsam aufzuführen und in kluger CONDUITE zu leben. Aus recht schönen Frantzösischen MAXIMEN und eigenen Einfällen verfertiget von Menantes. Hamburg 1707.

Die MANIER Höflich und wohl zu Reden und zu Leben / So wohl Mit hohen / vornehmen Personen / seines gleichen und Frauenzimmer / Als auch / Wie das Frauenzimmer eine geschickte Aufführung gegen uns gebrauchen könne. Ans Licht gestellet von Menantes. Hamburg 1710.

MENANTES Academische Neben-Stunden allerhand neuer Gedichte / Nebst Einer Anleitung zur vernünftigen Poesie. Halle und Leipzig 1713.

Neue Briefe / Und Allerhand ausbündige Und zu Recht bestehende Obligationes, Contracte, Reverse, Vergleiche / Bestallungen / Pacta, Stifftungen und dergleichen / Herausgegeben Von Menantes. Hamburg 1715.

Theatralische / Galante Und Geistliche Gedichte / Von Menantes. Hamburg 1715; zit. Ausg. 1722.

Auserlesene und noch nie gedruckte Gedichte unterschiedener Berühmten und geschickten Männer zusammen getragen und nebst seinen eigenen an das Licht gestellet von MENANTES. Halle 1718.

Fr. Margarethen Susannen von Kuntsch Sämmtliche Geist- und weltliche Gedichte Nebst einer Vorrede von MENANTES. Halle 1720.

Übersetzungen

[Euschache Le Noble]: LETTRES CHOISIES des meilleurs & plus nouveaux Auteurs François, Traduites en Allemand par Menantes.

Auserlesene Brieffe / Aus den Galantesten und Neuesten Frantzös. Autoribus ins Hochteutsche übersetzet Von Menantes. Hamburg 1704; zit. Ausg. 1714.

[Gregorio Leti]: Das Leben Der Königin Elisabeth. Erster Theil. Wegen seiner Vortrefflichkeit aus dem Italiänischen übersetzet; Nebst vielen Kupfern und einer Vorrede von Menantes. Hamburg 1706.

ESOPE EN BELLE HUMEUR, OU DERNIERE TRADUCTION De ses Fables, Der Lustige u. Anmuhtige AESOPUS, Nach der letzten Frantzösischen Ausfertigung Seiner Fabeln Ins Teutsche übersetzt Von MENANTES. Hamburg 1707.

[Eustache Le Noble]: Sinnreiche Und Erbauliche Gedancken / Bey Betrachtung der Himlischen und irrdischen Schätzbarkeiten / Aus Dem Frantzösischen des berühmten Herrn le Noble übersetzet / und nebst einer Vorrede an das Licht gestellet von Menantes. Leipzig 1715.

MORALES CHOISIES, DE L'HISTOIRE DE TELEMACH. Oder Auserlesene Sitten-Sprüche und Lehren / Zusammen gezogen Aus der Lebens-Beschreibung des Griechischen Helden TELEMACHI. Hamburg 1722.

[Antoine de Courtin]: LA CIVILITÉ MODERNE, oder die Höflichkeit der Heutigen Welt, Nach der neuesten Französischen Edition übersetzt von MENANTES. Hamburg 1724.

Literatur

[Benjamin Wedel]: Geheime Nachrichten und Briefe von Herrn MENANTES Leben und Schrifften. Köln 1731 (Fotomechanischer Neudruck der Originalausgabe. Leipzig 1977).

Hermann Vogel: Christian Friedrich Hunold (Menantes). Sein Leben und seine Werke. Leipzig o. J. [1897].

Ulrich Wendland: Die Theoretiker und Theorien der sogenannten galanten Stilepoche und die deutsche Sprache. Ein Beitrag zur Erkenntnis der Sprachreformbestrebungen vor Gottsched. Leipzig 1930.

Lieselotte Brögelmann: Studien zum Erzählstil im „idealistischen" Roman von 1643-1733 (mit besonderer Berücksichtigung von August Bohse). Diss. phil. Göttingen 1953 (Masch.).

Herbert Singer: Die Prinzessin von Ahlden. Verwandlungen einer höfischen Sensation in der Literatur des 18. Jahrhunderts. Euphorion 49, 1955, S. 305-334.

Ders: Der galante Roman. Stuttgart 1961 (²1966).

Ders.: Der deutsche Roman zwischen Barock und Rokoko. Köln und Graz 1963.

Bruno Markwardt: Geschichte der deutschen Poetik. Bd. I: Barock und Frühaufklärung. Berlin ³1964.

Erich Auerbach: Das französische Publikum des 17. Jahrhunderts. München ²1965.

Reinhard M. G. Nickisch: Die Stilprinzipien in den deutschen Briefstellern des 17. und 18. Jahrhunderts. Mit einer Bibliographie zur Briefschreiblehre (1474-1800). Göttingen 1969.

Hans Wagener: Die Komposition der Romane Christian Friedrich Hunolds. Berkeley und Los Angeles 1969.

Franz Heiduk: Die Dichter der galanten Lyrik: Studien zur Neukirchschen Sammlung. Bern 1971.

Erwin Rotermund: Affekt und Artistik. Studien zur Leidenschaftsdarstellung und zum Argumentationsverfahren bei Hofmann von Hofmannswaldau. München 1972.

Hans Wagener: Vorwort zum Faksimiledruck: „Satyrischer Roman". Frankfurt/Main

Hans Geulen: Erzählkunst der frühen Neuzeit. Zur Geschichte epischer Darbietungsweisen und Formen im Roman der Renaissance und des Barock. Tübingen 1975.

Wulf Segebrecht: Das Gelegenheitsgedicht. Ein Beitrag zur Geschichte und Poetik der deutschen Lyrik. Stuttgart 1977.

Hans Wagener: Vorwort zum Faksimiledruck: „Der Europaeischen Höfe / Liebes- und Helden-Geschichte". Bern, Frankfurt/Main und Las Vegas 1978, S. 5*-79*.

Wilhelm Voßkamp: Adelsprojektionen im galanten Roman bei Christian Friedrich Hunold (Zum Funktionswandel des „hohen" Romans im Übergang vom 17. zum 18. Jahrhundert. In: Legitimationskrisen des deutschen Adels 1200-1900. Hrsg. von Peter Uwe Hohendahl und Paul Michael Lützeler. Stuttgart 1979, S. 83-99.

Ders.: Das Ideal des Galanten bei Christian Friedrich Hunold. In: Europäische Hofkultur im 16. und 17. Jahrhundert. Hrsg. v. August Buck u. a. Hamburg 1981, Bd. II, S. 61-66.

Nachweise

[1] Vgl. H. Singer: Der galante Roman. Stuttgart 1961, S. 37.

[2] Ebd.

[3] Vgl. H. Wagener: Vorwort zu: Christian Friedrich Hunold: Satyrischer Roman. Faksimiledruck nach der Auflage Hamburg 1706. Hrsg. und eingeleitet v. H. Wagener. Bern und Frankfurt/Main 1973, S. 10* u. S. 11*.

[4] Vgl. U. Wendland: Die Theoretiker und Theorien der sogenannten galanten Stilepoche und die deutsche Sprache. Ein Beitrag zur Erkenntnis der Sprachreformbestrebungen vor Gottsched. Leipzig 1930; H. Tiemann: Die heroisch-galanten Romane August Bohses als Ausdruck der seelischen Entwicklung in der Generation von 1680 bis 1710. Kiel 1932; U. Heinlein: August Bohse-Talander als Romanschriftsteller der galanten

Zeit. Bochum 1939; L. Brögelmann: Studien zum Erzählstil im „idealistischen" Roman von 1643 bis 1733 (mit besonderer Berücksichtigung von August Bohse). Diss. phil. Göttingen 1953 (Masch.).

[5] Vgl. vor allem: Der deutsche Roman zwischen Barock und Rokoko. Köln und Graz 1963.

[6] Vgl. H. Wagener: Die Komposition der Romane Christian Friedrich Hunolds. Berkeley und Los Angeles 1969; H. Geulen: Erzählkunst der frühen Neuzeit. Zur Geschichte epischer Darbietungsweisen und Formen im Roman der Renaissance und des Barock. Tübingen 1975; W. Voßkamp: Adelsprojektionen im galanten Roman bei Christian Friedrich Hunold (Zum Funktionswandel des „hohen" Romans im Übergang vom 17. und 18. Jahrhundert). In: Legitimationskrisen des deutschen Adels 1200-1900. Hrsg. v. P. U. Hohendahl und P. M. Lützeler. Stuttgart 1979, S. 83-99. Vgl. außerdem die Vorworte von H. Wagener zu den Neuausgaben des „Satyrischen Romans" (1973) und „Der Europäischen Höfe / Liebes- und Helden-Geschichte". Faksimiledruck nach der Ausgabe von 1705. Bern und Frankfurt/Main 1978.

[7] [B. Wedel]: Geheime Nachrichten und Briefe von Herrn MENANTES Leben und Schrifften. Köln 1731. Fotomechanischer Neudruck der Originalausgabe von 1731. Leipzig 1977, S. 15. Im folgenden werden die Seitenzahlen bei Zitaten aus dieser Ausgabe im Text angegeben.

[8] Vgl. W. Voßkamp: Adelsprojektionen . . ., S. 83 ff.

[9] Vgl. N. Luhmann: Gesellschaftsstruktur und Semantik. Studien zur Wissenssoziologie der modernen Gesellschaft. Bd. I. Frankfurt/Main 1980, S. 102 ff.

[10] Vgl. W. Voßkamp: Das Ideal des Galanten bei Christian Friedrich Hunold. In: Europäische Hofkultur im 16. und 17. Jahrhundert. Hrsg. v. A. Buck u. a. Hamburg 1981, Bd. II, S. 61 ff. Vgl. außerdem das Kapitel VI in diesem Aufsatz.

[11] Chr. Fr. Hunold: Die beste Manier in honnêter Conversation, sich höflich und behutsam aufzuführen und in kluger Conduite zu leben. Hamburg 1713, S. 261.

[12] Vgl. dazu prinzipiell E. Auerbach: Das französische Publikum des 17. Jahrhunderts. München ²1965.

[13] Vgl. H. Singer: Der deutsche Roman zwischen Barock und Rokoko . . ., S. 10 ff.; H. Geulen: Erzählkunst der frühen Neuzeit . . ., S. 170 ff.

[14] Chr. Fr. Hunold: Die Liebens-Würdige ADALIE, In einer annehmlichen und wahrhafftigen Liebes-Geschichte Der Galanten Welt zu vergönnter Gemühts-Ergötzung Heraus gegeben Von MENANTES. Hamburg 1702. Faksimiledruck nach der Ausgabe von 1702. Hrsg. v. H. Singer. Stuttgart 1967, Vorrede.

[15] Ebd.

[16] Die Romane haben hohe Auflagen erzielt: *Die Verliebte und Galante Welt* = acht Auflagen; *Die Liebens-Würdige Adalie* = vier Auflagen; *Der Europäischen Höfe Liebes- und Helden-Geschichte* = fünf Auflagen; *Satyrischer Roman* = elf Auflagen.

[17] Vgl. dazu W. Voßkamp: Adelsprojektionen im galanten Roman . . .

[18] *Die Liebens-Würdige Adalie*. Faksimiledruck hrsg. v. H. Singer. Stuttgart 1967, S. 2.

[19] Ebd., S. 460.

[20] H. Singer hat die produktiven und eigenständigen Erweiterungen Hunolds genau analysiert und die Struktur insgesamt zu Recht als „Komödienroman" interpretiert. (Vgl.: Der deutsche Roman zwischen Barock und Rokoko . . ., S. 10-86); außerdem H. Wagener: Die Komposition der Romane Christian Friedrich Hunolds . . ., S. 24-33.

[21] Vgl. W. Voßkamp: Adelsprojektionen im galanten Roman . . ., S. 89.

[22] H. Singer: Der deutsche Roman zwischen Barock und Rokoko . . ., S. 76.

[23] Vgl. H. Wagener: Die Komposition der Romane Christian Friedrich Hunolds . . ., S. 86; zu den einzelnen inhaltlichen Schwerpunkten: S. 42 ff.

[24] Vgl. *Satyrischer Roman.* Ausgabe Frankfurt und Leipzig 1726, S. 10 u. S. 46.

[25] Ebd., S. 48.

[26] Vgl. den Schluß des Romans.

[27] P. Feind: Lt. Deutsche Gedichte . . . Erster Theil . . . Stade 1708 *(Gedancken von der Opera);* zit. Der galante Stil 1680-1730. Hrsg. v. C. Wiedemann. Tübingen 1969, S. 48.

[28] Chr. Fr. Hunold: Theatralische / Galante Und Geistliche Gedichte / Von Menantes. Hamburg 1722, S. 87.

[29] Chr. Fr. Hunold: Die Allerneueste Art / zur Reinen und Galanten Poesie zu gelangen . . .; Vorrede, S. e5. Vgl. dazu auch: W. Voßkamp: Romantheorie in Deutschland. Von Martin Opitz bis Friedrich von Blanckenburg. Stuttgart 1973, S. 139 ff.

[30] III. Szene, 3. Auftritt; Neudruck in: Die Hamburger Oper. Eine Sammlung von Texten der Hamburger Oper aus der Zeit 1678-1730. Hrsg. v. R. Meyer. Bd. 2, München 1980, S. 102 ff.

[31] Vorrede; Neudruck, S. 69.

[32] Chr. Fr. Hunold: Theatralische / Galante Und Geistliche Gedichte . . ., S. 119.

[33] Chr. Fr. Hunold: Galante, Verliebte und Satyrische Gedichte. Hamburg [3]1711 (Vorrede).

[34] Vgl. E. Rotermund: Affekt und Artistik. Studien zur Leidenschaftsdarstellung und zum Argumentationsverfahren bei Hofmann von Hofmannswaldau. München 1972, S. 243.

[35] Chr. Fr. Hunold: Der Bestürzte und wieder Erhöhte Nebucadnezar . . . Neudruck, S. 97.

[36] Chr. Fr. Hunold: Galante, Verliebte Und Satyrische Gedichte . . ., S. 168; zit. Der galante Stil . . ., S. 69.

[37] Chr. Fr. Hunold: Galante, Verliebte Und Satyrische Gedichte . . . Theil II. Hamburg [3]1711, S. 196.

[38] Benjamin Neukirchs Anweisung zu Teutschen Briefen. Leipzig 1721; 4. Buch, 6. Kap.; zit. Der galante Stil . . ., S. 40.

[39] Vgl. W. Segebrecht: Das Gelegenheitsgedicht. Ein Beitrag zur Geschichte und Poetik der deutschen Lyrik. Stuttgart 1977, S. 244 f.

[40] Galante, Verliebte Und Satyrische Gedichte . . ., S. 81; zit. Der galante Stil . . ., S. 122.

[41] In: Chr. Fr. Hunold: Academische Neben-Stunden allerhand neuer Gedichte. Halle 1713, S. 1.

[42] LETTRES CHOISIES . . . / Auserlesene Brieffe. Hamburg 1704, o. S.

[43] R. M. G. Nickisch: Die Stilprinzipien in den deutschen Briefstellern des 17. und 18. Jahrhunderts. Göttingen 1969, S. 133.

[44] Ebd.

[45] Vorrede zu: *Edle Bemühung müßiger Stunden / in galanten / verliebten und Satyrischen Gedichten.* Hamburg 1702, o. S.

[46] Vgl. Vorrede zu: *Die Allerneueste Art Höflich und Galant zu Schreiben.* Hamburg 1707, o. S.

[47] Vgl. B. Markwardt. Geschichte der deutschen Poetik. Bd. I: Barock und Frühaufklärung. Berlin [3]1964, S. 311.

[48] Vgl. *Die Manier Höflich und wohl zu Reden und zu Leben.* Hamburg 1710, S. A.

[49] Hamburg 1707; vgl. S. 246 ff.

[50] Vgl. W. Voßkamp: Das Ideal des Galanten bei Christian Friedrich Hunold. In: Europäische Hofkultur . . .

Klaus-Detlef Müller

JOHANN GOTTFRIED SCHNABEL

Der Beruf des freien Schriftstellers bedeutete in Deutschland noch in der zweiten Hälfte des 18. Jahrhunderts eine Existenz in materieller Ungesichertheit. Trotz der großen Bedeutung, die die Literatur als Forum einer ideologischen Selbstverständigung in der bürgerlichen Öffentlichkeit gewann und trotz der neuen Verkehrsformen, die der entstehende literarische Markt für das Medium Buch eröffnete, war es für die deutschen Autoren – im Unterschied zu den Verhältnissen in Frankreich und England – noch nicht möglich, von dem Verkauf ihrer Werke zu leben. Selbst Lessing war schließlich gezwungen, das Amt eines herzoglichen Hofbibliothekars in Wolfenbüttel zu übernehmen, obwohl er sich bewußt war, daß er für das gesicherte Einkommen seine schriftstellerische Freiheit preisgab. Die Briefe an seinen Bruder Karl aus den Jahren 1768 und 1769 sind in ihren Mitteilungen über seine finanziellen Verhältnisse erschütternde Zeugnisse für die Diskrepanz von gesellschaftlicher Bedeutung und privater Misere des Autorendaseins, am deutlichsten in dem dringenden brüderlichen Rat, nicht vom Schreiben leben zu wollen, sondern sich um ein Amt und einen Brotberuf zu bemühen (Brief vom 26. 4. 1768). Und noch Schiller mußte erkennen, daß es „unvereinbar" war, „in unserer deutschen literarischen Welt (...) zugleich die strengen Forderungen der Kunst zu befriedigen, und seinem schriftstellerischen Fleiß auch nur die nothwendige Unterstützung zu verschaffen".[1]

Das gilt natürlich in noch höherem Maße für die Autoren der ersten Jahrhunderthälfte, die ihre Existenz nur durch den gelehrten Brotberuf oder durch ein höfisches Amt sichern konnten. Nur im Zusammenhang mit den jeweiligen Lebensbedingungen läßt sich ihre literarische Produktion angemessen würdigen. Unter diesen Autoren war Johann Gottfried Schnabel, was Zahl und Höhe der Auflagen angeht, einer der erfolgreichsten. Als Romanautor und als Zeitungsschreiber war er jedoch nur eine Randfigur der literarischen Szene, die von den gelehrten Schriftstellern und vom traditionellen Kanon der poetischen Gattungen bestimmt wurde, und so fand er – unter einem Pseudonym schreibend – weder Zugang zu den Literatenkreisen noch persönliche Anerkennung als Dichter – ähnlich wie der ein wenig ältere Leipziger Studentenautor Christian Reuter. Obwohl seine Hauptwerke, die *Insel Felsenburg* und *Der im Irrgarten der Liebe herumtaumelnde Cavalier*, ständig wiederaufgelegt und fortwährend gelesen wurden, begann man erst mehr als ein Jahrhundert nach seinem Tode, seine Biographie zu erforschen. Und trotz erheblicher Anstrengungen ist es nicht gelungen, seinen Lebenslauf vollständig zu rekonstruieren. Sichere Daten gibt es bezeichnenderweise nur für einen Zeitraum von etwa 17 Jahren, die Schnabel in der Residenz eines Duodezfürsten verbracht hat: das für die zeitgenössische Schriftstellerexistenz kennzeichnende Bemühen um die Gunst und Unterstützung des Hofes ist in verschiedenen Zeugnissen bewahrt. Die daraus abzuleitenden Daten haben schon Adolf Stern (1893), Selman Kleemann (1893) und Franz Karl Becker (1911) gesichert[2]: keine der neuern Untersuchungen hat zusätzliche Erkenntnisse gewonnen.

Johann Gottfried Schnabel wurde als Sohn eines Pfarrers am 7. November 1692 in Sandersdorf bei Bitterfeld geboren. Beide Eltern starben schon 1694. Das Kind wurde von Verwandten aufgezogen und besuchte seit 1702 die Lateinschule in Halle, der Hochburg des Pietismus, der auch Schnabels Religiosität in entscheidender Weise geprägt hat. Nach dem Ende seiner Schulzeit hat er wahrscheinlich, ohne immatrikuliert zu sein, Kollegs eines Mediziners und anatomische Übungen an einer mitteldeutschen Universität (möglicherweise Leipzig) besucht. Die Forschung hat sich der Meinung Kleemanns angeschlossen, daß die Geschichte des Wundarztes Kramer im 2. Band der *Insel Felsenburg* teilweise autobiographisch ist (das kann allerdings nur in einem sehr allgemeinen Sinne gelten): hier werden anatomische Übungen im Hause eines Professors geschildert. Nach eigenem Zeugnis hat Schnabel 1710 bis 1712 bei den Truppen des Prinzen Eugen im niederländischen Feldzug des Spanischen Erbfolgekrieges gedient, und zwar in der unmittelbaren Umgebung des Feldherrn, von dem er selbst Befehle empfangen haben will. Offenbar war er vor allem als Feldscher tätig. Während des Feldzugs lernte er auch zwei junge Grafen Stolberg kennen, durch deren Vermittlung er 1724 in die kleine Harzresidenz Stolberg gelangte. Zwischen 1712 und 1724 verlieren sich die Spuren. In Stolberg erscheint Schnabel mit Frau und dreijährigem Kind und erhält das Bürgerrecht als Hofbalbier. Vier weitere Kinder werden hier geboren – bei der Geburt des letzten (1733) stirbt die Ehefrau. Schnabel wird zum Hof- und Stadtchirurgus ernannt und erhält den Titel eines Hofagenten. Die Ämter konnten, wenn sie überhaupt mit einer Besoldung verbunden waren, ihren Mann nicht ernähren: der Lebensstil der Residenz war für das winzige Territorium ohnehin viel zu anspruchsvoll. Schnabel versuchte sich deshalb als Schriftsteller. Zur gleichen Zeit, als er den 1. Band seiner *Insel Felsenburg* abgeschlossen hatte, beauftragte ihn der regierende Graf mit der Herausgabe einer politisch-literarischen Zeitschrift, die bestimmt war, das „gantz in Decadençe gekommene Stolbergische Zeitungs-Wesen wieder empor zu bringen und fort zu setzen".[3] Die Förderung des Projekts, das Schnabel möglicherweise selbst anregte, auf jeden Fall aber ohne finanzielle Unterstützung betrieb, erklärt sich aus dem Repräsentationsbedürfnis des Hofes, der die Einrichtungen großer Residenzen zu kopieren trachtete und es deshalb dem Hofagenten erlaubte, seine *Stolbergische Sammlung Neuer und*

Merckwürdiger Welt-Geschichte mit dem Wappen des Grafenhauses erscheinen zu lassen und ihm dadurch offiziösen Charakter zu geben.

Schnabel schrieb die Zeitung, die zunächst einmal, später zweimal wöchentlich erschien, allein, mußte für sie einen Verlag gründen und konnte in Verbindung damit ein Bücherkommissionsgeschäft betreiben. Die Zeitung brachte allgemeine Bekanntmachungen und Hofnachrichten, informierte über Politik (vor allem über den polnischen Erbfolgekrieg und über das Schicksal der Salzburger Emigranten), über ,ecklesiastische' Angelegenheiten, ,sonderbare Geschichte' (vermischte Nachrichten) und in Gestalt von Buchbesprechungen über ,gelehrte Sachen', wobei das theologische und das medizinische Schrifttum im Vordergrund standen. Zeitweise muß es Differenzen mit dem regierenden Grafen gegeben haben, denn vorübergehend erschien die *Sammlung* ohne das gräfliche Wappen im Kopf (1736). Nach dem Tode des Grafen Christoph Friedrich zu Stolberg-Stolberg 1738 wurde die Zeitung anscheinend nur noch unregelmäßig publiziert, ehe sie 1741 einging. Die Gunst des neuen Grafen, auf dessen Fürsprache hin Schnabel ursprünglich nach Stolberg gekommen war, scheint er nicht mehr besessen zu haben, und nach 1741 hat er die Residenz endgültig verlassen. Hans Mayer vermutet, daß das Erscheinen des *Im Irrgarten der Liebe herumtaumelnden Cavaliers* (1738) zu unüberwindlichen Differenzen zunächst mit dem geistlichen Konsistorium und auf dessen Klage mit dem pietistisch-frömmlerischen Grafenhaus geführt hat.

Neben den ersten drei Teilen der *Insel Felsenburg* und dem *Cavalier* hat der emsige Zeitungsschreiber in Stolberg eine Reihe weiterer Publikationen besorgt. Zu erwähnen ist insbesondere die *Lebens- Helden- und Todes-Geschicht des berühmtesten Feld-Herrn bißheriger Zeiten EVGENII FRANCISCI, Printzen zu Savoyen (...). Aus verschiedenen glaubwürdigen Geschicht-Büchern und andern Nachrichten zusammen getragen und kurtzgefasset heraus gegeben von GISANDERN* (1736). Mit dieser, wie der Titel offenlegt, kompilatorischen Schrift (deren Dedikationsepistel er übrigens mit seinem Namen unterzeichnet und damit das Pseudonym Gisander gelüftet hat), bekennt er sich nachdrücklich zu dem vorbehaltlos bewunderten Prinzen Eugen, dessen Persönlichkeit er aus eigener Anschauung schildert.

Nach seiner Entfernung aus Stolberg verlieren sich Schnabels Spuren wieder. Er hat bis 1750 die Neuauflagen seiner Erfolgsromane selbst besorgt und weitere Romane geschrieben, die nicht mehr bei kleinen Buchhändlern im Harz, sondern bei Frankfurter und Leipziger Verlagen erschienen. *Der Sieg des Glücks und der Liebe über die Melancholie* (1748) und *Die ungemein schöne und gelehrte Finnländerin Salome* (1748 und 1751) werden ihm zugeschrieben, mit ziemlicher Sicherheit ist er der Verfasser des Romans *Der aus dem Mond gefallene und nachhero zur Sonne des Glücks gestiegene Prinz* (1750). Bald nach 1750 dürfte er gestorben sein – Genaues war bisher nicht zu ermitteln.

Es ist kennzeichnend, daß sichere biographische Einzelheiten nur für jenen

Zeitraum überliefert sind, in dem Schnabel versucht hat, seine Schriftstellerei durch ein höfisches Amt zu sichern. Aber in eben dieser Funktion eines unbesoldeten gräflich-stolbergischen Hofjournalisten ist er zwangsläufig zum Vielschreiber geworden. Die Zeitung war ein ziemlich ruinöses Unternehmen, während andererseits die Erfolge seiner Bücher angesichts der freibeuterischen Verhältnisse auf dem Buchmarkt am wenigsten ihm selbst zugute kamen. So war er gezwungen, möglichst emsig zu produzieren, und das hatte Folgen für die Qualität seiner Bücher, zumal da der Roman als literarische Gattung zu dieser Zeit noch keineswegs literarische Ansprüche an den Autor zu stellen vermochte. Infolgedessen hat eigentlich nur sein Erstlingswerk, der 1. Teil der *Insel Felsenburg*, Schnabel einen Platz in der Literaturgeschichte gesichert. Schon die ersten beiden Fortsetzungen erschöpfen auf zunehmend anspruchslosere Weise nur noch ein stoffliches Interesse an dem Erzählkomplex, während *Der im Irrgarten der Liebe herumtaumelnde Cavalier* trotz großer kompositioneller Schwächen immerhin noch einmal ein großes Erzähltalent erkennbar werden läßt. Die übrigen Werke sind zu Recht vergessen.

Der Titel *Insel Felsenburg*, den Tieck in der von ihm veranlaßten Neubearbeitung von 1828 sanktionierte, war schon im 18. Jahrhundert als Kurztitel verbreitet. Der Originaltitel lautete in dem umständlich werbenden Stil der zeitgenössischen Romanpraxis:

> Wunderliche FATA einiger See-Fahrer, absonderlich ALBERTI JULII, eines gebohrnen Sachsens, Welcher in seinem 18den Jahre zu Schiffe gegangen, durch Schiff-Bruch selb 4te an eine grausame Klippe geworffen worden, nach deren Übersteigung das schönste Land entdeckt, sich daselbst mit seiner Gefährtin verheyrathet, aus solcher Ehe eine Familie von mehr als 300. Seelen erzeuget, das Land vortrefflich angebauet, durch besondere Zufälle erstaunens-würdige Schätze gesammlet, seine in Teutschland ausgekundschafften Freunde glücklich gemacht, am Ende des 1728sten Jahres, als in seinem Hunderten Jahre, annoch frisch und gesund gelebt, und vermuthlich noch zu dato lebt, entworffen Von dessen Bruders-Sohnes-Sohnes-Sohne, Mons. Eberhard Julio, Curieusen Lesern aber zum vermuthlichen Gemüths-Vergnügen ausgefertiget, auch par Commission dem Drucke übergeben Von Gisandern.

Die späteren Bücher variieren dieses Titelschema. Das Werk war einer der größten Bucherfolge des 18. Jahrhunderts. Bis 1772 erschienen der 1. Band (1731) in 8 rechtmäßigen Auflagen, der zweite Band (1732) in 7, der 3. Band (1736) in 6 und der 4. Band (1743) in 5 Auflagen. Damit war die *Insel Felsenburg* eines der meistgelesenen Bücher in einer lesewütigen Zeit. Allerdings erreichte sie wohl vor allem ein weniger anspruchsvolles Publikum, denn sie galt schon früh als trivial und wertlos, wobei sich das Vorurteil der Gebildeten gegen den Roman als Gattung bestätigt glaubte. Es ist für die Rezeption kennzeichnend, daß seit 1749 die Ausgaben von den für schlichte Leser anstößigen Fremdwörtern grob gereinigt sind. Die vielzitierten positiven Äußerungen von Karl Philipp Moritz und von Goethe bezeugen vor allem, daß das Werk, ähnlich wie der *Robinson*

Crusoe, bevorzugte Lektüre der Jugend war, und zwar in allen Ständen, in denen überhaupt gelesen wurde. Es wurde zu einem Volksbuch, was die Romantiker bewußt realisiert haben: Achim von Arnim hat ausgewählte Passagen in freier Bearbeitung in seine Novellensammlung nach altdeutschen Mustern *Der Wintergarten* (1809) aufgenommen, und Tieck hat 1828 eine gekürzte Neubearbeitung veranlaßt und eingeleitet, in der der altertümliche Kanzleistil gemildert ist. Er erwähnt zwar das Vorurteil gegen „diese alte Robinsonade, diese weitläufige, umständliche Geschichte, die schon bei unsern Eltern sprichwörtlich ein schlechtes Buch bedeutete"[4], hält das Buch aber für ein aufschlußreiches Zeitdokument, das – wie alle volkstümliche Poesie – nur historisch angemessen zu würdigen ist.

Die *Insel Felsenburg* steht in der Tradition von Defoes *Robinson Crusoe* (1719), des erfolgreichsten europäischen Romans seiner Zeit, der den verbreiteten Typus des Abenteuer- und des abenteuerlichen Reiseromans in eine neue Richtung gewiesen hat und eine Fülle zumeist trivialer Nachahmungen hervorrief. In der Vorrede zu einem dieser Nachfolgewerke (*Der Sächsische Robinson*, 1722) ist das Rezeptionsmuster grundsätzlich bezeichnet:

> Das Wort Robinson hat seit einiger Zeit bei uns Deutschen eben die Bedeutung angenommen, die sonsten das französische Wort Aventurier hat, welches einen Menschen anzeiget, der in der Welt allerhand außerordentlichen Glücks- und Unglücksfällen unterworfen gewesen.[5]

Mit den ‚wunderlichen Fata‘ seiner seefahrenden Abenteurer geht Schnabel auf dieses Erzählmuster äußerlich ein, wobei er aber das eigentliche Robinson-Motiv (den Prozeß der Zivilisation unter den Bedingungen ursprünglicher Natur auf einer Südseeinsel) nur am Rande nachgestaltet. Für ihn bedeutet der Schiffbruch nicht, daß der plötzlich auf sich gestellte Mensch nach Möglichkeiten des Überlebens suchen muß, indem er mit seinem Verstand, seiner Beobachtungs- und Erfindungsgabe, der Geschicklichkeit seiner Hände und mit seinem Glauben, der ihn vor Verzweiflung bewahrt, der Natur einen vorläufigen Lebensraum abringt. Er schildert vielmehr Europaflüchtlinge, die das Glück haben, unter den günstigen Bedingungen eines paradiesischen, die menschlichen Bedürfnisse ganz selbstverständlich befriedigenden Inselraums eine eigene, gottesfürchtige und zufriedene Lebensform zu entwickeln und sie zum Staat zu organisieren. Anders als für Robinson ist die Insel für die Felsenburger nicht primitiver und vorläufiger Ersatz für die entbehrte europäische Zivilisation, Überlebensraum, den der Schiffbrüchige bei der ersten sich bietenden Gelegenheit glücklich verläßt, sondern die bejahte, sorgfältig gegen die Außenwelt abgeschirmte Chance für ein frommes und vernünftig organisiertes Leben in glücklicher (‚paradiesischer‘) Einfalt, wie es an keinem anderen Ort der Welt möglich ist: ein Perspektivenwechsel, der sicher durch die unterschiedlichen Lebensbedingungen des englischen und des deutschen Bürgertums mitbedingt ist. Die Robinsonade wird damit zu einem neuen Typus des utopischen Romans. Diese Veränderung der Erzählintention wurde von Anfang an bemerkt[6] und wird erst in der neuesten Forschung (mit wenig überzeugenden Argumenten) gelegentlich bestritten.

Der Schiffbruch ereilt keine gewöhnlichen Abenteurer, sondern eine Gruppe von Menschen, die von den europäischen Zuständen enttäuscht sind und auf Ceylon ein neues Leben beginnen wollen. Die Überlebenden, drei Männer und eine Frau, erhalten unerwartet die Gelegenheit zu einem totalen Neubeginn, die allerdings erst konfliktlos wahrgenommen werden kann, nachdem die Gruppe durch weitere Unglücksfälle (bedingt durch den Streit um die einzige Frau) auf ein Menschenpaar reduziert ist – ausdrücklich ein neuer Adam und eine neue Eva im wiedergefundenen Paradies. Beide empfinden sich nicht als Gestrandete, sondern als Kolonisten, die in rastloser Arbeit den begnadeten Naturraum der Insel in einen Kulturraum für ihre wachsende Familie umschaffen, wobei der ‚Altvater' Albertus Julius schon zu Beginn des Unternehmens von sich sagt: „Ich führete mich auf als ein solcher guter Hauß-Wirth, der Zeit Lebens auf dieser Insul zu verbleiben sich vorgesetzet hätte" (I, 245).[7] Schnabel verwendet zwar die robinsonesken Motive des nahezu voraussetzungslosen Neubeginns, aber er ist an ihnen (Herstellung von Werkzeugen, Arbeitsvorgänge, Beschaffung des Lebensnotwendigen) nicht eigentlich interessiert. Was gebraucht wird, steht selbstverständlich zur Verfügung: aus dem Schiffswrack werden Werkzeuge, Gerät und Lebensmittel im Übermaß gerettet, die Insel ist bereits durch einen Ur-Robinson (Don Cyrillo) vorkultiviert, und die Erfahrungen dieses Vorgängers stehen in seinen Aufzeichnungen bereit; die Vorsehung sorgt dafür, daß nach Bedarf immer neues Strandgut anlandet; Affen führen sich selbst als Arbeitssklaven ein; durch Träume werden die Felsenburger auf verborgene Hilfsmittel aufmerksam; und schließlich werden durch die Hilfe der Vorsehung auch weitere Schiffbrüchige als Ehepartner für die heiratsfähigen Kinder herbeigeschafft, so daß die einzige als bedrohlich empfundene Gefahr für das Inselwesen, der Inzest, vermieden wird. Schnabels thematischer Akzent liegt nicht bei der Inselkolonisierung (der Robinsonade), sondern bei ihrem Ergebnis, einer unter idealen Bedingungen entstandenen Form menschlicher Gesellschaft, also der Utopie eines vollkommenen Gemeinwesens. Diese Umakzentuierung hat bedeutsame erzählstrukturelle Konsequenzen, und es spricht für die Einsicht und Umsicht des Autors und für die Qualität des Romans, daß sie nicht nur erzählerisch verwirklicht, sondern auch theoretisch reflektiert sind.

Das geschieht in der Romanvorrede, auf die, als auf eines der bedeutendsten romantheoretischen Dokumente des 18. Jahrhunderts, sich das Interesse der neuesten Forschung in besonderer Weise konzentriert hat. Schnabel hatte sich hier mit dem üblichen moraltheologischen Vorbehalt gegen die von der gelehrten Poetik verachtete oder ignorierte Form des (niederen) Romans auseinanderzusetzen. Die geläufigen Argumente: der Roman ist Lüge und ist Zeitvergeudung treffen die *Insel Felsenburg* in doppelter Weise, da sie sich gängiger Fiktionsmuster bedient: als Abenteuerroman (‚zusammen geraspelte Robinsonaden-Späne‘) und als Utopie (‚ein vortrefflich begeisterter und in meinen Hoch-Teutschen Stylum eingekleideter Staats Cörper‘). Schnabel führt das Buch zwar als ‚Geschichts-Beschreibung‘ ein und greift auf den üblichen Wahrheitstopos der Herausgeberfiktion zurück, aber er erörtert zugleich auf neuartige Weise das Fiktionsproblem als solches. Das geschieht in einem doppelten Kursus: in einer theoretischen Erörterung und in einer Art Herausgeberbericht. Zunächst läßt er einen fingierten Leser Zweifel an der Authentizität des Berichteten äußern, denen der Herausgeber Gisander nicht mit der üblichen Beteuerung begegnet, seine Erzählung sei im Unterschied zu anderen, die der Vorwurf trifft, wirklichkeitsgetreu und verbürgt, sondern mit einer Rechtfertigung der ‚geschickten Fiction‘, die als ein Spiel der Phantasie (‚Lusus Ingenii‘) ihren Wert hat, wenn sie – wie viele Erzählungen der Bibel – Unterhaltung durch erbauliche Wirkungen rechtfertigt. Zugleich weist er aber mit ironischem Gestus den Verdacht zurück, die allgemeine Rechtfertigung der Fiktion sei zugleich das Eingeständnis poetischer Erfindung. Vielmehr erklärt er die herkömmliche Alternative von ‚pur lauteren Fictiones‘ oder ‚pur lauterer Wahrheit‘ für obsolet, da sie sich im konkreten Fall von seinem Standpunkt aus nicht entscheiden läßt: als Herausgeber und Bearbeiter eines ihm anvertrauten Manuskripts ist er nur der erste Leser der Erzählung, über deren Wahrheitsgehalt er unter den gleichen Voraussetzungen zu urteilen hat wie die Leser des Buches. Was unter diesen Bedingungen als Wahrheit zu gelten hat, läßt sich hier nicht entscheiden, so daß die Argumentation auf einer anderen Ebene neu ansetzt: Gisander berichtet, auf welche Weise er in den Besitz des Manuskripts gelangt ist, was zugleich eine Annäherung an den Erzählgegenstand selbst ist.

Er will die Papiere als letztes Vermächtnis von einem Reisenden erhalten haben, der bei einem Postkutschenunfall ums Leben kam. Angesichts der Faszination, mit der dieser Reisende in ihnen gelesen hatte, glaubt er sich zunächst im Besitz alchimistischer Geheimschriften, also auf dem Wege zu Reichtum. Obwohl sich diese Erwartung als unbegründet erweist, ist er keineswegs enttäuscht, sondern wird von dem Gelesenen seinerseits gebannt, auf andere Weise bereichert. Er übernimmt die Herausgeberrolle nicht aus einer Verpflichtung gegenüber dem Wahrheitsgehalt des Mitgeteilten, den er nicht überprüfen kann, sondern weil er von der Geschichte angesprochen ist: sie unterhält und belehrt, ihr Wert liegt in ihrem moralischen Nutzen. Das Wirkungskriterium wird also dem Kriterium der Faktizität übergeordnet, und es bleibt dem Leser überlassen, „daß er davon glauben kan, wie viel ihm beliebt“. Das bedeutet aber, daß die Frage: Wahrheit oder Erfindung gegenüber dem Wirkungsgesichtspunkt sekundär wird, wie sie es bereits für die erwähnten biblischen Erzählungen ist. Wenn damit die Fiktion prinzipiell gerechtfertigt ist, so gilt das aber nicht schlechthin für jedes poetische Erzählen. Denn für den vorgegebenen Fall ist im Argumentationskontext ja keineswegs entschieden, ob der mitgeteilte Sachverhalt historisch oder fiktiv ist. Und nur weil sich die Frage weder theoretisch noch im Rekurs auf die Geschichte der Quelle klären läßt, wird sie schließlich unerheblich. Das setzt aber voraus, daß die Vorgänge so erzählt sind, daß nichts gegen ihre Möglichkeit spricht, wenn sich schon ihre Wirklichkeit nicht ausmachen läßt. Die Erzählung muß also so plausibel sein, daß sie für wahr gelten kann, auch wenn sie erfunden ist. Erst das ermöglicht die beschriebene erbaulich-moralisierende Wirkung auf den Leser. Implizit ist die Vorrede zur *Insel Felsenburg* insofern nicht weniger als eine frühe theoretische Rechtfertigung des Wahrscheinlichkeitsprinzips für das romanhafte Erzählen, d. h. die Verlagerung des für den Roman als Gattung bisher kritischen Wahrheitsgrundsatzes von der ontologischen auf die wirkungs-ästhetische Ebene. Dadurch gewinnt der Herausgeber eine gewisse Freiheit gegenüber dem Manuskript: er kann es nach poetischen Grundsätzen bearbeiten, um seine Wirkung zu erhöhen, ohne deshalb in einen Konflikt mit dem Authen-tizitätskriterium als der bisher verbindlichen Legitimationsbasis zu kommen.

Mit der Vorredenargumentation erschließt Schnabel poetologisches Neuland und bringt er die zeitgenössische romantheoretische Diskussion auf eine zukunft-weisende Bahn. Das geschieht zudem mit subtiler Fiktionsironie. Für sein Werk hat er sich damit allerdings unter einen Zwang begeben, dem er nur teilweise genügen konnte, so lange nämlich, wie er ein schlüssiges Erzählkonzept verfolgte und nicht einfach fabulierte. Streng genommen wird nur der 1. Teil des vierbän-digen Werkes dem selbstgesetzten Anspruch gerecht. Der verpflichtende Grund-satz der wahrscheinlichen Fiktion bedeutet, daß die Felsenburg-Utopie von phantastischen Elementen freizuhalten war: sie konnte lediglich als ein vernünf-tig organisiertes, auf Frömmigkeit gegründetes patriarchalisches Gemeinwesen geschildert werden. Das schränkt aber den eigentlich thematischen Erzählinhalt auf ein Minimum ein.

Formal stellt sich der Roman als Rahmenerzählung dar, in die die Geschichten der Felsenburg-Gemeinschaft und ihrer Bewohner in Gestalt von Lebensläufen integriert sind, ein Erzählverfahren, das aus der Romantradition des 17. Jahr-hunderts geläufig ist. Diese Tradition ist allerdings insofern modifiziert, als auch die Haupterzählung (Lebenslauf des Altvaters) als Vorgeschichte berichtet wird. Das erklärt sich aus der thematischen Priorität des Utopischen. Schnabel folgt dem utopischen Erzählmuster, das einen von außen kommenden Fremden (Rei-senden) mit dem funktionierenden Staatswesen konfrontiert und ihn Organisa-tion und Einrichtung aus eigener Anschauung schildern läßt. Das bedingt ein Primat der Gegenwartshandlung und des erklärenden Augenscheins aus einer Außensicht und im Horizont des gegenwärtigen Alltagsbewußtseins, das den Erzähler mit dem Leser verbindet. Die Darstellungsperspektive ist die des exo-tischen Reiseromans, und in diesem Sinne sind die Reise des Eberhard Julius und seine Eindrücke von der Insel nicht nur ein Erzählrahmen, sondern die eigent-liche Handlungs- und Gegenstandsebene des Romans. Zu ihr wird systematisch hingeführt. Auf der Überfahrt von Amsterdam zur Insel Felsenburg, die ohne jedes Abenteuer und ohne alle Gefahr verläuft, schildert der Kapitän Leonhard Wolfgang seine Lebensgeschichte bis zu seiner ersten Ankunft auf Felsenburg. Dieser Bericht mündet unmittelbar in die Gegenwartshandlung (Rahmenhandlung), insofern die Neuankömmlinge die Wahrnehmungen aus eigener Anschauung nachvollziehen können und damit, wie es sich in der Folge zeigt, in ein stereotypes Erlebnismuster einbezogen werden, das sich bei allen Ankommenden in der gleichen schematischen Weise wiederholt und gleichsam den Charakter einer Initiation hat. Die Insel erscheint an ihrer Außenseite als eine öde, wüste und leblose Felsenklippe von erschreckender Unwirtlichkeit, als Raum der Strafe und Aussetzung. Sie wird zugänglich, indem man einen verborgenen unterirdischen Gang durchschreitet, der zunächst den Schrecken noch erhöht, ehe sich plötzlich der Anblick eines Innenraumes eröffnet, den jeder mit fassungslosem Staunen als ein ‚irdisches Paradies', als ‚Lustgarten', als ‚das schönste Lust-Revir der Welt', als ‚gelobtes Land' erlebt. Diese aus der Bibel entlehnten Wendungen für das himmlische Jerusalem sind ein Unsagbarkeitstopos, der eine jede Beschreibung übertreffende Vollkommenheit bezeichnet und ein Erlebnismuster anzeigt, das über alle zeitliche Differenz zur totalen Identität zusammenfällt. Die Zeit wird gewissermaßen in den Raum aufgehoben, der seinerseits ein geschichtsjenseitiger Inbegriff von Glückseligkeit, eine Stufe irdischer Vollkommenheit ist, die gleichsam ein jenseitiges Dasein antizipiert. Rosemarie Haas hat nachweisen können, daß die Schilderung durchgängig auf Motiven der Bibel beruht und Stereotypen der Paradiesesdarstellung übernimmt. Dabei bleibt der Bericht allerdings seltsam unanschaulich, ohne konkrete Wahrnehmung des Raumes. An deren Stelle tritt die Emphase des Gefühls, ein ganz unsinniges Glücksempfinden. Der Leser sieht sich getäuscht, wenn er von Eberhard Julius als dem Chronisten eine konkretisierende Schilderung seiner tatsächlichen Wahrnehmungen erwartet: auch er kapituliert vor der Aufgabe, den emphatischen Vollkommenheitstopos episch zu veranschaulichen und damit der utopischen Gestalt sinnliche Realität zu geben. Zum Ersatz verweist er befremdlicherweise auf eine dem Buch beigefügte Karte, einen „kleinen Grundriß der Insul", der „dem curieusen Leser eine desto bessere Idee von der gantzen Landschafft" verschaffen soll (I, 100). Dieser Grundriß ist aber lediglich ein Überblick über die räumlichen Gegebenheiten einer kultivierten Landschaft, keineswegs ein Medium der Anschauung. Dennoch ist diese Hilfskonstruktion von hohem Zeichenwert, denn sie verdeutlicht, daß die strukturelle Geschichtslosigkeit der verwirklichten Utopie die Zeit in den Raum aufhebt, zur befriedigten Dauer des im Raum nebeneinander Existierenden führen muß, dessen notwendigerweise sukzessive Vergegenwärtigung den Mythos des in sich Vollkommenen einschränken, wenn nicht zerstören würde. Dieser Mythos ist statisch: schon die ersten Einwanderer haben die Insel in ihrem reinen Naturzustand als ein irdisches Paradies empfunden („das schöne Paradieß, woraus vermuthlich Adam und Eva durch den Cherub verjagt worden." I, 163), und in jeder Phase der Inselkolonisation haben die neu Hinzukommenden spontan diese Metaphorik verwendet. Wenn der Eindruck also von der reinen Natur ebenso ausgesagt werden kann wie von der bis auf das letzte Fleckchen kultivierten Landschaft, so kann es sich nicht primär um einen Landschaftseindruck, also um eine ästhetische Wahrnehmung handeln. In der Emphase drückt sich vielmehr die intuitive Gewißheit aus, daß diese Raum die jeweiligen Glückserwartungen erfüllen wird. Die Paradiesmetapher ist also nicht gegenständlich gemeint, sondern artikuliert ein Lebensgefühl: die in den Paradiesvorstellungen ins Jenseits projizierten Hoffnungen auf ein vollkommenes Dasein werden ins Diesseits zurückgenommen. Die Utopie, in der sie sich konkretisieren, ist ein Vorgang der Säkularisation, der implizit den sozialkompensatorischen Charakter der Religion durchschaubar macht. Die Felsenburger brauchen nicht erst auf ein Leben nach dem Tode zu warten, in dem sie für die Leiden und Mängel ihrer diesseitigen Existenz entschädigt werden, sie haben das ‚Paradies' schon zu Lebzeiten. Insofern kann der erste Eindruck der Insel nicht im distanzierten Modus der Anschauung verbleiben. Er ist ein Gesamturteil, das zeichenhaft die gesamte Erwartung einer künftigen Lebensform auf der Insel einschließt, ihn jedoch zugleich in die Zeitlosigkeit der absoluten Gegenwart aufhebt. Der Raum ist also nicht objektives Gegenüber einer Wahrnehmung, sondern Element und Inbegriff eines umfassenden Subjekt-Objekt-Erlebnisses, das sich als vollendetes Glücksgefühl mitteilt. Deshalb ist die Karte keine orientierende Landkarte (das ist sie im Zeichen des Wahrscheinlichkeitsprinzips auch), sondern die simultane und totale Wiedergabe von etwas nur sukzessiv Erlebbarem. Sie ist damit das gegenständliche Korrelat der Paradies-Metapher, nicht jedoch deren episch-anschauliche Übersetzung. Indem beide notwendig zusammengehören, bilden sie eine Art Emblem: die Karte ist Sinnbild (pictura), die Paradies-Metapher Inschrift (inscriptio), der Roman die deutende Auslegung (subscriptio) der emblematischen Konfiguration. Das ist als der Versuch einer Strukturbeschreibung gemeint, nicht mit dem Anspruch verbunden, Grundsätzliches über romanhafte Emblematik auszuführen. Es geht lediglich um den heuristischen Wert eines Denkansatzes, der Schnabels Zeit noch durchaus geläufig war, so daß man den befremdlichen Verweis auf die Karte statt der zu erwartenden epischen Schilderung als eine Art Hilfskonstruktion verstehen kann, mit der dem utopischen Anspruch Genüge getan wird, ohne daß er gegenständlich eingelöst werden müßte. Dabei verhält es sich hier so, daß die Inscriptio (also die Paradiesmetaphorik) eine wertende Dimension einbringt, die auf der Bildebene (der Karte) und auf der Auslegungsebene (der Romanhandlung) nicht unmittelbar vorhanden ist, eben deshalb aber der Gegenständlichkeit den Wahrscheinlichkeitscharakter beläßt. Die objektiv registrierende Wahrnehmung wird also erst durch die subjektiv emphatische Wertung zur Utopie erhöht. Die vorweggenommene, gleichsam abstrakte Deutung ist dann bei der folgenden konkretisierenden Schilderung mitzudenken. Ein solcher Bedeutungsüberschuß über das Dargestellte ist ein Kennzeichen emblematischen

Denkens, das hier eine grundlegende Voraussetzung dafür zu sein scheint, daß die Utopie im Rahmen von Schnabels poetologischem Wirklichkeitsverständnis erzählbar wird.

Die Emphase und ihr literarisches Pendant, das Emblem, widersprechen schon deshalb nicht dem Prinzip der wahrscheinlichen Fiktion, weil sie auf Anschauung zunächst verzichten. Die Konkretisierung erfolgt nachträglich im Horizont der vorweggenommenen Deutung. Der Altvater lädt die Neuankömmlinge zu einer ‚General-Visitation' der Insel ein, um ihnen die Stätte seines Wirkens zu zeigen. Aber auch hier entsteht wenig Anschauung. Es wird zwar der gesamte auf der Karte verzeichnete Inselraum systematisch abgeschritten, wie er jetzt in Gestalt von Siedlungen unter die Nachkommen des Gründerpaares und ihre Familien aufgeteilt ist, aber als Erzählinhalt ergeben sich nur stereotype Kataloge von Zahlen und Funktionen: Anzahl der Gebäude, Spezialität der handwerklichen Werkstätten, landwirtschaftliche Produkte und Aufgabe der jeweiligen Siedlung im Bereich von Wasserwirtschaft und Rohstoffgewinnung. Kein einziger der auf Felsenburg Geborenen wird als Person deutlich. Die Erzählgegenwart ist also als verwirklichte Utopie auffallend handlungslos und statisch.

Das hat zwei Gründe: zum einen ist die Felsenburg-Gemeinschaft weniger ein organisiertes Staatswesen als eine naturwüchsige, patriarchalisch-idyllische Großfamilie. Damit entfällt der spezifisch utopische Gegenstand der neuartigen politischen Institutionen und die ihnen zugeordnete Form traktathaften Erzählens. Zum anderen ist die auf pietistische Frömmigkeit und arbeitsame Vernünftigkeit gegründete Gemeinschaft als Wunschbild wesenhaft konfliktfrei und deshalb statisch und bis auf die Arbeitsvorgänge handlungslos.

Schnabel löst dieses Erzählproblem, indem er auf die Vorgeschichte ausweicht und sie in Gestalt von Lebensläufen (individuumsorientierter Handlung) erzählen läßt. Dabei ist auf die Verknüpfung zu achten, denn die Vorgeschichtshandlung – die Robinsonade des Altvaters und die abenteuerlichen Erlebnisse der europäischen Einwanderer – wird situativ erzählt. Die ‚General-Visitation' erfolgt in neun Etappen, und am Abend jedes Besichtigungstages wird jeweils ein Stück Vorgeschichte mitgeteilt, wobei der Umfang durch die Erzählzeit der geselligen Kommunikation begrenzt ist. An den ersten sechs Abenden berichtet der Altvater seine Lebens- und die mit ihr identische Inselgeschichte bis zur Ankunft der ersten Zuwanderer; an den folgenden Abenden werden deren abenteuerliche Lebensläufe von ihnen selbst erzählt oder – so weit sie verstorben sind – aus Manuskripten verlesen und gleichzeitig die Erzählung des Altvaters fortgesetzt. Durch die ständig Wiedervergegenwärtigung des Erzählrahmens wird die thematische Priorität der Gegenwart (Utopie) gegenüber der Vorgeschichte (Robinsonade und Abenteuerbericht) unterstrichen, während zugleich der aktuelle Zustand der Insel als Ergebnis prozeßhafter Vorgänge deutlich wird. Immerhin liefert aber die Vergangenheit den Erzählinhalt für die ereignisarme Gegenwartshandlung. Außerdem ergibt sich eine räumliche Zweiteilung: abenteuerliche Handlungen gibt es nur im europäischen Bereich (und in der Schiffbruchsphase vor der Inselkolonisation). Mit dem Eintreffen auf der Insel gehen die Lebensläufe aller Personen in der des Altvaters auf – niemand hat mehr ein eigenes Schicksal, d. h. die Robinsonade und ihr bruchloser Übergang in die Utopie bestimmen den Felsenburg-Raum total.

In der Robinsonade entwickeln sich schon jene Grundsätze, die das utopische Gemeinwesen bestimmen. Sie gewinnen Kontur in der Antithese zu den europäischen Erfahrungen der Zuwanderer, und diese Antithese bestimmt den kritischen Gehalt der neuen Gemeinschaftsform. Ausgeschaltet sind die Grundübel und -laster der Buhlerei, der Habgier und der ständischen Ungleichheit. Liebe ist hier familienorientierte Partnerschaft; die Verpflichtung zu rastloser Arbeit und ein bedürfnisorientierter Tauschverkehr auf der Grundlage von Gemeineigentum und gemeinsamer Nutzung des Besitzes ersetzen die Geldwirtschaft und nehmen dem im Übermaß vorhandenen Gold- und Edelsteinbesitz den Wert von Schätzen; die aus der Familie hervorgegangene Gemeinschaft kennt nur die natürliche Autorität des Vaters, jedoch keine Stände; alle bekennen sich zum lutherischen Protestantismus, zu dem sich auch die Andersgläubigen bekehren, so daß es keine konfessionellen Probleme gibt. Die Geschichten der Europäer sind demgegenüber von Buhlerei und Ehebruch, Elternlosigkeit und Mißhandlung der Kinder, Raub, Betrug und Übervorteilung, Geldgier, Konkursen und materieller Not, alchimistischer Geheimkunst, Ämterschacher und Standesdünkel, Rechtlosigkeit der Untertanen und Willkür der Mächtigen oder Beamten, Raufen, Saufen und Duellieren, Erpressung zum Kriegsdienst, konfessionellen Streitigkeiten, jesuitischer Tücke und Glaubenslosigkeit bestimmt. In einer additiven Reihung erzählerischer Exempel (vergleichbar den Exempelgeschichten der *Moralischen Wochenschriften*) entsteht kaleidoskopartig ein düsteres Gesamtbild der europäischen Zustände, deren einziges Gegenbild die Felsenburgischen Zustände sind. Dabei liegen die Erzählungen im Erfahrungsbereich des Publikums, sind also reale Gegenwart, während sie aus der Felsenburg-Perspektive strukturell Vorgeschichte sind, mit dem Eintreffen auf der Insel sogar als Möglichkeit enden. Die Schilderung des Lebenslaufs ist ähnlich der Praxis der pietistischen Konventikel definitive Absage an eine überwundene Lebensform. Die Erzählgegenwart und die historische Gegenwart sind also strukturell verschieden, weshalb die ständige Rückkehr zum Erzählrahmen auch gehaltlich bedeutsam ist.

Dieses überlegte und durchdachte, von der Konzeption her schlüssige Erzählverfahren ließ sich für die Fortsetzung nicht durchhalten. Hier macht sich von Anfang an das Bemühen geltend, den verlegerischen Erfolg des 1. Teils zu nutzen. Die Brotschriftstellerei überlagert künstlerische Erwägungen. In den ersten beiden Fortsetzungen wird die Inselchronik weitergeführt – jetzt jedoch verkürzt um die breite Stofflichkeit der Robinsonade – und wiederum fortlaufend mit den Lebensläufen der aus Europa herbeigeholten Handwerker konfrontiert.

Dabei zeigt sich als leitender Grundsatz das Bemühen der Felsenburger, den zivilisatorischen Vorsprung Europas einzuholen, was zu einer unanschaulichen und ereignisarmen statistischen Bestandsaufnahme führt. Der Tod des Altvaters bedingt die Konzeption einer sehr rudimentären Verfassung. Der Erzählakzent verlagert sich aber immer mehr auf die europäischen Abenteuer. Und hier verändert sich die anfangs noch deutliche satirische Gegenbildlichkeit (der Darstellungsgrundsatz des 1. Teils) zunehmend ins Anekdotische, schließlich sogar ins Galant-Frivole und gewinnt triviale Züge. Im ursprünglich nicht vorgesehenen 4. Teil wird die Preisgabe der anspruchsvollen Fiktion einer wahrscheinlichen Utopie zum trivialen unterhaltsamen Abenteuerroman definitiv: ,seltzame Begebenheiten' und ,Wunder-Dinge' bis hin zu Kämpfen mit Seeräubern, orientalischen Abenteuern und Geistererscheinungen bestimmen die Darstellung.

Der sehr rasch sich ausbreitende schlechte Ruf der *Insel Felsenburg* als Trivialroman dürfte auf diese Preisgabe der wohlüberlegten Konzeption utopischen Erzählens zur anspruchslosen Reihung abenteuerlicher Begebenheiten zurückzuführen sein. Mit dem Versuch, den Roman durch eine Rechtfertigung der wahrscheinlichen poetischen Erfindung ästhetisch zu legitimieren, befand Schnabel sich auf der Höhe der zeitgenössischen Möglichkeiten der Gattung. Sein Anspruch ist in der geschickten Verknüpfung der *Robinson-Crusoe*-Nachfolge mit der Erzählform der Exempelgeschichten in den *Moralischen Wochenschriften* und dem Modell der pietistischen Bekehrungsgeschichten für den 1. Teil der *Insel Felsenburg* durchaus eingelöst. Als freier Schriftsteller konnte er aber zwangsläufig der Versuchung nicht widerstehen, den Erfolg seines ersten Buches auszuschlachten, und die Folge war ein Rückfall auf jenes Niveau des Romans, das er durch die Umfunktionierung geläufiger Erzählmuster in deren eigenem Horizont schon überwunden hatte.

Dieses Dilemma verschärfte sich noch anläßlich von Schnabels zweitem Erfolgsroman. Wenn Hans Mayers wohlbegründete Vermutung zutrifft, hat Schnabel sich anläßlich des Erscheinens seines *Im Irrgarten der Liebe herumtaumelnden Cavaliers* (1738) zunächst mit dem geistlichen Konsistorium und schließlich mit dem Hof in Stolberg überworfen. Der Erfolg des Schriftstellers war also dem Bemühen um höfischen Rückhalt gegenläufig, während er andererseits auf diesen Erfolg angewiesen war, da die Funktion bei Hofe unbesoldet und das Zeitungsprivileg defizitär war.

Die Rezeption des *Cavaliers* war von Anfang an und bis ins 20. Jahrhundert durch Vorurteile kleinlicher moralistischer Prüderie bestimmt – erst in jüngster Zeit hat die Forschung die vergleichsweise bemerkenswerte literarische Qualität des Buches gewürdigt. Schnabel steht hier in der Tradition des aus dem höfisch-historischen Roman des Barock hervorgegangenen galanten Romans, wie er vor allem in den Werken A. Bohses (u. a. 1696 *Der Liebe Irregarten*), Ch. F. Hunolds und J. C. Rosts vorliegt. Er wählt jedoch nicht das übliche, von Heliodors *Aithiopika* entlehnte Handlungsschema, sondern greift auf den ,wahrscheinlicheren' Typus der Kavaliersmemoiren zurück, angeblich sogar auf eine wirkliche Memoirenquelle, die Erinnerungen eines sächsischen Barons von Stein, dessen Besitzungen an der Elbe lagen (im Roman: Herr von Elbenstein). Wie in der *Insel Felsenburg* führt Schnabel in der Vorrede einen Literaten ein, der ein schon aus Papieren und Diarien redigiertes Manuskript einer letzten Bearbeitung für das Publikum unterzieht. Der 1. Teil schildert die Liebesabenteuer des Herrn von Elbenstein während seiner Kavaliersreise durch Italien, wo er durch die fortwährenden Nachstellungen der ebenso unersättlichen wie in ihrer Rachsucht gefährlichen italienischen Frauen aller Stände von einer erotischen Affäre in die nächste taumelt. Im 2. Teil beginnt Elbensteins diplomatische Laufbahn an verschiedenen deutschen Höfen. Er entschließt sich zwar zur Heirat, gerät aber in den politischen Wirren ständig in neue erotische Verstrickungen, ehe der Tod seiner Frau und seines Kindes die stets nur peripheren Phasen religiöser Einkehr in einem reuevollen, melancholisch-frommen Einsiedlerdasein stabilisiert. Sündenbewußtsein und Reue werden als erbauliche Rechtfertigung für die Schilderung der erotischen Verwirrungen bemüht und bilden zusammen mit gelegentlichen kulturhistorischen Exkursen (vor allem der Schilderung der politischen Verfassung der Republik Venedig) ein didaktisch-moralistisches Gegengewicht gegen die frivole Abenteuerreihe. Als Gefangener einer italienischen Fürstin liest Elbenstein abwechselnd im *Amadis* und in der Bibel, die stellvertretend für die beiden komplementären Pole des Romans stehen: den abenteuerlich-unterhaltsamen und den erbaulich-belehrenden. Der Erzählaufbau ist anekdotisch-novellistisch, reiht in sich abgeschlossene Episoden, die vielfach direkt oder indirekt aus der französisch-italienischen Novellen- und Schwanktradition stammen. In ihrer andeutenden Pikanterie steht die Darstellungsweise zwischen der galanten und der pikaresken Erzähltradition.

Komposition und Konzeption des *Cavaliers* sind ungleich weniger anspruchsvoll und kunstgerecht als der 1. Teil der *Insel Felsenburg*, aber erzählerisch ist das Buch frischer und gewandter, welt- und sinnenfreudiger als die oft betulich-frömmelnde Utopie. Es ist ein weiteres Zeugnis dafür, wie der Zwang zur hastigen Vielschreiberei und die borniere Enge des gesellschaftlichen Rahmens in Deutschland das beträchtliche Erzähltalent eines souveränen Epikers nicht zur Entfaltung kommen ließen und schließlich in der Trivialität verwüsteten.

Anmerkungen

Texte

Johann Gottfried Schnabel: Wunderliche Fata einiger Seefahrer. 1. Teil 1731; 2. Teil 1732; 3. Teil 1736; 4. Teil 1743. Fotomechanischer Nachdruck. Hildesheim/New York 1973.

Johann Gottfried Schnabel: Insel Felsenburg. Hg. v. V. Meid und I. Springer-Strand. Stuttgart 1979.

Johann Gottfried Schnabel: Der im Irrgarten der Liebe herumtaumelnde Kavalier. Mit einem Nachwort von Hans Mayer. München 1968.

Literatur

Selmar Kleemann: Der Verfasser der Insel Felsenburg als Zeitungsschreiber. In: Vierteljahrschrift für Literaturgeschichte 6, 1893, S. 337-371.

Adolf Stern: Der Dichter der ‚Insel Felsenburg'. In: A. S.: Beiträge zur Litteraturgeschichte des 17. und 18. Jahrhunderts. Leipzig 1893, S. 61-93.

Franz Karl Becker: Die Romane Johann Gottfried Schnabels. Diss. Bonn 1911.

Fritz Brüggemann: Utopie und Robinsonade. Untersuchungen zu Schnabels Insel Felsenburg (1731-1743). Weimar 1914.

Hans Mayer: Die alte und die neue epische Form: Johann Gottfried Schnabels Romane. In: H. M.: Von Lessing bis Thomas Mann. Wandlungen der bürgerlichen Literatur in Deutschland. Pfullingen 1959, S. 35-78.

Rosemarie Haas: Die Landschaft auf der Insel Felsenburg. In: Zs. f. dt. Altertum 91, 1961-62, S. 63-84.

Horst Brunner: Die poetische Insel. Inseln und Inselvorstellungen in der deutschen Literatur. Stuttgart 1967.

Wilhelm Voßkamp: Theorie und Praxis der literarischen Fiktion in Johann Gottfried Schnabels Roman ‚Die Insel Felsenburg'. In: GRM NF 18, 1968, S. 131-152.

Peter-Uwe Hohendahl: Zum Erzählproblem des utopischen Romans im 18. Jahrhundert. In: H. Kreuzer/K. Hamburger (Hrsg.): Gestaltungsgeschichte und Gesellschaftsgeschichte. Literatur-, Kunst und Musikwissenschaftliche Studien. Stuttgart 1969, S. 79-114.

Jürgen Jacobs: Prosa der Aufklärung. Kommentar zu einer Epoche. München 1976, S. 136-145.

Klaus-Detlef Müller: Autobiographie und Roman. Studien zur literarischen Autobiographie der Goethezeit. Tübingen 1976, S. 87-93.

Fritz Wahrenburg: Funktionswandel des Romans und ästhetische Norm. Die Entwicklung seiner Theorie in Deutschland bis zur Mitte des 18. Jahrhunderts. Stuttgart 1976.

Dietrich Naumann: Politik und Moral. Studien zur Utopie der deutschen Aufklärung. Heidelberg 1977, S. 91-108.

Jan Knopf: Frühzeit des Bürgers. Erfahrene und verleugnete Realität in den Romanen Wickrams, Grimmelshausens, Schnabels. Stuttgart 1978, S. 85-110.

Ludwig Stockinger: Ficta Respublica. Gattungsgeschichtliche Untersuchungen zur utopischen Erzählung in der deutschen Literatur des frühen 18. Jahrhunderts. Tübingen 1981, S. 399-449.

Jürgen Fohmann: Abenteuer und Bürgertum. Zur Geschichte der deutschen Robinsonaden im 18. Jahrhundert. Stuttgart 1981.

Nachweise

[1] Brief Schillers an Jens Baggesen vom 16. 12. 1791. In: Schillers Briefe. Hg. v. Fritz Jonas. Bd. 3. Stutgart o. J., S. 179.

[2] Bibliographische Angaben zu den im Text genannten Autoren der Forschungsliteratur im Literaturverzeichnis.

[3] Zit. Kleemann, Der Verfasser der Insel Felsenburg als Zeitungsschreiber, S. 341.

[4] Ludwig Tieck, Vorrede zur neuen Ausgabe der Insel Felsenburg. In: J. G. Schnabel, Insel Felsenburg. Hg. v. V. Meid und I. Springer-Strand. Stuttgart 1979, S. 533.

[5] Zit. Brüggemann, Utopie und Robinsonade, S. 104.

[6] Grundlegend hierfür: Brüggemann, Utopie und Robinsonade. Brüggemann führt die für die weitere Diskussion weitgehend verbindlich gewordene Unterscheidung von Exil (,Robinson Crusoe') und Asyl (,Insel Felsenburg') ein.

[7] Zitatnachweise im Text nach: J. G. Schnabel, Wunderliche Fata einiger Seefahrer. Hildesheim/New York 1973 – angegeben sind jeweils Band und Seitenzahl.

Das Manuskript wurde 1979 abgeschlossen.

BENNO VON WIESE

JOHANN CHRISTIAN GÜNTHER

I

Es muß ein böser Stern gewesen sein[1], unter dem Johann Christian Günther am 8. April 1695 zu Striegau in Schlesien geboren wurde. Schon das Datum seiner Geburt charakterisiert seine Stellung zwischen den Zeiten. Im Jahre 1695 beginnt die Hoffmannswaldau-Ausgabe von Benjamin Neukirch zu erscheinen, bereits ein Ausklang der zweiten schlesischen Schule des deutschen Barock, und drei Jahre vor Günthers Tod, 1720, setzt die Frühaufklärung ein mit Christian Wolffs epochalem Werk *Vernünftige Gedanken von Gott*. Nicht nur Günthers Leben war vom Unglück gezeichnet, auch die Geschichte seines Nachruhms. Immer wieder haben die oft frei erfundenen bösartigen Anekdoten über sein angeblich wildes und zügelloses Leben den Blick auf sein lyrisches Werk verstellt. Negativ hat sich auch der viel zitierte, aber meist aus dem Zusammenhang gerissene Satz des alten Goethe im siebenten Buch von *Dichtung und Wahrheit* ausgewirkt, der weit bekannter geworden ist als Günthers Dichtung selbst. „Er wußte sich nicht zu zähmen, und so zerrann ihm sein Leben wie sein Dichten." Darüber wurde der vorausgehende Text unterschlagen, der zu den besten Urteilen über Günther gehört:

> Ein entschiedenes Talent, begabt mit Sinnlichkeit, Einbildungskraft, Gedächtnis, Gabe des Fassens und Vergegenwärtigens, fruchtbar im höchsten Grade, rhythmisch bequem, geistreich, witzig und dabei vielfach unterrichtet, genug, er besaß alles, was dazu gehört, im Leben ein zweites Leben durch Poesie hervorzubringen, und zwar im gemeinen wirklichen Leben . . .[2]

Was war er nun? Ein verkommener Vagant, der sein Scheitern selbst verschuldet hat, oder ein tragisch gezeichnetes Genie, der größte deutsche Lyriker vor Goethe, wie man auch behauptet hat? Bereits die literaturgeschichtliche Zuordnung will nirgends recht gelingen. Da er immer z w i s c h e n den Zeiten gestanden hat, taucht er in Darstellungen über den Barock[3] oder über die Aufklärung[4] meist nur mit ganz wenigen, mehr oder weniger verlegenen Sätzen auf. Um ihn dafür zu entschädigen, apostrophiert man ihn statt dessen ebenso vage wie stereotyp als den genialischen Vorläufer der Goetheschen Erlebnislyrik. Seine Apologeten wie vor allem der verdienstvolle Günther-Herausgeber Wilhelm Krämer verkennen seine Wurzeln im barocken Zeitalter und stilisieren ihn wie Krämer allzu schwärmerisch hinauf zum bedeutenden Vorklang des Humanismus der Goethezeit.[5] Selbst der letzte, weit sachlichere, kenntnisreiche Versuch von Hans Dahlke[6], der Günthers geschichtliche Position zu umreißen versucht und ihn als progressiven Dichter der Aufklärung würdigt, leidet darunter, daß er in der in Günthers Spätzeit neu aufgenommenen religiösen Lyrik fast nur einen bedauernswerten Rückfall in die historisch bereits überwundene Phase des Spätbarock sieht. Aber eine andere These dieses Buches zerstört viele falsche Legenden. Günther war weder ein Vagant noch ein Revolutionär, er war ein durch seine Epoche und sein Leben verhinderter Bürger.

Zum Verständnis seines Werkes ist freilich die Kenntnis seines Lebens unerläßlich, wenn man sich auch meist zu sehr für dieses abenteuerliche Leben und zu wenig für sein Werk interessiert hat. Günther war als Sohn des Stadtarztes Dr. Johann Günther in ärmlichen Verhältnissen geboren. Sein Vater sollte auf verhängnisvolle Weise sein ganzes Leben noch mitbestimmen. Zunächst freilich war eher das Gegenteil der Fall, da er den frühreifen Sohn persönlich in Latein und Griechisch unterrichtet und so bereits in früher Jugend die Liebe zu den großen Autoren der Antike bei ihm geweckt hat. Nur ein glücklicher Zufall – auf einer Durchreise wurde der kaiserliche Hofmedikus Johann Caspar Thiem auf den begabten Knaben aufmerksam und versprach, für seine Fortbildung zu sorgen – ermöglichte Günthers Aufnahme auf das Gymnasium in Schweidnitz (1710-1715). Dort kam er mit zwei für seine Entwicklung bedeutenden Männern in näheren Kontakt: dem Diakon Benjamin Schmolcke, der im Dezember 1714 neuer Oberpfarrer und Schulinspektor in Schweidnitz wurde, und dem Rektor des Gymnasiums Christian Leubscher. Schmolcke, der zur dichtenden evangelischen Orthodoxie gehörte, vermittelte ihm nicht nur die Kenntnis der zweiten schlesischen Dichterschule und ihrer Nachfolger wie Neumeister und Hunold und damit auch die Auffassung von der Antike im Barockzeitalter, sondern als das Wichtigste das evangelische Kirchenlied des 17. Jahrhunderts und seine Tendenz zur subjektiven Verinnerlichung. Der einfache, sangbare Ton dieser Gedichte wirkte auf weite Strecken nicht nur in der religiösen, sondern auch in der weltlichen Lyrik Günthers, vor allem seiner Liebeslyrik weiter nach. Dem humanistisch gebildeten und freisinnigen Rektor Leubscher, der Günther gleich in seine Poetenklasse mitaufnahm und ihm Hauptrollen in den zur Aufführung bestimmten dramatischen Stücken auf dem Schultheater vermittelte[7], verdankt Günther den ebenso gelehrten wie enthusiastischen Umgang mit vielen antiken Autoren: Ovid, Horaz, Vergil, Anakreon, Properz und Tibull. Sie werden zu dem von Günther souverän gemeisterten Bildungsbesitz, den er für seine eigene Lyrik vielfach abgewandelt und mit manchen zitatenhaften Anspielungen oder auch Collagen sein Leben lang beherrscht hat. Daran ist zu denken, wenn er immer wieder auf seinen „Fleiß" und seine Liebe zur „Wissenschaft" hingewiesen hat. Gelehrsamkeit und Lyrik waren für das barocke Zeitalter noch keine

Gegensätze. Zu Günthers Lyrik gehört ebenso die genaue Kenntnis der antiken Mythologie wie die Vertrautheit mit dem Alten und Neuen Testament. Manche komplizierte Entschlüsselungen sind hier für die Forschung noch zu leisten. Denn Günther verstand sich durchaus im Sinne der Zeit als einen „poeta doctus" und insofern keineswegs als modernen Erlebnislyriker. Viele seiner langen, meist in Alexandrinern, dem Vers des europäischen Barock, verfaßten Gelegenheitsgedichte, die nach den Gepflogenheiten seines Zeitalters als bezahlter gesellschaftlicher Auftrag zu Hochzeiten, Geburten, Todesfällen, Magister- und Doktorprüfungen oder auch zu Huldigungen an hochgestellte aristokratische Personen ihm übertragen wurden, bilden eine eigene Gattung, die von seiner weit individuelleren Liebeslyrik oder auch von seinen zahlreichen umfangreichen Klageliedern durch ihre ganz andere gesellschaftliche Funktion und ihre Anhäufung voll Anspielungen der verschiedensten Art, ihre gekonnte Rhetorik und ihre mythologischen Einkleidungen erheblich unterschieden ist. Da Günther sich außerdem noch gegen seine meist lutherisch-orthodoxen zahlreichen Feinde, vor allem aber seinen Hauptfeind, Theodor Krause, den Herausgeber der *Vergnügung Müßiger Stunden,* mit scharfen, ja sogar groben, oft aber auch mythologisch ausgebauten phantasievollen Satiren ebenso leichtsinnig wie temperamentvoll gewehrt hat, wird das Gesamtbild seiner Lyrik noch widerspruchsvoller. Obgleich dieser Dichter an fast alle Barocktraditionen angeknüpft hat, nahm er trotzdem schon poetische Ausdrucksformen vorweg, die von der frühen Aufklärung nicht nur bis zur Goethezeit, sondern sogar noch bis zum Expressionismus reichten. Selbst Georg Trakl hat ihn als Geistesverwandten empfunden, als einen Dichter, der ebenso tief unglücklich gewesen sei wie er selbst.[8]

Es ist nicht leicht, die Quelle dieses Unglücks genauer zu bestimmen. Denn es hatte sicher ebenso gesellschaftliche wie persönliche Gründe. Die Zeit, in der Günther lebte, war von einer Glorifizierung des Dichtertums noch weit entfernt. Für einen Lyriker gab es nur zwei Möglichkeiten. Er konnte sein Dichten wie ein Hobby betreiben, als eine Beschäftigung für seine Mußestunden, also als eine Art Luxus, für den man Zeit und Geld genug haben mußte, um ihn sich leisten zu können. Noch hatte sich der Wandel von der gelehrten Literatur des 17. Jahrhunderts zur bürgerlichen des 18. nicht vollzogen. Noch gab es nicht das neue Lesepublikum für den freiberuflichen Schriftsteller, Dichtung als öffentliches Phänomen, mitgetragen von der literarischen Kritik und den offiziellen Organen dieser Kritik mit einer Vielheit von Meinungen, war in der streng nach Ständen gegliederten Gesellschaft der Zeit, in der Günther heranwuchs, noch unbekannt. Der Schriftsteller von damals konnte sich nur an bestimmte Kreise oder an Schichten wenden, die gleichsam unter sich blieben wie die Landesfürsten oder die begüterten Landadeligen. Hier war er auf Mäzene angewiesen, wenn er so vermessen war, vom Dichten leben zu wollen. Gut bezahlte Stellungen hatten nur die sog. „Hofpoeten", zum Beispiel in Berlin, in Dresden oder in Wien, die angestellt waren, um bei festlichen Anlässen für den Hof zu dichten. Wer sonst noch „dichtete", also die eigentlich bürgerlichen Dichter, das waren Personen, die eine feste Stellung als Geistliche oder als Universitätsprofessoren hatten oder reiche und selbständige Bürger aus den großen Städten. Für sie alle stand das Dichten neben der gesellschaftlich nützlichen Berufsarbeit und sollte auch nur zum Ergötzen der Leser in freien Mußestunden dienen. Von hier aus gesehen wird auch die Einstellung von Günthers Vater etwas verständlicher. Die Abneigung des Vaters galt der Phantasiewelt und damit auch der Poesie. Dichten war für ihn wertlos, ja sogar Unnatur, Lüge und damit auch Sünde. Davor wollte er den Sohn bewahren. Dieser hingegen wünschte sich schon von Jugend an alle die bitteren Schicksale Ovids, wenn ihm nur mit dem Leid auch die Gabe des Klagegesanges beschert würde.

Das Erstaunliche am Phänomen Günther ist, daß er gegen alle Widerstände, ja sogar gegen alle Vernunft, fast sein ganzes kurzes Leben lang an dem Anspruch festgehalten hat, nur als Dichter leben zu wollen. Aber dafür fehlte ihm nicht nur jede ökonomische Basis, dafür fehlten auch sonst die gesellschaftlichen Voraussetzungen, mit deren Hilfe er einen solchen Anspruch hätte durchsetzen können. So sehr er auch in seinen Gedichten, oft mit Rückblicken auf die antiken Dichter, Rang und Würde des Dichtertums aufzuwerten suchte, in der Wirklichkeit sah es anders aus. Er blieb ein gescheiterter Medizinstudent, ein durch alle Lande gehetzter, mittelloser, ja gehässig verfolgter „Poet", dessen stolzes Selbstbewußtsein im paradoxen Kontrast zu der Jagd nach meist spärlich bezahlter Gebrauchslyrik stand, auf die er aber angewiesen war, wenn er nicht buchstäblich verhungern wollte. Zwischen seinem betonten Drang nach Selbständigkeit und Freiheit und einem Leben, das in immer neue entwürdigende Abhängigkeiten hineingeriet, bestand ein unauflösbarer Widerspruch. Zwar gelangte er vorübergehend sogar zu Ruhm, als er kurz nach dem Passarowitzer Frieden im Juli 1718 eine pathetische und enthusiastische Ode auf Karl VI., vor allem aber auf den Prinzen Eugen dichtete.[9] Jedoch die gewünschte Anstellung oder auch nur die finanzielle Belohnung blieb aus. Noch unglücklicher verlief die auf den Vorschlag von Johann Burkard Mencke, einem Haupt der frühen Aufklärung, in Leipzig 1719 vorgenommene Bewerbung am Dresdener Hof um eine Anstellung als Gehilfe des Hofpoeten und Zeremonienmeisters Johann von Besser. Ein anderer, heute völlig vergessener Verseschmied wurde ihm vorgezogen. Aber eben diese Vorstellung am Hof August des Starken diente zur weiteren Anekdotenbildung über den verkommenen Poeten. Der betrunken erschienene Dichter — der barocke, Pracht liebende Monarch, diese Gegenüberstellung war zu sensationell, als daß die Überlieferung sie sich hätte entgehen lassen können. Möglich ist immerhin, daß ein Übelgesinnter Günther ein lähmendes Mittel in den Willkommenstrunk gemischt hat. Was immer auch das Fiasko herbeigeführt hat, wichtiger ist die Tatsache, daß Günther seinem ganzen Wesen nach für ein abhängiges Amt am Hof gänzlich ungeeignet war. Naiv bis zur Selbstzerstörung wollte er nur sagen und dichten, was ihm als die Wahrheit galt, selbst wo diese niemand hören wollte; aber sehr gegen seinen Willen zwangen ihn die Umstände immer wieder dazu, in seinen Huldigungsgedichten dann doch wieder zu schmeicheln, und sei es auch nur auf geschickten rhetorischen Umwegen.

Aber schon vor 1719 verfolgte ihn das Mißgeschick. Im Jahr 1716 ließ er sich als Student in Wittenberg zum poeta laureatus krönen, ein verständlicher Ehrgeiz für einen noch jungen Mann, der nichts als dichten wollte. Aber dieser Ruhm brachte ihm nur lang anhaltende Schulden ein, ja vorübergehend mußte er sogar mit Gefängnis dafür zahlen. Etwas glücklicher verlief seine nachfolgende Leipziger Zeit. Hier kehrte er sich entschieden vom Schwulst der zweiten Schlesischen Schule ab und griff statt dessen auf Opitz und Fleming als Vorbilder zurück. Aber gerade die bereits anakreontischen, oft auch frechen Studenten- und Liebeslieder dieser Zeit, nicht zuletzt eine meisterhafte und anmutige Übersetzung aus dem Neulateiner Johannes Secundus, brachten ihn in Verruf und verstärkten das bereits in Schweidnitz aufgekommene Urteil über seine Unmoral, so daß er seinen Zeitgenossen und späteren Kritikern geradezu als exemplarisches Beispiel eines verkommenen Subjektes gelten konnte. Durch seine Crispin-Satiren – Crispin war die bereits bei Horaz und Juvenal verspottete Figur eines Dichterlings –, in denen er sich erst versteckt, später ganz offen gegen den gelehrten, aber unmusischen und in der Antike unbewanderten Polyhistor Theodor Krause gewandt hatte, der Günthers moralische Integrität und die seiner Freunde bei den bürgerlichen Kreisen Schlesiens, vor allem aber bei Günthers eigenem Vater, in Verruf gebracht hatte, wollte er über die persönliche Fehde hinaus die konventionelle Heuchelei an den Pranger stellen. Das half nicht viel, machte aber statt dessen mehr und mehr die dichtende lutherische Orthodoxie, auch seinen einstigen Gönner Benjamin Schmolcke, der ein Freund von Krause war, in Schlesien zu seinen Feinden, für die er schon durch das Verhalten des Vaters Freiwild geworden war und die ihn bis zu seinem Tod geschmäht und gequält hat.

Warum hat gerade Günther so viel Haß auf sich gezogen, obwohl sich in weiten Partien der Barocklyrik sehr viel laszivere und „unmoralischere" Poesie findet als bei ihm? Der Grund lag in der für dieses Zeitalter ganz ungewöhnlichen Subjektivität, mit der sich Günther mit den Inhalten seiner Poesie identifiziert hat. Bis zur völligen Preisgabe hat er große Strecken seiner Poesie zur unverhüllten Selbstaussage benutzt, nicht nur in seiner Liebeslyrik, sondern auch in zahlreichen großen Briefgedichten, die zu Klageliedern geworden sind. Weil die barocke Lyrik die strenge Distanz zur eigenen Person voraussetzt, hat man Günther dieses Zur-Schau-Stellen seiner selbst übel genommen, und der Vorwurf der Unmoral mußte als Alibi für diese Verfemung gelten.

War das bereits moderne Erlebnislyrik? Der Form nach gewiß nicht. Denn es geschah weitgehend im barocken Gewande und mit barocker Rhetorik, wenn auch unter allmählichem Abbau der barocken Prunk- und Metaphernsprache. Auch dichtet Günther, von einigen seiner Leonoren-Lieder abgesehen, nicht eigentlich seine im Gefühl festgehaltenen „Erlebnisse", sondern er beschreibt, reiht und zergliedert die Erfahrungen seiner Existenz und die Nöte seines Schicksals. Insofern ist er sogar moderner als die sogenannte „Erlebnislyrik" des jungen Goethe. Günthers Verse geben stets die Summe seiner Existenz; sie sind eine Kette von Selbstrechtfertigungen gegen seine Zeitalter, gegen seine Zeitgenossen, gegen das Schicksal, ja sogar gegen die Gottheit. Ein Dasein, wie er es führte, das eigentlich unmöglich war, suchte er bis zur Absurdität zu legitimieren, so daß auch seine Person noch, und sei es auch als Sonderfall, zur vernünftigen und geplanten Schöpfung des Weltganzen gehören mußte. Auch darin stand er zwischen den Zeiten. Als barocker Dichter wußte er um die Vanitas alles Irdischen, sogar um die Vergänglichkeit des Dichterruhms. Günthers religiöser Pessimismus vermochte die Kluft zwischen der Nichtigkeit und Todesverfallenheit der menschlichen Existenz und der supranaturalen, auf die Gnade Gottes angewiesenen ewigen Ordnung nicht zu überspringen. Aber seit seiner Leipziger Zeit, vom Spätsommer 1717 an, gewinnt die Philosophie von Wolff und Leibniz immer stärkeren Einfluß auf ihn, und die optimistische Idee einer prästabilierten Weltharmonie stand im schroffen Gegensatz zum christlich-asketischen „Jammertal" des Barockjahrhunderts. Dieser Widerspruch ging mitten durch Günthers eignes Wesen hindurch und wurde von ihm nicht so sehr philosophisch durchdacht, sondern als Problem seiner Person und seines Dichtens erfahren. Denn trotz aller Demut, trotz aller Bereitschaft, sich zu fügen und eine bürgerlich-moralische Lebensführung zu realisieren, geriet er immer wieder in den Trotz der verzweifelten Ichbehauptung hinein. Wenn er ein Rebell war, so doch nur gegen seinen eigenen Willen. Wenn er die Gesellschaft kritisierte, so lag es ihm doch fern, gegen sie zu revoltieren. Wenn er als Vagant und zweifelhafter Abenteurer galt, so wäre ihm doch nichts lieber gewesen, als familiäre und soziale Geborgenheit zu finden. Von außen wurde er durch die Vertreibung aus dem Vaterhaus entwurzelt. Fünfmal versuchte er vergeblich bei dem gegen ihn erbitterten Vater vorgelassen zu werden. Die ihr Leben lang kranke und unter der Autorität des Vaters stehende Mutter vermochte daran ebensowenig etwas zu ändern wie die hilflose Schwester. Selbst das ergreifende lange Briefgedicht an den Vater, bereits der sechste Versuch zur Versöhnung, blieb ohne Wirkung. War ja auch dieser Brief in Versen geschrieben und trotz aller Bereitschaft, seine persönliche Schuld auf sich zu nehmen, ja geradezu kindlich um Verzeihung zu flehen, blieb Günther in dem entscheidenden Punkt unerbittlich. Das Dichten konnte und wollte er nicht lassen. In der Lyrik vor Goethe ist das gänzlich einmalig und wiederholt sich in diesem Radikalismus erst beim jungen Schiller, bei Kleist und Kafka. Dichten ist für Günther die Voraussetzung für sein eigenes Selbstbewußtsein, ja geradezu die Art und Weise seines Existierens. Er lebt sein trostloses Leben, indem er es in Versen schildert und eben dadurch Hoffnung zum Weiterleben gewinnt, manchmal mit rücksichtslosem Realismus, manchmal freilich auch sich stilisierend bis ins Utopische. Aber er dichtet auch, um überhaupt leben zu können; er dichtet am laufenden Band, Gutes und Schlechtes, ein Lyriker von einem so extremen Individualismus, wie er erst sehr viel später in der deutschen Literatur erneut hervortritt. So wird Günther zum ständigen Zuschauer seiner selbst und seines gelebten Lebens. Er hat in der Tat dieses sein Leben, auch, wo es ganz alltäglich verlief, in der Poesie noch einmal widergespiegelt, aber damit auch verwandelt.[10] Denn das in der Phantasie noch einmal gelebte Leben war keineswegs so eindeutig mit dem wirklichen Leben identisch, wie es Günther vortäuschen wollte, dabei subjektiv durchaus von seiner von ihm so oft berufenen Wahrhaftigkeit überzeugt. Die Lyrik war für ihn nicht nur dokumentarischer Bericht bis in die genaue Nennung von Namen, Orten und Ereignissen, sondern auch ein Lebensersatz für ein Leben, das er gerade n i c h t zu leben vermochte. Lyrik ist hier die oft laute, manchmal aber auch leise klingende Stimme in einer Situation der nahezu totalen Entwurzelung, in der das Ich sich gleichsam noch einmal erschaffen und so seiner isolierten Existenz ein neues Fundament, einen neuen Grund geben möchte. So verstanden sind alle diese Gedichte Zumutungen an den Leser.

So sehr er als Lyriker auch eine Entwicklung durchgemacht hat, man sollte sie nicht auf die historische Formel bringen, sein Weg habe vom Barock zur Aufklärung geführt. Zwar wird das metaphorische Sprechen weitgehend durch das neue Stilideal des „natürlichen" Sprechens ersetzt. Dennoch bleibt das Gegeneinander b e i d e r historischer Pole bis zum Schluß unentschieden. Der Rückfall aus aufgeklärtem Optimismus in barocke „Bußgedanken" darf aber nicht als ein Nachlassen der poetischen Kraft entwertet werden. Gerade in Günthers „Spätzeit", in der er sich krank, verleumdet und verelendet in verschiedenen Städten Schlesiens und Sachsens auf einer ruhelosen Wanderschaft aufhält, gelingen noch großartige religiöse Gedichte, die sich bis zur leidenschaftlichen Zwiesprache mit der Gottheit steigern. Dahinter spürt man immer wieder die Auseinandersetzung mit der anderen Vaterfigur, dem eigenen, von ihm so geliebten Vater, von dem er sich ebenso verstoßen erfährt wie in entscheidenden Krisen sogar vom göttlichen Vater.

Günther hat viele Anklagen gegen die gesellschaftliche Welt seiner Zeit erhoben, meist zusammengefaßt in einem summarischen Katalog ihrer Unvollkommenheiten und Laster. Seine Anklagen sind auf alle Stände verteilt; sie bleiben allerdings sehr allgemein, gerichtet gegen die „Tadelsucht", gegen die kriecherische Orthodoxie und den Pietismus, aber auch gegen die galante Mode, gegen die Pharisäer und gegen die Korruption des Adels, überhaupt gegen Heuchler, Neider, Verleumder. Man gewinnt dabei den Eindruck, daß der Dichter hier sich nicht etwa zur Wehr setzt, sondern weit eher mit resignierender Trauer sein persönliches, weltlos gewordenes Schicksal beklagt, das verurteilt ist, in einer solchen verderbten Zeit zu leben, und keinerlei Zuhause finden kann.

Wichtig ist in diesem Zusammenhang das wiederholt auftretende Narren-Motiv. Unter diesem Aspekt kann nahezu alles negativ erscheinen, selbst das

Küssen und Scherzen (vgl. I, 169, 171). In der gesellschaftlichen Welt werden die Menschen zu Narren, die eine angemaßte Rolle spielen wollen und sich dabei nur gegenseitig belügen und betrügen. Das allein bringt Erfolg, für den Dichter zum Beispiel als „Hofnarr". Hier setzt oft die Satire Günthers ein (vgl. IV, 156, 53 ff.), Günther haßt diese Narren; vergeblich sei es, unter ihnen nach „Wahrheit, Zucht und Tugend" zu streben. Ja, er sieht sich sogar gezwungen, mit den „Wölfen zu heulen", wenn er sich auch gerade diesem Heulen entziehen möchte, um nicht selbst unter die Wölfe zu geraten (vgl. IV, 167, 61 ff., aber auch V, 43, 123 ff.). Positiv ist dann nur noch die Tarnkappe des Eulenspiegels. Vgl. I, 302 f. Aber diese einzige, weise Narren-Rolle erlaubt bloß das Lachen aus Verzweiflung für den isoliert gebliebenen Poeten.

Auch aus seinem „Vaterland" Schlesien sieht sich Günther vertrieben, nur noch von der eigenen „Unruhe" ziellos bald hierhin, bald dorthin gejagt. Hier liegt wohl die eigentliche Quelle für Günthers unglückliches Schicksal. Von Natur aus war er gewiß nicht asketisch, sondern weit eher gesellig bis zur Ausschweifung, ein liebenswürdiger Jüngling, anziehend für die Frauen und von fast rauschhafter Sinnlichkeit. Er liebte die Freundschaft, aber oft sind manche seiner Freunde zu Feinden geworden. Es fehlte ihm auch nicht völlig an wohlhabenden Gönnern, aber einige nützten seine Dichtergabe nur aus und zogen sich zurück, sobald er ihnen unbequem wurde. In seinen Studenten- und Liebesliedern der Leipziger Zeit, die ihm die moralischen Zeitgenossen so übelnahmen, herrscht statt des isolierenden Ich-Tons ein gesellschaftlicher Wir-Ton vor, der unverhüllt zu erkennen gibt, wie gerne er mit den „Brüdern" nicht nur lustig sein, sondern auch sehr handfest genießen wollte. Wenn die Anakreontiker ängstlich versichert haben, ihre gedichteten Frivolitäten und sexuellen Freiheiten hätten mit ihrem wirklichen Leben gar nichts zu schaffen, Kunst bleibt eben im barocken Sinne hier noch „künstlich", so ist Günthers Anakreontik, die noch vor der historischen deutschen Anakreontik liegt, darin von dieser gänzlich verschieden. Eingestandenermaßen liebte er das Leben mit allen seinen irdischen Freuden, und dazu gehörten nicht nur Essen und Trinken, sondern auch die eindeutig geschlechtlich verstandene Liebe. Aber eben diese ganz natürliche und genialisch gesteigerte Anlage mußte ihm unter dem Aspekt des barocken Spiritualismus immer wieder als „Schuld" und „Sünde" erscheinen, für die er „Reue" und „Buße" zu leisten habe. Nun war Günther zwar keineswegs „kirchlich" gesinnt, woraus er selber keinerlei Hehl machte, die „Pfaffen" aller Konfessionen konnte er nicht leiden, aber er war doch auf seine ganz persönliche Weise ein überzeugter Christ und blieb es bis an das Ende seines Lebens, so daß sein sinnliches und phantasievolles Naturell und sein oft schwer erkämpfter Glaube ihn erneut in jenen radikalen Widerspruch verwickelten, der sein ganzes Leben charakterisiert und der ihn zu dem Dichter zwischen den Zeiten gemacht hat. Verneinung des Lebens vom Geist her, Bejahung des Lebens vom eignen Temperament her — das ließ sich nicht recht zusammenbringen. Als sich aber der Ausweg bot, beide

Pole im Sinne einer prästabilierten Harmonie zu versöhnen, war es gerade das zunehmende äußere Scheitern, das ihn auch um diese philosophische Zuflucht betrog und ihm als Dichter nur die Flucht in die Irrealität des Traumes oder in die erneute Unterwerfung unter einen unergründlichen Willen Gottes gestattete. Nicht zufällig ist immer wieder Hiob für Günther zum Sinnbild des eigenen Schicksals geworden. Hiob wurde geradezu d i e Rolle, die er vor sich selbst und für sich selbst gespielt hat, zugleich freilich auch mit dem verstohlen flehenden Blick auf die Gottheit, ob sie sich nicht endlich seiner erbarmen wollte, oder auch mit dem Pathos des Dichters, der seine Not dem tauben Jahrhundert geradezu aufzuzwingen suchte. Hiob-Günther, das war der von Gott selbst Geschlagene, dessen Leiden so unerträglich wurden, daß die Demut des Leidens in Trotz und Auflehnung umschlagen mußte, wenn er nicht imstande war, es n o c h länger, n o c h furchtbarer durchzuhalten.

Günthers Leben ging in Armut und Krankheit frühzeitig zu Ende. Er starb am 15. März 1723 in Jena. Er starb in fast anonymem Dunkel, nur von einigen seiner schlesischen Landsleute betrauert und zu Grabe getragen.

II

In unserer Charakteristik Günthers haben wir eine, vielleicht sogar die wichtigste Seite, bisher ganz ausgespart. Sein Leben lang blieb er auch der Liebende, der mit seinen Leonoregedichten die bedeutendste Liebeslyrik vor Goethe und der Romantik geschrieben hat. Dichterruhm und Liebe waren die beiden Leitbilder, um deretwillen er gelebt hat. Beides war für ihn nicht zu trennen; denn der Dichterruhm schien ihm dort erreicht, wo auch die Geliebte in seinen Liedern weiterleben durfte. Das galt ihm mehr als äußerer Erfolg und alle Schätze der Erde. An diesem seinem Dichterruhm hat er niemals gezweifelt. Nur darum konnte er selbst in der schlimmsten Erniedrigung sagen: „ich bin mir selbst genug".

Freilich auch Günthers Schicksal als Liebender ist eine Leidensgeschichte. Man erfährt sie im Spiegel seiner Gedichte. Aber trotzdem wäre es falsch, diese schon darum als „Erlebnislyrik" zu bezeichnen. Vielmehr wachsen seine Gedichte aus barocker Tradition heraus, und damit waren bestimmte Konventionen und Motive für das Verhalten der Geschlechter im Gedicht seit den Stilformen des sog. „Petrarkismus"[11] vorgeschrieben. Jedoch im Wechsel der Stil- und Ausdrucksformen in Günthers Liebesgedichten verrät sich die jeweilige Selbstdarstellung seiner Existenz, so daß seine Poesie in einem erstaunlich modernen Sinne die Entfaltungen, Krisen und Wandlungen eben dieser Existenz in die ihm bereits vorgegebene oder von ihm umgeschmolzene Dichtersprache seines Zeitalters hineinzunehmen vermochte. Allerdings bleiben die Gedichte Günthers meist an erzählbare Lebensvorgänge gebunden und werden dadurch oft unverhältnismäßig aufgeschwemmt. In dieser extremen Spannung zwischen überlieferter, vorwiegend objektiver Formensprache oder auch allzu großer Freude an empirischem Material zur Güntherschen Selbstaussage liegt jedoch auch ein besonderer Reiz des Güntherschen Dichtens. Wir wollen daher im folgenden Günthers Liebesgedichte und seine Biographie als Liebender gemeinsam betrachten und auf diese Weise poetische Aussage und Lebenswirklichkeit in ihrer wechselseitigen Spiegelung zu verstehen versuchen.

Als der junge Dichter den Tod seiner geliebten *Flavie*[12] im Februar bis März 1714 besingt, handelt es sich zwar um ein biographisches Ereignis seines eigenen Lebens; wahrscheinlich war das junge Mädchen eine Dienstmagd auf dem Gut Roschkowitz, aber Günther versetzt die heimatlich vertraute Landschaft in das barocke Umfeld vom Volk der Schäfer und der Schäferinnen, der Hirten und der Hirtinnen. Die idyllenhaft verklärte und mythologisch stilisierte Natur, hinter der noch die literarisch griechische Tradition von Theokrit, Bion und Moschos steht, dient als Kulisse für enthusiastische Seelenzustände, die in den aneinandergereihten Bildern der Natur ihr jeweiliges „Echo" finden. Zur Natur im Sinne der späteren deutschen Naturlyrik von Goethe bis zum 19. Jahrhundert hatte Günther noch kein Verhältnis. Sie spielt auch sonst in seinen Gedichten eine erstaunlich geringe Rolle. Dennoch werden die Naturmotive des langen Liebesgedichtes an Flavie noch in den späteren Versen *An die Phillis* wieder aufgenommen, wenn auch das Bukolisch-Mythologische dort mehr zurücktritt. Aber Sehnsucht und Trauer über die tote oder auch bloß versagte Geliebte werden in die Natur und in die äußere Umgebung nur hineingelegt, obgleich der Poet sehr genau weiß, daß sie ja eigentlich nur in ihm selbst leben.[13] Das Flavie-Gedicht wird nicht in einer vom Gefühl beseelten Weise vorgetragen; es geschieht vielmehr in wohlgesetzten, auf Distanz bedachten Alexandrinern, in denen leitmotivisch die barocke Antithese von schönen Lustgefilden und ihrer Entwertung durch den Tod jeweils vorweggenommen ist. Kaleidoskopartig kreist die Günthersche Sprachphantasie um die vorgreifende paradoxe Versicherung, dieser Tod seiner Flavie führe auch zu seinem eigenen unvermeidlichen Tod. So handelt bereits dieses Leichen-Carmen eigentlich mehr von ihm selbst als von der mit einigem Wortgepränge schon in den Tod Entrückten, die wohl mehr eine platonische Jugendgespielin als eine Geliebte für Günther gewesen ist, wenn auch später immer noch erinnert. Biographische Reminiszenzen an gemeinsame Ausflüge in die dortige Landschaft sind wahrscheinlich mit in das Gedicht eingegangen. Aber wichtiger ist für den Lyriker das Leben in Schmerzen, das Leben „ohne Kompaß und ohne Leitstern", mit dem er schon seine eigene kommende, dem Tode stets nahe Situation ausmalt. Ruckartig wird das barocke Wortgepränge hier abgebrochen, und es entstehen stammelnde Verse, die in einer zwar noch barocken, aber auch schon dem Expressionismus verwandten Stilform die radikale Not des eigenen Selbst aufdecken:

> Dem Schmerzen ist mein Herz und mir die Welt zu enge.
> Ich muß, doch aber nein. Ich werde, aber was?
> Ich kann, doch wie? Ich mag, wodurch? ... (I, 8)

Diese verknappenden Ich-Verse werden freilich gleich wieder in die sehr wort-
reiche barocke Metaphorik eines langen Gedichtes aufgelöst. Der Liebende beschreibt sich als eigenes lebendes Grab am Grabe der Geliebten und nennt sein
Herz den „besten Leichenstein". Solche literarische Todesmetaphorik, die den
noch lebenden Günther seinen kommenden Tod vorwegnehmen läßt, bleibt ein
zentrales Motiv auch in seiner späteren Lyrik. Wie viele Barockpoeten vertieft
er sich ausführlich in die Schrecken der Vergänglichkeit und des Todes, kann
aber wie sie auch das Verhältnis antithetisch umkehren, so daß das Leben der
Inbegriff von Tod und Schmerzen ist, der Tod aber mit Lust ersehnt wird.
(Vgl. bereits I, 11.)

Die frühen Leonoren-Gedichte der nachfolgenden Zeit durchbrechen auf weiten Strecken die sonst noch oft auftretenden mythologischen Stilisierungen und
werden zu dokumentarischen Berichten über die Qualen und Entwicklungen seiner eigenen Liebesgeschichte. Magdalene Eleonore Jachmann hatte Günther
1714 in Schweidnitz kennengelernt und sich mit ihr in aller Heimlichkeit im
April 1715 verlobt. Sie war sechs Jahre älter als er und hat trotz aller unvermeidlichen Trennungen und trotz aller Eifersuchtsdramen an ihm festgehalten,
auch als beide längst auseinandergerissen waren. Unvermählt soll sie im Alter
von 57 Jahren in Breslau gestorben sein.[14] Günthers Huldigungen an sie setzten
zunächst das traditionelle, genau festgelegte Rollenspiel voraus. Die Geliebte,
die in der Nachbarschaft zum Fenster herausschaut und so von ihm gesehen
wird, scheint völlig unerreichbar wie die Herrin im Minnesang. „Ehrerbietung"
und „Ehrfurcht" lassen ihn noch verstummen, aber die „starcken Triebe", die
nach Gegenliebe verlangen, werden keineswegs geleugnet. Die „Schaugerichte"
der Schönheit darf er nicht kosten, es sind verbotene Früchte; dennoch soll und
muß die Geliebte ihm die „schönen Sünden" seiner Phantasie vergeben, weil es ja
gerade ihre Reize sind, die jene hervorgerufen haben. (Vgl. I, 17 ff.). Diese Gedichte bewegen sich in der anspielungsreichen Dialektik zwischen Rechtfertigung
der eignen Triebe und einer mehr rollenhaft vorgesehenen bescheidenen Demut, freilich einer Demut des stummen Leidens. Auch die bald eingestandene
Liebe gewinnt ihre Spannung aus der Antithese: entweder weiter schweigen,
sein „Verhängnüß" auf sich nehmen, „aus Wermuth Honigseim" kochen oder
das Bekenntnis wagen, wie sich diese Leidenschaft nicht nur an der Schönheit,
sondern auch an der Tugend der Geliebten entzündet hat. Wenn diese ihm nicht
nachgibt, muß sie, wie er selbstbewußt naiv meint, nur erfahren: „daß der Ho-
nig fremder Küße / Um das Ende bitter sei". Schließlich wird die allzu Unbe-
dachtsame noch sein eigener „Leichenstein" verklagen (vgl. I 22 f.). Solche Übertreibungen gehören zum überlieferten Stil barocker Liebesverse, aber mehr und
mehr spiegelten sie auch die zwischen Extremen sich bewegende subjektive Situation des Güntherschen Dichtens. Gewiß: es handelt sich noch um rationale, ja
sophistische Erörterungen. Da wechselt das barocke Vergänglichkeitsmotiv, Lust
„nur als kurzes Spielen", „Lust voll Eitelkeit", ein Ausdruck der flüchtigen irdi-

schen Zeit, mit dem Trost des dennoch himmlischen Glückes, das hier schon dem Sterblichen, wenn auch mit banger Seelenangst und Sehnsucht gewährt wird (I, 25). Die „Ehrfurcht" vor der „Gottheit" der Geliebten liegt im Streit mit der Inbrunst der „Liebe", die das „Herz" für diese Schönheit empfindet.

Aber die Verteidigung der „Freiheit seiner Lieder", das Gewicht, das dem „Scherz" des Dichters gegeben wird, ohne das er die „Tugend" der Geliebten antasten will, münden allmählich in die sehr persönliche Auflehnung gegen dieses bloße „Sehen" ohne den „Genuß" und in die keineswegs platonische Klage über eine ihm unfreiwillig auferlegte Askese.

> O karge Mildigkeit, was hilft es Brunnen wißen
> Und dennoch keinen Trunck vor seinen Durst genießen. (I, 26)

Noch ist es barock übertreibender, aber auch unpersönlicher Stil, wenn seine Leonore als grausam galanter „Engel" gepriesen wird, als ein fast übermenschliches Bild der „Tugend"; noch ist es rhetorische Überredungskunst, daß der Engel sich in einen Menschen wandeln soll, von dem gleichen Fieber ergriffen wie der Dichter selbst. Dabei wird freilich das Ungestüm Günthers spürbar, wenn er mit dem verbotenen Paradies hadert:

> Doch dieses, was verbothen war,
> Das stellte sich am schönsten dar. (I, 30)

Zunächst blieb das Verhältnis zu Leonore im vorgeschriebenen Rahmen höfisch galanter Konventionen. Das 1715 entstandene Gedicht *Der Abriß seiner Liebsten*[15] läßt den Dichter bewußt zum Maler eines hochstilisierten Frauenportraits des spätbarocken Zeitalters werden. Aber das Bild der Schönheit ist nicht, wie es später die Goethezeit anstrebte, gestalthaft aus einem Guß, sondern wird additiv zusammengesetzt und mit mythologischen Attributen ausgestattet. Die einzelnen Teile stehen dann unverbunden nebeneinander, nur die maßlos übertreibenden schwülstigen Vergleiche schaffen die Übergänge. Ähnliche Kombinationen, nur etwas anders angeordnet, finden wir auch bei Hoffmannswaldau. In solchen barocken Huldigungsgedichten wird nirgends die Aura einer bestimmten Person spürbar. Günthers spätere Absage an den hochbarocken Schwulst in seiner eigenen Poesie bezieht sich wohl auch noch auf dieses Gedicht.

> Denn wollt ich dazumahl ein schönes Kind beschreiben,
> So lies ich ihren Mund mit Scharlachbeeren reiben. (IV, 238)

Aber dennoch gelangt Günther schon hier über Hoffmannswaldau hinaus. Der Körper der Geliebten stellt sich nicht nur als bloßes „Uhrwerk" dar. Durch die Verwendung des Madrigalverses bringt Günther Bewegung und Rhythmus in die automatenhafte Schönheit hinein, und am Ende triumphiert das „Lächeln" der Geliebten noch über den ganzen, von Günther in Szene gesetzten Kunstverstand, der vielleicht nur mit leiser Ironie versprach, die „Wahrheit" der „Natur" in seinem Gemälde genau wiederzugeben.

Je mehr Günther zum Biographen seiner Liebe wird, um so mehr gewinnen Wollust und Süßigkeit eine solche andrängende Kraft, daß sie die „Lust am Himmel" verdrängen und die sinnliche Gegenwart glaubwürdiger wird als die Hoffnung auf ein Jenseits. Der seelische Prozeß, der hinter diesen Gedichten steht, muß als Aufwertung der irdischen Liebe verstanden werden. Die Geliebte tritt aus der barocken Antithese himmlischer Engel oder bloß seelenloser Automat heraus und wird erst damit zu einem menschlichen Wesen. Damit überwindet Günther die barocke Neigung zur Herabsetzung der Frau. Sie ist weder ein Engel noch eine Teufelin, sie ist nur menschlich, kann aber eben darum mit der Poesie identifiziert werden:

> Küße sind der Weg zur Lieben
> Und der Geist der Poesie. (I, 43)

Oder, noch radikaler, bereits als Poetologie, die den Irrationalismus des Sturm und Dranges vorwegnimmt: „Wer Lieb und Brunst nicht kennt, der kann kein Dichter sein" (III, 78). Gewiß: das versteckt sich noch hinter der anakreontischen Tändelei, hinter dem barocken „Spielen". Im Gegeneinander von männlichem Zugriff und weiblicher Abwehr scheint es nur um die „Handvoll Glück" in den „Anmuthsgründen" zu gehen (I, 51), noch dazu mit wiederholter Selbstdemütigung, mit dem Willen zum „Gehorsam" und zur „Ehrfurcht". Paradox bleibt dann freilich die Aufforderung zur nächtlichen Lust: „Ich schencke dir der Wollust Most / Zum Opfer in der Keuschheit Tempel" (I, 52), in der nicht etwa die Keuschheit geopfert, sondern umgekehrt die Wollust als männliches Opfer verstanden wird. Die sexuell fordernde Komponente ist unüberhörbar.

> Die Rose pflegt sich selber nicht zu riechen,
> Und deine Brust, mein Kind, gehört vor mich;
> Denn das Verhängnüß hat dich, eh du noch gebohren,
> Durch seine Vorsicht schon zu meiner Braut erkohren. (I, 51)

Aber der Dichter kann dennoch ehrlich versichern, mit Beständigkeit und Treue bis zum Tod dafür zu zahlen. „Denn wer nicht ewig liebt, der liebet nimmermehr" (I, 56).

Das wiederholte Versprechen Günthers, noch gegen die Wechselfälle des „Glücks" und der „Zeit" auf „Beständigkeit" zu setzen und die Liebe sogar noch über den Tod siegen zu lassen: „Bricht mir gleich der Tod das Herze, / So behält die Liebeskerze / In der Asche doch den Schein" (I, 59), geht über die konventionell festgelegten Huldigungen des barocken Liebesgedichtes hinaus. Hier wird der gesellschaftliche Raum dieser Lyrik gesprengt. Gegenspieler der Liebe bleibt zwar nach wie vor der Tod, aber er entwertet sie nicht mehr; ja, sie soll ihm sogar noch abgetrotzt werden. Bei solchem ganz subjektiven Liebespathos wird es verständlich, wie sehr die wirkliche oder auch nur vermeintliche Untreue der Geliebten den Dichter aufs schwerste verwunden mußte.

Je mehr seine Lyrik die barocken Spielregeln sprengt und zur Selbstaussage einer nur für ihn charakteristischen Problematik geworden ist, um so mehr gewinnt sie an seelischer und sprachlicher Intensität, der der Alexandriner dann nicht mehr genügt und die die sonst nur im Kirchenlied vorhandene Subjektivität und Innigkeit nunmehr auf das rein weltliche, liedhaft gewordene Liebesgedicht überträgt. Selbst das rein monologische Sprechen ist für den so dringend auf das Du angewiesenen Günther manchmal zu wenig. Dann braucht er die dialogische Aufspaltung in zwei Personen, so daß er seiner eigenen klagenden oder auch anklagenden Stimme die nur fiktiv vorgestellte Geliebte antworten läßt. In volksliedhaften, bei Günther sonst seltenen Strophen, die zugleich etwas von gemeißelter Prägnanz haben, wird die empörte Anklage gegen die angeblich Ungetreue herausgeschleudert, Vorklänge noch bis zu Hauffs *Reiters Morgenlied*.

> Wie gedacht,
> Vor geliebt, jetzt ausgelacht.
> Gestern in den Schoos gerißen,
> Heute von der Brust geschmißen;
> Morgen in die Gruft gebracht.
> Wie gedacht,
> Vor geliebt, jetzt ausgelacht. (I, 70)

Der schlimmste Vorwurf an die Geliebte ist ihr angebliches Schielen nach Geld, Gold und Schmuck, das doch niemals die Treue seines Herzens aufwiegen kann. Das Feindbild, das hier Günthers gequälte Phantasie im leidenschaftlich verzweifelten Aufbegehren von der Unbeständigkeit seiner Leonore entwirft, mochte für ihn selbst so unerträglich sein, daß er eine Antwort für sie, die unschuldig Gekränkte erfindet, in der sie „Redlichkeit" vor „Nutzen" stellt und in der das „treue Herz" als das „beste Heiratsgut" ausgegeben wird. Hier hat Günthers Lyrik bereits seinen individuellen Stil bekommen; hier geht es nicht mehr um Dekoration oder Montage, auch nicht um den rollenmäßig festgehaltenen Kampf der Geschlechter, sondern um dieses Ich und dieses Du, die noch im Widerstreit zusammengehören, und dennoch, wie der weitere Verlauf dieser Liebesgeschichte in Gedichten zeigt, auseinandergerissen werden.

Das lyrische Motiv, zu genießen, ehe es zu spät ist, keine Zeit in der Jugend zu verlieren, weil alles vorübergeht, kannte Günther schon aus seinen antiken Quellen. Aber es gewinnt erst seine existenzielle Note durch das für Günther charakteristische Problem, an der persönlichen Freiheit festhalten und trotzdem auf die Liebe nicht verzichten zu wollen. Liebe aber verlangt Preisgabe der Freiheit und ist insofern ein Opfer. Wie wenig Günther andrerseits alleine sein konnte, verrät ein Vers, der schon auf Trakl vordeutet:

> Die Einsamkeit sitzt auf dem Steine,
> Der mir an meinem Herzen liegt. (I, 79)

Um jedoch die Liebe als freiwilliges Opfer leben zu können, bedarf es der ständig wiederholten Forderung nach „Beständigkeit", eine Mahnung an sich und zugleich an die Geliebte: „Weil die Redligkeit zum Lieben / Mir Geseze vorgeschrieben." (I, 82)

Was aber geschieht, wenn das „Verhängnis" eingreift und die Liebenden zur Trennung zwingt? Die Abschiedsgedichte an Leonore verraten in sehr realistischer Deutlichkeit den zerreißenden Konflikt, der sich hier abspielt. Die „Abschiedsaria" mit ihrem jeweils verknappenden Endwort nach jeder Strophe bringt „den tiefen Riß", der jetzt durch ein Paradies hindurchgeht, auf die unerbittliche lyrische Formel. „Zeit" und „Verhängnis" werden zu den Gegenspielern der Liebe. „Der Menschen Herz verändert wunderlich" Das ist die neue Erfahrung, die mit dem Abschied auch die „Treue" bedroht. Aber die Betrübnis des Abschieds ist nicht Schuld des Dichters, sondern, wie so oft bei Günther, ein literarisch bereits antizipiertes Sterben für die Geliebte. Jedoch ist der Tod auch hier nicht nur Gegenpol der Liebe, sondern darüber hinaus die letzte Bewährungsprobe für die Liebe, insofern sogar das Ziel, auf das sie zulaufen muß.

> Ich sterbe dir, und soll ein fremder Sand
> Den oft durch dich ergözten Leib bedecken,
> So gönne mir das letzte Liebespfand
> Und las ein Kreuz mit dieser Grabschrift stecken:
> Wo ist ein Mensch, der treulich lieben kan?
> Hier liegt der Mann. (I, 85)

Belehrend und rührend sind andere Gedichte aus dieser Zeit, die der Geliebten Ratschläge, oft von ganz alltäglicher Art, mit auf den Weg geben, wie sie sich in der Zeit der Trennung weiter verhalten soll. Noch wird die Hoffnung auf eine bessere Zukunft nicht aufgegeben. In Briefgedichten sucht er die Schwankungen seiner eignen Stimmung genau festzuhalten. Die barocke Metaphernsprache tritt ganz zurück. Wohl ist Günther von eigner Selbststilisierung dabei nicht frei. „Bedrängt, geduldig und getreu", so lautet der „Wahlspruch", mit dem er sich abzuschirmen sucht. Es sind Gedichte vergeblicher Sehnsucht, auch direkte Briefgedichte von beklemmender Natürlichkeit, weit eher naiv als sentimental, Zeugnisse seiner Einsamkeit, aber auch seiner liebevoll zärtlichen Anteilnahme und Sorge für die ferne Geliebte und ihre häusliche Umwelt. Jedes Pathos, jeder Gefühlserguß wird vermieden. Nur an der Liebe als höchstem menschlichen Wert hält Günther nach wie vor fest.

> Ich habe schon genug, bringt mich nur Gott zur Ruh,
> Daß ich mit dir, mein Kind, dies Elend bauen könne;
> Dein theuerster Besiz sagt mir die Wollust zu,
> Die ich in dieser Welt des Himmels Vorschmack nenne. (I, 101)

Das freilich bleibt Illusion, und auch der wiederholt ausgesprochene Appell an die „Vernunft" vermochte kaum den Kummer zu heilen, dem die Liebenden nach dem Abschied überlassen waren.

Dennoch scheint in den nachfolgenden fünf Jahren mit der Leipziger Zeit das Bild der Geliebten zu entschwinden. An ihre Stelle tritt zunächst 1718 Anna Rosina Lange, vom Dichter Rosette genannt. Aber der Ton des Liebesgedichtes hat sich gewandelt. Wieder wird die Liebe durch gesellschaftliche Distanz in ihren Schranken gehalten. Offensichtlich war Anna Rosina eine sozial höher gestellte Person. „Wahn" und „Geld", Titel, Hof, Stand und der „tolle Zwang zur Mode", also die gesellschaftlich normierte Welt, lassen die Liebe als Leidenschaft garnicht zum Durchbruch kommen. So bleibt die Versicherung des Poeten, gut lieben zu können, nur ein gekonnter poetischer Klageseufzer. In solchem „leeren Raum" ohne Erfüllung droht das Leben im Traumhaften zu verrinnen oder zur Flucht in den Traum zu werden.

> Ich weis nicht, was ich selbst begehre.
> Der Menschen leben heist ein Traum,
> O wenn doch meins ein solcher wäre. (I, 109)

Hier scheint nur das barock religiöse Motiv vom Leben als Traum wiederholt. In Wahrheit hat es Günther jedoch in sein Gegenteil verkehrt. Die Heilsgewißheit, die damit verbunden war, ist geschwunden, die Wirklichkeit in aller ihrer Grausamkeit erweist sich stärker als der Traum. Wo Leben und Traum sich spalten, entsteht der „leere Raum".

Nur in der Liebe, und sei es auch in der traumhaft gewordenen, sucht Günther, wie schon so oft, den Ausweg aus seiner Existenznot. Da ihm aber Erfüllung diesmal versagt bleibt, rettet er sich in das alte, traditionell vorgeschriebene lyrische Spiel der Distanz mit Ehrfurcht und Verzicht. Erneut ist von Treue und Zärtlichkeit die Rede, aber weit weniger überschwenglich. Eher sieht es so aus, als ob hier eine Poetenrolle virtuos geprobt würde. Dazu gehört auch das in der barokken Lyrik so beliebte Versteckspiel mit dem Namen der Angebeteten in den Anfangsbuchstaben der Verse, das zur Dechiffrierung auffordern will. In anmutiger Rokokomanier schreibt Günther sein Scherzgedicht über die Rosen, das sinngemäß im Preis seiner Rosette kulminiert. Die Mahnung an sie, den kurzen Schritt zwischen Wiege und Bahre mit der Lust der Jugend zu würzen, ist hier nicht allzu wörtlich zu nehmen, zumal der Dichter nur im Traumgedicht seiner Partnerin sich so offenherzig zu nähern wagt. In Wahrheit war diese nur eine auf die sozialen Schranken bedachte Spielgefährtin, die sich rasch zurückzieht, wo es ernst werden könnte, und dann den Poeten alleine weiter träumen läßt. Der enttäuschte Liebhaber flüchtet sich in den Preis seiner Freiheit, phantasiert aber trotzdem von der idealen Geliebten, bei der „Anmuth und Caressen" mit Tugend, Witz, Treue, Vernunft und Zucht vermählt sind (vgl. I, 130). „Verliebte Gelassenheit" genügt ihm offensichtlich doch nicht, aber die Koketterie mit der polygamen Unbeständigkeit verbirgt nur wenig den für Günther weit charakteristischeren Wunsch nach stärkeren Fesseln.

Diese labilen Zustände einer Übergangszeit werden biographisch festgehalten in Gedichten, die in ihrer relativen Konventionalität einen Günther zeigen, den seine eigene Situation dazu zwingt, den bereits in seiner vorausgegangenen Lyrik erfolgten Durchbruch wieder zurückzunehmen. Das ändert sich sehr bald, als die zweite Leonore in sein Leben tritt. Diese Gedichte sind weit leidenschaftlicher, weit sinnlicher als die an die erste Leonore. „Das süße Spiel" ist jetzt keine barocke Redensart mehr, sondern der Weg, um „des Lebens Kern und Marck zu fühlen" (vgl. I, 138). Ja, die sinnlich irdische Liebe wird jetzt sogar sowohl für den Mann wie für die Frau zu einer Forderung der Vernunft erhoben. Da die Liebe selbst ein Ausdruck des Weltgesetzes ist, kann auch ihr Widerspruch zu gesellschaftlichen „Gesetzen" nur ein scheinbarer sein. Alle Werke der Natur, Blume, Feld und Tiere, münden im Positiven der Liebeslust, in der Liebe als Lebenszweck. Wenn die barocke Lyrik oft am Bildnis der kranken oder toten Geliebten die Vergänglichkeit und die Eitelkeit aller Sinneslust demonstriert, so kehrt die emanzipierte erotische Lyrik des Leipziger Günthers das Verhältnis geradezu um. Der Liebhaber trimphiert noch über Angst und Fieber, und die von der Pest entstellte Flavia, die eigentlich Ekel erregen müßte, wird durch den Sinnengenuß zu neuem Leben erweckt (vgl. I, 142).

Wie weit bei Günther in dieser Phase die Emanzipation der Sinnlichkeit fortgeschritten ist, verrät am deutlichsten das lange autobiographische Gedicht: *Als er ohngefehr auf dem Kirchhof mit seiner Leonore zusammenkam*, (I, 154 ff.). Die Sprödigkeit und der Widerstand der Frauen werden jetzt nicht mehr ernst genommen. Wenn sich Günther erneut für die Freiheiten anklagt, die er sich bei der Freundin genommen hat, so geschieht das nicht ohne Ironie. Allzu genau weiß der inzwischen in der Liebeskunst bewanderte Günther, daß es dem Mädchen weit lieber ist, wenn er, wie am Tage vorher, in ihr Bett kriecht und nicht auf ihre späteren Vorwürfe hin zu Kreuze (vgl. I, 148). Denn beim „süßen Wercke gar zu fromm und christlich" sein, führt bei der Verstellungskunst des weiblichen Geschlechtes weit eher zum Verdruß als zum Vergnügen (I, 146). Dieser Ton gibt sich mehr zynisch als liebevoll. Von „Ehrfurcht" vor dem „Götterbild" ist nicht mehr die Rede. Allerdings kontrastiert das Friedhofsgedicht wieder Liebe und Tod. Keineswegs aber, um die Vanitas-Klage anzustimmen! Zwar werden die „Siegeszeichen" des Todes unbarmherzig ausgemalt, aber eben dieser Ort der Furcht dient den Liebenden zur Zuflucht. „. . . So weckt uns selbst die Baare/ Die andre traurig macht, so führt sie uns zur Lust." Der locus terribilis, der Kirchhof, ist zum locus amoenus geworden. Kirchhof, Grab und Tod finden ihre triumphierende Gegenwelt in Liebe, Lust, Treue und Scherz. Hier bricht ein diesseitiger Optimismus durch, eine radikale Umwertung, die im schärfsten Kontrast zu Günthers lebenslangem Pessimismus steht. Das war freilich ohne erneute Hochbewertung der Liebe und zwar gerade und sehr ausdrücklich der sinnlichen, nicht möglich. Das Argument lautet: Der „Scherz" der Jugend ist nicht verboten, und „Scherzen" hat bei Günther in solchem Zusammenhang immer geschlechtliche Bedeutung.

Aber, und hierin unterscheidet sich Günther ebenfalls vom barocken Zeitalter, das Geschlechtliche ist nicht Selbstzweck. Ausdrücklich grenzt er sich gegen „geile Brunst" und „freche Sünde" ab.

Liebe, wie Günther sie aufwertet, will auch das „Herz" in Ketten ziehen und muß darum „Treue" verlangen. Erst dort, wo das geschieht, ist sie sogar noch vor Grab und Tod gerechtfertigt, so daß die Gräber zu ihrem Versteck dienen dürfen, weil der „Glieder Spielen ohn alle Sünd und Schuld der Seelen Bündnüß" fühlen läßt. Zur poetischen Verklärung der Liebe dient wiederum das Motiv, daß Lorchens Name in Günthers Gedichten weiter blühen wird.

Aber wieder bleibt das alles Illusion. Wir wissen nicht, wie weit diese zweite Leonore leichtsinnig und flatterhaft gewesen ist oder ob familiäre Gründe zur Trennung geführt haben. Wir wissen nur, daß in Günthers Lyrik die bittersten Anklagen gegen sie erhoben werden, die den barocken antifeministischen Topos der Anschuldigungen gegen die Geliebte ins subjektiv Maßlose steigern. Allerdings sucht er sich damit zu trösten, daß sie sich selbst bestraft habe, indem sie ihn nunmehr entbehren muß. Dieses im Kern verzweifelte Selbstgefühl kann jedoch das verlorene Glück nicht ersetzen.

Ganz unerwartet entsteht ein neues Gedicht *Ode an sein Lenchen*. Hier rechnet er sich selbst die Schuld zu, weil er der ersten, der eigentlichen Geliebten untreu wurde und sie durch Bruch und Flucht verletzt hat. Denn Lenchen, das ist die Leonore, zu der er zurückfinden will, in beispiellos naiver Bereitschaft, nicht nur Reue und Buße auf sich zu nehmen, sondern zugleich die alten Flammen neu auflodern zu lassen. Das Gedicht schließt:

> Ist etwas, das uns trennt, so ist's der Leichenstein:
> So stärckt der Riß das Band: so sollt und must es sein. (I, 168)

Wie ernst das gemeint ist, wie sehr bereits hier ein Entwurzelter nach Geborgenheit verlangt, verrät der Vers, der zum ersten Mal „des Ehstands Himmel" preist und damit die frühere sexuelle Emanzipation ausdrücklich widerruft. Was Günther bei seiner ersten Leonore jetzt finden will, ist die Heimkehr ins Bürgertum. Denn auch das Preisen seiner „edlen Freiheit" kann nicht darüber hinwegtäuschen, wie tief verwundet dieser zu seinem Lenchen zurückkehrende Günther ist, mag er noch so sehr Küssen und Scherzen als bloßes Narrenspiel verspotten. Die letzten Gedichte an die zweite Leonore, die anscheinend einen anderen geheiratet hat, phantasieren über das Trauerspiel ihrer zur Hölle gewordenen Ehe. Was sie jetzt quält, ist für ihn ein „Paradies" (I, 175). Das aggressive Temperament Günthers läßt hier Rachegedichte entstehen, in denen sich statt der so oft angerufenen Demut die Leidenschaft seiner verstoßenen Liebe noch einmal voll entlädt. Günther hat zwar gern seine Nächstenliebe, seine Milde und sein Verzeihen gegenüber seinen Feinden gelobt, aber nur allzu oft schlägt das in Verwünschungen um und in Phantasien, die ihn in Rachegedanken geradezu schwelgen lassen.

Mit der Rückkehr nach Schlesien (August 1719) setzt nach fünfjähriger Trennung die erneute Zuwendung zu der Geliebten seiner Jugendjahre ein.

> Du weis und ewiges Erbarmen,
> Das überschwenglich ist und thut,
> Vergnüge mich in Lenchens Armen
> Und schenck uns nur ein kleines Gut;
> Erhalt mir Weißheit, Kunst und Dichten
> Und las mich, wenn mein Cörper fällt,
> Kein blind und giftig Urtheil richten,
> So neid ich keinen auf der Welt. (I, 181)

Das sind die bescheidenen Wünsche eines aus der Bahn geschleuderten Poeten, der so gerne ein kleiner Besitzbürger werden möchte. Gedichte wie die gesangartige Ode, das Zwiegespräch zwischen Damon und Lenchen, oder die rück- und vorblickenden Verse *An sein Lenchen* und *Als er 1719 D. 25. September wieder nach Schweidnitz kam*, zeigen alle keinen aufsässigen Günther, sondern sind schlichte, rührende Zeugnisse einer wieder neu zu findenden alten Liebe, die in Günthers Phantasie auch schon die Gegenliebe vorwegnehmen. Zwar ist der Rückblick auf die Jahre der Trennung bitter:

> Ich ward in fremder Luft von Freunden hintergangen
> Und muste blos und arm bald hier – bald dorthin fliehen;
> Die Trübsahl machte mich durch Läng – und Größe mürbe,
> So daß ich ofters sprach: Ach, gäbe Gott, ich stürbe! (I, 185)

Das ist der Ton, den Günther in zahlreichen Klageliedern variiert hat. Trotzdem ist die Hoffnung auf „ein irdisch Himmelreich" noch ungebrochen. Nur ist sie jetzt weniger emphatisch, eher fast nüchtern alltäglich, ein Vorklang aufgeklärter bürgerlicher Poesie, die selbst der Armut noch die häusliche Idylle abzwingen möchte.

> Man lacht uns beiderseits, geliebter Engel, aus,
> Warum ich armes Kind dich armes Kind erwehle;
> Man meint, wo Liebe nicht die güldnen Ringe zehle,
> Da komme nach und nach der Mangel in das Haus.
> Doch las dich, treues Herz, den blinden Wahn nicht irren;
> Gott kan den Rechnungsschluß der Spötter leicht verwirren.
>
> Ich hab es oft gesagt und sag es noch einmahl:
> Ich wollte, bliebe mir kein beßer Glück auf Erden,
> Bey Salz und Brodt mit dir in Hütten seelig werden
> Und halt ein großes Gut im Lieben nur vor Qual.
> Mein Fleiß wird endlich auch nach so viel naßen Tagen
> Mit Ruhm und Anmuth blühn und reife Früchte tragen. (I, 186)

Der Erfahrung, wie viel sich in wenigen Jahren ändern kann, wird erneut die

Losung „beständig" gegenübergestellt, und liedhaft gelöst, aus dem Herzens-
grund quellend, heißt es trotz der von ihm selbst begangenen Verfehlungen:
„Eher todt als untreu." Man könnte meinen, Günther betrüge hier sich selbst,
aber an der subjektiven Ehrlichkeit dieses Willens zur Treue sollten wir nicht
zweifeln. Nur verlegt ihm das so oft angerufene „Verhängnis" gegen seinen
Willen den Weg zu diesem nie verwirklichten schlichten Dasein, das nur ein
Wunsch- und Traumbild in einer immer wieder als feindlich erlebten Umwelt
bleibt. „Verhängnis" aber, das ist bei Günther ebenso widriges, sinnloses Schicksal wie von Gott auferlegte Fügung.

> Drey Dinge sind mein Trost: Gott, Wißenschaft und du;
> Bey diesen seh ich stets den Stürmen ruhig zu. (I, 194)

Wie sehr das Trotzdem der stoischen Selbstbewahrung in zerreißender Spannung
zu einem als eine Kette von Unheil erfahrenem Leben stand, zeigt deutlich das
nur mit dem Datum des 25. Dezember 1719 versehene ergreifende Gedicht, das
schon der Auftakt zu der erneuten Trennung der Liebenden ist, die sich nur verstohlen in heimlichen Begegnungen gesehen haben. Noch sucht Günther das
Fortdauern seiner Liebe fast gewaltsam zu erzwingen. Man spürt bereits in der
ersten Zeile: „Mein Herz, was fangen wir noch miteinander an?" den hohen
Grad von zärtlicher Leidenschaft, die sich dennoch der streng barocken Form
des kreuzweis gereimten Alexandriners und damit der rationalen Disziplin
unterwirft. Dieses Gedicht ist nicht wie andere an Leonore gerichtete ein frei
strömendes, von Rhythmus und Melodie getragenes Lied, sondern eine fast
episch berichtende Klage über ein verfehltes Leben. Hier repräsentiert der Alexandriner nicht höfischen Prunk oder allgemeine Weltschelte, er repräsentiert
paradoxerweise nur die eigene, subjektive, aus der Gemeinschaft ausgestoßene
Existenz. Das Gedicht ist unfreiwillig zu einem vernichtenden Argument gegen
die Leibnizsche, die beste aller Welten geworden. Vierundzwanzig Jahre alt
war der Dichter, für den der „Jahre Lenz" bereits vorbei ist. Drei Jahre später
ist er gestorben. Realitätsnah, scheinbar nüchtern, fast ganz ohne barocke Metaphernsprache, aber dennoch in rhetorischer Steigerung wird die nicht abbre-
chende Kette des Verhängnisses, in die auch die Geliebte mit einbezogen bleibt,
hier aufgezeichnet. An verhaltener Intensität ist dies kaum mehr zu überbieten.

Dennoch steht diesem autobiographischen Bericht über ein Leben des Unheils,
der Verfolgungen und der Verleumdungen, des Hungers und des Spottes, in den
letzten zwei Zeilen die bewußt auf knappestem epigrammatischen Raum zu-
sammengedrängte Antithese gegenüber.

> Die Musen sind mir hold, und Lorchen bleibt noch treu
> Mein Herz, was wilt du mehr? Ich gebe mich zufrieden. (I, 195)

Wo nichts mehr übrig zu bleiben scheint, wo das Leben nur noch aus Trümmern
besteht, überdauern dennoch die Poesie und die „noch" treue Liebe. Diese sind

für Günther die höchsten Güter seines Lebens. Und nur so ist die rührende Demut des Schlusses zu verstehen: „Ich gebe mich zufrieden."[16]

Die nachfolgenden endgültigen Abschiedslieder an Leonore sind ein Höhepunkt deutscher Liebeslyrik überhaupt. Sie schwanken zwischen Verzweiflung und paradoxem Festhalten an Bindung und Treue. Selbst, wenn die Geliebte ihn verlassen sollte, will er trotzdem „desto treuer" sein. Diente im Barock die mahnend beschworene Vergänglichkeit der Schönheit nur als memento mori, so stehen hier bejahende Liebesverse, die an Innigkeit und Hingabe kaum ihresgleichen haben:

> Sey arm, verlaßen und veracht,
> Verliere, was gefällig macht,
> Las Zahn und Farb und Jugend schwinden,
> Du bleibst in meinen Augen schön
> Und solt sie allemahl entzünden,
> So lange sie noch ofen stehn. (I, 197)

Der Abstand zur verspielten Rokokolyrik, auch der eignen Günthers, in der die Partnerin nur von ihrer geschlechtlichen Rolle aus gesehen wird, zeigt die erstaunliche Entwicklung, die Günther in wenigen Jahren zurückgelegt hat. Hier gelingt in der Tat ein Durchbruch, der schon die Lyrik von Goethe, Mörike und Brentano andeutend vorwegnimmt.

Abermals wird jetzt der Dialog mit Leonore ins Gedicht mit hineingenommen, und es ist die erträumte, die ewige Geliebte, die ihrerseits dem verzweifelten Dichter die tröstende Antwort zu geben vermag. Auf seinen Schlußvers: „Wie aber, weint sie nicht?" erfolgt eine Entgegnung, die mitten in der hoffnungslosen Situation der Trennung die Identität der Liebe dennoch durchhält:

> Ich liebe dich von Herzen,
> Und darum wein ich nicht. (I, 198)

Diese Phase der Güntherschen Lyrik steigert die erlebte Liebe ins Tragische, ohne daß er dabei in Empfindsamkeit abgleitet. Erst in Goethes Alterslyrik, in der *Trilogie der Leidenschaft,* wurde dies auf höherer Stufe von neuem erreicht. Ein Gedicht wie *An Leonoren bey dem andern Abschiede*[16a] flüchtet nicht mehr in die Demut der Selbstgenügsamkeit, lehnt sich aber auch nicht auf gegen die Bitternis der Realität. Jeder Weg in die Utopie der bürgerlichen Idylle ist versperrt. Aber inmitten von Not und Betrübnis, von beiderseitigem aussichtslosen Schmerz gelingt das große Paradox, an der Identität der Liebe weiter festzuhalten. Trotz der negativen Lebensbilanz bewahrt sich die Liebe im „Trostbild des Gedanckens", und die Liebenden sind „dem Geiste nach" nicht zu trennen. Verfallenheit an die Zeit und Distanz zum Zeitaugenblick stehen im ganzen Gedicht in einer durchgehaltenen Spannung. Mit einem solchen Gedicht hat Günther die tragisch schuldlose Liebe exemplarisch gestaltet, und man muß schon an die großen Liebenden erinnern wie Dante und Beatrice, Petrarka und Laura, Hölderlin und Diotima, wenn man dieses Gedicht angemessen würdigen will. In der zur äußersten Verknappung drängenden Sprache wird am Ende der Verse alle Rhetorik wieder rückgängig gemacht und nur noch die tragische Quintessenz festgehalten. „Zweifach wundgeschlagen" ist das Herz des Dichters, das auch noch das Leid der Geliebten auf sich genommen hat. Das Gedicht beschreibt eine Kreisbewegung, wenn es mit dem Motiv: „Du daurest mich" einsetzt und mit dem gleichen kurzen Satz schließt, aber ihn jetzt der Geliebten in den Mund legt und damit einen verwandelten, auf Günther selbst bezogenen Sinn gewinnen läßt.

Nicht alle Gedichte dieser Zeit erreichen solche Höhepunkte; manche variieren nur die von uns bereits entwickelten Motive. Aber Klagelieder sind sie alle, tief traurige Klagelieder, die schon müde werden, noch weiter zu klagen bis zu jenem verzweifelten Abschiedsgedicht *An Leonoren* (I, 209 ff), das endgültig die Hoffnung aufgeben muß, „Die Palmen der Beständigkeit / Mit selbsterworbnem Seegen / Dir noch in Schoos zu legen." Jedoch sogar hier, am extremen Endpunkt erfindet Günthers Sehnsucht noch einmal die Gegenstimme der Leonore, die am Eigentum der Liebe und an der unverbrüchlichen Treue weiter festhält. Alle diese Antworten sind Wunschträume Günthers, mit denen der isolierte, scheiternde und zur Wanderschaft verdammte Dichter sich das Bild einer Geliebten bewahren will, die durch seine Lehren erzogen wurde und die sich mit ihm und durch ihn zum selbständigen Partner entwickelt hat. Zugleich waren sie das poetische Denkmal für die einzige Frau, die ihre Liebe zu Günther durchgehalten hat. Das ist jetzt keine gesellschaftlich vorgeschriebene Poetenrolle mehr, sondern das schmerzende Resultat seiner Liebe und seines persönlichen Schicksals.

Eine tragische Liebe kann, so sollte man meinen, ihr Ende nur im Tod finden. Aber das wirkliche Leben ist da inkonsequenter als die Kunst. Günther starb nicht an der Liebe, sein kurzes Leben war noch nicht zu Ende, und es gibt sogar noch eine weitere Liebe in seinem Leben, nämlich die zu der Pfarrerstochter Johanna Barbara Littmann. Freilich: Höhepunkte seiner Liebeslyrik darf man in dieser Phase nicht mehr erwarten. Es war ein letzter Versuch, aus dem Ausgestoßensein zu fliehen und ein solides, auf Ehe und Hausstand gegründetes bescheidenes Glück zu finden. Jetzt ist vom Paradies in der „vergnügten Eh" die Rede und von einer Vereinigung zwar immer noch aus Neigung, aber auch aus Vernunft. Von Leidenschaft oder auch nur von personaler Bindung ist kaum etwas zu spüren. „Vergnügt" wird das bereits aufgeklärte Losungswort. Das Liedhafte tritt zurück oder nimmt anakreontische, gekonnt konventionelle Motive auf. In einem lang zurückblickenden autobiographischen Gedicht *Auf die Verlobung mit seiner Phillis* steht am Eingang der alte Günthersche Wunsch: „Die Lust der Ewigkeit schon in der Welt zu schmecken" (I, 152). Jedoch wie sieht diese Lust im Einzelnen aus? Die Verlobte wird zum Garanten der bürgerlich gesicherten Existenz. Die „Eintracht" beider soll „Lebensfrüchte" hervorbringen. Dafür braucht man nicht „Kuppler, Mode, Geld und Eigennutz", sondern nur „das Herz". Zugleich aber weckt die Braut den neuen „Trieb, die Wirtschaft hochzuschätzen". Seine Fehltritte als junger Mensch werden gebeichtet. Aber der Rückblick auf seine beiden Leonoren, die ihn um sein „Hoffnungsziel" betrogen haben, ist zum mindesten in dem einen Fall eine die Wahrheit verfälschende Selbsttäuschung. (Vgl. auch I, 273). Diese dient freilich der Rechtfertigung für die dritte, die letzte Liebe. Von kindlicher Liebe, von zufriedener Ehe ist die Rede und auch „Amt, Fleiß und Sorgen" werden in diesen Wunschtraum mit einbezogen. „Redlichkeit" und Treue zu sich selbst bleiben zwar die weiter anerkannten moralischen Werte, aber „Fleiß, Wirtschaft und Verstand" treten hinzu und charakterisieren den neuen Prozeß einer Verbürgerlichung der Liebe bis ins Hausbackene. Nichts ist von dem tragischen Einzelgänger Günther in diesem ans Banale grenzenden Programm wiederzuerkennen. Barocke stilisierende Metaphern, mit denen die Braut überhöhend angeredet wird, mischen sich mit aufgeklärter Nützlichkeits- und Vergnügungsphilosophie. Verständlich immerhin, daß gelegentlich noch die Verführung zur Polygamie verschämt bekannt werden muß, aber sie wird rechtzeitig zurückgedrängt (vgl. I, 263). Endlich scheint Günther normalisiert, dem „Verhängnis" entronnen. Ruhiges Leben und freudiges Sterben werden die wenig aufregenden Leitbilder für die Zukunft. Nur ein bedeutendes Gedicht findet sich in dieser Phase: „Als er der Phyllis einen Ring mit einem Todtenkopfe überreichte."[17] Wieder werden Liebe und Tod miteinander konfrontiert. Beide sind von „gleicher Stärke". Ihren „Wunderwercken" sind alle unterworfen „die auf Erden gehen". Die Sinnbilder des Goldes, des Ringes, des Täubchens und des Totenkopfes sind barocke Embleme, die hier der aufgeklärten Lehre dienen sollen. Feste Treue, Dasein in der Zeitlichkeit, gegenwärtiges Vergnügen in der Liebe bestimmen den Horizont des menschlichen Daseins. Mit dem Tod, der in jedem Moment bevorstehen kann, endet alles Wünschen. Aber das Vanitasmotiv wird hier nicht mehr eine Mahnung zur Buße, sondern mündet umgekehrt in die Aufforderung, den Augenblick zu ergreifen, um das Leben und seinen Genuß in der Liebe nicht zu verfehlen. Barockes Erbe und aufgeklärte optimistische Lebensphilosophie sind in der Anmut dieses kurzen Gedichtes ein reizvolles Bündnis eingegangen.

Aber auch diese letzte Liebesphase Günthers endet mit Trennung. Die Erfüllung bleibt aus. Der Vater von Johanna Barbara gab seine Zustimmung zur Eheschließung mit der Tochter nur unter der Bedingung, daß sich Günthers Vater mit seinem Sohn versöhnte. Jedoch auch diese Reise des Sohnes zu seinem harten Vater führte nur vor die verschlossene Tür. Aber die Abschiedsgedichte, die Günther jetzt an seine Phillis richten mußte, erreichen nicht die tragische Tonlage der an Leonore. Zwar verkünden die traurigen Klagelieder als neue Grabschrift: „Dieses hier verrscharrte Blut / Hegt noch in der Asche Glut" (I, 276), aber das hatte Günther bereits früher und damals glaubhafter versichert. In der Wiederholung wird es zur Formel entleert. „Durch ein grausam Fügen" ist ihm seine Braut und sein „Vergnügen" entrissen worden. So wird

ihm das Weiterleben erneut zur „Marter". Von der Phyllis und ihrem weiteren
Geschick ist dabei kaum die Rede. Statt dessen flüchtet Günther wieder in das
Bewußtsein des eigenen, wenn auch von der Mitwelt nicht anerkannten Selbst-
wertes. (Vgl. I, 250).

Dieses Selbstgefühl trotz aller Selbsterniedrigung ist ein erstaunliches Phänomen. Es ist nur aus seiner immer wieder von ihm durchgespielten Rolle als Dichter zu verstehen, dem die Nachwelt den Ruhm noch zollen wird. So bleibt für
uns zu fragen: Wie hat er die Aufgabe des Dichters verstanden in einer Epoche,
die mit dem Dichtertum nicht sehr viel anzufangen wußte und in der dennoch
Günther seine Selbstbestätigung ausschließlich in seiner Existenz als Poet gesucht und gefunden hat?

III

Es ist verständlich, daß Günthers Bewertung der Poesie weit positiver war als
die seiner Epoche. Zwar hat er noch keine eigne Poetik entwickelt, aber manche
Bruchstücke dazu finden sich in vielen seiner Gedichte. Rang und Autorität der
Poesie entdeckt er aus dem Erbe der Alten, das heißt der römischen und griechischen Antike. Phöbus ist der von Günther immer wieder bis zur Identifizierung
mit sich selbst – „mein Phöbus" – aufgerufene Gott der Dichter. Er allein sicherte
einst den kriegerischen Helden den überdauernden Ruhm und damit ihren „Lorbeer". So faßt auch Günther seine Preis- und Lobgedichte auf die Helden seines
Zeitalters auf. Heldentum ohne die Verehrung durch die Dichter verliert seinen
Wert.

> Was hilft es, daß der Mars mit dem Triumpfe prahlet
> Wenn ihm der Phoebus nicht den Lorbeerkranz gewährt. (III, 22)

Aber solche in der Antike reich verschenkte Gaben versagen in der neueren Zeit,
in der die Poesie verlassen und dem Elend und der Knechtschaft preisgegeben ist.
Die Dichtung, die „den Helden Ewigkeit, der Tugend Cronen" zu geben vermag
(II, 48), fand bei Augustus, ja noch im Frankreich Ludwigs XIV. eine Heim-
stätte, heute jedoch ist ihre „Götterkost" dort nutzlos geworden, wo „unsre Fin-
ger nichts als welcke Rüben schaben" (II, 49). Denn den Dichtern fehlt es an
Gold und Silber, und Phöbus, ihr Herr, „trägt weder Tasch und Beuthel / noch
Geld und Geldeswerth" (III, 31). Außerdem sei es für den Poeten schimpflich,
„mit Reimen Geld zu schmelzen". Genau dazu aber sieht sich Günther durch die
Zeitumstände immer wieder gezwungen. Er dichtet zwar aus innerem Trieb heraus, aber doch gleichsam in den leeren Raum hinein, so daß er auch von dem
„schlechten", dem nicht anerkannten Trieb zum Dichten sprechen kann. Gewiß
war die Poesie in seinen Jugendjahren auch „Zeitvertreib", aber das „edle Har-
fenspiel", das er die „Seele" seines „Lebens" nennt, bedeutete ihm doch von
früh an weit mehr. „Ich liebe meinen Reim, so lang ich Athem zieh" (III, 34).

Günther weiß sich gegen die Spötter seiner Poesie und gegen den Vorwurf der Faulheit zu wehren, nicht nur durch den oft wiederholten Hinweis auf seinen „Fleiß" – Dichten setzt nämlich Kenntnis und Wissenschaft voraus –, sondern auch durch die schon ganz existenziell verstandene Deutung seiner Poetenrolle: „er lernt ja leben und auch sterben" (II, 54).

Als Anweisung auf das richtige Leben und auf die Kunst, sterben zu können, ist die Poesie auch für Günther selbst sein einziger Trost auf Erden. Ihr „Spielen wiegt den Geist der Traurigkeit in Ruh" (II, 48), oder noch deutlicher: „Denn wenn die Muse spielt, weicht aller Schmerz von hier" (III, 78). Das erinnert noch an den Vers des Petrarka: „Durch Singen wird das harte Leiden süß." Es deutet aber auch schon vor auf Goethes *Torquato Tasso*:

> Und wenn der Mensch in seiner Qual verstummt,
> Gab mir ein Gott, zu sagen, wie ich leide.

Allen Vorwürfen gegenüber beruft sich der Dichter auf sein ihm von Gott mitgegebenes „Pfund" und sieht sein Lebensziel darin, „mit Redlichkeit und Wissenschaft / Der Welt zu Gottes Ehren dienen" (II, 64). Dichten ist also keineswegs ein bloßes Scherzen und Ergötzen, sondern verlangt den persönlichen Einsatz (Redlichkeit), zugleich aber auch Wissen und Streben nach Erkenntnis. Von seiner eigenen fortlaufenden Selbstaussage einmal abgesehen, hat Günther der Poesie zwei große überpersönliche Aufgaben gestellt: Sie hat auf redliche Weise eine Art Helden- und Ruhmeskatalog zu liefern, also Lob- und Huldigungsschriften in feierlich erhobenem und rhetorischem Stil, und sie hat einen Lasterkatalog zu entwerfen, der die Schande und Verdorbenheit des eigenen Zeitalters an den Pranger stellt.

> Das Amt der Poesie besteht nicht in Schmarozen . . .
> Ihr Kiel entdeckt mit Recht der Laster Grund und Schande
> Und offenbahrt den Ruhm der Redlichen im Lande,
> Ohn Abscheu vor Gefahr, ohn Absicht auf den Lohn. (IV, 269)

Ein solches Programm weist bereits voraus auf Lessings aufgeklärte Poetik. Die Redlichen ohne Lohn loben, die Lasterhaften ohne persönliche Furcht angreifen, das war in der Tat Günthers Absicht in seinen zahlreichen Lob- und Strafgedichten, aber ein solches Unternehmen mußte in die Selbsttäuschung oder in die eigene Lebenskatastrophe führen. Günthers Satiren beschränken sich ja nicht auf die summarische Übersicht, mit der er alle Stände zu treffen suchte, wenn auch den Adel meist mehr als das Bürgertum, sondern diese „heisere Flöte", auch noch dem Phöbus verpflichtet, hat sogar sehr persönlich zugegriffen wie im Fall Krause und, wenn auch etwas abgemildert, im Fall des Magisters Tobias Ehrenfried Fritsche aus Goldberg, der zu seinem zweiten großen öffentlichen Gegner geworden ist. Hätte die Satire sich auf den Welt- und Narrenspiegel beschränkt, wären Günther wahrscheinlich manche Anfeindungen erspart geblieben. Im Umkreis einer negativ gesehenen gesellschaftlichen Welt fand Günther so manchen „Stoff" seiner Dichtung. Aber gerade, weil er die Wirklichkeit so schonungslos erlebte, blieb der eigentliche Gegenstand seiner Lyrik doch immer er selbst. Das bezeugen bereits die zahlreichen Gedichte, die von der Einsamkeit seines Dichterschicksals handeln. Konnte er überhaupt etwas anderes als ein Dichter sein? „Und außer meiner Kunst verlier ich überall" (III, 76). Das wird genauer erläutert. Geistlicher kann er nicht werden, weil ihn „Gewissen, Wahn und Tod" davon zurückhalten; Jurist ebensowenig, weil er dann nur „das Recht der Witwen" beugen müßte, Mediziner wie sein Vater erst recht nicht, weil er bei der Verderbtheit auch dieses Standes nicht mit „Ehren" heilen könnte, Hofdienst ist ihm, dem Freund der Wahrheit, verhaßt, und auch ein politisches Leben für „des Landes Glück und Wohl" scheint ihm angesichts der sozialen Mißstände, vor allem des Gegensatzes von arm und reich, ein hoffnungsloses Unternehmen. Die aus den Fugen geratene soziale Welt zwingt ihn also seiner Meinung nach in die alles andere ausschließende Existenzform des Outsiders hinein, und diese kann er nur als Dichter mit „Fleiß" und „Stetigkeit" verwirklichen. Denn einzig in Dichtung und Wissenschaft kann man noch ohne Einschränkung der „Wahrheit" dienen. Was aber bedeutet hier „Wahrheit"? Sie meint nicht nur die satirische Entzauberung der gesellschaftlichen Wirklichkeit, sondern auch die bedingungslose Freisetzung der eigenen Existenz mit der vielleicht sogar vergeblichen Hoffnung auf „Nachruhm".

Man könnte meinen, Günther habe sich in seinem Dichtertum überschätzt. Das ist nicht der Fall. Er hat harte Kritik auch am eigenen Können geübt, und als er in seinem imaginären Testament seine ebenfalls mehr imaginären als realen Güter verschenkt, da ist ihm seine eigene „Leier" nicht würdig genug, um sie dem „Phöbus" zu hinterlassen. Er verschenkt sie vielmehr an die „Wahrheit", damit diese damit „hausieren" gehen soll (II, 194). Opitz und Fleming stellte er bescheiden über sich, wenn er auch wieder den Wunsch geäußert hat, den Opitz noch einmal zu übertreffen. Jedoch an dem Anspruch, „Wahrheit" gedichtet zu haben, hält er um so entschiedener fest. Wahrheit verlangt die natürliche Schreibart. Erst allmählich setzt sich dieses Stilideal durch, „die Kunst, das, was man denckt, natürlich auszudrücken" (III, 84). Dem mußte die Absage an die barocke Manier vorausgehen.

> Mein Phöbus liegt noch krank, ich hab ihn in der Kur
> Und will ihm nach und nach die schwülstige Natur,
> Die seine Jugend plagt, aus Blut und Gliedern treiben.

Wertlose Poesie ist für Günther bloßes „Flittergold", bloßes „Puppenwerk" für schlechte Seelen, steht also auch unter einem moralischen Verdikt. Unter solche Kritik fällt auch die allzu formalistische Kunst mancher sogenannten Dichter – Klagen, bloß, „um Gedanken anzubringen", erbettelter Schmerz, „zu dem sie sich erst zwingen", künstlich inszeniertes Weinen, von fremder Traurigkeit erborgt; dies alles ist eine nur geschauspielerte, im Grunde leere Dichtkunst, die freilich noch ganz auf der Linie der barocken Repräsentation liegt. Günther stellt ihr aber bereits sein eignes Dichten als den positiveren Wert gegenüber: „Die Wahrheit wird sich hier in keine Larve stecken, / Wohl aber überall ein treues Herz entdecken" (III, 109).

Dennoch hat Günther auch sich selbst vorgeworfen, gegen die Natur gedrechselt und für Geld zweifelhaft lobende Gedichte gemacht zu haben. Das geschah dann mit vielen eingeflochtenen Namen in einer schwülstigen Gleichnissprache, die ihre Worte von weit her, noch „aus Mississipi" herholte. Sogar den Lohenstein und andere „Schulmonarchen" – die Anspielung auf Hoffmannswaldau ist unverkennbar – habe er bestohlen. Das waren Verse auf Stelzen, nicht aber Darstellungen der Wahrheit. Diese verlangt nicht nur die Nüchternheit, sondern auch den Rückgriff auf das eigene gelebte Leben. Wie sehr das auch die erotische Intimsphäre miteinschloß, wie sehr Poesie und Leben gerade in der Liebe eine Einheit werden konnten, haben wir bereits belegt. Das eigentliche, wenn auch freilich oft bittere „Wunder" des Daseins fand der Dichter nur in sich selbst. Je mehr er sich der sozialen Welt entfremdete, um so mehr mußte er alles Positive aus sich selbst hervorholen. „Ich kann mir Lehrer, Freund und Knecht und alles seyn" (III, 103). Der so sehr um „Wahrheit" bemühte Günther gerät trotz aller Rationalität ins Schwärmen, wenn er von seinem „Busen" spricht, „der schwarz und gelbe raucht" oder er schwelgt in einer nahezu expressionistische Ekstase, die das Extreme dieses Subjektivismus erkennen läßt: „So spiel ich halb verrückt mit Bildern, Noth und Schmerz, / Erholt sich die Vernunft, so fühl ich noch ein Herz" (III, 102), ein Herz, das freilich dann wieder zur „Freiheitsspur der Weisheit" zurückfindet und so in der eigenen zerrissenen Brust dennoch Ruhe zu finden glaubt.

Allerdings: er weiß trotz des Rausches der Selbstbestätigung um das Trostlose seiner gesellschaftlichen Situation:

> Ich bin nur ein Poet am Tittel,
> Den jeder Stümper kaufen kan. (III, 92)

Und der gleiche Günther, der es so entschieden ablehnt, die Poesie erniedrigen zu lassen, der ihren „Ruhm" gleichwertig, ja sogar noch höher als den der Kriegshelden stellt, schloß seine große Ode auf den Kaiser und Prinz Eugen als „tiefster Untertan", unten „im Staube", der mit der Ohnmacht seiner „schlechten Reime" das Mäzenat herbeifleht, damit auch in Zukunft „Carl und Tugend und Eugen die Vorschrift" seiner Musen bleiben dürfen.[18]

Aber wenn auch die „Götterkost" der Musen nichts gegen die Armut ausrichtet, wenn auch ihre soziale Chance zum mindesten in Günthers Zeitalter mehr als dürftig ist, ihr Wert bleibt überdauernd. Dichter mit „feuerreichen Gaben, Wiz, Verstand, Gelehrsamkeit, Tugend und Erfahrung" – so verteidigt sie Günther in dem großen Spätgedicht an den Vater – verkünden die Weisheit in

Bildern und wecken damit die Lust zum Guten. Ja, Poeten wie Homer, Ovid, Fénélon haben durch den Rang ihres Werkes sogar die Vergänglichkeit bezwungen. Das geschieht weniger durch „Inspiration" und „Genie" – diese, auch der Barockpoetik bereits bekannten Begriffe liegen Günther relativ ferne – bedarf aber sehr wohl bestimmter Darstellungsmittel. Rationales mischt sich hier mit Stilistischem, „Schönheit im Erklären" gehört dazu, Witz und Geist in den Gedanken, Kraft in den Beiwörtern, Ordnung im Verbinden und in den Schlußfolgerungen. Die Nähe zur bald heraufkommenden Poetik der Aufklärung ist hier unverkennbar. Die radikale Rückbeziehung auf das eigene Ich, sein Feuer, seine Leidenschaft und seine Existenzkrisen, dürfte jedoch in der damaligen Zeit nur für Günther bezeichnend sein. Erst in seiner allerletzten Phase wird von Günther der „Helikon" zugunsten von „Golgatha" verabschiedet. Aller irdische Nachruhm erscheint jetzt als blind und eitel, und der wahre Dichtergeist findet nur noch im „Heiland" den einzig würdigen Gegenstand seiner Poesie (vgl. II, 251 f). Das ist freilich weit entfernt von jener Lyrik Günthers, die das Recht auf die Freiheit der Sinnenlust für beide Geschlechter immer wieder gepriesen hatte.

IV

Die Rückkehr Günthers zum geistlichen Gedicht wird erst verständlich, wenn wir abschließend nunmehr sein Verhältnis zur Religion und zu Gott in unsere Darstellung einbeziehen. Eigentlich müßte darauf noch ein Kapitel über Günthers Gelegenheitsdichtungen folgen, aber das verbietet an dieser Stelle der Raum. Manche seiner geistlichen Gedichte hat Günther noch in der Nachfolge von Benjamin Schmolcke gedichtet, so auch die mit Recht berühmte *Trostaria*, die nicht nur mit dem Wort „Endlich" virtuos zu spielen, sondern es auch bis ins Utopische zu steigern vermag.[19] Die streng barocke Gattungstrennung von geistlichem und weltlichem Lied wird im Grunde bei Günther bereits durchbrochen. Das gilt schon von dem früh entstandenen *Abendlied*, einem seiner schönsten Gedichte, ein Gedicht der „Creatur" an ihren „Schöpfer", aber darüber hinaus ein lyrisches Bekenntnisgedicht, das in seiner Innigkeit erst in den Versen von Matthias Claudius wieder erreicht wurde. Daneben gibt es bei Günther auch die ganz gattungsgebundene religiöse Zweckdichtung, die manchmal sogar, trotz seiner Abneigung gegen Pietisten, in der Tradition des Pietismus steht, oder auch christliche Oden, die die Sonn- und Festtage des sogenannten christlichen Jahres mit Erläuterung biblischer Episteln und anschließender „Lehre" begleiten (vgl. II, 261-311). Hier tritt der persönliche Erlebnisbericht ganz zugunsten einer objektivierten, aber auch konventionellen Frömmigkeit zurück, die sogar „Gelehrsamkeit und Wißenschaft" entwertet, um statt dessen die Liebe Christi, die fromme Einfalt und die Zuwendung zum Jenseits zu preisen (vgl. II, 301).

Dort jedoch, wo das religiöse Lied den Gattungscharakter durchbricht und zum Güntherschen Klagelied wird, bleiben zwar die Motive von Schuld und

Sünde oder auch der Dualismus von Diesseits und Jenseits, d. h. die barocke Antithese von vergänglicher Erdenlust und himmlischem Ausgleich erhalten, aber das leidenschaftliche Ich Günthers macht aus dem vorgegebenen Widerspruch sein persönliches Problem. Das „Marterhaus" der Erde ist ebenso das „Sklavenhaus" des eigenen Vaters, so wie väterliche und göttliche Autorität fast zusammenfallen, beide aber als unerträgliche Härte erfahren werden. Bei aller Demut, mit der Günther immer wieder die eigene Biographie berichtet, es geschieht nicht ohne Trotz, der das Recht auf das eigene, nur ihm gehörende Leben den autoritären Instanzen geradezu abnötigen will. Dieser Trotz wechselt wiederum mit einem Stoizismus, der die Gelassenheit des Selbst noch gegen alles Verhängnis preist. Aber auch diese Haltung wird im Verlauf seines Lebens wieder gesprengt. Dann schlägt der Haß auf die Welt und auf sein eigenes Schicksal in Selbsthaß um. Dann kann er nicht mehr auf den Tod mit Gelassenheit warten. Selbst die fast an Wilhelm Busch anklingende, aber keineswegs humoristische Klage: „Auf dem Schauplatz dieser Erde stell ich einen Jüngling vor, / Der vorher nicht viel besessen und doch täglich mehr verlor" (II, 42), genügt nicht mehr. Das Verlangen, schon auf der Erde den Himmel zu fühlen (II, 73), sieht sich enttäuscht, und die negative Selbstquälerei führt zu dem Ergebnis, daß er nirgends angenehm, überall nur im Wege ist (II, 69) und schließlich sich selbst als Ärgernis betrachten muß, der sich sein eigenes Marterhaus aus eigener Schuld erschaffen hat.

Wie aber konnte das geschehen? Auch als „schlechter Theil der Welt" hielt er sich immer noch für „werth und würdig", „durch Unglück und Geduld den großen Bau zu zieren" (II, 76). Bei allem Hader mit seinem Geschick gab er die in Leipzig gewonnene Überzeugung nicht auf: Gottes „Zweck" ist das Heil des Weltgebäudes: „Wir, ich und auch mein Creuz, sind davon nur ein Theil / Und müßen auch den Schmuck der ganzen Ordnung mehren" (II, 93). Daraus gewann er den Stolz seiner Selbstbehauptung. Das kann sich bis zur Ekstase steigern, wenn Erde und Himmel sich im Nichts zu verflüchtigen drohen.

> Der Erdkreiß brech in Stücke,
> Ich seh mit Großmuth zu. (II, 112)

Oder:

> Und fiel auch so Himmel als Erden in Stücke
> So bleib in dir selber und sieh es mit an. (II, 118)

Aber dieses ständige barock antithetische Grundgefühl, das die Hoffnung gegen die Verzweiflung setzt, sei es als Hoffnung auf Tod und Jenseits, sei es als Hoffnung, „an der Brust der Weisheit, Tod, Satan, Höll und Welt und Neid und Hohn" verlachen zu können (II, 7), sei es als Trotz der Selbstbehauptung in einer total entwerteten Welt, war unmöglich durchzuhalten. Auf der einen Seite galt: alles Irdische ist nichtig. Nur die „Verwesung" konnte „Vollkommenheit"

bringen (II, 35 ff). Auf der anderen Seite hieß es fast rührend und voller Gottes-
vertrauen: „mein Himmel kommt schon auf der Welt" (II, 249).

Aber der Himmel auf Erden kam nicht. Auch die Wollust im Schmerz half da
nicht weiter. Vom eigenen Wesen gemartert, entsteht das große Fluchgedicht
– sein harmloser Titel *Als er durch innerlichen Trost bey der Ungedult gestärk-
ket wurde* (II, 123 ff.) ist vielleicht bewußt irreführend –, das allen sonst von
ihm gepriesenen Tugenden: Geduld, Gelassenheit, Poesie, Frömmigkeit und Redlichkeit ironisch abschwört und dem gesamten blinden Fabelwerk und Larven-
spiel des Seins seine Absage erteilt. Das Nicht-Sein ist dem Sein in jedem Falle
vorzuziehen. Aber selbst jetzt, als die Anklage gigantische Ausmaße erreicht, die
noch die Lust des zeugenden Vaters und das befruchtete mütterliche Ei verflucht
und schon an den religiösen Frevel zu grenzen scheint, wird sie am Ende antithetisch zurückgenommen und „die große Schuld verzweiflungsvoller Angst"
von ihm selbst gebrandmarkt. Der Flehruf nach Rettung und Tod, die Bitte um
das göttliche Erbarmen behalten das letzte Wort. Behalten sie es wirklich? Sind
nicht die anbrandenden, vorausgegangenen Strophen zu intensiv, zu extrem, zu
explosiv, zu radikal herausfordernd, als daß diese Rückkehr in die überlieferte
Jesusfrömmigkeit noch glaubhaft sein konnte? Wahrscheinlich muß man diese
letzten Verse eher als den Ausdruck einer in Resignation umgeschlagenen Verzweiflung lesen. Schuldbewußtsein und Existenzangst sind hier identisch geworden. An Günthers gutem Willen ist nicht zu zweifeln, aber wie ohnmächtig
blieb dieser angesichts der Entladung eines religiösen Zorns über ein verfehltes
Leben.

Selbsterniedrigung schlägt bezeichnenderweise immer wieder in Selbstrechtfertigung um:

> Ich leugne nicht die Schuld der oft verdienten Schläge;
> Jedoch wo lebt ein Mensch, den auf dem Tugendwege
> Nicht Fleisch und Blut verführt? (II, 128)

Herausfordernd lehnt er sich ebenso gegen die höhnischen Richter seiner Mitwelt
auf: „Ich bin ein Mensch wie ihr." Aber ein Mensch wie die andern war er nicht;
er blieb für seine Mitwelt der unverständliche Ausnahmefall. „O falsche Welt, o
grobe Zeit", so klagt Günther über sein Zeitalter (II, 156). Aber auch umgekehrt
über sich selbst: „Ich bin mein ärgster Feind" (II, 226).

Gegen Ende seines Lebens entstehen die wichtigsten religiösen Gedichte, auch
sie sind Klagelieder, aber sie wenden sich nicht mehr gegen die Gesellschaft und
gegen sein „Verhängnis", sondern werden zu Dokumenten einer ganz persönlichen Zwiesprache mit der Gottheit. Sie sind zwar „Bußgedanken" und „Buß-
aria" und nochmals „Bußgedanken" überschrieben, aber gerade hier ist das Beharren auf dem eigenen Ich so verzweifelt intensiv, daß bereits dies ein In-
Frage-Stellen der leidenschaftlich angebotenen Buße bedeutet.

Das wird in den Versen *An Gott* (II, 119) in sehr paradoxer Weise deutlich.

Warum soll er allein ein Greuel seines Schöpfers sein? lautet der bereits anklagende Anfangsvers. „Geburth, Exempel, Noth und Jugend" seien die Ursache für seine Verfehlung. Lohnt es sich, darüber so hart mit ihm ins Gericht zu gehen? Immer auf dem Wege der Tugend zu bleiben, sei für keinen Menschen möglich. Wozu dann aber der göttliche Aufwand, sein Zanken mit bloßen Schatten? Er soll an Stärkeren, als Günther einer ist, seine Macht beweisen.

> Ach hastu dies noch nicht bedacht?
> Du kommst mit Donner, Bliz und Sturm.
> Wer ist der grosse Feind? Ein Wurm.

In dem dialektisch angelegten Gespräch mit Gott wird dieser geradezu widerlegt, weil er sich für sein gewaltiges und gewalttätiges Auftreten das denkbar ungeeigneteste Subjekt ausgesucht hat, den „Wurm", das heißt einen verzweifelten Menschen in aller seiner Nichtigkeit.

Noch raffinierter wird dieses Verhältnis zwischen Ich und Gott in einem anderen, aber diesmal knapperen Gedicht *Bußgedanken* gestaltet:

> Ich höre, großer Gott, den Donner deiner Stimme,
> Du hörest auch nicht mehr, ich soll von deinem Grimme
> Aus Größe meiner Schuld ein ewig Opfer seyn,
> Ich soll, ich muß, ich will und gebe mich darein.
> Ich troze deinen Zorn, ich fleh nicht mehr um Gnade,
> Ich will nicht, daß dein Herz mich dieser Straf entlade.
> Du bist kein Vater mehr, als Richter bitt ich dich:
> Vergiß vorher dein Kind, hernach verstoße mich. (II, 227)

Der Beginn dieser Strophe reißt den ganzen Abgrund auf, der zwischen dem großen Gott und seinem armen, schuldigen Opfer besteht. Wie so oft scheint Günther auch hier, in diese alttestamentarisch gesehene Gottheit mit äußerster Demut einzuwilligen. Aber ist diese Demut nicht bereits eine versteckte Herausforderung? Auf jeden Fall schlägt sie ins Gegenteil um: „Ich troze deinem Zorn, ich fleh nicht mehr um Gnade". Jetzt ist er selbst der Ankläger, der die Gottheit geradezu zwingen will, ihn gnadenlos zu bestrafen. Wie sehr er hier hybrid und keineswegs demütig ist, verraten noch deutlicher die Schlußzeilen. Der Gottheit wird die Vaterrolle abgesprochen; nur als Richter wird und soll sie noch anerkannt werden. Mit der bittersten Ironie sucht sich der Verzweifelnde noch zu wehren, indem er die nur rächende Gottheit zu nötigen versucht, ihr eigenes Kind zu vergessen und es „hernach" zu verstoßen.[29]

Diese Verschmelzung von Demut bis zur Selbsterniedrigung und geballter empörerischer Selbstbehauptung nicht nur gegen die Welt, sondern auch gegen Gott, ist in der religiösen Dichtung ein nahezu einzigartiges Phänomen. So wie das Leben für Günther immer todesgezeichnet war, schon ein vorweggenommenes Sterben, so hat er den Tod auch wieder als eine mögliche Steigerung des Lebens verstanden. So wie er den Maßstab der Gottheit an seine verdorbene und verfluchte Existenz angelegt hat, so hat er auch umgekehrt sich selbst als Maß gesetzt, dem auch die Gottheit sich noch zu fügen hat. Dennoch bleibt das Leben in Gott, das Eingehen in Gott das utopische, auf Erden unerreichbare Ziel. Neben den Gedichten der Auflehnung, ja der Ironisierung der Gottheit stehen immer wieder die zahlreichen anderen, die an der Erlösung im Jenseits und an der geistlichen Zuversicht zu Gott, dem Vater, und zu Jesus, dem Erlöser, festhalten. Aber auch das geschieht oft in herausfordernder, auf das eigene Ich zurückgreifender Weise:

> Doch wenn mich auch dein Zorn bis in die Hölle triebe,
> So predigt ich auch dort die Wollust deiner Liebe. (II, 135)

Wo freilich das paradoxe Schwanken zwischen Diesseits und Jenseits, zwischen dem rächenden und dem liebenden Gott, keinen Halt mehr finden konnte, wo der Stolz der verzweifelten Selbstbehauptung im Gegeneinander von totaler Isolierung und vergeblichem Anpassungswillen sich aufzulösen drohte, da schlägt die Existenzbehauptung in Selbsthaß um. Dann bleibt nur noch die Selbstverklagung bei dem gerechten Richter übrig. Der Rückblick auf das eigne Leben wird zur Wanderung durch viele „Todeszeichen", die Anerkennung der eignen „verdienten Schuld" mündet jedoch nochmals in die Herausforderung an Gott, ihm noch mehr Leiden zu senden, ihm alle „Kost" zu verderben, die nach der Erde schmeckt, und die *Bußgedanken* (II, 219 ff.) münden in die von Trakl im Gespräch zitierte Zeile: „Oft ist ein guter Tod der beste Lebenslauf."

Das mag man als eine Rückkehr zur barocken Entwertung des irdischen Daseins ansehen. Es war Günther nicht vergönnt, die bescheidene Stelle zu finden, die nach seinem Glauben in der vernünftigen Ordnung Gottes für ihn vorgesehen sein mußte. Er hat sie bis ans Ende seines Lebens vergeblich gesucht, und sich gegen sein Geschick zwar immer wieder aufgelehnt, aber auch fast bis ans Ende seines Lebens an der Hoffnung festgehalten. Seine traurige Grabschrift hat er schon relativ früh sich selbst geschrieben:

> Hier starb ein Schlesier, weil Glück und Zeit nicht wollte,
> Daß seine Dichterkunst zur Reife kommen sollte;
> Mein Pilger lies geschwind und wandre deine Bahn,
> Sonst steckt dich auch sein Staub mit Lieb und Unglück an. (II, 48)

Anmerkungen

Texte

Johann Christian Günther, Sämtliche Werke, hrsg. von Wilhelm Krämer, hist.-kritische Gesammtausgabe, 6 Bde, Leipzig 1930-37 (Nachdruck Darmstadt 1964). Der 7. Band mit dem wissenschaftlichen Apparat ist nie erschienen. Nach dieser Ausgabe wird in diesem Aufsatz zitiert. Die römische Ziffer bezeichnet den Band, die arabische die Seitenzahl.

Erste Sammlung von Günthers Gedichten 1724, viermal verbessert aufgelegt 1725, 1726, 1730, 1733.

Fessel (Hg.), Sammlung von Johann Christian Günthers, aus Schlesien bis anhero edirten deutschen und lateinischen Gedichten, Auf das neue übersehen, wie auch in einer bessern Wahl und Ordnung an das Licht gestellet. Nebst einer Vorrede von den so nöthigen als nützlichen Eigenschaften der Poesie. Breßlau und Leipzig, Michael Hubert. 1735.

Johann Christian Günthers Leben auf Grund seines handschriftlichen Nachlasses. Erste, unverkürzte Ausgabe seiner Taschenbücher von Alfons Hayer mit ergänzender Einführung und Anmerkungen von Adalbert Hoffmann. Leipzig 1909.

Johann Christian Günther: Gedichte. Hg. Berthold Litzmann, Leipzig, Reclam (1879).

Johann Christian Günther: Gedichte. Auswahl und Nachwort von Manfred Windfuhr, Reclam 1961, Nr. 1295.

Günther Werke in einem Band, hrsg. von Hans Dahlke, Aufbau Verlag, Berlin und Weimar 1957, fünfte Auflage 1977.

Johann Christian Günther: Gesammelte Gedichte, hrsg. von Herbert Heckmann, Hanser, München 1981.

Bibliographie

Adalbert Hoffmann: Johann Christian Günther, Bibliographie. Anhang: eine zum ersten Male veröffentlichte Satire gegen Günther mit deren Vorspiel. Breslau 1929.

Rainer Bölhoff: Johann Christian Günther 1695-1975. I. Kommentierte Bibliographie, Böhlau Verlag, Köln – Wien 1980; III. Rezeptions- und Forschungsgeschichte, 1982; II. Schriftenverzeichnis, 1983.

Literatur

In Auswahl. Weitere Angaben in den Anmerkungen.

(Christoph Ernst Steinbach): Johann Christian Günthers / Des berühmten Schlesischen Dichters / Leben und Schrifften. Gedruckt in Schlesien 1738.

Bertold Litzmann: Zur Textkritik und Biographie Johann Christian Günthers, Frankfurt a. M. 1880.

Arthur Kopp: Biographisch kritische Studien über Johann Christian Günther. In: Euphorion Band 1, 1894 und Band 2, 1895.

Carl Enders: Zeitfolge der Gedichte und Briefe Johann Christian Günthers 1695-1725, Dortmund 1904.

Wilhelm Krämer: Probleme und Ergebnisse der Günther-Forschung. In: Germ.-Rom. Monatsschrift XVIII, Jahrgang 1930, S. 336-354 und 412-426.

Wilhelm Krämer: Das Leben des schlesischen Dichters Johann Christian Günther. Godesberg 1950, neu und unverändert abgedruckt, aber mit den bisher fehlenden 924 Anmerkungen zum Text versehen sowie mit Quellen-, Literatur-, Orts- und Personen-Verzeichnissen durch Rainer Bölhoff, Stuttgart 1980.

Francesco Delbono: Umanità e poesia di Christian Günther. Torino, Genova (1959).

Hans Dahlke: Johann Christian Günther. Berlin 1960. Mit zahlreichen Literaturangaben.

Helga Bütler-Schön: Dichtungsverständnis und Selbstdarstellung bei Johann Christian Günther. Studien zu seinen Auftragsgedichten, Satiren und Klageliedern. Bonn 1981. Diese bisher letzte Veröffentlichung über Günther, eine bei Max Wehrli gemachte Dissertation, ist eine gründliche Untersuchung, die Günther wieder in die Barocktradition einzuordnen versucht. Sie konnte für meinen Aufsatz nicht mehr herangezogen werden. Das gilt auch von: Ernst Osterkamp: Das Kreuz des Poeten. Zur Leidensmetaphorik von Johann Christian Günther. In: DVjgs, 55. Jahrgang 1981, S. 278-292 und für die Aufsätze in: ZfdPh, Bd. 100, Heft 4, 1981: „Es mag die Heucheley die neue Welt verstellen", Überlegungen zum Wahrheitsbegriff bei Johann Christian Günther, von Christel Zimmermann, S. 481-503 und im gleichen Heft: Johann Christian Günther in der Tradition der evangelischen Kirchenliteratur, von Ulrich Konrad und Matthias Pape, S. 504-527.

Text + Kritik hat in Heft 74/75, 1982, eine Reihe von Aufsätzen und Interpretationen unter dem Titel: Johann Christian Günther gebracht.

Nachweise

[1] Wilhelm Krämer poetisiert in seiner Biographie Günthers Geburtsstunde und behauptet, Tag und Stunde hätten im Zeichen der Venus gestanden. Das wird auch noch von Urs Herzog: Deutsche Barocklyrik. Eine Einführung, München 1979, S. 76 wiederholt. Es stimmt aber nicht. Die Sonne stand vielmehr im Marszeichen Widder, und, wenn die Geburt tatsächlich um 4 Uhr morgens stattgefunden hat, kann um diese Zeit keines der beiden Venuszeichen (Wage und Stier) als Aszendent aufgegangen sein.

[2] Goethes Werke, Hamburger Ausgabe, Bd. IX, München, S. 264 f.

[3] Vgl. Paul Hankamer: Deutsche Gegenreformation und deutsches Barock, Stuttgart 1. Aufl. 1953, 3. Aufl. 1964, der Günther zwar viermal nennt, aber immer nur am Rande, z. B. im Vergleich zu Quirinus Kuhlmann; Günther Müller: Geschichte des deutschen Liedes, München 1925, (Nachdruck von 1959, Darmstadt, S. 138) betont das ruckartige Nebeneinander von barocker Gedanklichkeit und seelischer Erschütterung auch noch in den Leonore-Liedern. Ferner: Rudolf Haller: Geschichte der deutschen Lyrik, Bern 1967, S. 216-227. In seiner Barock-Anthologie: Die deutsche Literatur, Texte und Zeugnisse, Bd. 3, München 1968, 2. Aufl., hat Albrecht Schöne Günthers Lyrik mit Recht einen relativ großen Raum gegönnt.

[4] Ferdinand Josef Schneider: Die deutsche Dichtung vom Ausgang des Barocks bis zum Beginn des Klassizismus 1700-1785, Stuttgart 1924, nennt Günther nur am Rande. Für ihn ist er ein bloßer Bohemien und ein verlottertes Genie.

[5] Siehe Literaturverzeichnis: Wilhelm Krämer.

[6] Siehe Literaturverzeichnis: Hans Dahlke.

[7] Zum Abschluß seiner Schulzeit verfaßte Günther sogar selbst eine hochbarocke Staatstragödie in Alexandrinern über den oströmischen Kaiser Theodosius und seine Gemahlin Eudocia, die mit viel Pomp aufgeführt wurde. Sie enthält manche Anspielungen auf Schweidnizer Mitbürger, vor allem bereits auf Krause, hat aber keine eigene selbständige Bedeutung. In der Wissenschaftlichen Buchgesellschaft Darmstadt erschien 1968 ein Theodosius-Nachdruck unter dem Titel: Die von Theodosio bereute Eifersucht.

[8] Zu Trakl und Günther vgl. den von Ludwig Ficker herausgegebenen Band: Erinnerung an Georg Trakl. Innsbruck (1926), zweite Auflage unter dem Titel: Erinnerung an Georg Trakl. Zeugnisse und Briefe (neu hrsg. von Ignaz Zangerle) Salzburg (1959).

[9] Vgl. dazu Karl Viëtor: Geschichte der deutschen Ode. München 1923, S. 86. Viëtor würdigt Günthers „heroische Ode" als Ausdruck einer Zeit, in der „die emanzipierte Vernunft sich selbst in ihrem Träger, dem Menschen zu vergöttern beginnt".

[10] Zur Chronologie der Güntherschen Gedichte siehe in der Literaturübersicht Litzmann, Kopp, Enders und Krämer.

[11] Petrarkismus: Vgl. dafür Urs Herzog, S. 122 ff., ferner: Hans Pyritz: Paul Flemings deutsche Liebeslyrik, Leipzig 1932, Neudruck Göttingen 1963, ferner Hugo Friedrich: Epochen der italienischen Lyrik, Frankfurt a. M. 1964, S. 254 ff. und S. 311 ff.

[12] Wer „Flavie", bei Günther auch Philimene genannt, wirklich gewesen ist, konnte bis heute nicht festgestellt werden. Dahlke spricht nur von einer Jugendgespielin aus Striegau, die Günther auf dem Gut Roschkowiz wiederfand, S. 49. Ausführliche Anmerkungen darüber in der neuen Auflage von Krämers Biographie.

[13] Vgl. dazu Urs Herzog, S. 130 f. Zur Naturauffassung bei Günther ferner den Aufsatz von Paul Böckmann: Anfänge der Naturlyrik bei Brockes, Haller und Günther. In: Literatur und Geistesgeschichte, Festgabe für Heinz Otto Burger, Berlin 1968, besonders S. 121 ff.

[14] So nach Krämer und auch nach Dahlke. Frühere Überlieferungen, daß Eleonore sich später verheiratet und ein Kind durch den Tod verloren habe, können heute als widerlegt gelten. Leider finden sie sich noch bei Rudolf Haller: Geschichte der deutschen Lyrik, 1967, S. 220.

[15] Text: Krämer I, 62-64. Zu diesem Gedicht vgl. das Nachwort in der kleinen Auswahl von Manfred Windfuhr, ferner die dankbar von mir benutzte Analyse von Urs Herzog (s. Anm. 1) mit seinem Vergleich zu Hofmannswaldau, S. 115 ff.

[16] Dazu meine eigene Analyse dieses Gedichtes: Klage über ein verfehltes Leben. In: Frankfurter Anthologie, 16. Juni 1979, FAZ, Nr. 137. Hingewiesen sei auch auf die Analyse eines anderen Gedichtes: „Als Leonore die Unterredung eiligst unterbrechen mußte" durch Walter Hinderer, FAZ, 5. August 1978, Nr. 176.

[16a] Krämer I, 201 f. Eine sehr interessante Analyse dieses Gedichtes bei Wolfgang Preisendanz: Präsente Bedrängnis. Über ein Gedicht von Johann Christian Günther. In: Jahrbuch der Deutschen Schiller-Gesellschaft, 18. Jahrgang 1974, S. 221-234.

[17] Eine Analyse dieses Gedichtes durch Karl Otto Conrady in: Die deutsche Lyrik, hrsg. von Benno von Wiese, Düsseldorf 1956, Band 1, S. 152-162.

[18] Das ist wohl einer der Gründe für die sehr negative Darstellung Günthers bei Georg Gottfried Gervinus: Geschichte der poetischen Nationalliteratur der Deutschen, Leipzig 1838, bis in die späteren Auflagen hinein gewesen.

[19] Über die Abwandlung des Gedichtes von Benjamin Schmolcke *Das Letzte / Das Beste* in Günthers Gedicht *Endlich* siehe Dahlke, S. 41 ff. Dort auch der Text beider Gedichte.

[20] Für die Wirkungsgeschichte Günthers im 20. Jahrhundert vgl. die allerdings zu sparsame Auswahl bei Reiner Bölhoff: Kommentierte Bibliographie, 1980. Hier noch einige Ergänzungen. Sehr positiv ist die Charakteristik von Kurt Tucholsky, Werke Band 1, 1907-24, 9. bis 11. Tausend Hamburg 1972, S. 971 ff. Ebenfalls sympathisierend das Tagebuch von Georg Heym vom 10. Dezember 1911, Gesamtausgabe von Karl Ludwig Schneider, Band 3, 1960, S. 175. Eine positive Erwähnung steht auch in Ernst Jüngers Strahlungen, 1949, S. 636. Zahlreiche Hinweise über Günther-Lesungen auch bei Karl Kraus in der *Fackel* aus den Jahren 1921-29: Nr. 568, 588, 743, 759, 781, 811. Ferner eine Stelle aus Romain Rollands Roman *Jean Christoph* (1. Band). Sie lautete in deutscher Übersetzung nach der in Frankfurt a. M. 1914 Band 1, S. 657 erschienenen Ausgabe: „Johann Christian Günther, das ungebundene Genie, das sich in Wollust und Verzweiflung verbrannte und sein Leben in alle Winde verstreute. Von Günther hatte er [Jean Christoph] den herausfordernden Schrei rächender Ironie gegen den feindlichen Gott, der ihn zerschmettert, wiederzugeben versucht, die wütenden Verwünschungen des gefesselten Titanen, der ihren Blitz gegen den Himmel zurückzückt."

ZEITTAFEL

zusammengestellt von

CHRISTA STEINECKE

Deutsche Literatur und Philosophie	Ausländische Literatur und Philosophie
1620 gest. Aegidius Albertinus J. Bidermann, Epigrammatum libri tres J. Böhme, Psychologia vera oder Vierzig Fragen von der Seele G. Seidel, Excidium Hierichuntis	F. Bacon, Novum Organum
1621 geb. Hans Jacob Christoffel von Grimmelshausen (oder 1622); Georg Neumark; Sibylle Schwarz gest. Johann Arndt; Theobald Hock C. Brülow, Moyses	geb. Jean de La Fontaine gest. John Barclay; Ottavio Rinuccini J. Barclay, Argenis R. Burton, The Anatomy of Melancholy Tirso de Molina, El vergonzoso en palacio Lope de Vega, El caballero del milagro Deutsche Übersetzung von Cervantes, Don Quijote
1622 J. Bidermann, Herodiados libri tres J. Böhme, De signatura rerum (entst.) T. Hübner übersetzt Du Bartas Ludwig v. Anhalt-Köthen, Kurtzer Bericht der Fruchtbringenden Gesellschafft	geb. Jean Baptiste Poquelin, gen. Molière gest. John Owen A. Tassoni, La secchia rapita (bis 1624) Lope de Vega, Las famosas Asturianas; Lo fingido verdadero
1623 J. V. Andreae, Adenlicher Zucht Ehrenspiegel J. Böhme, Von der Gnadenwahl A. Buchner, Thesaurus eruditionis scholasticae (Übers. von Faber)	geb. Marc'Antonio Cesti; Blaise Pascal F. Bacon, De dignitate et augmentis scientiarum G. Galilei, Il saggiatore G. B. Marino, Adone Ch. Sorel, La vraie histoire comique de Francion Erste Folio-Ausgabe Shakespeares
1624 geb. Johannes Scheffler (Angelus Silesius) gest. Jacob Böhme M. Opitz, Buch von der Deutschen Poeterey	geb. Arnold Geulincx Lope de Vega, La Circe

Geschichte — Politik	Künste — Wissenschaft — Technik	

Dreißigjähriger Krieg: Schlacht am Weißen Berg; Truppen der Liga unter Tilly schlagen den Winterkönig, Friedrich V. von der Pfalz.
Puritaner landen mit der Mayflower in Nordamerika

geb. Aelbert Cuyp
M. Praetorius, Syntagma musicum (3 Tle., ab 1615)
S. de Brosse, Palais du Luxembourg, Paris (ab 1615)
P. P. Rubens, Landschaft mit Fuhrwerk (Gem.)
G. B. Aleotti erfindet die Kulissen-Bühne

1620

Strafgericht gegen Böhmen: kath. Restauration
Liga unter Tilly besetzt Pfalz
Schwedisch-polnischer Krieg
Philipp IV. König von Spanien

gest. Michael Praetorius
S. Scheidt, Ludi musici (bis 1622)
A. van Dyck geht nach Italien
Gründung der Universität Straßburg
Gründung der Nürnberger Bank
Herborn pflanzt Kartoffeln in Deutschland an

1621

Tilly besetzt Heidelberg: Bibliothek (Palatina) nach Rom verlagert

1622

Tilly besetzt Westfalen und Niedersachsen
Bayern erhält pfälz. Kurwürde und die Oberpfalz

geb. Blaise Pascal
gest. William Byrd
H. Schütz, Historia der fröhlichen Auferstehung Christi (Oratorium)
D. Velazquez wird Hofmaler in Madrid
J. Jungius gründet in Rostock die erste wissenschaftliche Gesellschaft Deutschlands zur Pflege der Mathematik und Naturwissenschaften

1623

Wallenstein wird Herzog von Friedland
Richelieu wird leit. Minister Ludwigs XIII.

C. Monteverdi, Il Combattimento di Tancredi e Clorinda (Oratorium)
S. Scheidt, Tabulatura nova (3 Bde.)
F. Hals, Lachender Mann (Gem.)
H. Briggs, Arithmetica Logarithmica
Ph. Clüver, Introductiones in universam geographiam . . .

1624

Deutsche Literatur und Philosophie	Ausländische Literatur und Philosophie
1625 F. H. Flayder, Imma portatrix M. Opitz, Acht Bücher Deutscher Poematum M. Rinckart, Monetarius seditiosus	gest. Giambattista Marino (auch Marini) H. Grotius, De iure belli ac pacis Lope de Vega, El caballero de Olmedo (ca. 1625-1630)
1626 geb. Sigmund v. Birken C. v. Barth, Deutscher Phönix J. M. Meyfart, Tuba Novissima M. Opitz übersetzt J. Barclay, Argenis J. Vogel, Ungrische Schlacht D. von dem Werder, Gottfried von Bulljon, Oder Das Erlösete Jerusalem (Übers. von Tasso) J. W. Zincgref, Der Teutschen Scharpfsinnige Kluge Sprüch (ab 1631: Apophthegmata)	gest. Francis Bacon Lope de Vega, Soliloquios amorosos de un alma a Dios
1627 gest. Caspar Brülow F. H. Flayder, Moria rediviva M. Opitz, Dafne (freie Übertragung nach O. Rinuccini) J. Th. von Tschech, Vom wahren Licht	geb. Jacques Bénigne Bossuet gest. Luis de Gongora y Argote J. A. Comenius, Didacta magna (bis 1632) F. G. Quevedo y Villegas, Sueños . . . Lope de Vega, Corona trágica
1628 gest. Henrich Hudemann J. V. Andreae, . . . Biblische Kirchen History M. Opitz, Laudes Martis	geb. John Bunyan; Charles Perrault gest. François de Malherbe J. A. Comenius, Informatorium der Mutterschul (bis 1631)
1629 V. Th. v. Hirschberg übersetzt Ph. Sidney, Arcadia A. Musculus, Dess Al-mode Kleyder-Teuffels Alt-Vater (Neuaufl.) M. Opitz, Vielguet	P. Calderón, La dama duende (Auff.) J. Milton, On the Morning of Christ's Nativity

Geschichte — Politik	Künste — Wissenschaft — Technik	
Christian IV. von Dänemark greift auf protestantischer Seite in den dreißigjährigen Krieg ein Karl I. König von England	gest. Jan Bruegel d. Ä. H. Schütz, Cantiones sacrae Fitzwilliam-Virginalbuch (Samml. engl. Virginalmusik) F. Hals, Die Zigeunerin (Gem.) P. P. Rubens, Medici-Zyklus (Gem. seit 1622)	1625
Wallenstein schlägt Mansfeld in der Schlacht an der Dessauer Brücke; Sieg Tillys bei Lutter am Barenberge über Christian IV.	geb. Giovanni Legrenzi F. Hals, Isaak Massa (Gem.) D. Velazquez, Der Infant Don Carlos (Gem. bis 1627) W. Snellius entdeckt das Gesetz der Lichtbrechung Peterskirche in Rom geweiht	1626
Das kaiserliche Heer besetzt Jütland	geb. Robert Boyle gest. Adriaen de Vries J. H. Schein, Gesangbuch Augsburgischer Konfession H. Schütz, Dafne (erste deutsche Oper, Text M. Opitz, aufgeführt in Torgau, Musik nicht erhalten) Claude Lorrain kommt nach Rom	1627
Wallenstein besetzt Mecklenburg und Pommern und erhält Mecklenburg zum Herzogtum Petition of Rights: das englische Parlament verlangt Sicherheit vor willkürlicher Verhaftung und Besteuerung	geb. Jacob van Ruisdael (oder 1629) A. v. Dyck, Vision des hl. Augustinus (Gem.) Rembrandt, Samson und Dalila (Gem.) Vollendung des Salzburger Doms	1628
Ende des schwedisch-polnischen Krieges: Polen muß Livland an Schweden abtreten. Friede von Lübeck: Dänemark scheidet aus dem dreißigjährigen Krieg aus Restitutionsedikt: Rückgabe aller geistlichen Gebiete, die nach 1552 in protestantischen Besitz gekommen sind Beginn der parlamentslosen Regierung in England	geb. Christiaan Huygens H. Schütz, Symphoniae sacrae A. v. Dyck, Rinaldo und Armida (Gem.) D. Velazquez, Der Triumph des Bacchus (Gem.)	1629

927

Deutsche Literatur und Philosophie	Ausländische Literatur und Philosophie
1630 J. Bidermann, Heroum Epistolae J. Heermann, Exercitium pietatis; Devoti musica cordis P. Lauremberg, Satyra M. Opitz, Schäfferey von der Nimfen Hercinie J. Rist, Irenaromachia	Th. Dekker, The Honest Whore (Teil II) Tirso de Molina, El burlador de Sevilla Lope de Vega, Amar sin saber a quién
1631 J. Bidermann, Ubaldinus P. Fleming, Davids . . . Bußpsalme und Manasse . . . Gebet; Rubella seu Suaviorum Liber F. von Spee, Cautio criminalis	geb. John Dryden gest. John Donne J. Mairet, Silvanire (Auff. 1629)
1632 geb. Samuel, Frhr. von Pufendorf; Kaspar Stieler P. Fleming, Klagegedichte D. v. dem Werder, Drey Gesänge Vom Rasenden Rolandt (Übers. von Ariost, bis 1636)	geb. John Locke; Baruch de Spinoza gest. Giambattista Basile G. Galilei, Il Dialogo sopra i due massimi sistemi Ph. Massinger, The City Madam (Auff.) J. Milton, L'Allegro; Il Penseroso
1633 geb. Anton Ulrich, Herzog von Braunschweig-Lüneburg; Catharina Regina v. Greiffenberg; Laurentius von Schnüffis D. Czepko, Consolatio ad Baronissam Cziganeam M. Opitz, Vesuvius; Trostgedichte in Widerwertigkeit deß Krieges J. Rompler von Löwenhalt gründet die Aufrichtige Tannengesellschaft in Straßburg	A. Donatus, Ars poetica, 2. Ausgabe, Köln J. Donne, Poems J. Ford, 'Tis Pity she's a Whore Ph. Massinger, A New Way to pay Old Debts
1634 J. Böhme, Aurora. Das ist: Morgenröthe A. Gryphius, Herodis Furiae, et Rachelis lachrymae J. Rist, Musa Teutonica; Perseus	geb. Marie-Madeleine de La Fayette G. Basile, Lo cunto de li cunti (bis 1636) P. Calderón, La vida es sueño (entst. 1634/35) J. Mairet, La Sophonisbe J. Milton, Comus Tirso de Molina, La prudencia en la mujer Lope de Vega, La Gatomaquia
1635 geb. Daniel Casper von Lohenstein, Philipp Jacob Spener	gest. Alessandro Tassoni; Felix Lope de Vega Carpio Tirso de Molina, Don Gil de las calzas

Geschichte — Politik	Künste — Wissenschaft — Technik	
Schwedischer Krieg; Gustav Adolf landet in Pommern Absetzung Wallensteins auf dem Kurfürstentag von Regensburg	gest. Johannes Kepler; Johann Hermann Schein N. Poussin, Inspiration des Dichters (Gem.)	1630
Tilly erobert Magdeburg, wird aber bei Breitenfeld von den Schweden geschlagen Gustav Adolf zieht bis Mainz	N. Poussin, Das Reich der Flora (Gem.) Rembrandt übersiedelt nach Amsterdam	1631
Tilly fällt; Gustav Adolf in Nürnberg; Wallenstein wieder kaiserl. Feldherr; Schlacht bei Lützen: schwedischer Sieg, aber Gustav Adolf fällt Christine Königin von Schweden	geb. Jean-Baptiste de Lully; Jan Vermeer; Christopher Wren J. Callot, Claude Deruet (Zeichn.) A. van Dyck wird Hofmaler in England D. Velazquez, Christus am Kreuz (Gem.)	1632
Heilbronner Bund »für die deutsche Libertät und zur Satisfaktion Schwedens«	L. Bernini, Bronzetabernakel in St. Peter in Rom (ab 1624) G. Galilei: Prozeß u. Abschwörung von der kopernikanischen Lehre	1633
Absetzung und Ermordung Wallensteins Schlacht bei Nördlingen: Schweden verliert Süddeutschland	A. v. Dyck, Beweinung Christi (Gem.) Claude Lorrain wird Mitglied der Accademia di S. Luca Rembrandt heiratet Saskia van Uylenburgh Erstes Oberammergauer Passionsspiel	1634
Frieden von Prag zwischen Kursachsen und dem Kaiser Verzicht auf Restitutionsedikt	gest. Jacques Callot J. Callot, Versuchung des hl. Antonius (Zeichn.)	1635

Deutsche Literatur und Philosophie	Ausländische Literatur und Philosophie
gest. Friedrich Spee von Langenfeld; Julius Wilhelm Zincgref J. Böhme, De signatura rerum S. Dach, Cleomedes (entst.; vertont von H. Albert) A. Gryphius, Dei Vindicis Impetus et Herodis Interitus M. Opitz, Judith J. Rist, Capitan Spavento (Übers. von J. Gautiers)	verdes Lope de Vega, La boba para los otros ...; El castigo sin venganza; El mejor alcalde, el rey

	Deutsche Literatur und Philosophie	Ausländische Literatur und Philosophie
1636	gest. Tobias Hübner D. v. Czepko, Pierie J. Heermann, Sontags- und FestEvangelia J. Kuen, Epithalamium J. M. Mayfart, Christliche Erinnerung M. Opitz übersetzt die Antigone des Sophokles	P. Corneille, Le Cid
1637	J. Balde, Templum honoris J. Bisselius, Icaria A. v. Franckenberg, Vita veterum sapientium A. Gryphius, Sonnete M. Opitz, Die Psalmen Davids	gest. Benjamin (Ben) Jonson R. Descartes, Discours de la méthode B. Gracián, El héroe Lope de Vega, Las bizarrías de Belisa
1638	gest. Sibylle Schwarz A. Buchner, Ballet ... Von dem Orpheo und der Eurydice (Auff.) E. Ch. Homburg, Schimpff- und Ernsthaffte Clio F. v. Logau, Erstes Hundert Teutscher Reimen-Sprüche Salomons von Golaw M. Opitz, Geistliche Poemata J. Rist, Poetischer Lust-Garte	geb. Nicole Malebranche G. Galilei, Dialoghi delle nuove scienze
1639	gest. Jakob Bidermann; Peter Lauremberg; Martin Opitz J. Bidermann, Deliciae Sacrae A. H. Bucholtz übersetzt Horaz, Oden und Ars poetica A. Gryphius, Son- undt FeyrtagsSonnete M. Opitz gibt das Anno-Lied heraus	geb. Jean Racine gest. Thomas Campanella

930

Geschichte — Politik	Künste — Wissenschaft — Technik	
Bündnis Frankreichs mit Schweden gegen den Kaiser: franz.-schwedischer Krieg	Inigo Jones vollendet Queen's House in Greenwich N. Poussin, Anbetung des goldenen Kalbes (Gem.) D. Velazquez, Übergabe von Breda (Gem.) B. Cavalieri, Geometria indivisibilibus Gründung der Académie Française unter Richelieu	
Sieg der Schweden bei Wittstock	geb. Adriaen van de Velde Rembrandt, Danae (Gem.); Der Maler als verlorener Sohn mit Saskia (Gem.)	1636
Tod Ferdinands II.; Ferdinand III. röm.-deutscher Kaiser	geb. Dietrich Buxtehude N. Poussin, Raub der Sabinerinnen (Gem.) Erstes öffentliches Opernhaus in Venedig	1637
Bernhard von Weimar erobert Breisach und das Herzogtum Elsaß	gest. Adriaen Brouwer H. Schütz, Orpheus und Euridice (Ballett; Text von A. Buchner, Musik nicht erhalten)	1638
Englische Besiedlung von Madras: Zentrum des indisch-britischen Weltreiches	H. Schütz, Kleine geistl. Konzerte (2 Tle., ab 1636) Rembrandt, Gewitterlandschaft (Gem.)	1639

Deutsche Literatur und Philosophie	Ausländische Literatur und Philosophie
1640 gest. Friedrich Hermann Flayder; Paul Fleming J. Bidermann, Utopia J. Böhme, Mysterium Magnum D. Czepko, Satyrische Gedichte (entst.; bis 1648) Ph. Harsdörffer, Cato Noricus; Vollständiges Trincier-Büchlein J. M. Moscherosch, Les Visiones de Don ... Quevedo Villegas. Oder Wunderbahre Satyrische Gesichte Philanders von Sittewalt (2 Tle. bis 1643) J. Rist, Kriegs- und FriedensSpiegel J. G. Schottelius, Lamentatio Germaniae Exspirantis Ph. v. Zesen, Deutscher Helicon	gest. Robert Burton P. Corneille, Horace; Cinna B. Gracián, El político Fernando Th. Hobbes, Elements of law natural and political (entst.) B. Pascal, Essai sur les coniques
1641 G. Ph. Harsdörffer, Frawen-Zimmer – Gespräch-Spiel (8 Tle. bis 1649) J. Rist, Himlischer Lieder (bis 1642) J. G. Schottelius, Teutsche Sprachkunst A. Scultetus, Friedens Lob- und Leidgesang G. R. Weckherlin, Gaistliche und Weltliche Gedichte	R. Descartes, Meditationes de prima philosophia M. de Scudéry, Ibrahim ou l'illustre Bassa J. Shirley, The Cardinall (Auff.) L. Vélez de Guevara, El diablo cojuelo
1642 geb. Christian Weise J. Rist, Des Daphnis aus Cimbrien Galathee J. G. Schottelius, Neu erfundenes FreudenSpiel genandt FriedensSieg (Druck 1648) A. Scultetus, Oesterliche TriumphPosaune J. P. Titz, Zwey Bücher Von der Kunst hochdeutsche Verse und Lieder zu machen A. Tscherning, Deutscher Getichte Früling G. Voigtländer, Allerhand Oden unnd Lieder Ph. v. Zesen, FrühlingsLust; Poetischer Rosen-Wälder Vorschmack	gest. Galileo Galilei P. Calderón, El alcalde de Zalamea (entst.) P. Corneille, Polyeucte martyr Th. Hobbes, De cive
1643 J. Balde, Lyricorum Libri IV A. Gryphius, Sonnete. Das erste Buch; Epigrammata. Das erste Buch; Oden. Das erste Buch	P. Corneille, La mort de Pompée

Geschichte — Politik	Künste — Wissenschaft — Technik

Friedrich Wilhelm I., der Gr. Kurfürst, Schöpfer der brandenburgisch-preußischen Staatsnation, führt Absolutismus ein	gest. Peter Paul Rubens C. Monteverdi, Ritorno di Ulisse in patria (Oper)	1640
Irischer Katholikenaufstand in Ulster Verhaftung des Puritaners John Pym	gest. Anthonis van Dyck C. Monteverdi, Selva morale	1641
Bürgerkrieg zwischen Krone und Parlament in England Tod Richelieus, Mazarin setzt dessen Politik fort (ab 1643) Gründung Montreals in Kanada durch die Franzosen	gest. Galileo Galilei; Marco da Gagliano C. Monteverdi, Incoronazione di Poppea (Oper) Rembrandt, Nachtwache (Gem.); Tod seiner Frau Saskia B. Pascal erfindet die Addiermaschine Gothaischer »Schulmethodus« des Herzogs Ernst des Frommen: Sachunterricht in der Volksschule Schließung aller öffentlichen Theater in England durch die Puritaner	1642
Tod Ludwigs XIII. von Frankreich; Ludwig XIV. (»Sonnenkönig«) Krieg Schwedens gegen Dänemark	geb. Isaac Newton gest. Claudio Monteverdi E. Torricelli entwickelt das Quecksilberbarometer (bis 1644)	1643

Deutsche Literatur und Philosophie	Ausländische Literatur und Philosophie

G. Ph. Harsdörffer, Japeta
J. M. Moscherosch, Insomnis Cura Parentum; Epigrammatum Germani (6 Tle. bis 1665)
Ph. v. Zesen gründet Deutschgesinnte Genossenschaft

1644 geb. Abraham a Sancta Clara (Hans Ulrich Megerle)
G. Ph. Harsdörffer u. J. Klaj, Pegnesisches Schäfergedicht
J. Klaj, Weynacht-Liedt
M. Opitz, Weltliche Poemata
G. P. Harsdörffer gründet Pegnesischen Blumenorden

    gest. Luis Vélez de Guevara y Dueñas
R. Descartes, Principia Philosophiae
J. Milton, Areopagitica

1645 G. Greflinger, ... Complementir-Büchlein
J. G. Schottelius, Teutsche Vers- oder ReimKunst
Ph. v. Zesen, Ritterholds von Blauen Adriatische Rosemund; Ibrahims oder Des Durchleuchtigen Bassa ... Wunder-Geschichte

    geb. Jean de La Bruyère
gest. Huigh de Groot, gen. Hugo Grotius; Francisco Gómez de Quevedo y Villegas
P. Calderón, El gran teatro del mundo (wahrscheinlich entst.)

1646 geb. Hans Aßmann, Frhr. v. Abschatz; Gottfried Wilhelm von Leibniz
P. Fleming, Teutsche Poemata
A. Gryphius, Leo Armenius, Oder Fürsten-Mord (Auff.; Druck 1650); Catharina von Georgien Oder Bewehrete Beständigkeit (Auff.; Druck 1655)
J. Rist, Poetischer Schauplatz

    P. Corneille, Rodogune

1647 geb. Eberhard Werner Happel
gest. Johannes Heermann
G. Ph. Harsdörffer, Poetischer Trichter
A. Olearius, Offt begehrte Beschreibung der Neven Orientalischen Reise
J. Rist, Das FriedeWünschende Teutschland
J. G. Schottelius, Fruchtbringender Lustgarte
Ph. v. Zesen, Die Afrikanische Sofonisbe

    geb. Pierre Bayle
A. Cowley, The Mistress
B. Gracián, Oráculo manual

Geschichte — Politik	Künste — Wissenschaft — Technik
Beginn langwieriger Friedensverhandlungen in Münster und Osnabrück	geb. Heinrich Ignaz Franz von Biber 1644 S. Staden, Seelewig (erste erhaltene Oper mit deutschem Text) Globe-Theater in London wird abgerissen
Dänemark unterliegt Schweden Aleksej Michailowitsch Zar von Rußland	H. Schütz, Die sieben Worte des Erlö- 1645 sers am Kreuz Mazarin beruft italienische Operntruppen nach Paris
	geb. Jules Hardouin-Mansart 1646 gest. Johann Stobaeus C. Lorrain, Einschiffung des Odysseus (Gem.) Rembrandt, Anbetung der Hirten (Gem.) Athanasius Kircher entwickelt und beschreibt die Laterna Magica
	geb. Denis Papin 1647 gest. Evangelista Torricelli G. L. Bernini, Verzückung der hl. Theresa (ab 1644)

Deutsche Literatur und Philosophie	Ausländische Literatur und Philosophie
1648 D. Czepko, Sexcenta Monodisticha Sapientum (entst. zw. 1640 u. 1648) J. Klaj, Das gantze Leben Jesu Christi J. Rist, Holstein vergiß eß nicht	gest. Tirso de Molina (eig. Gabriel Téllez) B. Gracián, Agudeza y arte de ingenio
1649 gest. Martin Rinckart; Johann Theodor von Tschech A. Gryphius, Ermordete Majestät. Oder Carolus Stuardus König von Großbritannien (Auff.; Druck 1657) F. v. Spee, Güldenes Tugend-Buch	P. Gassendi, Animadversiones in decimum librum Diogenis Laertii M. de Scudéry, Artamène ou Le grand Cyrus (bis 1653)
1650 gest. Ludwig, Fürst von Anhalt-Köthen N. Avancini, Pax Imperii (Auff.) S. v. Birken, Teutscher Kriegs Ab- und FriedensEinzug A. Gryphius, Teutsche Reim-Gedichte G. Ph. Harsdörffer, Der Grosse SchauPlatz Lust- und Lehrreicher Geschichte (erw. 1651) A. O. Hoyers, Geistliche und Weltliche Poemata J. Klaj, Irene S. Schwarz, Deutsche Poetische Gedichte	gest. René Descartes J. Taylor, The Rule and Exercises of Holy Living
1651 geb. Quirinus Kuhlmann gest. Heinrich Albert N. Avancini, Hecatombe Odarum G. Greflinger, Seladons Weltliche Ljeder J. Rist, Sabbahtische Seelenlust; Des Edlen Dafnis aus Cimbrien besungene Florabella Ph. v. Zesen, Dichterische Jugend-Flammen	geb. François Fénelon de Salignac de la Mothe B. Gracián, El criticón (bis 1657) Th. Hobbes, Leviathan P. Scarron, Le roman comique (bis 1657) J. Taylor, The Rule and Exercises of Holy Dying
1652 geb. Elisabeth Charlotte von Orléans, gen. Liselotte von der Pfalz gest. Abraham von Franckenberg S. v. Birken, Die Fried-erfreuete Teutonie	

Geschichte — Politik	Künste — Wissenschaft — Technik	

Ende des dreißigjährigen Krieges: Westfälischer Friede in Münster mit Frankreich, in Osnabrück mit Schweden; Wiedereinsetzung des Augsburger Religionsfriedens; Gebietsgewinne für Schweden, Frankreich, Brandenburg; weitgehende Autonomie der Reichsstände; Autonomie der Niederlande und der Schweiz Sieg Cromwells bei Preston; Prozeß gegen Karl I.	H. Schütz, Geistl. Chormusik C. Lorrain, Einschiffung der Königin von Saba (Gem.) N. Poussin, Diogenes (Gem.) Rembrandt, Christus in Emmaus (Gem.) Gründung der Académie Royale de Peinture et de Sculpture in Paris	1648
Hinrichtung Karls I. von England: England Republik unter dem Parlament	geb. Johann Philipp Krieger F. Cavalli, Giasone (Oper)	1649
	gest. Matthäus Merian d. Ä.; Christoph Scheiner S. Scheidt, Görlitzer Tabulatur N. Poussin, Die Hirten von Arkadien (Gem. bis 1655) Rembrandt, Der Mann mit dem Goldhelm (Gem.) In Leipzig beginnt die Tageszeitung »Einkommende Zeitungen« zu erscheinen (bis 1918, zuletzt als »Leipziger Zeitung«)	1650
Cromwells Navigationsakte gegen die Niederlande: Beförderung aller Waren von und nach England nur mit englischen Schiffen	geb. Balthasar Permoser gest. Heinrich Albert W. Harvey, Exercitationes de generatione animalium	1651
Englisch-holländischer Seekrieg (bis 1654)	gest. Inigo Jones J.-B. de Lully wird Leiter der Hofkapelle in Paris G. L. Bernini, Vierströmebrunnen auf der Piazza Navona in Rom (ab 1647)	1652

937

Deutsche Literatur und Philosophie	Ausländische Literatur und Philosophie

J. Lauremberg, Veer Schertz Gedichte
J. Rist, Neüer Teütscher Parnass

1653 gest. Georg Rudolf Weckherlin D. C. v. Lohenstein, Ibrahim (Druck) J. Rist, Das Friedejauchtzende Teutsch- land J. Scheffler tritt zur kath. Kirche über	I. Walton, The Compleat Angler
1654 geb. Friedrich Rudolph Ludwig, Frhr. von Canitz gest. Johann Valentin Andreae N. Avancini, Curae Caesarum F. v. Logau, Deutscher Sinn-Getichte Drey Tausend A. Olearius, Persianischer Rosenthal (Übers. von Sa'adi)	A. Moreto y Cavana, El desdén con el desdén M. de Scudéry, Clélie (bis 1660)
1655 geb. Johann Beer; Christian Thomasius gest. Anna Ovena Hoyers; Friedrich von Logau N. Avancini, Elogium D. Leopoldo ... Principi ..., Dictum G. Greflinger, Der verständige Gärtner (Übers. von van Aengelen) J. Rist, Depositio Cornuti Typogra- phici	Th. Hobbes, De corpore
1656 gest. Johann Klaj Anton Ulrich, Frühlings-Ballet	A. Cowley, Pindarique Odes J. Harington, The Commonwealth of Oceana B. Pascal, Lettres à un Provincial (bis 1657)
1657 gest. Martin Ruarus; Diederich von dem Werder Angelus Silesius, Geistreiche Sinn- und Schlußrime; Heilige Seelen-Lust (bis 1668) Anton Ulrich, Amelinde A. Gryphius, Cardenio und Celinde (Druck); Deutscher Gedichte Erster Theil J. B. Schupp, Freund in der Noht	

Geschichte — Politik	Künste — Wissenschaft — Technik	
	Rembrandt, Selbstbildnis (Gem.) B. Pascal konstruiert eine Rechenma-schine	
Cromwell nach Auflösung des Rumpf-parlaments Lordprotektor in England mit absoluter Macht	geb. Arcangelo Corelli; Johann Pa-chelbel J.-B. de Lully wird Hofkomponist in Paris Rembrandt, Aristoteles (Gem.)	1653
Königin Christine von Schweden dankt ab; Karl X. Gustav König von Schwe-den	gest. Samuel Scheidt F. Cavalli, Serse (Oper) O. v. Guericke führt auf dem Regens-burger Reichstag Versuche mit der von ihm erfundenen Luftpumpe durch	1654
Krieg Schwedens gegen Polen	geb. Christoph Dientzenhofer B. Murillo, Hl. Isidor (Gem.) Rembrandt, Josef und Potiphar (Gem.)	1655
	geb. Johann Bernhard Fischer von Er-lach D. Velazquez, Las Meninas (Gem.) J. Vermeer, Bei der Kupplerin (Gem.)	1656
gest. Ferdinand III., röm.-deutscher Kaiser	H. Schütz, 12 geistl. Gesänge C. Lorrain, Acis und Galathea (Gem.) D. Velazquez, Die Spinnerinnen (Gem.) Erfindung der Pendeluhr durch Ch. Huygens Kurfürstliches Hoftheater wird in Mün-chen eröffnet mit der Oper L'Oronte von J. K. Kerl	1657

939

Deutsche Literatur und Philosophie	Ausländische Literatur und Philosophie
1658 gest. Caspar von Barth; Georg Philipp Harsdörffer; Johannes Lauremberg Anton Ulrich, Regier-Kunst-Schatten N. Avancini, Pietas Victrix A. Gryphius, Absurda Comica. Oder Herr Peter Squentz J. Rist, Die verschmähete Eitelkeit J. Rist gründet den Elbschwanenorden	gest. Baltasar Gracián J. Dryden, Heroic Stanzas Th. Hobbes, De homine
1659 gest. Andreas Tscherning N. Avancini, Poesis Lyrica A. H. Bucholtz, Des ... Herkules und Der ... Valiska Wunder-Geschichte (bis 1660) A. Gryphius, Großmüttiger Rechts-Gelehrter Oder Sterbender Aemilius Paulus Papinianus (Druck)	Molière, Les précieuses ridicules
1660 gest. Daniel Czepko von Reigersfeld J. Balde, Poemata D. Czepko, Todesgedanken (entst.) A. Gryphius, Verlibtes Gespenste; Die gelibte Dornrose (Auff.) K. Stieler, Die Geharnschte Venus	gest. Paul Scarron J. Dryden, Astraea Redux
1661 geb. August Bohse; Christian Wernicke gest. Augustus Buchner; Johann Balthasar Schupp Anton Ulrich, Iphigenia D. C. v. Lohenstein, Cleopatra	J. Glanvill, The Vanity of Dogmatizing Molière, L'école des maris
1662 C. R. v. Greiffenberg, Geistliche Sonnette, Lieder und Gedichte Dt. Übersetzung von Ch. Sorel, Francion	gest. Blaise Pascal Molière, L'école des femmes
1663 geb. Franz Callenbach; Heinrich Anshelm von Ziegler und Kliphausen gest. Joachim Betke; Jacob Schwieger A. Gryphius, Horribilicribrifax J. Rist, Monats-Gespräche (bis 1668) J. G. Schottelius, Ausführliche Arbeit Von der Teutschen HaubtSprache J. B. Schupp, Schrifften	S. Butler, Hudibras (bis 1678)

Geschichte — Politik	Künste — Wissenschaft — Technik	
gest. Oliver Cromwell Kaiserwahl Leopolds I. »Rheinische Allianz«: antihabsburgisch eingestellte deutsche Fürsten verbünden sich mit Frankreich gegen Habsburg	Rembrandt, Selbstbildnis (Gem.) A. van de Velde, Der Strand von Scheveningen (Gem.)	1658
Pyrenäenfrieden: Abstieg Spaniens, Aufstieg Frankreichs zur europäischen Großmacht	geb. Henry Purcell; Alessandro Scarlatti Rembrandt, Moses zertrümmert die Gesetzestafeln (Gem.) S. van Ruisdael, Reiterkampf (Gem.)	1659
Mit Karl II. von England Restauration der Stuarts Friede von Oliva zur Erhaltung des nordischen Gleichgewichts Brandenburg erhält Souveränität über Preußen	gest. Diego Velazquez Ch. LeBrun, Der Kanzler Séguier beim Einzug Ludwigs XIV. in Paris (Gem.) Rembrandt, Hendrickje (Gem.) R. Boyle, New Experiments, physico-mechanical, touching the spring of the air Gründung der Royal Society in London (1662 durch königl. Erlaß mit Korporationsrechten ausgestattet)	1660
Ludwig XIV. übernimmt absolute Herrschaft in Frankreich	M. A. Cesti, La Dori (Oper) Rembrandt, Selbstbildnis als Paulus (Gem.) M. Malpighi entdeckt den Kapillarkreislauf des Blutes	1661
	geb. Matthäus Daniel Pöppelmann S. van Ruisdael, Ein toter Hase (Gem.) Nürnberger Bleistifte durch F. Staedtler	1662
1. Türkenkrieg zwischen Österreich und Türkei (bis 1664) Permanent tagender Reichstag in Regensburg	G. L. Bernini vollendet die Scala Regia des Vatikan S. van Ruisdael, Dünenlandschaft (Gem.) Bau von Schloß Nymphenburg (bis 1728)	1663

Deutsche Literatur und Philosophie	Ausländische Literatur und Philosophie
1664 gest. Johann Brandmüller; Andreas Gryphius Angelus Silesius, Türcken-Schrifft; Christen-Schrifft S. v. Birken, Der Donau-Strand	P. Calderón, La cena del rey Baltasar Molière, Le Tartuffe (Auff. u. Verbot) J. Racine, La Thébayde
1665 geb. Benjamin Neukirch, Christian Reuter Anton Ulrich, Hocherleuchtete Geistliche Lieder N. Avancini, Vita et doctrina Jesu Christi A. H. Bucholtz, ... Herkuliskus Und Herkuladisla D. C. v. Lohenstein, Agrippina; Epicharis K. Stieler, Der Vermeinte Printz	F. de La Rochefoucauld, Réflexions ou Sentences et maximes morales Molière, Dom Juan ou Le festin de pierre J. Racine, Alexandre le Grand
1666 geb. Gottfried Arnold J. Bidermann, Ludi Theatrales Sacri P. Gerhardt, Geistliche Andachten H. J. Ch. v. Grimmelshausen, ... Histori vom Keuschen Joseph in Egypten; Der Satyrische Pilgram A. Gryphius, Dissertationes funebres, oder Leich-Abdanckungen	gest. James Shirley Molière, Le misanthrope J. Racine, Lettres imaginaires
1667 gest. Zacharias Lund; Johann Rist Anton Ulrich, ChristFürstliches Davids-Harpfen-Spiel	geb. Jonathan Swift gest. Abraham Cowley J. Dryden, Annus Mirabilis J. Milton, Paradise Lost J. Racine, Andromaque F. Sbarra, Il pomo d'oro
1668 gest. Jacob Balde H. J. Ch. v. Grimmelshausen, Der Abentheuerliche Simplicissimus Teutsch Qu. Kuhlmann, Unsterbliche Sterblichkeit G. Neumark, Der Neu-Sprossende Teutsche Palmbaum Ch. Weise, Der grünen Jugend Überflüssige Gedancken	geb. Alain René Lesage J. de La Fontaine, Fables (bis 1694) Molière, Amphitryon; L'avare J. Racine, Les plaideurs
1669 gest. Johann Michael Moscherosch Anton Ulrich, Die Durchleuchtige Syrerinn Aramena (bis 1673)	gest. Marc' Antonio Cesti; Arnold Geulincx; Augustin Moreto y Cabaña M. Alcoforado(?), Lettres Portugaises

Geschichte — Politik	Künste — Wissenschaft — Technik	
Colbert entwickelt in Frankreich die erste staatlich gelenkte Nationalwirtschaft der Neuzeit; er gründet die Ostindische Kompagnie	geb. John Vanbrugh H. Schütz, Weihnachtsoratorium F. Hals, Die Regentinnen des Altmännerhauses in Haarlem (Gem.) N. Stensen, De musculis et glandulis observationum specimen	1664
2. englisch-holländischer Seekrieg (bis 1667)	gest. Nicolas Poussin G. L. Bernini, Büste Ludwigs XIV. M. Malpighi entdeckt die roten Blutkörperchen Gründung der ersten universal-wissenschaftl. Zeitschrift »Journal des Savants« in Paris	1665
Brand von London	geb. Georg Bähr gest. Frans Hals; François Mansart A. van de Velde, Bauernhof (Gem.)	1666
Friede von Breda zwischen England und Holland; beide bilden mit Schweden Dreierbündnis Devolutions-Krieg Frankreichs gegen Spanien wegen Brabant	M. A. Cesti, Il pomo d'oro (Oper) C. Perrault entwirft die Säulenfassade der Ostfront des Louvre in Paris (Bau bis 1674)	1667
	D. Buxtehude wird Organist an der Marienkirche in Lübeck (Abendmusiken)	1668
Auflösung der Hanse	gest. Rembrandt Harmensz van Rijn J. Vermeer, Gelehrter bei der Arbeit (Gem.)	1669

Deutsche Literatur und Philosophie	Ausländische Literatur und Philosophie
H. J. Ch. v. Grimmelshausen, Continuatio des abentheuerlichen Simplicissimi D. C. v. Lohenstein, Sophonisbe (Auff.; Druck 1680) A. Olearius, Orientalische Reise-Beschreibung K. Stieler übersetzt Il pomo d'oro von F. Sbarra	J. Dryden, Tyrannic Love or the Royal Martyr W. Penn, No Cross, no Crown

	Deutsche Literatur und Philosophie	Ausländische Literatur und Philosophie
1670	H. J. Ch. v. Grimmelshausen, Dietwalts und Amelinden anmuthige Lieb- und Leids-Beschreibung; Ratio Status; Der seltzame Springinsfeld; Trutz Simplex: Oder ... Courasche J. Ch. Hallmann, Mariamne K. Stieler, Neu-entsprungene Wasser-Quelle Ph. v. Zesen, Assenat; Dichterisches Rosen- und Liljen-tahl	geb. William Congreve gest. Johann Amos Comenius P. D. Huet, Traité de l'origine des romans Molière, Le bourgeois gentilhomme B. Pascal, Pensées sur la religion J. Racine, Bérénice B. de Spinoza, Tractatus theologico-politicus
1671	gest. Andreas Heinrich Bucholtz; Adam Olearius Qu. Kuhlmann, Himmlische Libes-küsse Ch. Weise, Die drey Haupt-Verderber In Teutschland	geb. Anthony Ashley Cooper Earl of Shaftesbury J. Milton, Paradise Regained; Samson Agonistes
1672	C. R. v. Greiffenberg, Des ... Leidens und Sterbens Jesu Christi ... Betrachtungen H. J. Ch. v. Grimmelshausen, Das wunderbarliche Vogel-Nest (bis 1675); ... Verkehrte Welt; Rathstübel Plutonis Oder Kunst Reich zu werden; Des ... Proximi ... Liebs-Geschicht-Erzehlung S. Pufendorf, De jure naturae et gentium Ch. Weise, Die drey ärgsten Ertz-Narren in der gantzen Welt	geb. Joseph Addison Molière, Les femmes savantes J. Racine, Bajazet
1673	N. Avancini, Cyrus H. J. Ch. v. Grimmelshausen, ... Teutschen Michel D. C. v. Lohenstein, Ibrahim Sultan (Dr.) K. Stieler, Teutsche Sekretariat-Kunst	gest. Jean Baptiste Poquelin gen. Molière J. Racine, Mithridate

Geschichte — Politik	Künste — Wissenschaft — Technik

	Gründung der Académie Royale de Musique (öffentliches Opernhaus in Paris) J. Newton erfindet das Spiegelteleskop	
England gründet Hudson-Bay-Company Geheimvertrag von Dover zwischen England und Frankreich Frankreich besetzt Lothringen	H. Schütz, Magnificat Ph. de Chieze vollendet das Stadtschloß in Potsdam (seit 1664) Zeitschrift »Miscellanea curiosa medico-physica« erscheint in Leipzig Amboten erfindet die erste Dreschmaschine	1670
	gest. Adriaen van de Velde R. Cambert, Pomone (Oper)	1671
Krieg Frankreichs, Englands und Schwedens gegen die Niederlande, Österreich, Spanien und Brandenburg (bis 1678)	gest. Heinrich Schütz O. v. Guericke, Experimenta nova (ut vocantur) Magdeburgica de vacuo spatio	1672
Testakte in England: Ausschluß aller Nichtanglikaner von Staatsämtern	G. W. Leibniz konstruiert Rechenmaschine für alle vier Grundrechnungsarten	1673

945

Deutsche Literatur und Philosophie	Ausländische Literatur und Philosophie
1674 N. Avancini, Poesis Dramatica ... (5 Bde. 1674-1686) Qu. Kuhlmann, Neubegeisterter Böhme	gest. John Milton; Charles Sorel, Sieur de Souvigny N. Boileau-Despréaux, L'art poétique N. Malebranche, De la recherche de la vérité (bis 1678) J. Racine, Iphigénie en Aulide
1675 gest. Johannes Kuen Angelus Silesius, Cherubinischer Wandersmann; Sinnliche Betrachtung Der Vier Letzten Dinge C. R. v. Greiffenberg, Sieges-Seule der Buße Ch. Weise, Der Grünen Jugend Nothwendige Gedancken; Die Drey Klügsten Leute in der gantzen Welt	
1676 geb. Caspar Abel gest. Paul Gerhardt; Hans Jacob Christoffel von Grimmelshausen; Justus Georg Schottelius Abraham a Sancta Clara, Soldaten Glory (seit 1680: Mercks vol Soldat) Ch. Weise, Der politische Näscher; Der Kluge Hoff-Meister	G. Etherege, The Man of Mode
1677 gest. Angelus Silesius (eig. Johannes Scheffler); Georg Greflinger Angelus Silesius, Ecclesiologia Oder Kirche-Beschreibung Anton Ulrich, Octavia, Römische Geschichte (bis 1679; 2. erw. Ausgabe 1685-1707) J. Beer, Der Symplicianische Welt-Kucker (4 Tle. bis 1679) Ch. Weise, Politischer Redner	gest. James Harington; Baruch de Spinoza N. Lee, The Rival Queens J. Racine, Phèdre B. de Spinoza, Ethica ordine geometrico demonstrata
1678 J. Beer, Der Abentheuerliche ... Ritter Hopffen-Sack; Printz Adimantus und ... Princeßin Ormizella C. R. v. Greiffenberg, Der ... Menschwerdung ... Jesu Christi ... Betrachtungen Ch. H. v. Hoffmannswaldau, Des Sinnreichen Ritters Baptistae Guarini Pastor Fido	J. Bunyan, The Pilgrim's Progress R. Cudworth, The True Intellectual System of the Universe J. Dryden, All for Love M. de La Fayette, La Princesse de Clèves

Geschichte — Politik	Künste — Wissenschaft — Technik	
Johann III. Sobieski König von Polen	geb. Reinhard Keiser J. B. de Lully, Alceste (Oper)	1674
Der Große Kurfürst besiegt die Schweden bei Fehrbellin	gest. Jan Vermeer van Delft F. Cavalli, Requiem Gründung der Sternwarte in Greenwich Erfindung der Federuhr durch Ch. Huygens	1675
	gest. Francesco Cavalli G. W. Leibniz wird Bibliothekar in Hannover Erste Freizeitzeitschrift in Deutschland »Johann Frischen Erbauliche Ruh-stunden« erscheint in Hamburg	1676
	gest. Robert Cambert J. Kunckel erfindet das Rubinglas	1677
Friede zu Nimwegen beendet den holländischen Krieg	gest. Jacob Jordaens Eröffnung der ersten ständigen deutschen Oper in Hamburg J. Hardouin-Mansart übernimmt Bauleitung am Schloß Versailles	1678

Deutsche Literatur und Philosophie	Ausländische Literatur und Philosophie

1679 geb. Christian Wolff
gest. Christian Hoffmann von Hoffmannswaldau
S. v. Birken, Teutsche Rede-bind- und Dicht-Kunst
Ch. H. v. Hoffmannswaldau, Deutsche Übersetzungen und Getichte
J. Riemer, Der Politische Maul-Affe
Ch. Weise, Der Tochter-Mord (Auff.; Druck 1680); Baurischer Machiavellus
Ph. v. Zesen, Simson

gest. Thomas Hobbes

1680 geb. Barthold Hinrich Brockes
Abraham a Sancta Clara, Mercks Wienn; Lösch Wienn
J. Beer, Jucundi Jucundissimi Wunderliche Lebens-Beschreibung
D. C. v. Lohenstein, Blumen
Ph. J. Spener, Pia Desideria
K. Stieler, Bellemperie; Willmut
Ch. Weise, Kurtzer Bericht vom Politischen Näscher

gest. Samuel Butler; Joseph Glanville; François de La Rochefoucauld
Comédie Française offiziell gegr.

1681 geb. Christian Friedrich Hunold (Menantes)
gest. Sigmund v. Birken; Ernst Christoph Homburg; Georg Neumark
J. Beer, Der Berühmte Narren-Spital; Der Neu ausgefertigte Jungfer-Hobel
J. Riemer, Lustige Rhetorica

gest. Pedro Calderón de la Barca
J. B. Bossuet, Discours sur l'histoire universelle

1682 gest. Joannes Bisselius
J. Beer, Der Politische Feuermäuer-Kehrer; Der Politische Bratenwender; ... Teutsche Winternächte
E. W. Happel, Der Insulanische Mandorell
Qu. Kuhlmann, De Monarchia Jesuelitica
D. G. Morhof, Unterricht Von der Teutschen Sprache und Poesie; Teutsche Gedichte
L. v. Schnüffis, Mirantisches Flötlein

1683 gest. Daniel Casper von Lohenstein
Abraham a Sancta Clara, Auff, auff Ihr Christen!
J. Beer, Die kurtzweiligen Sommer-Täge
H. J. Ch. v. Grimmelshausen, Der Aus

gest. Isaac Walton
B. Fontenelle, Dialogues des morts

Geschichte — Politik	Künste — Wissenschaft — Technik	

Habeas-Corpus-Akte in England: Schutz vor willkürlicher Verhaftung und Sicherung der persönlichen Freiheit
Subsidienbündnis zwischen dem Großen Kurfürsten und Ludwig XIV.

gest. Jan Steen

1679

A. Corelli schreibt als erster ein Concerto grosso
Entstehung des Théâtre Français (Comédie Française)
D. Papin baut Dampfkochtopf
Die erste wissenschaftliche deutsche Fach-Zeitschrift erscheint in Hamburg: »Monatliche neueröffnete Anmerckungen über alle Theile der Artzney-Kunst«

1680

Annexion Straßburgs durch Ludwig XIV.

geb. Georg Philipp Telemann
gest. Gerhard Terborch
Ch. L. Beauchamps bringt erstmals Tänzerinnen auf die Bühne, deren Rollen bis dahin von Männern in Maske getanzt wurden

1681

Franzosen besiedeln das Mississippi-Gebiet: Louisiana

gest. Claude Lorrain; Bartolomé Esteban Murillo; Jacob van Ruisdael
Schloß Versailles wird Residenz der franz. Könige (bis 1789)
»Acta Eruditorum«, die erste deutsche allgemeinwissenschaftl. Zeitschrift erscheint in Leipzig in lat. Sprache

1682

William Penn gründet Philadelphia und die Quäkerkolonie Pennsylvanien
Großer Türkenkrieg und Belagerung Wiens; Sieg am Kahlenberg über die Türken

geb. Antoine Pesne; Jean Philippe Rameau
H. Purcell wird Hofkomponist in England
Erste deutsche Auswanderer nach Nord-Amerika

1683

949

Deutsche Literatur und Philosophie	Ausländische Literatur und Philosophie
dem Grab der Vergessenheit wieder erstandene Teutsche Simplicissimus (3 Bde., Sammelausgabe) Ch. Weise, Von dem Neapolitanischen Rebellen Masaniello	
1684 Abraham a Sancta Clara, Reimb dich. Oder Ich liß dich A. Bohse, Der Liebe Irregarten Ch. Knorr von Rosenroth, Neuer Helicon Qu. Kuhlmann, Der Kühlpsalter (3 Tle. bis 1686) Ch. Weise, Politischer Academicus; Väterliches Testament	gest. Pierre Corneille
1685 J. Beer, Der Deutsche Kleider-Affe Ch. Scriver, Die neue Creatur K. Stieler, Die Dichtkunst des Spaten (entst.) Ch. Weise, Der niederländische Bauer (Auff.); Der grünen Jugend Selige Gedancken	geb. George Berkeley; John Gay
1686 Abraham a Sancta Clara, Judas. Der Ertz-Schelm (bis 1695) H. Mühlpforth, Teutsche Gedichte Ch. Weise, Die beschützte Unschuld	
1687 Ch. Weise, Institutiones Oratoriae Ch. Thomasius hält an der Univ. Leipzig Vorlesungen in deutscher Sprache	J. Dryden, The Hind and the Panther F. Fénelon, Éducation des filles I. Newton, Philosophiae naturalis principia mathematica
1688 gest. Wolfgang Helmhard, Frhr. von Hohberg E. W. Happel, Der Ottomannische Bajazet D. G. Morhof, Polyhistor	geb. Alexander Pope; Emanuel Swedenborg gest. John Bunyan A. Behn, Oroonoko, or the Royal Slave J. de La Bruyère, Les Caractères de Théophraste . . . Ch. Perrault, Parallèle des anciens et des modernes (bis 1697)
1689 gest. Christian Knorr von Rosenroth; Quirinus Kuhlmann; Johann Peter Titz; Philipp von Zesen A. Bohse, Amor An Hofe C. D. v. Lohenstein, Großmüthiger Feldherr Arminius (II. Tl. 1690)	geb. Charles-Louis de Secondat, Baron de Montesquieu gest. Aphra Behn J. Locke, Epistola de tolerantia J. Racine, Esther

Geschichte — Politik	Künste — Wissenschaft — Technik

Heilige Allianz (Österreich, Polen, Venedig, seit 1686 Rußland) gegen die Türken unter dem Protektor Papst Innozenz XI.	geb. Antoine Watteau Ch. LeBrun beendet die Dekorationen im Spiegelsaal in Versailles J. B. de La Salle gründet die Kongregation der Brüder der christl. Schulen	1684
gest. Karl II. von England; Jakob II. versucht eine kath. Restauration Aufhebung des Edikts von Nantes, Aufnahme der Hugenotten vor allem in Holland und Brandenburg	geb. Johann Sebastian Bach; Georg Friedrich Händel	1685
Beginn der Befreiung Ungarns von den Türken (bis 1697)	geb. Cosmas Damian Asam E. W. v. Tschirnhaus, Medicina corporis	1686
Reichstag zu Preßburg: Entstehung der österreichisch-ungarischen Doppelmonarchie	geb. Johann Balthasar Neumann gest. Jean Baptiste de Lully E. W. v. Tschirnhaus, Medicina mentis	1687
gest. Friedrich Wilhelm, der Große Kurfürst Beginn des Pfälzischen Erbfolgekrieges: Frankreich gegen Österreich, England, die Niederlande und Spanien Glorious Revolution in England: Wilhelm III. von Oranien wird König von England	Ch. Thomasius veröffentlicht in Leipzig die populärwissenschaftliche Zeitschrift »Schertz- und Ernsthaffte, Vernünfftige und Einfältige Gedancken über allerhand Lustige und nützliche Bücher und Fragen« in dt. Sprache	1688
Declaration of Rights in England: Beginn der konstitutionellen Monarchie Peter I., der Große, Zar von Rußland: mit ihm beginnt die Neuzeit in Rußland	geb. Kilian Ignaz Dientzenhofer gest. Charles LeBrun J. Kuhnau, Neue Clavir-Übung, I. Teil H. Purcell, Dido and Aeneas (Oper) Bernoullische Ungleichung	1689

951

Deutsche Literatur und Philosophie	Ausländische Literatur und Philosophie
H. A. v. Ziegler u. Kliphausen, Die Asiatische Banise	

	Deutsche Literatur und Philosophie	Ausländische Literatur und Philosophie
1690	gest. Eberhard Werner Happel A. Bohse, Der allzeitfertige Brieffsteller E. W. Happel, Der Academische Roman Ch. Weise, Politische Fragen; Lust und Nutz der spielenden Jugend H. A. v. Ziegler u. Kliphausen, Helden-Liebe Der Schrifft Alten Testaments	J. Locke, An Essay Concerning Human Understanding
1691	gest. Daniel Georg Morhof Abraham a Sancta Clara, Grammatica religiosa K. Stieler, Der Teutschen Sprache Stammbaum; Kurze Lehrschrift Von der Hochteutschen Sprachkunst Ch. Weise, Curieuse Gedancken von Deutschen Versen; Curieuse Gedancken von Deutschen Brieffen	J. Racine, Athalie
1692	geb. Johann Gottfried Schnabel Ch. Weise, Gelehrter Redner	gest. Nathaniel Lee
1693	C. R. v. Greiffenberg, Des ... Lebens Jesu Christi ... Betrachtungen Von dessen Lehren; ... Von Dessen Heiligem Wandel Chr. Weise, Freymüthiger und höfflicher Redner	gest. Marie-Madeleine Pioche de La Vergne, Comtesse de La Fayette W. Congreve, The Old Bachelor (Auff.)
1694	geb. Hermann Samuel Reimarus gest. Catharina Regina von Greiffenberg; Samuel, Frhr. von Pufendorf	geb. Voltaire (eig. François-Marie Arouet) W. Congreve, The Double Dealer (Auff.)
1695	geb. Johann Christian Günther A. Bohse, Aurorens ... Liebes-Geschichte G. W. Leibniz, Système nouveau de la nature B. Neukirch (Hg.) Herrn von Hoffmannswaldau und andrer Deutschen ... Gedichte (7 Tle. bis 1727)	W. Congreve, Love for Love J. Locke, The Reasonableness of Christianity

Geschichte — Politik	Künste — Wissenschaft — Technik	

Bildung der Großen Allianz zur Erhaltung des europäischen Gleichgewichts

| | gest. David Teniers | 1690 |

H. Purcell, Dioclesian (Oper)
D. Papin baut atmosphärische Dampfmaschine

Sieg bei Szlankamen über die Türken: Siebenbürgen fällt an Habsburg — H. Purcell, King Arthur (Oper) — 1691
G. W. Leibniz leitet die Bibliothek in Wolfenbüttel

Hannover erhält die 9. Kurwürde Seeschlacht bei La Hogue: Sieg der englisch-niederländischen Flotte über die französische Flotte — H. Purcell, The Fairy Queen (Oper) — 1692

J. Hardouin-Mansart baut den Invalidendom in Paris (bis 1706) — 1693
E. W. v. Tschirnhaus macht Versuche, in Deutschland Porzellan herzustellen
Opernhaus in Leipzig

August I., der Starke, Kurfürst von Sachsen
Gründung der Bank von England — H. Purcell, Timon of Athens (Oper); — 1694
Tedeum and Jubilate
Gründung der Universität Halle
A. Schlüter wird nach Berlin berufen

gest. Christiaan Huygens; Henry Purcell — 1695
H. Purcell, The Indian Queen (Oper)
J. Pachelbel Organist an der Sebalduskirche in Nürnberg

Deutsche Literatur und Philosophie	Ausländische Literatur und Philosophie

Ch. Reuter, L'Honnéte Femme Oder die Ehrliche Frau zu Plißine K. Stieler, Zeitungs-Lust und Nutz H. A. v. Ziegler u. Kliphausen, . . . Täglicher Schauplatz der Zeit	
1696 Ch. Reuter, La Maladie et la mort de l'honnete Femme; Schelmuffsky Curiose und Sehr gefährliche Reißebeschreibung zu Wasser und Land Ch. Weise, Comödien Probe; Curieuse Fragen über die Logica H. A. v. Ziegler u. Kliphausen, Die Lybische Thalestris	gest. Jean de La Bruyère J. Toland, Christianity Not Mysterious
1697 gest. Heinrich Anshelm von Ziegler und Kliphausen Abraham a Sancta Clara, Baare Bezahlung J. Beer, Ursus Murmurat; Ursus Vulpinator Ch. Reuter, Letztes Denck- und Ehren-Mahl Der . . . Frau Schlampampe Ch. Weise, Vertraute Gespräche Ch. Wernicke, Uberschriffte Oder Epigrammata	P. Bayle, Dictionnaire historique et critique (2 Bde.) W. Congreve, The Mourning Bride N. Malebranche, Traité de l'amour de dieu Ch. Perrault, Histoires ou contes du temps passé (Contes de ma mère l'Oye)
1698 geb. Johann Jakob Bodmer G. Arnold, Göttliche Liebes-Funcken G. Heidegger, Mythoscopia Romantica Ch. Weise, Curiöse Gedancken von der Imitation	J. Collier, A Short View of the Immorality and Profaneness of the English Stage
1699 gest. Hans Aßmann, Frhr. von Abschatz; Friedrich Rudolph Ludwig, Frhr. von Canitz Abraham a Sancta Clara, Etwas für Alle G. Arnold, Unpartheyische Kirchen- und Ketzer-Historie (bis 1700) Ch. Weise, Der Politischen Jugend erbaulicher Zeit-Vertreib	gest. Jean Racine F. Fénelon, Les aventures de Télémaque A. Shaftesbury, An Inquiry Concerning Virtue or Merit
1700 geb. Johann Christoph Gottsched; Nikolaus Ludwig, Graf von Zinzendorf gest. Johann Beer J. Beer, Der verkehrte Staats-Mann A. Bohse, Gründliche Einleitung zun Teutschen Briefen	gest. John Dryden W. Congreve, The Way of the World

Geschichte — Politik	Künste — Wissenschaft — Technik	

Zar Peter I. erobert Asow	J. Kuhnau, Frische Klavierfrüchte oder Sieben Sonaten A. Schlüter, Schlußsteinreliefs am Berliner Zeughaus; Reiterdenkmal des Gr. Kurfürsten in Berlin (bis 1709) Gründung der Akademie der Künste in Berlin	1696
August I., der Starke, von Sachsen, wird als August II. König von Polen Prinz Eugen von Savoyen wird Oberbefehlshaber des kaiserlichen Heeres, besiegt die Türken bei Zenta Friede von Rijswijk: Frankreich verliert Lothringen Karl XII. König von Schweden	geb. Antonio Canal, gen. Canaletto; William Hogarth R. Keiser, Der geliebte Adonis (Oper)	1697
	Gründung des Volksschullehrerseminars Gotha	1698
Friede von Karlowitz: Österreich steigt zur Großmacht auf	geb. Georg Wenzeslaus von Knobelsdorff J. Pachelbel, Hexachordum Apollinis A. Schlüter leitet den Bau des Berliner Stadtschlosses	1699
gest. Karl II., König von Spanien: Ende der Habsburgischen Linie in Spanien Beginn des Nordischen Krieges: Schweden gegen Rußland, Polen, Sachsen und Dänemark	J. Kuhnau, Musikalische Vorstellung einiger biblischer Historien in sechs Sonaten auf dem Klavier zu spielen Gründung der Preußischen Akademie der Wissenschaften in Berlin	1700

955

Deutsche Literatur und Philosophie	Ausländische Literatur und Philosophie
F. R. L. v. Canitz, Neben-Stunden Unterschiedener Gedichte Ch. F. Hunold, Die Verliebte und Galante Welt Ch. Reuter, Graf Ehrenfried	

1701	geb. Johann Jakob Breitinger H. A. v. Ziegler u. Kliphausen, Historisches Labyrinth der Zeit	gest. Madeleine de Scudéry
1702	gest. Laurentius von Schnüffis A. Bohse, Die Durchlauchtigste Argenis (Übers. von Barclay) Ch. F. Hunold, Die Allerneueste Art Höflich und Galant zu Schreiben; Die Liebens-Würdige Adalie; Die Edle Bemühung müssiger Stunden In Galanten . . . Gedichten (bis 1703)	
1703	Ch. H. v. Hoffmannswaldau, Reisender Cupido	gest. Charles Perrault
1704	C. Abel übersetzt Ovid, Heroides Abraham a Sancta Clara, Heilsames Gemisch Gemasch H. A. v. Abschatz, Poetische Übersetzungen und Gedichte G. W. Leibniz, Nouveaux essais sur l'entendement humain Ch. Wernicke, Poetischer Versuch	gest. Jacques Bénigne Bossuet; John Locke J. Addison, The Campaign J. Swift, A Tale of a Tub; The Battle of the Books
1705	gest. Philipp Jacob Spener Ch. F. Hunold, Der Europaeischen Höfe Liebes- Und Helden-Geschichte L. v. Schnüffis, Vielfärbige Himmels-Tulipan Ch. Thomasius, Fundamenta juris naturae et gentium	

Geschichte — Politik	Künste — Wissenschaft — Technik	

Kurfürst Friedrich III. von Brandenburg krönt sich als Friedrich I. zum König in Preußen
Spanischer Erbfolgekrieg: England, Niederlande, Österreich gegen Frankreich, Bayern, Köln (gegen die franz. Vorherrschaft in Europa)
Act of Settlement zur Regelung der Thronfolge in England

H. Rigaud, Ludwig XIV. (Gem.)　1701

gest. Wilhelm III. von Oranien; seine Tochter Anna wird Königin von England

J. B. Fischer von Erlach, Dreifaltigkeitskirche in Salzburg (seit 1694)　1702
A. Schlüter Direktor der Akademie der Künste in Berlin (bis 1704)
Gründung der Universität Breslau

Zar Peter I. gründet St. Petersburg (1712-1917 Residenz der Zaren)

J. S. Bach Organist in Arnstadt　1703
J. Newton wird Präsident der Royal Society in London

Engl. Eroberung Gibraltars

gest. Heinrich Ignaz Franz von Biber　1704
Eosander beginnt mit Ausbau und Kuppel des Schlosses Charlottenburg in Berlin

gest. Leopold I., röm.-deutscher Kaiser; Joseph I. röm.-deutscher Kaiser

G. F. Händel, Almira (Oper)　1705
R. Keiser, Octavia (Oper)
J. S. Bach, Studienreise zu Buxtehude nach Lübeck
J. B. Fischer von Erlach wird kaiserl. Oberbauinspektor in Wien
A. Schlüter, Prunksarkophag für Königin Sophie Charlotte in Berlin

957

Deutsche Literatur und Philosophie	Ausländische Literatur und Philosophie
1706 Ch. F. Hunold, Satyrischer Roman Ch. Weise, Oratorische Fragen	
1707 gest. Kaspar Stieler Abraham a Sancta Clara, Huy! und Pfuy! B. Neukirch, Unterricht von Teutschen Briefen Ch. Weise, Oratorisches Systema	A. R. Lesage, Le diable boiteux
1708 gest. Christian Weise	
1709 gest. Abraham a Sancta Clara (Hans Ulrich Megerle)	G. Berkeley, Essay Towards a New Theory of Vision R. Steele, Hrsg., The Tatler (bis 1711)
1710 C. Abel, Preußische Und Brandenburgische Staats-Historie G. W. Leibniz, Essais de théodicée	G. Berkeley, Principles of Human Knowledge
1711 J. L. Rost, Der verliebte Eremit	J. Addison und R. Steele, Hrsg., The Spectator (bis 1712) A. Pope, Essay on Criticism
1712 gest. Christian Reuter (?) B. H. Brockes, Der für die Sünde der Welt gemarterte und Sterbende Jesus (entst.) Ch. Wolff, Vernünfftige Gedancken Von den Kräfften des menschlichen Verstandes	A. Pope, Messiah R. Steele, Hrsg., The Guardian (bis 1713)

Geschichte — Politik	Künste — Wissenschaft — Technik	
August II., der Starke, muß auf die polnische Krone verzichten Prinz Eugen erobert Turin	gest. Johann Pachelbel	1706
Union von Schottland und England unter dem Namen Großbritannien	gest. Dietrich Buxtehude J. B. Fischer von Erlach, Kollegienkirche in Salzburg (ab 1696)	1707
geb. William Pitt, d. Ältere Prinz Eugen und Marlborough besiegen französische Truppen in den spanischen Niederlanden	gest. Jules Hardouin-Mansart; Ehrenfried Walther v. Tschirnhaus J. S. Bach, Mühlhauser Ratswechselkantate E. W. v. Tschirnhaus und sein Schüler J. F. Böttger stellen erstmals in Deutschland weißes Hartporzellan her (bis 1709)	1708
Rußland besiegt Schweden in der Schlacht von Poltawa; Karl XII. flieht in die Türkei Friedrich I. schließt fünf Gemeinden zur Stadtgemeinde Berlin zusammen	geb. Franz Xaver Richter G. F. Händel, Agrippina (Oper)	1709
Sturz Marlboroughs durch die Tories in England stärkt Frankreichs Stellung; Beginn der Ära Bolingbroke	G. F. Händel Hofkapellmeister in Hannover Ch. Wren, Vollendung der St. Paul's Cathedral, London (ab 1675) Gründung der Porzellanmanufaktur in Meißen	1710
gest. Joseph I., röm.-deutscher Kaiser; Karl VI. röm.-deutscher Kaiser	G. F. Händel, Rinaldo (Oper) M. D. Pöppelmann baut den Zwinger in Dresden (bis 1722) A. Pesne Hofmaler in Berlin J. Ch. Le Blond erfindet den Vierfarbendruck	1711
geb. Friedrich II., d. Große	A. Corelli, 12 Concerti grossi (op. 6) G. F. Händel, Il pastor fido (Oper); geht nach London A. Scarlatti, Ciro (Oper)	1712

Deutsche Literatur und Philosophie	Ausländische Literatur und Philosophie
1713 Ch. Wolff, Elementa matheseos universae (5 Tle. bis 1715)	J. Addison, Cato F. S. Maffei, Merope
1714 geb. Alexander Gottlieb Baumgarten gest. Anton Ulrich, Herzog von Braunschweig-Lüneburg; Gottfried Arnold; Johannes Riemer C. Abel, Auserlesene Satirische Gedichte F. Callenbach, Wurmatia Wurmland G. W. Leibniz, La monadologie (entst.); Principes de la nature et de la grâce (entst.; Druck 1719)	A. Pope, The Rape of the Lock R. Steele, Hrsg., The Lover
1715 geb. Christian Fürchtegott Gellert B. H. Brockes, Verteutschter Bethlehemitischer Kinder-Mord	gest. François Fénelon de Salignac de la Mothe A. R. Lesage, Gil Blas de Santillane (bis 1735)
1716 gest. Gottfried Wilhelm von Leibniz	J. Gay, Trivia
1717 G. W. Leibniz, Collectanea Etymologica	
1718	Voltaire, Oedipe

Geschichte — Politik	Künste — Wissenschaft — Technik	

gest. Friedrich I.; Friedrich Wilhelm I., der Soldatenkönig, König von Preußen Friede von Utrecht: Teilung Spaniens: Hauptland und Kolonien an Philipp V. von Anjou, Nebenlande an Österreich Pragmatische Sanktion: Sicherung der weiblichen Erbfolge Assiento-Vertrag: Großbritannien erwirbt u. a. Gibraltar, Neufundland, Hudson-Bay-Länder	gest. Arcangelo Corelli A. Schlüter, Prunksarkophag für König Friedrich I. in Berlin	1713
gest. Königin Anna von England; George I. aus dem Haus Hannover englischer König; Personalunion Hannovers mit dem Königreich Großbritannien (bis 1837)	geb. Christoph Willibald Gluck gest. Andreas Schlüter G. F. Händel Hofkomponist in London J. L. v. Hildebrandt baut in Wien Schloß Belvedere (bis 1723) D. G. Fahrenheit entwickelt geeichtes Quecksilberthermometer	1714
gest. Ludwig XIV.; Ludwig XV. König von Frankreich Gründung der ersten staatl. Notenbank in Frankreich	G. F. Händel, Wassermusik R. Keiser, Artemisia (Oper) A. Scarlatti, Tigrane (Oper)	1715
3. Türkenkrieg (bis 1718), Sieg Prinz Eugens bei Peterwardein	J. B. Fischer von Erlach beginnt den Bau der Karlskirche in Wien (bis 1737)	1716
geb. Maria Theresia Prinz Eugen erobert Belgrad	geb. Adam Friedrich Öser J. S. Bach Hofkapellmeister in Köthen; Orgelbüchlein (seit 1713) A. Watteau, Einschiffung nach Kythera (Gem.) Einführung der Schulpflicht in Preußen Erste Freimaurer-Großloge in London gegründet	1717
Friede von Passarowitz: Österreich gewinnt das Banat, Serbien und die Kleine Wallachei Zar Peter I. läßt seinen Sohn wegen Reformfeindlichkeit zu Tode foltern Karl XII. von Schweden fällt vor der Feste Frederikshald Franzosen gründen New Orleans in Nordamerika	A. Scarlatti, Telemaco; Il trionfo del onore (Opern)	1718

Deutsche Literatur und Philosophie	Ausländische Literatur und Philosophie
1719 geb. Johann Wilhelm Ludwig Gleim J. Beer, Musicalische Discurse	gest. Joseph Addison D. Defoe, Robinson Crusoe
1720 geb. Justus Möser; Johann Georg Sulzer; Johann Peter Uz G. W. Leibniz, Lehrsätze über die Monadologie (erschienen in der Übersetzung von H. Köhler) Ch. Wolff, Vernünfftige Gedancken Von des Menschen Thun und Laßen	D. Defoe, Life and Adventures of Mr. Duncan Campbell; Captain Singleton M.-M. de La Fayette, Histoire d'Henriette d'Angleterre
1721 geb. Johann Nikolaus Götz J. J. Bodmer, Die Discourse der Mahlern (mit Breitinger, bis 1723) B. H. Brockes, Das Irdische Vergnügen in Gott (9 Bde. bis 1748)	geb. Tobias George Smollett Ch.-L. de Montesquieu, Lettres persanes
1722	D. Defoe, Moll Flanders
1723 geb. Johannes Bernhard Basedow gest. Johann Christian Günther Ch. Wolff, Vernünfftige Gedancken von den Wirkungen der Natur	Voltaire, La Henriade
1724 geb. Immanuel Kant; Friedrich Gottlieb Klopstock J. Ch. Günther, Sammlung von ... deutschen und lateinischen Gedichten	D. Defoe, Roxana
1725 J. Ch. Gottsched, Die vernünftigen Tadlerinnen (bis 1726) Ch. Wolff, Vernünfftige Gedancken von dem Gebrauche der Teile in Menschen, Tieren und Pflanzen	A. Pope übersetzt Homers Odyssee ins Engl. (bis 1726) G. Vico, Principi di una scienza nuova

Zeittafel

Geschichte — Politik	Künste — Wissenschaft — Technik	
	G. F. Händel gründet in London die Academy of Music A. Watteau, Liebe auf dem Lande (Gem.)	1719
Preußen erwirbt den östlichen Teil Vorpommerns mit Stettin Papiergeldinflation und Staatsbankrott in Frankreich	geb. Bernardo Bellotto (Canaletto) J. S. Bach, Klavierbüchlein vor Friedemann G. F. Händel, Esther (Oratorium) B. Neumann beginnt Bau der Würzburger Residenz (bis 1744)	1720
Ende des Nordischen Krieges: Schweden verliert, Rußland erhält Großmachtstellung Auswanderung wird von Preußen verboten Robert Walpole, engl. Premier, fördert Industrie u. Überseehandel durch Zollpolitik	gest. Antoine Watteau J. S. Bach, Brandenburgische Konzerte Brüder Asam, Klosterkirche Weltenburg (ab 1717)	1721
gest. John Churchill, Herzog von Marlborough	J. S. Bach, Notenbüchlein für Anna Magdalena; Das wohltemperierte Klavier, I. Teil	1722
Generaldirektorium als oberste preuß. Verwaltungs-Instanz	geb. Joshua Reynolds; Adam Smith gest. Johann Bernhard Fischer von Erlach; Christopher Wren J. S. Bach, Johannespassion	1723
Benedikt XIII. Papst	G. F. Händel, Giulio Cesare (Oper)	1724
gest. Zar Peter I.; seine Witwe Katharina I. wird Zarin; sie überläßt die Regierung Alexander Menschikow	geb. Jean Baptiste Greuze; Ignaz Günther gest. Alessandro Scarlatti	1725

NAMENVERZEICHNIS

von Christa Steinecke

Das Namenverzeichnis erfaßt die Namen aus der Einleitung und den Textteilen der Essays. Die kursiv gesetzten Seitenzahlen bezeichnen den Essay über einen Autor.

Bei unterschiedlichen Schreibweisen richtet sich das Namenverzeichnis (ebenso wie die Zeittafel) überwiegend nach den Angaben der Beiträger und nach Dünnhaupt, *Bibliographisches Handbuch der Barockliteratur* (3 Bde., Stuttgart 1980-81).

HERAUSGEBER UND AUTOREN
DES BANDES

HARALD STEINHAGEN, Professor Dr. phil., Universität Bonn; Eichendorffweg 6 a, D-5340 Bad Honnef 6.

BENNO VON WIESE, Professor Dr. phil., Dr. phil. h. c., Universität Bonn; Auf dem Heidgen 33, D-5300 Bonn-Ippendorf.

WILFRIED BARNER, Professor Dr. phil., Universität Tübingen; Wilhelmstr. 50, D-7400 Tübingen.

JÖRG JOCHEN BERNS, Professor Dr. phil., Universität Marburg; Barfüßertor 17, D-3550 Marburg.

CLAUS VICTOR BOCK, Professor Dr. phil., University of London, Westfield College; Kidderpore Avenue, GB-London NW3 7ST.

IRMGARD BÖTTCHER, Universität Kiel; Holtenauer Str. 239, D-2300 Kiel.

PETER M. DALY, Professor Dr. phil., McGill University Montreal; 1001 Sherbrooke St. W., CDN-Montreal, P. Q. H3A 1G5.

ADALBERT ELSCHENBROICH, Professor Dr. phil., Pädagogische Hochschule Ludwigsburg; Ringstr. 3, D-7141 Erdmannhausen.

JÖRG-ULRICH FECHNER, Professor Dr. phil., M. Litt. Cantab., Universität Bochum; Glockengarten 51, D-4630 Bochum 1.

KLAUS GARBER, Professor Dr. phil., Universität Osnabrück, Fachbereich Sprache – Literatur – Medien; Postfach 4469, D-4500 Osnabrück.

LOUISE GNÄDINGER, Dr. phil.; Cramerstr. 16, CH-8004 Zürich.

BERNARD GORCEIX, Professor Dr. phil., Université Paris X-Nanterre; 80, avenue F. Lefebvre, F-78300 Poissy.

DIETER GUTZEN, Professor Dr. phil., FernUniversität Hagen; Bahnhofstr. 1 a, D-5205 St. Augustin 3.

KLAUS HABERKAMM, Dr. phil., Universität Münster; Nienborgweg 37, D-4400 Münster.

FRANZ HEIDUK, Dr. phil., Universität Würzburg; Schönleinstr. 3, D-8700 Würzburg.

FERDINAND VAN INGEN, Professor Dr. phil., Vrije Universiteit Amsterdam; Verlengde Slotlaan 84, NL-3707 CL Zeist.

HANS-GEORG KEMPER, Professor Dr. phil., Universität Bochum; Hiddinghauser Str. 11, D-4322 Sprockhövel 1.

UWE-K. KETELSEN, Professor Dr. phil., Universität Bochum; Am Varenholt 78, D-4630 Bochum (Haar).

HELMUTH KIESEL, Dr. phil., Universität Tübingen; Eduard-Haber-Str. 4, D-7400 Tübingen.

HANS-HENRIK KRUMMACHER, Professor Dr. phil., Universität Mainz; Am Mainzer Weg 10, D-6500 Mainz-Drais.

DIETER LOHMEIER, Professor Dr. phil., Universität Kiel; Am Hang 23, D-2300 Molfsee.

EBERHARD MANNACK, Professor Dr. phil., Universität Kiel; Am Kolen Born 2, D-2305 Heikendorf.

KLAUS-DETLEF MÜLLER, Professor Dr. phil., Universität Kiel; Humberg 7, D-2300 Molfsee.

ECKART OEHLENSCHLÄGER, Dr. phil., Universität Bonn; Am Wiesenhang 5, D-5330 Königswinter.

KLAUS REICHELT, Dr. phil., Universität Kiel; Waldblick 8, D-2300 Kiel-Schulensee.

ERNST RIBBAT, Professor Dr. phil., Universität Münster; Doornbeckeweg 19, D-4400 Münster.

HANS-GERT ROLOFF, Professor Dr. phil., Freie Universität Berlin; Marthastr. 4, D-1000 Berlin 45.

WULF SEGEBRECHT, Professor Dr. phil., Universität Bamberg; Postfach 1549, D-8600 Bamberg.

BLAKE LEE SPAHR, Professor Dr. phil., University of California; Berkeley, California 94720/USA.

GERHARD SPELLERBERG, Professor Dr. phil., Freie Universität Berlin; Duisburger Str. 6, D-1000 Berlin 15.

SIEGFRIED SUDHOF, Professor Dr. phil., †.

JEAN-MARIE VALENTIN, Professor Dr. phil., Université de Nancy; 8, rue Pantaléon Mury, F-67000 Strasbourg.

WILHELM VOSSKAMP, Professor Dr. phil., Universität Bielefeld; Stennerstr. 44 c, D-4800 Bielefeld.

WERNER WELZIG, Professor Dr. phil., Universität Wien; Hanuschgasse 3, A-1010 Wien.

CONRAD WIEDEMANN, Professor Dr. phil., Universität Gießen; Hasenpfad 12, D-6300 Gießen.

HERBERT ZEMAN, Professor Dr. phil., Universität Wien; Universitätsstr. 7, A-1010 Wien.

983

Der große Erfolg!

Deutsche Dichter
Ihr Leben und Werk

Unter Mitarbeit zahlreicher Fachgelehrter
herausgegeben von Benno von W i e s e

Benno von Wiese entwirft mit dieser literarhistorischen Reihe ein
Panorama der deutschen Dichtung in neuerer Zeit. Leben, Werk
und literarische Bedeutung der hervorragenden und charakteristischen Dichter und Autoren der einzelnen Epochen werden jeweils
von besonderen Fachkennern dargestellt. Bibliographien und Nachweise geben für jeden behandelten Dichter die Unterlagen zu weiterführender Arbeit.

In dieser Reihe liegen weiter vor:

Deutsche Dichter des 18. Jahrhunderts
1086 Seiten, Gr.-8°, Ganzleinen mit Schutzumschlag, DM 159,—

Deutsche Dichter der Romantik
*2., überarbeitete und vermehrte Auflage, 659 Seiten, Gr.-8°, Ganzleinen mit
Schutzumschlag, DM 96,—*

Deutsche Dichter des 19. Jahrhunderts
*2., überarbeitete und vermehrte Auflage, 687 Seiten, Gr.-8°, Ganzleinen mit
Schutzumschlag, DM 98,—*

Deutsche Dichter der Moderne
*4., überarbeitete und vermehrte Auflage in Vorbereitung, ca. 650 Seiten, Gr.-8°,
Ganzleinen mit Schutzumschlag, ca. DM 94,—*

Deutsche Dichter der Gegenwart
686 Seiten, Gr.-8°, Ganzleinen mit Schutzumschlag, DM 98,—

Sonderprospekt der Reihe steht auf Wunsch zur Verfügung!

 ERICH SCHMIDT VERLAG